James S. Walker

IL WALKER

Corso di Fisica

1

ECO LIBRO — Pearson
per un futuro sostenibile

Pearson per le Scienze

Pearson per le Scienze

Authorized translation from the English language edition, entitled PHYSICS, 5th Edition by JAMES WALKER, published by Pearson Education, Inc, publishing as Pearson, Copyright © 2017 by Pearson Education, Inc. All rights reserved. No part of this book may be reproduced or transmitted in any form or by any means, electronic or mechanical, including photocopying, recording or by any information storage retrieval system, without permission from Pearson Education, Inc.
ITALIAN language edition published by PEARSON ITALIA SPA, Copyright © 2020

Responsabile editoriale
Laura Pastore

Progettazione e coordinamento editoriale
Valeria Castellar, Chiara Roglieri

Redazione e ricerca iconografica
Claudia Marchis

Collaborazione redazionale
Cristina Giannella

Progetto grafico
Sandra Soi, Milano

Impaginazione e nuove illustrazioni
EsseGi, Torino

Coordinamento ricerca iconografica
Valentina Favata

Coordinamento di realizzazione e controllo tecnico-grafico
Franco Barbero

Coordinamento multimediale
Daniela Ruprecht

Segreteria di redazione
Enza Menel

Progetto di copertina
Studio Dispari - Milano

Immagine di copertina
Colibri thalassinus (colibrì orecchieviola talassino), Ecuador
Martin Mecnarowski/Shutterstock/korkeng
Il moto della punta delle ali del colibrì è approssimativamente un moto armonico semplice, presentato nel capitolo 1 di questo volume.

Adattamento e cura del testo
Vincenzo Barone

Revisione didattica e integrazioni al testo
Guido Riva, Maria Quaglia

Revisione esercizi e controllo soluzioni
Roberto Balaudo

Gli esercizi e le integrazioni Math+ *sono a cura di*
Antonietta Mastrocinque, Maria Quaglia.

I nuovi problemi svolti della sezione Verso l'esame *sono a cura di*
Massimo Panzica, Maria Quaglia, Guido Riva.

La sezione Strumenti matematici *è a cura di* Guido Riva.

Gli esercizi presenti nelle sezioni Risolvi i quesiti *provengono dagli archivi dell'*AIF (Associazione per l'Insegnamento della Fisica) *e del* MIUR (Ministero dell'Istruzione dell'Università e della Ricerca).

Tutti i diritti riservati
© 2020, Pearson Italia, Milano - Torino

978 88 9191 6945A

Per i passi antologici, per le citazioni, per le riproduzioni grafiche, cartografiche e fotografiche appartenenti alla proprietà di terzi, inseriti in quest'opera, l'editore è a disposizione degli aventi diritto non potuti reperire nonché per eventuali non volute omissioni e/o errori di attribuzione nei riferimenti.

È vietata la riproduzione, anche parziale o ad uso interno didattico, con qualsiasi mezzo, non autorizzata. Le fotocopie per uso personale del lettore possono essere effettuate nei limiti del 15% di ciascun volume dietro pagamento alla SIAE del compenso previsto dall'art. 68, commi 4 e 5, della legge 22 aprile 1941, n. 633.

Le riproduzioni effettuate per finalità di carattere professionale, economico o commerciale o comunque per uso diverso da quello personale possono essere effettuate a seguito di specifica autorizzazione rilasciata da CLEARedi, Corso di Porta Romana 108, 20122 Milano, e-mail autorizzazioni@clearedi.org e sito web www.clearedi.org.

Stampato per conto della casa editrice presso
Lito Terrazzi, Iolo (PO), Italia

Ristampa	Anno
4 5 6 7 8	22 23 24 25

LIBRI DI TESTO E SUPPORTI DIDATTICI
Il sistema di gestione per la qualità della Casa Editrice è certificato in conformità alla norma UNI EN ISO 9001:2015 per l'attività di progettazione, realizzazione e commercializzazione di: • prodotti editoriali scolastici, dizionari lessicografici, prodotti per l'editoria di varia ed università • materiali didattici multimediali off-line • corsi di formazione e specializzazione in aula, a distanza, e-learning.

Member of CISQ Federation

CERTIFIED MANAGEMENT SYSTEM
ISO 9001

Pearson per le Scienze

PREPARARSI *al* FUTURO

Un progetto che mette al centro libri di testo e servizi di qualità, con un approccio fortemente **inclusivo**. Che pone grande attenzione al tema della **sostenibilità** e a quello delle **competenze** per il lavoro. Che promuove una **scienza per tutti**, aperta a ognuno, senza differenze di **genere**.

Una formazione scientifica di eccellenza per i cittadini e i lavoratori di domani.

IL SISTEMA INTEGRATO DI PRODOTTI E SERVIZI

LIBRI DI TESTO
→ con contenuti di assoluta qualità, che hanno al centro quattro parole chiave: competenze per il futuro, sostenibilità, inclusione, professioni.

DIGITALE
→ semplice e accessibile, ricco di contenuti multimediali e interattivi.

SCIENCE FACTORY
→ un sito e una newsletter per aggiornarsi e approfondire.

FORMAZIONE
→ un'ampia proposta di eventi, webinar, incontri sul territorio.

PARTNERSHIP
→ con enti di grande prestigio.

INSIEME VERSO IL 2030

| Sostenibilità | Competenze | Inclusione |

Tre parole chiave per il nostro futuro

Il 2030 è la data che l'ONU ha fissato come traguardo per il raggiungimento dei **17 Obiettivi fondamentali** che costituiscono **l'Agenda 2030 per lo sviluppo sostenibile**.
L'Agenda supera l'idea che la sostenibilità sia un tema riferito soltanto all'ambiente e amplia la visione integrando **sostenibilità ambientale, economica, sociale e istituzionale**.

Pearson si sente parte attiva e responsabile in tale processo e pensa che **al raggiungimento della meta debbano contribuire tutti**, ognuno secondo le proprie attitudini e potenzialità: affinché il mondo di domani sia inclusivo è necessario oggi **il rispetto delle differenze e la valorizzazione dei talenti in ogni forma**.

Il sentiero che porta a un mondo sostenibile non è facile da tracciare in una società in continua trasformazione; per percorrerlo conteranno sempre di più **le cose che sappiamo e le cose che sappiamo fare**, ma soprattutto saranno cruciali le cosiddette *soft skills*, cioè le **competenze relazionali, creative e comunicative**. Se saremo cittadini e lavoratori consapevoli, capaci di vivere responsabilmente nella società, molto dipenderà da che cosa abbiamo imparato a scuola.

Per questo al centro di tutti i progetti e di tutti i servizi che Pearson propone ci sono le tre parole chiave **sostenibilità, competenze e inclusione,** sviluppate nell'ambito delle discipline e in percorsi pluridisciplinari anche attraverso attività di laboratorio e risorse multimediali.

È a partire dai banchi di scuola che si costruisce la società del futuro.

Pearson per la sostenibilità

Lavoriamo concretamente per ridurre l'impatto ambientale dei nostri prodotti e delle nostre attività

- La nostra carta è prodotta sostenendo il ciclo naturale: per ogni albero tagliato, un altro viene piantato
- Il cellofan è realizzato con plastiche da recupero ambientale o riciclate
- Gli inchiostri sono naturali e atossici
- I nostri libri sono prodotti in Italia: l'impatto del trasporto è ridotto al minimo
- Nelle nostre sedi abbiamo attivato un piano pro-ambiente: eliminazione della plastica, limitazione del consumo energetico, riduzione dell'uso di carta, raccolta differenziata potenziata

LE RISORSE DIGITALI DEL LIBRO
ACCESSIBILI, SEMPLICI DA USARE, RICCHE DI CONTENUTI

LIBRO LIQUIDO
Il libro digitale interattivo per tutti i dispositivi

Con Libro liquido è possibile:
- studiare su computer, tablet e smartphone: il testo è liquido, si adatta a qualunque dispositivo
- personalizzare la lettura: selezionare tipologia e dimensione del carattere, scegliere lo sfondo
- utilizzare le molteplici funzionalità: ascoltare la lettura del testo, annotare, evidenziare

Attiva il codice studente in copertina su pearson.it/place

MYAPP PEARSON
L'app per studiare e ripassare usando lo smartphone e il tablet

Con MYAPP Pearson gli studenti possono:
- inquadrare i QRcode del libro per attivare i contenuti multimediali
- rivedere i concetti chiave della lezione, ripassare ascoltando gli audio, svolgere gli esercizi interattivi, verificare la preparazione all'interrogazione

Scarica l'app su smartphone o tablet da App Store per IOS o Play Store per Android

LIMBOOK PER IL DOCENTE E LA CLASSE
Il libro di testo digitale sfogliabile per la lezione in classe con la LIM

Con LIMbook il docente può:
- fare lezione tradizionale o capovolta
- personalizzare la didattica usando i numerosi contenuti multimediali a disposizione

Il LIMbook è scaricabile e fruibile offline. Per attivare il LIMbook e tutti i contenuti digitali il docente può contattare l'Agente di zona

---

IN PIÙ

Didastore, con i contenuti digitali integrativi per i docenti e gli studenti.
Crea Verifiche per i docenti.
Science Factory, area disciplinare dedicata ai docenti delle discipline scientifiche.

MY PEARSON PLACE • In un unico luogo, tutte le tue risorse digitali
Per utilizzarle bastano tre semplici e veloci passaggi:
1. Registrati come studente sul sito pearson.it/place. Se sei già registrato, effettua il login **2.** Attiva il codice studente che trovi sulla copertina del libro cartaceo che riporta il prezzo **3.** Utilizza i tuoi prodotti digitali. Li troverai tutti su My Pearson Place, la tua pagina personale.

Per maggiori informazioni: pearson.it/prodotti-digitali

PRESENTAZIONE

Perché "Il Walker"

Sostenibilità
La fisica è materia affascinante e complessa: padroneggiare i concetti chiave di questa disciplina è indispensabile per comprendere il mondo che ci circonda e **affrontare con competenze e consapevolezza le grandi sfide del prossimo futuro**.

Inclusione
L'opera di James S. Walker è ormai **un classico tra i manuali di fisica per i licei**: i suoi punti di forza principali, l'approccio pragmatico e il metodo del *problem solving*, motivano ad avventurarsi nello studio della disciplina con curiosità e permettono di consolidare progressivamente le abilità e le competenze necessarie per la risoluzione dei problemi. Quest'ultimo è un punto cruciale: **la padronanza del metodo risolutivo crea fiducia e lascia spazio al *divertimento* della scoperta**.

Competenze
La **prova di Matematica e Fisica** del nuovo esame di Stato ha ribadito l'esigenza di un **approccio integrato alle due discipline**. Gli **strumenti matematici presenti in questa edizione** (in forma di schede, ma anche di inserti e di esercizi **MATH+**) vanno proprio in questa direzione. L'abitudine al ragionamento matematico nello studio dei modelli fisici e nella risoluzione dei problemi, allenata a partire dalla classe terza, aggiunge spessore alle strategie risolutive, nella prospettiva dell'esame, ma non solo. Questo percorso trova compimento nel **volume 3**, dove saranno ripresi alcuni contenuti già affrontati in precedenza alla luce degli strumenti del calcolo analitico finalmente disponibili per lo studente.

Che cosa c'è di nuovo

Questa nuova edizione è il frutto di una **approfondita e puntuale revisione del testo**, a cura di un team di docenti italiani. Si arricchisce di nuovi **strumenti per lo studio**, a supporto di un apprendimento completo e durevole.

I capitoli 1-5 del **volume 1**, in particolare, si presentano **rinnovati nell'indice e nei contenuti**, con un duplice intento:
- consentire un **raccordo più efficace con il primo biennio**, in base alle esigenze della singola classe, anche grazie alle schede *Richiami dal primo biennio*;
- mettere a fuoco e **consolidare progressivamente i concetti chiave** (grandezze cinematiche, forze, sistemi inerziali, quantità di moto, energia, ecc.) e le **strategie per lo studio del comportamento dei sistemi fisici** (risoluzione delle equazioni del moto, conservazione dell'energia), ribadendo la centralità delle leggi di Newton ed esplorandone le applicazioni, con particolare attenzione al moto armonico e al pendolo semplice.

Il contrassegno **MATH+** evidenzia **nuovi inserti testuali, esercizi e problemi** che esplorano i risvolti matematici del modello fisico oggetto di studio, in linea con il programma di Matematica già svolto.
In alcuni casi, si anticipano in termini qualitativi concetti che saranno approfonditi in Matematica negli anni a venire.
Le schede di **Strumenti matematici** in appendice al volume, richiamate nel testo, sono di supporto in questo senso.

Le *Grandi idee* riportate in apertura di ogni capitolo e riprese puntualmente lungo il testo, i **collegamenti interdisciplinari** (*GEO*, *BIO*, *TECH*, *STORIA*) e un intero capitolo del volume 3, ***La fisica e le sfide globali***, **dedicato a energia e clima**, valorizzano il ruolo fondante della fisica nella comprensione del mondo naturale e del contesto tecnologico, permettendo una comprensione più autentica e profonda delle attuali sfide per la sostenibilità.

Nella sezione finale di ogni capitolo, *Verso l'esame*, **nuovi problemi svolti**, articolati e complessi, consentono di esplorare **strategie risolutive alternative** e allenano a destreggiarsi tra i nuovi contenuti e quelli già studiati in precedenza, mettendo in gioco abilità e competenze disciplinari e interdisciplinari.

Oltre questo libro

Nel **fascicolo LAB+** allegato a questo volume, presentiamo alcune **risorse per "fare fisica" con gli strumenti digitali**:
- **con la calcolatrice grafica**: schede che illustrano **la risoluzione guidata** con la calcolatrice grafica di alcuni problemi svolti della sezione *Verso l'esame*, per imparare a conoscere e padroneggiare dalla classe terza questo strumento, anche in vista dell'esame;
- **con GeoGebra**: schede che propongono la realizzazione di simulazioni e la visualizzazione di fenomeni e leggi;
- **con lo smartphone**: schede (disponibili in formato PDF) che esplorano le potenzialità dello smartphone per approfondire fenomeni fisici e modelli.

INDICE

RICHIAMI DAL PRIMO BIENNIO

Il moto rettilineo 2
ESERCIZI 7

1 Il moto nel piano

1. Il moto del punto materiale nel piano — 9
2. I vettori nel piano — 10
   - I versori — 12
3. Le grandezze cinematiche: posizione, spostamento, velocità e accelerazione — 13
   - Vettore posizione — 13
   - Vettore spostamento — 13
   - Vettore velocità — 14
   - Vettore accelerazione — 15
   - Diagramma del moto — 16
4. La composizione dei moti — 18
   - **PROBLEM SOLVING 1** La picchiata dell'aquila — 19
5. Il moto parabolico e le leggi del moto di un proiettile — 20
   - Traiettoria — 22
   - Altezza massima — 22
   - **PROBLEM SOLVING 2** Un colpo difficile — 23
   - Tempo di volo e gittata — 23
6. Casi particolari del moto di un proiettile — 26
   - Lancio orizzontale — 26
   - Lanci possibili nel moto di un proiettile — 27
   - **PROBLEM SOLVING 3** Il moto della palla — 28
7. Moti circolari — 29
   - Posizione angolare — 29
   - Velocità angolare — 30
   - **APPROFONDIMENTO +** Il vettore velocita angolare — 31
   - Velocità tangenziale — 32
8. Il moto circolare uniforme — 32
   - **PROBLEM SOLVING 4** Les jeux sont faits! — 33
   - Accelerazione centripeta — 33
   - **PROBLEM SOLVING 5** La centrifuga per microematocrito — 36
9. Il moto circolare accelerato — 37
   - Accelerazione angolare — 37
   - Accelerazione tangenziale e accelerazione centripeta — 38
   - Relazioni fra grandezze lineari e rotazionali — 39
10. Il moto armonico — 41
    - Legge oraria del moto armonico — 41
    - Velocità del moto armonico — 42
    - Accelerazione del moto armonico — 43

RIPASSA I CONCETTI CHIAVE — 45
ESERCIZI E PROBLEMI — 47
ESERCIZI DI RIEPILOGO — 62
VERSO L'ESAME — 66
AUTOVERIFICA — 72

🔗 COLLEGAMENTO
In digitale
- ▶ Moto bidimensionale con accelerazione costante
- ▶ Simmetria nel moto di un proiettile
- **VIDEO** Palla lanciata da un carrello
- **VIDEO** Moto con lancio orizzontale e moto in caduta libera
- **VIDEO** Palla in moto circolare
- **READ AND LISTEN** Animal navigation

🔗 COLLEGAMENTO
Nel fascicolo LAB+

Con GeoGebra
- ▶ Il moto parabolico
- ▶ Il moto armonico

Con la calcolatrice grafica
- ▶ Il lancio del disco – Soluzione step by step

RICHIAMI DAL PRIMO BIENNIO

Le forze — 73
ESERCIZI — 76

L'equilibrio del punto materiale — 77
ESERCIZI — 79

2 La dinamica newtoniana

1 Le leggi della dinamica — 80
- Prima legge di Newton e principio di inerzia — 81
- Seconda legge di Newton: la legge fondamentale — 81
- Terza legge di Newton: la legge di azione e reazione — 82

2 Applicazioni della seconda legge di Newton — 83
- Schema del corpo libero — 83
- PROBLEM SOLVING 1 Un satellite da spostare — 86
- PROBLEM SOLVING 2 Al sicuro dalle grinfie degli orsi — 87
- PROBLEM SOLVING 3 Discesa con lo snowboard — 89
- PROBLEM SOLVING 4 Una brusca frenata — 90
- PROBLEM SOLVING 5 Gara di slitte — 91

3 La forza centripeta — 92
- PROBLEM SOLVING 6 La massima velocità in curva — 93
- Effetti della forza centripeta — 94
- PROBLEM SOLVING 7 La giusta inclinazione — 95
- PROBLEM SOLVING 8 Velocità ottimale, massima e minima — 96

4 La dinamica del moto armonico — 98
- L'oscillatore armonico — 98
- PROBLEM SOLVING 9 Oscillazioni elastiche — 100
- Caratteristiche dell'oscillatore armonico — 100
- PROBLEM SOLVING 10 Il moto della molla — 102
- Il pendolo semplice — 104

5 La quantità di moto — 107
- La legge fondamentale della dinamica e la quantità di moto — 108
- Il teorema dell'impulso — 108
- PROBLEM SOLVING 11 Vittoria! — 111

RIPASSA I CONCETTI CHIAVE — 112
ESERCIZI E PROBLEMI — 114
ESERCIZI DI RIEPILOGO — 125
VERSO L'ESAME — 131
AUTOVERIFICA — 136

COLLEGAMENTO
In digitale
- Altri *Problem solving* sull'applicazione della seconda legge di Newton
- Oscillazioni smorzate e oscillazioni forzate
- VIDEO La prima legge di Newton
- READ AND LISTEN Mass spectrometry

COLLEGAMENTO
Nel fascicolo LAB+

Con GeoGebra
- Il moto lungo il piano inclinato

Con la calcolatrice grafica
- Il bungee jumping – Soluzione step by step

3 La relatività del moto

1 Moti relativi — 137

2 Le trasformazioni di Galileo — 138
- ◆ Trasformazioni della posizione — 138
- PROBLEM SOLVING 1 Punti di vista diversi — 140
- ◆ Trasformazioni della velocità — 142
- PROBLEM SOLVING 2 Attraversare un fiume — 144

3 Il principio di relatività galileiano — 145

4 Sistemi non inerziali e forze apparenti — 146
- ◆ Sistema in moto relativo rettilineo accelerato — 147
- ◆ Peso apparente — 148
- PROBLEM SOLVING 3 Quanto pesa il salmone? — 150

5 Forze apparenti nei sistemi rotanti — 151
- ◆ La forza centrifuga — 151
- PROBLEM SOLVING 4 Avvallamenti sulla strada — 152
- ◆ La forza di Coriolis — 153

RIPASSA I CONCETTI CHIAVE — 154
ESERCIZI E PROBLEMI — 156
ESERCIZI DI RIEPILOGO — 161
VERSO L'ESAME — 164
AUTOVERIFICA — 166

COLLEGAMENTO
In digitale
▶ Il pendolo di Foucault e l'evidenza della rotazione della Terra
READ AND LISTEN How you feel your weight

COLLEGAMENTO
Nel fascicolo LAB+
Con GeoGebra
▶ Peso apparente in un sistema non inerziale
Con la calcolatrice grafica
▶ Il treno sotto la pioggia – Soluzione step by step

RICHIAMI DAL PRIMO BIENNIO
Lavoro ed energia — 167
ESERCIZI — 171

---

4 Le leggi di conservazione

1 Le leggi di conservazione in fisica — 173

2 La legge di conservazione della quantità di moto — 174
- ◆ La conservazione della quantità di moto per un sistema di più corpi — 174
- PROBLEM SOLVING 1 Incontro sul lago — 176

3 Il centro di massa e il suo moto — 177
- ◆ La posizione del centro di massa — 177
- PROBLEM SOLVING 2 Il centro di massa di un braccio — 179
- ◆ Il moto del centro di massa — 180

4 Le forze conservative — 182
- PROBLEM SOLVING 3 Percorsi diversi, forze diverse — 184
- ◆ Forze conservative e non conservative: alcuni esempi — 185
- PROBLEM SOLVING 4 Il lavoro della gru — 186

5 La legge di conservazione dell'energia meccanica — 187
- ◆ Primo esempio: forza peso — 188
- PROBLEM SOLVING 5 Intercettare un fuori campo — 189
- ◆ Secondo esempio: forza elastica — 190
- ◆ L'energia meccanica del pendolo semplice — 191

APPROFONDIMENTO + Calcolo dell'energia meccanica di un pendolo	191
PROBLEM SOLVING 6 Ferma il blocco!	192

6 La conservazione dell'energia totale — 193
- PROBLEM SOLVING 7 Sullo scivolo — 194
- ◆ Sistema non isolato — 196
- PROBLEM SOLVING 8 Allungare una molla — 196

7 Grafici dell'energia — 198
- PROBLEM SOLVING 9 Un problema di potenziale — 200

8 Gli urti tra corpi — 201
- ◆ Urti anelastici — 201
- ◆ Urti elastici: caso unidimensionale — 202
- ◆ Urti elastici: bersaglio fermo — 204
- ◆ Urti elastici: caso bidimensionale — 205

RIPASSA I CONCETTI CHIAVE — 207
ESERCIZI E PROBLEMI — 209
ESERCIZI DI RIEPILOGO — 223
VERSO L'ESAME — 229
AUTOVERIFICA — 236

COLLEGAMENTO
In digitale
▶ La propulsione dei razzi
▶ Il salto della pulce e l'arco che scocca le frecce
VIDEO Urti tra oggetti di massa diversa
READ AND LISTEN Collision theory and chemical reactions

COLLEGAMENTO
Nel fascicolo LAB+
Con GeoGebra
▶ La conservazione dell'energia meccanica

5 Cinematica e dinamica rotazionale

1 Il moto rotazionale — 237

2 Il moto dei corpi rigidi — 238
- ◆ Cinematica rotazionale — 239
- ◆ Moto rotazionale con velocità angolare costante — 240
- ◆ Moto rotazionale con accelerazione angolare costante — 240
- PROBLEM SOLVING 1 La ruota della fortuna — 242
- ◆ Il moto di rotolamento — 243

3 L'energia cinetica rotazionale — 245

4 Il momento d'inerzia — 246
- ◆ Momento d'inerzia di alcuni corpi rigidi — 247

5 La conservazione dell'energia meccanica nel moto di rotolamento — 248
- PROBLEM SOLVING 2 Disco che rotola — 249
- ◆ Un'applicazione: la velocità di un corpo rigido che rotola da un piano inclinato — 250

6 La seconda legge di Newton per il moto rotazionale — 251
- PROBLEM SOLVING 3 La turbina eolica — 254
- PROBLEM SOLVING 4 In palestra — 255
- ◆ Un'applicazione della legge della dinamica rotazionale — 256
- PROBLEM SOLVING 5 Un problema con la carrucola — 257

7 Il momento angolare — 258
- ◆ Un'altra formulazione della seconda legge di Newton — 260

8 Il momento angolare di un corpo rigido in rotazione — 261

9 La legge di conservazione del momento angolare — 262
- ◆ Conservazione del momento angolare per un punto materiale — 262
- PROBLEM SOLVING 6 Un percorso a spirale — 264
- ◆ Conservazione del momento angolare per un sistema di punti — 264
- ◆ Conservazione del momento angolare per un corpo esteso — 265
- PROBLEM SOLVING 7 Fai un giro! — 266

■ **RIPASSA I CONCETTI CHIAVE**	267	■ **VERSO L'ESAME**	282
■ **ESERCIZI E PROBLEMI**	269	■ **AUTOVERIFICA**	286
■ **ESERCIZI DI RIEPILOGO**	280		

COLLEGAMENTO
In digitale
- ▶ Momento d'inerzia della Terra
- ▶ Il moto di precessione

VIDEO La rotazione del piatto del microonde
VIDEO Applicazioni del momento torcente
VIDEO Accelerazione angolare del braccio
VIDEO Sistema rotante con masse mobili
READ AND LISTEN Molecular rotation

COLLEGAMENTO
Nel fascicolo LAB+

Con GeoGebra
- ▶ La conservazione del momento angolare

6 La gravitazione

1 La legge della gravitazione universale di Newton — 287
- ◆ L'intensità delle forze gravitazionali — 289
  - PROBLEM SOLVING 1 La forza sia con te! — 290

2 Attrazione gravitazionale fra corpi sferici — 291
- ◆ Calcolo del valore dell'accelerazione di gravità g — 291
  - PROBLEM SOLVING 2 La dipendenza della gravità dall'altitudine — 292
- ◆ L'esperimento di Cavendish: la "pesatura" della Terra — 294

3 Il principio di equivalenza — 295

4 I sistemi planetari — 296
- ◆ Il sistema tolemaico — 296
- ◆ Il sistema copernicano — 297
- ◆ Il principio galileiano di relatività — 297

5 Le leggi di Keplero dei moti orbitali — 298
- ◆ Prima legge di Keplero — 298
- ◆ Seconda legge di Keplero — 299
- ◆ Terza legge di Keplero — 300
- ◆ Le dimostrazioni di Newton delle tre leggi — 301
  - PROBLEM SOLVING 3 L'importanza di essere eccentrici — 302
  - PROBLEM SOLVING 4 Il Sole e Mercurio — 305

6 Il campo gravitazionale — 306
- ◆ Campo gravitazionale in prossimità della superficie terrestre — 307

7 L'energia potenziale gravitazionale — 308
- ◆ Energia potenziale gravitazionale di una massa soggetta all'attrazione della Terra — 308
- ◆ Energia potenziale gravitazionale in prossimità della superficie terrestre — 311
- ◆ Energia potenziale gravitazionale di un sistema di corpi — 311
  - PROBLEM SOLVING 5 L'energia potenziale si somma — 312

8 Conservazione dell'energia meccanica nei fenomeni gravitazionali — 313
- ◆ Velocità di impatto di un meteorite — 313
- ◆ Buca di potenziale gravitazionale — 314
- ◆ Velocità di fuga — 315

■ **RIPASSA I CONCETTI CHIAVE** — 317
■ **ESERCIZI E PROBLEMI** — 319
■ **ESERCIZI DI RIEPILOGO** — 328
■ **VERSO L'ESAME** — 331
■ **AUTOVERIFICA** — 336

COLLEGAMENTO
In digitale
- ▶ Come determinare la massa di un pianeta

VIDEO La candela in caduta libera
READ AND LISTEN The Earth's internal structure and its gravity

COLLEGAMENTO
Nel fascicolo LAB+

Con GeoGebra
- ▶ Il moto retrogrado dei pianeti

Con la calcolatrice grafica
- ▶ Il pianeta Eta Beta – Soluzione step by step

RICHIAMI DAL PRIMO BIENNIO
Fluidi in equilibrio 337
ESERCIZI 339

7 La dinamica dei fluidi

1 Fluidi reali e fluidi ideali 340
2 L'equazione di continuità 341
   PROBLEM SOLVING **1** Manichetta antincendio I 342
   ◆ La portata di un fluido 343
3 L'equazione di Bernoulli 343
   ◆ Dimostrazione dell'equazione di Bernoulli 343
   PROBLEM SOLVING **2** La pressione dell'acqua nel bagno 346
   ◆ Caso particolare: altezza costante 347
   PROBLEM SOLVING **3** Manichetta antincendio II 347
   ◆ Caso particolare: velocità costante 348
   ◆ Caso particolare: pressione costante 348
   PROBLEM SOLVING **4** Il progetto della fontana 350

4 Applicazioni dell'equazione di Bernoulli 351
   ◆ La portanza su un foglio di carta 351
   ◆ La portanza sull'ala di un aereo 352
   ◆ Pericolose differenze di pressione 352
5 Il moto nei fluidi viscosi 353
   ◆ La velocità media di un fluido viscoso 353
   PROBLEM SOLVING **5** Velocità del sangue nell'arteria polmonare 354
   ◆ Equazione di Poiseuille 355
   ◆ Legge di Stokes 355
   ◆ Caduta di un corpo in un fluido viscoso 355

RIPASSA I CONCETTI CHIAVE 357
ESERCIZI E PROBLEMI 359
ESERCIZI DI RIEPILOGO 364
VERSO L'ESAME 368
AUTOVERIFICA 370

COLLEGAMENTO
In digitale
▶ La tensione superficiale
VIDEO Getto d'aria fra due palle da bowling
READ AND LISTEN The circulation of blood

COLLEGAMENTO
Nel fascicolo LAB+
Con GeoGebra
▶ L'equazione di continuità

RICHIAMI DAL PRIMO BIENNIO

La termologia 371
ESERCIZI 373

8 I gas e la teoria cinetica

1 **Temperatura e comportamento termico dei gas** 374

2 **Gas ideali** 376
- Dipendenza della pressione da temperatura, numero di molecole e volume 376
- **PROBLEM SOLVING** 1 Fai un bel respiro! 377
- La mole e il numero di Avogadro 378
- Equazione di stato dei gas ideali 379

3 **Le leggi dei gas ideali** 380
- La legge di Boyle 380
- **PROBLEM SOLVING** 2 Sotto pressione 381
- Le leggi di Gay-Lussac 381

4 **La teoria cinetica dei gas** 383
- L'origine della pressione esercitata da un gas 383
- Distribuzione delle velocità delle molecole 384
- Velocità quadratica media 386
- **PROBLEM SOLVING** 3 Bombardati da molecole di aria 386
- Pressione ed energia cinetica 387

5 **Energia e temperatura** 388
- L'energia interna di un gas ideale 389

RIPASSA I CONCETTI CHIAVE 391
ESERCIZI E PROBLEMI 393
ESERCIZI DI RIEPILOGO 398
VERSO L'ESAME 400
AUTOVERIFICA 402

COLLEGAMENTO
In digitale
▶ La teoria cinetica dei gas e la regolazione della temperatura corporea
READ AND LISTEN Planetary atmospheres

COLLEGAMENTO
Nel fascicolo LAB+
Con GeoGebra
▶ La legge di Boyle

9 Le leggi della termodinamica

1. **Introduzione alla termodinamica** — 403
   - Il principio zero della termodinamica — 404
2. **Il primo principio della termodinamica** — 405
   - PROBLEM SOLVING 1 Jogging sulla spiaggia — 406
   - Conseguenze del primo principio — 407
3. **Trasformazioni termodinamiche** — 408
4. **Trasformazione isòbara** — 409
   - Lavoro e diagramma di Clapeyron — 410
   - PROBLEM SOLVING 2 Area di lavoro — 411
   - Calore specifico di un gas ideale a pressione costante — 411
5. **Trasformazione isocòra** — 413
   - Calore specifico di un gas ideale a volume costante — 413
   - Relazione tra C_p e C_V — 414
6. **Trasformazione isoterma** — 415
   - PROBLEM SOLVING 3 Quanto calore? — 416
7. **Trasformazione adiabatica** — 417
   - PROBLEM SOLVING 4 Compressione adiabatica ed energia interna — 417
   - Confronto fra adiabatiche e isoterme — 418
   - PROBLEM SOLVING 5 Riscaldamento adiabatico — 419
8. **Il secondo principio della termodinamica** — 421
   - Enunciato di Clausius — 421
   - Macchine termiche — 421
   - Enunciato di Kelvin — 422
   - Equivalenza degli enunciati di Clausius e Kelvin — 423
   - Rendimento di una macchina termica — 424
   - PROBLEM SOLVING 6 Il calore che diventa lavoro — 424
9. **I cicli termodinamici** — 425
   - Il ciclo di Carnot — 425
   - Il teorema di Carnot e il massimo rendimento — 427
   - Frigoriferi, condizionatori d'aria e pompe di calore — 427
10. **L'entropia** — 430
    - PROBLEM SOLVING 7 La variazione di entropia del pezzo di ghiaccio — 431
    - Macchine termiche reversibili ed entropia dell'universo — 432
    - Macchine termiche reali ed entropia — 432
    - PROBLEM SOLVING 8 L'entropia non si conserva! — 433
    - L'entropia come misura della "qualità" dell'energia — 434
    - Ordine, disordine ed entropia — 435
    - Macrostati e microstati — 436
    - La morte termica — 436
11. **Il terzo principio della termodinamica** — 437

RIPASSA I CONCETTI CHIAVE — 438
ESERCIZI E PROBLEMI — 441
ESERCIZI DI RIEPILOGO — 451
VERSO L'ESAME — 455
AUTOVERIFICA — 458

COLLEGAMENTO
In digitale
▶ Il ciclo del motore a scoppio
READ AND LISTEN Enthalpy and chemical processes

COLLEGAMENTO
Nel fascicolo LAB+
Con GeoGebra
▶ Ciclo termodinamico
Con la calcolatrice grafica
▶ Gas su ghiaccio – Soluzione step by step

STRUMENTI MATEMATICI

1 Significato geometrico del rapporto incrementale e del suo limite — 459

2 Le equazioni parametriche di una curva piana — 462

3 Il prodotto scalare — 465

4 Il prodotto vettoriale — 466

- **SOLUZIONI** — 469
- **INDICE ANALITICO** — 479
- **TABELLE** — 486

CONTENUTI DIGITALI INTEGRATIVI

LABORATORIO
- Verifica del secondo principio della dinamica
- Misura dinamica della costante di elasticità di una molla
- Il pendolo semplice
- La conservazione della quantità di moto
- La conservazione dell'energia meccanica
- La pressione idrostatica: verifica della legge di Stevino
- La dilatazione termica di un gas: la prima legge di Gay-Lussac
- L'equilibrio termico
- Il calore specifico di diverse sostanze

RICHIAMI DAL PRIMO BIENNIO

Il moto rettilineo

Il moto unidimensionale

La descrizione del moto di un corpo è sempre relativa a un **sistema di riferimento** costituito da un sistema di assi cartesiani.

Per descrivere un **moto unidimensionale** è sufficiente un solo asse cartesiano che chiamiamo asse x; la posizione di un oggetto è individuata dalla sua coordinata x su questo asse.

Distanza e spostamento

La **distanza** d percorsa da un oggetto è la lunghezza complessiva del tragitto che esso compie. La distanza percorsa è sempre positiva o nulla.

Lo **spostamento** Δx è il cambiamento di posizione di un oggetto, cioè la differenza tra la posizione finale x_f e la posizione iniziale x_i:

$$\Delta x = x_f - x_i$$

Lo spostamento può essere positivo, negativo o nullo.
Nel Sistema Internazionale di Unità (abbreviato con SI) la distanza e lo spostamento si misurano in **metri** (m).

Legge oraria del moto

La **legge oraria** del moto è una funzione $x(t)$ che descrive la posizione di un punto materiale al variare del tempo. Questa funzione contiene tutte le informazioni sul moto di un corpo.

Diagramma spazio-tempo

Un **diagramma spazio-tempo** (o **diagramma x-t**) è un grafico cartesiano nel quale sull'asse orizzontale è riportato il tempo t e sull'asse verticale è riportata la posizione x. Un diagramma spazio-tempo è la rappresentazione grafica della legge del moto.
In **figura 1** sono riportati la traiettoria e il diagramma spazio-tempo del moto unidimensionale di una particella.

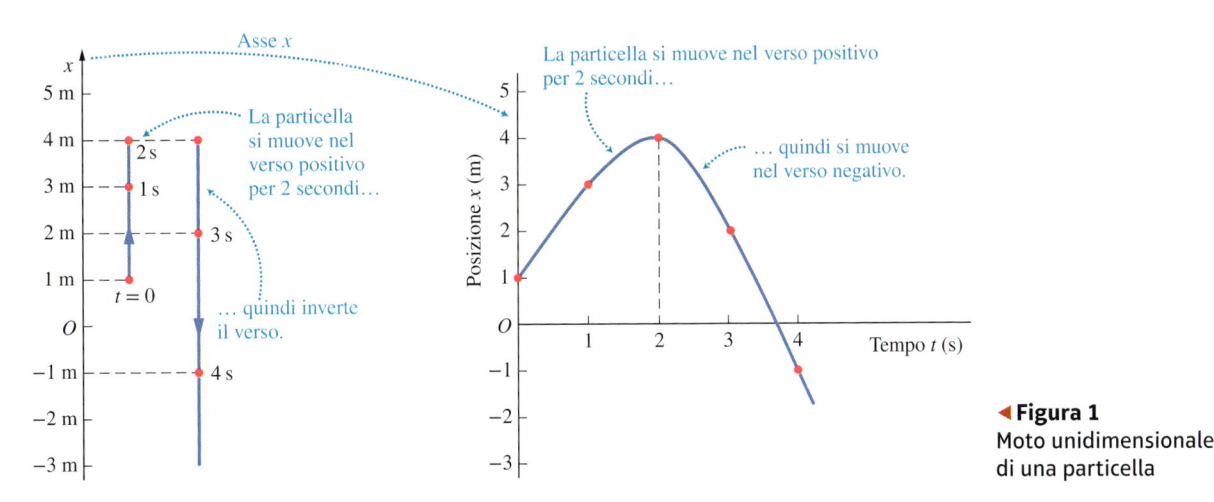

RICHIAMI DAL PRIMO BIENNIO Il moto rettilineo | **3**

◀ **Figura 1**
Moto unidimensionale di una particella

a) La **traiettoria**, cioè il cammino della particella mostrato su un asse cartesiano

b) Lo stesso moto rappresentato in un **diagramma spazio-tempo** che riporta la posizione x in funzione del tempo t

■ Velocità media e velocità istantanea

La **velocità scalare media** di un corpo è il rapporto tra la distanza percorsa dal corpo e il tempo impiegato a percorrerla:

$$\text{velocità scalare media} = \frac{\text{distanza percorsa}}{\text{tempo impiegato}}$$

La velocità scalare media non è mai negativa.

La **velocità media** v_m di un corpo è il rapporto tra lo spostamento Δx del corpo e il tempo Δt impiegato a compierlo:

$$v_m = \frac{\Delta x}{\Delta t}$$

La velocità media è positiva se il moto avviene nel verso positivo dell'asse x, è negativa se il moto avviene nel verso negativo. In un diagramma x-t la velocità media è il *coefficiente angolare* della retta che congiunge due punti corrispondenti agli istanti iniziale e finale (**fig. 2**).
Nel SI l'unità di misura della velocità media è il **metro al secondo** (m/s).

La **velocità istantanea** v è il valore limite della velocità media $v_m = \frac{\Delta x}{\Delta t}$ quando Δt tende a zero.
In un diagramma x-t la velocità istantanea in un dato istante è uguale al coefficiente angolare della *retta tangente* al grafico spazio-tempo nel punto corrispondente a tale istante (**fig. 3**).

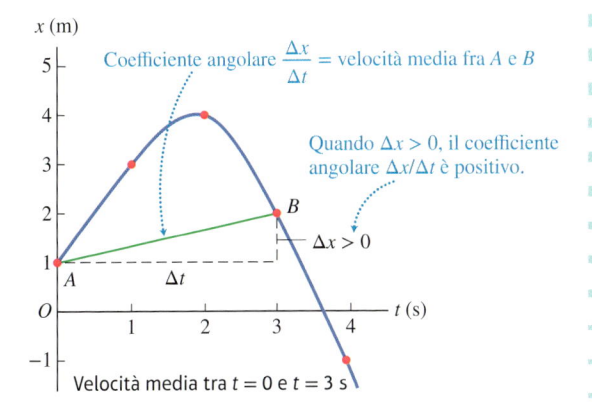

▲ **Figura 2**
Velocità media in un diagramma spazio-tempo

COLLEGAMENTO ▶▶
Strumenti matematici

Per approfondire, vai alla scheda *Significato geometrico del rapporto incrementale e del suo limite* a pag. 459.

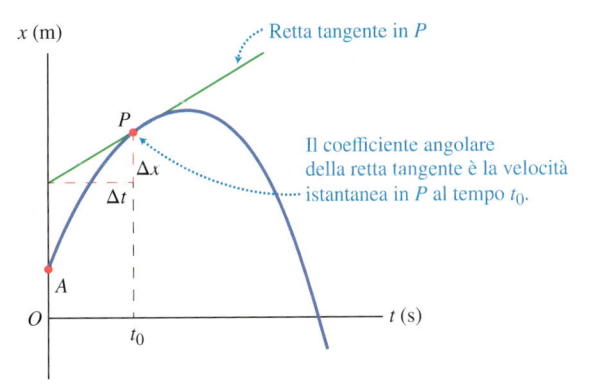

◀ **Figura 3**
Velocità istantanea in un diagramma spazio-tempo

Nel SI l'unità di misura della velocità istantanea è il metro al secondo (m/s).

Accelerazione media e istantanea

L'**accelerazione media** a_m è il rapporto tra la variazione di velocità e l'intervallo di tempo in cui avviene tale variazione (**fig. 4**):

$$a_m = \frac{\Delta v}{\Delta t} = \frac{v_f - v_i}{\Delta t}$$

L'accelerazione media è positiva se $v_f > v_i$, negativa se $v_f < v_i$, uguale a zero se $v_f = v_i$.
Nel SI l'unità di misura dell'accelerazione media è il **metro al secondo quadrato** (m/s^2).

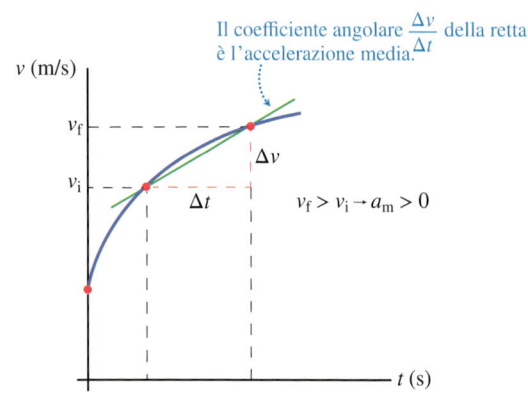

◀ **Figura 4**
Accelerazione media in un diagramma velocità-tempo

L'**accelerazione istantanea** a è il valore limite dell'accelerazione media $a_m = \frac{\Delta v}{\Delta t}$ quando Δt tende a zero.
In un diagramma v-t l'accelerazione istantanea in un dato istante è uguale al coefficiente angolare della *retta tangente* al grafico velocità-tempo nel punto corrispondente a tale istante (**fig. 5**).

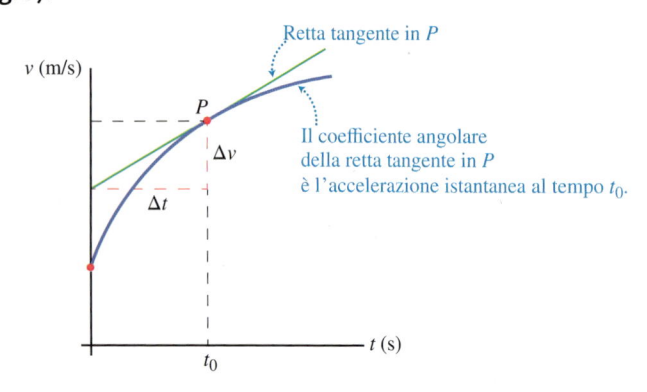

◀ **Figura 5**
Accelerazione istantanea in un diagramma velocità-tempo

Nel SI l'unità di misura dell'accelerazione istantanea è il metro al secondo quadrato (m/s^2).

Moto rettilineo uniforme

Un corpo si muove di moto rettilineo uniforme se descrive una traiettoria rettilinea percorrendo distanze uguali in tempi uguali: il rapporto fra le distanze percorse e il tempo impiegato a percorrerle è *costante* ed è la *velocità* del moto.

La **legge oraria del moto rettilineo uniforme** è la seguente:

$$\begin{cases} v = \text{costante} \\ x = x_0 + vt \end{cases}$$

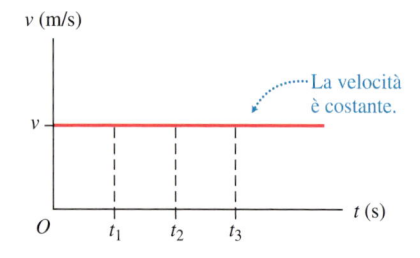

Il diagramma velocità-tempo del moto rettilineo uniforme è una retta parallela all'asse x.

◀ **Figura 6**
Diagramma velocità-tempo del moto rettilineo uniforme

Il grafico spazio-tempo è una *retta*: la pendenza della retta (coefficiente angolare) è legata alla velocità del moto rettilineo uniforme (fig. 7). Più la retta è ripida, cioè quanto maggiore è la sua pendenza, tanto più è grande la distanza percorsa dall'oggetto in un determinato intervallo di tempo.

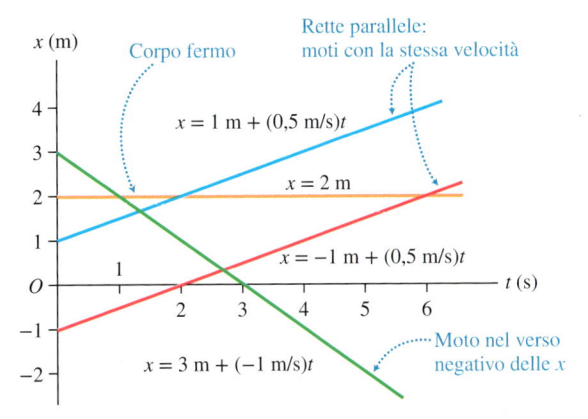

MATH⁺

Nel piano (x, y) l'**equazione di una retta** è $y = mx + q$, in cui m è il coefficiente angolare, che indica la pendenza della retta, e q è il termine noto, che individua il punto di intersezione della retta con l'asse y. Nella legge oraria del moto rettilineo uniforme la velocità è il coefficiente angolare e la posizione iniziale è il termine noto.

◀ **Figura 7**
Leggi orarie di alcuni moti rettilinei uniformi

■ Moto rettilineo uniformemente accelerato

Un corpo si muove di moto rettilineo uniformemente accelerato se descrive una traiettoria rettilinea con *accelerazione costante*, cioè se varia la sua velocità nel tempo in modo costante (fig. 8).

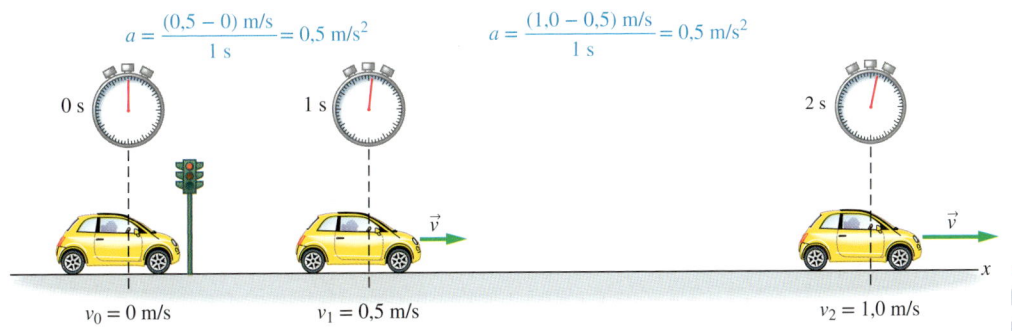

◀ **Figura 8**
Moto rettilineo uniformemente accelerato

Per il **moto uniformemente accelerato** si possono scrivere le seguenti relazioni, comprendenti la legge oraria:

$$\begin{cases} a = \text{costante} \\ v = v_0 + at \\ x = x_0 + v_0 t + \frac{1}{2}at^2 \end{cases}$$

Il diagramma velocità-tempo è una semiretta (fig. 9a), mentre il diagramma spazio-tempo è un ramo di parabola (fig. 9b).
Dal diagramma velocità-tempo si può inoltre ricavare lo spazio percorso calcolando l'area sottesa alla curva (fig. 10).

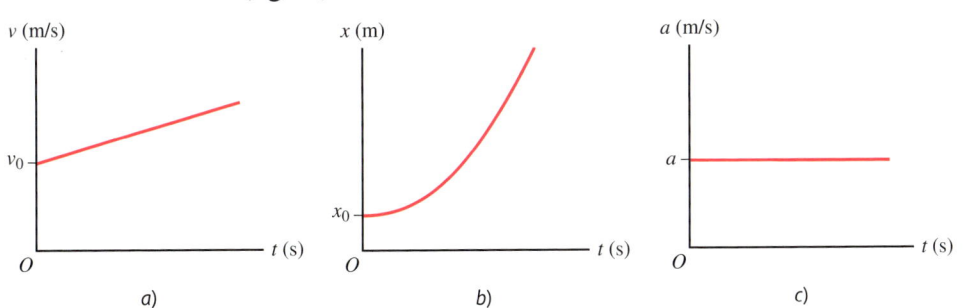

MATH⁺

Nel piano (x,y) l'**equazione di una parabola** è $y = ax^2 + bx + c$. Il segno del coefficiente del termine x^2 indica se la parabola ha concavità verso l'alto o verso il basso; il termine noto c individua il punto di intersezione della parabola con l'asse y, l'ascissa del vertice è $-b/2a$.

▲ **Figura 9**
Diagramma velocità-tempo (a), spazio-tempo (b) e accelerazione-tempo (c) nel moto uniformemente accelerato

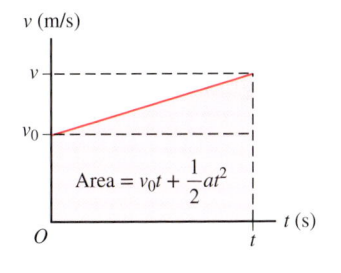

▲ **Figura 10**
Spazio percorso nel moto uniformemente accelerato

Si può ricavare poi un'ultima legge del moto uniformemente accelerato, che mette in **relazione** la **velocità** e lo **spostamento**:

$$v^2 - v_0^2 = 2a\Delta x$$

■ Esempio di moto uniformemente accelerato: la caduta libera

La **caduta libera** è il moto di un oggetto sottoposto solo all'influenza della forza di gravità. Si tratta di un moto uniformemente accelerato con accelerazione uguale all'**accelerazione di gravità** g.

Il valore di g varia al variare della posizione sulla superficie della Terra e dell'altitudine. Il valore di riferimento di g è:

$$g = 9{,}81 \text{ m/s}^2$$

Nella *caduta libera con partenza da fermo* dalla posizione $x_0 = h$, con l'asse x rivolto verso l'alto, le leggi del moto sono:

- posizione in funzione del tempo:

$$x = h - \frac{1}{2}gt^2$$

- velocità in funzione del tempo:

$$v = -gt$$

- velocità in funzione dello spostamento $(x - h)$:

$$v^2 = 2(-g)(x - h)$$

e quindi:

$$v = -\sqrt{2(-g)(x-h)} = -\sqrt{2g(h-x)}$$

dove il segno $-$ è dovuto al fatto che $\vec{v}$ è orientato verso il basso e x verso l'alto.

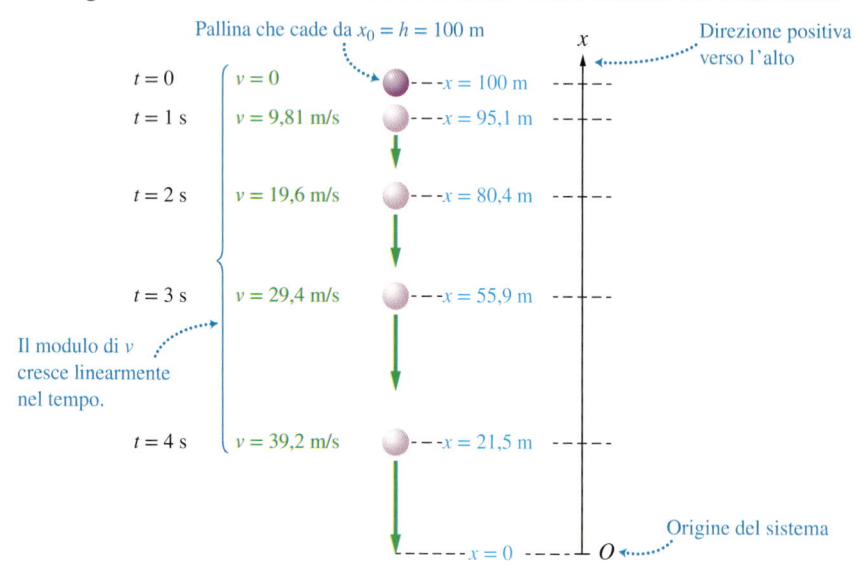

Pallina che cade da $x_0 = h = 100$ m

$t = 0$	$v = 0$	$x = 100$ m
$t = 1$ s	$v = 9{,}81$ m/s	$x = 95{,}1$ m
$t = 2$ s	$v = 19{,}6$ m/s	$x = 80{,}4$ m
$t = 3$ s	$v = 29{,}4$ m/s	$x = 55{,}9$ m
$t = 4$ s	$v = 39{,}2$ m/s	$x = 21{,}5$ m

Direzione positiva verso l'alto

Il modulo di v cresce linearmente nel tempo.

Origine del sistema $x = 0$

◀ **Figura 11**
Caduta libera di una pallina con partenza da ferma da un'altezza $h = 100$ m

Se l'oggetto è *lanciato verso l'alto* con velocità iniziale v_0 dalla posizione $x_0 = 0$, con l'asse x rivolto verso l'alto, le leggi del moto sono:

- posizione in funzione del tempo:

$$x = v_0 t - \frac{1}{2}gt^2$$

- velocità in funzione del tempo:

$$v = v_0 - gt$$

L'altezza massima raggiunta dall'oggetto è:

$$x_{\max} = \frac{v_0^2}{2g}$$

ESERCIZI

TEST

1 Osserva la figura. Se parti dal negozio del fornaio, vai al caffè e quindi alla galleria d'arte, quale distanza hai percorso?
- A 6,5 km
- B 2,5 km
- C 10,5 km
- D 9,0 km

2 Fai riferimento alla figura della domanda 1. Parti dal negozio del fornaio, vai alla galleria d'arte e poi al caffè impiegando 1 ora. Qual è la tua velocità scalare media?
- A 6,5 km/h
- B 2,5 km/h
- C 10,5 km/h
- D 9,0 km/h

3 La legge oraria del moto di una particella è:
$$x = (3 \text{ m/s})\, t - (2 \text{ m/s}^2)\, t^2$$
Qual è la posizione della particella nell'istante $t = 2$ s?
- A $x = -2$ m
- B $x = 2$ m
- C $x = 1$ m
- D $x = -1$ m

4 Un oggetto, cadendo da fermo da un'altezza h, arriva a terra con velocità v. Da quale altezza deve cadere per arrivare a terra con velocità $2v$?
- A $2h$
- B $\sqrt{2}h$
- C $4h$
- D $h/4$

5 In figura è riportato il diagramma v-t relativo al moto di un giocatore di basket.
Qual è lo spostamento del giocatore nei 5 s mostrati nel grafico?
- A 20 m
- B 9 m
- C 8 m
- D 23 m

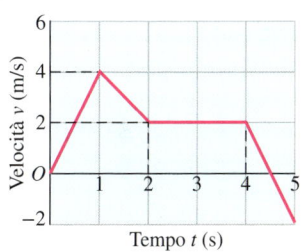

PROBLEMI

6 PROBLEMA SVOLTO

Con un'automobile percorri 4,00 km a 30,0 km/h e poi altri 4,00 km a 50,0 km/h. Qual è la tua velocità scalare media per il tragitto totale di 8,00 km?

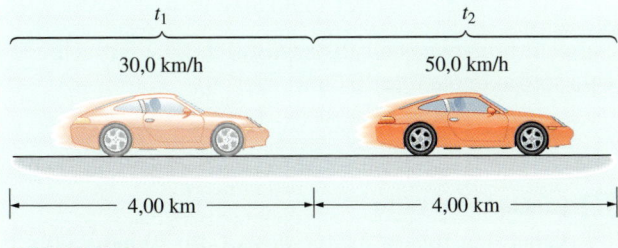

SOLUZIONE

Calcola il tempo t_1 impiegato nei primi 4,00 km:

$$t_1 = \frac{4,00 \text{ km}}{30,0 \text{ km/h}} = 0,133 \text{ h}$$

Calcola il tempo t_2 impiegato per percorrere gli altri 4,00 km:

$$t_2 = \frac{4,00 \text{ km}}{50,0 \text{ km/h}} = 0,080 \text{ h}$$

Somma i due tempi per determinare il tempo impiegato per percorrere l'intero tragitto:

$$t_1 + t_2 = 0,133 \text{ h} + 0,080 \text{ h} = 0,213 \text{ h}$$

Determina la velocità scalare media per il tragitto totale dividendo la distanza percorsa per il tempo impiegato:

$$\text{velocità scalare media} = \frac{8,00 \text{ km}}{0,213 \text{ h}} = 37,6 \text{ km/h}$$

7 Velocità media in motorino

Guidi il tuo motorino lungo una strada diritta a 20,0 m/s per 10,0 minuti, quindi a 30,0 m/s per altri 5,00 minuti.
- **a.** La tua velocità scalare media è uguale, maggiore o minore di 25,0 m/s? Motiva la risposta.
- **b.** Verifica la risposta data al punto **a.** calcolando la velocità media. [a. minore; b. $v_m = 23,3$ m/s]

8 In auto

In una strada trafficata, durante l'ora di punta, guidi un'automobile in linea retta a 12 m/s per 1,5 minuti, poi rimani fermo per 3,5 minuti e infine procedi a 15 m/s per altri 2,5 minuti.
- **a.** Disegna un grafico della posizione in funzione del tempo per questo moto. Il grafico deve comprendere l'intervallo di tempo fra $t = 0$ e $t = 7,5$ min.
- **b.** Usa il grafico disegnato per calcolare la velocità media fra $t = 0$ e $t = 7,5$ min. [b. 7,4 m/s]

9 Quando si incontrano?

Arturo ed Elisabetta, che si trovano a 100 m di distanza, camminano l'uno verso l'altra con moto rettilineo uniforme. Arturo ha una velocità di 3,0 m/s ed Elisabetta ha una velocità di 2,0 m/s. Dopo quanto tempo si incontrano?
[20 s]

10 In ritardo

Giorgio esce da casa in bicicletta e vuole raggiungere Giulia, che è partita in bicicletta 10 minuti prima e viaggia lungo un rettilineo a velocità costante di 2,5 m/s. Quale velocità deve avere Giorgio per raggiungere Giulia in 12 minuti?
[4,6 m/s]

11 Accelerazione dell'aereo

Un aereo di linea raggiunge la sua velocità di decollo di 280 km/h in 30,0 s. Qual è la sua accelerazione media?
[2,60 m/s^2]

12 Jogging

Chiara e Paolo corrono lungo una strada rettilinea in verso opposto quando, a 250 m una dall'altro, si vedono da lontano. Chiara corre a una velocità costante di 2,34 m/s e Paolo a una velocità costante di 2,11 m/s.

a. Se continuano a correre di moto uniforme, dopo quanto tempo si incontrano?

b. A che distanza si incontrano dal punto in cui Chiara ha visto Paolo?
[**a.** 56,2 s; **b.** 107 m]

13 Accelerazione per il decollo

Calcola l'accelerazione minima necessaria a un aereo per il decollo, se la velocità di decollo è $v_d = 75,0$ m/s e la pista è lunga 1850 m.
[1,52 m/s^2]

14 Velocità e accelerazione del treno

Un treno, che sta viaggiando su un tratto rettilineo con una velocità iniziale di 0,50 m/s, accelera di 2,0 m/s^2 per 2,0 secondi, prosegue poi con accelerazione uguale a 0 m/s^2 per altri 3,0 secondi e quindi accelera nuovamente di $-1,5$ m/s^2 per 1,0 secondi.

a. Qual è la velocità finale del treno?

b. Qual è l'accelerazione media del treno?
[**a.** 3,0 m/s; **b.** 0,42 m/s^2]

15 Barca in accelerazione

Partendo da ferma, una barca aumenta la sua velocità fino a 4,12 m/s, con accelerazione costante.

a. Qual è la velocità media della barca?

b. Se alla barca occorrono 4,77 s per raggiungere la velocità di 4,12 m/s, che distanza ha percorso?
[**a.** 2,06 m/s; **b.** 9,83 m]

16 Bomba di lava

Un vulcano lancia un lapillo diritto verso l'alto con una velocità iniziale di 28 m/s. Scegliendo come verso positivo quello rivolto in alto, determina il modulo e il verso della velocità della bomba di lava dopo 2,0 s e dopo 3,0 s dal lancio.
[8,4 m/s e $-1,4$ m/s]

17 PROBLEMA SVOLTO

Una guardia forestale, guidando lungo una stradina di campagna, vede all'improvviso un cervo che sta attraversando la strada e che si blocca abbagliato dai fari del veicolo. La guardia, che sta viaggiando a 11,4 m/s, frena immediatamente e rallenta con un'accelerazione di 3,80 m/s^2. Se, quando la guardia aziona i freni, il cervo si trova a 20,0 m dal veicolo, a quale distanza dal cervo si ferma l'autoveicolo?

SOLUZIONE

Scegliamo come verso positivo quello del moto; pertanto è $v_0 = +11,4$ m/s. Inoltre, poiché il veicolo sta rallentando, l'accelerazione ha verso opposto a quello della velocità, per cui $a = -3,80$ m/s^2. Infine, quando il veicolo si ferma, la sua velocità è 0, cioè $v = 0$ m/s^2.

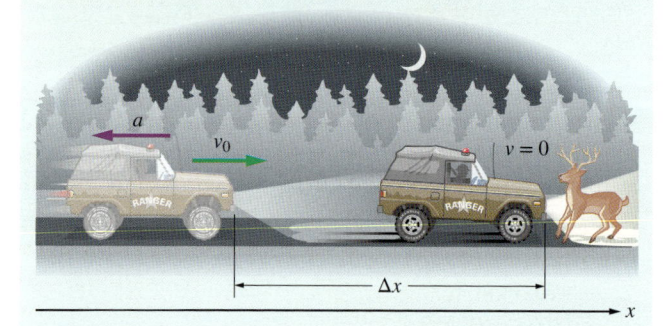

L'accelerazione è costante, quindi possiamo usare le leggi del moto uniformemente accelerato. Poiché conosciamo la velocità e l'accelerazione e vogliamo determinare lo spostamento, utilizziamo la relazione $v^2 - v_0^2 = 2a\Delta x$, invertendola per ricavare Δx.

Risolviamo l'equazione $v^2 - v_0^2 = 2a\Delta x$ rispetto a Δx:
$$\Delta x = \frac{v^2 - v_0^2}{2a}$$

Poniamo $v = 0$ m/s e sostituiamo i valori numerici:
$$\Delta x = \frac{0 \text{ m/s} - v_0^2}{2a} = -\frac{(11,4 \text{ m/s})^2}{2(-3,80 \text{ m/s}^2)} = 17,1 \text{ m}$$

Per determinare a quale distanza dal cervo si ferma il veicolo sottraiamo Δx da 20,0 m:

20,0 m $-$ 17,1 m $= 2,9$ m

18 Lancio verso l'alto

Lanci una freccia diritta verso l'alto. Dopo 2,00 s la freccia si trova a un'altezza di 30,0 m rispetto al punto di lancio.

a. Qual era la velocità iniziale della freccia?

b. Dopo quanto tempo dal lancio la freccia si trova a un'altezza di 15,0 m dal punto di lancio?
[**a.** 24,8 m/s; **b.** 0,70 s]

19 Tuffi

In un giorno afoso alcuni nuotatori decidono di tuffarsi da un ponte nel fiume sottostante: saltano dal ponte e raggiungono l'acqua approssimativamente dopo 1,5 s.

a. Quanto è alto il ponte?

b. Che velocità hanno i nuotatori quando toccano l'acqua?
[**a.** 11 m; **b.** 15 m/s]

CAPITOLO 1
Il moto nel piano

LE GRANDI IDEE

1. La posizione, lo spostamento, la velocità e l'accelerazione sono grandezze vettoriali.
2. Il moto bidimensionale è dato dalla composizione di due moti tra loro indipendenti.
3. I proiettili percorrono traiettorie paraboliche.
4. Un oggetto in moto circolare accelera verso il centro della circonferenza percorsa.
5. Il moto armonico semplice è strettamente collegato al moto circolare uniforme.

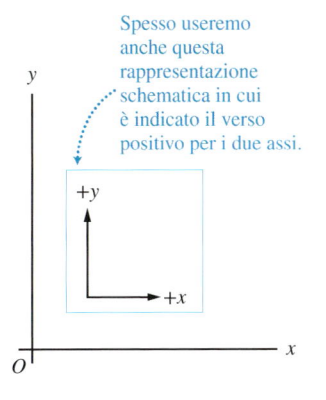

1 Il moto del punto materiale nel piano

Nel primo biennio abbiamo studiato i moti unidimensionali di un punto materiale. Ricordiamo che si definiscono **punti materiali** o **particelle** tutti quegli oggetti di dimensioni trascurabili rispetto a quelle dello spazio in cui si muovono e la cui struttura interna sia irrilevante per il loro moto. Quando le dimensioni e la struttura degli oggetti non possono essere trascurate perché ne influenzano il moto si parla invece di **corpi estesi**.

Trattare un oggetto come un punto materiale è una idealizzazione della realtà, un modello, che permette di mettere a fuoco gli aspetti importanti di un fenomeno, trascurando quelli che hanno un ruolo irrilevante. Nel modello del moto del punto materiale si tratta il movimento di un oggetto come se tutta la sua massa fosse concentrata in un punto.

Osserviamo che, mentre i punti materiali possono solo spostarsi da una posizione all'altra, cioè sono soggetti solo a **moti traslatori**, i corpi estesi, oltre a spostarsi, possono ruotare attorno a un asse, cioè hanno anche **moti rotatori**.

In questo capitolo ci occupiamo di estendere lo studio ad alcuni particolari tipi di moto di un punto materiale che avvengono in un piano, cioè ai **moti bidimensionali**.

Per descrivere un moto nel piano bisogna introdurre innanzitutto un **sistema di coordinate bidimensionale**. Scegliamo dunque un'origine, O, e un verso positivo per l'asse x e per l'asse y, come mostrato in **figura 1** (se il sistema fosse tridimensionale, dovremmo introdurre anche l'asse z).

Spesso useremo anche questa rappresentazione schematica in cui è indicato il verso positivo per i due assi.

▶ Figura 1
Sistema di coordinate bidimensionale

La posizione di un oggetto è individuata dalle coordinate x e y. Supponiamo ad esempio di dover specificare la posizione di un pallone in un campo da calcio. Possiamo collocare l'origine O in uno degli angoli e disporre gli assi lungo i due lati del campo, come in **figura 2**. L'origine ha coordinate $x = 0$ m, $y = 0$ m.

Il pallone si trova nel punto di coordinate $x = 60$ m, $y = 40$ m. Ciò significa che esso dista 60 m dall'asse y e 40 m dall'asse x.

Al calcio d'inizio il pallone si trova invece al centro del campo, nel punto di coordinate $x = 50$ m, $y = 25$ m.

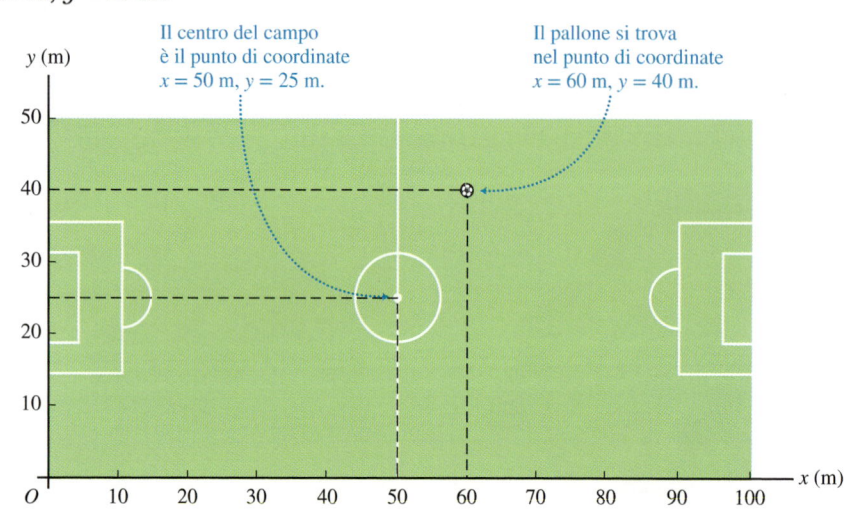

◀ **Figura 2**
La posizione di un pallone in un campo da calcio

Le grandezze cinematiche che descrivono i moti nel piano, cioè la *posizione*, lo *spostamento*, la *velocità* e l'*accelerazione*, sono **grandezze vettoriali**. Nel prossimo paragrafo ci occuperemo della rappresentazione di un vettore nel piano.

2 I vettori nel piano

Ricordiamo che una **grandezza vettoriale** è una grandezza fisica rappresentata matematicamente da un vettore.

Un **vettore** è un ente matematico definito da un *modulo* (che è un numero non negativo), una *direzione* e un *verso*.

Il modo più conveniente per specificare un vettore consiste nel fornire le sue **componenti** in un determinato sistema di coordinate cartesiane.

Introduciamo un sistema di coordinate bidimensionali, come mostrato in **figura 3**. La direzione del vettore $\vec{A}$ è individuata dall'angolo θ che esso forma con l'asse delle ascisse. Le componenti cartesiane di $\vec{A}$ sono:

$$A_x = A \cos\theta \qquad A_y = A \operatorname{sen}\theta$$

Invertendo la prima equazione si ottiene:

$$\cos\theta = \frac{A_x}{A} \qquad \text{da cui} \qquad \theta = \cos^{-1}\left(\frac{A_x}{A}\right)$$

Invertendo la seconda equazione si ottiene:

$$\operatorname{sen}\theta = \frac{A_y}{A} \qquad \text{da cui} \qquad \theta = \operatorname{sen}^{-1}\left(\frac{A_y}{A}\right)$$

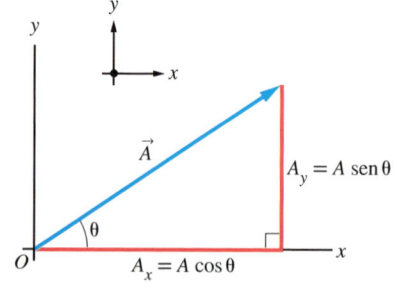

▲ **Figura 3**
Componenti cartesiane di un vettore

Quelle che abbiamo appena ricavato sono due relazioni equivalenti che permettono di calcolare θ. C'è una terza relazione che si ottiene dividendo A_y per A_x:

$$\frac{A_y}{A_x} = \frac{A \operatorname{sen}\theta}{A \cos\theta} = \operatorname{tg}\theta \qquad \text{da cui} \qquad \theta = \operatorname{tg}^{-1}\left(\frac{A_y}{A_x}\right)$$

Facciamo un esempio. Consideriamo il vettore $\vec{A}$ nel piano, come mostrato in **figura 4**. Questo vettore ha modulo $A = 1{,}50$ m e punta nella direzione $\theta = 25{,}0°$ rispetto all'asse x. Le sue componenti cartesiane sono:

$$A_x = A \cos 25{,}0° = (1{,}50 \text{ m})\, 0{,}906 = 1{,}36 \text{ m}$$
$$A_y = A \text{ sen } 25{,}0° = (1{,}50 \text{ m})\, 0{,}423 = 0{,}634 \text{ m}$$

Se, viceversa, conosciamo le componenti cartesiane A_x e A_y del vettore, possiamo ottenere il modulo A attraverso la relazione:

$$A = \sqrt{A_x^2 + A_y^2} = \sqrt{(1{,}36 \text{ m})^2 + (0{,}634 \text{ m})^2} = \sqrt{2{,}25 \text{ m}^2} = 1{,}50 \text{ m}$$

e l'angolo θ attraverso la relazione:

$$\theta = \text{tg}^{-1}\left(\frac{0{,}634 \text{ m}}{1{,}36 \text{ m}}\right) = \text{tg}^{-1}(0{,}466) = 25{,}0°$$

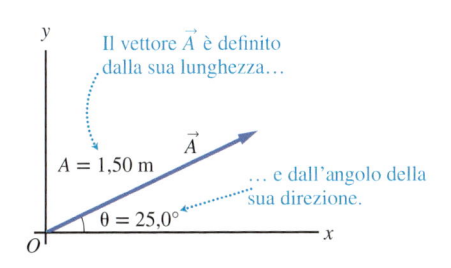

a) Un vettore definito mediante la sua lunghezza e l'angolo della sua direzione

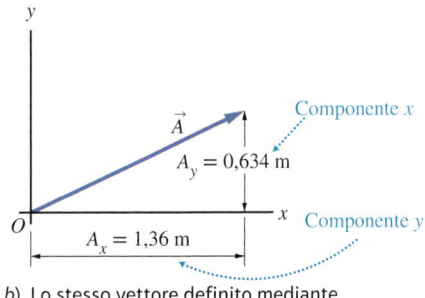

b) Lo stesso vettore definito mediante le sue componenti x e y

◀ **Figura 4**
Un vettore $\vec{A}$ nel piano

■ APPLICA SUBITO

1 Determina il modulo e la direzione del vettore $\vec{B}$, le cui componenti cartesiane sono: $B_x = -3{,}00$ m e $B_y = -4{,}00$ m.

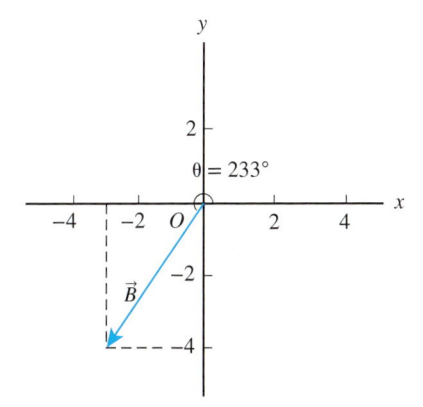

Osserviamo che in questo caso il vettore si trova nel terzo quadrante.
Il modulo del vettore è:

$$B = \sqrt{B_x^2 + B_y^2} = \sqrt{(-3{,}00 \text{ m})^2 + (-4{,}00 \text{ m})^2} = 5{,}00 \text{ m}$$

Poiché entrambe le componenti cartesiane hanno lo stesso segno, il loro rapporto è positivo e l'arcotangente del loro rapporto individua un angolo situato nel primo quadrante. Ma il vettore si trova nel terzo quadrante, quindi per determinare il suo angolo di inclinazione dobbiamo considerare l'angolo che differisce di un angolo piatto rispetto a quello calcolato e, perciò, addizionare un angolo piatto a quello ottenuto.
Pertanto la direzione è espressa mediante l'angolo θ, calcolato con la seguente relazione:

$$\theta = 180° + \text{tg}^{-1}\left(\frac{B_y}{B_x}\right) = 180° + \text{tg}^{-1}\left(\frac{-4{,}00 \text{ m}}{-3{,}00 \text{ m}}\right) =$$

$$= 180° + \text{tg}^{-1}(1{,}33) = 233°$$

I versori

I **versori**, o **vettori unitari**, consentono di esprimere in modo conveniente qualsiasi vettore mediante le sue componenti.
I versori $\hat{x}$ e $\hat{y}$ sono vettori adimensionali, cioè privi di dimensione fisica, di modulo unitario, che puntano nel verso positivo dell'asse x e dell'asse y, rispettivamente:

- Il versore di x, indicato con $\hat{x}$, è un vettore adimensionale di modulo 1 che ha la direzione e il verso positivo dell'asse x.
- Il versore di y, indicato con $\hat{y}$, è un vettore adimensionale di modulo 1 che ha la direzione e il verso positivo dell'asse y.

La **figura 5** mostra $\hat{x}$ e $\hat{y}$ in un sistema di coordinate bidimensionale. I versori servono solo a specificare la direzione e il verso.

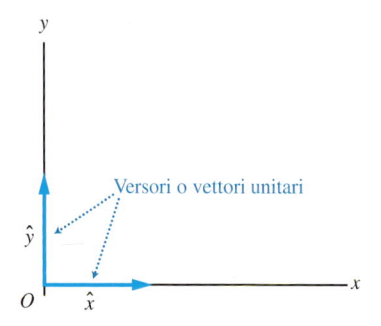

◀ **Figura 5**
Vettori unitari

Se un vettore $\vec{A}$ ha componenti cartesiane $A_x = 5$ m e $A_y = 3$ m, lo possiamo scrivere come:

$$\vec{A} = (5 \text{ m})\hat{x} + (3 \text{ m})\hat{y}$$

Diremo che i vettori $(5 \text{ m})\hat{x}$ e $(3 \text{ m})\hat{y}$ sono le **componenti vettoriali** di $\vec{A}$ lungo x e y, rispettivamente.
In generale, come illustrato in **figura 6**:

Qualsiasi vettore bidimensionale $\vec{A}$ può sempre essere scritto come somma della componente vettoriale in direzione x e della componente vettoriale in direzione y:
$$\vec{A} = A_x\hat{x} + A_y\hat{y}$$

Notiamo, infine, che le operazioni di somma e sottrazione di vettori possono essere scritte come segue:

$$\vec{C} = \vec{A} + \vec{B} = (A_x + B_x)\hat{x} + (A_y + B_y)\hat{y}$$
$$\vec{D} = \vec{A} - \vec{B} = (A_x - B_x)\hat{x} + (A_y - B_y)\hat{y}$$

Come si vede, i versori forniscono un utile strumento per esprimere un vettore in componenti.

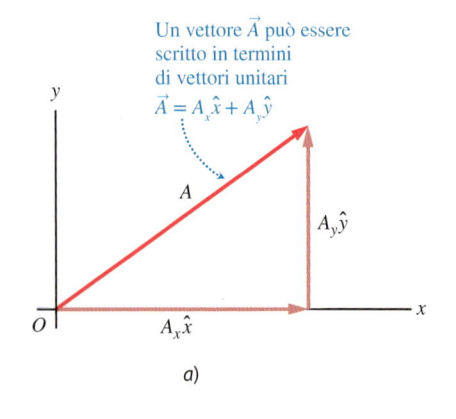

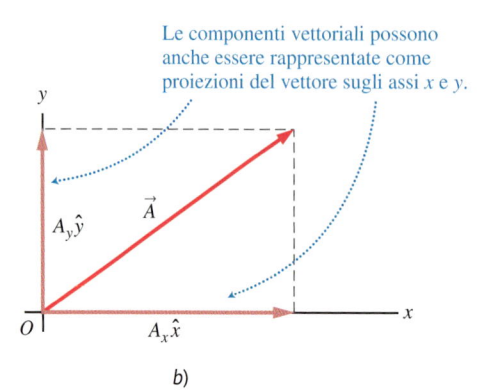

◀ **Figura 6**
Componenti vettoriali

3 Le grandezze cinematiche: posizione, spostamento, velocità e accelerazione

■ Vettore posizione

Per cominciare, consideriamo un sistema di coordinate bidimensionale, come quello di **figura 7**. In questo sistema la posizione di un oggetto è indicata da un vettore che va dall'origine al punto in cui si trova l'oggetto. Questo vettore si chiama **vettore posizione** e si indica generalmente con $\vec{r}$.

> **LE GRANDI IDEE**
>
> 1 La posizione, lo spostamento, la velocità e l'accelerazione sono grandezze vettoriali; ciascuna di esse è definita da modulo, direzione e verso.

◀ **Figura 7**
Vettore posizione

Detta r_x la componente di $\vec{r}$ sull'asse x ed r_y la componente di $\vec{r}$ sull'asse y, utilizzando i versori $\hat{x}$ e $\hat{y}$, risulta $\vec{r} = r_x\hat{x} + r_y\hat{y}$.

> **Vettore posizione, $\vec{r}$**
>
> $$\vec{r} = r_x\hat{x} + r_y\hat{y}$$

Nel SI il modulo di $\vec{r}$ si misura in **metri** (m).

■ Vettore spostamento

Supponiamo ora di essere nella posizione iniziale indicata dal vettore posizione $\vec{r}_i$ e di spostarci, successivamente, nella posizione finale rappresentata dal vettore posizione $\vec{r}_f$. Il **vettore spostamento**, $\Delta\vec{r}$, rappresenta la variazione di posizione. In **figura 8** è disegnato il vettore spostamento $\Delta\vec{r}$ determinato come *differenza* fra il vettore $\vec{r}_f$ e il vettore $\vec{r}_i$:

> **Vettore spostamento, $\Delta\vec{r}$**
>
> $$\Delta\vec{r} = \vec{r}_f - \vec{r}_i$$

Nel SI il modulo di $\Delta\vec{r}$ si misura in **metri** (m).

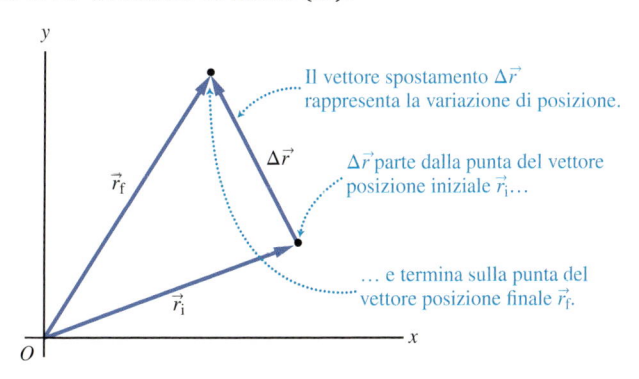

Animal navigation

How do animals navigate? The desert ant follows a complicated path from its nest to its food. However, when it returns, it follows the displacement vector from the food to the nest.
Read and listen to learn more!

◀ **Figura 8**
Vettore spostamento

GEO

Una **mappa** può essere utilizzata per determinare la direzione e il modulo del vettore spostamento da una posizione iniziale alla destinazione.

Vettore velocità

Il **vettore velocità media** è definito come il rapporto fra il vettore spostamento $\Delta \vec{r}$ e il tempo Δt impiegato a compiere tale spostamento:

Vettore velocità media, $\vec{v}_m$

$$\vec{v}_m = \frac{\Delta \vec{r}}{\Delta t}$$

Nel SI il modulo di $\vec{v}_m$ si misura in **metri al secondo** (m/s).

Poiché $\Delta \vec{r}$ è un vettore, anche $\vec{v}_m$ è un vettore: è il vettore $\Delta \vec{r}$ moltiplicato per lo scalare $\frac{1}{\Delta t}$. Ne segue che $\vec{v}_m$ è *parallelo* a $\Delta \vec{r}$.

Per visualizzare $\vec{v}_m$, immaginiamo un oggetto che si muove in due dimensioni lungo la traiettoria indicata dalla linea azzurra in **figura 9**. Se l'oggetto si trova nel punto P_1 nell'istante t_1 e nel punto P_2 nell'istante t_2, il suo spostamento è indicato dal vettore $\Delta \vec{r}$. Come mostrato in figura, **il vettore velocità media è parallelo a $\Delta \vec{r}$**; dal punto di vista fisico ciò ha senso perché nell'intervallo di tempo fra t_1 e t_2 l'oggetto si è spostato, in *media*, in direzione $\Delta \vec{r}$. In altre parole, un oggetto che parta da P_1 nell'istante t_1 e si muova con velocità $\vec{v}_m$ fino all'istante t_2, arriverà esattamente nello stesso punto P_2 di un oggetto che abbia seguito la traiettoria azzurra della figura.

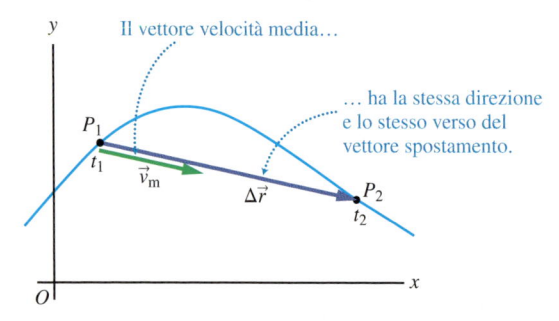

◀ **Figura 9**
Vettore velocità media

Calcolando il vettore velocità media su intervalli di tempo sempre più piccoli, come mostrato in **figura 10**, si ottiene il vettore velocità istantanea. Al limite, per intervalli di tempo piccolissimi (tendenti a 0), il vettore velocità media tende al **vettore velocità istantanea**, che punta nella direzione del moto.

Vettore velocità istantanea, $\vec{v}$

$$\vec{v} = \lim_{\Delta t \to 0} \frac{\Delta \vec{r}}{\Delta t}$$

COLLEGAMENTO⁺ ▶▶
Strumenti matematici

Per approfondire, vai alla scheda *Significato geometrico del rapporto incrementale e del suo limite* a pag. 459.

Nel SI il modulo di $\vec{v}$ si misura in metri al secondo (m/s).

Come si può vedere in figura, il **vettore velocità istantanea** in un determinato istante è **tangente alla traiettoria** della particella in quell'istante.

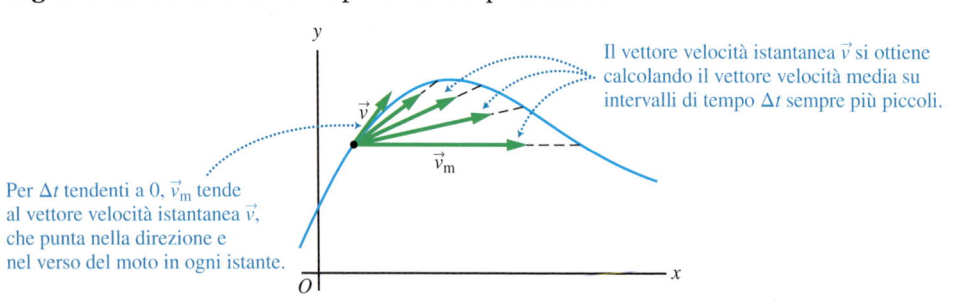

◀ **Figura 10**
Vettore velocità istantanea

D'ora in avanti, se non specificato diversamente, parlando di vettore velocità intenderemo il vettore velocità istantanea.

APPLICA SUBITO

2 Una libellula è osservata inizialmente nella posizione $\vec{r}_i = (2{,}00 \text{ m})\hat{x} + (3{,}50 \text{ m})\hat{y}$ e 3 secondi più tardi nella posizione $\vec{r}_f = (-3{,}00 \text{ m})\hat{x} + (5{,}50 \text{ m})\hat{y}$. Qual è stata la velocità media della libellula in questo intervallo di tempo?

Calcoliamo il vettore spostamento $\Delta \vec{r}$ come differenza fra il vettore $\vec{r}_f$ e il vettore $\vec{r}_i$ sottraendo le rispettive componenti x e y:

$$\Delta \vec{r} = (-3{,}00 \text{ m} - 2{,}00 \text{ m})\hat{x} + (5{,}50 \text{ m} - 3{,}50 \text{ m})\hat{y} = (-5{,}00 \text{ m})\hat{x} + (2{,}00 \text{ m})\hat{y}$$

Dividendo ciascuna componente di $\Delta \vec{r}$ per l'intervallo di tempo $\Delta t = 3{,}00$ s, otteniamo le componenti della velocità media:

$$v_x = \frac{-5{,}00 \text{ m}}{3{,}00 \text{ s}} = -1{,}67 \text{ m/s} \qquad v_y = \frac{2{,}00 \text{ m}}{3{,}00 \text{ s}} = 0{,}667 \text{ m/s}$$

Pertanto la velocità media sarà il vettore $\vec{v}$, di modulo:

$$v = |\vec{v}| = \sqrt{(-1{,}67)^2 + (0{,}667)^2} \text{ m/s} = 1{,}80 \text{ m/s}$$

Vettore accelerazione

Il **vettore accelerazione media**, in un dato intervallo di tempo Δt, è definito come il rapporto tra la variazione del vettore velocità, $\Delta \vec{v}$, e lo scalare Δt:

Vettore accelerazione media, $\vec{a}_m$

$$\vec{a}_m = \frac{\Delta \vec{v}}{\Delta t}$$

Nel SI il modulo di $\vec{a}_m$ si misura in **metri al secondo quadrato** (m/s²).
Il vettore accelerazione media $\vec{a}_m$ ha la stessa direzione e lo stesso verso del vettore $\Delta \vec{v}$. Quando un oggetto si muove lungo una traiettoria nel piano, il suo vettore velocità può cambiare in modulo e/o in direzione.
Vediamo come si determina il vettore accelerazione media $\vec{a}_m$, seguendo i passi illustrati in **figura 11**.

1. Consideriamo i due vettori velocità iniziale $\vec{v}_i$ e velocità finale $\vec{v}_f$ (**fig. 11a**).
2. Per determinare il vettore differenza $\Delta \vec{v} = \vec{v}_f - \vec{v}_i$ trasliamo il vettore $\vec{v}_f$ in modo che abbia lo stesso punto di applicazione di $\vec{v}_i$ (**fig. 11b**).
3. Disegniamo il vettore $\Delta \vec{v}$ che va dalla punta di $\vec{v}_i$ alla punta di $\vec{v}_f$ (**fig. 11c**).
4. Determiniamo il vettore $\vec{a}$ che ha la stessa direzione e lo stesso verso di $\Delta \vec{v}$ e modulo uguale a Δv moltiplicato per lo scalare $\frac{1}{\Delta t}$ (**fig. 11d**).

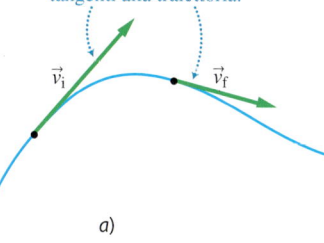

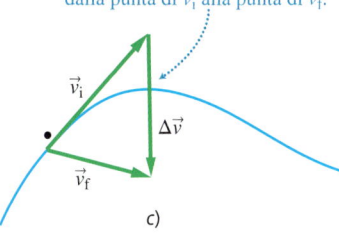

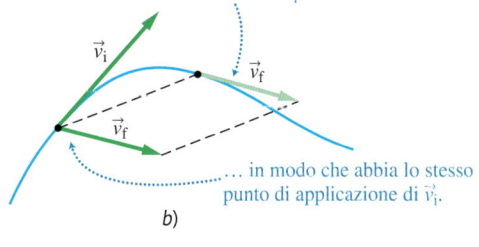

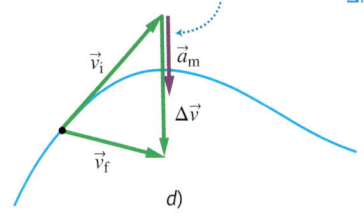

◀ **Figura 11** Come si determina il vettore accelerazione media

Considerando intervalli di tempo infinitesimi (al limite tendenti a zero), possiamo definire l'**accelerazione istantanea**:

Vettore accelerazione istantanea, $\vec{a}$

$$\vec{a} = \lim_{\Delta t \to 0} \frac{\Delta \vec{v}}{\Delta t}$$

COLLEGAMENTO ▶▶
Strumenti matematici

Per approfondire, vai alla scheda *Significato geometrico del rapporto incrementale e del suo limite* a pag. 459.

Nel SI il modulo di $\vec{a}$ si misura in **metri al secondo quadrato** (m/s²).

Sottolineiamo una fondamentale differenza fra il vettore velocità e il vettore accelerazione:

- il vettore velocità $\vec{v}$ è sempre nella direzione del moto;
- il vettore accelerazione $\vec{a}$ in genere ha direzione diversa da quella del moto.

▮ Diagramma del moto

Attraverso un **diagramma del moto** è possibile visualizzare i cambiamenti della velocità, sia in modulo sia in direzione, di un oggetto che si muove nel piano, rappresentando al tempo stesso l'accelerazione.

Consideriamo le posizioni successive di un oggetto, ad esempio un'auto, a intervalli di tempo regolari, come in **figura 12**: i punti rappresentano le posizioni a intervalli di tempo $\Delta t = 1$ s in modo che, essendo $\Delta \vec{r} = \vec{v}_m \cdot \Delta t$, $\Delta \vec{r}$ e $\vec{v}_m$ saranno due vettori che si potranno rappresentare nello stesso modo.

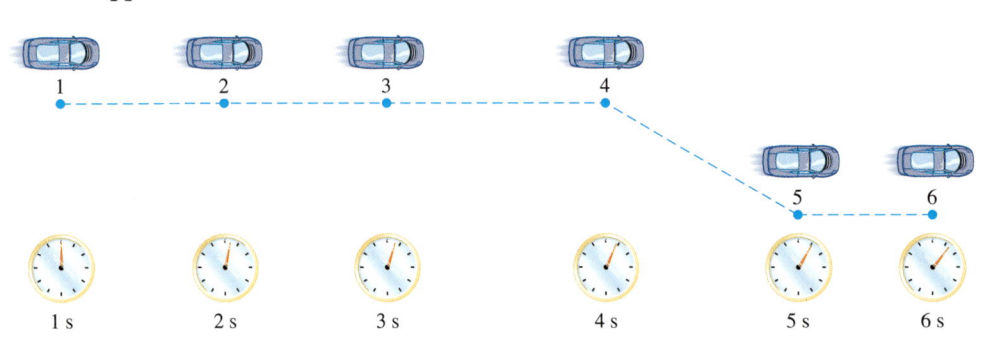

◀ **Figura 12**
Posizioni di un'auto a intervalli di tempo regolari

Tracciamo il vettore $\Delta \vec{r}$ che va da una posizione alla successiva: il vettore rappresenta anche la velocità media con la quale l'oggetto si muove fra due posizioni considerate.

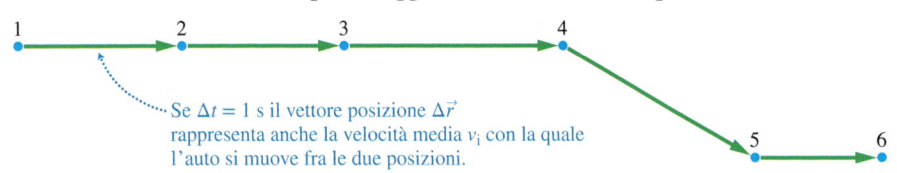

Se $\Delta t = 1$ s il vettore posizione $\Delta \vec{r}$ rappresenta anche la velocità media v_i con la quale l'auto si muove fra le due posizioni.

Analizziamo in dettaglio il diagramma.

- $\vec{v}_1$ e $\vec{v}_2$ sono uguali in modulo e in direzione:

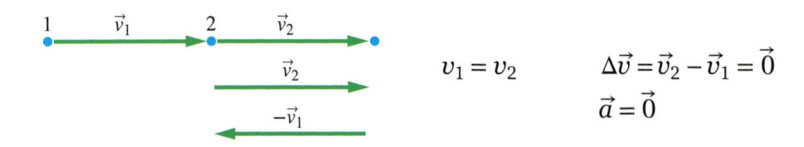

$v_1 = v_2 \qquad \Delta \vec{v} = \vec{v}_2 - \vec{v}_1 = \vec{0}$
$\vec{a} = \vec{0}$

- $\vec{v}_2$ e $\vec{v}_3$ hanno modulo diverso ma direzione uguale:

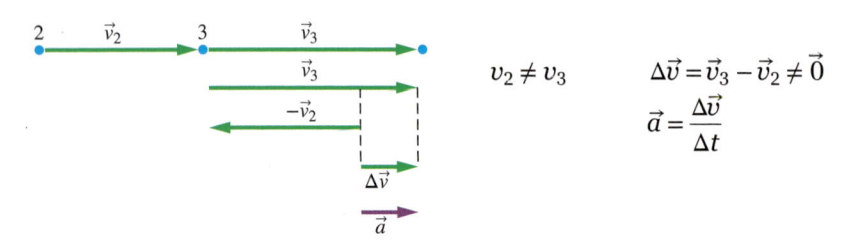

$v_2 \neq v_3 \qquad \Delta \vec{v} = \vec{v}_3 - \vec{v}_2 \neq \vec{0}$
$\vec{a} = \dfrac{\Delta \vec{v}}{\Delta t}$

- $\vec{v}_3$ e $\vec{v}_4$ differiscono in direzione, ma non in modulo:

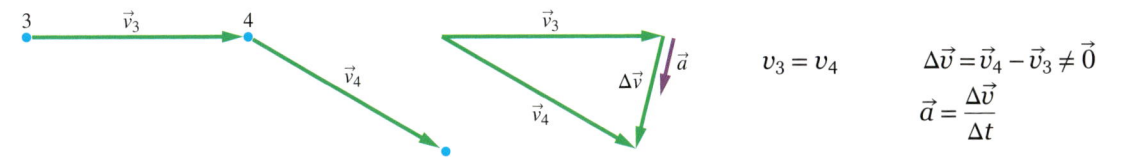

$$v_3 = v_4 \qquad \Delta\vec{v} = \vec{v}_4 - \vec{v}_3 \neq \vec{0}$$
$$\vec{a} = \frac{\Delta\vec{v}}{\Delta t}$$

- $\vec{v}_4$ e $\vec{v}_5$ differiscono in modulo e in direzione:

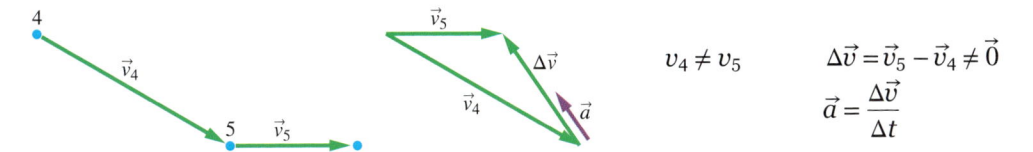

$$v_4 \neq v_5 \qquad \Delta\vec{v} = \vec{v}_5 - \vec{v}_4 \neq \vec{0}$$
$$\vec{a} = \frac{\Delta\vec{v}}{\Delta t}$$

Un oggetto può quindi accelerare anche se la sua velocità scalare è costante: come visto sopra, **variando la direzione della velocità si ottiene una variazione $\Delta\vec{v}$**.
Consideriamo ad esempio un'automobile che viaggia a velocità costante su una traiettoria non rettilinea, come mostrato in **figura 13**. La velocità finale dell'auto è uguale in modulo alla velocità iniziale, ma la sua direzione è diversa: pertanto esiste un'accelerazione diretta verso il centro della curva.

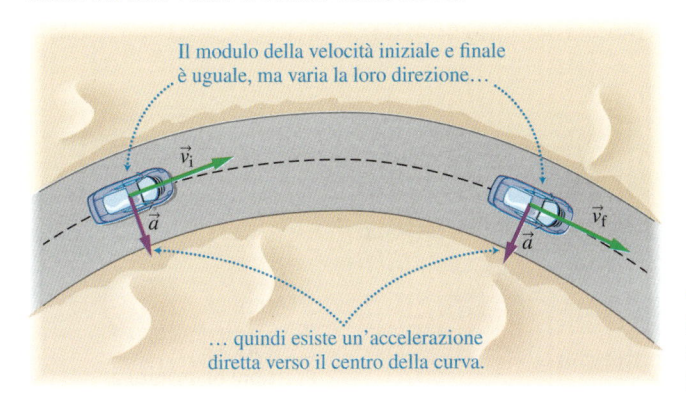

◀ **Figura 13**
Accelerazione dovuta alla variazione di direzione della velocità

▲ Quando si deve affrontare in auto una serie di tornanti, la velocità cambia sia in modulo sia in direzione: entrambe le variazioni di velocità producono accelerazione.

APPLICA SUBITO

3 Un'automobile che affronta una curva viaggia alla velocità costante di 75 km/h, effettuando un cambio di direzione di 62° in 8,5 s. Determina il valore dell'accelerazione dell'auto.

Scegliamo un opportuno sistema di riferimento, con l'origine nel punto di applicazione di $\vec{v}_i$, e rappresentiamo i vettori velocità iniziale $\vec{v}_i$ e velocità finale $\vec{v}_f$.
Con questa scelta del sistema di riferimento, e tenendo presente che 75 km/h = 21 m/s, i vettori $\vec{v}_i$ e $\vec{v}_f$ sono:

$\vec{v}_i = (21 \text{ m/s})\hat{y}$ essendo nulla la sua componente x

$\vec{v}_f = (21 \cos 28° \text{ m/s})\hat{x} + (21 \sin 28° \text{ m/s})\hat{y} = (19 \text{ m/s})\hat{x} + (9{,}9 \text{ m/s})\hat{y}$

Determiniamo le componenti del vettore $\Delta\vec{v} = \vec{v}_f - \vec{v}_i$, sottraendo le rispettive componenti:

$\Delta\vec{v} = (19 \text{ m/s} - 0 \text{ m/s})\hat{x} + (9{,}9 \text{ m/s} - 21 \text{ m/s})\hat{y} = (19 \text{ m/s})\hat{x} + (-11 \text{ m/s})\hat{y}$

Calcoliamo il modulo di $\Delta\vec{v}$:

$|\Delta\vec{v}| = \sqrt{(19 \text{ m/s})^2 + (-11{,}1 \text{ m/s})^2} = 22 \text{ m/s}$

Calcoliamo infine il modulo dell'accelerazione media dell'auto:

$|\vec{a}_m| = \dfrac{|\Delta\vec{v}|}{\Delta t} = \dfrac{22 \text{ m/s}}{8{,}5 \text{ s}} = 2{,}6 \text{ m/s}^2$

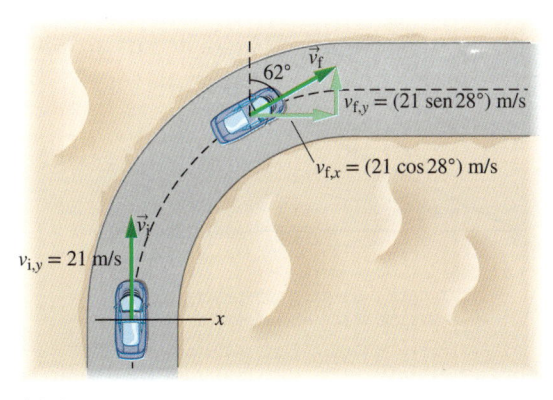

4 La composizione dei moti

In questo paragrafo ci proponiamo di dimostrare che la descrizione del moto di un corpo in due dimensioni è riconducibile alla descrizione di due moti unidimensionali indipendenti, lungo la direzione x e la direzione y, dei quali conosciamo già le leggi orarie che abbiamo studiato nel biennio. Il moto bidimensionale risulta, come vedremo, dalla composizione dei moti unidimensionali lungo i due assi cartesiani.

Consideriamo la semplice situazione mostrata in **figura 14**, che descrive un **moto bidimensionale con velocità costante**. Una tartaruga parte dall'origine nell'istante $t = 0$ e si muove con velocità scalare costante $v_0 = 0{,}26$ m/s nella direzione che forma un angolo di 25° sopra l'asse x. Di quanto si è spostata la tartaruga nelle direzioni x e y dopo 5,0 secondi? Innanzitutto, osserviamo che la tartaruga percorre in linea retta una distanza:

$$d = v_0 t = (0{,}26 \text{ m/s})(5{,}0 \text{ s}) = 1{,}3 \text{ m}$$

come indicato in **figura 14a**. Per la definizione di seno e coseno, possiamo scrivere:

$$x = d \cos 25° = 1{,}2 \text{ m} \qquad y = d \operatorname{sen} 25° = 0{,}55 \text{ m}$$

Un modo alternativo per affrontare il problema è quello di *trattare separatamente i moti nelle due direzioni x e y*. Per prima cosa, determiniamo la velocità della tartaruga in ciascuna direzione; riferendoci alla **figura 14b**, vediamo che la componente x della velocità è:

$$v_{0x} = v_0 \cos 25° = 0{,}26 \cos 25° = 0{,}24 \text{ m/s}$$

e la componente y è:

$$v_{0y} = v_0 \operatorname{sen} 25° = 0{,}26 \operatorname{sen} 25° = 0{,}11 \text{ m/s}$$

Determiniamo ora la distanza percorsa dalla tartaruga in direzione x e in direzione y moltiplicando la velocità in ciascuna direzione per il tempo:

$$x = v_{0x} t = (0{,}24 \text{ m/s})(5{,}0 \text{ s}) = 1{,}2 \text{ m} \qquad y = v_{0y} t = (0{,}11 \text{ m/s})(5{,}0 \text{ s}) = 0{,}55 \text{ m}$$

Questi risultati sono naturalmente in accordo con quelli ottenuti prima.

> **LE GRANDI IDEE**
>
> **2** Il moto bidimensionale è dato dalla composizione di due moti, lungo l'asse x e lungo l'asse y, completamente indipendenti l'uno dall'altro. Ciascuno dei due moti si può considerare separatamente come moto unidimensionale.

▼ **Figura 14**
Moto bidimensionale con velocità costante

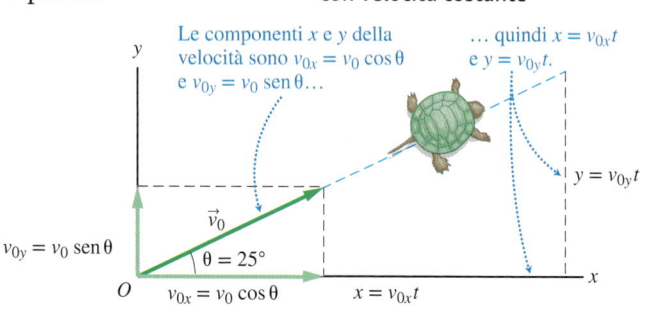

a) Scomposizione dello spostamento rispetto al sistema di riferimento scelto

b) Moto bidimensionale come combinazione di moti separati in direzione x e in direzione y

Per riassumere, possiamo considerare il moto della tartaruga come una combinazione di moti separati in direzione x e in direzione y.

In generale, se supponiamo che la tartaruga parta da una posizione $x = x_0$ e $y = y_0$ nell'istante $t = 0$, possiamo scrivere le equazioni del moto in x e in y:

$$x = x_0 + v_{0x} t \qquad y = y_0 + v_{0y} t$$

La procedura che abbiamo applicato in una semplice situazione vale per *qualunque moto nel piano*, come stabilì Galileo formulando il principio di indipendenza dei moti, che è alla base della descrizione del moto in due dimensioni:

> **Principio di indipendenza dei moti**
>
> I moti lungo l'asse x e lungo l'asse y sono indipendenti e la loro composizione fornisce il moto bidimensionale complessivo.

COLLEGAMENTO ▶▶
In digitale
Moto bidimensionale con accelerazione costante

PROBLEM SOLVING 1 La picchiata dell'aquila

Un'aquila, appollaiata sul ramo di un albero che si trova 19,5 m al di sopra dell'acqua, scorge un pesce che sta nuotando vicino alla superficie. L'aquila si lancia dal ramo e scende verso l'acqua. Aggiustando l'assetto del suo corpo in volo, l'aquila mantiene il modulo della velocità costante di 3,10 m/s e una direzione che forma un angolo di 20,0° al di sotto dell'orizzontale.
a. In quanto tempo l'aquila raggiunge la superficie dell'acqua?
b. Che distanza ha percorso in direzione orizzontale quando raggiunge la superficie dell'acqua?

DESCRIZIONE DEL PROBLEMA Scegliamo un sistema di coordinate in modo che l'aquila parta da $x_0 = 0$ m e $y_0 = h = 19,5$ m; il livello dell'acqua è $y = 0$ m. Come indicato nella figura, $v_{0x} = v_0 \cos\theta$ e $v_{0y} = -v_0 \sin\theta$, dove $v_0 = 3,10$ m/s e $\theta = 20,0°$. Osserviamo che entrambe le componenti della velocità dell'aquila sono costanti e quindi possiamo applicare le equazioni del moto nella direzione x e nella direzione y.

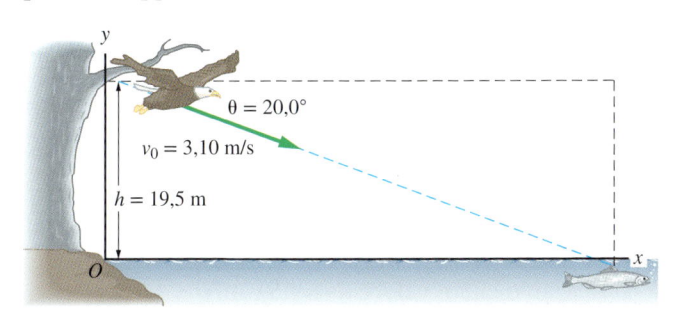

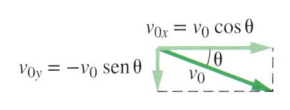

STRATEGIA
a. Trattiamo il volo dell'aquila come una combinazione di due moti separati nelle direzioni x e y. Poiché conosciamo il modulo della velocità dell'aquila e l'angolo con il quale scende, possiamo calcolare le componenti x e y della velocità. Utilizziamo quindi la legge del moto nella direzione y, cioè $y = y_0 + v_{0y}t$, per determinare il tempo t necessario per raggiungere l'acqua.
b. Sostituiamo il valore del tempo t trovato nell'equazione del moto nella direzione x, cioè $x = x_0 + v_{0x}t$, per determinare lo spazio percorso dall'aquila in direzione x.

Dati Altezza, $h = 19,5$ m; modulo della velocità, $v_0 = 3,10$ m/s; angolo, $\theta = 20,0°$

Incognite a. Tempo $t = ?$ **b.** Distanza orizzontale $x = ?$

SOLUZIONE
a. Determiniamo innanzitutto v_{0x} e v_{0y}:

$v_{0x} = v_0 \cos\theta = (3,10 \text{ m/s}) \cos 20,0° = 2,91 \text{ m/s}$

$v_{0y} = -v_0 \sin\theta = (-3,10 \text{ m/s}) \sin 20,0° = -1,06 \text{ m/s}$

Poniamo $y = 0$ e $y_0 = h$ in $y = y_0 + v_{0y}t$:

$y = y_0 + v_{0y}t \rightarrow h + v_{0y}t = 0$

Risolviamo rispetto a t:

$t = -\dfrac{h}{v_{0y}} = -\dfrac{19,5 \text{ m}}{(-1,06 \text{ m/s})} = 18,4 \text{ s}$

b. Sostituiamo $t = 18,4$ s in $x = x_0 + v_{0x}t$ per determinare x:

$x = x_0 + v_{0x}t = 0 \text{ m} + (2,91 \text{ m/s})(18,4 \text{ s}) = 53,5 \text{ m}$

OSSERVAZIONI Notiamo come, nel calcolo di t, i due segni meno si combinino per dare un tempo positivo. Un segno meno deriva dall'aver posto $y = 0$ m, l'altro dal fatto che v_{0y} è negativa. Non importa dove si è scelto di porre l'origine o quale verso si è scelto come positivo: il tempo avrà sempre lo stesso valore.

PROVA TU Qual è la posizione dell'aquila 2,00 s dopo che ha preso il volo? [$x = 5,82$ m, $y = 17,4$ m]

5 Il moto parabolico e le leggi del moto di un proiettile

Applichiamo ora l'indipendenza dei moti orizzontale e verticale al moto parabolico. Un oggetto ha un **moto parabolico** se è soggetto a un'accelerazione costante e ha una velocità iniziale in direzione diversa da quella dell'accelerazione.

In questo paragrafo consideriamo come accelerazione costante l'accelerazione di gravità e analizziamo il moto di qualunque oggetto, che per comodità chiamiamo **proiettile**, battuto o lanciato in direzione non verticale.

Nello studio del moto di un proiettile facciamo le seguenti ipotesi:
- la resistenza dell'aria viene ignorata;
- l'accelerazione di gravità è costante, ha la direzione dell'asse y verso il basso e ha modulo $g = 9{,}81$ m/s^2;
- la rotazione della Terra viene ignorata.

La resistenza dell'aria può essere significativa quando il proiettile si muove con una velocità relativamente alta o se incontra un vento molto forte. In molte situazioni della vita di tutti i giorni, tuttavia, come quando si lancia una palla a un amico o si lascia cadere un libro, la resistenza dell'aria è praticamente trascurabile.

Per quanto riguarda l'accelerazione di gravità, osserviamo che il valore $g = 9{,}81$ m/s^2 varia di poco da un punto all'altro sulla superficie terrestre e diminuisce al crescere dell'altitudine. Inoltre, la rotazione della Terra può essere significativa soltanto quando si prendono in considerazione proiettili che coprono grandi distanze. Quindi, negli esempi di moto di un proiettile considerati in questo capitolo, ignorando la variazione di g o la rotazione della Terra, compiamo errori molto piccoli.

Le grandezze vettoriali coinvolte nello studio del moto di un proiettile sono (**fig. 15a**):
- il *vettore posizione*, le cui componenti sono positive per la scelta del sistema di riferimento;
- il *vettore velocità*, con:
  - componente orizzontale v_x costante;
  - componente verticale v_y diretta verso l'alto o verso il basso a seconda che l'oggetto salga o scenda;
- il *vettore accelerazione*, con:
  - componente orizzontale a_x nulla;
  - componente verticale $a_y = -g$, cioè pari all'accelerazione di gravità e negativa perché si sceglie l'asse y con il verso positivo in alto.

Consideriamo ad esempio una palla da tennis, lanciata con un angolo θ rispetto all'orizzontale, come in **figura 15b**, e supponiamo che la palla parta da un punto di coordinate $(x_0\,;\,y_0)$. Le componenti della velocità iniziale $\vec{v}_0$ sono:

$$v_{0x} = v_0 \cos\theta \qquad v_{0y} = v_0 \operatorname{sen}\theta$$

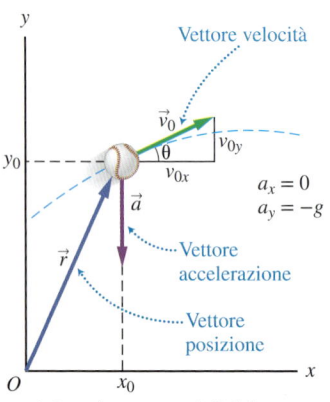

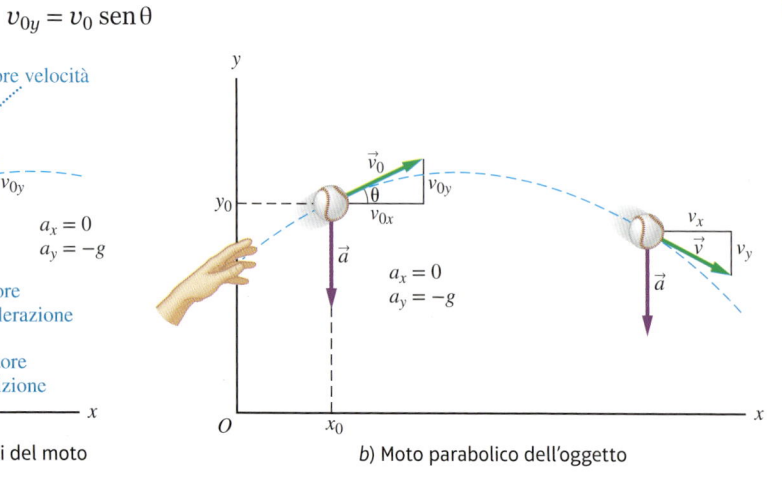

a) Grandezze vettoriali del moto

b) Moto parabolico dell'oggetto

◀ **Figura 15**
Moto parabolico di una palla lanciata con un angolo θ

BIO

Il **pesce arciere** si procura il cibo sfruttando un'istintiva conoscenza del moto parabolico. Questo pesce, infatti, colpisce le sue prede con sorprendente precisione lanciando dalla bocca un violento getto d'acqua.

! ATTENZIONE
Le condizioni iniziali

Nell'analisi di un moto parabolico è necessario individuare le condizioni iniziali. Il punto di lancio di un proiettile determina x_0 e y_0. La velocità iniziale di un proiettile determina v_{0x} e v_{0y}.

La palla si muove di *moto uniforme* con velocità $v_{0x} = v_0 \cos\theta$ nella direzione x e di *moto uniformemente accelerato* con velocità iniziale $v_{0y} = \pm v_0 \sin\theta$ (dove il segno $\pm$ è dovuto al verso della componente verticale della velocità iniziale) e accelerazione $a_y = -g$ nella direzione y.

Le sue leggi del moto sono dunque:

Leggi del moto parabolico

In direzione x: $\begin{cases} a_x = 0 \\ v_x = v_{0x} \\ x = x_0 + v_{0x}t \end{cases}$ In direzione y: $\begin{cases} a_y = -g \\ v_y = v_{0y} - gt \\ y = y_0 + v_{0y}t - \dfrac{1}{2}gt^2 \end{cases}$

Palla lanciata da un carrello

[in inglese, con sottotitoli in inglese e in italiano]

Una pallina viene lanciata verso l'alto da un carrello in moto rettilineo uniforme: dove atterrerà? Guarda il video e prova a rispondere!

L'indipendenza dei moti orizzontale e verticale nel moto parabolico è evidente nell'immagine a esposizioni multiple riportata in **figura 16**, che mostra la traiettoria di un ragazzo che salta verso l'alto partendo dallo skateboard che si muove di moto uniforme. Il ragazzo mantiene la velocità orizzontale iniziale; di conseguenza, nella sua traiettoria, rimane esattamente sopra lo skateboard in ogni istante e, quando atterra, cade sopra lo skateboard proprio come avrebbe fatto se non avesse saltato.

▲ **Figura 16**
Indipendenza dei moti orizzontale e verticale nel moto parabolico

APPLICA SUBITO

4 Un proiettile viene lanciato dall'origine con velocità iniziale di modulo 20,0 m/s e con un angolo di 35,0° sopra l'orizzontale.

a. Determina le posizioni x e y del proiettile nell'istante $t = 0{,}500$ s.

b. Determina le componenti x e y della velocità del proiettile nell'istante $t = 0{,}500$ s.

a. Calcoliamo innanzitutto le componenti x e y della velocità iniziale:

$v_{0x} = v_0 \cos\theta = (20{,}0 \text{ m/s}) \cos 35{,}0° = 16{,}4 \text{ m/s}$

$v_{0y} = v_0 \sin\theta = (20{,}0 \text{ m/s}) \sin 35{,}0° = 11{,}5 \text{ m/s}$

Sostituendo il valore di t nelle relazioni $x = v_{0x}t$ e $y = v_{0y}t - \dfrac{1}{2}gt^2$, otteniamo:

$x = v_{0x}t = (16{,}4 \text{ m/s})(0{,}500 \text{ s}) = 8{,}20 \text{ m}$

$y = v_{0y}t - \dfrac{1}{2}gt^2 = (11{,}5 \text{ m/s})(0{,}500 \text{ s}) - \dfrac{1}{2}(9{,}81 \text{ m/s}^2)(0{,}500 \text{ s})^2 = 4{,}52 \text{ m}$

b. Sostituendo il valore di t nelle relazioni $v_x = v_{0x}$ e $v_y = v_{0y} - gt$, otteniamo:

$v_x = 16{,}4 \text{ m/s}$

$v_y = 11{,}5 \text{ m/s} - (9{,}81 \text{ m/s}^2)(0{,}500 \text{ s}) = 6{,}60 \text{ m/s}$

! **ATTENZIONE**
L'indipendenza dei moti per risolvere i problemi

I problemi sul moto dei proiettili possono essere risolti separando il sistema nelle sue componenti x e y, e determinando in modo indipendente il moto delle due componenti.

La **figura 17** mostra il moto del proiettile dell'esercizio precedente per una serie di istanti, a intervalli di 0,10 s.
Notiamo che i punti riportati in figura non sono ugualmente spaziati, anche se si riferiscono a intervalli di tempo uguali.

I punti che rappresentano la posizione sono più vicini nella zona più alta della traiettoria.

Posizioni del proiettile corrispondenti agli istanti $t = 0{,}10$ s; $0{,}20$ s; $0{,}30$ s; ...

Posizione considerata nell'esercizio 4.

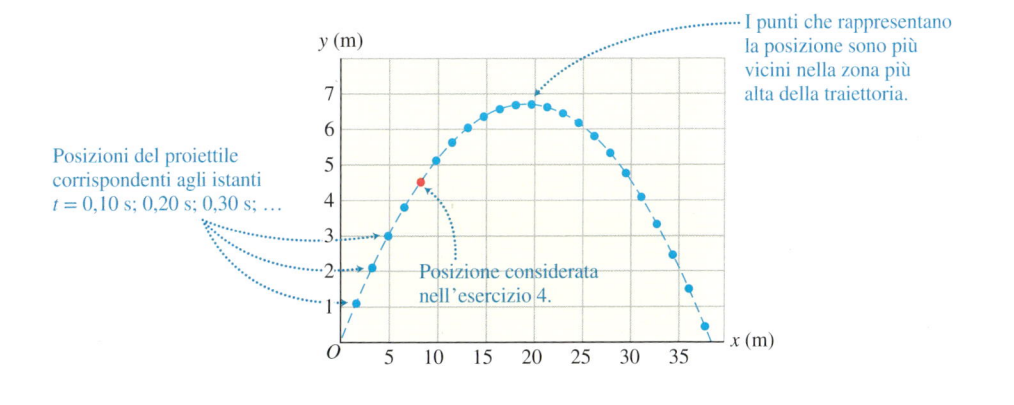

◀ **Figura 17**
Istantanee di una traiettoria

Osservando attentamente la **figura 17** notiamo che i punti sono raggruppati nella zona più alta della traiettoria e ciò significa che il proiettile resta una frazione di tempo relativamente lunga nei pressi del punto più alto. Per questo motivo un giocatore di pallacanestro che si lancia verso l'alto per afferrare una palla, o una ballerina che effettua un grande salto, sembrano "sospesi" in aria **(fig. 18)**.

■ Traiettoria

▶ Figura 18

La traiettoria mostrata in **figura 17** è una parabola. Possiamo dimostrare che la traiettoria del moto di un proiettile è sempre una **traiettoria parabolica**.
Supponiamo, per semplicità, che il proiettile parta dall'origine di un sistema di assi cartesiani e che v_0 abbia tutte e due le componenti positive. La posizione del proiettile a un generico istante t è data dalle equazioni del moto:

$$x = v_{0x} t \qquad y = v_{0y} t - \frac{1}{2} g t^2$$

Se ricaviamo t dalla prima equazione e lo sostituiamo nella seconda, otteniamo:

$$y = v_{0y}\left(\frac{x}{v_{0x}}\right) - \frac{1}{2} g \left(\frac{x}{v_{0x}}\right)^2 \qquad \text{cioè} \qquad y = \frac{v_{0y}}{v_{0x}} x - \frac{g}{2 v_{0x}^2} x^2$$

Osserviamo che y è legata a x da un'equazione del tipo:

$$y = ax^2 + bx \qquad \text{con } a = -\frac{g}{2 v_{0x}^2} = \text{costante} \quad \text{e} \quad b = \frac{v_{0y}}{v_{0x}} = \text{costante}$$

che è l'equazione di una parabola passante per l'origine degli assi.

■ Altezza massima

L'altezza massima raggiunta da un proiettile si trova **imponendo la condizione $v_y = 0$**: infatti la componente verticale della velocità del proiettile diminuisce fino ad annullarsi nell'istante in cui raggiunge la massima altezza, per poi aumentare nuovamente.
Dalla legge del moto:

$$v_y = v_{0y} - gt$$

imponendo che la velocità v_y sia nulla, si ottiene:

$$v_{0y} - gt = 0$$

da cui si ricava il tempo t in cui il proiettile ha v_y nulla:

$$t = \frac{v_{0y}}{g}$$

Sostituendo l'espressione $t = v_{0y}/g$ nell'equazione del moto:

$$y = v_{0y} t - \frac{1}{2} g t^2$$

otteniamo l'altezza massima raggiunta dal proiettile:

$$y_{\max} = v_{0y} \frac{v_{0y}}{g} - \frac{1}{2} g \left(\frac{v_{0y}}{g}\right)^2 = \frac{v_{0y}^2}{g} - \frac{v_{0y}^2}{2g} = \frac{v_{0y}^2}{2g}$$

Quindi:

Altezza massima in un moto parabolico

$$y_{\max} = \frac{v_{0y}^2}{2g}$$

LE GRANDI IDEE

3 I proiettili sono oggetti, battuti o lanciati in direzione non verticale e poi soggetti soltanto all'accelerazione di gravità; essi percorrono traiettorie paraboliche con la curva rivolta verso il basso.

COLLEGAMENTO⁺ ▶▶
Strumenti matematici
Per approfondire, vai alla scheda *Le equazioni parametriche di una curva piana* a pag. 462.

MATH⁺
A partire dall'equazione della traiettoria, l'**altezza massima** si può ottenere calcolando l'ordinata del vertice della parabola.

GEO
Le **bombe di lava** e i **getti di una fontana** possono essere considerati dei proiettili lanciati verso l'alto con un certo angolo. Essi tracciano una traiettoria parabolica, tipica del moto di un proiettile. Le traiettorie sono solo lievemente modificate dalla resistenza dell'aria.

5 Il moto parabolico e le leggi del moto di un proiettile

PROBLEM SOLVING 2 **Un colpo difficile**

Un giocatore di golf lancia una pallina con un angolo di 54,0° sopra l'orizzontale e una velocità $v_0 = 13{,}5$ m/s. Qual è l'altezza massima raggiunta dalla pallina?

- **DESCRIZIONE DEL PROBLEMA** La figura mostra la pallina che parte dall'origine, $x_0 = 0$, $y_0 = 0$, con un angolo di lancio di 54,0°, e che descrive una parabola.

- **STRATEGIA** L'altezza massima y_{max} si trova imponendo la condizione di annullamento della componente verticale della velocità, cioè $v_y = 0$. Dalla relazione $v_y = v_{0y} - gt = 0$ si ricava il tempo t che, sostituito in $y = v_{0y}t - \frac{1}{2}gt^2$, permette di determinare y_{max}.

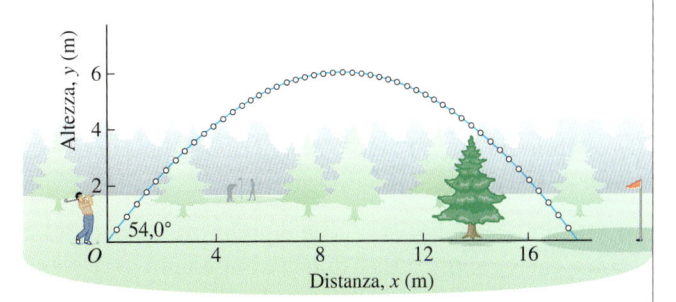

Dati Angolo di lancio, $\theta = 54{,}0°$; velocità iniziale, $v_0 = 13{,}5$ m/s

Incognita Altezza massima della palla, $y_{max} = ?$

- **SOLUZIONE** Dall'equazione $v_y = v_{0y} - gt$, imponendo la condizione $v_y = 0$ ricaviamo t:

$$v_{0y} - gt = 0 \quad \rightarrow \quad t = \frac{v_{0y}}{g}$$

Inseriamo questo valore di t nell'equazione $y = v_{0y}t - \frac{1}{2}gt^2$ e determiniamo y_{max}:

$$y_{max} = v_{0y}\frac{v_{0y}}{g} - \frac{1}{2}g\left(\frac{v_{0y}}{g}\right)^2 = \frac{v_{0y}^2}{2g}$$

Calcoliamo $v_{0y} = v_0 \sen\theta$ e sostituiamo i valori numerici:

$$y_{max} = \frac{v_0^2(\sen^2\theta)}{2g} = \frac{(13{,}5 \text{ m/s})^2 (\sen^2 54{,}0°)}{2(9{,}81 \text{ m/s}^2)} = 6{,}08 \text{ m}$$

- **OSSERVAZIONI** Se la pallina atterra sul green allo stesso livello da cui è partita, dopo aver percorso una distanza orizzontale di 17,8 m, la sua coordinata x in corrispondenza dell'altezza massima è $x = 17{,}8 \text{ m}/2 = 8{,}90$ m.

PROVA TU Dopo quanto tempo la pallina ricade a terra? [2,23 s]

■ Tempo di volo e gittata

La **gittata** di un proiettile è la distanza orizzontale x_G che un proiettile partito da terra percorre prima di atterrare.
Consideriamo il caso mostrato in **figura 19**, nel quale i livelli iniziale e finale sono gli stessi ($y = 0$). Scriviamo le equazioni del moto nell'istante in cui il proiettile atterra:

$$x_G = v_{0x}t$$

$$0 = v_{0y}t - \frac{1}{2}gt^2$$

Risolvendo la seconda equazione rispetto al tempo otteniamo:

$$v_{0y}t - \frac{1}{2}gt^2 = 0 \quad \rightarrow \quad t\left(v_{0y} - \frac{1}{2}gt\right) = 0$$

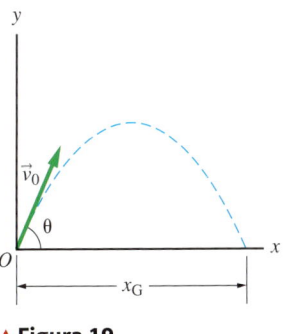

▲ **Figura 19**
Gittata di un proiettile

L'equazione ha due soluzioni:

$$t = 0 \quad \text{e} \quad t = \frac{2v_{0y}}{g}$$

Chiaramente $t = 0$ è la soluzione corrispondente alla condizione iniziale; la soluzione che cerchiamo è un valore del tempo maggiore di zero, cioè l'altra soluzione dell'equazione, che rappresenta l'istante in cui il proiettile atterra, detto anche **tempo di volo**:

Tempo di volo nel moto del proiettile

$$t_{\text{volo}} = \frac{2v_{0y}}{g}$$

(angolo di lancio maggiore di zero e livelli di partenza e arrivo uguali)

Se sostituiamo questo tempo nella prima equazione del moto, possiamo determinare il valore di x quando il proiettile atterra, cioè la gittata x_G:

$$x_G = v_{0x} t = \frac{2 v_{0x} v_{0y}}{g}$$

Quindi:

Gittata nel moto del proiettile

$$x_G = \frac{2 v_{0x} v_{0y}}{g}$$

(angolo di lancio maggiore di zero e livelli di partenza e arrivo uguali)

MATH+

A partire dall'equazione della traiettoria, la **gittata** si ottiene calcolando l'ascissa del punto di intersezione della parabola con l'asse x.

Consideriamo la situazione illustrata in **figura 20** in cui sono riportate le traiettorie di proiettili con velocità iniziale di 20 m/s e angoli di lancio rispettivamente di 60°, 45° e 30°. Osserviamo che:
- angoli di lancio complementari, come 30° e 60°, danno la stessa gittata;
- la gittata massima si ha per un angolo di 45°.

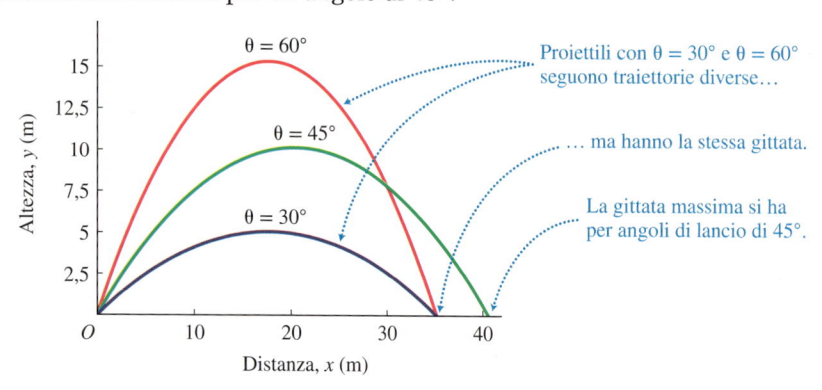

COLLEGAMENTO ▶▶
In digitale
Simmetria nel moto di un proiettile

◀ **Figura 20**
Gittata e angolo di lancio in assenza di resistenza dell'aria

Per un angolo di 45° la componente della velocità lungo l'asse x è uguale a quella lungo l'asse y, cioè:

$$v_{0x} = v_{0y} = v_0 \cos 45° = v_0 \frac{\sqrt{2}}{2}$$

e quindi possiamo scrivere:

$$v_{0x}^2 = \frac{v_0^2}{2}$$

Pertanto la **gittata massima** risulta:

$$x_{G,\text{max}} = \frac{2 v_{0x}^2}{g} = \frac{v_0^2}{g}$$

▼ Nel volo di un pallone in una partita di calcio la resistenza dell'aria riduce la gittata.

Le espressioni di x_G e $x_{G,\text{max}}$ che abbiamo derivato sono valide solo nel caso ideale di *assenza di resistenza dell'aria*. Nei casi in cui la resistenza dell'aria è significativa, come ad esempio nel volo di un pallone o di una palla da golf, la gittata si riduce. Inoltre, la gittata massima si ha per un angolo di lancio minore di 45°; infatti, con un angolo di lancio minore, il pallone o la palla rimangono meno tempo in aria, dando alla resistenza dell'aria meno tempo per agire.

In **figura 21** è mostrato l'effetto della resistenza dell'aria su proiettili che hanno velocità iniziale uguale in modulo, ma diversi angoli di lancio. Osserviamo che la massima gittata si ha per angoli di lancio minori di 45° e che i proiettili tornano a terra seguendo una traiettoria "più ripida" di quella di lancio.

> **COLLEGAMENTO ▶▶**
> Nel fascicolo LAB+
> **Con GeoGebra**
> Il moto parabolico

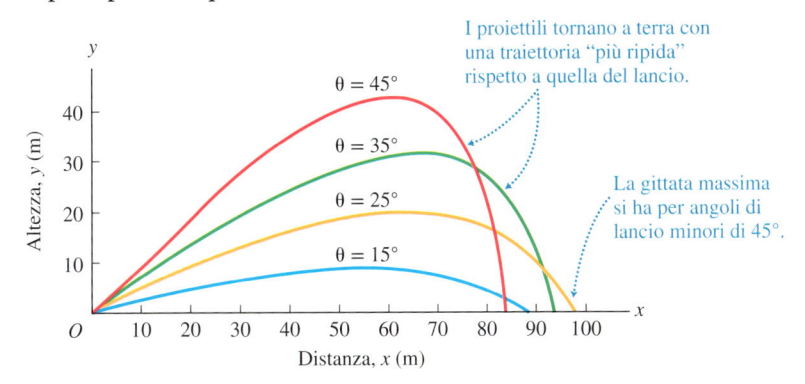

◀ **Figura 21**
Moto di proiettili con resistenza dell'aria

■ APPLICA SUBITO

5 In una partita di calcio il pallone viene calciato dal portiere e ricade a una distanza orizzontale di 60 m (considera trascurabile la resistenza dell'aria). Se il pallone è stato lanciato con un angolo di 40° sopra l'orizzontale:

a. qual era il modulo della sua velocità iniziale?
b. dopo quanto tempo è ricaduto a terra?

a. Per calcolare la velocità iniziale utilizziamo la relazione $x_G = \dfrac{2v_{0x}v_{0y}}{g}$, in cui la gittata x_G è nota ed è pari a 60 m ed esprimiamo v_{0x} e v_{0y} in funzione di v_0:

$$v_{0x} = v_0 \cos 40° = 0{,}7660\, v_0 \qquad v_{0y} = v_0 \sen 40° = 0{,}6428\, v_0$$

Sostituiamo nella relazione precedente e ricaviamo v_0:

$$x_G = \dfrac{2(0{,}7660 \cdot 0{,}6428)v_0^2}{g} \quad \rightarrow \quad v_0 = \sqrt{\dfrac{g x_G}{0{,}9848}} = \sqrt{\dfrac{(9{,}81 \text{ m/s}^2)(60 \text{ m})}{0{,}9848}} = 24 \text{ m/s}$$

b. Calcoliamo il tempo di volo del pallone con la formula introdotta:

$$t_{volo} = \dfrac{2v_{0y}}{g} = \dfrac{2v_0 \sen 40°}{9{,}81} = \dfrac{2(24 \text{ m/s}) \sen 40°}{9{,}81 \text{ m/s}^2} = 3{,}1 \text{ s}$$

Osserviamo che, poiché i moti in direzione x e y sono indipendenti, possiamo calcolare il tempo di volo anche con la relazione $t = \dfrac{x_G}{v_{0x}}$.

GEO

La gittata di un proiettile è inversamente proporzionale all'accelerazione di gravità g: minore è g e maggiore è dunque la gittata. Poiché **sulla Luna** l'accelerazione di gravità è circa 1/6 di quella terrestre, ne consegue che, a parità di condizioni di lancio, un proiettile cadrà circa 6 volte più lontano di quanto cadrebbe sulla Terra. In più, poiché la Luna possiede un'**atmosfera estremamente rarefatta**, l'attrito dell'aria è ampiamente trascurabile.
Approfittando di questa caratteristica dell'atmosfera della Luna, durante la terza missione lunare, nel 1971, l'astronauta Alan Shepard non poté resistere alla tentazione di portare con sé una mazza da golf e una pallina. Dopo aver camminato sull'altopiano di Fra Mauro, fu il primo uomo a battere una palla sulla Luna. La distanza coperta dalla pallina (circa 1 km) fu indubbiamente rispettabile anche se, suo malgrado, l'astronauta la vide sparire in un buco nella sabbia.

6 Casi particolari del moto di un proiettile

Lancio orizzontale

Esaminiamo il caso particolare del moto di un proiettile lanciato orizzontalmente, cioè in modo che l'angolo fra la velocità iniziale e l'orizzontale sia θ = 0°.
Supponiamo che una pallina sia lanciata da un tavolo da ping-pong di altezza h con velocità di modulo v_0, come mostrato in **figura 22**.
Se scegliamo il livello del suolo come $y = 0$ e il punto di lancio della palla direttamente al di sopra dell'origine, la posizione iniziale della palla è data da:

$$x_0 = 0 \qquad y_0 = h$$

Poiché la velocità iniziale è orizzontale, la componente x della velocità iniziale è semplicemente il modulo della velocità iniziale:

$$v_{0x} = v_0 \cos 0° = v_0$$

e la componente y della velocità iniziale è zero:

$$v_{0y} = v_0 \sen 0° = 0$$

Sostituendo questi valori di v_{0x} e v_{0y} nelle leggi del moto parabolico di un proiettile otteniamo i seguenti risultati per il **lancio orizzontale** (θ = 0°) da un'altezza h:

> **Leggi del moto parabolico (lancio orizzontale)**
>
> In direzione x: $\begin{cases} a_x = 0 \\ v_x = v_0 \\ x = v_0 t \end{cases}$ \qquad In direzione y: $\begin{cases} a_y = -g \\ v_y = -gt \\ y = h - \dfrac{1}{2}gt^2 \end{cases}$

Una pallina lanciata da un tavolo da ping-pong di altezza h con velocità v_0, descrive una traiettoria parabolica.

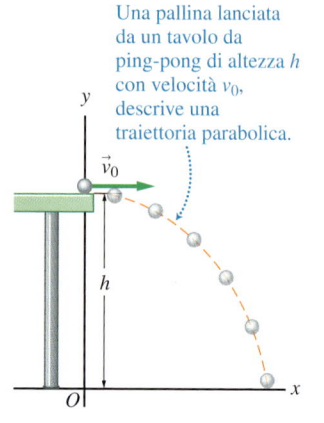

▲ **Figura 22**
Proiettile lanciato orizzontalmente

Osserviamo che la componente x della velocità rimane la stessa in ogni istante e che la componente y varia linearmente nel tempo. Di conseguenza, x cresce linearmente nel tempo e y varia quadraticamente con t.
Il diagramma di **figura 23** rappresenta il moto di un proiettile lanciato orizzontalmente da un'altezza di 9,5 m con una velocità iniziale di 5,0 m/s. Le posizioni mostrate nel diagramma corrispondono agli istanti t = 0,20 s; 0,40 s; 0,60 s; …
Osserviamo che il moto in direzione x è rettilineo uniforme e il moto in direzione y è uniformemente accelerato.

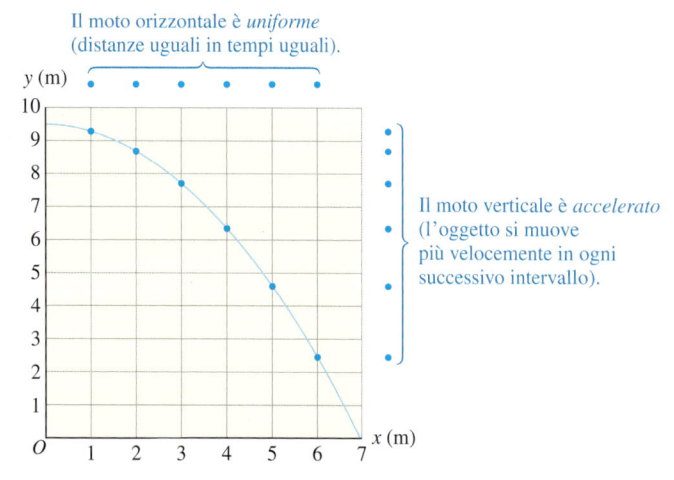

Il moto orizzontale è *uniforme* (distanze uguali in tempi uguali).

Il moto verticale è *accelerato* (l'oggetto si muove più velocemente in ogni successivo intervallo).

◀ **Figura 23**
Traiettoria di un proiettile lanciato orizzontalmente

Confrontiamo ora tempi e velocità del moto con lancio orizzontale con quelli del moto dovuto alla caduta libera.
Consideriamo due ragazzi che si tuffano in un lago da una sporgenza della riva, come mostrato in **figura 24**. Il ragazzo 1 si lascia cadere diritto verso il basso, mentre il ragazzo 2 corre verso la sporgenza con una velocità iniziale orizzontale v_0.

Possiamo verificare che l'istante in cui i due ragazzi toccano l'acqua è lo stesso e che in tale istante la velocità del ragazzo 2 è maggiore di quella del ragazzo 1.

Infatti, nessuno dei due ragazzi ha una componente y della velocità iniziale ed entrambi cadono con la stessa accelerazione verticale, l'accelerazione di gravità. Di conseguenza, i due ragazzi cadono per lo stesso tempo e la componente v_y della loro velocità nell'istante dell'entrata in acqua è la stessa. Poiché il ragazzo 2 ha anche una componente v_x della velocità iniziale non nulla, diversamente dal ragazzo 1, la velocità finale del ragazzo 2 è maggiore.

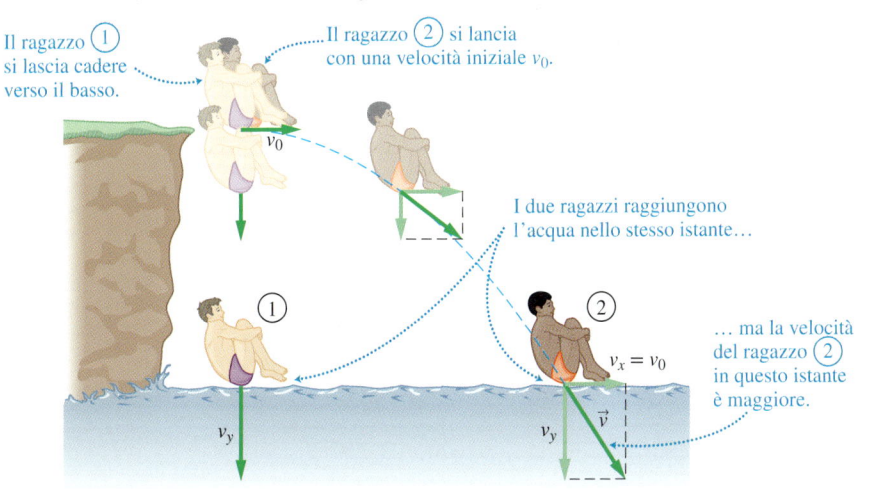

Moto con lancio orizzontale e moto in caduta libera
[in inglese, con sottotitoli in inglese e in italiano]

Immagina di lasciar cadere una palla in verticale e, contemporaneamente, di lanciarne un'altra in orizzontale dalla stessa altezza. Quale delle due tocca terra per prima? Guarda il video per scoprirlo!

◀ **Figura 24** Confronto fra moto con lancio orizzontale e moto in caduta libera

■ Lanci possibili nel moto di un proiettile

Riassumiamo nel seguente schema i casi dei possibili lanci con velocità iniziale $\vec{v}_0(v_{0x}; v_{0y})$.

Lancio da terra verso l'alto		**Leggi del moto** $x = v_{0x}t$ $y = v_{0y}t - \frac{1}{2}gt^2$ **Equazione della traiettoria** $y = \frac{v_{0y}}{v_{0x}}x - \frac{g}{2v_{0x}^2}x^2$
Lancio da un'altezza h verso l'alto		**Leggi del moto** $x = v_{0x}t$ $y = h + v_{0y}t - \frac{1}{2}gt^2$ **Equazione della traiettoria** $y = h + \frac{v_{0y}}{v_{0x}}x - \frac{g}{2v_{0x}^2}x^2$
Lancio da un'altezza h verso il basso		**Leggi del moto** $x = v_{0x}t$ $y = h + v_{0y}t - \frac{1}{2}gt^2$ **Equazione della traiettoria** $y = h + \frac{v_{0y}}{v_{0x}}x - \frac{g}{2v_{0x}^2}x^2$
Lancio orizzontale		**Leggi del moto** $x = v_0 t$ $y = h - \frac{1}{2}gt^2$ **Equazione della traiettoria** $y = h - \frac{g}{2v_0^2}x^2$

MATH+

Il **tempo di volo** si ricava risolvendo l'equazione di secondo grado ottenuta imponendo $y = 0$ nella legge del moto.
La **gittata** si ricava risolvendo l'equazione di secondo grado ottenuta imponendo $y = 0$ nell'equazione della traiettoria. Questo procedimento è valido per tutti i casi riassunti nella tabella accanto.

PROBLEM SOLVING 3 — Il moto della palla

Un ragazzo sullo skateboard si muove a una velocità costante di modulo 1,30 m/s e lascia cadere una palla da un'altezza di 1,25 m rispetto al suolo. Posto $x_0 = 0$ e $y_0 = h = 1,25$ m, determina:
a. la posizione della palla nell'istante $t = 0,500$ s;
b. le componenti della velocità $\vec{v}$, il modulo v della velocità e la direzione della velocità della palla all'istante $t = 0,500$ s.

■ DESCRIZIONE DEL PROBLEMA
La palla parte da $x_0 = 0$ m e $y_0 = h = 1,25$ m. La sua velocità iniziale è orizzontale, quindi $v_{0x} = v_0 = 1,30$ m/s e $v_{0y} = 0$ m/s. Inoltre, essa accelera a causa della gravità nel verso negativo dell'asse y, per cui $a_y = -g$, e si muove con velocità costante in direzione x, quindi $a_x = 0$ m/s².

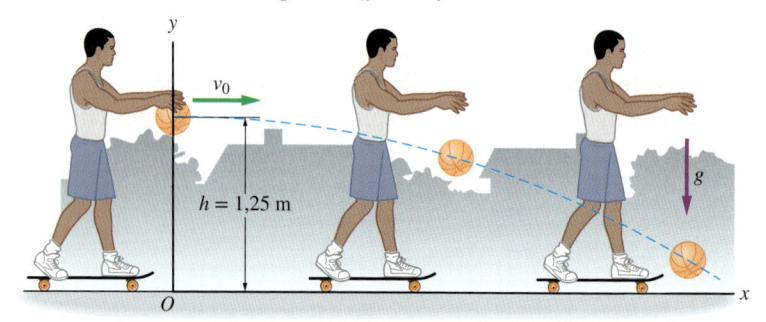

■ STRATEGIA
a. La posizione della palla è individuata dalle coordinate x e y, che sono $x = v_0 t$ e $y = h - \frac{1}{2}gt^2$. Per determinarle basta sostituire il tempo in queste espressioni.
b. Analogamente, le componenti della velocità sono $v_x = v_0$ e $v_y = -gt$.

Dati Modulo della velocità iniziale, $v_0 = 1,30$ m/s; altezza, $h = 1,25$ m

Incognite a. $x = ?$ e $y = ?$ a $t = 0,500$ s;
b. componenti della velocità $\vec{v}$?, modulo della velocità $v = ?$, angolo $\theta = ?$, a $t = 0,500$ s

■ SOLUZIONE
a. Sostituiamo $t = 0,500$ s nelle equazioni del moto di x e y:

$$x = v_0 t = (1,30 \text{ m/s})(0,500 \text{ s}) = 0,650 \text{ m}$$

$$y = h - \frac{1}{2}gt^2 = 1,25 \text{ m} - \frac{1}{2}(9,81 \text{ m/s}^2)(0,500 \text{ s})^2 = 0,0238 \text{ m}$$

Notiamo che in questo istante la palla è a poco più di 2 cm dal suolo.

b. Calcoliamo le componenti della velocità nell'istante $t = 0,500$ s, utilizzando $v_x = v_0$ e $v_y = -gt$:

$$v_x = v_0 = 1,30 \text{ m/s}$$

$$v_y = -gt = -(9,81 \text{ m/s}^2)(0,500 \text{ s}) = -4,91 \text{ m/s}$$

Utilizziamo queste componenti per determinare il modulo di $\vec{v}$:

$$v = |\vec{v}| = \sqrt{v_x^2 + v_y^2} = \sqrt{(1,30 \text{ m/s})^2 + (-4,91 \text{ m/s})^2} = 5,08 \text{ m/s}$$

e l'angolo θ che individua la direzione della velocità:

$$\theta = \text{tg}^{-1}\left(\frac{v_y}{v_x}\right) = \text{tg}^{-1}\left(\frac{-4,91 \text{ m/s}}{1,30 \text{ m/s}}\right) = -75,2°$$

■ OSSERVAZIONI
La posizione x della palla non dipende dall'accelerazione di gravità e la posizione y non dipende dalla velocità iniziale orizzontale v_0 della palla. Ad esempio, se il ragazzo avesse una velocità maggiore quando lascia cadere la palla, la palla si muoverebbe più velocemente in direzione orizzontale e lo seguirebbe durante la sua caduta, ma il moto verticale non cambierebbe rispetto al caso analizzato; la palla cadrebbe a terra esattamente nello stesso tempo, come prima.

PROVA TU Dopo quanto tempo la palla tocca terra? [0,505 s]

7 Moti circolari

Un **moto circolare** è un moto la cui traiettoria è circolare, cioè un moto che avviene lungo una circonferenza. Immaginiamo ad esempio di far girare sopra la nostra testa una pallina legata a un filo, come mostrato in **figura 25**, in modo da farle descrivere una circonferenza di raggio *r* pari approssimativamente alla lunghezza del filo. Il moto della pallina è un esempio di moto circolare di un punto materiale, la cui traiettoria è rappresentata in **figura 26**.

▲ **Figura 25**
Esempio di moto circolare di un punto materiale

Posizione angolare

Per descrivere un moto circolare è conveniente introdurre delle grandezze cinematiche "angolari". La prima di queste grandezze è la posizione angolare. Per definirla collochiamo l'origine di un sistema di assi cartesiani nel centro della circonferenza (**fig. 26**).
La **posizione angolare** di un punto materiale è definita come l'angolo θ formato dal raggio passante per il punto con l'asse *x*.

> **Posizione angolare, θ**
>
> θ = angolo misurato rispetto all'asse *x*

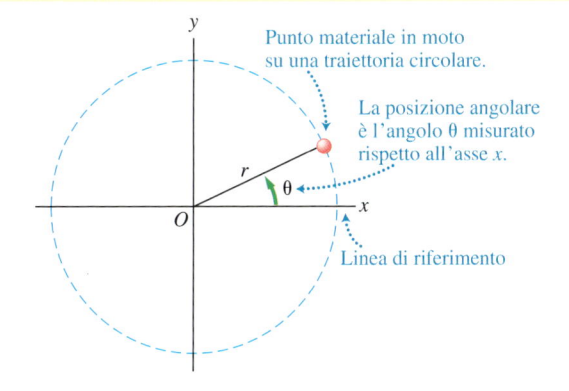

◀ **Figura 26**
Traiettoria circolare e posizione angolare

Per convenzione l'angolo θ è *positivo* se misurato in senso *antiorario* rispetto all'asse *x*; è *negativo* se misurato in senso *orario*. Questa convenzione è illustrata in **figura 27**.

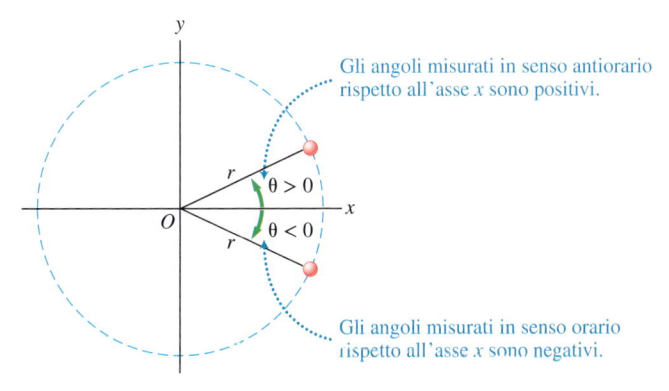

◀ **Figura 27**
Convenzione sul segno dello spostamento angolare

Sebbene l'unità di misura dell'angolo più comunemente utilizzata sia il grado sessagesimale (°), per i calcoli scientifici quella più conveniente è il **radiante** (rad), unità adimensionale del SI, definita come l'ampiezza di un angolo che, su una circonferenza con il centro nel vertice dell'angolo, intercetta un arco di lunghezza uguale al raggio della circonferenza.

> **Misura di un angolo in radianti**
>
> La misura in radianti di un angolo θ è il rapporto fra la lunghezza *l* dell'arco $\widehat{AB}$ individuato dall'angolo sulla circonferenza e il raggio *r* della circonferenza:
>
> $\theta = \dfrac{l}{r}$

Perciò la lunghezza l dell'arco corrispondente a un angolo θ misurato in radianti è (**fig. 28**):

$l = r\theta$

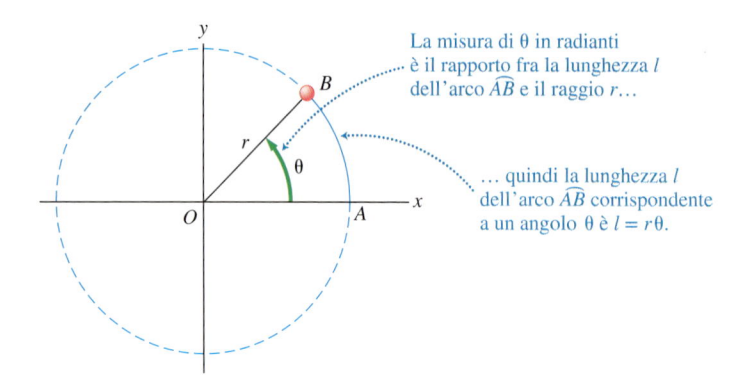

◄ Figura 28
Lunghezza di un arco corrispondente a un angolo misurato in radianti

In un giro completo la lunghezza dell'arco è uguale alla lunghezza della circonferenza $C = 2\pi r$. Confrontando questa relazione con $l = r\theta$, vediamo che un giro completo corrisponde a un angolo di 2π radianti:

1 giro = 360° = 2π rad

da cui si ottiene la misura in gradi di un angolo di 1 rad:

$1 \text{ rad} = \dfrac{360°}{2\pi} = 57,3°$

I radianti, come i gradi, sono *unità adimensionali*. Nella relazione $l = r\theta$, infatti, la lunghezza dell'arco e il raggio hanno entrambi come unità di misura il metro e, quindi, affinché l'equazione sia dimensionalmente corretta, è necessario che θ non abbia dimensioni. Tuttavia, se un angolo θ è di 3 radianti scriviamo $\theta = 3$ rad per ricordarci l'unità di misura angolare che stiamo utilizzando.

▪ Velocità angolare

Al passare del tempo la posizione angolare del punto materiale che si muove su una traiettoria circolare cambia, come illustrato in **figura 29**.
Lo **spostamento angolare** $\Delta\theta$ del punto materiale è:

$\Delta\theta = \theta_f - \theta_i$

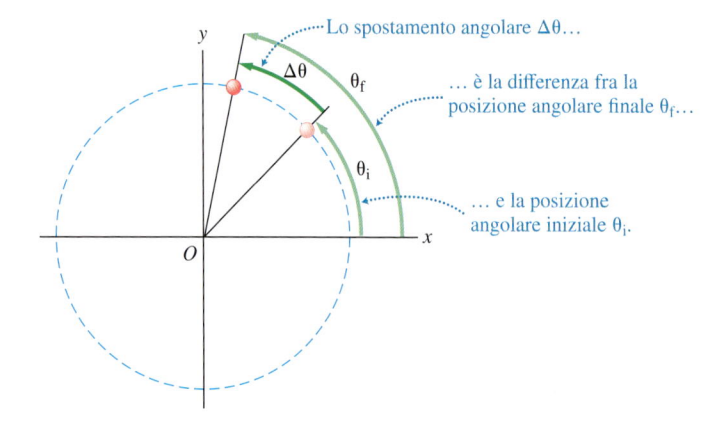

◄ Figura 29
Spostamento angolare

Se dividiamo lo spostamento angolare per l'intervallo di tempo Δt durante il quale avviene lo spostamento, otteniamo la **velocità angolare media** ω_m:

Velocità angolare media, ω_m

$$\omega_m = \dfrac{\Delta\theta}{\Delta t}$$

Nel SI ω_m si misura in **radianti al secondo** (rad/s = s^{-1}).

Questa definizione è analoga a quella della velocità lineare media $v_\mathrm{m} = \dfrac{\Delta x}{\Delta t}$.

Possiamo poi definire la **velocità angolare istantanea** come il limite della velocità angolare media ω_m quando l'intervallo di tempo Δt tende a zero. La velocità angolare istantanea è quindi:

> **Velocità angolare istantanea, ω**
>
> $$\omega = \lim_{\Delta t \to 0} \frac{\Delta \theta}{\Delta t}$$

Nel SI ω si misura in radianti al secondo (rad/s = s^{-1}).

Generalmente indicheremo la velocità angolare istantanea come *velocità angolare*.
La velocità angolare ω può essere positiva o negativa a seconda del verso del moto. Se il punto materiale si muove in verso antiorario, la posizione angolare θ aumenta, quindi $\Delta\theta$ è positivo e ω è positiva; analogamente, a un movimento in verso orario corrisponde uno spostamento $\Delta\theta$ negativo e quindi una velocità angolare ω negativa.

> **Convenzione sul segno della velocità angolare**
>
> $\omega > 0$: moto in senso antiorario
>
> $\omega < 0$: moto in senso orario

Spesso viene utilizzato lo stesso simbolo ω sia per la velocità angolare sia per il modulo della velocità angolare. È il contesto a suggerire di quale grandezza si tratta.

!!! **ATTENZIONE**
    Unità di misura diverse
    Osserviamo che l'unità di misura della velocità lineare è m/s, mentre quella della velocità angolare è rad/s.

APPROFONDIMENTO — Il vettore velocità angolare

Anche per descrivere i moti circolari o rotazionali bisogna ricorrere a *grandezze vettoriali*.
In particolare, la **velocità angolare** è un **vettore**, che possiamo indicare con $\vec{\omega}$. Quali sono la sua direzione e il suo verso?
Durante il moto del punto materiale sia la posizione sia la velocità tangenziale cambiano la propria direzione istante per istante. Ciò che si mantiene costante è la *giacitura* del piano che contiene la traiettoria circolare. La giacitura del piano è esprimibile mediante un versore perpendicolare al piano stesso il cui verso è individuato applicando la regola della mano destra (**fig. a**): le dita, tranne il pollice, seguono il verso della velocità e, di conseguenza, il pollice punta nel verso del versore. Questo versore, che indichiamo con $\hat{n}$ (dove n sta per normale, cioè perpendicolare), è il versore che dà la direzione dell'asse di rotazione. Possiamo allora scrivere il vettore velocità angolare come $\vec{\omega} = \omega \hat{n}$.
Quindi il verso del vettore velocità angolare è *uscente* dal piano su cui avviene la rotazione se la rotazione avviene in senso antiorario, e a ciò corrisponde un valore positivo di ω; è *entrante* se la rotazione avviene in senso orario, e a ciò corrisponde un valore negativo di ω.
Con riferimento a un sistema cartesiano, se l'oggetto ruota nel piano *xy*, il vettore $\vec{\omega}$ è orientato come l'asse *z*, nel verso positivo o negativo dell'asse a seconda del segno di ω (**fig. b**).

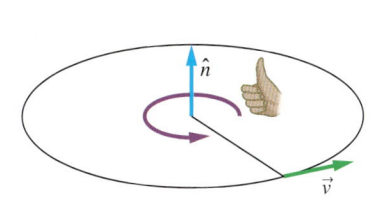

▲ **Figura a**

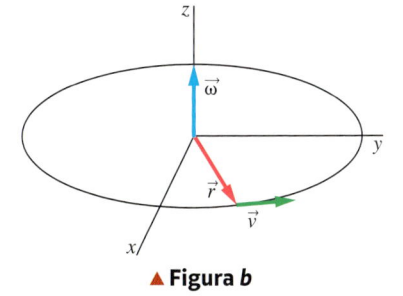

▲ **Figura b**

Velocità tangenziale

Osserviamo che in ogni istante un punto materiale in moto circolare si muove in direzione *tangenziale* alla traiettoria, come si vede in **figura 30**, dunque ha una velocità tangenziale $\vec{v}$.

Supponiamo che il punto materiale effettui, in un intervallo di tempo Δt tendente a zero, uno spostamento angolare molto piccolo (al limite infinitesimo) $\Delta\theta$, come mostrato in figura. Lo spostamento Δs, dato dalla corda che sottende l'angolo $\Delta\theta$, è all'incirca uguale all'arco di circonferenza Δl, che sappiamo essere uguale a $r\Delta\theta$. Abbiamo quindi approssimativamente (cioè nel limite di angoli molto piccoli):

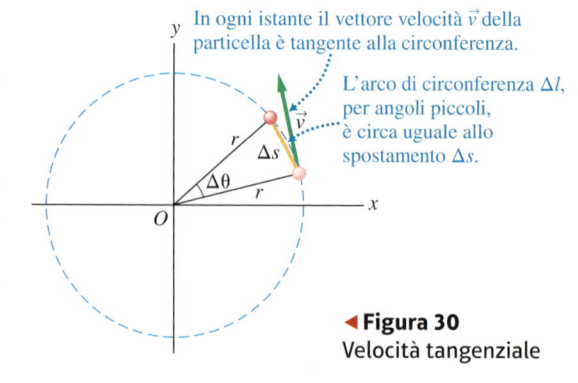

$$\Delta s \approx \Delta l = r\Delta\theta$$

Il modulo della velocità tangenziale $\vec{v}$ è quindi:

$$v = \lim_{\Delta t \to 0} \frac{\Delta s}{\Delta t} = \lim_{\Delta t \to 0} \frac{r\Delta\theta}{\Delta t} = r \lim_{\Delta t \to 0} \frac{\Delta\theta}{\Delta t} = r\omega$$

La relazione tra il modulo della velocità tangenziale e la velocità angolare è:

> **Relazione tra velocità tangenziale e velocità angolare**
>
> $v = r\omega$

◄ **Figura 30**
Velocità tangenziale

> **! ATTENZIONE**
> **Angolo in radianti**
> Ricorda che puoi utilizzare la relazione $\Delta l = r\Delta\theta$ solo se l'angolo è misurato in radianti.

8 Il moto circolare uniforme

Tra i moti circolari è di particolare importanza il moto circolare uniforme.

> **Moto circolare uniforme**
>
> Un moto circolare uniforme è un moto circolare con velocità angolare costante.

Il moto circolare uniforme è un esempio di **moto periodico**, cioè di moto che si ripete ciclicamente nel tempo. In generale, in un moto periodico, un oggetto torna a occupare la medesima posizione dopo un intervallo di tempo T, detto **periodo**:

> **Periodo di un moto periodico, T**
>
> In un moto periodico il periodo T è il tempo necessario per compiere un ciclo completo.

Nel SI si misura in **secondi** (s).

Osserviamo che in un moto circolare uniforme un giro corrisponde a $\Delta\theta = 2\pi$ e l'intervallo di tempo impiegato è $\Delta t = T$. Pertanto la velocità angolare, e di conseguenza la velocità tangenziale, sono:

$$\omega = \frac{\Delta\theta}{\Delta t} = \frac{2\pi}{T} \qquad v = \frac{2\pi r}{T} = \omega r$$

Risolvendo rispetto a T otteniamo il periodo del moto circolare uniforme:

> **Periodo T di un moto circolare uniforme**
>
> $T = \dfrac{2\pi}{\omega}$

Un'altra grandezza tipica dei moti periodici è la **frequenza** f:

> **Frequenza, f**
>
> La frequenza è il numero di cicli completi per unità di tempo, cioè l'inverso del periodo:
>
> $f = \dfrac{1}{T}$

TECH

Il **fascio laser** di un lettore compact disc esegue la scansione del disco lungo una spirale che va dalla zona centrale verso quella esterna. Poiché vale la relazione $v = r\omega$, per mantenere la velocità lineare v costante (1,25 m/s) il modulo della velocità angolare del disco deve diminuire progressivamente a mano a mano che il fascio laser si allontana dal centro.

Per la misura della frequenza è stata introdotta nel SI una speciale unità di misura, l'**hertz** (Hz), dal nome del fisico tedesco Heinrich Hertz (1857-1894), definita come 1 ciclo al secondo: 1 Hz = 1 ciclo/secondo = 1 s^{-1}.
La frequenza f del moto circolare uniforme, in funzione della velocità angolare ω è:

$$f = \frac{1}{T} = \frac{\omega}{2\pi}$$

PROBLEM SOLVING 4 *Les jeux sont faits!*

Dopo aver fatto girare la ruota della roulette, il croupier lancia la pallina. Se la ruota ha un moto circolare uniforme con una frequenza di rotazione $f = 1{,}5$ giri/s e la pallina va a posizionarsi in una delle caselle numerate poste a 18 cm dal centro della ruota, qual è la velocità tangenziale della pallina?

■ **DESCRIZIONE DEL PROBLEMA** La figura mostra una vista dall'alto della ruota della roulette con le caselle numerate che distano 18 cm dal centro. La ruota ha una frequenza di rotazione $f = 1{,}5$ giri/s.

■ **STRATEGIA** Calcoliamo innanzitutto la velocità angolare, ricordando che 1 giro = 2π rad. Calcoliamo poi la velocità tangenziale della pallina con la relazione $v = r\omega$.

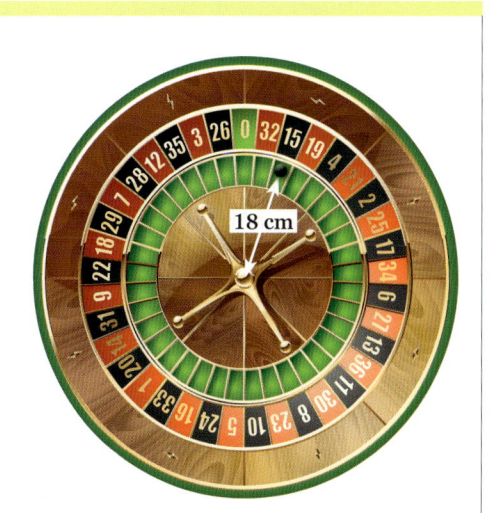

Dati Frequenza, $f = 1{,}5$ giri/s; raggio della ruota, $r = 18$ cm

Incognita Modulo della velocità tangenziale $v = ?$

■ **SOLUZIONE** Calcoliamo il modulo della velocità angolare in rad/s:

$$\omega = \left(1{,}5 \frac{\text{giri}}{\text{s}}\right)\left(\frac{2\pi \text{ rad}}{1 \text{ giro}}\right) = 3\pi \text{ rad/s} = 9{,}4 \text{ rad/s}$$

Utilizziamo la relazione $v = r\omega$ per calcolare il modulo della velocità tangenziale:

$$v = r\omega = (0{,}18 \text{ m})(9{,}4 \text{ rad/s}) = 1{,}7 \text{ m/s}$$

■ **OSSERVAZIONI** Se le caselle fossero a una distanza maggiore dal centro della ruota, la velocità tangenziale della pallina sarebbe maggiore.

PROVA TU A quale distanza dal centro dovrebbe trovarsi la pallina per avere una velocità tangenziale di 2,0 m/s?

[21 cm]

◢ Accelerazione centripeta

In un moto circolare uniforme sono costanti la velocità angolare e il *modulo* della velocità tangenziale. La direzione del vettore velocità tangenziale invece varia. Ciò significa che c'è un'accelerazione. Questa accelerazione è diretta verso il centro della circonferenza e prende il nome di **accelerazione centripeta** (dal latino "diretta verso il centro").

▶ Il trenino si muove di moto circolare uniforme ed è soggetto a un'accelerazione centripeta.

Calcoliamo il modulo dell'accelerazione centripeta, a_c, per un punto materiale che si muove con velocità di modulo costante su una circonferenza di raggio r.

La **figura 31a** mostra la traiettoria circolare del punto materiale, con il centro della circonferenza posto nell'origine del sistema di riferimento.

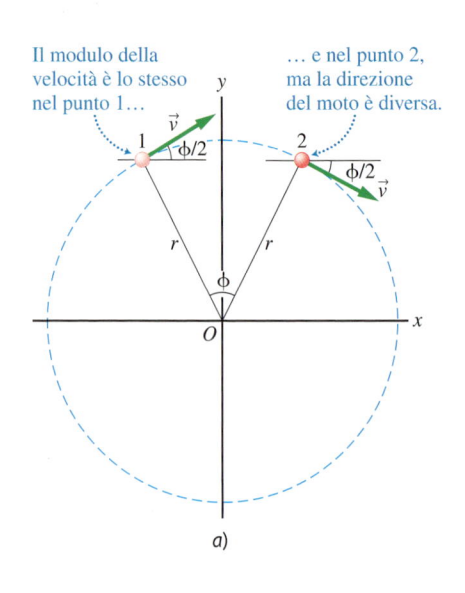

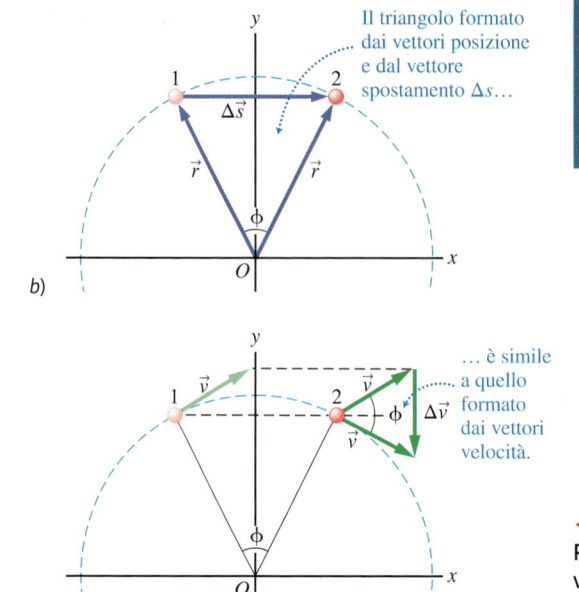

> **LE GRANDI IDEE**
>
> **4** Quando un oggetto si muove lungo una traiettoria circolare, esso accelera verso il centro della circonferenza. Questa accelerazione prende il nome di accelerazione centripeta.

◀ **Figura 31**
Particella che si muove con velocità di modulo costante su una traiettoria circolare con il centro nell'origine

Consideriamo il triangolo formato dai vettori posizione $\vec{r}$ e dal vettore spostamento $\Delta\vec{s}$ (**fig. 31b**) e il triangolo formato dai vettori velocità (**fig. 31c**). I due triangoli sono isosceli con lo stesso angolo φ al vertice e quindi sono simili. Possiamo pertanto scrivere la proporzione:

$$\Delta s : r = \Delta v : v$$

da cui:

$$\Delta v = \frac{v}{r} \Delta s$$

Dividendo per Δt otteniamo:

$$\frac{\Delta v}{\Delta t} = \frac{v}{r} \frac{\Delta s}{\Delta t}$$

Considerando l'intervallo di tempo Δt che tende a zero abbiamo:

$$\lim_{\Delta t \to 0} \frac{\Delta v}{\Delta t} = a_c \quad \text{e} \quad \lim_{\Delta t \to 0} \frac{\Delta s}{\Delta t} = v$$

Sostituendo nell'equazione precedente, otteniamo:

$$a_c = \frac{v}{r} v = \frac{v^2}{r}$$

L'accelerazione centripeta del moto circolare uniforme è quindi un vettore diretto lungo il raggio, verso il centro della circonferenza, il cui modulo è $a_c = v^2/r$, come mostrato in **figura 32**.

Poiché la velocità tangenziale v è legata alla velocità angolare ω dalla relazione $v = r\omega$, l'accelerazione centripeta può anche essere espressa come:

$$a_c = \frac{v^2}{r} = \frac{(r\omega)^2}{r} = r\omega^2$$

Il modulo dell'accelerazione centripeta in un moto circolare uniforme è quindi:

Accelerazione centripeta nel moto circolare, a_c

$$a_c = \frac{v^2}{r} = r\omega^2$$

Palla in moto circolare
[in inglese, con sottotitoli in inglese e in italiano]
Che cosa accade a una sfera trattenuta in moto circolare da una guida se la guida si interrompe? Guarda il video per scoprirlo!

Notiamo che l'accelerazione centripeta è inversamente proporzionale al raggio r a velocità tangenziale fissata, mentre è direttamente proporzionale al raggio r a velocità angolare fissata. Tornando all'esempio della pallina fatta ruotare sopra la testa, se si mantiene costante il numero di giri al secondo, cioè la frequenza di rotazione della pallina (e quindi la sua velocità angolare) e si allunga la corda, l'accelerazione centripeta della pallina aumenterà in modo proporzionale.

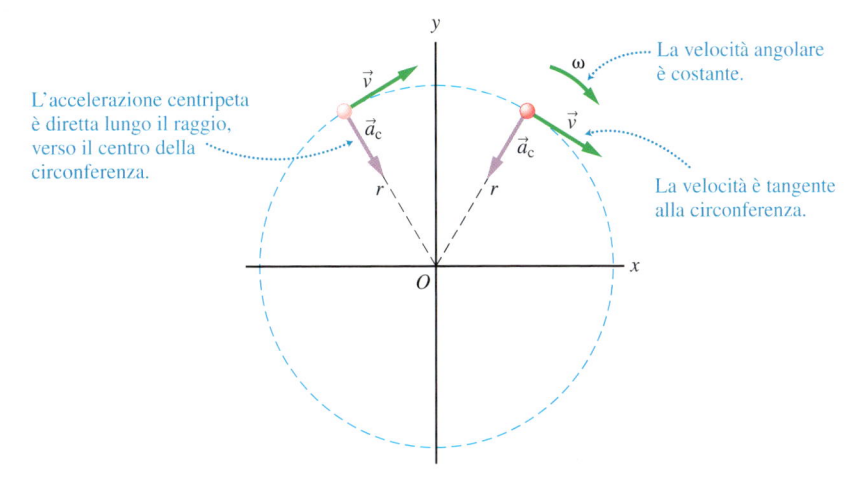

!!! ATTENZIONE
Accelerazione centripeta

L'**accelerazione centripeta** non è un'accelerazione costante: il suo modulo è costante, ma la sua direzione varia continuamente.

L'accelerazione centripeta è diretta lungo il raggio, verso il centro della circonferenza.

La velocità angolare è costante.

La velocità è tangente alla circonferenza.

◀ **Figura 32**
Accelerazione centripeta nel moto circolare uniforme

APPLICA SUBITO

6 Un orologio da polso ha la lancetta dei secondi e la lancetta dei minuti lunghe entrambe 1,5 cm. Quali sono le accelerazioni centripete delle punte delle due lancette?

La lancetta dei secondi ha periodo $T = 60$ s, dunque la sua velocità angolare in modulo è:

$$\omega = \frac{2\pi}{T} = \frac{2\pi}{60 \text{ s}} = 0,10 \text{ s}^{-1}$$

L'accelerazione centripeta della punta della lancetta dei secondi è $a_c = r\omega^2$, dove $r = 1,5$ cm è la lunghezza della lancetta:

$$a_c = r\omega^2 = (1,5 \cdot 10^{-2} \text{ m})(0,10 \text{ s}^{-1})^2 = 1,5 \cdot 10^{-4} \text{ m/s}^2$$

La lancetta dei minuti ha periodo $T = 3600$ s, dunque la sua velocità angolare in modulo risulta:

$$\omega = \frac{2\pi}{T} = \frac{2\pi}{3600 \text{ s}} = 1,7 \cdot 10^{-3} \text{ s}^{-1}$$

L'accelerazione centripeta della punta della lancetta dei minuti è quindi:

$$a_c = r\omega^2 = (1,5 \cdot 10^{-2} \text{ m})(1,7 \cdot 10^{-3} \text{ s}^{-1})^2 = 4,3 \cdot 10^{-8} \text{ m/s}^2$$

BIO

La **centrifuga** è un'importante applicazione del moto circolare, usata in laboratorio per separare i componenti di densità diverse in un liquido. Raggiungendo velocità angolari molto alte, una centrifuga produce un'accelerazione centripeta che è migliaia di volte superiore all'accelerazione di gravità e che consente di accelerare il naturale processo di separazione dei componenti di un liquido per effetto della gravità.
Nel problema che segue determineremo l'accelerazione centripeta di una **centrifuga per microematocrito**, uno strumento comune nei laboratori medici e biologici, che serve a separare gli elementi corpuscolati presenti nel sangue (globuli rossi, globuli bianchi e piastrine) dalla parte liquida o plasma. Il volume dei globuli rossi in una data quantità di sangue è uno dei fattori principali per determinare la capacità di trasporto di ossigeno del sangue, che è un importante indicatore clinico.

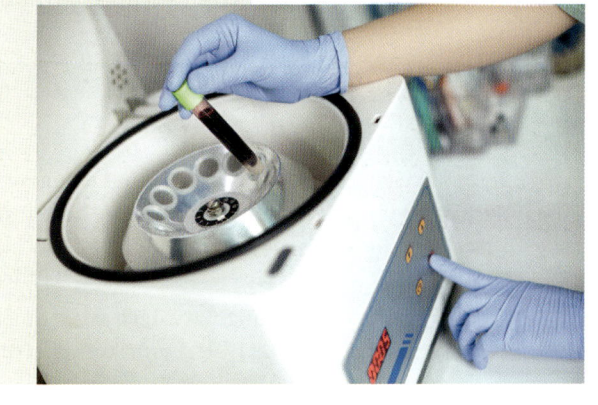

PROBLEM SOLVING 5 — La centrifuga per microematocrito

In una centrifuga per microematocrito, piccole quantità di sangue vengono poste in provette con eparina (un anticoagulante) e fatte ruotare a 11 500 giri/min. La base delle provette si trova a 9,07 cm dall'asse di rotazione.
- **a.** Determina il modulo della velocità tangenziale della base delle provette.
- **b.** Determina l'accelerazione centripeta della base delle provette.

■ **DESCRIZIONE DEL PROBLEMA** La figura mostra una vista dall'alto della centrifuga, con le provette che ruotano a 11 500 giri/min. Osserviamo che la base delle provette si muove su una traiettoria circolare di raggio 9,07 cm.

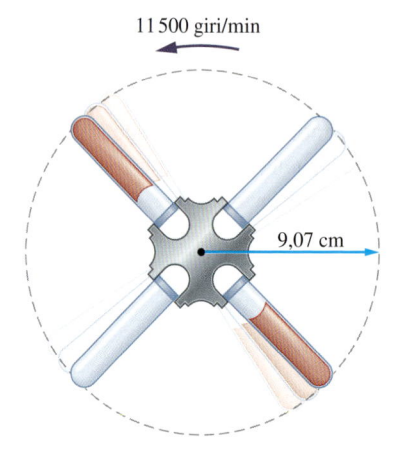

■ **STRATEGIA**
- **a.** I moduli delle velocità tangenziale e angolare sono legati dalla relazione $v = r\omega$, che possiamo utilizzare per determinare v, dopo aver calcolato la velocità angolare $\omega = 2\pi f$ a partire dalla frequenza di rotazione.
- **b.** L'accelerazione centripeta è $a_c = r\omega^2$ e possiamo calcolarla utilizzando il valore di ω determinato nel punto precedente.

Dati Frequenza, $f = 11500$ giri/min; raggio della traiettoria circolare, $r = 9{,}07$ cm

Incognite **a.** Modulo velocità tangenziale della base delle provette $v = ?$;
b. accelerazione centripeta della base delle provette $a_c = ?$

■ **SOLUZIONE**
a. Calcoliamo il modulo della velocità angolare ω:

$$\omega = \left(11\,500\,\frac{\text{giri}}{\text{min}}\right)\left(\frac{2\pi\,\text{rad}}{1\,\text{giro}}\right)\left(\frac{1\,\text{min}}{60\,\text{s}}\right) = 1{,}20 \cdot 10^3\,\text{rad/s}$$

Utilizziamo $v = r\omega$, per calcolare il modulo della velocità tangenziale:

$$v = r\omega = (0{,}0907\,\text{m})(1{,}20 \cdot 10^3\,\text{rad/s}) = 109\,\text{m/s}$$

b. Calcoliamo l'accelerazione centripeta utilizzando $a_c = r\omega^2$:

$$a_c = r\omega^2 = (0{,}0907\,\text{m})(1{,}20 \cdot 10^3\,\text{rad/s})^2 = 131\,000\,\text{m/s}^2 = 1{,}31 \cdot 10^5\,\text{m/s}^2$$

Come verifica, calcoliamo l'accelerazione centripeta con la relazione $a_c = \dfrac{v^2}{r}$:

$$a_c = \frac{v^2}{r} = \frac{(109\,\text{m/s})^2}{0{,}0907\,\text{m}} = 1{,}31 \cdot 10^5\,\text{m/s}^2$$

■ **OSSERVAZIONI** Ogni punto della provetta ha la stessa velocità angolare. Di conseguenza, i punti della provetta più vicini all'asse di rotazione hanno una velocità tangenziale e un'accelerazione centripeta minore dei punti più lontani. In questo caso, la base delle provette ha un'accelerazione centripeta che è circa 13 000 volte l'accelerazione di gravità.

PROVA TU Che velocità angolare deve avere questa centrifuga se l'accelerazione centripeta della base delle provette è $9{,}81 \cdot 10^4\,\text{m/s}^2$ (circa $10\,000\,g$)? [$1{,}04 \cdot 10^3$ rad/s]

9 Il moto circolare accelerato

Se un punto materiale si muove di moto circolare *non* uniforme, il modulo della sua velocità tangenziale non è costante. In questo caso il punto materiale ha sia un'accelerazione *tangenziale* alla sua traiettoria, $\vec{a}_t$, che descrive la variazione del modulo della velocità, sia un'*accelerazione centripeta* $\vec{a}_c$, perpendicolare alla traiettoria, che descrive la variazione della direzione del moto (**fig. 33**). L'accelerazione totale dell'oggetto è il vettore somma di $\vec{a}_t$ e $\vec{a}_c$, cioè:

$$\vec{a}_{tot} = \vec{a}_t + \vec{a}_c$$

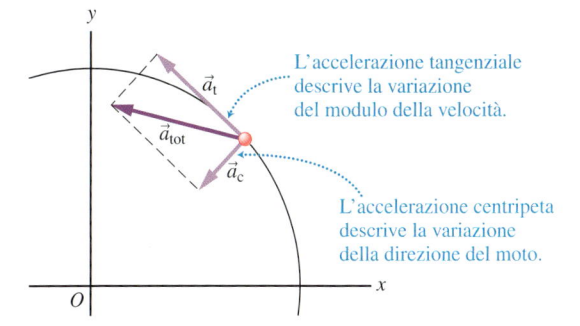

▲ **Figura 33**
Accelerazione nel moto circolare non uniforme

■ Accelerazione angolare

Se la velocità angolare di un punto materiale aumenta o diminuisce nel tempo, diciamo che il punto ha un'**accelerazione angolare** α. L'accelerazione angolare media è la variazione della velocità angolare Δω in un dato intervallo di tempo Δt:

Accelerazione angolare media, α_m

$$\alpha_m = \frac{\Delta \omega}{\Delta t}$$

Nel SI α_m si misura in **radianti al secondo quadrato** $(\text{rad/s}^2) = \text{s}^{-2}$.
Anche in questo caso possiamo definire l'**accelerazione angolare istantanea** come il limite di α_m quando l'intervallo di tempo Δt tende a zero:

Accelerazione angolare istantanea, α

$$\alpha = \lim_{\Delta t \to 0} \frac{\Delta \omega}{\Delta t}$$

Nel SI α si misura in radianti al secondo quadrato $(\text{rad/s}^2) = \text{s}^{-2}$.
In genere indicheremo l'accelerazione angolare istantanea come *accelerazione angolare*.

Il segno dell'accelerazione angolare è determinato dal fatto che la variazione della velocità angolare sia positiva o negativa:

- se ω è positiva e aumenta, cioè $\omega_f > \omega_i$, allora α è positiva;
- se ω è negativa e aumenta in modulo, cioè $|\omega_f| > |\omega_i|$ e $\omega_f < \omega_i$, allora α è negativa.

In generale, se ω e α hanno lo stesso segno, il modulo della velocità angolare aumenta; se ω e α hanno segno opposto, il modulo della velocità angolare diminuisce (**fig. 34**).

> **MATH⁺**
>
> Se la velocità angolare cambia in modulo, ma non in direzione, la direzione dell'asse di rotazione rimane fissata e il piano che contiene la traiettoria mantiene una giacitura costante nel tempo.
> È possibile allora individuare un **vettore accelerazione angolare** $\vec{\alpha}$ con la stessa direzione del vettore velocità angolare $\vec{\omega}$. Pertanto possiamo scrivere: $\vec{\alpha} = \alpha \hat{n}$, dove $\hat{n}$ è il versore perpendicolare al piano della traiettoria e uscente da esso.

Se la velocità angolare e l'accelerazione angolare hanno lo stesso segno, il modulo della velocità angolare aumenta.

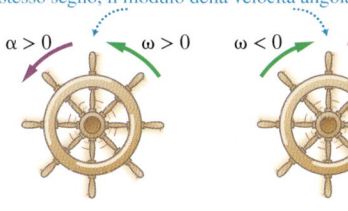

α > 0   ω > 0   ω < 0   α < 0

Se la velocità angolare e l'accelerazione angolare hanno segno opposto, il modulo della velocità angolare diminuisce.

α > 0   ω < 0   ω > 0   α < 0

◀ **Figura 34**
Segno dell'accelerazione angolare e della velocità angolare

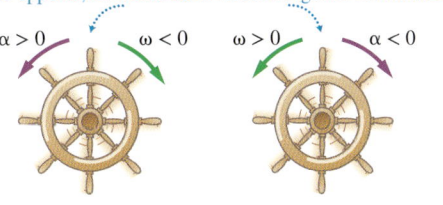

■ APPLICA SUBITO

7 Un ventilatore a soffitto che ruota con velocità angolare di 12,6 rad/s viene spento e comincia a rallentare, diminuendo la sua velocità angolare in modo costante di 0,168 rad/s ogni secondo. Quanto tempo occorre perché si fermi completamente?

Se poniamo la velocità angolare iniziale positiva, l'accelerazione angolare è negativa, cioè c'è una decelerazione; dalla relazione $\alpha_m = \Delta\omega/\Delta t$ otteniamo:

$$\Delta t = \frac{\Delta \omega}{\alpha_m} = \frac{\omega_f - \omega_i}{\alpha_m} = \frac{(0 - 12{,}6)\ \text{rad/s}}{-0{,}168\ \text{rad/s}^2} = 75{,}0\ \text{s}$$

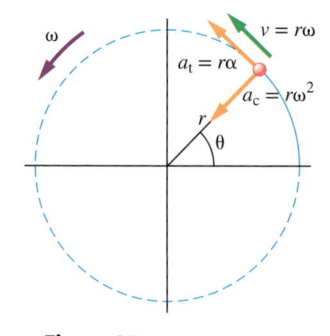

Accelerazione tangenziale e accelerazione centripeta

Consideriamo ora le grandezze tangenziali. Se il modulo della velocità angolare varia, anche il modulo della velocità tangenziale varia e il punto materiale è soggetto a un'**accelerazione tangenziale** a_t.

Possiamo determinare a_t considerando la relazione $v = r\omega$; se ω varia di una quantità $\Delta\omega$, con r che rimane costante, la corrispondente variazione del modulo della velocità tangenziale è:

$$\Delta v = r\Delta\omega$$

Se questa variazione di ω avviene in un tempo Δt, l'accelerazione tangenziale è:

$$a_t = \lim_{\Delta t \to 0} \frac{\Delta v}{\Delta t} = r \lim_{\Delta t \to 0} \frac{\Delta \omega}{\Delta t}$$

Poiché $\lim_{\Delta t \to 0} \frac{\Delta \omega}{\Delta t}$ è l'accelerazione angolare α, possiamo esprimere l'accelerazione tangenziale nel modo seguente:

> **Accelerazione tangenziale nel moto circolare, a_t**
>
> $$a_t = r\alpha$$

Nel sistema SI a_t si misura in **metri al secondo quadrato** (m/s^2).

A volte, per semplicità di scrittura, tralasceremo l'indice t in a_t quando sarà chiaro che ci stiamo riferendo all'accelerazione tangenziale.

Ricordiamo che a_t descrive una variazione del modulo della velocità tangenziale, mentre a_c descrive una variazione della direzione del moto, anche se il modulo della velocità tangenziale rimane costante.
Riassumendo, possiamo dire che:

> **Accelerazione tangenziale e centripeta**
>
> $a_t = r\alpha$ descrive la variazione del *modulo* della velocità
>
> $a_c = r\omega^2$ descrive la variazione della *direzione* del moto

Come suggeriscono i loro nomi, l'accelerazione tangenziale è sempre *tangente* alla traiettoria seguita dal corpo, mentre l'accelerazione centripeta è sempre *perpendicolare* alla traiettoria e quindi diretta verso il centro, come mostrato in **figura 35**.

▲ **Figura 35**
Accelerazione tangenziale e accelerazione centripeta

APPLICA SUBITO

8 Quando il vento smette di soffiare, un'elica che ruota a 2,1 rad/s rallenta fino a fermarsi, diminuendo la sua velocità angolare in modo costante di 0,45 rad/s ogni secondo. Quanto valgono l'accelerazione tangenziale e centripeta di un punto P situato all'estremità della pala dell'elica, se il raggio dell'elica è di 28 cm?

Poiché l'elica ha un'accelerazione angolare $\alpha = -0{,}45$ rad/s^2, l'accelerazione tangenziale del punto P causata dalla variazione del modulo della velocità è:

$$a_t = r\alpha = (0{,}28 \text{ m})(-0{,}45 \text{ rad/s}^2) = -0{,}13 \text{ m/s}^2$$

L'accelerazione centripeta del punto P quando l'elica ruota a 2,1 rad/s è:

$$a_c = r\omega^2 = (0{,}28 \text{ m})(2{,}1 \text{ rad/s})^2 = 1{,}2 \text{ m/s}^2$$

e poi decresce fino a zero man mano che l'elica rallenta.

Osserviamo che in un moto circolare non uniforme l'accelerazione centripeta varia sia in direzione (come succedeva già nel moto circolare uniforme) sia in modulo (come conseguenza della variazione nel tempo della velocità angolare).

Relazioni fra grandezze lineari e rotazionali

Riassumiamo nello schema seguente le relazioni fra le grandezze lineari e le grandezze angolari del moto circolare:

Grandezze cinematiche lineari		Grandezze cinematiche angolari	
Arco	Δl	Angolo	$\Delta \theta$
Velocità tangenziale	$v = \lim\limits_{\Delta t \to 0} \dfrac{\Delta l}{\Delta t}$	Velocità angolare	$\omega = \lim\limits_{\Delta t \to 0} \dfrac{\Delta \theta}{\Delta t}$
Relazione tra velocità tangenziale e velocità angolare $v = r\omega$			
Accelerazione centripeta $a_c = \dfrac{v^2}{r} = r\omega^2$			
Accelerazione tangenziale	$a_t = \lim\limits_{\Delta t \to 0} \dfrac{\Delta v}{\Delta t}$	Accelerazione angolare	$\alpha = \lim\limits_{\Delta t \to 0} \dfrac{\Delta \omega}{\Delta t}$
Relazione tra accelerazione tangenziale e accelerazione angolare $a_t = r\alpha$			

Se il moto circolare è uniforme, valgono inoltre le relazioni:

Velocità tangenziale	$v = \dfrac{2\pi R}{T}$	Velocità angolare	$\omega = \dfrac{2\pi}{T}$

Applichiamo le relazioni precedenti nell'esempio illustrato in **figura 36**. Un bambino si trova su una giostra in moto circolare uniforme che compie un giro completo in 7,50 s; la velocità angolare del bambino è quindi:

$$\omega = \frac{2\pi}{T} = \frac{2\pi}{7{,}50 \text{ s}} = 0{,}838 \text{ rad/s}$$

La traiettoria seguita dal bambino è circolare, con il centro della circonferenza sull'asse di rotazione della giostra.
Inoltre, in ogni istante il bambino si muove in direzione *tangenziale* alla traiettoria circolare, come mostra la **figura 36a**.
Per determinare la velocità tangenziale v del bambino dobbiamo conoscere la sua distanza dal centro della giostra.
Se il raggio della traiettoria circolare del bambino è di 4,25 m, il modulo della sua velocità tangenziale è:

$$v = r\omega = (4{,}25 \text{ m})(0{,}838 \text{ rad/s}) = 3{,}56 \text{ m/s}$$

Se un altro bambino sale sulla giostra, nella posizione (bambino 2) mostrata in **figura 36b**, la sua velocità angolare sarà la stessa del bambino 1. Infatti in ogni istante l'angolo θ per il bambino 1 è lo stesso di quello per il bambino 2.

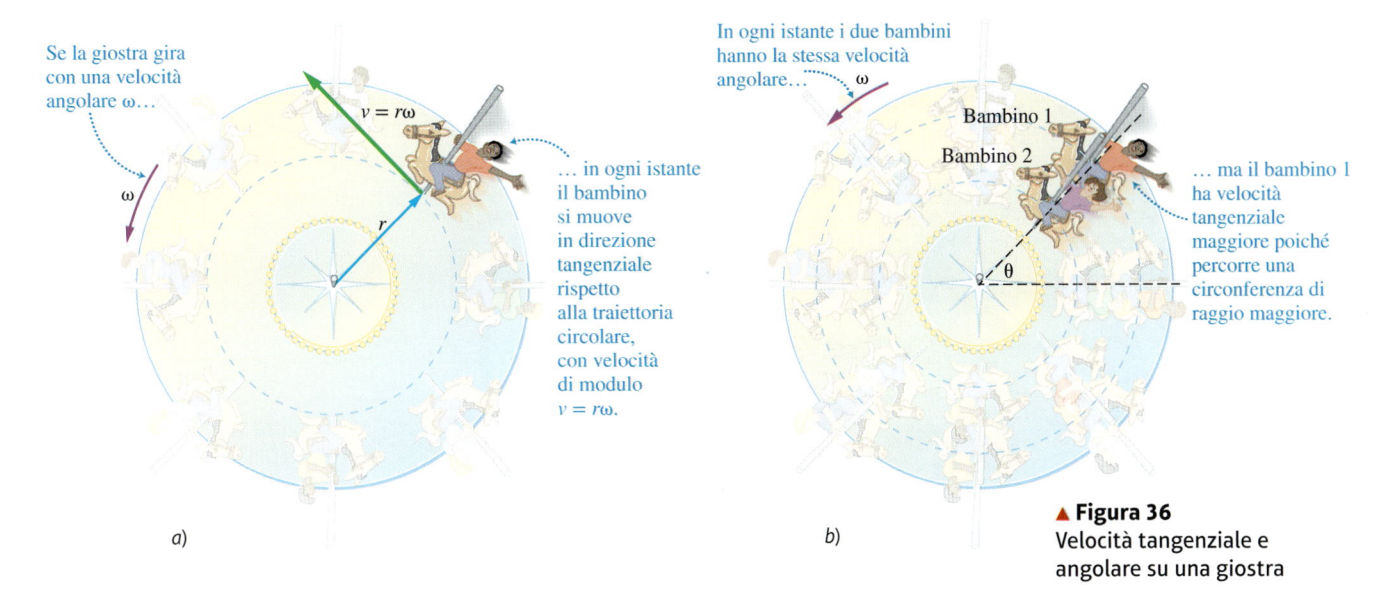

▲ **Figura 36**
Velocità tangenziale e angolare su una giostra

Pertanto, quando il bambino 1 ha ruotato, ad esempio, di un angolo pari a 2θ, altrettanto ha fatto il bambino 2. Di conseguenza, i due bambini hanno il modulo della velocità angolare uguale, anzi, *tutti i punti della giostra hanno esattamente lo stesso modulo della velocità angolare*.

I moduli delle velocità tangenziali, invece, sono diversi.

Il bambino 1 ha il modulo della velocità tangenziale maggiore rispetto al bambino 2, poiché percorre una circonferenza di raggio maggiore. Ciò è in accordo con la relazione $v = r\omega$, da cui:

$$v_1 = r_1\omega > v_2 = r_2\omega$$

Se $r_2 = 3{,}05$ m i moduli delle due velocità tangenziali sono:

$$v_1 = 3{,}56 \text{ m/s}$$

$$v_2 = (3{,}05 \text{ m})(0{,}838 \text{ rad/s}) = 2{,}56 \text{ m/s}$$

Poiché i bambini sulla giostra si muovono su una traiettoria circolare, essi hanno un'accelerazione centripeta a_c che è sempre diretta verso l'asse di rotazione e ha modulo:

$$a_c = r\omega^2$$

Il bambino 1, essendo più lontano dal centro della circonferenza ha un'accelerazione centripeta maggiore:

$$a_{c,1} = (4{,}25 \text{ m})(0{,}838 \text{ rad/s})^2 = 2{,}98 \text{ m/s}^2$$

$$a_{c,2} = (3{,}05 \text{ m})(0{,}838 \text{ rad/s})^2 = 2{,}14 \text{ m/s}^2$$

Quando la giostra comincia a rallentare i due bambini saranno sottoposti a un'accelerazione angolare uguale. Il loro moto non sarà più un moto circolare uniforme. Supponiamo che sia uniformemente accelerato, quindi con un'accelerazione angolare α costante (e negativa).

Se la giostra si ferma in 4,00 s, l'accelerazione è:

$$\alpha = \frac{\Delta\omega}{\Delta t} = \frac{0 - 0{,}838 \text{ rad/s}}{4{,}00 \text{ s}} = -0{,}210 \text{ rad/s}^2$$

Poiché i due bambini sono a distanza diversa dal centro, la loro accelerazione tangenziale è diversa **(fig. 37)**:

$$a_{t,1} = r_1\alpha = (4{,}25 \text{ m})(-0{,}210 \text{ rad/s})^2 = -0{,}893 \text{ m/s}^2$$

$$a_{t,2} = r_2\alpha = (3{,}05 \text{ m})(-0{,}210 \text{ rad/s})^2 = -0{,}641 \text{ m/s}^2$$

◄ **Figura 37**
Il bambino vicino al bordo della giostra ha velocità tangenziale e accelerazione centripeta maggiori della bambina più vicino al centro

10 Il moto armonico

Consideriamo il piatto di un giradischi, che ruota con una velocità angolare di modulo costante $\omega = 2\pi/T$ e che impiega il tempo T per compiere un giro completo. Sul bordo del piatto fissiamo un piccolo piolo, come mostrato in **figura 38**. Se osserviamo il piatto dall'alto, vediamo che il piolo ha un moto circolare uniforme.

Ora supponiamo di osservare il piatto da una posizione frontale; da questo punto di osservazione il piolo sembra muoversi avanti e indietro. Un modo semplice per osservare questo moto consiste nell'accendere una luce, che proietti l'ombra del piolo su uno schermo, come mostrato in figura; mentre il piolo si muove su una traiettoria circolare, la sua ombra si muove avanti e indietro su una retta. Il moto dell'ombra del piolo è un moto unidimensionale la cui legge oraria può ottenersi da quella del moto circolare uniforme.

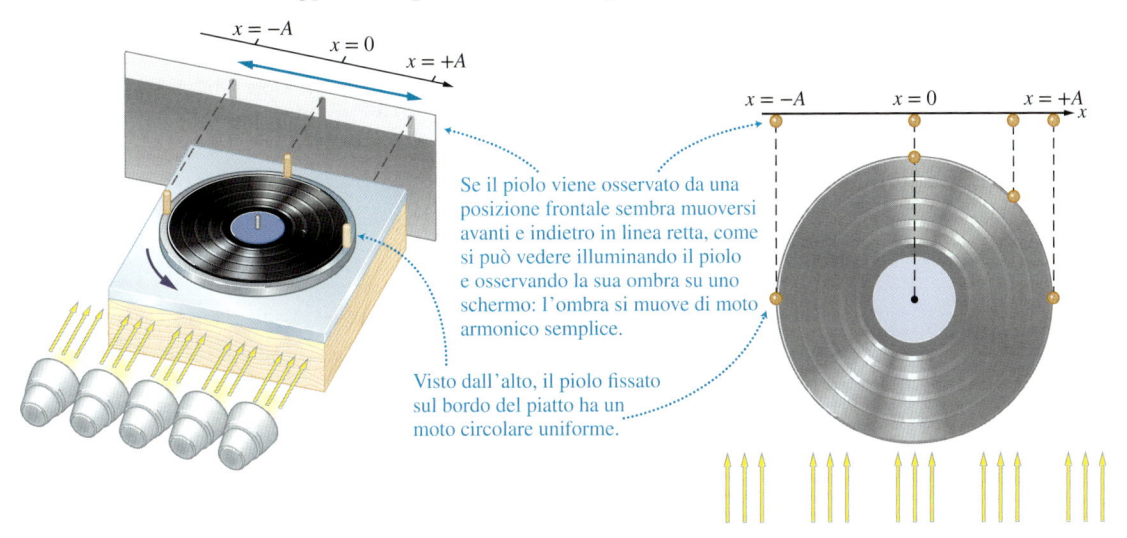

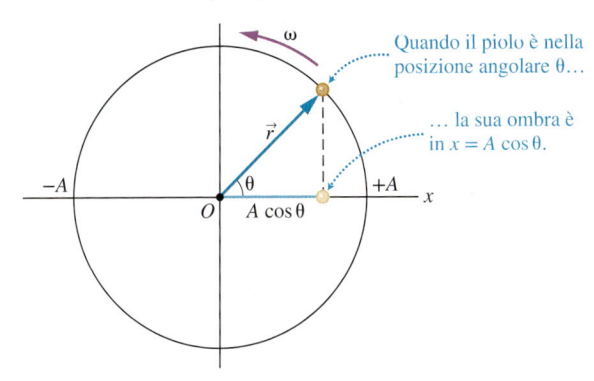

▲ **Figura 38** Relazione tra moto circolare uniforme e moto armonico semplice

Legge oraria del moto armonico

Supponiamo che il raggio del piatto del giradischi sia $r = A$, in modo che l'ombra del piolo si muova da $x = +A$ a $x = -A$.

In **figura 39** è mostrato il piolo nella posizione angolare θ, dove θ è misurato rispetto all'asse x. Se il piolo parte da $\theta = 0$ nell'istante $t = 0$ e il piatto del giradischi ruota con velocità angolare di modulo costante ω, la posizione angolare del piolo è data da:

$$\theta = \omega t$$

In altre parole, la posizione angolare cresce linearmente nel tempo.
Immaginiamo ora di tracciare un raggio vettore $\vec{r}$ di lunghezza A che individui la posizione del piolo, come indicato in **figura 39**. In ogni istante la proiezione del piolo sull'asse x è $x = A \cos \theta$, che è la componente x del raggio vettore. Pertanto, la posizione dell'ombra in funzione del tempo è:

$$x = A \cos \theta = A \cos(\omega t) = A \cos\left(\frac{2\pi}{T} t\right)$$

◀ **Figura 39** Posizione del piolo in funzione del tempo

Quella che abbiamo derivato è la legge oraria di un moto particolarmente importante: il **moto armonico semplice**. Possiamo dunque dire che, se il piolo si muove di moto circolare uniforme, il punto che rappresenta la sua proiezione sull'asse x si muove di moto armonico semplice. Notiamo che questo moto è rettilineo dal momento che avviene lungo l'asse x.

> **Legge oraria del moto armonico semplice**
>
> Il moto armonico semplice è il moto descritto lungo un asse dalla proiezione di un punto che si muove di moto circolare uniforme su una circonferenza centrata in un punto dell'asse. La sua legge oraria è:
>
> $$x = A \cos(\omega t)$$

La legge oraria può essere rappresentata in un grafico x-t (**fig. 40**).

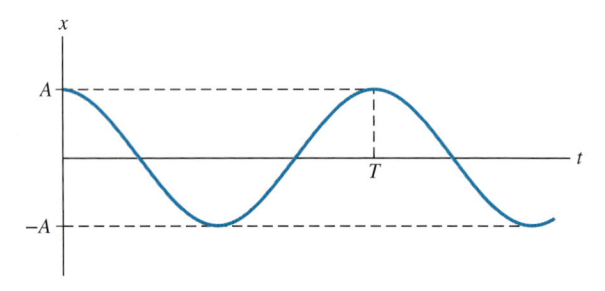

LE GRANDI IDEE

5 Il moto armonico semplice è strettamente collegato al moto circolare uniforme: la legge oraria di un oggetto che si muove di moto armonico semplice corrisponde a quella della componente x (o y) del vettore posizione di un oggetto in moto circolare uniforme.

◀ **Figura 40**
Rappresentazione della legge oraria del moto armonico semplice

MATH⁺

La funzione $y = \cos x$ varia da -1 a 1 e ha periodo $x = 2\pi$.
Per rappresentare graficamente la **legge oraria** nel piano t-x, teniamo conto che x varia da $-A$ ad A e che la funzione ha periodo T tale che $\omega T = 2\pi$, da cui $T = 2\pi/\omega$.

Il moto armonico semplice è un moto periodico di periodo T. La quantità ω, che nell'esempio da cui siamo partiti è la velocità angolare del piatto del giradischi, in riferimento al moto armonico viene detta **frequenza angolare** o **pulsazione**:

> **Frequenza angolare o pulsazione, ω**
>
> $$\omega = 2\pi f = \frac{2\pi}{T}$$

Nel SI si misura in **radianti al secondo** (rad/s = s^{-1}).

Velocità del moto armonico

Possiamo determinare la velocità dell'ombra del piolo seguendo lo stesso metodo usato per ottenere la posizione: prima troviamo la velocità del piolo, poi consideriamo la sua componente x. Il risultato di questo calcolo esprimerà la velocità in funzione del tempo in un moto armonico semplice.
La velocità di un oggetto in un moto circolare uniforme di raggio r ha modulo uguale a:

$$v = r\omega$$

Inoltre, la velocità è tangente alla traiettoria circolare dell'oggetto, come indicato in **figura 41**. Dalla figura notiamo che, quando il punto si trova nella posizione angolare θ, il vettore velocità forma un angolo θ con la verticale; di conseguenza, la componente x della velocità è $-v \operatorname{sen} \theta$.

Combinando questi risultati, otteniamo che la velocità del piolo lungo l'asse x è:

$$v_x = -v \operatorname{sen} \theta = -r\omega \operatorname{sen} \theta$$

dove il segno "meno" indica che il verso della velocità è opposto a quello della direzione positiva dell'asse x.
In seguito tralasceremo l'indice x, perché l'ombra del piolo si muove solo sull'asse x. Ricordando che $r = A$ e $\theta = \omega t$, otteniamo:

> **Velocità del moto armonico semplice**
>
> $$v = -A\omega \operatorname{sen}(\omega t)$$

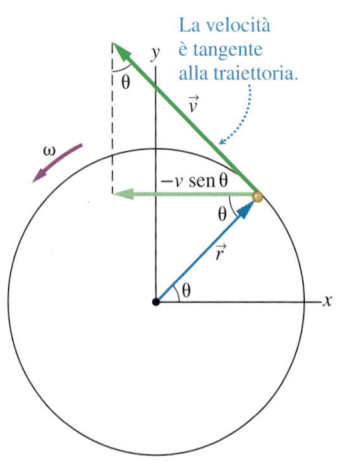

▲ **Figura 41**
Velocità del piolo

In **figura 42** sono riportati i grafici della posizione x e della velocità v del moto armonico semplice. Osserviamo che, quando lo spostamento dall'equilibrio è massimo, la velocità è zero; ciò è in effetti prevedibile poiché in $x = +A$ e $x = -A$ l'oggetto è momentaneamente fermo perché sta invertendo il verso del suo moto. Questi punti sono chiamati, infatti, **punti di inversione** del moto.

Al contrario, il modulo della velocità è massimo quando lo spostamento dalla posizione di equilibrio è zero. Dall'espressione $v = -A\omega \, \text{sen}(\omega t)$ e considerato che il massimo valore di $\text{sen}\,\theta$ è 1, deduciamo che il valore massimo del modulo della velocità è:

$$v_{max} = A\omega$$

MATH+

Per rappresentare graficamente la **legge della velocità** nel piano t-v, teniamo conto che i valori minimo e massimo di v sono $-A\omega$ e $A\omega$, e il periodo è $T = 2\pi/\omega$.

◀ **Figura 42**
Posizione e velocità in funzione del tempo nel moto armonico semplice

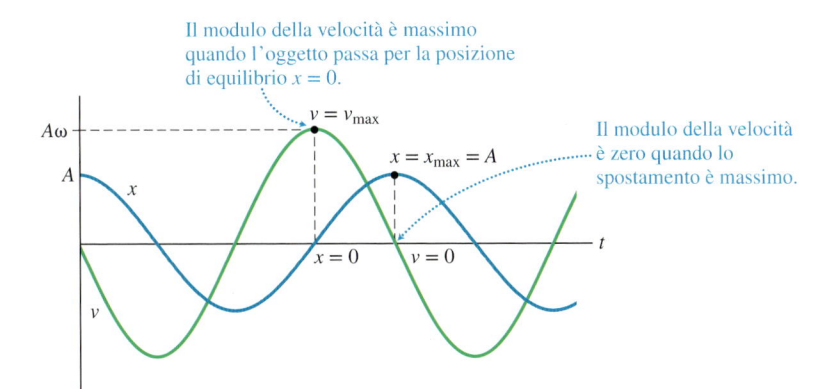

APPLICA SUBITO

9 Un oggetto che si muove di moto armonico semplice ha un periodo $T = 5{,}0$ s. Se la sua velocità è nulla all'istante $t = 0$ e l'ampiezza del moto è $A = 0{,}28$ m, qual è il modulo della sua velocità all'istante $t = 2{,}0$ s?

Calcoliamo la frequenza angolare del moto:

$$\omega = \frac{2\pi}{T} = \frac{2\pi}{5{,}0 \text{ s}} = 1{,}3 \text{ s}^{-1}$$

Il modulo della velocità dell'oggetto a $t = 2{,}0$ s si ottiene dalla relazione $v = -A\omega \, \text{sen}(\omega t)$ con $A = 0{,}28$ m:

$$v = -A\omega \, \text{sen}(\omega t) = -(0{,}28 \text{ m})(1{,}3 \text{ s}^{-1}) \, \text{sen}[(1{,}3 \text{ s}^{-1})(2{,}0 \text{ s})] =$$
$$= -(0{,}36 \text{ m/s}) \, \text{sen}(2{,}6 \text{ rad}) = -1{,}6 \cdot 10^{-2} \text{ m/s}$$

Il modulo della velocità all'istante $t = 2{,}0$ s è pertanto $v = 1{,}6 \cdot 10^{-2}$ m/s.

! ATTENZIONE
Calcoli con i radianti

Quando utilizziamo le leggi del moto armonico dobbiamo assicurarci di aver posto la calcolatrice in modalità "radianti".

Accelerazione del moto armonico

Calcoliamo infine l'accelerazione nel moto armonico semplice.
L'accelerazione di un oggetto in moto circolare uniforme ha modulo:

$$a = a_c = r\omega^2$$

L'accelerazione è diretta verso il centro della circonferenza percorsa dall'oggetto, come indicato in **figura 43**. Perciò, quando la posizione angolare del piolo è θ, il vettore accelerazione forma un angolo $-\theta$ (orientato in senso orario) con la direzione negativa dell'asse x e la sua componente x è $-a \cos\theta$.
Dunque l'accelerazione del piolo è:

$$a_x = -a \cos\theta = -r\omega^2 \cos\theta$$

Tralasciando l'indice x e ponendo nuovamente $r = A$ e $\theta = \omega t$, otteniamo:

Accelerazione del moto armonico semplice

$$a = -A\omega^2 \cos(\omega t)$$

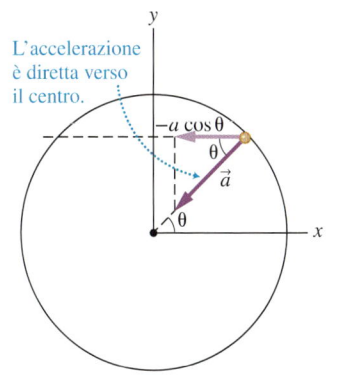

▲ **Figura 43**
Accelerazione del piolo

In **figura 44** sono riportati i grafici della posizione x e dell'accelerazione a del moto armonico semplice.

Osserviamo che l'accelerazione e la posizione variano nel tempo allo stesso modo, ma con segno opposto, cioè, quando la posizione ha il valore *positivo* massimo, l'accelerazione ha il valore *negativo* massimo e così via. Infatti, confrontando le espressioni per x e per a deduciamo che l'accelerazione può essere scritta come:

$$a = -\omega^2 x$$

Infine, poiché il massimo valore di x è l'ampiezza A, il massimo valore dell'accelerazione è:

$$a_{\max} = A\omega^2$$

Dai grafici delle **figure 42** e **44** possiamo notare che i valori massimi di velocità e accelerazione corrispondono ai relativi valori del moto circolare associato al moto armonico.

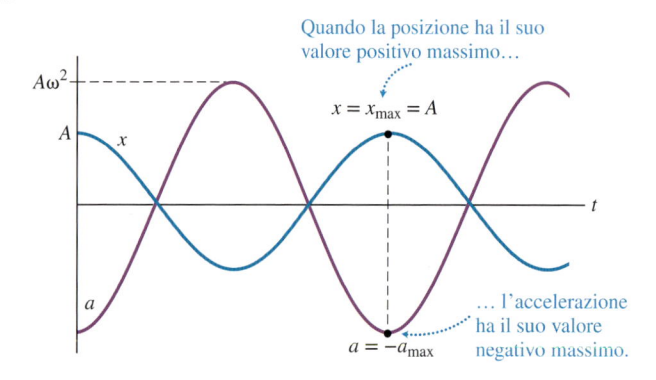

◀ **Figura 44**
Posizione e velocità in funzione del tempo nel moto armonico semplice

> **MATH**
>
> Per rappresentare graficamente la **legge dell'accelerazione** del moto armonico nel piano t-a, teniamo conto che $y_1 = -\cos x$ è ottenuta da $y = \cos x$ mediante simmetria rispetto all'asse x. Quindi, analogamente a quanto fatto per la legge oraria, si ottengono i valori minimo e massimo dell'accelerazione, pari a $-A\omega^2$ e $A\omega^2$, e il periodo $T = 2\pi/\omega$.

APPLICA SUBITO

10 Un disco a 33 giri ruota sul piatto di un giradischi ("33 giri" vuol dire che il disco compie 33 rotazioni al minuto). Un piolo è posto a 15 cm dal centro del disco. Quanto vale l'accelerazione massima dell'ombra del piolo su uno schermo posto dietro il giradischi?

L'ampiezza del moto armonico dell'ombra del piolo è $A = 0{,}15$ m.
La frequenza angolare è:

$$\omega = 2\pi f = 2\pi \frac{33}{1\ \text{min}} = 2\pi \frac{33}{60\ \text{s}} = 3{,}5\ \text{s}^{-1}$$

Usiamo la relazione $a_{\max} = A\omega^2$ per calcolare l'accelerazione massima dell'ombra del piolo:

$$a_{\max} = A\omega^2 = (0{,}15\ \text{m})(3{,}5\ \text{s}^{-1})^2 = 1{,}8\ \text{m/s}^2$$

Sebbene il moto armonico semplice sia stato introdotto in riferimento a un sistema alquanto artificioso (la proiezione su uno schermo di un punto in moto circolare uniforme), nel prossimo capitolo vedremo che esso caratterizza sistemi fisici ben più importanti, come ad esempio una massa attaccata a una molla ideale: in questo caso x è lo spostamento della massa dalla posizione di equilibrio.

COLLEGAMENTO ▶▶
Nel fascicolo LAB+
Con GeoGebra
Il moto armonico

BIO

Il moto della punta delle ali di un **colibrì** è approssimativamente un moto armonico semplice. La frequenza del moto è circa 45 Hz e quindi il periodo del battito d'ali è di pochi centesimi di secondo. Applicando la formula $v_{\max} = A\omega = A 2\pi f$ si può verificare che la velocità massima della punta delle ali è maggiore di 15 m/s.

RIPASSA I CONCETTI CHIAVE

1 Il moto del punto materiale nel piano

Per descrivere un moto nel piano bisogna introdurre un sistema di coordinate bidimensionale. Le grandezze cinematiche che descrivono i moti nel piano sono *grandezze vettoriali*.

2 I vettori nel piano

Componenti cartesiane di un vettore $\vec{A}$ Le componenti del vettore $\vec{A}$ sono:

$$A_x = A \cos\theta \qquad A_y = A \operatorname{sen}\theta$$

dove θ è misurato rispetto all'asse x.

Modulo e angolo di direzione del vettore $\vec{A}$ Il modulo di $\vec{A}$ è $A = \sqrt{A_x^2 + A_y^2}$; l'angolo di direzione di $\vec{A}$ è $\theta = \operatorname{tg}^{-1}\left(\dfrac{A_y}{A_x}\right)$.

Versori I versori, o **vettori unitari**, si indicano con $\hat{x}$ e $\hat{y}$ e sono vettori adimensionali di modulo 1 che hanno la direzione e il verso positivo, rispettivamente, dell'asse x e dell'asse y. Qualsiasi vettore $\vec{A}$ può essere scritto utilizzando i versori e le sue componenti:

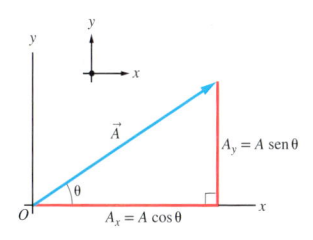

$$\vec{A} = A_x\hat{x} + A_y\hat{y}$$

3 Le grandezze cinematiche: posizione, spostamento, velocità e accelerazione

Vettore posizione e vettore spostamento Il vettore posizione $\vec{r}$ va dall'origine al punto in cui si trova l'oggetto.
Il vettore spostamento $\Delta\vec{r}$ rappresenta la variazione di posizione:

$$\Delta\vec{r} = \vec{r}_f - \vec{r}_i$$

Vettori velocità media e istantanea

$$\vec{v}_m = \dfrac{\Delta\vec{r}}{\Delta t} \qquad \vec{v} = \lim_{\Delta t \to 0} \dfrac{\Delta\vec{r}}{\Delta t}$$

Vettori accelerazione media e istantanea

$$\vec{a}_m = \dfrac{\Delta\vec{v}}{\Delta t} \qquad \vec{a} = \lim_{\Delta t \to 0} \dfrac{\Delta\vec{v}}{\Delta t}$$

4 La composizione dei moti

Principio di indipendenza dei moti I moti lungo l'asse x e lungo l'asse y sono indipendenti e la loro composizione fornisce il moto bidimensionale complessivo.

5 6 Il moto parabolico

Un oggetto ha un **moto parabolico** se è soggetto a un'accelerazione costante e ha una velocità iniziale in direzione diversa da quella dell'accelerazione.

Leggi del moto parabolico di un proiettile

In direzione x:

$a_x = 0$
$v_x = v_{0x}$
$x = x_0 + v_{0x}t$

In direzione y:

$a_y = -g$
$v_y = v_{0y} - gt$
$y = y_0 + v_{0y}t - \dfrac{1}{2}gt^2$

Traiettoria La traiettoria di un proiettile è una **parabola** di equazione:

$$y = y_0 + \left(\dfrac{v_{0y}}{v_{0x}}\right)x - \left(\dfrac{g}{2v_{0x}^2}\right)x^2$$

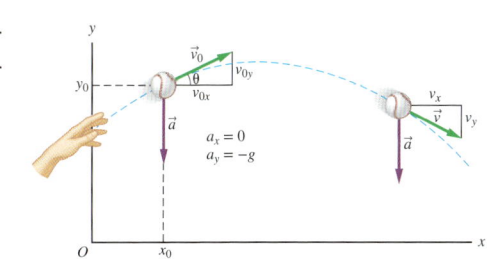

Per lancio da terra verso l'alto

Altezza massima:
$$y_{max} = \frac{v_{0y}^2}{2g}$$

Tempo di volo:
$$t_{volo} = \frac{2v_{0y}}{g}$$

Gittata:
$$x_G = \frac{2v_{0x}v_{0y}}{g}$$

La gittata massima si ha per un angolo di lancio di 45°: $x_{G,max} = \dfrac{v_0^2}{g}$

Leggi del moto parabolico per lancio orizzontale da un'altezza h

In direzione x:
$a_x = 0$
$v_x = v_0$
$x = v_0 t$

In direzione y:
$a_y = -g$
$v_y = -gt$
$y = h - \dfrac{1}{2}gt^2$

7 Moti circolari

Il moto circolare è un moto la cui traiettoria è una circonferenza.

Posizione angolare

θ = angolo misurato rispetto all'asse x (in radianti)

Velocità angolare media e istantanea

$$\omega_m = \frac{\Delta\theta}{\Delta t} \qquad \omega = \lim_{\Delta t \to 0} \frac{\Delta\theta}{\Delta t}$$

Relazione tra velocità tangenziale e velocità angolare

$$v = r\omega$$

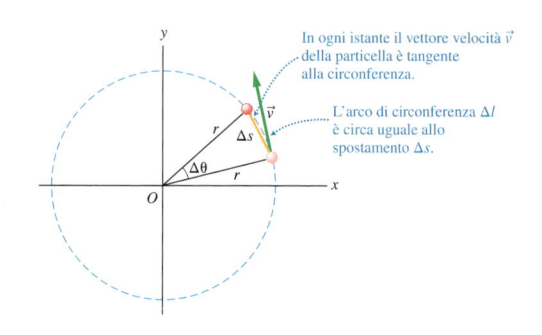

8 Il moto circolare uniforme

È un moto circolare con velocità angolare ω costante.
Il **periodo** T, la **frequenza** f e la **velocità tangenziale** v del moto circolare uniforme sono:

$$T = \frac{2\pi}{\omega} \qquad f = \frac{1}{T} = \frac{\omega}{2\pi} \qquad v = \frac{2\pi r}{T} = \omega r$$

Sono costanti la velocità angolare ω e il modulo v della velocità tangenziale, ma varia la direzione di $\vec{v}$ che è in ogni punto tangente alla traiettoria. Poiché $\vec{v}$ varia in direzione, esiste un'**accelerazione centripeta**, diretta verso il centro, il cui modulo è:

$$a_c = \frac{v^2}{r} = r\omega^2$$

9 Il moto circolare accelerato

Accelerazione angolare media e istantanea

$$\alpha_m = \frac{\Delta\omega}{\Delta t} \qquad \alpha = \lim_{\Delta t \to 0} \frac{\Delta\omega}{\Delta t}$$

Accelerazione tangenziale e centripeta

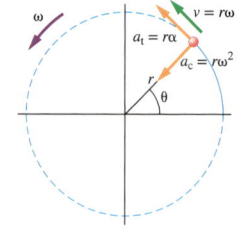

$$a_t = r\alpha \qquad a_c = r\omega^2$$

10 Il moto armonico

Se un oggetto è in moto circolare uniforme, la sua proiezione su un piano perpendicolare a quello in cui giace l'oggetto si muove di **moto armonico semplice**.

Legge del moto armonico semplice

$x = A\cos\omega t$ ω è la **frequenza angolare**

Velocità del moto armonico semplice

$v = -A\omega \,\text{sen}\,(\omega t)$

Accelerazione del moto armonico semplice

$a = -\omega^2 x = -\omega^2 A \cos\omega t$

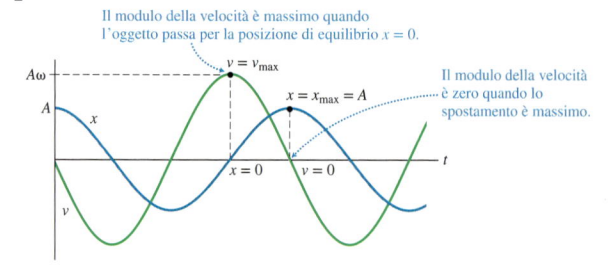

ESERCIZI E PROBLEMI

2 I vettori nel piano

1 Il modulo e la direzione del vettore $\vec{A}$, le cui componenti cartesiane sono $A_x = 2{,}00$ m e $A_y = 4{,}00$ m sono:
- A $|\vec{A}| = 6$; $\theta = 60°\ 0'$
- B $|\vec{A}| = 10$ m; $\theta = 30°\ 0'$
- C $|\vec{A}| = 4{,}47$; $\theta = 63°\ 26'$
- D $|\vec{A}| = 64{,}47$ m; $\theta = 63°\ 26'$

2 Un vettore $\vec{B}$ ha modulo 2,5 m e punta nella direzione $\theta = 30{,}0°$ rispetto all'asse x. Le sue componenti cartesiane sono:
- A $B_x = 1{,}3$ m; $B_y = 2{,}2$ m
- B $B_x = 1{,}5$ m; $B_y = 2{,}9$ m
- C $B_x = 2{,}2$ m; $B_y = 1{,}3$ m
- D $B_x = 2{,}2$ m; $B_y = 1{,}1$ m

3 Il vettore $\vec{C}$ ha componenti $C_x = 3$ N e $C_y = 7$ N, il vettore opposto ha come componenti:
- A $C_x = -3$ N; $C_y = 7$ N
- B $C_x = 3$ N; $C_y = -7$ N
- C $C_x = 7$ N; $C_y = 3$ N
- D $C_x = -3$ N; $C_y = -7$ N

4 Il modulo del vettore $\vec{v} = \hat{x} - 4\hat{y}$ è pari a:
- A 4
- B 5
- C $\sqrt{15}$
- D $\sqrt{17}$

5 Se $\hat{n}$ è un versore nella direzione del vettore $\vec{P}$, quale delle seguenti relazioni è corretta per $\hat{n}$?
- A $\hat{n} = \dfrac{\vec{P}}{P}$
- B $\hat{n} = P\vec{P}$
- C $\hat{n} = \dfrac{P}{P}$
- D Nessuna delle precedenti.

6 Un vettore $\vec{A}$ ha modulo pari a 3,5 m e punta in una direzione orientata a 145° in senso antiorario rispetto all'asse x. Determina le componenti x e y del vettore.
[$A_x = -2{,}87$ m; $A_y = 2{,}01$ m]

7 Il vettore $-5{,}2\vec{A}$ ha modulo pari a 34 m e punta nella direzione positiva dell'asse x. Determina:
a. la componente x del vettore $\vec{A}$;
b. il modulo del vettore $\vec{A}$. [a. $A_x = -6{,}5$ m; b. $A = 6{,}5$ m]

8 Determina il modulo e la direzione dei vettori:
a. $\vec{A} = (5{,}0\ \text{m})\hat{x} + (-2{,}0\ \text{m})\hat{y}$;
b. $\vec{B} = (-2{,}0\ \text{m})\hat{x} + (5{,}0\ \text{m})\hat{y}$;
c. $\vec{A} + \vec{B}$. [a. 5,4 m; −22°; b. 5,4 m; 110°; c. 4,2 m; 45°]

9 Con riferimento ai vettori del problema precedente, esprimi mediante i vettori unitari:
a. $\vec{A} - \vec{B}$;
b. $\vec{B} - \vec{A}$. [a. $(7\ \text{m})\hat{x} + (-7\ \text{m})\hat{y}$; b. $(-7\ \text{m})\hat{x} + (7\ \text{m})\hat{y}$]

10 Esprimi ciascun vettore disegnato in figura mediante i vettori unitari.

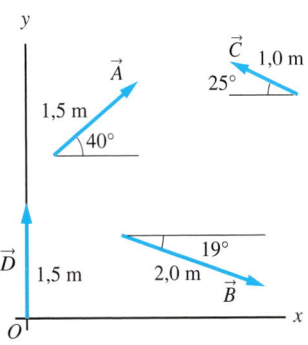

[$\vec{A} = (1{,}1\ \text{m})\hat{x} + (0{,}96\ \text{m})\hat{y}$;
$\vec{B} = (1{,}9\ \text{m})\hat{x} + (-0{,}65\ \text{m})\hat{y}$;
$\vec{C} = (-0{,}91\ \text{m})\hat{x} + (0{,}42\ \text{m})\hat{y}$; $\vec{D} = (1{,}5\ \text{m})\hat{y}$]

11 Riferendoti ai vettori del problema precedente, esprimi la somma $\vec{A} + \vec{B} + \vec{C}$ mediante i vettori unitari.
[$\vec{A} + \vec{B} + \vec{C} = (2{,}1\ \text{m})\hat{x} + (0{,}74\ \text{m})\hat{y}$]

3 Le grandezze cinematiche: posizione, spostamento, velocità e accelerazione

12 Un oggetto parte da una posizione definita da un vettore posizione $\vec{r}_1$ rispetto a un determinato sistema di riferimento e arriva in un'altra posizione definita dal vettore posizione $\vec{r}_2$ rispetto allo stesso sistema di riferimento. Qual è l'espressione corretta del vettore spostamento?
- A $\vec{r}_1 + \vec{r}_2$
- B $\vec{r}_1 - \vec{r}_2$
- C $\vec{r}_2 - \vec{r}_1$
- D $\sqrt{r_1^2 + r_2^2}$

13 Un oggetto che ha come vettore posizione iniziale $\vec{r}_i = 2\hat{x} + 5\hat{y}$ si sposta di $\Delta\vec{r} = 8\hat{x} - 2\hat{y}$. Il vettore posizione finale $\vec{r}_f$ è:
- A $10\hat{x} + 3\hat{y}$
- B $10\hat{x} + 7\hat{y}$
- C $-6\hat{x} + 7\hat{y}$
- D $8\hat{x} - 2\hat{y}$

14 Il vettore spostamento di un oggetto che si muove dal punto (1 ; 1) al punto (2 ; −3) è:
- A $\Delta\vec{r} = \hat{x} - 4\hat{y}$
- B $\Delta\vec{r} = -\hat{x} + 4\hat{y}$
- C $\Delta\vec{r} = \hat{x} + 4\hat{y}$
- D $\Delta\vec{r} = -\hat{x} - 4\hat{y}$

15 Sandra percorre in auto una curva e il suo tachimetro segna costantemente 20 km/h. La sua accelerazione media è:
- A nulla, perché la velocità dell'auto non varia.
- B nulla, perché il modulo della velocità dell'auto non varia.
- C diversa da zero, perché varia il modulo della velocità dell'auto.
- D diversa da zero, perché varia la direzione della velocità dell'auto.

16 Posizione, velocità o accelerazione

Le curve azzurre in figura mostrano il moto a velocità costante di due diversi punti materiali nel piano x-y. Per ognuno degli otto vettori disegnati in figura, indica se è un vettore posizione, un vettore velocità o un vettore accelerazione per i punti materiali.

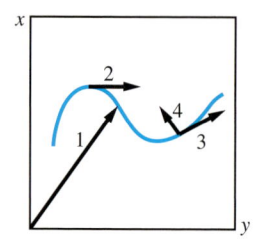

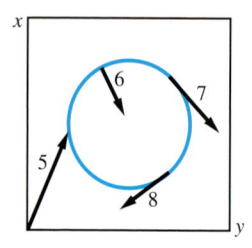

17 La mossa del cavallo

Nella figura sono illustrate due delle mosse consentite al cavallo nel gioco degli scacchi. Se i quadrati della scacchiera hanno il lato di 3,5 cm, determina il modulo e la direzione dello spostamento del cavallo per ognuna delle due mosse.

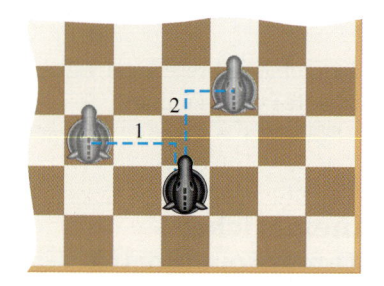

[1: $\Delta r = 7{,}8$ cm, $\theta = 153°$;
2: $\Delta r = 7{,}8$ cm, $\theta = 63°$]

18 🇬🇧 IN ENGLISH

A bird flies 100 m eastward from a tree, then 200 m northwest (that is, 45° north of west). What is the bird's net displacement? [147 m, 74° north of west]

19 Il giretto di Fufi

Nel suo giretto quotidiano, un gatto compie uno spostamento di 120 m verso nord, seguito da un altro di 72,0 m verso ovest. Determina il modulo e la direzione dello spostamento che il gatto deve compiere per ritornare a casa. [140 m; −59°]

20 La velocità di Fufi

Se il gatto del problema precedente impiega 45 minuti per completare il primo spostamento e 17 minuti per completare il secondo, quali sono il modulo e la direzione della sua velocità media durante questo intervallo di tempo di 62 minuti? [0,037 m/s; 121°]

21 Fufi passeggia in casa

La figura mostra la posizione di un gatto che si muove lungo un corridoio al passare del tempo.

a. Determina lo spostamento del gatto tra $t_0 = 0$ s e $t_1 = 30$ s.
b. Calcola lo spazio percorso dal gatto in tale intervallo di tempo.
c. È possibile che lo spostamento sia negativo? È possibile che lo spazio percorso sia negativo? Motiva la risposta.
d. Calcola la velocità scalare media e la velocità vettoriale media del gatto in tale intervallo di tempo.

[a. −4,0 m; b. 12 m; d. 0,40 m/s; −0,13 m/s]

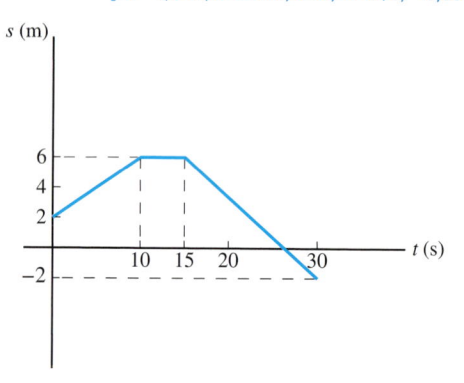

22 PROBLEMA SVOLTO

Luca guida un'automobile per 1500 m verso est e poi per 2500 m verso nord. Se il viaggio è durato 3,0 minuti, quali sono stati il modulo e la direzione della sua velocità media?

SOLUZIONE

Chiama s_E il modulo dello spostamento verso est e s_N il modulo dello spostamento verso nord.
Scegli un sistema con l'origine degli assi nella posizione iniziale, l'asse x lungo la direzione ovest-est e l'asse y lungo la direzione sud-nord.
Calcola il modulo del vettore spostamento:

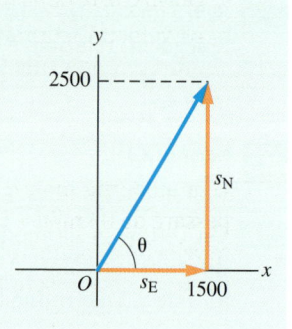

$$\Delta s = \sqrt{s_E^2 + s_N^2} = \sqrt{(1500 \text{ m})^2 + (2500 \text{ m})^2} =$$
$$= (500\sqrt{3^2 + 5^2})\text{m} = (500\sqrt{34})\text{m} = 2915 \text{ m}$$

Calcola il modulo della velocità media, considerando che $\Delta t = 3{,}0$ minuti $= 180$ s:

$$v = \frac{\Delta s}{\Delta t} = \frac{2915 \text{ m}}{180 \text{ s}} = 16{,}2 \text{ m/s}$$

La direzione del vettore velocità è la stessa del vettore spostamento, quindi se θ è l'angolo che il vettore forma con la direzione positiva dell'asse x, puoi scrivere:

$$\theta = \text{tg}^{-1}\left(\frac{s_N}{s_E}\right) = \text{tg}^{-1}\left(\frac{2500 \text{ m}}{1500 \text{ m}}\right) = \text{tg}^{-1}\left(\frac{5}{3}\right) = 59{,}0°$$

23 Jogging
Un uomo che fa jogging corre alla velocità di 3,25 m/s in una direzione che forma un angolo di 30,0° sopra l'asse x.
a. Determina le componenti x e y del vettore velocità.
b. Come cambiano le componenti della velocità se la velocità dell'uomo si dimezza?

[a. v_x = 2,81 m/s, v_y = 1,63 m/s]

24 Attenti allo skateboard!
Un ragazzo su uno skateboard parte da fermo e scivola giù da una rampa lunga 15,0 m e inclinata rispetto al piano di θ = 20,0°. Al termine della rampa, 3,00 s dopo la partenza, la sua velocità è di 10,0 m/s. Verifica che l'accelerazione media del ragazzo sullo skateboard è $a_m = g \,\text{sen}\,\theta$, dove $g = 9,81$ m/s^2.

25 GEO La velocità della Luna
Rispetto al centro della Terra, la posizione della Luna può essere approssimata dal vettore posizione $\vec{r}$ di componenti:

$r_x = (3{,}84 \cdot 10^8 \text{ m}) \cos[(2{,}46 \cdot 10^{-6} \text{ rad/s})t]$
$r_y = (3{,}84 \cdot 10^8 \text{ m}) \,\text{sen}[(2{,}46 \cdot 10^{-6} \text{ rad/s})t]$

dove t è misurato in secondi.
a. Determina il modulo e la direzione della velocità media della Luna nell'intervallo di tempo fra $t = 0$ s e $t = 7{,}38$ giorni (questo tempo è un quarto dei 29,5 giorni che la Luna impiega per completare un'orbita).
b. La velocità istantanea della Luna è maggiore, minore o uguale alla velocità media ricavata nel punto a.?

[a. 851 m/s; 135° rispetto all'asse x]

26 Formula 1
Una moderna monoposto da Formula 1 è in grado di passare da 0 km/h a 100 km/h in 1,70 s. Date le elevate velocità di punta (oltre i 300 km/h) anche l'impianto frenante deve essere molto efficiente. Le vetture sono in grado di passare da 300 km/h a 100 km/h in 2,40 s.
a. Calcola in unità del SI e in termini di g (9,81 m/s^2) le accelerazioni e le decelerazioni di cui sono capaci le monoposto.

Supponiamo che un pilota stia percorrendo un tratto rettilineo verso sud a una velocità di 300 km/h e alla fine del tratto debba arrivare a imboccare una curva di raggio r = 30,0 m con una velocità di 150 km/h (41,7 m/s). Se all'uscita della curva, percorsa in 10 s, il pilota si muove verso est con una velocità di 100 km/h (27,8 m/s) calcola:
b. modulo, direzione e verso dello spostamento rispetto alla direzione di entrata della curva;
c. modulo, direzione e verso dell'accelerazione media rispetto alla direzione di entrata della curva.

[a. 1,67 g; –3,54 g; b. 42,4 m; 45°; c. 5,01 m/s^2; 33° 30′]

4 La composizione dei moti

27 Le componenti orizzontale e verticale della velocità iniziale di un pallone lanciato sono rispettivamente v_{0x} = 20 m/s e v_{0y} = 8,4 m/s. Qual è il modulo della velocità iniziale del pallone?

A 28 m/s
B 22 m/s
C 18 m/s
D 12 m/s

28 Un moderno aereo di linea sta volando da sud a nord a una velocità di 250 m/s, quando attraversa un tratto dove spira un vento da ovest verso est di 14 m/s. Di che angolo deve cambiare la sua rotta rispetto alla direzione S-N, procedendo alla stessa velocità, per continuare a procedere verso nord?

A 3° 12′ verso ovest
B 3° 12′ verso est
C 6° 24′ verso ovest
D 6° 24′ verso est

29 In un sistema di riferimento cartesiano xOy un elettrone è sottoposto a una forza che lo accelera lungo l'asse delle x di un'accelerazione a_x e contemporaneamente è soggetto alla forza peso diretta lungo l'asse verticale y. La sua traiettoria sarà:

A una parabola dovuta alla composizione dei due moti.
B una retta di equazione: $y = \dfrac{g}{a_x}x$.
C una retta di equazione: $y = -\dfrac{g}{a_x}x$.
D una retta di equazione: $y = \dfrac{a_x}{g}x$.

30 Un corpo è fissato a una molla ed è libero di muoversi senza attrito su di una guida orizzontale. Viene messo in oscillazione e la sua posizione $x(t)$ è data dall'equazione: $x(t) = A \cos \omega t$. Contemporaneamente la guida, collegata a un sistema di molle, viene messa in oscillazione lungo l'asse y e il suo spostamento è dato dall'equazione $y(t) = A \,\text{sen}\, \omega t$. Per effetto della composizione dei due moti, l'osservatore vede il corpo muoversi:

A sulla bisettrice del primo e terzo quadrante.
B sulla bisettrice del secondo e quarto quadrante.
C fermo nell'origine perché i due moti si compensano.
D su di una circonferenza di raggio A.

31 Via col vento
Una barca a vela scivola, spinta dal vento, con una velocità costante di modulo 4,2 m/s in direzione 32° nord rispetto a ovest. Dopo un viaggio di 25 minuti quale distanza ha percorso la barca:
a. verso ovest?
b. verso nord?

[a. 5,3 km; b. 3,3 km]

32 PROBLEMA SVOLTO

Un oggetto passa dall'origine di un sistema di riferimento con velocità $v = 6{,}2$ m/s in direzione y e accelerazione $a = -4{,}4$ m/s^2 in direzione x.

a. Quali sono le posizioni dell'oggetto lungo l'asse x e l'asse y dopo 5,0 s?
b. Quali sono le velocità nella direzione x e nella direzione y dopo lo stesso intervallo di tempo?
c. La velocità dell'oggetto nel tempo aumenta, diminuisce o prima aumenta e poi diminuisce?

SOLUZIONE

a. Il moto è uniformemente accelerato lungo l'asse x, mentre è uniforme lungo l'asse y.
Applica le leggi del moto per determinare le posizioni.
Nella direzione x ottieni:

$$x = \frac{1}{2} a_x t^2 = \frac{1}{2}(-4{,}4 \text{ m/s}^2)(5{,}0 \text{ s})^2 = -55 \text{ m}$$

e nella direzione y:

$$y = v_y t = (6{,}2 \text{ m/s})(5{,}0 \text{ s}) = 31 \text{ m}$$

b. Calcola la velocità lungo l'asse x:

$$v_x = a_x t = (-4{,}4 \text{ m/s}^2)(5{,}0 \text{ s}) = -22 \text{ m/s}$$

La velocità lungo l'asse y è costante ed è $v_y = 6{,}2$ m/s.

c. Il modulo della velocità $\vec{v}$ è dato dall'espressione:

$$v = \sqrt{v_x^2 + v_y^2} = \sqrt{(a_x t)^2 + v_y^2}$$

quindi la velocità dell'oggetto aumenta nel tempo.

33 Gita in collina

Partendo da ferma, un'automobile accelera a 2,0 m/s^2 su una strada di collina inclinata di 5,5° sopra l'orizzontale. Se viaggia per 12 secondi, quale distanza percorre:
a. in direzione orizzontale?
b. in direzione verticale? [a. $1{,}4 \cdot 10^2$ m; b. 14 m]

34 TECH L'elettrone nel tubo

Un elettrone in un tubo a raggi catodici si sta muovendo orizzontalmente alla velocità di $2{,}10 \cdot 10^7$ m/s, quando le placche di deflessione gli forniscono un'accelerazione verso l'alto di $5{,}30 \cdot 10^{15}$ m/s^2.
a. Quanto tempo impiega l'elettrone a percorrere una distanza orizzontale di 6,20 cm?
b. Qual è il suo spostamento verticale durante questo tempo? [a. 2,95 ns; b. 2,31 cm]

35 IN ENGLISH

A hummingbird is flying moving vertically with a speed of 4.6 m/s and accelerating horizontally at 11 m/s^2. Assuming that the bird's acceleration remains constant for the time interval of interest, find:
a. the orizontal and vertical distances carried in 0.55 s;
b. x and y velocity components at $t = 0.55$ s.
[a. $x = 1{,}7$ m; $y = 2{,}5$ m; b. $v_x = 6{,}1$ m/s; $v_y = 4{,}6$ m/s]

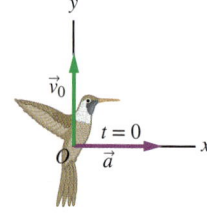

36 Appuntamento sull'isola

Due canoisti cominciano a pagaiare nello stesso momento e si dirigono verso una piccola isola all'interno di un lago, come mostrato in figura. Il canoista 1 pagaia con una velocità di modulo 1,35 m/s e con un angolo di 45° nord rispetto a est. Il canoista 2 parte dalla riva opposta del lago, che si trova a 1,5 km di distanza dal punto da cui è partito il canoista 1.
a. In quale direzione rispetto a nord deve pagaiare il canoista 2 per raggiungere l'isola?
b. Che velocità deve avere il canoista 2 perché le due canoe raggiungano l'isola nello stesso istante?

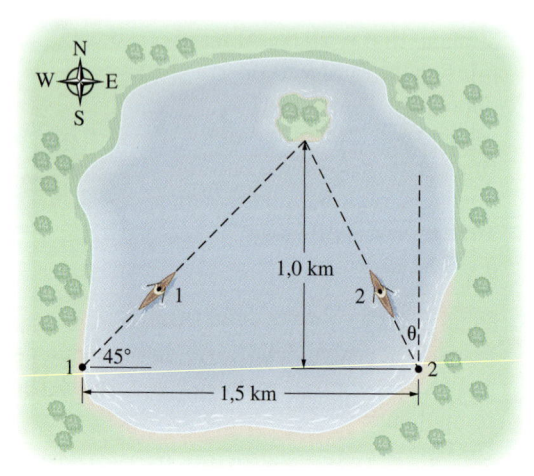

[a. 27° ovest rispetto a nord; b. 1,1 m/s]

5-6 Il moto parabolico

37 Quale accelerazione ha un proiettile quando raggiunge il punto più alto della sua traiettoria parabolica?
A Il valore massimo.   C $a = 0$
B Il valore minimo.   D $a = g$

38 La gittata di un oggetto lanciato con un angolo di 15° rispetto all'orizzontale è pari a d. Per quale altro valore dell'angolo di lancio si avrà la medesima gittata?
A 30°   B 45°   C 60°   D 75°

39 Un oggetto è lanciato orizzontalmente. Ignorando l'effetto della resistenza dell'aria e ponendo $g = 10$ m/s^2, quali sono i valori corretti delle componenti dell'accelerazione in un sistema di riferimento in cui l'asse y è orientato verso il basso?
A $a_x = 0$ m/s^2; $a_y = 10$ m/s^2
B $a_x = 10$ m/s^2; $a_y = 0$ m/s^2
C $a_x = 0$ m/s^2; $a_y = 0$ m/s^2
D $a_x = 10$ m/s^2; $a_y = 10$ m/s^2

40 Se la velocità iniziale di un proiettile viene raddoppiata, mantenendo lo stesso angolo di lancio, la massima altezza raggiunta dal proiettile risulterà:
A dimezzata.
B raddoppiata.
C quadruplicata.
D invariata.

41 Un aeroplano che sta volando orizzontalmente con velocità v a un'altezza h dal suolo, a un certo istante lascia cadere un pacco viveri. Trascurando la resistenza dell'aria, quanto tempo impiega il pacco ad arrivare al suolo?

A $t = \sqrt{\dfrac{2h}{g}}$ C $t = \sqrt{\dfrac{h}{2g}}$

B $t = \sqrt{\dfrac{2v}{g}}$ D $t = \sqrt{\dfrac{h}{v}}$

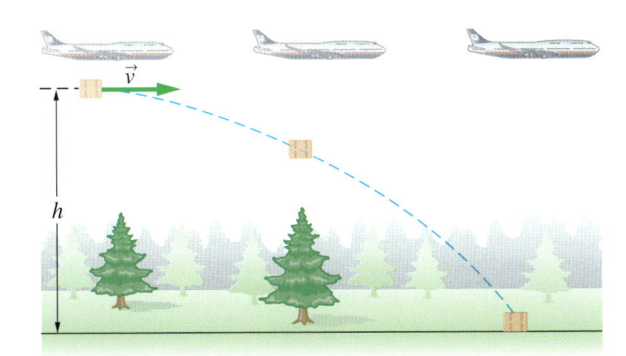

42 Due palle sono lanciate rispettivamente con angoli di 30° e 60° rispetto all'orizzontale e raggiungono la stessa altezza. Il rapporto delle loro velocità iniziali è pari a:

A 1   C $\sqrt{3}$

B 2   D $\dfrac{1}{\sqrt{3}}$

43 Polifemo lancia contemporaneamente due massi dalla scogliera, per tentare di colpire le navi di Odisseo in fuga. La velocità iniziale dei massi è diretta lungo la direzione orizzontale ed è diversa per i due massi. Quale dei due massi raggiungerà per primo la superficie del mare?

A Quello che ha velocità iniziale maggiore.
B Non si può dire se non si conosce la massa dei due massi.
C I due massi giungeranno contemporaneamente.
D Non si può dire se non si conosce l'altezza della scogliera.

44 Un oggetto è lanciato in modo che la velocità iniziale $\vec{v}$ formi angoli uguali con l'orizzontale e con la verticale. Qual è l'espressione corretta per la gittata?

A $x_G = \dfrac{v^2}{g}$ C $x_G = \dfrac{v^2}{3g}$

B $x_G = \dfrac{v^2}{2g}$ D $x_G = \dfrac{v^2}{4g}$

45 Una palla di 100 g rotola su un tavolo e cade sul pavimento a una distanza di 2 m dalla base del tavolo. Una palla di 200 g rotola sullo stesso tavolo, alla stessa velocità della prima e cade sul pavimento. A quale distanza dalla base del tavolo cade la seconda palla?

A 1 m   C 2 m
B Tra 1 m e 2 m   D 4 m

46 Angolo di lancio
Un proiettile viene lanciato con una velocità iniziale di modulo v_0. Nel punto di massima altezza la sua velocità è $\dfrac{1}{2}v_0$. Qual è stato l'angolo di lancio del proiettile?
[60°]

47 Auguri!
Un tappo viene sparato da una bottiglia di spumante con un angolo di 35,0° rispetto all'orizzontale. Se il tappo cade a una distanza orizzontale di 1,30 m dopo 1,25 s, qual è il modulo della sua velocità iniziale?
[1,27 m/s]

48 Il lancio delle zucche
Negli Stati Uniti una tradizione del periodo successivo a Halloween è il cosiddetto "Pumpkin Chunkin", una competizione nella quale i concorrenti costruiscono dei cannoni con cui lanciare le zucche e gareggiano a chi raggiunge la maggior distanza. In questa competizione le zucche a volte vengono lanciate anche fino a 1250 m. Qual è il modulo della velocità iniziale minima che si richiede per un lancio di questo tipo? [111 m/s]

49 Tuffo nel cerchio
Un delfino salta con una velocità iniziale di modulo 12,0 m/s e un angolo di 40,0° sopra l'orizzontale e passa attraverso il centro di un cerchio prima di rituffarsi nell'acqua. Se il delfino si muove orizzontalmente nell'istante in cui passa nel cerchio, a che altezza dall'acqua si trova il centro del cerchio? [3,03 m]

50 Lancio da record
La giocatrice di baseball Babe Didrikson detiene il record mondiale per il lancio più lungo (90 metri) effettuato da una donna. Per rispondere alle domande seguenti assumi che la palla sia lanciata con un angolo di 45,0° sopra l'orizzontale, che percorra una distanza orizzontale di 90 m e che sia ricevuta allo stesso livello dal quale è stata lanciata.
a. Qual è il modulo della velocità iniziale della palla?
b. Per quanto tempo la palla resta in aria?
[a. 29,7 m/s; b. 4,28 s]

51 PREVEDI/SPIEGA

Lanci una palla in aria con velocità iniziale di 10 m/s e un angolo di 60° sopra l'orizzontale. La palla ritorna al livello dal quale era partita in un tempo T.

a. Quale dei diagrammi A, B, C in figura rappresenta meglio il modulo della velocità della palla in funzione del tempo?

b. Quale fra le seguenti è la *spiegazione* migliore per la risposta?

   1 La gravità determina un aumento del modulo della velocità durante il volo.

   2 Nel punto di massima altezza il modulo della velocità della palla è zero.

   3 Il modulo della velocità della palla diminuisce durante il volo, ma non si annulla.

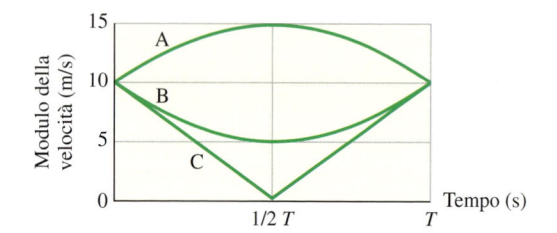

52 PREVEDI/SPIEGA

Due tuffatori si lanciano orizzontalmente dalla sporgenza di una scogliera. Il tuffatore 2 si lancia con una velocità doppia di quella del tuffatore 1.

a. Quando i tuffatori toccano l'acqua, la distanza orizzontale percorsa dal tuffatore 2 è il doppio, quattro volte maggiore o uguale a quella percorsa dal tuffatore 1?

b. Quale fra le seguenti è la *spiegazione* migliore per la risposta?

   1 Il tempo di caduta è lo stesso per entrambi i tuffatori.

   2 Lo spazio di caduta dipende da t^2.

   3 Entrambi i tuffatori, in caduta libera, percorrono la stessa distanza orizzontale.

53 PREVEDI/SPIEGA

Due giovani tuffatori si tuffano in un lago da una piattaforma. Il tuffatore 1 si lascia cadere diritto verso il basso, mentre il tuffatore 2 prende la rincorsa sulla piattaforma e si lancia orizzontalmente con velocità iniziale di modulo v_0.

a. Al momento dell'entrata in acqua, la velocità del tuffatore 2 è maggiore, minore o uguale rispetto a quella del tuffatore 1?

b. Quale fra le seguenti è la *spiegazione* migliore per la risposta?

   1 Entrambi i tuffatori sono in caduta libera, quindi entrano in acqua con la stessa velocità.

   2 Quando entrano in acqua i due tuffatori hanno la stessa velocità verticale, ma il tuffatore 2 ha una velocità orizzontale maggiore.

   3 Il tuffatore che si lascia cadere verticalmente acquista una velocità maggiore rispetto a quello che si lancia orizzontalmente.

54 Gravità su Zircon

Un astronauta sul pianeta Zircon lancia un sasso orizzontalmente con una velocità di modulo 6,95 m/s. Il sasso, lanciato da un'altezza di 1,40 m dal suolo, atterra a una distanza orizzontale di 8,75 m dall'astronauta. Qual è il valore dell'accelerazione di gravità su Zircon?

[1,77 m/s^2]

55 Un brutto tiro

Un arciere tira una freccia orizzontalmente verso un bersaglio lontano 15 m. L'arciere scocca la freccia esattamente in direzione del centro del bersaglio, ma lo colpisce 52 cm più in basso. Qual era il modulo della velocità iniziale della freccia?

[46 m/s]

56 GEO Le cascate Victoria

Il grande fiume Zambesi forma le imponenti cascate Victoria nell'Africa centro-meridionale, alte approssimativamente 108 m. Se, appena prima di precipitare nella cascata, il fiume scorre orizzontalmente con una velocità di 3,60 m/s, qual è il modulo della velocità dell'acqua quando colpisce il fondo? Assumi che l'acqua sia in caduta libera.

[46,2 m/s]

57 Un bel colpo

Una palla da golf, colpita con una mazza a livello del suolo, atterra 92,2 m più avanti e 4,30 s dopo il lancio. Quali erano la direzione e il modulo della sua velocità iniziale?

[44,5°; 30,1 m/s]

58 PROBLEMA SVOLTO

Un alpinista nella traversata di un costone di ghiaccio si trova di fronte a un crepaccio. Il lato opposto del crepaccio è 2,75 m più in basso e dista orizzontalmente 4,10 m. Per attraversare il crepaccio, l'alpinista prende la rincorsa e salta in direzione orizzontale.

a. Qual è la minima velocità iniziale necessaria per attraversare con sicurezza il crepaccio?

b. In che punto atterra l'alpinista, se la sua velocità iniziale è 6,00 m/s?

c. Qual è la sua velocità nell'istante in cui atterra?

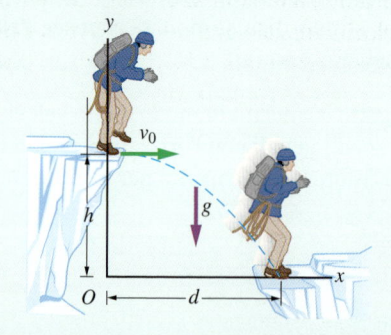

SOLUZIONE

Scegli il sistema di riferimento mostrato in figura. L'alpinista salta da $x_0 = 0$ m e $y_0 = h = 2,75$ m. Il punto di atterraggio per la domanda **a.** è $x = d = 4,10$ m e $y = 0$ m. Osserva che la posizione y dell'alpinista *diminuisce* di h e quindi $\Delta y = -h = -2,75$ m.

Le velocità iniziali sono $v_{0x} = v_0$ e $v_{0y} = 0$ m/s. Infine, per la scelta del sistema di coordinate, puoi scrivere $a_x = 0$ m/s^2 e $a_y = -g$.

a. Poni $y = h - \frac{1}{2}gt^2 = 0$ (condizione di atterraggio) e dall'equazione ricava il tempo t:

$$y = h - \frac{1}{2}gt^2 = 0 \quad \rightarrow \quad t = \sqrt{\frac{2h}{g}}$$

Sostituisci il valore di t nell'equazione del moto $x = v_0 t$ e risolvila rispetto alla velocità iniziale v_0:

$$x = v_0 t = v_0 \sqrt{\frac{2h}{g}} \quad \rightarrow \quad v_0 = x\sqrt{\frac{g}{2h}}$$

Sostituisci i valori numerici nell'espressione che hai ottenuto:

$$v_0 = x\sqrt{\frac{g}{2h}} = (4{,}10 \text{ m})\sqrt{\frac{9{,}81 \text{ m/s}^2}{2(2{,}75 \text{ m})}} = 5{,}48 \text{ m/s}$$

b. Sostituisci $v_0 = 6{,}00$ m/s nell'espressione $x = v_0 \sqrt{\frac{2h}{g}}$:

$$x = v_0 \sqrt{\frac{2h}{g}} = (6{,}00 \text{ m/s})\sqrt{\frac{2(2{,}75 \text{ m})}{9{,}81 \text{ m/s}^2}} = 4{,}49 \text{ m}$$

c. Poiché la componente x della velocità non varia, puoi determinare v_x; inoltre dalla relazione $v_y^2 = -2g\Delta y$ puoi calcolare v_y (scegli il segno − per la radice quadrata, perché l'alpinista si muove verso il basso):

$$v_x = v_0 = 6{,}00 \text{ m/s}$$

$$v_y = \pm\sqrt{-2g\Delta y} = -\sqrt{-2(9{,}81 \text{ m/s}^2)(-2{,}75 \text{ m})} =$$
$$= -7{,}35 \text{ m/s}$$

Utilizza il teorema di Pitagora per determinare il modulo della velocità:

$$v = \sqrt{v_x^2 + v_y^2} = \sqrt{(6{,}00 \text{ m/s})^2 + (-7{,}35 \text{ m/s})^2} =$$
$$= 9{,}49 \text{ m/s}$$

59 A che distanza rimbalza?

In un incontro di basket un attaccante fa rimbalzare la palla verso il centro. La palla viene lanciata dalle mani del giocatore, a 0,80 m al di sopra del pavimento, con una velocità iniziale di modulo 4,3 m/s e un angolo di 15° sotto l'orizzontale. Che distanza orizzontale copre la palla prima di rimbalzare? [1,3 m]

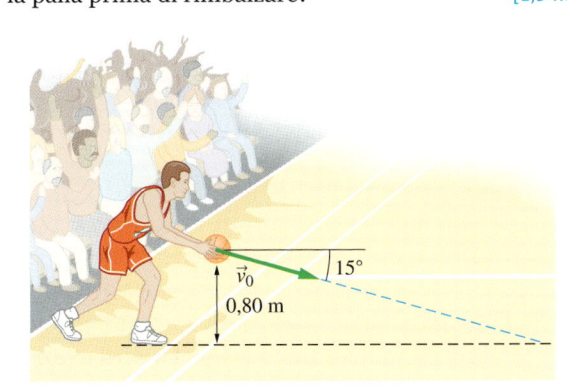

60 Lancio verso l'alto

Risolvi il problema precedente nel caso in cui la palla sia lanciata con un angolo di 15° *sopra* l'orizzontale. [2,2 m]

61 IN ENGLISH

An athlete competing in long jump leaves the ground with a speed of 9.14 m/s at an angle of 35.0° above the horizontal.

a. What is the length of the athlete's jump?
b. How long does the athlete stay in the air?

[a. 8.00 m; b. 1.07 s]

62 MATH⁺ PROBLEMA SVOLTO

Un giocatore di golf colpisce una pallina con velocità iniziale di 30,0 m/s e un angolo di 50,0° sopra l'orizzontale. La pallina atterra su un prato che è 5,00 m al di sopra del livello di quello dove era stata battuta.

a. Per quanto tempo resta in aria la pallina?
b. Quale distanza ha percorso la pallina in direzione orizzontale quando atterra?
c. Quali sono il modulo e la direzione della velocità della pallina un istante prima dell'atterraggio?

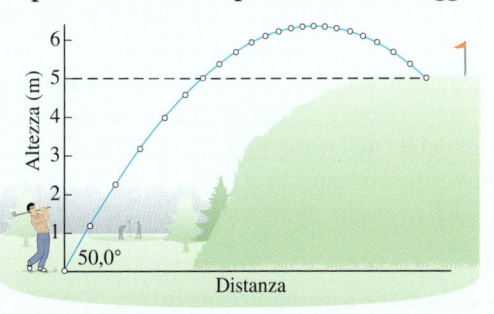

SOLUZIONE

a. Poiché $v_{0y} = v_0 \text{sen}\,\theta$, poni $y = (v_0 \text{sen}\,\theta)t - \frac{1}{2}gt^2 = 5{,}00$ m e sostituisci i valori $v_0 = 30{,}0$ m/s e $\theta = 50{,}0°$; ottieni l'equazione di secondo grado in t:

$$4{,}91 t^2 - 22{,}98 t + 5{,}00 = 0$$

Risolvi l'equazione con la formula risolutiva:

$$t_{1,2} = \frac{22{,}98 \pm \sqrt{528 - 98}}{9{,}81} \quad \begin{array}{l} t_1 = 0{,}229 \text{ s} \\ t_2 = 4{,}46 \text{ s} \end{array}$$

Nell'istante $t = 0{,}229$ s la palla si sta muovendo verso l'alto, nell'istante $t = 4{,}46$ s la palla sta scendendo. Scegli il secondo istante, $t = 4{,}46$ s.

b. Poiché $v_x = v_0 \cos\theta$, sostituisci $t = 4{,}46$ s nell'equazione $x = (v_0 \cos\theta)t$ per calcolare la distanza percorsa dalla pallina in direzione orizzontale:

$$x = (30{,}0 \text{ m/s})(\cos 50{,}0°)(4{,}46 \text{ s}) = 86{,}0 \text{ m}$$

c. Calcola $v_x = v_0 \cos\theta$ e $v_y = v_0 \text{sen}\,\theta - gt$, con $t = 4{,}46$ s:

$$v_x = (30{,}0 \text{ m/s})(\cos 50{,}0°) = 19{,}3 \text{ m/s}$$

$$v_y = (30{,}0 \text{ m/s})(\text{sen}\,50{,}0°) - (9{,}81 \text{ m/s}^2)(4{,}46 \text{ s}) =$$
$$= -20{,}8 \text{ m/s}$$

Calcola il modulo e la direzione della velocità:

$$v = \sqrt{(19{,}3 \text{ m/s})^2 + (-20{,}8 \text{ m/s})^2} = 28{,}4 \text{ m/s}$$

$$\theta = \text{tg}^{-1}\left(\frac{-20{,}8 \text{ m/s}}{19{,}3 \text{ m/s}}\right) = -47{,}1°$$

63 MATH⁺ **Il calcio del portiere**

L'equazione della traiettoria di una palla calciata da un portiere è $y = 0{,}50x - 0{,}12x^2$.

a. Rappresenta nel piano cartesiano tale traiettoria, riportando dei valori di riferimento sugli assi.
b. Determina le coordinate del vertice e dei punti di intersezione della traiettoria con l'asse x.
c. Spiega qual è il significato fisico delle coordinate del vertice.
d. Determina inoltre il modulo della velocità iniziale e l'angolo che il vettore velocità iniziale forma con l'orizzontale.

[**b.** $x_v = 2{,}08$ m; $y_v = 0{,}52$ m; $x = 0$ m; $x = 4{,}17$ m;
d. $v_0 = 7{,}15$ m/s; $\alpha = 26{,}6°$]

64 La velocità delle palle di neve

Delle palle di neve vengono lanciate con una velocità di modulo 13 m/s da un balcone alto 7,0 m rispetto al suolo. La palla A è lanciata diritta verso il basso; la palla B invece è lanciata in una direzione che forma un angolo di 25° sopra l'orizzontale.

a. Quando le palle di neve cadono a terra, il modulo della velocità di A è maggiore, minore o uguale al modulo della velocità di B? Giustifica la risposta.
b. Verifica la risposta al punto **a.** calcolando il modulo della velocità di atterraggio di entrambe le palle di neve.

[**b.** $v_A = v_B = 18$ m/s]

65 La direzione delle palle di neve

Determina la direzione del moto delle due palle di neve del problema precedente nell'istante in cui toccano terra.

[$\theta_A = -90°$; $\theta_B = -47°$]

66 PROBLEMA SVOLTO

Un pallone viene calciato con una velocità iniziale di modulo 10,2 m/s in una direzione inclinata di 25,0° sopra l'orizzontale.

a. Determina il modulo e la direzione del vettore velocità del pallone 0,250 s e 0,500 s dopo che è stato calciato.
b. Il pallone raggiunge la sua altezza massima prima o dopo 0,500 s? Giustifica la risposta.

SOLUZIONE

a. Conosci $v_0 = 10{,}2$ m/s e l'angolo di lancio $\theta = 25{,}0°$.
Calcola la velocità in direzione verticale con la formula:

$$v_y = -gt + v_0 \operatorname{sen}\theta$$

Calcola v_y nei due istanti richiesti, sostituendo prima $t_1 = 0{,}250$ s e poi $t_2 = 0{,}500$ s (poni $g = 9{,}81$ m/s^2):

$$v_{y1} = (-9{,}81 \text{ m/s}^2)(0{,}250 \text{ s}) +$$
$$+ (10{,}2 \text{ m/s})(\operatorname{sen} 25{,}0°) = 1{,}86 \text{ m/s}$$

$$v_{y2} = (-9{,}81 \text{ m/s}^2)(0{,}500 \text{ s}) +$$
$$+ (10{,}2 \text{ m/s})(\operatorname{sen} 25{,}0°) = -0{,}59 \text{ m/s}$$

La velocità nella direzione orizzontale è costante ed è:

$$v_x = v_0 \cos\theta = (10{,}2 \text{ m/s})(\cos 25{,}0°) = 9{,}24 \text{ m/s}$$

Calcola la velocità totale nei due istanti considerati:

$$v_1 = \sqrt{(9{,}24 \text{ m/s})^2 + (1{,}86 \text{ m/s})^2} = 9{,}43 \text{ m/s}$$

$$v_2 = \sqrt{(9{,}24 \text{ m/s})^2 + (-0{,}59 \text{ m/s})^2} = 9{,}26 \text{ m/s}$$

Determina la direzione della velocità nei due istanti:

$$\theta_1 = \operatorname{tg}^{-1}\left(\frac{v_{y1}}{v_x}\right) = \operatorname{tg}^{-1}\left(\frac{1{,}86 \text{ m/s}}{9{,}24 \text{ m/s}}\right) = 11{,}4°$$

$$\theta_2 = \operatorname{tg}^{-1}\left(\frac{v_{y2}}{v_x}\right) = \operatorname{tg}^{-1}\left(\frac{-0{,}59 \text{ m/s}}{9{,}24 \text{ m/s}}\right) = -3{,}65°$$

b. La componente verticale della velocità all'istante $t_2 = 0{,}500$ s è negativa, cioè è diretta verso il basso; quindi la palla ha già cominciato a scendere e ha raggiunto la sua altezza massima prima di tale istante.

67 Con quale angolo di lancio?

Un secondo pallone viene calciato con la stessa velocità iniziale, in modulo, di quello del problema precedente. Dopo 0,750 s il pallone si trova nel punto più alto della sua traiettoria. Qual era la direzione iniziale del suo moto?

[46,2°]

68 Un altro lancio del pallone

Un pallone è calciato con velocità iniziale di modulo 10,0 m/s inclinata di 25,0° sopra l'orizzontale. Scelto un sistema di riferimento con origine posta nel punto di lancio e asse y orientato verso l'alto, determina la posizione del pallone a $t = 0{,}600$ s, calcolandone le coordinate. Spiega se in tale istante il pallone non ha ancora raggiunto l'altezza massima e sta salendo o ha già raggiunto l'altezza massima e sta scendendo: motiva la risposta.

[$x = 5{,}44$ m; $y = 0{,}770$ m; sta scendendo]

69 GEO **I vulcani di Io**

Gli astronomi hanno scoperto diversi vulcani su Io, una delle lune di Giove. Uno di questi vulcani, chiamato Loki, erutta lava a un'altezza massima di $2{,}00 \cdot 10^5$ m.

a. Sapendo che l'accelerazione di gravità su Io è di 1,80 m/s^2, determina il modulo della velocità iniziale della lava.
b. Se questo vulcano fosse sulla Terra, l'altezza massima dell'eruzione di lava sarebbe maggiore, minore o uguale a quella su Io? Giustifica la risposta.

[**a.** 849 m/s]

70 Il lancio della zucca 1

Alcuni ragazzi portano le loro vecchie zucche di Halloween sulla cima di una torre e fanno a gara a chi centra con la zucca un bersaglio al suolo. Supponi che la torre sia alta 9,0 m e che il bersaglio sia posto a una distanza orizzontale di 3,5 m dal punto di lancio. Se la zucca viene lanciata orizzontalmente, quale velocità iniziale deve avere per centrare il bersaglio? [2,6 m/s]

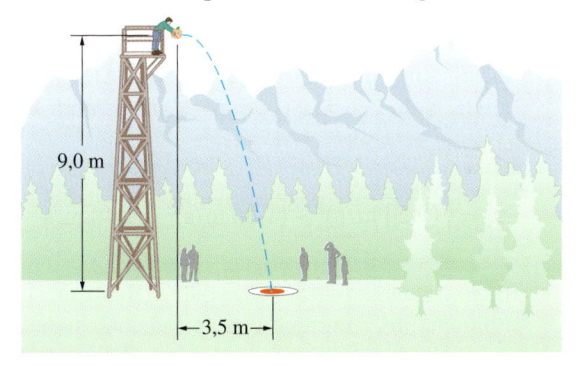

71 Il lancio della zucca 2

Se nel problema precedente si lancia la zucca con una velocità iniziale di modulo 3,3 m/s, quali sono il modulo e la direzione della sua velocità:
a. dopo 0,75 s?
b. un istante prima che essa tocchi terra?
[a. 8,1 m/s; −66°; b. 14 m/s; −76°]

72 Tuffi dal trampolino

Un nuotatore si tuffa orizzontalmente da un trampolino con una velocità iniziale di modulo 3,32 m/s e tocca l'acqua a una distanza orizzontale di 1,78 m dall'estremità del trampolino.
a. A quale altezza rispetto all'acqua si trova il trampolino?
b. Se il nuotatore si tuffa con una velocità minore, impiega più tempo, meno tempo o lo stesso tempo per raggiungere l'acqua? [a. 1,41 m]

73 IN ENGLISH

A projectile is fired from ground level with an initial speed of 55.6 m/s at an angle of 41.2° above the horizontal.
Determine:
a. the time necessary for the projectile to reach its maximum height;
b. the maximum height reached by the projectile;
c. the horizontal and vertical components of the velocity vector at the maximum height;
d. the horizontal and vertical components of the acceleration vector at the maximum height.
[a. 3.73 s; b. 68.4 m; c. $v_x = 41.8$ m/s; $v_y = 0$ m/s; d. $a_x = 0$ m/s^2; $a_y = -9{,}81$ m/s^2]

74 Ricezione da record

Il 25 agosto 1894 il ricevitore della squadra di Chicago William Schriver riuscì a prendere una palla da baseball lanciata dalla cima del Washington Monument (170 m, 898 scalini).
a. Se la palla fu lanciata orizzontalmente dalla cima del monumento con una velocità di modulo 5,00 m/s, a quale distanza dal monumento cadde?
b. Quali erano il modulo e la direzione della velocità della pallina nell'istante in cui venne presa?
[a. 29,5 m; b. 58,0 m/s; 85° sotto l'orizzontale]

75 La gara delle balle di fieno

Ogni anno, in Scozia si tengono gli *Highland Games*, una sorta di campionato sportivo simile ai giochi olimpici. Uno dei giochi più popolari è quello in cui i concorrenti, utilizzando dei forconi, devono lanciare una balla di fieno su un percorso in salita. Supponi che, dopo il colpo di forcone, la velocità iniziale della balla di fieno abbia componenti $v_x = 1{,}12$ m/s e $v_y = 8{,}85$ m/s.
a. Qual è il minimo tempo necessario perché la balla di fieno raggiunga una velocità di modulo 5,00 m/s?
b. Dopo quanto tempo dal lancio la direzione del moto della balla di fieno è di 45° sotto l'orizzontale?
c. Se la balla di fieno venisse lanciata con la stessa velocità iniziale, ma diritta verso l'alto, il suo tempo di volo aumenterebbe, diminuirebbe o rimarrebbe lo stesso? Giustifica la risposta. [a. 0,406 s; b. 1,02 s]

76 MATH⁺ La palla lanciata nel fiume

Un bambino che si trova su un ponte, sotto il quale scorre un fiume, lancia orizzontalmente una palla. In un sistema di riferimento con l'origine al livello della superficie del fiume e l'asse y orientato verso l'alto, l'equazione della traiettoria è $y = 10 - 3{,}0x^2$; le costanti sono espresse in unità del SI.
a. Rappresenta in un piano cartesiano tale traiettoria, nell'intervallo di valori di x in cui la funzione descrive la situazione fisica proposta.
b. Determina le coordinate dei punti A e B di intersezione di tale funzione con gli assi cartesiani e spiega il significato fisico delle coordinate di tali punti.
c. Calcola il tempo che la palla impiega a entrare nel fiume, supponendo di poter trascurare gli attriti.
[b. A (0 m; 10 m); B (1,8 m; 0 m); c. 1,4 s]

77 Da quale altezza è lanciata?

Una palla da basket viene lanciata orizzontalmente con una velocità iniziale di 4,20 m/s. La linea retta che unisce il punto di lancio della palla e il punto in cui essa atterra forma un angolo di 30,0° con il piano orizzontale, come mostrato in figura. Qual è l'altezza del punto di lancio? [1,20 m]

7 Moti circolari

78 Un oggetto percorre un arco l su una circonferenza di raggio r. Qual è il suo spostamento angolare espresso in radianti?

- A $\theta = \dfrac{l}{r}$
- B $\theta = lr$
- C $\theta = lr \cos\phi$
- D $\theta = 2lr$

79 Un oggetto si muove su una circonferenza di raggio 4 m con una velocità di 2 m/s. Qual è la sua velocità angolare?

- A 4 rad/s
- B 2 rad/s
- C 0,5 rad/s
- D 8 rad/s

80 Un oggetto ruota con una frequenza di rotazione di 2,50 giri/minuto. Qual è il valore della velocità angolare?

- A 25,0 rad/s
- B 15,7 rad/s
- C 0,262 rad/s
- D 0,0420 rad/s

81 Due automobili percorrono traiettorie circolari concentriche, di raggi R_A ed R_B, nello stesso tempo. Il rapporto tra le loro velocità angolari è pari a:

- A 1
- B $\dfrac{R_A}{R_B}$
- C $\dfrac{R_B}{R_A}$
- D 0

82 La velocità angolare della lancetta dei secondi in un orologio è:

- A $\omega = \dfrac{\pi}{120}$ rad/s
- B $\omega = \dfrac{\pi}{60}$ rad/s
- C $\omega = \dfrac{\pi}{30}$ rad/s
- D $\omega = \dfrac{\pi}{6}$ rad/s

83 Giorgio e Alice sono su una giostra che ruota. Giorgio è a una distanza dall'asse di rotazione maggiore di quella di Alice. Quale delle seguenti affermazioni è vera?

- A La velocità angolare di Alice è maggiore di quella di Giorgio.
- B La velocità angolare di Alice è minore di quella di Giorgio.
- C La velocità tangenziale di Alice è minore di quella di Giorgio.
- D Giorgio e Alice hanno la stessa velocità tangenziale.

84 Converti in radianti i seguenti angoli espressi in gradi: 30°, 45°, 90°, 180°.

85 Converti in gradi i seguenti angoli espressi in radianti: $\dfrac{\pi}{6}$; 0,70π; 1,5π; 5π.

86 Big Ben
Determina il modulo della velocità angolare della lancetta dei minuti e della lancetta delle ore del famoso orologio di Londra la cui campana principale è conosciuta come "Big Ben".
[$\omega_{minuti} = 1{,}745 \cdot 10^{-3}$ rad/s; $\omega_{ore} = 1{,}454 \cdot 10^{-4}$ rad/s]

87 Velocità angolari crescenti
Disponi i moduli delle velocità angolari dei seguenti oggetti in ordine crescente: lo pneumatico di un'automobile che ruota a $2{,}00 \cdot 10^3$ gradi/s, un trapano che ruota a 400,0 giri/min e l'elica di un aereo che ruota a 40,0 rad/s.

88 Quanto ruota la ruota?
Un puntino di vernice disegnato sulla gomma della ruota di una bicicletta si muove su una traiettoria circolare di raggio 0,33 m. Quando il puntino ha percorso una distanza lineare di 1,95 m, di quale angolo ha ruotato la ruota? Fornisci la risposta in radianti. [5,9 rad]

89 GEO La nebulosa del Granchio
Uno degli oggetti maggiormente osservati nel cielo è la nebulosa del Granchio, ciò che resta dell'esplosione di una supernova osservata nel 1054 dai Cinesi. Nel 1968 fu scoperta una pulsar (una stella di neutroni che ruota rapidamente, emettendo una pulsazione di onde radio per ogni giro) che si trova nel centro della nebulosa del Granchio. Il periodo di questa pulsar è 33 ms. Qual è il modulo della velocità angolare (in rad/s) della pulsar della nebulosa del Granchio? [$1{,}90 \cdot 10^2$ rad/s]

90 Qual era la velocità angolare?
Un oggetto fermo comincia a ruotare con accelerazione angolare costante. Se la velocità angolare dell'oggetto dopo il tempo t è ω, qual era la velocità angolare al tempo $t/2$?

91 La velocità del frisbee
Il bordo esterno di un frisbee in rotazione, di diametro 29 cm, ha una velocità tangenziale di 3,7 m/s. Qual è la velocità angolare del frisbee? [26 rad/s]

92 PREVEDI/SPIEGA
Due bambini, Andrea e Lucia, salgono sulla stessa giostra. Andrea è a una distanza R dall'asse di rotazione della giostra, Lucia a una distanza $2R$ dall'asse.
a. Il periodo di rotazione di Andrea è maggiore, minore o uguale a quello di Lucia?
b. Quale fra le seguenti è la *spiegazione* migliore per la risposta?
  1. Il periodo di rotazione di Andrea è maggiore perché lui si muove più lentamente di Lucia.
  2. Il periodo di rotazione di Lucia è maggiore perché lei si muove su una circonferenza di lunghezza maggiore.
  3. Tutti i punti della giostra impiegano lo stesso tempo per compiere una rotazione completa attorno all'asse.

93 PREVEDI/SPIEGA
Il Burj Dubai (o Burj Khalifa), inaugurato a Dubai nel 2010, è l'edificio più alto del mondo e raggiunge un'altezza di 828 metri.
a. Se ti trovassi all'ultimo piano dell'edificio, la tua velocità angolare, dovuta alla rotazione della Terra, sarebbe maggiore, minore o uguale alla velocità angolare che avresti al piano terreno?

b. Quale fra le seguenti è la *spiegazione* migliore per la risposta?

1. La velocità angolare è la stessa, indipendentemente dalla distanza dall'asse di rotazione.
2. In cima all'edificio saresti più lontano dall'asse di rotazione, dunque la tua velocità angolare sarebbe maggiore.
3. Ruoteresti più velocemente se fossi più vicino all'asse di rotazione.

94 In giostra!

Due bambini stanno ruotando sulla giostra mostrata in figura. Il bambino 1 si trova a 2,0 m dall'asse di rotazione, il bambino 2 a 1,5 m dall'asse. Se la giostra compie un giro ogni 4,5 s, determina il modulo della velocità angolare e il modulo della velocità lineare di ciascun bambino.

[$\omega_1 = \omega_2 = 1{,}4$ rad/s; $v_1 = 2{,}8$ m/s; $v_2 = 2{,}1$ m/s]

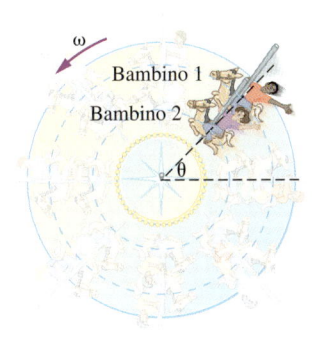

8 Il moto circolare uniforme

95 L'accelerazione di un corpo che si muove di moto circolare uniforme è:

A $a_c = v\omega^2$
B $a_c = \dfrac{v^2}{r}$
C $a_c = \omega r$
D $a_c = \dfrac{\omega^2}{r}$

96 Quale delle seguenti disuguaglianze rappresenta il corretto ordinamento dei valori delle accelerazioni centripete dell'oggetto che ruota nelle quattro situazioni presentate in figura?

A $a_{c,1} > a_{c,2} > a_{c,3} > a_{c,4}$
B $a_{c,2} > a_{c,4} > a_{c,1} > a_{c,3}$
C $a_{c,4} > a_{c,2} > a_{c,3} > a_{c,1}$
D $a_{c,4} > a_{c,3} > a_{c,2} > a_{c,1}$

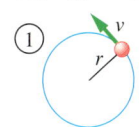

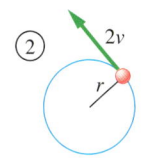

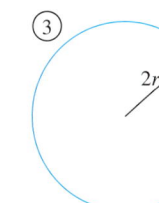

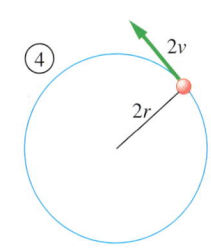

97 Quale delle seguenti affermazioni è *falsa* per un oggetto che si muove di moto circolare uniforme?

A Il vettore accelerazione punta verso il centro della circonferenza.
B Il vettore accelerazione è tangente alla circonferenza.
C Il vettore velocità è tangente alla circonferenza.
D La velocità e l'accelerazione della particella sono perpendicolari tra di loro.

98 Un oggetto si muove di moto uniforme lungo una circonferenza di raggio 1 m, percorrendo 2 giri completi in un secondo. La sua accelerazione, espressa in m/s², è:

A $a_c = \pi^2$
B $a_c = 2\pi^2$
C $a_c = 16\pi^2$
D $a_c = 8\pi^2$

99 Qual è l'accelerazione di un punto che si trova all'estremità di un'elica, il cui diametro è $d = 1$ m, che compie 1200 giri ogni minuto?

A $a_c = 8\pi^2$ m/s²
B $a_c = 80\pi^2$ m/s²
C $a_c = 800\pi^2$ m/s²
D Nessuna delle precedenti.

100 PROBLEMA SVOLTO

Il modello di Bohr per l'atomo di idrogeno descrive l'elettrone come una piccola particella che si muove su un'orbita circolare attorno a un protone stazionario. Nell'orbita di minore energia la distanza fra protone ed elettrone è $5{,}29 \cdot 10^{-11}$ m e la velocità tangenziale dell'elettrone è $2{,}18 \cdot 10^6$ m/s.

a. Qual è la velocità angolare dell'elettrone?
b. Quante orbite attorno al protone compie un elettrone in un secondo?
c. Qual è l'accelerazione centripeta dell'elettrone?

SOLUZIONE

Chiama $r = 5{,}29 \cdot 10^{-11}$ m la distanza tra il protone e l'elettrone e $v = 2{,}18 \cdot 10^6$ m/s la velocità tangenziale dell'elettrone.

a. Calcola la velocità angolare dell'elettrone:

$$\omega = \frac{v}{r} = \frac{2{,}18 \cdot 10^6 \text{ m/s}}{5{,}29 \cdot 10^{-11} \text{ m}} = 4{,}12 \cdot 10^{16} \text{ rad/s}$$

b. Calcola il numero di orbite dell'elettrone attorno al protone in 1 secondo, cioè la frequenza del moto:

$$f = \frac{\omega}{2\pi} = \frac{4{,}12 \cdot 10^{16} \text{ rad/s}}{2\pi} = 6{,}56 \cdot 10^{15} \text{ Hz}$$

c. L'accelerazione centripeta dell'elettrone è:

$$a_c = \frac{v^2}{r} = \frac{(2{,}18 \cdot 10^6 \text{ m/s})^2}{5{,}29 \cdot 10^{-11} \text{ m}} = 8{,}98 \cdot 10^{22} \text{ m/s}^2$$

101 Abbocca!

Gianni, dopo che un grosso pesce ha abboccato alla sua lenza, riavvolge il mulinello della canna da pesca compiendo 3,0 giri completi ogni secondo.
  a. Se il raggio del mulinello è di 3,7 cm, qual è il modulo della velocità lineare della lenza mentre viene riavvolta?
  b. Come cambierebbe la risposta alla domanda **a.** se il raggio del mulinello fosse raddoppiato?

[a. 0,70 m/s]

102 MATH⁺ PROBLEMA SVOLTO

La legge della posizione angolare di un punto sul bordo di un disco è $\theta = \pi/6 - 3,0t$, in cui le costanti sono espresse in unità del SI e gli angoli sono misurati in radianti.
  a. Rappresenta in grafico θ al variare del tempo per $0 \text{ s} \leq t \leq 1,0 \text{ s}$. Di che tipo di moto si tratta?
  b. Qual è la frequenza di rotazione?
  c. All'istante $t = 10$ s quanti giri completi ha fatto il punto? In quale posizione angolare si trova?

SOLUZIONE

  a. Il grafico che descrive la posizione angolare al variare del tempo è rappresentato in figura. Si tratta di un moto circolare uniforme, dato che la legge della posizione angolare è del tipo $\theta = \theta_0 + \omega t$. Il segno meno indica il fatto che la rotazione avviene in senso orario.

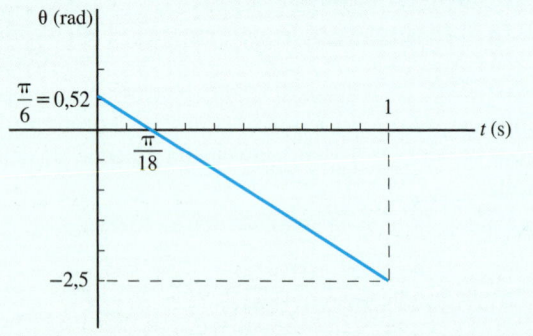

  b. Per determinare la frequenza di rotazione, calcola il periodo T, cioè il tempo necessario perché $|\Delta\theta| = 2\pi$ (dove sono stati presi i valori assoluti per non dover tenere conto del verso di rotazione). Dato che, dalla legge della posizione angolare, dopo un periodo si ha $|\Delta\theta| = 3,0 \text{ rad/s } T$, risulta che $T = 2\pi/3$ s, da cui la frequenza:

$$f = \frac{3}{2\pi}\text{s}^{-1} = 0,48 \text{ Hz}$$

  c. All'istante $t = 10$ s, $|\Delta\theta| = 3 \cdot 10 = 30$ rad, da cui ricavi il numero di giri:

$$n = \frac{|\Delta\theta|}{2\pi} = 4,7 \approx 4$$

dove si è approssimato per difetto perché si devono contare solo i giri completi.
La posizione angolare a $t = 10$ s risulta:

$$\theta_f = \pi/6 - 30 = -29,5 \text{ rad} = -1690° =$$
$$= -250° = 110°$$

Quindi il punto passa da $\theta_0 = 30°$ e $\theta_f = 110°$, dopo aver compiuto 4 giri completi in senso orario.

103 La velocità e l'accelerazione centripeta del CD

Un CD di diametro 12,0 cm ruota a 5,05 rad/s.
  a. Calcola il modulo della velocità lineare di un punto sul bordo del CD.
  b. Calcola l'accelerazione centripeta di un punto nel suo margine esterno.
  c. Considera un punto del CD che si trova a metà fra il centro e il margine esterno; senza ripetere i calcoli svolti in **a.** e in **b.**, determina la velocità lineare e l'accelerazione centripeta di questo punto.

[a. 0,303 m/s; b. 1,53 m/s²; c. 0,152 m/s; 0,765 m/s²]

104 Il re della giungla

Tarzan oscilla su una liana lunga 7,20 m, come mostrato in figura. Al termine dell'oscillazione, poco prima di colpire l'albero, la velocità tangenziale di Tarzan è 8,50 m/s.
  a. Determina la velocità angolare di Tarzan al termine dell'oscillazione.
  b. Quale accelerazione centripeta agisce su Tarzan al termine dell'oscillazione?
  c. Da che cosa è esercitata la forza responsabile dell'accelerazione centripeta di Tarzan?

[a. 1,18 rad/s; b. 10,0 m/s²]

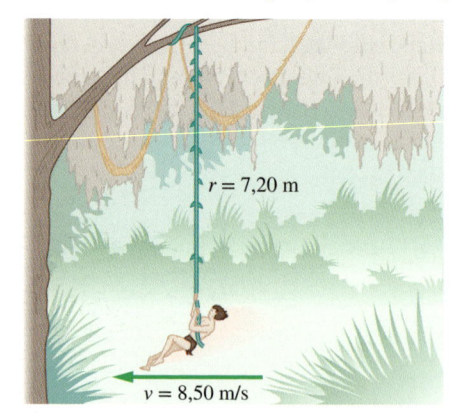

105 🇬🇧 IN ENGLISH

A pilot of jet plane is told that he must remain in a holding pattern over the airport until it is his turn to land. If the pilot flies his plane in a circle whose radius is 50.0 km once every 30.0 min, what is the centripetal acceleration?

[0.609 m/s²]

106 Dal dentista 1

Per pulire un'otturazione in un dente un dentista applica al suo trapano un disco abrasivo con un raggio di 3,20 mm.
- **a.** Quando il trapano lavora a una velocità angolare di $2,15 \cdot 10^4$ rad/s, qual è la velocità tangenziale del bordo del disco?
- **b.** Quale periodo di rotazione deve avere il disco se la velocità tangenziale del suo bordo è di 275 m/s?

[**a.** 68,8 m/s; **b.** $7,31 \cdot 10^{-5}$ s]

9 Il moto circolare accelerato

107 Un oggetto che si muove lungo una circonferenza di raggio 2,0 m ha un'accelerazione tangenziale di 10 m/s². Qual è l'accelerazione angolare dell'oggetto?

- A 20 rad/s²
- B 10 rad/s²
- C 5,0 rad/s²
- D 0,20 rad/s²

108 Un oggetto parte da fermo e si muove con accelerazione angolare α = 2,0 rad/s² per 10 s. Qual è la velocità angolare finale dell'oggetto?

- A 2,0 rad/s
- B 4,0 rad/s
- C 10 rad/s
- D 20 rad/s

109 La centrifuga di una lavatrice sta girando a 600 giri/min. Se si ferma in 30 s, quanti giri fa il cestello?

- A 130
- B 200
- C 100
- D 150

110 L'accelerazione tangenziale del CD

Un CD, che ha un diametro di 12,0 cm, accelera uniformemente da zero a 4,00 giri/s in 3,00 s. Determina l'accelerazione tangenziale di un punto sul margine esterno del disco, nell'istante in cui la sua frequenza è:
- **a.** 2,00 giri/s;
- **b.** 3,00 giri/s.

[**a.** 0,503 m/s²; **b.** 0,503 m/s²]

111 Dal dentista 2

Un dentista applica al trapano un disco abrasivo con un raggio di 3,20 mm. Supponi che il disco abrasivo abbia un'accelerazione angolare di 232 rad/s² quando la sua velocità angolare è 640 rad/s. Determina l'accelerazione tangenziale e l'accelerazione centripeta del bordo del disco.

[0,742 m/s²; $1,31 \cdot 10^3$ m/s²]

112 PROBLEMA SVOLTO

Considera la situazione del problema 104 e supponi che, a un certo punto durante l'oscillazione, Tarzan abbia una velocità angolare di 0,850 rad/s e un'accelerazione angolare di 0,620 rad/s². Determina i moduli della sua accelerazione centripeta, tangenziale e totale e l'angolo che l'accelerazione totale forma rispetto alla direzione tangenziale del moto.

SOLUZIONE

Le accelerazioni tangenziale e centripeta sono perpendicolari tra loro. Calcolale separatamente, sapendo che $r = 7,20$ m, $\omega = 0,850$ rad/s e $\alpha = 0,620$ rad/s²:

$$a_t = \alpha r = (0,620 \text{ rad/s}^2)(7,20 \text{ m}) = 4,46 \text{ m/s}^2$$

$$a_c = \omega^2 r = (0,850 \text{ rad/s})^2(7,20 \text{ m}) = 5,20 \text{ m/s}^2$$

Calcola l'accelerazione totale:

$$a = \sqrt{a_c^2 + a_t^2} = \sqrt{(5,20 \text{ m/s}^2)^2 + (4,46 \text{ m/s}^2)^2} =$$
$$= 6,85 \text{ m/s}^2$$

Determina l'angolo formato dall'accelerazione totale rispetto alla direzione tangenziale del moto:

$$\theta = \text{tg}^{-1}\left(\frac{a_c}{a_t}\right) = \text{tg}^{-1}\left(\frac{5,20 \text{ m/s}^2}{4,46 \text{ m/s}^2}\right) = 49,4°$$

113 IN ENGLISH

A stationary exercise bicycle wheel starts from rest and accelerates at a rate of 2,0 rad/s² for 5,0 s, after which the speed is maintained for 60 s. Find the angular speed during the 60 s interval and the total number of revolutions the wheel turns in the first 65 s.

[10 rad/s; 100 rev]

114 BIO L'accelerazione della provetta

In una centrifuga per microematocrito piccole quantità di sangue vengono poste in provette la cui base si trova a 9,07 cm dall'asse di rotazione. La centrifuga viene avviata con un'accelerazione angolare di 95,0 rad/s².

- **a.** Determina i moduli dell'accelerazione centripeta, tangenziale e totale della base di una provetta, quando il modulo della velocità angolare è 8,00 rad/s.
- **b.** Quale angolo forma l'accelerazione totale con la direzione del moto?

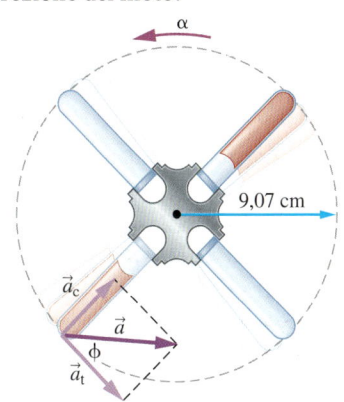

[**a.** $a_c = 5,80$ m/s²; $a_t = 8,62$ m/s²; $a = 10,4$ m/s²; **b.** 33,9°]

115 MATH⁺ Il compact disc

Il grafico in figura rappresenta la velocità angolare di un punto su un CD al passare del tempo.

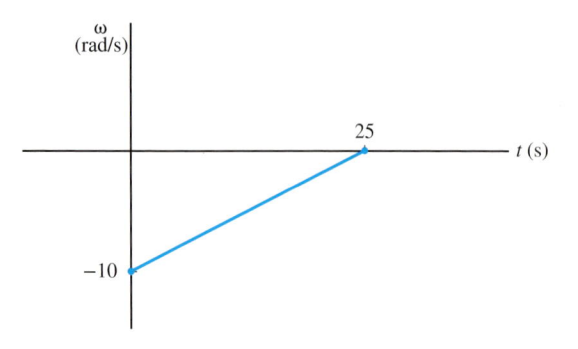

a. Scrivi la legge della velocità angolare in funzione del tempo.
b. Determina il numero di giri fatti dal CD prima di fermarsi.
c. Scrivi la legge della posizione angolare di un punto sul bordo del CD, assumendo che a $t = 0$ si trovi nella posizione $\theta_0 = \pi/2$. Rappresenta in grafico la posizione angolare θ al variare del tempo, fino a quando il CD si ferma. Quali informazioni puoi dedurre dal fatto che ω_0 ha un valore negativo?

[b. 20]

116 MATH⁺ Il ventilatore

La legge della velocità angolare di un punto all'estremità di una pala di un ventilatore da soffitto è descritta dalla seguente funzione:

$$\omega(t) = \begin{cases} 3{,}0 & 0\text{ s} \leq t \leq 30\text{ s} \\ 3{,}0 - 0{,}050\,(t - 30) & 30\text{ s} < t \leq 90\text{ s} \end{cases}$$

Rappresenta graficamente ω al variare del tempo. Qual è il tipo di moto del ventilatore per $0\text{ s} \leq t \leq 30\text{ s}$ e per $30\text{ s} < t \leq 90\text{ s}$? Quanti giri compie il ventilatore tra 0 s e 90 s?

[28,6]

117 La ruota

Una ruota di raggio R parte da ferma e accelera con accelerazione angolare costante α intorno a un asse fissato. In quale istante l'accelerazione tangenziale e l'accelerazione centripeta di un punto sul bordo assumeranno lo stesso valore?

$$\left[t = \sqrt{\frac{1}{\alpha}}\right]$$

10 Il moto armonico

118
Un oggetto si muove di moto armonico semplice. Quando passa dalla posizione di equilibrio la sua accelerazione:

A è infinita.
B è nulla.
C è massima.
D dipende dall'ampiezza del moto.

119
La massima velocità e la massima accelerazione in un moto armonico semplice sono rispettivamente 4 m/s e 2 m/s². Qual è la pulsazione del moto?

A $\omega = 0{,}5$ rad/s
B $\omega = 1$ rad/s
C $\omega = 2$ rad/s
D $\omega = 3$ rad/s

120
Un oggetto si muove di moto armonico semplice raggiungendo una velocità massima di 15 m/s. Sapendo che il periodo del moto è 0,628 s, qual è il suo spostamento massimo dalla posizione di equilibrio?

A 3,0 m
B 2,0 m
C 1,0 m
D 1,5 m

121 Dov'è la biglia?

Una biglia rotola su un binario circolare di raggio 0,62 m con velocità angolare costante di modulo 1,3 rad/s in verso antiorario. Se la posizione angolare della biglia a $t = 0$ è $\theta = 0$, determina la componente x della posizione della biglia negli istanti $t = 2{,}5$ s, $t = 5{,}0$ s e $t = 7{,}5$ s. Poni $\theta = 0$ in corrispondenza della direzione positiva dell'asse x.

[$t = 2{,}5$ s: $x = -0{,}62$ m; $t = 5{,}0$ s: $x = 0{,}61$ m; $t = 7{,}5$ s: $x = -0{,}59$ m]

122 MATH⁺ PROBLEMA SVOLTO

La funzione $x(t) = 0{,}12 \cos(3{,}0t + \pi/3)$ rappresenta la posizione di un corpo che si muove di moto armonico. Rappresentala graficamente per almeno un periodo di oscillazione, riportando alcuni valori di riferimento sugli assi. Determina a quali istanti l'accelerazione è massima in modulo e a quali istanti la velocità è massima in modulo.

SOLUZIONE

La funzione proposta è rappresentata in grafico in figura.

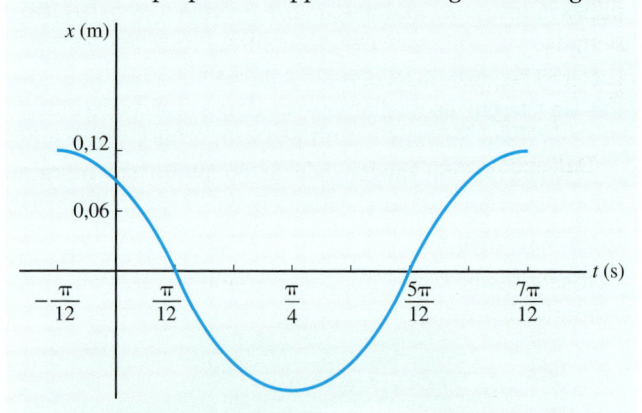

Gli istanti in cui l'accelerazione è massima in modulo sono gli stessi in cui la posizione è massima in modulo, cioè:

$$t_2 = (\pi/4)\text{ s} \quad \text{e} \quad t_4 = (7\pi/12)\text{ s}$$

Gli istanti in cui la velocità è massima in modulo sono quelli in cui la posizione è nulla, cioè:

$$t_1 = (\pi/12)\text{ s} \quad \text{e} \quad t_3 = (5\pi/12)\text{ s}$$

123 Ampiezza e periodo del moto armonico

Un oggetto che si muove di moto armonico semplice ha una velocità massima di modulo 4,3 m/s e un'accelerazione massima di 0,65 m/s². Determina:

a. l'ampiezza del moto;
b. il periodo del moto.

[a. 28 m; b. 42 s]

124 PROBLEMA SVOLTO

Il 29 dicembre 1997 il 747 della United Airlines in volo da Tokyo a Honululu venne investito da una violenta turbolenza 31 minuti dopo il decollo. I dati della "scatola nera" indicarono che, a causa della turbolenza, il 747 aveva oscillato in alto e in basso con un'ampiezza di 30 m e un'accelerazione massima di $1,8g$. Considerando il moto di oscillazione dell'aereo come un moto armonico semplice, calcola:

a. il tempo impiegato per compiere un'oscillazione completa;
b. la massima velocità verticale dell'aereo.

SOLUZIONE

La figura illustra il moto di oscillazione del 747 con un'ampiezza di 30 m rispetto alla sua normale traiettoria di volo orizzontale. Il periodo del moto, T, è il tempo necessario per un'oscillazione completa.

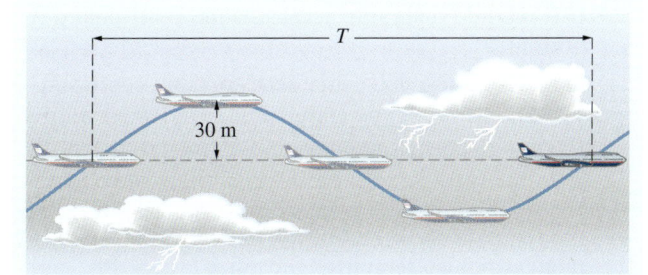

Conosci l'accelerazione massima e l'ampiezza del moto; utilizzando questi dati e l'equazione del moto armonico semplice puoi determinare le altre caratteristiche del moto.

a. Scrivi l'equazione che lega a_{max} e la pulsazione ω:

$$a_{max} = A\omega^2$$

Dall'equazione ricava ω ed esprimi ω in funzione di T:

$$\omega = \sqrt{\frac{a_{max}}{A}} = \frac{2\pi}{T}$$

Risolvi l'equazione rispetto a T e sostituisci i valori numerici di g e A:

$$T = \frac{2\pi}{\sqrt{a_{max}/A}} = \frac{2\pi}{\sqrt{1,8g/30 \text{ m}}} = 8,2 \text{ s}$$

b. Calcola la massima velocità verticale utilizzando la relazione $v_{max} = A\omega$:

$$v_{max} = A\omega = \frac{2\pi A}{T} = \frac{2\pi(30 \text{ m})}{8,2 \text{ s}} = 23 \text{ m/s}$$

125 L'altalena del cardellino

Un cardellino di 30,0 g si posa su un ramo sottile e oscilla su e giù con un moto armonico semplice di ampiezza 0,0335 m e periodo 1,65 s.

a. Qual è la massima accelerazione del cardellino? Esprimi la risposta come frazione dell'accelerazione di gravità g.
b. Qual è la massima velocità del cardellino?
c. Nell'istante in cui il cardellino è soggetto all'accelerazione massima, la sua velocità è massima o minima?

[a. $0,0495g$; b. $0,128$ m/s]

126 "L'ombra che cammina"

Un piolo fissato su un piatto rotante si muove con velocità lineare di modulo costante uguale a 0,77 m/s su una traiettoria circolare di raggio 0,23 m. Il piolo proietta la sua ombra sul muro. Determina le seguenti grandezze relative al moto dell'ombra del piolo:

a. il periodo;
b. l'ampiezza;
c. il modulo della velocità massima e il modulo dell'accelerazione massima.

[a. 1,9 s; b. 0,23 m; c. 0,77 m/s; 2,6 m/s^2]

127 BIO Il diapason in neurologia

I diapason vengono utilizzati nella diagnosi di malattie nervose note con il nome di polineuropatie delle fibre grandi. Queste patologie, che possono essere originate dal diabete o dall'esposizione ai metalli pesanti, spesso si manifestano attraverso una ridotta sensibilità alle vibrazioni. Il diapason in figura ha una frequenza di 128 Hz. Se le punte del diapason vibrando si muovono con un'ampiezza di 1,25 mm, determina:

a. la loro velocità massima;
b. la loro accelerazione massima. Esprimi la risposta come multiplo di g.

[a. 1,01 m/s; b. 82,4g]

128 MATH Il moto armonico 1

La legge della velocità di una massa che si muove di moto armonico è rappresentata in figura. Determina il periodo di oscillazione. Scrivi la legge della velocità, facendo riferimento ai dati del grafico proposto. Scrivi la legge dell'accelerazione in funzione del tempo per questo moto e rappresentala in grafico, riportando dei valori di riferimento sugli assi.

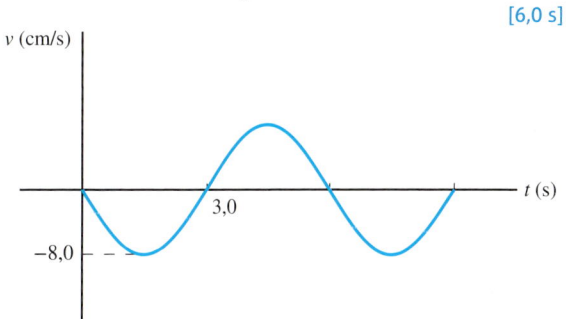

[6,0 s]

129 MATH Il moto armonico 2

Scrivi la legge oraria di un corpo che si muove di moto armonico, sapendo che all'istante $t = 0$ s si trova nella posizione $x = 15$ cm, che l'ampiezza di oscillazione è 15 cm e il periodo del moto è 20 s. Determina dopo quanto tempo il corpo passa per la seconda volta nel punto $x = 7,5$ cm e qual è la sua velocità in quell'istante.

[16,7 s; 0,041 m/s]

ESERCIZI DI RIEPILOGO

RAGIONA E RISPONDI

1 Un oggetto si muove su un piano con velocità scalare costante. Puoi affermare che la sua accelerazione è nulla?

2 Il principio di indipendenza dei moti è valido solo per moti con velocità costante?

3 Qual è l'accelerazione di un proiettile quando raggiunge il suo punto di massima altezza? Qual è la sua accelerazione un istante prima e un istante dopo quel punto?

4 Un proiettile viene lanciato con una velocità iniziale v_0 e un angolo θ sopra l'orizzontale. Esso atterra allo stesso livello dal quale era stato lanciato. Qual è la sua velocità media fra il lancio e l'atterraggio? Giustifica la risposta.

5 In una partita di baseball, un battitore effettua un fuoricampo, cioè colpisce la palla e la manda oltre la recinzione.
  a. Esiste un punto, durante il volo della palla, nel quale la velocità è parallela all'accelerazione?
  b. Esiste un punto nel quale la velocità della palla è perpendicolare all'accelerazione?

6 Un proiettile viene lanciato con velocità iniziale v_0 di componenti $v_{0x} = 4$ m/s e $v_{0y} = 3$ m/s. Qual è la velocità del proiettile quando raggiunge il punto più alto della sua traiettoria?

7 I proiettili per i quali la resistenza dell'aria non è trascurabile, ad esempio i proiettili sparati da una carabina, hanno la massima gittata quando l'angolo di lancio è maggiore, minore o uguale a 45°?

8 Due proiettili vengono lanciati dallo stesso punto e con il medesimo angolo di lancio rispetto all'orizzontale. Il proiettile 1 raggiunge un'altezza massima doppia rispetto a quella del proiettile 2. Qual è il rapporto fra i moduli della velocità iniziale del proiettile 1 e del proiettile 2?

9 Qual è la differenza fra accelerazione tangenziale e accelerazione centripeta di un punto su un oggetto che ruota?

10 È possibile guidare un'automobile in modo che abbia un'accelerazione centripeta diversa da zero, mentre l'accelerazione tangenziale è zero? Fai un esempio.

11 È possibile guidare un'automobile su una pista circolare in modo che abbia un'accelerazione tangenziale diversa da zero e, contemporaneamente, un'accelerazione centripeta uguale a zero? Giustifica la risposta.

12 Per effetto della rotazione della Terra gli abitanti di New York hanno una velocità tangenziale il cui modulo è circa 1200 km/h. In quali punti della Terra la velocità tangenziale ha il minimo valore possibile?

13 Tu e un tuo amico decidete di salire su una ruota panoramica che gira a velocità angolare costante in modulo. Il tuo amico ti pone le seguenti domande:
  a. La mia velocità lineare è costante?
  b. Il modulo della mia velocità lineare è costante?
  c. Il modulo della mia accelerazione centripeta è costante?
  d. La direzione della mia accelerazione centripeta è costante?
Dai una risposta a ciascuna delle domande.

14 Un giocatore di basket palleggia con un periodo regolare di T secondi. Il moto della palla è periodico? È un moto armonico semplice? Giustifica le risposte.

15 Un oggetto che oscilla con moto armonico semplice esegue un ciclo completo in un tempo T. Se l'ampiezza del moto viene raddoppiata, il tempo necessario a compiere un ciclo è ancora T, anche se l'oggetto copre una distanza doppia. Com'è possibile?

16 La posizione di un oggetto che si muove di moto armonico semplice è data da $x = A\cos(Bt)$. Spiega il significato fisico delle costanti A e B. Qual è la frequenza del moto di questo oggetto?

17 La velocità di un oggetto che si muove di moto armonico semplice è data da $v = -C\sen(Dt)$. Spiega il significato fisico delle costanti C e D. Quali sono l'ampiezza e il periodo del moto di questo oggetto?

18 Il grafico seguente rappresenta la posizione al variare del tempo di un oggetto che si muove di moto armonico semplice.
  a. In quali istanti l'oggetto si muove verso destra con velocità massima?
  b. In quali istanti l'oggetto si muove verso sinistra con velocità massima?
  c. In quali istanti l'oggetto è fermo?

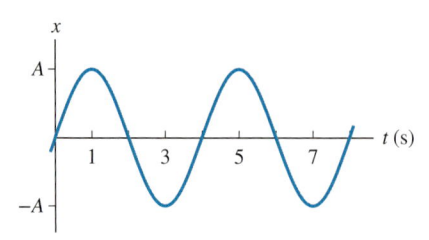

RISPONDI AI QUESITI

19 La figura rappresenta il grafico della posizione di un oggetto, che si muove lungo una retta, in funzione del tempo. In quale intervallo di tempo l'oggetto ha un'accelerazione negativa?

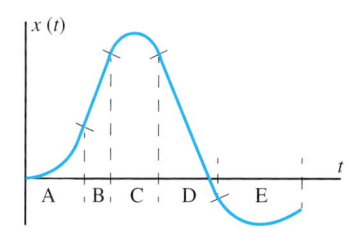

[Olimpiadi della Fisica 2019, Gara di I livello]

20 Dalla terrazza di un edificio posta a una altezza di 32 m una palla viene lanciata verticalmente verso il basso con velocità iniziale pari a 10 m s^{-1}. Nello stesso istante un'altra palla viene lanciata verticalmente verso l'alto, con la stessa velocità, dal livello della strada.
Rispetto al livello della strada, a che altezza le due palle si incrociano?

- A 0
- B 1,7 m
- C 3,4 m
- D 6,8 m
- E 16 m

[Olimpiadi della Fisica 2018, Gara di I livello]

21 Un'automobilina si muove di moto uniforme lungo una pista circolare. In figura è schematizzata la situazione: la pista circolare giace su un piano orizzontale ed è vista dall'alto.
Nella posizione indicata in figura, l'accelerazione dell'automobilina:

- A è diretta verso il punto A.
- B è diretta verso il punto B.
- C è diretta verso il punto C.
- D è diretta verso il punto D.
- E è nulla.

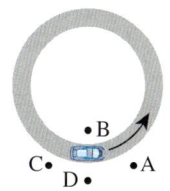

[Olimpiadi della Fisica 2019, Gara di I livello]

22 Una palla di massa M, attaccata a una corda, viene fatta ruotare in un piano orizzontale su una traiettoria circolare di raggio R con una velocità di modulo costante v.
Quale fra le seguenti variazioni richiederebbe il massimo aumento della forza centripeta che agisce sulla palla?

- A Quadruplicare sia v sia R.
- B Raddoppiare sia v sia R.
- C Raddoppiare v e dimezzare R.
- D Dimezzare v e raddoppiare R.
- E Dimezzare sia v sia R.

[Olimpiadi della Fisica 2018, Gara di I livello]

23 Uno stuntman su una moto supera con un salto un canale largo 3,2 m. Il bordo della riva su cui atterra si trova 0,5 m al di sotto di quella da cui si stacca. La velocità, al momento del distacco, vale almeno:

- A 2,0 m s^{-1}
- B 3,2 m s^{-1}
- C 5,0 m s^{-1}
- D 6,4 m s^{-1}
- E 10 m s^{-1}

[Olimpiadi della Fisica 2014, Gara di I livello]

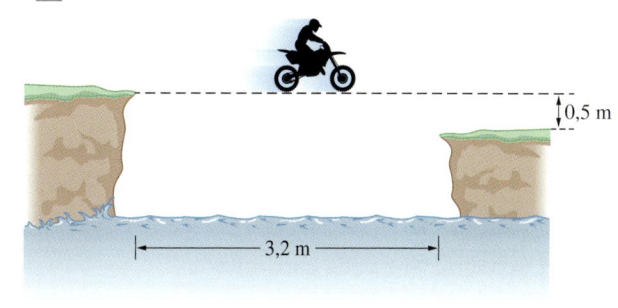

RISOLVI I PROBLEMI

24 Determina il modulo e la direzione del vettore $2\vec{A} + \vec{B}$, essendo $\vec{A} = (12{,}1 \text{ m})\hat{x}$ e $\vec{B} = (-32{,}2 \text{ m})\hat{y}$.

[40,3 m; −53,1°]

25 Le componenti del vettore $\vec{A}$ sono tali che $A_x < 0$ e $A_y < 0$. L'angolo che individua la direzione di $\vec{A}$ è compreso fra 0° e 90°, fra 90° e 180°, fra 180° e 270° o fra 270° e 360°?

26 Determina le componenti x, y e z del vettore $\vec{A}$ disegnato in figura, sapendo che $A = 65$ m.

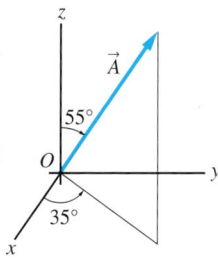

[$A_x = 44$ m; $A_y = 31$ m; $A_z = 37$ m]

27 Sapendo che $\vec{A} - \vec{B} = (-51{,}4 \text{ m})\hat{x}$, che $\vec{C} = (62{,}2 \text{ m})\hat{x}$ e che $\vec{A} + \vec{B} + \vec{C} = (13{,}8 \text{ m})\hat{x}$, determina i vettori $\vec{A}$ e $\vec{B}$.

[$\vec{A} = (-49{,}9 \text{ m})\hat{x}$; $\vec{B} = (1{,}5 \text{ m})\hat{x}$]

28 **La velocità del pallone**
Un pallone è lanciato orizzontalmente con una velocità iniziale $\vec{v}_0 = (16{,}6 \text{ m/s})\hat{x}$. Trascurando la resistenza dell'aria, l'accelerazione del pallone è costante ed è $\vec{a} = (-9{,}81 \text{ m/s}^2)\hat{y}$.

a. Scrivi in termini di componenti il vettore velocità del pallone dopo 1,75 s dal lancio.

b. Determina il modulo e la direzione del vettore velocità in quell'istante.

[a. $(16{,}6 \text{ m/s})\hat{x} + (-17{,}2 \text{ m/s})\hat{y}$; b. 23,9 m/s; −46,0°]

29 L'accelerazione del pallone

La velocità del pallone descritto nel problema precedente, in funzione del tempo, è data da:

$$\vec{v} = (16,6 \text{ m/s})\hat{x} - [(9,81 \text{ m/s}^2)t]\hat{y}$$

calcola il vettore accelerazione media negli intervalli:
a. da $t_1 = 0$ s a $t_2 = 1,00$ s;
b. da $t_1 = 0$ s a $t_2 = 2,50$ s;
c. da $t_1 = 0$ s a $t_2 = 5,00$ s.

[$(-9,81 \text{ m/s}^2)\hat{y}$ in tutti gli intervalli]

30 Confronta le accelerazioni

Un atomo in un solido oscilla con una frequenza pari a 10^{12} Hz e un'ampiezza di 0,10 Å (l'angstrom, simbolo Å, è un'unità di misura non SI: $1 \text{ Å} = 10^{-10}$ m).
Calcola la massima accelerazione dell'atomo e confrontala con l'accelerazione di gravità.

[$4 \cdot 10^{14}$ m/s^2 = $(4 \cdot 10^{13})g$]

31 Colpo basso

Una palla da tennis viene colpita in modo da lasciare la racchetta con una velocità di modulo 4,87 m/s in direzione orizzontale. Quando la palla colpisce il campo, si trova a una distanza orizzontale dalla racchetta di 1,95 m. Calcola a quale altezza si trovava la palla nell'istante in cui è stata colpita dalla racchetta. [0,786 m]

32 Salti mortali

Un tuffatore durante un tuffo compie due salti mortali e mezzo in 2,3 s. Qual è la sua velocità angolare media durante il tuffo? [6,8 rad/s]

33 La roulette

La ruota di una roulette gira con una velocità angolare di 6,25 rad/s. Qual è la velocità tangenziale di un punto a distanza 25,0 cm dall'asse di rotazione? [1,56 m/s]

34 L'accelerazione della particella

Una particella all'inizio si muove a 4,10 m/s con un angolo di 33,5° sopra l'orizzontale. Dopo 2,00 s la sua velocità è 6,05 m/s, con un angolo di 59,0° sotto l'orizzontale. Qual è l'accelerazione media della particella durante tale intervallo di tempo? [$a_x = -0,15$ m/s^2; $a_y = -3,73$ m/s^2]

35 In quale direzione?

Un pallone viene calciato dal suolo con una velocità iniziale di modulo 14,0 m/s. Dopo 0,275 s il modulo della sua velocità è 12,9 m/s.
a. Illustra un procedimento che permetta di calcolare la direzione iniziale del moto del pallone.
b. Applica il procedimento per determinare la direzione iniziale del moto. [b. 29,2°]

36 BIO Il lancio del seme

Quando il bocciolo rinsecchito di una pianta di ginestra scozzese si apre, lancia all'esterno un seme con una velocità iniziale di 2,62 m/s e con un angolo di 60,5° sopra l'orizzontale. Se il bocciolo si trova a 0,450 m dal suolo:
a. dopo quanto tempo il seme tocca terra?
b. a che distanza dalla pianta cade il seme?

[a. 0,615 s; b. 0,793 m]

37 Battaglia sulla scogliera

Un cannone è posizionato ai piedi di una scogliera alta 61,5 m. Se il cannone spara diritto verso l'alto, la palla raggiunge esattamente la cima della scogliera.
a. Qual è la velocità iniziale della palla di cannone?
b. Supponi che un secondo cannone venga posto in cima alla scogliera e che spari orizzontalmente, dando alla palla la stessa velocità iniziale della palla del primo cannone. Dimostra che la gittata di questo cannone è uguale al doppio dell'altezza massima raggiunta dalla palla sparata verso l'alto dal cannone che si trova alla base della scogliera.

[a. $v_{0y} = 34,7$ m/s; b. $x_G = 123$ m]

38 Chi trova un amico...

Un amico appassionato di matematica ti manda un messaggio con le seguenti istruzioni: "Incontriamoci nella caffetteria oggi all'ora corrispondente alla prima volta in cui, dopo le 2 del pomeriggio, le lancette dell'orologio puntano nella stessa direzione e nello stesso verso". Quando potrai incontrare il tuo amico?

[alle 2.11 del pomeriggio]

39 BIO Le ossa degli astronauti

Quando gli astronauti tornano da viaggi spaziali prolungati, spesso soffrono di osteoporosi e le loro ossa diventano così fragili da impiegare settimane per ricostruirsi. Una soluzione per prevenire questo problema è di esporre periodicamente gli astronauti a delle "forze g" all'interno di una centrifuga posta nella navicella. Per testare questo rimedio, la NASA ha condotto degli esperimenti nei quali quattro persone hanno trascorso 22 ore ciascuno all'interno di una cabina situata all'estremità di un braccio lungo 8,50 m, che ruotava con una velocità angolare di 10,0 giri/min.

a. Che accelerazione centripeta hanno subito i volontari durante questo esperimento? Dai la risposta in funzione di g.
b. Quale era la loro velocità tangenziale?

[a. 0,95 g; b. 8,9 m/s]

40 Il tornio da vasaio

Un tornio da vasaio di raggio 6,8 cm ruota con un periodo di 0,52 s.
a. Qual è il modulo della velocità lineare di un pezzetto di argilla che si trova sul bordo del tornio?
b. Qual è l'accelerazione centripeta del pezzetto di argilla?
c. Come cambiano le risposte ai punti a. e b. se il periodo di rotazione del tornio raddoppia?

[a. 0,82 m/s; b. 9,9 m/s^2]

41 GEO Via Lattea

Il Sole, insieme alla Terra, orbita attorno al centro della Via Lattea con una velocità di 220 km/s, completando una rivoluzione ogni 240 milioni di anni.
a. Determina la velocità angolare del Sole rispetto al centro della Via Lattea.
b. Determina la distanza del Sole dal centro della Via Lattea. [a. $8{,}3 \cdot 10^{-16}$ rad/s; b. $2{,}7 \cdot 10^{17}$ km]

42 Posizioni nel moto armonico

Un oggetto che si muove di moto armonico semplice con un periodo T si trova nella posizione $x = 0$ al tempo $t = 0$. Al tempo $t = 0{,}25\,T$ la posizione dell'oggetto è positiva. Stabilisci se la posizione x dell'oggetto è positiva, negativa o uguale a zero nei seguenti istanti:
a. $t = 1{,}5T$
b. $t = 2T$
c. $t = 2{,}25T$
d. $t = 6{,}75T$
[a. zero; b. zero; c. positiva; d. negativa]

43 GEO Eliosismologia

Nel 1962 i fisici del California Insitute of Technology hanno scoperto che la superficie del Sole vibra a causa delle violente reazioni nucleari che avvengono all'interno del suo nucleo. Alcune zone si muovono verso l'esterno, mentre altre si muovono verso l'interno. Questa scoperta ha dato origine a un nuovo campo della scienza solare, chiamato eliosismografia. Una tipica vibrazione del Sole ha un periodo di 5,7 minuti.
a. Calcola la pulsazione di questa vibrazione.
b. La massima velocità con la quale una zona di superficie si muove durante una vibrazione è 4,5 m/s. Qual è l'ampiezza della vibrazione, supponendo che si tratti di un moto armonico semplice?
[a. 0,018 rad/s; b. 250 m]

44 Moto armonico

Un oggetto si muove di moto armonico semplice con periodo T e ampiezza A. Quanto tempo impiega per spostarsi da $x = A$ a $x = A/2$? Esprimi il risultato in funzione di T. [$t = T/6$]

45 Record mondiale

Il record mondiale maschile nel lancio del peso, 23,12 m, fu ottenuto dall'americano Randy Barnes il 20 maggio 1990. Se il peso fu lanciato da 1,80 m sopra il suolo con un angolo iniziale di 42,0°, qual era il modulo della sua velocità iniziale? [14,5 m/s]

46 Lancio del peso

Nel lancio del peso un atleta lancia il peso con una velocità iniziale di modulo 12,2 m/s da un'altezza di 1,57 m dal suolo. Calcola la gittata del lancio per un angolo di lancio di:
a. 20,0°
b. 30,0°
c. 40,0°
[a. 13,0 m; b) 15,5 m; c) 16,5 m]

47 GEO La nebulosa del Granchio

La pulsar nella nebulosa del Granchio fu generata dall'esplosione di una supernova osservata dalla Terra nel 1054. Il suo periodo di rotazione, che è di 33,0 ms, aumenta di $1{,}26 \cdot 10^{-5}$ s ogni anno.
a. Qual è l'accelerazione angolare della pulsar?
b. Assumendo costante l'accelerazione angolare, per quanti anni essa ruoterà su se stessa prima di fermarsi?
c. Assumendo la stessa ipotesi, qual era il periodo della pulsar al momento della sua formazione?
[a. $2{,}30 \cdot 10^{-9}$ rad/s^2; b. $2{,}63 \cdot 10^3$ anni; c. 24,1 ms]

48 Caccia all'insetto

Il pesce arciere caccia le sue prede colpendole con un potente getto d'acqua espulso dalla bocca. Supponi che il pesce arciere lanci il suo getto d'acqua con una velocità di modulo 2,15 m/s e un angolo di 52,0° sopra l'orizzontale e che voglia colpire un insetto su una foglia posta a 3,00 cm di altezza dalla superficie dell'acqua.
a. A quale distanza orizzontale dall'insetto il pesce deve emettere l'acqua, considerando che deve colpire il bersaglio nel minor tempo possibile?
b. Quanto tempo avrà l'insetto per reagire?
[a. 2,48 cm; b. 0,0187 s]

49 Salto pericoloso

Un alpinista salta un crepaccio con una velocità orizzontale iniziale v_0. Se la sua direzione di moto nel momento dell'atterraggio forma un angolo θ sotto l'orizzontale, qual è il dislivello fra i due lati del crepaccio?
$$\left[h = \frac{v_0^2 \operatorname{tg}^2 \theta}{2g} \right]$$

VERSO L'ESAME

PROBLEMA SVOLTO 1 — Il lancio del disco

▶ Vettori ▶ Moto di un proiettile ▶ Moto circolare uniforme

Il lancio del disco è una specialità dell'atletica leggera, presente nelle Olimpiadi moderne, che consiste nel lanciare un disco il più lontano possibile.

Un atleta impugna un disco ed esegue 2 giri completi, in modo che il disco descriva una circonferenza di raggio $R = 90{,}0$ cm, inclinata di 30° rispetto all'orizzontale. Al termine del secondo giro il disco viene lasciato e ricade a terra dopo 2,72 secondi, avendo percorso una distanza orizzontale di 60,0 m come mostrato in figura.

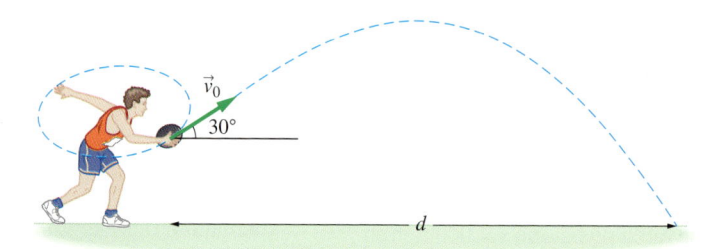

Al fine di rispondere ai seguenti quesiti supponi che il disco si comporti come un punto materiale e che l'effetto dell'aria sia trascurabile.

1 Quanto vale la velocità del disco al momento del lancio e qual è l'altezza massima raggiunta rispetto al suolo durante il volo?

2 Con quale velocità l'atleta avrebbe dovuto lanciare il disco, sempre con un'inclinazione di 30°, per colpire un piccolo ostacolo posto a 4,50 m di altezza rispetto al punto di lancio e distante da lui orizzontalmente 11,6 m?

3 Determina il modulo dell'accelerazione fornita al disco dall'atleta durante i giri iniziali, nell'istante mostrato in figura, in cui la velocità è uguale a 5,00 m/s, ipotizzando che il moto sia circolare uniforme e considerando che è presente anche l'accelerazione di gravità g.

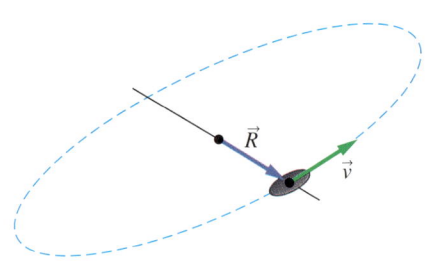

SOLUZIONE

1 Il disco compie un moto parabolico. In particolare lungo l'asse x il moto è uniforme per cui vale la relazione:

$$d = v_{0x} t = v_0 \cos\theta \cdot t$$

da cui ricaviamo v_0:

$$v_0 = \frac{d}{\cos\theta \cdot t} = \frac{60{,}0 \text{ m}}{\cos 30° \cdot 2{,}72 \text{ s}} = 25{,}5 \text{ m/s}$$

COLLEGAMENTO ▶▶
Nel fascicolo LAB+
Con la Calcolatrice grafica
Il lancio del disco - Soluzione step by step

Troviamo adesso l'altezza iniziale da cui è stato lanciato il disco, tenendo presente che lungo y il moto è di caduta libera e che, quando il disco arriva al suolo dopo un tempo t, è $y = 0$, cosicché la legge oraria è:

$$y = y_0 + v_{0y} t - \frac{1}{2} g t^2$$

$$0 = y_0 + v_0 \sen\theta \cdot t - \frac{1}{2} g t^2$$

$$y_0 = \frac{1}{2} g t^2 - v_0 \sen\theta \cdot t = \frac{1}{2} \cdot 9{,}81 \text{ m/s}^2 \cdot (2{,}72 \text{ s})^2 - 25{,}5 \text{ m/s} \cdot \sen 30° \cdot 2{,}72 \text{ s} = 1{,}61 \text{ m}$$

Per determinare l'altezza massima raggiunta utilizziamo l'equazione velocità-tempo per la componente verticale della velocità, $v_y = v_{0y} - gt$, tenendo presente che nel punto più alto è $v_y = 0$.

Troviamo così l'istante in cui il disco raggiunge la massima altezza, $t = \dfrac{v_{0y}}{g}$, e possiamo sostituirlo nella legge oraria del moto uniformemente accelerato lungo la verticale per ricavare il valore della massima altezza raggiunta dal disco:

$$y_{max} = y_0 + v_0 \operatorname{sen}\theta \dfrac{v_0 \operatorname{sen}\theta}{g} - \dfrac{1}{2}g\left(\dfrac{v_0 \operatorname{sen}\theta}{g}\right)^2 = y_0 + \dfrac{v_0^2 \operatorname{sen}^2\theta}{2g} = 1{,}61 \text{ m} + \dfrac{(25{,}5 \text{ m/s})^2 \cdot \operatorname{sen}^2 30°}{2 \cdot 9{,}81 \text{ m/s}^2} = 9{,}90 \text{ m}$$

2 Dalla legge oraria del moto uniforme lungo l'asse x:

$$d = v_0 \cos\theta \cdot t$$

otteniamo:

$$t = \dfrac{d}{v_0 \cos\theta}$$

Per colpire l'ostacolo nel tempo t il disco deve avere percorso uno spostamento verticale dato da:

$$\Delta y = y - y_0 = v_{0y} t - \dfrac{1}{2} g t^2 = v_0 \operatorname{sen}\theta \cdot t - \dfrac{1}{2} g t^2$$

Sostituendo l'espressione trovata per t otteniamo:

$$\Delta y = v_0 \operatorname{sen}\theta \cdot \dfrac{d}{v_0 \cos\theta} - \dfrac{1}{2} g \left(\dfrac{d}{v_0 \cos\theta}\right)^2$$

$$\Delta y = \dfrac{d \operatorname{sen}\theta}{\cos\theta} - \dfrac{g d^2}{2 v_0^2 \cos^2\theta}$$

Moltiplichiamo per $2 v_0^2 \cos^2\theta$ entrambi i membri dell'equazione:

$$2 v_0^2 \Delta y \cos^2\theta = 2 v_0^2 d \operatorname{sen}\theta \cos\theta - g d^2$$

$$2 v_0^2 d \operatorname{sen}\theta \cos\theta - 2 v_0^2 \Delta y \cos^2\theta = g d^2$$

$$2 v_0^2 \cos\theta (d \operatorname{sen}\theta - \Delta y \cos\theta) = g d^2$$

$$v_0 = \sqrt{\dfrac{g d^2}{2 \cos\theta (d \operatorname{sen}\theta - \Delta y \cos\theta)}} = \sqrt{\dfrac{9{,}81 \text{ m/s}^2 \cdot (11{,}6 \text{ m})^2}{2 \cos 30°(11{,}6 \operatorname{sen}30° - 4{,}5 \cos 30°)\text{m}}} = 20{,}0 \text{ m/s}$$

Osservazione

Avremmo potuto anche procedere scrivendo l'equazione della traiettoria parabolica del disco:

$$y = -\dfrac{1}{2} g \dfrac{x^2}{v_0^2 \cos^2\theta} + \operatorname{tg}\theta \cdot x + y_0$$

e imporre il passaggio di questa parabola per il punto di coordinate $P(11{,}6\,;\,6{,}11)$ dove l'ordinata del punto P è data dall'altezza di lancio (1,61 m, calcolata nel punto **1**) sommata ai 4,50 m a cui è posto l'oggetto rispetto a questa.
Da questa equazione avremmo potuto ricavare v_0.

3 Per compiere un moto circolare uniforme il disco deve essere soggetto a un'accelerazione centripeta:

$$a_c = \dfrac{v^2}{R} = \dfrac{(5{,}00 \text{ m/s})^2}{0{,}900 \text{ m}} = 27{,}8 \text{ m/s}^2$$

Oltre a quest'ultima l'atleta deve fornire anche un'accelerazione verticale opposta all'accelerazione di gravità, così da annullarla.

L'accelerazione netta fornita dall'atleta è data, quindi, dalla somma vettoriale di un'accelerazione verticale verso l'alto uguale in modulo a g e dell'accelerazione centripeta necessaria per il moto circolare. Poiché questi due vettori sono perpendicolari, il modulo della loro somma è dato da:

$$a_{tot} = \sqrt{a_c^2 + g^2} = \sqrt{(27{,}8 \text{ m/s}^2)^2 + (9{,}81 \text{ m/s}^2)^2} = 29{,}5 \text{ m/s}^2$$

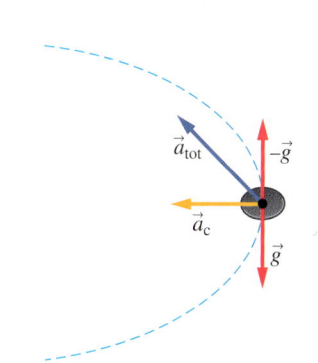

PROVA TU — Con riferimento al Problema svolto, supponi che durante la fase di rotazione il moto sia circolare uniforme con una velocità di 24,0 m/s.

1. Dimostra che, partendo dall'equazione della traiettoria e ricavando la velocità v_0, si ottiene la stessa espressione trovata al punto 2 dell'esercizio precedente.
2. Se il disco impiega 0,420 s per compiere due giri completi, quanto vale il raggio della circonferenza?
3. Quanto tempo resta in volo il disco, una volta lanciato, e che distanza orizzontale totale percorre se l'altezza di lancio è 1,80 m dal suolo?
4. A quale angolo di inclinazione rispetto all'orizzontale dovrebbe essere lanciato il disco per arrivare il più lontano possibile, trascurando gli effetti dell'aria e della rotazione, e quale sarebbe in questo caso la distanza orizzontale percorsa?

[**2.** 0,803 m; **3.** 2,59 s; 53,8 m; **4.** 45°; 60,6 m]

PROBLEMA SVOLTO 2 — Il colpo di cannone

▶ Il moto di un proiettile ▶ Equazioni parametriche di una curva piana

Durante una rievocazione storica, un cannone piazzato su una collina alta 50,0 m spara proiettili con una velocità iniziale di modulo $v_0 = 100$ m/s e angolo di lancio di 30,0°.

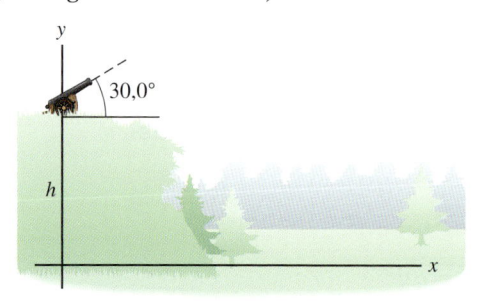

1 Nel sistema di riferimento mostrato in figura, scrivi l'equazione della traiettoria parabolica del proiettile, facendo riferimento ai dati numerici del problema in esame.

2 Determina le coordinate del vertice V e del punto P (con ascissa positiva) in cui la parabola interseca l'asse delle ascisse. Considera l'ordinata del vertice V e l'ascissa di P. Quali grandezze fisiche rappresentano?

3 Calcola il tempo necessario al proiettile per arrivare all'altezza massima $t_{h,max}$ e il tempo di volo t_v. Spiega perché in questo caso $t_v > 2t_{h,max}$.

4 Scrivi la legge della componente x della velocità v_x in funzione del tempo e la legge della componente y della velocità v_y in funzione del tempo, facendo riferimento ai dati del problema in esame. Rappresenta graficamente in due piani cartesiani distinti v_x in funzione del tempo e v_y in funzione del tempo, per $0 \leq t \leq t_v$, riportando alcuni valori di riferimento sugli assi.

5 Alla base della collina c'è un boschetto di alberi alti 12,0 m. Fino a quale massima distanza x dall'origine si può estendere il boschetto, in modo che gli alberi non interferiscano con la traiettoria dei proiettili? La traiettoria non è modificata se il proiettile sfiora la cima degli alberi.

SOLUZIONE

1 Poiché $v_{0x} = v_0 \cos\theta$ e $v_{0y} = v_0 \sen\theta$, l'equazione della traiettoria è:

$$y = h + \tg\theta \cdot x - \frac{g \cdot x^2}{2v_{0x}^2} = 50 + 0{,}577x - 6{,}54 \cdot 10^{-4} x^2$$

2 L'ascissa del vertice di una parabola $y = ax^2 + bx + c$ è $x_V = -\frac{b}{2a}$. In questo caso:

$$x_V = -\frac{b}{2a} = -\frac{0{,}577}{-2 \cdot 6{,}54 \cdot 10^{-4}} = 441 \text{ m}$$

L'ordinata del vertice si può ottenere sostituendo l'ascissa del vertice nell'equazione della parabola. Quindi:

$$y_V = 50 + 0{,}577 \cdot 441 - 6{,}54 \cdot 10^{-4} \cdot 441^2 = 177 \text{ m}$$

Il punto P di intersezione della parabola con l'asse delle ascisse si ottiene imponendo $y = 0$. Risolvendo l'equazione:

$$50 + 0{,}577x - 6{,}54 \cdot 10^{-4}x^2 = 0$$

risulta $x_P = 962$ m.
L'ordinata del vertice è l'altezza massima raggiunta dal proiettile e l'ascissa di P è la gittata del lancio.

3 L'istante in cui il proiettile arriva all'altezza massima è quello in cui la componente v_y si annulla. Dalla legge della velocità nella direzione y si ha $0 = v_{0y} - gt_{h,\max}$ e quindi:

$$t_{h,\max} = \frac{v_{0y}}{g} = 5{,}10 \text{ s}$$

Tenendo conto che la gittata è lo spazio percorso in orizzontale nel tempo di volo, si ha $t_v = x_P/v_{0x} = 11{,}1$ s. Il tempo di volo è maggiore del doppio del tempo necessario per arrivare all'altezza massima, perché le altezze del punto di lancio e del punto di atterraggio sono diverse (il punto di lancio è posto a un'altezza maggiore).

4 Le leggi della velocità richieste sono:

$$v_x = v_{0x} = 86{,}6 \text{ m/s} \qquad v_y = v_{0y} - gt = 50 \text{ m/s} - 9{,}81 \text{ m/s}^2 \cdot t$$

I grafici sono riportati nelle figure seguenti:

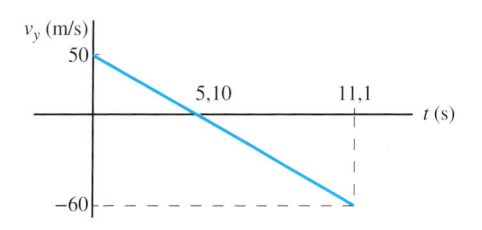

5 Per valutare fino a quale distanza si può estendere il boschetto, si deve determinare per quale intervallo di valori di x vale la disuguaglianza $y \geq 12$. Risolvendo:

$$50 + 0{,}577x - 6{,}54 \cdot 10^{-4}x^2 \geq 12$$

si ottiene $x \leq 944$ m. Il boschetto si può estendere fino a 944 m a partire dall'origine nel sistema di riferimento scelto.

PROBLEMA 3 — Il lancio del proiettile

▶ Il moto di un proiettile

Un proiettile lanciato da un'altezza $y_i = 0$ con velocità iniziale di modulo v_0 inclinata di un angolo θ sopra l'orizzontale, raggiunge la massima altezza H a un tempo t_1 dopo l'istante di lancio. Tale proiettile atterra poi a una quota $y_f = h \geq 0$. Scegli un sistema di riferimento con origine posta nel punto di lancio e asse y orientato verso l'alto.

1 Scrivi la legge oraria del proiettile nella direzione y e dimostra che il tempo di volo è:

$$t_v = t_1\left(1 + \sqrt{1 - \frac{h}{H}}\right)$$

2 Verifica che la relazione che esprime l'altezza del punto di atterraggio h in funzione del tempo di volo t_v è:

$$h = -\frac{H}{t_1^2}(t_v^2 - 2t_v t_1)$$

3 Scrivi la relazione del punto **2** nel caso in cui $v_0 = 10{,}0$ m/s e $\theta = 25{,}0°$ e rappresentala in grafico (riportando h sull'asse delle ascisse e t_v sull'asse delle ordinate) per $t_1 \leq t_v \leq 2t_1$.

PROBLEMA 4 — Atterraggio morbido

▶ Il moto nel piano ▶ Le equazioni parametriche di una curva piana

Quando un aeroplano che sta volando a un'altezza h inizia la discesa per atterrare in un punto posto a una distanza orizzontale L, deve seguire una traiettoria simile a quella in figura. Affinché l'atterraggio sia "morbido" devono verificarsi alcune condizioni:
- l'aereo deve iniziare la procedura di discesa con la componente verticale della velocità uguale a zero;
- la componente orizzontale della velocità deve rimanere costante;
- l'aereo deve arrivare con le ruote sulla pista con la componente verticale della velocità uguale a zero;
- il modulo della componente verticale dell'accelerazione non deve superare un certo valore k.

1. Nel sistema di riferimento mostrato in figura (con l'origine posta nel punto di atterraggio) scrivi la legge oraria dell'aereo nella direzione x, tenendo conto che l'aereo, di massa $m = 440 \cdot 10^3$ kg, quando inizia la discesa viaggia a velocità di crociera $v_0 = 200$ m/s, si trova a 10,0 km di altitudine e a una distanza orizzontale dal punto di atterraggio di 150 km. Motiva la risposta.

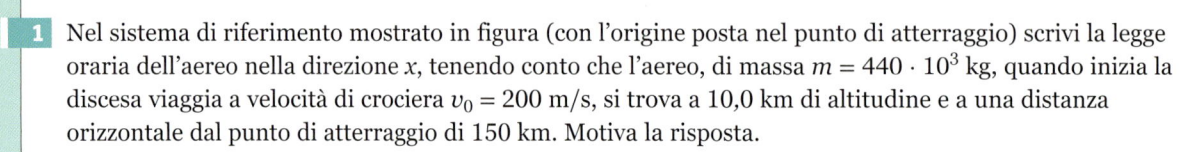

2. Se la legge oraria dell'aereo nella direzione y è:
$$y(t) = h - \frac{3h}{L^2}v_0^2 t^2 + \frac{2h}{L^3}v_0^3 t^3$$
determina l'equazione della traiettoria dell'aereo. Scrivi dapprima tale equazione in funzione di h, L, v_0; poi riscrivila facendo riferimento ai dati del problema in esame.

3. Determina il tempo impiegato dall'aereo a toccare terra, esprimendolo in funzione di h, L, v_0. Quindi calcola tale tempo, facendo riferimento ai dati del problema in esame.

4. Facendo riferimento alla legge oraria nella direzione y, spiega perché nella direzione y il moto non è uniformemente accelerato.

[**3.** 12,5 min]

PROBLEMA 5 — L'atterraggio dei robot su Marte

▶ Moto parabolico ▶ L'esplorazione del Sistema solare

Quando i due robot esploratori gemelli, Spirit e Opportunity, atterrarono sulla superficie di Marte nel gennaio del 2004, la loro procedura di atterraggio fu piuttosto complicata. Dopo un iniziale rallentamento effettuato utilizzando i retrorazzi, i due robot cominciarono la loro lunga discesa attraverso l'atmosfera marziana con un paracadute, fino a che non raggiunsero un'altitudine di circa 16,7 m. A quel punto venne gonfiato un sistema di quattro airbag, ognuno formato da sei lobi, i robot vennero fermati con un retrorazzo addizionale e i paracaduti si staccarono. Dopo una caduta libera verso la superficie, con un'accelerazione di 3,72 m/s², i robot rimbalzarono una dozzina di volte prima di fermarsi. A questo punto, i robot sgonfiarono gli airbag, si raddrizzarono e iniziarono l'esplorazione del pianeta.
La figura mostra un robot protetto dagli airbag, durante il suo primo contatto con la superficie di Marte. Dopo un primo rimbalzo verso l'alto, la velocità del robot dovrebbe essere di circa 9,92 m/s, con un angolo di 75,0° sopra l'orizzontale. Assumi che questa sia la situazione e risolvi i problemi che seguono.

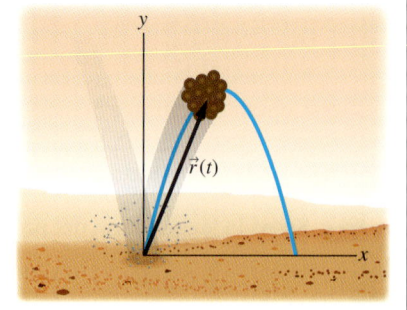

1. Determina l'altezza massima raggiunta dal robot fra il primo e il secondo rimbalzo.
2. Calcola il tempo che passa fra il primo e il secondo rimbalzo.
3. Calcola lo spostamento orizzontale del robot fra il primo e il secondo rimbalzo.
4. Calcola la velocità media del robot fra il primo e il secondo rimbalzo.

[**1.** 12,3 m; **2.** 5,15 s; **3.** 13,2 m; **4.** 2,57 m/s in direzione x]

PROBLEMA 6 — La centrifuga a motore umano

▶ Moto circolare uniforme ▶ L'esplorazione del Sistema solare
▶ I sistemi scheletrico e muscolare

Un viaggio spaziale è pieno di pericoli, non ultimi i vari effetti collaterali della prolungata assenza di peso, come la debolezza muscolare, l'osteoporosi, il minore coordinamento e la mancanza di equilibrio. Se tu fossi abbastanza fortunato da partire per una missione su Marte, che potrebbe richiedere più di un anno solo per il viaggio di andata, al tuo arrivo ti troveresti con le "ginocchia deboli" e potresti avere dei problemi a compiere il primo passo sulla superficie del pianeta.

Per contrastare questi effetti, la NASA sta studiando sistemi in grado di fornire agli astronauti delle "gravità portatili" durante i lunghi viaggi spaziali. Un metodo allo studio è una centrifuga a motore umano, che non solo fornisce agli astronauti una gravità artificiale, ma permette loro di fare anche esercizi di aerobica. Il dispositivo è sostanzialmente una piattaforma circolare rotante sulla quale due astronauti si stendono supini lungo il diametro, con le teste a contatto nel centro e i piedi nei punti diametralmente opposti, come si vede nell'immagine. Il raggio della piattaforma in questo modello di prova è di 1,90 m.

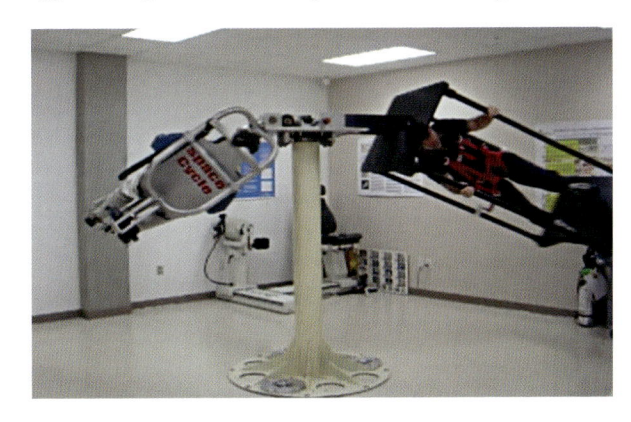

◀ Una centrifuga a motore umano utilizzata per fornire agli astronauti una gravità artificiale.

Quando un astronauta pedala per mettere in rotazione la piattaforma, l'altro astronauta può esercitarsi sotto l'azione della gravità artificiale. In alternativa, un terzo astronauta su una bicicletta ferma può provvedere per la rotazione degli altri due.

Il grafico riportato in figura mostra l'accelerazione centripeta (in funzione di g) prodotta dalla piattaforma rotante per quattro diversi raggi. Si può notare come l'accelerazione aumenti con il quadrato della velocità angolare. Nella figura sono anche indicati con linee tratteggiate i livelli di accelerazione corrispondenti a $1g$, $3g$ e $5g$.

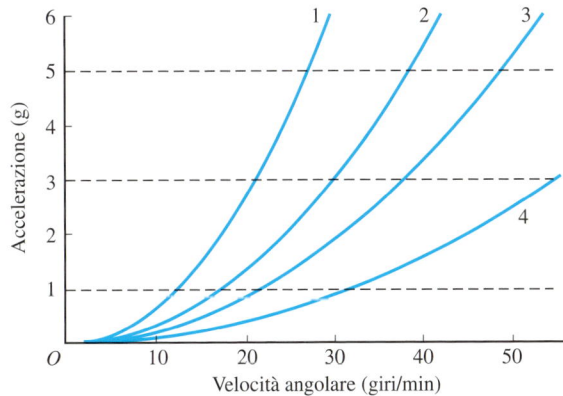

1 Disponi le quattro curve mostrate nella figura in ordine di raggio crescente.

2 Quale velocità angolare (in giri/min) deve avere la piattaforma in questa prova per fornire un'accelerazione centripeta di $5{,}0g$ sul bordo?

3 Individua nella figura la curva che corrisponde al modello della prova. Spiega il perché.

4 Stima il raggio corrispondente alla curva 4 della figura.

[**1.** $r_4 < r_3 < r_2 < r_1$; **2.** 48,5 giri/min; **3.** 3; **4.** 0,90 m]

AUTOVERIFICA

Tempo a disposizione: **60 minuti**

SCEGLI LA RISPOSTA CORRETTA

1 Un motoscafo attraversa un fiume muovendosi da una sponda all'altra perpendicolarmente alla corrente, in direzione sud-nord. Il flusso della corrente è diretto da ovest a est e ha una velocità $v_c = 3{,}0$ m/s, mentre il motoscafo parte da fermo e si muove con un'accelerazione costante $a_m = 0{,}5$ m/s². Qual è il moto del motoscafo per un osservatore fermo sulla riva di partenza?

- A Un moto rettilineo uniformemente accelerato diretto da sud a nord con $a_m = 0{,}5$ m/s².
- B Un moto rettilineo uniformemente accelerato diretto obliquamente rispetto alla riva.
- C Un moto parabolico risultante dalla composizione dei due moti.
- D Un moto diverso dai tre elencati sopra.

2 Un passeggero di un treno che viaggia a 10 m/s, nell'istante in cui passa davanti a un osservatore a terra lascia cadere dal finestrino un oggetto, che impiega 0,45 s per arrivare al suolo. Quando l'oggetto tocca terra la sua distanza dall'osservatore a terra è:

- A 1,0 m
- B 4,6 m
- C 4,5 m
- D 5,5 m

3 Un oggetto si muove di moto circolare uniforme. Se il modulo della sua velocità raddoppia, come varia il modulo dell'accelerazione centripeta?

- A Diventa il quadruplo.
- B Diventa il doppio.
- C Si mantiene costante.
- D Si dimezza.

4 Un oggetto si muove di moto armonico semplice raggiungendo una velocità massima di 18 m/s. Qual è il suo spostamento massimo dalla posizione di equilibrio se il periodo del moto è di 0,54 s?

- A 3,0 m
- B 2,0 m
- C 1,5 m
- D 1,0 m

RISOLVI I PROBLEMI

5 Un'automobile che viaggia a 72 km/h decelera a 1,8 m/s² su una strada inclinata di 15° sopra l'orizzontale. Se viaggia per 11 s:
- a. quale distanza percorre in orizzontale?
- b. quale distanza percorre in verticale?
- c. quali sono le componenti della velocità finale dell'automobile?

6 Un pallone è calciato con velocità di modulo 9,85 m/s con un angolo di 35,0° sopra l'orizzontale. Se il pallone atterra allo stesso livello da cui era stato lanciato, per quanto tempo rimane in aria?

7 Un giocatore di baseball lancia orizzontalmente una palla con una velocità di 22 m/s, direttamente verso il punto A, come mostrato in figura. La palla, dopo 0,45 s, raggiunge un secondo giocatore, che la riceve nel punto B.
- a. A quale distanza si trova il secondo giocatore?
- b. Qual è la distanza AB di caduta verticale?

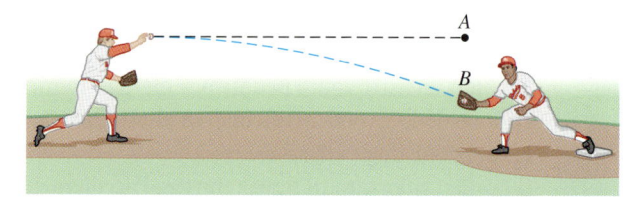

8 Un CD, di diametro 12,0 cm, ruota con un periodo di 0,200 s.
- a. Qual è la velocità angolare del disco?
- b. Qual è la velocità tangenziale di un punto sul bordo del disco?
- c. Qual è l'accelerazione di un punto sul bordo del disco?
- d. Qual è la velocità angolare di un punto situato a 3,5 cm dal centro del disco?
- e. Qual è la velocità tangenziale di un punto situato a 3,5 cm dal centro del disco?

9 I pistoni di un motore a combustione interna sono sottoposti a un moto approssimabile a un moto armonico semplice. Se l'ampiezza del moto è 3,5 cm e il motore gira a 1700 giri/min, determina:
- a. l'accelerazione massima dei pistoni;
- b. il modulo della loro velocità massima.

RICHIAMI DAL PRIMO BIENNIO

Le forze

Vari tipi di forze

Le **forze** sono grandezze vettoriali. Ci sono **forze di contatto**, come la forza che agisce su un oggetto che viene spinto, e **forze a distanza**, come la forza di gravità.

L'unità di misura della forza è il **newton** (N), definito come la forza che, applicata a un corpo di massa 1 kg, produce un'accelerazione di 1 m/s².

Se su un corpo agiscono più forze, l'effetto complessivo è equivalente a quello di una singola forza, la **risultante** $\vec{R}$, data dalla somma vettoriale di tutte le forze agenti:

$$\vec{R} = \Sigma \vec{F}$$

dove il simbolo di sommatoria Σ indica la somma di tutte le forze.

Forza peso

La **forza peso** $\vec{P}$, o *peso*, di un oggetto sulla superficie terrestre è la forza gravitazionale esercitata su di esso dalla Terra.

In un determinato luogo, il peso di un oggetto di massa m è:

$$\vec{P} = m\vec{g}$$

dove $\vec{g}$ è l'accelerazione di gravità terrestre (la cui intensità è circa 9,81 m/s²). La forza peso è perpendicolare alla superficie terrestre, è diretta verso il basso e ha modulo $P = mg$.

Forze vincolari

Un **vincolo** impedisce a un oggetto di compiere alcuni movimenti, esercitando su di esso una forza chiamata genericamente *reazione vincolare*.

La **reazione vincolare** $\vec{N}$ esercitata da una superficie è una forza normale (cioè perpendicolare) alla superficie stessa, uguale e opposta alla forza premente $\vec{F}_\perp$ (che è la componente perpendicolare della forza complessiva che agisce sulla superficie) (fig. 1):

$$\vec{N} = -\vec{F}_\perp$$

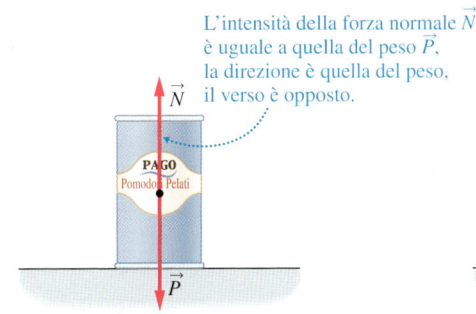

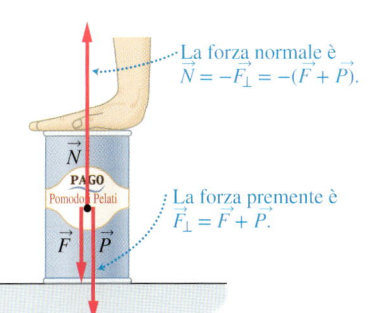

▶ Figura 1
Forze vincolari

L'intensità della forza normale $\vec{N}$ è uguale a quella del peso $\vec{P}$, la direzione è quella del peso, il verso è opposto.

La forza normale è $\vec{N} = -\vec{F}_\perp = -(\vec{F} + \vec{P})$.

La forza premente è $\vec{F}_\perp = \vec{F} + \vec{P}$.

Tensione in una corda

Una corda, tirata da entrambi gli estremi, ha una **tensione** $\vec{T}$. Se la corda fosse tagliata in un punto qualsiasi, la tensione $\vec{T}$ sarebbe la forza necessaria per mantenere assieme le due parti della corda (**fig. 2**).
Se una corda è fissata a un estremo e regge un corpo di peso $\vec{P}$ all'altro estremo, la corda agisce da vincolo, mantenendo il corpo fermo. La tensione nel punto in cui è attaccato il corpo è uguale, in modulo, al peso P del corpo:

$$T = P$$

Se la corda ha massa trascurabile, la tensione è la stessa in ogni suo punto (**fig. 3**).

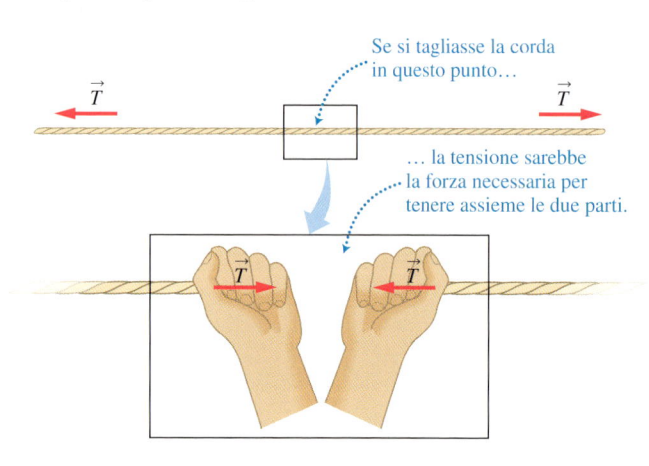

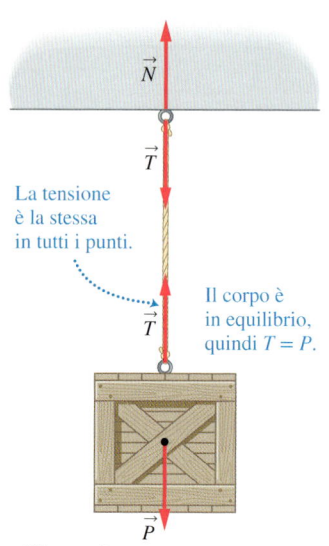

▲ **Figura 2**
Tensione in una corda

▲ **Figura 3**
Corda fissata a un estremo

Forza elastica

Se allunghiamo o comprimiamo una molla, essa esercita una forza di richiamo, detta **forza elastica**, che tende a riportare la molla alla lunghezza iniziale (**fig. 4**).
La **forza elastica** $\vec{F}$ è direttamente proporzionale all'allungamento (o compressione) x della molla, secondo la **legge di Hooke**, che in modulo è:

$$F = kx$$

dove la costante di proporzionalità k prende il nome di **costante elastica** della molla. Il verso della forza elastica è sempre opposto al verso dello spostamento dalla posizione di equilibrio. Quindi, in termini vettoriali, si ha:

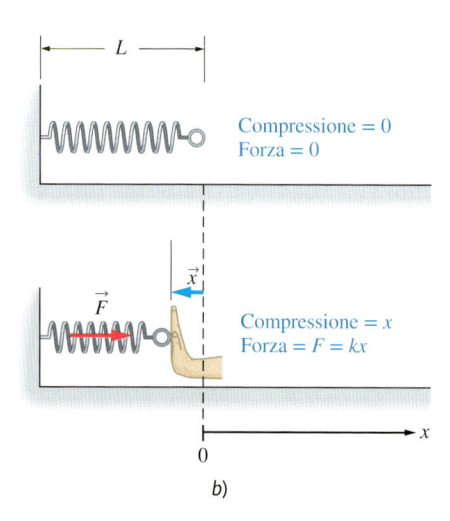

$$\vec{F} = -k\vec{x}$$

◄ **Figura 4**
Forza elastica

Forze di attrito

L'**attrito** è una forza che si oppone allo scivolamento di due superfici a contatto.
Quando un corpo *striscia* su una superficie si parla di **attrito radente**; quando un corpo *rotola* su una superficie, si parla di **attrito volvente**.
L'attrito radente si distingue in **attrito dinamico** e in **attrito statico**.

La **forza di attrito dinamico** $\vec{F}_d$ si oppone allo scorrimento di un corpo su una superficie (**fig. 5**). Tale forza è indipendente dall'area della superficie di contatto e dal modulo della velocità del corpo in moto su di essa, ha la direzione del moto, ma verso opposto; il suo modulo è direttamente proporzionale al modulo $F_\perp$ della forza premente, cioè al modulo N della reazione vincolare:

$$F_d = \mu_d N$$

La costante di proporzionalità μ_d è detta **coefficiente di attrito dinamico**.

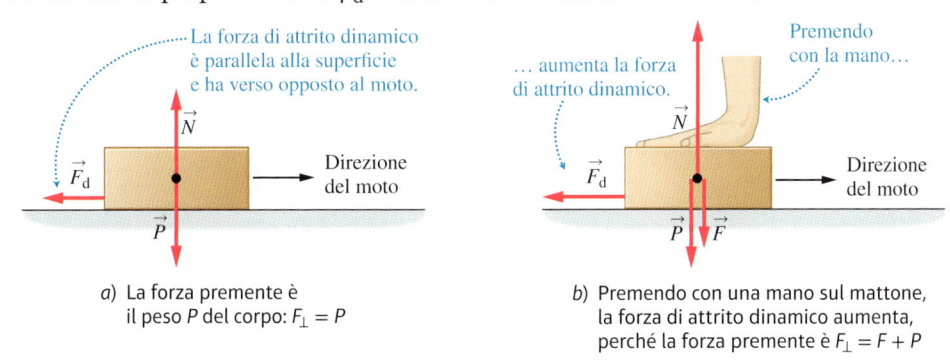

a) La forza premente è il peso P del corpo: $F_\perp = P$

b) Premendo con una mano sul mattone, la forza di attrito dinamico aumenta, perché la forza premente è $F_\perp = F + P$

◀ **Figura 5**
Forza di attrito dinamico

La **forza di attrito statico** $\vec{F}_s$ tende a impedire che un oggetto fermo su una superficie si distacchi da essa (**fig. 6**). È indipendente dall'area della superficie di contatto e il suo modulo può assumere qualsiasi valore tra zero e la *forza massima di attrito statico*, data dalla relazione:

$$F_{s,\max} = \mu_s N$$

La costante di proporzionalità μ_s è detta **coefficiente di attrito statico**.

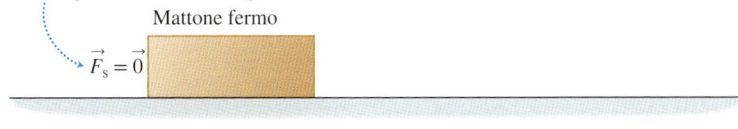

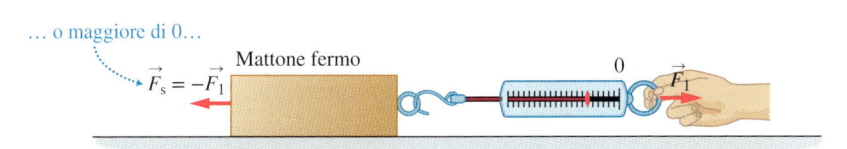

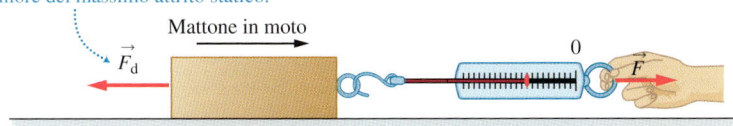

◀ **Figura 6**
Forza massima di attrito statico

ESERCIZI

TEST

1 Un blocco di massa 10 kg è fermo su una superficie orizzontale. Il coefficiente di attrito statico è 0,50, quello di attrito dinamico è 0,25. Sul blocco viene applicata in direzione orizzontale una forza di 50 N. Quanto vale la forza di attrito che agisce sul blocco?

A 0   B 25 N   C 49 N   D 50 N

2 Su un corpo sono applicate contemporaneamente tre forze. Quali delle seguenti possono essere le intensità di queste forze (in N) affinché la risultante sul corpo sia nulla?

A 6, 12, 24
B 100, 150, 300
C 9, 18, 90
D 12, 12, 12

3 Se una molla si allunga di 6 cm applicando una forza di 9 N, di quanto si allunga applicando una forza di 6 N?

A 8 cm   C 2 cm
B 4 cm   D 1 cm

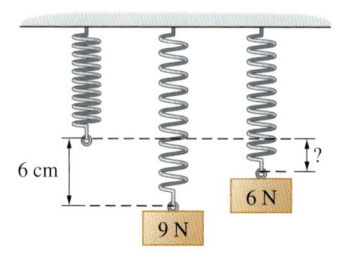

PROBLEMI

4 Con quale forza deve tirare?

Due operai trainano una chiatta lungo un canale, come mostrato in figura. Un operaio tira con una forza $\vec{F}_1$ di modulo 130 N nella direzione che forma un angolo di 34,0° rispetto alla direzione in cui si muove la chiatta, l'altro operaio, sulla riva opposta del canale, tira nella direzione che forma un angolo di 45,0° rispetto alla direzione del moto. Con quale forza $\vec{F}_2$ deve tirare il secondo operaio perché la forza risultante sia nella direzione e nel verso del moto?

[103 N]

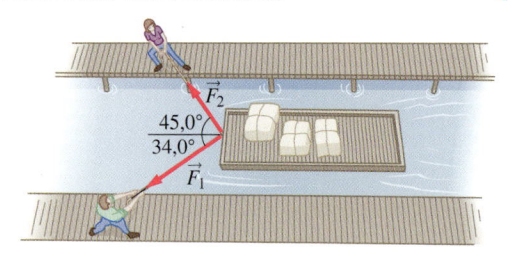

5 Sulla Terra

Un astronauta pesa 99,0 N sulla Luna, dove l'accelerazione di gravità è 1,62 m/s². Quanto pesa sulla Terra?

[600 N]

6 Il carrello della spesa

Due ragazzi vanno a fare la spesa e mettono nel carrello 2 bottiglie di succo di frutta da 1 litro (densità 1,09 g/cm³), 5 yogurt da 125 g ciascuno e 2 pacchi di gelato da 500 g. Se il carrello ha una massa di 14,0 kg, quanto pesa il carrello pieno?

[175 N]

7 Molla verticale

Ponendo un blocco di acciaio su una molla verticale, la molla si comprime di 3,15 cm. Determina la massa del blocco, sapendo che la costante elastica della molla è 1750 N/m.

[5,62 kg]

8 Passami il libro

Per spingere un libro di 1,80 kg fermo sul piano di un tavolo è necessaria una forza di 2,25 N perché esso cominci a scivolare. Il libro comincia poi a muoversi ed è sufficiente una forza di 1,50 N per compensare l'attrito dinamico. Quali sono i coefficienti di attrito statico e dinamico tra il libro e il piano del tavolo?

[$\mu_s = 0{,}127$; $\mu_d = 0{,}0849$]

9 Attrito al supermercato

Asja spinge un carrello della spesa di massa 12,5 kg con una forza di 15,0 N in una direzione inclinata di 33,0° rispetto all'orizzontale. Quanto vale l'intensità della forza di attrito dinamico se il coefficiente di attrito fra le gomme del carrello e il pavimento è 0,851?

[111 N]

RICHIAMI DAL PRIMO BIENNIO

L'equilibrio del punto materiale

◆ Il punto materiale

Un **punto materiale** è un oggetto le cui dimensioni sono trascurabili rispetto a quelle dello spazio in cui si muove e la cui struttura interna è irrilevante per la descrizione del suo moto. Come dice il nome, un punto materiale può essere rappresentato come un punto geometrico dotato di massa.

Un punto materiale può solamente muoversi di moto traslatorio, cioè può solamente spostarsi da una posizione a un'altra.

Per questo motivo la sola condizione perché un punto materiale, inizialmente in quiete, sia in **equilibrio statico**, cioè rimanga in quiete relativamente a un dato sistema di riferimento, è che la risultante delle forze agenti su di esso sia nulla:

$$\vec{R} = \Sigma \vec{F} = \vec{0}$$

Quindi per un oggetto rappresentabile come punto materiale, se la velocità iniziale è $\vec{v}_0 = \vec{0}$ e $\Sigma \vec{F} = \vec{0}$ risulta $\vec{v} = \vec{0}$, cioè la sua velocità continua a rimanere nulla.

■ Equilibrio statico su un piano orizzontale

Se consideriamo un corpo appoggiato a un piano orizzontale e in quiete rispetto a esso, come in **figura 1**, le forze agenti su di esso sono la forza peso $\vec{P}$ del corpo, diretta verticalmente verso il basso, e la forza normale $\vec{N}$ esercitata dal piano di appoggio su di esso, che ha la stessa direzione della forza peso, ma verso opposto.

Poiché il corpo continua a rimanere in quiete rispetto a un sistema di riferimento solidale con il piano di appoggio, deve essere:

$$\vec{R} = \vec{P} + \vec{N} = \vec{0} \qquad \text{da cui} \qquad \vec{N} = -\vec{P}$$

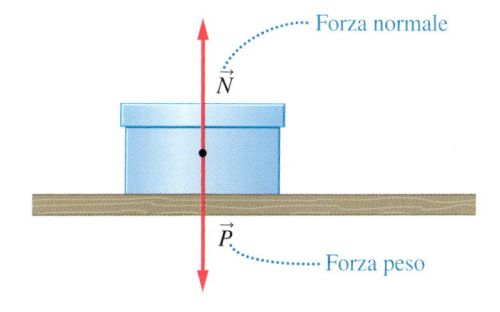

◀ **Figura 1**
Equilibrio statico di un corpo su un piano orizzontale

Equilibrio statico su un piano inclinato

Abbiamo visto che su una superficie orizzontale la forza normale è verticale. In un **piano inclinato**, invece, la forza normale è inclinata rispetto alla verticale.
Consideriamo un corpo appoggiato su un piano inclinato, come mostrato in **figura 2**.

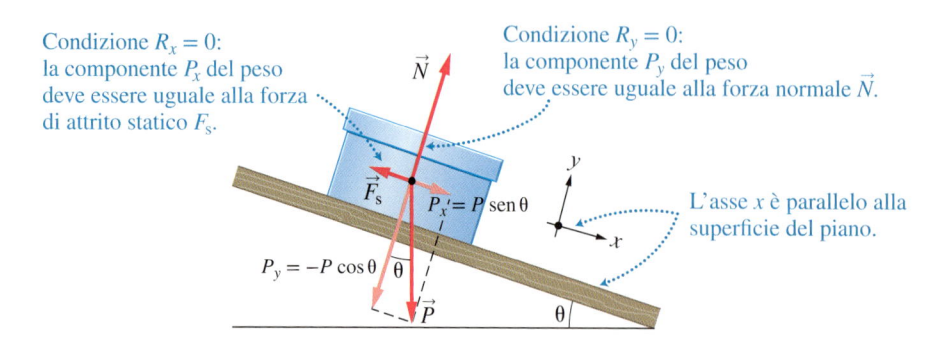

Condizione $R_x = 0$: la componente P_x del peso deve essere uguale alla forza di attrito statico F_s.

Condizione $R_y = 0$: la componente P_y del peso deve essere uguale alla forza normale $\vec{N}$.

L'asse x è parallelo alla superficie del piano.

◄ **Figura 2**
Equilibrio statico di un corpo su un piano inclinato

Quando si deve fissare un sistema di coordinate per un piano inclinato, è generalmente *preferibile scegliere gli assi x e y rispettivamente parallelo e perpendicolare alla superficie stessa*, come mostrato in figura. Con questa scelta del sistema di coordinate non c'è alcun moto in direzione y e la forza normale $\vec{N}$ punta nel verso positivo delle y.
Se la superficie del piano è inclinata di un angolo θ, le componenti del peso P lungo gli assi sono:

$$P_x = P \operatorname{sen} \theta$$

$$P_y = -P \cos \theta$$

La condizione di equilibrio $\vec{R} = \vec{0}$ equivale a:

$$R_x = 0 \quad \text{ed} \quad R_y = 0$$

La condizione $R_x = 0$ richiede che la componente x del peso, $P_x = P \operatorname{sen} \theta$, sia compensata da una forza opposta, che nel caso mostrato in **figura 2** è la *forza di attrito statico* $\vec{F}_s$:

$$R_x = 0 \quad \rightarrow \quad P \operatorname{sen} \theta - F_s = 0 \quad \text{cioè} \quad F_s = P \operatorname{sen} \theta$$

La condizione $R_y = 0$ richiede che la componente y del peso, $P_y = -P \cos \theta$, sia compensata dalla forza normale $\vec{N}$, perpendicolare alla superficie del piano inclinato:

$$R_y = 0 \quad \rightarrow \quad N - P \cos \theta = 0 \quad \text{cioè} \quad N = P \cos \theta$$

Equilibrio statico di un corpo appeso

Consideriamo un oggetto rappresentabile come un punto materiale appeso, mediante una fune inestensibile e di massa trascurabile, a una superficie orizzontale, in quiete rispetto a un sistema di riferimento solidale con tale superficie.
Le forze agenti su di esso sono la forza peso $\vec{P}$ del corpo, diretta verticalmente verso il basso e la tensione $\vec{T}$ della fune, avente la stessa direzione della forza peso, ma verso opposto **(fig. 3)**.
Poiché il corpo rimane in quiete rispetto al sistema di riferimento solidale con la superficie alla quale è assicurata la fune, deve essere:

$$\vec{R} = \vec{P} + \vec{T} = \vec{0}$$

da cui:

$$\vec{T} = -\vec{P}$$

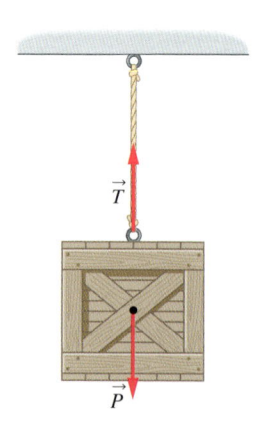

▲ **Figura 3**
Equilibrio statico di un corpo appeso

ESERCIZI

TEST

1 Luca appoggia temporaneamente sulla rampa di accesso al garage una valigia piena di libri, che dovrà poi mettere nel bagagliaio della sua auto. Sapendo che l'angolo di inclinazione della rampa è di 20°, qual è il minimo coefficiente di attrito statico della rampa che permette alla valigia di rimanere ferma senza scivolare?
  - A 0,50
  - B 0,36
  - C 0,34
  - D Non è determinabile in quanto è sconosciuto il peso della valigia.

2 Una cassa di massa m è appoggiata su un piano inclinato con attrito trascurabile ed è mantenuta in equilibrio dalla tensione di una fune. Se l'angolo di inclinazione del piano è α, quanto vale l'intensità T della tensione della fune?
  - A $mg \cos\alpha$
  - B $mg \, \text{sen}\,\alpha$
  - C mg
  - D $mg \, \text{tg}\,\alpha$

PROBLEMI

3 PROBLEMA SVOLTO

Una lanterna di massa pari a 2,0 kg è appesa al soffitto di un locale mediante due funi inestensibili e di massa trascurabile. Le funi, con lunghezza differente, formano con il soffitto angoli rispettivamente di 30° e a 60°. Calcola l'intensità delle tensioni delle due funi.

SOLUZIONE

Esamina le forze agenti sulla lanterna, che si può schematizzare come un punto materiale: su di essa agiscono le due tensioni delle funi T_1 e T_2 e la forza peso.
Scegli un sistema di riferimento la cui origine coincida con il punto materiale e il cui asse delle ascisse sia parallelo al soffitto. Rispetto a tale sistema di riferimento la forza peso è parallela all'asse y e diretta verso il basso, mentre ciascuna delle due tensioni ha sia una componente x sia una componente y.
Poiché le incognite sono due, T_1 e T_2, sono necessarie due relazioni per determinarle.
La condizione di equilibrio statico di un punto materiale $\vec{R} = \Sigma\vec{F} = \vec{0}$ per ciascuna componente diventa:

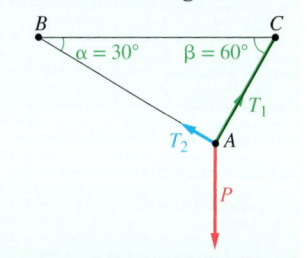

$$R_x = 0 \quad \text{ed} \quad R_y = 0$$

e fornisce le due relazioni di cui hai bisogno.
La condizione $R_x = 0$ richiede che sia:

$$T_1 \cos 60° - T_2 \cos 30° = 0$$

da cui:

$$\frac{1}{2}T_1 - T_2\frac{\sqrt{3}}{2} = 0$$

e quindi $T_1 = \sqrt{3}\, T_2$.
La condizione $R_y = 0$ richiede che sia:

$$T_1 \,\text{sen}\, 60° + T_2 \,\text{sen}\, 30° - mg = 0$$

Dalle due relazioni si ottiene che:

$$\sqrt{3}\, T_2 \frac{\sqrt{3}}{2} + T_2 \frac{1}{2} - mg = 0$$

e quindi $T_2 = \dfrac{mg}{2}$.

Inserendo i dati del problema, ottieni:

$$T_2 = 0{,}5 \cdot 2{,}0 \text{ kg} \cdot 9{,}81 \text{ m/s}^2 = 9{,}8 \text{ N}$$

$$T_1 = \sqrt{3}\, T_2 = 17 \text{ N}$$

Osserva che $T_1^2 + T_2^2 = P^2$ poiché l'angolo tra T_1 e T_2 è retto.

4 Il lampadario

Un lampadario è appeso al soffitto di una stanza mediante due funi inestensibili e di massa trascurabile di uguale lunghezza, formanti tra loro un angolo di 90°. Sapendo che la massa del lampadario è di 1,5 kg, determina le tensioni delle due funi. [10 N]

5 La cassa sul piano inclinato 1

Una cassa, appoggiata su un piano inclinato con attrito trascurabile avente angolo di inclinazione $\alpha = 20°$ è tenuta in equilibrio da una molla disposta parallelamente al piano inclinato. Sapendo che la massa della cassa è 10 kg e che la costante elastica è di 200 N/m, determina:
  - **a.** la reazione vincolare del piano di appoggio;
  - **b.** l'allungamento della molla. [a. 92 N; b. 17 cm]

6 La cassa sul piano inclinato 2

Una cassa di massa 20 kg è appoggiata su un piano inclinato con coefficiente di attrito statico $\mu_s = 0{,}45$.
  - **a.** Qual è l'angolo limite di inclinazione in corrispondenza del quale viene meno la condizione di equilibrio della cassa e questa inizia a scivolare?
  - **b.** Esercitando sulla cassa, in direzione perpendicolare al piano di appoggio, una forza F di intensità pari a 20 N, l'angolo limite aumenta, diminuisce o rimane invariato? [a. 24°]

CAPITOLO 2
La dinamica newtoniana

LE GRANDI IDEE

1. Un corpo soggetto a forze con risultante diversa da zero subisce un'accelerazione.

2. Un corpo si muove di moto circolare se a esso è applicata una forza diretta verso il centro della circonferenza.

3. L'oscillazione di una massa attaccata a una molla ideale è un esempio di moto armonico semplice.

4. La quantità di moto di un corpo è il prodotto della massa del corpo per la velocità.

1 Le leggi della dinamica

Come abbiamo visto nel corso di fisica del primo biennio, le leggi della dinamica permettono di prevedere il moto di un corpo quando sono note le forze che agiscono su di esso. Nelle situazioni ordinarie, in cui la velocità dei corpi è molto inferiore alla velocità della luce nel vuoto (circa 300 000 km/s), le leggi della dinamica sono sostanzialmente quelle formulate nel 1687 da Isaac Newton nei suoi *Principia*. Esse coinvolgono, oltre all'*accelerazione*, altre due grandezze: la *massa* e la *forza*.

Una delle più grandi conquiste della Rivoluzione scientifica del Seicento è stata quella di aver compreso, grazie a Galileo, che il *moto uniforme*, cioè il moto con velocità costante, è uno stato simile allo stato di *quiete*, nel senso che, come la quiete, non richiede alcuna forza per verificarsi. Una forza è necessaria solo per *cambiare* la velocità: se su un corpo non agisce alcuna forza, o agiscono forze la cui risultante è nulla, quel corpo mantiene inalterata la sua velocità, e quindi, se inizialmente fermo, rimane in quiete, se in movimento, continua a muoversi di moto uniforme.

Questo, in realtà, è ciò che avviene in particolari **sistemi di riferimento**, detti **inerziali**, e uno dei principi alla base della dinamica newtoniana, il **principio di inerzia**, postula l'esistenza di tali sistemi.

In un sistema inerziale vale la **legge fondamentale della dinamica**, o **seconda legge di Newton**, che stabilisce un rapporto di causa ed effetto tra la forza (o la risultante delle forze, se sono più d'una) agente su un corpo non vincolato e il cambiamento della sua velocità. Nei prossimi paragrafi approfondiremo le applicazioni di questa legge e prenderemo in considerazione due casi particolari: l'oscillatore armonico e il pendolo semplice.

Infine, la **legge di azione e reazione** ci fa comprendere che due corpi interagiscono in modo simmetrico, ciascuno applicando all'altro una forza uguale e opposta; nonostante la simmetria dell'interazione, i suoi effetti possono essere fortemente asimmetrici, come dimostra, ad esempio, la collisione tra due oggetti di massa molto diversa.

Prima legge di Newton e principio di inerzia

Il moto rettilineo uniforme, cioè il moto con velocità costante, è simile allo stato di quiete, nel senso che, come la quiete, non richiede alcuna forza per verificarsi. La scoperta di questo fatto, dovuta a Galileo e Newton, permise la nascita della moderna scienza del moto. Nei *Principia* Newton espresse quanto abbiamo appena detto in forma di legge fisica (la **prima legge di Newton**).

> **Prima legge di Newton**
> Un corpo non soggetto a forze, o soggetto a forze la cui risultante è nulla, è in quiete o si muove di moto rettilineo uniforme.

Come sappiamo, però, questa legge non vale in tutti i sistemi di riferimento. Trovandoci su un'auto che accelera, ad esempio, può capitare di notare che un oggetto inizialmente fermo sul cruscotto si metta in modo senza che su di esso agisca alcuna forza. Ciò è dovuto al fatto che l'auto è un sistema di riferimento accelerato.

La prima legge di Newton vale solo in una particolare classe di sistemi di riferimento, i **sistemi inerziali**. Non esiste una semplice procedura operativa per individuare un sistema esattamente inerziale. In genere ci si accontenta di lavorare con sistemi approssimativamente inerziali: la Terra è uno di questi. L'accelerazione dovuta ai suoi moti di rotazione e di rivoluzione è infatti piuttosto piccola e, in molti casi, trascurabile rispetto alle accelerazioni dei sistemi fisici studiati in laboratorio.

Se un sistema di riferimento è inerziale, un qualunque altro sistema di riferimento in moto rettilineo uniforme rispetto a esso sarà inerziale. Una volta individuato un sistema inerziale, quindi, ve ne sono infiniti altri: tutti quelli in moto rettilineo uniforme rispetto al primo.

Le leggi della dinamica newtoniana valgono solo nei sistemi inerziali, e per poter sviluppare coerentemente la teoria abbiamo dunque bisogno di postulare l'esistenza di tali sistemi. È questo il contenuto del **principio di inerzia**, che possiamo enunciare come segue:

> **Principio di inerzia**
> Esistono dei sistemi di riferimento, detti inerziali, nei quali un corpo non soggetto a forze, o soggetto a forze la cui risultante è nulla, è in quiete o si muove di moto rettilineo uniforme.

Nei sistemi inerziali, come vedremo, le leggi della dinamica assumono una forma particolarmente semplice.

Seconda legge di Newton: la legge fondamentale

Se la risultante delle forze che agiscono su un corpo in un sistema inerziale è nulla, per la prima legge di Newton il corpo è in quiete o ha un moto rettilineo uniforme.
Ma che cosa succede se la risultante delle forze agenti è diversa da zero? La risposta a questa domanda è fornita dalle **seconda legge di Newton**, la legge fondamentale della dinamica. Questa legge afferma in sintesi che forze non bilanciate producono un'accelerazione.
Sperimentalmente si osserva che:

- l'accelerazione di un corpo è direttamente proporzionale alla forza a esso applicata (**fig. 1**);

◄ **Figura 1**
L'accelerazione è direttamente proporzionale alla forza

La prima legge di Newton [in inglese, con sottotitoli in inglese e in italiano]

Come ci mostra il prof. Walker, bastano una pallina di gomma e un paio di pattini a rotelle per verificare la prima legge di Newton. Guarda il video e (se sai pattinare) verifica tu stesso!

LE GRANDI IDEE

1. Un corpo soggetto a forze con risultante diversa da zero subisce un'accelerazione proporzionale alla risultante delle forze.

- l'accelerazione prodotta da una forza agente su un corpo è inversamente proporzionale alla massa del corpo **(fig. 2)**.

Figura 2
L'accelerazione è inversamente proporzionale alla massa

L'accelerazione $\vec{a}$ ha la stessa direzione e lo stesso verso della forza $\vec{F}$.

> **Seconda legge di Newton (legge fondamentale della dinamica)**
> Se su un oggetto agisce una forza risultante $\Sigma\vec{F}$, l'oggetto subisce un'accelerazione $\vec{a}$ che è direttamente proporzionale alla forza e inversamente proporzionale alla massa:
> $$\Sigma\vec{F} = m\vec{a} \quad \to \quad \vec{a} = \frac{\Sigma\vec{F}}{m}$$

In termini di componenti vettoriali, la seconda legge di Newton si scrive come:

$$\Sigma F_x = ma_x \qquad \Sigma F_y = ma_y$$

e vale quindi indipendentemente per ciascuna componente.
La relazione $F = ma$ permette di dare la definizione del newton (N), l'unità di misura della forza: 1 N è l'intensità della forza che, applicata a un corpo di massa 1 kg, gli imprime un'accelerazione di 1 m/s² **(fig. 3)**.
Se la risultante delle forze agenti su un corpo è nulla, per la seconda legge di Newton è nulla l'accelerazione media del corpo $\vec{a} = \frac{\Sigma\vec{F}}{m} = \vec{0}$ e, poiché l'accelerazione media è $\vec{a} = \frac{\Delta\vec{v}}{\Delta t}$, la velocità $\vec{v}$ rimane costante in modulo e direzione, come previsto dalla prima legge di Newton.

Mass spectrometry

A spectrometer can help us to identify large biological molecules. Newtonian dynamics is at the base of its functioning. Read and listen to learn more!

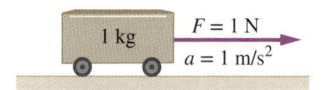

Figura 3

■ Terza legge di Newton: la legge di azione e reazione

In natura le forze si presentano sempre in coppia, sono cioè azioni reciproche (per questo si parla di interazioni).
A ogni forza (azione) corrisponde una forza (reazione) uguale e contraria. Ad esempio, quando spingiamo un oggetto con una forza $\vec{F}$, l'oggetto esercita su di noi una forza uguale e contraria $-\vec{F}$, come mostrato in **figura 4**.

> **Terza legge di Newton (legge di azione e reazione)**
> Se un corpo A esercita una forza $\vec{F}_{AB}$ su un corpo B, allora il corpo B esercita sul corpo A una forza $\vec{F}_{BA}$ uguale in modulo e direzione, ma opposta in verso:
> $$\vec{F}_{AB} = -\vec{F}_{BA}$$

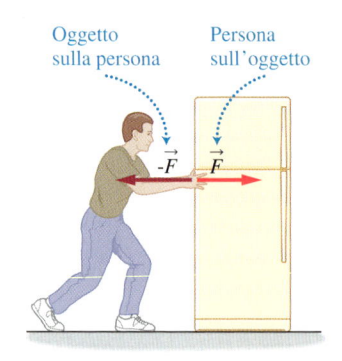

Figura 4
Principio di azione e reazione

Le due forze (l'azione e la reazione) agiscono su corpi diversi e quindi *non si eliminano a vicenda*.
Poiché le forze di azione e di reazione agiscono in genere su corpi di massa differente, le accelerazioni che esse producono sono diverse e può accadere che l'effetto di una delle due forze sia così piccolo da essere trascurato.
Consideriamo, ad esempio, uno sprinter ai blocchi di partenza **(fig. 5a)**. Al via, egli esercita una spinta sui blocchi, i quali, a loro volta, spingono l'atleta imprimendogli l'accelerazione che gli permette di cominciare a correre. La spinta dell'atleta, invece, non ha alcun effetto sui blocchi: se questi sono perfettamente fissati a terra, la forza dell'atleta agisce sul sistema blocchi-terra, la cui massa è talmente grande da non produrre in pratica alcuna accelerazione.

Anche quando un corpo cade per effetto della forza di gravità terrestre, c'è una forza di reazione sulla Terra uguale e contraria al peso del corpo, come mostrato in **figura 5b**. Questa reazione, tuttavia, è impercettibile a causa dell'enorme massa della Terra, pari a $m_T = 6{,}0 \cdot 10^{24}$ kg. Se il corpo che cade è una pallina di massa $m_p = 0{,}100$ kg, la forza che agisce sulla Terra, $\vec{F}_T$, per la terza legge di Newton è uguale in modulo alla forza peso della pallina:

$$F_T = P = m_p g$$

L'accelerazione della Terra è quindi:

$$a_T = \frac{F_T}{m_T} = \frac{m_p g}{m_T} = \frac{0{,}100 \text{ kg}}{6{,}00 \cdot 10^{24} \text{ kg}} g = 1{,}7 \cdot 10^{-25} \text{ m/s}^2$$

e, come si vede, è del tutto irrilevante.

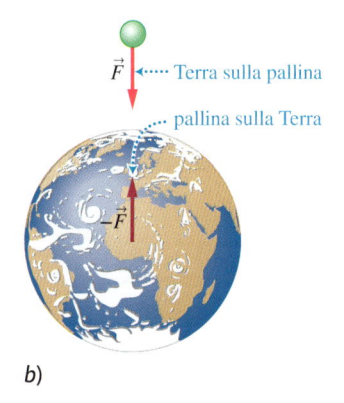

◀ **Figura 5**
Forze di azione e reazione che agiscono su corpi di massa molto diversa.
a) Quando l'atleta spinge sui blocchi, questi, per reazione, spingono l'atleta e gli imprimono un'accelerazione.
b) Una pallina esercita sulla Terra una forza uguale e contraria alla propria forza peso.

2 Applicazioni della seconda legge di Newton

Schema del corpo libero

Quando si risolvono problemi che coinvolgono le forze e la seconda legge di Newton, è essenziale iniziare eseguendo un disegno che indichi *ciascuna delle forze esterne* che agiscono su un dato oggetto. Questo tipo di disegno viene chiamato **schema del corpo libero**.
Se i problemi si riferiscono a moti non rotazionali possiamo trattare l'oggetto come se fosse un punto materiale, e applicare a tale punto ognuna delle forze che agiscono sull'oggetto. Una volta disegnate le forze, scegliamo un opportuno sistema di coordinate e scomponiamo ogni forza nelle sue componenti rispetto a tale sistema.
Consideriamo ad esempio la situazione illustrata in **figura 6**. Un ragazzo spinge una poltrona, che scorre sul pavimento. Sulla poltrona agiscono quattro forze esterne: la forza $\vec{F}$ esercitata dalla persona, la forza $\vec{P}$ verso il basso esercitata dalla forza di gravità, che non è altro che il peso della poltrona, la forza normale $\vec{N}$ verso l'alto esercitata dal pavimento, che impedisce alla poltrona di cadere verso il centro della Terra e che è perpendicolare (cioè normale) alla superficie del pavimento, e la forza di attrito dinamico $\vec{F}_d$ che si oppone al moto.

! **ATTENZIONE**
Forze esterne

Le **forze esterne** che agiscono su un oggetto si possono suddividere in due classi fondamentali: forze che agiscono nel punto di contatto con un altro oggetto (*forze di contatto*) e forze esercitate da un agente esterno, come la forza di gravità (*forze con azione a distanza*).

◀ **Figura 6**
Situazione fisica a cui si applica la seconda legge di Newton

Sono di seguito illustrate le fasi della **costruzione dello schema del corpo libero** del problema (**figura 7**).

a) Si disegnano le forze
Si identificano e si disegnano tutte le forze esterne che agiscono sull'oggetto.
Se si disegnano le forze approssimativamente in scala, è possibile stimare la direzione e l'intensità della forza risultante.

b) Si isola l'oggetto in esame
Si sostituisce l'oggetto con un punto materiale della stessa massa e si applica a tale punto ognuna delle forze che agiscono sull'oggetto.

c) Si sceglie un conveniente sistema di coordinate
Si può scegliere un sistema di coordinate qualsiasi. Tuttavia, se l'oggetto si muove in una direzione nota, spesso risulta conveniente scegliere uno degli assi caresiani coincidente con quella direzione; altrimenti si può scegliere un sistema con uno degli assi parallelo a una o più forze che agiscono sull'oggetto.

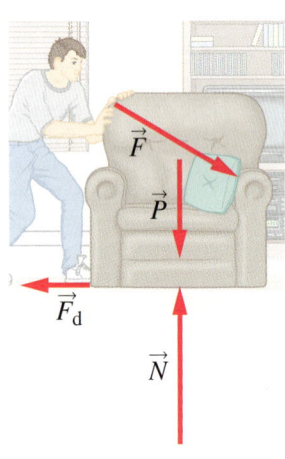

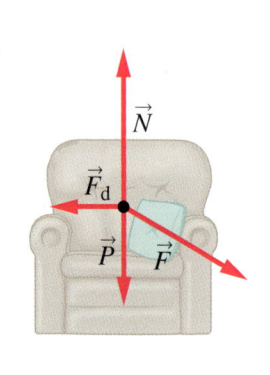

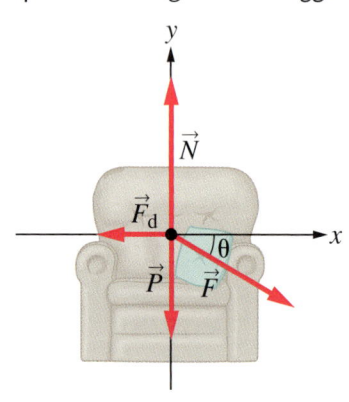

d) Si scompongono le forze nelle loro componenti
Si determinano le componenti, rispetto al sistema di coordinate scelto, di ognuna delle forze presenti nello schema del corpo libero.

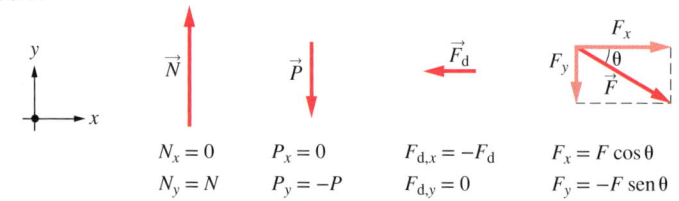

$N_x = 0$ $P_x = 0$ $F_{d,x} = -F_d$ $F_x = F \cos \theta$
$N_y = N$ $P_y = -P$ $F_{d,y} = 0$ $F_y = -F \sen \theta$

e) Si applica la seconda legge di Newton a ogni componente
Si analizza il moto in ciascuna delle direzioni, utilizzando la seconda legge di Newton relativa alle singole componenti.

▲ **Figura 7**
Costruzione dello schema del corpo libero del problema

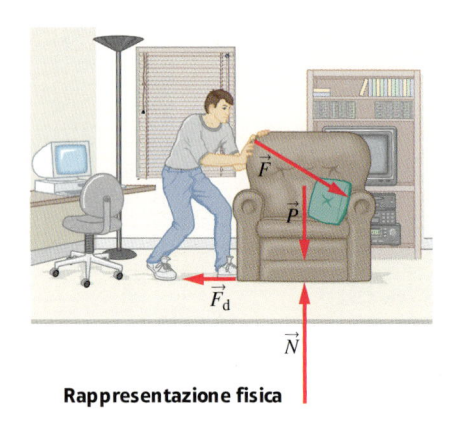

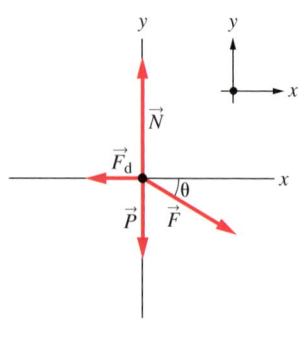

Nelle figure di questo capitolo chiameremo *rappresentazione fisica* il disegno della situazione fisica con l'indicazione delle forze e *schema del corpo libero* il disegno delle forze esterne che agiscono sull'oggetto.
Applichiamo la procedura descritta all'esempio del ragazzo che spinge la poltrona. Nella **figura 8** sono riportate la rappresentazione fisica e lo schema del corpo libero.

Rappresentazione fisica

Schema del corpo libero

◀ **Figura 8**
Rappresentazione fisica e schema del corpo libero della situazione proposta nell'esempio

Cominciamo ad analizzare le forze nella direzione dell'asse lungo il quale *non avviene* il moto, in questo caso l'asse y, e poi applichiamo la legge di Newton alle componenti delle forze lungo questo asse: $\Sigma F_y = ma_y$. Le componenti delle forze in direzione y sono:

- la forza peso $P_y = -P$ (il segno meno è dovuto alla scelta del sistema di riferimento);
- la forza esterna $F_y = -F \operatorname{sen} \theta$;
- la forza normale alla superficie $N_y = +N$.

Scriviamo la risultante delle forze in direzione y: $\quad \Sigma F_y = -P - F \operatorname{sen} \theta + N$

e applichiamo la seconda legge della dinamica: $\quad -P - F \operatorname{sen} \theta + N = ma_y$

Poiché non c'è movimento in direzione verticale, $a_y = 0$; dall'equazione precedente si può allora determinare N: $\quad N = P + F \operatorname{sen} \theta$

Analizziamo ora le forze nella direzione dell'asse lungo il quale *avviene* il moto, in questo caso l'asse x, e poi applichiamo la legge di Newton alle componenti delle forze lungo questo asse: $\Sigma F_x = ma_x$. Le componenti delle forze in direzione x sono:

- la forza esterna $F_x = +F \cos \theta$
- la forza di attrito $F_{d,x} = -\mu_d N$

Poiché la forza di attrito è proporzionale alla forza premente sulla superficie, che in questo caso è la somma del peso e della componente y della forza esterna, cioè $N = P + F \operatorname{sen} \theta$, si può scrivere:

$$F_{d,x} = -\mu_d (P + F \operatorname{sen} \theta)$$

Scriviamo la risultante delle forze in direzione x: $\quad \Sigma F_x = F \cos \theta - \mu_d (P + F \operatorname{sen} \theta)$

e applichiamo la seconda legge della dinamica: $\quad F \cos \theta - \mu_d P - \mu_d F \operatorname{sen} \theta = ma_x$

Dall'equazione precedente, note la massa m della poltrona, la forza F e il coefficiente di attrito μ_d, si può determinare la componente x dell'accelerazione:

$$a_x = \frac{F \cos \theta - \mu_d P - \mu_d F \operatorname{sen} \theta}{m}$$

Nelle pagine che seguono applicheremo la procedura descritta per risolvere problemi di dinamica. Vedremo che si segue la stessa procedura anche nei problemi di dinamica unidimensionale, scegliendo l'asse di riferimento nella direzione del moto. Se il moto è lungo un piano inclinato, conviene scegliere gli assi x e y rispettivamente parallelo e perpendicolare al piano stesso, come mostrato in **figura 9**. Con questa scelta non c'è alcun moto in direzione y e la forza normale punta nel verso positivo delle y.

Se si sceglie l'asse x parallelo alla superficie del piano inclinato il moto avviene lungo l'asse x.

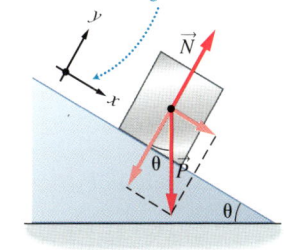

▲ **Figura 9**
Scelta del riferimento nel moto su un piano inclinato

TECH

L'**airbag**, in combinazione con le cinture di sicurezza, può essere decisivo per salvare la vita di conducenti e passeggeri. Infatti, in un urto seguito da un repentino arresto, per il **secondo principio della dinamica**, i corpi sono sottoposti a un'accelerazione tanto più intensa quanto maggiore è la forza frenante che agisce sui corpi stessi.
Il corpo umano può tollerare, solo per pochi centesimi di secondo, accelerazioni non superiori a 50 volte la forza di gravità (50g pari a circa 490 m/s²): un oggetto non solidale al veicolo subisce invece, nel caso di uno scontro frontale, **decelerazioni pari a circa 200g**!
Così, mentre le cinture di sicurezza costringono il nostro corpo a essere solidale con il veicolo, l'airbag provvede a impedire che la testa, non vincolata dalle cinture, subisca lo shock risparmiato al corpo.
Gonfiandosi repentinamente (in circa 60 ms, a una velocità di oltre 300 km/h), offre alla testa uno spazio di arresto "morbido", evitando che colpisca parti rigide dell'auto e aumentando lo spazio disponibile per dissipare l'energia cinetica.
L'unità di controllo dell'airbag è collegata a un sensore in grado di rilevare la repentina decelerazione corrispondente all'impatto e attivare l'airbag. L'attivazione avviene attraverso l'esplosione di una piccola quantità di azoturo di sodio (da 50 a 200 g), che rilascia istantaneamente una grande quantità di gas.

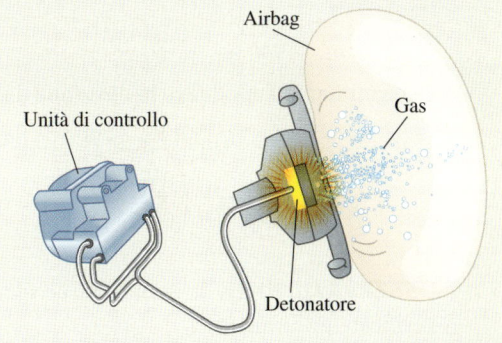

PROBLEM SOLVING 1 — Un satellite da spostare

Due astronauti utilizzano dei propulsori a getto per spingere un satellite di 940 kg verso la navicella spaziale, come mostrato in figura. L'astronauta 1 spinge con una forza di intensità $F_1 = 26$ N e l'astronauta 2 spinge con una forza di intensità $F_2 = 41$ N in una direzione che forma un angolo di 52° con la prima. Calcola il modulo, la direzione e il verso dell'accelerazione del satellite.

■ **DESCRIZIONE DEL PROBLEMA**
Scegliamo il sistema di coordinate indicato in figura: l'astronauta 1 spinge nel verso positivo dell'asse x, mentre l'astronauta 2 spinge con un angolo di 52° rispetto allo stesso asse.

■ **STRATEGIA** Essendo note la massa del satellite e le forze che agiscono su di esso, possiamo determinare l'accelerazione applicando la seconda legge di Newton lungo i due assi scelti.

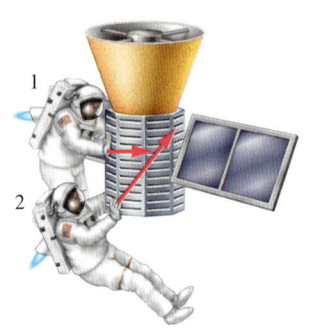

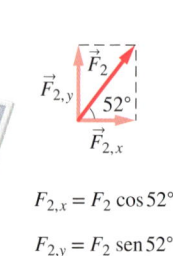

Rappresentazione fisica   **Schema del corpo libero**   **Componenti di $\vec{F}_2$**

$F_{2,x} = F_2 \cos 52°$
$F_{2,y} = F_2 \text{sen} 52°$

Con riferimento alla figura osserviamo che le componenti delle forze nella direzione x sono $F_{1,x} = F_1$ ed $F_{2,x} = F_2 \cos 52°$, mentre quelle nella direzione y sono $F_{1,y} = 0$ ed $F_{2,y} = F_2 \text{sen} 52°$.

Dati Massa del satellite, $m = 940$ kg; intensità della forza esercitata dal primo astronauta, $F_1 = 26$ N; intensità della forza esercitata dal secondo astronauta, $F_2 = 41$ N; angolo tra le forze, $\alpha = 52°$

Incognite a. Modulo dell'accelerazione risultante $a = ?$
b. Direzione (angolo θ) e verso dell'accelerazione risultante?

■ **SOLUZIONE** Scriviamo la seconda legge di Newton relativa alla componente x e ricaviamo a_x:

$$\Sigma F_x = m a_x \rightarrow a_x = \frac{\Sigma F_x}{m}$$

Calcoliamo ΣF_x:

$$\Sigma F_x = F_{1,x} + F_{2,x} = F_1 + F_2 \cos 52° = 26 \text{ N} + (41 \text{ N}) \cos 52° = 51 \text{ N}$$

Determiniamo a_x sostituendo i valori numerici:

$$a_x = \frac{\Sigma F_x}{m} = \frac{51 \text{ N}}{940 \text{ kg}} = 0{,}054 \text{ m/s}^2 = 5{,}4 \cdot 10^{-2} \text{ m/s}^2$$

Scriviamo la seconda legge relativa alla componente y e ricaviamo a_y:

$$\Sigma F_y = m a_y \rightarrow a_y = \frac{\Sigma F_y}{m}$$

Calcoliamo ΣF_y:

$$\Sigma F_y = F_{1,y} + F_{2,y} = 0 + F_2 \text{sen} 52° = (41 \text{ N}) \text{sen} 52° = 32 \text{ N}$$

Determiniamo a_y sostituendo i valori numerici:

$$a_y = \frac{\Sigma F_y}{m} = \frac{32 \text{ N}}{940 \text{ kg}} = 0{,}034 \text{ m/s}^2 = 3{,}4 \cdot 10^{-2} \text{ m/s}^2$$

Determiniamo il modulo e la direzione dell'accelerazione totale:

$$a = \sqrt{a_x^2 + a_y^2} = \sqrt{(0{,}054 \text{ m/s}^2)^2 + (0{,}034 \text{ m/s}^2)^2} = 0{,}064 \text{ m/s}^2 = 6{,}4 \cdot 10^{-2} \text{ m/s}^2$$

$$\theta = \text{tg}^{-1}\left(\frac{a_y}{a_x}\right) = \text{tg}^{-1}\left(\frac{0{,}034 \text{ m/s}^2}{0{,}054 \text{ m/s}^2}\right) = \text{tg}^{-1}(0{,}63) = 32°$$

■ **OSSERVAZIONI** La direzione dell'accelerazione è la stessa della risultante delle forze $\vec{F}_1$ ed $\vec{F}_2$, come si può verificare graficamente.

PROBLEM SOLVING 2 — Al sicuro dalle grinfie degli orsi

Alcuni campeggiatori issano una borsa frigorifero, servendosi di funi appese a rami d'albero, in modo che sia al sicuro dalle grinfie degli orsi.
La fune 1 esercita una forza $\vec{F}_1$, di intensità 166 N ed è inclinata di 47,4° rispetto all'orizzontale, come mostrato in figura. La fune 2 esercita una forza $\vec{F}_2$ che forma con l'orizzontale un angolo di 36,1°.
a. Trova quale deve essere l'intensità della forza $\vec{F}_2$, se si vuole imprimere alla borsa frigorifero un'accelerazione verticale diretta verso l'alto.
b. Determina l'accelerazione della borsa frigorifero, sapendo che il suo peso $\vec{P}$ ha modulo 150 N e che $\vec{F}_2$ ha l'intensità trovata al punto a.

■ **DESCRIZIONE DEL PROBLEMA** In figura sono riportate la rappresentazione fisica, lo schema del corpo libero e le componenti delle forze $\vec{F}_1$ ed $\vec{F}_2$. Il peso $\vec{P}$ ha soltanto una componente y negativa: $\vec{P} = (-150 \text{ N})\hat{y}$.

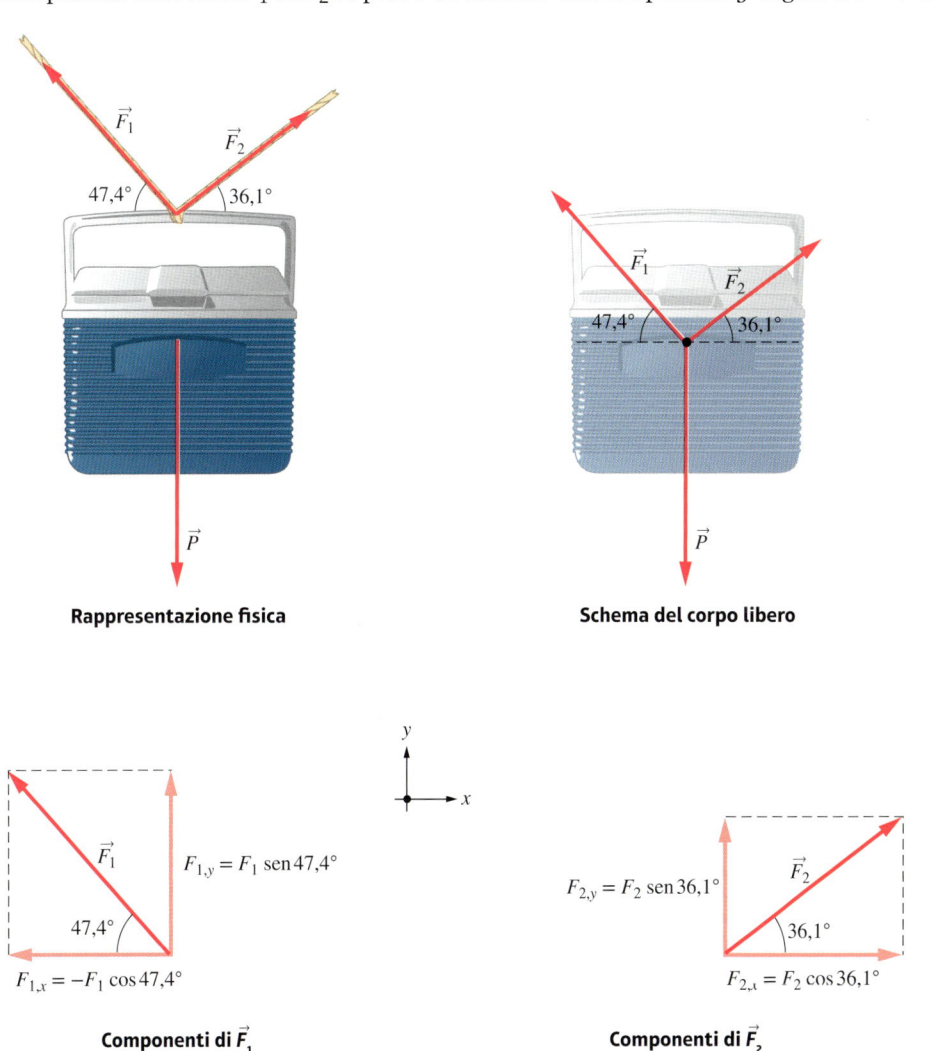

Rappresentazione fisica

Schema del corpo libero

$F_{1,y} = F_1 \operatorname{sen} 47{,}4°$
$F_{1,x} = -F_1 \cos 47{,}4°$

Componenti di $\vec{F}_1$

$F_{2,y} = F_2 \operatorname{sen} 36{,}1°$
$F_{2,x} = F_2 \cos 36{,}1°$

Componenti di $\vec{F}_2$

■ **STRATEGIA**
a. Vogliamo che la forza risultante sia puramente verticale. Questo significa che deve essere nulla la componente x della forza risultante; pertanto deve essere: $\Sigma F_x = 0$. Questa condizione può essere utilizzata per determinare il modulo di $\vec{F}_2$.
b. Usando F_2, modulo di $\vec{F}_2$, determinato al punto a., risulta nulla la componente x della forza risultante; pertanto ciò che rimane da fare per determinare la forza risultante è sommare le componenti y delle tre forze. Usando la relazione tra massa e peso, possiamo determinare la massa della borsa frigorifero.
Dividendo l'intensità della forza risultante per la massa, ricaviamo, infine, il valore dell'accelerazione, che, ovviamente, ha direzione verticale ed è diretta verso l'alto.

Dati Peso della borsa frigorifero, $P = 150$ N; intensità della forza esercitata dalla fune 1, $F_1 = 166$ N; direzione di $\vec{F}_1$, $\alpha = 47{,}4°$ sopra l'orizzontale; direzione della forza esercitata dalla fune 2, $\beta = 36{,}1°$ sopra l'orizzontale

Incognite
a. Intensità della forza esercitata dalla fune 2 in modo che l'accelerazione risultante sia verticale e diretta verso l'alto, $F_2 = ?$
b. Accelerazione della borsa frigorifero, $a = ?$

SOLUZIONE

a. Scriviamo le componenti x di ciascuna forza. Notiamo che $\vec{P}$ non ha componente x e che la componente x di $\vec{F}_1$ è diretta nel verso negativo delle x:

$$F_{1,x} = -F_1 \cos(47{,}4°)$$

$$F_{2,x} = F_2 \cos(36{,}1°)$$

$$P_x = 0$$

Sommiamo le componenti x delle forze e poniamo il risultato uguale a zero:

$$\Sigma F_x = ma_x = 0$$

$$-F_1 \cos(47{,}4°) + F_2 \cos(36{,}1°) + 0 = 0$$

$$F_1 \cos(47{,}4°) = F_2 \cos(36{,}1°)$$

Risolvendo rispetto a F_2:

$$F_2 = \frac{F_1 \cos(47{,}4°)}{\cos(36{,}1°)} = \frac{(166 \text{ N}) \cos(47{,}4°)}{\cos(36{,}1°)} = 139 \text{ N}$$

b. Determiniamo la componente y di ciascuna forza:

$$F_{1,y} = F_1 \text{sen}(47{,}4°) = (166 \text{ N}) \text{sen}(47{,}4°) = 122 \text{ N}$$

$$F_{2,y} = F_2 \text{sen}(36{,}1°) = (139 \text{ N}) \text{sen}(36{,}1°) = 81{,}9 \text{ N}$$

$$P_y = -P = -150 \text{ N}$$

Sommiamo le componenti y delle forze:

$$\Sigma F_y = F_1 \text{sen}(47{,}4°) + F_2 \text{sen}(36{,}1°) - P = 122 \text{ N} + 81{,}9 \text{ N} - 150 \text{ N} = 54 \text{ N}$$

Determiniamo la massa della borsa frigorifero:

$$m = \frac{P}{g} = \frac{150 \text{ N}}{9{,}81 \text{ m/s}^2} = 15{,}3 \text{ kg}$$

Calcoliamo, infine, l'accelerazione della borsa frigorifero:

$$a = \frac{\Sigma F_y}{m} = \frac{54 \text{ N}}{15{,}3 \text{ kg}} = 3{,}5 \text{ m/s}^2$$

OSSERVAZIONI Solo le componenti y delle forze $\vec{F}_1$ ed $\vec{F}_2$ contribuiscono all'accelerazione verticale; le componenti x si eliminano a vicenda.

PROVA TU Quanto deve valere la massa della borsa frigorifero perché si muova verso l'alto con velocità costante?
[20,8 kg]

PROBLEM SOLVING 3 — Discesa con lo snowboard

Una ragazza di massa m scende con uno snowboard lungo un pendio nevoso liscio e ghiacciato, inclinato di un angolo θ rispetto all'orizzontale.
a. Qual è l'accelerazione della ragazza?
b. Qual è la forza normale esercitata sulla ragazza dallo snowboard?

■ **DESCRIZIONE DEL PROBLEMA** Abbiamo scelto l'asse *x parallelo al pendio*, con il verso positivo che punta a valle, e l'asse *y perpendicolare al pendio*, con il verso positivo rivolto in alto. Con queste scelte, la componente x di $\vec{P}$ è positiva, $P_x = P \operatorname{sen} \theta$, e la componente y è negativa, $P_y = -P \cos \theta$. Inoltre, la componente x della forza normale è zero, $N_x = 0$, e la sua componente y è positiva, $N_y = N$.

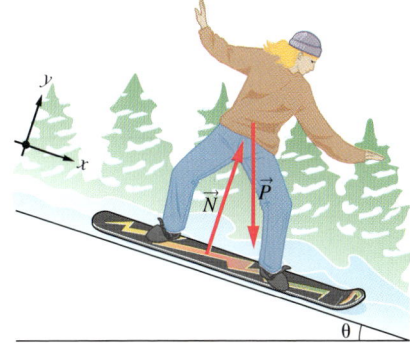

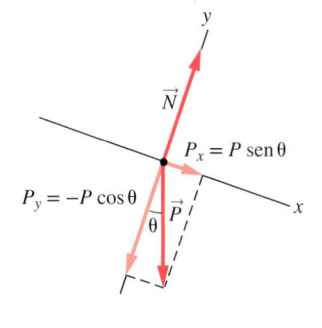

Rappresentazione fisica — **Schema del corpo libero**

■ **STRATEGIA**
Osserviamo che soltanto due forze agiscono sulla ragazza: il peso $\vec{P}$ e la forza normale $\vec{N}$.
a. Determiniamo l'accelerazione della ragazza risolvendo $\Sigma F_x = m a_x$ rispetto ad a_x.
b. Poiché non c'è alcun moto in direzione y, la componente y dell'accelerazione è zero, quindi possiamo determinare la forza normale ponendo $\Sigma F_y = m a_y = 0$.

Dati Massa della ragazza, m; angolo di inclinazione del pendio, θ

Incognite a. Accelerazione della ragazza, $a_x = ?$ b. Forza normale esercitata dallo snowboard, $\vec{N} = ?$

■ **SOLUZIONE**
a. Scriviamo le componenti x delle forze che agiscono sulla ragazza:

$$N_x = 0 \qquad P_x = P \operatorname{sen} \theta = mg \operatorname{sen} \theta$$

Sommiamo le componenti x delle forze e poniamole uguali a ma_x; dividiamo per la massa m per determinare a_x:

$$\Sigma F_x = N_x + P_x = mg \operatorname{sen} \theta = ma_x \quad \rightarrow \quad a_x = \frac{\Sigma F_x}{m} = \frac{mg \operatorname{sen} \theta}{m} \quad \rightarrow \quad a_x = g \operatorname{sen} \theta$$

b. Scriviamo le componenti y delle forze che agiscono sulla ragazza:

$$N_y = N \qquad P_y = -P \cos \theta = -mg \cos \theta$$

Sommiamo le componenti y delle forze e poniamo la somma uguale a zero, essendo $a_y = 0$:

$$\Sigma F_y = N_y + P_y = N - mg \cos \theta \quad \rightarrow \quad N - mg \cos \theta = m a_y = 0$$

Ricaviamo l'intensità della forza normale N:

$$N - mg \cos \theta = 0 \quad \rightarrow \quad N = mg \cos \theta$$

> **COLLEGAMENTO ▸▸**
> Nel fascicolo LAB+
> **Con GeoGebra**
> Il moto lungo il piano inclinato

■ **OSSERVAZIONI** Osserviamo che per θ compreso tra 0° e 90°, cioè per qualunque inclinazione del pendio, l'accelerazione della ragazza è minore dell'accelerazione di gravità, perché solo *una componente* del peso causa l'accelerazione.
Verifichiamo due casi particolari del risultato generale $a_x = g \operatorname{sen} \theta$:
- se $\theta = 0°$, allora $\operatorname{sen} \theta = 0$ e l'accelerazione è nulla: $a_x = g \operatorname{sen} 0° = 0$. Ciò ha senso in quanto se $\theta = 0°$ il pendio non esiste e si ha una superficie orizzontale, quindi non ci aspettiamo alcuna accelerazione;
- se $\theta = 90°$, allora $\operatorname{sen} \theta = 1$ e l'accelerazione è $a_x = g \operatorname{sen} 90° = g$. Anche questo è in accordo con il risultato generale perché in questo caso il pendio è verticale e lo snowboard cade diritto verso il basso in caduta libera.

PROVA TU Qual è l'accelerazione della ragazza se la sua massa viene raddoppiata a $2m$?

PROBLEM SOLVING 4 — Una brusca frenata

Un'auto di 1500 kg sta viaggiando in salita a una velocità di 30 m/s lungo una strada inclinata di 10° rispetto all'orizzontale, quando il guidatore inchioda all'improvviso per evitare di investire un animale che attraversa la strada. Determina la distanza di frenata, considerando che la macchina slitta fino a fermarsi e che il coefficiente di attrito dinamico fra ruote e terreno è $\mu_d = 0{,}80$.

■ **DESCRIZIONE DEL PROBLEMA** Scegliamo il sistema di coordinate riportato in figura con l'asse x parallelo al piano inclinato della strada nel verso del moto dell'auto e l'asse y perpendicolare al piano della strada con il verso positivo verso l'alto. Con questa scelta le componenti della forza peso sono $P_x = -P \operatorname{sen} 10°$ e $P_y = -P \cos 10°$. Inoltre la componente x della normale al piano della strada è $N_x = 0$ e la componente y è $N_y = N$. Nella figura è riportato anche il diagramma del moto dell'auto.

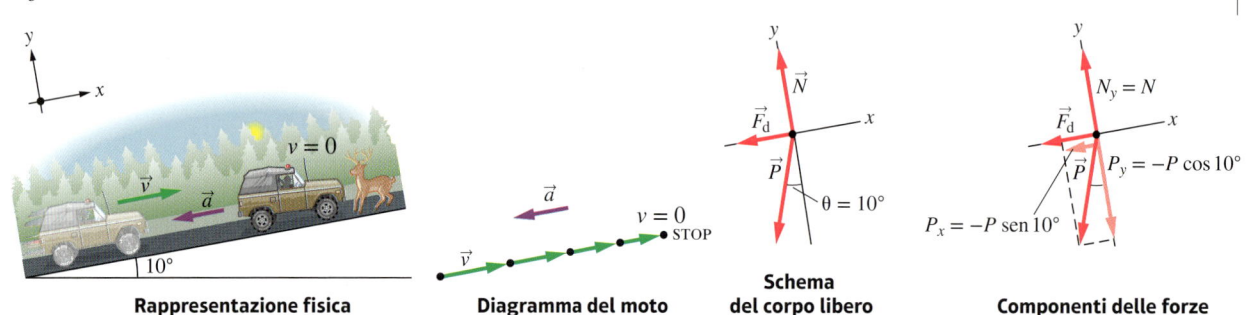

Rappresentazione fisica — **Diagramma del moto** — **Schema del corpo libero** — **Componenti delle forze**

■ **STRATEGIA** Possiamo determinare l'accelerazione nella direzione del moto dalla seconda legge di Newton $\Sigma F_x = m a_x$. Calcoliamo ΣF_x sommando la componente del peso in direzione x, $P_x = -P \operatorname{sen} 10°$, e la forza di attrito dinamico $F_{d,x} = -\mu_d N$ che agisce in direzione x, nel verso opposto al moto. Poiché non c'è moto in direzione y, la forza N normale al piano si ricava ponendo $\Sigma F_y = 0$. Nota l'accelerazione a, possiamo determinare la distanza di frenata con la relazione $\Delta s = \dfrac{v^2 - v_0^2}{2a}$.

Dati Massa dell'auto, $m = 1500$ kg; velocità dell'auto, $v_0 = 30$ m/s; angolo di inclinazione della strada, $\theta = 10°$; coefficiente di attrito dinamico tra ruote e terreno, $\mu_d = 0{,}80$

Incognita Distanza di frenata, $\Delta s = ?$

■ **SOLUZIONE** Calcoliamo le componenti y delle forze:

$$P_y = -P \cos 10° = (-1500 \text{ kg})(9{,}81 \text{ m/s}^2) \cos 10° = -1{,}45 \cdot 10^4 \text{ N} \qquad N_y = N$$

Determiniamo N dalla seconda legge di Newton $\Sigma F_y = 0$:

$$P_y + N = 0 \quad \rightarrow \quad N = -P_y = 1{,}45 \cdot 10^4 \text{ N}$$

Calcoliamo la componente x della forza di attrito:

$$F_{d,x} = -\mu_d N = -0{,}80 (1{,}45 \cdot 10^4 \text{ N}) = -1{,}16 \cdot 10^4 \text{ N}$$

Calcoliamo la componente x della forza peso:

$$P_x = -P \operatorname{sen} 10° = (-1500 \text{ kg})(9{,}81 \text{ m/s}^2) \operatorname{sen} 10° = -2{,}56 \cdot 10^3 \text{ N}$$

Applichiamo la seconda legge di Newton in direzione x:

$$\Sigma F_x = m a_x \quad \rightarrow \quad P_x + F_{d,x} = m a_x$$

Calcoliamo a_x:

$$a_x = \frac{P_x + F_{d,x}}{m} = \frac{-2{,}56 \cdot 10^3 \text{ N} - 1{,}16 \cdot 10^4 \text{ N}}{1500 \text{ kg}} = -9{,}44 \text{ m/s}^2$$

Determiniamo la distanza di frenata:

$$\Delta s = \frac{v^2 - v_0^2}{2a} = \frac{(0 \text{ m/s})^2 - (30 \text{ m/s})^2}{2(-9{,}44 \text{ m/s}^2)} = 48 \text{ m}$$

■ **OSSERVAZIONI** Notiamo che la distanza di frenata non dipende dalla massa dell'auto.

PROBLEM SOLVING 5 — Gara di slitte

In una gara di corsa con le slitte, una slitta trainata da un cane ha una massa complessiva di 250 kg. Quando la gara ha inizio la slitta parte e raggiunge la velocità di 5,5 m/s in 18 m. Se la fune con cui tira il cane è inclinata rispetto all'orizzontale di 12° e il coefficiente di attrito dinamico tra la slitta e il terreno è 0,06, qual è l'intensità della tensione nella fune?

■ **DESCRIZIONE DEL PROBLEMA** Scegliamo il sistema di coordinate riportato in figura con l'asse x nel verso del moto e l'asse y perpendicolare e con il verso positivo in alto. Con questa scelta le componenti delle forze sono $P_x = 0$ e $P_y = -P$, $T_x = T\cos 12°$ e $T_y = T\,\text{sen}\,12°$, $N_x = 0$ ed $N_y = N$. La forza di attrito è parallela all'asse x e ha verso opposto a quello del moto; ha componenti: $F_{d,x} = -\mu_d N$ e $F_{d,y} = 0$.

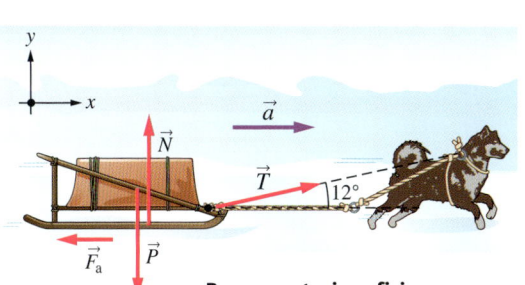

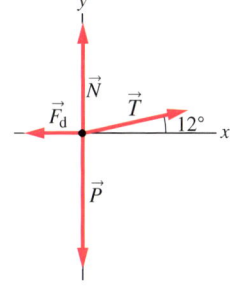

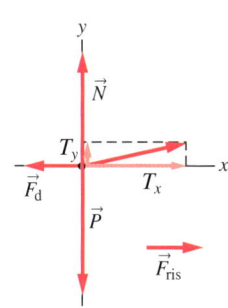

Rappresentazione fisica — **Schema del corpo libero** — **Componenti delle forze**

■ **STRATEGIA** Determiniamo l'accelerazione della slitta nei primi 18 m di gara con la relazione $a = \dfrac{v^2 - v_0^2}{2\Delta s}$. Quindi applichiamo la seconda legge della dinamica nella direzione y, $\Sigma F_y = 0$ perché non c'è accelerazione, e nella direzione x, $\Sigma F_x = ma_x = ma$.

Dati Massa della slitta, $m = 250$ kg; distanza percorsa dalla slitta, $\Delta s = 18$ m; velocità della slitta dopo Δs, $v = 5,5$ m/s; angolo della fune rispetto all'orizzontale, $\theta = 12°$; coefficiente di attrito dinamico tra la slitta e il terreno, $\mu_d = 0,06$

Incognita Intensità della tensione della fune, $T = ?$

■ **SOLUZIONE** Calcoliamo l'accelerazione della slitta nei primi 18 m di gara:

$$a = \frac{v^2 - v_0^2}{2\Delta s} = \frac{(5,5 \text{ m/s})^2 - (0 \text{ m/s})^2}{2(18 \text{ m})} = 0,84 \text{ m/s}^2$$

Determiniamo le componenti delle forze lungo l'asse y:

$$P_y = -P = -(250 \text{ kg})(9,81 \text{ m/s}^2) = -2,45 \cdot 10^3 \text{ N} \qquad T_y = T\,\text{sen}\,12° \qquad N_y = N$$

Applichiamo la seconda legge lungo l'asse y, $\Sigma F_y = 0$, e determiniamo N in funzione di T:

$$P_y + N_y + T_y = 0 \quad \to \quad -2,45 \cdot 10^3 \text{ N} + N + T\,\text{sen}\,12° = 0 \quad \to \quad N = (2,45 \cdot 10^3 - T\,\text{sen}\,12°) \text{ N}$$

Determiniamo le componenti delle forze lungo l'asse x:

$$P_x = 0 \qquad T_x = T\cos 12° \qquad N_x = 0 \qquad F_{d,x} = -\mu_d N$$

Applichiamo la seconda legge lungo l'asse x, $\Sigma F_x = ma_x = ma$, quindi sostituiamo l'espressione di N:

$$T\cos 12° - \mu_d N = ma \quad \to \quad T\cos 12° - \mu_d(2,45 \cdot 10^3 - T\,\text{sen}\,12°) = ma$$

Semplifichiamo l'espressione e poi ricaviamo T:

$$T\cos 12° - 2,45 \cdot 10^3 \mu_d + \mu_d T\,\text{sen}\,12° = ma \quad \to \quad T(\cos 12° + \mu_d \,\text{sen}\,12°) = ma + 2,45 \cdot 10^3 \mu_d$$

$$T = \frac{ma + 2,45 \cdot 10^3 \mu_d}{\cos 12° + \mu_d \,\text{sen}\,12°} = \frac{(250 \text{ kg})(0,84 \text{ m/s}^2) + (2,45 \cdot 10^3 \text{ N})(0,06)}{\cos 12° + 0,06\,\text{sen}\,12°} = 360 \text{ N} = 0,36 \text{ kN}$$

> **COLLEGAMENTO ▶▶**
> **In digitale**
> Altri *Problem solving* sull'applicazione della seconda legge di Newton

■ **OSSERVAZIONI** Applicando la forza di traino in direzione inclinata rispetto al terreno, si diminuisce la forza parallela con cui si tira, ma l'attrito dinamico diventa minore.

3 La forza centripeta

La seconda legge di Newton stabilisce che per cambiare il modulo o la direzione della velocità, o entrambi, è necessaria una forza. Ad esempio, se guidiamo un'automobile con una velocità di modulo costante su una pista circolare, la direzione del moto dell'automobile cambia continuamente, come mostrato in **figura 10**. Abbiamo già visto che l'automobile è soggetta a un'accelerazione diretta verso il centro, detta **accelerazione centripeta**, il cui modulo vale:

$$a_c = \frac{v^2}{r}$$

dove r è il raggio della traiettoria circolare.

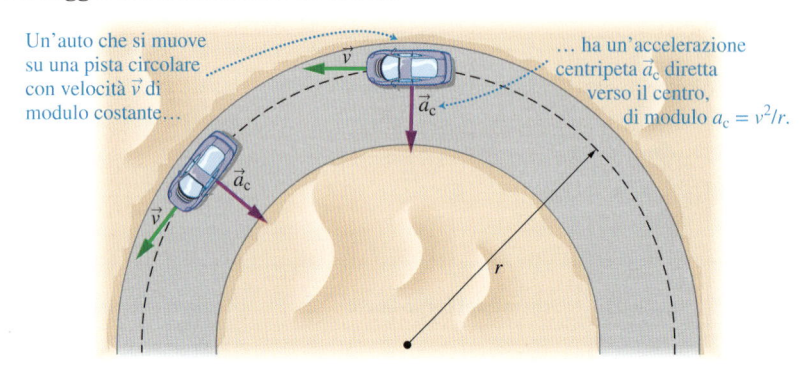

◀ **Figura 10**
Accelerazione centripeta in un moto circolare

In base alla seconda legge della dinamica, questa accelerazione è prodotta da una forza, la **forza centripeta**, che ha la stessa direzione e lo stesso verso dell'accelerazione centripeta e modulo:

$$F_c = ma_c = m\frac{v^2}{r}$$

Possiamo riassumere quanto detto come segue:

> **Forza centripeta**
>
> Affinché un oggetto si muova di moto circolare, a esso deve essere applicata una forza; se l'oggetto ha massa m, la forza che agisce su di esso, detta **forza centripeta**, deve avere intensità:
>
> $$F_c = ma_c = m\frac{v^2}{r}$$
>
> e deve essere diretta verso il centro della circonferenza.

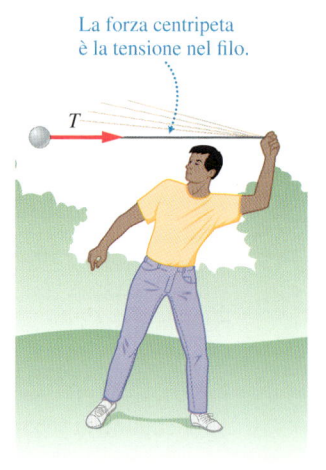

La forza centripeta $\vec{F}_c$ può essere prodotta in vari modi. Ad esempio, nel caso di un'automobile che affronta una curva, la forza centripeta è la *forza di attrito* tra gli pneumatici e la strada. Se invece facciamo ruotare una palla legata a un filo, come mostrato in **figura 11**, la forza $\vec{F}_c$ è la *tensione* nel filo. Infine, la forza centripeta che fa sì che un satellite o la Luna orbitino intorno alla Terra è la *forza di gravità*.

▲ **Figura 11**
Forza centripeta e tensione

Quando ci divertiamo su una giostra a catene **(fig. 12)**, proviamo un'accelerazione centripeta di circa 10 m/s² diretta all'interno, verso l'asse di rotazione della giostra. La forza centripeta necessaria per produrre tale accelerazione, e che fa muovere le persone su una traiettoria circolare, è la *componente orizzontale della tensione* nelle catene.

▶ **Figura 12**

PROBLEM SOLVING 6 **La massima velocità in curva**

Un'automobile di 1200 kg affronta una curva di raggio r = 45 m. Se il coefficiente di attrito statico fra gli pneumatici e la strada è μ_s = 0,82, qual è il valore massimo del modulo della velocità che consente all'automobile di curvare senza sbandare?

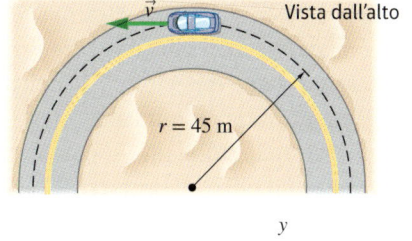

■ **DESCRIZIONE DEL PROBLEMA** Nella figura a lato è riportata una vista dall'alto dell'automobile che si muove lungo una traiettoria circolare. Nella figura sotto è mostrata l'automobile che procede verso l'osservatore; il sistema di riferimento è scelto con la direzione positiva dell'asse x verso il centro della traiettoria circolare e quella positiva dell'asse y verso l'alto. Nella figura sono indicate le tre forze che agiscono sull'automobile: il peso $\vec{P}$, la forza normale $\vec{N}$ e la forza di attrito statico $\vec{F}_{s,max}$.

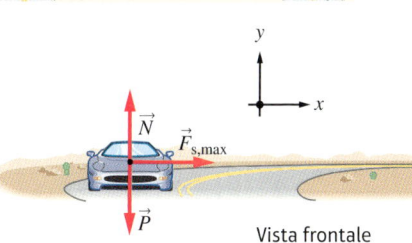

■ **STRATEGIA** In questo sistema la forza di attrito statico fornisce la forza centripeta necessaria perché l'automobile si muova su una traiettoria circolare. Per questo motivo la forza di attrito è perpendicolare alla direzione del moto dell'auto ed è diretta verso il centro della circonferenza. In questo caso l'attrito è statico perché gli pneumatici girano senza slittare, mantenendo sempre un contatto statico con il terreno. Infine, se l'automobile si muove più velocemente, è necessaria una forza centripeta maggiore (cioè più attrito); perciò, la massima velocità per l'automobile corrisponde al massimo attrito statico, $F_{s,max} = \mu_s N$. Quindi, se poniamo $\mu_s N$ uguale alla forza centripeta, cioè a $ma_c = m(v^2/r)$, possiamo determinare v.

Dati Massa dell'automobile, m = 1200 kg; raggio della curva, r = 45 m; coefficiente di attrito statico, μ_s = 0,82

Incognita Massima velocità senza che l'auto sbandi, v = ?

■ **SOLUZIONE** Sommiamo le componenti x delle forze, per mettere in relazione la forza di attrito statico con l'accelerazione centripeta dell'automobile:

$$\Sigma F_x = F_{s,max} \quad \rightarrow \quad F_{s,max} = ma_x$$

Poiché l'auto si muove su una traiettoria circolare il cui centro è sull'asse x, l'accelerazione è $a_x = a_c = v^2/r$; poniamo $F_{s,max} = \mu_s N$ per la forza di attrito statico:

$$\mu_s N = ma_c = m\frac{v^2}{r}$$

Poniamo la somma delle componenti y delle forze uguale a zero (poiché $a_y = 0$) e risolviamo rispetto alla forza normale:

$$\Sigma F_y = N - P \quad \rightarrow \quad N - P = ma_y = 0 \quad \rightarrow \quad N = P = mg$$

Sostituiamo $N = mg$ nell'espressione $\mu_s N = m(v^2/r)$ ed esplicitiamo rispetto a v. Notiamo che la massa dell'automobile si elimina:

$$\mu_s mg = m\frac{v^2}{r} \quad \rightarrow \quad v = \sqrt{\mu_s rg}$$

Sostituiamo i valori numerici per determinare v:

$$v = \sqrt{(0{,}82)(45 \text{ m})(9{,}81 \text{ m/s}^2)} = 19 \text{ m/s} = 68 \text{ km/h}$$

■ **OSSERVAZIONI** Il valore massimo del modulo della velocità è minore se il raggio è minore (curva più stretta) o se μ_s è minore (strada sdrucciolevole), ma non dipende dalla massa del veicolo; quindi la velocità massima in una determinata curva è la stessa sia per una piccola utilitaria sia per un autocarro a pieno carico.

PROVA TU Supponi che la situazione descritta nell'esempio si verifichi sulla Luna, dove l'accelerazione di gravità è minore rispetto alla Terra. Se un'auto "lunare" percorre la stessa curva, la sua velocità massima è maggiore, minore o uguale a quella determinata nell'esempio svolto? Per verificare la risposta, calcola la velocità massima per un'auto che affronta una curva con r = 45 m e μ_s = 0,82 (sulla Luna g = 1,62 m/s²). [è minore; sulla Luna v = 7,7 m/s]

Effetti della forza centripeta

Analizziamo ora alcune situazioni della vita di tutti i giorni nelle quali la forza centripeta gioca un ruolo fondamentale e interpretiamole utilizzando i concetti e le relazioni che abbiamo introdotto.

Sappiamo che, se tentiamo di percorrere una curva con una velocità troppo elevata **(fig. 13)** possiamo sbandare, cioè la nostra automobile può iniziare a scivolare lateralmente sulla strada. In queste situazioni gli esperti consigliano di sterzare nella direzione della sbandata per riguadagnare il controllo dell'automezzo. Anche se la cosa appare poco sensata alla maggior parte dei guidatori, il consiglio è corretto.

Ad esempio, supponiamo che, mentre stiamo curvando a sinistra, iniziamo a sbandare verso destra. Se sterziamo ancora di più a sinistra per cercare di correggere la sbandata, non facciamo altro che ridurre il raggio di curvatura r; il risultato è che l'accelerazione centripeta, v^2/r, aumenta ed è necessaria una forza di attrito tra gli pneumatici e la strada ancora maggiore per mantenere in carreggiata l'auto. Pertanto la tendenza a slittare in questo caso aumenta. Invece, se sterziamo lievemente sulla destra appena iniziamo a sbandare, aumentiamo il raggio di curvatura, l'accelerazione centripeta diminuisce e possiamo riguadagnare il controllo del veicolo.

Abbiamo tutti sicuramente notato che molte strade sono inclinate o sopraelevate in corrispondenza delle curve; lo stesso tipo di sopraelevazione si osserva in molte piste per le corse automobilistiche o nei velodromi. Se percorriamo una curva sopraelevata possiamo osservare che la sopraelevazione ci fa inclinare verso il centro della traiettoria circolare che stiamo percorrendo. Ciò è fatto di proposito, perché in questo modo la forza normale esercitata dalla strada contribuisce alla forza centripeta richiesta; se l'angolo di inclinazione è appropriato, la forza normale fornisce tutta la forza centripeta necessaria all'automobile per affrontare la curva, anche nel caso in cui non ci sia attrito tra gli pneumatici e la strada.

Nel *Problem solving 7* a pagina seguente vediamo come si calcola il miglior angolo di inclinazione per una data velocità e un dato raggio di curvatura.

Osserviamo inoltre che, se l'angolo di inclinazione è fissato in modo opportuno, gli occupanti di un'automobile su una strada sopraelevata non risentono delle forze laterali e quindi le curve diventano più sicure e confortevoli.

▲ **Figura 13**
Un'auto in curva

▲ Il tratto fortemente inclinato del velodromo permette a questo ciclista, che si muove ad alta velocità, di evitare di sbandare lateralmente.

▲ Anche quando non c'è una strada l'inclinazione può aiutare: gli aeroplani si inclinano quando effettuano una virata per evitare di "slittare" lateralmente.

▲ Alcuni treni utilizzano sistemi di sospensioni idrauliche per inclinarsi nelle curve, anche quando le rotaie sono orizzontali.

PROBLEM SOLVING 7 **La giusta inclinazione**

Se una strada è inclinata di un angolo opportuno, un'automobile può effettuare una curva senza sfruttare l'attrito fra gli pneumatici e l'asfalto. Determina l'angolo di inclinazione corretto per un'automobile di 900 kg che viaggia a 20,5 m/s lungo una curva con raggio di curvatura di 85 m.

■ **DESCRIZIONE DEL PROBLEMA** Scegliamo un sistema con l'asse y verticale e l'asse x rivolto verso il centro della traiettoria circolare.
Poiché la forza normale $\vec{N}$ è perpendicolare alla superficie della strada, che è inclinata, essa forma un angolo θ con l'asse y; quindi le componenti di $\vec{N}$ sono $N_x = N\,\text{sen}\,\theta$ ed $N_y = N\cos\theta$, mentre le componenti del peso $\vec{P}$ sono $P_x = 0$ e $P_y = -P$.

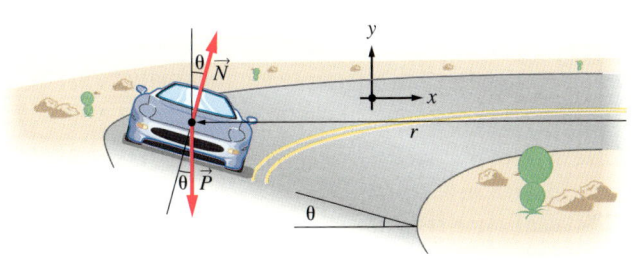

■ **STRATEGIA** Affinché l'automobile si muova su una traiettoria circolare ci deve essere una forza che agisce su di essa, nella direzione x positiva. Poiché il peso $\vec{P}$ non ha alcuna componente x, è la forza normale $\vec{N}$ che deve fornire la necessaria forza centripeta. Perciò, determiniamo N ponendo $\Sigma F_y = ma_y = 0$, visto che non c'è moto in direzione y; quindi sostituiamo N in $\Sigma F_x = ma_x = mv^2/r$ per determinare l'angolo θ.

Dati Massa dell'automobile, $m = 900$ kg; velocità dell'automobile, $v = 20{,}5$ m/s; raggio della curva, $r = 85$ m.

Incognita Angolo di inclinazione ottimale della curva, $\theta = ?$

■ **SOLUZIONE** Iniziamo determinando N dalla condizione $\Sigma F_y = 0$:

$$\Sigma F_y = 0 \;\rightarrow\; N\cos\theta - P = 0 \;\rightarrow\; N = \frac{P}{\cos\theta} = \frac{mg}{\cos\theta}$$

Poniamo $\Sigma F_x = ma_x$, con $a_x = a_c = \dfrac{v^2}{r}$:

$$\Sigma F_x = ma_x = ma_c = m\frac{v^2}{r} \;\rightarrow\; N\,\text{sen}\,\theta = m\frac{v^2}{r}$$

Sostituiamo $N = \dfrac{mg}{\cos\theta}$ nella relazione precedente:

$$\frac{mg}{\cos\theta}\,\text{sen}\,\theta = m\frac{v^2}{r}$$

Risolviamo rispetto a θ, ricordando che $\dfrac{\text{sen}\,\theta}{\cos\theta} = \text{tg}\,\theta$. Osserviamo che, ancora una volta, la massa dell'automobile si elimina:

$$\text{tg}\,\theta = \frac{v^2}{gr} \;\rightarrow\; \theta = \text{tg}^{-1}\left(\frac{v^2}{gr}\right)$$

Sostituiamo i valori numerici per determinare θ:

$$\theta = \text{tg}^{-1}\left[\frac{(20{,}5\text{ m/s})^2}{(9{,}81\text{ m/s}^2)(85\text{ m})}\right] = 27°$$

■ **OSSERVAZIONI** L'espressione generale ottenuta per l'angolo θ, cioè $\theta = \text{tg}^{-1}(v^2/gr)$ mostra che l'angolo di inclinazione cresce al crescere della velocità e al diminuire del raggio di curvatura, come era logico aspettarsi.

PROVA TU Una curva di raggio 65 m è inclinata di 30°. Quale deve essere il valore massimo della velocità di un'automobile perché possa affrontare la curva senza utilizzare l'attrito fra le gomme e l'asfalto?

[$v = 19$ m/s]

PROBLEM SOLVING 8 — Velocità ottimale, massima e minima

In riferimento al *Problem solving* 7, abbiamo visto che, se un'auto percorre una strada inclinata di un certo angolo, può affrontare una curva senza sfruttare l'attrito tra gli pneumatici e l'asfalto. Nel *Problem solving* 7, dati il raggio r della curva e la velocità v dell'automobile, abbiamo ricavato l'angolo θ di inclinazione della strada affinché l'attrito non sia necessario. Esaminiamo ora il problema dal punto di vista della velocità, ossia: dati il raggio r della curva e l'angolo θ di inclinazione della strada, determiniamo quali sono la velocità ottimale con cui fare la curva (quella che permette di non sfruttare l'attrito) e anche quella massima e minima con cui possiamo affrontare la curva senza che l'auto inizi a scivolare verso l'esterno (in alto) o l'interno (in basso) della curva rispettivamente.

Velocità ottimale

STRATEGIA Per determinare la velocità ottimale, possiamo fare riferimento alla figura del *Problem solving* 7 che qui riportiamo e quindi allo stesso schema di corpo libero, essendo le forze in gioco le stesse. Procediamo esattamente come in quel caso: scomponiamo le forze lungo gli assi scelti come sistema di riferimento e scriviamo le equazioni del secondo principio della dinamica per l'asse x e l'asse y.

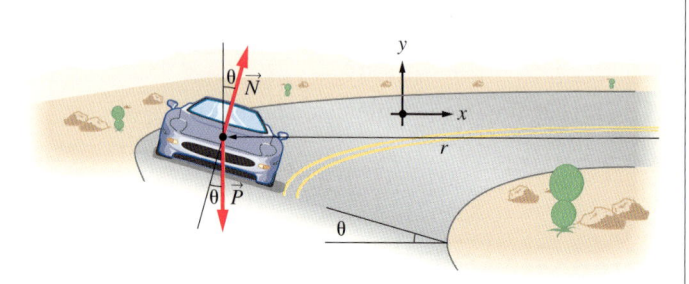

Asse x:

$$\Sigma F_x = m a_x = m a_c = \frac{mv^2}{r} \rightarrow N_x = N \operatorname{sen} \theta = \frac{mv^2}{r} \qquad (1)$$

Asse y:

$$\Sigma F_y = 0 \rightarrow N_y - P = N \cos \theta - P = 0 \rightarrow N \cos \theta = P = mg \qquad (2)$$

Dividendo le due equazioni membro a membro otteniamo:

$$\frac{v^2}{gr} = \frac{\operatorname{sen} \theta}{\cos \theta} = \operatorname{tg} \theta \quad \text{da cui} \quad v = \sqrt{gr \operatorname{tg} \theta} \qquad (3 \text{ e } 4)$$

OSSERVAZIONI Paragoniamo la (4) con la formula trovata nel *Problem solving* 6 per a una curva piana con un coefficiente d'attrito statico μ_s:

$$v = \sqrt{gr \mu_s} \qquad (5)$$

Notiamo che il coefficiente d'attrito è stato qui sostituito dalla tangente dell'angolo di inclinazione della strada; infatti ora è quest'angolo che genera una componente orizzontale della forza normale e dunque fornisce la forza centripeta necessaria affinché l'auto non sbandi.

Velocità massima

STRATEGIA Se imbocchiamo la curva con una velocità maggiore di quella ottimale, la forza centripeta necessaria per curvare la traiettoria dell'auto sarà maggiore e la componente orizzontale della forza normale $\vec{N}$ non sarà più sufficiente. In assenza di attrito, l'auto tenderebbe a slittare verso l'esterno della curva (verso l'alto); in questo modo infatti aumenterebbe il raggio di curvatura e diminuirebbe la forza centripeta necessaria.
La forza di attrito deve contrastare questo scivolamento verso l'alto e quindi sarà orientata come in figura.
La velocità massima di percorrenza della curva sarà quella che si ottiene in corrispondenza della massima forza di attrito per cui si avrà:

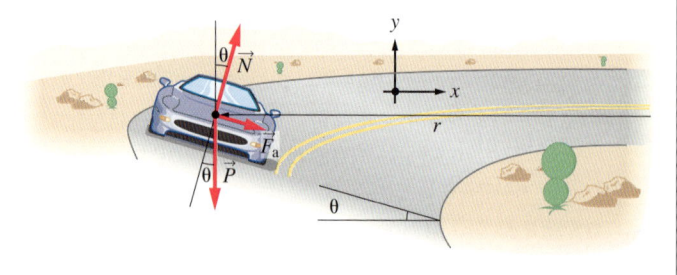

$$F_{s,\max} = \mu_s N \qquad (6)$$

Procediamo, come al solito, scomponendo le forze lungo gli assi di riferimento ottenendo per l'attrito:

$$F_{ax} = F_a \cos \theta = \mu_s N \cos \theta, \qquad F_{ay} = F_a \operatorname{sen} \theta = -\mu_s N \operatorname{sen} \theta \qquad (7)$$

Per la forza normale otteniamo:

$$N_x = N \operatorname{sen}\theta \qquad N_y = N \cos\theta \qquad (8)$$

Scriviamo le equazioni del secondo principio della dinamica per l'asse x e l'asse y.

Asse x:

$$\Sigma F_x = m a_x = m a_c = \frac{m v_{max}^2}{r} \rightarrow N_x + F_{ax} = N \operatorname{sen}\theta + \mu_s N \cos\theta = \frac{m v_{max}^2}{r} \qquad (9)$$

Asse y:

$$\Sigma F_y = 0 \rightarrow N_y + F_{ay} - P = N \cos\theta - \mu_s N \operatorname{sen}\theta - P = 0 \rightarrow N \cos\theta - \mu_s N \operatorname{sen}\theta = P = mg \qquad (10)$$

Per eliminare la forza normale N dividiamo, membro e membro, la (9) e la (10) ottenendo:

$$\frac{v_{max}^2}{gr} = \frac{\operatorname{sen}\theta + \mu_s \cos\theta}{\cos\theta - \mu_s \operatorname{sen}\theta} \qquad (11)$$

Da cui, finalmente, otteniamo la velocità v_{max}:

$$v_{max} = \sqrt{gr \cdot \frac{\operatorname{sen}\theta + \mu_s \cos\theta}{\cos\theta - \mu_s \operatorname{sen}\theta}} \qquad (12)$$

OSSERVAZIONI

- Nella formula (12), in assenza di attrito ($\mu_s = 0$), si ritrova la formula (4), come era logico aspettarsi.
- Poiché nella frazione il numeratore è maggiore di $\operatorname{sen}\theta$ e il denominatore è minore di $\cos\theta$ otteniamo:

$$v_{max} > v_{ottimale}$$

Velocità minima

STRATEGIA In questo caso la componente orizzontale della forza normale sarebbe maggiore della forza centripeta richiesta per la curva e quindi l'auto tenderebbe a ridurre il raggio di curvatura scivolando verso l'interno della curva (in basso).
L'unica cosa che cambia rispetto al caso precedente è, quindi, il verso della forza d'attrito che ora deve opporsi allo scivolamento dell'auto verso il basso; abbiamo dunque uno schema delle forze come in figura.
La strategia di risoluzione sarà perfettamente analoga, andranno solamente cambiati i segni per le componenti della forza di attrito, ottenendo come risultato finale:

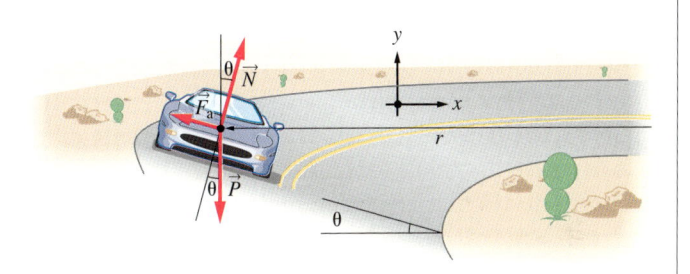

$$v_{min} = \sqrt{gr \cdot \frac{\operatorname{sen}\theta - \mu_s \cos\theta}{\cos\theta + \mu_s \operatorname{sen}\theta}} \qquad (13)$$

OSSERVAZIONI

- Gli angoli di inclinazione delle curve paraboliche sono in genere minori di 45°, per cui $\operatorname{sen}\theta < \cos\theta$. Questo implica che il radicando che compare nella formula (12) sia sempre positivo per questi angoli, mentre quello della (13) potrebbe anche essere negativo. Questo caso corrisponde fisicamente alla situazione in cui la sola forza d'attrito sarebbe sufficiente a impedire all'auto di scivolare verso il basso anche se quest'ultima fosse ferma, quindi a $v_{min} = 0$.
- In tutti e tre i casi di velocità ottimale, massima e minima, i risultati non dipendono dalla massa dell'auto, ma solamente dal coefficiente di attrito e dalle caratteristiche dinamiche della curva, il raggio r e l'angolo di elevazione θ.

PROVA TU
1. Ricava la formula (13) per la velocità minima partendo dallo schema del corpo libero.
2. Calcola la velocità ottimale, massima e minima per una curva di raggio $r = 80$ m e angolo di inclinazione di 30°, con il fondo di asfalto liscio rispettivamente nel caso di fondo stradale asciutto ($\mu_s = 0{,}65$) o bagnato ($\mu_s = 0{,}45$).

[asfalto asciutto: $v_{ottimale} = 21$ m/s, $v_{max} = 39$ m/s, $v_{min} = 0{,}0$ m/s;
asfalto bagnato: $v_{ottimale} = 21$ m/s, $v_{max} = 33$ m/s, $v_{min} = 8{,}9$ m/s]

4 La dinamica del moto armonico

L'oscillatore armonico

Nel capitolo 1 abbiamo visto che la proiezione sugli assi cartesiani dell'ombra di una particella in moto circolare uniforme è un punto che si muove di *moto armonico semplice*. Studiamo ora un sistema materiale caratterizzato da questo moto: una massa attaccata a una molla ideale.

Consideriamo un carrello di una rotaia a cuscino d'aria di massa m attaccato a una molla di costante elastica k, come mostrato in **figura 14**. Quando la molla è nella posizione di equilibrio, cioè né tirata né compressa, il carrello è nella posizione $x = 0$ e rimane fermo. Se il carrello viene spostato dall'equilibrio e portato a una distanza x da tale posizione, la molla esercita una forza elastica di richiamo che, per la legge di Hooke, è $\vec{F} = -k\vec{x}$. Il segno meno in questa espressione indica che la forza esercitata dalla molla ha verso opposto rispetto allo spostamento dalla posizione di equilibrio.

Un oggetto su cui agisce una forza del tipo $\vec{F} = -k\vec{x}$ è chiamato **oscillatore armonico**.

> **Oscillatore armonico**
>
> Un oscillatore armonico è un oggetto su cui agisce una forza proporzionale allo spostamento dalla posizione di equilibrio e diretta in verso opposto rispetto a tale spostamento.

Come vedremo, il moto di un oscillatore armonico è proprio il moto armonico semplice che abbiamo già incontrato nel capitolo 1.

Supponiamo di rilasciare il carrello che è fermo nella posizione $x = A$ di **figura 14**. La molla esercita sul carrello una forza verso sinistra, che provoca un'accelerazione verso la posizione di equilibrio. Quando il carrello raggiunge la posizione $x = 0$, la forza che agisce su di esso è zero, ma non la sua velocità, così esso continua a muoversi verso sinistra. Man mano che il carrello comprime la molla, risente di una forza diretta verso destra, che lo fa decelerare fino a fermarlo in $x = -A$. Poiché la molla continua a esercitare una forza verso destra, il carrello comincia a muoversi verso destra fino a fermarsi nuovamente in $x = A$, completando un'oscillazione nel tempo T, che viene chiamato **periodo** dell'oscillatore.

LE GRANDI IDEE

3 L'oscillazione di una massa attaccata a una molla ideale è un esempio di moto armonico semplice, in cui la forza di richiamo che agisce sulla massa è proporzionale allo spostamento dalla posizione di equilibrio.

a) Il carrello si trova al massimo valore positivo di x; la sua velocità è zero, la forza esercitata dalla molla è diretta verso sinistra e ha la massima intensità.

b) Il carrello è nella posizione di equilibrio della molla: la velocità ha il valore massimo e la forza esercitata dalla molla è zero.

c) Il carrello è al suo massimo spostamento nel verso negativo delle x: la velocità è zero; la forza è diretta verso destra e ha la massima intensità.

d) Il carrello è nella posizione di equilibrio della molla, ha la massima velocità scalare e nessuna forza agisce su di esso.

e) Il carrello ha completato un ciclo della sua oscillazione intorno a $x = 0$.

◀ **Figura 14**
Moto armonico semplice di una massa attaccata a una molla

Se fissiamo una penna al carrello, possiamo segnare la sua posizione al trascorrere del tempo su una striscia di carta che scorre con velocità costante, come mostrato in **figura 15**. Su questa striscia di carta otteniamo il grafico del moto del carrello in funzione del tempo: come vediamo nella figura, il diagramma del moto del carrello ha un andamento simile a quello delle funzioni seno o coseno.

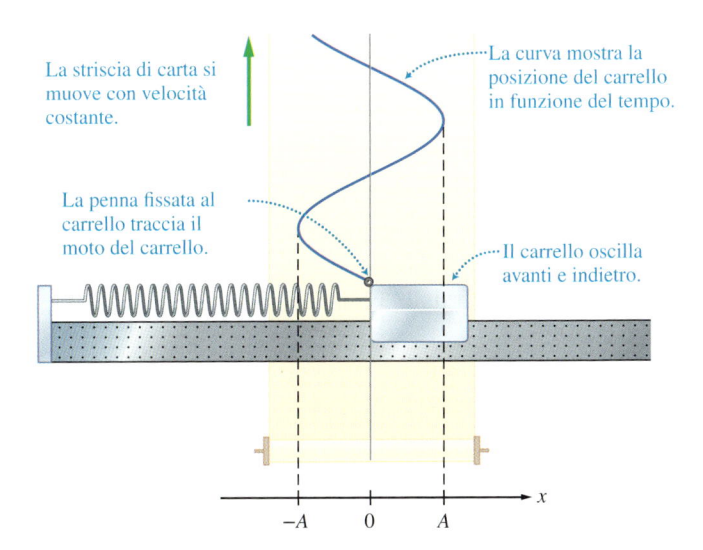

◀ **Figura 15**
Diagramma della posizione in funzione del tempo nel moto armonico semplice

Il calcolo matematico conferma in effetti che la posizione del carrello in funzione del tempo, partendo dalla posizione di massimo spostamento, è rappresentata da una funzione coseno.

La posizione della massa oscilla fra $x = +A$ e $x = -A$. Poiché A rappresenta il massimo spostamento del carrello rispetto al punto di equilibrio, da entrambi i lati, tale spostamento viene detto **ampiezza** del moto ed è uguale alla metà dell'intero percorso del carrello.

Il moto del carrello è *periodico*, cioè si ripete dopo un intervallo di tempo pari al periodo T: la posizione del carrello è la stessa negli istanti t e $t + T$, come mostrato in **figura 16**. Tenendo conto di queste osservazioni possiamo scrivere l'espressione matematica della posizione dell'oscillatore in funzione del tempo, cioè la **legge oraria** dell'oscillatore armonico è:

Legge oraria dell'oscillatore armonico

$$x = A \cos\left(\frac{2\pi}{T} t\right)$$

Questo tipo di dipendenza dal tempo è mostrato nella **figura 16**.

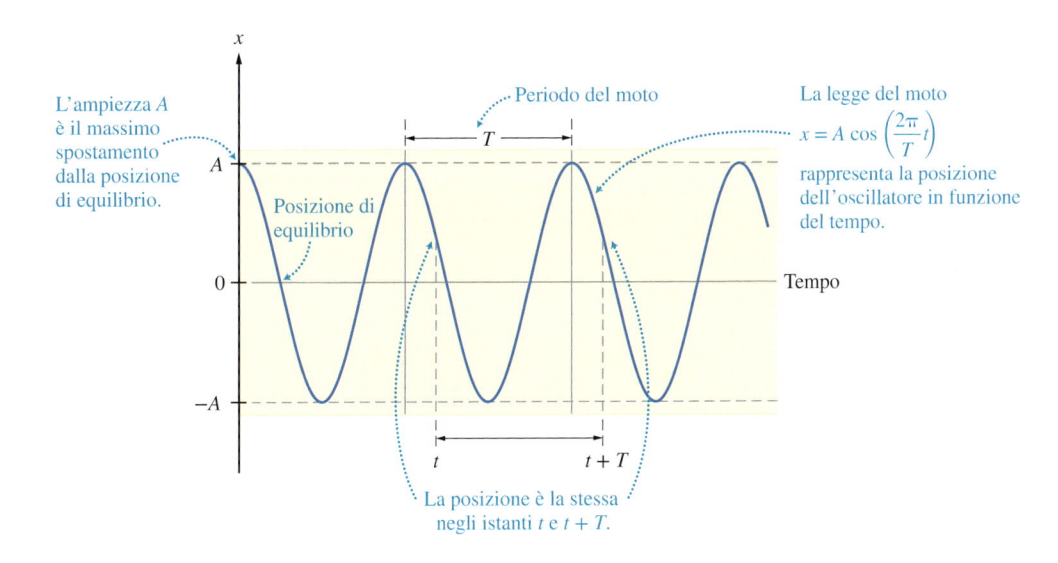

MATH +

Per rappresentare graficamente la **legge oraria**, ricordiamo che la funzione $y = \cos x$ oscilla tra -1 e 1 e ha periodo 2π. La funzione che rappresenta la legge oraria oscilla tra $-A$ e A e si ripete dopo un tempo T.

◀ **Figura 16**
Legge oraria dell'oscillatore armonico

PROBLEM SOLVING 9 — Oscillazioni elastiche

Un carrello a cuscino d'aria, attaccato a una molla, compie un'oscillazione completa ogni 2,4 s. Nell'istante $t = 0$ il carrello, che si trova fermo a distanza di 0,10 m dalla sua posizione di equilibrio, viene lasciato libero di muoversi. Determina la posizione del carrello negli istanti:
a. $t = 0{,}30$ s   **b.** $t = 0{,}60$ s   **c.** $t = 2{,}7$ s   **d.** $t = 3{,}0$ s.

■ **DESCRIZIONE DEL PROBLEMA** Nella figura scegliamo l'asse x in modo che l'origine sia nella posizione di equilibrio del carrello e la direzione positiva sia verso destra. Il carrello viene lasciato in $x = 0{,}10$ m, quindi l'ampiezza è $A = 0{,}10$ m.

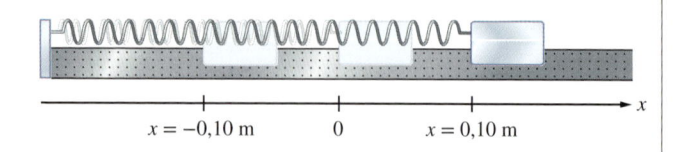

■ **STRATEGIA** Conosciamo il periodo di oscillazione, $T = 2{,}4$ s, perciò possiamo determinare la posizione del carrello calcolando il valore dell'espressione $x = A\cos(2\pi t/T)$ negli istanti desiderati, con $A = 0{,}10$ m.

Dati Periodo del carrello, $T = 2{,}4$ s; posizione iniziale del carrello, $x(0) = 0{,}10$ m

Incognite Posizione del carrello negli istanti **a.** $t = 0{,}30$ s; **b.** $t = 0{,}60$ s; **c.** $t = 2{,}7$ s; **d.** $t = 3{,}0$ s, $x = ?$

■ **SOLUZIONE**
a. Calcoliamo x nell'istante $t = 0{,}30$ s:

$$x = A\cos\left(\frac{2\pi}{T}t\right) = (0{,}10\text{ m})\cos\left[\left(\frac{2\pi}{2{,}4\text{ s}}\right)(0{,}30\text{ s})\right] = (0{,}10\text{ m})\cos\frac{\pi}{4} = 7{,}1\text{ cm}$$

b. c. d. Ripetiamo per gli istanti $t = 0{,}60$ s, $t = 2{,}7$ s e $t = 3{,}0$ s:

$$x = A\cos\left(\frac{2\pi}{T}t\right) = (0{,}10\text{ m})\cos\left[\left(\frac{2\pi}{2{,}4\text{ s}}\right)(0{,}60\text{ s})\right] = (0{,}10\text{ m})\cos\frac{\pi}{2} = 0$$

$$x = A\cos\left(\frac{2\pi}{T}t\right) = (0{,}10\text{ m})\cos\left[\left(\frac{2\pi}{2{,}4\text{ s}}\right)(2{,}7\text{ s})\right] = (0{,}10\text{ m})\cos\frac{9\pi}{4} = 7{,}1\text{ cm}$$

$$x = A\cos\left(\frac{2\pi}{T}t\right) = (0{,}10\text{ m})\cos\left[\left(\frac{2\pi}{2{,}4\text{ s}}\right)(3{,}0\text{ s})\right] = (0{,}10\text{ m})\cos\frac{5\pi}{2} = 0$$

OSSERVAZIONI I risultati ottenuti in **c.** e **d.** sono uguali a quelli ottenuti in **a.** e **b.**, rispettivamente. Infatti i tempi in **c.** e in **d.** differiscono da quelli in **a.** e in **b.** esattamente per un periodo, cioè 2,7 s = 0,3 s + 2,4 s e 3,0 s = 0,60 s + 2,4 s. Si poteva prevedere che a $t = 0{,}60$ s il carrello fosse sulla posizione di equilibrio, perché tale tempo corrisponde a $T/4$.

PROVA TU In quale istante il carrello si trova per la prima volta nella posizione $x = -5{,}0$ cm?

$[t = T/3 = 0{,}80\text{ s}]$

Caratteristiche dell'oscillatore armonico

L'oscillatore armonico è caratterizzato dalla **frequenza angolare** o **pulsazione** ω:

$$\omega = \frac{2\pi}{T} = 2\pi f \quad \text{dove } f = \frac{1}{T} \text{ è la frequenza dell'oscillatore}$$

In funzione di ω la legge oraria dell'oscillatore armonico diventa:

$$x = A\cos(\omega t)$$

Nel capitolo 1 abbiamo derivato la velocità dell'oscillatore armonico:

$$v = -A\omega\,\text{sen}(\omega t)$$

e l'accelerazione:

$$a = -A\omega^2\cos(\omega t)$$

Vogliamo ora verificare che la legge oraria $x = A\cos(\omega t)$ è effettivamente la soluzione dell'equazione di Newton $\vec{F} = m\vec{a}$.

La forza elastica che agisce sul carrello attaccato alla molla nella posizione x ha solo componente F_x, pari a $F_x = -kx$. Poiché $F_x = ma$, possiamo scrivere:

$$ma = -kx$$

Sostituendo $x = A\cos(\omega t)$ e $a = -A\omega^2 \cos(\omega t)$, otteniamo:

$$m[-A\omega^2 \cos(\omega t)] = -kA\cos(\omega t)$$

Dividendo per $-A\cos(\omega t)$ entrambi i membri dell'equazione, osserviamo che questa è soddisfatta se:

$$\omega^2 = \frac{k}{m} \quad \rightarrow \quad \omega = \sqrt{\frac{k}{m}}$$

Dunque la legge oraria del moto armonico semplice $x = A\cos(\omega t)$ è soluzione dell'equazione di Newton dell'oscillatore armonico se la pulsazione ω è legata alla costante elastica k e alla massa m dell'oscillatore dalla relazione $\omega = \sqrt{k/m}$. Ricordando che $T = 2\pi/\omega$, possiamo ottenere il periodo di oscillazione della massa m attaccata alla molla:

> **Periodo di oscillazione di una massa attaccata a una molla**
>
> $$T = 2\pi\sqrt{\frac{m}{k}}$$

Il periodo aumenta all'aumentare della massa e diminuisce all'aumentare della costante elastica della molla. Ad esempio, una massa maggiore ha più inerzia e quindi occorre più tempo perché essa si muova e completi un'oscillazione. D'altra parte, un valore più grande della costante elastica k indica che la molla è più rigida; ovviamente, una massa collegata a una molla più rigida esegue un'oscillazione in un tempo inferiore rispetto a un'altra massa uguale collegata a una molla meno rigida.

Dall'espressione precedente possiamo inoltre osservare che *il periodo è indipendente dall'ampiezza A*, grandezza che è stata semplificata nei passaggi svolti per ricavare l'espressione. Infatti, se è vero che la massa deve percorrere una distanza maggiore quando aumenta l'ampiezza, è anche vero che una maggiore ampiezza implica una maggiore forza esercitata dalla molla; sottoposta a una forza maggiore, la massa si muove più rapidamente e il modulo della velocità aumenta proprio della quantità necessaria per far coprire la maggiore distanza nello stesso tempo.

Le relazioni fra il moto di una massa collegata a una molla e la massa m, la costante elastica k e l'ampiezza A sono riassunte nella **figura 17**.

▼ **Figura 17**
Fattori che influenzano il moto di una massa collegata a una molla

a) Incremento della **costante elastica k** di un fattore 4

Se aumenta la costante elastica, aumenta la frequenza dell'oscillazione e quindi diminuisce T.

b) Incremento della **massa m** di un fattore 4

Se aumenta la massa, diminuisce la frequenza dell'oscillazione e quindi aumenta T.

Massa collegata a una molla: **grafico posizione-tempo**

Se la massa e la costante elastica vengono aumentate dello stesso fattore, i due effetti si cancellano e il moto non cambia.

c) Incremento della **costante elastica k** e della **massa m** di un fattore 4

Se aumenta l'ampiezza non variano il periodo e la frequenza, ma aumentano la velocità massima e l'accelerazione massima della massa.

d) Incremento dell'**ampiezza A** di un fattore 2

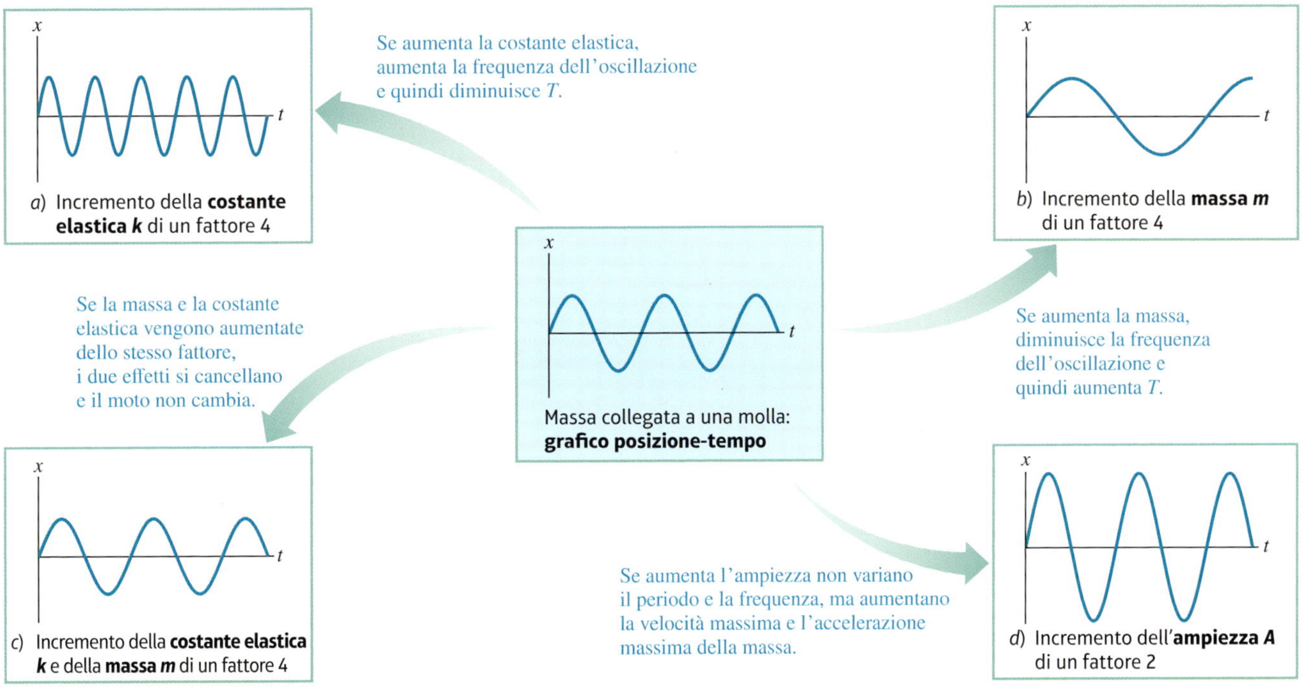

PROBLEM SOLVING 10 — Il moto della molla

Una massa di 0,120 kg collegata a una molla oscilla con un'ampiezza di 0,0750 m e una velocità massima di 0,524 m/s. Determina:

a. la costante elastica della molla;
b. il periodo del moto.

DESCRIZIONE DEL PROBLEMA La figura mostra una massa che oscilla intorno alla posizione di equilibrio di una molla, scelta come $x = 0$. L'ampiezza delle oscillazioni è 0,0750 m e quindi la massa si muove avanti e indietro fra $x = 0,0750$ m e $x = -0,0750$ m. La sua velocità massima, quando si trova in $x = 0$, è $v_{max} = 0,524$ m/s.

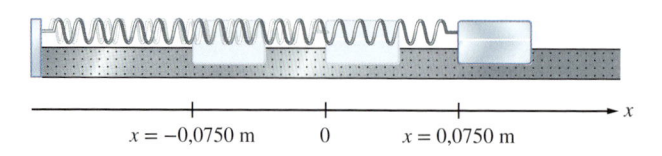

$x = -0,0750$ m   0 $x = 0,0750$ m

STRATEGIA

a. La velocità dell'oscillatore armonico è $v = -A\omega \operatorname{sen}(\omega t)$. Poiché il massimo valore di $\operatorname{sen}\theta$ è 1, il modulo della velocità massima è $v = A\omega$. Utilizziamo questa espressione, per determinare la pulsazione ω; nota ω, possiamo ottenere la costante elastica con $\omega = \sqrt{k/m}$.

b. Possiamo ricavare il periodo da $\omega = 2\pi/T$. In alternativa, possiamo utilizzare la costante elastica e la massa e la relazione $T = 2\pi\sqrt{m/k}$.

Dati Massa collegata alla molla, $m = 0,0120$ kg; ampiezza dell'oscillazione, $A = 0,0750$ m; velocità massima, $v_{max} = 0,524$ m/s

Incognite a. Costante elastica della molla, $k = ?$ b. Periodo del moto, $T = ?$

SOLUZIONE

a. Calcoliamo la pulsazione ω in funzione della velocità massima v_{max}:

$$v_{max} = A\omega \quad \rightarrow \quad \omega = \frac{v_{max}}{A}$$

Sostituiamo i valori numerici:

$$\omega = \frac{0,524 \text{ m/s}}{0,0750 \text{ m}} = 6,99 \text{ rad/s}$$

Dall'espressione $\omega = \sqrt{k/m}$ ricaviamo la costante elastica:

$$\omega = \sqrt{\frac{k}{m}} \quad \rightarrow \quad k = m\omega^2$$

Sostituiamo i valori numerici:

$$k = (0,120 \text{ kg})(6,99 \text{ rad/s})^2 = 5,86 \text{ N/m}$$

b. Utilizziamo $\omega = 2\pi/T$ per determinare il periodo:

$$\omega = \frac{2\pi}{T} \quad \rightarrow \quad T = \frac{2\pi}{\omega}$$

Sostituiamo i valori numerici:

$$T = \frac{2\pi}{6,99 \text{ rad/s}} = 0,899 \text{ s}$$

OSSERVAZIONI Se attaccassimo una massa maggiore alla stessa molla e la lasciassimo oscillare con la stessa ampiezza, il periodo aumenterebbe, la frequenza angolare diminuirebbe e quindi anche il modulo della velocità massima diminuirebbe.

PROVA TU Qual è la massima accelerazione della massa descritta in questo problema? [$a_{max} = 3,66$ m/s^2]

Finora abbiamo considerato solo molle orizzontali, che quindi non erano allungate quando si trovavano nella posizione di equilibrio. Tuttavia nella realtà spesso abbiamo a che fare con *molle verticali*, come quella disegnata in **figura 18**. Quando una massa m viene appesa a una molla verticale, ne causa l'allungamento; infatti la molla verticale è in equilibrio quando esercita una forza verso l'alto uguale al peso della massa. Quindi la molla si allunga di una quantità y_0 tale che:

$$ky_0 = mg \quad \text{da cui} \quad y_0 = \frac{mg}{k}$$

Perciò una massa appesa a una molla verticale oscilla attorno alla posizione di equilibrio:

$$y = -y_0 = -\frac{mg}{k}$$

Per tutti gli altri aspetti le oscillazioni sono uguali a quelle di una molla orizzontale; in particolare, il moto è armonico semplice e il periodo dell'oscillazione è dato ancora dalla relazione:

$$T = 2\pi \sqrt{\frac{m}{k}}$$

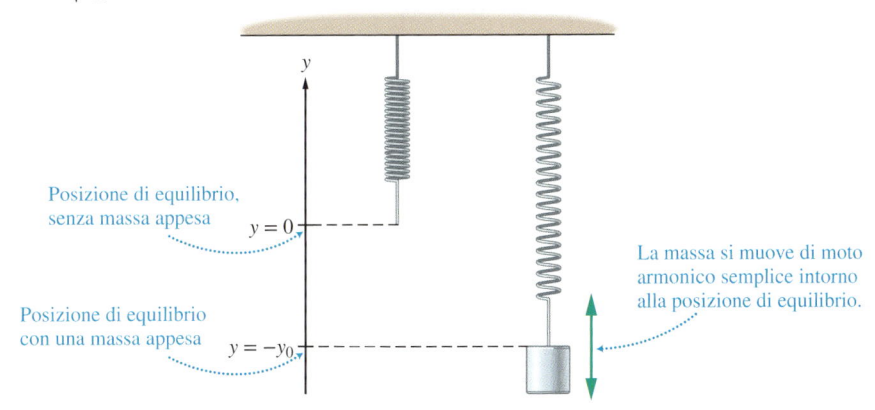

◀ **Figura 18**
Oscillazione di una massa appesa a una molla verticale

APPLICA SUBITO

1 Una massa di 0,260 kg è appesa a una molla verticale come mostrato in figura 17. Quando la massa è lasciata libera, oscilla con un periodo di oscillazione di 1,12 s. Calcola l'allungamento della molla causato dalla massa quando il sistema è fermo nella sua posizione di equilibrio.

Utilizziamo la relazione $T = 2\pi\sqrt{\dfrac{m}{k}}$ per ricavare la costante elastica:

$$T = 2\pi\sqrt{\frac{m}{k}} \quad \rightarrow \quad k = \frac{4\pi^2 m}{T^2} = \frac{4\pi^2 (0{,}260 \text{ kg})}{(1{,}12 \text{ s})^2} = 8{,}18 \text{ kg/s}^2 = 8{,}18 \text{ N/m}$$

Poniamo l'intensità della forza elastica, ky_0, uguale a mg e ricaviamo l'allungamento y_0:

$$ky_0 = mg \quad \rightarrow \quad y_0 = \frac{mg}{k} = \frac{(0{,}260 \text{ kg})(9{,}81 \text{ m/s}^2)}{8{,}18 \text{ N/m}} = 0{,}312 \text{ m}$$

◀ Una palla appesa a una molla verticale oscilla con moto armonico semplice. Se si fotografa la palla a intervalli di tempo uguali e le immagini vengono disposte l'una accanto all'altra, la palla sembra percorrere un tracciato sinusoidale.

▲ Il bungee-jumper oscilla in modo simile alla palla appesa alla molla, sebbene gli attriti e la resistenza dell'aria riducano l'ampiezza delle sue oscillazioni.

Il pendolo semplice

Un **pendolo semplice** è formato da una massa m attaccata a un filo leggero, oppure a un'asta, di lunghezza L. Il pendolo è in equilibrio stabile quando la massa è esattamente al di sotto del punto di sospensione e oscilla attorno a questa posizione se ne viene allontanato. Il moto del pendolo è, per piccole oscillazioni, un moto armonico, come si può vedere nel modello riportato in **figura 19**.

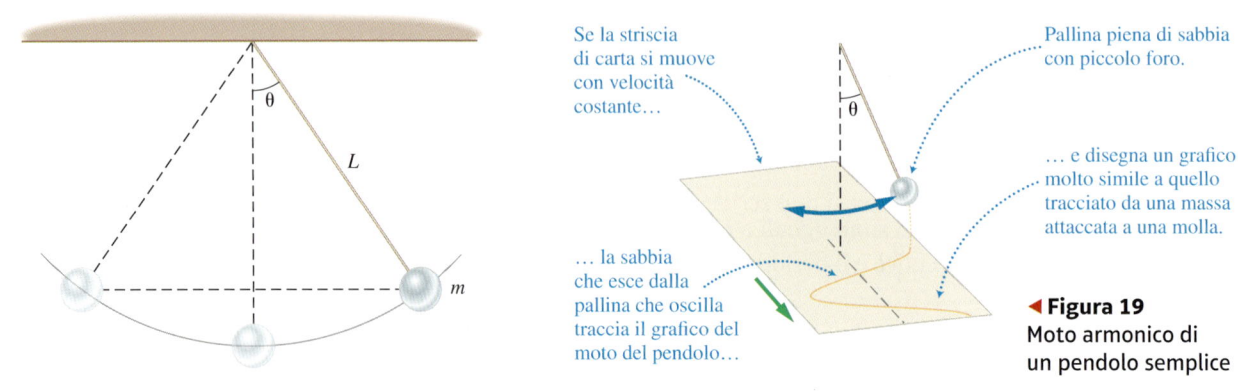

◀ **Figura 19**
Moto armonico di un pendolo semplice

Consideriamo le forze che agiscono sulla massa m. In **figura 20** sono disegnate la forza di gravità $m\vec{g}$ e la tensione $\vec{T}$ nel filo. La tensione agisce in direzione radiale e fornisce la forza necessaria a mantenere la massa in movimento lungo la traiettoria circolare. In particolare, nei punti di inversione del moto (corrispondenti al massimo spostamento angolare), la sua intensità è uguale alla componente radiale del peso:

$$T = mg \cos\theta_{max}$$

La forza tangenziale che agisce sulla massa m, in ogni punto, è soltanto la componente tangenziale del suo peso. Nel sistema di riferimento indicato in figura:

$$F_x = -mg \operatorname{sen}\theta$$

La forza tangenziale F_x è sempre diretta verso il punto di equilibrio, cioè è una forza di richiamo.

Per piccoli angoli θ, misurati in radianti, il seno di θ è approssimativamente uguale a θ, quindi possiamo scrivere $\operatorname{sen}\theta \approx \theta$. Infatti, nella **figura 21** possiamo vedere che, per angoli minori di $\pi/8$ rad $= 22{,}5°$, la funzione $y = \operatorname{sen}\theta$ è approssimabile con la funzione $y = \theta$; dunque, se consideriamo *piccole oscillazioni* di un pendolo, possiamo sostituire $\operatorname{sen}\theta$ con θ.

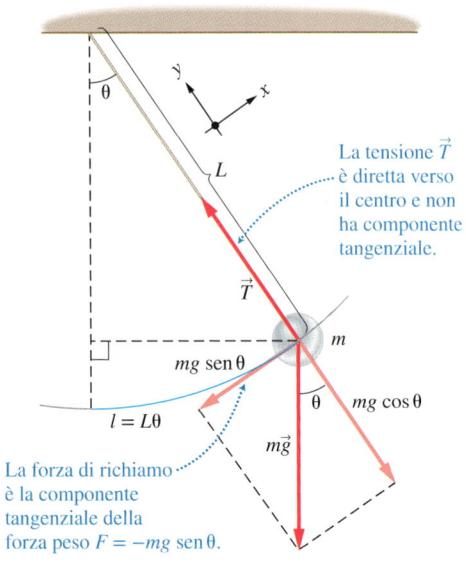

▲ **Figura 20**
Forze che agiscono sulla massa di un pendolo

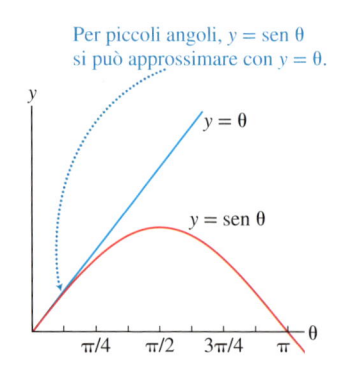

▲ **Figura 21**
Confronto fra $\operatorname{sen}\theta$ e θ

MATH+
Nell'origine la retta $y = \theta$ è tangente alla funzione $y = \operatorname{sen}\theta$.

Inoltre dalla **figura 20** vediamo che lo spostamento della massa lungo l'arco di circonferenza, rispetto alla posizione di equilibrio, è:

$$l = L\theta \quad \text{cioè} \quad \theta = \frac{l}{L}$$

Pertanto, se la massa m si sposta dall'equilibrio di un piccolo arco di lunghezza l, essa è soggetta a una forza di richiamo che ha solo componente tangenziale pari a:

$$F_x = -mg\,\text{sen}\,\theta \approx -mg\,\theta = -\frac{mg}{L}l$$

Osserviamo che *questa forza di richiamo è proporzionale allo spostamento*, proprio come ci si aspetta in un moto armonico semplice.

L'equazione di Newton del pendolo $F = ma$ si può scrivere:

$$ma = -\frac{mg}{L}l \quad \text{da cui, infine} \quad a = -\frac{g}{L}l$$

Questa equazione stabilisce una relazione tra le due grandezze lineari, l'accelerazione tangenziale a e lo spostamento l della massa oscillante lungo l'arco di circonferenza. Poiché la relazione tra spostamento lineare l e spostamento angolare θ è $l = L\theta$, una relazione analoga varrà tra l'accelerazione lineare a e l'accelerazione angolare α:

$$a = L\alpha$$

L'equazione di Newton del pendolo si può scrivere allora, in termini di accelerazione angolare e di spostamento angolare, come:

$$L\alpha = -\frac{g}{L}L\theta \quad \text{da cui, infine} \quad \alpha = -\frac{g}{L}\theta$$

che è la consueta relazione tra accelerazione e spostamento del moto armonico, valida, in questo caso, per le grandezze angolari α e θ.

Per analogia con la legge oraria del moto armonico $x = A\cos(\omega t)$, dove x è lo spostamento lineare nella direzione orizzontale, A lo spostamento massimo e ω la pulsazione, la corrispondente legge oraria per lo spostamento angolare θ sarà:

$$\theta = \theta_{max}\cos(\omega t)$$

dove θ_{max} rappresenta lo spostamento angolare massimo dalla posizione di equilibrio stabile.

Verifichiamo che la legge oraria $\theta = \theta_{max}\cos(\omega t)$ è soluzione dell'equazione $\alpha = -\frac{g}{L}\theta$.

Ricordando che l'accelerazione (lineare) a corrispondente allo spostamento (lineare) $x = A\cos(\omega t)$ è:

$$a = -\omega^2 A\cos(\omega t)$$

otteniamo, per analogia, che l'accelerazione angolare α corrispondente allo spostamento angolare θ è:

$$\alpha = -\omega^2 \theta_{max}\cos(\omega t)$$

Sostituendo le due relazioni che esprimono rispettivamente θ e α nell'equazione di Newton, otteniamo:

$$-\omega^2 \theta_{max}\cos(\omega t) = -\frac{g}{L}\theta_{max}\cos(\omega t)$$

Dividendo per $-\theta_{max}\cos(\omega t)$ entrambi i membri dell'equazione, osserviamo che questa è soddisfatta se:

$$\omega^2 = \frac{g}{L} \quad \text{da cui} \quad \omega = \sqrt{\frac{g}{L}}$$

> **COLLEGAMENTI** ◀◀
> Abbiamo già ricavato la relazione $a_t = r\alpha$ nella trattazione del moto circolare accelerato (**capitolo 1**); nel caso del pendolo, l'accelerazione non è costante, ma variabile con il tempo.

> **COLLEGAMENTO** ▶▶
> **In digitale**
> Oscillazioni smorzate e oscillazioni forzate

Dunque la legge oraria $\theta = \theta_{max}\cos(\omega t)$ è soluzione dell'equazione di Newton del pendolo se la pulsazione ω è legata alla lunghezza del pendolo e all'accelerazione di gravità dalla relazione $\omega = \sqrt{\dfrac{g}{L}}$. Ricordando la relazione $T = 2\pi/\omega$ tra pulsazione ω e periodo di oscillazione T, possiamo ottenere il periodo di oscillazione T della massa appesa al filo:

> **Periodo di un pendolo (per piccole oscillazioni)**
>
> $$T = 2\pi\sqrt{\dfrac{L}{g}}$$

Questa è la formula classica del periodo di un pendolo. Osserviamo che *T dipende dalla lunghezza L del pendolo e dall'accelerazione di gravità g, ma non dipende dalla massa m e dall'ampiezza angolare* θ_{max}.
La massa non compare nell'espressione del periodo di un pendolo per la stessa ragione per cui masse diverse in caduta libera hanno la stessa accelerazione. In particolare, una massa grande tende a muoversi più lentamente a causa della sua grande inerzia; d'altra parte, più grande è la massa, maggiore è la forza gravitazionale che agisce su di essa. Questi due effetti si compensano nella caduta libera così come nel pendolo.

Avremmo potuto ottenere lo stesso risultato confrontando il moto del pendolo con quello di una massa attaccata a una molla. In quest'ultimo caso la forza di richiamo che agisce sulla massa nella posizione x è $F = kx$.
La forza di richiamo che agisce sul pendolo ha esattamente la stessa forma se poniamo:

$$x = l \quad \text{e} \quad k = \dfrac{mg}{L}$$

Quindi il periodo di un pendolo si ottiene dall'espressione del periodo di una massa attaccata a una molla, $T = 2\pi\sqrt{\dfrac{m}{k}}$, sostituendo k con mg/L:

$$T = 2\pi\sqrt{\dfrac{m}{k}} = 2\pi\sqrt{\dfrac{m}{mg/L}}$$

Semplificando la massa m, otteniamo:

$$T = 2\pi\sqrt{\dfrac{L}{g}}$$

che è lo stesso risultato ottenuto sopra.

■ APPLICA SUBITO

2 Il periodo di oscillazione di un pendolo semplice è 1,6 s. Sapendo che il massimo spostamento dalla posizione di equilibrio della massa oscillante è 0,20 m, calcola lo spostamento angolare massimo in gradi.

Anzitutto ricaviamo la lunghezza del filo, dalla formula del periodo di oscillazione:

$$T = 2\pi\sqrt{\dfrac{L}{g}} \;\to\; T^2 = 4\pi^2\dfrac{L}{g} \;\to\; L = \dfrac{gT^2}{4\pi^2} = \dfrac{9{,}81\text{ m/s}^2 \cdot (1{,}6\text{ s})^2}{4\cdot(3{,}14)^2} = 0{,}64\text{ m}$$

Quindi dalla relazione $l = L\theta$ possiamo scrivere:

$$l_{max} = L\theta_{max} \quad \text{da cui} \quad \theta_{max} = \dfrac{l_{max}}{L} = \dfrac{0{,}20\text{ m}}{0{,}64\text{ m}} = 0{,}31\text{ rad}$$

Convertendo i radianti in gradi, troviamo che:

$$0{,}31\text{ rad} = 0{,}31\text{ rad}\dfrac{180°}{\pi\text{ rad}} = 18°$$

5 La quantità di moto

Supponi di essere fermo, su uno skateboard che può muoversi senza attrito su una superficie orizzontale liscia, e di afferrare una palla lanciata da un tuo amico. Se la palla è pesante, ma lenta, quando la afferri lo skate inizia a muoversi con una certa velocità. Se il tuo amico lancia una palla leggera, ma più veloce, l'effetto può essere lo stesso; in altre parole, afferrare una palla leggera ma più veloce può farti muovere con la stessa velocità che afferrare una palla pesante ma più lenta.

In fisica le osservazioni precedenti si possono esprimere in modo più preciso introducendo una nuova grandezza vettoriale, chiamata **quantità di moto**, indicata con $\vec{p}$ e definita come il prodotto della massa m e della velocità $\vec{v}$ di un oggetto:

Quantità di moto, $\vec{p}$

$$\vec{p} = m\vec{v}$$

Nel SI il *modulo* della quantità di moto si misura in **kilogrammi per metri al secondo** (kg m/s).

Nel nostro esempio, se la palla pesante ha una massa doppia rispetto a quella leggera, ma la palla leggera ha una velocità doppia di quella pesante, le quantità di moto dei due oggetti sono uguali in modulo.

È importante precisare che, se la quantità di moto $\vec{p}$ di un oggetto è costante, l'oggetto di massa m si muove di *moto rettilineo uniforme* con velocità $\vec{v}$.

Poiché la velocità $\vec{v}$ è un vettore, che ha un modulo, una direzione e un verso, anche $\vec{p}$ è un vettore, come mostrato in **figura 22**:

Vettore $\vec{p}$

La quantità di moto $\vec{p} = m\vec{v}$ è un vettore, di modulo $p = mv$ e direzione e verso coincidenti con quelli di $\vec{v}$.

Nella risoluzione dei problemi è molto importante tenere conto della natura vettoriale della quantità di moto e indicare correttamente il suo segno.

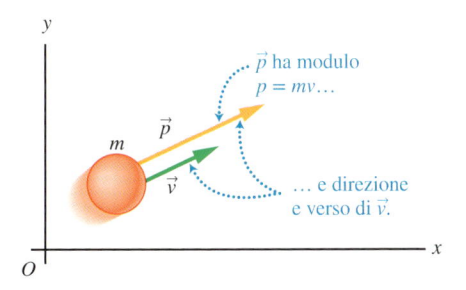

▲ Se sei fermo su uno skateboard e ti lanciano una palla piccola ma veloce ti muovi alla stessa velocità che avresti se ti lanciassero una palla pesante ma più lenta.

LE GRANDI IDEE

4 La quantità di moto di un corpo è il prodotto della massa del corpo per la velocità.

◀ **Figura 22**
La quantità di moto è una grandezza vettoriale

APPLICA SUBITO

3 Qual è il modulo della quantità di moto di un'automobile con massa di $1{,}2 \cdot 10^3$ kg che viaggia a 50 km/h? A quale velocità dovrebbe viaggiare un autocarro di massa $2{,}8 \cdot 10^3$ kg per avere la stessa quantità di moto dell'auto?

Convertiamo la velocità dell'auto in m/s:

$$v = 50 \text{ km/h} = 14 \text{ m/s}$$

Utilizziamo $p = mv$ per calcolare il modulo della quantità di moto:

$$p = mv = (1{,}2 \cdot 10^3 \text{ kg})(14 \text{ m/s}) = 1{,}7 \cdot 10^4 \text{ kg m/s}$$

Calcoliamo la velocità dell'autocarro con la formula inversa:

$$v = \frac{p}{m} = \frac{1{,}7 \cdot 10^4 \text{ kg m/s}}{2{,}8 \cdot 10^3 \text{ kg}} = 6{,}1 \text{ m/s} = 22 \text{ km/h}$$

> **! ATTENZIONE**
>
> **Sistema di coordinate**
>
> Nei problemi sulla quantità di moto si deve disegnare un sistema di coordinate anche se i problemi sono unidimensionali. Infatti, il sistema di riferimento è importante per *assegnare il corretto segno* alle velocità e alle quantità di moto.

La legge fondamentale della dinamica e la quantità di moto

Consideriamo la variazione della quantità di moto $\Delta \vec{p}$. Essendo $\vec{p} = m\vec{v}$, se indichiamo con $\vec{p}_i$ e con $\vec{p}_f$ le quantità di moto iniziale e finale, abbiamo:

$$\Delta \vec{p} = \vec{p}_f - \vec{p}_i = m_f \vec{v}_f - m_i \vec{v}_i$$

Se la massa è costante, cioè $m_f = m_i = m$ possiamo scrivere:

$$\Delta \vec{p} = m\vec{v}_f - m\vec{v}_i = m(\vec{v}_f - \vec{v}_i) = m\Delta \vec{v}$$

Dunque la variazione della quantità di moto è semplicemente il prodotto della massa per la variazione della velocità $\Delta \vec{v}$.
Se dividiamo entrambi i membri della relazione $\Delta \vec{p} = m\Delta \vec{v}$ per l'intervallo di tempo Δt in cui è avvenuta la variazione, otteniamo:

$$\frac{\Delta \vec{p}}{\Delta t} = m \frac{\Delta \vec{v}}{\Delta t}$$

Ricordando che l'accelerazione media $\vec{a}_m$ è il rapporto fra la variazione di velocità e il tempo in cui essa avviene, cioè $\vec{a}_m = \Delta \vec{v}/\Delta t$, possiamo scrivere la relazione precedente come:

$$\frac{\Delta \vec{p}}{\Delta t} = m\vec{a}_m$$

Se $\Sigma \vec{F}$ è la risultante delle forze che agiscono sull'oggetto, la seconda legge della dinamica è espressa dalla relazione:

$$\Sigma \vec{F} = m\vec{a}_m$$

Uguagliando le due precedenti espressioni otteniamo:

$$\Sigma \vec{F} = \frac{\Delta \vec{p}}{\Delta t}$$

che è una forma generale della legge fondamentale di Newton. Essa è *valida indipendentemente dal fatto che la massa sia o non sia costante.*
Possiamo allora riformulare la legge fondamentale della dinamica nel modo seguente:

> **Legge fondamentale della dinamica (in termini della quantità di moto)**
> La forza risultante $\Sigma \vec{F}$ che agisce su un corpo è uguale alla variazione della quantità di moto $\Delta \vec{p}$ nell'intervallo di tempo Δt in cui essa avviene:
>
> $$\Sigma \vec{F} = \frac{\Delta \vec{p}}{\Delta t}$$

Questo significa che, quando una forza esterna risultante $\Sigma \vec{F}$ agisce su un oggetto, ne modifica la quantità di moto $\vec{p}$ e, viceversa, che la quantità di moto può variare solo in presenza di una forza esterna risultante non nulla.

Il teorema dell'impulso

In molte situazioni comuni le forze agiscono per un tempo brevissimo. In questi casi è utile introdurre una nuova grandezza: l'*impulso*.
Supponiamo, ad esempio, che in una partita di baseball il lanciatore faccia partire la palla a una velocità di 150 km/h. Il battitore ruota il braccio e colpisce con la mazza la palla, che ritorna verso il lanciatore a 185 km/h.
Nel breve intervallo di tempo, dell'ordine del millesimo di secondo, durante il quale la palla e la mazza sono in contatto, la forza fra esse cresce rapidamente fino a un valore molto grande, come mostrato in **figura 23**, quindi torna a zero quando la palla inizia il suo volo.

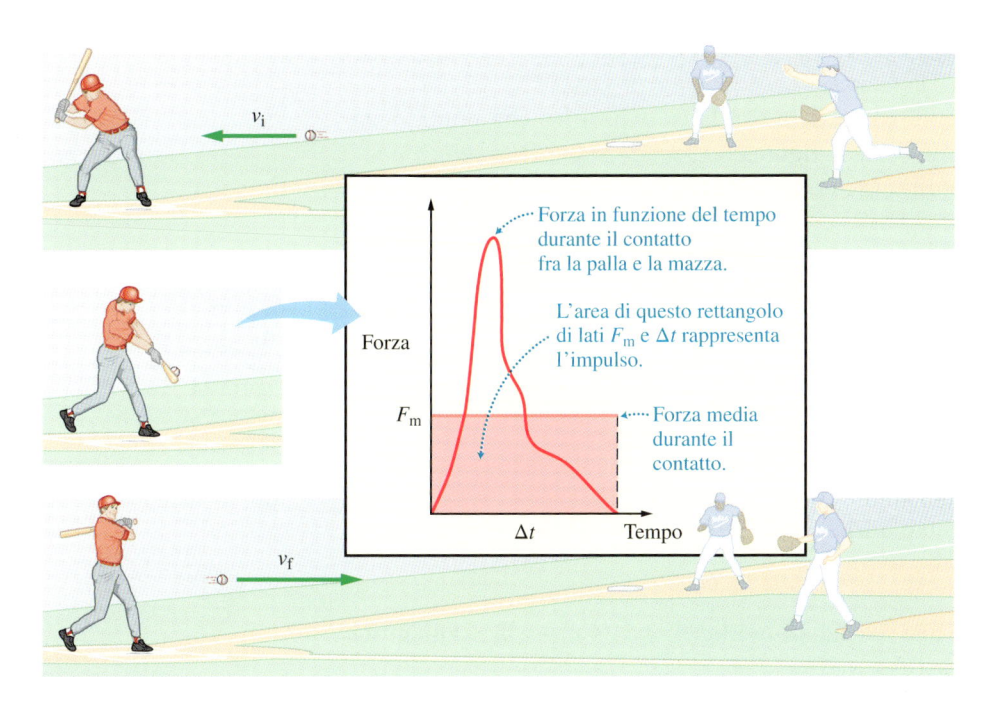

◀ **Figura 23**
La forza media durante un urto

Poiché è molto difficile descrivere in dettaglio il modo in cui la forza varia nel tempo, consideriamo il *valore medio* della forza esercitata dalla mazza, che chiameremo *forza media* $\vec{F}_m$, come mostrato nella figura.

Definiamo allora l'**impulso** $\vec{I}$ come il prodotto di $\vec{F}_m$ per l'intervallo di tempo Δt durante il quale la palla e la mazza sono in contatto. L'impulso è rappresentato dall'area sottesa dalla curva nel diagramma forza-tempo; dal grafico possiamo osservare che tale area è uguale a quella del rettangolo colorato, di altezza F_m e base Δt.

Possiamo dunque dare la seguente definizione:

Impulso, $\vec{I}$

L'impulso di una forza che agisce su un oggetto è il prodotto della forza media $\vec{F}_m$ per l'intervallo di tempo Δt in cui essa agisce:

$$\vec{I} = \vec{F}_m \Delta t$$

Nel SI il modulo dell'impulso si misura in **newton per secondi** (N s = kg m/s).
L'impulso è un *vettore* che ha la stessa direzione e lo stesso verso della forza media. Inoltre, la sua unità di misura è N s = (kg m/s^2)s = kg m/s, la stessa della quantità di moto. Infatti, utilizzando la seconda legge di Newton:

$$\vec{F}_m = \frac{\Delta \vec{p}}{\Delta t}$$

vediamo che il prodotto della forza media per Δt non è altro che la variazione della quantità di moto (nell'esempio, quella della palla, causata dalla mazza):

$$\vec{F}_m \Delta t = \Delta \vec{p}$$

Quindi, in generale, possiamo dire che l'impulso è proprio la variazione della quantità di moto ed enunciare il seguente teorema:

Teorema dell'impulso

L'impulso di una forza che agisce su un corpo in un intervallo Δt è uguale alla variazione della quantità di moto del corpo:

$$\vec{I} = \vec{F}_m \Delta t = \Delta \vec{p}$$

In pratica, se conosciamo l'impulso fornito a un corpo, cioè la variazione della sua quantità di moto, e l'intervallo di tempo durante il quale avviene tale variazione, possiamo determinare la forza media che ha causato quell'impulso.

Come esempio, calcoliamo l'impulso fornito alla palla da baseball considerata in precedenza e la forza media fra la palla e la mazza.

Innanzitutto, fissiamo un sistema di coordinate con l'asse x positivo che punta dalla base del battitore verso il lanciatore, come in **figura 24**.

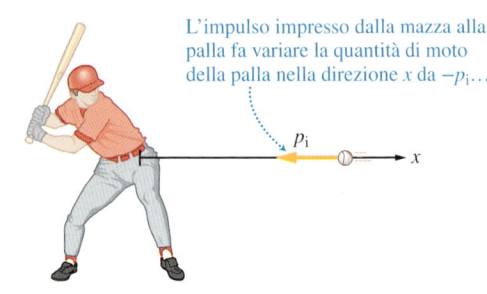

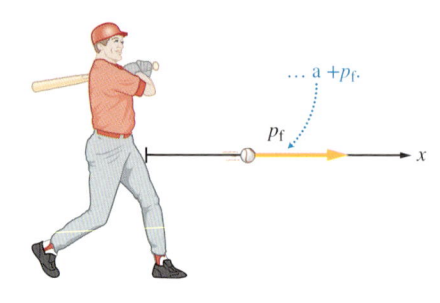

◀ **Figura 24**
Impulso e variazione della quantità di moto

Se la massa della palla è 0,145 kg e la velocità che le imprime il lanciatore è 150 km/h, cioè 41,7 m/s, la sua quantità di moto iniziale, nel verso negativo dell'asse x, è:

$$\vec{p}_{i,x} = -mv_i\hat{x} = -(0{,}145 \text{ kg})(41{,}7 \text{ m/s})\hat{x} = -6{,}05 \text{ kg m/s}\,\hat{x}$$

Subito dopo la battuta, la palla ha una velocità di 185 km/h = 51,4 m/s e la sua quantità di moto finale nel verso positivo dell'asse x è:

$$\vec{p}_{f,x} = mv_f\hat{x} = (0{,}145 \text{ kg})(51{,}4 \text{ m/s})\hat{x} = 7{,}45 \text{ kg m/s}\,\hat{x}$$

L'impulso, quindi, è:

$$\vec{I} = \Delta\vec{p} = \vec{p}_{f,x} - \vec{p}_{i,x} = [7{,}45 \text{ kg m/s} - (-6{,}05 \text{ kg m/s})]\hat{x} = 13{,}5 \text{ kg m/s}\,\hat{x}$$

Se la palla e la mazza restano in contatto per 1,20 ms = $1{,}20 \cdot 10^{-3}$ s, un intervallo di tempo tipico per situazioni di questo tipo, l'intensità della forza media è:

$$F_m = \frac{\Delta p}{\Delta t} = \frac{I}{\Delta t} = \frac{13{,}5 \text{ kg m/s}}{1{,}20 \cdot 10^{-3} \text{ s}} = 1{,}13 \cdot 10^4 \text{ N}$$

Osserviamo che la forza media è diretta nel verso positivo dell'asse x, cioè verso il lanciatore, com'è naturale. Inoltre, il modulo della forza media è un valore molto grande; si tratta infatti di una forza di più di 10 000 N! Questo spiega il motivo per cui, nelle fotografie con tempi di esposizione molto brevi, si può osservare la palla deformarsi in modo significativo durante il contatto con la mazza; la forza è così grande (migliaia di newton) e agisce per un brevissimo intervallo di tempo (pochi ms), che, per un istante, riesce ad appiattire la palla **(fig. 25)**. Notiamo infine che il peso della palla è completamente trascurabile se paragonato alle forze che agiscono durante la battuta.

▲ **Figura 25**
Durante il contatto con la mazza, la palla da baseball si deforma in modo significativo.

La relazione $\Delta p = F_m \Delta t$ permette anche di spiegare perché nelle prove di salto in alto o di salto con l'asta vengono utilizzati dei materassi per attutire la caduta. Un saltatore con l'asta che cade per circa 6 m dopo aver superato l'asticella, quando tocca terra è sottoposto a una forza grande che agisce per un brevissimo intervallo di tempo. Per evitare danni nell'impatto viene allora predisposta un'area di atterraggio "morbida" su appositi materassi. La variazione della quantità di moto del saltatore quando si ferma, $mv = F_m\Delta t$, è la stessa sia che atterri su un materasso sia che atterri sul cemento; tuttavia l'imbottitura è deformabile e prolunga molto il tempo Δt durante il quale l'atleta è in contatto con il materasso, per cui la corrispondente forza che agisce sull'atleta è notevolmente ridotta.

◀ Nel salto con l'asta o nel salto in alto vengono utilizzati dei materassi per attutire la caduta: la forza che agisce sull'atleta viene così ridotta.

PROBLEM SOLVING 11 Vittoria!

Quando la sua squadra segna il canestro della vittoria, un tifoso di 72 kg salta in alto per la gioia.
- **a.** Se il salto produce una velocità verso l'alto di 2,1 m/s, qual è l'impulso che agisce sul tifoso?
- **b.** Prima del salto il pavimento esercita una forza di modulo mg sul tifoso. Quale ulteriore forza media esercita il pavimento, se il tifoso spinge verso il basso su di esso per 0,36 s durante il salto?

■ **DESCRIZIONE DEL PROBLEMA** La figura mostra che il moto del tifoso è unidimensionale, con una velocità finale di 2,1 m/s nel verso positivo dell'asse y. Osserviamo che abbiamo scelto l'asse y positivo verso l'alto, quindi $\vec{v}_i = \vec{0}$ e $\vec{v}_f = (2{,}1\text{ m/s})\vec{y}$.

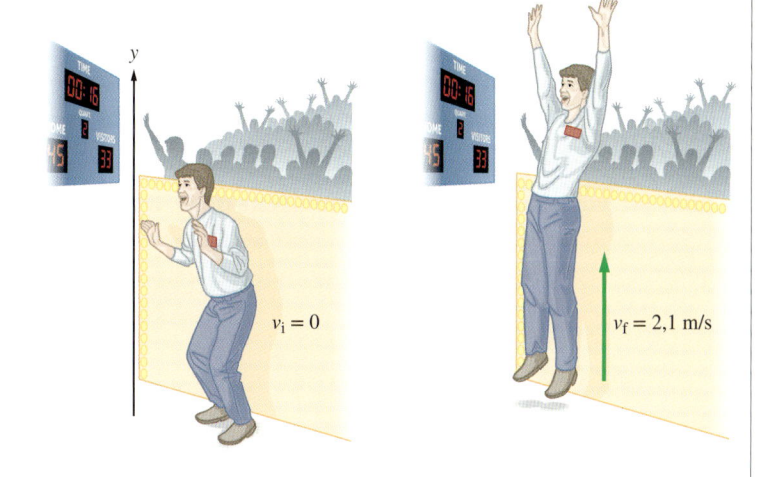

■ **STRATEGIA**
- **a.** Dal teorema dell'impulso sappiamo che l'impulso è uguale alla variazione della quantità di moto. Conosciamo il valore della velocità iniziale e finale e la massa del tifoso, quindi possiamo calcolare la variazione della quantità di moto, $\Delta\vec{p}$, utilizzando la definizione $\vec{p} = m\vec{v}$.
- **b.** La forza media ulteriore esercitata dal pavimento sul tifoso è $\Delta\vec{p}/\Delta t$, dove $\Delta t = 0{,}36$ s e $\Delta\vec{p}$ è stato calcolato nella parte **a**.

Dati Massa del tifoso, $m = 72$ kg; velocità finale del tifoso verso l'alto, $v_f = 2{,}1$ m/s; tempo impiegato dal tifoso per fermarsi, $\Delta t = 0{,}36$ s

Incognite **a.** Impulso agente sul tifoso, $\vec{I} = ?$
b. Ulteriore forza media (oltre alla reazione al peso) esercitata dal pavimento, $F_m = ?$

■ **SOLUZIONE**
- **a.** Scriviamo l'espressione dell'impulso, osservando che $\vec{v}_i = \vec{0}$ e quindi $\vec{p}_i = \vec{0}$:

$$\vec{I} = \Delta\vec{p} = \vec{p}_f - \vec{p}_i = m\vec{v}_f$$

Sostituiamo i valori numerici:

$$I = mv_f = (72\text{ kg})(2{,}1\text{ m/s}) = 1{,}5 \cdot 10^2 \text{ kg m/s}$$

- **b.** Esprimiamo la forza media in termini di impulso I e intervallo di tempo Δt:

$$F_m = \frac{I}{\Delta t} = \frac{1{,}5 \cdot 10^2 \text{ kg m/s}}{0{,}36 \text{ s}} = 4{,}2 \cdot 10^2 \text{ kg m/s}^2 = 4{,}2 \cdot 10^2 \text{ N}$$

■ **OSSERVAZIONI** La forza media ulteriore esercitata dal pavimento è piuttosto grande; infatti $4{,}2 \cdot 10^2$ N è circa il 60% del peso del tifoso. Quindi la forza totale esercitata verso l'alto dal pavimento è $mg + 4{,}2 \cdot 10^2$ N $= 7{,}1 \cdot 10^2$ N $+ 4{,}2 \cdot 10^2$ N $= 11{,}3 \cdot 10^2$ N $\approx 1{,}1 \cdot 10^3$ N, che corrispondono a circa 112 kg. Il tifoso, naturalmente, esercita la stessa forza verso il basso, ma, fortunatamente, ha bisogno di esercitarla soltanto per circa un terzo di secondo.

Quando torna a terra è necessario un impulso per fermarlo. Se atterra con le gambe rigide l'impulso viene esercitato in un breve tempo e, di conseguenza, viene scaricata una notevole forza sulle ginocchia, che possono subire dei danni. Se invece il tifoso piega le gambe quando tocca il suolo, la durata dell'impulso aumenta in modo significativo e la forza applicata dal pavimento sulle ginocchia risulta ridotta.

PROVA TU Supponi che il tifoso atterri con una velocità di 2,1 m/s e si fermi in 0,25 s. Qual è il modulo della forza risultante media esercitata dal pavimento durante l'atterraggio? [$\sim 1{,}3 \cdot 10^3$ N]

RIPASSA I CONCETTI CHIAVE

1 Le leggi della dinamica

Prima legge di Newton Un corpo non soggetto a forze, o soggetto a forze la cui risultante è nulla, è in quiete o si muove di moto rettilineo uniforme.

Principio di inerzia Esistono dei sistemi di riferimento, detti inerziali, nei quali un corpo non soggetto a forze, o soggetto a forze la cui risultante è nulla, è in quiete o si muove di moto rettilineo uniforme.

Seconda legge di Newton (legge fondamentale della dinamica) Se su un oggetto agisce una forza risultante $\Sigma\vec{F}$, l'oggetto subisce un'accelerazione $\vec{a}$ che è direttamente proporzionale alla forza e inversamente proporzionale alla massa:

$$\Sigma\vec{F} = m\vec{a} \quad \rightarrow \quad \vec{a} = \frac{\Sigma\vec{F}}{m}$$

Terza legge di Newton (legge di azione e reazione) Se un corpo A esercita una forza $\vec{F}_{AB}$ su un corpo B, allora il corpo B esercita sul corpo A una forza $\vec{F}_{BA}$ uguale in modulo e direzione, ma opposta in verso:

$$\vec{F}_{AB} = -\vec{F}_{BA}$$

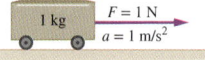

2 Applicazioni della seconda legge di Newton

Le leggi della dinamica permettono di prevedere il moto di un corpo quando sono note le forze che agiscono su di esso.
Quando si risolvono problemi che coinvolgono le forze e la seconda legge di Newton, è essenziale iniziare eseguendo un disegno che indichi ciascuna delle forze esterne che agiscono su un dato oggetto. Con questo tipo di disegno, chiamato **schema del corpo libero**, si rappresentano le forze esterne nel sistema di riferimento scelto, evidenziando le loro componenti nelle direzioni x e y.
A questo punto si applica la seconda legge della dinamica a ciascuna delle componenti della risultante.

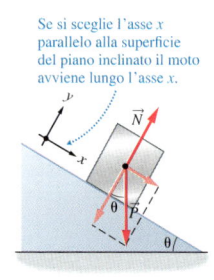

3 La forza centripeta

Perché un oggetto si muova di moto circolare, a esso deve essere applicata una forza; se l'oggetto ha massa m, la forza che agisce su di esso, detta **forza centripeta**, ha intensità:

$$F_c = ma_c = m\frac{v^2}{r}$$

ed è diretta verso il centro della circonferenza.

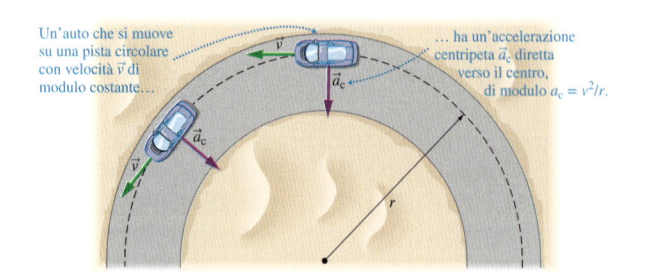

4 La dinamica del moto armonico

Oscillatore armonico Un oscillatore armonico è un oggetto su cui agisce una forza proporzionale, in modulo, allo spostamento dalla posizione di equilibrio e diretta in verso opposto rispetto a tale spostamento.

Legge oraria dell'oscillatore armonico La posizione dell'oscillatore in funzione del tempo, cioè la legge oraria dell'oscillatore armonico è:

$$x = A \cos\left(\frac{2\pi}{T} t\right) = A \cos(\omega t)$$

dove $\omega = \frac{2\pi}{T} = 2\pi f$ è la **pulsazione** dell'oscillatore.

Periodo di oscillazione di una massa attaccata a una molla
Il periodo di oscillazione di una massa m attaccata a una molla di costante elastica k è:

$$T = 2\pi \sqrt{\frac{m}{k}}$$

Il pendolo semplice Un pendolo semplice è formato da una massa m attaccata a un filo leggero, oppure a un'asta, di lunghezza L. Il pendolo è in equilibrio stabile quando la massa è esattamente al di sotto del punto di sospensione e oscilla attorno a questa posizione.

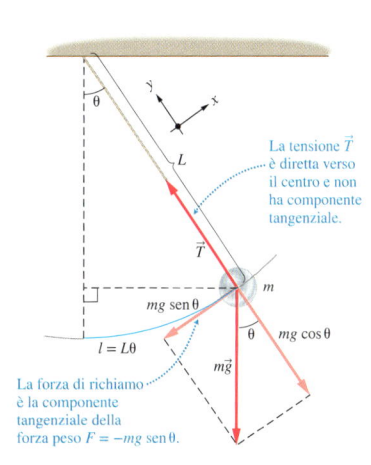

Periodo di un pendolo (per piccole oscillazioni)

$$T = 2\pi \sqrt{\frac{L}{g}}$$

Il periodo T dipende dalla lunghezza L del pendolo e dall'accelerazione di gravità, ma non dipende dalla massa m e dall'ampiezza l_{max}.

5 La quantità di moto

Quantità di moto La quantità di moto $\vec{p}$ è una grandezza vettoriale definita come il prodotto della massa m e della velocità $\vec{v}$ di un oggetto:

$$\vec{p} = m\vec{v}$$

Nel SI il modulo di $\vec{p}$ si misura in kg m/s.

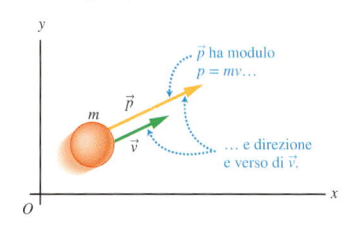

Legge fondamentale della dinamica (in termini della quantità di moto) La forza risultante che agisce su un corpo è uguale alla variazione della quantità di moto $\Delta\vec{p}$ nell'intervallo di tempo Δt in cui essa avviene:

$$\Sigma \vec{F} = \frac{\Delta \vec{p}}{\Delta t}$$

Teorema dell'impulso L'impulso di una forza che agisce su un corpo in un intervallo di tempo Δt, cioè il prodotto della forza media $\vec{F}_m$ per l'intervallo di tempo in cui essa agisce, è uguale alla variazione della quantità di moto del corpo:

$$\vec{I} = \vec{F}_m \Delta t = \Delta \vec{p}$$

2 Applicazioni della seconda legge di Newton

1 In una partita di curling il disco di pietra (detto stone) viene lanciato su una superficie ghiacciata. Qual è lo schema del corpo libero che rappresenta meglio il sistema quando la stone ha lasciato la mano del lanciatore?

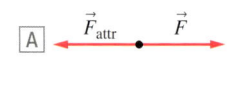

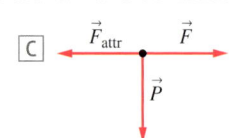

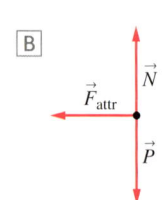

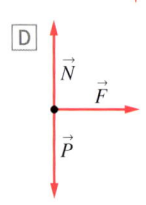

A [$\vec{F}_{attr}$ ← • → $\vec{F}$]

B [$\vec{F}_{attr}$ ← • , ↑$\vec{N}$, ↓$\vec{P}$]

C [$\vec{F}_{attr}$ ← • → $\vec{F}$, ↓$\vec{P}$]

D [↑$\vec{N}$, • → $\vec{F}$, ↓$\vec{P}$]

2 Un corpo è sottoposto a una forza di modulo F costante e parallela al piano d'appoggio; si verifica che il moto risultante è rettilineo e uniforme con velocità v. Se ne conclude che la forza d'attrito:

A è ortogonale al piano d'appoggio.
B è uguale e opposta alla forza di modulo F.
C è nulla.
D è metà della forza F e ha la stessa direzione e verso opposto.

3 Su un corpo puntiforme di massa M agiscono contemporaneamente due forze $\vec{F}_1$ ed $\vec{F}_2$. Se agisse solo la forza $\vec{F}_1$ l'accelerazione del corpo sarebbe $\vec{a}_1$. Se agisse solo $\vec{F}_2$ l'accelerazione sarebbe $\vec{a}_2$. Ma poiché agiscono contemporaneamente sia $\vec{F}_1$ sia $\vec{F}_2$, con quale accelerazione si muoverà il corpo?

A Sempre uguale ad $\vec{a}_1$ se a_1 è maggiore di a_2.
B Sempre uguale ad $\vec{a}_2$ se a_2 è maggiore di a_1.
C Uguale alla somma vettoriale di $\vec{a}_1$ e $\vec{a}_2$.
D Uguale al prodotto di $\vec{a}_1$ per $\vec{a}_2$.

4 Un blocco di massa 2 kg è sottoposto a una forza $F = 2$ N costante e parallela al piano di appoggio; si verifica che il moto risultante è uniformemente accelerato con accelerazione pari a 0,5 m/s². Se ne conclude che la forza d'attrito:

A è nulla.
B è metà della forza F e ha stessa direzione e verso.
C è ortogonale al piano d'appoggio.
D vale 1 N.

5 Un treno viaggia con velocità costante. La risultante delle forze è:

A dovuta alla sola resistenza dell'aria.
B dovuta alla sola forza di gravità.
C la somma vettoriale della forza di gravità e della resistenza dell'aria.
D nulla.

6 Un ragazzo è seduto su un seggiolino di una giostra sospeso con una catena alla giostra ferma. Il seggiolino applica alla catena una forza F che diventerà F' quando, nel movimento, la catena formerà con la verticale un angolo di 45°. Possiamo dire che:

A $\dfrac{F'}{F} = \sqrt{3}$
B $\dfrac{F'}{F} = 1$
C $\dfrac{F'}{F} = \sqrt{2}$
D $\dfrac{F}{F'} = \sqrt{2}$

7 Sacco di patate

Un sacco di patate di 5,0 kg è situato sul fondo di un carrello da spesa fermo.

a. Disegna lo schema del corpo libero per il sacco di patate.
b. Ora supponi che il carrello si muova con una velocità costante: che effetto ha questo moto sullo schema del corpo libero che hai disegnato?

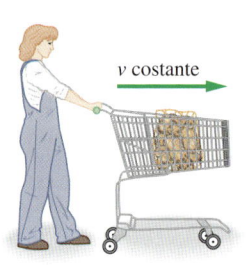

8 MATH⁺ Il tagliaerba

Un giardiniere rasa un prato con un vecchio tagliaerba a spinta, la cui massa è 19 kg. Il manico del tagliaerba forma un angolo di 35° con la superficie del prato.

a. Se il giardiniere applica una forza $\vec{F}$ di 219 N sul manico del tagliaerba, qual è la forza normale esercitata dal prato sul tagliaerba?
b. Se l'angolo α fra la superficie del prato e il manico del tagliaerba varia, scrivi la funzione che esprime la relazione tra il modulo della forza normale N e l'angolo α, facendo riferimento ai dati del problema in esame. Quindi rappresenta graficamente N in funzione di α, per $0 < \alpha < \pi/2$. [a. 0,31 kN]

9 Trattore con rimorchio

Un trattore traina un rimorchio di 3700 kg su una strada inclinata di 18° rispetto all'orizzontale, con una velocità costante di 3,2 m/s. Trascurando l'attrito, quale forza esercita il trattore sul rimorchio? [11 kN]

10 Il carrello della spesa

Una ragazza spinge un carrello di massa 7,5 kg su una rampa inclinata di 13° rispetto all'orizzontale, come mostrato in figura. Determina il modulo della forza orizzontale $\vec{F}$ necessaria per dare al carrello un'accelerazione di 1,41 m/s². [28 N]

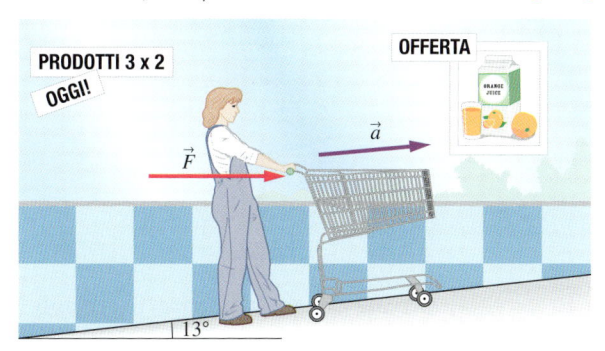

11 MATH⁺ Esercizi agli anelli

Prima di cominciare i suoi abituali esercizi agli anelli, un ginnasta di 67 kg si mantiene fermo, con le mani strette intorno agli anelli, i piedi che toccano terra e le braccia che formano ognuna un angolo di 24° rispetto alla direzione orizzontale.

a. Se la forza esercitata dagli anelli su ogni braccio ha modulo 290 N ed è diretta lungo il braccio, qual è il modulo della forza esercitata dal pavimento sui piedi del ginnasta?

b. Se l'angolo α che le braccia formano con la direzione orizzontale varia, scrivi la funzione che esprime la relazione tra il modulo della forza esercitata dal pavimento N e l'angolo α, facendo riferimento ai dati del problema in esame. Quindi rappresenta graficamente N in funzione di α, per $0 < \alpha < \pi/2$.

[a. 0,42 kN]

12 PROBLEMA SVOLTO

Un blocco di massa $m_1 = 3{,}20$ kg posto su un piano liscio di un tavolo è collegato con una corda a un blocco appeso di massa $m_2 = 2{,}50$ kg, come mostrato in figura. I blocchi sono rilasciati da fermi e possono muoversi liberamente. Determina l'accelerazione dei blocchi e la tensione nella corda.

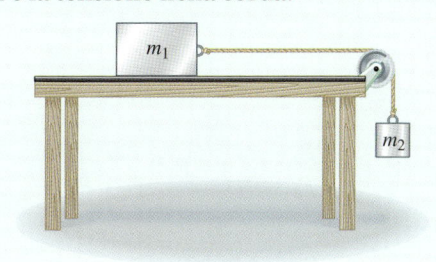

SOLUZIONE

Scegli un sistema di riferimento che segua il moto della corda, in modo che i blocchi si muovano entrambi nella direzione positiva dell'asse x. Poiché i blocchi sono collegati, la loro accelerazione è la stessa, cioè $a_1 = a_2 = a$. Disegna le forze che agiscono sui blocchi.

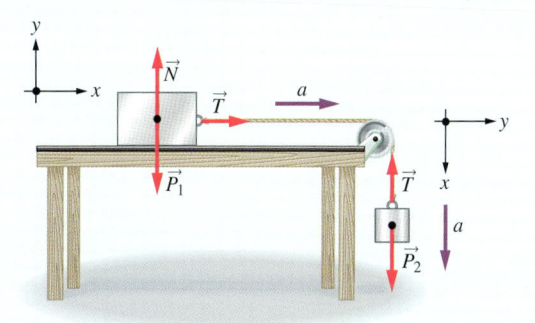

Scrivi la seconda legge di Newton per il blocco 1; osserva che l'unica forza che agisce su m_1 in direzione x è la tensione T:

$$T = m_1 a$$

Scrivi la seconda legge di Newton per il blocco 2; in questo caso in direzione x agiscono due forze, il peso P_2 (nel verso positivo) e la tensione T (nel verso negativo):

$$P_2 - T = m_2 a$$

Sostituisci $T = m_1 a$ nell'espressione precedente:

$$P_2 - m_1 a = m_2 a$$

Poiché $P_2 = m_2 g$, puoi scrivere:

$$m_2 g = m_1 a + m_2 a$$

e ricavare l'accelerazione a dei blocchi:

$$a = \frac{m_2}{m_1 + m_2} g = \frac{2{,}50 \text{ kg}}{(3{,}20 + 2{,}50) \text{ kg}} (9{,}81 \text{ m/s}^2) =$$
$$= 4{,}30 \text{ m/s}^2$$

La tensione nella corda è:

$$T = m_1 a = (3{,}20 \text{ kg})(4{,}30 \text{ m/s}^2) = 13{,}8 \text{ N}$$

13 Blocchi e carrucola 1

Due blocchi sono collegati per mezzo di una corda, come in figura. Il blocco che si trova sulla superficie liscia e inclinata di 35° rispetto all'orizzontale ha massa di 5,7 kg. La massa del blocco appeso è $m = 3{,}2$ kg. Determina il modulo e il verso dell'accelerazione del blocco appeso.

[0,076 m/s²; l'accelerazione è verso l'alto]

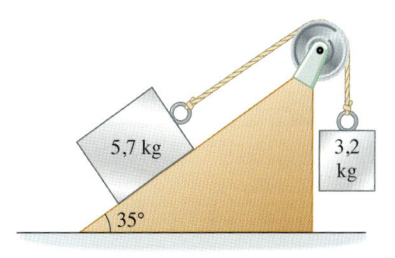

14 Blocchi e carrucola 2

Tre blocchi sono collegati per mezzo di una corda, come mostrato in figura.
Determina la tensione nella corda che collega m_1 ed m_2 e quella nella corda che collega m_2 ed m_3. Assumi che il tavolo sia privo di attrito e che le masse possano muoversi liberamente. [$T_1 = 4{,}9$ N; $T_2 = 15$ N]

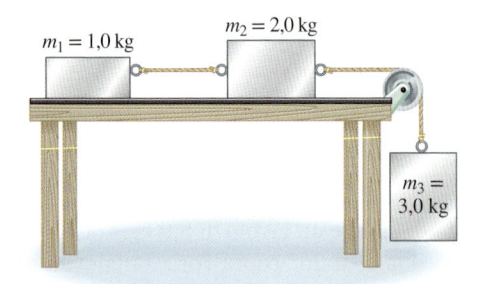

$m_1 = 1{,}0$ kg $m_2 = 2{,}0$ kg $m_3 = 3{,}0$ kg

15 Blocchi collegati

Una forza di 7,7 N tira orizzontalmente un blocco di massa $m_1 = 1{,}6$ kg che scivola su una superficie liscia orizzontale. Questo blocco è legato mediante una corda orizzontale a un secondo blocco di massa $m_2 = 0{,}83$ kg appoggiato sulla stessa superficie.
a. Qual è l'accelerazione dei blocchi?
b. Qual è la tensione nella corda?
c. Se la massa del primo blocco aumenta, la tensione nella corda aumenta, diminuisce o rimane la stessa? [a. $3{,}2$ m/s^2; b. $2{,}6$ N]

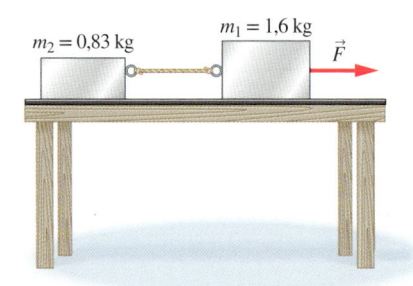

$m_2 = 0{,}83$ kg $m_1 = 1{,}6$ kg $\vec{F}$

16 Blocco e molla

Quando un blocco è posato sull'estremità superiore di una molla verticale, la molla si comprime di 3,15 cm. Calcola la massa del blocco, sapendo che la costante elastica della molla è 1750 N/m. [5,62 kg]

17 🇬🇧 IN ENGLISH

A 20.0 gram hanging mass (m_2) is attached to a 250.0 gram air track glider (m_1) like in figure. Determine the acceleration of the system and the tension in the string. [0.727 m/s^2; 0.182 N]

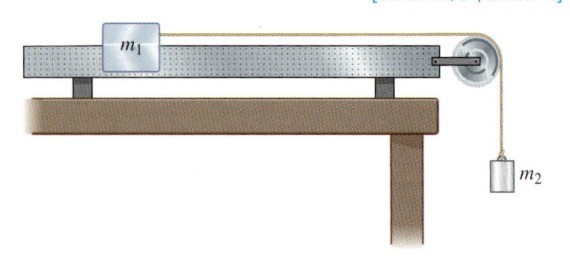

18 PROBLEMA SVOLTO

Due secchi A e B contenenti sabbia sono disposti agli estremi di una fune che passa attraverso una carrucola di massa trascurabile. Il secchio A è pieno e pesa 120 N, il secchio B è parzialmente riempito e pesa 63 N.
a. Inizialmente il secchio B viene trattenuto esercitando una forza F che impedisce al sistema di muoversi. Qual è la tensione T nella corda?

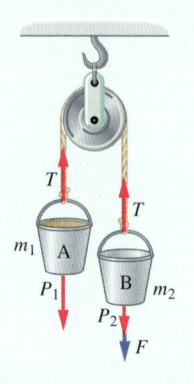

b. Successivamente si lascia andare il secchio B in modo che il sistema si muova liberamente. Quanto vale ora la tensione T'?

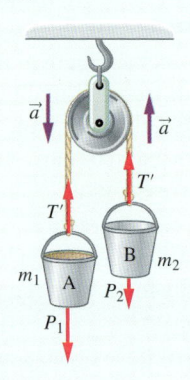

SOLUZIONE

a. Se disegni lo schema del corpo libero puoi osservare che nella prima situazione la tensione T deve essere uguale al peso P_1 del secchio A (o equivalentemente alla somma del peso P_2 del secchio B e della forza F con cui si trattiene il secchio), per cui $T = 120$ N.

b. Nel secondo caso, invece, dallo schema del corpo libero puoi dedurre che il sistema si muove facendo scendere il secchio A e salire il secchio B con accelerazione:

$$a = \frac{P_1 - P_2}{m_1 + m_2} = \frac{P_1 - P_2}{m_1 g + m_2 g}g = \frac{P_1 - P_2}{P_1 + P_2}g$$

Applica la seconda legge di Newton a uno dei secchi, ad esempio al secchio A:

$$m_1 a = P_1 - T'$$

da cui:

$$T' = P_1 - m_1 a = P_1 - \frac{P_1}{g}a = P_1\left(1 - \frac{a}{g}\right) =$$

$$= P_1\left(1 - \frac{P_1 - P_2}{P_1 + P_2}\right) = P_1\left(\frac{2P_2}{P_1 + P_2}\right) =$$

$$= (120 \text{ N})\frac{2(63 \text{ N})}{(120 + 63) \text{ N}} = 83 \text{ N}$$

19 Sistema di carrucole 1

Il sistema di carrucole mostrato nella figura viene usato per sollevare una cassa di 52 kg. Osserva che una catena collega la carrucola superiore al soffitto e una seconda catena collega la carrucola inferiore alla cassa. Assumendo che le masse delle catene, delle carrucole e delle corde siano trascurabili, determina:

a. la forza $\vec{F}$ richiesta per sollevare la cassa con velocità costante;
b. la tensione nella catena superiore;
c. la tensione nella catena inferiore.

[a. 0,26 kN, verso il basso; b. 0,51 kN; c. 0,51 kN]

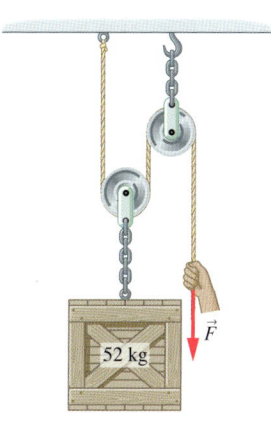

20 Sistema di carrucole 2

Con riferimento al problema precedente, nel caso in cui la cassa venga sollevata con un'accelerazione di 2,3 m/s², determina:

a. la forza $\vec{F}$ necessaria;
b. la tensione nella catena superiore;
c. la tensione nella catena inferiore.

[a. 0,31 kN verso il basso; b. 0,63 kN; c. 0,63 kN]

21 Blocchi su piani inclinati

Due blocchi sono collegati per mezzo di una corda, come in figura. Il blocco che si trova sulla superficie inclinata di 30° ha una massa di 3,2 kg, quello che si trova sulla superficie inclinata di 45° ha una massa di 2,6 kg. Determina il modulo e il verso dell'accelerazione dei due blocchi.   [0,40 m/s², dalla parte del blocco 2, verso il basso]

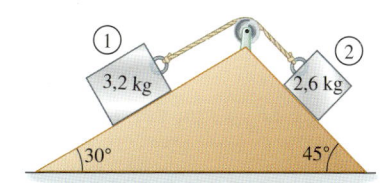

22 Blocco su un piano inclinato con attrito

Un blocco di massa 3,1 kg è in quiete su una superficie inclinata di 45° rispetto all'orizzontale. Il coefficiente di attrito statico tra il blocco e la superficie è 0,50 e una forza di modulo F spinge il blocco verso l'alto, parallelamente alla superficie del piano.

a. Il blocco rimarrà in quiete solamente se F è compresa tra un valore minimo F_{min} e un valore massimo F_{max}. Spiega perché.
b. Calcola F_{min} e F_{max}.   [b. 11 N; 32 N]

23 Al supermercato

Una signora spinge il carrello della spesa con una forza inclinata di 56° sotto l'orizzontale, accelerandolo a 0,26 m/s². Il carrello con la spesa ha una massa complessiva di 28 kg.

a. Rappresenta la situazione fisica e disegna lo schema del corpo libero.
b. Qual è la forza risultante applicata al carrello?
c. Qual è la forza che applica la signora?
d. Qual è la velocità del carrello dopo 3,2 s, se inizialmente era fermo?   [b. 7,3 N; c. 13 N; d. 0,83 m/s]

24 Sposta il tavolo!

Luca spinge un tavolo di 8,0 kg, con una forza di 45 N inclinata di 26° sopra l'orizzontale, su un pavimento con coefficiente di attrito di 0,037.

a. Rappresenta la situazione fisica e disegna lo schema del corpo libero.
b. Qual è la forza risultante applicata al tavolo?
c. Qual è l'accelerazione del tavolo?
d. Di quanto si sposta il tavolo in 1,5 s, se inizialmente era fermo?   [b. 38 N; c. 4,7 m/s²; d. 5,3 m]

25 Senza attrito e con attrito

Carlo trascina una cassa di 45 kg su un pavimento orizzontale mediante una corda inclinata di 42°. La forza con cui Carlo trascina la cassa è di 142 N.

a. Qual è la forza orizzontale che sposta la cassa in assenza di attrito con il pavimento?
b. Qual è la forza risultante applicata alla cassa se il coefficiente di attrito dinamico tra cassa e pavimento è di 0,086?
c. Qual è il valore massimo del coefficiente di attrito statico tra cassa e pavimento per cui Carlo riesce a spostare la cassa?   [a. 106 N; b. 76 N; c. 0,30]

26 La direzione della forza

Un corpo di massa 3,5 kg si muove su un piano privo di attrito ed è collegato tramite una carrucola a un altro corpo di massa 1,2 kg lasciato libero di cadere. Sapendo che il corpo è trascinato con accelerazione di 1,3 m/s² da una forza di 28,5 N che forma un angolo θ con il piano, determina il valore dell'angolo θ.   [51°]

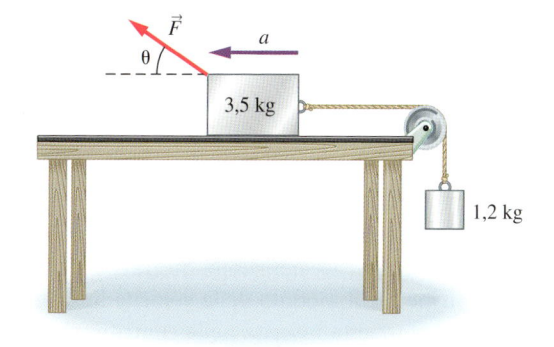

3 La forza centripeta

27 Per effettuare una ricognizione, un elicottero di 2250 kg percorre un'orbita circolare di raggio 350 m alla velocità di 235 km/h. Quale forza centripeta agisce su di esso?
- A $2{,}7 \cdot 10^4$ N
- B $3{,}5 \cdot 10^4$ N
- C $3{,}6 \cdot 10^5$ N
- D $2{,}7 \cdot 10^5$ N

28 Una corda è lunga 10 m e può reggere senza spezzarsi una tensione di 20 N. Quale valore massimo può avere una massa attaccata a una sua estremità che ruota su un piano orizzontale alla velocità di 10 m/s?
- A 2 kg
- B 10 kg
- C 20 kg
- D 100 kg

29 Quando un'automobile affronta una curva su un piano orizzontale è soggetta a una forza centripeta dovuta:
- A alla forza normale.
- B alla forza gravitazionale.
- C alla forza di attrito statico.
- D alla forza di attrito dinamico.

30 Con la strada asciutta, il coefficiente di attrito statico assume un valore μ_s e in bicicletta Pietro può affrontare una certa curva a una velocità di 10 m/s senza sbandare. Dopo un acquazzone l'asfalto si è bagnato e il coefficiente di attrito è dimezzato. In queste nuove condizioni quale sarà la massima velocità consentita a Pietro?
- A 5 m/s
- B 10 m/s
- C $5\sqrt{2}$ m/s
- D $10\sqrt{2}$ m/s

31 Un oggetto di peso P, attaccato all'estremità di una cordicella di massa trascurabile, è fatto ruotare su un piano verticale a velocità costante. Se la tensione misurata nella cordicella quando l'oggetto è nel punto più basso della sua traiettoria è $2P$, allora la tensione misurata nel punto più alto sarà:
- A 0
- B P
- C $2P$
- D $3P$

32 Da che parte va?
Un disco legato a una fune si muove di moto circolare su un piano a cuscino d'aria, praticamente privo di attrito. Se la fune si spezza nel punto indicato in figura, quale fra le traiettorie A, B, C o D disegnate descrive il moto successivo del disco?

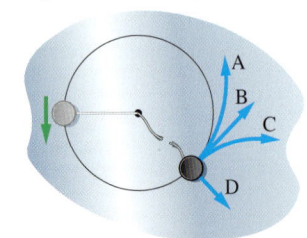

33 La provetta nella centrifuga
Una centrifuga ha un'accelerazione centripeta pari a 52 000 volte l'accelerazione di gravità. Stima la forza centripeta e il modulo della velocità lineare del fondo di una provetta inserita nella centrifuga, sapendo che la distanza del fondo della provetta dall'asse di rotazione è 7,5 cm e che la provetta ha una massa di 250 g.
[$1{,}3 \cdot 10^5$ N; $2 \cdot 10^2$ m/s]

34 Dondolando sulla liana
Un orango, la cui massa è 63 kg, dondola su una liana lunga 6,9 m.
- **a.** Qual è la tensione nella liana se l'orango si muove con una velocità di 2,4 m/s quando la liana è in posizione verticale?
- **b.** Qual è la tensione nella liana se la velocità dell'orango raddoppia?
- **c.** Come cambia la tensione nella liana se invece raddoppia la massa?

[a. $6{,}7 \cdot 10^2$ N; b. $8{,}3 \cdot 10^2$ N]

35 IN ENGLISH
A 250 kg motorcycle is driven around a 12 meter tall vertical circular track at a constant speed of 11 m/s. Determine the normal and friction forces at the three points labeled in the diagram below. The mass of the motorcycle includes the mass of the rider. Assume that aerodynamic drag and rolling resistance are negligible.

[point 1: $7{,}5 \cdot 10^3$ N, 0 N; point 2: $5{,}0 \cdot 10^3$ N, $2{,}4 \cdot 10^3$ N; point 3: $2{,}6 \cdot 10^3$ N, 0 N]

36 PROBLEMA SVOLTO

Un'auto sta percorrendo una strada di campagna, con una velocità costante di modulo 15,0 m/s, quando incontra una cunetta. Se la cunetta può essere rappresentata con un arco di circonferenza di raggio 50,0 m, qual è la forza normale esercitata dal sedile dell'auto su un passeggero di 75,0 kg, quando l'auto si trova al fondo della cunetta?

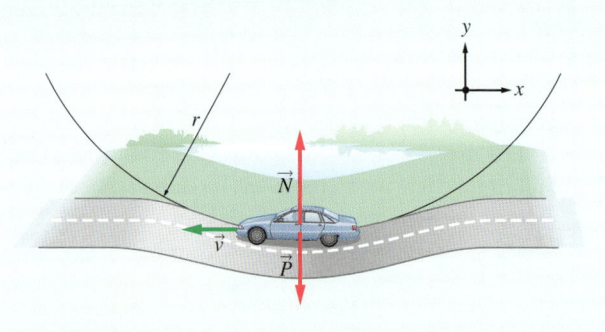

SOLUZIONE

Scrivi l'equazione $\Sigma F_y = ma_y$ per il passeggero:

$$N - mg = ma_y$$

Sostituisci ad a_y l'espressione dell'accelerazione centripeta:

$$a_y = \frac{v^2}{r}$$

e risolvi l'equazione rispetto a N:

$$N = mg + m\frac{v^2}{r}$$

Sostituisci i valori numerici:

$$N = (75{,}0 \text{ kg})(9{,}81 \text{ m/s}^2) + (75{,}0 \text{ kg})\frac{(15{,}0 \text{ m/s})^2}{50{,}0 \text{ m}} \approx$$
$$\approx 1070 \text{ kg m/s}^2 = 1{,}07 \cdot 10^3 \text{ N}$$

37 Dosso stradale

Un automobilista, mentre sta viaggiando a una velocità costante di 12 m/s, incontra un dosso di sezione circolare, come mostrato in figura.

a. Se il raggio di curvatura del dosso è 35 m, qual è la forza normale esercitata dal sedile sull'automobilista, la cui massa è 67 kg, nell'istante in cui si trova sulla cima del dosso?

b. Che velocità deve avere l'automobile perché le persone sedute al suo interno siano sottoposte a una forza normale nulla? **[a. 3,8 · 10² N; b. 19 m/s]**

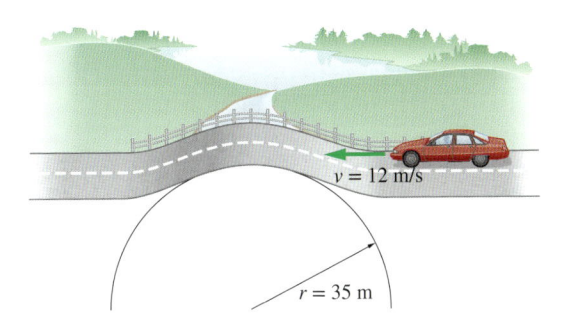

38 Strada dissestata

Un'auto sta viaggiando alla velocità di 95 km/h su un tratto rettilineo di strada, quando incontra un avvallamento che può essere rappresentato con un arco di circonferenza.
Quale deve essere il raggio della circonferenza, perché la forza normale agente sul guidatore, di massa 68 kg, sia pari al doppio del suo peso? **[71 m]**

4 La dinamica del moto armonico

39 Il periodo di oscillazione di una massa m attaccata a una molla di costante elastica k:

A aumenta all'aumentare dell'ampiezza dell'oscillazione.

B diminuisce all'aumentare dell'ampiezza dell'oscillazione.

C aumenta all'aumentare di k e diminuisce all'aumentare di m.

D diminuisce all'aumentare di k e aumenta all'aumentare di m.

40 Qual è la pulsazione di un oscillatore armonico, formato da una massa attaccata a una molla, nel quale la massa oscillante è di 2 kg e la costante elastica della molla è pari a 8 N/m?

A 1 rad/s C 4 rad/s
B 2 rad/s D 8 rad/s

41 Due oscillatori armonici A e B uguali sono posizionati in modo tale che le loro elongazioni iniziali siano rispettivamente 1 m e 2 m. La relazione tra i periodi dei due oscillatori è:

A $T_A = \frac{1}{2} T_B$ C $T_A = 2T_B$
B $T_A = T_B$ D $T_A = 4T_B$

42 La frequenza di un pendolo semplice è espressa dalla relazione:

A $f = \frac{1}{2\pi}\sqrt{\frac{g}{L}}$ B $f = \frac{g}{L}$ C $f = \sqrt{\frac{g}{L}}$ D $f = \frac{1}{2\pi}\sqrt{\frac{L}{g}}$

43 Massa oscillante

Una massa si muove avanti e indietro di moto armonico semplice con ampiezza A e periodo T. Esprimi in funzione di A la distanza percorsa dalla massa:

a. nel tempo T; b. nel tempo $5T/2$. **[a. 4A; b. 10A]**

44 MATH⁺ Massa attaccata a una molla

La posizione di una massa oscillante attaccata a una molla è data dall'equazione $x = (3,2 \text{ cm}) \cos[2\pi t/(0,58 \text{ s})]$.

a. Qual è il periodo del moto?

b. In quale istante la massa si trova per la prima volta nella posizione $x = 0$?

c. Rappresenta graficamente x in funzione di t per almeno un periodo di oscillazione, riportando sugli assi dei valori di riferimento. **[a. 0,58 s; b. 0,15 s]**

45 PREVEDI/SPIEGA

Il periodo di oscillazione di una massa m collegata a una data molla è T.

a. Se si attacca la stessa massa a due molle identiche alla prima, collegate in serie (cioè una dopo l'altra), il periodo risultante è maggiore, minore o uguale a T?

b. Qual è la *spiegazione* migliore per la risposta?

1 Collegando le due molle si ottiene una molla più rigida e ciò significa che un'oscillazione si compie in un tempo minore.

2 Il periodo di oscillazione non dipende dalla lunghezza della molla, ma solo dalla sua costante elastica e dalla massa collegata a essa.

3 La molla più lunga si allunga più facilmente, quindi ci vuole più tempo per compiere un'oscillazione.

46 Qual è la costante elastica?

Una massa di 0,46 kg collegata a una molla ha un moto armonico semplice con un periodo di 0,77 s. Qual è la costante elastica della molla? **[31 N/m]**

47 PREVEDI/SPIEGA

Una vecchia automobile con gli ammortizzatori scarichi oscilla con una data frequenza quando passa sopra a un dosso artificiale. Consideriamo gli ammortizzatori come se fossero semplici molle.

a. Se il guidatore fa salire una coppia di passeggeri sull'automobile e passa di nuovo sopra il dosso, la frequenza dell'oscillazione dell'automobile è maggiore, minore o uguale rispetto a prima?

b. Qual è la *spiegazione* migliore per la risposta?

1 Se si aumenta la massa sulla molla aumenta il periodo dell'oscillazione, quindi diminuisce la frequenza.

2 La frequenza dipende dalla costante elastica della molla, ma è indipendente dalla massa.

3 Se si aumenta la massa la molla oscilla più rapidamente e quindi la frequenza aumenta.

48 Velocità e accelerazione nel moto armonico

In figura è riportato il grafico della posizione in funzione del tempo di un oggetto che si muove di moto armonico semplice.

Disponi i sei punti indicati in figura in ordine crescente:
a. rispetto al modulo della velocità;
b. rispetto al vettore velocità;
c. rispetto al vettore accelerazione.

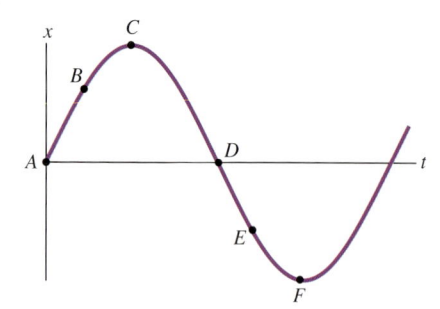

49 MATH+ PROBLEMA SVOLTO

Un atomo in una molecola oscilla attorno alla sua posizione di equilibrio con una frequenza di $2{,}00 \cdot 10^{14}$ Hz e uno spostamento massimo di 3,50 nm.
Esprimi la posizione x dell'atomo in funzione del tempo, assumendo $x = A$ al tempo $t = 0$.

SOLUZIONE

Chiama $f = 2{,}00 \cdot 10^{14}$ Hz la frequenza dell'oscillazione e $A = 3{,}50 \cdot 10^{-9}$ m la sua ampiezza. Poiché è $x = A$ a $t = 0$, la posizione è descritta dalla funzione coseno:

$$x = A \cos\left(2\pi \frac{t}{T}\right) = A \cos(2\pi f t) =$$
$$= (3{,}50 \cdot 10^{-9} \text{ m}) \cos[(4{,}00\pi \cdot 10^{14} \text{ Hz})t]$$

50 MATH+ Legge oraria

Una massa attaccata a una molla oscilla con un periodo di 0,73 s e un'ampiezza di 5,4 cm. Esprimi la posizione x in funzione del tempo, assumendo che la massa parta da $x = A$ al tempo $t = 0$.

[x = (5,4 cm) cos [(8,6 rad/s)t]]

51 🇬🇧 IN ENGLISH

A cart of mass m, connected to a hoop spring of spring constant k on the air track, undergoes simple harmonic motion with a period of 5 seconds. The experiment is repeated with a different cart of mass M and it is found that the period is 10 seconds. What is the relationship between m and M? [$M = 4m$]

52 Posizione della massa

Una massa attaccata a una molla oscilla con un periodo di 3,35 s.
a. Se la massa parte da ferma da $x = 0{,}0440$ m nell'istante $t = 0$, dove si trova nell'istante $t = 6{,}37$ s?
b. Nell'istante $t = 6{,}37$ s la massa si muove nella direzione positiva o negativa di x?

[a. 0,0358 m; b. positiva]

53 MATH+ Grafico posizione-tempo

Una massa attaccata a una molla oscilla con un periodo T e un'ampiezza di 0,48 cm. La massa è nella posizione di equilibrio $x = 0$ a $t = 0$ e si muove in direzione positiva. Scrivi la funzione che descrive la posizione della massa al variare del tempo. Quindi indica in quali posizioni si trova la massa al tempo:
a. $t = T/8$ b. $t = T/4$ c. $t = T/2$ d. $t = 3T/4$
Rappresenta graficamente i risultati mettendo in ordinata le posizioni e in ascissa i tempi.

[a. 0,34 cm; b. 0,48 cm; c. 0; d. −0,48 cm]

54 PROBLEMA SVOLTO

Quando una massa di 0,420 kg viene collegata a una molla, oscilla con un periodo di 0,350 s. Se una seconda massa m_2 viene collegata alla stessa molla, oscilla con un periodo di 0,700 s. Determina:
a. la costante elastica della molla;
b. la massa m_2.

SOLUZIONE

a. Indica la massa e il periodo iniziali rispettivamente con m_1 e T_1:

$$m_1 = 0{,}420 \text{ kg} \qquad T_1 = 0{,}350 \text{ s}$$

Scrivi l'espressione che lega la costante elastica k a T_1:

$$T_1 = 2\pi \sqrt{\frac{m_1}{k}}$$

Ricava dall'espressione precedente la costante elastica k:

$$k = \frac{4\pi^2 m_1}{T_1^2} = \frac{4\pi^2 (0{,}420 \text{ kg})}{(0{,}350 \text{ s})^2} = 135 \text{ N/m}$$

b. Scrivi l'espressione che lega la massa m_2 al periodo T_2:

$$T_2 = 2\pi \sqrt{\frac{m_2}{k}}$$

Ricava m_2:

$$m_2 = \frac{k T_2^2}{4\pi^2} = \frac{(135 \text{ N/m})(0{,}700 \text{ s})^2}{4\pi^2} = 1{,}68 \text{ kg}$$

55 Grandezze del moto armonico 1

Una molla di costante elastica 69 N/m è collegata a una massa di 0,57 kg. Assumendo che l'ampiezza del moto sia 3,1 cm, determina le seguenti grandezze del sistema:
a. la pulsazione ω;
b. la velocità massima v_{max};
c. il periodo T.

[a. 11 rad/s; b. 0,34 m/s; c. 0,57 s]

56 PREVEDI/SPIEGA

I due blocchi della figura a pagina seguente hanno la stessa massa m. Tutte le molle hanno la stessa costante elastica k e sono nella loro posizione di equilibrio.
a. Quando i blocchi vengono messi in oscillazione, il periodo del blocco 1 è maggiore, minore o uguale a quello del blocco 2?

b. Quale fra le seguenti è la *spiegazione* migliore per la risposta?

☐ 1 Le molle in parallelo sono più rigide di quelle in serie, pertanto il periodo del blocco 1 è minore di quello del blocco 2.

☐ 2 I due blocchi risentono della stessa forza di richiamo per un dato spostamento dalla posizione di equilibrio e quindi hanno lo stesso periodo di oscillazione.

☐ 3 Le forze delle due molle sul blocco 2 si compensano parzialmente e ciò comporta un periodo di oscillazione più lungo.

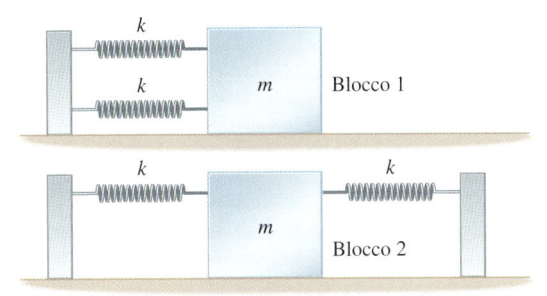

57 Molle in parallelo e in serie
Determina i periodi del blocco 1 e del blocco 2 della figura dell'esercizio 56, sapendo che $k = 49{,}2$ N/m ed $m = 1{,}25$ kg. $\qquad [T_1 = T_2 = 0{,}708 \text{ s}]$

58 Molla verticale
Quando una massa di 0,50 kg viene appesa a una molla verticale, la molla si allunga di 15 cm. Quale massa devi appendere perché la molla abbia un periodo di oscillazione di 0,75 s? $\qquad [0{,}47 \text{ kg}]$

59 Ammortizzatori
Le molle degli ammortizzatori di una motocicletta di massa 511 kg hanno una costante elastica complessiva di 9130 N/m.
a. Se una persona sale sulla motocicletta, il periodo di oscillazione delle molle aumenta, diminuisce o rimane lo stesso?
b. Di quanto varia, in percentuale, il periodo di oscillazione se la massa della persona è 112 kg?
$\qquad [\text{b. } 10{,}4\%]$

60 Grandezze del moto armonico 2
Una massa di 0,85 kg, appesa a una molla verticale di costante elastica 150 N/m, oscilla con una velocità massima di modulo 0,35 m/s. Determina le seguenti grandezze relative al moto della massa:
a. il periodo;
b. l'ampiezza;
c. il modulo della sua accelerazione massima.
$\qquad [\text{a. } 0{,}47 \text{ s}; \text{ b. } 2{,}6 \text{ cm}; \text{ c. } 4{,}6 \text{ m/s}^2]$

61 L'allungamento della molla
Quando una massa di 0,213 kg viene appesa a una molla verticale, la molla si allunga di una lunghezza d. Se la massa viene poi spostata leggermente dalla posizione di equilibrio, si rileva che compie 102 oscillazioni in 56,7 s. Determina l'allungamento d. $\qquad [7{,}68 \text{ cm}]$

62 MATH⁺ Velocità del moto armonico
Un oggetto si muove di moto armonico semplice di periodo T e ampiezza A. Scrivi la funzione che descrive la velocità al passare del tempo e, durante un ciclo completo, determina in quali intervalli di tempo il modulo della velocità dell'oggetto è maggiore di $v_{max}/2$.
$$\left[\frac{1}{12}T < t < \frac{5}{12}T \vee \frac{7}{12}T < t < \frac{11}{12}T\right]$$

63 Ampiezza e periodo del moto armonico
Un oggetto che si muove di moto armonico semplice ha una velocità massima v_{max} e un'accelerazione massima a_{max}. Determina:
a. l'ampiezza del moto;
b. il periodo del moto.

Esprimi le risposte in termini di v_{max} e a_{max}.
$$\left[\text{a. } A = \frac{v_{max}^2}{a_{max}}; \text{ b. } T = \frac{2\pi v_{max}}{a_{max}}\right]$$

64 PREVEDI/SPIEGA
Un orologio a pendolo funziona correttamente a livello del mare.
a. Se porti l'orologio sulla cima di una montagna, ti aspetti che continui a funzionare correttamente, che oscilli più lentamente o che oscilli più velocemente?
b. Quale fra le seguenti è la *spiegazione* migliore per la risposta?

☐ 1 La gravità è inferiore sulla cima della montagna e quindi il periodo di oscillazione è maggiore.

☐ 2 La lunghezza del pendolo non è cambiata, quindi il suo periodo rimane lo stesso.

☐ 3 L'attrazione di gravità supplementare, dovuta alla montagna, fa sì che il periodo di oscillazione diminuisca.

65 Alla partita di baseball
A una partita di baseball un tifoso attento nota che i commentatori radiofonici hanno calato un microfono dalla loro cabina fino a pochi centimetri al di sopra del campo, come mostrato nella figura, per raccogliere suoni dal campo e dai tifosi. Il tifoso inoltre nota che il microfono sta lentamente ondeggiando avanti e indietro, come un pendolo semplice; usando il suo orologio digitale, egli misura che in 60,0 s il pendolo compie 10 oscillazioni complete. Calcola a quale altezza dal campo si trova la cabina radio. (Assumi che il microfono e la sua corda possano essere trattati come un pendolo semplice). $\qquad [8{,}95 \text{ m}]$

66 🇬🇧 **IN ENGLISH**

A pendulum is made by hanging a 100 kg mass at the end of a rope that is 40.0 m long.

a. What is the period of this pendulum?
b. How many complete cycles will this pendulum execute in one minute?

[**a.** 12.6 s; **b.** 4 complete cycles]

67 Pendolo sulla Terra

Determina la lunghezza di un pendolo semplice che ha un periodo di 1,00 s. Assumi che l'accelerazione di gravità sia 9,81 m/s². [24,8 cm]

68 Pendolo sulla Luna

Se il pendolo del problema precedente fosse trasportato sulla Luna, dove l'accelerazione di gravità è g/6, il suo periodo aumenterebbe, diminuirebbe o rimarrebbe lo stesso? Verifica la risposta calcolando il periodo del pendolo sulla Luna.

[aumenterebbe di un fattore $\sqrt{6}$; 2,45 s]

69 PROBLEMA SVOLTO

La legge oraria di un pendolo semplice è:
$\theta = (0{,}279 \text{ rad}) \cos[(2{,}86 \text{ rad/s})t]$.
Sapendo che la massa appesa al filo è di 200 g, determina l'intensità della tensione del filo:

a. nel punto di massimo spostamento angolare;
b. nel punto di equilibrio (che corrisponde a uno spostamento angolare nullo).

SOLUZIONE

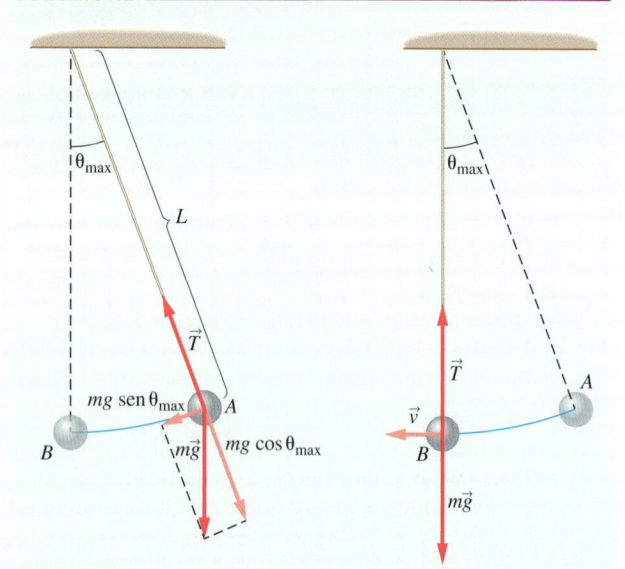

a. Nel punto di massimo spostamento angolare la massa oscillante è ferma e la forza di richiamo verso il punto di equilibrio è massima. Dalla legge oraria angolare ricavi il valore dello spostamento angolare massimo:

$\theta_{max} = 0{,}279$ rad

La tensione del filo è uguale e opposta alla componente del peso della massa oscillante nella direzione del filo:

$T = mg \cos(\theta_{max}) =$
$= 0{,}200 \text{ kg} \cdot 9{,}81 \text{ m/s}^2 \cdot \cos(0{,}279 \text{ rad}) = 1{,}96 \text{ N}$

b. Nel punto di equilibrio la velocità della massa oscillante è massima e la forza di richiamo è nulla. Poiché la velocità è massima, è massima anche l'accelerazione centripeta. Applicando la seconda legge della dinamica trovi che:

$T - mg = ma_c$

dove a_c è l'accelerazione centripeta della massa oscillante, da cui $T = mg + ma_c$.
L'accelerazione centripeta è $a_c = \dfrac{v_{max}^2}{L}$, dove v_{max} è la massima velocità tangenziale della massa oscillante ed L è la lunghezza del filo. Otteniamo, quindi, che:

$T = mg + m\dfrac{v_{max}^2}{L}$

Per calcolare il valore di T devi determinare la lunghezza L del filo e la velocità massima v_{max}. Dalla legge oraria angolare ricavi che la frequenza angolare ω è 2,86 rad/s. Ricorda la relazione tra la frequenza angolare e la lunghezza L del filo: $\omega = \sqrt{\dfrac{g}{L}}$.

Elevando al quadrato e risolvendo rispetto a L, ottieni che:

$L = \dfrac{g}{\omega^2} = \dfrac{9{,}81 \text{ m/s}^2}{(2{,}86 \text{ rad/s})^2} = 1{,}20 \text{ m}$

Devi ora determinare v_{max}.
Poiché lo spostamento lineare massimo l_{max} (lungo l'arco di circonferenza) è legato allo spostamento angolare massimo θ_{max} dalla relazione $l_{max} = L\theta_{max}$ e poiché la velocità tangenziale massima v_{max} è legata allo spostamento lineare massimo l_{max} dalla relazione $v_{max} = l_{max}\omega$, risulta:

$v_{max} = L\theta_{max}\omega$

Pertanto, inserendo questa relazione in quella che esprime il modulo della tensione T e utilizzando i dati del problema, ottieni:

$T = mg + m\dfrac{(L\theta_{max}\omega)^2}{L} = mg + \dfrac{mL^2\theta_{max}^2\omega^2}{L} =$
$= mg + mL\theta_{max}^2\omega^2 = 0{,}200 \text{ kg} \cdot 9{,}81 \text{ m/s}^2 +$
$+ 0{,}200 \text{ kg} \cdot 1{,}20 \text{ m} \cdot (0{,}279 \text{ rad})^2 \cdot (2{,}86 \text{ rad/s})^2 =$
$= 2{,}11 \text{ N}$

70 L'equazione oraria del pendolo

Un pendolo semplice è costituito da una massa m appesa all'estremità di un'asta di massa trascurabile lunga 1,20 m. Sapendo che nel punto di massimo spostamento angolare la massa si trova 0,065 m sopra la posizione di equilibrio, scrivi l'equazione oraria angolare del pendolo. [$\theta = (0{,}33 \text{ rad}) \cos[(2{,}86 \text{ rad/s})t]$]

71 Lo spostamento e la velocità del pendolo

Il periodo di oscillazione di un pendolo semplice è 2,4 s. Sapendo che l'accelerazione angolare massima della massa oscillante è 2,16 rad/s², calcola lo spostamento angolare massimo e la velocità tangenziale massima.

[0,32 rad; 1,2 m/s]

5 La quantità di moto

72 All'istante $t_1 = 0$ un corpo inizialmente fermo è accelerato da una forza di 20 N. La quantità di moto del corpo all'istante $t_1 = 8{,}0$ s è:
- A 40 kg m/s
- B 80 kg m/s
- C 120 kg m/s
- D 160 kg m/s

73 Una palla di massa 1 kg ha un'accelerazione di 1 m/s². Quale impulso ha ricevuto dopo 4 s?
- A 1 kg m/s
- B 2 kg m/s
- C 3 kg m/s
- D 4 kg m/s

74 La forza media necessaria per fermare in 0,050 s un grosso martello che ha una quantità di moto uguale a 50 kg m/s è:
- A 10 N
- B 100 N
- C 1000 N
- D 10 000 N

75 Un oggetto di massa 20 kg si muove alla velocità costante di 10 m/s. A un certo istante una forza costante agisce per 4,0 s e, di conseguenza, l'oggetto acquista una velocità di 2,0 m/s nel verso opposto a quello della vlocità iniziale. L'impulso trasferito all'oggetto è:
- A 120 kg m/s
- B −120 kg m/s
- C 240 kg m/s
- D −240 kg m/s

76 Il grafico forza-tempo in figura si riferisce al moto di un oggetto in una dimensione. Qual è l'impulso acquisito dall'oggetto nei primi 8 s del moto?
- A −2π N s
- B 0 N s
- C 4π N s
- D 8π N s

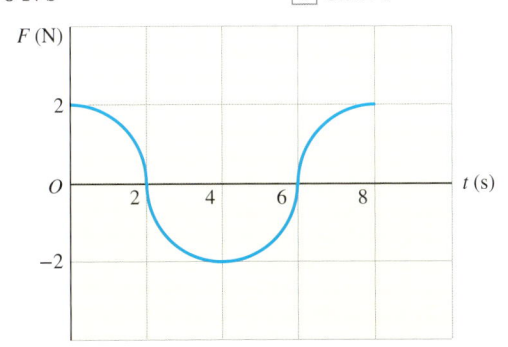

77 Una forza è applicata a un oggetto di massa 2,0 kg inizialmente a riposo su un piano senza attrito. L'andamento della forza in funzione del tempo è mostrato nel grafico in figura. Qual è la velocità dell'oggetto dopo 1,0 s?
- A 7,5 m/s
- B 12 m/s
- C 15 m/s
- D 25 m/s

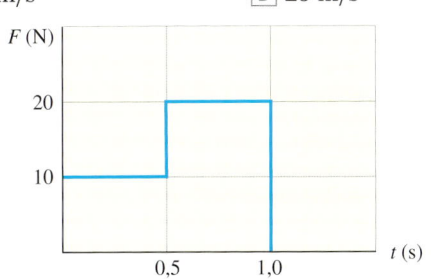

78 Nuoto al mare
Due bagnanti stanno nuotando; il primo si dirige verso il largo, a nord, nuotando alla velocità di 0,50 m/s, il secondo, di massa 68 kg, nuota verso est alla velocità di 0,62 m/s. La quantità di moto totale dei due nuotatori ha modulo 55 kg m/s. Qual è la massa del primo nuotatore? [71 kg]

79 PREVEDI/SPIEGA
Una forza di 200 N agisce su un masso di 100 kg e una forza uguale agisce su un ciottolo di 100 g.

a. La variazione della quantità di moto del masso in un secondo è maggiore, minore o uguale a quella della quantità di moto del ciottolo nello stesso intervallo di tempo?

b. Quale fra le seguenti è la *spiegazione* migliore per la risposta?
  1. La grande massa del masso fornisce una maggiore quantità di moto.
  2. La forza causa nel ciottolo una velocità maggiore e quindi una maggiore quantità di moto.
  3. Una forza uguale significa una variazione uguale di quantità di moto in un tempo dato.

80 PREVEDI/SPIEGA
Con riferimento al problema precedente:

a. la variazione di velocità del masso in un secondo è maggiore, minore o uguale alla variazione di velocità del ciottolo nello stesso intervallo di tempo?

b. Quale fra le seguenti è la *spiegazione* migliore per la risposta?
  1. La grande massa del masso implica una piccola accelerazione.
  2. Una forza uguale implica la stessa variazione di velocità nello stesso intervallo di tempo.
  3. Quando il masso inizia a muoversi è molto più difficile da fermare rispetto al ciottolo.

81 PREVEDI/SPIEGA
Un amico ti lancia una palla di massa m con velocità v. Quando afferri la palla, senti un colpo sulla mano, dovuto alla forza richiesta per fermarla.

a. Se afferri una seconda palla di massa $2m$ e velocità $v/2$, il colpo che senti sulla mano è maggiore, minore o uguale a quello della prima palla? Assumi che il tempo necessario a fermare le due palle sia lo stesso.

b. Quale fra le seguenti è la *spiegazione* migliore per la risposta?
  1. La seconda palla ha una minore energia cinetica, poiché l'energia cinetica dipende da v^2, e di conseguenza il colpo prodotto da essa è di minore intensità.
  2. Le due palle hanno la stessa quantità di moto, quindi producono lo stesso colpo.
  3. La seconda palla ha una massa maggiore, quindi produce un colpo di maggiore intensità.

82 PROBLEMA SVOLTO

Una palla da baseball di 0,144 kg, lanciata con una velocità di modulo 43,0 m/s, viene colpita debolmente dal battitore. La mazza esercita una forza media di $6{,}50 \cdot 10^3$ N sulla palla per 1,30 ms. La forza media è diretta verso il lanciatore, secondo una direzione che assumiamo come direzione positiva dell'asse x. Qual è il modulo della velocità finale della palla?

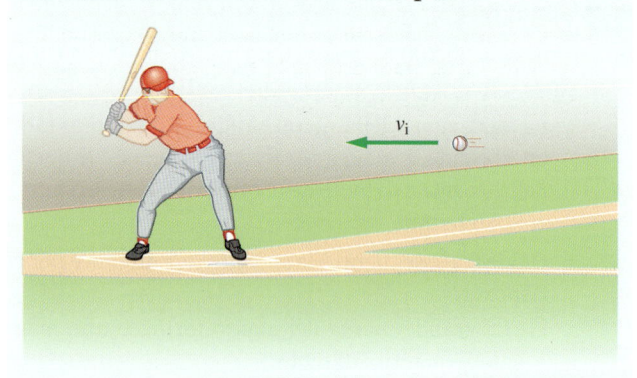

SOLUZIONE

Scrivi la relazione fra la variazione della quantità di moto e l'impulso (teorema dell'impulso):

$$\Delta p = F_m \Delta t \quad \rightarrow \quad p_f - p_i = F_m \Delta t$$

Risolvi rispetto alla quantità di moto finale:

$$p_f = F_m \Delta t + p_i = I + p_i$$

Calcola la quantità di moto iniziale:

$$p_i = -mv_i = (0{,}144 \text{ kg})(-43{,}0 \text{ m/s}) = -6{,}19 \text{ kg m/s}$$

Calcola l'impulso:

$$I = F_m \Delta t = (6{,}50 \cdot 10^3 \text{ N})(1{,}3 \cdot 10^{-3} \text{ s}) = 8{,}45 \text{ kg m/s}$$

Utilizza questi risultati per determinare la quantità di moto finale:

$$p_f = (8{,}45 \text{ kg m/s}) + (-6{,}19 \text{ kg m/s}) = 2{,}26 \text{ kg m/s}$$

Dividi p_f per la massa per determinare il modulo della velocità finale:

$$v_f = \frac{p_f}{m} = \frac{2{,}26 \text{ kg m/s}}{0{,}144 \text{ kg}} = 15{,}7 \text{ m/s}$$

83 L'impulso del pallone

Calcola il modulo dell'impulso esercitato su un pallone da calcio quando un giocatore lo calcia con una forza di 1250 N. Assumi che il piede del giocatore resti a contatto con la palla per 5,95 ms. [7,44 kg m/s]

84 Mazze da golf

In un tipico tiro del golf, la mazza è in contatto con la palla per circa 0,0010 s. Se la pallina di massa 45 g acquista una velocità di 67 m/s, stima il modulo della forza esercitata dalla mazza sulla palla. [3,0 kN]

85 La schiacciata

Un giocatore di pallavolo effettua una schiacciata, cambiando così la velocità della palla da 4,2 m/s a −24 m/s in una certa direzione. Se l'impulso impresso alla palla dal giocatore è pari a −9,3 kg m/s, qual è la massa della palla? [0,33 kg]

86 Palla da croquet

Una palla da croquet di 0,50 kg è inizialmente ferma sull'erba. Quando la palla viene colpita dalla mazza, la forza media esercitata su di essa è di 230 N. Se la velocità della palla dopo essere stata colpita è di 3,2 m/s, per quanto tempo la mazza è rimasta in contatto con la palla? [7,0 ms]

87 Passa la palla!

Per effettuare un passaggio un giocatore di basket lancia un pallone di 0,60 kg sul pavimento; il pallone colpisce il suolo con una velocità di modulo 5,4 m/s che forma un angolo di 65° rispetto alla verticale. Se la palla rimbalza con la stessa velocità e con lo stesso angolo, qual è l'impulso che le imprime il pavimento? [2,7 N s]

88 IN ENGLISH

A 0.50 kg cart is pulled with a 1.0 N force for 1.0 second; another 0.40 kg cart is pulled with a 2.0 N force for 0.80 seconds.

a. Which cart has the greatest impulse? Explain.
b. What is the change in momentum for the two carts?
c. Which cart has the greatest acceleration?

[a. I_1 = 1.0 N s; I_2 = 1.6 N s; b. Δp_1 = 1.0 N s; Δp_2 = 1.6 N s; c. a 0.40 kg cart]

ESERCIZI DI RIEPILOGO

RAGIONA E RISPONDI

1 È possibile che la forza risultante che agisce su un oggetto sia perpendicolare alla direzione del moto? Giustifica la risposta.

2 Un oggetto che si sta muovendo può essere in equilibrio? Giustifica la risposta.

3 Senza fare alcun calcolo, puoi stabilire se il modulo della tensione $\vec{T}$ nella corda in figura è maggiore, uguale o minore rispetto al peso della palla? Giustifica la risposta.

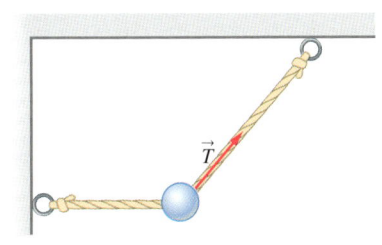

4 Qual è la funzione degli airbag montati ormai di serie in tutte le automobili come dispositivi di sicurezza?

5 Una scatola viene spinta su un piano inclinato, diretta verso la sommità; successivamente si ferma e poi comincia a scendere.
Rispondi alle seguenti domande utilizzando lo schema del corpo libero delle forze, senza effettuare calcoli.
  a. Se non c'è attrito, com'è l'accelerazione della scatola quando essa sale lungo il piano inclinato rispetto a quando scende?
  b. Se c'è attrito dinamico, com'è l'accelerazione della scatola quando essa sale lungo il piano inclinato rispetto a quando scende?

6 Considera i due blocchi collegati tra loro mediante una corda come mostrato in figura. Senza effettuare calcoli, ma usando solo lo schema del corpo libero delle forze, puoi stabilire se la tensione nella corda è maggiore, minore o uguale al peso del blocco 2, sapendo che l'attrito tra il tavolo e il blocco 1 è trascurabile?

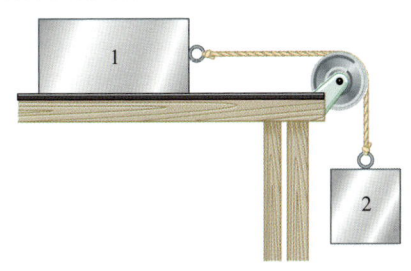

7 È possibile far ruotare un secchio d'acqua lungo una circonferenza verticale senza far cadere nemmeno una goccia d'acqua, anche quando il secchio è capovolto. Come puoi spiegarlo?

8 Osserva la situazione mostrata in figura. Senza effettuare calcoli, ma usando solo lo schema del corpo libero delle forze, puoi dire se la forza con cui il ragazzo spinge la scatola 1 è maggiore, minore o uguale alla forza che la scatola 1 esercita sulla scatola 2?

9 Poiché tutti gli oggetti in orbita sono senza peso, come può un astronauta stabilire se un oggetto ha una massa maggiore di quella di un altro oggetto? Giustifica la risposta.

10 Quando fai una curva in bicicletta o in motocicletta ti inclini all'interno, verso il centro della circonferenza. Perché?

11 Daniela deve affrontare una curva per la quale la velocità consigliata è di 45 km/h; però la sua auto è vecchia e gli pneumatici sono consumati, così lei decide di affrontarla a una velocità minore di quella consigliata.
  a. Se la curva non ha pendenza trasversale, la decisione di Daniela è saggia?
  b. Se la curva ha una pendenza trasversale calcolata per una velocità di 45 km/h, la decisione di Daniela è saggia?

12 Se versi dell'acqua su una ruota di bicicletta che gira rapidamente, l'acqua viene spruzzata via dalla ruota. Perché?

13 In un sensazionale numero di acrobazia, un motociclista guida la sua moto sulla superficie interna di un grande anello verticale. Com'è possibile, considerando che nel punto più alto della traiettoria circolare il motociclista è "a testa in giù"?

14 In una popolare attrazione del luna park le persone si dispongono in piedi, con la schiena contro la parete interna di un cilindro; quando il cilindro inizia a ruotare, le persone si sentono come se fossero spinte contro la parete. Spiega che cosa succede.

15 Con riferimento al quesito precedente, quando il cilindro ha raggiunto la sua velocità di regime, il pavimento viene abbassato, lasciando le persone "incollate" alla parete. Dai una spiegazione di quanto succede.
Perché le persone rimangono tutte schiacciate alla stessa velocità di rotazione indipendentemente dal loro peso?

16 Un passeggero all'interno di un'automobile che affronta una curva "stretta" si sente spinto verso l'esterno della curva. Come lo spieghi? La persona è realmente spinta lontano dal centro della curva?

17 Un moto armonico è spesso rappresentato dalla sua equazione caratteristica $a = -Cx$ dove a è l'accelerazione e x lo spostamento del corpo dalla posizione di equilibrio. Qual è il significato fisico della costante C?

18 Una massa legata a una molla e un pendolo semplice oscillano in modo sincrono sulla Terra. Questa sincronia si manterrebbe se i due sistemi fossero trasferiti sul suolo di Marte?

19 In quale punto del moto di un pendolo si ha:
a. il massimo valore della tensione?
b. il minimo valore della tensione?
c. il massimo valore dell'accelerazione radiale?
d. il minimo valore dell'accelerazione angolare?
e. il massimo valore della velocità?

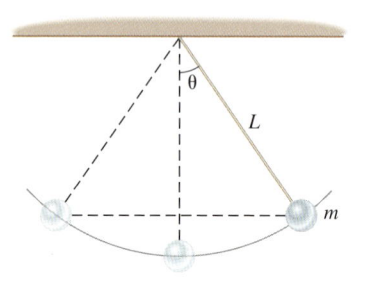

20 Un ipotetico pendolo disposto sotto una campana a vuoto "ideale" oscillerebbe indefinitamente?

RISPONDI AI QUESITI

21 Due blocchi, con masse $m_1 = 17$ kg ed $m_2 = 15$ kg, sono collegati da un filo inestensibile che passa su una carrucola come mostrato nella figura; la massa del filo e della puleggia sono trascurabili come pure trascurabili sono gli attriti. I blocchi, inizialmente tenuti fermi, vengono lasciati andare. T_1 e T_2 sono le tensioni del filo in corrispondenza di m_1 e di m_2.
Quale delle seguenti affermazioni è corretta?

A m_1 accelera verso il basso
B m_2 accelera verso il basso
C I blocchi rimangono fermi
D $T_1 > T_2$
E $T_1 < T_2$

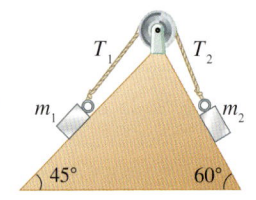

[Olimpiadi della Fisica 2019, Gara di I livello]

22 Due blocchi di massa $m_1 = 3$ kg e $m_2 = 7$ kg sono collegati con una fune inestensibile attraverso una puleggia, come mostrato in figura. Quando vengono lasciati liberi, il secondo blocco accelera verso il basso sollevando il primo blocco. Detti rispettivamente F_1 ed F_2 i moduli delle forze risultanti che agiscono sui due blocchi, quanto vale il rapporto F_1/F_2?

A $\dfrac{3}{10}$ C $\dfrac{3}{7}$ E 1

B $\dfrac{4}{10}$ D $\dfrac{3}{4}$

[Olimpiadi della Fisica 2013, Gara di I livello]

23 Un cilindro cavo verticale di raggio R ruota con velocità angolare ω attorno al suo asse centrale.
Qual è il valore minimo del coefficiente di attrito statico μ necessario affinché una massa m appoggiata alla superficie interna del cilindro non cada mentre questo ruota?

A $\mu = 0$

B $\mu = \dfrac{gR}{\omega^2}$

C $\mu = \dfrac{\omega^2 R}{g}$

D $\mu = \dfrac{\omega^2}{gR}$

E $\mu = \dfrac{g}{\omega^2 R}$

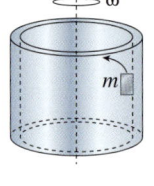

[Olimpiadi della Fisica 2019, Gara di I livello]

24 Un carrello di massa m parte da fermo dal punto 1 a un'altezza $4R$, dove R è il raggio della parte circolare della guida disposta in un piano verticale rappresentato in figura. Si considerino trascurabili tutti gli attriti. Qual è il valore della forza che la guida esercita sul carrello nel punto 2?

A mg
B $2mg$
C $3mg$
D $4mg$
E $5mg$

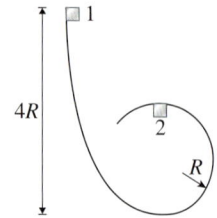

[Olimpiadi della Fisica 2019, Gara di I livello]

RISOLVI I PROBLEMI

25 BIO La massa del batterio

Gli scienziati utilizzano un *cantilever*, una microscopica leva sottile, lunga 4 μm e larga 500 nm, come strumento particolarmente sensibile per effettuare misure di massa. La leva oscilla su e giù con una frequenza che dipende dalla massa posta sul suo estremo e che può essere misurata mediante un raggio laser. Misurando in questo modo un singolo batterio di *E. coli*, si è trovato che la sua massa è di 665 femtogrammi ($6{,}65 \cdot 10^{-16}$ kg) e che il cantilever oscilla con una frequenza di 14,5 MHz. Trattando il cantilever come una molla ideale priva di massa, determina la sua costante elastica. [5,52 N/m]

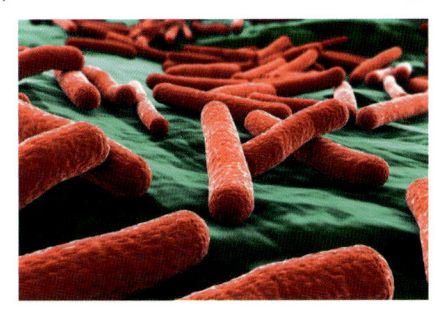

26 Rimorchiatore e chiatta

Un rimorchiatore traina una chiatta a velocità costante con un cavo di 3500 kg, come mostrato in figura. L'angolo che il cavo forma con l'orizzontale nel punto in cui unisce la chiatta e il rimorchiatore è di 22°. Determina la forza esercitata sulla chiatta nella direzione del moto. [T_x = 42 kN]

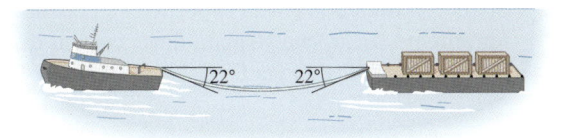

27 Strade nell'aria

L'aereo su cui viaggi sta sorvolando l'aeroporto muovendosi su un piano orizzontale lungo una traiettoria circolare di raggio 2300 m, a una velocità di 390 km/h. Se la spinta sulle ali dell'aereo è perpendicolare alla superficie delle ali, di quale angolo deve essere inclinato l'aereo per non "scivolare" lateralmente? [28°]

28 L'esperimento di Leonardo

Leonardo da Vinci è stato probabilmente il primo scienziato a compiere esperimenti quantitativi sull'attrito, anche se i suoi risultati furono noti solamente alcuni secoli più tardi, a causa del codice segreto che usava nei suoi appunti (i testi dovevano essere riflessi da uno specchio per essere letti).
In uno dei suoi esperimenti Leonardo pose un blocco di legno su un piano inclinato e misurò l'angolo al quale il blocco cominciava a scivolare verso il basso; nei suoi appunti annotò che il coefficiente di attrito statico fra il blocco e la superficie era 0,25. A quale angolo il blocco di Leonardo cominciò a scivolare? [14°]

29 Centrifuga da laboratorio

Una centrifuga di un laboratorio ha una velocità angolare di 6050 giri/min e un'accelerazione centripeta massima uguale a 6840 g (ossia 6840 volte l'accelerazione di gravità).
a. Qual è il diametro della centrifuga?
b. Quale forza deve esercitare il fondo della provetta che contiene il campione su 15,0 g di campione in queste condizioni? [a. 0,334 m; b. 1,01 kN]

30 Palla rotante

Mario fa ruotare una palla di massa 52,0 g legata a una corda di lunghezza 1,00 m, facendole percorrere una circonferenza su un piano approssimativamente orizzontale, come illustrato in figura. Se la massima tensione che la corda può sopportare prima di spezzarsi è 40,0 N, determina l'angolo che la corda forma con la verticale e la massima velocità angolare della palla. Spiega perché l'angolo tra la corda e la verticale non può essere pari a 90°. [89,3°; 27,7 rad/s]

31 Blocco e molla orizzontale

Un blocco di massa 3,85 kg è a riposo su una superficie orizzontale. Una molla di costante elastica 85,0 N/m deve essere allungata di 6,20 cm per tirarlo a velocità costante. Assumendo che la molla venga tirata orizzontalmente, determina il coefficiente di attrito dinamico fra il blocco e la superficie. [0,140]

32 Blocchi collegati

Una forza di 9,4 N spinge orizzontalmente un blocco di massa m_1 = 1,1 kg che striscia su una superficie orizzontale ruvida. Questo blocco è collegato mediante una fune orizzontale a un secondo blocco di massa m_2 = 1,92 kg sulla stessa superficie. Il coefficiente di attrito dinamico è μ_d = 0,24 per entrambi i blocchi.
a. Qual è l'accelerazione dei due blocchi?
b. Qual è la tensione nella fune? [a. 0,76 m/s²; b. 6,0 N]

33 Blocco e molla inclinata

Un blocco di massa 4,7 kg, fermo su una superficie orizzontale, viene agganciato a una molla di costante elastica k = 89 N/m, che lo tira in una direzione che forma un angolo di 13° rispetto all'orizzontale. Se la molla deve essere allungata di 2,2 cm per tirare il blocco con una velocità di modulo costante, qual è il coefficiente di attrito dinamico fra il blocco e la superficie? [0,042]

34 Tira la molla!

Una molla di costante elastica $k = 13$ N/m è fissata a un muro e a un bulldozer giocattolo di 1,2 kg, come mostrato in figura. Quando il motore elettrico viene acceso, il bulldozer parte e allunga la molla di 0,45 m prima che i suoi cingoli inizino a slittare sul pavimento.
a. Quale coefficiente di attrito (statico o dinamico) può essere determinato in base alle informazioni fornite? Giustifica la risposta.
b. Qual è il valore numerico di questo coefficiente di attrito? [b. 0,50]

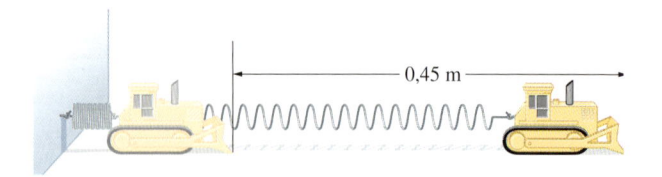

35 Prova a non far cadere la scatola

Sei al supermercato con un amico e decidi di fare un gioco. Il tuo amico tiene una scatola di cereali appoggiata al carrello, come mostrato in figura; quando la lascia tu devi spingere il carrello con forza, cercando di non far cadere la scatola. Se il coefficiente di attrito statico tra il carrello e la scatola è 0,38, quale accelerazione deve avere il carrello per impedire alla scatola di cadere? [26 m/s²]

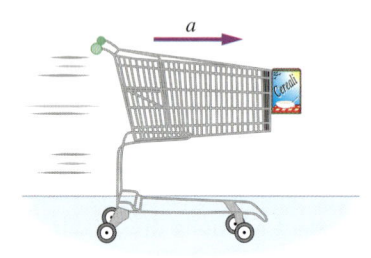

36 Attenti alla velocità!

Un'automobile che viaggia inizialmente a velocità v_0 riesce a fermarsi frenando e bloccando le ruote dopo aver percorso una distanza d_1. Sapendo che il coefficiente di attrito dinamico tra le ruote e l'asfalto è μ_d, quale distanza percorrerà l'automobile, sempre bloccando le ruote, se la sua velocità iniziale è $3v_0$?
[$d_2 = 9d_1$]

37 Salvataggio in mare

In un coraggioso salvataggio in mare con l'elicottero, due uomini, la cui massa complessiva è 172 kg, sono sollevati da un argano.
a. Se l'elicottero solleva i naufraghi con accelerazione costante, la tensione della corda di salvataggio è maggiore, minore o uguale al peso complessivo dei naufraghi?
b. Determina la tensione nel cavo se l'accelerazione con cui vengono sollevati i naufraghi è 1,10 m/s². [b. 1,39 kN]

38 Il pendolo conico

Un aeroplanino giocattolo di massa 0,075 kg viene legato al soffitto con una cordicella. Quando viene acceso il motore, l'aeroplano si muove su un piano orizzontale con una velocità costante di modulo 1,21 m/s descrivendo una traiettoria circolare di raggio 0,44 m, come illustrato in figura. Determina:
a. l'angolo θ che la corda forma con la verticale;
b. la tensione nella corda. [a. 19°; b. 0,78 N]

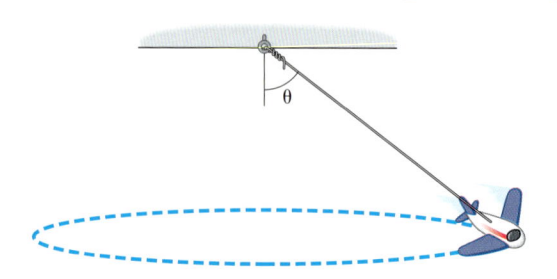

39 In giostra

Un bambino è seduto a 2,3 m dal centro di una giostra che ruota. Se il modulo della velocità del bambino è 2,2 m/s, qual è il minimo coefficiente di attrito statico fra il bambino e la giostra che permette al bambino di non scivolare? [0,21]

40 Che velocità deve avere il disco?

Un disco da hockey di massa m è attaccato a una corda, che passa attraverso un buco al centro di un tavolo, come mostrato in figura, e si muove descrivendo una circonferenza di raggio r. Una massa M, legata all'altro capo della corda, viene lasciata libera appesa sotto il tavolo. Assumendo che la superficie del tavolo sia perfettamente liscia, che velocità deve avere il disco perché la massa M rimanga ferma?
$$\left[v = \sqrt{\frac{Mgr}{m}}\right]$$

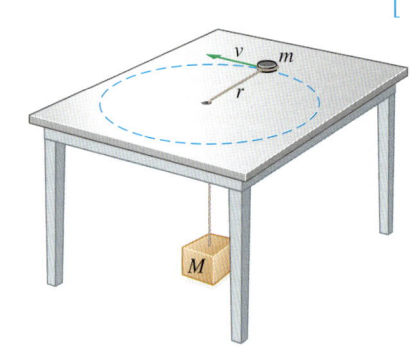

41 Posizione del moto armonico

Un oggetto che si muove di moto armonico semplice con un periodo T si trova nella posizione $x = 0$ al tempo $t = 0$. Al tempo $t = 0,25\,T$ la posizione dell'oggetto è positiva. Stabilisci se la posizione x dell'oggetto è positiva, negativa o uguale a zero nei seguenti istanti:
a. $t = 1,5\,T$
b. $t = 2\,T$
c. $t = 2,25\,T$
d. $t = 6,75\,T$

[a. zero; b. zero; c. positiva; d. negativa]

42 MATH⁺ Tempo nel moto armonico

Un oggetto si muove di moto armonico semplice con periodo T e ampiezza A. Quanto tempo impiega per spostarsi da $x = A$ a $x = A/2$? Esprimi il risultato in funzione di T.

[$t = T/6$]

43 MATH⁺ Forza sul blocco che oscilla

Un blocco di massa 3,8 kg è attaccato a una molla che oscilla come mostrato nel grafico spostamento-tempo della figura.

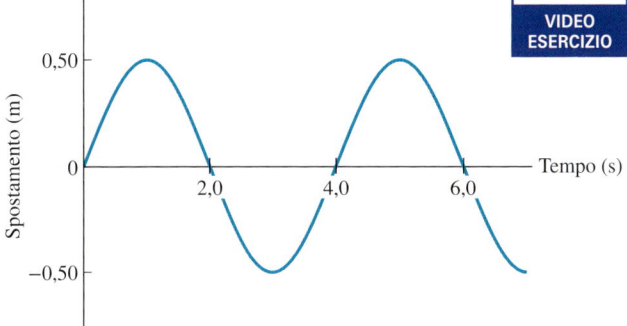

a. Facendo riferimento ai dati numerici del problema in esame, scrivi la funzione matematica che esprime lo spostamento del blocco al variare del tempo; quindi scrivi la funzione matematica che esprime la forza a cui è soggetto il blocco al variare del tempo.

b. Riferendoti al grafico, in quali istanti fra $t = 0$ e $t = 6,0$ s il blocco è sottoposto alla forza di intensità massima?

c. Calcola l'intensità della forza massima.

d. In quali istanti il blocco è sottoposto a una forza nulla?

e. Quale forza è esercitata sul blocco nell'istante $t = 0,50$ s?

[b. $t = 1,0$ s; $t = 3,0$ s; $t = 5,0$ s; c. 4,7 N; d. $t = 0$; $t = 2,0$ s; $t = 4,0$ s; $t = 6,0$ s; e. −3,3 N]

44 Il corvo e l'aquila

Un corvo di 0,45 kg atterra su un ramo sottile e oscilla su e giù con un periodo di 1,5 s. Un'aquila vola sullo stesso ramo, spaventa il corvo e, dopo averlo fatto allontanare, si posa sul ramo e oscilla su e giù con un periodo di 4,8 s. Trattando il ramo come una molla ideale, determina:

a. la costante elastica del ramo;
b. la massa dell'aquila.   [a. 7,9 N/m; b. 4,6 kg]

45 Il pendolo su Xylon

Supponi che un pendolo abbia lunghezza L e periodo T sulla Terra e che Superman lo porti sul pianeta Xylon dove l'accelerazione in caduta libera è 10 volte quella sulla Terra.

a. Quale dovrà essere la lunghezza del pendolo perché esso abbia lo stesso periodo che aveva sulla Terra?

b. Se non si cambiasse la lunghezza del pendolo, quale sarebbe sul pianeta Xylon il suo periodo?

$\left[\text{a. } 10L;\ \text{b. } \dfrac{T}{\sqrt{10}}\right]$

46 La centrifuga

Determina l'accelerazione centripeta del fondo di una provetta posta in una centrifuga, sapendo che la distanza tra il fondo della provetta e l'asse di rotazione è 4,2 cm e che la sua velocità periferica ha modulo 77 m/s.   [$1,4 \cdot 10^5$ m/s²]

47 Il secchio e la fune

Dopo aver legato una fune al manico, fai ruotare un secchio d'acqua di 3,25 kg su un piano verticale, in modo che descriva una traiettoria circolare di raggio 0,950 m. Nel punto più alto della traiettoria il modulo della velocità del secchio è 3,23 m/s, mentre nel punto più basso è 6,91 m/s. Determina la tensione nella fune nel punto più alto e nel punto più basso della traiettoria.

[3,81 N; 195 N]

48 Sposta la cassa

Per spostare una cassa di massa m su un pavimento ruvido, spingi su di essa con una forza che forma un angolo θ con l'orizzontale, come mostrato in figura.

a. Indicato con μ_s il coefficiente di attrito statico fra la cassa e il pavimento, esprimi, in funzione dell'angolo θ, la forza necessaria per far muovere la cassa.

b. Dimostra che è impossibile muovere la cassa, indipendentemente dall'intensità della forza, se il coefficiente di attrito statico è maggiore o uguale a $1/\text{tg}\,\theta$.

$\left[\text{a. } F = \dfrac{\mu_s mg}{\cos\theta(1 - \mu_s\,\text{tg}\,\theta)};\right.$

b. se μ_s tende a $1/\text{tg}\,\theta$, il valore di F è infinito$\Big]$

49 MATH⁺ Prova di forza

Alberto spinge una scatola su un pavimento sul quale agisce una forza di attrito costante. Il ragazzo spinge inizialmente con una forza orizzontale di 75 N e imprime alla scatola un'accelerazione di 0,50 m/s². Quando invece, più baldanzoso, per far colpo su un'amica spinge con una forza orizzontale di 81 N, l'accelerazione della scatola è 0,75 m/s².

a. Calcola la massa della scatola.
b. Calcola il coefficiente di attrito.
c. Scrivi la funzione che esprime l'accelerazione della scatola in funzione della forza applicata, facendo riferimento ai dati del problema in esame e usando unità del SI; quindi rappresenta graficamente tale funzione.
d. Determina il valore della forza in corrispondenza della quale la scatola si muove a velocità costante.

[a. 24 kg; b. 0,24; c. $a = F/24 - 2,35$; d. 56,5 N]

50 MATH+ Il giro della morte

In uno spettacolo del circo una persona guida una motocicletta, con velocità di modulo v costante, sulla superficie interna di un grande tubo avente raggio di 6,00 m, descrivendo una traiettoria circolare di raggio r, come mostrato in figura. Se la massa del pilota e della moto è 250 kg, facendo riferimento ai dati del problema in esame, scrivi le funzioni che rappresentano la forza normale nei punti A, B e C al variare della velocità v della moto e rappresentale in grafico.

$$\left[A: N = 250\left(\frac{v^2}{6{,}00} + 9{,}81\right); B: N = \frac{250v^2}{6{,}00}; C: N = 250\left(\frac{v^2}{6{,}00} - 9{,}81\right)\right]$$

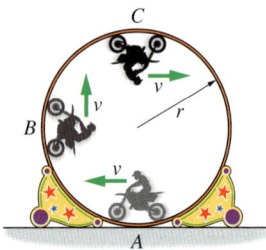

51 Le forze sul pendolo

La legge oraria angolare di un pendolo semplice è:
$\theta = (0{,}35 \text{ rad})\cos[(3{,}1 \text{ rad/s})t]$
La massa appesa al filo è di 120 g.
Calcola:
a. il modulo della tensione del filo di sospensione nei punti di inversione del moto;
b. il modulo della forza di richiamo nei punti di inversione del moto. [a. 1,1 N; b. 0,40 N]

52 L'oscillazione del pendolo

Considera un pendolo semplice di lunghezza L. Sapendo che l'angolo di oscillazione all'istante $t = 0{,}32$ s è di 0,25 radianti e che lo spostamento angolare massimo è 0,35 radianti, calcola il periodo di oscillazione e la lunghezza del filo del pendolo. [2,6 s; 1,7 m]

53 Come oscilla se si stacca una massa?

Una massa m è appesa all'estremità di una molla verticale di costante elastica k. Una seconda massa m è appesa, mediante un filo, alla parte inferiore della prima massa, come mostrato in figura. Entrambe le masse si muovono di moto armonico semplice verticale di ampiezza A. Nell'istante in cui l'accelerazione delle masse è massima verso l'alto, il filo che unisce le masse si rompe, lasciando cadere la massa più bassa verso terra. Determina la nuova ampiezza del moto della massa che rimane appesa alla molla.
[$A' = A + mg/k$]

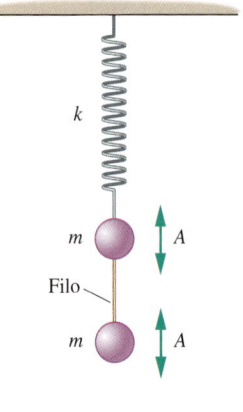

54 MATH+ La velocità del pendolo in funzione del tempo

La legge oraria angolare di un pendolo semplice è:
$\theta = (0{,}35 \text{ rad})\cos[(3{,}1 \text{ rad/s})t]$
La massa appesa al filo è di 150 g.
a. Scrivi la relazione velocità tangenziale-tempo del pendolo;
b. Calcola il modulo della tensione del filo di sospensione nel punto di equilibrio.
[a. $v = -(1{,}1 \text{ m/s})$ sen $[(3{,}1 \text{ rad/s})t]$; b. 1,7 N]

55 Come varia il periodo?

Considera il pendolo mostrato in figura. Nota che la cordicella del pendolo è fermata da un piolo quando il peso dondola verso sinistra, ma si muove liberamente verso destra.
a. Il periodo di questo pendolo è maggiore, minore o uguale al periodo dello stesso pendolo senza il piolo? Scrivi l'espressione del periodo di questo pendolo in funzione di L e l.
b. Calcola il periodo per $L = 1{,}0$ m e $l = 0{,}25$ m.

$$\left[a.\ T = \frac{\pi}{\sqrt{g}}(\sqrt{L} + \sqrt{l}); b.\ 1{,}5 \text{ s}\right]$$

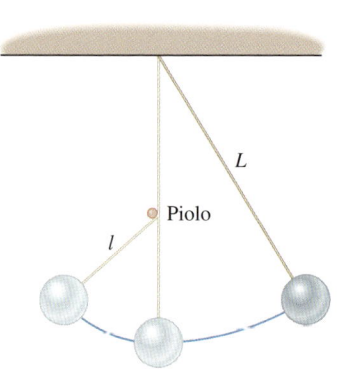

56 La quantità di moto di due auto

La quantità di moto totale $\vec{p}_{tot}$ di due auto che si avvicinano a un incrocio ha componenti $p_{tot,x} = 15\,000$ kg m/s e $p_{tot,y} = 2100$ kg m/s.
a. Se la quantità di moto $\vec{p}_1$ dell'auto 1 ha componenti $p_{1,x} = 11\,000$ kg m/s e $p_{1,y} = -370$ kg m/s, quali sono le componenti della quantità di moto $\vec{p}_2$ dell'auto 2?
b. La risposta alla domanda precedente dipende da quale auto è più vicina all'incrocio? Giustifica la risposta. [a. $p_{2,x} = 4000$ kg m/s; $p_{2,y} = 2470$ kg m/s]

57 MATH+ La quantità di moto della mela

Una mela che pesa 2,7 N cade verticalmente verso il basso da ferma per 1,4 s.
a. Scelto un sistema di riferimento con y orientato verso il basso, esprimi la legge oraria della quantità di moto $p(t)$ e rappresentala graficamente sul piano t-p.
b. Qual è il significato fisico del coefficiente angolare della retta $p(t)$ e quanto vale?
c. Qual è variazione totale della sua quantità di moto durante tutta la caduta? [b. 2,7 N; c. 3,8 kg m/s]

VERSO L'ESAME

PROBLEMA 1 — Ridurre gli effetti degli incidenti automobilistici

▶ Forze e moto ▶ Sicurezza e prevenzione ▶ Sistemi scheletrico e muscolare

Gli esperti di sicurezza affermano che un incidente automobilistico è in realtà una successione di tre collisioni separate, che possono essere descritte nel modo seguente:

a. l'automobile si scontra con un ostacolo e viene fermata bruscamente;
b. le persone all'interno continuano a muoversi in avanti finché non si scontrano con le parti interne dell'auto o non vengono fermate dalle cinture di sicurezza o dagli airbag;
c. gli organi interni dei corpi degli occupanti continuano a muoversi in avanti finché non si scontrano con le "pareti" del corpo e si fermano.

Per la terza collisione non si può fare molto, ma possono essere invece ridotti gli effetti delle prime due aumentando la distanza necessaria per fermare l'automobile e i suoi occupanti.
Ad esempio, la gravità della prima collisione può essere ridotta introducendo delle "zone di assorbimento" all'interno dell'automobile e ponendo delle sbarre comprimibili a difesa delle parti sensibili. L'effetto della seconda collisione viene mitigato principalmente utilizzando cinture di sicurezza ed airbag, che riducono la forza che agisce sugli occupanti fino a portarla a livelli di sicurezza, aumentando la distanza in cui le persone vengono fermate.
Nella figura a lato è riportato l'andamento della forza di arresto esercitata su un guidatore di 65,0 kg che rallenta da una velocità iniziale di 18,0 m/s (curva più bassa) o 36,0 m/s (curva più alta), fermandosi in una distanza che varia da 5,00 cm a 1,00 m.

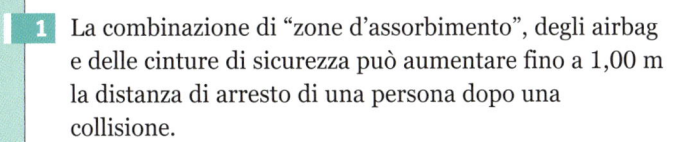

1. La combinazione di "zone d'assorbimento", degli airbag e delle cinture di sicurezza può aumentare fino a 1,00 m la distanza di arresto di una persona dopo una collisione.
Qual è il modulo della forza esercitata su un guidatore di 65,0 kg che rallenta da 18,0 m/s a 0,00 m/s in uno spazio di 1,00 m?

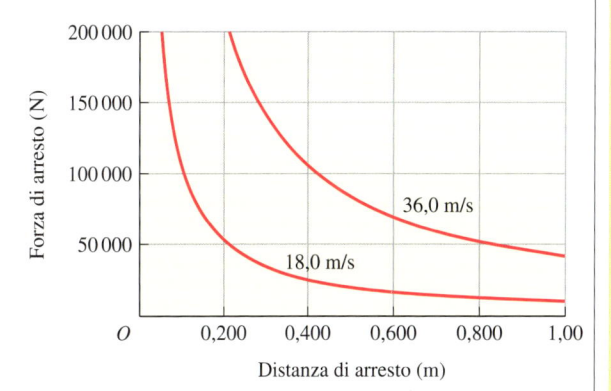

2. Un guidatore che non indossa la cintura di sicurezza continua a muoversi in avanti con una velocità di 18,0 m/s (dovuta all'inerzia) fino a che non incontra qualcosa di solido, ad esempio il volante. Il guidatore in queste condizioni si ferma in una distanza molto piccola, dell'ordine di pochi centimetri. Qual è il modulo della forza risultante che agisce su un guidatore di 65 kg che rallenta da 18,0 m/s a 0,00 m/s in 5,00 cm?

3. Supponi che la velocità iniziale del guidatore sia doppia, cioè 36,0 m/s. Se il guidatore ha ancora una massa di 65,0 kg e continua a fermarsi dopo 1,00 m, qual è il modulo della forza esercitata sul guidatore durante la collisione?

4. Se sia la velocità sia la distanza di arresto vengono raddoppiate, di quale fattore cambia la forza esercitata sul guidatore?

[**1.** $1,05 \cdot 10^4$ N; **2.** $2,11 \cdot 10^5$ N; **3.** $4,21 \cdot 10^4$ N; **4.** 2]

| CAPITOLO 2 | La dinamica newtoniana

PROBLEMA SVOLTO 2 — Il pozzo

▶ Vettori ▶ Moti rettilinei ▶ Forze e moto

Un contadino di massa $M = 75{,}0$ kg raccoglie l'acqua di un pozzo tramite un secchio legato a una leggera corda che passa per una puleggia di massa trascurabile con attrito trascurabile. Mentre il contadino tira verso l'alto il secchio, il tratto di corda che collega il secchio alla puleggia è verticale; il tratto che collega la puleggia al contadino forma un angolo di 30° con la verticale, come mostrato in figura.

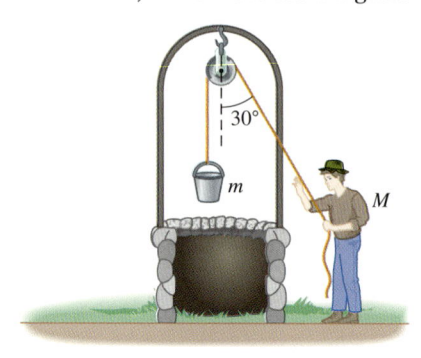

Inoltre, il secchio pieno d'acqua, di massa $m = 7{,}50$ kg, sale alla velocità costante $v_0 = 80{,}0$ cm/s, mentre il contadino rimane fermo.

1 Quanto valgono la tensione nella corda, la forza d'attrito tra il suolo e il contadino e lo spazio percorso dal secchio in 3,00 s?

2 Quale valore minimo deve avere il coefficiente di attrito statico tra il suolo e il contadino affinché quest'ultimo rimanga fermo mentre tira il secchio?

3 Qual è il valore massimo della massa del secchio che il contadino può tirare tramite la corda senza sollevarsi da terra?

SOLUZIONE

1 Se la velocità del secchio S è costante, allora la somma delle forze su di esso è nulla.
Quindi:

$\Sigma F_{S,y} = 0$

$T - mg = 0$

$T = mg = (7{,}50 \text{ kg})(9{,}81 \text{ m/s}^2) = 73{,}6$ N

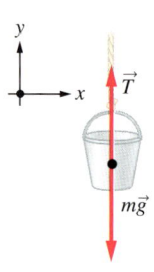

Schema del corpo libero

Anche per il contadino C la somma delle forze è nulla, poiché rimane fermo. Imponiamo che la somma delle forze orizzontali sia nulla, tenendo conto che $T_x = T\cos 60°$, essendo 60° l'angolo formato dalla corda con l'orizzontale.

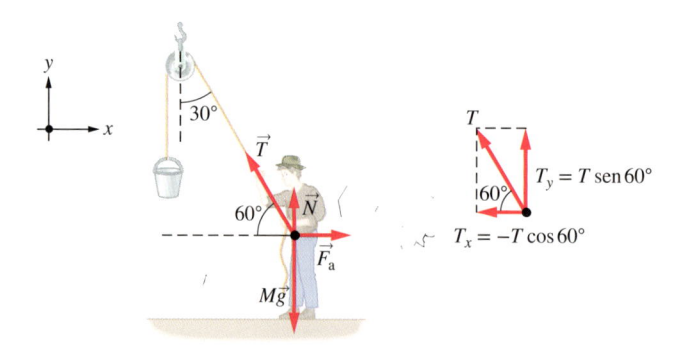

$T_y = T \operatorname{sen} 60°$

$T_x = -T \cos 60°$

Schema del corpo libero

Perciò:

$\Sigma F_{C,x} = 0$

$F_a - T\cos 60° = 0$

$F_a = T\cos 60° = (73{,}6 \text{ N}) \cdot \dfrac{1}{2} = 36{,}8 \text{ N}$

Infine, lo spazio percorso dal secchio in 3,00 s è dato dall'equazione del moto rettilineo uniforme. Dopo aver convertito la velocità in metri al secondo $v_0 = 80{,}0$ cm/s $= 0{,}800$ m/s lo spazio percorso risulta:

$\Delta y = v_0 t = (0{,}800 \text{ m/s})(3{,}00 \text{ s}) = 2{,}40 \text{ m}$

2 Calcoliamo dapprima la forza normale sul contadino, imponendo che sia nulla la somma delle componenti verticali delle forze su di esso:

$\Sigma F_{C,y} = 0$

$N + T\text{sen}\,60° - Mg = 0$

$N = Mg - T\text{sen}\,60° = (75{,}0 \text{ kg})(9{,}81 \text{ m/s}^2) - (73{,}6 \text{ N}) \cdot 0{,}866 = 672 \text{ N}$

Il valore minimo del coefficiente di attrito statico tra il suolo e il contadino, affinché quest'ultimo rimanga fermo, si ottiene imponendo che la forza di attrito statico massima sia maggiore o uguale alla forza di attrito necessaria a bilanciare il contadino orizzontalmente:

$F_{s,\text{max}} \geq F_a$

$\mu_s N \geq F_a$

$\mu_s \geq \dfrac{F_a}{N} = \dfrac{36{,}8 \text{ N}}{672 \text{ N}} = 0{,}0548$

3 Affinché il contadino non si sollevi da terra, la componente verticale della normale deve essere positiva:

$N = Mg - T\text{sen}\,60° \geq 0$

$0{,}866 \cdot T \leq Mg$

Poiché il secchio sale a velocità costante, $T = mg$, quindi:

$0{,}866 \cdot mg \leq Mg$

$m \leq \dfrac{M}{0{,}866} = \dfrac{75{,}0 \text{ kg}}{0{,}866} = 86{,}6 \text{ kg}$

PROVA TU Con riferimento al Problema svolto, supponi che mentre il secchio continua a salire a 80,0 cm/s il contadino inizi a tirare la corda con una forza maggiore, pari a 77,0 N.

1. Qual è l'accelerazione del secchio e quanto spazio percorre nei primi 3,00 s dal momento in cui il contadino inizia a tirare la corda con 77,0 N?

2. Se l'attrito non è sufficiente a tenere fermo il contadino, che mentre tira la corda accelera verso il pozzo con un'accelerazione di 0,150 m/s², quanto vale il coefficiente di attrito dinamico tra il contadino e il suolo?

3. Se la corda si spezza durante la salita a 1,20 m/s e il secchio impiega 1,40 s per raggiungere l'acqua, quanto è profondo il pozzo? (Si trascuri il tempo che impiega il suono per arrivare dal fondo del pozzo all'orecchio del contadino.)

[**1.** 0,457 m/s²; 4,46 m; **2.** 0,0407; **3.** 7,93 m]

| CAPITOLO 2 | La dinamica newtoniana

PROBLEMA SVOLTO 3 **Il bungee jumping**

▶ Vettori ▶ Forze e moto ▶ Forza elastica ▶ Forza centripeta

Nel 1988 nacque in Nuova Zelanda il bungee jumping, ossia il salto con la corda elastica. I primi salti con clienti paganti avvennero da un ponte che attraversava lo Skippers Canyon, con un salto "nel vuoto" di ben 71,0 m.

Un saltatore di 60,0 kg si lancia legato a una corda elastica di lunghezza a riposo pari a 40,0 m e costante elastica $k = 100$ N/m. Il saltatore si arresta a 1,00 m dal suolo, prima di risalire per effetto della forza elastica della corda.

1. Quanto vale l'accelerazione del saltatore in fondo alla caduta?
2. Quanto è lunga la corda nel momento in cui, dopo diverse oscillazioni, il saltatore si è totalmente arrestato?
3. Se, una volta arrestato, il saltatore si dondola, quanto vale l'allungamento della corda quando forma un angolo di 10,0° con la verticale e la velocità tangenziale del saltatore è 2,00 m/s?

SOLUZIONE

1. Quando il saltatore dista 1,00 m dal suolo la lunghezza della corda è:

$l_f = (71,0 - 1,00)$ m $= 70,0$ m

per cui il suo allungamento risulta:

$x = l_f - l_0 = (70,0 - 40,0)$ m $= 30,0$ m

COLLEGAMENTO ▶▶
Nel fascicolo LAB+
Con la Calcolatrice grafica
Il bungee jumping - Soluzione step by step

L'accelerazione del saltatore si ottiene dalla seconda legge di Newton nella direzione verticale, considerando che lungo y agiscono la forza elastica orientata verso l'alto e la forza peso verso il basso:

$$a_y = \frac{\Sigma F_y}{m} = \frac{F_{el} - P}{m} = \frac{kx - mg}{m} = \frac{kx}{m} - g = \frac{(100 \text{ N/m})(30,0 \text{ m})}{60,0 \text{ kg}} - 9,81 \text{ m/s}^2 = 40,2 \text{ m/s}^2$$

2. Se il saltatore si è arrestato ed è in equilibrio allora:

$\Sigma F_y = 0$

$F_{el} - P = 0$

$F_{el} = P$

$kx = mg$

$x = \dfrac{mg}{k} = \dfrac{(60,0 \text{ kg})(9,81 \text{ m/s}^2)}{100 \text{ N/m}} = 5,89$ m

La corda risulta quindi lunga:

$l_f = l_0 + x = (40,0 + 5,89)$ m $= 45,9$ m

3 In figura è mostrato lo schema di corpo libero per la situazione fisica descritta.

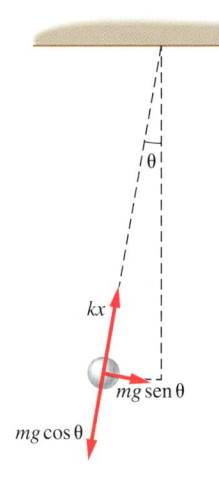

Applichiamo la seconda legge di Newton lungo la direzione radiale verso il centro, considerando che per dondolarsi il saltatore necessita di un'accelerazione centripeta:

$\Sigma F_c = ma_c$

$kx - mg\cos\theta = m \cdot \dfrac{v^2}{l_0 + x}$

$kx(l_0 + x) - mg\cos\theta(l_0 + x) = mv^2$

$kl_0 x + kx^2 - mgl_0\cos\theta - mg\cos\theta x = mv^2$

L'equazione ottenuta è un'equazione di secondo grado nella variabile x. Dividiamo entrambi i membri per k così che il coefficiente del termine quadratico sia 1, e portiamo l'equazione in forma normale per risolverla:

$x^2 + \left(l_0 - \dfrac{mg\cos\theta}{k}\right)x - \dfrac{m}{k}(gl_0\cos\theta + v^2) = 0$

$x^2 + \left[40,0 \text{ m} - \dfrac{(60,0 \text{ kg})(9,81 \text{ m/s}^2)\cos 10°}{100 \text{ N/m}}\right]x - \dfrac{60,0 \text{ kg}}{100 \text{ N/m}}\left[(9,81 \text{ m/s}^2)(40,0 \text{ m})\cos 10° + (2,00 \text{ m/s})^2\right] = 0$

$x^2 + (34,2 \text{ m})x - 234 \text{ m}^2 = 0$

$\Delta = b^2 - 4ac = \left[34,2^2 - 4\cdot 1\cdot(-234)\right] \text{ m}^2 = 2106 \text{ m}^2$

$x = \dfrac{-b \pm \sqrt{\Delta}}{2a} = \dfrac{-34,2 \pm \sqrt{2106}}{2} \text{ m} = \dfrac{-34,2 + 45,9}{2} \text{ m} = 5,85 \text{ m}$

La soluzione negativa è stata scartata in quanto non accettabile.

PROVA TU Con riferimento al Problema svolto, considera un saltatore che, durante la caduta, subisce un'accelerazione massima di 33,5 m/s².

1. A quanti metri dal suolo arriva il saltatore in fondo alla caduta?

Una volta arrestata del tutto la caduta, il saltatore inizia a dondolarsi. A un certo istante t la corda risulta lunga 46,0 m e forma con la verticale un angolo di 20,0°.

2. Quanto vale l'accelerazione tangenziale del saltatore nell'istante t?

3. Quanto vale la velocità tangenziale del saltatore nell'istante t?

[**1.** 5,00 m; **2.** 3,35 m/s²; **3.** 6,03 m/s]

| 136 | CAPITOLO 2 | La dinamica newtoniana

AUTOVERIFICA

Tempo a disposizione: **60 minuti**

SCEGLI LA RISPOSTA CORRETTA

1 Un blocco di massa $m_1 = 3,0$ kg è fermo su un tavolo ed è collegato tramite una carrucola a un blocco di massa $m_2 = 2,0$ kg come in figura. Se il blocco 1 viene lasciato libero di muoversi, quanto tempo impiega il blocco 2 a percorrere 80 cm in verticale?
- A 0,40 s
- B 0,49 s
- C 0,64 s
- D 0,78 s

2 Nel sistema della figura dell'esercizio precedente i due blocchi si muovono:
- A sempre.
- B solo se $m_2 > m_1$.
- C solo se non c'è attrito tra piano e blocco.
- D se il peso del blocco 2 è maggiore della forza di attrito tra il piano e il blocco 1.

3 Un'auto di 600 kg percorre una curva, di raggio 120 m, a una velocità costante di 25 m/s. Il minimo coefficiente di attrito statico affinché l'auto non sbandi è:
- A 0,31
- B 0,53
- C 1,9
- D 13

4 Un corpo sospeso a una molla oscilla verso l'alto e verso il basso. Se l'ampiezza delle oscillazioni raddoppia, il periodo:
- A rimane costante.
- B raddoppia.
- C si dimezza.
- D aumenta di un fattore 2.

5 Una forza costante di 6,0 N trasmette a un oggetto un impulso di 24 N s. L'intervallo di tempo durante il quale agisce la forza è:
- A 4,0 s
- B 6,0 s
- C 24 s
- D 96 s

RISOLVI I PROBLEMI

6 All'aeroporto stai tirando una valigia di 18 kg lungo un pavimento con una cinghia che forma un angolo di 45° con l'orizzontale. Se la valigia si muove a velocità costante e il coefficiente di attrito dinamico fra la valigia e il pavimento è 0,38, determina:
- **a.** la tensione nella cinghia;
- **b.** la forza normale.

7 Due blocchi sono collegati tramite una carrucola come in figura. Il blocco che si trova sul tavolo ha una massa di 4,0 kg mentre il blocco appeso ha una massa di 2,6 kg. Determina l'accelerazione del sistema e la tensione nella corda in assenza di attrito.

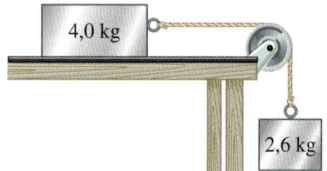

8 La figura rappresenta una delle giostre più popolari che puoi trovare in un qualsiasi luna-park. I passeggeri si trovano a 12 m dall'asse di rotazione e si muovono con una velocità di 11 m/s.
- **a.** Calcola l'accelerazione centripeta dei passeggeri.
- **b.** Calcola l'angolo θ che le catene che reggono il seggiolino formano con la verticale.
- **c.** Osservando questa giostra noti che i seggiolini ruotano tutti alla medesima altezza da terra, indipendentemente dalla massa del passeggero. Perché?

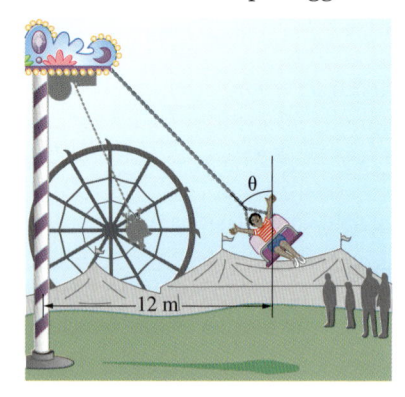

9 Una moto di massa 285 kg percorre a velocità costante una curva di raggio 18,5 m.
- **a.** Calcola la massima velocità con cui la moto può affrontare la curva considerando un coefficiente di attrito statico fra asfalto e pneumatici di 0,275.
- **b.** Qual è il valore della forza centripeta che agisce sulla moto?

CAPITOLO 3
La relatività del moto

1 Moti relativi

Quando diciamo che un'auto viaggia a 110 km/h, stiamo in realtà fornendo un'informazione incompleta: dovremmo anche dire rispetto a quale sistema di riferimento la velocità dell'auto ha quel valore. Probabilmente sottintendiamo che la velocità di 110 km/h sia relativa alla strada, ma in fisica il sistema di riferimento va sempre specificato in modo esplicito.

Consideriamo la situazione mostrata in **figura 1**. Per un osservatore sulla strada l'auto blu si muove con velocità $v = 110$ km/h verso destra, mentre l'auto rossa si muove con una velocità $v = 90$ km/h verso sinistra (**fig. 1a**) o verso destra (**fig. 1b**).

Se però fossimo sull'auto rossa in figura 1a e ci muovessimo in verso opposto a quello dell'auto blu, con una velocità di 90 km/h, la velocità dell'auto blu rispetto a noi sarebbe:

$$110 \text{ km/h} + 90 \text{ km/h} = 200 \text{ km/h}$$

Se, al contrario, con la nostra auto rossa ci muovessimo con una velocità di 90 km/h nello stesso verso dell'auto blu (fig. 1b), la velocità dell'auto blu rispetto a noi sarebbe:

$$110 \text{ km/h} - 90 \text{ km/h} = 20 \text{ km/h}$$

La velocità e la posizione di un corpo dipendono dal sistema di riferimento. In altri termini, non esiste un moto assoluto: **il moto è sempre relativo**.

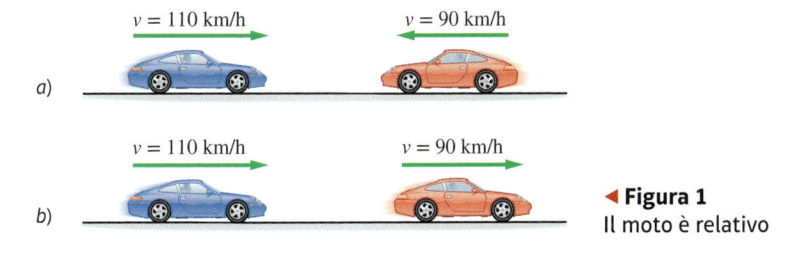

◀ **Figura 1**
Il moto è relativo

LE GRANDI IDEE

1 Il moto di un corpo è sempre relativo a un sistema di riferimento.

2 Le trasformazioni di Galileo mettono in relazione le posizioni e le velocità di un corpo in due sistemi di riferimento inerziali in moto relativo uniforme.

3 Le leggi della dinamica hanno la stessa forma in tutti i sistemi di riferimento inerziali.

4 Nei sistemi non inerziali, per estendere la validità della seconda legge di Newton bisogna introdurre delle forze apparenti.

▲ Il pubblico in tribuna vede queste due auto sfrecciare a più di 200 km/h, ma, per tutto il tempo in cui sono affiancate, ognuna di esse è ferma rispetto all'altra.

> **Moto relativo**
>
> Il moto di un corpo è sempre relativo a un sistema di riferimento. Cambiando il sistema di riferimento, il moto può cambiare.

LE GRANDI IDEE

1 Il moto di un corpo è sempre relativo a un sistema di riferimento.

Non solo la velocità, ma anche la posizione e la traiettoria di un corpo appaiono in generale diverse se osservate in sistemi di riferimento diversi.

Supponiamo, ad esempio, di lasciar cadere una palla di gomma sul pavimento stando fermi in piedi. Notiamo che la palla va diritta verso il basso, tocca terra vicino al nostro piede e ritorna quasi al livello della nostra mano.

Iniziamo ora a camminare, o a pattinare, a velocità costante, lasciamo cadere la palla mentre avanziamo e osserviamo il moto con attenzione **(fig. 2)**. Il moto della palla ci apparirà uguale a quello precedente: la palla va diritta verso il basso, tocca terra vicino al nostro piede, rimbalza diritta verso l'alto e ritorna al livello della mano. Per un osservatore fermo che ci vede camminare, la palla segue invece una traiettoria parabolica, che risulta dalla combinazione del moto verticale uniformemente accelerato della palla rispetto a noi e del nostro moto orizzontale rispetto al terreno, poiché la palla parte con velocità iniziale uguale alla nostra.

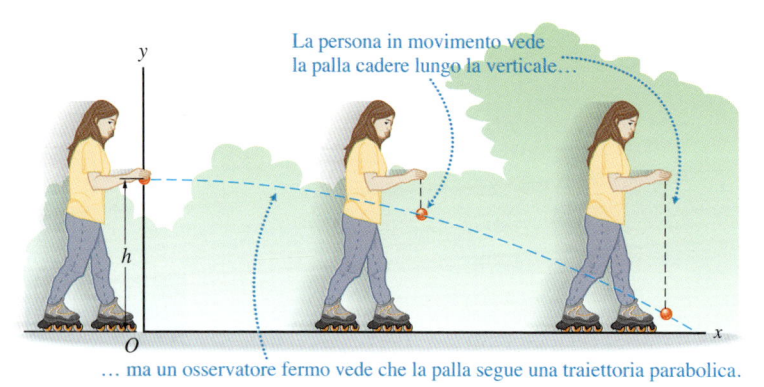

◀ **Figura 2**
Caduta libera in due diversi sistemi di riferimento

2 Le trasformazioni di Galileo

Trasformazioni della posizione

■ Moto lungo l'asse x

Per stabilire la relazione che lega le posizioni di un corpo in due sistemi di riferimento inerziali in moto relativo uniforme, consideriamo il seguente esempio. Andrea è in piedi sulla banchina di una stazione mentre sta passando un treno che viaggia a velocità costante $\vec{V}$; Gianna è ferma sul treno, a una certa distanza dall'estremità del vagone **(fig. 3)**.

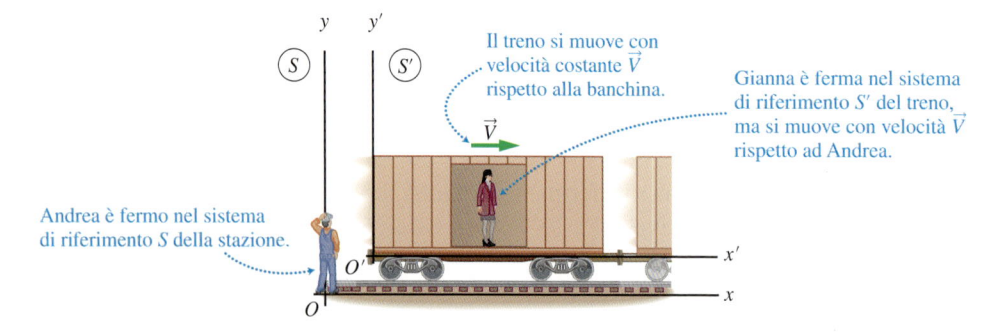

◀ **Figura 3**
Treno in moto uniforme

La stazione e il treno sono due sistemi inerziali in moto relativo: indichiamo con S il sistema di riferimento della stazione e con S' il sistema di riferimento del treno.

Gli assi sono scelti in modo che Andrea si trovi nell'origine O di S e l'estremità del vagone si trovi nell'origine O' di S'. Il moto avviene lungo l'asse x, che coincide con l'asse x'.

Facciamo inoltre l'ipotesi che nell'istante $t = 0$ le origini dei due sistemi coincidano (cioè che a $t = 0$ Andrea veda passare davanti a sé la coda del treno), come schematizzato nella **figura 4**. Qual è la posizione di Gianna nell'istante t?

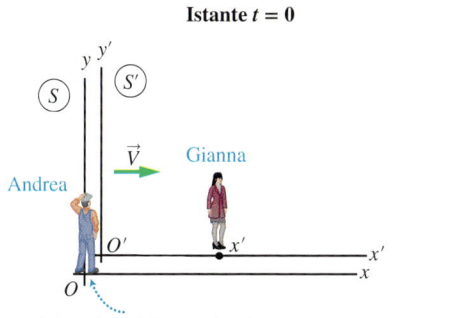

Istante $t = 0$

a) I due sistemi inerziali del treno (S') e della stazione (S) hanno le origini coincidenti nell'istante $t = 0$. Gli assi y e y' all'istante $t = 0$ coincidono (nella figura sono leggermente staccati per chiarezza).

Istante t

b) I sistemi S e S' nell'istante t: la posizione di Gianna è x' in S' e x in S.

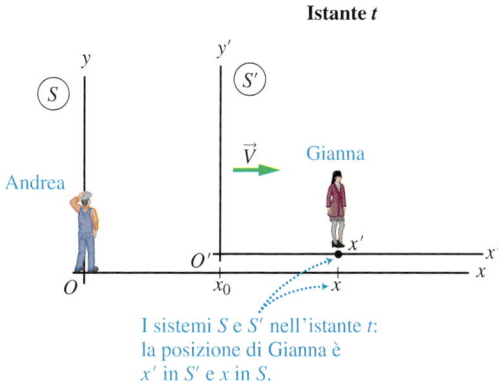

◀ **Figura 4**
Sistemi inerziali in moto relativo

Nel sistema di riferimento S' del treno la posizione di Gianna è x' e non varia nel tempo. La posizione x di Gianna nel sistema di riferimento S della stazione, invece, cambia con il tempo perché il treno si sposta. Come si vede dalla **figura 4b**, la posizione x è:

$$x = x' + x_0$$

dove x_0 è la posizione dell'estremità del treno nel sistema di riferimento S. Poiché il treno si muove con velocità costante V, la posizione x_0 varia nel tempo come:

$$x_0 = Vt$$

Combinando le due uguaglianze precedenti otteniamo:

$$\boxed{x = x' + Vt} \qquad \text{da cui} \qquad x' = x - Vt$$

Dal momento che il moto avviene lungo l'asse x e gli assi y e y' sono paralleli, la coordinata verticale rimane invariata cioè:

$$y' = y$$

Quelle che abbiamo derivato sono le **trasformazioni di Galileo della posizione** di un corpo nel passaggio da un sistema di riferimento inerziale a un altro, in moto rispetto al primo con velocità $\vec{V}$ diretta lungo l'asse x nel verso positivo:

> **Trasformazioni di Galileo della posizione ($\vec{V}$ diretta lungo x)**
> $$\begin{cases} x' = x - Vt \\ y' = y \end{cases}$$

MATH⁺

Se il corpo è fermo rispetto al sistema S', $x'(t) =$ costante, quindi $x(t) = x'(t) + Vt$ è l'equazione di una retta che interseca l'asse verticale in x' e ha pendenza V.

Dire che S' si muove con velocità $\vec{V}$ rispetto a S è equivalente a dire che S si muove con velocità $-\vec{V}$ rispetto a S', come mostrato in **figura 5**. Le due situazioni sono infatti perfettamente indistinguibili.
La trasformazione di Galileo da S' a S si ottiene quindi scambiando x con x' e invertendo il segno di V nelle trasformazioni di Galileo da S a S':

da S a S': $\quad x' = x - Vt$

da S' a S: $\quad x = x' + Vt$

Se, nell'esempio che abbiamo fatto, il treno viaggia a una velocità $V = 20$ m/s e Gianna si trova a 4 m di distanza dall'estremità posteriore del vagone (cioè $x' = 4$ m), la sua posizione rispetto ad Andrea nell'istante $t = 1{,}5$ s è:

$$x = x' + Vt = 4 \text{ m} + (20 \text{ m/s})(1{,}5 \text{ s}) = 4 \text{ m} + 30 \text{ m} = 34 \text{ m}$$

Dire che S' si muove con velocità costante $\vec{V}$ rispetto a S...

... è equivalente a dire che S si muove con velocità $-\vec{V}$ rispetto a S'.

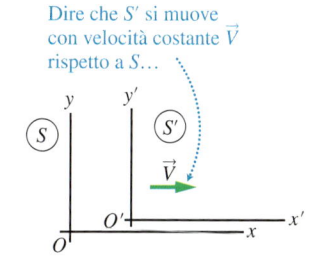

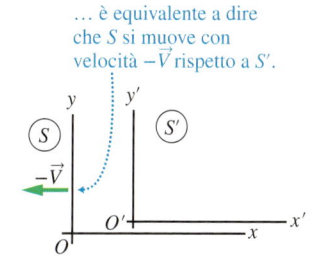

▲ **Figura 5**
Simmetria del moto relativo di due sistemi

Moto in direzione qualunque

Finora abbiamo supposto che i due sistemi inerziali fossero in moto lungo l'asse x, coincidente con l'asse x'. Se il moto relativo avviene in una *direzione qualunque*, cioè se $\vec{V}$ ha sia una componente V_x sia una componente V_y, come in **figura 6**, la coordinata y si trasforma in modo simile a quello della coordinata x, cioè:

$$\begin{cases} x' = x - V_x t \\ y' = y - V_y t \end{cases}$$

Introducendo i vettori posizione $\vec{r}' = x'\hat{x} + y'\hat{y}$ ed $\vec{r} = x\hat{x} + y\hat{y}$ mostrati in figura 6, le due relazioni precedenti possono essere sintetizzate come segue:

$$\vec{r}' = \vec{r} - \vec{V}t$$

Possiamo quindi riassumere le trasformazioni di Galileo della posizione nel caso generale:

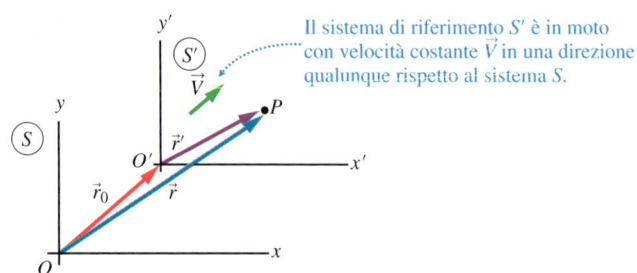

> **Trasformazioni di Galileo della posizione (caso generale)**
>
> $\vec{r}' = \vec{r} - \vec{V}t$ o in componenti $\begin{cases} x' = x - V_x t \\ y' = y - V_y t \end{cases}$

▲ **Figura 6**
Sistemi inerziali in moto relativo lungo una direzione qualunque

Il sistema di riferimento S' è in moto con velocità costante $\vec{V}$ in una direzione qualunque rispetto al sistema S.

Le trasformazioni di Galileo sono un potente strumento di calcolo e di risoluzione dei problemi. Ad esempio, se sono note le leggi del moto e la traiettoria di un corpo in un certo sistema di riferimento inerziale, le trasformazioni di Galileo permettono di ricavare facilmente le leggi del moto e la traiettoria di quel corpo in un qualunque altro sistema inerziale.

PROBLEM SOLVING 1 — Punti di vista diversi

Carlo lancia una palla verso l'alto con un'inclinazione di 60° e una velocità di 20 m/s. Nell'istante in cui Carlo lascia andare la palla, passa accanto a lui Antonella, che viaggia in bicicletta a una velocità di 10 m/s.
a. Quali sono le leggi del moto e la traiettoria della palla per Carlo?
b. Quali sono le leggi del moto e la traiettoria della palla per Antonella?

■ **DESCRIZIONE DEL PROBLEMA** Chiamiamo x e y le coordinate del sistema di riferimento associato a Carlo. Supponiamo che all'istante $t = 0$ in cui viene lanciata, la palla si trovi nel punto $x_0 = 0$ e $y_0 = 0$. Se x' e y' sono le coordinate del sistema di riferimento associato ad Antonella, la posizione della palla in questo sistema di riferimento nell'istante $t = 0$ è $x'_0 = 0$, $y'_0 = 0$.
La velocità iniziale $\vec{v}_0$ della palla nel sistema di riferimento di Carlo ha modulo $v_0 = 20$ m/s e forma un angolo $\theta = 60°$ con l'asse x. Chiamiamo $\vec{V}$ la velocità relativa dei due sistemi di riferimento, cioè la velocità di Antonella rispetto a Carlo, che è diretta lungo gli assi coincidenti x e x'.

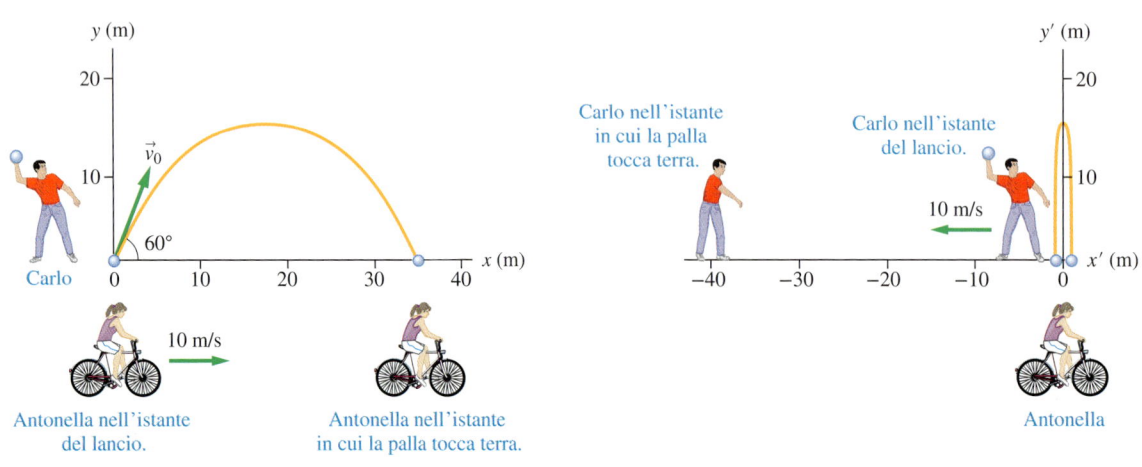

a) Sistema di riferimento di Carlo

b) Sistema di riferimento di Antonella

■ **STRATEGIA**

a. Per Carlo la palla è un proiettile che descrive una traiettoria parabolica. Le sue leggi del moto sono quelle che abbiamo visto nel capitolo 1, cioè $x = x_0 + v_{0x}t$ e $y = y_0 + v_{0y}t - \frac{1}{2}gt^2$, dove v_{0x} e v_{0y} sono le componenti cartesiane del vettore velocità iniziale $\vec{v}_0$, il cui modulo vale $v_0 = 20$ m/s. La traiettoria si ottiene ricavando t da una delle leggi orarie e sostituendolo nell'altra.

b. Possiamo determinare le leggi orarie della palla nel sistema di riferimento di Antonella applicando le trasformazioni di Galileo alle leggi orarie scritte nel sistema di riferimento di Carlo. Le trasformazioni di Galileo sono $x' = x - Vt$ e $y' = y$, dove $V = 10$ m/s è il modulo della velocità relativa dei due sistemi di riferimento, cioè la velocità di Antonella rispetto a Carlo.

Dati Inclinazione della velocità della palla, $\theta = 60°$; velocità della palla, $v_0 = 20$ m/s; velocità di Antonella, $V = 10$ m/s

Incognite a. Leggi del moto e traiettoria della palla per Carlo?
b. Leggi del moto e traiettoria della palla per Antonella?

■ **SOLUZIONE**

a. Determiniamo le componenti della velocità iniziale $\vec{v}_0$ della palla nel sistema di riferimento di Carlo:

$$\begin{cases} v_{0x} = v_0 \cos\theta = (20 \text{ m/s}) \cos 60° = 10 \text{ m/s} \\ v_{0y} = v_0 \sin\theta = (20 \text{ m/s}) \sin 60° = 17 \text{ m/s} \end{cases}$$

Scriviamo le leggi del moto della palla nel sistema di riferimento di Carlo, ponendo $x_0 = 0$ e $y_0 = 0$:

$$x = x_0 + v_{0x}t \quad \rightarrow \quad x = v_{0x}t = (10 \text{ m/s})t$$

$$y = y_0 + v_{0y}t - \frac{1}{2}gt^2 \quad \rightarrow \quad y = v_{0y}t - \frac{1}{2}gt^2 = (17 \text{ m/s})t - (4{,}9 \text{ m/s}^2)t^2$$

Ricaviamo t dalla prima relazione:

$$t = \frac{x}{v_{0x}}$$

e sostituiamolo nella seconda, $y = v_{0y}t - \frac{1}{2}gt^2$:

$$y = \frac{v_{0y}}{v_{0x}}x - \frac{g}{2v_{0x}^2}x^2$$

MATH+

$y = \frac{v_{0y}}{v_{0x}}x - \frac{g}{2v_{0x}^2}x^2$ è l'equazione di una parabola passante per l'origine e con concavità verso il basso.

Sostituendo i valori numerici otteniamo l'equazione della traiettoria della palla nel *sistema di riferimento di Carlo*:

$$y = \frac{17 \text{ m/s}}{10 \text{ m/s}}x - \frac{9{,}81 \text{ m/s}^2}{2(10 \text{ m/s})^2}x^2 = 1{,}7x - (0{,}049 \text{ m}^{-1})x^2$$

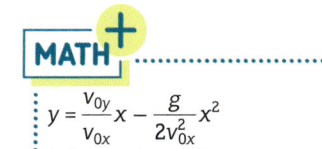

b. Usando le leggi del moto della palla nel sistema di riferimento di Carlo e le trasformazioni di Galileo, ricaviamo le leggi del moto della palla nel *sistema di riferimento di Antonella*:

$$x' = x - Vt = v_{0x}t - Vt = (10 \text{ m/s})t - (10 \text{ m/s})t = 0$$

$$y' = y = v_{0y}t - \frac{1}{2}gt^2 = (17 \text{ m/s})t - (4{,}9 \text{ m/s}^2)t^2$$

$x' = 0$ è l'equazione dell'asse y', pertanto la traiettoria della palla nel sistema di riferimento di Antonella giace sull'asse y'.

OSSERVAZIONI La traiettoria della palla nel sistema di riferimento di Carlo è una parabola. Poiché Antonella si muove rispetto a Carlo con una velocità uguale alla velocità orizzontale della palla, nel suo sistema di riferimento la traiettoria della palla è rettilinea e verticale.

PROVA TU Se Antonella viaggiasse a una velocità di 5,0 m/s, quale sarebbe nel suo sistema di riferimento la traiettoria della palla?

[$y' = 3{,}4\,x' - (0{,}20 \text{ m}^{-1})x'^2$]

Trasformazioni della velocità

Moto in direzione x

Supponiamo di essere in piedi sulla banchina mentre sta passando un treno che viaggia a 15,0 m/s, come mostrato in **figura 7**.
All'interno del treno, un passeggero cammina nella stessa direzione e nello stesso verso del moto con una velocità di 1,2 m/s rispetto al treno. Il passeggero rispetto a noi si muove con una velocità di:

1,2 m/s + 15,0 m/s = 16,2 m/s

Che cosa succederebbe se il passeggero camminasse nel treno con la stessa velocità, ma nel verso opposto?
In questo caso vedremmo il passeggero muoversi con una velocità:

−1,2 m/s + 15,0 m/s = 13,8 m/s

a) Il passeggero si muove verso la testa del treno.

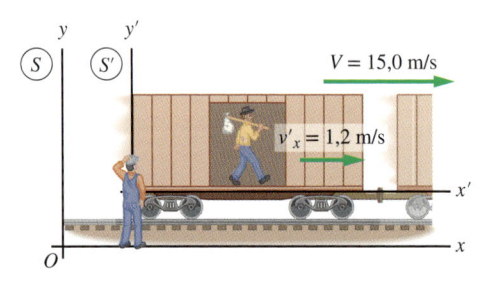

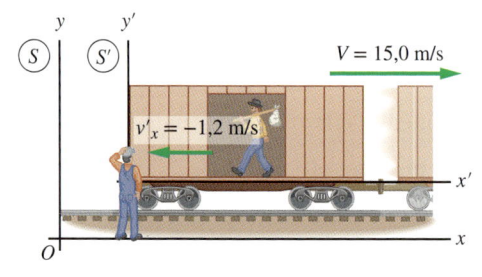

b) Il passeggero si muove verso la coda del treno.

◀ **Figura 7**
Velocità relativa di un passeggero su un treno rispetto a una persona a terra

Cerchiamo ora di interpretare questi risultati alla luce delle trasformazioni di Galileo. Se V è la velocità del treno (sistema di riferimento S') rispetto alla banchina (sistema di riferimento S) e v'_x è la velocità del passeggero rispetto al treno, le relazioni numeriche che abbiamo scritto sopra corrispondono a:

$$v_x = v'_x + V$$

o, equivalentemente:

$$v'_x = v_x - V$$

La legge di composizione delle velocità che abbiamo scritto può essere derivata dalla trasformazione di Galileo delle coordinate nel seguente modo.
Partiamo dalla legge di trasformazione della posizione:

$$x' = x - Vt$$

Se nell'intervallo di tempo Δt la posizione di un corpo cambia di Δx nel sistema S e di $\Delta x'$ nel sistema S', la relazione tra $\Delta x'$ e Δx sarà:

$$\Delta x' = \Delta x - V\Delta t$$

Dividendo il primo e il secondo membro per Δt otteniamo:

$$\frac{\Delta x'}{\Delta t} = \frac{\Delta x}{\Delta t} - V$$

Facendo ora tendere Δt a zero, il termine a primo membro è la velocità v'_x del corpo in S', mentre il primo termine a secondo membro è la velocità v_x del corpo in S:

$$v'_x = v_x - V$$

Poiché la velocità relativa dei due sistemi di riferimento è diretta lungo l'asse x, gli spostamenti del corpo lungo y e lungo y' sono uguali, cioè $\Delta y' = \Delta y$, e pertanto la componente verticale della velocità non varia:

$$v'_y = v_y$$

Abbiamo derivato così le leggi di composizione delle velocità, o **trasformazioni di Galileo della velocità**, nel caso in cui il moto relativo dei due sistemi di riferimento avviene lungo l'asse x:

Trasformazioni di Galileo della velocità ($\vec{V}$ diretta lungo x)

$$\begin{cases} v'_x = v_x - V \\ v'_y = v_y \end{cases}$$

■ Moto in direzione qualunque

Se la velocità $\vec{V}$ del sistema di riferimento S' rispetto al sistema di riferimento S è in una direzione qualunque, come nell'esempio mostrato in **figura 8** in cui una persona si arrampica sul treno in direzione verticale, la legge di composizione delle velocità, scritta in forma vettoriale, diventa:

$$\vec{v}' = \vec{v} - \vec{V}$$

Questa è la trasformazione di Galileo della velocità di un corpo nella forma più generale, che possiamo anche scrivere in componenti cartesiane:

$$v'_x = v_x - V_x \qquad v'_y = v_y - V_y$$

Trasformazioni di Galileo della velocità (caso generale)

$$\vec{v}' = \vec{v} - \vec{V} \qquad \text{o in componenti} \qquad \begin{cases} v'_x = v_x - V_x \\ v'_y = v_y - V_y \end{cases}$$

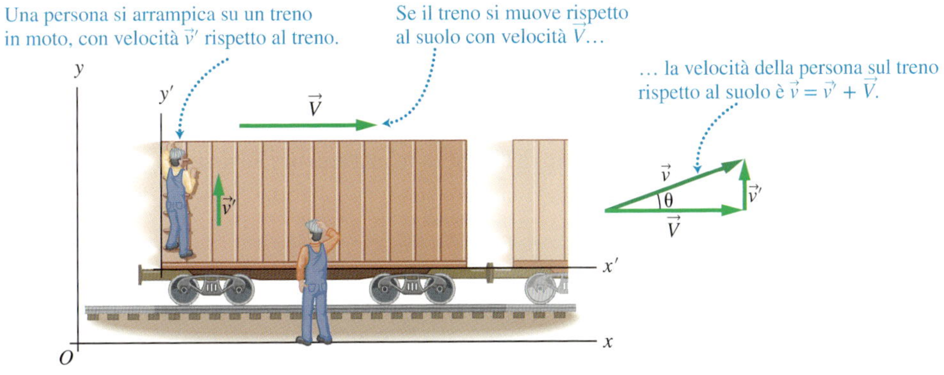

Una persona si arrampica su un treno in moto, con velocità $\vec{v}'$ rispetto al treno.

Se il treno si muove rispetto al suolo con velocità $\vec{V}$...

... la velocità della persona sul treno rispetto al suolo è $\vec{v} = \vec{v}' + \vec{V}$.

◀ **Figura 8**
Velocità relativa in due dimensioni

■ APPLICA SUBITO

1 Supponi che il passeggero della figura 8 si stia arrampicando con una velocità di modulo 0,20 m/s e che il treno si stia muovendo lentamente in avanti con una velocità di modulo 0,70 m/s. Determina il modulo e la direzione della velocità del passeggero rispetto al suolo.

La velocità $\vec{v}$ del passeggero rispetto al suolo si ottiene dalla relazione $\vec{v}' = \vec{v} - \vec{V}$:

$$\vec{v} = \vec{v}' + \vec{V}$$

Poiché $V_x = 0{,}70$ m/s e $v'_y = 0{,}20$ m/s, il modulo di $\vec{v}$ è:

$$v = \sqrt{(0{,}70 \text{ m/s})^2 + (0{,}20 \text{ m/s})^2} = 0{,}73 \text{ m/s}$$

La velocità del passeggero rispetto al suolo forma con l'asse x un angolo θ dato da:

$$\theta = \text{tg}^{-1}\left(\frac{v'_y}{V_x}\right) = \text{tg}^{-1}\left(\frac{0{,}20 \text{ m/s}}{0{,}70 \text{ m/s}}\right) = 16°$$

LE GRANDI IDEE

2 Le trasformazioni di Galileo mettono in relazione posizioni e velocità di un corpo in due sistemi di riferimento inerziali in moto relativo uniforme.

PROBLEM SOLVING 2 — Attraversare un fiume

Sei su una barca la cui velocità relativa rispetto all'acqua è di 6,1 m/s; la barca si sta muovendo in una direzione che forma con la riva un angolo di 115° controcorrente. Il fiume scorre a una velocità di 1,4 m/s. Qual è la tua velocità rispetto alla riva?

DESCRIZIONE DEL PROBLEMA Consideriamo due sistemi di riferimento: quello della riva, di coordinate x e y, e quello dell'acqua, di coordinate x' e y'. La velocità del sistema di riferimento dell'acqua rispetto alla riva è $V_x = 1,4$ m/s. La velocità della barca rispetto all'acqua è $\vec{v}'$, di modulo $v' = 6,1$ m/s. Chiamiamo $\vec{v}$ la velocità della barca rispetto alla riva.

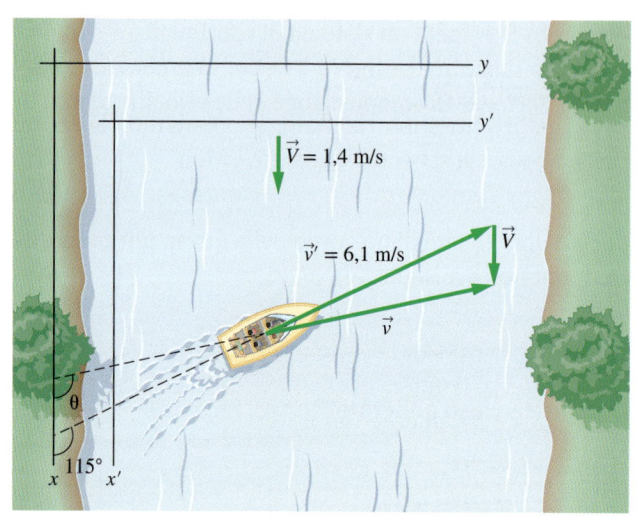

STRATEGIA Se l'acqua fosse ferma, la barca si muoverebbe nella direzione lungo la quale punta la sua prua. A causa del movimento dell'acqua verso valle, come mostrato nella figura, la barca si muove, invece, in una direzione meno angolata rispetto all'asse y. Per determinare la velocità $\vec{v}$ della barca rispetto alla riva usiamo la legge di composizione delle velocità, $\vec{v} = \vec{v}' + \vec{V}$.

Dati Velocità della barca relativa all'acqua, $v' = 6,1$ m/s; angolo della barca relativamente all'asse x, $\theta = 115°$; velocità dell'acqua rispetto alla riva, $V_x = 1,4$ m/s

Incognita Velocità della barca rispetto alla riva, $\vec{v} = ?$

SOLUZIONE Determiniamo le componenti della velocità $\vec{v}'$ della barca rispetto all'acqua:

$v'_x = (6,1 \text{ m/s}) \cos 115° = -2,6 \text{ m/s} \qquad v'_y = (6,1 \text{ m/s}) \sin 115° = 5,5 \text{ m/s}$

Eseguiamo la somma vettoriale $\vec{v}' + \vec{V}$ per determinare $\vec{v}$, utilizzando le componenti:

$v_x = v'_x + V_x = (-2,6 \text{ m/s} + 1,4 \text{ m/s}) = -1,2 \text{ m/s}$

$v_y = v'_y = 5,5 \text{ m/s}$

OSSERVAZIONI La velocità della barca rispetto alla riva ha modulo $v = \sqrt{(-1,2 \text{ m/s})^2 + (5,5 \text{ m/s})^2} = 5,6$ m/s e forma con l'asse x un angolo $\theta = \text{tg}^{-1}[(5,5 \text{ m/s})/(-1,2 \text{ m/s})] = -78°$.
Per determinare l'angolo orientato in senso antiorario dobbiamo addizionare 180°; si ottiene $\theta = 102°$.

PROVA TU Determina la velocità scalare e la direzione della barca rispetto alla riva nel caso in cui il fiume scorra a 4,5 m/s. [$v = 5,8$ m/s, $\theta = 71°$; in questo caso una persona sulla riva vede la barca andare lentamente verso valle, anche se la barca punta verso la sorgente]

3 Il principio di relatività galileiano

Abbiamo visto che la posizione e la velocità dei corpi dipendono dal sistema di riferimento in cui vengono misurati e cambiano se cambia il sistema di riferimento, come stabilito dalle *trasformazioni di Galileo* o leggi di composizione.

C'è da chiedersi, allora, se la legge fondamentale della dinamica $\vec{F} = m\vec{a}$ non dipenda anch'essa dal sistema di riferimento. La risposta è, fortunatamente, no: le leggi della dinamica hanno la stessa forma in tutti i sistemi di riferimento inerziali.

Possiamo verificare questa affermazione nella vita di tutti i giorni. Ad esempio su un aereo che sta volando alla velocità costante di 900 km/h, e quindi in un sistema inerziale, le leggi di Newton sono le stesse che in un sistema solidale con la Terra: sull'aereo possiamo lanciare o prendere una palla, oppure versare una bibita in un bicchiere esattamente come faremmo se fossimo a terra **(fig. 9)**.

Per vedere come si arriva a questo importantissimo risultato, supponiamo che in un certo sistema di riferimento inerziale S valga la seconda legge di Newton.

In questo sistema di riferimento un corpo di massa m soggetto a una forza $\vec{F}$ ha quindi un'accelerazione:

$$\vec{a} = \frac{\vec{F}}{m}$$

▲ **Figura 9**
Quando siamo su un aereo che si muove alla velocità di crociera di 900 km/h riusciamo a versare una bibita in un bicchiere con la stessa facilità con cui lo facciamo quando siamo seduti in un bar a terra.

LE GRANDI IDEE

3 Le leggi della dinamica hanno la stessa forma in tutti i sistemi di riferimento inerziali.

Analizziamo che cosa succede in un altro sistema inerziale S' in moto con velocità costante $\vec{V}$ rispetto a S. Per la legge galileiana di composizione delle velocità, la velocità $\vec{v}'$ del corpo in S' è legata alla sua velocità $\vec{v}$ in S dalla relazione:

$$\vec{v}' = \vec{v} - \vec{V}$$

In un intervallo di tempo Δt possiamo allora scrivere le variazioni della velocità in S' ed S come segue:

$$\frac{\Delta \vec{v}'}{\Delta t} = \frac{\Delta \vec{v}}{\Delta t} - \frac{\Delta \vec{V}}{\Delta t}$$

Ma, poiché $\vec{V}$ è costante, la sua variazione $\frac{\Delta \vec{V}}{\Delta t}$ è nulla, e quindi:

$$\frac{\Delta \vec{v}'}{\Delta t} = \frac{\Delta \vec{v}}{\Delta t}$$

Facendo tendere Δt a zero, l'espressione precedente diventa una relazione fra le accelerazioni $\vec{a}'$ e $\vec{a}$ del corpo nei sistemi S' ed S:

$$\vec{a}' = \vec{a}$$

Questa è la **trasformazione di Galileo dell'accelerazione**: come si vede, *l'accelerazione è la stessa in tutti i sistemi di riferimento inerziali*.

Se anche le forze sono indipendenti dal sistema di riferimento (è il caso delle forze che compaiono nella meccanica newtoniana) cioè se:

$$\vec{F} = \vec{F}'$$

allora la validità della legge $\vec{F} = m\vec{a}$ nel sistema S implica la validità della stessa legge $\vec{F} = m\vec{a}' = m\vec{a}$ nel sistema S' **(fig. 10)**:

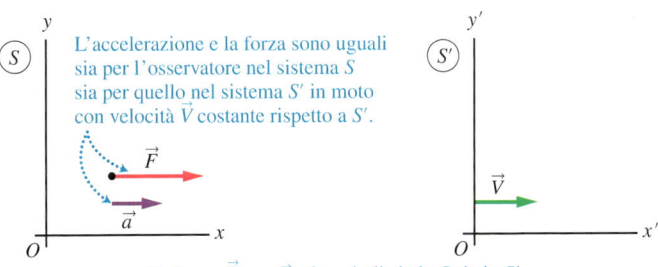

$$\vec{F} = m\vec{a} \ \text{in } S \quad \rightarrow \quad \vec{F} = m\vec{a} \ \text{in } S'$$

L'accelerazione e la forza sono uguali sia per l'osservatore nel sistema S sia per quello nel sistema S' in moto con velocità $\vec{V}$ costante rispetto a S'.

La legge $\vec{F} = m\vec{a}$ vale quindi sia in S sia in S'.

◀ **Figura 10**
Principio di relatività galileiano

Possiamo dunque concludere che le leggi della dinamica hanno la stessa forma in tutti i sistemi di riferimento inerziali. Questo è il contenuto del **principio di relatività galileiano**:

> **Principio di relatività galileiano**
> Le leggi della dinamica newtoniana hanno la stessa forma in tutti i sistemi di riferimento inerziali.

Poiché le leggi della dinamica sono le stesse in tutti i sistemi inerziali, non è possibile distinguere due sistemi inerziali sulla base dei risultati di esperimenti meccanici effettuati in ognuno di essi: in altri termini, *i sistemi inerziali sono tutti fisicamente equivalenti*. Ciò fu osservato per la prima volta da Galileo ed è per questo motivo che il principio di relatività è attribuito a lui. Attualizzando il ragionamento di Galileo, possiamo dire che un osservatore all'interno di un treno non è in grado di dire, compiendo semplicemente degli esperimenti di meccanica (ad esempio, lanciando o facendo cadere un oggetto), se il treno è fermo o se è in moto uniforme rispetto alla stazione (**fig. 11**).

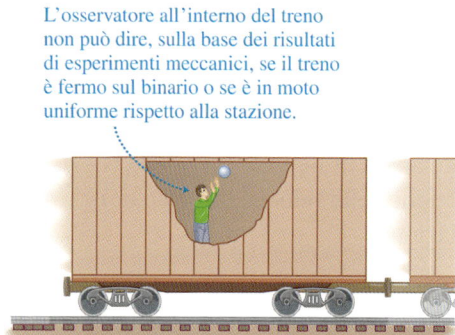

◀ **Figura 11**
Equivalenza dei sistemi inerziali

Sebbene le trasformazioni di Galileo e il principio di relatività galileiano possano apparire quasi ovvi, essi sono basati su un'ipotesi che abbiamo sempre usato implicitamente: l'assolutezza del tempo, cioè la sua indipendenza dal sistema di riferimento.
Nessuno dubitò mai che il tempo fosse assoluto, fino all'inizio del Novecento, quando Albert Einstein introdusse la sua teoria della relatività. Secondo questa teoria, il tempo dipende dal sistema di riferimento: due osservatori in moto relativo misurano tempi diversi. La differenza fra questi tempi è apprezzabile però solo se la velocità relativa dei due osservatori è vicina a quella della luce nel vuoto, circa $3 \cdot 10^8$ m/s.
Nella teoria einsteiniana, come vedremo, il principio di relatività è esteso a *tutte le leggi della fisica*, ma le trasformazioni fra sistemi inerziali non sono più quelle galileiane, bensì trasformazioni che comportano anche un cambiamento del tempo, le cosiddette *trasformazioni di Lorentz*.

4 Sistemi non inerziali e forze apparenti

Abbiamo già detto che solo nei *sistemi di riferimento inerziali* vale la seconda legge di Newton $\Sigma\vec{F} = m\vec{a}$, dove $\Sigma\vec{F}$ è la risultante delle **forze reali** che agiscono su un corpo.
Nei **sistemi di riferimento non inerziali**, invece, un corpo subisce un'accelerazione anche in assenza di forze applicate. Tale accelerazione è la stessa per tutti i corpi che si trovano, in un certo istante, nel medesimo sistema di riferimento, indipendentemente dalla loro massa, ed è uguale e contraria all'accelerazione che il sistema non inerziale ha rispetto a tutti i sistemi inerziali. Se si vuole estendere la validità della seconda legge di Newton ai sistemi non inerziali bisogna introdurre delle **forze apparenti**, o fittizie, che

LE GRANDI IDEE

4 Nei sistemi non inerziali, per estendere la validità della seconda legge di Newton bisogna introdurre delle forze apparenti.

agiscono su tutti i corpi nel sistema non inerziale causandone l'accelerazione. La natura fittizia di tali forze è suggerita dal fatto che ogni corpo sembra ricevere una forza diversa dagli altri, proporzionale alla sua massa, così che tutti i corpi subiscono la stessa accelerazione.

Sistema in moto relativo rettilineo accelerato

Consideriamo un autobus in moto rettilineo con accelerazione $\vec{a}$ e analizziamo la situazione di un passeggero di massa m seduto su un sedile dell'autobus rispetto a due sistemi di riferimento: il sistema inerziale di un osservatore a terra e il sistema non inerziale del passeggero seduto sull'autobus.

▼ Sistemi non inerziali e forze apparenti

DISEGNO ATTIVO

Sistema di riferimento inerziale: osservatore a terra

Un osservatore a terra vede il passeggero che accelera verso destra con la stessa accelerazione dell'autobus; per questo osservatore il sedile esercita una forza $\vec{F}$ diretta nel verso dell'accelerazione $\vec{a}$ dell'autobus.
In questo sistema la forza $\vec{F}$, per la seconda legge della dinamica, si scrive come:

$\vec{F} = m\vec{a}$

Per l'osservatore a terra il passeggero accelera in avanti con la stessa accelerazione dell'autobus.

Sistema di riferimento non inerziale: osservatore sull'autobus

Il passeggero sull'autobus si "sente" spinto per inerzia all'indietro, contro il sedile; se non fosse seduto si dovrebbe tenere a una maniglia per restare in equilibrio.
Infatti, *nel sistema accelerato, la forza apparente si manifesta come una forza vera e propria*, grazie alla quale l'osservatore non inerziale può applicare i principi della dinamica; tale forza si può esprimere come:

$\vec{F}_{app} = -m\vec{a}_r$

dove $\vec{a}_r$ è l'accelerazione dell'autobus rispetto alla terra, e cioè $\vec{a}$.

Il passeggero sull'autobus si sente spinto all'indietro contro il sedile.

La forza $\vec{F}_{app}$ non corrisponde a un'interazione reale fra corpi, ma si manifesta solo nel sistema non inerziale.

■ APPLICA SUBITO

2 Giulia si trova su un autobus che, avvicinandosi alla fermata, decelera con un'accelerazione di $-2,35$ m/s². Che cosa succede a Giulia? Con quale forza si deve tenere alla maniglia dell'autobus se la sua massa è 54,8 kg?

Giulia si sente spinta in avanti da una forza apparente perché si trova in un sistema di riferimento non inerziale:

$F_{app} = -ma_r = -(54,8 \text{ kg})(-2,35 \text{ m/s}^2) = 129 \text{ N}$

La forza con la quale si deve tenere Giulia alla maniglia è uguale in intensità e opposta in verso, cioè è pari a -129 N.

Peso apparente

Tutti sappiamo per esperienza che in un ascensore possiamo sentirci più pesanti o più leggeri a seconda del moto dell'ascensore. Ad esempio, quando un ascensore parte all'improvviso, accelerando verso l'alto, ci sentiamo più pesanti; quando l'ascensore in risalita accelera verso il basso per fermarsi a un piano o quando comincia la discesa ci sentiamo invece più leggeri.

Se ci troviamo su una bilancia all'interno di un ascensore fermo, la bilancia segna la nostra forza-peso; se l'ascensore accelera, la bilancia segna una forza maggiore o minore. In altre parole, il moto di un ascensore in accelerazione o decelerazione rende il sistema *non inerziale*, generando un **peso apparente** che differisce dal nostro peso effettivo.

La sensazione di peso è dovuta alla forza esercitata sui nostri piedi dal pavimento dell'ascensore; il peso apparente è il risultato della somma vettoriale del peso effettivo e della forza apparente che nasce nel sistema accelerato. Se questa forza ha lo stesso verso del nostro peso, ci sentiamo più pesanti, se ha verso contrario ci sentiamo più leggeri.

Come esempio consideriamo una scatola di massa m posata sul pavimento di un **ascensore che accelera verso l'alto (fig. 12)**.

▲ Quando siamo su un ascensore che accelera verso il basso ci sentiamo più "leggeri"

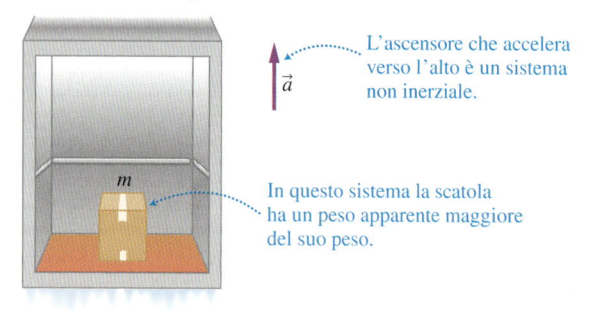

◄ **Figura 12** Ascensore che accelera verso l'alto

L'ascensore che accelera verso l'alto è un sistema non inerziale.

In questo sistema la scatola ha un peso apparente maggiore del suo peso.

Analizziamo la situazione rispetto a due sistemi di riferimento: il sistema inerziale di un osservatore "a terra", cioè fuori dall'ascensore e fermo, e il sistema non inerziale di un osservatore nell'ascensore.

Sistema di riferimento inerziale: a terra

Sulla scatola agiscono la forza peso $\vec{P}$ verso il basso e la reazione normale $\vec{N}$ del pavimento verso l'alto.
La scatola accelera verso l'alto, quindi la risultante delle forze sulla scatola deve essere diretta verso l'alto.

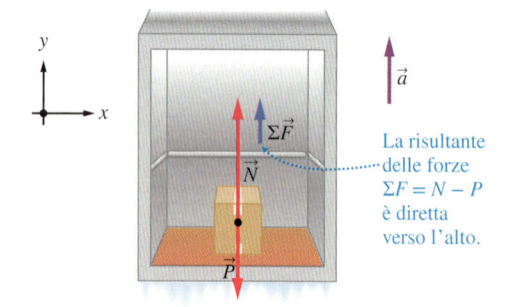

La risultante delle forze $\Sigma F = N - P$ è diretta verso l'alto.

In questo caso, quindi, la forza normale $\vec{N}$ è maggiore della forza peso $\vec{P}$.

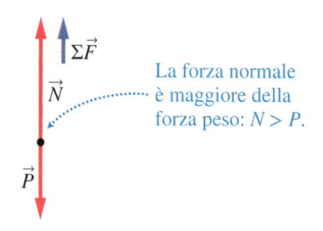

La forza normale è maggiore della forza peso: $N > P$.

Sistema di riferimento non inerziale: in ascensore

La scatola è in quiete rispetto all'ascensore, quindi la forza risultante è zero. La scatola, per il principio d'inerzia, tende a mantenere il proprio stato di quiete nonostante l'accelerazione verso l'alto.

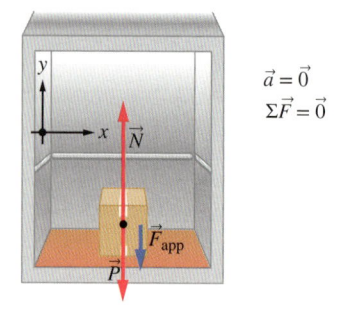

$\vec{a} = \vec{0}$
$\Sigma \vec{F} = \vec{0}$

Se la scatola si trova su una bilancia preme con una forza maggiore del suo peso; la bilancia risponde con una forza normale $N = P_{app}$ che è quella che leggiamo e così *sembra* che la scatola abbia aumentato il suo peso.

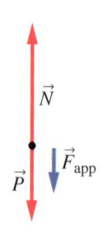

4 Sistemi non inerziali e forze apparenti | 149

Nel **sistema inerziale della Terra** possiamo applicare la seconda legge di Newton relativa all'asse y (rivolto verso l'alto):

$$\Sigma \vec{F} = m\vec{a}$$

La somma delle forze che agiscono sulla scatola è:

$$\Sigma F = N - P \quad \text{da cui} \quad N - P = ma$$

e quindi: $\quad N = P + ma = mg + ma = m(g + a)$

La forza normale N è quindi maggiore del peso della scatola: $\quad N = m(g + a)$

Nel **sistema non inerziale dell'ascensore** la forza apparente ha verso contrario all'accelerazione dell'ascensore. Per determinare il *peso apparente* sommiamo i due vettori:

$$\vec{P}_{app} = \vec{P} + \vec{F}_{app}$$

cioè in questo caso sommiamo le componenti perché hanno lo stesso verso:

$$P_{app} = P + F_{app} = mg + ma = m(g + a)$$

Consideriamo ora la situazione mostrata nella **figura 13** in cui la scatola è posata sul pavimento di un **ascensore che sale con velocità costante**. In questo caso, la risultante delle forze è zero e anche il sistema dell'ascensore è un sistema *inerziale*; pertanto per il secondo principio della dinamica $N = P$.

Se a un tratto il cavo dell'ascensore si rompe, l'ascensore cade con **accelerazione pari all'accelerazione di gravità**. In questo caso il sistema dell'ascensore è *non inerziale* e la forza apparente è in equilibrio con la forza peso; la scatola, lasciata libera, rimane sospesa in aria all'interno dell'ascensore, come se non avesse peso (**fig. 14**):

$$F_{app} = -ma = -mg \qquad P_{app} = P + F_{app} = mg - mg = 0$$

Rispetto a un osservatore esterno la scatola cade invece di moto uniformemente accelerato con accelerazione g.

How you feel your weight

READ AND LISTEN

Whenever in free fall, like astronauts on orbiting space stations, you can experience apparent weightlessness. Read and listen to learn more!

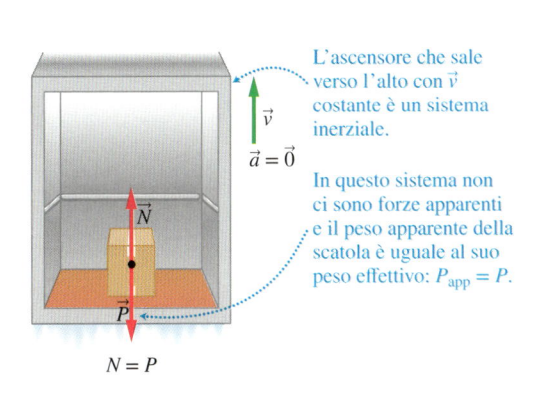

▲ **Figura 13**
Ascensore che sale con velocità costante

L'ascensore che sale verso l'alto con $\vec{v}$ costante è un sistema inerziale.
$\vec{a} = \vec{0}$
In questo sistema non ci sono forze apparenti e il peso apparente della scatola è uguale al suo peso effettivo: $P_{app} = P$.
$N = P$

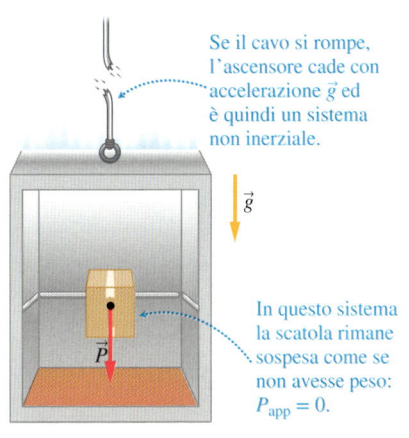

▲ **Figura 14**
Ascensore in caduta libera

Se il cavo si rompe, l'ascensore cade con accelerazione $\vec{g}$ ed è quindi un sistema non inerziale.
In questo sistema la scatola rimane sospesa come se non avesse peso: $P_{app} = 0$.

COLLEGAMENTO ▶▶
Nel fascicolo LAB+
Con GeoGebra
Peso apparente in un sistema non inerziale

TECH

Simulare l'assenza di peso

Il fatto che una persona in una cabina in caduta libera abbia un peso apparente nullo è sfruttato dalla NASA nell'**addestramento degli astronauti**. Per generare una situazione di assenza di peso gli aspiranti astronauti vengono caricati su un aereo C-9, chiamato in gergo "cometa del vomito" (in quanto molti astronauti provano nausea in tali condizioni), che vola su un tracciato parabolico. Nella prima fase del volo l'aereo sale a 45° con una forte accelerazione; poi il pilota spegne i motori, l'aereo continua a salire per qualche secondo, descrivendo una parabola, e quindi inizia la fase di discesa in caduta libera, durante la quale gli astronauti fluttuano nell'aereo. L'intervallo di assenza di peso dura circa mezzo minuto, poi l'aereo risale per riguadagnare altitudine e ripartire per un altro giro. In un volo standard, i futuri astronauti provano circa 40 volte il ciclo di assenza di peso. Molte scene del film Apollo 13 sono state girate proprio in questi cicli di 30 secondi a bordo della "cometa del vomito". L'addestramento è fondamentale per adattare il corpo a queste condizioni; gli astronauti in orbita, infatti, sono costantemente in condizioni di assenza di peso perché sia gli astronauti sia la loro navicella sono in caduta libera.

▲ I candidati astronauti durante un allenamento in assenza di peso a bordo della "cometa del vomito", l'aereo usato per l'addestramento.

PROBLEM SOLVING 3 — Quanto pesa il salmone?

Un insegnante chiede ai suoi studenti di pesare un salmone di 5,0 kg appendendolo a una bilancia a molla attaccata al soffitto di un ascensore. Indica qual è il peso apparente, $\vec{P}_{app}$, del salmone se l'ascensore:
a. è fermo?; **b.** si muove con un'accelerazione verso l'alto di 2,5 m/s²; **c.** si muove con un'accelerazione verso il basso di 3,2 m/s².

■ **DESCRIZIONE DEL PROBLEMA** Lo schema del corpo libero mostra il peso del salmone, $\vec{P}$, e la forza esercitata dalla bilancia, $\vec{T}$. Il sistema di riferimento è quello inerziale della Terra. La direzione positiva dell'asse y è verso l'alto.

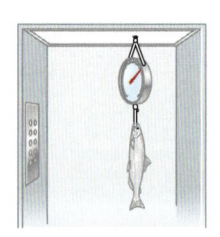

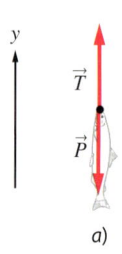

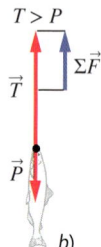

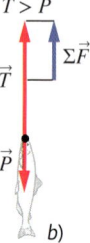

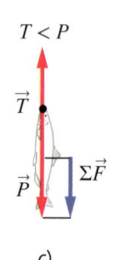

Rappresentazione fisica — Schema del corpo libero

■ **STRATEGIA** Conosciamo il peso, $P = mg$, e l'accelerazione dell'ascensore, a_r. Per trovare il peso apparente, P_{app}, utilizziamo $\Sigma F_y = ma_y$ nel sistema inerziale della Terra.
Poniamo in **a.** $a_y = a_r = 0$, in **b.** $a_y = a_r = 2,5$ m/s², in **c.** $a_y = -a_r = -3,2$ m/s².

Dati Massa del salmone, $m = 5,0$ kg;
accelerazione dell'ascensore, **a.** $a_r = 0$; **b.** $a_r = 2,5$ m/s²; **c.** $a_r = -3,2$ m/s²

Incognite **a.**, **b.** e **c.** Peso apparente del salmone, $\vec{P}_{app} = ?$

■ **SOLUZIONE**
a. Sommiamo le componenti y delle forze e uguagliamo il risultato alla massa moltiplicata per la componente y dell'accelerazione, con $a_y = 0$. Osserviamo che non ci sono forze apparenti in quanto il sistema è inerziale:

$$\Sigma F_y = ma_y = 0 \quad \rightarrow \quad T - P = 0$$

Poiché $P_{app} = T$, ricaviamo P_{app}: $P_{app} = P = mg = (5,0 \text{ kg})(9,81 \text{ m/s}^2) = 49$ N

b. Sommiamo le componenti y delle forze e uguagliamo il risultato alla massa moltiplicata per la componente y dell'accelerazione, con $a_y = 2,5$ m/s². (Osserviamo che nel sistema non inerziale dell'ascensore esiste una forza apparente che è diretta verso il basso e si somma al peso P.)

$$\Sigma F_y = ma_y \qquad T - P = ma_y$$

Ricaviamo P_{app}: $P_{app} = T = mg + ma_y = 49 \text{ N} + (5,0 \text{ kg})(2,5 \text{ m/s}^2) = 62$ N

c. Sommiamo le componenti y delle forze e uguagliamo il risultato alla massa moltiplicata per la componente y dell'accelerazione, con $a_y = a_r = -3,2$ m/s². (Osserviamo che, anche in questo caso, nel sistema non inerziale dell'ascensore esiste una forza apparente che ha segno negativo perché è rivolta verso l'alto.)

$$\Sigma F_y = ma_y \qquad T - P = ma_y$$

Ricaviamo P_{app}: $P_{app} = T = mg + ma_y = 49 \text{ N} - (5,0 \text{ kg})(3,2 \text{ m/s}^2) = 33$ N

■ **OSSERVAZIONI** Quando l'ascensore (e quindi il salmone a esso solidale) è fermo o si muove con velocità costante, la sua accelerazione è zero e il peso apparente del salmone è uguale a quello vero, mg. Nel caso **b.** il peso apparente è maggiore di quello vero perché la bilancia deve esercitare una forza verso l'alto capace non solo di sostenere il salmone, ma anche di accelerarlo verso l'alto. Nel caso **c.** il peso apparente è minore di quello vero, perché la forza risultante che agisce sul salmone è verso il basso, quindi la sua accelerazione è verso il basso.

PROVA TU Determina l'accelerazione dell'ascensore nei casi in cui la bilancia fornisce una misura di:
a. 55 N   **b.** 45 N

[**a.** $a_y = 1,2$ m/s²; **b.** $a_y = -0,80$ m/s²]

5 Forze apparenti nei sistemi rotanti

La forza centrifuga

I dispositivi rotanti, come le giostre, i giradischi o le centrifughe, rappresentano un'importante classe di sistemi di riferimento non inerziali.

Consideriamo per semplicità un sistema in moto rotatorio uniforme, ad esempio una piattaforma girevole, come quella mostrata in **figura 15**.

Un ragazzo che si trova sulla piattaforma avverte una forza che lo spinge verso l'esterno e, per rimanere fermo, deve sfruttare l'attrito con il pavimento della piattaforma. Per la seconda legge di Newton, la risultante delle forze che agiscono sul ragazzo, che è fermo rispetto al sistema rotante, deve essere nulla. A parte le forze verticali (la forza peso e la reazione normale del pavimento della piattaforma) che si annullano a vicenda, l'unica forza reale sull'osservatore è la forza di attrito statico $\vec{F}_s$, che è diretta verso il centro della piattaforma.

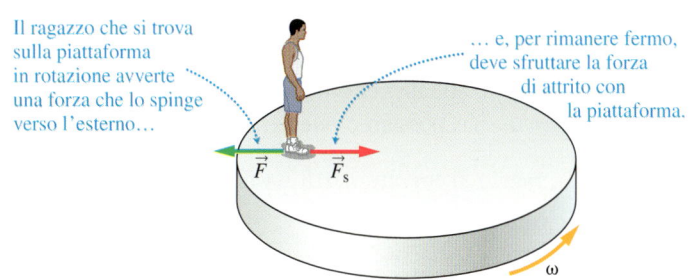

◀ **Figura 15**
Forze su una piattaforma rotante

Analizziamo la situazione nel sistema di riferimento inerziale di un osservatore a terra e nel sistema di riferimento non inerziale dell'osservatore sulla piattaforma (**fig. 16**).

Per l'osservatore a terra il ragazzo che si trova sulla piattaforma si muove di moto circolare uniforme con velocità angolare ω ed è soggetto alla forza centripeta $\vec{F}_c = m\vec{a}_c$ diretta verso il centro (**fig. 16a**). Nel sistema della piattaforma il ragazzo, anche se sente una forza apparente che lo spinge verso l'esterno, è fermo quindi deve esistere una forza di attrito $\vec{F}_s$ che si oppone a $\vec{F}_{app}$ (**fig. 16b**).

▼ **Figura 16**
Forze su una piattaforma per un osservatore a terra e per l'osservatore sulla piattaforma

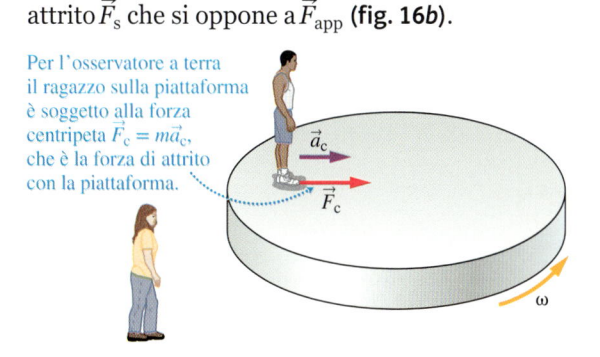

a) Sistema inerziale

b) Sistema non inerziale

La forza apparente, che indichiamo con $\vec{F}_{cf}$, è detta **forza centrifuga**. Essa è uguale in modulo e direzione e opposta in verso alla forza centripeta $\vec{F}_c$ del sistema di riferimento inerziale e, in un punto a distanza r dal centro della piattaforma, il suo modulo vale pertanto:

Forza centrifuga, F_{cf}

$$F_{cf} = \frac{mv^2}{r} = m\omega^2 r$$

Una situazione analoga a quella della piattaforma rotante è quella di un'automobile che affronta una curva: il passeggero a bordo dell'auto si sente spinto verso l'esterno dalla forza centrifuga, che compare nel sistema di riferimento non inerziale dell'auto a causa del suo moto circolare. Il passeggero riesce a rimanere fermo grazie all'attrito del sedile o alla tensione di un bracciolo, che bilanciano la forza centrifuga.

> **MATH+**
>
> Se consideriamo la relazione $F_{cf} = m\omega^2 r$ per una data massa, F_{cf} dipende dalla distanza r dal centro e dalla velocità angolare. Mantenendo fissa r, la relazione rappresenta l'equazione di una **parabola** passante per l'origine degli assi, simmetrica rispetto all'asse verticale e con la concavità rivolta verso l'alto.

CAPITOLO 3 | La relatività del moto

PROBLEM SOLVING 4 — Avvallamenti sulla strada

Un'auto sta percorrendo una strada di campagna, con una velocità costante di modulo 17,0 m/s, quando incontra un avvallamento. Se l'avvallamento può essere approssimato con un arco di circonferenza di raggio 65,0 m, qual è il peso apparente di un passeggero di 80,0 kg, quando l'auto si trova nel fondo dell'avvallamento?

■ **DESCRIZIONE DEL PROBLEMA** Scegliamo come sistema di riferimento quello dell'auto e il sistema di coordinate indicato in figura. Il passeggero è soggetto alla forza peso (reale) $P = mg$ verso il basso, alla reazione normale N del sedile verso l'alto e alla forza centrifuga F_{cf} diretta verso il basso.

■ **STRATEGIA** Poiché il passeggero è fermo rispetto all'auto, per la seconda legge di Newton possiamo scrivere $\Sigma \vec{F} + \Sigma \vec{F}_{app} = \vec{0}$ e quindi $\Sigma F_y + \Sigma F_{app,y} = 0$ dove $\Sigma F_{app,y}$ è la risultante delle componenti in direzione y delle forze apparenti, cioè in questo caso la sola forza centrifuga.
Il peso apparente del passeggero è la somma delle due forze dirette verso il basso, cioè il peso P e la forza apparente F_{cf}, ed è uguale e opposto alla forza normale N, diretta verso l'alto. Determinati allora $P = mg$ ed F_{cf} con la relazione $F_{cf} = mv^2/r$, possiamo calcolare il peso apparente $P_{app} = N$.

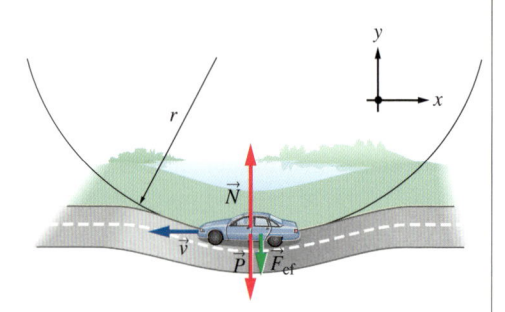

Dati Modulo della velocità dell'auto, $v = 17{,}0$ m/s; raggio di curvatura dell'avvallamento, $r = 65{,}0$ m; massa del passeggero, $m = 80{,}0$ kg

Incognita Peso apparente del passeggero, $P_{app} = ?$

■ **SOLUZIONE** Scriviamo la seconda legge di Newton nella forma $\Sigma \vec{F} + \Sigma \vec{F}_{app} = \vec{0}$ e quindi:

$$\Sigma F_y + \Sigma F_{app,y} = 0 \qquad \text{da cui} \qquad N - P - F_{cf} = 0$$

Dall'equazione precedente ricaviamo il peso apparente $P_{app} = N$, somma delle due forze dirette verso il basso:

$$N = P + F_{cf}$$

Sostituiamo nell'equazione $P = mg$ ed $F_{cf} = \dfrac{mv^2}{r}$ ottenendo:

$$P_{app} = mg + \frac{mv^2}{r}$$

Sostituiamo i valori numerici e calcoliamo il peso apparente:

$$P_{app} = (80{,}0 \text{ kg})(9{,}81 \text{ m/s}^2) + \frac{(80{,}0 \text{ kg})(17{,}0 \text{ m/s})^2}{65{,}0 \text{ m}} = 1{,}14 \cdot 10^3 \text{ N}$$

■ **OSSERVAZIONI** Il peso apparente corrisponde a una massa apparente di $(1{,}14 \cdot 10^3 \text{ N})/(9{,}81 \text{ m/s}^2) = 116$ kg; quindi il passeggero si sente più pesante del 45%.
Potremmo risolvere il problema scegliendo come sistema di riferimento quello di un osservatore a terra. In questo sistema di riferimento il passeggero si muove di moto circolare uniforme ed è soggetto a una forza centripeta che corrisponde alla *differenza* fra le due forze *reali* agenti su di esso, cioè la forza peso e la reazione normale. Nel sistema di riferimento dell'automobile, invece, il passeggero è fermo e la forza normale del sedile bilancia la *somma* della forza peso e della forza centrifuga.

MATH +

Se si esprime P_{app} in funzione di v:

$$P_{app}(v) = \frac{v^2}{r} m + mg$$

per $v \geq 0$, la funzione è un tratto di parabola, simmetrica rispetto all'asse verticale, rivolta verso l'alto, con il vertice in $(0 \,;\, mg)$ e che non interseca mai l'asse orizzontale; quindi P_{app} non può mai essere pari a zero, al minimo è pari al "peso vero".
Se invece l'automobile si trovasse a percorrere un dosso, l'espressione di P_{app} diventerebbe:

$$P_{app}(v) = -\frac{v^2}{r} m + mg$$

che, per $v \geq 0$, è un tratto di parabola simmetrica rispetto all'asse verticale, rivolta verso il basso, con il vertice in $(0 \,;\, mg)$ e che interseca l'asse orizzontale in corrispondenza di una velocità tale che $v^2/r = g$; in corrispondenza di tale velocità P_{app} è pari a zero.

PROVA TU A quale velocità il passeggero sentirebbe il suo peso aumentare del 60%?

[19,6 m/s]

La forza di Coriolis

Nei sistemi di riferimento rotanti può comparire un'altra forza apparente, la cosiddetta **forza di Coriolis**, dal nome dello scienziato francese che la studiò nel XIX secolo; essa:

- agisce sugli oggetti *in moto* rispetto al sistema rotante;
- è perpendicolare alla velocità dell'oggetto e all'asse di rotazione.

> **COLLEGAMENTO ▶▶**
> **In digitale**
> Il pendolo di Foucault e l'evidenza della rotazione della Terra

Un oggetto libero, che rispetto a un sistema di riferimento inerziale si muove di moto rettilineo uniforme (**fig. 17a**), rispetto a un sistema rotante descrive una traiettoria curvilinea, a causa della forza di Coriolis, come mostrato in **figura 17b**.

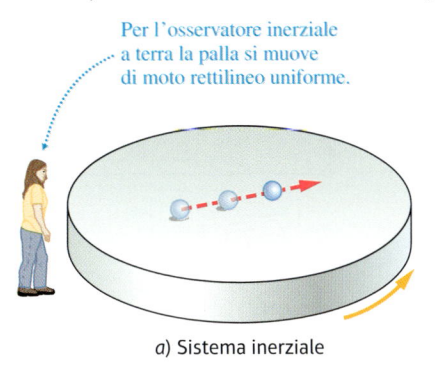

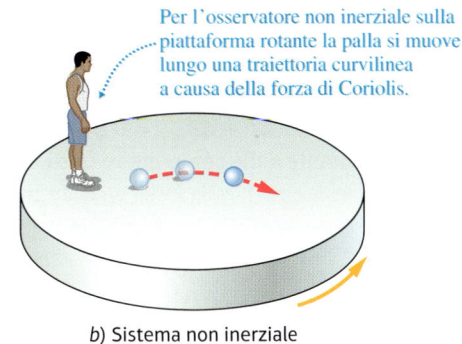

Per l'osservatore inerziale a terra la palla si muove di moto rettilineo uniforme.

Per l'osservatore non inerziale sulla piattaforma rotante la palla si muove lungo una traiettoria curvilinea a causa della forza di Coriolis.

a) Sistema inerziale b) Sistema non inerziale

◀ **Figura 17**
Traiettorie di un oggetto in moto su una piattaforma rotante

La forza di Coriolis è direttamente proporzionale alla velocità dell'oggetto e fa deviare l'oggetto verso *destra* se il sistema di riferimento ruota in senso antiorario, verso *sinistra* se il sistema ruota in senso orario (**fig. 18**).

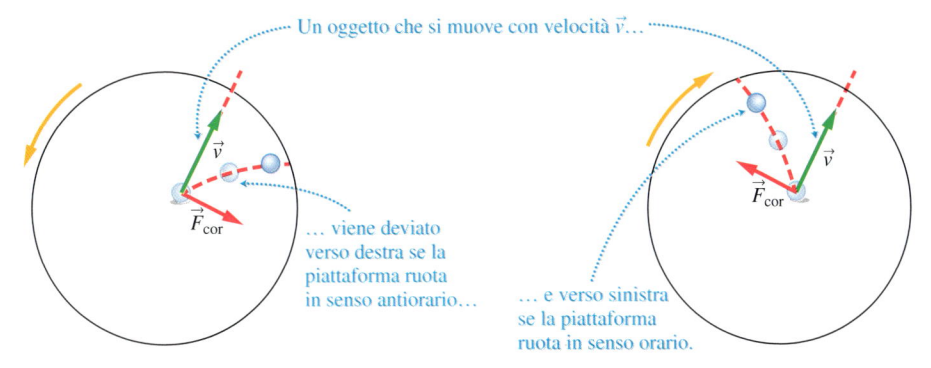

Un oggetto che si muove con velocità $\vec{v}$...

... viene deviato verso destra se la piattaforma ruota in senso antiorario...

... e verso sinistra se la piattaforma ruota in senso orario.

◀ **Figura 18**
Effetti della forza di Coriolis su un oggetto in moto su una piattaforma rotante

In prossimità della superficie terrestre, un corpo in caduta libera subisce l'effetto sia della forza centrifuga sia della forza di Coriolis. La forza centrifuga devia la traiettoria del corpo verso sud nell'emisfero boreale e verso nord nell'emisfero australe. Questo effetto, tuttavia, è molto piccolo e praticamente trascurabile. Più rilevante è l'effetto Coriolis che devia la traiettoria verticale del corpo *verso est* in entrambi gli emisferi. Poiché la forza di Coriolis è proporzionale alla velocità, la deviazione dalla verticale sarà tanto più accentuata quanto più veloce è il corpo in caduta libera. Per esempio, l'effetto Coriolis influenza sensibilmente il moto dei razzi.

La forza di Coriolis è anche responsabile di vari fenomeni che avvengono su scala planetaria e che riguardano il movimento delle masse d'aria e delle correnti oceaniche. A causa del suo moto di rotazione e di rivoluzione, come abbiamo visto, la Terra non è un sistema di riferimento inerziale; tuttavia, poiché le accelerazioni centripete legate a questi moti sono centinaia di volte più piccole dell'accelerazione di gravità, nella maggior parte dei casi gli effetti di non inerzialità sono ininfluenti ed è possibile considerare, con ottima approssimazione, un laboratorio terrestre come un sistema di riferimento inerziale. Ci sono però delle situazioni in cui le conseguenze del moto di rotazione della Terra e delle forze apparenti da esso generate sono avvertibili. La forza di Coriolis, in particolare, fa sì che un oggetto che si muove verso nord sulla superficie terrestre venga deviato verso est o verso ovest, a seconda che si trovi nell'emisfero boreale o nell'emisfero australe, come mostrato in **figura 19**.

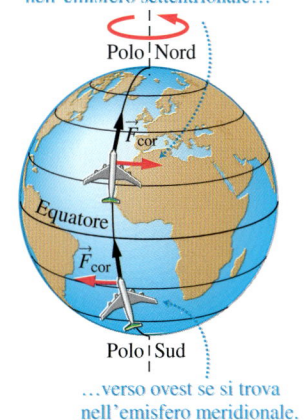

Se un aereo si muove parallelamente alla superficie terrestre, lungo un meridiano, la forza di Coriolis lo fa deviare verso est se l'aereo si trova nell'emisfero settentrionale...

...verso ovest se si trova nell'emisfero meridionale.

▲ **Figura 19**
Forza di Coriolis nei due emisferi terrestri

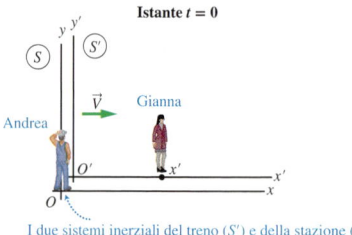

RIPASSA I CONCETTI CHIAVE

1-2 Moti relativi. Le trasformazioni di Galileo

Il moto di un corpo è sempre relativo a un sistema di riferimento. Cambiando il sistema di riferimento, il moto cambia.
Le trasformazioni di Galileo della posizione sono le relazioni che legano le posizioni di un corpo in due sistemi di riferimento inerziali S ed S' in moto con velocità costante $\vec{V}$ rispetto a S.

Trasformazioni di Galileo della posizione ($\vec{V}$ diretta lungo x):

$$\begin{cases} x' = x - Vt \\ y' = y \end{cases}$$

I due sistemi inerziali del treno (S') e della stazione (S) hanno le origini coincidenti nell'istante $t = 0$.
Gli assi y e y' all'istante $t = 0$ coincidono (nella figura sono leggermente staccati per chiarezza).

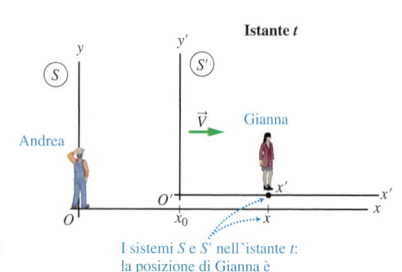

I sistemi S e S' nell'istante t: la posizione di Gianna è x' in S' e x in S.

Trasformazioni di Galileo della posizione (caso generale)

$$\vec{r}' = \vec{r} - \vec{V}t \quad \text{o in componenti} \quad \begin{cases} x' = x - V_x t \\ y' = y - V_y t \end{cases}$$

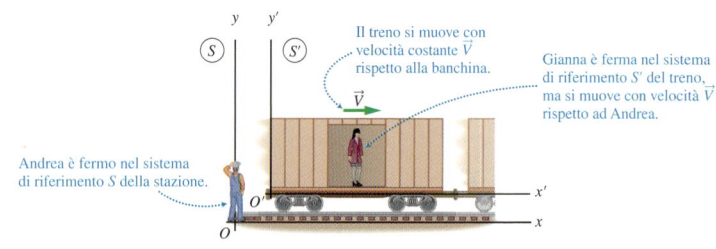

Il treno si muove con velocità costante $\vec{V}$ rispetto alla banchina.

Gianna è ferma nel sistema di riferimento S' del treno, ma si muove con velocità $\vec{V}$ rispetto ad Andrea.

Il sistema di riferimento S' è in moto con velocità costante $\vec{V}$ in una direzione qualunque rispetto al sistema S.

Andrea è fermo nel sistema di riferimento S della stazione.

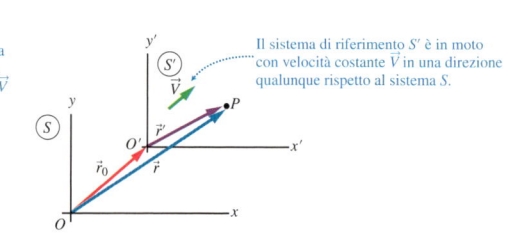

Le trasformazioni di Galileo della velocità sono le relazioni che legano le velocità di un corpo in due sistemi di riferimento inerziali S ed S' in moto con velocità costante $\vec{V}$ rispetto a S.

Trasformazioni di Galileo della velocità ($\vec{V}$ diretta lungo x)

$$\begin{cases} v'_x = v_x - V \\ v'_y = v_y \end{cases}$$

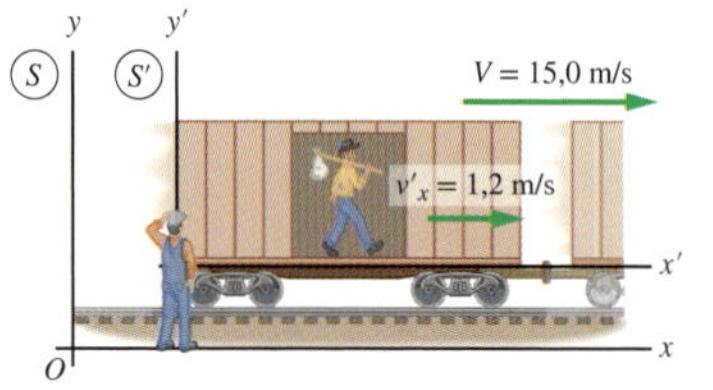

a) Il passeggero si muove verso la testa del treno.

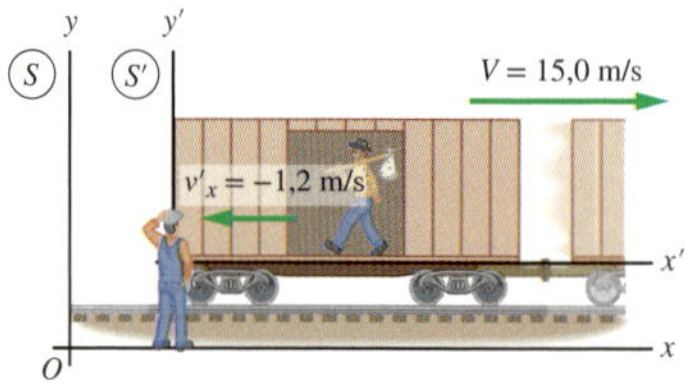

b) Il passeggero si muove verso la coda del treno.

Trasformazioni di Galileo della velocità (caso generale)

$$\vec{v}' = \vec{v} - \vec{V} \quad \text{o in componenti} \quad \begin{cases} v'_x = v_x - V_x \\ v'_y = v_y - V_y \end{cases}$$

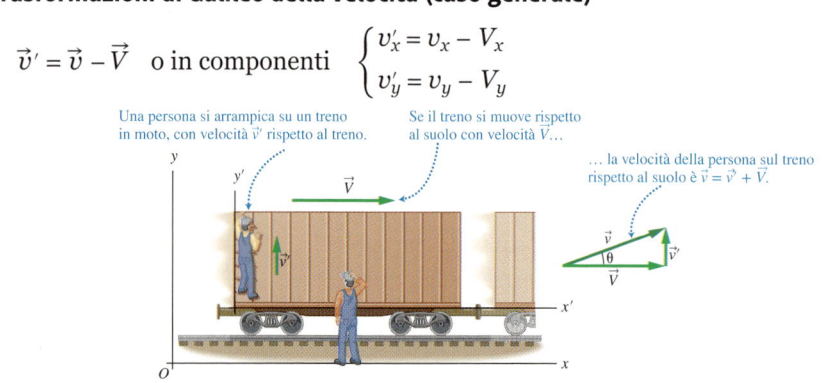

Una persona si arrampica su un treno in moto, con velocità $\vec{v}'$ rispetto al treno.

Se il treno si muove rispetto al suolo con velocità $\vec{V}$...

... la velocità della persona sul treno rispetto al suolo è $\vec{v} = \vec{v}' + \vec{V}$.

3 Il principio di relatività galileiano

La legge fondamentale della dinamica $\vec{F} = m\vec{a}$ non dipende dal sistema di riferimento.

Principio di relatività galileiano Le leggi della dinamica newtoniana hanno la stessa forma in tutti i sistemi di riferimento inerziali.

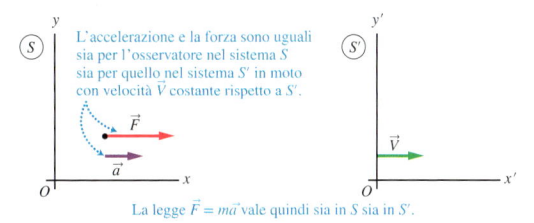

4 Sistemi non inerziali e forze apparenti

Nei sistemi di riferimento non inerziali compaiono delle **forze apparenti**, o fittizie, F_{app}, così chiamate perché non sono forze reali, ma sono dovute unicamente alla non inerzialità del sistema di riferimento; tali forze dipendono dall'accelerazione di questo sistema rispetto a un qualunque sistema di riferimento inerziale.

Sistema in moto relativo rettilineo accelerato Nel sistema accelerato si manifesta una forza apparente; l'osservatore in questo sistema non inerziale può applicare il secondo principio della dinamica:

$$\vec{F}_{app} = -m\vec{a}_r$$

dove $\vec{a}_r$ è l'accelerazione del sistema non inerziale rispetto a un sistema inerziale.

Peso apparente Un ascensore in accelerazione o in decelerazione è un sistema non inerziale. Un corpo in un ascensore che accelera o decelera ha un peso apparente diverso dal suo peso vero.

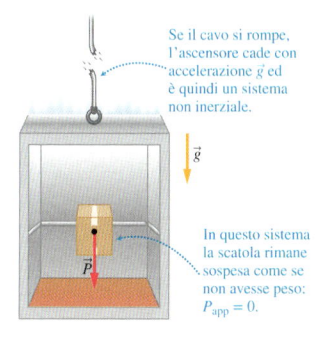

5 Forze apparenti nei sistemi rotanti

Forza centrifuga Un osservatore che si trova su una piattaforma in moto rotatorio uniforme con velocità angolare ω avverte una forza che lo spinge verso l'esterno e, per rimanere fermo, deve sfruttare l'attrito con il pavimento. Tale forza, che è apparente, è la forza centrifuga, il cui modulo è:

$$F_{cf} = \frac{mv^2}{r} = m\omega^2 r$$

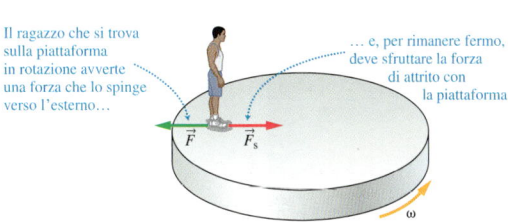

Forza di Coriolis In un sistema di riferimento rotante esiste un'altra forza apparente, che agisce sugli oggetti *in moto* rispetto al sistema rotante. Tale forza è detta **forza di Coriolis** e fa deviare l'oggetto verso destra se il sistema di riferimento ruota in senso antiorario, verso sinistra se il sistema ruota in senso orario.

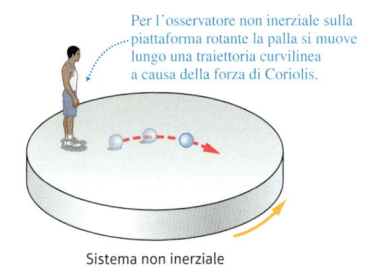

ESERCIZI E PROBLEMI

1-2-3 Moti relativi, le trasformazioni di Galileo, il principio di relatività galileiano

1 Un oggetto è visto a riposo da un osservatore solidale a un sistema S e in moto uniforme da un altro osservatore solidale a un sistema S'.
Che cosa si può dire dei due sistemi?
- [A] Entrambi i sistemi sono inerziali.
- [B] Entrambi i sistemi sono non inerziali.
- [C] S è inerziale e S' non lo è.
- [D] S non è inerziale e S' lo è.

2 Quale delle seguenti grandezze cambia il suo valore nelle trasformazioni di Galileo?
- [A] L'accelerazione.
- [B] La massa.
- [C] La velocità.
- [D] Il tempo.

3 Jonathan e Nick sono a Londra e stanno viaggiando su un bus a due piani. Jonathan si trova al piano superiore e Nick al piano inferiore. Giunto alla fermata di Piccadilly il bus frena; in quel momento Jonathan lascia cadere dal finestrino una mela che aveva in mano e chiede a Nick, che si trova esattamente 2 m sotto di lui, di afferrarla. La mela cadrà:
- [A] esattamente nella mano di Nick.
- [B] leggermente spostata dalla mano di Nick, nel verso del moto del bus.
- [C] leggermente spostata dalla mano di Nick, nel verso opposto a quello del moto del bus.
- [D] in nessuno dei modi precedenti.

4 Mara si trova all'interno di un ascensore fermo e lascia cadere una moneta; la moneta raggiunge il pavimento dell'ascensore in un tempo t_1. In seguito, l'ascensore si mette in movimento verso l'alto con velocità costante e Mara lascia cadere dalla stessa altezza un'altra moneta; questa volta la moneta cade in un tempo t_2. Che cosa si può dire di t_1 e t_2?
- [A] Nulla se non si conosce la velocità dell'ascensore.
- [B] $t_1 < t_2$
- [C] $t_1 = t_2$
- [D] $t_1 > t_2$

5 Verso opposto
Due treni A e B viaggiano su binari paralleli in verso opposto; il treno A viaggia alla velocità di 100 km/h rispetto al suolo e il treno B viaggia alla velocità di 190 km/h rispetto ad A. Calcola la velocità del treno B rispetto al suolo. [−90 km/h]

6 Stesso verso
Due treni A e B viaggiano su binari paralleli nello stesso verso; il treno A viaggia alla velocità di 100 km/h rispetto al suolo e il treno B viaggia alla velocità di 30 km/h rispetto ad A. Calcola la velocità del treno B rispetto al suolo. [130 km/h]

7 La velocità secondo Giulia
Giulia sta correndo verso destra alla velocità di 5 m/s. Due suoi amici fermi sulla strada lanciano verso di lei le palle 1 e 2 con una velocità di 10 m/s, come mostrato in figura. Secondo Giulia, qual è la velocità delle due palle?

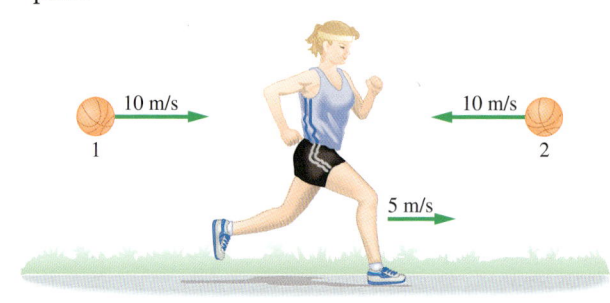

8 La velocità secondo gli amici di Giulia
Giulia sta correndo verso destra alla velocità di 5 m/s. Due suoi amici fermi sulla strada lanciano verso di lei le palle 1 e 2, come mostrato in figura. Secondo Giulia le due palle si muovono con una velocità di 10 m/s. Per gli amici di Giulia, qual è la velocità delle due palle?

9 Sotto l'ombrello
Colto di sorpresa da un intenso temporale mentre era a passeggio, Carlo corre con il suo ombrello verso la fermata del tram alla velocità di 3,0 m/s. Se le gocce di pioggia cadono verticalmente con una velocità approssimativamente costante di 10 m/s, di quanti gradi rispetto alla verticale deve inclinare l'ombrello per non bagnarsi? [17°]

10 Sotto l'ombrello... con il vento

Supponi che, nel problema precedente, le gocce siano trasportate da un vento di 8,0 m/s, contrario al verso in cui corre Carlo. Quale dovrà essere in questo caso l'inclinazione dell'ombrello? [48°]

11 MATH+ PROBLEMA SVOLTO

Sara è a bordo di un treno che viaggia su un binario rettilineo con velocità costante V; all'improvviso una gomma cade dalle sue mani, da un'altezza h rispetto al pavimento della carrozza. Melissa è ferma a terra e in linea con Sara nel momento in cui la gomma sfugge dalle sue mani.

La traiettoria seguita dalla gomma è espressa dalle seguenti funzioni:

$$y = -\frac{1}{2}\frac{g}{9{,}0 \cdot 10^2 \,(m/s)^2} x^2 + 0{,}78 \ (m)$$

nel sistema di riferimento solidale con Melissa;

$$x = 0$$

nel sistema di riferimento solidale con Sara.

Calcola in quale punto della carrozza la gomma tocca il pavimento, dal punto di vista di Sara e dal punto di vista di Melissa.

SOLUZIONE

Sara è in un sistema di riferimento in moto rettilineo e uniforme, dunque inerziale; quindi vedrà la gomma percorrere una traiettoria rettilinea coincidente con un segmento verticale. Pertanto, Sara vedrà la gomma cadere ai suoi piedi.

Per Melissa, Sara e la gomma stanno percorrendo inizialmente una traiettoria rettilinea con velocità V. Quindi la traiettoria della gomma sarà data dalla composizione di questo moto rettilineo e uniforme orizzontale e di quello uniformemente accelerato verticale.

L'equazione della traiettoria è quella di una parabola e da essa puoi ricavare tutti i dati di interesse:
- il termine noto 0,78 m rappresenta l'altezza h da cui cade la gomma;
- il denominatore del primo termine, $9{,}0 \cdot 10^2 \,(m/s)^2$, rappresenta il quadrato della velocità iniziale della gomma, cioè la velocità del treno V, che sarà allora 30 m/s.

Puoi scrivere allora la legge oraria:

$$h = \frac{1}{2}gt^2$$

e ricavare il tempo di volo della gomma:

$$t = \sqrt{\frac{2h}{g}}$$

La gomma tocca il pavimento a una distanza d dal punto in cui è stata lasciata cadere. Utilizzando l'espressione trovata per t puoi calcolare d:

$$d = Vt = V\sqrt{\frac{2h}{g}} = (30 \text{ m/s})\sqrt{\frac{2(0{,}78 \text{ m})}{(9{,}81 \text{ m/s}^2)}} = 12 \text{ m}$$

12 Rifornimento in volo

La fotografia seguente mostra un aereo mentre si appresta a rifornire di carburante due caccia in volo. Se la velocità dell'aereo rispetto al terreno è di 125 m/s verso est, qual è la velocità dei caccia che vengono riforniti:
a. rispetto al terreno?
b. rispetto all'aereo?
[a. 125 m/s verso est; b. zero]

13 Velocità relative

Mentre un aereo rulla sulla pista alla velocità di 16,5 m/s, un'assistente di volo si dirige verso la coda dell'aereo con una velocità di 1,22 m/s. Qual è la velocità dell'assistente di volo rispetto alla pista? [15,3 m/s]

14 Attraversare un fiume

Con riferimento al *Problem solving 2* della teoria, calcola il tempo che la barca impiega per raggiungere la sponda opposta, se il fiume è largo 35 m. [6,4 s]

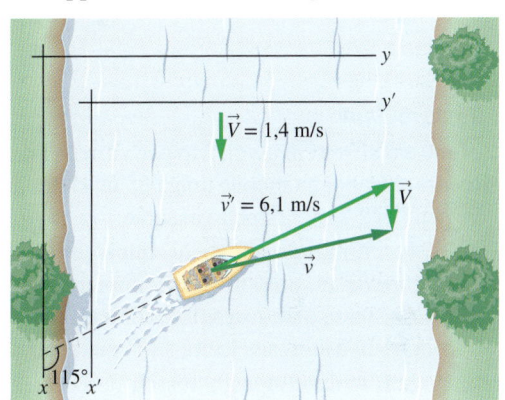

15 Acqua-scooter 1

Immagina di guidare un acqua-scooter, con un angolo di 35° controcorrente, su un fiume che scorre a una velocità di 2,8 m/s. Se la tua velocità rispetto alla riva è di 9,5 m/s con un angolo di 20° controcorrente, qual è la velocità dell'acqua-scooter rispetto all'acqua? (Gli angoli sono misurati rispetto alla perpendicolare alla sponda). [11 m/s]

16 Acqua-scooter 2

Immagina di guidare un acqua-scooter su un fiume che scorre a una velocità di 2,8 m/s; l'acqua-scooter si muove a una velocità di 12 m/s rispetto all'acqua.
a. Secondo quale direzione devi dirigere l'acqua-scooter se la tua velocità rispetto alla riva deve essere perpendicolare alla sponda del fiume?
b. Se aumenti la velocità dello scooter rispetto all'acqua, l'angolo determinato nel punto **a.** aumenta, diminuisce o rimane lo stesso? Giustifica la risposta.
[a. 13°]

17 Stabilisci la rotta

Il pilota di un aereo vuole fare rotta verso nord, ma c'è un forte vento di maestrale che soffia verso est a 65 km/h.

a. Qual è la direzione lungo la quale il pilota deve dirigere l'aereo se la sua velocità di crociera rispetto all'aria è pari a 340 km/h?

b. Se il pilota decidesse di diminuire la velocità del velivolo rispetto all'aria, ma volesse continuare a fare rotta verso nord, l'angolo ricavato al punto a. aumenterebbe o diminuirebbe? Motiva la risposta.

[a. 11° da nord a ovest]

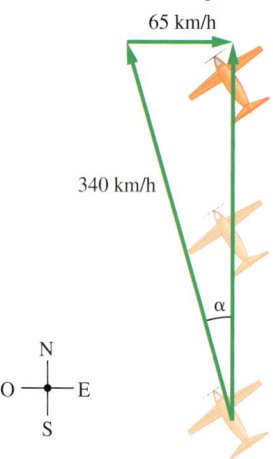

18 Tapis roulant

Mentre ti affretti in aeroporto per salire sul tuo volo, incontri una pedana mobile lunga 85 m, che si muove alla velocità di 2,2 m/s rispetto al suolo.

a. Se, camminando sul suolo, impieghi 68 s per percorrere 85 m, quanto tempo impiegherai a percorrere la stessa distanza sulla pedana? Assumi di camminare alla stessa velocità sulla pedana e sul suolo.

b. Quanto tempo impiegheresti a percorrere gli 85 m della pedana se, una volta salito su di essa, ti voltassi immediatamente dall'altra parte e cominciassi a camminare nella direzione opposta con una velocità di 1,3 m/s rispetto alla pedana? [a. 25 s; b. 94 s]

19 MATH+ Punti di vista diversi

Monica è su una nave che si sta muovendo lungo il molo di un porto, alla velocità di 2 m/s, verso Oriana che si trova all'estremità del molo. Monica cammina sulla tolda con una velocità di 1,5 m/s diretta da poppa a prua. A un certo istante, che puoi considerare come istante iniziale, Monica si trova a una distanza di 45 m dalla prua della nave e a 200 m da Oriana.

a. Assumendo la posizione di Oriana come origine, scrivi l'equazione del moto di Monica dal punto di vista di Oriana.

b. Assumendo poi la posizione di Monica come origine, scrivi l'equazione del moto di Oriana dal punto di vista di Monica.

In entrambi i casi considera come verso positivo quello che va da Monica a Oriana.

c. Determina, infine, a che distanza da Oriana si troverà Monica quando avrà raggiunto la prua della nave. [c. 95 m]

20 In attesa al porto

Lucia cammina da un'estremità a un'altra di un traghetto che sta attraccando. La velocità di Lucia è 1,50 m/s in direzione nord rispetto a Silvia, che è seduta a prendere il sole sul traghetto, e 4,30 m/s in direzione 30° da nord verso est rispetto a Marco, che aspetta sulla banchina del porto. Qual è la velocità del traghetto rispetto a Marco? [3,09 m/s, 46,0°]

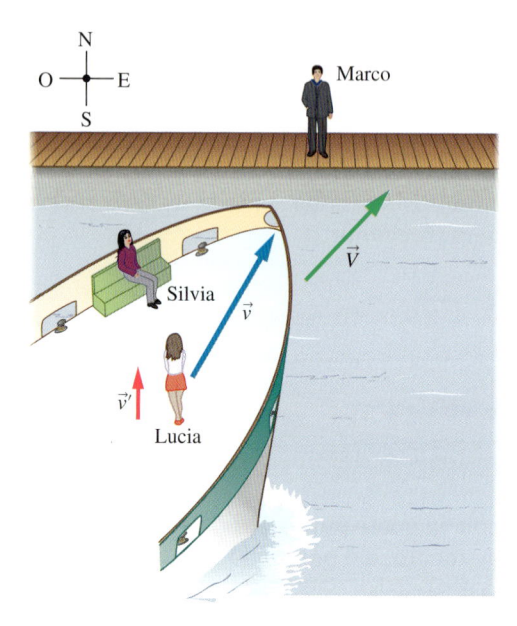

4-5 Sistemi inerziali e forze apparenti, forze apparenti nei sistemi rotanti

21 Bradamante è sbalzata di sella dall'Ippogrifo che si ferma improvvisamente. Ciò è dovuto:
- A all'inerzia dell'Ippogrifo.
- B all'inerzia di Bradamante.
- C alla perdita dell'equilibrio.
- D alla grande massa dell'Ippogrifo.

22 Sei in piedi su una bilancia all'interno di un ascensore che si muove verso l'alto a velocità costante. Il peso indicato da questa bilancia:
- A non può essere determinato se non si conosce la velocità dell'ascensore.
- B è lo stesso di quando l'ascensore è fermo.
- C è maggiore di quando l'ascensore è fermo.
- D è minore di quando l'ascensore è fermo.

23 Gli oggetti all'interno dei satelliti orbitanti sono apparentemente privi di peso perché:
- A sono troppo lontani dalla Terra per sentire la forza gravitazionale.
- B la forza gravitazionale è bilanciata da una forza centrifuga diretta verso l'esterno.
- C la forza gravitazionale è bilanciata da una forza centripeta.
- D sia gli oggetti sia il satellite sono in caduta libera verso la Terra.

24 Aladino sottrae dalla casa del sultano un piccolo forziere di peso *P*, colmo di pietre preziose, e fugge saltando giù da un balcone. Mentre salta sente che il forziere esercita sulle sue braccia una forza pari a:
- A *P*
- B 3*P*
- C 1,5*P*
- D 0

25 Quale fra i seguenti schemi del corpo libero rappresenta le forze che agiscono su un astronauta in orbita a velocità angolare costante intorno alla Terra?

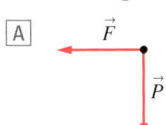

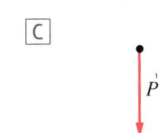

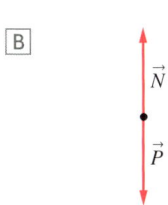

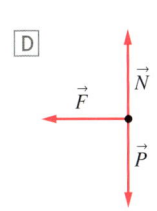

26 Laura è in un ascensore, su una bilancia a molla che indica un valore maggiore della sua massa reale. Ciò potrebbe essere dovuto al fatto che l'ascensore si sta muovendo:
- A verso l'alto a velocità crescente.
- B verso l'alto a velocità costante.
- C verso l'alto a velocità decrescente.
- D verso il basso a velocità crescente.

27 Un piano inclinato con angolo di inclinazione θ, liscio e di lunghezza *l*, è posto all'interno di un ascensore che sta accelerando verso il basso con un'accelerazione *a* < *g*. Un corpo, inizialmente fermo sulla sommità del piano, è libero di scorrere sul piano inclinato. Quanto tempo impiegherà il corpo per percorrere tutto il piano?
- A $\sqrt{\dfrac{2l}{g}}$
- B $\sqrt{\dfrac{2l}{g+a}}$
- C $\sqrt{\dfrac{2l}{g-a}}$
- D $\sqrt{\dfrac{2l}{(g-a)\,\text{sen}\,\theta}}$

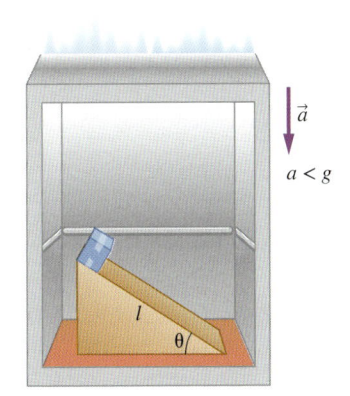

28 Giacomo sale su una bilancia posta all'interno di un ascensore. Il rapporto fra il peso di Giacomo quando l'ascensore è fermo e il suo peso quando l'ascensore accelera verso il basso è 1,5. L'accelerazione dell'ascensore è:
- A *g*/3
- B *g*/2
- C 0
- D *g*

29 Riccardo è fermo sul bordo di una piattaforma rotante.
- A Su di lui agisce la forza di Coriolis perché è su una piattaforma rotante.
- B Su di lui agisce una forza centrifuga, apparente, ma non una forza di Coriolis perché è fermo rispetto alla piattaforma.
- C Su di lui agiscono una forza di Coriolis e una forza centrifuga perché è in un sistema di riferimento non inerziale.
- D Nessuna delle risposte precedenti è corretta.

30 Rossana è in cima a una torre posta all'equatore e lascia cadere un sasso in verticale. Il sasso toccherà terra:
- A esattamente ai piedi della torre.
- B a est della torre per effetto della forza di Coriolis.
- C a ovest della torre per effetto della forza di Coriolis.
- D a est della torre per effetto della forza centrifuga dovuta alla rotazione terrestre.

31 Un aereo sta volando, lungo un meridiano, verso l'equatore.
- A Se l'aereo proviene da nord sentirà una forza di Coriolis che lo sposta verso est.
- B Se l'aereo proviene da nord sentirà una forza di Coriolis che lo sposta verso ovest.
- C Se l'aereo proviene da sud sentirà una forza di Coriolis che lo sposta verso est.
- D L'aereo non sentirà alcuna forza di Coriolis perché vola a un'altezza costante.

32 Quando una massa d'aria si sposta da una zona a pressione maggiore verso una a pressione minore si creano dei vortici che, nell'emisfero boreale, girano in verso antiorario e in quello australe in verso orario.
Ciò è dovuto:
- A principalmente alla forza centrifuga percepita dalle masse d'aria.
- B principalmente alla forza di Coriolis percepita dalle masse d'aria.
- C in misura uguale alle due forze apparenti percepite.
- D a nessuna delle due forze percepite.

33 Il peso dell'astronauta
Supponi che un razzo venga lanciato con un'accelerazione di 30,5 m/s². Qual è il peso apparente di un astronauta di massa 92 kg a bordo di questo razzo?

[3,7 kN]

34 Una bilancia nella tempesta

Sulla prua di una nave che viaggia nel mare in tempesta, un marinaio conduce un esperimento che consiste nello stare in piedi su una bilancia pesapersone. In acque calme la bilancia segna 81,65 kg, mentre durante la tempesta il marinaio rileva una lettura massima di 102,06 kg e una minima di 62,60 kg. Calcola la massima accelerazione verso l'alto e la massima accelerazione verso il basso rilevata dal marinaio.

[2,5 m/s²; −2,3 m/s²]

35 PROBLEMA SVOLTO

Se ti pesi in casa, la tua bilancia indica 76,66 kg. Se ti pesi in un ascensore in movimento la bilancia segna 64,41 kg. Quali sono il modulo e il verso dell'accelerazione dell'ascensore?

SOLUZIONE

La bilancia è tarata in kilogrammi, ma non misura masse bensì pesi, quindi una massa $m_1 = 76{,}66$ kg significa in realtà un peso $P_1 = m_1 g$ e una massa $m_2 = 64{,}41$ kg significa in realtà un peso $P_2 = m_2 g$.
Applica la seconda legge della dinamica considerando la forza peso che agisce su di te e la forza normale esercitata su di te dal pavimento, che misuri con la bilancia:

$$m_1 a = P_1 - P_2 \rightarrow m_1 a = (m_1 - m_2) g$$

Ricava l'accelerazione:

$$a = \frac{(m_1 - m_2) g}{m_1} = \frac{(76{,}66 \text{ kg} - 64{,}41 \text{ kg})(9{,}81 \text{ m/s}^2)}{76{,}66 \text{ kg}} =$$
$$= 1{,}57 \text{ m/s}^2$$

Questa accelerazione è positiva e quindi diretta verso il basso.

36 Esperimento in ascensore

In un esperimento di fisica, sali su una bilancia pesapersone situata in un ascensore. Sebbene il tuo peso normale sia di 610 N, la bilancia al momento segna 730 N.
a. L'accelerazione dell'ascensore è verso l'alto, verso il basso oppure è nulla? Giustifica la risposta.
b. Calcola il modulo dell'accelerazione dell'ascensore.
c. Puoi dire qualcosa sulla velocità dell'ascensore?

[b. 1,99 m/s²]

37 La forza di Elena sul pavimento dell'ascensore

Determina il modulo della forza esercitata da Elena, la cui massa è 50 kg, sul pavimento di un ascensore nei seguenti casi:
a. l'ascensore è fermo;
b. l'ascensore sale con velocità costante $v = 1$ m/s;
c. l'ascensore scende con velocità costante $v = 1$ m/s;
d. l'ascensore sale con accelerazione costante $a = 2$ m/s²;
e. l'ascensore scende con accelerazione costante $a = 2$ m/s².

[a. 490 N; b. 490 N; c. 490 N; d. 590 N; e. 390 N]

38 IN ENGLISH

A lift is descending with acceleration 3.0 m/s² as shown in the figure. If the mass of the block A is 1.0 kg, what is the normal force applied by block A on block B? [6.8 N]

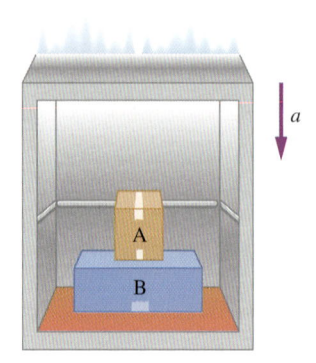

39 MATH Al buio!

Una lampada di massa 5,00 kg è appesa al soffitto di un ascensore di massa 600 kg. L'ascensore è accelerato verso l'alto da una forza costante di 6860 N e la lampada si trova a 2,00 m dal pavimento dell'ascensore.
a. Calcola l'accelerazione dell'ascensore.
b. Con i dati del problema esprimi la tensione T del cavo che regge la lampada in funzione dell'accelerazione a dell'ascensore e tracciane il grafico.
c. Qual è il valor minimo di T? A quale caratteristica del grafico tracciato nel punto b. corrisponde la massa della lampada?

A un certo punto il cavo si spezza e la lampada cade a terra. Calcola:
d. l'accelerazione dell'ascensore immediatamente dopo che si è rotto il cavo che regge la lampada;
e. il tempo impiegato dalla lampada a cadere sul pavimento dell'ascensore.

[a. 1,53 m/s²; c. 49,0 N; d. 1,62 m/s²; e. 0,59 s]

40 Bucato

Una lavatrice ha il cestello di diametro 50,0 cm. Quale forza centrifuga sperimenta un carico di massa 3,5 kg durante il programma di centrifuga a 1600 giri/min?

[25 kN]

41 BIO Forza centrifuga sulla molecola

Le provette di una ultracentrifuga che ruota a 1000 giri al secondo contengono un liquido nel quale sono sospese delle molecole con massa dell'ordine di 10^{-22} kg. Se una di queste molecole si trova a 0,1 m dal centro di rotazione, quanto vale la forza centrifuga che agisce su di essa?

[$4 \cdot 10^{-16}$ N]

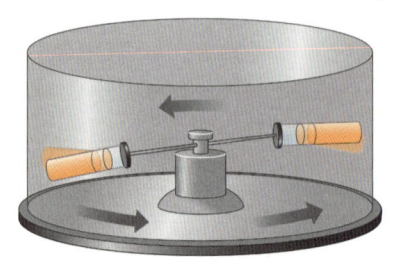

ESERCIZI DI RIEPILOGO

RAGIONA E RISPONDI

1 Un bambino cavalca un pony che si muove a velocità costante. A un tratto il bambino si sbilancia da un lato e una palla di gelato cade dal cono che sta mangiando. Descrivi la traiettoria del gelato che cade, dal punto di vista:
a. del bambino;
b. dei suoi genitori che si trovano a terra nelle vicinanze.

2 Guidando in autostrada, ti trovi davanti un camion carico di pomodori. Mentre segui il camion da vicino, mantenendo la sua stessa velocità, improvvisamente un pomodoro cade dalla parte posteriore del camion. Supponendo che tu continui a muoverti con la stessa velocità, il pomodoro colpirà la tua auto o cadrà sulla strada?

3 Se hai esperienza di vela saprai che il vento sembra essere più forte quando veleggi controvento piuttosto che quando veleggi sottovento. Motiva l'affermazione.

4 La pioggia cade verticalmente e tu corri alla ricerca di un riparo. Per bagnarti di meno devi tenere l'ombrello verticale, inclinato in avanti o inclinato all'indietro? Motiva la risposta.

5 L'agente 007 è inseguito dai sicari della Spectre e deve attraversare un fiume con una forte corrente, utilizzando una barca a motore, nel minor tempo possibile. In quale direzione gli conviene indirizzare la prua?

6 Le trasformazioni di Galileo possono essere usate qualunque sia il movimento relativo fra i due osservatori?

7 Nelle trasformazioni di Galileo il tempo dipende dal sistema di riferimento?

8 Una gabbia per uccelli, con un pappagallo al suo interno, è appesa a una bilancia. Il pappagallo a un certo punto salta su un trespolo più in alto. Che cosa indica la bilancia:
a. nell'istante in cui il pappagallo salta?
b. quando il pappagallo è in aria, tra un trespolo e l'altro?
c. quando il pappagallo atterra sul secondo trespolo?
Ipotizza che la bilancia risponda rapidamente, in modo da dare una lettura accurata in ogni istante.

9 Sei in un ascensore che si muove verso l'alto con velocità costante e inizi una partita a freccette. Devi modificare il modo di giocare rispetto al solito? Giustifica la risposta.

10 Quale sarebbe l'effetto della forza di Coriolis se un velivolo in volo dal polo Nord all'equatore volesse seguire la linea di un meridiano?

RISPONDI AI QUESITI

11 Tarzan vuole raggiungere Jane che si trova sull'altra sponda di un fiume esattamente di fronte a lui. Si getta nell'acqua e nuota a 2 ms^{-1}. Egli stima di dover nuotare controcorrente a 22° come si vede nella figura. Nuotando in questo modo, raggiunge l'altra sponda in 2 minuti. Quanto è largo il fiume?
A 100 m
B 220 m
C 350 m
D 450 m
E 510 m

[Olimpiadi della Fisica 2010, Gara di I livello]

12 Un ascensore sta scendendo alla velocità di 3,8 ms^{-1}. In prossimità del piano di arrivo viene frenato e rallenta con accelerazione costante di 1,5 ms^{-2}. Che cosa indica, all'incirca, una bilancia sulla quale è salita una persona di 55 kg, che si trova nell'ascensore mentre questo sta frenando?
A 330 N
B 450 N
C 540 N
D 620 N
E 750 N

[Olimpiadi della Fisica 2012, Gara di I livello]

13 Una persona sale su una bilancia posta in un ascensore fermo e osserva che la bilancia segna un valore di 80 kg. Quando l'ascensore inizia a salire con un'accelerazione di $g/10$, dove g è l'accelerazione di gravità, quanto vale la massa della persona?
A 72 kg
B 78 kg
C 80 kg
D 82 kg
E 88 kg

[Olimpiadi della Fisica 2018, Gara di I livello]

RISOLVI I PROBLEMI

14 La velocità delle gocce di pioggia

Il passeggero di un autobus nota che, quando il mezzo è fermo, fuori del suo finestrino la pioggia sta cadendo verticalmente. Quando l'autobus si muove con velocità costante il passeggero osserva che le gocce d'acqua cadono secondo un angolo di 15° rispetto alla verticale.
a. Qual è il rapporto fra la velocità delle gocce di pioggia e quella dell'autobus?
b. Calcola la velocità delle gocce di pioggia sapendo che la velocità dell'autobus è 18 m/s. [a. 3,7; b. 67 m/s]

15 MATH⁺ Verso la punta o verso la coda?

Due uomini eseguono un esperimento. Michele si muove trasportato da un carrello attaccato a un treno che viaggia a 8,35 m/s su una rotaia dritta e orizzontale; Corrado è fermo a terra vicino alla rotaia. Quando Michele lancia la palla con un angolo iniziale di 65,0° al di sopra dell'orizzontale, rispetto al suo punto di vista, Corrado vede la palla salire diritta verso l'alto e poi cadere in un punto a terra.
a. Disegna il diagramma vettoriale della composizione delle tre velocità (V, v', v).
b. Michele ha lanciato la palla verso la punta o verso la coda del treno? Giustifica la risposta.
Applicando le leggi della trigonometria al diagramma vettoriale, calcola:
c. la velocità iniziale del lancio di Michele;
d. la velocità iniziale della palla vista da Corrado.

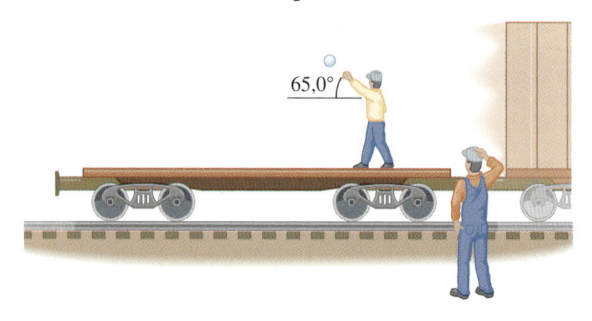

[c. 19,8 m/s; d. 17,9 m/s]

16 MATH⁺ Velocità relative di due aerei

Due aerei rullano sulla pista, mentre si avvicinano al terminal. Il primo aereo si muove con una velocità di modulo 12 m/s verso nord. Il secondo aereo procede invece con una velocità di modulo 7,5 m/s in una direzione inclinata di 20° a nord rispetto a ovest.
Assumi un sistema di riferimento (xOy) tale che il nord coincida con il verso positivo dell'asse y e l'est con il verso positivo dell'asse x, con $\hat{x}$ e $\hat{y}$ i versori degli assi:
a. scrivi i vettori velocità del primo aereo $\vec{v_1}$ e velocità del secondo aereo $\vec{v_2}$ utilizzando i versori degli assi;
b. scrivi il vettore velocità relativa $\vec{v_{12}} = \vec{v_1} - \vec{v_2}$ del primo aereo rispetto al secondo utilizzando i versori degli assi;
c. calcola modulo e direzione della velocità del secondo aereo rispetto al primo.

[c. 12 m/s; 53° a sud rispetto a ovest]

17 La velocità del surfista

Supponi di orientare l'asse x di un sistema di riferimento bidimensionale lungo la spiaggia di Waikiki (famosa per le sue onde adatte allo sport del surf). Le onde si avvicinano alla riva con una velocità $V_y = 1,3$ m/s. I surfisti si muovono più rapidamente delle onde, ma in una direzione che forma un certo angolo θ rispetto alla spiaggia. L'angolo è scelto in modo che i surfisti si avvicinino a riva con la stessa velocità delle onde.
a. Se un surfista ha una velocità di modulo $v = 7,2$ m/s rispetto alla spiaggia, qual è la direzione del suo moto rispetto alla direzione positiva dell'asse x?
b. Qual è la velocità del surfista rispetto alle onde?
c. Se il modulo della velocità del surfista aumenta, l'angolo calcolato al punto a. aumenta o diminuisce? Giustifica la risposta.

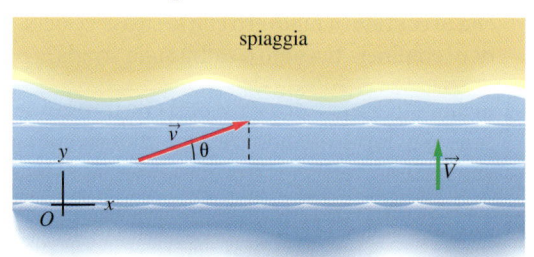

[a. 10°; b. $v'_x = 7,1$ m/s; $v'_y = 0$ m/s]

18 MATH⁺ Rotta di collisione

Un'utile regola della navigazione stabilisce che, se la direzione di una barca rispetto a un'altra rimane costante, le due imbarcazioni sono in rotta di collisione. Considera le due barche mostrate in figura. Al tempo $t = 0$ la barca 1 è nella posizione (X ; 0) e si muove nella direzione positiva dell'asse y; la barca 2 si trova nella posizione (0 ; Y) e si muove nella direzione positiva dell'asse x. Il modulo della velocità della barca 1 è v_1.
a. Quale velocità deve avere la barca 2 perché le due imbarcazioni si scontrino nel punto (X ; Y)?
b. Assumendo che la barca 2 abbia la velocità calcolata in a., determina il vettore spostamento della barca 2 rispetto alla barca 1, $\Delta \vec{r} = \vec{r_2} - \vec{r_1}$.
c. Utilizzando il risultato della domanda b., dimostra che $(\Delta r)_y/(\Delta r)_x = -Y/X$, indipendentemente dal tempo. In questo modo si dimostra che $\Delta \vec{r} = \vec{r_2} - \vec{r_1}$ ha direzione costante fino alla collisione, come indicato dalla regola.

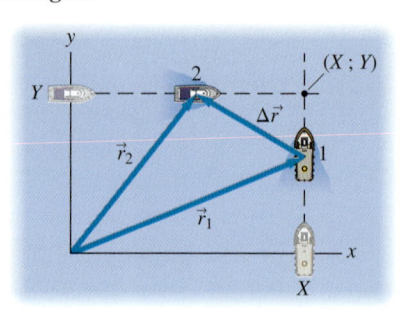

$\left[\textbf{a. } v_2 = v_1 \dfrac{X}{Y}; \textbf{b. } \Delta r_x = v_1 \dfrac{X}{Y} t - X; \Delta r_y = Y - v_1 t \right]$

19 In attesa sul molo

Giulia e Martina remano su due barche che si avvicinano a un approdo. La velocità di Giulia misurata da Martina è 2,15 m/s in direzione 47,0° da nord verso est. Leonardo, che si trova sul molo, stabilisce, invece, che la velocità di Giulia è 0,775 m/s in direzione nord. Qual è la velocità (in modulo e direzione) di Martina misurata da Leonardo?

[1,72 m/s; 66,2° da sud verso ovest]

20 Chi arriva primo?

Mattia e Francesco conducono attraverso un fiume due moto d'acqua identiche, in grado di produrre la stessa velocità rispetto all'acqua. Mattia dirige la moto verso la sponda opposta ed è trascinato a valle dalla corrente. Francesco dirige il suo mezzo in direzione opposta a quella della corrente, in modo da formare un angolo di 35° con la perpendicolare alla sponda, e approda sulla riva opposta in una posizione frontale rispetto a quella di partenza.

a. Chi dei due impiegherà meno tempo ad attraversare il corso d'acqua?
b. Calcola il rapporto fra i tempi impiegati da Mattia e da Francesco per attraversare il fiume.

[a. Mattia; b. 0,82]

21 MATH⁺ Troppi g!

Gli esseri umani perdono conoscenza se sottoposti ad accelerazioni prolungate di intensità maggiore di $7g$. Questo è un problema rilevante per i piloti dei jet a reazione, che possono subire accelerazioni centripete di questa intensità mentre compiono inversioni di rotta ad alta velocità.
Supponi che si voglia diminuire l'accelerazione centripeta di un jet modificando alcuni parametri di volo. Disponi le seguenti operazioni in ordine crescente di efficacia nel diminuire l'accelerazione centripeta:
A. ridurre il raggio di curvatura di un fattore 2;
B. ridurre la velocità di un fattore 3;
C. aumentare il raggio di curvatura di un fattore 4.

22 Senza peso all'equatore

A Quito, in Ecuador, vicino all'equatore, il tuo peso è circa 2 N di meno che a Barrow, in Alaska, vicino al polo Nord. Determina il periodo di rotazione della Terra che sarebbe necessario per farti sentire senza peso all'equatore.

[1 ora e 24 minuti]

23 MATH⁺ Il pendolo in ascensore

Un pendolo di lunghezza l è appeso al soffitto di un ascensore. Esprimi il periodo di questo pendolo se l'ascensore:
a. accelera verso l'alto con accelerazione a;
b. accelera verso il basso con un'accelerazione il cui modulo è minore di g.
Fornisci le risposte in funzione di l, g e a.
c. Nel caso in cui l'ascensore accelera verso l'alto, come varia il suo periodo se a diventa molto grande, se a diventa molto piccolo, e se a diventa uguale a g?

$$\left[\text{a. } T_1 = 2\pi\sqrt{\frac{l}{g+a}};\ \text{b. } T_2 = 2\pi\sqrt{\frac{l}{g-a}}\right]$$

24 MATH⁺ Quanto pesi sulla ruota panoramica?

a. Mentre giri su una ruota panoramica il tuo peso apparente è diverso a seconda che ti trovi nel suo punto più alto o nel suo punto più basso. Spiega perché.

Sapendo che il raggio della ruota è 7,2 m e che la tua massa è 55 kg:

b. esprimi il tuo peso apparente in funzione della velocità angolare ω della ruota, nel punto più alto della ruota e nel punto più basso della ruota;
c. traccia i grafici del P_{app} per ω ≥ 0;
d. se la ruota completa un giro ogni 28 s, calcola il valore di P_{app} nel punto più alto e nel punto più basso della ruota.

[d. $5{,}2 \cdot 10^2$ N nel punto più alto; $5{,}6 \cdot 10^2$ N nel punto più basso]

25 Gli astronauti in addestramento

Al fine di simulare l'assenza di peso, gli astronauti in addestramento vengono fatti volare in un loop verticale. Se i passeggeri non devono avvertire il loro peso, che velocità deve avere l'aereo nel punto più alto della traiettoria circolare se questa ha raggio di 2,50 km?

[157 m/s]

26 La molla in ascensore

Una bilancia a molla in un ascensore che sta accelerando indica un peso di 30,0 N per un oggetto di massa $m = 5{,}00$ kg. Calcola direzione, verso e modulo dell'accelerazione.

[verticale, verso il basso $a = 3{,}81$ m/s^2]

27 Mi peso in ascensore

Un ascensore sta scendendo con velocità di 3,8 m/s. In prossimità del piano di arrivo viene frenato con un'accelerazione costante di 1,5 m/s^2. Che cosa indica una bilancia sulla quale è salita una persona di 55,0 kg, che si trova all'interno dell'ascensore?

[622 N]

VERSO L'ESAME

PROBLEMA SVOLTO 1 — Il treno sotto la pioggia

▶ Moti rettilinei ▶ Vettori ▶ Moti relativi

Un treno viaggia a 10,0 m/s lungo un binario rettilineo, sotto una pioggia intensa spinta dal vento. Per un osservatore solidale con la terra la pioggia cade con una velocità, in modulo, di 2,00 m/s e forma un angolo $\theta = 30{,}0°$ con la verticale, come mostrato in figura.

1 Con quale velocità cade la pioggia e quale angolo forma con la verticale per un osservatore sul treno?

Dall'istante di tempo $t = 0$ s in poi, il treno accelera con un'accelerazione costante di 1,50 m/s^2.
Inoltre, al tetto del treno è appeso un pendolo semplice, costituito da un filo lungo 80,0 cm.

2 Quale angolo forma con la verticale il pendolo a riposo per un passeggero solidale con il treno e quanto vale il suo periodo di oscillazione?

All'istante di tempo $t = 3{,}00$ s la massa del pendolo, una pallina che si trova a 1,60 m dal suolo ed è in equilibrio, si stacca a causa della rottura improvvisa del filo.

3 Quanto valgono lo spostamento orizzontale della pallina durante la sua caduta per un passeggero a bordo e per un osservatore fermo a terra?

SOLUZIONE

1 Indicando con $\vec{v}_T$ la velocità del treno, $\vec{v}_P$ la velocità della pioggia rispetto alla terra e con $\vec{v}'_P$ la velocità della pioggia rispetto a un osservatore solidale con il treno, si ha:

$$\vec{v}'_P = \vec{v}_P - \vec{v}_T$$

La figura a lato mostra graficamente il significato della relazione vettoriale appena scritta.
Scomponiamo dapprima $\vec{v}_P$ nelle sue componenti cartesiane:

$$\begin{cases} v_{P,x} = v_P \cos 60{,}0° \\ v_{P,y} = -v_P \, \text{sen}\, 60{,}0° \end{cases}$$

Sottraiamo i vettori velocità per componenti:

$$\begin{cases} v'_{P,x} = v_{P,x} - v_{T,x} = v_P \cos 60{,}0° - v_T \\ v'_{P,y} = v_{P,y} - v_{T,y} = -v_P \, \text{sen}\, 60{,}0° - 0 \end{cases}$$

$$\begin{cases} v'_{P,x} = (2{,}00 \text{ m/s}) \cos 60{,}0° - 10{,}0 \text{ m/s} = -9{,}00 \text{ m/s} \\ v'_{P,y} = -(2{,}00 \text{ m/s}) \, \text{sen}\, 60{,}0° = -1{,}73 \text{ m/s} \end{cases}$$

Il modulo di $\vec{v}'_P$ è:

$$v'_P = \sqrt{(v'_{P,x})^2 + (v'_{P,y})^2} = \sqrt{(-9{,}00 \text{ m/s})^2 + (-1{,}73 \text{ m/s})^2} = 9{,}16 \text{ m/s}$$

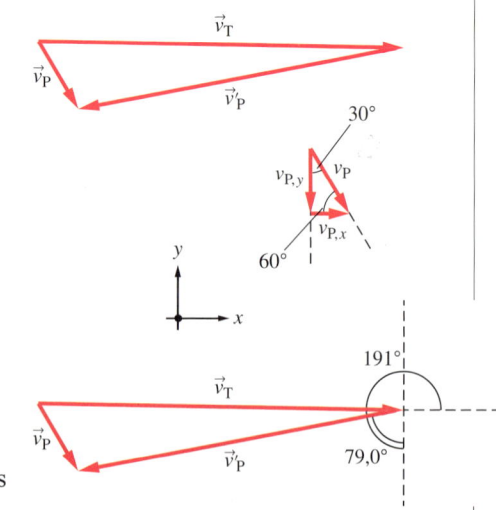

Invece l'angolo formato da $\vec{v}'_P$ con l'orizzontale è dato da:

$$\theta' = \text{tg}^{-1} \frac{v'_{P,y}}{v'_{P,x}} + 180° = \text{tg}^{-1} \frac{-1{,}73 \text{ m/s}}{-9{,}00 \text{ m/s}} + 180° = 191°$$

dove sono stati aggiunti 180° in quanto $v'_{P,x}$ è negativa. Infine, l'angolo formato con la verticale risulta pari a $270° - \theta' = 270° - 191° = 79{,}0°$.

> **COLLEGAMENTO** ▶▶
> Nel fascicolo LAB+
> **Con la Calcolatrice grafica**
> Il treno sotto la pioggia - Soluzione step by step

2 Per un passeggero solidale con il treno, il pendolo è fermo in equilibrio. In particolare, su di esso agiscono la tensione del filo, la forza peso e una forza apparente di modulo pari a ma_T e diretta nel verso opposto all'accelerazione del treno, come mostrato in figura.

L'angolo formato dal filo, e quindi dalla tensione, con la verticale è lo stesso che forma l'accelerazione risultante di $\vec{g}$ e $\vec{a}_T$, poiché la tensione annulla le altre due forze. Quindi:

$$\beta = \text{tg}^{-1}\frac{a_T}{g} = \text{tg}^{-1}\frac{1{,}50 \text{ m/s}^2}{9{,}81 \text{ m/s}^2} = 8{,}70°$$

Il modulo dell'accelerazione risultante di $\vec{g}$ e $\vec{a}_T$ è:

$$a_{\text{tot}} = \sqrt{a_T^2 + g^2} = \sqrt{(1{,}50 \text{ m/s}^2)^2 + (9{,}81 \text{ m/s}^2)^2} = 9{,}92 \text{ m/s}^2$$

per cui il periodo di oscillazione risulta:

$$T = 2\pi\sqrt{\frac{l}{a_{\text{tot}}}} = 2\pi\sqrt{\frac{0{,}800 \text{ m}}{9{,}92 \text{ m/s}^2}} = 1{,}78 \text{ s}$$

3 Poiché non vi è moto relativo lungo y, per entrambi gli osservatori, quello fermo a terra e quello dentro al treno, il moto lungo y è di caduta libera, per cui:

$$\Delta y = v_{o,y} t - \frac{1}{2}gt^2 = 0 - \frac{1}{2}gt^2$$

da cui ricaviamo il tempo di caduta:

$$t = \sqrt{-\frac{2\Delta y}{g}} = \sqrt{-\frac{2(-1{,}60 \text{ m})}{9{,}81 \text{ m/s}^2}} = 0{,}571 \text{ s}$$

Per quanto riguarda il moto lungo x, invece, un passeggero a bordo vede accelerare la massa, inizialmente ferma dal suo punto di vista, con un'accelerazione pari in modulo all'accelerazione del treno, ma opposta in direzione, per cui:

$$\Delta x' = v_{0,x}t + \frac{1}{2}(-a_T)t^2 = 0 - \frac{1}{2}(1{,}50 \text{ m/s}^2) \cdot 0{,}571^2 \approx -0{,}245 \text{ m}$$

che è negativo in quanto il passeggero vede la massa cadere indietro rispetto alla direzione del moto del treno.

Per trovare lo spostamento secondo un osservatore fermo a terra, calcoliamo dapprima la velocità del treno all'istante $t = 3{,}00$ s in cui inizia il moto della pallina:

$$v_{T,t} = v_{T,0} + a_T t = 10{,}0 \text{ m/s} + (1{,}50 \text{ m/s}^2) \cdot (3{,}00 \text{ s}) = 14{,}5 \text{ m/s}$$

Per un osservatore solidale con la terra, quando la pallina si stacca ha proprio la velocità orizzontale del treno in quell'istante, cioè 14,5 m/s. Inoltre, non essendo soggetta a forze orizzontali, il moto lungo x è uniforme, per cui lo spostamento si ottiene utilizzando il tempo di caduta calcolato precedentemente, che è indipendente dal sistema di riferimento utilizzato:

$$\Delta x = v_{T,t} t = (14{,}5 \text{ m/s}) \cdot 0{,}571 \text{ s} = 8{,}28 \text{ m}$$

PROVA TU Con riferimento al Problema svolto, supponi che il treno si muova a una velocità tale che per un passeggero a bordo la pioggia risulti perfettamente verticale.

1. Qual è la velocità del treno?

Il treno inizia quindi ad accelerare con un'accelerazione costante e si osserva che un pendolo fissato al soffitto rimane a riposo, formando un angolo di 20,0° con la verticale.

2. Qual è l'accelerazione del treno?

Mentre sta viaggiando a 20,0 m/s, il treno inizia a frenare con un'accelerazione costante di 1,20 m/s².

3. Quanto spazio percorre, per un osservatore fermo a terra, un viaggiatore che corre dentro al treno a 2,00 m/s da un estremo all'altro di un vagone lungo 30,0 m nella direzione del moto del treno?

[**1.** 1,73 m/s; **2.** 3,57 m/s²; **3.** 195 m]

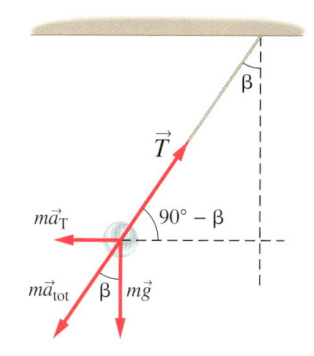

AUTOVERIFICA

Tempo a disposizione: **60 minuti**

SCEGLI LA RISPOSTA CORRETTA

1 Marco, seduto su un treno che viaggia a 108 km/h, vede Luca camminare a una velocità di 2 m/s in linea retta verso la coda del treno. Qual è la velocità di Luca rispetto ai binari?
- A 32,0 m/s
- B 28,0 m/s
- C 110 km/h
- D 106 km/h

2 Su un treno che viaggia a 10 m/s, un bambino, nell'istante in cui passa davanti a un osservatore a terra, lascia cadere dal finestrino una pallina, che impiega 0,45 s per arrivare al suolo. Quando la pallina tocca terra la sua distanza dall'osservatore a terra è:
- A 1,0 m
- B 4,6 m
- C 4,5 m
- D 5,5 m

3 Ilaria, il cui peso è 500 N, è in piedi su una bilancia a molla all'interno di un ascensore che si muove verso il basso e che sta rallentando. In queste condizioni quale valore indica la bilancia?
- A Più di 500 N
- B 500 N
- C Meno di 500 N
- D Non si può dire se non si conosce l'accelerazione.

4 Un corpo che cade in caduta libera all'equatore dalla cima di una torre atterra:
- A esattamente ai piedi della torre.
- B leggermente spostato nel verso della rotazione terrestre.
- C leggermente spostato nel verso opposto a quello della rotazione terrestre.
- D leggermente spostato nel verso perpendicolare alla rotazione terrestre.

RISOLVI I PROBLEMI

5 Una goccia di pioggia cade dall'altezza di 680 m con velocità costante di 18,5 m/s. Determina:
- **a.** il tempo e la velocità con cui la goccia arriva al suolo per un osservatore in moto rettilineo uniforme a 45,2 m/s perpendicolarmente al moto della goccia;
- **b.** il tempo e la velocità con cui la goccia arriva al suolo per un osservatore in moto rettilineo uniformemente accelerato con accelerazione di 2,10 m/s^2 perpendicolarmente al moto della goccia.

6 Utilizzando una fune legata al manico, fai oscillare un secchio d'acqua di 4,6 kg su un piano verticale, descrivendo una traiettoria circolare di raggio 1,3 m.
- **a.** Qual è la velocità minima che deve avere il secchio se vuoi fargli descrivere la circonferenza completa senza versare l'acqua?
- **b.** Come influisce la massa del secchio sulla velocità calcolata al punto precedente?

7 Gianni, che ha massa 80,0 kg, si trova a terra. Se, quando sale su un ascensore, il suo peso diventa 667 N, che cosa possiamo concludere sul moto dell'ascensore? Se è un moto accelerato, calcola modulo e verso dell'accelerazione.

RICHIAMI DAL PRIMO BIENNIO

Lavoro ed energia

Il lavoro

Lavoro di una forza costante

Il **lavoro** L di una forza costante (in modulo e direzione) $\vec{F}$ è definito come il prodotto della componente della forza nella direzione dello spostamento, $F\cos\theta$, per il modulo dello spostamento, s **(fig. 1)**:

$$L = (F\cos\theta)\, s = Fs\cos\theta$$

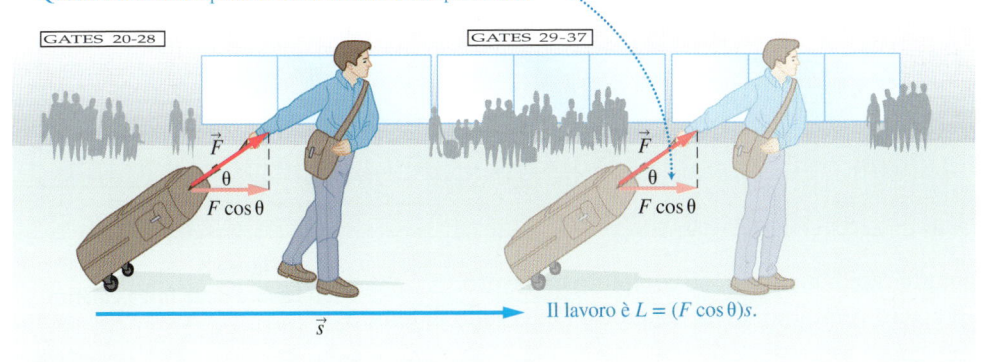

▲ Figura 1
Lavoro di una forza

In maniera del tutto equivalente, possiamo dire che il lavoro di una forza $\vec{F}$ è dato dal prodotto della componente dello spostamento nella direzione della forza, che è $s\cos\theta$, per il modulo della forza, F.
Se la forza agisce nella direzione dello spostamento, $\theta = 0°$ e $L = Fs$.
Quando invece forza e spostamento sono perpendicolari tra loro, $\theta = 90°$ e il lavoro compiuto dalla forza $\vec{F}$ è nullo, infatti:

$$L = F\cos 90°\, s = F \cdot 0 \cdot s = 0$$

Inoltre, se $\theta > 90°$ il lavoro è negativo e viene definito *resistente*.
L'unità di misura del lavoro è il **joule (J)**, che rappresenta il lavoro compiuto da una forza di 1 N che produce uno spostamento di 1 m: $1\,\text{J} = 1\,\text{N} \cdot 1\,\text{m}$.

MATH⁺

Il lavoro può essere espresso più comodamente utilizzando il *prodotto scalare* tra vettori.
Il **prodotto scalare** di due vettori $\vec{a}$ e $\vec{b}$, che si indica con $\vec{a} \cdot \vec{b}$, è una *grandezza scalare* uguale al prodotto dei moduli dei due vettori per il coseno dell'angolo θ compreso fra essi:

$$\vec{a} \cdot \vec{b} = ab\cos\theta$$

In base a questa definizione, possiamo dire che il lavoro è il prodotto scalare dei vettori $\vec{F}$ ed $\vec{s}$, cioè:

$$\vec{F} \cdot \vec{s} = Fs\cos\theta$$

COLLEGAMENTO⁺
Strumenti matematici

Per approfondire, vai alla scheda *Il prodotto scalare* a pag. 465.

Quando su un oggetto agisce più di una forza, il lavoro totale è la somma dei lavori compiuti da ciascuna forza separatamente.

In modo equivalente, il lavoro totale può essere calcolato effettuando prima la somma vettoriale di tutte le forze che agiscono sull'oggetto, ottenendo così la risultante $\vec{F}_{tot}$, e poi utilizzando la definizione di lavoro: $L_{tot} = (F_{tot} \cos\theta)s$, dove θ è l'angolo fra la risultante $\vec{F}_{tot}$ e lo spostamento $\vec{s}$.

■ Lavoro di una forza variabile

La **figura 2a** mostra il grafico di una forza costante F in funzione della posizione x. Osserviamo che, se la forza muove un oggetto per un tratto s, da x_1 a x_2, il lavoro che compie, dato da:

$$L = Fs = F(x_2 - x_1)$$

è uguale all'area della superficie in colore compresa fra la retta che rappresenta la forza nell'intervallo (x_1, x_2) e l'asse x.

Questo risultato può essere esteso al caso di una forza generica, variabile con la posizione, come quella il cui grafico è riportato in **figura 2b**.

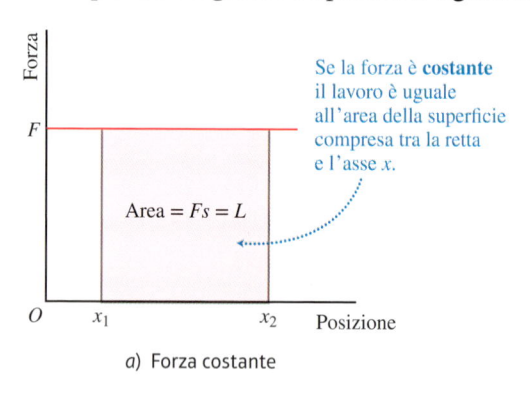

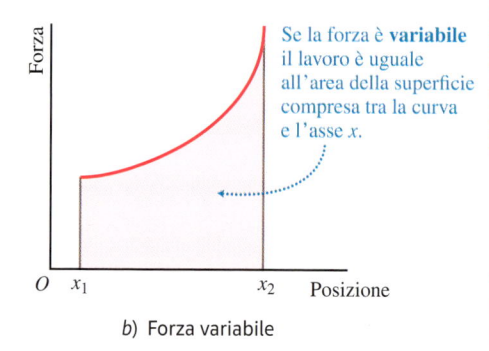

MATH+

Nel caso di una **forza variabile**, il calcolo dell'area si ottiene suddividendo la figura in infiniti rettangoli di base Δx e altezza F variabile e sommandoli tutti: tale operazione si chiama *integrale definito* e si scrive:

$$\int_{x_1}^{x_2} F(x)\, dx$$

◀ **Figura 2**
Rappresentazione grafica del lavoro di una forza

a) Forza costante

b) Forza variabile

■ Lavoro della forza elastica

Il lavoro che dobbiamo esercitare per allungare o comprimere una molla, cioè per spostarla dalla posizione di equilibrio a un punto x, è pari all'area del triangolo individuato dalla retta $F = kx$ e l'asse x (**fig. 3**):

$$L = \frac{1}{2} \cdot x \cdot F = \frac{1}{2} \cdot x \cdot kx = \frac{1}{2}kx^2$$

▲ **Figura 3**
Lavoro della forza elastica

La potenza

La **potenza** P è una misura di quanto rapidamente viene compiuto un lavoro.
È definita come il rapporto fra il lavoro compiuto da un sistema e l'intervallo di tempo in cui è stato svolto:

$$P = \frac{L}{t}$$

L'unità di misura della potenza è il **watt** (W), che rappresenta la potenza sviluppata da un lavoro di 1 J in 1 s:

$$1\ W = \frac{1\ J}{1\ s}$$

■ Potenza per mantenere un corpo a velocità costante

Per mantenere un corpo a velocità costante e vincere l'attrito o la resistenza dell'aria è necessario esercitare una forza costante in direzione del moto ($\theta = 0$) e quindi compiere un lavoro:

$$L = Fs$$

La potenza può quindi essere espressa come:

$$P = \frac{L}{t} = \frac{Fs}{t} = Fv$$

dove F è l'intensità della forza che bisogna esercitare e v la velocità da mantenere.

◼ Energia cinetica

L'**energia cinetica** K è l'energia associata a un corpo in movimento. L'energia cinetica di un corpo di massa m che si muove a velocità v è:

$$K = \frac{1}{2}mv^2$$

È una grandezza scalare che si misura in **joule (J)**, non è mai negativa, ma sempre maggiore o uguale a zero (se il corpo è fermo).

■ Teorema dell'energia cinetica

Il lavoro compiuto dalla risultante di tutte le forze agenti su un corpo per modificarne la velocità è uguale alla variazione della sua energia cinetica:

$$L = \Delta K$$

cioè, se v_i e v_f sono le velocità iniziali e finali e m è la massa del corpo:

$$L = K_f - K_i = \frac{1}{2}mv_f^2 - \frac{1}{2}mv_i^2$$

◼ Forze conservative e forze non conservative

Le forze si classificano in *conservative* e *non conservative*: quando agisce una forza conservativa il lavoro compiuto viene immagazzinato in una forma di energia che può essere liberata in un momento successivo.

Il più semplice caso di forza conservativa è la forza di gravità (**fig. 4**): se solleviamo una scatola a velocità costante dobbiamo esercitare una forza verso l'alto pari alla forza di gravità e quindi compiere un lavoro; quando lasciamo cadere la scatola agisce la forza di gravità che compie lo stesso lavoro.

Lavoro compiuto dalla persona = mgh

Lavoro compiuto dalla gravità = mgh

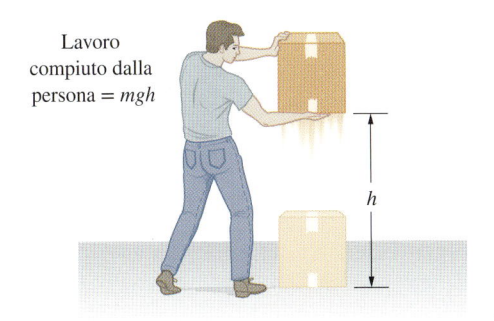

◀ **Figura 4**
La forza di gravità è una forza conservativa

Una forza si dice **conservativa** se il lavoro compiuto, quando il suo punto di applicazione si sposta da un punto a un altro, è indipendente dal cammino percorso, ma dipende solo dalle posizioni iniziale e finale. Una forza conservativa è quindi una forza che compie un *lavoro totale nullo lungo ogni percorso chiuso*.

Un esempio di forza **non conservativa** (o dissipativa) è la forza di attrito, che agisce sempre in verso opposto al moto e compie un lavoro sempre negativo, tanto maggiore quanto maggiore è il percorso.

Il lavoro compiuto da una forza non conservativa non può essere recuperato come energia cinetica, ma viene trasformato in altre forme di energia, ad esempio in calore.

■ Energia potenziale

L'**energia potenziale** U è l'energia immagazzinata da una forza conservativa. Il lavoro compiuto da una forza conservativa per passare da una posizione iniziale a una posizione finale è pari alla variazione dell'energia potenziale ΔU cambiata di segno:

$$L = -\Delta U = U_i - U_f$$

Come il lavoro e l'energia cinetica, l'energia potenziale è una grandezza scalare che si misura in **joule (J)**: in base alla definizione possiamo determinare solo la differenza di energia potenziale fra due punti, che può essere positiva o negativa.
A differenza dell'energia cinetica, che dipende sempre dal quadrato della velocità, l'energia potenziale dipende dallo "stato" del corpo, cioè dal tipo di forze a cui è soggetto e dalla posizione occupata rispetto a un sistema di riferimento.

■ Energia potenziale gravitazionale

L'**energia potenziale gravitazionale** è l'energia immagazzinata da un corpo che si trova a un'altezza h rispetto a un livello zero di riferimento; è pari al lavoro compiuto dalla forza di gravità per spostare un corpo di massa m dall'altezza h al livello zero di riferimento:

$$U = mgh$$

■ Energia potenziale elastica

L'**energia potenziale elastica** è l'energia immagazzinata da una molla di costante elastica k compressa o allungata di un tratto x rispetto alla posizione di riposo; è pari al lavoro compiuto dalla forza elastica per riportare la molla alla posizione di riposo:

$$U = \frac{1}{2}kx^2$$

■ Energia meccanica

Si definisce **energia meccanica** E_m di un oggetto la somma della sua energia cinetica e della sua energia potenziale:

$$E_m = U + K$$

La **legge di conservazione dell'energia meccanica** stabilisce che in un sistema in cui agiscono solo forze conservative l'energia meccanica si conserva.

MATH+

È interessante analizzare la relazione tra i due tipi di **energia**, **cinetica** e **potenziale**, esprimendo l'una in funzione dell'altra:

$$K(U) = E_m - U$$

Riportando su un grafico $K(U)$ quando U varia da zero al valore massimo, otteniamo un segmento con pendenza -1, dove:

$$K_{max} = E_m \quad \text{e} \quad U_{max} = E_m$$

sono le intersezioni con gli assi.
È immediato verificare che all'aumentare dell'una, l'altra diminuisce, restando la loro somma costante.

Rappresentando invece su un piano cartesiano la funzione:

$$U(h) = mgh$$

otteniamo una retta passante per l'origine con pendenza mg.
L'**energia potenziale** può assumere valori sia positivi sia negativi, a seconda della posizione rispetto allo "zero" del sistema di riferimento.
Se, ad esempio, fissiamo lo zero sulla superficie terrestre e orientiamo il sistema di riferimento verso l'alto, l'energia potenziale gravitazionale aumenta ed è positiva man mano che il corpo sale, aumenta ma con segno negativo man mano che il corpo si sposta al di sotto della superficie terrestre (ad esempio in un pozzo).

Infine, se esprimiamo l'**energia cinetica K in funzione della velocità** del corpo e rappresentiamo su un piano cartesiano la funzione:

$$K(v) = \frac{1}{2}mv^2$$

otteniamo una parabola con concavità verso l'alto sempre positiva, che interseca l'asse delle ascisse solo in $v = 0$.

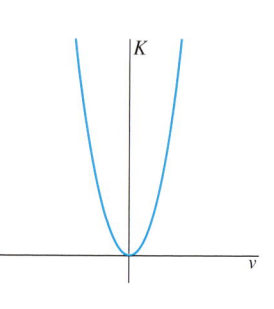

ESERCIZI

TEST

1 Un uomo solleva una cassa di 20 kg verticalmente a una velocità costante di 0,20 m/s per 0,80 m. Quanto lavoro compie?
- A 16 J
- B $1{,}6 \cdot 10^2$ J
- C 3,2 J
- D Non compie lavoro.

2 Se su un oggetto in moto con velocità costante viene compiuta una determinata quantità di lavoro positivo:
- A la velocità dell'oggetto aumenta.
- B la velocità dell'oggetto diminuisce.
- C l'oggetto si ferma.
- D l'oggetto mantiene la stessa velocità.

3 Se il lavoro necessario per allungare una molla di 10 cm è 5,0 J, qual è la costante elastica della molla?
- A $5{,}0 \cdot 10^2$ N/m
- B $1{,}0 \cdot 10^3$ N/m
- C $2{,}0 \cdot 10^3$ N/m
- D $1{,}0 \cdot 10^4$ N/m

4 La variazione di energia cinetica di un'automobile è maggiore quando la velocità dell'auto passa da 10 m/s a 15 m/s o quando passa da 15 m/s a 20 m/s?
- A Quando passa da 10 m/s a 15 m/s.
- B Quando passa da 15 m/s a 20 m/s.
- C Cambia alla stessa maniera in entrambi i casi.
- D Non si può rispondere se non si conosce la massa dell'automobile.

5 Se in un sistema si conserva l'energia meccanica:
- A tutti gli oggetti del sistema si muovono con velocità costante.
- B l'energia potenziale del sistema non varia.
- C sul sistema agiscono solo forze gravitazionali.
- D sul sistema agiscono solo forze conservative.

PROBLEMI

6 PROBLEMA SVOLTO

Una scatola di libri di 4,10 kg viene sollevata verticalmente, da ferma, per un tratto di 1,60 m, applicando una forza verso l'alto di 52,7 N. Calcola:

a. il lavoro compiuto dalla forza applicata;
b. il lavoro compiuto dalla forza di gravità;
c. il modulo della velocità finale della scatola.

SOLUZIONE

La forza applicata $\vec{F}$ è diretta verso l'alto, mentre la forza peso $\vec{P}$ è diretta verso il basso.
La scatola è sollevata partendo da ferma ($v_i = 0$) per una distanza $\Delta x = 1{,}60$ m.
La forza applicata agisce nello stesso verso del moto, perciò il lavoro che compie, L_{app}, è positivo. La forza peso si oppone al moto, perciò il suo lavoro, L_{peso}, è negativo.
Il lavoro totale è la somma di L_{app} e L_{peso} e il modulo della velocità finale della scatola si trova applicando il teorema dell'energia cinetica ricordando che $v_i = 0$:

$$L_{tot} = \Delta K = \frac{1}{2}mv_f^2$$

a. Calcola il lavoro compiuto dalla forza applicata. In questo caso la forza ha la stessa direzione e lo stesso verso dello spostamento e il modulo dello spostamento è $\Delta x = 1{,}60$ m:

$$L_{app} = F\Delta x = (52{,}7 \text{ N})(1{,}60 \text{ m}) = 84{,}3 \text{ J}$$

b. Calcola il lavoro compiuto dalla forza peso. Questa forza ha la stessa direzione dello spostamento, ma verso opposto:

$$L_{peso} = \vec{P} \cdot \vec{s} = P\Delta x \cos 180° = -P\Delta x = -mg\Delta x =$$
$$= -(4{,}10 \text{ kg})(9{,}81 \text{ m/s}^2)(1{,}60 \text{ m}) = -64{,}4 \text{ J}$$

c. Il lavoro totale compiuto sulla scatola, L_{tot}, è la somma di L_{app} ed L_p:

$$L_{tot} = L_{app} + L_{peso} = 84{,}3 \text{ J} - 64{,}4 \text{ J} = 19{,}9 \text{ J}$$

Per determinare la velocità finale, v_f, applica il teorema dell'energia cinetica ricordando che $v_i = 0$:

$$L_{tot} = \frac{1}{2}mv_f^2 - \frac{1}{2}mv_i^2 \quad \rightarrow \quad L_{tot} = \frac{1}{2}mv_f^2$$

e ricava v_f:

$$v_f = \sqrt{\frac{2L_{tot}}{m}} = \sqrt{\frac{2(19{,}9 \text{ J})}{4{,}10 \text{ kg}}} = 3{,}12 \text{ m/s}$$

7 Forza orizzontale

Una forza orizzontale di 40,0 N spinge una cassa di massa 5,00 kg in salita lungo un piano inclinato per un tratto di 1,60 m. Se il piano forma un angolo di 30° con l'orizzontale, trascurando gli attriti e approssimando g a 10,0 m/s²:

a. qual è il lavoro compiuto dalla forza?
b. qual è il lavoro compiuto dalla forza risultante sul corpo?

[a. 55,4 J; b. 15,4 J]

8 Forza parallela al piano inclinato

Un oggetto di 1,0 kg viene trascinato in salita lungo un piano, inclinato di 30° rispetto all'orizzontale, da una forza costante di 10 N parallela al piano e si sposta di 0,50 m. Trascurando l'attrito e approssimando g a 10,0 m/s^2, qual è il lavoro compiuto dalla risultante delle forze che agiscono sull'oggetto? [2,5 J]

9 Lavoro per spostare una cassa

Una cassa di 51 kg viene tirata con una velocità costante su un pavimento ruvido per mezzo di una corda che è inclinata di 43,5° rispetto all'orizzontale. Se la tensione nella corda è 115 N, quanto lavoro viene eseguito sulla cassa per spostarla di 8,0 m? [0,67 kJ]

10 Corsa campestre

Durante una corsa campestre un atleta di 58 kg sta correndo a velocità costante lungo il percorso. Se la sua energia cinetica è 324 J, quanti kilometri percorre in 2,0 ore? [24 km]

11 Energia della molla

Una forza di 120 N viene applicata a una molla e ne causa l'allungamento di 2,25 cm. Qual è l'energia potenziale della molla quando:
a. viene compressa di 3,50 cm?
b. viene allungata di 7,00 cm?

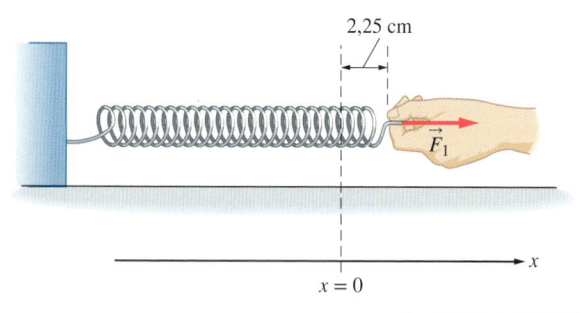

[a. 3,26 J; b. 13,1 J]

12 Lavoro su una molla

Una molla con costante elastica $3,5 \cdot 10^4$ N/m è inizialmente nella sua posizione di equilibrio.
a. Quanto lavoro si deve compiere per allungare la molla di 0,050 m?
b. Quanto lavoro si deve compiere per comprimerla di 0,050 m? [a. 44 J; b. 44 J]

13 Blocco e molla

Un blocco di 1,8 kg, che scivola su un piano con velocità di modulo 2,2 m/s, colpisce una molla e la comprime di 0,31 m prima di fermarsi. Qual è la costante elastica della molla? [91 N/m]

14 Lavoro di una forza variabile

Una forza variabile, il cui andamento rispetto alla posizione è riportato nel grafico in figura, sposta un oggetto dalla posizione $x = 0$ alla posizione $x = 0,75$ m.
a. Qual è il lavoro compiuto dalla forza?
b. Qual è il lavoro che compie la forza se l'oggetto si sposta da $x = 0,15$ m a $x = 0,60$ m?

[a. 0,45 J; b. 0,24 J]

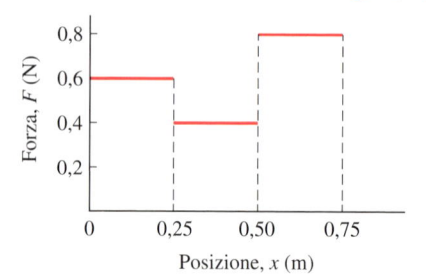

15 Record di salita delle scale

Un record di salita delle scale dell'Empire State Building fu stabilito il 3 febbraio 2003. Per coprire gli 86 piani, per un totale di 1576 gradini, il corridore impiegò 9 minuti e 33 secondi. Se l'altezza di ogni scalino è di 0,20 m e la massa dell'uomo era 70 kg, quale fu la potenza media sviluppata durante la salita? [0,38 kW]

16 Frena!

Un ciclista di 65 kg sta viaggiando sulla sua bicicletta di 8,8 kg a una velocità di modulo 14 m/s.
a. Quanto lavoro devono compiere i freni per fermare il ciclista e la bicicletta?
b. Quanta strada percorre la bicicletta prima di fermarsi, se i freni agiscono per 4,0 s?
c. Qual è il modulo della forza frenante?

[a. −7,2 kJ; b. 28 m; c. $2,6 \cdot 10^2$ N]

17 Acqua dal pozzo

Sollevi un secchio d'acqua dal fondo di un pozzo profondo, utilizzando una fune. Se la potenza che sviluppi è 108 W e la massa del secchio pieno d'acqua è 5,00 kg, con quale velocità puoi alzare il secchio? (Trascura il peso della fune.) [2,20 m/s]

18 Aiuto, la barca affonda!

Per impedire a una barca che fa acqua di affondare, è necessario pompare 5,50 kg di acqua ogni secondo da sotto coperta fino a un'altezza di 2,00 m, per farla uscire dalla barca. Qual è la minima potenza della pompa che può essere usata per salvare la barca? [108 W]

CAPITOLO 4
Le leggi di conservazione

LE GRANDI IDEE

1. In un sistema isolato la quantità di moto totale si conserva.
2. Le forze possono essere conservative o non conservative. Il lavoro di una forza conservativa è immagazzinato sotto forma di energia potenziale.
3. In un sistema in cui agiscono solo forze conservative l'energia meccanica si conserva.
4. Negli urti si conserva sempre la quantità di moto. Negli urti elastici si conserva anche l'energia cinetica.

1 Le leggi di conservazione in fisica

Lo studio del comportamento di un sistema fisico costituito da uno o più corpi, sottoposto all'azione di forze, si basa sulle leggi della dinamica. Studiare un sistema fisico significa prevedere, istante per istante, come cambiano le grandezze fisiche che lo caratterizzano, per esempio la posizione o la velocità.

In certi casi, conoscendo in ogni istante le forze che agiscono sul sistema e le sue caratteristiche, il compito risulta semplice: siamo in grado, per esempio, di determinare il moto di un corpo di massa nota in caduta libera soggetto alla forza di gravità, o di una molla soggetta alla forza elastica. La maggior parte delle forze che agiscono in natura, tuttavia, non è costante nel tempo, o agisce per intervalli di tempo molto brevi.

Nei casi più complessi, anziché rivolgere l'attenzione alle grandezze variabili del sistema in esame, possiamo cercare di capire se esistono grandezze che rimangono *costanti*.

Una **legge di conservazione** (o **principio di conservazione**) è una legge fondamentale della fisica che stabilisce che in un sistema fisico la quantità totale di certe grandezze (per esempio, l'energia), rimane costante nel tempo anche quando tali grandezze, riferite ai singoli componenti del sistema, variano.

Grazie alle leggi di conservazione, come vedremo, siamo in grado di formulare previsioni generali sul comportamento di un sistema senza conoscere in dettaglio il complesso delle interazioni coinvolte.

In questo capitolo capiremo che l'importanza della quantità di moto sta proprio nel fatto che si conserva, nel senso più preciso che la quantità di moto totale di un sistema isolato di corpi si mantiene costante nel tempo.

Inoltre prenderemo in considerazione una particolare categoria di forze che abbiamo già incontrato, le *forze conservative*, e ritroveremo un risultato di importanza cruciale: la legge di conservazione dell'energia meccanica.

Le leggi di conservazione saranno infine applicate a una classe di processi fisici particolarmente rilevanti: gli urti.

2. La legge di conservazione della quantità di moto

Nel capitolo 2 abbiamo visto che la forza risultante che agisce su un oggetto in un intervallo di tempo Δt è uguale alla variazione della sua quantità di moto:

$$\Sigma \vec{F} = \frac{\Delta \vec{p}}{\Delta t}$$

Da questa espressione possiamo ricavare la variazione della quantità di moto nell'intervallo Δt:

$$\Delta \vec{p} = (\Sigma \vec{F}) \Delta t$$

Chiaramente, se la forza risultante che agisce su un oggetto è nulla, cioè se $\Sigma \vec{F} = \vec{0}$, la variazione della quantità di moto nell'intervallo Δt sarà anch'essa nulla:

$$\Sigma \vec{F} = \vec{0} \quad \rightarrow \quad \Delta \vec{p} = (\Sigma \vec{F}) \Delta t = \vec{0}$$

Se scriviamo la variazione della quantità di moto utilizzando i suoi valori iniziale e finale, otteniamo:

$$\Delta \vec{p} = \vec{p}_f - \vec{p}_i = \vec{0} \quad \text{cioè} \quad \vec{p}_f = \vec{p}_i$$

Poiché la quantità di moto in questo caso non cambia, diciamo che *si conserva* (sia in modulo sia in direzione).

Possiamo riassumere quanto detto enunciando la seguente **legge** o **principio di conservazione della quantità di moto**:

> **Conservazione della quantità di moto per un singolo corpo**
>
> Se la forza risultante che agisce su un corpo è nulla, la quantità di moto di quel corpo si conserva, cioè:
>
> $$\vec{p}_f = \vec{p}_i$$

In alcuni casi la forza può essere nulla in una direzione e non in un'altra. Ad esempio, un oggetto in caduta libera ha la componente y della forza non nulla, $F_y \neq 0$, e la componente x nulla, $F_x = 0$; in questo caso la componente y della quantità di moto cambia nel tempo, mentre la componente x rimane costante. Perciò, nell'applicare la conservazione della quantità di moto, dobbiamo ricordare che sia la forza sia la quantità di moto sono grandezze vettoriali e che *il principio di conservazione della quantità di moto va applicato separatamente a ogni componente*.

La conservazione della quantità di moto per un sistema di più corpi

Finora ci siamo riferiti a forze applicate su un singolo oggetto; ora consideriamo un sistema composto da più oggetti.

La forza risultante che agisce su un sistema di oggetti è la somma delle *forze esterne*, $\Sigma \vec{F}_{est}$, cioè delle forze applicate dall'esterno sul sistema o dal sistema sull'esterno, e delle *forze interne*, $\Sigma \vec{F}_{int}$, che agiscono fra gli oggetti all'interno del sistema.
Perciò, possiamo scrivere:

$$\vec{F}_{tot} = \Sigma \vec{F}_{est} + \Sigma \vec{F}_{int}$$

Le forze interne e le forze esterne influiscono in modo molto diverso sulla quantità di moto di un sistema.
Le forze interne intervengono sempre come coppia azione-reazione e quindi *la somma delle forze interne è sempre nulla*, cioè $\Sigma \vec{F}_{int} = \vec{0}$. Pertanto:

$$\vec{F}_{tot} = \Sigma \vec{F}_{est} + \Sigma \vec{F}_{int} = \Sigma \vec{F}_{est}$$

LE GRANDI IDEE

1 In un sistema isolato la quantità di moto totale si conserva.

Le forze esterne possono avere risultante nulla oppure no, a seconda dalla particolare situazione. Quando $\Sigma\vec{F}_{est}$ è nulla o risulta trascurabile, il sistema si definisce **isolato**.

La seconda legge di Newton fornisce la variazione della quantità di moto totale in un dato intervallo di tempo Δt:

$$\Delta\vec{p}_{tot} = \vec{F}_{tot}\,\Delta t = (\Sigma\vec{F}_{est})\,\Delta t$$

Se il sistema è isolato $\Sigma\vec{F}_{est} = \vec{0}$ e quindi:

$$\Delta\vec{p}_{tot} = \vec{0}$$

Possiamo pertanto enunciare la **legge di conservazione della quantità di moto per un sistema isolato** illustrata in **figura 1**:

> **Conservazione della quantità di moto per un sistema di più corpi**
>
> Se il sistema è isolato, cioè se la risultante delle forze *esterne* che agiscono sul sistema è nulla, la quantità di moto totale del sistema si conserva:
>
> $\Delta\vec{p}_{tot}$ = costante $\;\to\;$ $\vec{p}_{1,f} + \vec{p}_{2,f} + \vec{p}_{3,f} + ... = \vec{p}_{1,i} + \vec{p}_{2,i} + \vec{p}_{3,i} + ...$

È importante notare che queste considerazioni valgono soltanto per la quantità di moto *totale* di un sistema, non per la quantità di moto dei singoli oggetti.
Ad esempio, supponiamo che un sistema sia formato da due oggetti, 1 e 2, e che la forza esterna risultante che agisce sul sistema sia nulla. La quantità di moto totale del sistema deve rimanere costante:

$$\vec{p}_{tot} = \vec{p}_1 + \vec{p}_2 = \text{costante}$$

Questo non significa però che le quantità di moto $\vec{p}_1$ e $\vec{p}_2$ di ciascuno degli oggetti separati debbano essere costanti, come possiamo verificare nel *Problem solving* 1 a pagina seguente.

! **ATTENZIONE**
Forze interne in un sistema

Se l'astronauta nella foto spinge il satellite, quest'ultimo esercita una forza uguale e opposta su di lui, in accordo con la terza legge di Newton. Se stiamo calcolando la variazione della quantità di moto dell'astronauta dobbiamo tener conto di questa forza. Se però consideriamo il **sistema formato dall'astronauta e dal satellite**, le forze fra astronauta e satellite sono forze interne; qualsiasi influenza esse possano avere sull'astronauta o sul satellite individualmente, non incidono sulla quantità di moto del sistema nel complesso.

Le forze che i due pattinatori *A* e *B* esercitano uno sull'altro (forze interne al sistema) sono coppie azione-reazione: la loro somma è nulla.

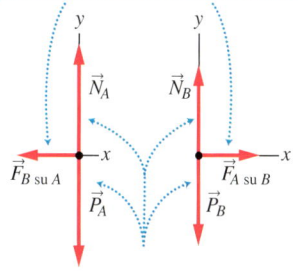

La forza $\vec{P}$ e la forza normale $\vec{N}$ sono forze esterne e la loro somma è nulla: il sistema è isolato e la quantità di moto totale si conserva.

◀ **Figura 1**
Conservazione della quantità di moto in un sistema isolato

GEO

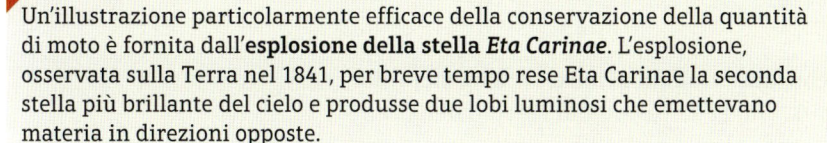

Un'illustrazione particolarmente efficace della conservazione della quantità di moto è fornita dall'**esplosione della stella *Eta Carinae***. L'esplosione, osservata sulla Terra nel 1841, per breve tempo rese Eta Carinae la seconda stella più brillante del cielo e produsse due lobi luminosi che emettevano materia in direzioni opposte.
Come si può vedere nell'immagine, ripresa dal telescopio spaziale Hubble, i getti di materiale si allontanano dalla stella in direzioni opposte.
La quantità di moto della stella prima dell'esplosione deve essere uguale alla quantità di moto totale della stella e dei lobi luminosi dopo l'esplosione. Essendo i lobi approssimativamente simmetrici e muovendosi in direzione opposta, la loro quantità di moto totale è praticamente zero, perciò possiamo concludere che la quantità di moto della stella è rimasta immutata in seguito all'esplosione.

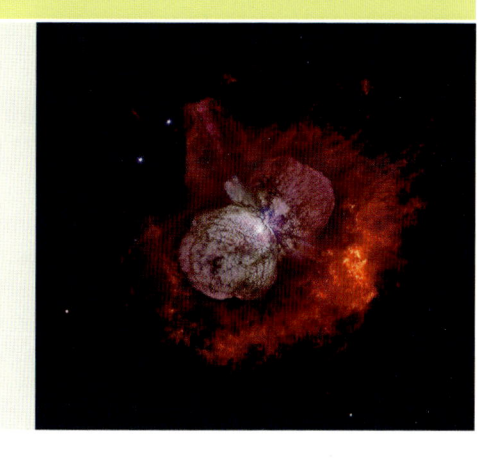

CAPITOLO 4 | Le leggi di conservazione

PROBLEM SOLVING 1 — Incontro sul lago

Due gruppi di canoisti si incontrano in mezzo a un lago. Dopo un breve saluto, una persona della canoa 1 spinge la canoa 2 con una forza di 46 N per separare le due imbarcazioni. La massa della canoa 1 con i suoi occupanti è di 130 kg e la massa della canoa 2 con i suoi occupanti è di 250 kg. Calcola la quantità di moto di ciascuna canoa, 1,20 s dopo la spinta.

DESCRIZIONE DEL PROBLEMA Scegliamo come verso positivo dell'asse x quello dalla canoa 1 alla canoa 2; con questa scelta la forza esercitata sulla canoa 2 è $F_{2,x} = 46$ N e la forza esercitata sulla canoa 1 è $F_{1,x} = -46$ N.

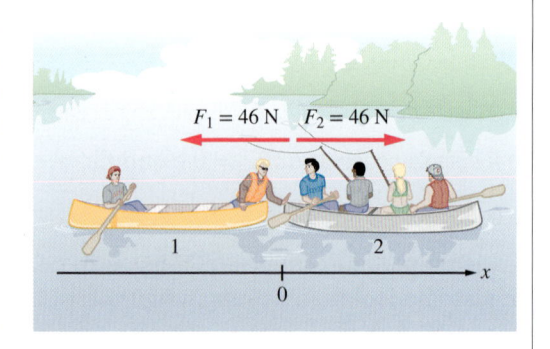

STRATEGIA Poiché le forze sono costanti, per calcolare la quantità di moto di ciascuna canoa usiamo la seconda legge di Newton nella forma $\Delta \vec{p} = \vec{p}_f - \vec{p}_i = \vec{F} \Delta t$, ricordando che le canoe sono inizialmente ferme, cioè $\vec{p}_{1,i} = \vec{0}$ e $\vec{p}_{2,i} = \vec{0}$.

Dati Forza esercitata sulla canoa 2, $F_{2,x} = 46$ N; massa della canoa 1 + massa del suo equipaggio, $m_1 = 130$ kg; massa della canoa 2 + massa del suo equipaggio, $m_2 = 250$ kg; tempo di azione della forza $\vec{F}_2$, $\Delta t = 1,20$ s

Incognite a. Quantità di moto della canoa 1, $\vec{p}_{1,f} = ?$ b. Quantità di moto della canoa 2, $\vec{p}_{2,f} = ?$

SOLUZIONE Utilizziamo la seconda legge di Newton lungo l'asse x nella forma $\Delta p = F \Delta t$ per determinare la quantità di moto finale della canoa 2:

$$p_{2,f} - p_{2,i} = F_2 \Delta t \quad \rightarrow \quad p_{2,f} = F_2 \Delta t + p_{2,i} = (46 \text{ N})(1,20 \text{ s}) + 0 = 55 \text{ kg m/s}$$

Ripetiamo lo stesso calcolo per la canoa 1; osserviamo che la quantità di moto della canoa 1 è nel verso negativo:

$$p_{1,f} - p_{1,i} = F_1 \Delta t \quad \rightarrow \quad p_{1,f} = F_1 \Delta t + p_{1,i} = (-46 \text{ N})(1,20 \text{ s}) + 0 = -55 \text{ kg m/s}$$

OSSERVAZIONI Dopo la spinta del passeggero, le canoe si allontanano e quindi la quantità di moto di ciascuna di essa cambia. La somma delle quantità di moto delle due canoe, però, è nulla, come ci aspettavamo. Infatti le canoe partono da ferme con una quantità di moto uguale a zero e, poiché il sistema è isolato, la quantità di moto finale deve essere ancora uguale a zero.

PROVA TU Quali sono le quantità di moto finali se le canoe vengono spinte con una forza di 56 N?

[$p_{1,f} = -67$ kg m/s, $p_{2,f} = 67$ kg m/s]

L'effetto descritto nel problema precedente, per cui, quando la persona nella canoa 1 spinge la canoa 2 contemporaneamente la canoa 1 si muove nel verso opposto, si chiama **rinculo** ed è essenzialmente analogo a ciò che si osserva quando si spara con un'arma da fuoco o quando si apre una manichetta che spruzza un forte getto d'acqua.

APPLICA SUBITO

1 In una gara di biathlon un atleta spara con una carabina di massa 4,2 kg un proiettile di massa 5,0 g alla velocità di 275 m/s. Qual è la velocità di rinculo della carabina?

Poniamo l'asse x positivo nella direzione del moto del proiettile e rappresentiamo la situazione prima e dopo lo sparo, riportando le velocità, come mostrato in figura. La componente lungo x della velocità del proiettile prima dello sparo è 0, dopo lo sparo è +275 m/s. Chiamiamo $\vec{p}_f$ e $\vec{p}_p$ le quantità di moto della carabina e del proiettile, rispettivamente.

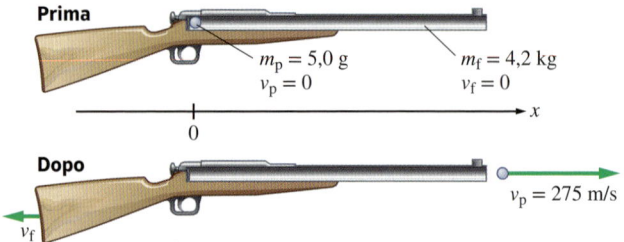

Poniamo la quantità di moto totale del sistema uguale al vettore nullo e risolviamo l'equazione rispetto a $\vec{p}_f$:

$$\vec{p}_f + \vec{p}_p = \vec{0} \quad \rightarrow \quad \vec{p}_f = -\vec{p}_p \quad \rightarrow \quad p_{f,x} = -p_{p,x}$$

Calcoliamo la quantità di moto del proiettile:

$$p_{p,x} = m_p v_p = (0{,}0050 \text{ kg})(275 \text{ m/s}) = 1{,}4 \text{ kg m/s}$$

Calcoliamo la quantità di moto del fucile:

$$p_{f,x} = -p_{p,x} = -1{,}4 \text{ kg m/s}$$

Dividiamo per la massa del fucile, per determinare la sua velocità di rinculo:

$$v_{f,x} = \frac{p_{f,x}}{m_f} = \frac{-1{,}4 \text{ kg m/s}}{4{,}2 \text{ kg}} = -0{,}33 \text{ m/s}$$

Notiamo che la velocità di rinculo della carabina è negativa, perché è diretta in verso opposto a quello della velocità del proiettile.

Estendiamo infine le nostre considerazioni a un caso speciale, quello dell'universo. Poiché, per definizione, non possono esserci forze esterne all'universo, la risultante delle forze esterne è nulla. Pertanto la *quantità di moto totale dell'universo si conserva*.

COLLEGAMENTO ▶▶
In digitale
La propulsione dei razzi

3 Il centro di massa e il suo moto

Studiando nel primo biennio l'equilibrio dei solidi, abbiamo già incontrato il concetto di *centro di massa*. Ora, dopo aver definito la posizione del centro di massa per un sistema di oggetti, studieremo il suo moto e mostreremo come esso sia legato alla risultante delle forze esterne che agiscono sul sistema.

La posizione del centro di massa

In ogni sistema di oggetti esiste un punto che ha un particolare significato, il **centro di massa (CM)**. Uno dei motivi per cui il centro di massa è così importante è che, in molte situazioni, un sistema si comporta come se tutta la sua massa fosse concentrata in quel punto. Quindi, per equilibrare il sistema è sufficiente, ad esempio, sospenderlo a un filo che passa per quel punto o appoggiarlo su un sostegno proprio in quel punto.

Supponiamo, ad esempio, di voler costruire un bilanciere come quello mostrato in **figura 2**, equilibrando un'asta leggera con due oggetti di massa m_1 ed m_2 fissati ai suoi estremi. Per mettere in equilibrio il sistema dobbiamo sospenderlo a un filo nel centro di massa, punto che si comporta come se in esso fosse concentrata tutta la massa del sistema. In un certo senso possiamo considerare il centro di massa come la posizione "media" delle masse del sistema.

Se i due oggetti attaccati all'asta hanno la stessa massa, il centro di massa è nel punto medio dell'asta, poiché è questo il punto in cui otteniamo l'equilibrio.
Se invece un oggetto ha massa maggiore dell'altro, il centro di massa è più vicino all'oggetto che ha la massa più grande, come mostrato in **figura 3**.

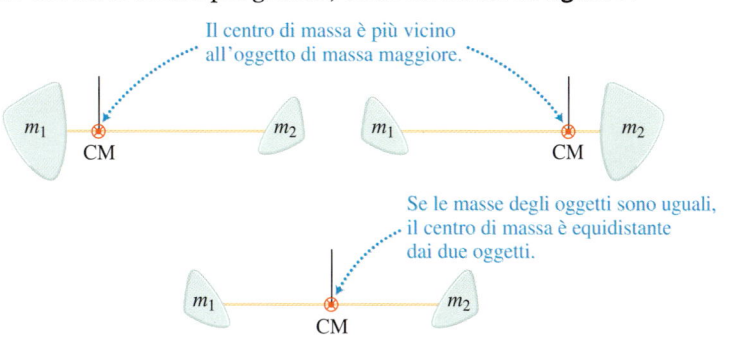

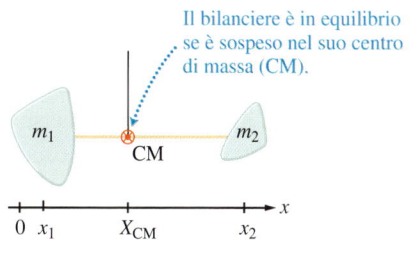

▲ **Figura 2**
Equilibrare un bilanciere

◀ **Figura 3**
Il centro di massa di un sistema di due oggetti

In generale, se una massa m_1 si trova sull'asse x nella posizione x_1 e una massa m_2 si trova nella posizione x_2, come in **figura 2**, la posizione del centro di massa X_{CM} è la media pesata delle due posizioni, cioè:

Posizione del centro di massa di due oggetti

$$X_{CM} = \frac{m_1 x_1 + m_2 x_2}{m_1 + m_2} = \frac{m_1 x_1 + m_2 x_2}{M}$$

Nella relazione precedente $M = m_1 + m_2$ è la massa totale del sistema dei due oggetti e le due posizioni x_1 e x_2 sono moltiplicate (o "pesate") per le loro rispettive masse.

Per verificare che la definizione data per X_{CM} è in accordo con quanto ci suggerisce l'esperienza, consideriamo due casi particolari:

- se le masse sono uguali, cioè $m_1 = m_2 = m$, si ha $M = m_1 + m_2 = 2m$ e la posizione del centro di massa è:

$$X_{CM} = \frac{m x_1 + m x_2}{2m} = \frac{x_1 + x_2}{2}$$

Quindi, se le due masse sono uguali il centro di massa è nel punto medio del segmento che le unisce;

- se m_1 è significativamente maggiore di m_2, allora si ha $M = m_1 + m_2 \approx m_1$ e $m_1 x_1 + m_2 x_2 \approx m_1 x_1$ poiché m_2 può essere trascurata rispetto a m_1. Di conseguenza si ottiene:

$$X_{CM} \approx \frac{m_1 x_1}{m_1} = x_1$$

ovvero, il centro di massa è praticamente nella stessa posizione dell'oggetto che ha la massa maggiore.

In generale, tanto più grande è la differenza fra le masse di due oggetti, tanto più il centro di massa si avvicina all'oggetto di massa maggiore.

APPLICA SUBITO

2 Supponi che le masse rappresentate nella figura a fianco siano distanti 0,500 m l'una dall'altra e che $m_1 = 0{,}260$ kg ed $m_2 = 0{,}170$ kg. Qual è la distanza di m_1 dal centro di massa del sistema?

Ponendo $x_1 = 0$ e $x_2 = 0{,}500$ m otteniamo:

$$X_{CM} = \frac{m_1 x_1 + m_2 x_2}{m_1 + m_2} = \frac{(0{,}260 \text{ kg}) \cdot 0 + (0{,}170 \text{ kg})(0{,}500 \text{ m})}{0{,}260 \text{ kg} + 0{,}170 \text{ kg}} = 0{,}198 \text{ m}$$

Quindi il centro di massa è più vicino a m_1, come ci aspettavamo.

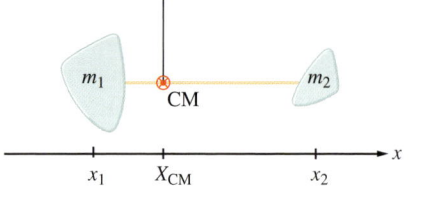

MATH+

Un sistema costituito da più oggetti puntiformi separati è detto **sistema discreto**. Un corpo esteso, costituito da infinite parti puntiformi, è detto **sistema continuo**. Per calcolare la posizione del centro di massa per un sistema continuo bisogna ricorrere al calcolo integrale.

Consideriamo ora un sistema formato da molti oggetti. In questo caso, per determinare X_{CM} dobbiamo calcolare la somma dei prodotti fra la massa m e la distanza x di ciascun oggetto e poi dividere per la massa totale M del sistema.
Se, inoltre, gli oggetti che costituiscono il sistema non sono su una retta, ma sono distribuiti su un piano, il centro di massa è individuato da due coordinate, X_{CM} e Y_{CM}, dove Y_{CM} si determina come X_{CM}, sostituendo le distanze x con le distanze y. Le coordinate del centro di massa di un sistema di più oggetti in due dimensioni sono perciò:

Coordinate del centro di massa di più oggetti, X_{CM} e Y_{CM}

$$X_{CM} = \frac{m_1 x_1 + m_2 x_2 + \ldots}{m_1 + m_2 + \ldots} = \frac{\Sigma m_i x_i}{M} \qquad Y_{CM} = \frac{m_1 y_1 + m_2 y_2 + \ldots}{m_1 + m_2 + \ldots} = \frac{\Sigma m_i y_i}{M}$$

In un sistema con una distribuzione continua e uniforme di masse, il centro di massa si trova nel centro geometrico dell'oggetto, come illustrato in **figura 4**. Notiamo che il centro di massa può essere anche al di fuori dell'oggetto, cioè in un punto dove non c'è massa; ad esempio, nel salvagente il centro di massa è situato nel centro del buco.

Il centro di massa di un oggetto con massa uniforme è nel centro geometrico dell'oggetto…

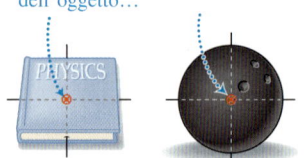

… anche se tale punto è fuori dall'oggetto.

▲ **Figura 4**
La posizione del centro di massa

PROBLEM SOLVING 2 — Il centro di massa di un braccio

Una persona tiene il braccio nella posizione indicata in figura, con la parte superiore verticale e l'avambraccio e la mano orizzontali. Determina il centro di massa del braccio in questa posizione, sapendo che:
- la parte superiore del braccio ha una massa di 2,5 kg e il suo centro di massa si trova 18 cm al di sopra del gomito;
- l'avambraccio ha una massa di 1,6 kg e il suo centro di massa è 12 cm a destra del gomito;
- la mano ha una massa di 0,64 kg e il suo centro di massa è 40 cm a destra del gomito.

■ **DESCRIZIONE DEL PROBLEMA** Poniamo l'origine del sistema di riferimento nel gomito, con gli assi x e y che puntano, rispettivamente, lungo l'avambraccio e lungo la parte superiore del braccio. Il centro di massa di ogni parte del braccio è indicato da una crocetta nera; il centro di massa dell'intero braccio è il punto CM indicato dalla crocetta rossa.

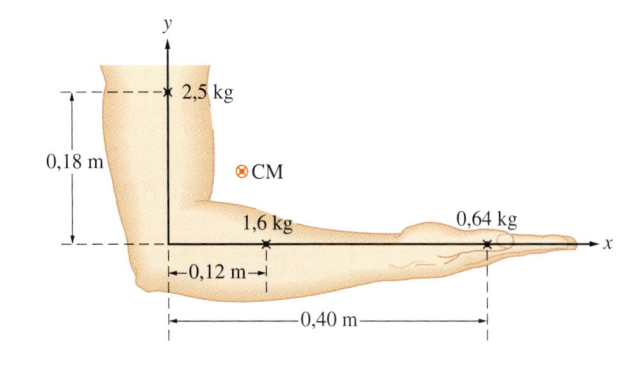

■ **STRATEGIA** Utilizzando le informazioni fornite nel testo del problema, possiamo trattare il braccio come un sistema di tre masse puntiformi nelle seguenti posizioni:

2,5 kg in (0 ; 0,18 m)   1,6 kg in (0,12 m ; 0)   0,64 kg in (0,40 m ; 0)

Sostituiamo queste masse e posizioni nelle equazioni date nel testo per determinare le coordinate X_{CM} e Y_{CM} del centro di massa.

Dati Massa della parte superiore del braccio, $m_1 = 2,5$ kg; coordinate del centro di massa della parte superiore del braccio, in un sistema di riferimento ortogonale con origine nel gomito, $X_{CM,1} = 0$ m, $Y_{CM,2} = 0,18$ m; massa dell'avambraccio, $m_2 = 1,6$ kg; coordinate del centro di massa dell'avambraccio, $X_{CM,2} = 0,12$ m, $Y_{CM,2} = 0$ m; massa della mano, $m_3 = 0,64$ kg; coordinate del centro di massa della mano, $X_{CM,3} = 0,40$ m, $Y_{CM,3} = 0$ m

Incognite Coordinate del centro di massa del braccio, $X_{CM} = ?$, $Y_{CM} = ?$

BIO

In determinate situazioni può essere utile avere il **centro di massa al di fuori dell'oggetto**. Per esempio nel salto in alto quando il centro di massa dell'atleta si trova al di sotto dell'asticella mentre il corpo la supera.

■ **SOLUZIONE** Calcoliamo la coordinata x del centro di massa:

$$X_{CM} = \frac{(2,5 \text{ kg})(0) + (1,6 \text{ kg})(0,12 \text{ m}) + (0,64 \text{ kg})(0,40 \text{ m})}{2,5 \text{ kg} + 1,6 \text{ kg} + 0,64 \text{ kg}} = 0,095 \text{ m}$$

Calcoliamo la coordinata y del centro di massa:

$$Y_{CM} = \frac{(2,5 \text{ kg})(0,18 \text{ m}) + (1,6 \text{ kg})(0) + (0,64 \text{ kg})(0)}{2,5 \text{ kg} + 1,6 \text{ kg} + 0,64 \text{ kg}} = 0,095 \text{ m}$$

■ **OSSERVAZIONI** Il centro di massa del braccio nella posizione considerata è in un punto al di fuori del braccio. Questa è una condizione che si verifica spesso.

PROVA TU Sul palmo della mano viene posta una palla da baseball di 0,14 kg. Determina il centro di massa del sistema braccio-palla, sapendo che il diametro della palla è 7,4 cm.

[$X_{CM} = 0,10$ m, $Y_{CM} = 0,093$ m]

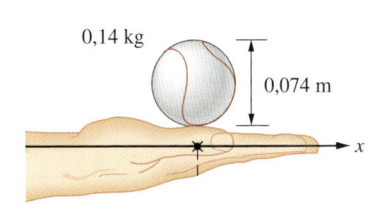

Il moto del centro di massa

Un'altra ragione per la quale il centro di massa è molto importante è che il suo moto è generalmente più semplice rispetto al moto delle singole parti del sistema.
Per analizzare questo moto consideriamo la velocità e l'accelerazione del centro di massa; ognuna di queste due grandezze è definita in modo analogo alla definizione del centro di massa.

> **Velocità del centro di massa, $\vec{V}_{CM}$**
>
> $$\vec{V}_{CM} = \frac{m_1\vec{v}_1 + m_2\vec{v}_2 + \dots}{m_1 + m_2 + \dots} = \frac{\Sigma(m_i\vec{v}_i)}{M}$$

Possiamo notare che l'espressione di $\vec{V}_{CM}$ è analoga a quella di X_{CM} se sostituiamo a ogni x il vettore velocità $\vec{v}$. Osserviamo inoltre che il prodotto della massa totale M del sistema e della velocità del centro di massa $\vec{V}_{CM}$ è semplicemente la *quantità di moto totale del sistema*:

$$M\vec{V}_{CM} = m_1\vec{v}_1 + m_2\vec{v}_2 + \dots = \vec{p}_1 + \vec{p}_2 + \dots = \vec{p}_{tot}$$

Per avere maggiori informazioni su come si muove il centro di massa, consideriamo ora la sua accelerazione, $\vec{A}_{CM}$. Per analogia con $\vec{V}_{CM}$, l'accelerazione del centro di massa è definita come segue:

> **Accelerazione del centro di massa, $\vec{A}_{CM}$**
>
> $$\vec{A}_{CM} = \frac{m_1\vec{a}_1 + m_2\vec{a}_2 + \dots}{m_1 + m_2 + \dots} = \frac{\Sigma(m_i\vec{a}_i)}{M}$$

Il vettore $\vec{A}_{CM}$ contiene termini come $m_1\vec{a}_1$, $m_2\vec{a}_2$ e così via, per ogni oggetto del sistema. Per la seconda legge di Newton, come noto, $m_1\vec{a}_1$ non è altro che la risultante $\vec{F}_1$ delle forze che agiscono sulla massa 1; la stessa considerazione si può fare per ciascuna delle masse del sistema. Quindi, il prodotto della massa totale M del sistema e dell'accelerazione $\vec{A}_{CM}$ del centro di massa è uguale alla *forza totale che agisce sul sistema*:

$$M\vec{A}_{CM} = m_1\vec{a}_1 + m_2\vec{a}_2 + \dots = \vec{F}_1 + \vec{F}_2 + \dots = \vec{F}_{tot}$$

Sappiamo, tuttavia, che la forza totale che agisce su un sistema è uguale alla risultante delle forze esterne $\Sigma\vec{F}_{est}$, poiché le forze interne si annullano a vicenda. Pertanto il prodotto $M\vec{A}_{CM}$ è uguale alla risultante delle forze esterne che agiscono sul sistema.
Possiamo allora formulare la seconda legge di Newton per un sistema di particelle:

> **Seconda legge di Newton per un sistema di particelle**
>
> $$\Sigma\vec{F}_{est} = M\vec{A}_{CM}$$

Un'importante conseguenza di questa legge è la seguente:

> **Velocità del centro di massa nei sistemi isolati**
>
> Nei sistemi in cui la risultante delle forze esterne è nulla, l'accelerazione del centro di massa è nulla e la velocità del centro di massa è costante:
>
> $$\Sigma\vec{F}_{est} = \vec{0} \quad \rightarrow \quad \vec{A}_{CM} = \vec{0} \quad \rightarrow \quad \vec{V}_{CM} = \text{costante}$$

Quindi, se il centro di massa è inizialmente in quiete, esso rimane in quiete; se il centro di massa è inizialmente in movimento, esso continua a muoversi con la stessa velocità (in modulo e direzione). Poiché la quantità di moto totale del sistema è $\vec{p}_{tot} = M\vec{V}_{CM}$, ritroviamo la legge di conservazione della quantità di moto:

$$\text{se} \quad \Sigma\vec{F}_{est} = \vec{0} \quad \text{allora} \quad \vec{p}_{tot} = \text{costante}$$

3 Il centro di massa e il suo moto | 181

APPLICA SUBITO

3 Due pattinatori, di massa rispettivamente $m_A = 46$ kg ed $m_B = 69$ kg, all'inizio della loro esibizione sono fermi abbracciati al centro della pista, poi partono con velocità rispettivamente di 3,0 m/s e 2,0 m/s nella stessa direzione e in verso opposto. Determina la velocità del centro di massa del sistema costituito dai due pattinatori.

Scelto l'asse x positivo nella direzione del moto e nel verso del pattinatore A, le velocità dei due pattinatori sono:

$$v_{A,x} = 3{,}0 \text{ m/s} \qquad v_{B,x} = -2{,}0 \text{ m/s}$$

Calcoliamo la velocità del centro di massa dei due pattinatori:

$$v_{CM} = \frac{m_A v_A + m_B v_B}{m_A + m_B} = \frac{(46 \text{ kg})(3{,}0 \text{ m/s}) + (69 \text{ kg})(-2{,}0 \text{ m/s})}{(46 + 69) \text{ kg}} = 0 \text{ m/s}$$

Osserviamo che la velocità del centro di massa del sistema è zero, quindi *il centro di massa rimane fermo* mentre i due pattinatori si muovono. Questo è quanto ci aspettavamo poiché il sistema è isolato e i due pattinatori inizialmente erano fermi.

La seconda legge di Newton per un sistema di particelle è perfettamente analoga alla relazione fra l'accelerazione di un oggetto di massa m e la risultante delle forze, $\Sigma \vec{F}$, applicate a esso:

$$m\vec{a} = \Sigma \vec{F}$$

Pertanto possiamo concludere che:

> **Accelerazione del centro di massa**
> Quando $\Sigma \vec{F}_{est}$ non è nulla il centro di massa di un sistema accelera esattamente come se fosse una particella puntiforme di massa M sulla quale agisce la forza $\Sigma \vec{F}_{est}$.

Per questa ragione, il moto del centro di massa può essere più semplice rispetto al moto delle parti costituenti. Un esempio piuttosto interessante è quello di un razzo per i fuochi d'artificio. Quando il razzo viene lanciato nel cielo, se si trascura la resistenza dell'aria, il suo centro di massa segue una traiettoria parabolica. A un certo punto del suo percorso, il razzo esplode in un gran numero di pezzi; l'esplosione è causata da forze interne, che, come sappiamo, devono avere risultante nulla. Quindi la risultante delle forze esterne che agisce sui vari pezzi del razzo è la stessa prima, durante e dopo l'esplosione. Di conseguenza, il centro di massa ha un'accelerazione costante verso il basso e continua a seguire la traiettoria parabolica iniziale (**fig. 5**). Soltanto quando un'ulteriore forza esterna agisce sul sistema, la traiettoria del centro di massa subisce una variazione.

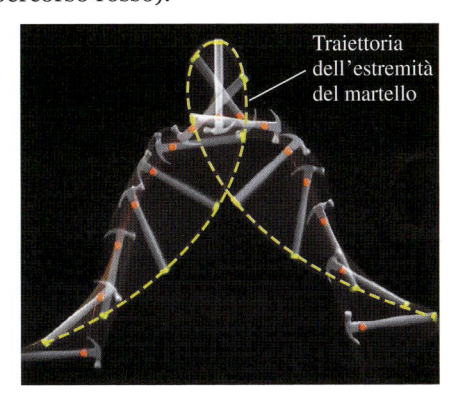

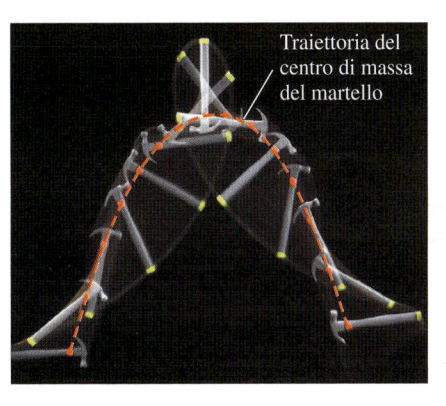

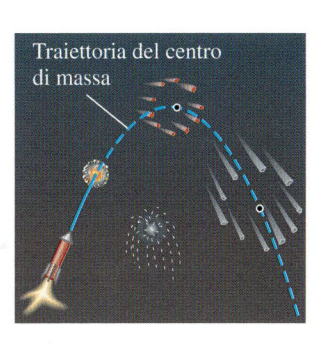

▲ **Figura 5**
Quando un razzo di un fuoco d'artificio esplode, il centro di massa dei vari pezzi continua a seguire la traiettoria parabolica iniziale.

Un altro esempio è mostrato in **figura 6**, nella quale è illustrato il moto di un martello lanciato in aria imprimendogli una rotazione. Dalle due immagini possiamo vedere che il moto di una parte del martello, come l'estremità dell'impugnatura, segue una complicata traiettoria nello spazio (percorso giallo), mentre la traiettoria del centro di massa è una parabola, esattamente la stessa traiettoria che seguirebbe una massa puntiforme (percorso rosso).

◀ **Figura 6**
Moto del centro di massa di un martello lanciato in aria imprimendogli una rotazione

4 Le forze conservative

Nel biennio abbiamo visto come in fisica possiamo classificare le forze in *conservative* e *non conservative*. La distinzione tra di esse sta nel fatto che, quando agisce una **forza conservativa**, il lavoro compiuto viene immagazzinato in una forma di energia, l'**energia potenziale**, che può essere liberata in un momento successivo. Il lavoro compiuto da una **forza non conservativa**, invece, non può essere recuperato in seguito come energia cinetica, ma viene trasformato in altre forme di energia, per esempio in energia termica. Possiamo dare due diverse definizioni per la forza conservativa.

> **Forza conservativa: definizione 1**
> Una forza conservativa è una forza che compie un *lavoro totale nullo* lungo ogni *percorso chiuso*.

LE GRANDI IDEE

2 Le forze possono essere conservative o non conservative. Il lavoro di una forza conservativa è immagazzinato sotto forma di energia potenziale.

Utilizzando questa definizione possiamo verificare che la forza peso è una forza conservativa, mentre l'attrito non lo è.
Dalla **figura 7** possiamo osservare, infatti, che se spostiamo una scatola di massa m lungo il percorso chiuso $ABCD$, la forza peso non compie lavoro lungo i due tratti orizzontali AB e CD, in quanto perpendicolare allo spostamento, e compie un lavoro uguale $L = mgh$, ma di segno opposto, lungo i due tratti verticali BC e DA. Perciò il lavoro totale compiuto dalla forza peso lungo il percorso chiuso è nullo.

COLLEGAMENTO
Come vedremo meglio nel **capitolo 6**, la forza peso è la forza gravitazionale in prossimità della superficie terrestre.

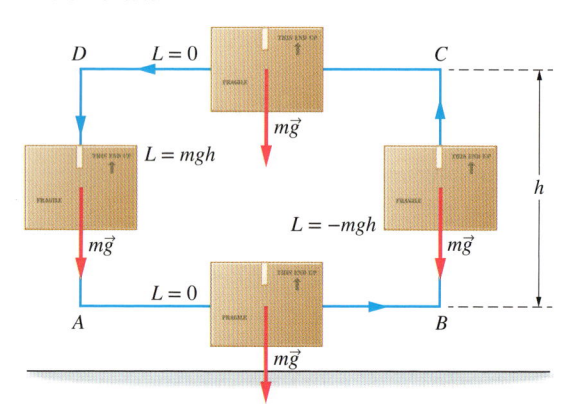

◀ **Figura 7**
Lavoro compiuto dalla forza peso lungo un percorso chiuso: $L_{tot} = 0$

Dalla **figura 8**, invece, notiamo che se muoviamo la stessa scatola sul pavimento lungo il percorso chiuso $ABCD$, il lavoro compiuto dalla forza di attrito dinamico in ciascuno dei quattro tratti AB, BC, CD e DA è negativo e pari a $L = -\mu_d mgs$; quindi il lavoro totale lungo il percorso chiuso è $L = -4\mu_d mgs$ ed è diverso da zero.

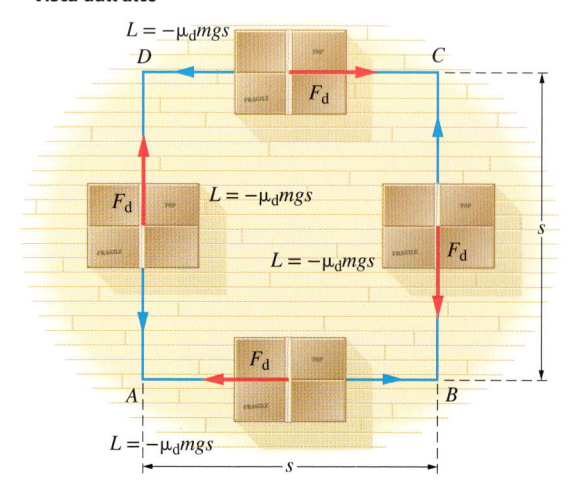

◀ **Figura 8**
Lavoro compiuto da una forza d'attrito lungo un percorso chiuso:
$L_{tot} = -4\mu_d mgs$

DISEGNO ATTIVO

4 Le forze conservative | 183

Le montagne russe illustrano efficacemente il significato della definizione 1. Consideriamo un vagoncino delle montagne russe che ha una velocità di modulo v nel punto A del suo percorso **(fig. 9)**; il vagoncino accelera scendendo verso il punto B, rallenta nelle vicinanze del punto C e così via. Quando il vagoncino ritorna alla sua altezza iniziale, nel punto D, avrà ancora il modulo della velocità uguale a v, purché l'attrito e le altre forze non conservative possano essere trascurate. Analogamente, se il vagoncino completa un giro e ritorna al punto A, avrà nuovamente velocità uguale a v.

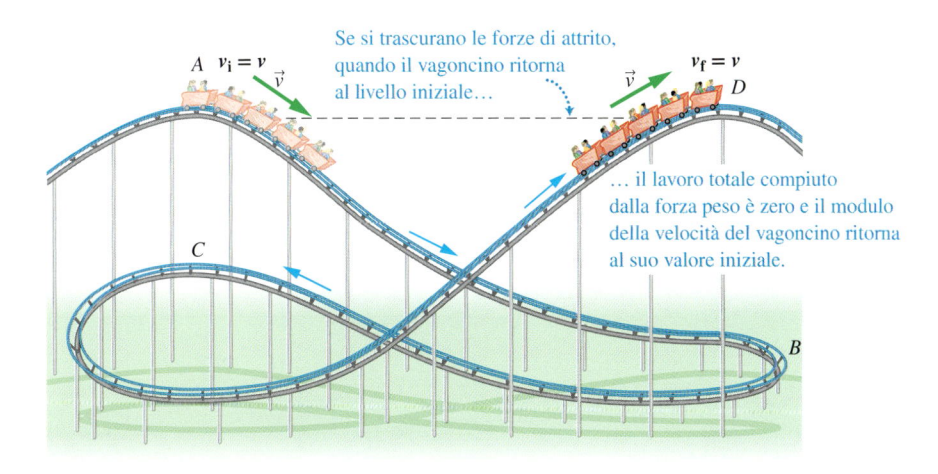

◀ **Figura 9**
La forza peso è una forza conservativa

Quindi, dopo *ogni* giro completo del tracciato, l'energia cinetica del vagoncino delle montagne russe rimane invariata:

$$\Delta K = \frac{1}{2}mv_i^2 - \frac{1}{2}mv_f^2 = \frac{1}{2}mv^2 - \frac{1}{2}mv^2 = 0$$

Per il teorema dell'energia cinetica, sappiamo che il lavoro totale compiuto su un oggetto è uguale alla variazione della sua energia cinetica:

$$L_{tot} = \Delta K$$

Segue allora che il lavoro compiuto dalla forza peso su un percorso chiuso del vagoncino è uguale a zero, come ci aspettavamo per una forza conservativa.
Questa proprietà delle forze conservative ha importanti conseguenze.
Ad esempio, consideriamo i percorsi chiusi disegnati in **figura 10**.
Per ciascuno di questi percorsi sappiamo che il lavoro fatto da una forza conservativa è zero, perciò, se consideriamo i percorsi 1 e 2, possiamo scrivere:

$$L_{tot} = L_1 + L_2 = 0 \quad \rightarrow \quad L_2 = -L_1$$

Analogamente, se consideriamo i due percorsi 1 e 3 possiamo scrivere:

$$L_{tot} = L_1 + L_3 = 0 \quad \rightarrow \quad L_3 = -L_1$$

Confrontando i risultati vediamo che il lavoro compiuto lungo il percorso 3 è uguale al lavoro compiuto lungo il percorso 2:

$$L_3 = L_2$$

Ma, poiché i percorsi 2 e 3 sono percorsi arbitrari che partono dal punto A e arrivano nel punto B, possiamo dare un'altra definizione di forza conservativa:

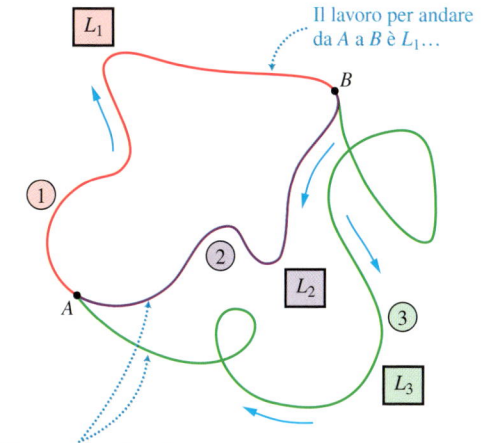

> **Forza conservativa: definizione 2**
>
> Se il lavoro compiuto da una forza per spostare un oggetto da un punto A qualsiasi a un punto B qualsiasi è *indipendente dal percorso* scelto per andare da A a B, allora la forza è conservativa.

▲ **Figura 10**
Il lavoro compiuto da una forza conservativa è indipendente dal percorso

PROBLEM SOLVING 3 — Percorsi diversi, forze diverse

a. Una scatola di 4,57 kg viene spostata con velocità costante da A a B lungo i due percorsi mostrati nella figura a. Calcola il lavoro compiuto dalla forza peso in ognuno di questi percorsi.

b. La stessa scatola è spinta su un pavimento da A a B lungo i percorsi 1 e 2 mostrati nella figura b. Se il coefficiente di attrito dinamico fra la scatola e la superficie del pavimento è $\mu_d = 0{,}63$, quanto lavoro viene compiuto dall'attrito lungo ciascun percorso?

■ **DESCRIZIONE DEL PROBLEMA** La figura a mostra i due diversi percorsi che possono essere compiuti dalla scatola per andare dal punto A al punto B. Il percorso 1, rappresentato da due segmenti rossi, consiste di uno spostamento verticale di 1,0 m e di uno spostamento orizzontale di 3,0 m. Il percorso 2, indicato con segmenti verdi, consiste di due spostamenti orizzontali e di due verticali. In questo caso siamo interessati al lavoro compiuto dalla forza peso.
La figura b mostra fondamentalmente gli stessi percorsi (percorso 1 in arancione e percorso 2 in violetto) che in questo caso però sono su un pavimento ruvido sul quale agisce la forza di attrito dinamico.

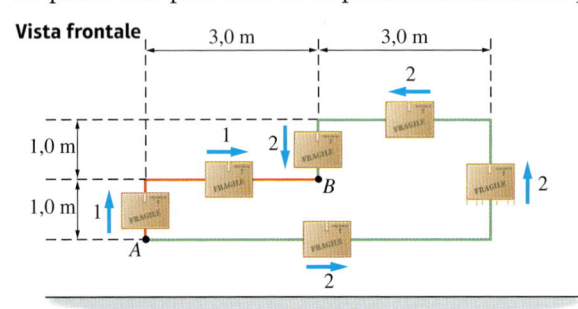

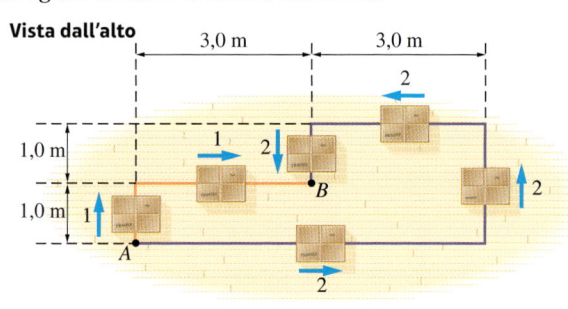

a) Lavoro compiuto dalla forza peso

b) Lavoro compiuto dalla forza di attrito

■ **STRATEGIA** Per calcolare il lavoro suddividiamo ogni percorso in segmenti: il percorso 1 è costituito da due segmenti, il percorso 2 da quattro segmenti.

a. Il lavoro compiuto dalla forza peso è nullo lungo i segmenti orizzontali, mentre lungo i segmenti verticali è positivo quando il moto è verso il basso, negativo quando il moto è verso l'alto.

b. Il lavoro compiuto dalla forza di attrito dinamico è negativo lungo tutti i segmenti di entrambi i percorsi.

Dati Massa della scatola, $m = 4{,}57$ kg; coefficiente di attrito dinamico, $\mu_d = 0{,}63$; i percorsi in figura

Incognite a. Lavoro della forza peso lungo due percorsi, $L_1 = ?$; $L_2 = ?$
b. Lavoro della forza di attrito lungo due percorsi, $L_1 = ?$; $L_2 = ?$

■ **SOLUZIONE**

a. Calcoliamo il lavoro compiuto dalla forza peso lungo i due segmenti del percorso 1 e lungo i quattro segmenti del percorso 2 utilizzando la formula $L = Fs = mgh$:

$L_1 = -(4{,}57 \text{ kg})(9{,}81 \text{ m/s}^2)(1{,}0 \text{ m}) + 0 = -45 \text{ J}$

$L_2 = 0 - (4{,}57 \text{ kg})(9{,}81 \text{ m/s}^2)(2{,}0 \text{ m}) + 0 + (4{,}57 \text{ kg})(9{,}81 \text{ m/s}^2)(1{,}0 \text{ m}) = -45 \text{ J}$

b. Calcoliamo il lavoro compiuto dalla forza di attrito dinamico lungo i due segmenti del percorso 1 e lungo i quattro segmenti del percorso 2 utilizzando la formula $L = Fs = -\mu_d Ns = -\mu_d mgs$:

$L_1 = -(0{,}63)(4{,}57 \text{ kg})(9{,}81 \text{ m/s}^2)(1{,}0 \text{ m}) - (0{,}63)(4{,}57 \text{ kg})(9{,}81 \text{ m/s}^2)(3{,}0 \text{ m}) = -1{,}1 \cdot 10^2 \text{ J}$

$L_2 = -(0{,}63)(4{,}57 \text{ kg})(9{,}81 \text{ m/s}^2)(6{,}0 \text{ m} + 2{,}0 \text{ m} + 3{,}0 \text{ m} + 1{,}0 \text{ m}) = -3{,}4 \cdot 10^2 \text{ J}$

■ **OSSERVAZIONI** La forza peso, conservativa, compie lo stesso lavoro lungo lo spostamento da A a B, indipendentemente dal percorso. Il lavoro compiuto dalla forza di attrito dinamico, invece, è maggiore lungo il percorso di maggior lunghezza.

PROVA TU Il lavoro compiuto dalla forza peso quando la scatola si muove dal punto B al punto C è 140 J. Il punto C si trova sopra o sotto il punto B? Qual è la distanza verticale tra B e C?

[il punto C è 3,12 m sotto il punto B]

Forze conservative e non conservative: alcuni esempi

Nella fisica classica si assume che le forze possano essere costanti (in modulo, direzione e verso) o che possano dipendere esplicitamente da queste sole variabili cinematiche: il tempo, la posizione $\vec{r}$ e la velocità $\vec{v}$. Ad esempio la forza elastica è una forza che dipende dalla posizione del punto materiale su cui agisce: la forza è infatti direttamente proporzionale al modulo dello spostamento, ha la stessa direzione e verso opposto a quello dello spostamento.

Tutte le forze costanti in modulo, direzione e verso sono conservative; un esempio è la forza peso di un corpo. Condizione necessaria (ma *non* sufficiente) perché una forza non costante sia conservativa è che dipenda esplicitamente dal vettore posizione $\vec{r}$, che sia cioè una **forza posizionale**. La forza elastica è una forza posizionale e, come abbiamo visto, è conservativa.

Non sono, invece, conservative le forze dipendenti esplicitamente dal tempo o dalla velocità.

Consideriamo ad esempio il pendolo semplice, un sistema fisico che abbiamo studiato nel capitolo 2 **(fig. 11)**. La massa oscillante si muove lungo un arco di circonferenza con una velocità il cui modulo varia continuamente dal valore zero, nei punti di inversione del moto (spostamento angolare massimo), al valore massimo, in corrispondenza della posizione di equilibrio (spostamento angolare nullo).

> **COLLEGAMENTO ▶▶**
> Come vedremo nel capitolo 7, la forza di attrito per un corpo in moto in un **fluido viscoso** dipende esplicitamente dalla velocità.

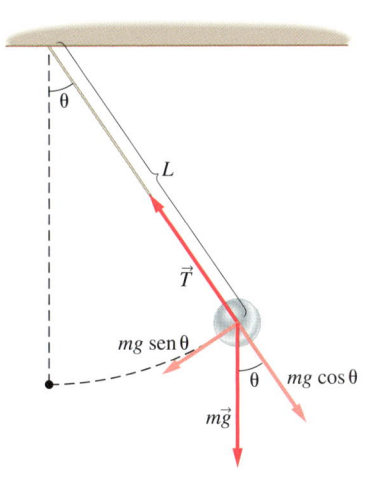

◀ **Figura 11**
Il pendolo semplice

Poiché la velocità è tangente alla traiettoria circolare, la direzione della velocità cambia continuamente. Oltre a un'accelerazione tangenziale, che descrive la variazione temporale del modulo della velocità, esiste quindi anche un'accelerazione centripeta. Il modulo dell'accelerazione centripeta non è costante come nel moto circolare uniforme, ma è variabile nel tempo, in quanto il modulo della velocità varia nel tempo. La forza che fa cambiare il verso del vettore velocità è la risultante della tensione del filo di sospensione e della componente della forza peso della massa attaccata al filo nella direzione del filo stesso.

Pertanto, in un punto della traiettoria corrispondente a un angolo di oscillazione θ abbiamo che:

$$T - mg \cos\theta = \frac{mv^2}{L}$$

e risolvendo rispetto a T:

$$T = mg \cos\theta + \frac{mv^2}{L}$$

Poiché la tensione T dipende esplicitamente dalla velocità della massa oscillante, possiamo concludere che la tensione non è una forza conservativa.

Arriveremo alla stessa conclusione anche nel *Problem solving* 4 che segue.

| CAPITOLO 4 | Le leggi di conservazione

PROBLEM SOLVING 4 Il lavoro della gru

Una gru solleva verticalmente, mediante un cavo di acciaio, un blocco di cemento di 500 kg da un punto A situato in prossimità della base della gru ($y = 0$) a un punto B posto 30 m più in alto di A. Durante la salita l'accelerazione del blocco è di 0,60 m/s².
a. Calcola il lavoro compiuto dalla tensione del cavo di acciaio nel percorso in salita.
b. Se la gru riporta il blocco di cemento dal punto B al punto A, calandolo lungo la verticale a velocità costante, quanto vale il lavoro fatto dalla tensione nel percorso in discesa?

DESCRIZIONE DEL PROBLEMA

La **figura a** rappresenta lo schema del corpo libero del blocco di cemento, rappresentato come un punto materiale, su cui agiscono la tensione del cavo e la forza peso. Dal momento che il moto è uniformemente accelerato verso l'alto, la risultante delle due forze agenti sul sistema è diversa da zero e orientata verso l'alto. In figura è rappresentato il vettore accelerazione del blocco.
La **figura b** rappresenta lo schema di corpo libero del sistema nel moto di discesa. Poiché il moto è rettilineo uniforme verso il basso, la risultante delle due forze è nulla e l'accelerazione è nulla. Nella figura è rappresentato il vettore velocità, costante in modulo, direzione e verso.

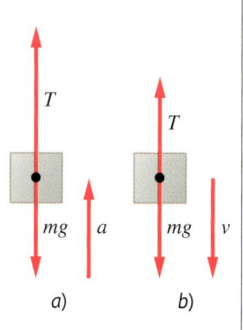

STRATEGIA

a. Scegliendo un sistema di riferimento unidimensionale orientato nel verso del moto, applichiamo la seconda legge della dinamica e determiniamo la tensione agente sul blocco. Calcoliamo poi il lavoro compiuto sul blocco dalla tensione.
b. Scegliendo un sistema di riferimento unidimensionale orientato nel verso del moto, applichiamo la seconda legge della dinamica. Poiché la velocità è costante, l'accelerazione deve essere nulla. Pertanto la tensione deve essere uguale in modulo alla forza peso. Calcoliamo il modulo della tensione e il lavoro da essa compiuto.

Dati Massa del blocco di cemento, $m = 500$ kg; ordinata del punto più alto del percorso verticale (rispetto alla base della gru), $y = 30$ m; **a.** accelerazione del blocco (moto di salita), $a = 0,60$ m/s²; **b.** accelerazione del blocco (moto di discesa), $a = 0$

Incognite **a.** Lavoro compiuto dalla tensione nel moto di salita, $L = ?$
b. Lavoro compiuto dalla tensione nel moto di discesa, $L = ?$

SOLUZIONE

a. Applicando la seconda legge della dinamica al blocco e considerando un sistema di riferimento unidimensionale orientato nel senso del moto si ha: $T - mg = ma$ e quindi:

$$T = mg + ma = m(g + a) = 500 \text{ kg} \cdot (9{,}81 + 0{,}60) \text{ m/s}^2 = 5{,}21 \cdot 10^3 \text{ N}$$

Il lavoro compiuto dalla tensione del cavo da A a B è:

$$L = T(y - 0) = 5{,}21 \cdot 10^3 \text{ N} \cdot 30 \text{ m} = 1{,}6 \cdot 10^5 \text{ J}$$

b. Applicando la seconda legge della dinamica e considerando un sistema di riferimento unidimensionale orientato nel senso del moto, osserviamo che se la velocità è costante, l'accelerazione del blocco è nulla. Pertanto durante il percorso in discesa:

$$T - mg = 0 \quad \text{e quindi} \quad T = mg = 500 \text{ kg} \cdot 9{,}81 \text{ m/s}^2 = 4{,}91 \cdot 10^3 \text{ N}$$

Perciò il lavoro compiuto dalla tensione durante la discesa è:

$$L = T(0 - y) = -4{,}91 \cdot 10^3 \text{ N} \cdot 30 \text{ m} = -1{,}5 \cdot 10^5 \text{ J}$$

negativo perché la tensione ha verso opposto a quello dello spostamento.

OSSERVAZIONI Consideriamo il percorso compiuto complessivamente dal blocco di cemento nella fase di salita e in quella di discesa: è un percorso chiuso in quanto il punto iniziale e finale coincidono.
Il lavoro totale della tensione del cavo in questo percorso è: $L = 1{,}6 \cdot 10^5 \text{ J} - 1{,}5 \cdot 10^5 \text{ J} = 0{,}1 \cdot 10^5 \text{ J} = 1 \cdot 10^4 \text{ J}$
Poiché il lavoro totale lungo il percorso chiuso è diverso da zero, *la tensione non è una forza conservativa*.

PROVA TU Se il blocco di cemento accelera verso il basso con $a = 0{,}35$ m/s², quanto vale il lavoro compiuto dalla tensione?
$[-1{,}4 \cdot 10^5 \text{ J}]$

5 La legge di conservazione dell'energia meccanica

Come sappiamo, l'**energia meccanica** E_m di un sistema è definita come la somma dell'energia cinetica K e dell'energia potenziale U:

Energia meccanica, E_m

$$E_m = K + U$$

L'energia meccanica *si conserva* nei sistemi che coinvolgono solo forze conservative. In situazioni nelle quali sono coinvolte forze non conservative, invece, l'energia meccanica può variare, come avviene quando l'attrito causa riscaldamento, convertendo energia meccanica in energia termica; vedremo tuttavia che, quando vengono considerate *tutte* le forme di energia, l'*energia totale* si conserva sempre.

Verifichiamo che E_m è costante nel caso di forze conservative.
Per il teorema dell'energia cinetica, il lavoro compiuto su un sistema è uguale alla variazione dell'energia cinetica del sistema:

$$L = \Delta K = K_f - K_i$$

Supponiamo che nel sistema agisca una sola forza e che essa sia conservativa. In questo caso il lavoro L può essere espresso con la variazione dell'energia potenziale:

$$L = -\Delta U = U_i - U_f$$

Confrontando le due espressioni precedenti, possiamo scrivere:

$$K_f - K_i = U_i - U_f$$

da cui otteniamo:

$$K_f + U_f = K_i + U_i$$

cioè:

$$E_{m,f} = E_{m,i}$$

Poiché i punti iniziale e finale possono essere scelti arbitrariamente, ne consegue che E_m si conserva, cioè:

$$E_m = \text{costante}$$

Abbiamo così dimostrato che, se nel sistema agisce una forza conservativa, l'energia meccanica si conserva.
Se nel sistema agiscono più forze conservative, basta sostituire a U la somma delle energie potenziali di ciascuna forza.

Riassumendo, possiamo enunciare la seguente legge di conservazione:

Conservazione dell'energia meccanica

In un sistema in cui agiscono solo forze conservative, l'energia meccanica E_m si conserva, cioè:

$$E_m = K + U = \text{costante}$$

La conservazione dell'energia meccanica significa che l'energia può essere trasformata da potenziale a cinetica e viceversa, ma la somma delle due energie rimane sempre la stessa.

LE GRANDI IDEE

3 L'energia meccanica è la somma dell'energia potenziale e dell'energia cinetica di un sistema. In un sistema in cui agiscono solo forze conservative l'energia meccanica si conserva, cioè rimane costante.

ATTENZIONE

Conservazione dell'energia meccanica

Nei problemi che riguardano la conservazione dell'energia è utile schematizzare il sistema ed etichettare lo stato iniziale e lo stato finale con ⓘ e ⓕ rispettivamente.
Per applicare la conservazione dell'energia scriviamo le energie iniziale e finale e poniamo $E_{m,f} = E_{m,i}$.

Il *bilancio energetico* può essere rappresentato in un diagramma come quello di **figura 12** in cui sono riportate l'energia meccanica totale E_m e le variazioni dell'energia cinetica K e dell'energia potenziale U.

COLLEGAMENTO ▶▶
Nel fascicolo LAB+
Con GeoGebra
La conservazione dell'energia meccanica

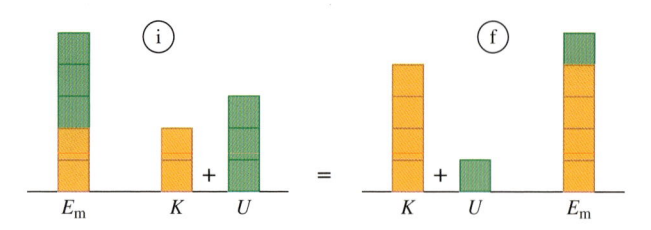

◀ **Figura 12**
Conservazione dell'energia meccanica: bilancio energetico

La legge di conservazione dell'energia meccanica, oltre ad avere un grande significato concettuale, permette di risolvere facilmente molti problemi di dinamica e di cinematica. Analizziamo due situazioni: una in cui sul sistema agisce la forza peso e una in cui agisce una forza elastica.

Primo esempio: forza peso

Consideriamo un oggetto in caduta libera, sottoposto alla sola forza peso, come mostrato in **figura 13**. Poiché la forza peso è una forza conservativa, l'energia meccanica si conserva ed è uguale in ogni istante alla somma dell'energia cinetica e dell'energia potenziale.
Consideriamo due punti qualsiasi A e B del moto di caduta e poniamo uguali i valori dell'energia meccanica nei due punti:

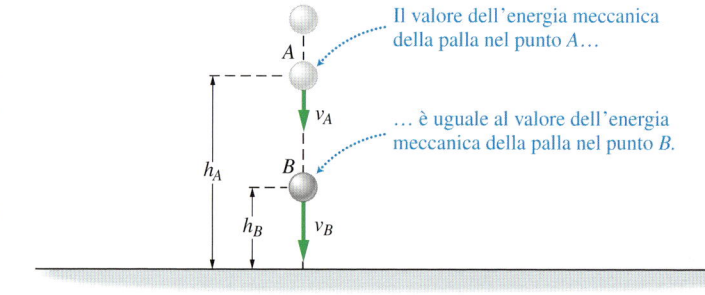

$$E_{m,A} = E_{m,B}$$

▲ **Figura 13**
Conservazione dell'energia meccanica per un oggetto in caduta libera

Scriviamo questa uguaglianza in termini di energia cinetica e potenziale:

$$K_A + U_A = K_B + U_B$$

cioè, ricordando che $K = \frac{1}{2}mv^2$ e $U = mgh$:

$$\frac{1}{2}mv_A^2 + mgh_A = \frac{1}{2}mv_B^2 + mgh_B$$

Conoscendo il valore di tre delle quattro grandezze v_A, v_B, h_A, h_B, è possibile in ogni istante determinare il valore della quarta grandezza incognita.

Se consideriamo il caso particolare in cui l'oggetto cade da fermo da un'altezza h, e vogliamo calcolare la velocità dell'oggetto quando tocca terra, sostituendo $v_A = 0$, $v_B = v$, $h_A = h$ e $h_B = 0$ nella relazione precedente, otteniamo:

$$0 + mgh = \frac{1}{2}mv^2$$

da cui:

$$v = \sqrt{2gh}$$

Il bilancio energetico in questo caso è riportato in **figura 14**.

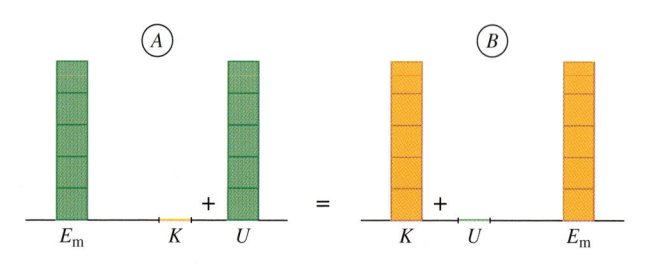

COLLEGAMENTO ◀◀
Abbiamo già trovato questo risultato nel primo biennio, studiando la caduta libera come esempio di moto uniformemente accelerato.

◀ **Figura 14**
Bilancio energetico di un oggetto che cade da fermo da un'altezza h

PROBLEM SOLVING 5 **Intercettare un fuori campo**

Durante una partita di baseball, un giocatore spedisce una palla di 0,15 kg fuori campo. La palla lascia la mazza con una velocità di modulo 36 m/s e un tifoso sulla gradinata la afferra 7,2 m al di sopra del punto da cui è partita. Assumendo che le forze di attrito possano essere trascurate, determina:
a. l'energia cinetica della palla quando viene afferrata dal tifoso;
b. il modulo della sua velocità in quel punto.

■ **DESCRIZIONE DEL PROBLEMA** La figura mostra la traiettoria della palla. Indichiamo con (i) il punto iniziale in cui la palla viene colpita e con (f) il punto finale in cui viene afferrata. Nel punto (i) scegliamo $y_i = 0$, quindi nel punto (f) sarà $y_f = h = 7{,}2$ m. Sappiamo inoltre che la velocità iniziale è $v_i = 36$ m/s. Dobbiamo determinare K_f e v_f.

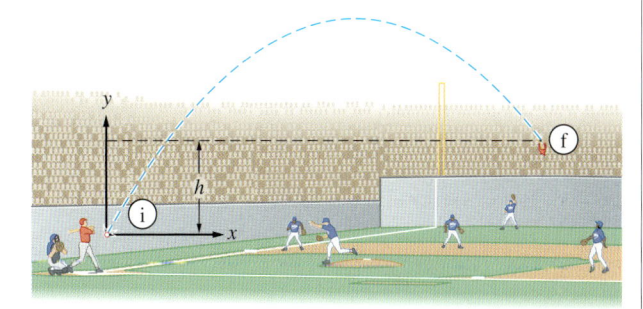

■ **STRATEGIA**
a. Potendo trascurare le forze di attrito, l'energia meccanica iniziale è uguale all'energia meccanica finale, cioè $K_i + U_i = K_f + U_f$. Usiamo questa equazione per determinare K_f.
b. Nota K_f, dalla relazione $K_f = \frac{1}{2} m v_f^2$ possiamo ricavare v_f.

Dati Massa della palla, $m = 0{,}15$ kg; velocità iniziale della palla, $v_i = 36$ m/s; posizione del tifoso che afferra la palla, $h = 7{,}2$ m

Incognite a. Energia cinetica della palla nell'istante della ricezione, $K_f = ?$
b. Modulo della velocità della palla in quell'istante, $v_f = ?$

■ **SOLUZIONE**
a. Scriviamo i valori di U e K nel punto (i):

$$U_i = 0 \qquad K_i = \frac{1}{2} m v_i^2 = \frac{1}{2}(0{,}15 \text{ kg})(36 \text{ m/s})^2 = 97 \text{ J}$$

Scriviamo i valori di U e K nel punto (f):

$$U_f = mgh = (0{,}15 \text{ kg})(9{,}81 \text{ m/s}^2)(7{,}2 \text{ m}) = 11 \text{ J} \qquad K_f = \frac{1}{2} m v_f^2$$

Poniamo $K_i + U_i = K_f + U_f$ e risolviamo rispetto a K_f:

$$K_i + U_i = K_f + U_f \quad \rightarrow \quad 97 \text{ J} + 0 = K_f + 11 \text{ J} \quad \rightarrow \quad K_f = 97 \text{ J} - 11 \text{ J} = 86 \text{ J}$$

b. Utilizziamo $K_f = \frac{1}{2} m v_f^2$ per determinare v_f:

$$K_f = \frac{1}{2} m v_f^2 \quad \rightarrow \quad v_f = \sqrt{\frac{2 K_f}{m}} = \sqrt{\frac{2(86 \text{ J})}{0{,}15 \text{ kg}}} = 34 \text{ m/s}$$

OSSERVAZIONI Per determinare il modulo della velocità della palla quando viene afferrata dobbiamo conoscere l'altezza del punto (f), ma non ci serve nessuna informazione sulla traiettoria della palla. Ad esempio, non è necessario conoscere l'angolo con il quale la palla lascia la mazza o la massima altezza raggiunta dalla palla.
Il bilancio energetico riportato a fianco mostra i valori di U e K nei punti (i) e (f).
Notiamo che, nell'istante in cui la palla viene afferrata, l'energia del sistema è prevalentemente cinetica.

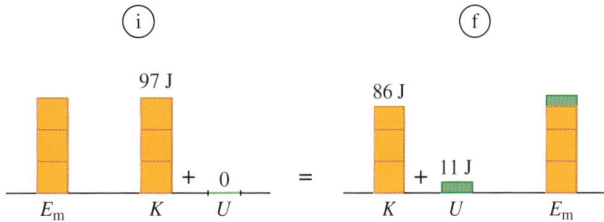

PROVA TU Se la massa della palla fosse maggiore, il modulo della velocità nel momento della presa sarebbe maggiore, minore o uguale a quello calcolato? Giustifica la tua risposta. [uguale]

Secondo esempio: forza elastica

Consideriamo un corpo di massa m attaccato a una molla ideale che oscilla attorno alla posizione di equilibrio $x = 0$ come mostrato nella **figura 15**. Il moto del corpo è un moto armonico semplice.

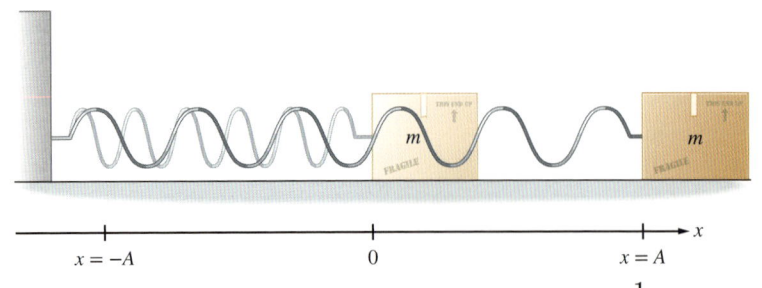

◀ **Figura 15**
Conservazione dell'energia per un corpo attaccato a una molla

COLLEGAMENTO ▶▶
In digitale
Il salto della pulce e l'arco che scocca le frecce

La sua energia meccanica è la somma dell'**energia cinetica**, $K = \frac{1}{2}mv^2$, e dell'**energia potenziale elastica**, $U = \frac{1}{2}kx^2$, cioè:

$$E_m = K + U = \frac{1}{2}mv^2 + \frac{1}{2}kx^2$$

Poiché E_m rimane costante durante il moto, si ha un continuo scambio fra energia cinetica e potenziale. Se la massa oscilla tra $x = -A$ e $x = +A$, in questi due punti la sua energia cinetica è istantaneamente nulla e l'energia meccanica totale è uguale alla sola energia potenziale, che è $U = \frac{1}{2}kx^2 = \frac{1}{2}kA^2$.

Ne concludiamo che nel moto armonico semplice della molla l'energia meccanica è data da:

Energia meccanica nel moto armonico semplice

$$E_m = \frac{1}{2}kA^2$$

MATH⁺

L'**energia potenziale elastica** dipende dal quadrato della deformazione x
$U = \frac{1}{2}kx^2$, e rappresenta una parabola con concavità verso l'alto che, dal punto di vista strettamente fisico, esiste solo tra $-A$ e A.
L'**energia cinetica** può essere espressa come:

$$K = E_m - U = \frac{1}{2}kA^2 - \frac{1}{2}kx^2$$

cioè una parabola con concavità rivolta verso il basso che, tra $-A$ e A, è sempre positiva.

Finora abbiamo considerato la dipendenza dell'energia dalla deformazione x; analizziamo ora come essa cambia rispetto al tempo.

Conoscendo le leggi del moto di un oscillatore armonico, possiamo verificare direttamente la conservazione dell'energia meccanica. Ricordiamo che lo spostamento x dalla posizione di equilibrio e la velocità v di un oscillatore armonico sono:

$$x = A\cos(\omega t) \qquad v = -\omega A \operatorname{sen}(\omega t)$$

Sostituendo queste leggi nell'espressione dell'energia cinetica $K = \frac{1}{2}mv^2$ e dell'energia potenziale $U = \frac{1}{2}kx^2$, otteniamo:

$$E_m = K + U = \frac{1}{2}m\omega^2 A^2 \operatorname{sen}^2(\omega t) + \frac{1}{2}kA^2 \cos^2(\omega t) = \frac{1}{2}kA^2[\operatorname{sen}^2(\omega t) + \cos^2(\omega t)] = \frac{1}{2}kA^2$$

COLLEGAMENTO ◀◀
Nell'espressione a fianco abbiamo utilizzato la relazione $k = m\omega^2$ già incontrata per l'oscillatore armonico nel **capitolo 2** e la relazione fondamentale della goniometria $\operatorname{sen}^2(\omega t) + \cos^2(\omega t) = 1$.

In **figura 16** sono riportati i grafici di K e di U in funzione del tempo. La retta orizzontale in alto rappresenta E_m, cioè la somma di K e di U in ogni istante. In questo modo è evidente, anche graficamente, il continuo scambio fra energia cinetica e potenziale. Osserviamo che, quando una delle due energie (U o K) ha il suo valore massimo, l'altra è uguale a zero.

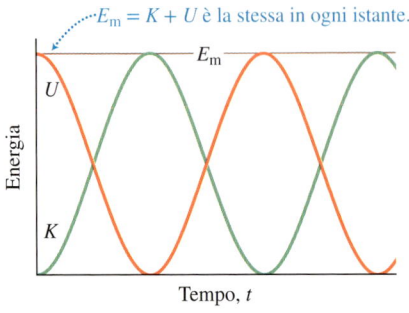

◀ **Figura 16**
Energia in funzione del tempo nel moto armonico semplice

L'energia meccanica del pendolo semplice

Il risultato ottenuto per l'energia meccanica di un oscillatore armonico, $E_m = \frac{1}{2}kA^2$, si può esprimere, nel caso del pendolo semplice per cui $k = \frac{mg}{L}$, con L lunghezza del filo, in funzione dello spostamento angolare massimo θ_{max} della massa oscillante (fig. 17). Infatti, tenendo presente la relazione tra spostamento lineare massimo A e spostamento angolare massimo θ_{max} che, per piccole oscillazioni, è $A = L\theta_{max}$, otteniamo:

$$E_m = \frac{1}{2}m\frac{g}{L}L^2\theta_{max}^2 = \frac{1}{2}mgL\theta_{max}^2$$

Sia nel caso dell'oscillatore armonico sia nel caso del pendolo semplice, abbiamo ottenuto che l'energia potenziale corrispondente alla forza (conservativa) di richiamo è direttamente proporzionale al *quadrato dello spostamento* (rispettivamente lineare in un caso e angolare nell'altro) dalla posizione di equilibrio.

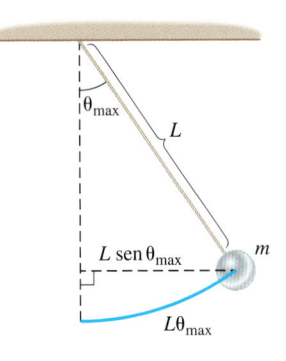

▲ Figura 17

APPROFONDIMENTO — Calcolo dell'energia meccanica di un pendolo

È possibile ricavare l'espressione dell'energia meccanica del pendolo semplice anche a partire dalla legge oraria con cui varia l'angolo di oscillazione θ in funzione del tempo, $\theta = \theta_{max}\cos(\omega t)$, dove θ_{max} rappresenta lo spostamento angolare massimo. Se il filo forma con la posizione di equilibrio un angolo θ, l'energia potenziale gravitazionale della massa oscillante è: $U = mgh = mgL(1 - \cos\theta)$, come si vede in figura. Moltiplicando e dividendo questa espressione per $(1 + \cos\theta)$, otteniamo:

$$U = mgL\frac{(1-\cos\theta)(1+\cos\theta)}{1+\cos\theta} = mgL\frac{1-\cos^2\theta}{1+\cos\theta} = mgL\frac{\text{sen}^2\theta}{1+\cos\theta}$$

dove nell'ultimo passaggio abbiamo utilizzato la relazione fondamentale della goniometria: $\text{sen}^2\theta + \cos^2\theta = 1$. Nell'approssimazione di piccoli angoli, $\text{sen}\,\theta \approx \theta$ e $\cos\theta \approx 1$, per cui l'energia potenziale diventa:

$$U = \frac{1}{2}mgL\theta^2$$

e, inserendo in tale relazione la legge oraria con cui varia l'angolo in funzione di t, risulta:

$$U = \frac{1}{2}mgL\theta_{max}^2\cos^2(\omega t)$$

Ricordando che nel moto armonico la velocità varia nel tempo secondo la legge $v = -v_{max}\text{sen}(\omega t)$ e che $v_{max} = L\omega\theta_{max}$, l'energia cinetica $K = \frac{1}{2}mv^2$ diventa:

$$K = \frac{1}{2}mL^2\omega^2\theta_{max}^2\text{sen}^2(\omega t)$$

Pertanto, l'energia meccanica risulta:

$$E_m = K + U = \frac{1}{2}mL^2\omega^2\theta_{max}^2\text{sen}^2(\omega t) + \frac{1}{2}mgL\theta_{max}^2\cos^2(\omega t)$$

Ricordando che la relazione che esprime la pulsazione ω è $\omega = \sqrt{\frac{g}{L}}$, si ha $g = L\omega^2$ e, sostituendo nella relazione che definisce l'energia meccanica, si trova:

$$E_m = K + U = \frac{1}{2}mL^2\omega^2\theta_{max}^2\text{sen}^2(\omega t) + \frac{1}{2}mL^2\omega^2\theta_{max}^2\cos^2(\omega t) =$$
$$= \frac{1}{2}mL^2\omega^2\theta_{max}^2 = \frac{1}{2}mgL\theta_{max}^2$$

Abbiamo ottenuto così, nuovamente, che l'energia meccanica di un pendolo semplice è direttamente proporzionale alla massa oscillante, alla lunghezza del filo e al quadrato dello spostamento angolare massimo θ_{max}.

COLLEGAMENTO
Abbiamo visto nel **capitolo 2** che il moto del pendolo, per piccole oscillazioni, è un moto armonico.

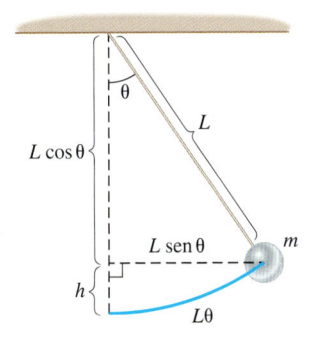

ATTENZIONE
Angoli in radianti
Le approssimazioni $\text{sen}\,\theta \approx \theta$ e $\cos\theta \approx 1$ sono riferite ad angoli espressi in radianti.

PROBLEM SOLVING 6 — Ferma il blocco!

Un blocco di 0,980 kg, che scivola su una superficie orizzontale priva di attrito con una velocità di 1,32 m/s, finisce contro una molla a riposo, di costante elastica $k = 245$ N/m, come mostrato in figura.
a. Di quanto viene compressa la molla prima che il blocco si fermi?
b. Per quanto tempo il blocco rimane a contatto con la molla prima di fermarsi?

DESCRIZIONE DEL PROBLEMA Come mostra la figura, inizialmente l'energia del sistema è solamente cinetica ed è quella del blocco di massa $m = 0{,}980$ kg e velocità $v_0 = 1{,}32$ m/s. Quando il blocco si ferma momentaneamente, dopo aver compresso la molla di un tratto A, la sua energia cinetica è stata trasformata in energia potenziale della molla.

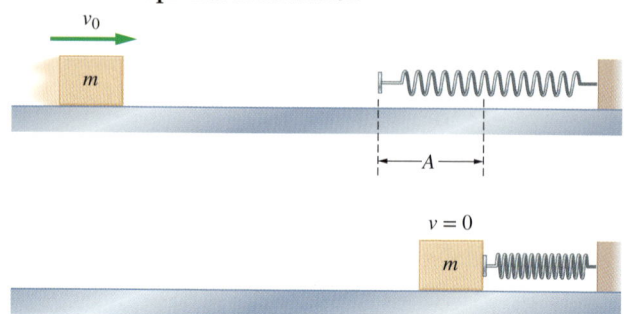

STRATEGIA

a. Possiamo determinare la compressione A della molla utilizzando la conservazione dell'energia. Poniamo l'energia cinetica iniziale del blocco, $\frac{1}{2}mv_0^2$, uguale all'energia potenziale della molla, $\frac{1}{2}kA^2$, e ricaviamo A.

b. Se la massa fosse agganciata alla molla, completerebbe un'oscillazione nel tempo $T = 2\pi\sqrt{m/k}$. Nel muoversi dalla posizione di equilibrio alla posizione di massima compressione, la massa esegue $\frac{1}{4}$ di ciclo, perciò il tempo è $\frac{T}{4}$.

Dati Massa del blocco, $m = 0{,}980$ kg; velocità iniziale del blocco, $v_0 = 1{,}32$ m/s; costante elastica della molla, $k = 245$ N/m.

Incognite a. Massima compressione della molla, $A = ?$
b. Tempo in cui il blocco rimane a contatto con la molla prima di fermarsi, $t = ?$

SOLUZIONE

a. Poniamo l'energia cinetica iniziale del blocco uguale all'energia potenziale della molla:

$$\frac{1}{2}mv_0^2 = \frac{1}{2}kA^2$$

Ricaviamo la massima compressione A:

$$A = v_0\sqrt{\frac{m}{k}} = (1{,}32 \text{ m/s})\sqrt{\frac{0{,}980 \text{ kg}}{245 \text{ N/m}}} = 0{,}0835 \text{ m}$$

b. Calcoliamo il periodo di un'oscillazione:

$$T = 2\pi\sqrt{\frac{m}{k}} = 2\pi\sqrt{\frac{0{,}980 \text{ kg}}{245 \text{ N/m}}} = 0{,}397 \text{ s}$$

Dividiamo T per quattro, poiché il blocco è stato a contatto della molla per $\frac{1}{4}$ di oscillazione:

$$t = \frac{1}{4}T = \frac{1}{4}(0{,}397 \text{ s}) = 0{,}0993 \text{ s}$$

OSSERVAZIONI Se la superficie orizzontale fossa stata ruvida, parte dell'energia cinetica iniziale del blocco sarebbe stata trasformata in energia termica; in questo caso la massima compressione della molla sarebbe stata minore di quella appena calcolata.

PROVA TU Se la velocità iniziale della massa viene aumentata, il tempo necessario per fermarla aumenta, diminuisce o rimane lo stesso? Verifica la risposta, calcolando il tempo per una velocità iniziale di 1,50 m/s.

[rimane lo stesso]

6 La conservazione dell'energia totale

Se un sistema è soggetto all'azione di forze *non conservative*, la sua energia meccanica non rimane costante.

Supponiamo ad esempio che un bambino scenda da uno scivolo alto 2,0 m partendo da fermo, come mostrato in **figura 18**.

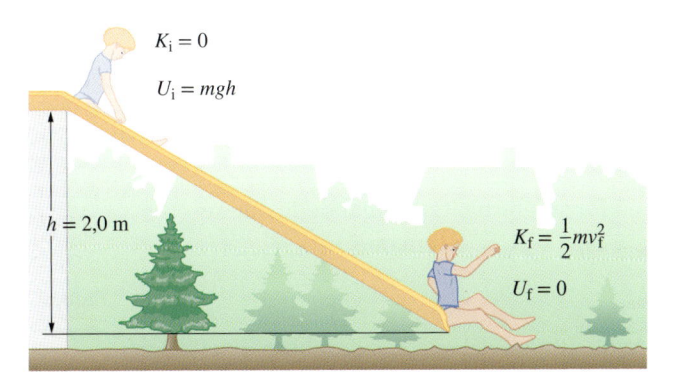

◀ **Figura 18**
Sistema in cui agiscono forze non conservative

Consideriamo il sistema bambino-scivolo-Terra.

Se il sistema fosse soggetto a sole forze conservative tutta l'energia potenziale iniziale si trasformerebbe in energia cinetica al termine della discesa. In realtà, una parte dell'energia meccanica si trasforma in energia termica dovuta all'attrito.

L'esperienza ci dice che la velocità finale del bambino è decisamente inferiore al valore $v_f = \sqrt{2gh}$ (in questo caso, $v_f = \sqrt{2(9,8 \text{ m/s}^2)(2,0 \text{ m})} = 6,3$ m/s). Il motivo è che, in tale situazione, la legge di conservazione dell'energia meccanica non è valida, perché sul bambino agisce una forza non conservativa, l'attrito radente.

Vediamo qual è il bilancio dell'energia in questo caso. Il bambino è sottoposto a una forza conservativa, la forza peso, che compie un lavoro L_c, e a una forza non conservativa, la forza di attrito, che compie un lavoro L_{nc}. Il lavoro totale compiuto sul bambino è pertanto:

$$L_{tot} = L_c + L_{nc}$$

Per il teorema dell'energia cinetica, il lavoro totale è uguale alla variazione dell'energia cinetica del bambino, $\Delta K = K_f - K_i$:

$$L_{tot} = \Delta K = K_f - K_i$$

Il lavoro della forza peso, L_c, è legato alla variazione dell'energia potenziale del bambino, $\Delta U = U_f - U_i$, dalla relazione:

$$L_c = -\Delta U$$

Sostituendo le ultime due equazioni in $L_{tot} = L_c + L_{nc}$ otteniamo:

$$\Delta K = -\Delta U + L_{nc}$$

da cui ricaviamo L_{nc}:

$$L_{nc} = \Delta K + \Delta U = \Delta E_m$$

Dunque possiamo affermare che:

> **Variazione dell'energia meccanica e forza di attrito**
>
> La variazione dell'energia meccanica è uguale al lavoro compiuto dalla forza di attrito:
>
> $$\Delta E_m = L_{nc}$$

L'esperienza mostra che l'energia meccanica del bambino diminuisce, $E_{m,f} < E_{m,i}$; il lavoro della forza di attrito è infatti negativo, dal momento che questa forza si oppone allo spostamento.

L'energia iniziale del bambino non è andata persa: si è in parte trasformata in un'altra forma di energia, non meccanica, l'**energia termica** del bambino e dello scivolo. Ce ne accorgiamo notando che, dopo la discesa, la temperatura del bambino e la temperatura dello scivolo sono lievemente aumentate. Il lavoro negativo della forza di attrito produce un aumento dell'*energia interna* (in questo caso, di natura termica) del bambino e dello scivolo. In generale, il lavoro della forza non conservativa L_{nc} è pari all'opposto della variazione dell'**energia interna** E_{int} (di natura termica, chimica ecc.) dei corpi, cioè:

$$L_{nc} = -\Delta E_{int}$$

Il fatto che l'energia meccanica del bambino si sia in parte convertita in energia termica dello scivolo ci induce a considerare il bilancio di energia del sistema complessivo bambino + scivolo + Terra.

Rispetto a questo sistema la forza di attrito è una forza interna. Combinando le due relazioni $L_{nc} = \Delta E_m = E_{m,f} - E_{m,i}$ ed $L_{nc} = -\Delta E_{int} = E_{int,i} - E_{int,f}$, otteniamo:

$$\Delta E_m + \Delta E_{int} = 0 \quad \rightarrow \quad E_{m,f} + E_{int,f} = E_{m,i} + E_{int,i}$$

dove E_m ed E_{int} sono l'energia meccanica e l'energia interna del sistema bambino + scivolo + Terra.

Come si vede, sebbene l'energia meccanica non si conservi, l'**energia totale**, cioè la somma dell'energia meccanica e dell'energia interna, rimane costante. Ciò avviene tutte le volte che un sistema fisico è **isolato**, vale a dire non soggetto a forze esterne.

Possiamo formulare la **legge di conservazione dell'energia totale** come segue:

> **Conservazione dell'energia totale**
> L'energia totale $E_{tot} = E_m + E_{int}$ di un sistema isolato si conserva:
> $$\Delta E_{tot} = \Delta E_m + \Delta E_{int} = 0 \quad \rightarrow \quad E_{m,i} + E_{int,i} = E_{m,f} + E_{int,f}$$

La legge di conservazione dell'energia totale per un sistema isolato è illustrata nello schema di **figura 19**. In **figura 20** è riportato il bilancio energetico.

!!! **ATTENZIONE**
Forze conservative
L'effetto di una forza esterna conservativa può essere sempre espresso tramite una variazione dell'energia potenziale dei componenti del sistema; ad esempio, nel caso in esame, sia il bambino sia lo scivolo sono soggetti alla forza peso, che produce una variazione ΔU dell'energia potenziale del bambino.

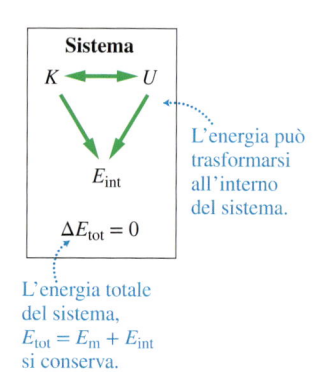

▲ **Figura 19**
Conservazione dell'energia per un sistema isolato

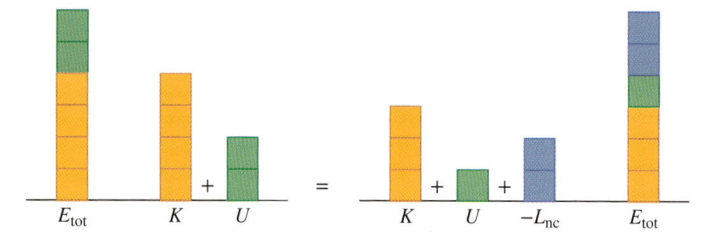

◀ **Figura 20**
Bilancio energetico per un sistema isolato

PROBLEM SOLVING 7 Sullo scivolo

Un bambino scende da uno scivolo alto 2,5 m e inclinato di 42° rispetto all'orizzontale. Giunto alla base dello scivolo, che si trova a livello del terreno, il bambino prosegue per un tratto scivolando sul terreno. Determina a quale distanza dalla base dello scivolo si ferma, sapendo che il coefficiente di attrito dinamico fra lo scivolo e il bambino è 0,53 e quello fra il terreno e il bambino è 0,98.

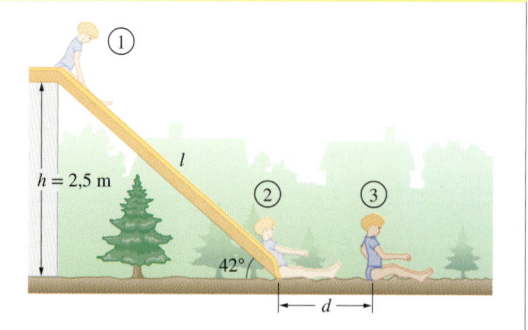

■ **DESCRIZIONE DEL PROBLEMA** Scegliamo un sistema di riferimento con $h = 0$ al livello della base dello scivolo, che coincide con il livello del terreno, come mostrato in figura. Consideriamo tre punti in cui calcoliamo l'energia cinetica e potenziale del bambino: in cima allo scivolo (1), alla base dello scivolo (2) e il punto del terreno in cui si ferma (3). L'energia cinetica e potenziale del bambino in cima allo scivolo sono $K_1 = 0$ e $U_1 = mgh$, alla base dello scivolo $K_2 = \frac{1}{2}mv^2$ e $U_2 = 0$, e nel punto in cui il bambino si ferma $K_3 = 0$ e $U_3 = 0$.

La forza di attrito è proporzionale alla componente normale della forza peso $P_\perp = mg \cos\theta$ quando il bambino è sullo scivolo e alla forza peso $P = mg$ quando il bambino è a terra.

Le due forze di attrito L_{12} e L_{23} compiono un lavoro che dipende, rispettivamente, dalla lunghezza dello scivolo e dalla distanza percorsa sul terreno.

■ **STRATEGIA** Scriviamo la conservazione dell'energia considerando prima il sistema bambino + scivolo + Terra e successivamente il sistema bambino + Terra. Ricaviamo la velocità alla base dello scivolo e poi calcoliamo la distanza a cui il bambino si ferma.

Dati Altezza dello scivolo, $h = 2{,}5$ m; angolo di inclinazione dello scivolo, $\theta = 42°$; coefficiente di attrito tra lo scivolo e il bambino, $\mu_{d1} = 0{,}53$; coefficiente di attrito tra il bambino e il terreno, $\mu_{d2} = 0{,}98$

Incognita Distanza di arresto del bambino, $d = ?$

■ **SOLUZIONE** Scriviamo la conservazione dell'energia totale del sistema bambino + scivolo, tenendo conto che il bambino parte dall'altezza $h = 2{,}5$ m e arriva a terra:

$$0 + mgh = \frac{1}{2}mv^2 + 0 + \mu_{d1} P_\perp l$$

Sostituiamo l'espressione della componente della forza peso ed esprimiamo la lunghezza l dello scivolo in funzione dell'altezza e dell'angolo $\theta = 42°$:

$$0 + mgh = \frac{1}{2}mv^2 + 0 + \mu_{d1} mg \cos\theta \frac{h}{\text{sen}\,\theta}$$

Dall'equazione precedente ricaviamo la velocità v con cui il bambino arriva alla base dello scivolo:

$$v^2 = 2gh\left(1 - \mu_{d1}\frac{1}{\text{tg}\,\theta}\right)$$

sostituendo i valori numerici:

$$v = \sqrt{2(9{,}81 \text{ m/s}^2)(2{,}5 \text{ m})\left(1 - \frac{0{,}53}{\text{tg}\,42°}\right)} = 4{,}5 \text{ m/s}$$

Scriviamo ora la conservazione dell'energia totale del sistema bambino + Terra:

$$\frac{1}{2}mv^2 + 0 = 0 + 0 + \mu_{d2} mgd$$

e ricaviamo la distanza d in cui si ferma il bambino:

$$d = \frac{v^2}{2g\mu_{d2}} = \frac{(4{,}5 \text{ m/s})^2}{2(9{,}81 \text{ m/s}^2)(0{,}98)} = 1{,}1 \text{ m}$$

OSSERVAZIONI Osserviamo come entrambe le velocità non dipendano dalla massa del bambino.
Il bilancio energetico nelle figure seguenti mostra l'energia persa come lavoro della forza di attrito.

L'energia potenziale che il bambino aveva in cima allo scivolo si trasforma solo in parte in energia cinetica.

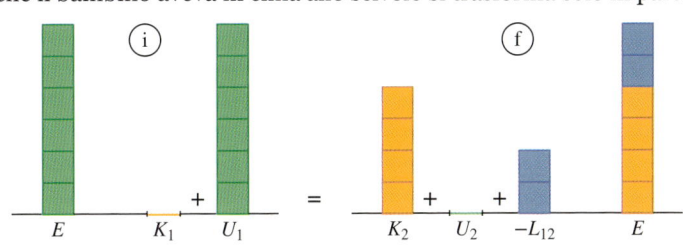

Nel tratto alla base dello scivolo tutta l'energia cinetica si trasforma in lavoro della forza di attrito.

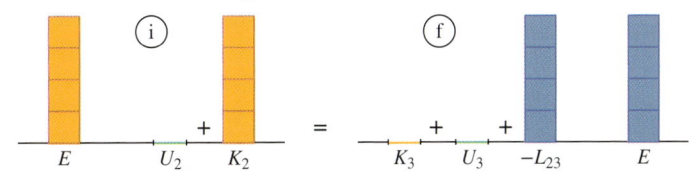

PROVA TU Calcola il coefficiente di attrito fra scivolo e bambino e fra terreno e bambino nel caso in cui il bambino arrivi alla base dello scivolo con una velocità di 2,4 m/s e si fermi in 32 cm. [0,79; 0,92]

Sistema non isolato

Se il sistema non è isolato, ma è soggetto a forze esterne che compiono un lavoro L_{est} (fig. 21), la sua energia totale non è costante, ma varia di una quantità pari a L_{est}:

$$L_{est} = \Delta E_{tot}$$

Scrivendo questa relazione in forma esplicita otteniamo:

> **Equazione dell'energia di un sistema**
>
> In un sistema non isolato l'energia totale non si conserva; la variazione di energia totale è pari al lavoro compiuto delle forze esterne:
>
> $$L_{est} = \Delta E_{tot} \quad \rightarrow \quad L_{est} = \Delta K + \Delta U + \Delta E_{int}$$

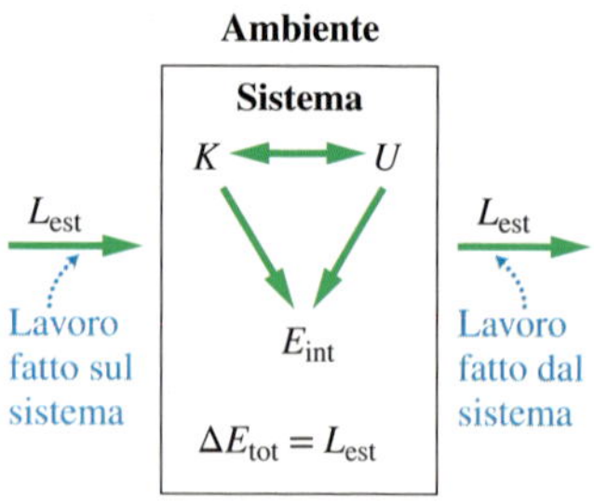

◀ **Figura 21**
Conservazione dell'energia per un sistema non isolato

Il bilancio energetico del sistema non isolato è riportato in **figura 22**.
Questa è la forma più generale che il bilancio energetico di un sistema può assumere. Come casi particolari ritroviamo le leggi di conservazione enunciate in precedenza:

- $L_{est} = 0 \quad \rightarrow \quad \Delta E_{tot} = 0$ conservazione dell'energia totale
- $L_{est} = 0$ e $\Delta E_{int} = 0 \quad \rightarrow \quad \Delta E_m = 0$ conservazione dell'energia meccanica

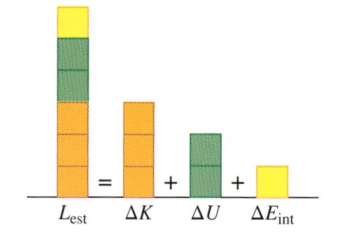

◀ **Figura 22**
Bilancio energetico per un sistema non isolato

Come vedremo in seguito, oltre al lavoro meccanico L_{est}, c'è un altro modo in cui un sistema può scambiare energia con l'ambiente: il *calore*. Il calore, indicato abitualmente con Q, è il trasferimento di energia che si verifica quando il sistema e l'ambiente hanno temperature diverse. L'equazione dell'energia del sistema va allora modificata aggiungendo al lavoro L_{est} il calore Q:

$$L_{est} + Q = \Delta E_{tot}$$

Si entra così nel campo della termodinamica, che studieremo nel capitolo 9.

PROBLEM SOLVING 8   **Allungare una molla**

Una scatola di 5,00 kg è attaccata a un'estremità di una molla di costante elastica $k = 80,0$ N/m. L'altra estremità della molla è fissata al muro. Inizialmente la scatola è ferma nella posizione di equilibrio della molla. Una corda con una tensione costante $T = 100$ N tira la scatola allungando la molla, come mostrato in figura. Il coefficiente di attrito dinamico tra la scatola e il pavimento è $\mu_d = 0,300$. Qual è la velocità della scatola dopo che si è spostata di 50,0 cm?

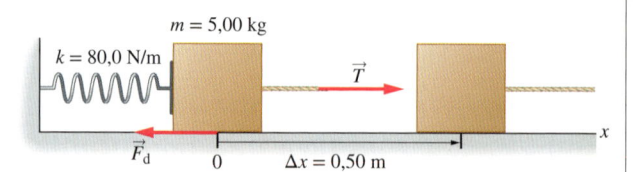

■ **DESCRIZIONE DEL PROBLEMA** Consideriamo il sistema costituito dalla scatola di massa $m = 5,00$ kg, dalla molla e dal pavimento. È necessario includere nel sistema il pavimento perché l'attrito modifica l'energia interna sia della scatola sia del pavimento.
La forza di attrito $F_d = \mu_d mg$ compie un lavoro $L_{nc} = -F_d \Delta x$, dove $\Delta x = 0,500$ m è lo spostamento della scatola.
La tensione T nella corda è una forza esterna che compie un lavoro L_{est}. Questo lavoro fa sì che l'energia totale del sistema, $E_{tot} = K + U + E_{int}$, aumenti. L'energia cinetica e l'energia potenziale elastica del sistema molla + scatola sono all'inizio entrambe nulle, perché la scatola è ferma nella posizione di equilibrio.

6 La conservazione dell'energia totale | **197**

■ **STRATEGIA** Scriviamo l'equazione dell'energia del sistema, $L_{est} = \Delta E_{tot} = \Delta K + \Delta U + \Delta E_{int}$.
La variazione dell'energia interna è $\Delta E_{int} = -L_{nc}$. Calcoliamo il lavoro della corda, $L_{est} = T\Delta x$, il lavoro della forza di attrito, $L_{nc} = -F_d \Delta x$, e la variazione dell'energia potenziale elastica del sistema molla + scatola, ΔU. Sostituendo queste quantità nell'equazione dell'energia, ricaviamo la variazione di energia cinetica della scatola e, da questa, la velocità finale della scatola.

Dati Massa della scatola, $m = 5{,}00$ kg; costante elastica della molla, $k = 80{,}0$ N/m; tensione della corda, $T = 100$ N; coefficiente di attrito dinamico tra la scatola e il pavimento, $\mu_d = 3{,}00$

Incognita Velocità della scatola se $\Delta x = 50{,}0$ cm, $v = ?$

■ **SOLUZIONE** Calcoliamo il lavoro compiuto dalla corda:

$$L_{est} = T\Delta x = (100 \text{ N})(0{,}500 \text{ m}) = 50{,}0 \text{ J}$$

Calcoliamo la variazione dell'energia interna:

$$\Delta E_{int} = -L_{nc} = -\vec{F}_d \cdot \vec{s} = -F_d \Delta x \cos 180° = F_d \Delta x = \mu_d mg \Delta x =$$
$$= (0{,}300)(5{,}00 \text{ kg})(9{,}81 \text{ m/s}^2)(0{,}500 \text{ m}) = 7{,}36 \text{ J}$$

La variazione dell'energia potenziale elastica del sistema è:

$$\Delta U = \frac{1}{2} k (\Delta x)^2 = \frac{1}{2} (80{,}0 \text{ N/m})(0{,}500 \text{ m})^2 = 10{,}0 \text{ J}$$

Dall'equazione dell'energia:

$$L_{est} = \Delta K + \Delta U + \Delta E_{int}$$

ricaviamo la variazione dell'energia cinetica:

$$\Delta K = L_{est} - \Delta U - \Delta E_{int}$$

Sostituendo i valori calcolati di L_{est}, ΔU e ΔE_{int}, otteniamo:

$$\Delta K = L_{est} - \Delta U - \Delta E_{int} = 50{,}0 \text{ J} - 10{,}0 \text{ J} - 7{,}36 \text{ J} = 32{,}6 \text{ J}$$

Poiché la velocità iniziale v_i della scatola è zero, la sua variazione di energia cinetica ΔK è uguale all'energia cinetica finale, $\Delta K = \frac{1}{2} m v_f^2$.
Ricaviamo v_f:

$$v_f = \sqrt{\frac{2\Delta K}{m}}$$

sostituiamo i valori numerici utilizzando il valore di ΔK precedentemente calcolato:

$$v_f = \sqrt{\frac{2(32{,}6 \text{ J})}{5{,}00 \text{ kg}}} = 3{,}61 \text{ m/s}$$

OSSERVAZIONI Il bilancio energetico è rappresentato nel diagramma seguente. Il lavoro L_{est} compiuto dalla tensione nella corda (50,0 J) si trasforma per il 66% in energia cinetica (32,6 J), per il 20% in energia potenziale (10,0 J) e per il 14% in energia interna, in questo caso termica (7,36 J).

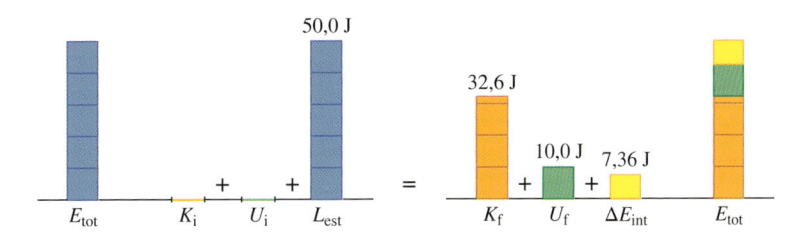

PROVA TU Se la velocità finale della scatola fosse di 3,9 m/s, quale sarebbe la costante elastica della molla?

[37 N/m]

7 Grafici dell'energia

La **figura 23** mostra una palla metallica che rotola su una pista simile a quella di una montagna russa. Inizialmente la palla è ferma nel punto A. Poiché l'altezza nel punto A è $y = h$, l'energia meccanica iniziale della palla è $E_{m,0} = mgh$. Se l'attrito e le altre forze non conservative possono essere trascurati, l'energia meccanica della palla rimane fissata al valore $E_{m,0}$ per tutta la durata del suo moto. Perciò:

$$E_m = K + U = E_{m,0}$$

Quando la palla si muove, la sua energia potenziale di volta in volta diminuisce e aumenta, seguendo l'andamento della pista. Infatti l'energia potenziale gravitazionale rispetto al suolo, $U = mgy$, è direttamente proporzionale all'altezza y della pista; in un certo senso, quindi, *la pista stessa rappresenta il grafico della corrispondente energia potenziale.*

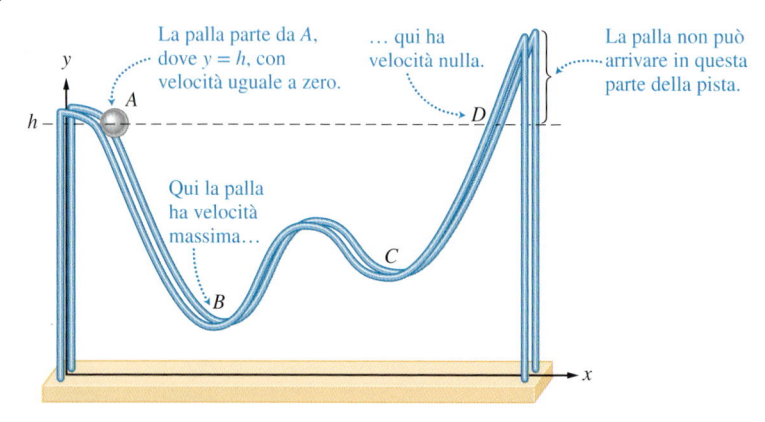

◀ **Figura 23**
Palla che rotola su una pista priva di attrito

Ciò è mostrato chiaramente in **figura 24** nella quale l'energia è riportata sull'asse verticale e la posizione x sull'asse orizzontale; come si vede, l'andamento dell'energia potenziale U riproduce proprio quello della pista di figura 23. Nel grafico abbiamo tracciato anche una linea orizzontale corrispondente al valore dell'energia meccanica totale, fissata al suo valore iniziale, che rappresenta l'energia costante della palla durante il moto:

$$E_{m,0} = K + U = mgh$$

Poiché la somma dell'energia potenziale e dell'energia cinetica deve essere sempre uguale a $E_{m,0}$, l'energia cinetica K è la differenza fra l'energia totale $E_{m,0}$ e l'energia potenziale individuata sulla curva, come mostrato in **figura 24**.

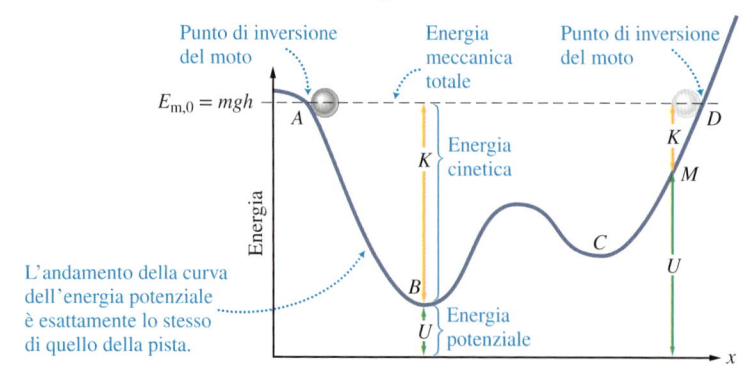

◀ **Figura 24**
Grafico dell'energia potenziale gravitazionale in funzione della posizione per la pista di figura 16

L'analisi di un grafico dell'energia, come quello di figura 24, fornisce una gran quantità di informazioni sul moto di un oggetto. Ad esempio, nel punto B l'energia potenziale ha il suo valore minimo e perciò l'energia cinetica ha in quel punto il suo massimo valore, mentre nel punto C l'energia potenziale inizia di nuovo ad aumentare, determinando quindi una corrispondente diminuzione dell'energia cinetica. Man mano che la palla prosegue nel moto verso destra, l'energia potenziale continua a crescere finché, nel punto D, raggiunge di nuovo un valore uguale all'energia totale $E_{m,0}$; in questo punto l'energia cinetica è zero e la palla si ferma per un istante, quindi comincia a muoversi verso sinistra, ritornando al punto A dove si ferma ancora, cambia direzione e inizia un nuovo ciclo. I punti A e D vengono chiamati **punti di inversione del moto**. Le regioni a sinistra di A e a destra di D sono *inaccessibili alla palla*, perché in esse l'energia potenziale è maggiore dell'energia totale, cioè l'energia cinetica diventerebbe negativa, il che non è possibile.

In **figura 25** è riportato il bilancio energetico nel punto B e nel punto M.

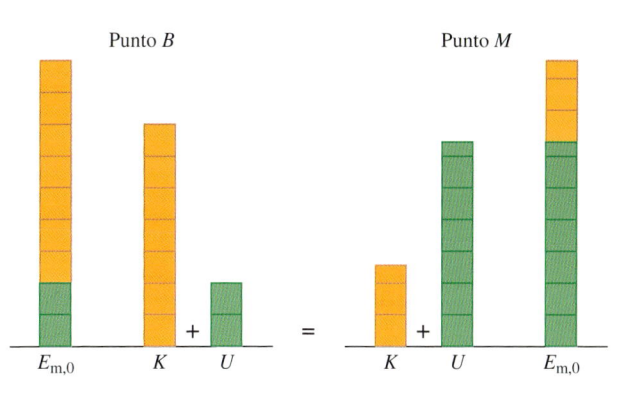

▲ **Figura 25**
Bilancio energetico in due punti diversi della pista

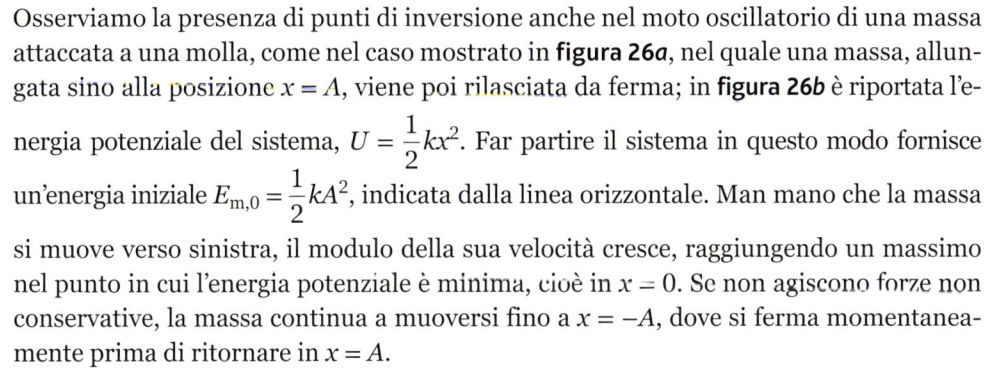

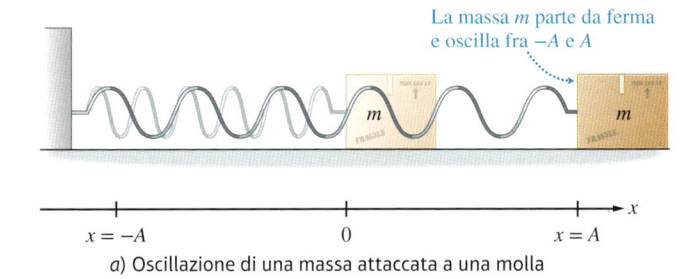

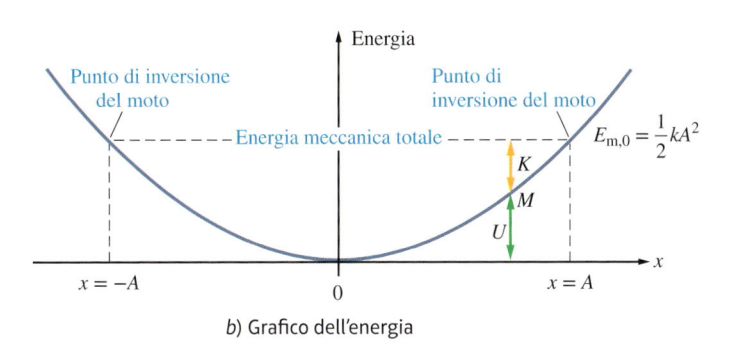

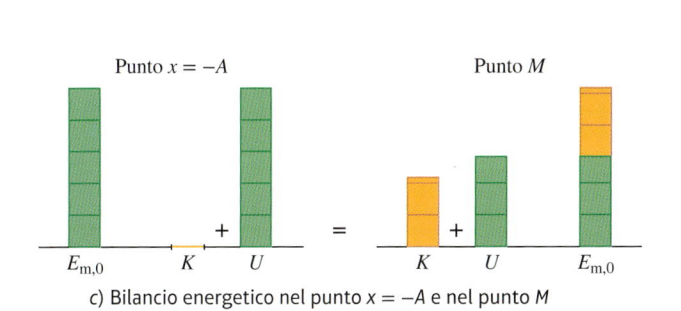

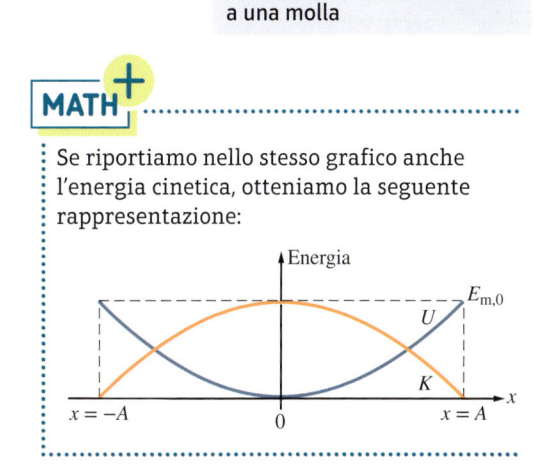

Osserviamo la presenza di punti di inversione anche nel moto oscillatorio di una massa attaccata a una molla, come nel caso mostrato in **figura 26a**, nel quale una massa, allungata sino alla posizione $x = A$, viene poi rilasciata da ferma; in **figura 26b** è riportata l'energia potenziale del sistema, $U = \frac{1}{2}kx^2$. Far partire il sistema in questo modo fornisce un'energia iniziale $E_{m,0} = \frac{1}{2}kA^2$, indicata dalla linea orizzontale. Man mano che la massa si muove verso sinistra, il modulo della sua velocità cresce, raggiungendo un massimo nel punto in cui l'energia potenziale è minima, cioè in $x = 0$. Se non agiscono forze non conservative, la massa continua a muoversi fino a $x = -A$, dove si ferma momentaneamente prima di ritornare in $x = A$.

◀ **Figura 26**
Grafico dell'energia e bilancio energetico di una massa attaccata a una molla

a) Oscillazione di una massa attaccata a una molla

b) Grafico dell'energia

MATH⁺

Se riportiamo nello stesso grafico anche l'energia cinetica, otteniamo la seguente rappresentazione:

c) Bilancio energetico nel punto $x = -A$ e nel punto M

Nel problema che segue utilizziamo il grafico dell'energia per determinare la velocità di un oggetto per un dato valore di x.

PROBLEM SOLVING 9 — Un problema di potenziale

Un oggetto di 1,60 kg si muove lungo l'asse x sotto l'azione di una forza conservativa la cui energia potenziale U segue l'andamento mostrato in figura. Un esempio fisico di una simile situazione potrebbe essere una perlina che scivola lungo un filo che ha la forma della curva dell'energia potenziale. Se il modulo della velocità dell'oggetto in $x = 0$ m è 2,30 m/s, qual è il modulo della sua velocità in $x = 2,00$ m?

■ **DESCRIZIONE DEL PROBLEMA** Il grafico mostra l'andamento di U in funzione di x. I valori di U in $x = 0$ m e in $x = 2,00$ m sono, rispettivamente, 9,35 J e 4,15 J. Ne consegue che la velocità dell'oggetto in $x = 2,00$ m sarà maggiore di quella in $x = 0$ m.

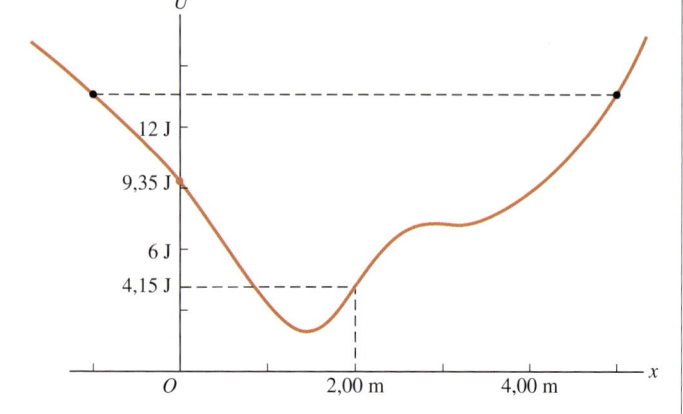

■ **STRATEGIA** Dal momento che l'energia meccanica si conserva, sappiamo che l'energia totale ($K_i + U_i$) in $x = 0$ m è uguale all'energia totale ($K_f + U_f$) in $x = 2,00$ m.
Il testo del problema fornisce U_i come dato e, conoscendo anche la velocità in $x = 0$ m, possiamo utilizzare la relazione $K = \frac{1}{2}mv^2$ per calcolare la corrispondente energia cinetica K_i. In $x = 2,00$ m conosciamo l'energia potenziale U_f, quindi possiamo usare $K_i + U_i = K_f + U_f$ per ricavare K_f. Nota l'energia cinetica finale, è possibile determinare il modulo della velocità finale utilizzando ancora una volta $K = \frac{1}{2}mv^2$.

Dati Massa dell'oggetto, $m = 1,60$ kg; direzione del moto, asse x; profilo dell'energia potenziale mostrato in figura; velocità dell'oggetto in $x = 0$ m, $v_i = 2,30$ m/s

Incognita Velocità dell'oggetto in $x = 2,00$ m, $v_f = ?$

■ **SOLUZIONE** Determiniamo U_i, K_i ed $E_{m,i} = K_i + U_i$ in $x = 0$:

$U_i = 9,35$ J

$K_i = \frac{1}{2}mv_i^2 = \frac{1}{2}(1,60 \text{ kg})(2,30 \text{ m/s})^2 = 4,23$ J

$E_{m,i} = K_i + U_i = 4,23 \text{ J} + 9,35 \text{ J} = 13,58$ J

Scriviamo le espressioni di U_f, K_f e $E_{m,f} = K_f + U_f$ in $x = 2,00$ m:

$U_f = 4,15$ J $\qquad K_f = \frac{1}{2}mv_f^2$

$E_{m,f} = K_f + U_f = \frac{1}{2}mv_f^2 + 4,15$ J

Poniamo $E_{m,f}$ uguale a $E_{m,i}$:

$\frac{1}{2}mv_f^2 + 4,15 \text{ J} = 13,58$ J

Risolviamo rispetto a v_f e sostituiamo il valore della massa dell'oggetto:

$v_f = \sqrt{\frac{2(13,58 \text{ J} - 4,15 \text{ J})}{m}} = \sqrt{\frac{2(13,58 \text{ J} - 4,15 \text{ J})}{1,60 \text{ kg}}} = 3,43$ m/s

■ **OSSERVAZIONI** Come ricavato nel primo passaggio, l'energia meccanica totale del sistema è 13,58 J; quindi i punti di inversione del moto dell'oggetto si trovano in corrispondenza dei valori di x per i quali $U = 13,58$ J (pallini neri nel grafico).

PROVA TU Utilizzando il grafico dato, stima la posizione dei punti di inversione del moto per questo oggetto.

[$x = -1,00$ m e $x = 5,00$ m]

8 Gli urti tra corpi

Un **urto** è una situazione in cui due oggetti si colpiscono fra loro e la risultante delle forze esterne è nulla o talmente piccola da poter essere trascurata.

Un esempio di urto è quello in cui due carrozze ferroviarie che procedono su un binario sbattono l'una contro l'altra; in questo caso la risultante delle forze esterne, il peso verso il basso e la forza normale esercitata dai binari verso l'alto, è nulla. Di conseguenza, la quantità di moto del sistema delle due carrozze si conserva.

Il fatto che durante un urto la quantità di moto del sistema si conservi non significa necessariamente che anche l'energia cinetica del sistema si conservi. In effetti, la maggior parte, o addirittura tutta, l'energia cinetica del sistema può essere trasformata durante un urto in altre forme di energia, mentre non viene persa neanche una piccola parte di quantità di moto.

In generale, a seconda di ciò che avviene all'energia cinetica del sistema, gli urti vengono classificati in:

- **urti anelastici**, nei quali *la quantità di moto si conserva* e *l'energia cinetica non si conserva*; nell'urto anelastico di due oggetti 1 e 2 la quantità di moto prima dell'urto è quindi uguale alla quantità del moto dopo l'urto:

$$\vec{p}_{1,i} + \vec{p}_{2,i} = \vec{p}_{1,f} + \vec{p}_{2,f}$$

- **urti elastici**, nei quali *si conserva sia la quantità di moto sia l'energia cinetica*; nell'urto elastico di due oggetti 1 e 2 la quantità di moto e l'energia cinetica prima dell'urto sono quindi uguali alla quantità del moto e all'energia cinetica dopo l'urto:

$$\begin{cases} \vec{p}_{1,i} + \vec{p}_{2,i} = \vec{p}_{1,f} + \vec{p}_{2,f} \\ K_{1,i} + K_{2,i} = K_{1,f} + K_{2,f} \end{cases}$$

Urti anelastici

Negli urti anelastici (**fig. 27a**) l'energia cinetica normalmente diminuisce, a causa delle perdite associate al calore, alla deformazione o al suono, mentre talvolta aumenta, come avviene quando l'urto produce un'esplosione.

Se dopo l'urto gli oggetti rimangono attaccati, diciamo che l'urto è **completamente anelastico**.

Negli urti completamente anelastici si perde la massima quantità di energia cinetica (**fig. 27b**).

In particolare, se la quantità di moto totale del sistema è zero, nell'urto viene persa tutta l'energia cinetica, se la quantità di moto totale non è nulla, una certa quantità di energia cinetica rimane dopo l'urto, ma la parte persa è comunque la massima possibile permessa dalla conservazione della quantità di moto.

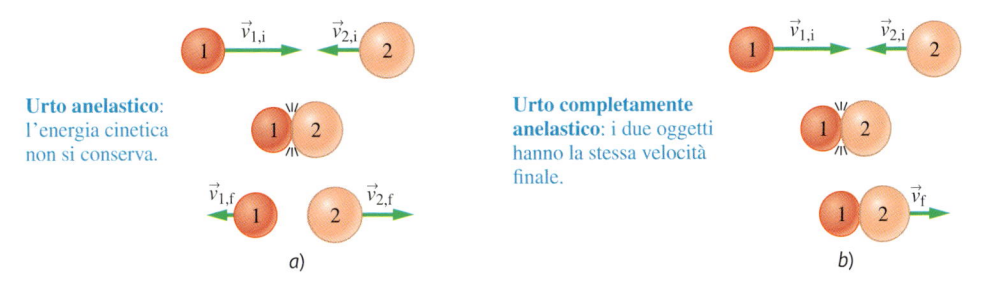

LE GRANDI IDEE

4 Negli urti la quantità di moto si conserva. Negli urti elastici si conserva anche l'energia cinetica.

▲ Nell'**urto** fortemente **anelastico** dei giocatori di hockey gran parte dell'energia cinetica iniziale del giocatore in corsa viene trasformata in lavoro che "modifica" l'anatomia dell'altro giocatore e rompe il vetro della pista. Nell'**urto** marcatamente **elastico** della testa con la palla, la palla rimbalza, con una piccolissima riduzione dell'energia cinetica.

Urto anelastico: l'energia cinetica non si conserva.

Urto completamente anelastico: i due oggetti hanno la stessa velocità finale.

◀ **Figura 27**
Urti anelastici

Studiamo il caso generale di un urto *completamente anelastico in una dimensione*, come quello schematizzato in figura 27b.

Supponiamo che due oggetti di massa m_1 ed m_2 abbiano velocità iniziali rispettivamente $\vec{v}_{1,i}$ e $\vec{v}_{2,i}$. La quantità di moto iniziale del sistema è:

$$\vec{p}_i = m_1\vec{v}_{1,i} + m_2\vec{v}_{2,i}$$

Dopo l'urto gli oggetti si muovono insieme con la stessa velocità $\vec{v}_f$, quindi la quantità di moto finale è:

$$\vec{p}_f = (m_1 + m_2)\vec{v}_f$$

Uguagliando le quantità di moto iniziale e finale, otteniamo:

$$m_1\vec{v}_{1,i} + m_2\vec{v}_{2,i} = (m_1 + m_2)\vec{v}_f$$

da cui possiamo calcolare la velocità finale:

Velocità finale in un urto completamente anelastico

$$\vec{v}_f = \frac{m_1\vec{v}_{1,i} + m_2\vec{v}_{2,i}}{m_1 + m_2}$$

■ APPLICA SUBITO

4 Un'automobile di 1200 kg che si muove a 2,5 m/s viene tamponata da un furgone di 2600 kg in moto a 6,2 m/s. Se i veicoli, dopo la collisione, rimangono attaccati, qual è la loro velocità immediatamente dopo l'urto? (Ignora le forze esterne).

L'urto è completamente anelastico perché i due veicoli dopo la collisione rimangono attaccati.
Utilizziamo l'espressione della velocità finale nell'urto completamente anelastico e sostituiamo i valori dati:

$$v_f = \frac{m_1 v_{1,i} + m_2 v_{2,i}}{m_1 + m_2} = \frac{(1200 \text{ kg})(2,5 \text{ m/s}) + (2600 \text{ kg})(6,2 \text{ m/s})}{(1200 + 2600) \text{ kg}} = 5,0 \text{ m/s}$$

Collision theory and chemical reactions

READ AND LISTEN

How do you apply Newtonian mechanics and collision theory in the description of chemical reactions? Read and listen to find out!

■ Urti elastici: caso unidimensionale

Gli urti che avvengono nella vita quotidiana non sono mai completamente elastici, perché c'è sempre una quantità significativa di energia che viene trasformata in altre forme. Tuttavia le collisioni di oggetti che rimbalzano l'uno contro l'altro con piccole deformazioni, come per esempio gli urti delle palle da biliardo, forniscono un'approssimazione accettabile di urto elastico. Nel mondo subatomico, invece, gli urti elastici sono piuttosto comuni.

Per cominciare, consideriamo un **urto elastico in una dimensione**, ad esempio un urto frontale fra due carrelli su una rotaia a cuscino d'aria, come mostrato nella **figura 28**. I carrelli sono forniti di respingenti che li fanno rimbalzare quando si scontrano.

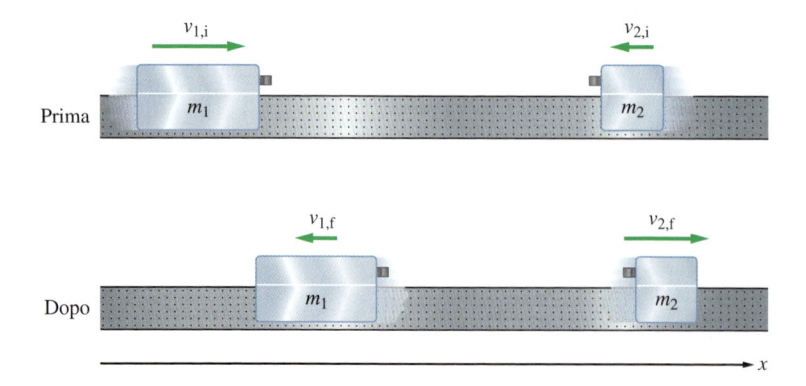

▲ Gli urti delle palle da biliardo possono essere considerati con buona approssimazione degli urti elastici.

◀ **Figura 28**
Un urto elastico fra due carrelli sulla rotaia a cuscino d'aria

Applichiamo la conservazione della quantità di moto e dell'energia cinetica, riferendoci alle componenti delle velocità nella direzione del movimento:

$$\begin{cases} m_1 v_{1,i} + m_2 v_{2,i} = m_1 v_{1,f} + m_2 v_{2,f} \\ \frac{1}{2} m_1 v_{1,i}^2 + \frac{1}{2} m_2 v_{2,i}^2 = \frac{1}{2} m_1 v_{1,f}^2 + \frac{1}{2} m_2 v_{2,f}^2 \end{cases}$$

Dalla prima equazione, spostando al primo membro i termini che si riferiscono al carrello 1 e al secondo membro quelli che si riferiscono al carrello 2, otteniamo:

$$m_1(v_{1,i} - v_{1,f}) = m_2(v_{2,f} - v_{2,i})$$

Dalla seconda equazione, semplificando il fattore numerico $\frac{1}{2}$ e procedendo in modo analogo, otteniamo:

$$m_1(v_{1,i}^2 - v_{1,f}^2) = m_2(v_{2,f}^2 - v_{2,i}^2)$$

che possiamo scrivere:

$$m_1(v_{1,i} + v_{1,f})(v_{1,i} - v_{1,f}) = m_2(v_{2,f} + v_{2,i})(v_{2,f} - v_{2,i})$$

Se **dividiamo membro a membro** le due equazioni ottenute, abbiamo:

$$v_{1,i} + v_{1,f} = v_{2,i} + v_{2,f}$$

Ricaviamo ora $v_{2,f}$, sostituiamola nell'equazione della conservazione della quantità di moto e risolviamo rispetto a $v_{1,f}$:

$$v_{1,f} = \frac{(m_1 - m_2)v_{1,i} + 2m_2v_{2,i}}{m_1 + m_2}$$

Poiché il sistema è simmetrico, invertendo gli indici 1 e 2 possiamo scrivere $v_{2,f}$:

$$v_{2,f} = \frac{(m_2 - m_1)v_{2,i} + 2m_1v_{1,i}}{m_1 + m_2}$$

Quindi, le velocità dei due carrelli dopo l'urto sono:

Velocità finali nell'urto elastico in una dimensione

$$v_{1,f} = \frac{(m_1 - m_2)v_{1,i} + 2m_2v_{2,i}}{m_1 + m_2}$$

$$v_{2,f} = \frac{(m_2 - m_1)v_{2,i} + 2m_1v_{1,i}}{m_1 + m_2}$$

MATH⁺

È possibile dividere membro a membro le due equazioni se $v_{1,i} - v_{1,f} \neq 0$. Nel caso che stiamo trattando, notiamo che questa condizione è sempre verificata. Infatti, se nelle equazioni del sistema di pagina precedente poniamo $v_{1,i} = v_{1,f}$, segue che $v_{2,i} = v_{2,f}$, cioè che le due masse hanno le stesse velocità nello stato iniziale e finale, pertanto non c'è stata interazione.

■ APPLICA SUBITO

5 In un autoscontro di un parco di divertimenti, una vettura di 96,0 kg, che si muove con una velocità di 1,24 m/s, urta elasticamente contro un'altra vettura di 135 kg che viaggia in verso opposto a 1,03 m/s. Determina la velocità finale dei due veicoli.

Utilizzando le espressioni ricavate per le velocità finali otteniamo:

$$v_{1,f} = \frac{(m_1 - m_2)v_{1,i} + 2m_2v_{2,i}}{m_1 + m_2} =$$

$$= \frac{(96{,}0 \text{ kg} - 135 \text{ kg})(1{,}24 \text{ m/s}) + 2(135 \text{ kg})(-1{,}03 \text{ m/s})}{(96{,}0 + 135) \text{ kg}} = -1{,}41 \text{ m/s}$$

$$v_{2,f} = \frac{(m_2 - m_1)v_{2,i} + 2m_1v_{1,i}}{m_1 + m_2} =$$

$$= \frac{(135 \text{ kg} - 96{,}0 \text{ kg})(-1{,}03 \text{ m/s}) + 2(96{,}0 \text{ kg})(1{,}24 \text{ m/s})}{(96{,}0 + 135) \text{ kg}} = 0{,}857 \text{ m/s}$$

I versi del moto delle due vetture sono opposti a quelli iniziali, quindi le vetture rimbalzano indietro.

Se le masse dei due oggetti che si urtano sono uguali, cioè $m_1 = m_2$, le leggi di conservazione diventano:

$$\begin{cases} v_{1,i} + v_{2,i} = v_{1,f} + v_{2,f} \\ v_{1,i}^2 + v_{2,i}^2 = v_{1,f}^2 + v_{2,f}^2 \end{cases}$$

e le velocità finali sono: $v_{1,f} = v_{2,i}$ e $v_{2,f} = v_{1,i}$. Quindi in un urto unidimensionale elastico, *se i due oggetti hanno la stessa massa, dopo l'urto si scambiano le velocità*.

Urti elastici: bersaglio fermo

Schematizziamo ora alcuni casi particolari di urto elastico unidimensionale contro un bersaglio fermo.

Consideriamo come esempio un urto elastico fra due carrelli sulla rotaia a cuscino d'aria, nei quali il carrello 1 (proiettile) si muove con velocità $v_{1,i} = v_0$ e il carrello 2 (bersaglio) è fermo ($v_{2,i} = 0$).

Masse del proiettile e del bersaglio confrontabili

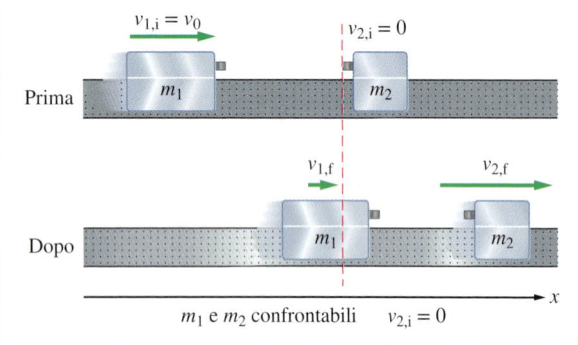

Leggi di conservazione:

$$\begin{cases} m_1 v_{1,i} = m_1 v_{1,f} + m_2 v_{2,f} \\ \dfrac{1}{2} m_1 v_{1,i}^2 = \dfrac{1}{2} m_1 v_{1,f}^2 + \dfrac{1}{2} m_2 v_{2,f}^2 \end{cases}$$

Velocità finali:

$$v_{1,f} = \frac{m_1 - m_2}{m_1 + m_2} v_0 \qquad v_{2,f} = \frac{2 m_1}{m_1 + m_2} v_0$$

Masse del proiettile e del bersaglio uguali

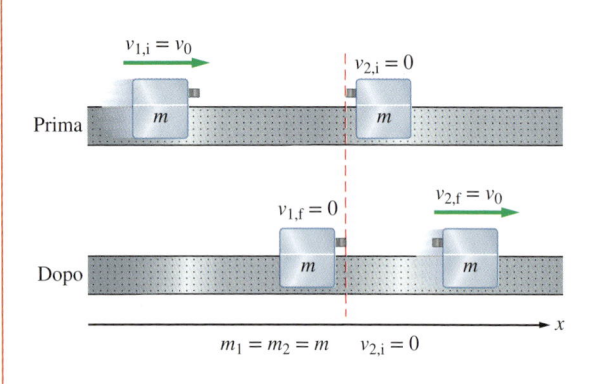

Leggi di conservazione:

$$\begin{cases} v_{1,i} = v_{1,f} + v_{2,f} \\ v_{1,i}^2 = v_{1,f}^2 + v_{2,f}^2 \end{cases}$$

Velocità finali:

$$v_{1,f} = \frac{m - m}{m + m} v_0 = 0 \qquad v_{2,f} = \frac{2m}{m + m} v_0 = v_0$$

Dopo l'urto il carrello che si muoveva con velocità v_0 è fermo e il carrello che era fermo si muove con velocità v_0: i carrelli si sono "scambiati" la velocità.

Massa del proiettile molto più piccola della massa del bersaglio

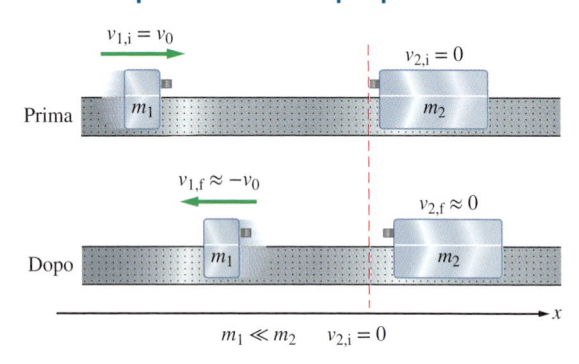

Possiamo considerare $m_1 \approx 0$, quindi:

$$v_{1,f} = \frac{m_1 - m_2}{m_1 + m_2} v_0 \xrightarrow{m_1 \to 0} -\frac{m_2}{m_2} v_0 \approx -v_0$$

$$v_{2,f} = \frac{2 m_1}{m_1 + m_2} v_0 \xrightarrow{m_1 \to 0} \frac{2 m_1}{m_2} v_0 \approx 0$$

Se un carrello molto leggero urta contro un carrello pesante fermo, quest'ultimo praticamente non si sposta, mentre il carrello leggero rimbalza all'indietro con una velocità che ha approssimativamente lo stesso modulo di quella iniziale.

Massa del proiettile molto più grande della massa del bersaglio

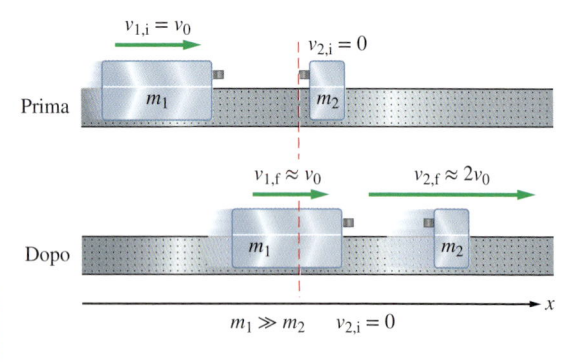

Possiamo considerare $m_2 \approx 0$, quindi:

$$v_{1,f} = \frac{m_1 - m_2}{m_1 + m_2} v_0 \xrightarrow{m_2 \to 0} \frac{m_1}{m_1} v_0 \approx v_0$$

$$v_{2,f} = \frac{2 m_1}{m_1 + m_2} v_0 \xrightarrow{m_2 \to 0} \frac{2 m_1}{m_1} v_0 \approx 2 v_0$$

Se un carrello molto pesante urta contro un carrello leggero fermo, continua a viaggiare più o meno con la stessa velocità, mentre il carrello leggero si muove con velocità approssimativamente doppia della velocità iniziale del carrello pesante.

Alcuni esempi di urti elastici

Il dispositivo di **figura 29**, noto come pendolo di Newton, evidenzia alcune caratteristiche fondamentali degli urti elastici fra *oggetti di uguale massa*.
Esso è costituito da cinque sfere di massa identica sospese mediante fili. Quando la sfera che si trova a un estremo viene allontanata dalla posizione di equilibrio e poi rilasciata in modo che torni indietro e colpisca la seconda sfera **(fig 29a)**, essa crea una rapida successione di urti elastici fra le altre sfere. In ogni urto una sfera si ferma, mentre la successiva inizia a muoversi con una velocità uguale a quella della precedente. Quando l'urto raggiunge l'altra estremità del dispositivo, l'ultima sfera oscilla raggiungendo la stessa altezza dalla quale la prima era stata liberata **(fig. 29b)**.
Se si ripete l'operazione con due sfere, vale a dire se si allontanano dall'equilibrio e poi si liberano due sfere, dall'altro estremo del dispositivo oscillano due sfere, e così via.
In un urto fra due *oggetti di massa diversa*, come fra le due palline dell'immagine di **figura 30**, una parte della quantità di moto può essere trasferita dall'oggetto più grande a quello più piccolo. Anche se la quantità di moto totale del sistema si conserva, la velocità finale dell'oggetto più piccolo può essere molto maggiore di quella iniziale, come si deduce dall'altezza raggiunta dalla pallina più piccola.

▲ **Figura 29**
Pendolo di Newton

▲ **Figura 30**
Urto tra due palline di massa diversa

Urti elastici: caso bidimensionale

Se l'urto fra due oggetti è bidimensionale, cioè non è frontale, per determinare le velocità finali degli oggetti è necessario analizzare le componenti dei vettori quantità di moto prima e dopo l'urto.
Consideriamo per semplicità solo l'urto di un oggetto contro un bersaglio fermo.
In questo caso è conveniente prendere come asse di riferimento x la direzione della velocità iniziale del proiettile. Analizziamo il caso generale in cui i due oggetti hanno masse diverse e quello in cui hanno masse uguali.

Urti tra oggetti di massa diversa
[in inglese, con sottotitoli in inglese e in italiano]

Il prof. Walker ci mostra gli effetti degli urti tra oggetti con massa diversa utilizzando una semplice palla da basket e due palline più piccole. Guarda il video e verifica tu stesso!

Urto bidimensionale: masse diverse

Consideriamo l'urto di un proiettile di massa m_1 contro un bersaglio fermo di massa m_2, illustrato in **figura 31**.
Imponiamo la conservazione della quantità di moto per le due componenti x e y e la conservazione dell'energia cinetica:

$$\begin{cases} m_1 v_{1,i} = m_1 v_{1,f} \cos\theta_1 + m_2 v_{2,f} \cos\theta_2 \\ 0 = -m_1 v_{1,f} \operatorname{sen}\theta_1 + m_2 v_{2,f} \operatorname{sen}\theta_2 \\ \frac{1}{2} m_1 v_{1,i}^2 = \frac{1}{2} m_1 v_{1,f}^2 + \frac{1}{2} m_2 v_{2,f}^2 \end{cases}$$

Il sistema contiene sette variabili (le due masse degli oggetti, i due angoli e le tre velocità); conoscendo il valore di quattro grandezze è possibile ricavare le tre grandezze incognite rimanenti. La risoluzione di tale sistema è molto laboriosa.

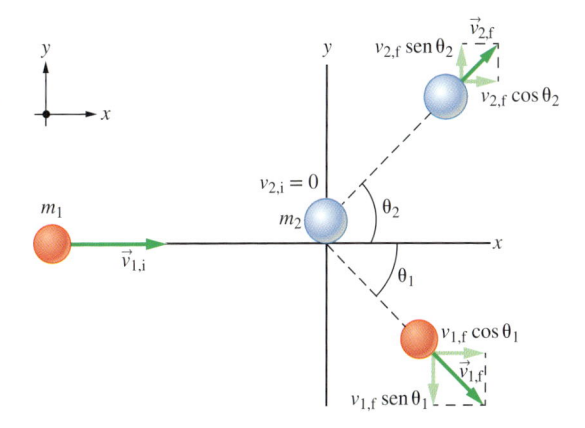

▲ **Figura 31**
Urto bidimensionale fra masse diverse

Urto bidimensionale: masse uguali

Consideriamo l'urto di un proiettile di massa m contro un bersaglio fisso di massa m uguale, illustrato in **figura 32**.

In questo caso nelle tre equazioni del sistema che abbiamo scritto a pagina precedente le masse si semplificano e il sistema si riduce a:

$$\begin{cases} v_{1,i} = v_{1,f} \cos \theta_1 + v_{2,f} \cos \theta_2 \\ 0 = -v_{1,f} \sen \theta_1 + v_{2,f} \sen \theta_2 \\ v_{1,i}^2 = v_{1,f}^2 + v_{2,f}^2 \end{cases}$$

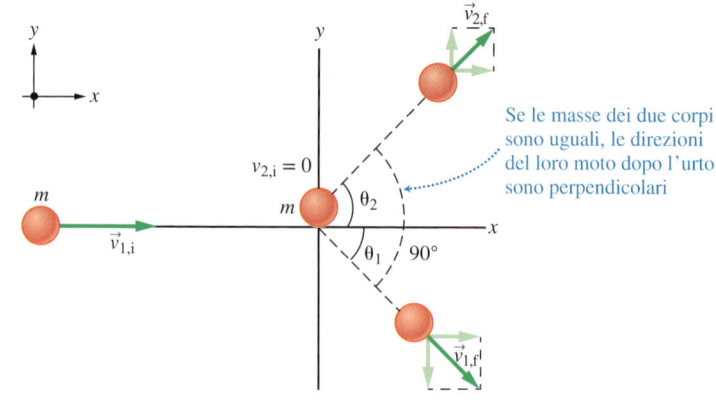

Nell'ultima equazione le tre velocità formano una terna pitagorica, pertanto *le direzioni del moto dei due corpi dopo l'urto sono perpendicolari*.

▲ **Figura 32**
Urto bidimensionale fra masse uguali

Se le masse dei due corpi sono uguali, le direzioni del loro moto dopo l'urto sono perpendicolari

APPLICA SUBITO

6 In una partita di curling, una stone è inizialmente ferma, mentre l'altra si avvicina con una velocità di modulo $v_{1,i} = 1{,}50$ m/s; l'urto non è frontale e, dopo lo scontro, la stone 1 si muove con una velocità di modulo $v_{1,f} = 0{,}610$ m/s in una direzione che forma un angolo di 66,0° rispetto alla direzione iniziale del moto. Sapendo che la massa delle stone è di 7,00 kg, determina il modulo e la direzione della velocità della stone 2.

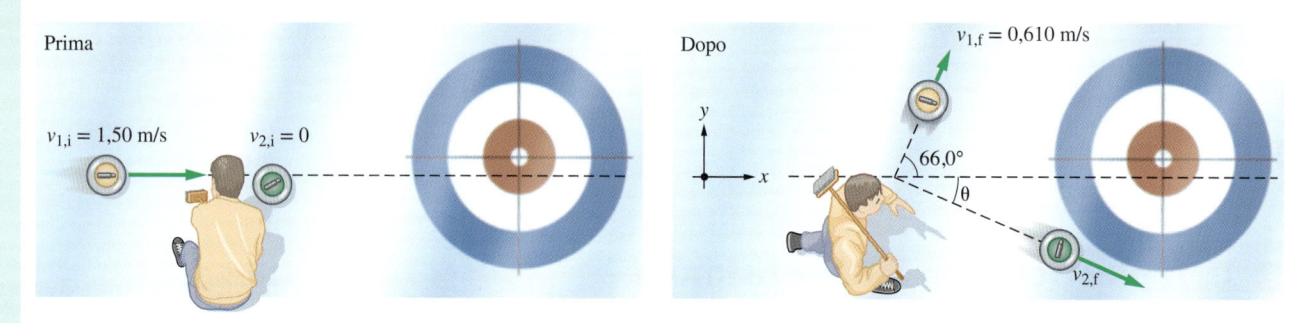

Supponiamo che l'urto sia elastico. Determiniamo il modulo della velocità della stone 2 dopo l'urto, ponendo l'energia cinetica finale uguale a quella iniziale. Le energie cinetiche iniziale e finale sono:

$$K_i = \frac{1}{2} m_1 v_{1,i}^2 = \frac{1}{2}(7{,}00 \text{ kg})(1{,}50 \text{ m/s})^2 = 7{,}88 \text{ J}$$

$$K_f = \frac{1}{2} m_1 v_{1,f}^2 + \frac{1}{2} m_2 v_{2,f}^2 = \frac{1}{2}(7{,}00 \text{ kg})(0{,}610 \text{ m/s})^2 + \frac{1}{2} m_2 v_{2,f}^2 = 1{,}30 \text{ J} + \frac{1}{2} m_2 v_{2,f}^2$$

Ponendo $K_f = K_i$, otteniamo:

$$1{,}30 \text{ J} + \frac{1}{2} m_2 v_{2,f}^2 = 7{,}88 \text{ J}$$

da cui, ricordando che $m_2 = 7{,}00$ kg, ricaviamo:

$$v_{2,f} = \sqrt{\frac{2(6{,}58 \text{ J})}{7{,}00 \text{ kg}}} = 1{,}37 \text{ m/s}$$

Poiché la massa delle due stone è la stessa, le direzioni del loro moto dopo l'urto sono perpendicolari, quindi la stone 2 dopo l'urto si muove in una direzione che, rispetto all'asse x, forma un angolo $\theta = 90° - 66° = 24°$.

RIPASSA I CONCETTI CHIAVE

2 La legge di conservazione della quantità di moto

Conservazione della quantità di moto per una particella Se la forza risultante che agisce su un oggetto è nulla, la quantità di moto dell'oggetto si conserva, cioè:

$$\vec{p}_f = \vec{p}_i$$

Conservazione della quantità di moto per un sistema isolato In un sistema di oggetti la somma delle *forze interne* è sempre uguale a zero. Quindi la risultante delle forze che agiscono sul sistema è la somma delle sole *forze esterne*. Quando $\Sigma\vec{F}_{est}$ è nulla o trascurabile, il sistema si definisce *isolato*.
In un sistema isolato ($\Sigma\vec{F}_{est} = 0$) la quantità di moto totale si conserva:

$$\vec{p}_{tot,f} = \vec{p}_{tot,i}$$

3 Il centro di massa e il suo moto

Coordinate del centro di massa (CM) Il centro di massa di più oggetti di massa $m_1, m_2, ...$ è nel punto di coordinate:

$$X_{CM} = \frac{m_1 x_1 + m_2 x_2 + ...}{m_1 + m_2 + ...} = \frac{\Sigma mx}{M} \qquad Y_{CM} = \frac{m_1 y_1 + m_2 y_2 + ...}{m_1 + m_2 + ...} = \frac{\Sigma my}{M}$$

Moto del centro di massa
La **velocità** del centro di massa è:

$$\vec{V}_{CM} = \frac{m_1 \vec{v}_1 + m_2 \vec{v}_2 + ...}{m_1 + m_2 + ...} = \frac{\Sigma(m_i \vec{v}_i)}{M}$$

L'**accelerazione** del centro di massa è:

$$\vec{A}_{CM} = \frac{m_1 \vec{a}_1 + m_2 \vec{a}_2 + ...}{m_1 + m_2 + ...} = \frac{\Sigma(m_i \vec{a}_i)}{M}$$

Seconda legge di Newton per un sistema di particelle

$$\Sigma\vec{F}_{est} = M\vec{A}_{CM}$$

4 Le forze conservative

Una forza conservativa è una forza che compie un lavoro totale nullo lungo ogni percorso chiuso. Il lavoro compiuto da una forza conservativa per spostare un oggetto da un punto a un altro è *indipendente dal percorso* scelto.
Le **forze conservative** conservano l'energia meccanica di un sistema. Le **forze non conservative** trasformano l'energia meccanica in altre forme di energia.

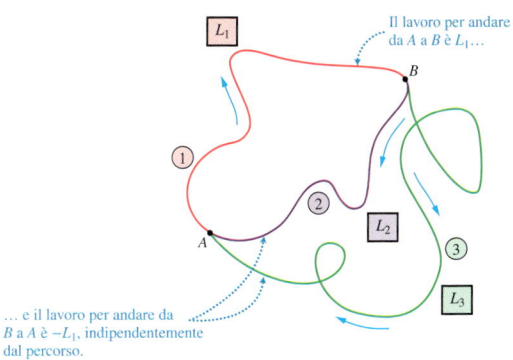

5 La legge di conservazione dell'energia meccanica

L'**energia meccanica** è la somma dell'energia cinetica e dell'energia potenziale di un sistema: $E_m = K + U$.

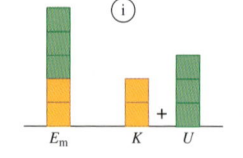

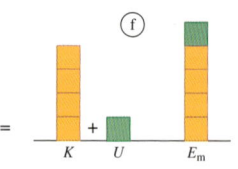

Legge di conservazione dell'energia meccanica In un sistema in cui agiscono solo forze conservative, l'energia meccanica E_m si conserva, cioè:

$$E_m = K + U = \text{costante}$$

6 La legge di conservazione dell'energia totale

L'**energia totale** di un sistema è la somma dell'energia meccanica E_m e dell'energia interna E_{int}, che può essere di varia natura (termica, chimica ecc.):

$$E_{tot} = E_m + E_{int}$$

L'energia totale di un **sistema isolato** si conserva, cioè:

$$\Delta E_{tot} = \Delta E_m + \Delta E_{int} = 0 \rightarrow E_{m,i} + E_{int,i} = E_{m,f} + E_{int,f}$$

Se il **sistema non è isolato** si può scrivere l'**equazione dell'energia del sistema**:

$$L_{est} = \Delta E_{tot} \rightarrow L_{est} = \Delta K + \Delta U + \Delta E_{int}$$

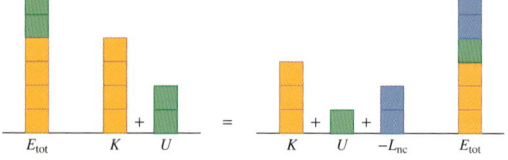

8 Gli urti tra corpi

Un **urto** è una situazione in cui due oggetti si colpiscono. Se il sistema è isolato durante l'urto la quantità di moto si conserva, cioè $\vec{p}_f = \vec{p}_i$.

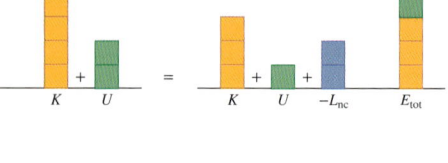

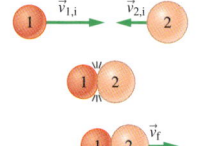

Urti anelastici In un urto anelastico si conserva la quantità di moto ma non l'energia cinetica, cioè $K_f \neq K_i$.
Un urto nel quale gli oggetti che si scontrano rimangono attaccati fra loro si dice **urto completamente anelastico**.
Se due oggetti di massa m_1 ed m_2 con velocità iniziale $v_{1,i}$ e $v_{2,i}$ si urtano e rimangano attaccati fra loro, la loro velocità finale è:

$$\vec{v}_f = \frac{m_1 \vec{v}_{1,i} + m_2 \vec{v}_{2,i}}{m_1 + m_2}$$

Urti elastici In un urto elastico l'energia cinetica finale è uguale all'energia cinetica iniziale, cioè $K_f = K_i$. 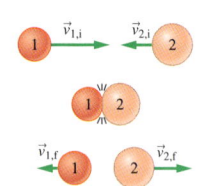
In un urto elastico in una dimensione tra un oggetto di massa m_1 che si muove con velocità iniziale $v_{1,i}$ e un oggetto di massa m_2 che si muove con velocità iniziale $v_{2,i}$, le velocità finali dei due oggetti sono:

$$v_{1,f} = \frac{(m_1 - m_2)v_{1,i} + 2m_2 v_{2,i}}{m_1 + m_2}$$

$$v_{2,f} = \frac{(m_2 - m_1)v_{2,i} + 2m_1 v_{1,i}}{m_1 + m_2}$$

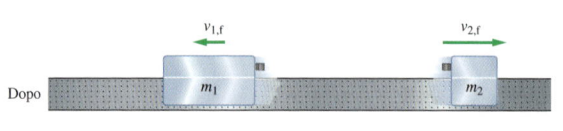

ESERCIZI E PROBLEMI

2 La legge di conservazione della quantità di moto

1 Un cannone di massa 100 kg spara un proiettile di massa 10 kg alla velocità di 100 m/s. Con quale velocità rincula il cannone?

- A 0 m/s
- B 1 m/s
- C 10 m/s
- D 100 m/s

2 Un missile esplode in volo. Che cosa si può dire del sistema dopo l'esplosione?

- A Ogni frammento cade verticalmente nel vuoto.
- B Ogni frammento si muove con la stessa velocità degli altri ma in direzioni diverse.
- C La quantità di moto del sistema si conserva.
- D La quantità di moto del sistema è nulla.

3 Un satellite per telecomunicazioni di massa 1500 kg è stato lanciato in orbita e procede verso l'alto a una velocità di 7000 m/s. Con un'esplosione interna viene fatto staccare lo stadio posteriore, di massa 500 kg, che viene espulso con una velocità, rispetto alla Terra di −1000 m/s. La nuova velocità del primo stadio è di:

- A 6000 m/s
- B 8000 m/s
- C 11 000 m/s
- D 10 500 m/s

4 La quantità di moto di un sistema si conserva solo se:

- A non ci sono interazioni tra le particelle del sistema.
- B la risultante delle forze esterne sul sistema è zero.
- C la risultante delle forze esterne sul sistema è costante.
- D l'energia meccanica del sistema si conserva.

5 In canoa sul lago

In una situazione simile a quella illustrata nel *Problem solving* 1 della teoria, supponi che, dopo la spinta, la velocità in modulo sia 0,58 m/s per la canoa 1 e 0,42 m/s per la canoa 2. Se la massa della canoa 1 è 320 kg, qual è la massa della canoa 2? [440 kg]

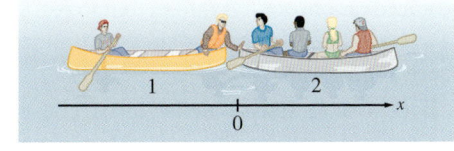

6 Giochi sulla pista

Due pattinatrici sul ghiaccio sono in piedi ferme nel centro della pista. Quando si spingono l'una contro l'altra, la pattinatrice di 45 kg acquista una velocità di 0,62 m/s; se la velocità dell'altra pattinatrice è 0,89 m/s, qual è la sua massa? [31 kg]

7 La massa dello skateboard

Un ragazzo di 61 kg si muove sullo skateboard alla velocità di 18 km/h. Calcola la massa dello skateboard se la quantità di moto totale del sistema è di 320 kg m/s. [3,0 kg]

8 L'ape sul bastoncino

Un'ape di massa 0,175 g si posa sull'estremità del bastoncino di un gelato, di massa 4,75 g che galleggia sull'acqua. Dopo essersi fermata per un momento, l'ape si muove verso l'altra estremità del bastoncino con una velocità di modulo $v_a = 1{,}41$ cm/s rispetto all'acqua ferma. Qual è il modulo della velocità v_b del bastoncino rispetto all'acqua? [0,519 mm/s nel verso opposto a quello dell'ape]

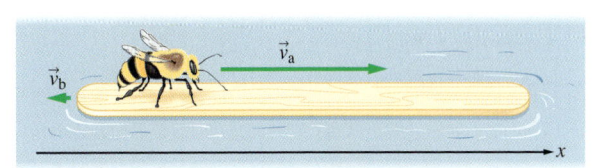

9 Lieto fine

Nella scena finale di un film, due innamorati si corrono incontro su una spiaggia. Se la ragazza ha massa 50 kg e corre con velocità di modulo 2,5 m/s e il ragazzo ha quantità di moto $p = 225$ kg m/s, quanto vale la quantità di moto totale mentre si stanno avvicinando prima di incontrarsi? [100 kg m/s]

10 Esplosione

Un oggetto, inizialmente a riposo, si rompe in due pezzi in seguito a un'esplosione. Un pezzo possiede due volte l'energia cinetica dell'altro pezzo. Qual è il rapporto fra le masse dei due pezzi? Quale pezzo ha la massa maggiore?

11 PROBLEMA SVOLTO

Un astronauta di massa 92 kg e un satellite di massa 1200 kg sono a riposo rispetto alla navicella spaziale. L'astronauta spinge il satellite, che si allontana dalla navicella con una velocità di 0,14 m/s. Dopo 7,5 s l'astronauta entra in contatto con la navicella. Qual era la distanza iniziale tra l'astronauta e la navicella?

SOLUZIONE

La quantità di moto totale del sistema astronauta + satellite era inizialmente nulla e tale deve rimanere dopo la spinta operata dall'astronauta; quindi puoi scrivere:

$$0 = m_a v_a + m_s v_s$$

da cui ricavi la velocità dell'astronauta v_a:

$$v_a = -\frac{m_s v_s}{m_a}$$

Il segno negativo indica che v_a è nel verso opposto rispetto a v_s. Supponendo che il moto sia rettilineo uniforme, puoi determinare la distanza percorsa dall'astronauta:

$$d = v_a t = \frac{m_s v_s}{m_a} t = \frac{(1200 \text{ kg})(0{,}14 \text{ m/s})}{92 \text{ kg}} (7{,}5 \text{ s}) = 14 \text{ m}$$

12 Le acrobazie del taglialegna

Un taglialegna di 85 kg sta in piedi su un'estremità di un tronco galleggiante di 380 kg. Inizialmente il tronco e il taglialegna sono entrambi fermi.

a. Se il taglialegna cammina a passo svelto verso l'altra estremità del tronco con una velocità di modulo 2,7 m/s rispetto al tronco, qual è il modulo della velocità del taglialegna rispetto alla riva? Ignora l'attrito fra il tronco e l'acqua.

b. Se la massa del tronco fosse maggiore, la velocità del taglialegna rispetto alla riva sarebbe maggiore, minore o uguale a quella calcolata? Giustifica la risposta.

c. Verifica la risposta al punto b. calcolando la velocità del taglialegna rispetto alla riva nel caso in cui la massa del tronco sia 450 kg. [a. 2,2 m/s; c. 2,3 m/s]

$v = 2{,}7$ m/s

13 Prove balistiche

Un proiettile di massa 35,0 g viene sparato orizzontalmente contro un blocco di legno di 5,20 kg in grado di scorrere sulla superficie orizzontale senza attrito. Il proiettile resta conficcato nel pezzo di legno, che acquista una velocità orizzontale di 1,85 m/s nello stesso verso del proiettile. Calcola la velocità iniziale del proiettile.

[277 m/s]

14 La massa del cannone

Una palla di cannone da 24,5 kg viene sparata da un cannone inclinato di 45° rispetto all'orizzontale con una velocità iniziale di 128 m/s. Il cannone rincula con una velocità di 3,20 m/s. Calcola la massa del cannone. [693 kg]

15 🇬🇧 IN ENGLISH

An astronaut in a space suit is motionless in outer space. The propulsion unit strapped to her back ejects some gas with a velocity of 50 m/s. The astronaut recoils with a velocity of 1.0 m/s. If the mass of the astronaut and space suit after the gas is ejected is 120 kg, what is the mass of the gas ejected? [2.4 kg]

16 Piatto rotto

Giulia lascia cadere un piatto, che si spezza in tre parti uguali nell'urto con il pavimento. Due dei pezzi si allontanano orizzontalmente dal punto di caduta in due direzioni che formano un angolo retto tra loro e con la stessa velocità v. Calcola il modulo e la direzione della velocità del terzo pezzo.

[$\sqrt{2}v$ a 225° dalla direzione di uno degli altri due pezzi]

3 Il centro di massa e il suo moto

17
In un riferimento cartesiano un corpo di massa 1 kg è posizionato in (0 ; 0) e un secondo corpo di massa 2 kg è posizionato in (3 ; 0). Qual è la posizione del centro di massa del sistema?

- A (0 ; 0)
- B (1 ; 0)
- C (1,5 ; 0)
- D (2 ; 0)

18
Una forza di 8 N è applicata a un sistema composto da quattro corpi uguali di massa 1 kg ciascuno. Qual è l'accelerazione del centro di massa del sistema?

- A 2 m/s^2
- B 8 m/s^2
- C 16 m/s^2
- D 32 m/s^2

19
Un corpo di massa 4 kg si muove nel verso positivo dell'asse x con una velocità di 2 m/s. Un corpo di massa 2 kg si muove nel verso negativo dell'asse x con una velocità di 3 m/s. Qual è la velocità del centro di massa del sistema?

- A 0
- B 0,33 m/s
- C 0,67 m/s
- D 1 m/s

20
Un manubrio con due pesi di massa m_1 ed m_2 alle sue estremità viene lanciato con una velocità iniziale $\vec{v}$ inclinata di 30° rispetto all'orizzontale. La traiettoria del suo centro di massa:

- A è una retta perché, una volta lanciato, sul manubrio non agisce nessuna forza.
- B è una curva che dipende dalle masse m_1, m_2 e dalla massa del manubrio.
- C è una parabola perché il centro di massa del manubrio è soggetto alla forza di gravità.
- D Nessuna delle risposte precedenti è corretta.

21 PREVEDI/SPIEGA

Da una stalattite in una grotta cadono gocce d'acqua sul terreno sottostante.
Le gocce cadono a intervalli di tempo regolari e in rapida successione, per cui in ogni istante si trovano molte gocce a mezz'aria.

a. Il centro di massa delle gocce che si trovano a mezz'aria è più in alto, più in basso o allo stesso livello della metà della distanza fra la punta della stalattite e il terreno?

b. Quale fra le seguenti è la *spiegazione* migliore per la risposta?

1. Le gocce si avvicinano fra loro quando sono vicine al terreno.
2. Le gocce sono equidistanti fra loro mentre sono a mezz'aria, perché cadono a intervalli di tempo regolari.
3. Anche se cadono a intervalli di tempo regolari, le gocce che si trovano più in alto sono più vicine.

22 Mattoni in equilibrio

Calcola la coordinata x del centro di massa dei tre mattoni disposti come mostrato in figura.

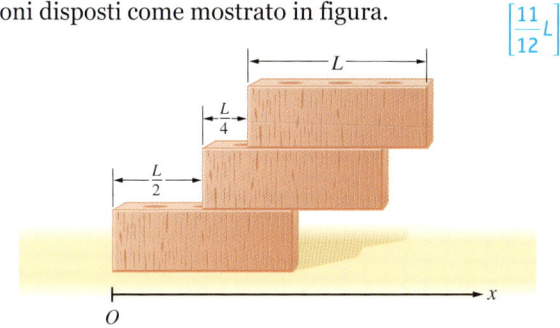

$\left[\dfrac{11}{12}L\right]$

23 PREVEDI/SPIEGA

Un pezzo di lastra metallica di massa M è tagliato a forma di triangolo rettangolo, come mostrato nella figura. Sulla lastra si traccia una linea verticale tratteggiata in modo che la massa a sinistra della linea ($M/2$) sia uguale a quella a destra della linea ($M/2$). La lastra viene poi posta su un appoggio, che si trova in corrispondenza della linea tratteggiata.

a. La lastra metallica resta in equilibrio, si inclina a sinistra o si inclina a destra?

b. Quale fra le seguenti è la *spiegazione* migliore per la risposta?

1. Le masse uguali da entrambe le parti del fulcro mantengono la lastra in equilibrio.
2. La parte di lastra a sinistra del fulcro ha una lunghezza maggiore e quindi il centro di massa è a sinistra della linea tratteggiata.
3. Il centro di massa è a destra della linea tratteggiata perché da questa parte la lastra ha un'altezza maggiore.

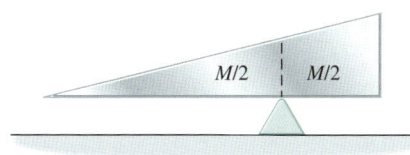

24 PROBLEMA SVOLTO

Una scatola di cartone ha la forma di un cubo con il lato di lunghezza l. Se il coperchio viene smarrito, qual è il centro di massa della scatola aperta?

SOLUZIONE

In una terna di assi ortogonali, poni l'origine degli assi in un vertice della scatola e gli spigoli nella direzione degli assi. È evidente, per ragioni di simmetria, che le coordinate x e y del centro di massa saranno entrambe pari a $l/2$. Per quanto riguarda la coordinata z supponi di concentrare la massa delle quattro pareti laterali nella posizione $z_1 = l/2$ e la massa della base in $z_2 = 0$, per cui:

$$z_{CM} = \dfrac{4m\dfrac{l}{2} + m \cdot 0}{4m + m} = \dfrac{2}{5}l$$

Le coordinate del centro di massa sono quindi: $\left(\dfrac{l}{2}; \dfrac{l}{2}; \dfrac{2l}{5}\right)$.

25 MATH Posizione del centro di massa

Tre canne metriche da misurazione, ognuna di massa M, sono disposte su un pavimento nel modo seguente: la canna 1 giace lungo l'asse y da $y = 0$ a $y = 1,0$ m, la canna 2 giace lungo l'asse x da $x = 0$ a $x = 1,0$ m, la canna 3 lungo l'asse x da $x = 1,0$ m a $x = 2,0$ m.

a. Esprimi le coordinate del centro di massa in funzione della massa delle tre canne. Che tipo di dipendenza esiste tra le coordinate del centro di massa e la massa delle canne?

b. Come varierebbe la posizione del centro di massa se la massa delle canne raddoppiasse?

c. Determina la posizione del centro di massa del sistema.

[c. $X_{CM} = 0{,}67$ m e $Y_{CM} = 0{,}17$ m]

26 Pizza!

Da una pizza di diametro 30 cm è stata tagliata una porzione, come mostrato nella figura. La posizione del centro di massa della parte di pizza rimasta è $X_{CM} = -3{,}5$ cm e $Y_{CM} = -3{,}5$ cm. Assumendo che ogni quadrante della pizza sia uguale agli altri, determina la posizione del centro di massa della parte di pizza rimasta che sta sopra l'asse x (cioè quella corrispondente al secondo quadrante).

[$X_{CM} = -10{,}5$ cm e $Y_{CM} = 10{,}5$ cm]

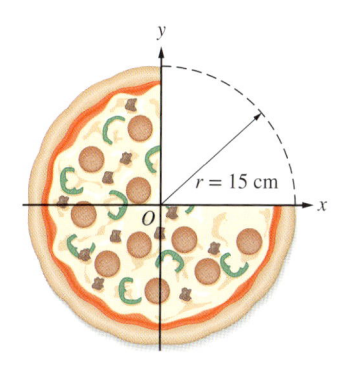

27 CHEM Il centro di massa del diossido di zolfo

La molecola di diossido di zolfo, SO_2, è formata da due atomi di ossigeno (ognuno di massa 16 u, dove u è l'*unità di massa atomica* u = $1{,}66 \cdot 10^{-27}$ kg) e da un atomo di zolfo (di massa 32 u).

La distanza da centro a centro fra l'atomo di zolfo e ognuno dei due atomi di ossigeno è 0,143 nm e l'angolo formato dai tre atomi è 120°, come mostrato nella figura. Determina le coordinate x e y del centro di massa di questa molecola.

[$X_{CM} = 0$ m e $Y_{CM} = 3{,}6 \cdot 10^{-11}$ m]

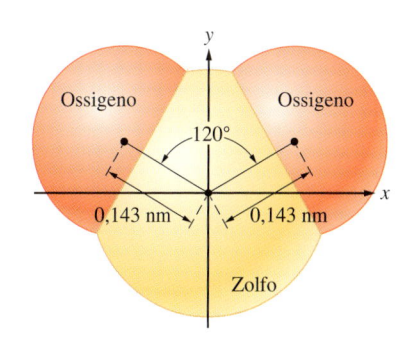

28 Solleva la corda!

Una corda di 0,726 kg lunga 2,00 metri giace sul pavimento. Ne afferri un'estremità e cominci a sollevarla verso l'alto con una velocità costante di 0,710 m/s. Determina la posizione e la velocità del centro di massa della corda, dal momento in cui cominci a sollevarla fino al momento in cui l'ultimo pezzo di corda lascia il pavimento. Rappresenta in un grafico la posizione del centro di massa in funzione del tempo e in un altro grafico la velocità del centro di massa in funzione del tempo (assumi che la corda occupi un volume trascurabile direttamente al di sotto del punto in cui è stata sollevata).

[$Y_{CM} = (0{,}126 \text{ m/s}^2)t^2$, per $0 < t < 2{,}82$ s; $V_{CM} = (0{,}252 \text{ m/s}^2)t$]

29 Rimettila a terra!

Con riferimento al problema precedente, supponi di riportare a terra la corda che avevi sollevato. Determina la posizione e la velocità del centro di massa della corda, dal momento in cui cominci ad appoggiarla a terra fino al momento in cui tutta la corda giace sul pavimento. Rappresenta in un grafico la posizione del centro di massa in funzione del tempo e in un altro grafico la velocità del centro di massa in funzione del tempo.

[$Y_{CM} = [1{,}00 - (0{,}355 \text{ s}^{-1})t]^2$ m, per $0 < t < 2{,}82$ s; $V_{CM} = (0{,}252 \text{ m/s}^2)t - 0{,}710$ m/s]

30 PROBLEMA SVOLTO

Il sistema illustrato in figura è costituito da una scatola di massa $m_1 = 2{,}0$ kg che contiene una palla di massa $m_2 = 50$ g sospesa a un filo leggero. L'intero sistema è fermo su una bilancia che registra il suo peso. Supponi che il filo si spezzi e che la palla cada con accelerazione g verso la base della scatola. Quale valore indica la bilancia mentre la palla cade?

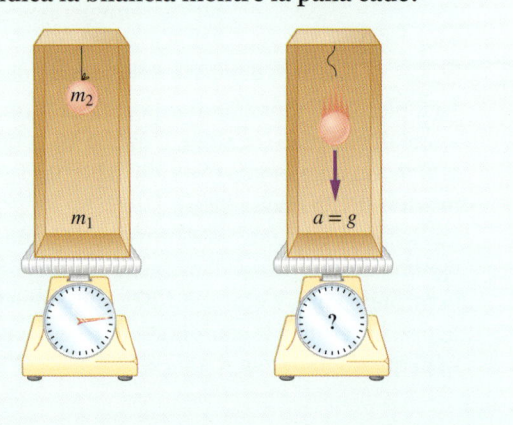

SOLUZIONE

Inizialmente la bilancia esercita sulla scatola una forza verso l'alto di intensità F_b pari a: $F_b = (m_1 + m_2)g$.
Per stabilire che cosa succede dopo la rottura del filo, analizza il problema dal punto di vista del centro di massa.
Se consideri positiva la direzione verso l'alto, la risultante delle forze esterne che agiscono sulla scatola e sulla palla è:

$\Sigma F_{est} = F'_b - m_1 g - m_2 g$

Se $M = m_1 + m_2$ è la massa totale del sistema, l'accelerazione del centro di massa è:

$$A_{CM} = \frac{m_1 \cdot 0 - m_2 g}{M} = -\frac{m_2}{M}g$$

Poni ora $MA_{CM} = \Sigma F_{est}$:

$$M\left(-\frac{m_2}{M}\right)g = F'_b - m_1 g - m_2 g$$

da cui:

$-m_2 g = F'_b - m_1 g - m_2 g$

Risolvendo rispetto a F'_b, ottieni:

$F'_b = m_1 g = (2{,}0 \text{ kg})(9{,}81 \text{ m/s}^2) = 20$ N

Quindi la bilancia indicherà 2 kg.

31 Quanto pesa?

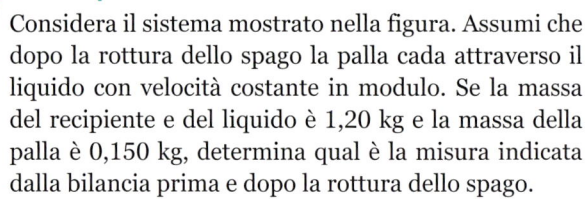

Considera il sistema mostrato nella figura. Assumi che dopo la rottura dello spago la palla cada attraverso il liquido con velocità costante in modulo. Se la massa del recipiente e del liquido è 1,20 kg e la massa della palla è 0,150 kg, determina qual è la misura indicata dalla bilancia prima e dopo la rottura dello spago.

[13,2 N]

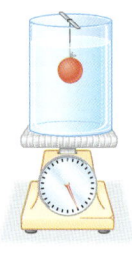

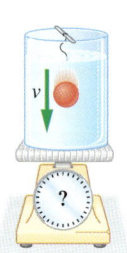

32 Che cosa succede se si taglia la corda?

Un blocco di metallo di massa m è appeso al soffitto mediante una molla. Una corda collegata al blocco regge un secondo blocco di uguale massa m, come mostrato nella figura. Se la corda che lega i blocchi viene tagliata:
a. qual è la forza risultante che agisce sul sistema dei due blocchi subito dopo che la corda è stata tagliata?
b. qual è l'accelerazione del centro di massa del sistema dei due blocchi subito dopo che la corda è stata tagliata?

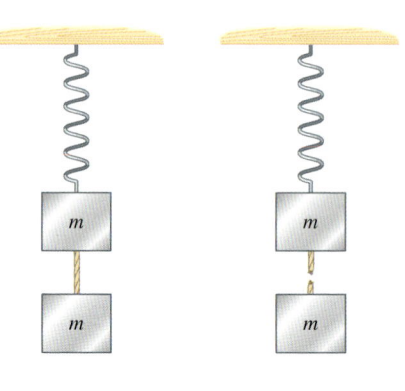

4 Le forze conservative

33 Il lavoro compiuto da una forza conservativa lungo un percorso chiuso:
- A è sempre positivo.
- B è sempre negativo.
- C è sempre nullo.
- D dipende dai casi.

34 La tensione di una fune:
- A è una forza sempre non conservativa.
- B è una forza sempre conservativa.
- C può essere una forza conservativa o meno a seconda di come agisce sul corpo a cui è applicata.
- D è una forza conservativa solamente se è costante.

35 Il lavoro di una forza conservativa per spostare un oggetto da una posizione A a una posizione B:
- A non dipende dagli estremi A e B.
- B dipende solamente dagli estremi A e B.
- C dipende solamente dagli estremi A e B se la forza è costante.
- D dipende dagli estremi A e B e anche dal percorso fatto da A a B.

36 Un'ipotetica forza avente direzione e verso sempre uguali a quelli della velocità del punto su cui agisce:
- A non sarebbe mai conservativa.
- B sarebbe sempre conservativa.
- C potrebbe essere conservativa se fosse costante.
- D Nessuna delle risposte precedenti è corretta.

37 PREVEDI/SPIEGA

La palla 1 è lanciata verso terra con una velocità iniziale verso il basso; la palla 2 è lasciata cadere a terra da ferma.

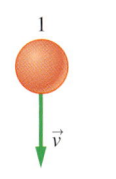

a. Assumendo che le palle abbiano la stessa massa e partano dalla stessa altezza, la variazione di energia potenziale della palla 1 è maggiore, minore o uguale a quella della palla 2?

b. Quale fra le seguenti è la *spiegazione* migliore per la risposta?
  1. La palla 1 ha energia totale maggiore e quindi una maggior parte di energia può essere convertita in energia potenziale gravitazionale.
  2. L'energia potenziale gravitazionale dipende soltanto dalla massa della palla e dall'altezza da cui cade.
  3. Tutta l'energia iniziale della palla 2 è energia potenziale gravitazionale.

38 MATH⁺ Come varia l'energia potenziale?

Se si appende una massa a una molla in posizione verticale, la molla si allunga e la massa si muove verso il basso.

a. Esprimi le energie potenziali elastica e gravitazionale in funzione dell'allungamento y della molla e tracciane i grafici qualitativamente su un piano y-U (assumi un sistema di riferimento orientato verso il basso, avente come origine il punto di equilibrio della molla).

b. L'energia potenziale elastica della molla aumenta, diminuisce o rimane costante durante questo processo?

c. L'energia potenziale gravitazionale del sistema massa-Terra aumenta, diminuisce o rimane costante durante questo processo?

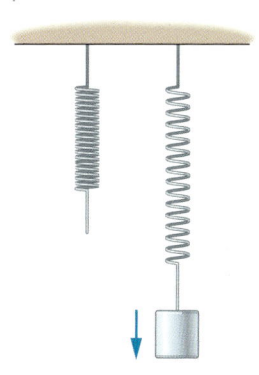

39 Un tuffo dalla scogliera

Juanita si tuffa coraggiosamente dalla scogliera di Acapulco alta 46 m; la sua energia potenziale diminuisce di 25 000 J. Qual è il peso di Juanita espresso in newton? [$5,4 \cdot 10^2$ N]

40 Sulla cima dell'Everest

Calcola l'energia potenziale gravitazionale di una persona di 88 kg che si trova sulla cima dell'Everest (8848 m). Usa come zero dell'energia potenziale il livello del mare. [$7,6 \cdot 10^6$ J]

41 Centrale di montagna

Nelle centrali idroelettriche di montagna, l'acqua arriva alle turbine tramite condotte forzate, spesso installate sui fianchi ripidi della montagna. A lato delle condotte c'è una lunga scalinata che permette agli addetti di eseguire controlli e riparazioni. Se un manutentore che si reca a fare una riparazione aumenta la sua energia potenziale di $4,9 \cdot 10^4$ J percorrendo 320 gradini di altezza 20 cm ciascuno, calcola la massa dell'uomo.
[78 kg]

42 Il lavoro varia?

Il lavoro necessario per portare una molla da un allungamento di 4,00 cm a un allungamento di 5,00 cm è di 30,5 J.

a. Il lavoro necessario per aumentare l'allungamento da 5,00 cm a 6,00 cm è maggiore, minore o uguale a 30,5 J?

b. Verifica la risposta alla domanda precedente calcolando il lavoro.

43 MATH+ L'ala della farfalla sfinge

Esperimenti condotti sull'ala della farfalla sfinge (*Manduca sexta*) mostrano che essa si flette di una distanza $x = 4,8$ mm quando sulla sua estremità viene applicata una forza $F = 3,0 \cdot 10^{-3}$ N, come mostrato in figura.

Trattando l'ala come una molla ideale, determina:

a. la costante elastica della molla;
b. l'energia immagazzinata nell'ala.
c. Esprimi l'energia immagazzinata nell'ala in funzione della forza applicata a essa. Che tipo di relazione esiste tra U ed F?
d. Dalla relazione determinata al punto **c.** ricava la forza che dovrebbe essere applicata all'estremità dell'ala per immagazzinare il doppio dell'energia calcolata al punto **b.** [a. 0,63 N/m; b. 7,2 · 10⁻⁶ J; d. 4,2 · 10⁻³ N]

44 MATH+ Energia della molla

Una molla verticale immagazzina 0,962 J come energia potenziale elastica quando viene appesa a essa una massa di 3,5 kg.

a. Esprimi l'energia potenziale elastica in funzione della massa appesa. Di che tipo di relazione si tratta?
b. Traccia il grafico dell'energia potenziale elastica in funzione della massa con i dati a disposizione.
c. Se si raddoppia il valore della massa appesa, per quale fattore viene moltiplicata l'energia potenziale elastica?
d. Verifica la risposta data nel punto **c.** calcolando l'energia potenziale elastica quando viene appesa una massa di 7,0 kg. [d. 3,85 J]

45 🇬🇧 IN ENGLISH

At the moment when a shot putter releases a 5.0 kg shot, the shot is 1.8 m above the ground and travelling at 15 m/s. The shot is striken down at a height of 6.0 m above the ground. What is the total mechanical energy, gravitational potential energy and kinetic energy of the shot at its maximum height? [651 J; 294 J; 357 J]

5 La legge di conservazione dell'energia meccanica

46
Tre palle vengono lanciate in aria con la stessa velocità iniziale v_0, ma con diverse inclinazioni, come mostrato in figura. Trascurando la resistenza dell'aria, indica quale delle seguenti affermazioni è corretta.
In corrispondenza della linea tratteggiata:

A la palla 3 ha la velocità minore.
B la palla 1 ha la velocità minore.
C le tre palle hanno velocità uguali in modulo.
D la velocità delle palle dipende dalla loro massa.

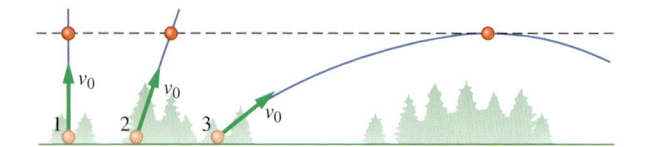

47
Due oggetti di massa diversa sono lanciati verticalmente, liberando due molle uguali che erano state compresse nello stesso modo. Quale delle affermazioni è corretta?

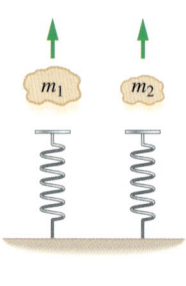

A I due oggetti raggiungono la stessa altezza.
B I due oggetti hanno la stessa energia cinetica quando ricadono a terra.
C I due oggetti hanno la stessa velocità quando ricadono a terra.
D I due oggetti cadono a terra nello stesso istante.

48
Su una rotaia a cuscino d'aria vi è un carrello di massa m_1 agganciato con un filo tramite una carrucola a un peso di massa m_2. Il peso di massa m_2 viene lasciato cadere per un'altezza h prima di fermarsi su di un piano. Nell'istante immediatamente precedente all'urto con il piano, entrambe le masse hanno velocità v. Supponendo gli attriti trascurabili rispetto alle forze in gioco, per il sistema vale la relazione:

A $\frac{1}{2}m_1 v^2 = m_1 g h$ C $\frac{1}{2}m_2 v^2 = m_2 g h$

B $\frac{1}{2}(m_1 + m_2) v^2 = m_1 g h$ D $\frac{1}{2}(m_1 + m_2) v^2 = m_2 g h$

49
Durante un air show un aereo di massa m sta volando orizzontalmente a una velocità di 100,0 m/s quando il pilota esegue una manovra acrobatica detta "scampanata": entra in una traiettoria verticale e porta i motori al minimo. Supponendo di poter trascurare la spinta dei motori in questa situazione, di quanto salirà l'aereo prima di fermarsi spettacolarmente a mezz'aria?

A Circa 1000 m
B Circa 510,0 m
C Circa 200,0 m
D Dipende dalla massa m dell'aereo.

50 Percorsi diversi

Calcola il lavoro compiuto dalla forza di attrito quando una scatola di massa 3,7 kg viene fatta scorrere sul pavimento dal punto A al punto B lungo ciascuno dei percorsi 1, 2 e 3 disegnati in figura. Assumi che il coefficiente di attrito dinamico tra la scatola e il pavimento sia 0,26. Che conclusioni puoi trarre?

[$L_1 = -100$ J; $L_2 = -47$ J; $L_3 = -66$ J]

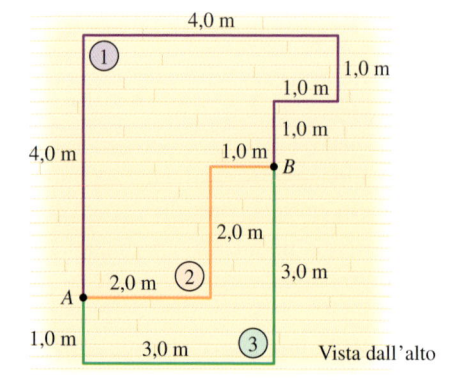

51 Tuffo dallo scivolo

In un parco acquatico un nuotatore utilizza uno scivolo per entrare nella piscina principale. Se il nuotatore parte da fermo da un'altezza di 2,31 m e scivola senza attrito, qual è la sua velocità all'estremità dello scivolo?

[6,73 m/s]

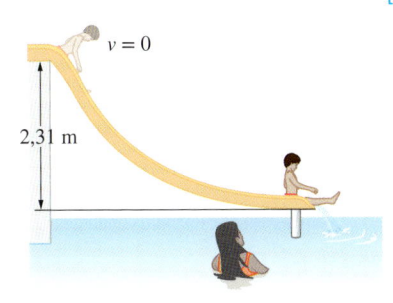

52 Tuffo con rincorsa

Con riferimento al problema precedente, calcola la velocità del nuotatore all'estremità dello scivolo se egli, anziché da fermo, parte con una velocità iniziale di modulo 0,840 m/s.

[6,78 m/s]

53 Fuoricampo

Un giocatore di basket, per ottenere qualche secondo di pausa, lancia la palla di 0,600 kg fuoricampo. La velocità della palla quando lascia le mani del giocatore è di 8,30 m/s e si riduce a 7,10 m/s nel punto di massima altezza.

a. Trascurando la resistenza dell'aria, a quale altezza, rispetto al punto in cui è stata lanciata, si trova la palla quando raggiunge la sua altezza massima?
b. Come varia l'altezza calcolata nel punto a. se la massa della palla raddoppia?

[a. 0,942 m]

54 MATH⁺ L'energia cinetica di un masso

Un masso di 5,76 kg si stacca improvvisamente da una parete rocciosa.

a. Esprimi l'energia cinetica in funzione della distanza d dalla parete rocciosa (assumi un sistema di riferimento con origine sulla parete e orientato verso il basso).
b. Con i dati a disposizione, traccia il grafico dell'energia cinetica in funzione di d.

Calcola l'energia cinetica iniziale, l'energia cinetica finale e la variazione di energia cinetica:

c. per i primi 2 m di caduta;
d. per i 2 m successivi di caduta.

[c. K_i = 0 J, K_f = 113 J, ΔK = 113 J;
d. K_i = 113 J, K_f = 226 J, ΔK = 113 J]

55 PROBLEMA SVOLTO

Un blocco di 1,70 kg scivola su una superficie orizzontale priva di attrito finché incontra una molla di costante elastica 955 N/m. Il blocco si ferma dopo aver compresso la molla di 4,60 cm. Disegna il bilancio energetico e determina la velocità iniziale del blocco. (Trascura la resistenza dell'aria e l'eventuale dissipazione di energia quando il blocco urta la molla.)

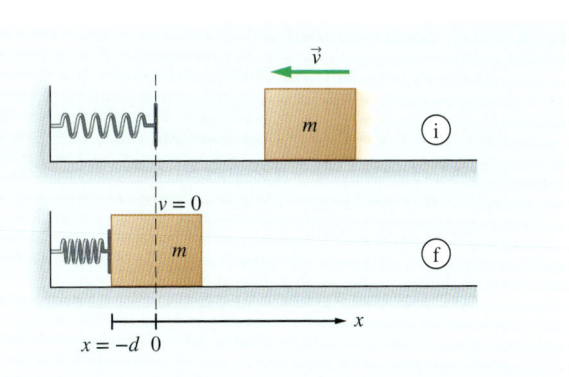

SOLUZIONE

La parte in alto della figura si riferisce all'istante precedente a quello in cui il blocco viene in contatto con la molla: il blocco ha una velocità v e l'estremità della molla si trova in $x = 0$. La parte in basso si riferisce alla situazione in cui il blocco si è fermato e la molla è compressa di $x = -d = -4{,}60$ cm.

Scegli il centro del blocco come posizione in cui $y = 0$; con questa scelta, l'energia potenziale gravitazionale del sistema è sempre uguale a zero.

Scrivi le espressioni delle energie potenziale e cinetica iniziali:

$$U_i = \frac{1}{2}k \cdot 0^2 = 0 \qquad K_i = \frac{1}{2}mv_i^2$$

Scrivi le espressioni delle energie potenziale e cinetica finali:

$$U_f = \frac{1}{2}k(-d)^2 = \frac{1}{2}kd^2 \qquad K_f = \frac{1}{2}m \cdot 0^2 = 0$$

Disegna il bilancio energetico:

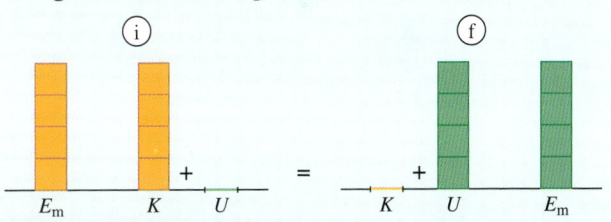

Poni $E_{m,i} = U_i + K_i$ uguale a $E_{m,f} = U_f + K_f$ e risolvi l'equazione ottenuta rispetto a v_i:

$$0 + \frac{1}{2}mv_i^2 = \frac{1}{2}kd^2 + 0 \quad \rightarrow \quad v_i = d\sqrt{\frac{k}{m}}$$

Sostituisci i valori numerici:

$$v_i = d\sqrt{\frac{k}{m}} = (0{,}0460 \text{ m})\sqrt{\frac{955 \text{ N/m}}{1{,}70 \text{ kg}}} = 1{,}09 \text{ m/s}$$

56 Blocco e molla 1

Un blocco di 2,9 kg scivola con una velocità di 1,6 m/s su una superficie orizzontale senza attrito, finché incontra una molla. Disegna il bilancio energetico.

a. Se il blocco comprime la molla di 4,8 cm prima di fermarsi, qual è la costante elastica della molla?
b. Quale velocità iniziale dovrebbe avere il blocco per comprimere la molla di 1,2 cm?

[a. 3200 N/m; b. 0,40 m/s]

57 MATH⁺ Blocco e molla 2

Un blocco di 1,40 kg che scivola con una velocità di 0,950 m/s su una superficie orizzontale senza attrito, urta una molla di costante elastica 734 N/m e si ferma dopo aver compresso la molla di 4,15 cm.
Esprimi l'energia potenziale e l'energia cinetica in funzione della deformazione x della molla.
Traccia i grafici di $U(x)$ e di $K(x)$ nell'intervallo (−4,15 cm; 4,15 cm) e determinane i valori per ciascuna delle seguenti compressioni:

a. 0 cm

b. 2,00 cm

c. 4,00 cm

Disegna il bilancio energetico in ciascuno dei casi.
[**a.** 0 J; 0,632 J; **b.** 0,147 J; 0,485 J; **c.** 0,587 J; 0,045 J]

58 La macchina di Atwood 1

Le due masse della macchina di Atwood disegnata in figura sono inizialmente ferme alla stessa altezza. Dopo che le masse sono state liberate, la più grande, m_2, cade per un'altezza h fino al pavimento, mentre la più piccola, m_1, sale per un'altezza h.

a. Determina la velocità delle masse un istante prima che m_2 tocchi il pavimento, in funzione di m_1, m_2, g e h. Assumi che la corda e la carrucola abbiano massa trascurabile e che l'attrito possa essere ignorato.

b. Calcola il valore della velocità nel caso in cui $h = 1,2$ m, $m_1 = 3,7$ kg e $m_2 = 4,1$ kg.

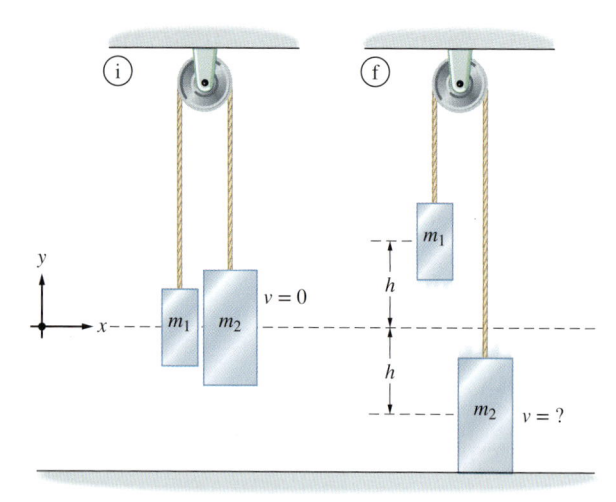

$$\left[\textbf{a. } v_f = \sqrt{2gh\frac{m_2 - m_1}{m_1 + m_2}}; \textbf{b. } 1,1 \text{ m/s}\right]$$

59 La macchina di Atwood 2

Nel problema precedente supponi che le due masse, anziché partire da ferme, abbiano una velocità iniziale di 0,20 m/s e che m_2 si stia muovendo verso l'alto. Di quanto sale m_2 al di sopra della sua posizione iniziale prima di fermarsi temporaneamente, se $m_1 = 3,7$ kg e $m_2 = 4,1$ kg? [4 cm]

60 Massa e molla 1

Una massa di 0,40 kg attaccata a una molla di costante elastica 26 N/m oscilla su un piano orizzontale privo di attrito.
La massa viene rilasciata da ferma a una distanza di 3,2 cm dalla posizione di equilibrio della molla.

a. Illustra un procedimento che ti permetta di determinare il modulo della velocità della massa, quando si trova a metà strada dalla posizione di equilibrio.

b. Utilizza il procedimento illustrato per calcolare questa velocità.

$$\left[\textbf{a. } \text{da } K = E_m - U \text{ si ricava } v_f = \sqrt{\frac{3kA^2}{4m}}; \textbf{b. } 0,22 \text{ m/s}\right]$$

61 MATH⁺ Massa e molla 2

Esprimi l'energia cinetica K della massa del problema precedente in funzione della posizione e tracciane il grafico nell'intervallo (−3,2 cm; 3,2 cm).
Facendo riferimento al grafico determina:

a. la velocità massima della massa;

b. a quale distanza dalla posizione di equilibrio si trova la massa nell'istante in cui il modulo della sua velocità è metà del modulo della velocità massima.

[**a.** 0,26 m/s; **b.** 2,8 cm]

62 Il peso dell'uva

Un grappolo d'uva è posto su una bilancia a molla, la cui costante elastica è 650 N/m. Il grappolo oscilla su e giù con un periodo di 0,48 s.

a. Qual è la massa del grappolo d'uva?

b. Qual è il suo peso? [**a.** 3,8 kg; **b.** 37 N]

63 La velocità dell'uva

Qual è il modulo della velocità massima del grappolo d'uva del problema precedente, se la sua ampiezza di oscillazione è 2,3 cm? [0,30 m/s]

64 PROBLEMA SVOLTO

Una pallottola di massa m rimane conficcata in un blocco di massa M attaccato a una molla di costante elastica k. Se la velocità iniziale della pallottola è v_0, determina:

a. la massima compressione della molla;

b. il tempo occorrente perché il sistema blocco-pallottola si fermi.

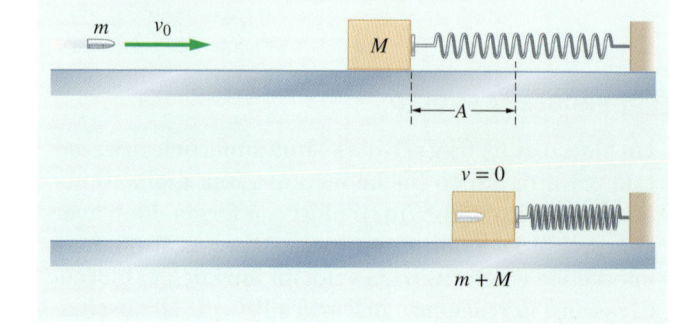

SOLUZIONE

a. Usa la conservazione della quantità di moto per trovare la velocità finale v del sistema pallottola + blocco:

$$mv_0 = (m + M)v \rightarrow v = \frac{mv_0}{m + M}$$

Determina l'energia cinetica del sistema pallottola + blocco dopo l'urto:

$$K_f = \frac{1}{2}(m + M)v^2 = \frac{1}{2}(m + M)\frac{m^2v_0^2}{(m+M)^2} =$$
$$= \frac{m^2v_0^2}{2(m+M)}$$

Poni l'energia cinetica uguale all'energia elastica $\frac{1}{2}kA^2$ e determina la massima compressione A della molla:

$$\frac{m^2v_0^2}{2(m+M)} = \frac{1}{2}kA^2 \rightarrow A = \frac{mv_0}{\sqrt{k(m+M)}}$$

b. Osserva che, per passare dalla posizione di equilibrio a quella di massima compressione, la massa impiega un quarto del periodo di oscillazione che è $T = 2\pi\sqrt{\frac{m}{k}}$; quindi il tempo perché la pallottola si fermi è:

$$t = \frac{T}{4} = \frac{1}{4}2\pi\sqrt{\frac{m+M}{k}} = \frac{\pi}{2}\sqrt{\frac{m+M}{k}}$$

65 Prove balistiche 2

Un proiettile da 2,25 g si conficca in un blocco di 1,50 kg che è attaccato a una molla di costante elastica 785 N/m. Se la compressione massima della molla è 5,88 cm, calcola:

a. la velocità iniziale del proiettile;
b. il tempo che impiega il sistema proiettile + blocco per fermarsi.   [**a.** 897 m/s; **b.** 0,0687 s]

66 MATH+ PROBLEMA SVOLTO

Il periodo di oscillazione di un pendolo semplice è 2,4 s. Sapendo che la velocità tangenziale massima della massa oscillante è 1,2 m/s, determina la massima altezza, rispetto al punto di equilibrio, a cui arriva la massa oscillante e lo spostamento angolare massimo.

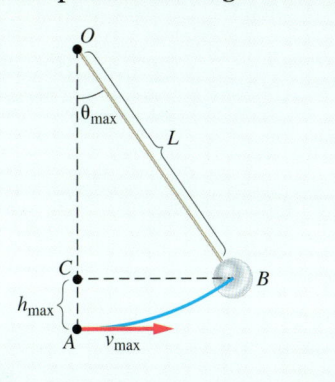

SOLUZIONE

Poiché nel sistema considerato non agiscono forze non conservative, possiamo applicare il principio di conservazione dell'energia meccanica: $E_{m,i} = E_{m,f}$.

Quindi risulta:

$$E_{m,i} = K_{max} = \frac{1}{2}mv_{max}^2 \qquad E_{m,f} = mgh_{max}$$

Uguagliando, ottieni:

$$\frac{1}{2}mv_{max}^2 = mgh_{max}$$

da cui, semplificando la massa e risolvendo rispetto a h_{max}, trovi:

$$h_{max} = \frac{v_{max}^2}{2g} = \frac{(1,2 \text{ m/s})^2}{2 \cdot 9,81 \text{ m/s}^2} = 0,073 \text{ m}$$

Per ricavare lo spostamento angolare massimo θ_{max}, devi calcolare la lunghezza del filo di sospensione L. Utilizzi, a questo scopo, la relazione tra periodo di oscillazione e lunghezza del filo: $T = 2\pi\sqrt{\frac{L}{g}}$. Elevando al quadrato e risolvendo rispetto a L, ottieni:

$$L = \frac{T^2 g}{4\pi^2} = \frac{(2,4 \text{ s})^2 \cdot 9,81 \text{ m/s}^2}{4 \cdot (3,14)^2} = 1,4 \text{ m}$$

Poiché, come si può evincere dalla figura:

$$h_{max} = L - L\cos\theta_{max} = L(1 - \cos\theta_{max})$$

da questa relazione trovi:

$$\cos\theta_{max} = 1 - \frac{h_{max}}{L}$$

da cui:

$$\theta_{max} = \cos^{-1}\left(1 - \frac{h_{max}}{L}\right) = \cos^{-1}\left(1 - \frac{0,073 \text{ m}}{1,4 \text{ m}}\right) =$$
$$= 19° = 0,32 \text{ rad}$$

67 La tensione del filo

Un pendolo semplice è costituito da una massa di 140 g appesa a un filo inestensibile. Sapendo che la tensione del filo nel punto corrispondente al massimo spostamento angolare è 1,31 N, determina la tensione del filo nel punto di equilibrio.   [1,50 N]

68 MATH+ L'energia del pendolo

La legge oraria angolare di un pendolo semplice è:

$$\theta = (0,297 \text{ rad})\cos[(2,75 \text{ rad/s})t]$$

Sapendo che la massa oscillante è di 160 g, calcola l'energia cinetica e potenziale gravitazionale corrispondenti a un angolo di oscillazione (misurato rispetto alla posizione di equilibrio) di 0,178 radianti.
          [U = 0,0322 J, K = 0,0570 J]

69 MATH+ L'energia cinetica del pendolo

La legge velocità-tempo di un pendolo semplice è:

$$v = -(0,980 \text{ m/s})\text{sen}[(2,75 \text{ rad/s})t]$$

Sapendo che la massa oscillante è di 145 g, calcola l'energia cinetica corrispondente all'angolo di oscillazione formato dal filo e dalla verticale condotta per il punto di equilibrio all'istante $t = 0,43$ s.   [0,060 J]

70 MATH+ L'energia potenziale del pendolo

La legge oraria angolare di un pendolo semplice è:

$$\theta = (0{,}297 \text{ rad})\cos[(2{,}75 \text{ rad/s})t]$$

Sapendo che la massa oscillante è di 130 g, calcola l'energia potenziale gravitazionale corrispondente all'angolo di oscillazione formato dal filo e dalla verticale condotta per il punto di equilibrio all'istante $t = 0{,}32$ s.

[0,029 J]

71 IN ENGLISH

A 850-kg roller coaster starts from rest 12.0 m above the ground. Assume the coaster is frictionless.

a. What is the speed of the coaster at ground level?
b. What is the speed of the coaster at 8.0 m above the ground?

[a. 15 m/s; b. 8.9 m/s]

6 La conservazione dell'energia totale

72 Una slitta scivola senza attrito da un pendio e raggiunge con una velocità v un piano scabro, dove si ferma dopo aver percorso una distanza d. Che distanza ha percorso sul piano nell'istante in cui la sua velocità si è ridotta a $\frac{1}{3}v$?

A $\frac{d}{9}$ C $\frac{2d}{3}$

B $\frac{d}{3}$ D $\frac{8d}{9}$

73 Uno sciatore di massa 70,000 kg scende su di una pista partendo da 1350,0 m di quota. All'arrivo alla base della seggiovia la sua quota è di 1000,0 m ed è fermo. Quanto vale l'energia dissipata in calore dallo sciatore?

A 10 820 J   C 240 345 J
B 15 640 J   D 10 000 J

74 Un'automobile di massa $1{,}50 \cdot 10^{-3}$ kg affronta una salita con una velocità iniziale di 14,0 m/s. Alla fine della salita l'auto ha affrontato un dislivello di 20,0 m e la sua velocità è di 8,00 m/s. Se il lavoro delle forze di attrito è stato complessivamente di $2{,}93 \cdot 10^5$ J, il lavoro compiuto dal motore vale:

A $-4{,}88 \cdot 10^5$ J   C $4{,}88 \cdot 10^5$ J
B $-2{,}93 \cdot 10^5$ J   D Nessuna delle risposte precedenti

75 In un sistema non isolato il lavoro delle forze esterne è dato da:

A $L_{est} = \Delta K - \Delta U - L_{attr}$
B $L_{est} = \Delta K - \Delta U - \Delta E_{int}$
C $L_{est} = \Delta K + \Delta U + \Delta E_{int}$
D $L_{est} = \Delta K + \Delta U$

76 Tuffi e attrito

Francesco, la cui massa è 65 kg, si tuffa da fermo da un trampolino alto 10 m. L'attrito con l'acqua lo ferma 4,8 m sotto la superficie dell'acqua. Calcola la forza di attrito esercitata dall'acqua.

[2,0 kN]

77 Il sasso sull'acqua

Un sasso di 1,9 kg viene rilasciato da fermo sulla superficie di un laghetto profondo 1,8 m. Mentre il sasso cade, la resistenza dell'acqua esercita su di esso una forza costante verso l'alto di 4,6 N. Calcola il lavoro non conservativo L_{nc} compiuto dalla resistenza dell'acqua sul sasso, l'energia potenziale gravitazionale U del sistema, l'energia cinetica K del sasso e l'energia meccanica totale E_{tot} del sistema, quando il sasso si trova alle seguenti profondità:

a. 0 m;
b. 0,5 m;
c. 1 m.

Considera $y = 0$ sul fondo del laghetto.

[a. $L_{nc} = 0$ J, $U = 34$ J, $K = 0$ J, $E_{tot} = 34$ J;
b. $L_{nc} = -2{,}3$ J, $U = 24$ J, $K = 8$ J, $E_{tot} = 32$ J;
c. $L_{nc} = -4{,}6$ J, $U = 15$ J, $K = 14$ J, $E_{tot} = 29$ J]

78 PROBLEMA SVOLTO

Un blocco di 1,80 kg scorre su una superficie orizzontale ruvida. Il blocco colpisce una molla con una velocità di 2,00 m/s e la comprime di 11,0 cm prima di fermarsi. Se il coefficiente di attrito dinamico fra il blocco e la superficie è $\mu_d = 0{,}56$, qual è la costante elastica della molla? Disegna il bilancio energetico.

SOLUZIONE

Chiama $m = 1{,}80$ kg la massa del blocco, $v = 2{,}00$ m/s la velocità del blocco al momento del contatto con la molla, $x = 11{,}0$ cm la compressione della molla.

La conservazione dell'energia totale ti suggerisce che l'energia cinetica della massa si trasforma in parte in energia potenziale elastica della molla e in parte in energia termica generata dall'azione della forza d'attrito, che puoi esprimere come $F_d = -\mu_d F_p = -\mu_d mg$.
Pertanto:

$$\frac{1}{2}mv^2 = \frac{1}{2}kx^2 + \mu_d mgx$$

Dall'equazione precedente puoi ricavare k:

$$k = \frac{m(v^2 - 2\mu_d gx)}{x^2} =$$

$$= \frac{(1{,}80 \text{ kg})[(2{,}00 \text{ m/s}^2)^2 - 2(0{,}56)(9{,}81 \text{ m/s}^2)(0{,}110 \text{ m})]}{(0{,}110 \text{ m})^2} =$$

$$= 415 \text{ N/m}$$

Disegna il bilancio energetico:

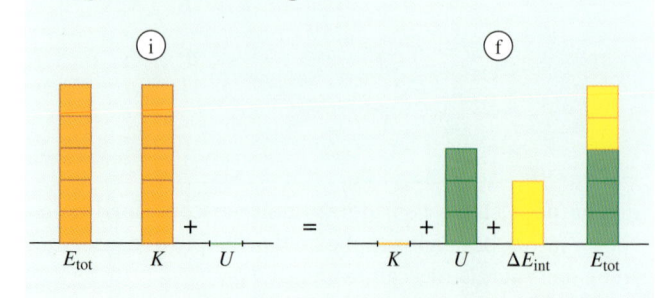

ESERCIZI E PROBLEMI

79 Il percorso del pattinatore

Un pattinatore di 81,0 kg spingendo contro il suolo con i pattini compie un lavoro non conservativo di +3420 J. Inoltre, l'attrito compie un lavoro non conservativo di −715 J sul pattinatore. Le velocità iniziale e finale del pattinatore sono, rispettivamente, 2,50 m/s e 1,22 m/s. Disegna il bilancio energetico.

a. Il pattinatore ha percorso una strada in salita, in discesa o è rimasto allo stesso livello? Motiva la risposta.

b. Calcola l'eventuale dislivello coperto dal pattinatore.

[b. $\Delta y = 3{,}65$ m]

80 Strade di montagna

Un autocarro di 15 800 kg, che sta viaggiando a 12 m/s su una strada di montagna, a un'altitudine di 1630 m, affronta una discesa inclinata di 6,00°. Quando raggiunge un'altitudine di 1440 m la sua velocità è di 29,0 m/s.

a. Calcola la variazione dell'energia potenziale gravitazionale del sistema e la variazione dell'energia cinetica dell'autocarro.

b. L'energia meccanica totale del sistema si conserva? Giustifica la risposta.

[a. $\Delta U = -29{,}4$ MJ, $\Delta K = 5{,}51$ MJ; b. $\Delta E_m = -23{,}9$ MJ]

81 🇬🇧 IN ENGLISH

A 15 g marble, starting from rest, rolls down an inclined plane with a length of 1.5 m and a height of 0.75 m. At the bottom of the inclined plane, the speed of the marble is 2.4 m/s. Calculate the magnitude of the frictional force acting on the marble as it rolls down the inclined plane. [0.045 N]

82 Montagne russe

Un vagone delle montagne russe, di massa 450 kg, parte da fermo da un punto A a 12,5 m di altezza e si muove verso un punto B a 3,8 m di altezza, per poi risalire fino a un punto C. È presente la forza di attrito, che compie un lavoro di 8400 J mentre il vagone scende, e un meccanismo di trazione a catena, che compie un lavoro di 13 500 J per trainarlo in salita.

a. Rappresenta il bilancio energetico, calcolando i diversi valori di energia potenziale e cinetica nei punti A, B e C e il lavoro delle forze non conservative.

b. Calcola a quale altezza si trova il punto C.

[a. $U_A = 55$ kJ; $K_A = 0$ J;
$U_B = 17$ kJ; $K_B = 30$ kJ;
$U_C = 60$ kJ; $K_C = 0$ J;
$L_{nc} = 5{,}1$ kJ; b. $h = 14$ m]

7 Grafici dell'energia

83 Descrivi il moto

La figura mostra una curva dell'energia potenziale in funzione di x. Descrivi qualitativamente il relativo moto di un oggetto che parte da fermo dal punto A.

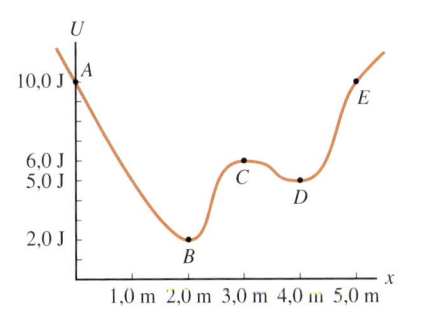

84 Calcola la velocità

Un oggetto che si muove lungo l'asse x, ha un'energia potenziale il cui andamento è riportato nella figura. L'oggetto ha massa 1,1 kg e parte da fermo dal punto A.

a. Qual è il modulo della sua velocità nei punti B, C e D?

b. Quali sono i punti di inversione del moto per l'oggetto?

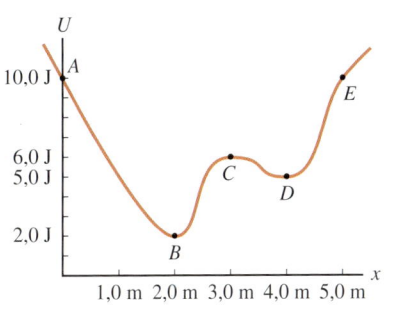

[a. $v_B = 3{,}8$ m/s; $v_C = 2{,}7$ m/s; $v_D = 3{,}0$ m/s]

85 Punti di inversione del moto

Un oggetto di 1,34 kg che si muove lungo l'asse x, ha un'energia potenziale il cui andamento è riportato nella figura del problema precedente. Se il modulo della velocità dell'oggetto nel punto C è 1,25 m/s, dove si trovano approssimativamente i suoi punti di inversione del moto? [in $x = 0{,}6$ m e $x = 4{,}6$ m]

86 MATH⁺ Bambino sull'altalena 1

Un bambino di 23 kg dondola avanti e indietro su un sedile sospeso a un albero mediante una corda lunga 2,5 m. Disegna la curva che rappresenta l'energia potenziale di questo sistema in funzione dell'angolo che la corda forma con la verticale, assumendo che l'energia potenziale sia zero nel punto in cui la corda è verticale. Considera angoli fino a 90° su entrambi i lati della verticale.

87 Bambino sull'altalena 2

Determina gli angoli corrispondenti ai punti di inversione del moto del problema precedente nel caso in cui il bambino abbia una velocità di modulo 0,89 m/s quando la corda è verticale. Indica i punti di inversione sul grafico che rappresenta l'energia potenziale del sistema.

[θ = ±10°]

88 MATH+ Curve delle energie

Un blocco di massa $m = 0,95$ kg è agganciato a una molla di costante elastica $k = 775$ N/m che oscilla su una superficie liscia orizzontale.

a. Determina i punti di inversione x_1 e x_2 (con $x_1 < x_2$) del moto del blocco sapendo che la sua velocità in $x = 0$ è 1,3 m/s.
b. Disegna nello stesso piano cartesiano le curve delle energie potenziale, cinetica e meccanica in funzione della posizione x della massa, per $x_1 \leq x \leq x_2$.
c. Calcola, aiutandoti con il grafico, in quali posizioni energia potenziale ed energia cinetica si uguagliano.

[a. punti di inversione: ±4,6 cm; c. ±3,2 cm]

89 MATH+ L'energia della palla

Una palla di massa $m = 0,75$ kg viene lanciata verticalmente verso l'alto con una velocità iniziale di 8,9 m/s.

a. Determina il punto di inversione del moto (altezza massima) della palla.
b. Disegna la curva dell'energia potenziale gravitazionale della palla dal suo punto di lancio, $y = 0$, fino all'altezza massima. Poni $U = 0$ in $y = 0$.

[a. y_{max} = 4,0 m]

8 Gli urti tra corpi

90
Un corpo di massa 10 kg che si muove a una velocità di 100 m/s urta elasticamente un secondo corpo, inizialmente fermo, di massa uguale. Qual è la velocità del secondo corpo dopo l'urto?

A 0 m/s
B 50 m/s
C 100 m/s
D 200 m/s

91
Considera un urto elastico frontale tra due particelle di uguale massa e velocità. Che cosa puoi dire delle velocità finali delle due particelle?

A Sono entrambe nulle.
B Sono uguali alle rispettive velocità iniziali in modulo, direzione e verso.
C Sono uguali alle rispettive velocità iniziali in modulo e direzione, ma hanno verso opposto.
D Non ci sono sufficienti informazioni per dire che una delle precedenti risposte è certamente corretta.

92
Un proiettile di massa 0,0500 kg viene sparato in un blocco di legno di massa 5,00 kg rimanendovi conficcato. Se la velocità del blocco dopo l'urto è di 7,92 m/s, la velocità iniziale del proiettile era di:

A 500 m/s
B 800 m/s
C 200 m/s
D 600 m/s

93 In un urto anelastico si conserva:

A le singole quantità di moto dei corpi che si urtano.
B l'energia cinetica e la quantità di moto totale del sistema.
C solamente l'energia cinetica del sistema.
D la quantità di moto totale del sistema.

94 Urto anelastico tra carrelli

Un carrello di massa m, che si muove con una velocità v su una rotaia a cuscino d'aria priva di attrito, urta contro un identico carrello che è in quiete. Se i due carrelli rimangono attaccati dopo la collisione, qual è l'energia cinetica finale del sistema?

$\left[\dfrac{1}{4}mv^2\right]$

95 Urto elastico tra due carrelli

Un carrello A di massa 300 g si muove in linea retta alla velocità di 4,50 m/s e urta un carrello B di 450 g che si trova davanti a esso e si muove nello stesso verso. Dopo l'urto elastico, A si muove alla velocità di 1,62 m/s e B alla velocità di 4,02 m/s.

Qual era la velocità di B prima dell'urto? Verifica la conservazione dell'energia cinetica.

[2,1 m/s]

96 Pessima idea!

Un elefante di massa 5240 kg si muove diritto verso di te, in atteggiamento di carica, con una velocità di modulo 4,55 m/s. Tu lanci contro l'elefante una palla di gomma di 0,150 kg, con una velocità di modulo 7,81 m/s.

a. Quando la palla rimbalza indietro verso di te, qual è il modulo della sua velocità?
b. Come spieghi il fatto che l'energia cinetica della palla è aumentata?

[a. 16,9 m/s]

97 MATH+ Tamponamento 1

Un'automobile di 732 kg ferma a un incrocio viene tamponata da un furgone di 1720 kg che si muove a una velocità di 15,5 m/s.

a. Scrivi la relazione che esprime v_a (v dell'automobile dopo l'urto) in funzione di v_f (v del furgone dopo l'urto) e rappresentala graficamente nel piano v_a-v_f.
b. Se l'automobile era in folle e i freni non erano azionati, e quindi l'urto si può considerare approssimativamente elastico, determina la velocità finale di entrambi i veicoli dopo l'urto.

[b. v_{fur} = 6,25 m/s, v_{auto} = 21,7 m/s]

98 Tamponamento 2

Un'automobile di 1000 kg che si muove a 2,3 m/s viene tamponata da un furgone di 2200 kg che viaggia a una velocità di 5,8 m/s.

a. Se, dopo la collisione, i veicoli rimangono attaccati, l'energia cinetica finale del sistema automobile + furgone è maggiore, minore o uguale alla somma delle energie cinetiche iniziali dell'auto e del furgone separatamente? Giustifica la risposta.
b. Verifica la risposta alla domanda precedente calcolando l'energia cinetica iniziale e finale del sistema.

[b. K_i = 39,6 kJ, K_f = 35,4 kJ]

ESERCIZI E PROBLEMI | **221**

99 Le velocità nell'urto elastico

Un vagone A di massa 18 000 kg, in moto alla velocità di 32 km/h, urta elasticamente un vagone B di massa 14 000 kg, fermo. Calcola le velocità dei due vagoni dopo l'urto. [v_A = 4,0 km/h; v_B = 36 km/h]

100 Urti elastici fra carrelli

I tre carrelli sulla rotaia a cuscino d'aria mostrati nella figura hanno masse rispettivamente $4m$, $2m$ ed m. Il carrello con massa maggiore ha una velocità iniziale v_0, mentre gli altri due carrelli sono inizialmente a riposo. Tutti i carrelli sono forniti di paraurti a molla che rendono le collisioni elastiche.

a. Determina la velocità finale di ciascun carrello.
b. Verifica che l'energia cinetica finale del sistema è uguale a quella iniziale. (Assumi che la rotaia sia abbastanza lunga per contenere tutte le collisioni.)

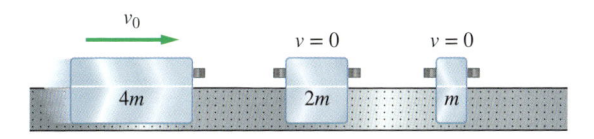

[a. nell'ordine: $\frac{1}{3}v_0, \frac{4}{9}v_0, \frac{16}{9}v_0$]

101 MATH+ Di quanto sale il blocco?

Un blocco di legno di massa m_b legato a una cordicella pende dal soffitto. Una palla di stucco di massa m_p viene gettata dritta verso l'alto, colpisce il fondo del blocco con una velocità di modulo v_0 e rimane appiccicata al blocco.

a. L'energia meccanica del sistema si conserva?
b. Esprimi la variazione di quota Δh del sistema blocco + palla, rispetto alla posizione iniziale del blocco, in funzione delle grandezze v_0, m_b, m_p.
c. Determina Δh nei seguenti casi: $m_p \ll m_b$; $m_p = m_b$; $m_p \gg m_b$.
d. Calcola Δh nel caso particolare in cui m_b = 0,420 kg, m_p = 0,0750 kg, v_0 = 5,74 m/s. [d. 3,86 cm]

102 TECH Moderare un neutrone

In un reattore nucleare i neutroni prodotti dalla reazione di fissione dei nuclei devono essere rallentati in modo da poter innescare ulteriori reazioni in altri nuclei. Valuta quale tipo di materiale è più efficace per rallentare (o, come si dice in termine tecnico, "moderare") i neutroni, calcolando il rapporto K_f/K_i fra l'energia cinetica finale e l'energia cinetica iniziale di un neutrone (la cui massa è m = 1,009 u, dove u è l'unità di massa atomica, pari a $1,66 \cdot 10^{-27}$ kg) in un urto frontale elastico con ciascuna delle seguenti particelle bersaglio ferme:

a. un elettrone (la cui massa è $M = 5,49 \cdot 10^{-4}$ u);
b. un protone (la cui massa è M = 1,007 u);
c. il nucleo di un atomo di piombo (di massa M = 207,2 u).

[a. 0,9978; b. $1 \cdot 10^{-6}$; c. 0,9807; è più efficace un protone]

103 🇬🇧 IN ENGLISH

A bowling ball with a mass of 7.0 kg strikes a pin that has a mass of 2.0 kg. The pin flies forward with a velocity of 6.0 m/s, and the ball continues forward at 4.0 m/s. What was the original velocity of the ball? [5.7 m/s]

104 PROBLEMA SVOLTO

Due astronauti, situati in parti opposte della navicella, confrontano il cibo del loro pranzo. Uno ha una mela, l'altro un'arancia e decidono di scambiarsele. L'astronauta 1 lancia la mela di 0,130 kg verso l'astronauta 2 con una velocità di modulo 1,11 m/s; l'astronauta 2 lancia l'arancia di 0,160 kg all'astronauta 1 con una velocità di modulo 1,21 m/s. Sfortunatamente i due frutti si scontrano e l'arancia viene deviata con una velocità di modulo 1,16 m/s in una direzione che forma un angolo di 42,0° rispetto a quella originale del moto.

Determina il modulo e la direzione della velocità finale della mela, supponendo che l'urto sia elastico.

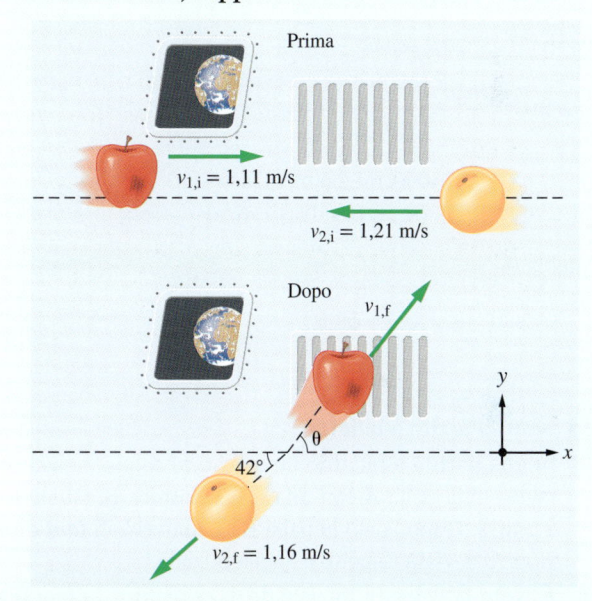

SOLUZIONE

Prima dell'urto la mela si muove nella direzione positiva dell'asse x con una velocità $v_{1,i}$ = 1,11 m/s e l'arancia si muove nella direzione negativa dell'asse x con una velocità $v_{2,i}$ = 1,21 m/s; prima dell'urto non c'è quantità di moto in direzione y.

Dopo l'urto l'arancia si muove con velocità $v_{2,f}$ = 1,16 m/s in una direzione che forma un angolo di 42° al di sotto dell'asse x negativo e quindi ha una quantità di moto nella direzione dell'asse y negativo. Per annullare questa quantità di moto in direzione y la mela si deve muovere con velocità $v_{1,f}$ in una direzione che forma un angolo θ al di sopra dell'asse x positivo, come mostrato in figura.

Calcola l'energia cinetica iniziale del sistema:

$$K_i = \frac{1}{2}m_1v_{1,i}^2 + \frac{1}{2}m_2v_{2,i}^2 = \frac{1}{2}(0,130 \text{ kg})(1,11 \text{ m/s})^2 +$$

$$+ \frac{1}{2}(0,160 \text{ kg})(1,21 \text{ m/s})^2 = 0,197 \text{ J}$$

▶▶

Calcola l'energia cinetica finale del sistema in funzione di $v_{1,f}$:

$$K_f = \frac{1}{2}m_1 v_{1,f}^2 + \frac{1}{2}m_2 v_{2,f}^2 =$$

$$= \frac{1}{2}(0{,}130 \text{ kg})v_{1,f}^2 + \frac{1}{2}(0{,}160 \text{ kg})(1{,}16 \text{ m/s})^2 =$$

$$= \frac{1}{2}(0{,}130 \text{ kg})v_{1,f}^2 + 0{,}108 \text{ J}$$

Poni $K_f = K_i$:

$$\frac{1}{2}(0{,}130 \text{ kg})v_{1,f}^2 + 0{,}108 \text{ J} = 0{,}197 \text{ J}$$

ricava $v_{1,f}$:

$$v_{1,f} = \sqrt{\frac{2(0{,}197 \text{ J} - 0{,}108 \text{ J})}{0{,}130 \text{ kg}}} = 1{,}17 \text{ m/s}$$

Per determinare l'angolo θ poni la componente y della quantità di moto finale uguale a zero:

$$0 = m_1 v_{1,f}(\text{sen } \theta) - m_2 v_{2,f}(\text{sen } 42{,}0°)$$

Risolvi rispetto a sen θ:

$$\text{sen } \theta = \frac{m_2 v_{2,f}(\text{sen } 42{,}0°)}{m_1 v_{1,f}} =$$

$$= \frac{(0{,}160 \text{ kg})(1{,}16 \text{ m/s})(\text{sen } 42{,}0°)}{(0{,}130 \text{ kg})(1{,}17 \text{ m/s})} = 0{,}817$$

Calcola θ:

$$\theta = \text{sen}^{-1}(0{,}817) = 54{,}8°$$

105 MATH⁺ Partita a biliardo

In una partita a biliardo un giocatore colpisce elasticamente una palla A con una palla identica B, lanciata a 2,1 m/s. Dopo l'urto la palla B si muoverà in una direzione β deviata rispetto a quella iniziale.

a. Nota la velocità iniziale di B, esprimi v_A e v_B dopo l'urto in funzione di β e rappresentale graficamente nell'intervallo $(0; \pi/2)$ (estremi esclusi).
b. Se β è pari a 42°, determina la velocità delle due palle dopo l'urto.
c. Con quale angolo si muove la palla A dopo l'urto, rispetto alla direzione iniziale della palla B?

[b. $v_A = 1{,}4$ m/s; $v_B = 1{,}6$ m/s; c. 48°]

106 Urti atomici

Un protone urta elasticamente un altro protone fermo alla velocità di $0{,}98c$ (dove c è la velocità della luce), deviando la traiettoria di 32° rispetto alla velocità iniziale. Determina le velocità finali dei due protoni.

[$0{,}83c$; $0{,}52c$]

107 Incrocio pericoloso

Una berlina di massa 950 kg che viaggia con una velocità di modulo $v_1 = 20$ m/s si avvicina a un incrocio, mentre una monovolume di 1300 kg sta sopraggiungendo da destra, come mostrato in figura. La berlina e la monovolume si urtano e rimangono attaccate insieme, in una direzione che forma un angolo θ = 40°. Determina il modulo della velocità iniziale della monovolume e della velocità finale dei due veicoli. Assumi che le forze esterne siano trascurabili.

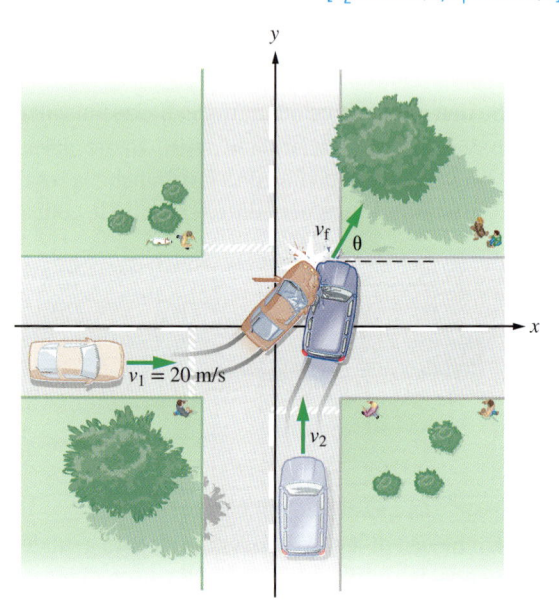

[$v_2 = 12$ m/s; $v_f = 11$ m/s]

108 Giocatori di hockey

Due giocatori di hockey di 72,0 kg che si muovono a 5,45 m/s si urtano e rimangono attaccati. Se l'angolo fra le loro direzioni iniziali era di 115°, qual è il modulo della loro velocità dopo la collisione?

[2,93 m/s]

109 Urti tra palline

Una pallina A di massa 350 g urta elasticamente un'altra pallina B di massa 250 g, ferma. Dopo l'urto la pallina A ha una velocità di 2,4 m/s e ha deviato la sua traiettoria di 35°, mentre la pallina B si muove in una direzione che forma un angolo di 40° rispetto alla direzione iniziale della pallina A. Determina la velocità iniziale di A e la velocità finale di B.

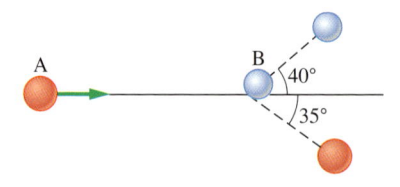

[$v_{A,i} = 3{,}6$ m/s; $v_{B,f} = 3{,}0$ m/s]

ESERCIZI DI RIEPILOGO

RAGIONA E RISPONDI

1 Un tuo compagno afferma: "Una forza che è sempre perpendicolare alla velocità di una particella non compie alcun lavoro sulla particella". Questa affermazione è vera? Se lo è, motivala, se non lo è fornisci un controesempio.

2 Se una molla viene allungata in modo da rimanere permanentemente deformata, la forza che essa esercita non è più conservativa. Perché?

3 Discuti le varie trasformazioni di energia che avvengono durante un salto con l'asta. Tieni conto di tutte le possibili trasformazioni e considera gli istanti prima, durante e dopo il salto.

4 Se una massa m e una massa $2m$ attaccate a molle identiche oscillano con la stessa ampiezza, hanno la stessa energia cinetica massima. Com'è possibile? La massa maggiore non dovrebbe avere un'energia cinetica maggiore?

5 La quantità di moto di un satellite che si muove di moto circolare uniforme si conserva?

6 Alla sommità della sua traiettoria parabolica un proiettile esplode dividendosi in due pezzi. È possibile che entrambi i frammenti cadano verticalmente dopo l'esplosione?

7 Quando si gira una clessidra, la sabbia passa dalla parte superiore alla parte inferiore del contenitore di vetro. Se la clessidra è ferma su una bilancia e la sua massa totale è M, descrivi che cosa si legge sulla scala della bilancia mentre la sabbia cade verso il basso.

8 Un bicchiere alto e stretto è inizialmente vuoto.
  a. Dove si trova il centro di massa del bicchiere?
  b. Supponiamo ora di riempire lentamente il bicchiere d'acqua, fino al bordo. Descrivi la posizione e il moto del centro di massa man mano che il bicchiere si riempie.

9 Nel *salto alla Fosbury*, così chiamato in onore del campione Dick Fosbury che per primo utilizzò questa tecnica nel salto in alto, il centro di massa di un atleta si può trovare in un punto al di sotto dell'asta mentre il corpo dell'atleta vi passa sopra. Spiega perché questo è possibile.

10 **a.** Un sistema di particelle ha energia cinetica uguale a zero. Che cosa puoi dire della quantità di moto del sistema?
  b. Un sistema di particelle ha una quantità di moto uguale a zero. Puoi concludere che anche l'energia cinetica del sistema è uguale a zero? Giustifica la risposta.

11 Nell'istante in cui una pallottola viene sparata da una pistola, la pallottola e la pistola hanno quantità di moto uguale e opposta. Quale dei due oggetti ha energia cinetica maggiore? Utilizza la risposta per dimostrare che, subito dopo lo sparo, è molto meno pericoloso fermare la pistola piuttosto che la pallottola!

12 **a.** È possibile che nell'urto fra due oggetti su una superficie orizzontale liscia tutta l'energia cinetica iniziale del sistema si perda? Giustifica la risposta e, in caso affermativo, fornisci un esempio specifico.
  b. È possibile che nell'urto fra due oggetti tutta la quantità di moto iniziale del sistema si perda? Giustifica la risposta e fornisci un esempio specifico.

RISPONDI AI QUESITI

13 La molla di un'automobilina giocattolo viene caricata spingendo l'automobilina all'indietro con una forza media di 15 N per una distanza di 0,5 m. Trascurando l'attrito, quanta energia potenziale elastica viene immagazzinata nella molla in questo processo?

A 1,9 J
B 3,8 J
C 7,5 J
D 30 J
E 56 J

[Olimpiadi della Fisica 2013, Gara di I livello]

14 Due blocchi, il primo di massa M e il secondo di massa $2M$, sono appoggiati su un piano orizzontale senza attrito e sono inizialmente fermi. A ciascun blocco viene applicata la stessa forza orizzontale, di modulo F, per lo stesso intervallo di tempo, Δt. Qual è il rapporto tra l'energia cinetica del secondo blocco e quella del primo, quando la forza ha cessato di agire?

A 0,0625
B 0,125
C 0,25
D 0,5
E 1

[Olimpiadi della Fisica 2012, Gara di I livello]

15 Due automobili stanno viaggiando alla stessa velocità su un tratto di strada rettilineo. A un certo istante l'automobile davanti frena improvvisamente e il guidatore dell'automobile dietro, che non stava osservando la distanza di sicurezza, non riesce a evitare il tamponameto.
Nell'urto, quale delle due automobili subisce una variazione maggiore, in modulo, della quantità di moto?

A L'automobile più massiccia delle due.
B L'automobile con massa minore.
C L'automobile dietro, perché ha velocità più alta al momento dell'incidente.
D L'automobile davanti, perché ha velocità più bassa al momento dell'incidente.
E La variazione della quantità di moto delle due automobili è, in modulo, la stessa.

[Olimpiadi della Fisica 2018, Gara di I livello]

16 Su una rotaia a cuscino d'aria, disposta orizzontalmente, sono montati due carrellini; il primo di massa 0,1 kg si muove da sinistra verso destra mentre il secondo di massa 0,2 kg si muove da destra verso il primo. Quando si urtano, i carrellini restano agganciati.
Quali di queste quantità del sistema formato da entrambi i carrellini si conservano nell'urto?

1. La quatità di moto.
2. L'energia cinetica.
3. L'energia meccanica.

A Solo la 1.
B Solo la 2.
C Solo la 1 e la 2.
D Solo la 1 e la 3.
E Solo la 2 e la 3.

[Olimpiadi della Fisica 2019, Gara di I livello]

RISOLVI I PROBLEMI

17 La pista di atletica

Il manto di una pista di atletica è realizzato in un materiale composito di gomma e resine che ha una costante elastica $k = 2,5 \cdot 10^5$ N/m. La superficie viene compressa leggermente ogni volta che il piede di un atleta si posa su di essa. La forza esercitata dal piede di un atleta, secondo una nota casa produttrice di calzature sportive, ha un'intensità di circa 2700 N.
Considerando la pista come una molla ideale, determina:

a. l'entità della compressione della pista causata dal piede dell'atleta;

b. l'energia immagazzinata dalla pista ogni volta che il piede si appoggia su di essa.

[a. 1,1 cm; b. 15 J]

18 Spinte sull'altalena

Un bambino su un'altalena ha una velocità di 2,02 m/s quando l'altalena è nel suo punto più basso.

a. A che altezza massima sale il bambino, assumendo che egli sieda fermo e si lasci trasportare per inerzia e trascurando la resistenza dell'aria?

b. Come cambia l'altezza massima se la velocità iniziale del bambino si dimezza?

[a. 0,208 m; b. si riduce di un fattore 4]

19 Un tuffo dallo scivolo 1

Lo scivolo mostrato in figura finisce a un'altezza di 1,50 m dalla superficie dell'acqua. Se una persona parte da ferma dal punto A e cade in acqua nel punto B, qual è l'altezza h dello scivolo? (Assumi che lo scivolo sia privo di attriti e che la resistenza dell'aria sia trascurabile.)

[1,04 m]

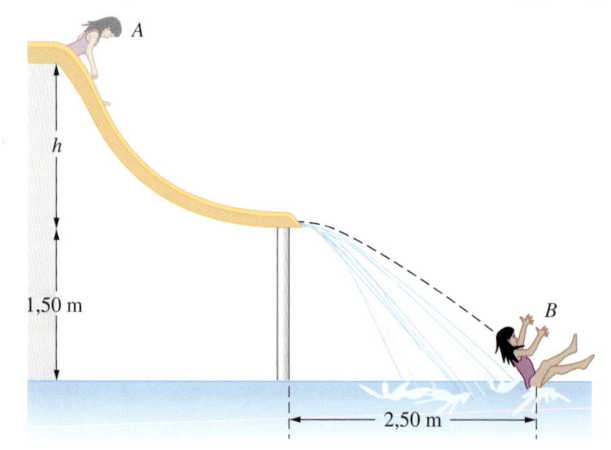

20 Un tuffo dallo scivolo 2

Se l'altezza dello scivolo del problema precedente è $h = 3,2$ m e la velocità iniziale della persona nel punto A è 0,54 m/s, a quale distanza dalla base dello scivolo la persona cadrà in acqua?

[4,4 m]

21 Urto fra carrelli

Un carrello di una rotaia a cuscino d'aria, di massa $m_1 = 0,14$ kg, si muove con una velocità $v_0 = 1,3$ m/s verso destra e urta un secondo carrello fermo, di massa $m_2 = 0,25$ kg. I due carrelli hanno un pezzo di mastice sul paraurti e, dopo l'urto, restano attaccati insieme. Supponi che durante l'urto la forza media di contatto fra i due carrelli sia $F = 1,5$ N.

a. Qual è l'accelerazione del carrello 1?
b. Qual è l'accelerazione del carrello 2?
c. Dopo quanto tempo i due carrelli hanno la stessa velocità? (Nell'istante in cui i due carrelli hanno la stessa velocità l'urto è terminato e la forza di contatto scompare.)
d. Qual è la velocità finale v_f dei due carrelli?
e. Dimostra che $m_1 v_0 = (m_1 + m_2)v_f$.

[a. -11 m/s^2; b. $6,0$ m/s^2; c. $0,078$ s; d. $0,47$ m/s; e. $m_1 v_0 = 0,18$ kg m/s e $(m_1 + m_2)v_f = 0,18$ kg m/s]

22 Massa e molla

Una massa di 1,8 kg è attaccata a una molla di costante elastica 59 N/m e oscilla su un piano orizzontale senza attrito. Se la massa viene rilasciata con una velocità di modulo 0,25 m/s a una distanza di 8,4 cm dalla posizione di equilibrio della molla, qual è la sua velocità quando si trova a metà strada dalla posizione di equilibrio? [0,49 m/s]

23 La velocità del fuscello

Dopo un tornado, un fuscello di 0,55 g venne trovato conficcato per 2,3 cm nel tronco di un albero. Se la forza media esercitata sul fuscello dall'albero era 65 N, quale era la velocità del fuscello quando colpì il tronco dell'albero? [74 m/s = 266 km/h]

24 La palla del giocoliere

Una pallina da giocoliere di massa m viene lanciata verso l'alto da un'altezza iniziale h, con velocità iniziale v_0. Scegli il suolo come livello zero dell'energia potenziale. Scrivi l'espressione del lavoro compiuto dalla gravità sulla pallina:

a. dall'istante del lancio all'istante in cui la pallina raggiunge la massima altezza h_{max};
b. dall'istante del lancio all'istante in cui la pallina arriva a terra.
c. Scrivi l'espressione dell'energia cinetica della pallina quando tocca terra.

25 Il centro di massa delle uova

Nella figura è mostrata una confezione di 12 uova, ognuna di massa m. Inizialmente il centro di massa delle uova è al centro della confezione.

a. La posizione del centro di massa cambia di più se viene tolto l'uovo 1 o l'uovo 2? Giustifica la risposta.
b. Verifica la risposta precedente determinando il centro di massa della confezione di uova quando viene tolto l'uovo 1 e quando viene tolto l'uovo 2.

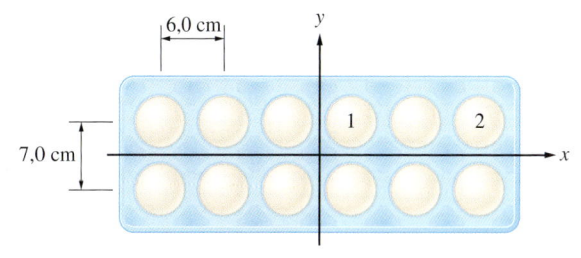

[b. se si toglie l'uovo 1: $X_{CM} = -0,27$ cm e $Y_{CM} = -0,32$ cm; se si toglie l'uovo 2: $X_{CM} = -1,36$ cm e $Y_{CM} = -0,32$ cm]

26 La palla nell'anello

Un anello metallico di massa M e raggio R è fermo su una superficie piana liscia. La superficie interna dell'anello ha delle guide che formano un binario sul quale può rotolare una palla. Se una palla di massa $2M$ e di raggio $r = R/4$ viene rilasciata dalla posizione mostrata in figura, il sistema rotola avanti e indietro fino a fermarsi nella posizione in cui la palla si trova nella parte più bassa dell'anello. Quando la palla si ferma, qual è la coordinata x del suo centro? [R/2]

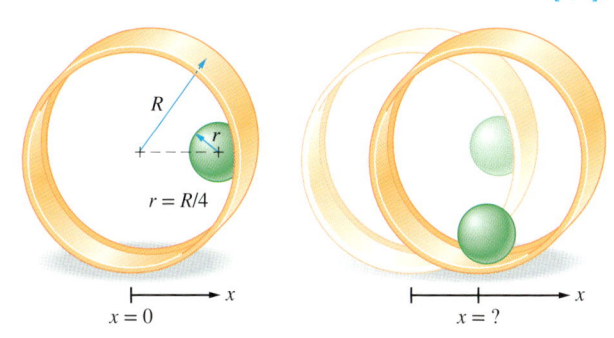

27 Equilibratura delle ruote

Per bilanciare la ruota di un'automobile di 35,5 kg, un meccanico deve mettere un peso di piombo di 50,2 g a 25,0 cm dal centro della ruota. Quando la ruota è bilanciata, il suo centro di massa è esattamente nel suo centro geometrico. A quale distanza dal centro della ruota era il centro di massa prima che fosse aggiunto il peso di piombo? [0,354 mm]

28 La catapulta di una portaerei

La catapulta di una portaerei accelera un jet da fermo portandolo a 72 m/s. Il lavoro compiuto dalla catapulta durante il lancio è $7,6 \cdot 10^7$ J.

a. Qual è la massa del jet?
b. Se il jet è a contatto con la catapulta per 2,0 s, qual è la potenza della catapulta?

[a. $2,9 \cdot 10^4$ kg; b. 38 MW]

29 CHEM 🔬 Il centro di massa della molecola d'acqua

Determina il centro di massa della molecola di acqua, facendo riferimento alla figura per gli angoli e le distanze. La massa di un atomo di idrogeno è 1,0 u e la massa di un atomo di ossigeno è 16 u, dove u = $1,66 \cdot 10^{-27}$ kg è l'unità di massa atomica. Assumi il centro dell'atomo di ossigeno come origine del sistema di coordinate.

[$X_{CM} = 6,5 \cdot 10^{-12}$ m, $Y_{CM} = 0$ m]

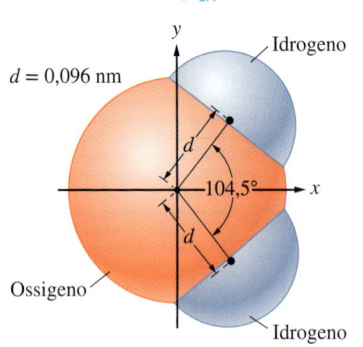

30 Proiettili dal cielo

Il 9 ottobre 1992, un meteorite di 12,2 kg colpì un'automobile a Peekskill, nei pressi di New York, producendo un'ammaccatura profonda circa 22,0 cm. Se la velocità iniziale del meteorite era di 550 m/s, qual è stata la forza media esercitata sul meteorite dall'auto?

[$-8,4 \cdot 10^6$ N]

31 Fuochi d'artificio

Il razzo di un fuoco d'artificio viene lanciato verticalmente verso il cielo con una velocità iniziale di 44,2 m/s. Il razzo esplode 2,50 s dopo il lancio e si divide in due pezzi di uguale massa.

a. Se ogni pezzo segue una traiettoria che inizialmente è a 45,0° dalla verticale, quale era il modulo della loro velocità immediatamente dopo l'esplosione?

b. Qual è la velocità del centro di massa del razzo prima e dopo l'esplosione?

c. Qual è l'accelerazione del centro di massa del razzo prima e dopo l'esplosione?

[a. 27,8 m/s; b. $V_{CM} = 19,7$ m/s in direzione verticale prima e dopo; c. $A_{CM} = -9,81$ m/s^2]

32 La molla frenante

Una massa di 0,363 kg scivola su un pavimento senza attrito con una velocità di modulo 1,24 m/s. La massa colpisce e comprime una molla di costante elastica 44,5 N/m.

a. Quale distanza percorre la massa prima di fermarsi, dopo aver colpito la molla?

b. Quanto tempo impiega la molla a fermare la massa?

[a. 0,112 m; b. 0,142 s]

33 Incidente stradale

Un'auto che si muove con velocità iniziale v si scontra con una seconda auto che ha massa uguale a metà della prima ed è ferma. Dopo la collisione la prima auto si muove nella stessa direzione e nello stesso verso di prima, con velocità $v/3$.

a. Qual è la velocità finale della seconda auto?

b. L'urto è elastico o anelastico? [a. $4v/3$]

34 Dove cade?

Un blocco di legno di 1,35 kg si trova sul bordo di un tavolo, 0,782 m al di sopra del pavimento. Una pallottola di 0,0105 kg che si muove orizzontalmente con una velocità di 715 m/s si conficca all'interno del blocco. Quale distanza orizzontale copre il blocco prima di toccare il pavimento? [2,20 m]

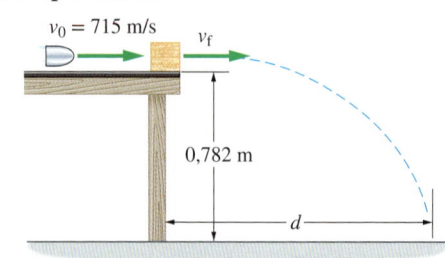

35 Urti fra carrelli

I tre carrelli della rotaia a cuscino d'aria mostrati nella figura hanno massa rispettivamente m, $2m$ e $4m$. Inizialmente il carrello a destra è fermo, mentre gli altri due si muovono verso destra con velocità v_0. Tutti i carrelli sono dotati di un paraurti di mastice che rende gli urti completamente anelastici.

a. Determina la velocità finale dei carrelli.

b. Calcola il rapporto fra l'energia cinetica iniziale e finale del sistema.

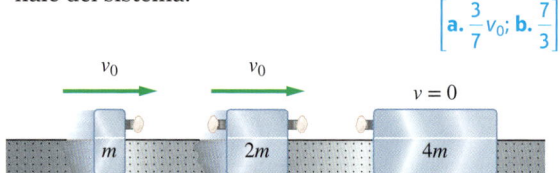

[a. $\frac{3}{7}v_0$; b. $\frac{7}{3}$]

36 Half pipe

Un ragazzo su uno skateboard parte nel punto A indicato in figura e raggiunge un'altezza di 2,64 m al di sopra dell'estremità della rampa, nel punto B. Qual era la sua velocità iniziale nel punto A? [7,20 m/s]

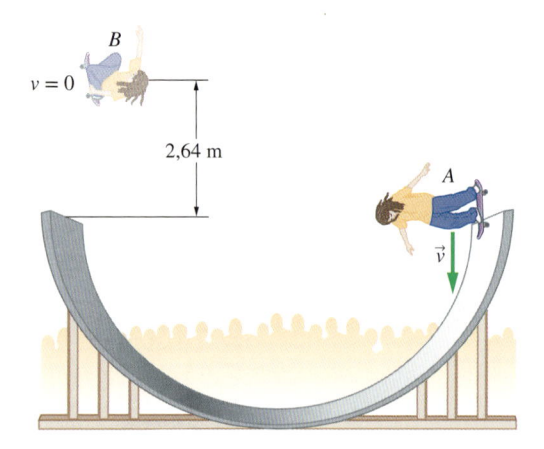

37 Il blocco in salita

Un blocco di 8,70 kg è lanciato con una velocità iniziale di 1,56 m/s verso la sommità di una rampa inclinata di un angolo di 28,4° rispetto all'orizzontale. Il coefficiente di attrito dinamico fra il blocco e la rampa è 0,62. Usa la conservazione dell'energia per determinare la distanza che percorre il blocco prima di fermarsi. [0,121 m]

38 Il blocco in discesa

Ripeti il problema precedente nel caso in cui il blocco di massa 8,70 kg sia lanciato con la stessa velocità iniziale verso la base della rampa.   [1,8 m]

39 La macchina di Atwood

In una macchina di Atwood come quella mostrata in figura, la massa m_2, dopo aver toccato terra, rimane ferma, ma la massa m_1 continua a muoversi verso l'alto. Di quanto prosegue la sua salita la massa m_1 dopo che m_2 ha toccato terra? Fornisci la risposta nel caso in cui $h = 1,2$ m, $m_1 = 3,7$ kg e $m_2 = 4,1$ kg.   [6 cm]

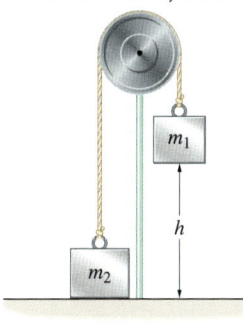

40 Molle in parallelo

Due molle, di costante elastica k_1 e k_2, sono collegate in parallelo, come mostrato nella figura. Scrivi l'espressione del lavoro necessario per allungare questo sistema di una distanza x dalla posizione di equilibrio.

$$\left[L = \frac{1}{2}(k_1 + k_2)x^2 \right]$$

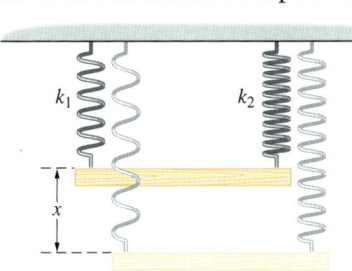

41 MATH⁺ La tensione della liana

Un orango si dondola su una liana lunga l che inizialmente forma un angolo α con la verticale. L'orango parte da fermo e ha una massa di 78 kg.

a. Esprimi la tensione della liana nel punto più basso della sua oscillazione in funzione dell'angolo α e tracciane il grafico nell'intervallo $(0; \pi/2)$.
b. La tensione dipende dalla lunghezza della corda?
c. Per quale angolo di partenza α il valore della tensione nel punto più basso è massimo? E quanto vale la tensione in corrispondenza di tale angolo?
d. Calcola il valore della tensione nel caso in cui α sia pari a 37°.   [c. $\pi/2$; 2,3 kN; d. 1,1 kN]

42 Molle in serie

Due molle, di costante elastica k_1 e k_2, sono collegate in serie, come mostrato nella figura. Scrivi l'espressione del lavoro necessario per allungare questo sistema di una distanza x dalla posizione di equilibrio.

$$\left[L = \frac{\frac{1}{2}x^2}{\frac{1}{k_1} + \frac{1}{k_2}} \right]$$

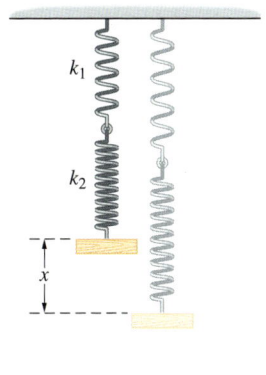

43 Giù dalla rampa

Un blocco di 1,9 kg scivola verso il basso da una rampa priva di attrito, come mostrato nella figura. La cima della rampa è a un'altezza di 1,5 m dal terreno, la base della rampa a 0,25 m dal terreno. Il blocco lascia la rampa movendosi orizzontalmente e atterra a una distanza orizzontale d dalla rampa. Determina la distanza d.   [1,1 m]

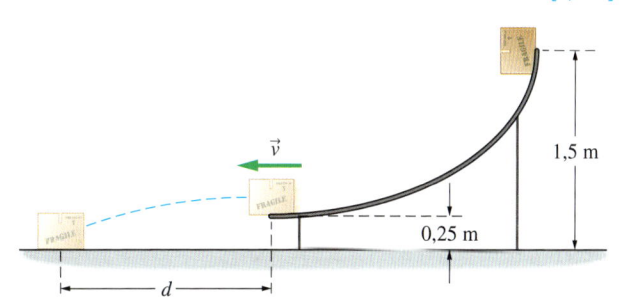

44 Giù dalla rampa con attrito

Supponi che la rampa del problema precedente non sia priva di attrito. Determina la distanza d nel caso in cui durante la discesa l'attrito compia sul blocco un lavoro di $-9,7$ J.   [0,85 m]

45 Con che angolo è tirato?

Un blocco è fermo su una superficie orizzontale priva di attrito. Una corda è attaccata al blocco e viene tirata da una forza di 45,0 N in una direzione che forma un angolo θ al di sopra dell'orizzontale, come mostrato in figura. Dopo che il blocco ha percorso una distanza di 1,50 m, la sua velocità è 2,60 m/s e su di esso è stato compiuto un lavoro di 50,0 J.

a. Qual è l'ampiezza dell'angolo θ?
b. Qual è la massa del blocco?

[a. 42,2°; b. 14,8 kg]

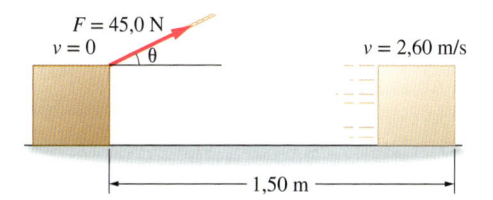

46 MATH⁺ Pendolo 1

Una palla di massa m appesa a una corda di lunghezza L viene rilasciata da ferma nel punto A, come mostrato in figura.

a. Dimostra che la tensione nella corda quando la palla raggiunge il punto B è $3mg$.
b. Spiega perché la tensione nella corda nel punto B non dipende dalla lunghezza del tratto di fune l.

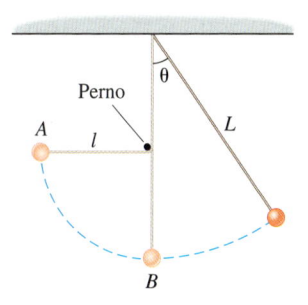

47 MATH+ Pendolo 2
●●● Con riferimento alla figura del problema precedente, supponi che $L = 0{,}652$ m ed $l = 0{,}325$ m.
a. Determina il massimo angolo che la corda forma con la verticale quando la massa è rilasciata dal punto A e oscilla verso destra.
b. Calcola a quale altezza si trova la palla rispetto al punto B quando la corda forma l'angolo massimo con la verticale. Spiega il significato fisico del risultato trovato.
c. Scrivi una relazione generale che fornisca l'angolo trovato in **a.** come funzione di L ed l.
[a. 59,9°; b. $y = l = 0{,}325$ m; si conserva l'energia meccanica; c. $\theta = \cos^{-1}(1 - l/L)$]

48 L'accelerazione centripeta del pendolo
●●● L'accelerazione centripeta massima fornita dal filo di un pendolo è 0,96 m/s². Calcola il massimo spostamento angolare della massa oscillante, esprimendolo in gradi. [18°]

49 Altalena pericolosa
●●● Una persona su un'altalena viene rilasciata da ferma dalla posizione in cui le corde formano un angolo di 20,0° rispetto alla verticale. Le due logore corde dell'altalena sono lunghe 2,75 m e si romperanno se la tensione in ognuna di esse supera i 355 N.
a. Qual è il peso massimo che può avere la persona perché non si spezzino le corde?
b. Se l'altalena è rilasciata quando le corde sono inclinate di un angolo maggiore di 20,0° rispetto alla verticale, il peso massimo aumenta, diminuisce o rimane lo stesso? Giustifica la risposta. [a. 634 N]

50 Il giro della morte
●●● Un blocco di massa m scivola da fermo sulla pista priva di attrito disegnata in figura.
a. Qual è la minima altezza h da cui può essere liberato il blocco perché mantenga il contatto con la pista in ogni momento del suo percorso? Fornisci h in funzione del raggio r del cerchio.
b. Spiega perché l'altezza ottenuta nella parte **a.** è indipendente dalla massa del blocco. $\left[\dfrac{5}{2}r\right]$

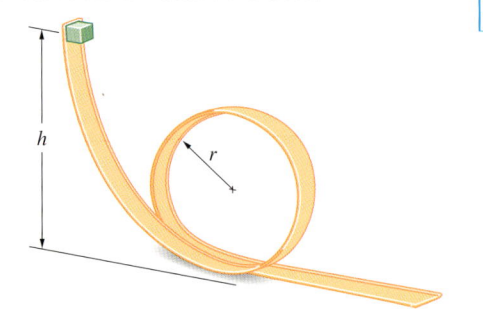

51 A quale altezza?
●●● La figura mostra un blocco di 1,75 kg fermo su una rampa a un'altezza h. Quando viene lasciato libero, il blocco scivola senza attrito fino alla base della rampa e poi continua a muoversi su una superficie orizzontale priva di attrito, tranne che in un tratto ruvido di 10,0 cm che ha un coefficiente di attrito dinamico $\mu_d = 0{,}640$. Determina l'altezza h per la quale la velocità del blocco, dopo aver attraversato il tratto ruvido, è 3,50 m/s. [0,688 m]

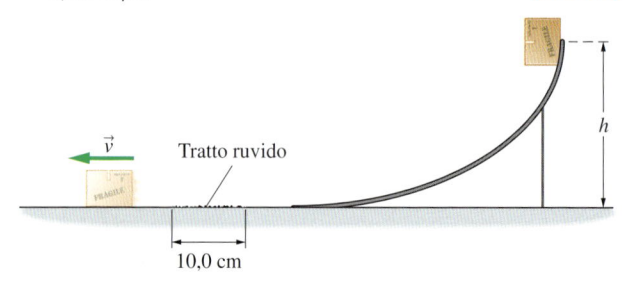

52 Di quanto deve essere compressa la molla?
●●● Un blocco di 1,2 kg è mantenuto fermo contro una molla di costante elastica $k = 730$ N/m, come mostrato in figura. Inizialmente la molla è compressa di un tratto d. Quando il blocco viene lasciato libero, scivola su una superficie orizzontale priva di attrito, tranne che in un tratto ruvido di lunghezza 5,0 cm che ha un coefficiente di attrito dinamico $\mu_d = 0{,}44$. Determina quale deve essere la compressione d perché la velocità del blocco, dopo che ha attraversato il tratto ruvido, sia 2,3 m/s. [0,097 m]

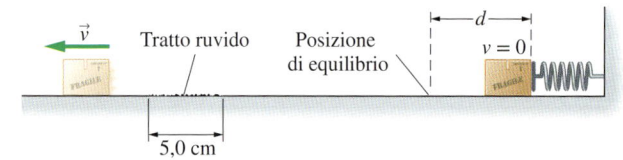

53 Blocchi e carrucole senza attrito
●●● I due blocchi disegnati in figura si stanno muovendo con velocità iniziale di modulo v.
a. Se il sistema è senza attrito, determina la distanza d che percorrono i blocchi prima di fermarsi. (Considera $U = 0$ nella posizione iniziale del blocco 2.)
b. Il lavoro compiuto sul blocco 2 dalla fune è positivo, negativo o nullo? Giustifica la risposta.
c. Determina il lavoro compiuto dalla fune sul blocco 2.
$\left[\text{a. } d = \dfrac{(m_1 + m_2)v^2}{2m_2 g}; \text{ c. } L = \dfrac{1}{2}m_1 v^2\right]$

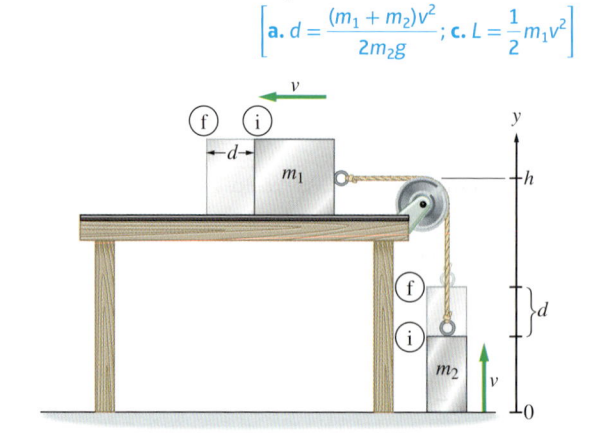

VERSO L'ESAME

PROBLEMA SVOLTO 1 — Scivolo per lo studio del moto parabolico

▶ Misure ed errori ▶ Moto parabolico di un proiettile
▶ Conservazione dell'energia meccanica

Nel laboratorio di fisica trovi il seguente apparato sperimentale, costituito da uno scivolo, di altezza h, con l'ultimo tratto orizzontale, che serve per verificare la conservazione dell'energia meccanica. Lo scivolo è montato stabilmente su un tavolo di altezza H in modo che i due bordi siano allineati.

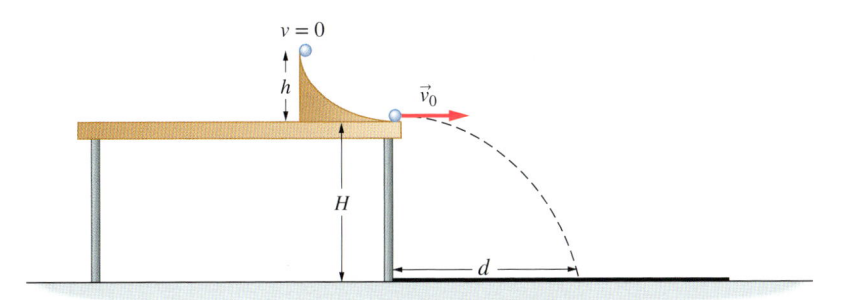

Facendo cadere una pallina dalla sommità dello scivolo, essa lascia il tavolo orizzontalmente con una velocità v_0 e compie un moto parabolico. Sul pavimento è posto un foglio di carta, coperto da un foglio di carta carbone, per segnare il punto in cui la pallina tocca il suolo, a una distanza d dal tavolo.

1 Dimostra che, trascurando l'attrito con la guida e con l'aria, la velocità con cui la pallina lascia lo scivolo è orizzontale ed è $v_0 = \sqrt{2gh}$, mentre la distanza d dal tavolo alla quale la pallina tocca il suolo è $d = 2\sqrt{hH}$.

Misurando l'altezza h dello scivolo e l'altezza H del tavolo ottieni i seguenti valori, riportati con i rispettivi errori assoluti:

$$\begin{cases} h = (30{,}00 \pm 0{,}05) \text{ cm} \\ H = (70{,}00 \pm 0{,}05) \text{ cm} \end{cases}$$

2 Le misure ottenute per h ed H sono ugualmente precise? Motiva opportunamente la tua risposta.

Esprimendo il risultato di una misura come:

$$x = \bar{x} \pm \Delta x$$

dove $\bar{x}$ è la migliore stima e Δx è l'errore assoluto, si intende che il valore "vero" di x è compreso tra $x_{\min} = \bar{x} - \Delta x$ e $x_{\max} = \bar{x} + \Delta x$.

3 Utilizzando le misure ottenute per h ed H, determina la miglior stima del valore atteso d_{att}, con l'errore assoluto associato, che ci si aspetta di ottenere per la distanza $d = 2\sqrt{hH}$ lasciando cadere una pallina dalla sommità dello scivolo.

SOLUZIONE

1 Poiché durante la discesa sullo scivolo agiscono solo la forza peso, che è conservativa, e la forza normale al piano, che non compie lavoro in quanto perpendicolare allo spostamento, allora si conserva l'energia meccanica:

$$E_{\text{m,i}} = E_{\text{m,f}} \quad \rightarrow \quad K_\text{i} + U_\text{i} = K_\text{f} + U_\text{f} \quad \rightarrow \quad \frac{1}{2}mv_\text{i}^2 + mgh_\text{i} = \frac{1}{2}mv_\text{f}^2 + mgh_\text{f}$$

$$\frac{1}{2}\cancel{m}v_\text{i}^2 + \cancel{m}gh_\text{i} = \frac{1}{2}\cancel{m}v_\text{f}^2 + \cancel{m}gh_\text{f} \quad \rightarrow \quad \frac{1}{2}v_\text{i}^2 + gh_\text{i} = \frac{1}{2}v_\text{f}^2 + gh_\text{f}$$

All'istante ⓘ in cui la pallina viene lasciata da ferma, la sua velocità v_i è zero, mentre la sua altezza rispetto al piano del tavolo è $h_i = h$. Invece, nell'istante ⓕ in cui la pallina lascia lo scivolo, la sua velocità è $v_f = v_0$ e l'altezza rispetto al piano del tavolo è $h_f = 0$. Quindi:

$$gh = \frac{1}{2}v_0^2$$

da cui:

$$v_0 = \sqrt{2gh}$$

Per trovare la distanza d dal tavolo alla quale la pallina tocca il suolo scriviamo dapprima le equazioni del moto parabolico, ricordando che lungo x il moto è uniforme mentre lungo y è uniformemente accelerato, in particolare è un moto di caduta libera:

$$\begin{cases} x = v_{0,x} t \\ y = y_0 + v_{0,y} t - \frac{1}{2} g t^2 \end{cases}$$

All'inizio del moto l'altezza iniziale è $y_0 = H$ e la velocità è orizzontale, per cui $v_{0,x} = v_0$ e $v_{0,y} = 0$. Quando la pallina arriva a terra l'altezza finale è $y_f = 0$ e la posizione orizzontale è $x = d$, per cui:

$$\begin{cases} d = v_0 t \\ 0 = H + 0 - \frac{1}{2} g t^2 \end{cases}$$

Dalla prima equazione ricaviamo il tempo di caduta:

$$t = \frac{d}{v_0}$$

che, sostituito nella seconda equazione, ci permette di trovare d:

$$0 = H - \frac{1}{2} g \left(\frac{d}{v_0}\right)^2 \quad \rightarrow \quad \frac{1}{2} g \frac{d^2}{v_0^2} = H \quad \rightarrow \quad d^2 = \frac{2H v_0^2}{g}$$

Infine, sostituiamo a v_0 la sua espressione $v_0 = \sqrt{2gh}$ ed estraiamo la radice quadrata di entrambi i membri:

$$d^2 = \frac{2H \left(\sqrt{2gh}\right)^2}{g} = \frac{2H \cdot 2gh}{g} = 4hH \qquad d = \sqrt{4hH} = 2\sqrt{hH}$$

Osservazione

Come al solito nel moto parabolico, saremmo potuti giungere allo stesso risultato scrivendo l'equazione cartesiana della traiettoria e calcolando la sua intersezione con l'asse x.
Ricavando il tempo dall'equazione del moto lungo l'asse x, $t = \dfrac{x}{v_{0,x}}$, e sostituendo nell'equazione del moto per l'asse y otteniamo:

$$y = -\frac{g x^2}{2 v_{0,x}^2} + H$$

Calcolando l'intersezione con l'asse x risulta:

$$0 = -\frac{g x^2}{2 v_{0,x}^2} + H$$

che è un'equazione pura di secondo grado che ha come soluzione accettabile:

$$x = \sqrt{\frac{2H v_{0,x}^2}{g}}$$

Ricordando infine che:

$$v_{0,x} = v_0 = \sqrt{2gh}$$

e sostituendo nella radice, si trova l'espressione di x per $y = 0$ (ossia la distanza d):

$$x = \sqrt{\frac{2H \cdot 2gh}{g}} = 2\sqrt{hH}$$

2 Per confrontare la precisione di due diverse misure calcoliamo per ognuna di esse l'errore relativo ε:

$$\begin{cases} \varepsilon_h = \dfrac{\Delta h}{h} = \dfrac{0,05}{30,00} = 0,0017 = 0,17\% \\ \varepsilon_H = \dfrac{\Delta H}{H} = \dfrac{0,05}{70,00} = 0,0007 = 0,07\% \end{cases}$$

in cui si è scelto di approssimare gli errori a 2 cifre significative se la prima cifra significativa è 1, altrimenti a una sola cifra significativa, come da convenzione.
La misura più precisa è quella di H poiché, nonostante abbia un errore assoluto più grande, il suo errore relativo è il più piccolo.

3 I valori "veri" di h e H sono compresi tra i valori, in cm:

$$\begin{cases} h_{min} < h < h_{max} \\ H_{min} < H < H_{max} \end{cases}$$

$$\begin{cases} 30,00 \text{ cm} - 0,05 \text{ cm} < h < 30,00 \text{ cm} + 0,05 \text{ cm} \\ 70,00 \text{ cm} - 0,05 \text{ cm} < H < 70,00 \text{ cm} + 0,05 \text{ cm} \end{cases}$$

$$\begin{cases} 29,95 \text{ cm} < h < 30,05 \text{ cm} \\ 69,95 \text{ cm} < H < 70,05 \text{ cm} \end{cases}$$

Il valore minimo di d_{att} si ottiene utilizzando i valori minimi per h ed H:

$$d_{att,min} = 2\sqrt{h_{min} H_{min}} = 2\sqrt{29,95 \cdot 69,95} = 91,54 \text{ cm}$$

Analogamente il valore massimo è:

$$d_{att,max} = 2\sqrt{h_{max} H_{max}} = 2\sqrt{30,05 \cdot 70,05} = 91,76 \text{ cm}$$

La migliore stima è fornita dal valore medio:

$$\overline{d}_{att} = \frac{d_{att,min} + d_{att,max}}{2} = \frac{91,54 + 91,76}{2} = 91,65 \text{ cm}$$

mentre l'errore assoluto è fornito dalla semidispersione:

$$\Delta d_{att} = \frac{d_{att,max} - d_{att,min}}{2} = \frac{91,76 - 91,54}{2} = 0,11 \text{ cm}$$

che si è scelto di approssimare a due cifre significative in quanto la prima cifra significativa è 1.
Il valore della distanza attesa con l'errore assoluto associato è, dunque:

$$d_{att} = \overline{d}_{att} \pm \Delta d_{att} \qquad d_{att} = (91,65 \pm 0,11) \text{ cm}$$

PROVA TU Con riferimento al Problema svolto, la pallina parte dalla sommità dello scivolo con una velocità iniziale v_1.

1. Dimostra che, trascurando l'attrito con la guida e con l'aria, questa volta la velocità con cui la pallina lascia lo scivolo è $v_0 = \sqrt{v_1^2 + 2gh}$, mentre la distanza d dal tavolo alla quale la pallina tocca il suolo è $d = \sqrt{2H\left(\dfrac{v_1^2}{g} + 2h\right)}$.

2. Misurando l'altezza h dello scivolo e l'altezza H del tavolo con uno strumento digitale che compie un errore del 2% si ottengono le seguenti migliori stime:

$$\begin{cases} h_{best} = 31,0 \text{ cm} \\ H_{best} = 75,0 \text{ cm} \end{cases}$$

Quale delle due misure è più precisa?
Com'è corretto riportare le due misure?

[**2.** $h = (31,0 \pm 0,6)$ cm; $H = (75,0 \pm 1,5)$ cm]

PROBLEMA SVOLTO 2 — Urti e molle

▶ Forze ▶ Conservazione dell'energia meccanica
▶ Conservazione dell'energia totale in presenza di forze non conservative
▶ Urti e conservazione della quantità di moto

Si consideri il sistema mostrato in figura, dove $m = 10$ kg, $\theta = 30°$, $BC = b = 5{,}0$ m e la costante elastica della molla, inizialmente a riposo, è $k = 70$ N/m.

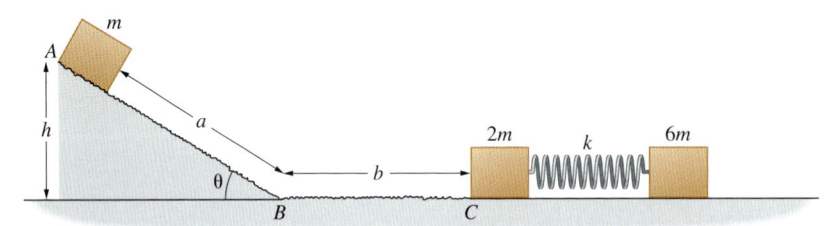

La massa m viene lasciata scivolare sul piano inclinato da un'altezza $h = 8{,}0$ m e percorre i tratti AB e BC caratterizzati da un coefficiente di attrito dinamico con la massa stessa pari a $\mu_d = 0{,}20$. Il tratto di piano a destra del punto C, invece, è perfettamente liscio. Una volta arrivata nel punto C, la massa m urta in modo totalmente anelastico la massa $2m$ a una velocità $v_0 = 12$ m/s.

1 Con quale velocità iniziale è partita la massa m dalla sommità del piano inclinato?

2 Quali sono le velocità v_1, v_2 e v_3 delle tre masse subito dopo l'urto delle prime due?

3 Quanto vale la massima compressione della molla una volta che il sistema delle tre masse è in moto?

SOLUZIONE

1 Calcoliamo dapprima la lunghezza del tratto AB:

$$a = AB = \frac{h}{\operatorname{sen}\theta} = \frac{8{,}0 \text{ m}}{\operatorname{sen}30°} = 16 \text{ m}$$

Durante il moto è presente l'attrito, per cui l'energia meccanica non si conserva.
Dal teorema di conservazione dell'energia totale si ha:

$$E_{m,i} + L_{attr} = E_{m,f} \quad \rightarrow \quad K_i + U_i + L_{attr,AB} + L_{attr,BC} = K_f + U_f$$

$$\frac{1}{2}mv_i^2 + mgh_i + F_{d,AB} \cdot a \cdot \cos 180° + F_{d,BC} \cdot b \cdot \cos 180° = \frac{1}{2}mv_f^2 + mgh_f$$

$$\frac{1}{2}mv_i^2 + mgh + \mu_d N_{AB} \cdot a \cdot (-1) + \mu_d N_{BC} \cdot b \cdot (-1) = \frac{1}{2}mv_f^2 + mg \cdot 0$$

Nel tratto AB la normale è $N_{AB} = mg\cos\theta$, mentre nel tratto BC la normale è $N_{BC} = mg$, per cui:

$$\frac{1}{2}\cancel{m}v_i^2 + \cancel{m}gh - \mu_d \cancel{m}ga\cos\theta - \mu_d \cancel{m}gb = \frac{1}{2}\cancel{m}v_f^2 \quad \rightarrow \quad \frac{1}{2}v_i^2 = \frac{1}{2}v_f^2 + \mu_d ga\cos\theta + \mu_d gb - gh$$

$$v_i = \sqrt{v_f^2 + 2g[\mu_d(a\cos\theta + b) - h]}$$

Poiché $v_f = v_0$, possiamo calcolare:

$$v_i = \sqrt{(12 \text{ m/s})^2 + 2(9{,}81 \text{ m/s}^2)[0{,}2(16 \text{ m}\cdot\cos 30° + 5{,}0 \text{ m}) - 8{,}0 \text{ m}]} = \sqrt{61{,}0 \text{ m}^2/\text{s}^2} = 7{,}8 \text{ m/s}$$

2 Poiché l'urto è istantaneo, la molla non ha il tempo di comprimersi, quindi la terza massa rimane ferma durante l'urto: $v_3 = 0$. Per trovare le velocità delle due masse che urtano, consideriamo la conservazione della quantità di moto lungo x, dal momento che il sistema è isolato, non agendo forze esterne orizzontali:

$$p_{i,x} = p_{f,x} \quad \rightarrow \quad mv_0 = (m + 2m)v_2 \quad \rightarrow \quad \cancel{m}v_0 = 3\cancel{m}v_2 \quad \rightarrow \quad v_1 = v_2 = \frac{v_0}{3} = \frac{12 \text{ m/s}}{3} = 4{,}0 \text{ m/s}$$

dove abbiamo considerato che dopo l'urto, che è totalmente anelastico, le due masse rimangono attaccate e procedano, quindi, alla stessa velocità.

3 Non appena il blocco di sinistra di massa $3m$, costituito dalle prime due masse, si mette in movimento, la molla inizia a comprimersi, esercitando sul blocco una forza elastica verso sinistra, che lo rallenta, e una forza elastica verso destra sul blocco di destra di massa $6m$ che inizia a muoversi da fermo. Poiché inizialmente il blocco di sinistra è più veloce del blocco di destra, la molla si comprime. La compressione termina non appena i due blocchi hanno la stessa identica velocità e inizia poi un moto oscillatorio. Per trovare la velocità comune a tutte le masse nel momento di massima compressione della molla, imponiamo la conservazione della quantità di moto lungo x, poiché il sistema è isolato dal momento che non agiscono forze esterne orizzontali:

$$p_{i,x} = p_{f,x} \quad \rightarrow \quad 3mv_2 = 3mv_f + 6mv_f \quad \rightarrow \quad 3v_2 = 9v_f \quad \rightarrow \quad v_f = \frac{3v_2}{9} = \frac{v_2}{3} = \frac{4{,}0 \text{ m/s}}{3} = 1{,}3 \text{ m/s}$$

Infine, per trovare la massima compressione della molla, imponiamo la conservazione dell'energia meccanica, dal momento che non agiscono forze non conservative:

$$E_{m,i} = E_{m,f} \qquad K_i + U_i = K_f + U_f$$

$$\frac{1}{2}(3m)v_2^2 = \frac{1}{2}(3m)v_f^2 + \frac{1}{2}(6m)v_f^2 + \frac{1}{2}kx^2$$

$$3mv_2^2 = 9mv_f^2 + kx^2$$

$$x = \sqrt{\frac{3m}{k}(v_2^2 - 3v_f^2)} = \sqrt{\frac{3 \cdot (10 \text{ kg})}{70 \text{ N/m}}\left((4{,}0 \text{ m/s})^2 - 3\left(\frac{4{,}0 \text{ m/s}}{3}\right)^2\right)} = 2{,}1 \text{ m}$$

PROVA TU Con riferimento al Problema svolto, considera che l'attrito sia presente solo nel tratto BC e che l'urto tra le prime due masse sia perfettamente elastico.

1. Con che velocità iniziale è partita la massa m dalla sommità del piano inclinato?
2. Quali sono le velocità v_1, v_2 e v_3 delle tre masse subito dopo l'urto delle prime due?
3. Quanto vale la compressione della molla quando l'energia cinetica totale delle due masse a essa collegate, dopo l'urto, risulta pari a 500 J?

[**1.** 2,6 m/s; **2.** $v_1 = -4{,}0$ m/s; $v_2 = 8{,}0$ m/s; $v_3 = 0$ m/s; **3.** 2,0 m]

PROBLEMA 3 Pattinaggio su ghiaccio

▶ Seconda legge della dinamica ▶ Moto uniformemente accelerato
▶ Conservazione della quantità di moto ▶ Sistemi non isolati

Due pattinatori, inizialmente fermi al centro della pista, si spingono con una forza approssimativamente costante di 40,0 N. I due pattinatori si spingono reciprocamente, tenendo le mani a contatto per 1,50 s. La massa del pattinatore è $m_1 = 75{,}0$ kg e quella della pattinatrice è $m_2 = 55{,}0$ kg.

1 Determina il modulo dell'accelerazione di ciascuno dei pattinatori, il modulo della velocità raggiunta da ciascuno alla fine della fase di spinta e lo spazio percorso da ciascuno durante la fase di spinta.

2 Considerando il sistema dei due pattinatori nel suo complesso, le forze con cui i due pattinatori si spingono sono forze interne al sistema. Valuta il modulo della quantità di moto del sistema all'inizio e al termine della fase di spinta. Confronta e commenta i risultati ottenuti.

3 Per descrivere la situazione proposta in modo più realistico, occorre tenere conto della forza di attrito tra i pattini e la pista ghiacciata. Se il coefficiente di attrito dinamico è $\mu_d = 0{,}050$, valuta l'accelerazione dei due pattinatori e la velocità di ciascuno al termine della fase di spinta.

4 Considerando il sistema dei pattinatori nel suo complesso, valuta nuovamente (tenendo conto delle forze di attrito) la quantità di moto iniziale e finale del sistema. Confronta e commenta i risultati ottenuti.

[**1.** 0,533 m/s^2; 0,727 m/s^2; 0,800 m/s; 1,09 m/s; 0,600 m; 0,818 m;
2. 60,0 kg m/s; 60,0 kg m/s; **3.** 0,0428 m/s^2; 0,237 m/s^2; 0,0642 m/s; 0,355 m/s; **4.** 0 kg m/s; 14,7 kg m/s]

PROBLEMA 4 — La fionda gravitazionale

▶ Esplorazione spaziale ▶ Moti relativi ▶ Urti elastici

Molte navicelle spaziali viaggiano nello spazio utilizzando l'effetto della "fionda gravitazionale", secondo il quale, quando la navicella passa vicino a un pianeta, la sua gravità determina un significativo aumento del modulo e una variazione della direzione della velocità della navicella. In questo modo, la navicella può acquistare una velocità molto maggiore di quella che avrebbe usando solo i suoi razzi.

L'effetto fu sfruttato per la prima volta il 5 febbraio 1974, quando la sonda Mariner 10 – la prima sonda impiegata per l'esplorazione di Mercurio – transitò vicino a Venere mentre si avvicinava alla sua destinazione. Più recentemente, la sonda Cassini, lanciata il 15 ottobre 1997 con destinazione Saturno e giunta sul pianeta il 1° luglio 2004, ha sfruttato l'effetto fionda transitando due volte sopra Venere, dopo un avvicinamento alla Terra e uno a Giove.

Una versione semplificata della manovra dell'effetto fionda è illustrata in figura, nella quale si può vedere una navicella che si muove verso sinistra con velocità iniziale v_i, un pianeta che si muove verso destra con velocità u e la stessa navicella che si muove verso destra con velocità finale v_f, dopo l'avvicinamento.

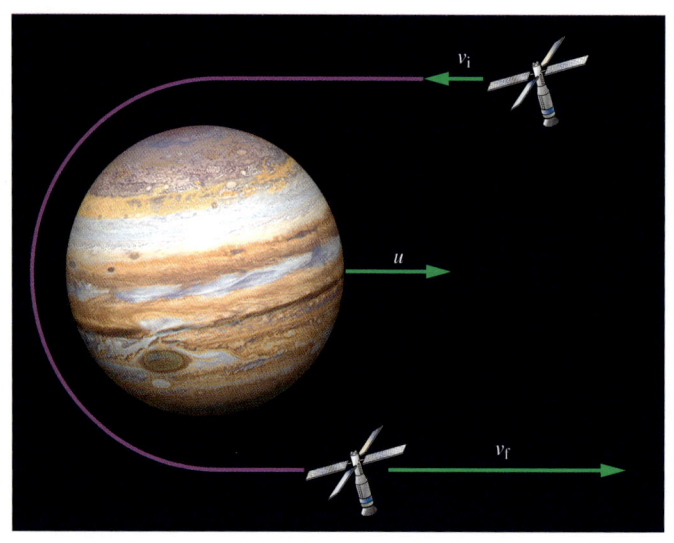

L'interazione può essere considerata una *collisione elastica in una dimensione*, come se il pianeta e la navicella fossero due carrelli di una rotaia a cuscino d'aria. Durante l'interazione sono conservate sia l'energia sia la quantità di moto e quindi è soddisfatta anche la condizione seguente: *la velocità relativa di avvicinamento è uguale alla velocità relativa di allontanamento*.

Se si considera che la velocità del pianeta, di massa molto grande, dopo l'interazione non è sostanzialmente variata, la condizione precedente può essere usata per determinare la velocità finale della navicella.

1. Rispetto a un osservatore sul pianeta, qual è la velocità di avvicinamento della navicella?

2. Rispetto a un osservatore sul pianeta, qual è la velocità di allontanamento della navicella?

3. Imponi che la velocità di allontanamento sia uguale alla velocità di avvicinamento. Risolvendo l'equazione ottenuta rispetto alla velocità finale che cosa ottieni?

4. Considera il caso particolare in cui $v_i = u$. Di quale fattore aumenta l'energia cinetica della navicella in seguito all'avvicinamento al pianeta?

[**3.** $v_f = v_i + 2u$; **4.** 9]

PROBLEMA 5 — Atterraggio morbido 2

▶ Teorema dell'energia cinetica   ▶ La legge di conservazione dell'energia totale

Riprendiamo un problema già affrontato da un punto di vista cinematico nel capitolo 1.
Quando un aeroplano di massa m che sta volando a un'altezza h inizia a scendere per atterrare in un punto posto a una distanza orizzontale d, deve seguire una traiettoria simile a quella in figura. Affinché l'atterraggio sia morbido, devono verificarsi alcune condizioni:
- l'aereo deve iniziare la procedura di discesa con la componente della velocità verticale uguale a zero;
- la componente orizzontale della velocità deve rimanere costante;
- l'aereo deve arrivare con le ruote sulla pista con la componente della velocità verticale uguale a zero;
- il modulo della componente verticale dell'accelerazione non deve superare un certo valore k.

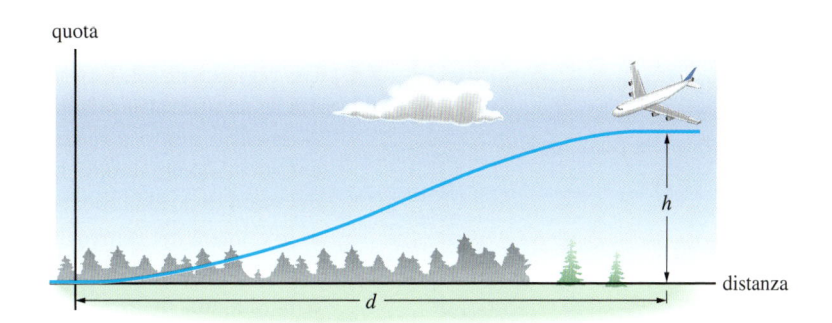

Supponi che l'aereo di massa $m = 440 \cdot 10^3$ kg, quando inizia la discesa, viaggi a velocità di crociera $v_0 = 200$ m/s e, rispetto al punto di atterraggio, si trovi a un'altitudine di 10,0 km e a una distanza orizzontale di 150 km.

1 Nota la dipendenza della componente verticale dell'accelerazione a_y dalla componente orizzontale x della distanza dal punto di atterraggio, data dalla relazione:

$$a_y(x) = \frac{6hv_0^2}{d^2}\left(-\frac{2x}{d} + 1\right)$$

rappresenta graficamente a_y in funzione di x, facendo riferimento ai dati numerici del problema in esame. Studia il segno della componente a_y al variare di x per $0 \leq x \leq d$ e trova in quale punto della traiettoria dell'aereo a_y è nulla.

2 Determina in quali punti della traiettoria dell'aereo il modulo di a_y è massimo e valuta tale valore, facendo riferimento ai dati del problema in esame.

3 Determina il lavoro totale fatto dalla risultante delle forze, mentre l'aereo passa da quota $y_1 = h$ a terra $y_3 = 0$, esprimendo il risultato in funzione di m, h, d, v_0. Motiva la risposta. Quindi calcola tale lavoro, facendo riferimento ai dati del problema in esame.

4 Determina il lavoro compiuto dalle forze non conservative, mentre l'aereo passa da quota $y_1 = h$ a terra $y_3 = 0$, esprimendo il risultato in funzione di m, h, d, v_0. Motiva la risposta. Quindi calcola tale lavoro, facendo riferimento ai dati del problema in esame.

5 Sapendo che il lavoro totale compiuto dalla risultante delle forze, mentre l'aereo passa da quota $y_1 = h$ a quota $y_2 = h/2$ è $L_R = 9mh^2v_0^2/(8d^2)$, determina il modulo della velocità dell'aereo quando passa nel punto $P = (d/2; h/2)$, dapprima in funzione di m, h, v_0, d, quindi usando i valori numerici del caso in esame.
Valuta infine il valore della componente v_y della velocità in P. Che segno ha tale componente? Motiva la risposta.

[**2.** 0,107 m/s²; **3.** 0 J; **4.** −4,32 · 10¹⁰ J; **5.** 201 m/s, $|v_y| = 20{,}0$ m/s]

AUTOVERIFICA

Tempo a disposizione: **60 minuti**

SCEGLI LA RISPOSTA CORRETTA

1 In un sistema di particelle la risultante delle forze esterne è nulla. Che cosa si può dire della velocità del centro di massa?
- A È nulla.
- B È costante.
- C Cresce uniformemente.
- D Decresce uniformemente.

2 Una palla parte dalla sommità di una pista (posizione 1) con velocità nulla, come mostrato in figura. Qual è la velocità della palla nella posizione 2?
- A $\sqrt{2gh}$
- B $2gH$
- C $\sqrt{2g(H-h)}$
- D 0

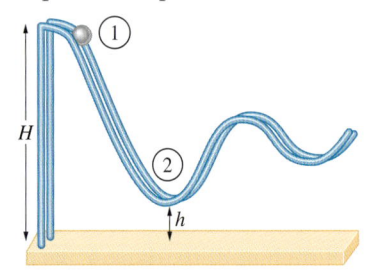

3 L'indipendenza dal percorso per il lavoro fatto da una forza conservativa significa che:
- A il lavoro fatto lungo un percorso qualsiasi è sempre lo stesso.
- B qualunque sia il percorso scelto il lavoro è sempre nullo.
- C una forza di modulo costante agisce qualunque sia il percorso.
- D il lavoro dipende soltanto dal punto di partenza e dal punto di arrivo.

4 Una piccola utilitaria urta un grosso SUV. Quale delle seguenti affermazioni è corretta?
- A L'utilitaria subisce una variazione della quantità di moto maggiore di quella del SUV.
- B L'utilitaria subisce una variazione della quantità di moto minore di quella del SUV.
- C L'utilitaria subisce una variazione della quantità di moto uguale a quella del SUV.
- D A seconda delle situazioni può verificarsi una qualsiasi delle condizioni precedenti.

RISOLVI I PROBLEMI

5 Una sonda spaziale di massa 7200 kg in moto alla velocità di 108 m/s accende il motore a reazione espellendo, nella direzione del moto ma in verso opposto, 92,5 kg di carburante alla velocità di 238 m/s.
- **a.** Qual è la velocità della sonda dopo l'operazione?
- **b.** Se l'operazione dura 18,5 s, qual è l'intensità della forza che è stata necessaria per l'espulsione?

6 Un ragazzo di 52,0 kg viaggia su uno skateboard di 4,5 kg su un tratto orizzontale alla velocità di 3,2 m/s. A un certo punto il ragazzo salta giù dallo skateboard con una velocità di 0,65 m/s nel verso opposto a quello del moto dello skateboard. Determina:
- **a.** la velocità del centro di massa del sistema ragazzo + skateboard dopo che il ragazzo è sceso;
- **b.** la velocità dello skateboard dopo che il ragazzo è sceso, ipotizzando che non ci sia attrito;
- **c.** la velocità del centro di massa quando il ragazzo si ferma.

7 Mario spinge un blocco di massa 3,2 kg contro una molla orizzontale, comprimendola di 18 cm. Quando Mario lascia libero il blocco, la molla lo fa scivolare su una superficie orizzontale. Sapendo che la costante elastica della molla è 245 N/m, determina:
- **a.** il coefficiente di attrito dinamico fra blocco e superficie, se il blocco si ferma in 23 cm;
- **b.** la quantità di energia meccanica dissipata in energia termica se il blocco si ferma dopo aver percorso 22 cm, se tra il blocco e la superficie il coefficiente di attrito dinamico è diverso da quello determinato al punto **a**.

8 Uno sciatore di 80 kg, partendo da fermo, scende per 1250 m da un colle alto 124 m rispetto al fondovalle, percorre un tratto orizzontale lungo 34 m e poi risale su un'altra collina.
Trascurando l'attrito tra gli sci e la neve, determina:
- **a.** la velocità con la quale lo sciatore arriva alla base del colle;
- **b.** l'altezza a cui lo sciatore arriva sulla seconda collina.
- **c.** Supponendo un coefficiente di attrito fra gli sci e la neve di 0,067, determina la velocità dello sciatore alla base del colle e alla base della seconda collina.

CAPITOLO 5
Cinematica e dinamica rotazionale

1 Il moto rotazionale

Nei capitoli precedenti abbiamo studiato il moto traslazionale di corpi assimilati a punti materiali. Estenderemo ora il discorso ai **moti rotazionali** (o **rotatori**) di corpi estesi. Studieremo anzitutto la cinematica e la dinamica dei **corpi rigidi**, cioè dei corpi estesi che non cambiano forma e dimensioni durante il loro moto. Applicheremo quindi la conservazione dell'energia meccanica nel **moto di rotolamento** di un corpo rigido, combinazione di una rotazione e di una traslazione. Riformuleremo poi la seconda legge di Newton, in modo che sia valida anche per il moto rotazionale, e analizzeremo in questo contesto l'equilibrio statico di un corpo rigido.

Infine, dopo aver definito una nuova grandezza vettoriale, il **momento angolare**, analogo rotazionale della quantità di moto, vedremo sotto quali condizioni questa grandezza si conserva.

LE GRANDI IDEE

1. I moti rotazionali sono descritti da grandezze angolari.
2. Il moto di rotolamento è una combinazione di un moto traslazionale e di un moto rotazionale.
3. Un oggetto in moto rotazionale possiede un'energia cinetica proporzionale al suo momento di inerzia e al quadrato della velocità angolare.
4. Il momento torcente è l'analogo rotazionale della forza in un moto traslazionale.
5. Il momento angolare di un corpo rigido è l'analogo rotazionale della quantità di moto.
6. Se in un sistema il momento torcente totale è uguale a zero, il momento angolare si conserva.

◀ Le pale eoliche di questo impianto sono corpi rigidi in rotazione.

2 Il moto dei corpi rigidi

Come abbiamo visto nel primo biennio, un *corpo esteso* è un oggetto le cui dimensioni e la cui struttura non possono essere ignorate perché ne influenzano il moto. Tra i corpi estesi prendiamo in considerazione ora i **corpi rigidi**, cioè quelli che non si deformano durante il moto. Possiamo modellizzare un corpo rigido come un insieme di n punti materiali collegati da aste rigide **(fig. 1)**.

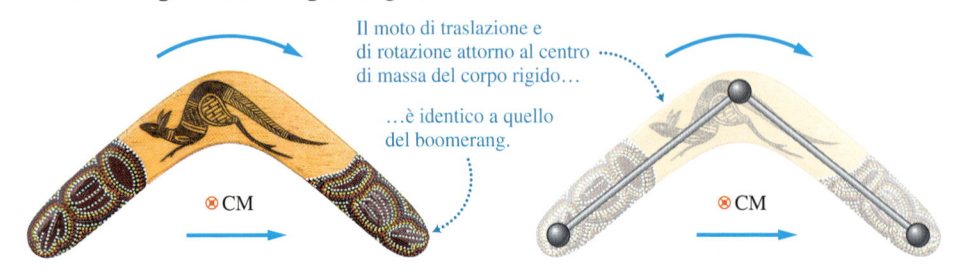

◀ **Figura 1**
Un boomerang può traslare e ruotare attorno al suo centro di massa (CM) e lo si può modellizzare come un corpo rigido costituito da tre sfere unite da aste rigide

Un corpo rigido, così come un punto materiale, può avere un **moto traslatorio**, o **traslazionale**, in cui tutte le particelle del corpo subiscono lo stesso spostamento in un certo intervallo di tempo **(fig. 2a)**. Possiamo descrivere il moto traslatorio supponendo che tutta la massa del corpo sia concentrata nel suo *centro di massa* e che la risultante delle forze esterne sia applicata in questo punto.

I corpi rigidi possono avere però, diversamente dai punti materiali, un altro tipo di moto, il **moto rotatorio**, o **rotazionale (fig. 2b)**. In questo caso, supponendo, come faremo d'ora in poi, che la rotazione avvenga attorno a un asse fisso, tutte le particelle del corpo si muovono di moto circolare su traiettorie il cui centro giace sull'asse di rotazione.

In generale, il moto di un corpo rigido è una combinazione dei due moti descritti, cioè del moto traslatorio e del moto rotatorio: si parla allora di **moto rototraslatorio (fig. 2c)**.

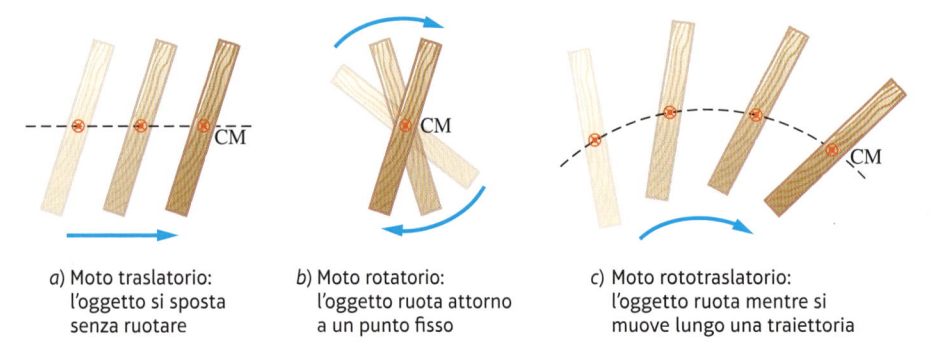

a) Moto traslatorio: l'oggetto si sposta senza ruotare

b) Moto rotatorio: l'oggetto ruota attorno a un punto fisso

c) Moto rototraslatorio: l'oggetto ruota mentre si muove lungo una traiettoria

◀ **Figura 2**
Moti di un corpo rigido

DISEGNO ATTIVO

Il moto rotatorio è il moto peculiare dei corpi rigidi, ed è quindi su questo che concentreremo il nostro studio.

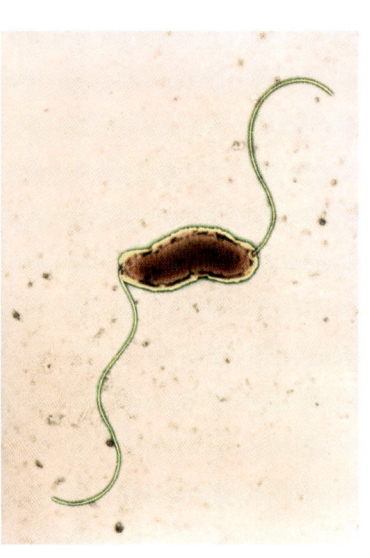

◀ Il moto di rotazione è ovunque nel nostro universo, su qualsiasi scala di lunghezza e di tempo. Una galassia come quella nell'immagine a sinistra può impiegare milioni di anni per completare una singola rotazione intorno al suo centro, mentre una pattinatrice gira più volte su se stessa ogni secondo. Anche il batterio dell'immagine a destra si muove di moto rotatorio, secondo una traiettoria a spirale, roteando i suoi flagelli.

Cinematica rotazionale

La **cinematica rotazionale** descrive il moto rotatorio di un corpo rigido. Ogni punto di un corpo rigido rotante intorno a un asse descrive una traiettoria circolare e pertanto segue le leggi del *moto circolare*.

Consideriamo una ruota di bicicletta, libera di ruotare intorno al proprio asse, come mostrato in **figura 3a**. Chiamiamo **asse di rotazione** l'asse intorno al quale gira la ruota. Quando la ruota gira, ogni suo punto si muove su una traiettoria circolare il cui centro è l'asse di rotazione.

Supponiamo di disegnare sulla gomma della ruota un puntino con la vernice rossa e di voler descrivere il suo moto di rotazione. La **posizione angolare** del puntino è definita come l'angolo θ formato da una semiretta con l'origine sull'asse e passante per il puntino, e da un'altra semiretta, detta linea di riferimento.

Ricordiamo che la lunghezza l di un arco di circonferenza di raggio r, corrispondente a un angolo θ *misurato in radianti* è $l = r\theta$ (**fig. 3b**). Un giro completo corrisponde a un angolo di 2π radianti.

> **COLLEGAMENTI**
> Nel **capitolo 1** abbiamo introdotto le grandezze angolari per il moto circolare.

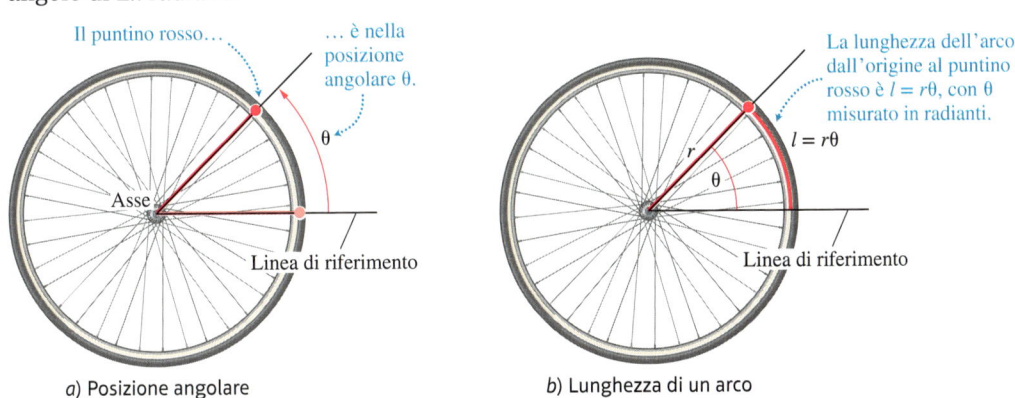

◀ **Figura 3**
Rotazione di un corpo rigido attorno a un asse

Mentre la ruota di bicicletta gira, la posizione angolare del puntino di vernice rossa cambia, come illustrato in **figura 4a**. Lo **spostamento angolare** $\Delta\theta$ del puntino è:

$$\Delta\theta = \theta_f - \theta_i$$

Se dividiamo lo spostamento angolare per l'intervallo di tempo Δt durante il quale avviene lo spostamento, otteniamo la **velocità angolare media** (**fig. 4b**), il cui modulo ω_m è dato da:

$$\omega_m = \frac{\Delta\theta}{\Delta t}$$

◀ **Figura 4**
Spostamento angolare e velocità angolare

Se il modulo della velocità angolare della ruota di bicicletta aumenta o diminuisce nel tempo, diciamo che la ruota ha un'**accelerazione angolare** di modulo α. L'accelerazione angolare media è la variazione della velocità angolare $\Delta\omega$ in un dato intervallo di tempo Δt:

$$\alpha_m = \frac{\Delta\omega}{\Delta t}$$

Come abbiamo visto nel caso del moto circolare di un punto materiale, anche per un corpo rigido in rotazione se ω e α hanno lo stesso segno, il modulo della velocità angolare aumenta, se ω e α hanno segno opposto, il modulo della velocità angolare diminuisce (**fig. 5**).

Se la velocità angolare e l'accelerazione angolare hanno lo stesso segno, il modulo della velocità angolare aumenta.

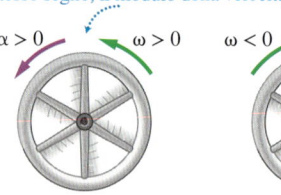

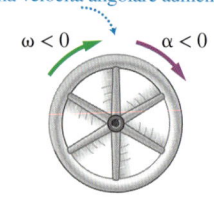

Se la velocità angolare e l'accelerazione angolare hanno segno opposto, il modulo della velocità angolare diminuisce.

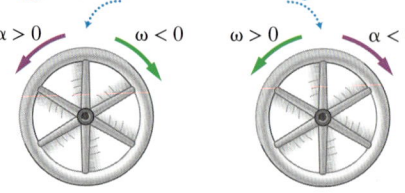

◀ **Figura 5**
Accelerazione angolare e modulo della velocità angolare nel moto rotazionale

Come per il moto circolare di un punto materiale, si definiscono velocità e accelerazione istantanea che, da ora, chiameremo semplicemente velocità e accelerazione angolare:

$$\omega = \lim_{\Delta t \to 0} \frac{\Delta \theta}{\Delta t} \qquad \alpha = \lim_{\Delta t \to 0} \frac{\Delta \omega}{\Delta t}$$

APPLICA SUBITO

1 Un vecchio giradischi fa ruotare dischi in vinile in verso antiorario a 33 giri al minuto. Se il piatto del giradischi rallenta con accelerazione angolare costante di 0,43 rad/s², quanto tempo occorre perché si fermi completamente?

Calcoliamo la velocità angolare ω e ricordiamo che la rotazione in verso antiorario corrisponde a una velocità angolare positiva:

$$\omega = 2\pi f = \left(\frac{2\pi \text{ rad}}{1 \text{ giro}}\right)\left(\frac{33 \text{ giri}}{\text{min}}\right)\left(\frac{1 \text{ min}}{60 \text{ s}}\right) = 3,5 \text{ rad/s}$$

Se poniamo la velocità angolare iniziale positiva, l'accelerazione angolare è negativa, cioè c'è una decelerazione; dalla relazione $\alpha = \frac{\Delta \omega}{\Delta t}$ otteniamo:

$$\Delta t = \frac{\Delta \omega}{\alpha} = \frac{\omega_f - \omega_i}{\alpha} = \frac{(0 - 3,5) \text{ rad/s}}{-0,43 \text{ rad/s}^2} = 8,1 \text{ s}$$

Moto rotazionale con velocità angolare costante

Se il corpo rigido si muove con *velocità angolare ω costante*, allora è possibile definirne il **periodo** T, che, in analogia al moto circolare uniforme, è il tempo impiegato dal corpo per effettuare un giro completo intorno all'asse di rotazione, e la frequenza f, che è il numero di giri che compie in un secondo.

Se l'oggetto ruota con velocità angolare ω, il periodo T e la frequenza f sono:

$$T = \frac{2\pi}{\omega} \qquad f = \frac{\omega}{2\pi}$$

LE GRANDI IDEE

1 I moti rotazionali sono descritti da grandezze angolari, come la posizione angolare, la velocità angolare e l'accelerazione angolare, analoghe alle corrispondenti grandezze lineari.

Moto rotazionale con accelerazione angolare costante

Analizziamo ora un caso particolare di moto rotazionale: il moto con *accelerazione angolare α costante*. Consideriamo il ventilatore disegnato in **figura 6**.

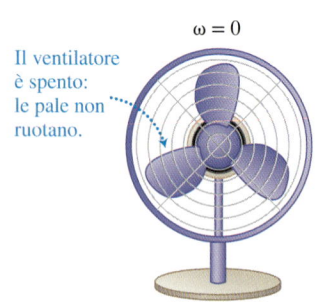

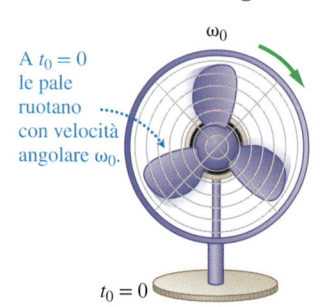

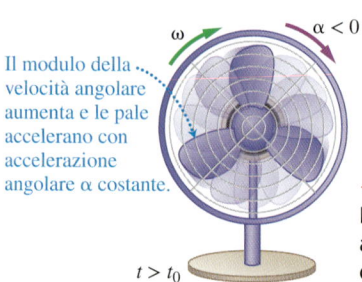

Il ventilatore è spento: le pale non ruotano.

A $t_0 = 0$ le pale ruotano con velocità angolare ω_0.

Il modulo della velocità angolare aumenta e le pale accelerano con accelerazione angolare α costante.

◀ **Figura 6**
Moto rotazionale con accelerazione angolare costante

Quando azioniamo il ventilatore, le sue pale cominciano a ruotare, inizialmente piano, poi sempre più velocemente. Supponiamo che l'accelerazione angolare sia costante.
Se α è costante, l'accelerazione media e l'accelerazione istantanea sono uguali, quindi:

$$\alpha = \alpha_m = \frac{\Delta\omega}{\Delta t}$$

Supponiamo che le pale del ventilatore ruotino con una velocità angolare ω_0 al tempo $t_0 = 0$ e che al tempo successivo $t > t_0$ la loro velocità angolare sia ω.
Sostituendo questi valori nella precedente espressione di α, otteniamo:

$$\alpha = \frac{\Delta\omega}{\Delta t} = \frac{\omega - \omega_0}{t - 0} = \frac{\omega - \omega_0}{t}$$

da cui ricaviamo la relazione che esprime la **velocità angolare ω in funzione del tempo** nel moto con accelerazione angolare costante:

Velocità angolare in funzione del tempo (α = costante)

$\omega = \omega_0 + \alpha t$

MATH

La funzione $\omega(t)$ è una retta di coefficiente angolare α e intersezione ω_0 con l'asse verticale.

APPLICA SUBITO

2 La velocità angolare delle pale del ventilatore di figura 6 in un dato istante è $-8{,}4$ rad/s e la sua accelerazione angolare è $-2{,}8$ rad/s^2. Qual è la velocità angolare delle pale dopo 1,5 s?

Osserviamo che il modulo della velocità angolare è negativo, cioè il ventilatore ruota in senso orario, così come il modulo dell'accelerazione. Poiché il segno dell'accelerazione è concorde con quello della velocità, il ventilatore sta aumentando la sua velocità angolare.
Applichiamo l'equazione $\omega = \omega_0 + \alpha t$:

$\omega = \omega_0 + \alpha t = -8{,}4$ rad/s $+ (-2{,}8$ rad/s$^2) (1{,}5$ s$) = -13$ rad/s

Osserviamo la stretta analogia fra l'equazione:

$\omega = \omega_0 + \alpha t$

per la velocità angolare e la corrispondente relazione per la velocità lineare:

$v = v_0 + at$

La legge della velocità angolare può essere ottenuta dalla legge della velocità lineare sostituendo v con ω e a con α.
Questo tipo di **analogia fra grandezze lineari e angolari** può essere particolarmente utile sia per ricavare le equazioni angolari, partendo dalle leggi relative alle grandezze lineari, sia per comprendere meglio i sistemi in rotazione (o rotazionali). Alcune corrispondenze fra grandezze lineari e angolari sono riportate in **tabella 1**.
Utilizzando le corrispondenze fra grandezze lineari e angolari, possiamo riscrivere tutte le leggi cinematiche in forma angolare, come sintetizzato nel seguente schema:

Grandezza lineare	Grandezza angolare
x	θ
v	ω
a	α

▲ **Tabella 1**
Corrispondenza fra grandezze lineari e angolari

Leggi cinematiche lineari (a = costante)	Leggi cinematiche angolari (α = costante)
$v = v_0 + at$	$\omega = \omega_0 + \alpha t$
$x = x_0 + v_0 t + \frac{1}{2} a t^2$	$\theta = \theta_0 + \omega_0 t + \frac{1}{2} \alpha t^2$
$v^2 - v_0^2 = 2a\Delta x$	$\omega^2 - \omega_0^2 = 2\alpha\Delta\theta$

Possiamo applicare queste leggi cinematiche angolari per risolvere i problemi di cinematica rotazionale nello stesso modo in cui abbiamo applicato le leggi lineari nel moto rettilineo.

! ATTENZIONE

Analogia fra grandezze lineari e angolari

Usare l'analogia fra grandezze lineari e grandezze angolari è spesso di grande aiuto nella risoluzione dei problemi di cinematica rotazionale.

242 | CAPITOLO **5** | Cinematica e dinamica rotazionale

PROBLEM SOLVING 1 La ruota della fortuna

In un famoso gioco televisivo i partecipanti fanno girare a turno una ruota divisa in settori, nei quali sono riportati i risultati del tiro. Un concorrente fornisce alla ruota una velocità angolare iniziale di modulo 3,40 rad/s, facendole compiere un giro e un quarto prima di fermarsi nel settore "PERDI TUTTO".
a. Determina l'accelerazione angolare della ruota, assumendo che sia costante.
b. Quanto tempo occorre perché la ruota si fermi?

■ **DESCRIZIONE DEL PROBLEMA** Poniamo la velocità angolare iniziale positiva, $\omega_0 = +3{,}40$ rad/s, e la indichiamo in figura con una rotazione antioraria. Poiché la ruota rallenta fino a fermarsi, l'accelerazione angolare deve essere negativa, cioè in senso orario. Dopo una rotazione di 1,25 giri la ruota è nel settore "PERDI TUTTO".

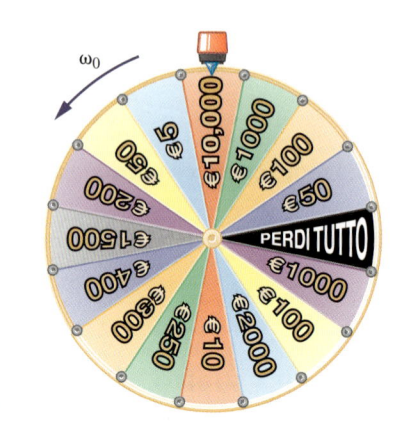

■ **STRATEGIA**
a. Conosciamo la velocità angolare iniziale, $\omega_0 = +3{,}40$ rad/s, la velocità angolare finale, $\omega = 0$ rad/s (la ruota si ferma), e il numero di giri compiuti prima di arrestarsi $N = 1{,}25$. Possiamo determinare l'accelerazione angolare utilizzando l'equazione $\omega^2 - \omega_0^2 = 2\alpha\Delta\theta$.
b. Conoscendo la velocità e l'accelerazione angolari, possiamo calcolare il tempo con l'equazione $\omega = \omega_0 + \alpha t$.

> **Dati** Velocità angolare iniziale, $\omega_0 = 3{,}40$ rad/s; velocità angolare finale $\omega = 0$ rad/s; numero di giri compiuti prima dell'arresto, $N = 1{,}25$
>
> **Incognite** a. Accelerazione angolare (costante), $\alpha = ?$
> b. Tempo di arresto, $t = ?$

■ **SOLUZIONE**
a. Risolviamo l'equazione $\omega^2 - \omega_0^2 = 2\alpha\Delta\theta$ rispetto all'accelerazione angolare α:

$$\omega^2 - \omega_0^2 = 2\alpha(\theta - \theta_0) \quad \to \quad \alpha = \frac{\omega^2 - \omega_0^2}{2(\theta - \theta_0)}$$

Calcoliamo lo spostamento angolare $\Delta\theta$ in radianti:

$$\Delta\theta = \theta - \theta_0 = 1{,}25 \text{ giri} \left(\frac{2\pi \text{ rad}}{1 \text{ giro}}\right) = 7{,}85 \text{ rad}$$

Sostituiamo i valori numerici per determinare α:

$$\alpha = \frac{\omega^2 - \omega_0^2}{2(\theta - \theta_0)} = \frac{(0 \text{ rad/s})^2 - (3{,}40 \text{ rad/s})^2}{2(7{,}85 \text{ rad})} = -0{,}736 \text{ rad/s}^2$$

b. Risolviamo l'equazione $\omega = \omega_0 + \alpha t$ rispetto al tempo t:

$$\omega = \omega_0 + \alpha t \quad \to \quad t = \frac{\omega - \omega_0}{\alpha}$$

Sostituiamo i valori numerici per calcolare t:

$$t = \frac{\omega - \omega_0}{\alpha} = \frac{(0 - 3{,}40) \text{ rad/s}}{-0{,}736 \text{ rad/s}^2} = 4{,}62 \text{ s}$$

OSSERVAZIONI In questo caso non è necessario definire una linea di riferimento per la quale $\theta = 0$, in quanto ci serve conoscere lo spostamento angolare $\Delta\theta$, non i singoli angoli θ e θ_0.

PROVA TU Qual è il modulo della velocità angolare della ruota dopo un giro completo?   [1,52 rad/s]

Il moto di rotolamento

Abbiamo iniziato lo studio del moto dei corpi rigidi con una ruota di bicicletta che girava intorno al suo asse; in quel caso l'asse era fermo e ogni punto sulla ruota, come il puntino di vernice rossa, si muoveva su una traiettoria circolare intorno all'asse. Consideriamo ora una situazione diversa: una ruota di bicicletta che *rotola*, come mostrato in **figura 7**, *senza slittare sul terreno*. In questo caso la ruota gira ancora attorno all'asse, ma contemporaneamente l'asse si muove lungo una linea retta. Di conseguenza, il moto della ruota risulta una combinazione di un moto di rotazione e di un moto di traslazione. Per studiare la relazione fra questi due moti osserviamo la rotazione completa della ruota illustrata in figura.

Durante una rotazione completa l'asse trasla in avanti di una distanza pari alla lunghezza della circonferenza della ruota, cioè di $2\pi r$. Poiché il tempo necessario a compiere un giro è il periodo T, il modulo della velocità di traslazione dell'asse è:

$$v = \frac{2\pi r}{T}$$

Ricordando che $\omega = 2\pi/T$, otteniamo:

$$v = r\omega$$

Quindi, il modulo della velocità di traslazione dell'asse è uguale al modulo della velocità tangenziale di un punto del bordo della ruota che gira con velocità angolare di modulo ω.

> **LE GRANDI IDEE**
>
> **2** Il moto di rotolamento è una combinazione di un moto traslazionale e di un moto rotazionale. Quando una ruota rotola senza scivolare con velocità lineare v, il bordo della ruota ha velocità tangenziale istantanea uguale a zero nel punto di contatto con il terreno e uguale a $2v$ nel punto diametralmente opposto.

◀ **Figura 7**
Moto di rotolamento

Dunque possiamo dire che:

Moto di rotolamento

Il moto di un oggetto che rotola è la combinazione di un *moto di rotazione* con velocità angolare ω e di un *moto di traslazione* con velocità lineare $v = r\omega$, dove r è il raggio dell'oggetto.

Consideriamo separatamente questi due moti.
Nella **figura 8a** è mostrato un moto di pura rotazione con velocità angolare ω. In questo caso l'asse è fermo, mentre il punto più in alto e quello più in basso della ruota hanno velocità $v = r\omega$, uguali in modulo e in direzione, ma di verso opposto.
Nella **figura 8b** consideriamo un moto di pura traslazione con velocità di modulo $v = r\omega$; in questo caso ogni punto della ruota si muove nella stessa direzione e verso, con velocità uguali in modulo. Se questo fosse l'unico moto della ruota, essa scivolerebbe sul terreno, invece di ruotare senza scivolare.

a) Moto di pura rotazione   *b)* Moto di pura traslazione

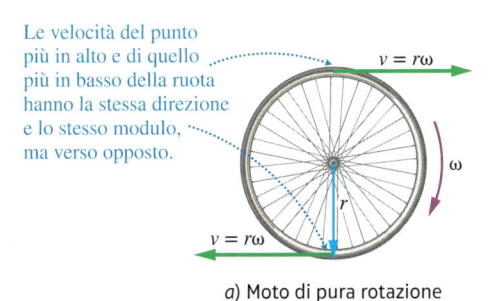

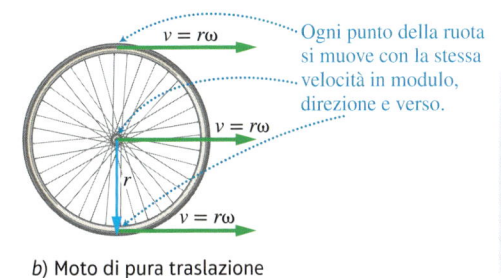

◀ **Figura 8**
Moto di pura rotazione e di pura traslazione di una ruota

Combiniamo ora i due moti, sommando semplicemente i vettori velocità delle **figure 8a** e **8b**; il risultato è mostrato nella **figura 9**:

- nel *punto più in alto* della ruota i due vettori velocità hanno lo stesso verso, per cui la loro somma è un vettore di modulo $v = 2r\omega$. Il punto più in alto della ruota si muove quindi in avanti con velocità $v = 2r\omega$;
- *sull'asse* i vettori velocità hanno per somma un vettore di modulo $v = r\omega$. Il centro della ruota si muove quindi in avanti con una velocità di modulo $v = r\omega$;
- nel *punto più in basso* della ruota, i vettori velocità di traslazione e di rotazione hanno lo stesso modulo e la stessa direzione, ma verso opposto, quindi si eliminano a vicenda, dando per risultato un vettore di modulo nullo nel punto in cui la ruota è a contatto con il terreno. Il punto a contatto con il terreno è quindi istantaneamente fermo.

Quando diciamo che la ruota "rotola senza scivolare" intendiamo proprio che il punto più basso della ruota è istantaneamente fermo, cioè è in contatto statico con il terreno.

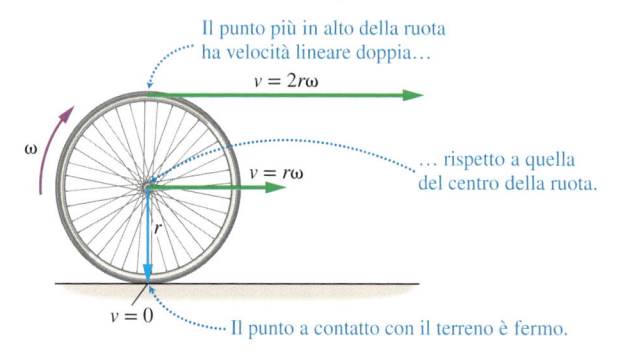

▼ Questa immagine di una ruota che rotola dà una rappresentazione visiva del modulo della velocità delle sue varie parti. La parte più in basso della ruota è ferma in ogni istante, per cui l'immagine è nitida; la parte più in alto della ruota ha velocità di modulo maggiore e l'immagine è più sfocata.

◀ **Figura 9**
Velocità nel moto di rotolamento

■ APPLICA SUBITO

3 Un'auto, che monta pneumatici di raggio 32 cm, viaggia sull'autostrada a 88,5 km/h.
  a. Qual è il modulo della velocità angolare degli pneumatici?
  b. Qual è il modulo della velocità lineare del punto più in alto degli pneumatici?

  a. Poiché $v = 88{,}5$ km/h $= 24{,}6$ m/s, dall'equazione $v = r\omega$ otteniamo:
  $$\omega = \frac{v}{r} = \frac{24{,}6 \text{ m/s}}{0{,}32 \text{ m}} = 77 \text{ rad/s}$$
  b. La velocità del punto più in alto è $2v$, cioè 177 km/h.

La rotazione del piatto del microonde
VIDEO [in inglese, con sottotitoli in inglese e in italiano]

Utilizzando il piatto del forno a microonde e il suo carrello, il prof. Walker chiarisce alcuni aspetti del moto di rotolamento.
Guarda il video e poi verifica tu stesso!

È importante sottolineare che la relazione $v = r\omega$ tra la velocità di traslazione v dell'asse di un corpo e la sua velocità angolare di rotazione ω è valida solo se il corpo rotola *senza scivolare*. Alla partenza di una gara di dragster, ad esempio, le ruote posteriori dei veicoli si muovono molto velocemente, ma i veicoli sono quasi fermi; ciò significa che $r\omega$ è molto più grande di v. Quando invece il guidatore frena bruscamente, il veicolo slitta e si verifica la situazione opposta: le ruote non girano e $r\omega$ è inferiore a v.

◀ Il fumo emesso da questo dragster sulla linea di partenza mostra che le sue ruote posteriori stanno scivolando.

3 L'energia cinetica rotazionale

Un oggetto in movimento ha un'energia cinetica, qualunque sia il suo moto (traslatorio, rotatorio o rototraslatorio). Nel moto di traslazione, ad esempio, l'energia cinetica di una massa m che si muove con una velocità v è $K = \frac{1}{2}mv^2$.

Non possiamo però utilizzare questa espressione per un oggetto in rotazione, poiché la velocità v di ogni particella di un oggetto rotante varia in funzione della sua distanza dall'asse di rotazione e non esiste un unico valore di v per l'intero oggetto rotante. Sappiamo però che, se il corpo che ruota è *rigido*, c'è un unico valore di ω, il modulo della velocità angolare, uguale per tutte le particelle che costituiscono il corpo.

Per vedere in quale modo l'energia cinetica di un oggetto che ruota dipende dalla sua velocità angolare, consideriamo un semplice sistema formato da una massa puntiforme m, che ruota attorno a un punto O con velocità angolare ω, come mostrato in **figura 10**. Poiché il modulo della velocità tangenziale della massa m è $v = r\omega$, la sua energia cinetica di rotazione è:

$$K = \frac{1}{2}mv^2 = \frac{1}{2}m(r\omega)^2 = \frac{1}{2}mr^2\omega^2$$

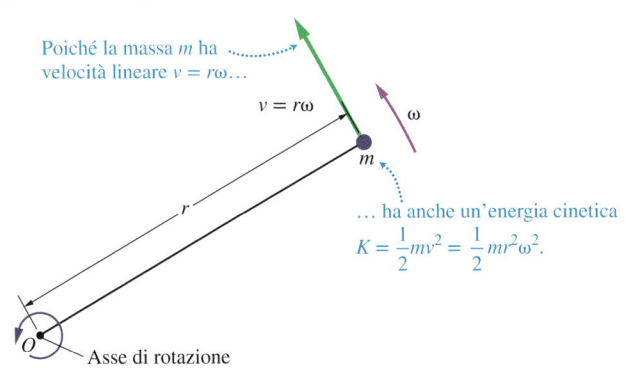

LE GRANDI IDEE

3 Un oggetto in moto rotazionale possiede un'energia cinetica proporzionale al suo momento di inerzia e al quadrato della velocità angolare.

◀ **Figura 10**
Energia cinetica di una massa che ruota

Osserviamo che l'energia cinetica della massa non dipende solamente dal quadrato della velocità angolare (come l'energia cinetica di traslazione dipende dal quadrato della velocità lineare), ma anche dal quadrato del raggio. Perciò, l'energia cinetica di un oggetto che ruota dipende anche dalla *distribuzione* della massa. In particolare, una massa vicina all'asse di rotazione contribuisce poco all'energia cinetica del sistema, perché la sua velocità tangenziale ($v = r\omega$) è piccola; d'altra parte, per una data velocità angolare, più lontana è una massa dall'asse di rotazione, maggiore è la sua velocità tangenziale v e quindi maggiore è la sua energia cinetica.

L'espressione dell'energia cinetica di rotazione, $\frac{1}{2}(mr^2)\omega^2$, ha una forma simile a quella dell'energia cinetica di traslazione, $\frac{1}{2}(m)v^2$; l'unica differenza sta nel termine che abbiamo indicato fra parentesi. Evidentemente, allora, per gli oggetti in rotazione la grandezza mr^2 ha lo stesso ruolo della massa nei moti di traslazione; questa "inerzia rotazionale" viene indicata con il nome di **momento d'inerzia**, I.

Più grande è I, maggiore è la resistenza offerta dall'oggetto alla variazione della sua velocità angolare; in altre parole, un oggetto con un grande momento d'inerzia è difficile da mettere in rotazione e, una volta in rotazione, è difficile da fermare.

In generale, quindi, l'==energia cinetica di un oggetto in rotazione== con velocità angolare ω può essere scritta come:

Energia cinetica di rotazione

$$K_{\text{rot}} = \frac{1}{2}I\omega^2$$

Nel SI l'energia cinetica di rotazione si misura in joule (J).

MATH+

Osserviamo che l'**energia cinetica** di un corpo in rotazione ha una dipendenza di tipo quadratico sia dalla distanza r dal centro di rotazione sia dalla velocità angolare ω. Rappresentando graficamente $K(r)$ e $K(\omega)$ per $r \geq 0$ e per $\omega \geq 0$, otteniamo un tratto di parabola con concavità verso l'alto.

APPLICA SUBITO

4 Una mola di pietra di raggio 0,610 m è utilizzata per affilare una scure.
   a. Se il modulo della velocità lineare della pietra rispetto alla scure è 1,50 m/s e l'energia cinetica di rotazione della pietra è 13,0 J, qual è il suo momento d'inerzia?
   b. Se il modulo della velocità lineare raddoppia, arrivando a 3,00 m/s, qual è la corrispondente energia cinetica di rotazione della mola?

a. Determiniamo la velocità angolare della mola:

$$\omega = \frac{v}{r} = \frac{1{,}50 \text{ m/s}}{0{,}610 \text{ m}} = 2{,}46 \text{ rad/s}$$

Ricaviamo I dalla relazione $K_{rot} = \frac{1}{2}I\omega^2$ e sostituiamo i valori numerici:

$$K_{rot} = \frac{1}{2}I\omega^2 \rightarrow I = \frac{2K_{rot}}{\omega^2} = \frac{2(13{,}0 \text{ J})}{(2{,}46 \text{ rad/s})^2} = 4{,}30 \text{ J s}^2 = 4{,}30 \text{ kg m}^2$$

b. Se raddoppia la velocità lineare v, raddoppia anche la velocità angolare ω e, poiché l'energia cinetica K_{rot} dipende da ω^2, K_{rot} aumenta di un fattore 4, passando da 13,0 J a 4(13,0 J) = 52,0 J.

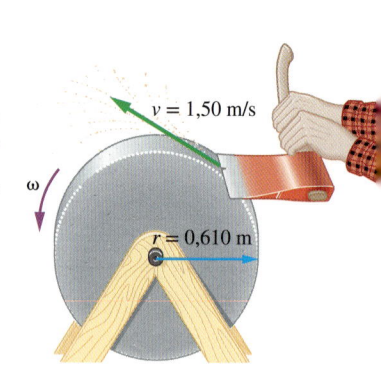

4 Il momento d'inerzia

Vediamo ora in che modo si può determinare il momento d'inerzia di un corpo rigido di forma qualsiasi, come quello della **figura 11**. Supponiamo che questo oggetto ruoti attorno all'asse indicato in figura, con una velocità angolare di modulo ω. Per calcolare l'energia cinetica dell'oggetto, immaginiamo di dividerlo in un insieme di piccole masse elementari m_i; prima calcoliamo l'energia cinetica di ognuna di esse e poi le sommiamo. Questo calcolo non è altro che l'estensione a un gran numero di masse elementari di ciò che abbiamo fatto per la singola massa m.

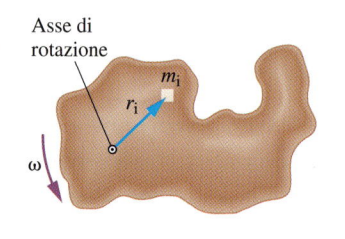

◀ **Figura 11**
Oggetto rotante di forma qualsiasi

L'energia cinetica totale di un oggetto qualsiasi in rotazione è, quindi:

$$K_{rot} = \Sigma \left(\frac{1}{2} m_i v_i^2 \right)$$

In questa espressione m_i rappresenta la massa di uno dei piccoli elementi e v_i la sua velocità. Se m_i si trova a distanza r_i dall'asse di rotazione, come indicato in **figura 11**, la sua velocità è $v_i = r_i \omega$. Osserviamo che per tutti gli elementi la velocità angolare è sempre ω, quindi non occorre specificare una velocità angolare ω_i per ciascun elemento. Pertanto:

$$K_{rot} = \Sigma \left(\frac{1}{2} m_i r_i^2 \omega^2 \right) = \frac{1}{2} \left(\Sigma m_i r_i^2 \right) \omega^2$$

Ora, in analogia con i risultati ottenuti per la singola massa, possiamo definire il momento d'inerzia I di un oggetto nel modo seguente:

Momento d'inerzia, I

$$I = \Sigma m_i r_i^2$$

Nel sistema SI il momento d'inerzia si misura in kilogrammi per metro quadrato (kg m²).

Il momento d'inerzia è una grandezza che tiene conto sia della *forma* sia della *distribuzione della massa* di un oggetto e dipende, inoltre, dalla *posizione* e dall'*orientamento dell'asse di rotazione*. Se l'asse di rotazione si sposta, tutti gli r_i cambiano, portando a un risultato diverso per I.

MATH⁺

Se il corpo è esteso, possiamo immaginare di dividerlo in tante piccolissime masse dm e sommare gli infiniti contributi $r^2 dm$ al momento d'inerzia. La somma di infiniti termini è detta *integrale*, e il momento d'inerzia si può esprimere come:

$$I = \int r^2 dm$$

Come abbiamo già fatto per le altre grandezze del moto rotazionale, riportiamo nello schema seguente la corrispondenza fra l'energia cinetica di traslazione e l'energia cinetica di rotazione. Notiamo che nel moto rotazionale la massa m è sostituita dal momento d'inerzia I; nel moto rotazionale il momento d'inerzia I ha dunque lo stesso ruolo della massa m nel moto di traslazione.

Grandezze lineari		Grandezze angolari	
Velocità	$v = \dfrac{\Delta s}{\Delta t}$	Velocità angolare	$\omega = \dfrac{\Delta \theta}{\Delta t}$
Massa	m	Momento d'inerzia	I
Energia cinetica	$K = \dfrac{1}{2}mv^2$	Energia cinetica di rotazione	$K = \dfrac{1}{2}I\omega^2$

Momento d'inerzia di alcuni corpi rigidi

Per comprendere meglio la dipendenza del momento d'inerzia dalla forma dell'oggetto, cioè dalla distribuzione delle masse, consideriamo, ad esempio, un corpo rigido di massa M che abbia la forma di un anello di raggio R; supponiamo che l'asse di rotazione sia perpendicolare al piano dell'anello (con spessore trascurabile) e passi per il suo centro (**fig. 12a**). La situazione è simile a quella di una ruota di bicicletta che gira intorno al suo asse, se si trascurano i raggi. Suddividendo l'oggetto in piccoli elementi di massa m_i, possiamo scrivere il momento d'inerzia come:

$$I = \Sigma m_i r_i^2$$

Ogni elemento di massa dell'anello si trova alla stessa distanza R dall'asse di rotazione, cioè $r_i = R$. Quindi, in questo caso, il momento d'inerzia è:

$$I = \Sigma m_i r_i^2 = \Sigma m_i R^2 = (\Sigma m_i)R^2$$

La somma delle masse elementari è evidentemente la massa totale dell'anello, $\Sigma m_i = M$, perciò il **momento d'inerzia di un anello** di massa M e raggio R è:

$$I = MR^2$$

Lo stesso ragionamento è valido anche per una superficie cilindrica, quale un tubo.
Osserviamo che, se la stessa massa M è distribuita diversamente, non più a forma di anello, ma uniformemente su un disco dello stesso raggio R, come in **figura 12b**, il momento d'inerzia è diverso.
Infatti non è più vero che $r_i = R$ per tutte le masse elementari; al contrario, parte della massa è situata più vicino all'asse di rotazione. Perciò, essendo i vari r_i minori di R, il **momento d'inerzia del disco**, a parità di massa, è minore di quello dell'anello. Il calcolo corretto, sommando tutti gli elementi, conduce al seguente risultato:

$$I = \dfrac{1}{2}MR^2$$

Ogni piccolo elemento di massa si trova alla stessa distanza R dal centro dell'anello.

Gli elementi di massa m_i si trovano a distanze dal centro variabili tra 0 ed R.

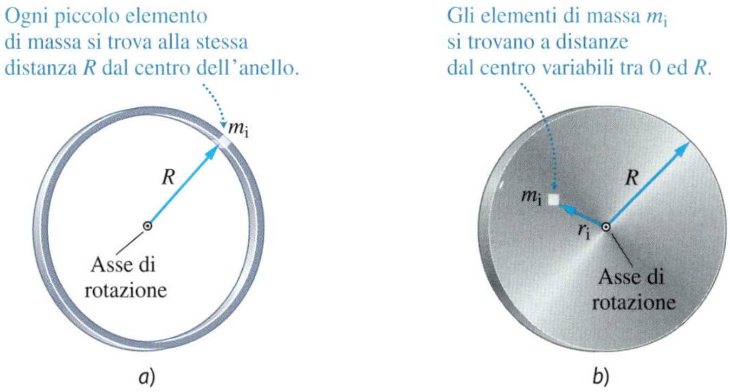

◀ **Figura 12** Momento d'inerzia di un anello e di un disco

a) b)

Dunque il momento d'inerzia di un disco è la metà di quello di un anello che ha la stessa massa e lo stesso raggio.

Nella **tabella 2** sono riportate le formule per calcolare i momenti d'inerzia di alcuni oggetti rigidi di uso comune. Osserviamo che in tutti i casi il momento d'inerzia ha la forma:

$$I = \text{(costante)} \, MR^2$$

e che solo la costante varia da un oggetto all'altro.

▼ **Tabella 2**
Momenti d'inerzia di oggetti di massa M uniformi e rigidi, di varie forme

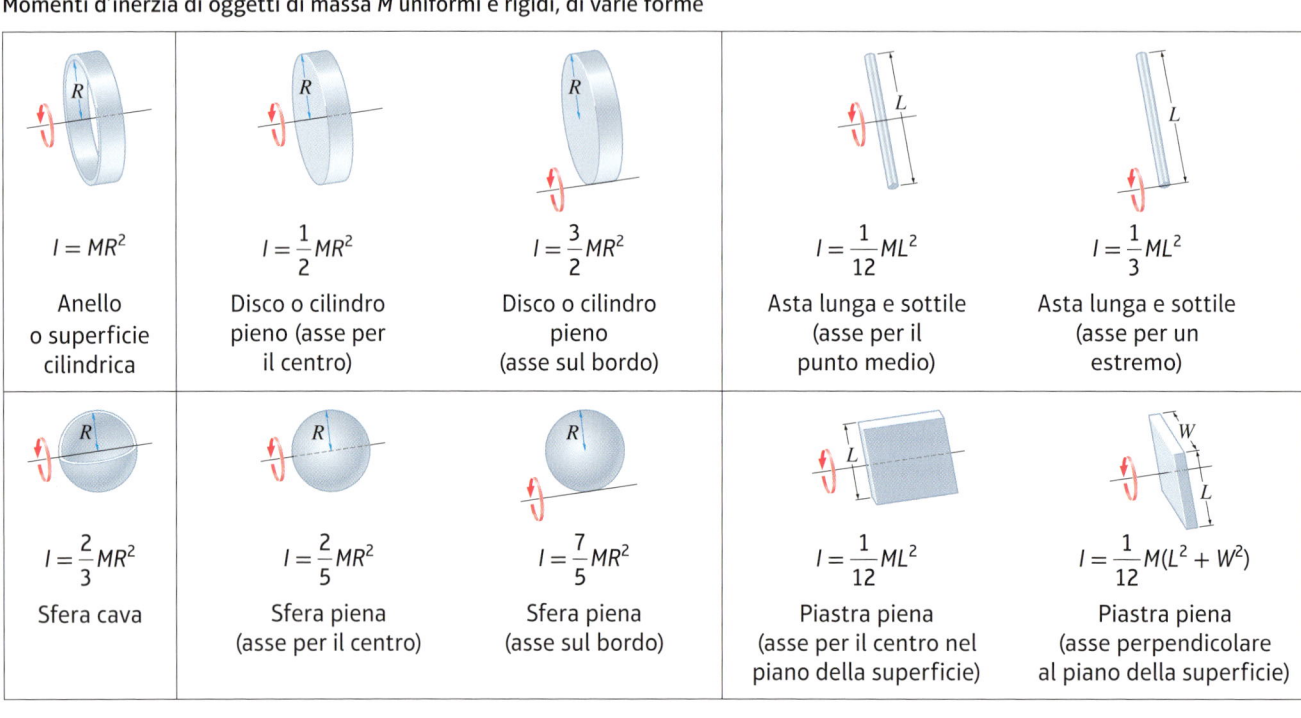

$I = MR^2$	$I = \frac{1}{2}MR^2$	$I = \frac{3}{2}MR^2$	$I = \frac{1}{12}ML^2$	$I = \frac{1}{3}ML^2$
Anello o superficie cilindrica	Disco o cilindro pieno (asse per il centro)	Disco o cilindro pieno (asse sul bordo)	Asta lunga e sottile (asse per il punto medio)	Asta lunga e sottile (asse per un estremo)
$I = \frac{2}{3}MR^2$	$I = \frac{2}{5}MR^2$	$I = \frac{7}{5}MR^2$	$I = \frac{1}{12}ML^2$	$I = \frac{1}{12}M(L^2 + W^2)$
Sfera cava	Sfera piena (asse per il centro)	Sfera piena (asse sul bordo)	Piastra piena (asse per il centro nel piano della superficie)	Piastra piena (asse perpendicolare al piano della superficie)

5 La conservazione dell'energia meccanica nel moto di rotolamento

In questo paragrafo consideriamo l'energia meccanica di un corpo rigido che rotola senza strisciare e mostriamo come si applica la conservazione dell'energia a sistemi di questo tipo. Dobbiamo prima di tutto determinare l'energia cinetica di un moto di rotolamento.
Nel paragrafo 2 (Il moto del corpo rigido) abbiamo visto che il moto di rotolamento è la combinazione di un moto di rotazione e di un moto di traslazione. Ne segue che l'energia cinetica di un oggetto che rotola è la somma dell'energia cinetica di traslazione e dell'energia cinetica di rotazione:

> **Energia cinetica di rotolamento**
>
> Un corpo rigido, di massa m e momento d'inerzia I rispetto al suo centro, che rotola senza strisciare ha energia cinetica:
>
> $$K_{\text{tot}} = \frac{1}{2}mv^2 + \frac{1}{2}I\omega^2$$

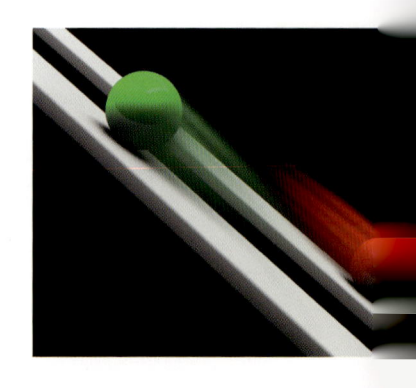

▶ L'energia cinetica di queste palle che rotolano è la somma delle energie cinetiche di traslazione e di rotazione.

PROBLEM SOLVING 2 — Disco che rotola

Un disco di 1,20 kg, con raggio di 10,0 cm, rotola senza strisciare. Se il modulo della sua velocità lineare è 1,41 m/s, determina: l'energia cinetica di traslazione, l'energia cinetica di rotazione e l'energia cinetica totale del disco.

■ **DESCRIZIONE DEL PROBLEMA** Poiché il disco rotola senza strisciare, i moduli della velocità lineare e angolare sono legati dalla relazione $v = r\omega$.

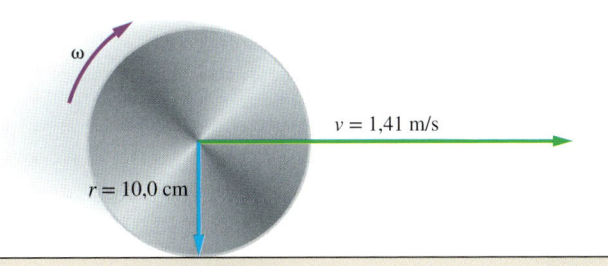

■ **STRATEGIA** Calcoliamo ciascun contributo all'energia cinetica separatamente. L'energia cinetica lineare è $\frac{1}{2}mv^2$; per calcolare l'energia cinetica di rotazione, $\frac{1}{2}I\omega^2$, ricordiamo che il momento d'inerzia di un disco è $I = \frac{1}{2}mr^2$ e, poiché il disco rotola senza strisciare, il modulo della velocità angolare è $\omega = v/r$.

Dati Massa del disco, $m = 1,20$ kg; raggio del disco $r = 10,0$ cm; modulo della velocità lineare del disco, $v = 1,41$ m/s

Incognite Energia cinetica di traslazione del disco, $\frac{1}{2}mv^2 = ?$; energia cinetica di rotazione, $\frac{1}{2}I\omega^2 = ?$; energia cinetica totale, $K_{tot} = ?$

■ **SOLUZIONE** Calcoliamo l'energia cinetica di traslazione:

$$\frac{1}{2}mv^2 = \frac{1}{2}(1,20 \text{ kg})(1,41 \text{ m/s})^2 = 1,19 \text{ J}$$

Scriviamo l'energia cinetica di rotazione in forma letterale, utilizzando $I = \frac{1}{2}mr^2$ e $\omega = \frac{v}{r}$:

$$\frac{1}{2}I\omega^2 = \frac{1}{2}\left(\frac{1}{2}mr^2\right)\left(\frac{v}{r}\right)^2 = \frac{1}{2}\left(\frac{1}{2}mv^2\right)$$

Calcoliamo l'energia cinetica di rotazione sostituendo il valore di $\frac{1}{2}mv^2$ ottenuto:

$$\frac{1}{2}I\omega^2 = \frac{1}{2}(1,19 \text{ J}) = 0,595 \text{ J}$$

Per calcolare l'energia cinetica totale sommiamo le due energie cinetiche:

$$K_{tot} = 1,19 \text{ J} + 0,595 \text{ J} = 1,79 \text{ J}$$

■ **OSSERVAZIONI** Il risultato in forma letterale ottenuto nel secondo passaggio mostra che l'energia cinetica di rotazione di un disco uniforme che rotola senza strisciare è esattamente la metà dell'energia cinetica di traslazione. Perciò, 2/3 dell'energia cinetica del disco sono dovuti al moto di traslazione e 1/3 a quello di rotazione. Questo risultato è indipendente dal raggio del disco (infatti nell'equazione r si elimina).

PROVA TU Ripeti il problema nel caso di una sfera cava di raggio R che rotola. [1,19 J; 0,793 J; 1,98 J]

Un'applicazione: la velocità di un corpo rigido che rotola da un piano inclinato

Ora che sappiamo calcolare l'energia cinetica di rotolamento, vediamo come applicare la conservazione dell'energia nella risoluzione di un problema. Consideriamo un corpo rigido di massa m, raggio r e momento d'inerzia I, situato sulla sommità di una rampa, come mostrato in **figura 13**. L'oggetto viene rilasciato da fermo e rotola da un'altezza h_0 verso la base del piano inclinato. Utilizziamo la conservazione dell'energia meccanica per calcolare il modulo della velocità dell'oggetto quando raggiunge la base della rampa.

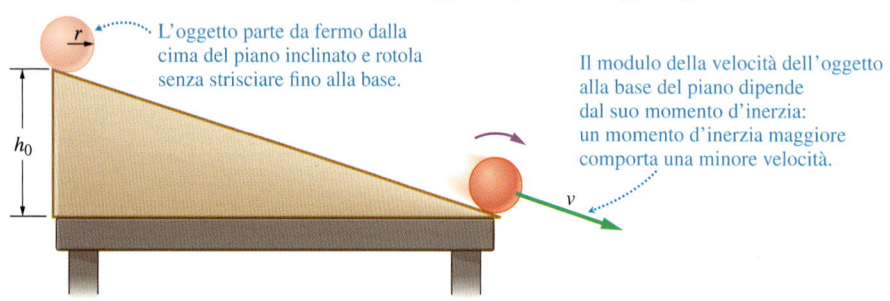

L'oggetto parte da fermo dalla cima del piano inclinato e rotola senza strisciare fino alla base.

Il modulo della velocità dell'oggetto alla base del piano dipende dal suo momento d'inerzia: un momento d'inerzia maggiore comporta una minore velocità.

◀ **Figura 13**
Oggetto che rotola su un piano inclinato

> **ATTENZIONE**
> **Rototraslazione**
> Il rotolamento senza scivolamento presuppone la presenza di una forza di attrito statico. Essa non compie lavoro perché il punto di contatto del corpo che rotola senza strisciare è fermo. È questo il motivo per cui si può applicare il principio di conservazione dell'energia.

Poniamo l'energia meccanica iniziale uguale all'energia meccanica finale, cioè:

$$K_i + U_i = K_f + U_f$$

Poiché si tratta di un moto di rotolamento, l'energia cinetica è:

$$K = \frac{1}{2}mv^2 + \frac{1}{2}I\omega^2$$

L'energia potenziale è quella dovuta alla forza peso, quindi:

$$U = mgh$$

Ponendo $h = h_0$ alla sommità della rampa e tenendo conto che l'oggetto parte da fermo, otteniamo:

$$K_i + U_i = 0 + mgh_0 = mgh_0$$

Analogamente, ponendo $h = 0$ alla base della rampa e considerando che l'oggetto rotola con una velocità di modulo v, possiamo scrivere:

$$K_f + U_f = \frac{1}{2}mv^2 + \frac{1}{2}I\omega^2 + 0$$

Poniamo uguali le energie iniziale e finale, sostituendo ω con v/r; otteniamo:

$$mgh_0 = \frac{1}{2}mv^2 + \frac{1}{2}I\frac{v^2}{r^2} \quad \to \quad mgh_0 = \frac{1}{2}mv^2\left(1 + \frac{I}{mr^2}\right)$$

da cui possiamo ricavare l'espressione della velocità dell'oggetto alla base della rampa:

$$v = \sqrt{\frac{2gh_0}{1 + \frac{I}{mr^2}}}$$

Osserviamo che il *modulo della velocità dell'oggetto dipende dal suo momento d'inerzia* e che un momento d'inerzia maggiore determina una velocità minore.
Possiamo verificare la relazione ottenuta per la velocità in un caso particolare, quello in cui $I = 0$; con questa sostituzione, l'espressione precedente diventa:

$$v = \sqrt{2gh_0}$$

Come sappiamo, questa è l'espressione della velocità di un oggetto che cade verso il basso, senza alcuna rotazione, da un'altezza h_0. Perciò, $I = 0$ significa che non c'è alcuna energia cinetica di rotazione e quindi il risultato è uguale a quello che otteniamo per una particella puntiforme. Man mano che I diventa più grande, la velocità alla base della rampa diventa sempre più piccola.

> **MATH**
> Il grafico di $v(I)$ è quello rappresentato in figura. In particolare, per $I = 0$ risulta $v = \sqrt{2gh_0}$.

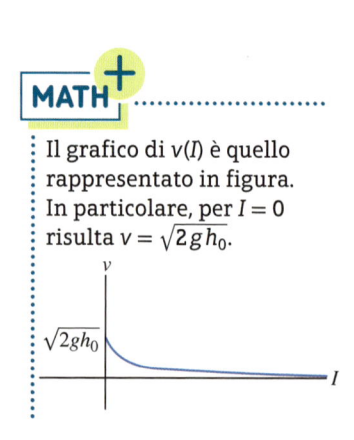

6 La seconda legge di Newton per il moto rotazionale

Abbiamo visto che molte grandezze cinematiche lineari hanno un analogo rotazionale. Viene naturale chiedersi se questa corrispondenza non possa essere spinta ancora più in là. Esiste l'analogo rotazionale della seconda legge di Newton? La risposta è sì.

Supponiamo di applicare una forza alla piattaforma di una giostra, come mostrato in **figura 14**. Se la forza è radiale, cioè è applicata lungo la direzione di una semiretta con l'origine nell'asse di rotazione **(fig. 14a)**, la giostra rimane ferma: una forza radiale non produce alcuna rotazione. Affinché la giostra giri è necessario che la forza abbia una componente tangenziale, ossia perpendicolare alla retta congiungente il centro di rotazione e il punto di applicazione della forza. Riferendoci alla **figura 14b**, osserviamo che la componente tangenziale della forza $\vec{F}$ ha intensità $F\operatorname{sen}\theta$.

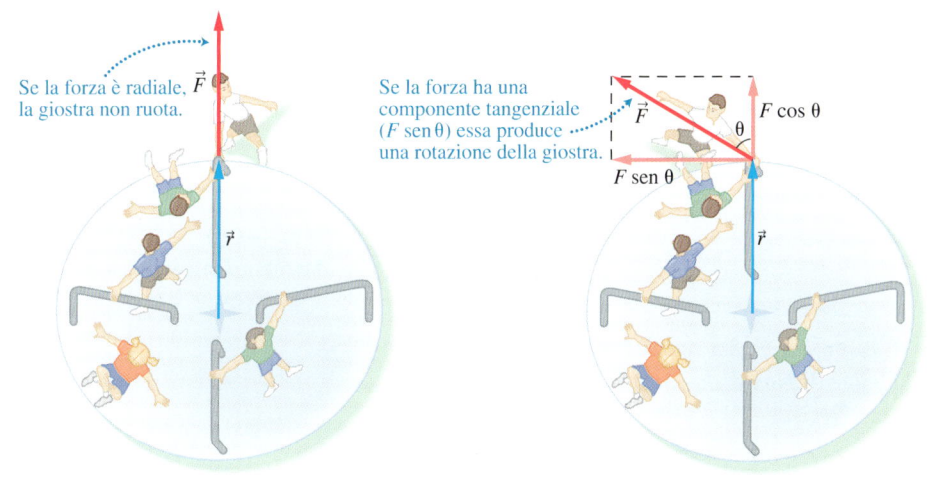

◂ **Figura 14** Solo la componente tangenziale di una forza produce una rotazione

a) La forza applicata è radiale
b) La forza applicata ha anche una componente tangenziale

> **COLLEGAMENTO** ◂◂
> Nel primo biennio abbiamo introdotto il **momento torcente** studiando l'equilibrio di un corpo rigido.

Riprendiamo una grandezza già introdotta nel primo biennio, il **momento torcente** di una forza $\vec{F}$, il cui modulo, è dato da:

$$M = rF\operatorname{sen}\theta$$

dove θ è l'angolo compreso tra il vettore posizione $\vec{r}$ e la forza $\vec{F}$ applicata nel punto individuato da $\vec{r}$, come mostrato in **figura 15**.
Il **vettore momento torcente** $\vec{M}$ è definito nel modo seguente:

> **Vettore momento torcente o momento di una forza, $\vec{M}$**
>
> Il momento torcente $\vec{M}$ è il prodotto vettoriale dei vettori $\vec{r}$ ed $\vec{F}$:
> $$\vec{M} = \vec{r} \times \vec{F}$$

$\vec{M}$ è un vettore perpendicolare al piano formato dai vettori $\vec{r}$ ed $\vec{F}$, ha modulo $rF\operatorname{sen}\theta$ e il suo verso si ottiene con la **regola della mano destra (figura 16)**: se il pollice punta nel verso del vettore $\vec{r}$ e l'indice nel verso del vettore $\vec{F}$, il medio, perpendicolare alle altre due dita, indica il vettore $\vec{M}$.

MATH+

Il **prodotto vettoriale** di due vettori $\vec{a}$ e $\vec{b}$ è un *vettore* $\vec{c}$ perpendicolare al piano formato dai due vettori, il cui verso si determina con la *regola della mano destra* illustrata in figura.
Il prodotto vettoriale non è commutativo:
$$\vec{a} \times \vec{b} \neq \vec{b} \times \vec{a}$$
è quindi importante considerare con attenzione l'ordine dei fattori.

> **COLLEGAMENTO+** ▸▸
> **Strumenti matematici**
> Per approfondire, vai alla scheda *Il prodotto vettoriale* a pag. 466.

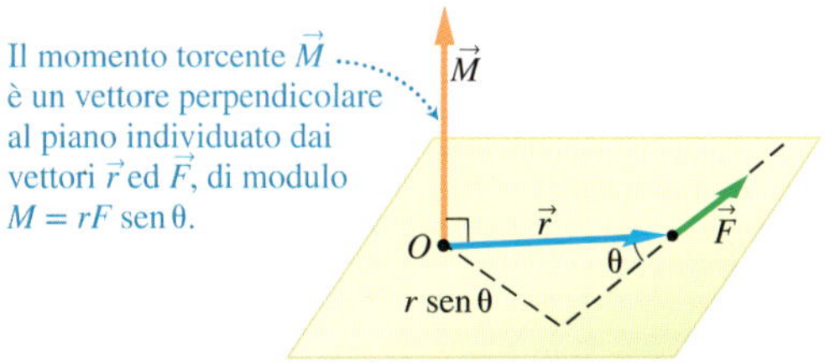

▴ **Figura 15** Vettore momento torcente

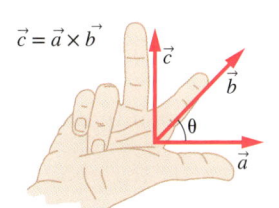

▴ **Figura 16** Regola della mano destra

Osserviamo che una forza radiale corrisponde a un angolo θ = 0; in questo caso, $M = rF \operatorname{sen} \theta = 0$, cioè il momento torcente è nullo; nel caso illustrato in **figura 14a**, la giostra non ruota. Notiamo che, poiché M è proporzionale a r, se la forza è applicata nel centro di rotazione $r = 0$ e anche in questo caso il momento torcente è nullo. Un momento torcente non nullo fa ruotare la giostra.
In particolare, se la forza è tangenziale, si ha $\theta = \dfrac{\pi}{2}$, quindi $M = rF \operatorname{sen} \dfrac{\pi}{2} = rF$.

> **Applicazioni del momento torcente**
> [in inglese, con sottotitoli in inglese e in italiano]
>
> Il prof. Walker ci mostra un'applicazione del momento torcente e ci invita a guardarci attorno per trovare numerosi altri esempi, dalle chiavi inglesi ai timoni delle grandi imbarcazioni.

Proprio come una forza applicata a un corpo rigido determina un'accelerazione lineare, così *un momento torcente applicato a un corpo rigido determina un'accelerazione angolare*. Se un momento torcente agisce su un oggetto fermo, quest'ultimo inizia a ruotare; se invece agisce su un oggetto in rotazione, la velocità angolare dell'oggetto cambia. Maggiore è il momento torcente applicato, maggiore è l'accelerazione angolare dell'oggetto. Consideriamo, ad esempio, un piccolo oggetto di massa m, collegato a un asse di rotazione per mezzo di una sottile asta di lunghezza r (**fig. 17**).

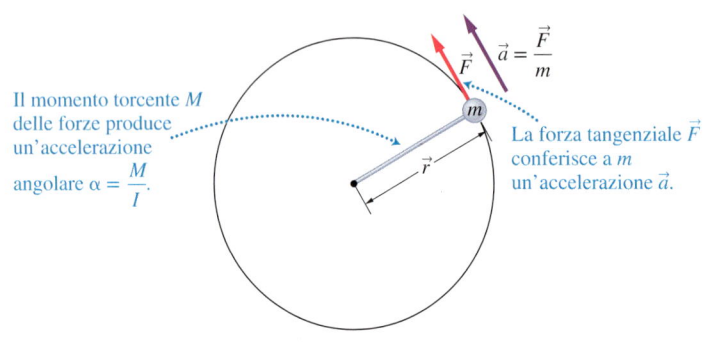

◀ **Figura 17**
Momento torcente e accelerazione angolare

Se applichiamo una forza tangenziale di intensità F alla massa, questa si muoverà con un'accelerazione a fornita dalla seconda legge di Newton:

$$F = ma$$

Sappiamo che l'accelerazione lineare a e l'accelerazione angolare α sono legate dalla relazione:

$$a = \alpha r$$

Combinando le relazioni precedenti, otteniamo:

$$F = m\alpha r$$

Infine, moltiplicando entrambi i membri per r, abbiamo:

$$rF = m\alpha r^2$$

Poiché rF è il momento torcente M ed mr^2 è il momento d'inerzia I della massa m rispetto all'asse di rotazione, la relazione precedente si può scrivere:

$$M = I\alpha$$

Osserviamo che l'accelerazione angolare α è direttamente proporzionale al momento torcente M e inversamente proporzionale al momento d'inerzia I, cioè, a parità di momento applicato, un grande momento d'inerzia implica una piccola accelerazione angolare.
La relazione $M = I\alpha$ è stata ricavata nel caso particolare di una forza tangenziale e di una singola massa che ruota a una distanza r dall'asse di rotazione. Il risultato ottenuto è però *del tutto generale*. Per un sistema con più di un momento torcente, la relazione $M = I\alpha$ è sostituita da $\Sigma M = I\alpha$, dove ΣM è il momento torcente risultante che agisce sul sistema.
Otteniamo così la **seconda legge di Newton per il moto rotazionale**, che è la legge fondamentale della dinamica rotazionale:

> **Seconda legge di Newton per il moto rotazionale**
>
> $$\Sigma M = I\alpha$$

Ricordiamo che l'accelerazione angolare e il momento torcente sono entrambi grandezze vettoriali, con la stessa direzione e lo stesso verso. La relazione precedente, dunque, si può scrivere in forma vettoriale come:

$$\Sigma \vec{M} = I \vec{\alpha}$$

La versione rotazionale della seconda legge di Newton si può ricordare facilmente se si tiene presente l'analogia tra grandezze rotazionali e lineari. Abbiamo già detto che I è l'analogo di m e che $\vec{\alpha}$ è l'analogo di $\vec{a}$. In modo simile, la grandezza $\vec{M}$, che causa un'accelerazione angolare, è analoga alla forza $\vec{F}$, che causa un'accelerazione lineare. Nel seguente schema riassumiamo le analogie tra grandezze angolari (o rotazionali) e lineari.

Dinamica lineare		Dinamica angolare	
Massa	m	Momento d'inerzia	I
Velocità	$\vec{v}$	Velocità angolare	$\vec{\omega}$
Accelerazione	$\vec{a}$	Accelerazione angolare	$\vec{\alpha}$
Forza	$\vec{F}$	Momento torcente	$\vec{M}$
Seconda legge della dinamica	$\Sigma \vec{F} = m\vec{a}$	Seconda legge della dinamica	$\Sigma \vec{M} = I\vec{\alpha}$

■ APPLICA SUBITO

5 Una fune leggera, arrotolata intorno a una carrucola a forma di disco, viene tirata tangenzialmente con una forza di 0,53 N. Determina l'accelerazione angolare della carrucola, sapendo che la sua massa è 1,3 kg e il suo raggio è 0,11 m.

Il momento torcente applicato al disco è:

$$M = rF = (0{,}11 \text{ m})(0{,}53 \text{ N}) = 5{,}8 \cdot 10^{-2} \text{ N m}$$

La carrucola è un disco e ha momento d'inerzia:

$$I = \frac{1}{2} mr^2 = \frac{1}{2}(1{,}3 \text{ kg})(0{,}11 \text{ m})^2 = 7{,}9 \cdot 10^{-3} \text{ kg m}^2$$

L'accelerazione della carrucola è quindi:

$$\alpha = \frac{M}{I} = \frac{5{,}8 \cdot 10^{-2} \text{ N m}}{7{,}9 \cdot 10^{-3} \text{ kg m}^2} = 7{,}3 \text{ rad/s}^2$$

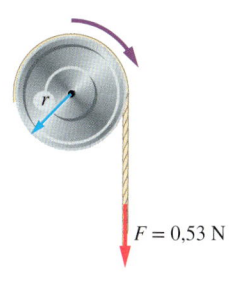

■ Un caso particolare: l'equilibrio statico di un corpo rigido

Abbiamo visto che il moto più generale di un corpo rigido consiste nella combinazione di una traslazione del suo centro di massa e di una rotazione intorno a un asse passante per il centro di massa. Pertanto, le condizioni richieste perché il corpo rigido rimanga in quiete in un certo sistema di riferimento sono due, una per ciascun tipo di moto.

- La condizione di **equilibrio traslazionale** richiede che sia nulla la risultante di tutte le forze agenti sul corpo rigido: $\Sigma \vec{F} = \vec{0}$. Questa equazione può essere considerata un caso particolare dell'equazione $\Sigma \vec{F} = m\vec{a}$, dove la sommatoria è estesa alle sole forze esterne, in quanto le forze interne si annullano a vicenda.

- La condizione di **equilibrio rotazionale** richiede che sia nulla la somma vettoriale di tutti i momenti torcenti agenti sul corpo, calcolati tutti rispetto allo stesso punto di riferimento: $\Sigma \vec{M} = \vec{0}$. Questa equazione *può essere considerata un caso particolare dell'equazione $\Sigma \vec{M} = I\vec{\alpha}$*, dove la sommatoria è estesa ai soli momenti esterni, in quanto le forze interne si annullano a vicenda e quindi si annullano anche i relativi momenti torcenti.

Solo se valgono entrambe le condizioni, il corpo rigido, inizialmente in quiete, continua a rimanere in quiete.

PROBLEM SOLVING 3 — La turbina eolica

Una turbina eolica ha un raggio di 37 m, un momento di inerzia di $8{,}4 \cdot 10^6$ kg m² e ruota con una velocità angolare iniziale di 1,1 rad/s. Quando la velocità del vento aumenta, la turbina è soggetta a un momento torcente di $1{,}6 \cdot 10^5$ N m.
a. Dopo quanti giri completi la velocità angolare raggiunge gli 1,8 rad/s?
b. Qual è la velocità tangenziale degli estremi delle pale a 27 s dall'inizio dell'accelerazione?

■ **DESCRIZIONE DEL PROBLEMA** La turbina eolica ruota con una velocità angolare iniziale $\omega_0 = 1{,}1$ rad/s e accelera con un'accelerazione angolare α nella stessa direzione della velocità angolare. Il risultato sarà un aumento della velocità angolare.

■ **STRATEGIA** Questo è in sostanza un problema di cinematica rotazionale, come quelli incontrati nel capitolo 1, ma in questo caso bisogna prima calcolare l'accelerazione angolare usando la formula $\alpha = M/I$.
a. Una volta calcolata α, possiamo ricavare lo spostamento angolare $\Delta\theta$, usando $\omega^2 = \omega_0^2 + 2\alpha\Delta\theta$. Dividiamo $\Delta\theta$ per 2π per convertire i radianti in giri.
b. Possiamo trovare la velocità angolare a $t = 27$ s usando $\omega = \omega_0 + \alpha t$. La velocità tangenziale degli estremi delle pale è quindi $v = r\omega$.

Dati Raggio della turbina eolica, $r = 37$ m; momento di inerzia, $I = 8{,}4 \cdot 10^6$ kg m²; velocità angolare iniziale, $\omega_0 = 1{,}1$ rad/s; momento torcente, $M = 1{,}6 \cdot 10^5$ N m

Incognite a. Spostamento angolare, $\Delta\theta = ?$, quando la velocità angolare aggiunge il valore $\omega = 1{,}8$ rad/s;
b. Velocità tangenziale degli estremi delle pale, $v = ?$, al tempo $t = 27$ s

■ **SOLUZIONE** Utilizziamo il momento torcente e il momento d'inerzia per calcolare l'accelerazione angolare della turbina:

$$\alpha = \frac{M}{I} = \frac{1{,}6 \cdot 10^5 \text{ Nm}}{8{,}4 \cdot 10^6 \text{ kg m}^2} = 0{,}019 \text{ rad/s}^2$$

a. Utilizziamo la relazione $\omega^2 = \omega_0^2 + 2\alpha\Delta\theta$ per calcolare lo spostamento angolare $\Delta\theta$:

$$\Delta\theta = \frac{(\omega^2 - \omega_0^2)}{2\alpha} = \frac{(1{,}8 \text{ rad/s})^2 - (1{,}1 \text{ rad/s})^2}{2(0{,}019 \text{ rad/s}^2)} = 53 \text{ rad}$$

Convertiamo da radianti a giri:

$$\Delta\theta = (53 \text{ rad})\left(\frac{1 \text{ giro}}{2\pi \text{ rad}}\right) = 8{,}4 \text{ giri}$$

b. Utilizziamo la relazione $\omega = \omega_0 + \alpha t$ per trovare la velocità angolare finale a $t = 27$ s:

$$\omega = \omega_0 + \alpha t = (1{,}1 \text{ rad/s}) + (0{,}019 \text{ rad/s}^2)(27 \text{ s}) = 1{,}6 \text{ rad/s}$$

Calcoliamo la velocità tangenziale corrispondente con $v = r\omega$:

$$v = r\omega = (37 \text{ m})(1{,}6 \text{ rad/s}) = 59 \text{ m/s}$$

■ **OSSERVAZIONI** La velocità degli estremi delle pale a $t = 27$ s è 59 m/s. Si tratta di un elemento da tenere in considerazione nella progettazione delle turbine eoliche, perché maggiore è il suo valore, più rumorosa è la turbina.

PROVA TU Qual è l'accelerazione tangenziale degli estremi delle pale a $t = 27$ s? [0,70 m/s²]

6 La seconda legge di Newton per il moto rotazionale | 255

PROBLEM SOLVING 4 In palestra

Una persona mantiene il suo braccio disteso, fermo in posizione orizzontale. La massa del braccio è m e la sua lunghezza è 0,740 m. Quando la persona lascia andare il braccio, facendolo cadere liberamente, questo inizia a ruotare attorno all'articolazione della spalla. Determina:
a. l'accelerazione angolare iniziale del braccio;
b. l'accelerazione tangenziale iniziale della mano.
(Suggerimento: per calcolare il momento torcente, assumi che tutta la massa del braccio sia concentrata nel suo centro di massa e, per calcolare l'accelerazione angolare, utilizza il momento d'inerzia di un'asta uniforme di lunghezza l rispetto al suo estremo, che è pari a $I = ml^2/3$).

■ **DESCRIZIONE DEL PROBLEMA** Il braccio è inizialmente orizzontale e fermo. Quando viene lasciato libero, ruota verso il basso attorno all'articolazione della spalla. La forza peso, mg, agisce a una distanza (0,740 m)/2 = 0,370 m dalla spalla.

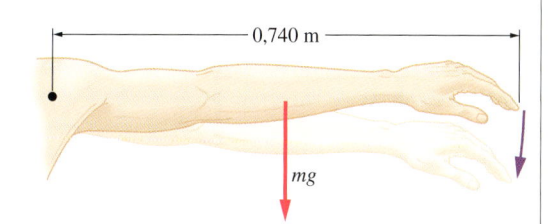

■ **STRATEGIA** Possiamo determinare l'accelerazione angolare α utilizzando la relazione $M = I\alpha$. In questo caso, il momento torcente iniziale è $M = \dfrac{l}{2}mg$, dove $l = 0{,}740$ m, e il momento d'inerzia è $I = \dfrac{1}{3}ml^2$.

Una volta calcolata l'accelerazione angolare iniziale, si ottiene la corrispondente accelerazione lineare da $a = \alpha r$.

Dati Massa del braccio, m; lunghezza del braccio, $l = 0{,}740$ m

Incognite Accelerazione angolare iniziale del braccio, $\alpha = ?$; accelerazione tangenziale iniziale del braccio, $a = ?$

■ **SOLUZIONE**

a. Utilizziamo $M = I\alpha$ per determinare l'accelerazione angolare α:

$$\alpha = \frac{M}{I}$$

Sostituiamo $M = \dfrac{l}{2}mg$ e $I = \dfrac{1}{3}ml^2$ nell'espressione di α (osserviamo che la massa del braccio si elimina) e sostituiamo i valori numerici:

$$\alpha = \frac{M}{I} = \frac{mgl/2}{ml^2/3} = \frac{3g}{2l} = \frac{3(9{,}81\ \text{m/s}^2)}{2(0{,}740\ \text{m})} = 19{,}9\ \text{rad/s}^2$$

b. Utilizziamo $a = \alpha r$ per calcolare l'accelerazione tangenziale della mano, distante $r = l$ dalla spalla:

$$a = \alpha r = \frac{3g}{2l} l = \frac{3}{2} g = 14{,}7\ \text{m/s}^2$$

Accelerazione angolare del braccio
[in inglese, con sottotitoli in inglese e in italiano]

Il prof. Walker, prendendo spunto da un dibattito tra atleti, ci mostra i due semplici esperimenti descritti nelle *Osservazioni*. Guarda il video e poi verifica tu stesso!

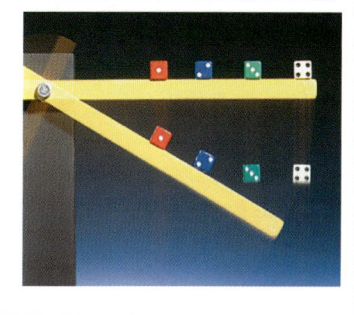

■ **OSSERVAZIONI** Notiamo che l'accelerazione tangenziale della mano è 1,5 volte quella di gravità, indipendentemente dalla massa del braccio. Questo fatto può essere facilmente verificato con un semplice esperimento: teniamo il braccio disteso, con una penna posata sulla mano; rilasciamo poi i muscoli deltoidi in modo da far ruotare liberamente verso il basso il braccio attorno all'articolazione della spalla. Possiamo osservare che, mentre il braccio cade, la mano si muove più rapidamente della penna, che sembra "sollevarsi" dalla mano.
Questo effetto si può osservare chiaramente anche nell'immagine riprodotta qui a fianco: quando un'asta di lunghezza l ruota liberamente attorno a un suo estremo, i punti che si trovano a una distanza dall'asse di rotazione maggiore di $2l/3$ hanno un'accelerazione tangenziale maggiore di g; perciò, mentre l'asta cade, i due dadi più a destra si distaccano da essa.

PROVA TU A quale distanza dalla spalla l'accelerazione tangenziale della mano è uguale a g?
[ponendo $a = r\alpha$ uguale a g si ottiene $r = 2l/3 = 0{,}493$ m]

Un'applicazione della legge della dinamica rotazionale

Consideriamo una carrucola di raggio R e massa m_c, sulla quale è arrotolata una fune a cui sono appesi due blocchi di massa m_1 ed m_2 (con $m_1 > m_2$), come mostrato in **figura 18a**.
Quando i blocchi vengono lasciati liberi di cadere la carrucola inizia a ruotare.

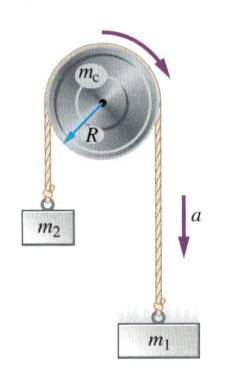

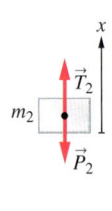

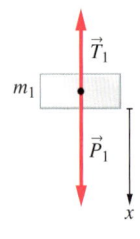

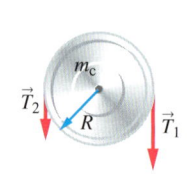

a) Rappresentazione fisica
b) Schema delle forze che agiscono sulla massa m_2
c) Schema delle forze che agiscono sulla massa m_1
d) Momento torcente dalle forze che agiscono sulla carrucola

◀ **Figura 18**
Applicazione della legge della dinamica rotazionale

La carrucola ha un momento d'inerzia $I > 0$ che si oppone a qualsiasi variazione del moto di rotazione.
Applichiamo la seconda legge di Newton al moto lineare di ciascuno dei due blocchi e al moto di rotazione della carrucola.
Scegliamo come riferimento l'asse x nella direzione e nel verso del moto dei blocchi, cioè nella direzione e verso della forza peso del blocco di massa maggiore, in questo caso m_1.
Applichiamo la seconda legge di Newton al blocco di massa m_2 (**fig. 18b**):

$$T_2 - P_2 = m_2 a$$

Applichiamo la seconda legge di Newton al blocco di massa m_1 (**fig. 18c**):

$$P_1 - T_1 = m_1 a$$

Applichiamo infine la seconda legge di Newton per il moto rotazionale alla carrucola, considerando la somma dei momenti torcenti prodotti dalle tensioni nella corda:

$$\Sigma M = I\alpha$$

cioè:

$$RT_1 - RT_2 = I\alpha$$

Le tensioni T_1 e T_2 sono diverse a causa dell'inerzia rotazionale della carrucola: se la massa m_c della carrucola fosse uguale a zero, T_1 e T_2 sarebbero uguali.
Le tre equazioni che abbiamo scritto possono essere generalizzate sostituendo le forze peso P_1 e P_2 con forze qualunque F_1 ed F_2; si ottiene il sistema:

$$\begin{cases} F_1 - T_1 = m_1 a \\ T_2 - F_2 = m_2 a \\ RT_1 - RT_2 = I\alpha \end{cases}$$

Poiché in genere conosciamo m_1, m_2, m_c ed R, possiamo calcolare $I_c = \frac{1}{2} m_c R^2$; inoltre, tenendo conto che $a = \alpha R$, note due delle sei grandezze incognite che compaiono nel sistema (F_1, F_2, T_1, T_2, a, α), si possono trovare le altre quattro grandezze.
Se non si conosce il verso del moto lo si sceglie arbitrariamente: un valore negativo dell'accelerazione a indica che il moto avviene nel verso opposto.

PROBLEM SOLVING 5 — Un problema con la carrucola

Il carrello di una rotaia a cuscino d'aria, di massa 0,31 kg, è attaccato a un filo. Il filo passa su una carrucola di massa 0,080 kg e raggio 0,012 m ed è tirato verticalmente verso il basso con una forza costante di 1,1 N. Determina:
a. la tensione nel tratto di filo fra la carrucola e il carrello;
b. l'accelerazione del carrello.

■ **DESCRIZIONE DEL PROBLEMA** Indichiamo con m la massa del carrello, con m_c ed r rispettivamente la massa e il raggio della carrucola. La forza applicata verso il basso crea una tensione $T_1 = 1,1$ N nel tratto verticale del filo. Il tratto orizzontale del filo, dalla carrucola al carrello, ha una tensione T_2. Se la carrucola avesse una massa uguale a zero, queste due tensioni sarebbero uguali; in questo caso, invece, T_2 avrà un valore diverso da T_1.
In figura sono riportate le forze che agiscono sulla carrucola e sul carrello. Il verso positivo della rotazione è antiorario e il corrispondente verso positivo del moto del carrello è verso sinistra.

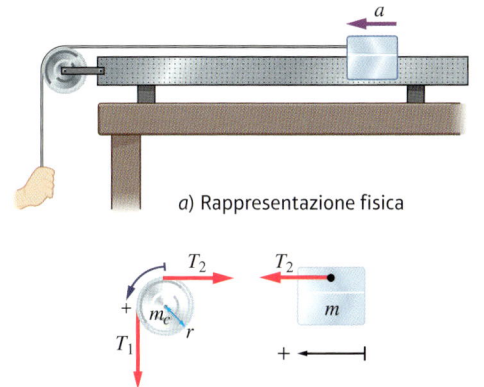

a) Rappresentazione fisica

b) Forze che agiscono sulla carrucola e sul carrello

■ **STRATEGIA** Possiamo determinare le due incognite T_2 e a applicando la seconda legge di Newton alla carrucola e al carrello. In questo modo otteniamo due equazioni nelle due incognite da mettere a sistema.
Poiché la carrucola è un disco, quando applichiamo la seconda legge di Newton dobbiamo ricordare che il suo momento d'inerzia è $I = 1/2\, m_c r^2$. Inoltre, poiché nel testo non viene detto che il filo scivola mentre la puleggia ruota, possiamo assumere che l'accelerazione angolare e quella tangenziale siano legate dalla relazione $\alpha = a/r$.

Dati Massa del carrello, $m = 0,31$ kg; massa della carrucola, $m_c = 0,080$ kg; raggio della carrucola, $r = 0,012$ m; tensione nel tratto verticale del filo, $T_1 = 1,1$ N

Incognite a. Tensione del filo nel tratto tra la carrucola e il carrello, $T_2 = ?$ b. Accelerazione del carrello, $a = ?$

■ **SOLUZIONE**

a. Applichiamo la seconda legge di Newton al carrello e alla carrucola:
$$\begin{cases} T_2 = ma \\ \Sigma M = I\alpha \end{cases}$$

Scriviamo l'equazione dei momenti osservando che T_1 causa un momento torcente positivo, T_2 un momento torcente negativo, e usiamo la relazione $\alpha = a/r$:

$$\Sigma M = I\alpha \quad \rightarrow \quad rT_1 - rT_2 = \left(\frac{1}{2}m_c r^2\right)\left(\frac{a}{r}\right) \quad \rightarrow \quad rT_1 - rT_2 = \frac{1}{2}m_c r a$$

Dall'equazione del carrello, $T_2 = ma$, determiniamo $a = \dfrac{T_2}{m}$ e sostituiamola nell'equazione della carrucola:

$$rT_1 - rT_2 = \frac{1}{2}m_c r \left(\frac{T_2}{m}\right)$$

Dividiamo tutti i termini per r e ricaviamo T_2:

$$T_2 = \frac{T_1}{1 + m_c/2m} = \frac{1,1 \text{ N}}{1 + 0,080 \text{ kg}/[2(0,31 \text{ kg})]} = 0,97 \text{ N}$$

b. Utilizziamo $T_2 = ma$ per determinare l'accelerazione:

$$a = \frac{T_2}{m} = \frac{0,97 \text{ N}}{0,31 \text{ kg}} = 3,1 \text{ m/s}^2$$

■ **OSSERVAZIONI** Notiamo che T_2 è minore di T_1. Di conseguenza il momento torcente risultante agisce sulla carrucola in verso antiorario, causando una rotazione in questo verso, come ci aspettavamo. Se la massa della carrucola fosse zero ($m_c = 0$), le due tensioni sarebbero uguali e l'accelerazione del carrello sarebbe $T_1/m = 3,5$ m/s^2.

PROVA TU Quale forza è necessario applicare per fornire al carrello un'accelerazione di 2,2 m/s^2? [0,77 N]

7 Il momento angolare

Introdurremo ora una grandezza di importanza fondamentale nella fisica, il momento angolare.

Consideriamo, per cominciare, un oggetto puntiforme che si muove su una retta, con una quantità di moto $\vec{p}$, e un punto di riferimento assunto come origine. Se il punto di riferimento appartiene alla retta di azione del vettore quantità di moto, come mostrato in **figura 19a**, la posizione angolare dell'oggetto non varia nel tempo.

Se invece l'oggetto si muove con una quantità di moto $\vec{p}$ su una retta che *non passa* per il punto di riferimento, la sua posizione angolare varia nel tempo, come mostrato in **figura 19b**, e si dice che l'oggetto ha un **momento angolare**.

Anche un oggetto che si muove di moto circolare ha una posizione angolare che varia nel tempo e possiede quindi un momento angolare rispetto al centro della circonferenza (**fig. 19c**).

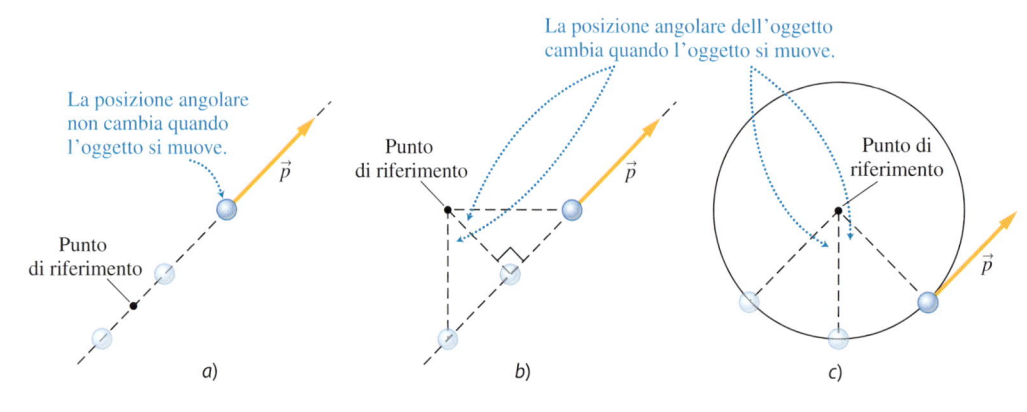

◀ **Figura 19**
Momento angolare nel moto rettilineo e nel moto circolare

Il momento angolare è definito sempre rispetto a un punto ed è una grandezza vettoriale. Consideriamo un oggetto puntiforme che si muove rispetto a un punto di riferimento O scelto come origine, con una quantità di moto $\vec{p}$ (**fig. 20a**).

Se $\vec{r}$ è il vettore posizione della particella, il vettore **momento angolare** $\vec{L}$ è definito nel modo seguente:

> **Vettore momento angolare, $\vec{L}$**
>
> Il momento angolare $\vec{L}$ è il prodotto vettoriale dei vettori $\vec{r}$ e $\vec{p}$:
>
> $$\vec{L} = \vec{r} \times \vec{p}$$

$\vec{L}$ è un vettore perpendicolare al piano formato dai vettori $\vec{r}$ e $\vec{p}$ e ha modulo:

$$L = rp \operatorname{sen}\theta$$

dove θ è l'angolo formato dai vettori $\vec{r}$ e $\vec{p}$ e il suo verso si ottiene con la **regola della mano destra**: se il pollice punta nel verso del vettore $\vec{r}$ e l'indice nel verso del vettore $\vec{p}$, il medio, tenuto perpendicolare alle altre due dita, indica il verso del vettore $\vec{L}$.
Nel SI il modulo del momento angolare si misura in kg m²/s.

Per convenzione, il punto di applicazione del vettore $\vec{L}$ è il punto rispetto al quale è definito il momento angolare, cioè l'origine del vettore $\vec{r}$, come mostrato in **figura 20b**.
Il momento angolare si può definire in modo equivalente introducendo il **braccio** b, che è la distanza del punto di riferimento dalla retta su cui giace il vettore p, cioè la lunghezza del segmento di perpendicolare condotto dall'asse di rotazione alla retta di p.
Dalla **figura 20** vediamo che:

$$b = r \operatorname{sen}\theta$$

Utilizzando il braccio, il modulo del momento angolare L si può quindi scrivere nella forma:

$$L = bp$$

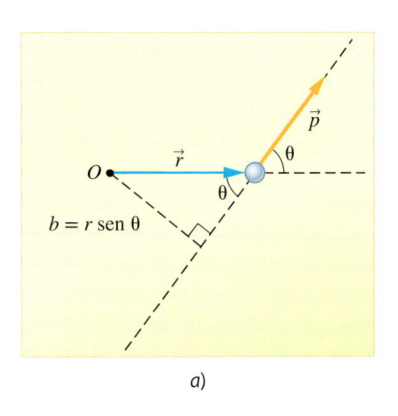

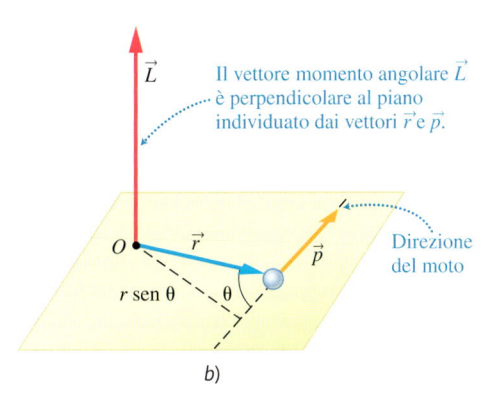

◀ **Figura 20**
Vettore momento angolare

Osserviamo che il modulo del momento angolare L è *massimo* quando $\vec{p}$ è perpendicolare a $\vec{r}$, ad esempio quando l'oggetto si muove su una traiettoria circolare (**fig. 21**); in questo caso, infatti, $\theta = 90°$ e il modulo del momento angolare diventa:

$$L = rp \operatorname{sen} 90° = rp = rmv$$

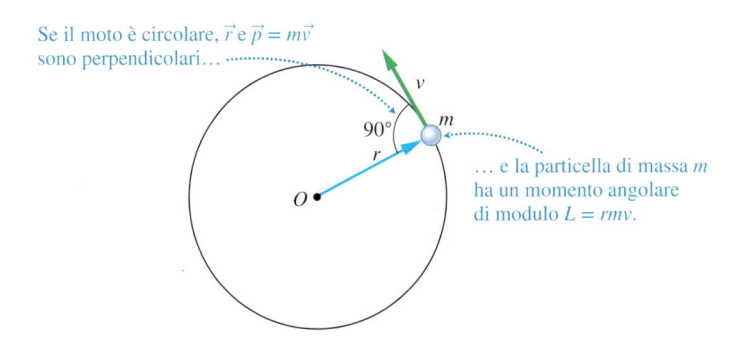

◀ **Figura 21**
Il momento angolare in un moto circolare

Se invece l'angolo fra i vettori $\vec{p}$ e $\vec{r}$ è $\theta = 0°$, cioè i due vettori $\vec{p}$ e $\vec{r}$ sono paralleli, il momento angolare è nullo:

$$L = 0$$

■ APPLICA SUBITO

6 Correndo con una velocità di modulo 4,10 m/s, un bambino di 21,2 kg si dirige verso il bordo di una giostra di raggio 2,00 m, per saltarvi sopra, come mostrato in figura.

a. Qual è il momento angolare del bambino rispetto al centro della giostra?

b. Per quale angolo, rispetto alla direzione radiale, il bambino ha il massimo momento angolare? Quanto vale il momento angolare in questo caso?

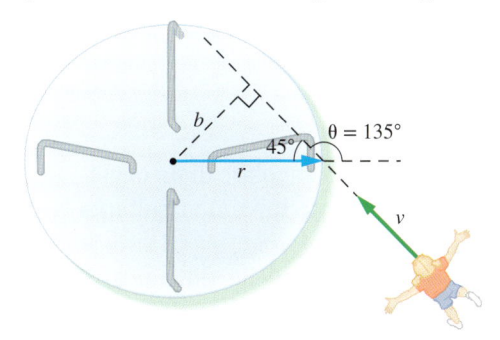

a. Calcoliamo il momento angolare del bambino con la relazione $L = rmv \operatorname{sen} \theta$. In questo caso dalla figura vediamo che $\theta = 135°$ ed $r = 2,00$ m:

$$L = rmv \operatorname{sen} \theta = (2,00 \text{ m})(21,2 \text{ kg})(4,10 \text{ m/s}) \operatorname{sen} 135° = 123 \text{ kg m}^2/\text{s}$$

b. Il momento angolare del bambino è massimo se $\theta = 90°$, cioè quando la velocità del bambino è perpendicolare a $\vec{r}$. In questo caso il valore di L è:

$$L = rmv = (2,00 \text{ m})(21,2 \text{ kg})(4,10 \text{ m/s}) = 174 \text{ kg m}^2/\text{s}$$

Un'altra formulazione della seconda legge di Newton

Consideriamo la variazione nel tempo del momento angolare $\vec{L} = \vec{r} \times \vec{p} = m\vec{r} \times \vec{v}$ di un punto materiale.

Immaginiamo che in un certo istante t la posizione di un punto materiale di massa m rispetto al punto O, assunto come origine di un sistema di riferimento cartesiano, sia data dal vettore posizione $\vec{r}_1$ e che la sua velocità sia $\vec{v}_1$. Dopo un intervallo di tempo Δt molto piccolo sia la posizione rispetto a O sia la velocità sono cambiate, diventando rispettivamente $\vec{r}_2 = \vec{r}_1 + \Delta \vec{r}$ e $\vec{v}_2 = \vec{v}_1 + \Delta \vec{v}$. Anche i moduli di $\Delta \vec{r}$ e $\Delta \vec{v}$ sono piccoli **(fig. 22)**.

Calcoliamo la variazione del momento angolare $\Delta \vec{L}$:

$$\Delta \vec{L} = \vec{L}_2 - \vec{L}_1 = m\vec{r}_2 \times \vec{v}_2 - m\vec{r}_1 \times \vec{v}_1 = m[(\vec{r}_1 + \Delta \vec{r}) \times (\vec{v}_1 + \Delta \vec{v}) - \vec{r}_1 \times \vec{v}_1] =$$

$$= m(\vec{r}_1 \times \vec{v}_1 + \vec{r}_1 \times \Delta \vec{v} + \Delta \vec{r} \times \vec{v}_1 + \Delta \vec{r} \times \Delta \vec{v} - \vec{r}_1 \times \vec{v}_1) = m(\Delta \vec{r} \times \vec{v}_1 + \vec{r}_1 \times \Delta \vec{v})$$

dove, nell'ultimo passaggio, abbiamo trascurato il termine $m\Delta \vec{r} \times \Delta \vec{v}$, perché è il prodotto di due quantità molto piccole. Poiché $m\vec{v}_1 = \vec{p}_1$ ed $m\Delta \vec{v} = \Delta \vec{p}$, otteniamo:

$$\Delta \vec{L} = \Delta \vec{r}_1 \times \vec{p}_1 + \vec{r}_1 \times \Delta \vec{p}$$

Ponendo $\vec{r}_1 = \vec{r}$, la variazione del momento angolare risulta:

$$\Delta \vec{L} = \Delta \vec{r} \times \vec{p} + \vec{r} \times \Delta \vec{p}$$

La variazione di $\vec{L}$ nel tempo si calcola dividendo $\Delta \vec{L}$ per Δt:

$$\frac{\Delta \vec{L}}{\Delta t} = \frac{\Delta \vec{r}}{\Delta t} \times \vec{p} + \vec{r} \times \frac{\Delta \vec{p}}{\Delta t}$$

Possiamo notare che nel primo addendo al secondo membro compare la velocità media $\vec{v} = \Delta \vec{r}/\Delta t$, mentre nel secondo addendo compare la forza media risultante $\Sigma \vec{F} = \Delta \vec{p}/\Delta t$. Possiamo dunque scrivere:

$$\frac{\Delta \vec{L}}{\Delta t} = \vec{v} \times \vec{p} + \vec{r} \times \Sigma \vec{F}$$

Il termine $\vec{v} \times \vec{p}$, esplicitando $\vec{p}$, si può scrivere:

$$\vec{v} \times \vec{p} = \vec{v} \times (m\vec{v})$$

ed è il prodotto vettoriale di due vettori che hanno la stessa direzione; questo prodotto vettoriale, per definizione, è nullo. Rimane dunque solo il secondo termine a destra del segno di uguaglianza, $\vec{r} \times \Sigma \vec{F}$, che è il *momento torcente* risultante $\Sigma \vec{M}$ che agisce sul corpo. In definitiva, abbiamo ottenuto:

$$\frac{\Delta \vec{L}}{\Delta t} = \Sigma \vec{M}$$

La relazione precedente stabilisce che la variazione del momento angolare di un oggetto, definito rispetto a un certo punto fisso O, è uguale al momento torcente risultante sull'oggetto, definito rispetto allo stesso punto.

Abbiamo così derivato un'altra formulazione della seconda legge della dinamica di Newton, espressa in termini di momento angolare:

> **Seconda legge della dinamica di Newton (in termini di momento angolare)**
>
> $$\Sigma \vec{M} = \frac{\Delta \vec{L}}{\Delta t}$$

È evidente l'analogia con la relazione $\vec{F} = \frac{\Delta \vec{p}}{\Delta t}$. Così come una forza può essere espressa tramite la variazione della quantità di moto lineare in un dato intervallo di tempo, il momento torcente può essere espresso tramite la variazione del momento angolare in un dato intervallo di tempo.

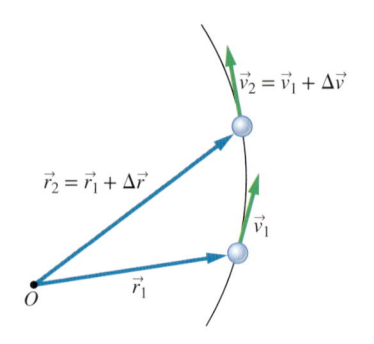

▲ **Figura 22**

MATH⁺

Nel calcolo di $\Delta \vec{L}$ abbiamo applicato la proprietà distributiva del prodotto vettoriale rispetto all'addizione vettoriale.

COLLEGAMENTO⁺ ▶▶
Strumenti matematici

Per approfondire, vai alla scheda *Il prodotto vettoriale* a pag. 466.

8 Il momento angolare di un corpo rigido in rotazione

Nel paragrafo precedente abbiamo definito il momento angolare $\vec{L}$ di un punto materiale come il prodotto vettoriale del vettore posizione $\vec{r}$ del punto materiale e del vettore quantità di moto $\vec{p}$: $\vec{L} = \vec{r} \times \vec{p}$.

Vogliamo ora estendere la definizione a un corpo rigido in rotazione.

Consideriamo un oggetto puntiforme di massa m che si muove lungo una circonferenza di raggio r (**fig. 23**). Il momento angolare dell'oggetto è un vettore di modulo:

$$L = rp \operatorname{sen} 90° = rp = rmv$$

Esprimendo v in funzione della velocità angolare ω possiamo scrivere:

$$L = rmv = rm\omega r = m\omega r^2 = mr^2\omega$$

Ricordiamo che $I = mr^2$ è il momento di inerzia del corpo rigido, perciò, sostituendo nella relazione precedente, otteniamo:

$$L = mr^2\omega = I\omega$$

Abbiamo ottenuto dunque la seguente relazione, che è valida per *qualunque corpo rigido che ruota rispetto a un asse fisso*:

> **Momento angolare di un corpo rigido rotante rispetto a un asse fisso, L**
>
> $$L = I\omega$$

Questa relazione in forma vettoriale diventa:

$$\vec{L} = I\vec{\omega}$$

Nel sistema SI il momento angolare si misura in kg m²/s.

APPLICA SUBITO

7 Calcola il momento angolare di un frisbee di 0,13 kg che ruota con una velocità angolare di modulo 1,15 rad/s. Assumi che il frisbee sia un disco uniforme di raggio 7,5 cm.

Ricordando che, per un disco uniforme, $I = \frac{1}{2}mR^2$, otteniamo:

$$L = I\omega = \left(\frac{1}{2}mR^2\right)\omega = \frac{1}{2}(0{,}13 \text{ kg})(0{,}075 \text{ m})^2(1{,}15 \text{ rad/s}) = 4{,}2 \cdot 10^{-4} \text{ kg m}^2/\text{s}$$

Poiché il momento d'inerzia è costante, almeno finché la massa e la forma dell'oggetto non variano, la variazione di $L = I\omega$ in un intervallo di tempo Δt è:

$$\frac{\Delta L}{\Delta t} = I\frac{\Delta \omega}{\Delta t}$$

Ricordando che $\Delta\omega/\Delta t$ è l'accelerazione angolare α, possiamo scrivere:

$$\frac{\Delta L}{\Delta t} = I\alpha$$

Ricordando inoltre che il prodotto $I\alpha$ rappresenta il momento torcente M, ritroviamo la seconda legge di Newton per il moto rotazionale ricavata nel paragrafo 6:

$$M = I\alpha = \frac{\Delta L}{\Delta t}$$

che possiamo scrivere anche in forma vettoriale:

> **Seconda legge di Newton per il moto rotazionale**
>
> $$\vec{M} = I\vec{\alpha} = \frac{\Delta \vec{L}}{\Delta t}$$

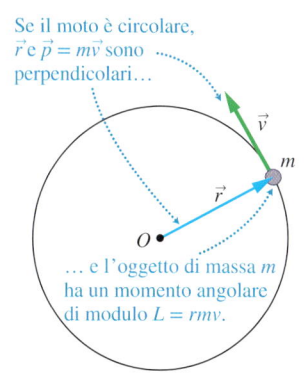

▲ **Figura 23**
Il momento angolare in un moto circolare

Se il moto è circolare, $\vec{r}$ e $\vec{p} = m\vec{v}$ sono perpendicolari... e l'oggetto di massa m ha un momento angolare di modulo $L = rmv$.

LE GRANDI IDEE

5 Il momento angolare di un corpo rigido è l'analogo rotazionale della quantità di moto. La sua variazione nel tempo è legata al momento torcente.

! ATTENZIONE

Il momento angolare di un sistema di punti

Per un sistema di n punti materiali in rotazione con la stessa velocità angolare ω intorno a uno stesso asse, aventi rispettivamente masse $m_1, ..., m_n$ e distanze dall'asse di rotazione $r_1, ..., r_n$, il **momento angolare totale** risulta:

$L_{TOT} = m_1 r_1^2 \omega + ... + m_n r_n^2 \omega =$
$= (m_1 r_1^2 + ... + m_n r_n^2)\omega = I_{TOT}\omega$

dove I_{TOT} rappresenta il momento di inerzia complessivo del sistema di n punti materiali.

🔗 COLLEGAMENTO ▶▶

In digitale

Il moto di precessione

APPLICA SUBITO

8 Una girandola, esposta a una leggera brezza, ha un momento torcente costante di 255 N m. Se la girandola inizialmente è in quiete, qual è il suo momento angolare dopo 2,00 s?

Dalla seconda legge di Newton per il moto rotazionale $M = \dfrac{\Delta L}{\Delta t}$ ricaviamo:

$\Delta L = M \Delta t \quad \rightarrow \quad L_f - L_i = M \Delta t$

Poiché il momento angolare iniziale della girandola è zero, il momento angolare finale è:

$L_f = M \Delta t = (255 \text{ N m})(2{,}00 \text{ s}) = 510 \text{ kg m}^2/\text{s}$

9 La legge di conservazione del momento angolare

L'ultima legge di conservazione fondamentale della meccanica riguarda il momento angolare. In questo paragrafo la enunceremo per un punto materiale, per un sistema di punti e successivamente per un corpo esteso.

LE GRANDI IDEE

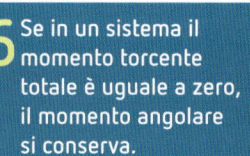

6 Se in un sistema il momento torcente totale è uguale a zero, il momento angolare si conserva.

Conservazione del momento angolare per un punto materiale

Ricordiamo che, se su un punto materiale agisce un momento torcente $\vec{M}$, il momento angolare $\vec{L}$ del punto materiale varia secondo la legge:

$$\vec{M} = \dfrac{\Delta \vec{L}}{\Delta t}$$

dove $\vec{M}$ ed $\vec{L}$ sono definiti rispetto allo stesso punto fisso. La variazione di $\vec{L}$ in un intervallo di tempo Δt è pertanto $\Delta \vec{L} = \vec{M} \Delta t$.

Se il momento torcente è nullo, cioè $\vec{M} = \vec{0}$, anche $\Delta \vec{L}$ sarà nullo, cioè $\Delta \vec{L} = \vec{0}$.
Scrivendo $\Delta \vec{L}$ come differenza tra i valori finale e iniziale, $\Delta \vec{L} = \vec{L}_f - \vec{L}_i$, concludiamo che, se il momento torcente che agisce su un punto materiale è nullo, il momento angolare del punto si conserva:

$\Delta \vec{L} = \vec{L}_f - \vec{L}_i = \vec{0} \quad \rightarrow \quad \vec{L}_f = \vec{L}_i$

Se il punto materiale è sottoposto a più di un momento torcente, il momento angolare si conserva se il momento torcente risultante $\Sigma \vec{M}$ è nullo.
In generale, quindi, la legge di conservazione del momento angolare per un punto materiale può essere enunciata come segue:

Conservazione del momento angolare (per un punto materiale)

Se il momento torcente risultante su un punto materiale è nullo, il momento angolare del punto si conserva, cioè:

$\Sigma \vec{M} = \vec{0} \quad \rightarrow \quad \vec{L}_f = \vec{L}_i$

Dire che il momento angolare $\vec{L}$ di un punto si conserva significa che il modulo, la direzione e il verso di $\vec{L}$ rimangono costanti. Poiché $\vec{L}$ è perpendicolare al piano che contiene il vettore posizione $\vec{r}$ e il vettore quantità di moto $\vec{p}$, come mostrato in **figura 24**, se $\vec{L}$ è costante questo piano non cambia la sua posizione (giacitura) nel corso del moto del punto.
La conservazione del momento angolare implica dunque che il moto di un punto materiale avvenga in un piano.

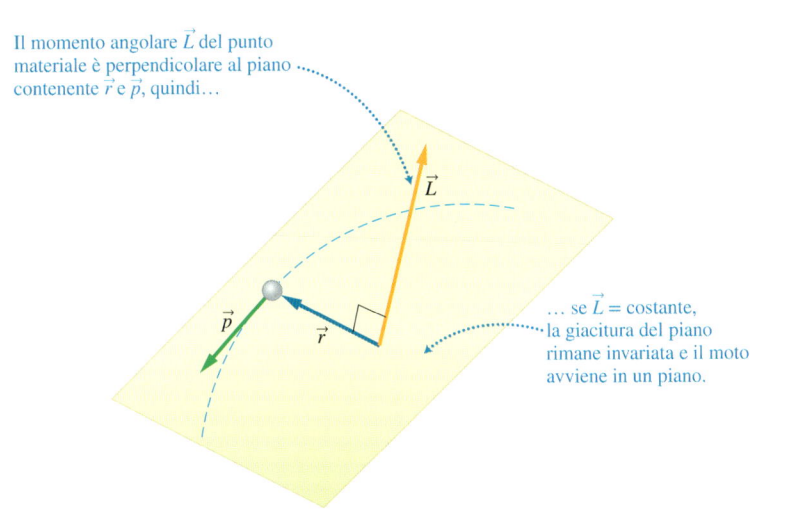

Figura 24
Momento angolare e moto in un piano

Il momento torcente risultante che agisce su un punto è dato dalla somma dei prodotti vettoriali:

$$\Sigma \vec{M} = \Sigma (\vec{r} \times \vec{F})$$

dove $\vec{r}$ è il vettore posizione del punto rispetto a un punto scelto come origine degli assi. Poiché $\vec{r}$ è lo stesso per tutte le forze applicate, possiamo portare $\vec{r}$ fuori dal simbolo di sommatoria e riscrivere $\Sigma \vec{M}$ come:

$$\Sigma \vec{M} = \vec{r} \times \Sigma \vec{F}$$

Evidentemente $\Sigma \vec{M}$ è nullo sia quando sul punto non agiscono forze sia quando la risultante delle forze è nulla (cioè $\Sigma \vec{F} = \vec{0}$).

C'è però un altro caso in cui $\Sigma \vec{M}$ si annulla. Ricordiamo che, in generale, un prodotto vettoriale $\vec{a} \times \vec{b}$ è nullo se i vettori $\vec{a}$ e $\vec{b}$ hanno la stessa direzione. Quindi $\Sigma \vec{M}$ è nullo anche quando le forze agenti sul punto, pur avendo risultante non nulla, sono tutte dirette lungo $\vec{r}$. Si parla in questo caso di **forze centrali**, cioè di forze dirette sempre verso un punto fisso.
Poiché *il momento torcente di una forza centrale è nullo*, se un punto è soggetto a forze centrali il suo momento angolare si conserva **(fig. 25)**.

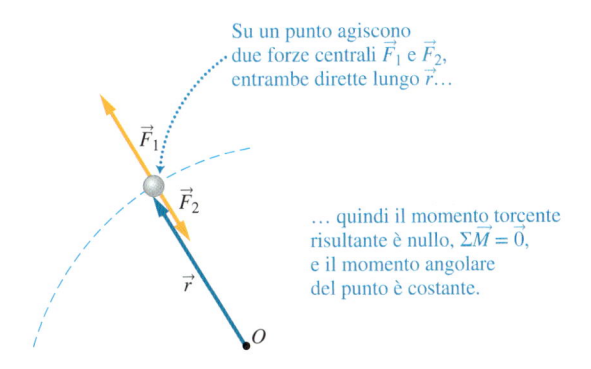

Figura 25
Forze centrali e conservazione del momento angolare

Conservazione del momento angolare e forze centrali

Quando la risultante di tutte le forze che agiscono su un punto materiale è una forza centrale, il momento angolare si conserva.

Un esempio notevole di conservazione del momento angolare è rappresentato dal moto dei pianeti attorno al Sole. La forza gravitazionale che agisce sui pianeti è infatti, come vedremo, una forza di tipo centrale.

COLLEGAMENTO
Nel fascicolo LAB+
Con GeoGebra
La conservazione del momento angolare

| PROBLEM SOLVING | 6 | **Un percorso a spirale**

Un disco che si trova su una superficie orizzontale priva di attrito viene legato a una corda che passa attraverso un buco praticato sulla superficie, come mostrato nella figura. Il disco viene fatto ruotare e, mentre ruota, la corda viene tirata verso il basso, avvicinando il disco al buco. Se all'inizio il disco si trova a una distanza di 0,75 m dal buco e ha una velocità tangenziale di 0,60 m/s, qual è la sua velocità tangenziale quando si trova a una distanza di 0,35 m dal buco?

■ **DESCRIZIONE DEL PROBLEMA**
Il disco si trova inizialmente a una distanza $r_i = 0{,}75$ m dal buco, che scegliamo come origine. La sua velocità tangenziale è $v_i = 0{,}60$ m/s. Poiché la corda esercita una forza centrale, diretta verso l'origine, il momento angolare del disco (definito rispetto a O) si conserva. Chiamiamo v_f la velocità tangenziale finale del disco ed r_f la sua distanza finale dall'origine.

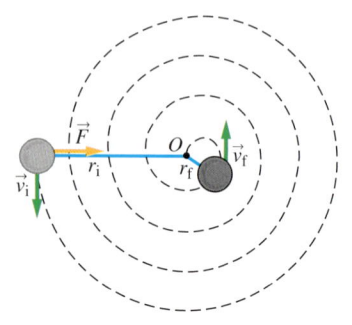

Vista dall'alto

■ **STRATEGIA** La legge di conservazione del momento angolare $L_i = L_f$ si scrive esplicitamente come $mv_i r_i = mv_f r_f$.
Questa legge permette di determinare v_f.

Dati Distanza iniziale del disco dal buco, $r_i = 0{,}75$ m; velocità tangenziale iniziale del disco, $v_i = 0{,}60$ m/s; distanza finale del disco dal buco, $r_f = 0{,}35$ m

Incognita Velocità tangenziale finale del disco, $v_f = ?$

■ **SOLUZIONE**
Dalla legge di conservazione del momento angolare $mv_i r_i = mv_f r_f$ ricaviamo v_f:

$$v_f = \frac{v_i r_i}{r_f} = \frac{(0{,}60 \text{ m/s})(0{,}75 \text{ m})}{0{,}35 \text{ m}} = 1{,}3 \text{ m/s}$$

■ **OSSERVAZIONI** Notiamo che il risultato non dipende dal valore della massa del disco.

PROVA TU A quale distanza dall'origine si trova il disco quando la sua velocità tangenziale è 1,0 m/s?

[0,45 m]

Conservazione del momento angolare per un sistema di punti

Estendiamo ora il discorso a un sistema di più punti su cui agiscono delle forze interne (a coppie) e delle forze esterne. I momenti torcenti interni si comportano come le forze interne, le quali, per la legge di azione e reazione, agiscono sempre in coppie uguali e opposte, in modo da eliminarsi a vicenda. Di conseguenza, *la somma dei momenti torcenti interni è nulla* e il momento torcente risultante è dovuto soltanto alla somma dei momenti torcenti esterni, $\Sigma \vec{M}_{est}$. Quindi, il momento angolare del sistema si conserva se $\Sigma \vec{M}_{est}$ è uguale a zero:

Conservazione del momento angolare (per un sistema di punti)
Se il momento torcente esterno risultante agente su un sistema di punti materiali è nullo, il momento angolare totale del sistema si conserva:

$$\Sigma \vec{M}_{est} = \vec{0} \quad \rightarrow \quad \vec{L}_{tot,f} = \vec{L}_{tot,i}$$

Conservazione del momento angolare per un corpo esteso

Quando una pattinatrice su ghiaccio, compiendo una piroetta, avvicina le braccia al corpo per rendere più veloce la rotazione, non fa che applicare la legge di conservazione del momento angolare.

Per capire perché, consideriamo un corpo rigido con un momento angolare iniziale L_i, sul quale agisce un singolo momento torcente M. Dopo un intervallo di tempo Δt il modulo del momento angolare dell'oggetto varia, in accordo con la seconda legge di Newton:

$$M = \frac{\Delta L}{\Delta t}$$

da cui possiamo ricavare ΔL:

$$\Delta L = L_f - L_i = M\Delta t$$

Quindi il momento angolare finale dell'oggetto è:

$$L_f = L_i + M\Delta t$$

Se il momento torcente che agisce sull'oggetto è nullo, cioè $M = 0$, i momenti angolari iniziale e finale sono uguali, cioè il momento angolare si conserva:

$$L_f = L_i \quad (\text{se } M = 0)$$

Ricordando che, per definizione, $L = I\omega$, la conservazione del momento angolare implica che:

$$I_f \omega_f = I_i \omega_i \quad \text{cioè} \quad I\omega = \text{costante}$$

È proprio questa relazione che permette alla pattinatrice di variare la sua velocità di rotazione durante le piroette; quando avvicina le braccia al corpo, infatti, la pattinatrice riduce il suo momento d'inerzia I e, di conseguenza, aumenta la sua velocità angolare. Anche tutte le manovre che compie un tuffatore sono governate dalle leggi di conservazione del momento angolare. Poiché il prodotto $I\omega$ deve rimanere costante, il tuffatore può aumentare la sua velocità angolare e, quindi, il numero di rotazioni che può effettuare nello stesso intervallo di tempo, raccogliendo le gambe e riducendo così il suo momento d'inerzia (**fig. 26**). Per entrare in acqua con eleganza, secondo le regole stabilite nelle competizioni, deve invece ridurre la sua velocità angolare e aumentare di conseguenza il momento d'inerzia distendendo il corpo.

Il momento angolare si conserva anche in sistemi sottoposti a più di un momento torcente, purché il *momento torcente risultante* sia nullo. Anche in questo caso, il momento torcente risultante è dovuto soltanto alla somma dei momenti torcenti esterni, ΣM_{est}. Quindi, in generale, il momento angolare di un corpo esteso si conserva se ΣM_{est} è nullo:

▶ Figura 26

Conservazione del momento angolare (per un corpo esteso)

$$\Sigma M_{est} = 0 \quad \rightarrow \quad L_f = L_i \quad \rightarrow \quad I_f \omega_f = I_i \omega_i$$

GEO

I cicloni: un esempio di conservazione del momento angolare

Un **ciclone tropicale** attira l'aria circostante verso il suo "occhio" al livello del suolo, da dove poi risale fino a un'altezza di vari kilometri. Via via che l'aria si muove verso l'asse di rotazione, il modulo della sua velocità angolare aumenta a causa della conservazione del momento angolare, proprio come aumenta la velocità angolare di una pattinatrice che richiama le braccia verso il corpo. La velocità tangenziale del vento, in questo modo, può passare dai 5,0 km/h, a una distanza di 500 km dal centro del ciclone, ai circa 250 km/h a 10,0 km dal centro. Questa analisi non tiene conto degli attriti che certamente rallentano la velocità del vento, ma il principio fondamentale, per cui un avvicinamento all'asse di rotazione comporta un aumento della velocità, vale per il ciclone così come per gli altri moti vorticosi che si verificano nell'atmosfera.

| CAPITOLO 5 | Cinematica e dinamica rotazionale

PROBLEM SOLVING 7 Fai un giro!

Per studiare in laboratorio il momento angolare, uno studente si siede su uno sgabello girevole, tenendo in ciascuna mano un oggetto di massa abbastanza grande. Inizialmente tiene le braccia distese e gira attorno all'asse dello sgabello con una velocità angolare di 3,72 rad/s. Il suo momento d'inerzia in questo caso è 5,33 kg m². Mentre sta girando, lo studente avvicina le braccia al torace, riducendo il suo momento d'inerzia a 1,60 kg m².

a. Qual è la nuova velocità angolare dello studente?
b. Determina i momenti angolari iniziale e finale dello studente.

■ **DESCRIZIONE DEL PROBLEMA** Le posizioni iniziale e finale dello studente sono mostrate nella figura. La distribuzione delle masse nella posizione finale fornisce un momento d'inerzia minore.

■ **STRATEGIA** Potendo trascurare gli attriti nello sgabello, che non sono menzionati, sul sistema non agiscono momenti torcenti esterni. Di conseguenza il momento angolare si conserva. Pertanto, ponendo il momento angolare iniziale, $L_i = I_i \omega_i$, uguale al momento angolare finale, $L_f = I_f \omega_f$, possiamo determinare la velocità angolare finale.

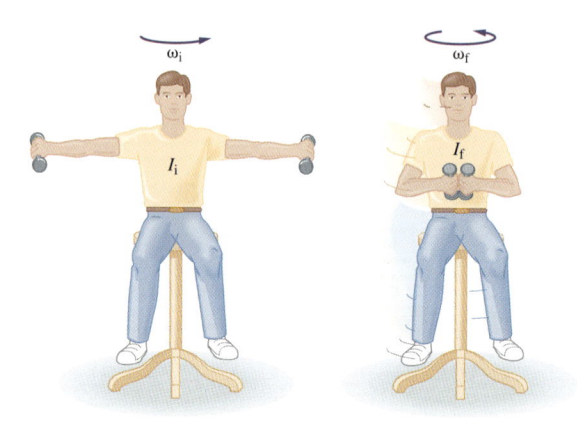

Dati Velocità angolare iniziale dello studente, $\omega_i = 3{,}72$ rad/s; momento di inerzia iniziale dello studente, $I_i = 5{,}33$ kg m²; momento di inerzia finale dello studente, $I_f = 1{,}60$ kg m²

Incognite **a.** Velocità angolare finale dello studente, $\omega_f = ?$
b. Momento angolare iniziale, $L_i = ?$; momento angolare finale, $L_f = ?$

■ **SOLUZIONE**

a. Applichiamo la conservazione del momento angolare:

$$L_i = L_f \quad \rightarrow \quad I_i \omega_i = I_f \omega_f$$

Ricaviamo la velocità angolare finale ω_f e sostituiamo i valori numerici:

$$\omega_f = \frac{I_i}{I_f} \omega_i = \frac{5{,}33 \text{ kg m}^2}{1{,}60 \text{ kg m}^2}(3{,}72 \text{ rad/s}) = 12{,}4 \text{ rad/s}$$

b. Utilizziamo la relazione $L = I\omega$ per calcolare i momenti angolari.
Sostituiamo, come verifica, sia i valori iniziali sia quelli finali:

$$L_i = I_i \omega_i = (5{,}33 \text{ kg m}^2)(3{,}72 \text{ rad/s}) = 19{,}8 \text{ kg m}^2/\text{s}$$

$$L_f = I_f \omega_f = (1{,}60 \text{ kg m}^2)(12{,}4 \text{ rad/s}) = 19{,}8 \text{ kg m}^2/\text{s}$$

OSSERVAZIONI Inizialmente lo studente compie un giro ogni 2 secondi circa; infatti:

$$T_i = \frac{2\pi}{\omega_i} = \frac{2\pi}{3{,}72 \text{ rad/s}} = 1{,}69 \text{ s}$$

Dopo aver avvicinato i pesi al torace, compie un giro nel tempo:

$$T_f = \frac{2\pi}{\omega_f} = \frac{2\pi}{12{,}4 \text{ rad/s}} = 0{,}506 \text{ s}$$

cioè la sua velocità di rotazione aumenta a quasi 2 giri al secondo, una velocità da capogiro.

PROVA TU Quale momento d'inerzia sarebbe necessario per ottenere una velocità angolare finale di 10,0 rad/s?

[1,98 kg m²]

RIPASSA I CONCETTI CHIAVE

2 Il moto del corpo rigido

La cinematica rotazionale descrive il moto di rotazione di un **corpo rigido** cioè di un oggetto la cui dimensione e la cui forma non cambiano durante il moto. Ogni punto di un corpo rigido rotante attorno a un asse descrive una traiettoria circolare e quindi segue le leggi del moto circolare.

Velocità angolare media e istantanea

$$\omega_m = \frac{\Delta \theta}{\Delta t} \qquad \omega = \lim_{\Delta t \to 0} \frac{\Delta \theta}{\Delta t}$$

Accelerazione angolare media e istantanea

$$\alpha_m = \frac{\Delta \omega}{\Delta t} \qquad \alpha = \lim_{\Delta t \to 0} \frac{\Delta \omega}{\Delta t}$$

Moto rotazionale con velocità angolare costante Se il corpo rigido ruota con velocità angolare ω costante, si può definire il **periodo** T come il tempo necessario per compiere una rotazione completa e la **frequenza** f come il numero di giri al secondo:

$$T = \frac{2\pi}{\omega} \qquad f = \frac{\omega}{2\pi}$$

Moto rotazionale con accelerazione angolare costante La velocità angolare ω in funzione del tempo nel moto con accelerazione angolare α costante è: $\omega = \omega_0 + \alpha t$.

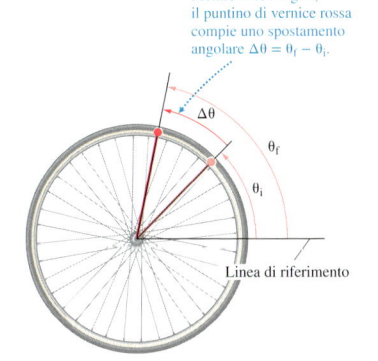

3 4 L'energia cinetica rotazionale e il momento d'inerzia

Energia cinetica di rotazione e momento d'inerzia L'energia cinetica di un oggetto di massa m che ruota con velocità angolare ω è:

$$K_{rot} = \frac{1}{2} I \omega^2$$

dove I è una grandezza che ha lo stesso ruolo della massa nei moti di traslazione, detta **momento d'inerzia**.
Il momento d'inerzia di una massa puntiforme m che ruota a una distanza r dall'asse di rotazione è $I = mr^2$.
Il momento d'inerzia I di un corpo rigido si può calcolare ipotizzando di dividerlo in un insieme di piccole masse m_i, ciascuna delle quali si trova a distanza r_i dall'asse di rotazione. Il momento d'inerzia è la somma di tutti i prodotti $m_i r_i^2$.

$$I = \Sigma m_i r_i^2$$

Il momento d'inerzia si misura in kg m^2.

Momento d'inerzia di alcuni corpi rigidi

$I = MR^2$ anello di raggio R e massa M $\qquad I = \frac{1}{2} MR^2$ disco di raggio R e massa M

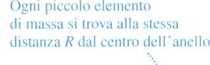

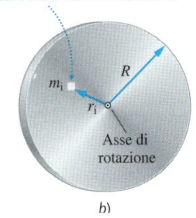

5 La conservazione dell'energia meccanica nel moto di rotolamento

La conservazione dell'energia meccanica può essere applicata a una grande varietà di sistemi in rotazione, allo stesso modo in cui è applicata ai sistemi in traslazione.

Energia cinetica di rotolamento L'energia cinetica di un oggetto di massa m e momento d'inerzia I che rotola senza slittare è:

$$K_{rot} = \frac{1}{2} mv^2 + \frac{1}{2} I \omega^2$$

6 La seconda legge di Newton per il moto rotazionale

Momento torcente e accelerazione angolare Una forza applicata in una direzione che forma un angolo θ rispetto alla direzione radiale e a una distanza r dall'asse di rotazione ha un momento torcente:

$$M = rF \operatorname{sen} \theta$$

Il vettore momento torcente di una forza $\vec{F}$ è il prodotto vettoriale:

$\vec{M} = \vec{r} \times \vec{F}$ $\vec{r}$ è il vettore posizione che individua il punto di applicazione

Tale momento determina un'accelerazione angolare α.

Seconda legge di Newton per il moto rotazionale $\Sigma \vec{M} = I \vec{\alpha}$

7 Il momento angolare

Momento angolare, o momento della quantità di moto Il vettore momento angolare, o momento della quantità di moto $\vec{L}$ di un oggetto di massa m che si muove con una quantità di moto $\vec{p}$ è il prodotto vettoriale:

$\vec{L} = \vec{r} \times \vec{p}$ $\vec{r}$ è il vettore posizione dell'oggetto

Il vettore $\vec{L}$ è *perpendicolare* al piano formato da $\vec{r}$ e $\vec{p}$; il suo verso si ottiene con la *regola della mano destra* e il suo modulo è:

$$L = rp \operatorname{sen} \theta$$

Il momento angolare è *massimo* quando $\vec{p}$ è perpendicolare a $\vec{r}$, cioè quando l'oggetto si muove su una traiettoria circolare; in questo caso θ = 90° e il modulo del momento angolare diventa:

$$L = rp = rmv$$

Se $\vec{p}$ e $\vec{r}$ sono paralleli, $L = 0$.

Seconda legge della dinamica (in termini di $\vec{L}$) $\Sigma \vec{M} = \dfrac{\Delta \vec{L}}{\Delta t}$

8 9 Il momento angolare di un corpo rigido in rotazione e la legge di conservazione del momento angolare

Momento angolare di un corpo rigido rotante rispetto a un asse fisso Il momento angolare di un oggetto con momento d'inerzia I, che ruota con velocità angolare ω è:

$$L = I\omega$$

Il momento angolare si misura in kg m²/s.

Seconda legge di Newton per il moto rotazionale $\vec{M} = I\vec{\alpha} = \dfrac{\Delta \vec{L}}{\Delta t}$

Legge di conservazione del momento angolare

- Per un punto materiale:

$\Sigma \vec{M} = \vec{0} \quad \rightarrow \quad \vec{L}_\mathrm{f} = \vec{L}_\mathrm{i}$

La conservazione del momento angolare implica che il moto di un punto avvenga in un piano.

- Per un sistema di punti: • Per un corpo esteso:

$\Sigma \vec{M}_\mathrm{est} = \vec{0} \quad \rightarrow \quad \vec{L}_\mathrm{tot,f} = \vec{L}_\mathrm{tot,i}$ $\Sigma M_\mathrm{est} = 0 \quad \rightarrow \quad L_\mathrm{f} = L_\mathrm{i}$

- Poiché $L = I\omega$, la conservazione di L implica che:

$I\omega$ = costante

ESERCIZI E PROBLEMI

2-3-4 Il moto del corpo rigido, l'energia cinetica rotazionale, il momento d'inerzia

1 Il momento d'inerzia di un oggetto di forma qualsiasi si può calcolare immaginando di dividere l'oggetto in piccoli elementi di massa m_i che si trovano a distanza r_i dall'asse di rotazione. Qual è la sua espressione?

A $\Sigma_i m_i r_i$

B $\Sigma_i m_i r_i^2$

C $\Sigma_i \dfrac{m_i}{r_i}$

D $\Sigma_i m_i^2 r_i$

2 Quale affermazione è *errata* per un oggetto che rotola su un piano senza scivolare?

A La velocità della parte dell'oggetto a contatto con il piano è zero.

B La velocità lineare del centro di massa è proporzionale alla velocità angolare.

C Tutte le parti dell'oggetto si muovono con la stessa velocità lineare.

D L'asse di rotazione dell'oggetto passa nel punto di contatto dell'oggetto con il piano.

3 In quale forma di energia può essere trasformata l'energia cinetica rotazionale?

A In energia cinetica traslazionale.

B In calore.

C In energia potenziale.

D In tutte e tre le forme di energia precedenti.

4 Una sbarra sottile ruota attorno a un asse perpendicolare a essa. In quale caso l'energia cinetica di rotazione della sbarra è massima, a parità di velocità angolare?

A Quando l'asse passa per uno degli estremi.

B Quando l'asse passa per il centro.

C Quando l'asse passa per un punto che dista da un estremo 1/3 della lunghezza della sbarra.

D Non ci sono elementi sufficienti per rispondere.

5 Le quattro ruote disegnate in figura hanno la stessa massa e sono sottoposte allo stesso momento frenante. Quale di esse si fermerà prima?

A La ruota A.

B La ruota B.

C La ruota C.

D La ruota D.

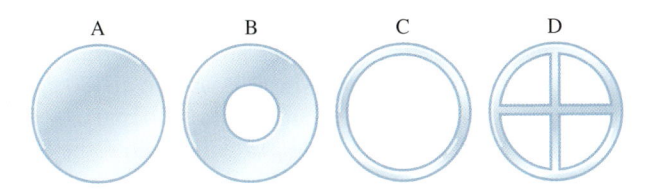

6 Il triciclo

Un bambino pedala su un triciclo, dando alla ruota che conduce una velocità angolare di modulo 0,373 giri/s. Se il diametro della ruota è 0,260 m, qual è il modulo della velocità lineare del bambino? [0,304 m/s]

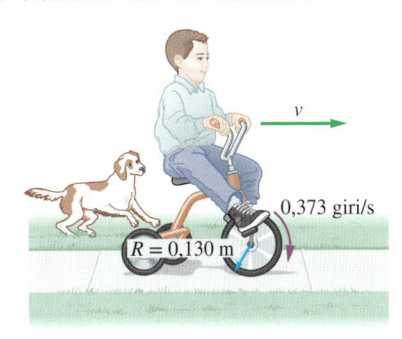

7 Pneumatici 1

Gli pneumatici di un'automobile hanno un raggio di 31 cm. Qual è il modulo della velocità angolare di questi pneumatici se l'auto sta viaggiando a 15 m/s? [48 rad/s]

8 Pneumatici 2

Un automobilista che sta percorrendo una strada alla velocità di 17 m/s accelera con accelerazione costante di 1,12 m/s² per 0,65 s. Se gli pneumatici dell'auto hanno un raggio di 33 cm, qual è il loro spostamento angolare durante il periodo di accelerazione? [35 rad = 5,5 giri]

9 La ruota della fortuna

Nel *Problem solving 1* della teoria, di quale angolo ha girato la ruota quando il modulo della sua velocità angolare è 2,45 rad/s? [3,78 rad]

10 PROBLEMA SVOLTO

Un ventilatore da soffitto ruota a 0,96 giri/s. Quando viene spento, rallenta costantemente fino a fermarsi in 2,4 minuti.

a. Quanti giri compie il ventilatore in questo intervallo di tempo?
b. Utilizzando il risultato ottenuto in a., calcola il numero di giri che il ventilatore deve compiere perché la sua velocità diminuisca da 0,96 giri/s a 0,48 giri/s.

SOLUZIONE

a. Il numero di giri compiuti è $n = \dfrac{\theta}{2\pi}$, dove θ è lo spostamento angolare totale, che puoi determinare utilizzando la seguente legge del moto:

$$\theta = \frac{1}{2}\alpha t^2 + \omega_0 t$$

Devi quindi calcolare ω_0 e α.
La frequenza iniziale del ventilatore è $f_0 = 0{,}96$ Hz e quindi $\omega_0 = 2\pi f_0 = 2\pi(0{,}96$ Hz$)$; il tempo in cui il ventilatore si ferma è $t = 2{,}4$ min $= 144$ s.
La velocità angolare finale è nulla, per cui puoi ricavare l'accelerazione angolare α utilizzando l'equazione:

$$0 = \omega_0 + \alpha t \quad \text{da cui} \quad \alpha = -\frac{\omega_0}{t}$$

Sostituendo nell'equazione del moto ottieni lo spostamento angolare:

$$\theta = \frac{1}{2}\alpha t^2 + \omega_0 t = \frac{1}{2}\left(-\frac{\omega_0}{t}\right)t^2 + \omega_0 t = \frac{1}{2}\omega_0 t =$$

$$= \frac{1}{2}2\pi(0{,}96\text{ Hz})(144\text{ s}) = 138{,}24\pi \text{ rad}$$

Il numero di giri è quindi:

$$n = \frac{\theta}{2\pi} = \frac{138{,}24\pi}{2\pi} = 69 \text{ giri}$$

b. Devi calcolare il numero di giri del ventilatore affinché la velocità angolare finale sia la metà di quella iniziale; scrivi quindi l'equazione:

$$\frac{1}{2}\omega_0 = \omega_0 + \alpha t_1 \quad \rightarrow \quad \alpha t_1 = -\frac{\omega_0}{2}$$

e ricava il tempo t_1 in funzione di t:

$$t_1 = \frac{-\omega_0}{2\alpha} = \frac{-\omega_0}{2\left(-\dfrac{\omega_0}{t}\right)} = \frac{t}{2}$$

Utilizza ancora la legge del moto per calcolare lo spostamento angolare θ_1:

$$\theta_1 = \frac{1}{2}\alpha t_1^2 + \omega_0 t_1 = \frac{1}{2}\left(-\frac{\omega_0}{t}\right)\left(\frac{t}{2}\right)^2 + \omega_0 \frac{t}{2} =$$

$$= \frac{3}{8}\omega_0 t = \frac{3}{4}\theta$$

Il numero di giri sarà quindi:

$$n_1 = \frac{3}{4}n = \frac{3}{4}\cdot 69 = 52 \text{ giri}$$

11 Una palla a effetto

Nel baseball la "palla curva" è una palla a cui viene impressa dal polso del lanciatore una rotazione in avanti che le consente di spezzare la propria traiettoria, ottenendo una curvatura maggiore che trae in inganno il battitore. Per lanciare una palla curva un lanciatore imprime alla palla una velocità angolare di modulo 36,0 rad/s. Quando la palla raggiunge il guanto del ricevitore, 0,595 s più tardi, il modulo della sua velocità angolare è ridotto a 34,2 rad/s per effetto della resistenza dell'aria. Assumi che l'accelerazione angolare α della palla sia costante.

a. Esprimi lo spostamento angolare e la velocità angolare della palla in funzione del tempo e calcola il valore di α.
b. Traccia i grafici di $\theta(t)$ e $\omega(t)$. Qual è il significato geometrico di α?
c. Quanti giri su se stessa ha fatto la palla prima di essere bloccata? [a. −3,03 rad/s²; c. 3,33 giri]

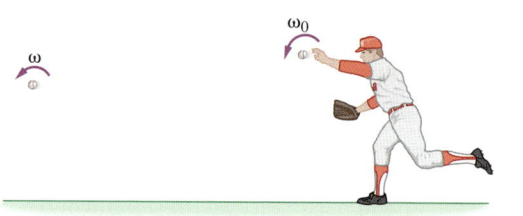

12 Lancio del disco

Un lanciatore del disco parte da fermo e comincia a ruotare con un'accelerazione angolare costante di 2,2 rad/s².

a. Quanti giri sono necessari perché la velocità angolare del lanciatore raggiunga i 6,3 rad/s?
b. Quanto tempo ci vuole? [a. 1,4 giri; b. 2,9 s]

13 A che ora?

Alle ore 3.00 la lancetta delle ore e quella dei minuti di un orologio sono disposte in direzioni tali da formare un angolo di 90°. A quale ora, per la prima volta, dopo le 3.00, l'angolo fra le due lancette si riduce a 45°? [alle 3.08 circa]

14 Quando si ferma?

Una centrifuga è un comune strumento di laboratorio che permette di separare i componenti di diversa densità nelle sospensioni, facendo ruotare una certa quantità di sospensione con una grande velocità angolare. Supponi che una centrifuga, dopo essere stata spenta, continui a ruotare con una decelerazione angolare costante per 10,2 s prima di fermarsi.

a. Se la velocità angolare iniziale era di 3850 rad/min, qual è il modulo della decelerazione angolare?
b. Quanti giri compie la centrifuga dopo essere stata spenta? [a. 39,5 rad/s²; b. 327 giri]

15 IN ENGLISH

A small steel roulette ball rolls around the inside of a 30 cm diameter roulette wheel. It is spun at 150 rpm (revolutions per minute), but it slows to 60 rpm over an interval of 5.0 s. How many revolutions does the ball make during these 5.0 s? [8.75 rev]

16 MATH+ L'accelerazione del CD

Un CD accelera uniformemente da fermo a 310 giri/min in 3,0 s.

a. Scrivi la legge oraria della velocità angolare e tracciane il grafico da 0 a 3,0 s.
b. Calcola l'area individuata dall'asse dei tempi e dalla retta della velocità angolare nell'intervallo (0 s; 3,0 s).
c. Che cosa rappresenta fisicamente il valore calcolato al punto **b.**?

[**b.** 7,7 giri]

17 Le turbine più veloci del mondo

Il trapano usato dai dentisti è costituito da una piccola turbina ad aria che può operare a velocità angolari di 350 000 giri/min. Questi trapani, assieme ai trapani dentali a ultrasuoni, sono le turbine più veloci del mondo e superano di molto le velocità angolari dei motori dei jet. Supponi che un trapano parta da fermo e raggiunga la velocità di lavoro in 2,1 s.

a. Determina l'accelerazione angolare del trapano, assumendo che sia costante.
b. Quanti giri compie il trapano prima di raggiungere la velocità di lavoro?

[**a.** $1,4 \cdot 10^4$ rad/s^2; **b.** $6,1 \cdot 10^3$ giri]

18 PREVEDI/SPIEGA

La lancetta dei minuti e quella delle ore in un orologio hanno la stessa massa e lo stesso asse di rotazione. La lancetta dei minuti è lunga, sottile e uniforme; la lancetta delle ore è corta, spessa e uniforme.

a. Il momento d'inerzia della lancetta dei minuti è maggiore, minore o uguale a quello della lancetta delle ore?
b. Quale fra le seguenti è la *spiegazione* migliore per la risposta?
    1. Le lancette hanno la stessa massa e quindi uguali momenti d'inerzia.
    2. Una massa più lontana dall'asse di rotazione comporta un maggiore momento d'inerzia.
    3. La lancetta delle ore è più compatta e ha la massa più concentrata e quindi ha un maggiore momento d'inerzia.

19 PREVEDI/SPIEGA

Ogni giorno dallo spazio cadono sulla Terra granelli di polvere e piccole particelle.

a. In seguito a questa "pioggia" di polvere il momento di inerzia della Terra aumenta, diminuisce o resta costante?
b. Quale fra le seguenti è la *spiegazione* migliore per la risposta?
    1. La polvere aggiunge massa alla Terra, ma ne aumenta il raggio in misura minore.
    2. Quando la polvere è più vicina all'asse di rotazione il momento d'inerzia diminuisce.
    3. Il momento d'inerzia è una quantità che si conserva e non varia.

20 PREVEDI/SPIEGA

Supponi che una ruota di bicicletta stia ruotando attorno a un asse passante per il suo bordo e parallelo all'asse della ruota.

a. Il suo momento d'inerzia rispetto all'asse sul bordo è maggiore, minore o uguale a quello rispetto all'asse della ruota?
b. Quale fra le seguenti è la *spiegazione* migliore per la risposta?
    1. Il momento d'inerzia è maggiore quando l'oggetto ruota attorno a un asse passante per il suo centro.
    2. La massa e la forma della ruota sono gli stessi.
    3. La massa è più lontana dall'asse quando la ruota è in rotazione attorno a un asse passante per il suo bordo.

21 Momento d'inerzia della ruota

Il momento d'inerzia della ruota di una bicicletta di 0,98 kg che ruota intorno al suo centro è 0,13 kg m^2. Qual è il raggio della ruota, assumendo che il peso dei raggi sia trascurabile?

[0,36 m]

22 La ventola elettrica

Una ventola elettrica che gira con una velocità angolare di 13 rad/s ha un'energia cinetica di 4,6 J. Qual è il suo momento d'inerzia?

[0,054 kg m^2]

23 PROBLEMA SVOLTO

Quando un lanciatore di baseball lancia una palla curva, alla palla viene impressa una forte rotazione. Se una palla da baseball di 0,15 kg con un raggio di 3,7 cm è lanciata con velocità lineare di 48 m/s e velocità angolare di 42 rad/s, quanta della sua energia cinetica è di traslazione e quanta è di rotazione? Assumi che la palla sia una sfera piena e omogenea.

SOLUZIONE

La massa della palla è $m = 0,15$ kg, il suo raggio $r = 3,7$ cm, la sua velocità lineare $v = 48$ m/s e la sua velocità angolare $\omega = 42$ rad/s.
Calcola l'energia cinetica di traslazione della palla:

$$K = \frac{1}{2}mv^2 = \frac{1}{2}(0,15 \text{ kg})(48 \text{ m/s})^2 = 1,7 \cdot 10^2 \text{ J}$$

Calcola l'energia cinetica di rotazione della palla, tenendo conto che il momento d'inerzia di una sfera piena che ruota attorno a un asse che passa per il suo centro è $I = \frac{2}{5}mr^2$:

$$K_{rot} = \frac{1}{2}I\omega^2 = \frac{1}{2}\left(\frac{2}{5}mr^2\right)\omega^2 = \frac{1}{5}mr^2\omega^2 =$$
$$= \frac{1}{5}(0,15 \text{ kg})(3,7 \cdot 10^{-2} \text{ m})^2(42 \text{ rad/s})^2 =$$
$$= 7,2 \cdot 10^{-2} \text{ J}$$

24 L'energia del CD

Un CD di 12,0 g con un raggio di 6,0 cm ruota con una velocità angolare di 34,0 rad/s.
a. Qual è la sua energia cinetica?
b. Che velocità angolare deve avere il CD per raddoppiare la sua energia cinetica?

[a. 12 mJ; b. 48 rad/s]

25 Quanta energia ha perso in un secolo?

L'energia cinetica rotazionale della Terra sta diminuendo a causa dell'aumento del suo periodo di rotazione. Sapendo che la Terra ha un momento d'inerzia pari a $0{,}331\, M_T R_T^2$, con $R_T = 6{,}38 \cdot 10^6$ m ed $M_T = 5{,}97 \cdot 10^{24}$ kg, e che il suo periodo di rotazione aumenta di 2,3 ms ogni secolo, calcola di quanto diminuisce l'energia rotazionale in un secolo. Fornisci la risposta in watt.

[$-3{,}5 \cdot 10^{12}$ W]

26 L'energia rotazionale della palla

Federico fa rotolare una palla da basket sul pavimento con una velocità lineare costante v.
a. Determina quale frazione dell'energia cinetica totale è sotto forma di energia cinetica rotazionale (tieni presente che il momento d'inerzia di un guscio sferico, a cui è assimilabile la palla, è $\frac{2}{3}MR^2$).
b. Se raddoppi la velocità v, la frazione che hai ottenuto al punto a. diminuisce, aumenta o resta costante?

$\left[\text{a. } \frac{2}{5}\right]$

27 Rotazione attorno agli assi

L'oggetto a forma di L mostrato in figura può essere ruotato in uno dei seguenti tre modi:
1. rotazione intorno all'asse x;
2. rotazione intorno all'asse y;
3. rotazione intorno all'asse z che passa per l'origine ed è perpendicolare al piano della pagina.

Disponi le tre situazioni in ordine crescente di momento d'inerzia. Giustifica la tua risposta.   [$I_1 < I_2 < I_3$]

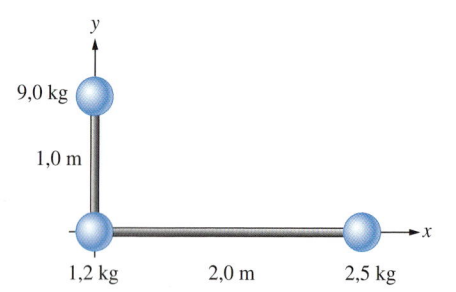

5 La conservazione dell'energia meccanica nel moto di rotolamento

28 Qual è l'espressione dell'energia cinetica totale di un corpo che rotola su un piano senza scivolare?

A $K_{tot} = mv^2 + I\omega^2$

B $K_{tot} = \frac{1}{2}mv^2 + \frac{1}{2}I\omega^2$

C $K_{tot} = \frac{1}{2}mv^2 + I\omega^2$

D $K_{tot} = \frac{1}{2}mv^2 + \frac{1}{2}m\omega^2$

29 Una sfera piena, un cilindro pieno e un cilindro cavo sono lasciati rotolare sullo stesso piano inclinato. Se partono insieme, quale delle seguenti affermazioni è corretta?

A Tutti gli oggetti giungono in fondo al piano con la stessa velocità lineare.

B Tutti gli oggetti giungono in fondo al piano con la stessa energia cinetica.

C Tutti gli oggetti giungono in fondo al piano con la stessa energia cinetica rotazionale.

D Tutti gli oggetti giungono in fondo al piano con la stessa velocità angolare.

30 Un moto si dice di puro rotolamento quando:

A la velocità angolare ω è costante.

B l'accelerazione angolare α è costante.

C tra le velocità e le accelerazioni angolari e lineari valgono le relazioni: $v = \omega r$ e $a = \alpha r$.

D Nessuna delle risposte precedenti è corretta.

31 Un cubo e un cilindro con la stessa massa scendono su un piano inclinato partendo dalla stessa altezza: il primo strisciando senza attrito, il secondo rotolando senza strisciare. Alla fine del piano inclinato:

A entrambi avranno la stessa energia cinetica, ma il cubo avrà una velocità del centro di massa maggiore.

B entrambi avranno la stessa energia cinetica, ma il cubo avrà una velocità del centro di massa minore.

C avendo dissipato la stessa energia potenziale avranno la stessa velocità.

D Nessuna delle risposte precedenti è corretta.

32 Un cubo e un cilindro con la stessa massa scendono su un piano inclinato: il primo strisciando senza attrito, il secondo rotolando senza strisciare. Alla fine del piano inclinato devono riuscire a fare un giro della morte senza perdere aderenza con la rotaia. La quota minima da cui dovranno essere fatti cadere è:

A più piccola per il cilindro che per il cubo.

B uguale per entrambi perché hanno la stessa massa.

C più grande per il cilindro perché, nel suo caso, l'energia potenziale deve essere convertita anche in energia cinetica rotazionale.

D Nessuna delle risposte precedenti è corretta.

33 PROBLEMA SVOLTO

Lo yo-yo è un attrezzo di giocoleria che consiste in due coppette unite da un asse centrale e da un filo avvolto attorno all'asse. Lasciandolo cadere, ma tenendo fermo un capo del filo, per effetto della gravità le coppette scendono, accumulando energia cinetica rotazionale e traslazionale. Quando il filo è completamente srotolato, tale energia permette la parziale risalita delle coppette lungo il filo. Compensando l'energia perduta con un movimento della mano, lo yo-yo può riavvolgersi completamente.

Un ragazzo lascia cadere uno yo-yo da fermo fino a che tutto il filo si è srotolato. La massa dello yo-yo è 0,056 kg, il suo momento d'inerzia è $2,9 \cdot 10^{-5}$ kg m^2 e il raggio r della parte attorno a cui è avvolto il filo è 0,0064 m. Qual è la velocità lineare v dello yo-yo dopo che è caduto per un'altezza di 0,50 m?

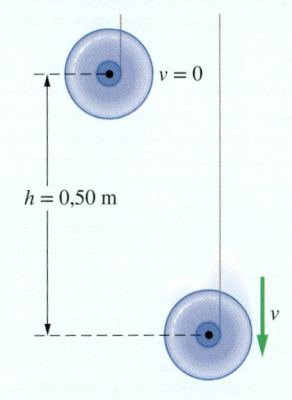

SOLUZIONE

Scrivi l'energia meccanica iniziale del sistema:

$$E_{m,i} = mgh$$

Scrivi l'energia meccanica finale del sistema ricordando che $\omega = v/r$:

$$E_{m,f} = \frac{1}{2}mv^2 + \frac{1}{2}I\omega^2 = \frac{1}{2}mv^2 + \frac{1}{2}I\frac{v^2}{r^2}$$

$$= \frac{1}{2}mv^2\left(1 + \frac{I}{mr^2}\right)$$

Poni $E_{m,f} = E_{m,i}$ e risolvi rispetto a v:

$$mgh = \frac{1}{2}mv^2\left(1 + \frac{I}{mr^2}\right)$$

$$v^2 = \frac{2gh}{1 + \frac{I}{mr^2}}$$

$$v = \sqrt{\frac{2gh}{1 + \frac{I}{mr^2}}}$$

Sostituisci i valori numerici:

$$v = \sqrt{\frac{2(9{,}81 \text{ m/s}^2)(0{,}50 \text{ m})}{1 + \frac{2{,}9 \cdot 10^{-5} \text{ kg m}^2}{(0{,}056 \text{ kg})(0{,}0064 \text{ m})^2}}} = 0{,}85 \text{ m/s}$$

34 MATH⁺ Quale oggetto vince la gara?

Un disco e un anello con la stessa massa e lo stesso raggio vengono rilasciati nello stesso istante dalla sommità di una rampa alta 0,82 m.

a. Quale oggetto ha momento d'inerzia maggiore?
b. Esprimi la velocità del disco e dell'anello in funzione del momento d'inerzia.
c. Come cambia la velocità se I diventa molto grande? E se diventa molto piccolo?
d. Conferma le considerazioni fatte sopra calcolando il modulo della velocità del disco e dell'anello alla base della rampa.

[**d.** disco: 3,3 m/s; anello: 2,8 m/s]

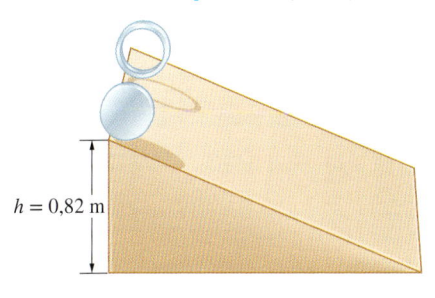

35 La macchina di Atwood

Le due masse ($m_1 = 5{,}0$ kg ed $m_2 = 3{,}0$ kg) della macchina di Atwood mostrata nella figura sono rilasciate da ferme, con m_1 a un'altezza di 0,75 m al di sopra del pavimento. Quando m_1 colpisce il pavimento, la sua velocità è di 1,8 m/s. Assumendo che la carrucola sia un disco uniforme di raggio 12 cm:

a. individua un procedimento che ti permetta di determinare la massa della carrucola;
b. utilizza il procedimento per calcolare la massa della carrucola.

[**b.** 2,2 kg]

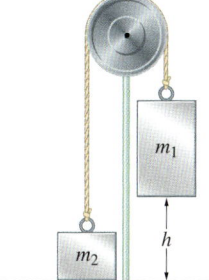

36 Quale altezza raggiunge?

Una palla viene rilasciata da ferma, da una certa altezza, sulla superficie ruvida mostrata in figura. Raggiunto il punto più basso, la palla risale sulla parte di superficie priva di attrito. Assumi che la palla sia una sfera piena di raggio 2,9 cm e massa 0,14 kg. Se la palla viene rilasciata da ferma a un'altezza di 0,78 m al di sopra della base del binario sul lato non liscio, a quale altezza sale sul lato senza attrito? [0,56 m]

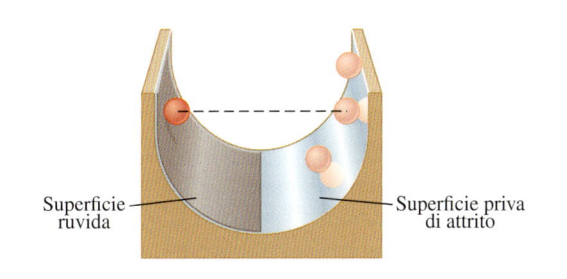

37 Pronta per un altro tiro

Dopo il tiro, la tua palla da bowling torna indietro, rotolando senza scivolare, lungo la guida, con una velocità lineare di 2,85 m/s, come mostrato in figura. Per raggiungere la sua posizione finale, la palla rotola su una rampa che la fa salire di 0,53 m. Qual è la velocità della palla quando raggiunge la cima della rampa?

[0,83 m/s]

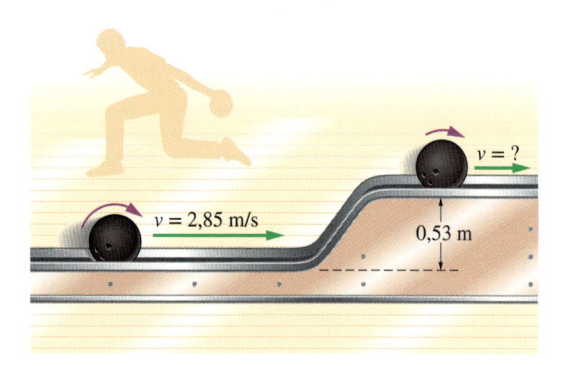

38 Ginnastica

Dopo aver compiuto qualche esercizio di ginnastica a terra, ti sdrai sulla schiena e sollevi una gamba ad angolo retto, mantenendola distesa. Se a questo punto lasci cadere liberamente la gamba fino a colpire il pavimento, come mostrato in figura, qual è velocità tangenziale del tuo piede appena prima di toccare terra? Assumi che la gamba possa essere considerata come un'asta uniforme lunga 0,95 m, che fa liberamente perno attorno all'anca.

[5,3 m/s]

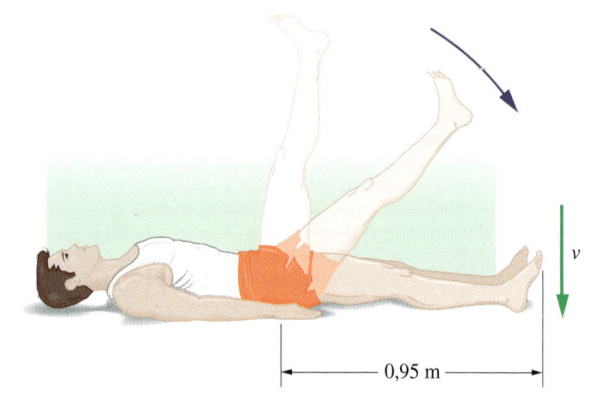

39 Cilindro e sfera sul piano inclinato

Un cilindro e una sfera rotolano su un piano inclinato alto 0,75 m e lungo 5,00 m. La massa del cilindro è $m_c = 2{,}0$ kg, quella della sfera $m_s = 2{,}5$ kg; il raggio della sfera è uguale al raggio di base del cilindro ed è $r = 0{,}10$ m. Calcola per entrambi gli oggetti l'energia cinetica totale, quella traslazionale e quella rotazionale.

[cilindro: $K_{tot} = 15$ J, $K = 9{,}8$ J, $K_{rot} = 4{,}9$ J; sfera: $K_{tot} = 18$ J, $K = 13$ J, $K_{rot} = 5{,}3$ J]

40 IN ENGLISH

A solid cylinder of radius 0.35 m is released from rest from a height of 1.8 m and rolls down a inclined plane. What is the angular speed of cylinder when it reaches the horizontal surface at the ground?

[14 rad/s]

6 La seconda legge di Newton per il moto rotazionale

41
Un oggetto di massa 2 kg percorre una traiettoria circolare di raggio 3 m e subisce un momento torcente di 18 N m. Qual è l'accelerazione angolare dell'oggetto?

- A 1 rad/s^2
- B 9 rad/s^2
- C 18 rad/s^2
- D 36 rad/s^2

42
Una massa di peso P è legata con una corda di lunghezza l a un gancio fissato nel soffitto e oscilla come illustrato in figura. Se T è la tensione nella corda, quando la corda forma un angolo θ con la verticale, il momento torcente che agisce sulla massa è:

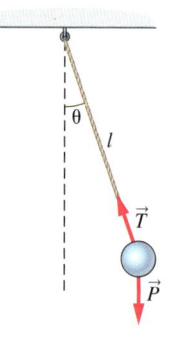

- A $M = Pl$
- B $M = (P - T)l$
- C $M = Pl \sen θ$
- D $M = Pl \cos θ$

43
Una corda è avvolta intorno a un cilindro pieno libero di ruotare senza attrito attorno al suo asse. Quando la corda è tirata con una forza F tangente al bordo, il cilindro subisce un'accelerazione angolare α. Se il cilindro avesse raggio doppio, ma tutto il resto rimanesse immutato, l'accelerazione angolare sarebbe:

- A 4α
- B 2α
- C $\dfrac{α}{2}$
- D $\dfrac{α}{4}$

44
Su di un trapano è montata una punta da 10,0 mm di diametro e di massa 0,0600 kg. Quando viene azionato il trapano, la punta passa da 0,00 giri/s a $6{,}00 \cdot 10^3$ giri/s in 0,1000 s. Trattando la punta come un cilindro pieno, quanto vale il momento torcente impressole dal motore elettrico del trapano?

- A $2{,}52 \cdot 10^3$ Nm
- B $2{,}52 \cdot 10^{-3}$ Nm
- C $4{,}71 \cdot 10^{-3}$ Nm
- D Nessuna delle risposte precedenti è corretta.

45 Momento torcente e accelerazione

Un momento torcente di 0,97 N m è applicato alla ruota di una bicicletta di raggio 35 cm e di massa 0,75 kg. Trattando la ruota come se fosse un anello, determina la sua accelerazione angolare.

[11 rad/s^2]

ESERCIZI E PROBLEMI | 275

46 Il momento sul CD

Quando viene premuto il tasto "play", un CD accelera uniformemente da fermo a 450 giri/min in 3,0 giri. Se il CD ha raggio 6,0 cm e massa 17 g, qual è il momento torcente esercitato su di esso? [0,0018 N m]

47 PREVEDI/SPIEGA

Considera i due sistemi rotanti carrucola + blocchi riportati in figura, che differiscono solo per la posizione delle due masse sferiche mobili che sono più lontane dall'asse di rotazione nel sistema a sinistra e più vicine all'asse di rotazione in quello di destra.
Supponi che i due blocchi appesi vengano rilasciati da fermi contemporaneamente.

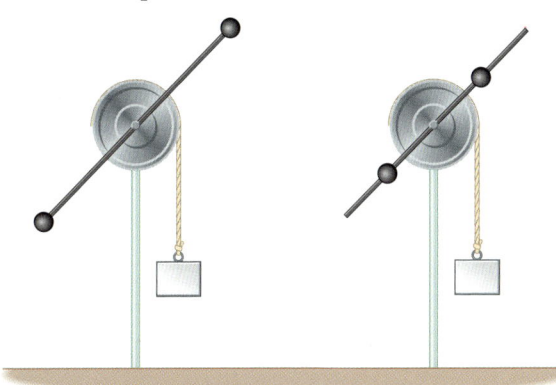

a. Nel sistema a sinistra la tensione nella corda è maggiore, minore o uguale al peso del blocco attaccato alla corda?
b. Quale fra le seguenti è la *spiegazione* migliore per la risposta?
   1. Dal momento in cui viene rilasciato, il blocco è in caduta libera.
   2. Oltre a sorreggere il blocco la corda fa ruotare la carrucola.
   3. Il blocco accelera verso il basso.

48 PREVEDI/SPIEGA

Considera i sistemi carrucola + blocchi del problema precedente.
a. La tensione nella corda del sistema a sinistra è maggiore, minore o uguale alla tensione nella corda del sistema a destra?
b. Quale fra le seguenti è la *spiegazione* migliore per la risposta?
   1. Il blocco del sistema a destra ha una maggiore accelerazione verso il basso.
   2. Le masse dei blocchi sono uguali.
   3. Il blocco del sistema a sinistra ha una maggiore accelerazione verso il basso.

49 IN ENGLISH

A 50.0 Nm torque acts on a wheel with a moment of inertia 150 kg m². If the wheel starts from rest, how long will it take to the wheel to make one revolution? [6.14 s]

50 MATH+ Il mulinello della canna da pesca

Un pescatore sta sonnecchiando, quando un pesce abbocca all'amo e tira il filo con una tensione T. Il rocchetto del mulinello è inizialmente in quiete e può ruotare senza attrito (poiché il pescatore l'ha lasciato sbloccato) mentre il pesce tira per un tempo t. Se il raggio del rocchetto è R e il suo momento d'inerzia è I, esprimi in funzione di t:
a. lo spostamento angolare del rocchetto;
b. la lunghezza del filo srotolato dal rocchetto;
c. la velocità angolare finale del rocchetto.

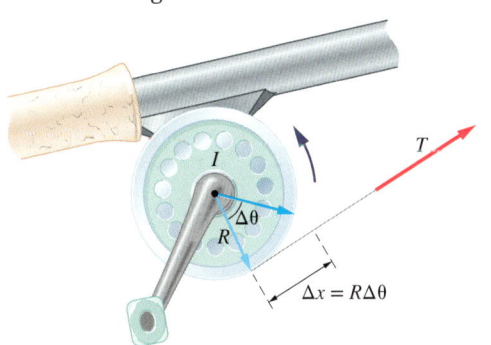

$$\left[\text{a. } \Delta\theta = \frac{RT}{2I}t^2; \text{ b. } \Delta x = \frac{R^2 T}{2I}t^2; \text{ c. } \omega = \frac{RT}{I}t \right]$$

51 Mulinello senza attrito

Un pesce abbocca all'esca e tira la lenza con una forza di 2,2 N. Il mulinello della canna da pesca, che ruota senza attrito, è un cilindro di raggio 0,055 m e massa 0,99 kg.
a. Qual è l'accelerazione angolare del mulinello?
b. Quanto filo tira fuori dal mulinello il pesce in 0,25 s?
[a. 81 rad/s²; b. 0,14 m]

52 Mulinello con attrito

Ripeti il problema precedente nel caso in cui il mulinello possieda un attrito che esercita un momento torcente frenante di 0,047 N m. [a. 49 rad/s²; b. 0,084 m]

53 Scala a pioli

Una persona regge orizzontalmente una scala a pioli, tenendola nel suo centro. Considerando la scala come un'asta uniforme di lunghezza 3,15 m e massa 8,42 kg, determina il momento torcente che la persona deve esercitare sulla scala per imprimerle un'accelerazione angolare di 0,302 rad/s². [2,10 N m]

54 Gira la ruota!

Alla ruota di un quiz televisivo viene impressa una velocità angolare iniziale di 1,22 rad/s. Essa si ferma dopo aver compiuto 3/4 di giro.
a. Calcola il momento torcente medio esercitato sulla ruota, sapendo che è un disco di raggio 0,71 m e massa 6,4 kg.
b. Se la massa della ruota viene raddoppiata e il suo raggio dimezzato, lo spostamento angolare che la ruota compie prima di fermarsi è maggiore, minore o uguale? Giustifica la risposta. (Assumi che il momento torcente medio esercitato sulla ruota non sia cambiato). [a. −0,25 N m]

55 Momenti torcenti

L'oggetto a forma di L disegnato in figura è formato da tre masse collegate fra loro da bastoncini leggeri. Indica quale momento torcente devi applicare a questo oggetto per dargli un'accelerazione angolare di 1,20 rad/s² se esso ruota:

a. attorno all'asse x;
b. attorno all'asse y;
c. attorno all'asse z che passa per l'origine ed è perpendicolare al piano della pagina.

[a. 11 N m; b. 12 N m; c. 23 N m]

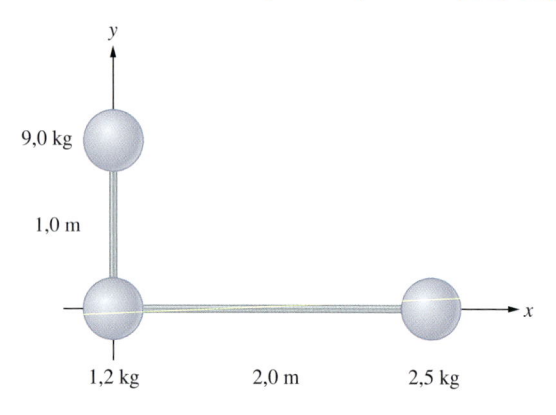

56 Accelerazione angolare 1

L'oggetto a forma di L del problema precedente può essere ruotato in uno dei tre modi seguenti:

1. attorno all'asse x;
2. attorno l'asse y;
3. attorno all'asse z che passa per l'origine ed è perpendicolare al piano originato dagli altri due assi.

Se in ciascuno dei casi viene applicato lo stesso momento torcente M, disponi i tre casi in ordine crescente di accelerazione angolare risultante. [$\alpha_3 < \alpha_2 < \alpha_1$]

57 Accelerazione angolare 2

Un momento torcente di 13 N m viene applicato all'oggetto di forma rettangolare disegnato in figura. Il momento può essere applicato rispetto all'asse x, all'asse y o all'asse z, che passa per l'origine ed è perpendicolare al piano della pagina.

a. In quale caso l'oggetto subisce la maggiore accelerazione angolare? E la minore?
b. Calcola l'accelerazione angolare nei tre casi.

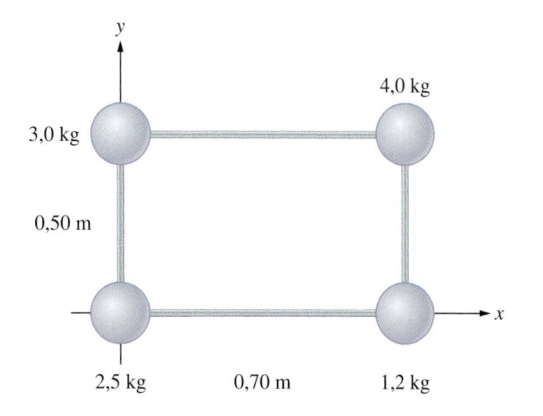

[b. 7,4 rad/s²; 5,1 rad/s²; 3,0 rad/s²]

58 PROBLEMA SVOLTO

Un secchio di 2,85 kg è appeso con una corda a una carrucola di raggio 0,121 m e massa 0,742 kg. Se il secchio è libero di cadere:

a. qual è la sua accelerazione lineare?
b. qual è l'accelerazione angolare della carrucola?
c. di quanto cade il secchio in 1,50 s?

SOLUZIONE

a. La massa del secchio è $m_s = 2{,}85$ kg, quella della carrucola è $m_c = 0{,}742$ kg. Inoltre la carrucola ha raggio $r = 0{,}121$ m.
Sulla carrucola agisce il momento dovuto alla tensione T nella fune, quindi puoi scrivere la legge fondamentale della dinamica rotazionale $M = I\alpha$, con $M = rT$ e $\alpha = a/r$:

$$rT = I\frac{a}{r}$$

La carrucola è un disco pieno, dunque il suo momento d'inerzia è $I = \frac{1}{2}m_c r^2$, per cui sostituendo nell'equazione precedente ottieni:

$$rT = \frac{1}{2}m_c r^2 \frac{a}{r} \quad \text{da cui} \quad a = \frac{2T}{m_c}$$

Applicando la seconda legge della dinamica per il moto di traslazione del secchio, puoi scrivere:

$$m_s a = m_s g - T \quad \text{da cui} \quad T = m_s(g-a)$$

Sostituisci l'espressione di T nell'equazione $a = \frac{2T}{m_c}$:

$$a = \frac{2m_s(g-a)}{m_c}$$

Risolvi rispetto ad a:

$$am_c = 2m_s g - 2m_s a \quad \rightarrow \quad a = \frac{2m_s}{2m_s + m_c}g$$

Calcola a sostituendo i valori numerici:

$$a = \frac{2(2{,}85 \text{ kg})}{2(2{,}85 \text{ kg}) + 0{,}742 \text{ kg}}(9{,}81 \text{ m/s}^2) = 8{,}68 \text{ m/s}^2$$

b. Calcola l'accelerazione angolare della carrucola:

$$\alpha = \frac{a}{r} = \frac{8{,}68 \text{ m/s}^2}{0{,}121 \text{ m}} = 71{,}7 \text{ rad/s}^2$$

c. Applica la legge del moto uniformemente accelerato con $t = 1{,}50$ s:

$$s = \frac{1}{2}at^2 = \frac{1}{2}(8{,}68 \text{ m/s}^2)(1{,}50 \text{ s})^2 = 9{,}77 \text{ m}$$

59 Il secchio che cade

Con riferimento al problema precedente:

a. stabilisci se la tensione nella corda è maggiore, minore o uguale al peso del secchio;
b. calcola la tensione nella corda.

[b. 3,22 N]

60 **La tensione è la stessa?**

Tiri verso il basso con una forza di 28 N una corda che passa su una carrucola di massa 1,2 kg e raggio 0,075 m. All'altra estremità della corda è appesa una massa di 0,67 kg.
  a. La tensione nella corda è la stessa su entrambi i lati della carrucola? Se no, quale lato ha la tensione maggiore?
  b. Determina la tensione nella corda su entrambi i lati della carrucola.
  c. Determina l'accelerazione lineare della massa di 0,67 kg.

[b. 28 N; 18 N; c. 17 m/s²]

7-8-9 Il momento angolare di un corpo rigido e la conservazione del momento angolare

61 Il martello usato dagli uomini in atletica leggera è una sfera metallica di 7,3 kg, vincolata a un cavo di acciaio di lunghezza 1,2 m e di massa trascurabile. Per effettuare il lancio, prima del rilascio l'atleta esegue tre o quattro rotazioni, facendo ruotare l'attrezzo sopra la sua testa. Se dopo 3 rotazioni la velocità tangenziale dell'attrezzo è 30 m/s, quanto vale il suo momento angolare?
  A 130 kg m²/s
  B 260 kg m²/s
  C 390 kg m²/s
  D 520 kg m²/s

62 Nella situazione illustrata in figura, un oggetto si sta avvicinando all'origine O di un sistema di riferimento e in seguito se ne allontanerà. Che cosa si può affermare sul suo momento angolare rispetto all'origine del sistema?
  A Prima cresce e poi decresce.
  B Prima decresce e poi cresce.
  C Rimane costante.
  D È nullo perché il moto non è circolare.

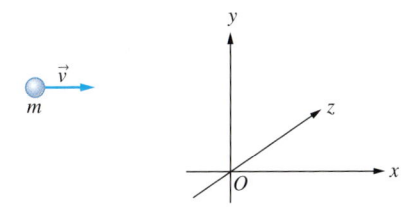

63 Quale delle seguenti affermazioni non è corretta?
  A Se il momento torcente di una forza è nullo, allora la forza è nulla.
  B Se una forza è nulla, allora il suo momento torcente è nullo.
  C Se la forza è parallela al vettore posizione, allora il momento torcente è nullo.
  D Una forza non nulla può avere un momento torcente nullo.

64 Quale delle seguenti formule esprime il momento angolare di un corpo rigido che ruota?
  A $L = I\alpha$
  B $L = I\omega$
  C $L = I^2\omega$
  D $L = I\alpha^2$

65 Qual è la direzione del vettore momento angolare?
  A La direzione tangente al moto.
  B La direzione perpendicolare al piano del moto.
  C La direzione radiale.
  D Non si può dire, dipende dalla situazione.

66 **PREVEDI/SPIEGA**

Uno studente ruota senza attrito sullo sgabello di un pianoforte con le braccia tese lateralmente, tenendo un peso in entrambe le mani. A un certo punto lascia andare i pesi, che cadono verso il pavimento.

  a. Dopo che ha lasciato i pesi la sua velocità angolare aumenta, diminuisce o resta la stessa?
  b. Quale fra le seguenti è la *spiegazione* migliore per la risposta?
    1 La perdita di momento angolare quando i pesi vengono lasciati causa un rallentamento della rotazione.
    2 Il momento d'inerzia dello studente diminuisce a seguito del rilascio dei pesi.
    3 Il momento angolare del sistema si conserva.

67 **Tira la corda 1**

Un disco che si trova su una superficie orizzontale e priva di attrito viene legato a una corda che passa attraverso un foro praticato sulla superficie, come mostrato nella figura. Il disco viene fatto ruotare e, mentre ruota, la corda viene tirata verso il basso, avvicinando il disco al buco. Durante il processo la velocità tangenziale, la velocità angolare e il momento angolare del disco aumentano, diminuiscono o rimangono gli stessi?

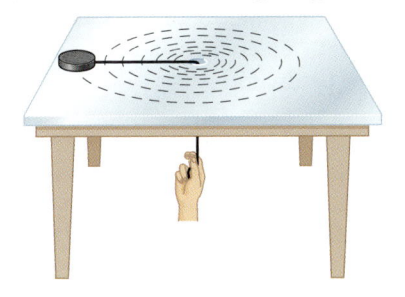

68 La corda sul paletto

Un disco che si trova su una superficie orizzontale e priva di attrito viene legato a una corda che si avvolge su un paletto, come mostrato nella figura, e viene fatto ruotare.

a. Mentre il disco si muove lungo il suo percorso a spirale, la sua velocità tangenziale aumenta, diminuisce o rimane la stessa? Giustifica la risposta.

b. Il suo momento angolare aumenta, diminuisce o resta costante? Giustifica la risposta.

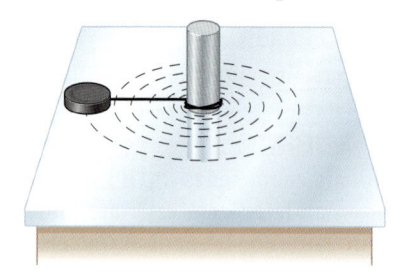

69 PROBLEMA SVOLTO

Una stella di raggio $R = 2,3 \cdot 10^8$ m ruota con velocità angolare $\omega = 2,4 \cdot 10^{-6}$ rad/s. Se questa stella collassa fino a raggiungere un raggio di 20,0 km, qual è la sua velocità angolare finale? (considera la stella come una sfera uniforme e assumi che non si perda della massa durante il processo).

SOLUZIONE

Applica la conservazione del momento angolare:

$I_i \omega_i = I_f \omega_f$

Scrivi le espressioni dei momenti d'inerzia iniziale e finale:

$I_i = \frac{2}{5} m R_i^2 \qquad I_f = \frac{2}{5} m R_f^2$

Sostituisci le due espressioni nell'equazione iniziale:

$\frac{2}{5} m R_i^2 \omega_i = \frac{2}{5} m R_f^2 \omega_f$

Ricava la velocità angolare finale e sostituisci i valori numerici:

$\omega_f = \frac{R_i^2}{R_f^2} \omega_i = \frac{(2,3 \cdot 10^8 \text{ m})^2}{(2,0 \cdot 10^4 \text{ m})^2}(2,4 \cdot 10^{-6} \text{ rad/s}) = 320 \text{ rad/s}$

70 Trottole sul ghiaccio

Quando un pattinatore sul ghiaccio comincia a ruotare su se stesso, la sua velocità angolare è di 3,17 rad/s. Dopo aver avvicinato le braccia al corpo, la sua velocità angolare aumenta a 5,46 rad/s. Calcola il rapporto fra il momento d'inerzia finale e il momento d'inerzia iniziale del pattinatore. [0,581]

71 Tuffi

Una tuffatrice raccoglie il suo corpo durante il volo, riducendo il suo momento d'inerzia di un fattore 2. Di quale fattore cambia il modulo della sua velocità angolare?

72 IN ENGLISH

a. Calculate the angular momentum of a phonograph record (LP) rotating at 33.3 rev/min. An LP has a radius of 15 cm and a mass of 150 g.

b. A phonograph can accelerate an LP from rest to its final speed in 0.35 s; what average torque would be exerted on the LP?

[a. $5,89 \cdot 10^{-3}$ kg m²/s; b. $1,68 \cdot 10^{-2}$ N m]

73 Tira la corda 2

Un piccolo blocco di massa 0,0250 kg si muove su una superficie orizzontale priva di attrito. Esso è attaccato a un filo privo di massa che passa attraverso un foro praticato nella superficie, come mostrato in figura. Il blocco inizialmente ruota a una distanza 0,300 m con una velocità angolare di 1,75 rad/s. Il filo è successivamente tirato verso il basso, accorciando il raggio della circonferenza lungo la quale il blocco si muove a 0,150 m. Tratta il blocco come se fosse una particella e rispondi alle domande.

a. Il momento angolare si conserva? Perché?
b. Quanto vale la nuova velocità angolare?
c. Calcola la variazione dell'energia cinetica del blocco.
d. Quanto lavoro viene fatto tirando la corda?

[b. 7,00 rad/s; c. $1,03 \cdot 10^{-2}$ J; d. $1,03 \cdot 10^{-2}$ J]

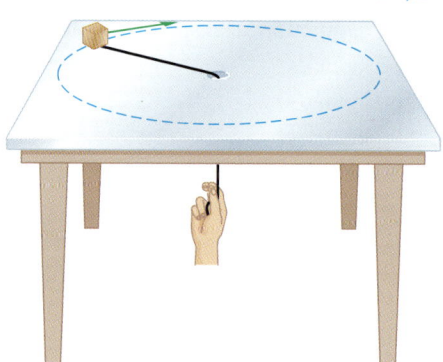

74 GEO Sedna, il decimo pianeta?

Nel novembre 2003 alcuni scienziati dell'osservatorio di Monte Palomar, in California, scoprirono un oggetto trans-nettuniano di grandi dimensioni, uno dei più distanti osservati all'interno del Sistema solare. L'oggetto, che venne chiamato Sedna, ha un diametro approssimativamente di 1700 km, impiega 10 500 anni a orbitare intorno al Sole e raggiunge una velocità massima di 4,64 km/s. I calcoli per determinare l'orbita, basati su successive osservazioni, hanno mostrato che questa è fortemente ellittica e che la distanza dal Sole varia da 76 UA a 942 UA (1 UA è l'unità astronomica, cioè la distanza media della Terra dal Sole, pari a $1,50 \cdot 10^8$ km).

a. Qual è la velocità minima di Sedna?
b. In quale punto dell'orbita si hanno la minima e la massima velocità?
c. Quanto vale il rapporto tra l'energia cinetica massima di Sedna e quella minima?

[a. 0,374 km/s; c. 154]

75 Scontro in pista

Due palle, una di massa 1 kg e l'altra di massa 2 kg, si muovono su una pista circolare con la stessa velocità tangenziale v in versi opposti. A un certo istante le due palle si urtano tra loro e, dopo l'urto, rimangono attaccate.

a. Esprimi il modulo della velocità finale delle palline in funzione di v.
b. In che verso si muovono le palline dopo l'urto?

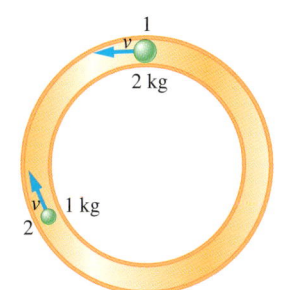

$$\left[\text{a. } v_f = \frac{v}{3};\ \text{b. in verso antiorario}\right]$$

76 PROBLEMA SVOLTO

Una bambina di 34,0 kg corre con una velocità di 2,80 m/s lungo una direzione tangente al bordo di una giostra ferma. La giostra ha un momento d'inerzia $I = 512\ \text{kg}\,\text{m}^2$ e un raggio di 2,31 m. Quando la bambina salta sulla giostra, l'intero sistema inizia a ruotare. Qual è la velocità angolare del sistema?

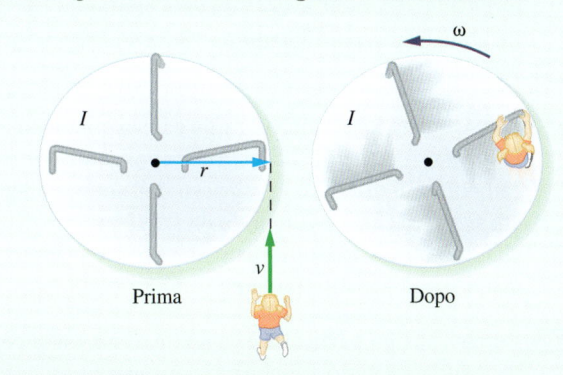

SOLUZIONE

Scrivi il momento angolare iniziale della bambina indicando con m la sua massa e con v la sua velocità:

$$L_i = rmv$$

Scrivi il momento angolare finale del sistema giostra + bambina tenendo conto che I è il momento d'inerzia della giostra e mr^2 quello della bambina:

$$L_f = (I + mr^2)\omega$$

Poni $L_i = L_f$ e risolvi rispetto alla velocità angolare:

$$rmv = (I + mr^2)\omega$$

da cui:

$$\omega = \frac{rmv}{I + mr^2}$$

Sostituisci i valori numerici:

$$\omega = \frac{(2,31\ \text{m})(34,0\ \text{kg})(2,80\ \text{m/s})}{512\ \text{kg}\,\text{m}^2 + (34,0\ \text{kg})(2,31\ \text{m})^2} = 0,317\ \text{rad/s}$$

77 🇬🇧 IN ENGLISH

A ballerina spins initially at 1.5 revolutions/second when her arms are extended. She then draws in her arms to her body and her moment of inertia becomes $0.88\ \text{kg}\,\text{m}^2$ and her angular speed increases to 4.0 rev/s. Determine her initial moment of inertia. $\quad [2.3\ \text{kg}\,\text{m}^2]$

78 Salta mentre gira!

Una giostra circolare di raggio 2,63 m e massa 155 kg ruota liberamente con una velocità angolare di 0,641 giri/s. Una persona di 59,4 kg che corre tangenzialmente alla giostra a 3,41 m/s, salta sul bordo della giostra e poi sta ferma in tale posizione. Prima di saltare sulla giostra, la persona si muoveva nello stesso verso del bordo della giostra.

a. Qual è la velocità angolare finale della giostra?
b. L'energia cinetica del sistema aumenta, diminuisce o rimane uguale quando la persona salta sulla giostra?
c. Calcola l'energia cinetica iniziale e finale del sistema.

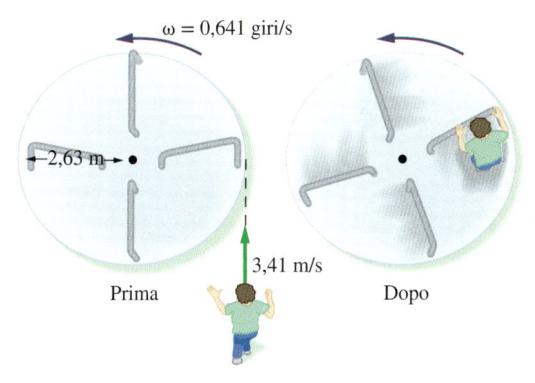

$$[\text{a. } 2,84\ \text{rad/s};\ \text{c. } 4,70\ \text{kJ};\ 3,82\ \text{kJ}]$$

79 Ti faccio ruotare senza toccarti!

Uno studente è seduto, fermo, su uno sgabello da pianoforte che può ruotare senza attrito. Il momento d'inerzia del sistema studente + sgabello è $4,1\ \text{kg}\,\text{m}^2$. Un secondo studente lancia un peso di massa 1,5 kg, con una velocità di 2,7 m/s, allo studente sullo sgabello, che lo afferra a una distanza di 0,40 m dall'asse di rotazione.

a. Qual è la velocità angolare risultante dello studente e dello sgabello?
b. L'energia cinetica del sistema peso + studente + sgabello aumenta, diminuisce o rimane la stessa quando lo studente afferra il peso?
c. Calcola l'energia cinetica iniziale e finale del sistema.

$$[\text{a. } 0,37\ \text{rad/s};\ \text{c. } 5,5\ \text{J};\ 0,30\ \text{J}]$$

80 MATH⁺ Camminare sulla giostra

Un bambino di massa m è in piedi sul bordo esterno di una giostra circolare ferma, di raggio R e momento d'inerzia I. Il bambino a un certo punto comincia a camminare lungo il bordo della giostra, con una velocità tangenziale di modulo v rispetto al piano della giostra.

a. Qual è il modulo v' della velocità del bambino rispetto al suolo?
b. Rappresenta graficamente la funzione $v'(I)$.

$$\left[\text{a. } v' = \frac{Iv}{I + mR^2}\right]$$

ESERCIZI DI RIEPILOGO

RAGIONA E RISPONDI

1 Come si può rendere più grande possibile il momento d'inerzia di un oggetto rotante?

2 Perché se cambia l'asse di rotazione di un oggetto cambia il suo momento d'inerzia, sebbene la forma e la massa dell'oggetto rimangano le stesse?

3 Fornisci un esempio, tratto dalla vita quotidiana, delle seguenti situazioni:
  a. un oggetto che ha energia cinetica di rotazione uguale a zero, ma energia cinetica di traslazione diversa da zero;
  b. un oggetto che ha energia cinetica di traslazione uguale a zero, ma energia cinetica di rotazione diversa da zero;
  c. un oggetto che ha energia cinetica di rotazione e di traslazione diverse da zero.

4 Due sfere hanno lo stesso raggio e la stessa massa. In che modo puoi stabilire quale delle due sfere è piena e quale è cava?

5 Una bicicletta diventa più maneggevole se riduci il peso delle ruote piuttosto che quello del telaio. Perché?

6 Quando una palla rotola senza scivolare lungo un pendio di forma irregolare, è molto semplice calcolare la velocità con cui arriva in fondo utilizzando la conservazione dell'energia. Non lo è altrettanto utilizzando le leggi del moto di Newton. Perché?

7 Un oggetto può avere un'accelerazione lineare uguale a zero e, contemporaneamente, un'accelerazione angolare diversa da zero? Se la risposta è no, spiega perché, se è sì, dai un esempio che la avvalori.

8 I funamboli utilizzano una lunga asta per aiutarsi a mantenere l'equilibrio. Perché?

9 Le stelle si formano quando una grande nuvola di gas in rotazione collassa. Che cosa accade alla velocità angolare della nuvola di gas mentre sta collassando?

10 Il momento angolare di un oggetto può variare senza che vari la sua quantità di moto? Motiva la risposta.

11 Due oggetti che ruotano hanno la stessa energia cinetica; hanno anche lo stesso momento angolare?

12 Un gruppo di orsi polari è in piedi lungo il bordo di una lastra di ghiaccio circolare, in lenta rotazione. Se tutti gli orsi camminano verso il centro, che cosa succede alla velocità di rotazione della lastra?

13 Ennio è un provetto tiratore e partecipa a competizioni internazionali. La canna del suo fucile è zigrinata in modo che il proiettile esca da essa ruotando rispetto a un asse diretto parallelamente al verso del suo avanzamento. Perché?

14 Lois Lane ha forato una gomma e deve quindi sollevare la sua auto con il cric. La forza che applica sul cric è chiaramente minore della forza peso dell'automobile; questo significa che il lavoro fatto da Lois è minore di quello che avrebbe fatto Superman se, con il suo intervento, avesse sollevato direttamente l'auto?

15 Perché, se una particella è soggetta a una forza centrale, il suo momento angolare si conserva?

RISPONDI AI QUESITI

16 Una ragazza di massa M siede sul bordo di una piattaforma circolare di raggio R e momento d'inerzia I, che può ruotare con attrito trascurabile attorno al proprio asse verticale. Sia la piattaforma sia la ragazza sono inizialmente in quiete. La ragazza si alza e comincia a camminare lungo il bordo della piattaforma con velocità v rispetto al suolo.
Qual è la velocità angolare della piattaforma rispetto al suolo?

A 0
B $\omega = \dfrac{MRv}{I}$
C $\omega = \dfrac{v}{R}$
D $\omega = \dfrac{MRv}{I - MR^2}$
E $\omega = \dfrac{MRv}{I + MR^2}$

[Olimpiadi della Fisica 2018, Gara di I livello]

17 Una pattinatrice su ghiaccio ha un momento d'inerzia, calcolato rispetto a un asse di rotazione verticale, di $4{,}0$ kg m^2 quando le sue braccia sono allargate. Se sta ruotando alla velocità angolare di $3{,}0$ rad s^{-1} con le braccia allargate, e poi avvicina le braccia al busto, la sua velocità angolare aumenta fino a $7{,}0$ rad s^{-1} in $0{,}5$ s. Si supponga di poter trascurare l'attrito tra pattini e ghiaccio e quello dell'aria.
Qual è il momento totale delle forze che agiscono sulla pattinatrice, rispetto all'asse di rotazione, mentre avvicina le braccia al busto?

A $1{,}0$ N m
B $1{,}6$ N m
C $2{,}7$ N m
D $5{,}3$ N m
E 0 N m

[Olimpiadi della Fisica 2012, Gara di I livello]

RISOLVI I PROBLEMI

18 Uno yo-yo intelligente

Yomega, anche noto come "lo yo-yo con un cervello", è costruito con un intelligente meccanismo a frizione sull'asse, che gli permette di ruotare liberamente e di "riposare" quando la sua velocità angolare è superiore a un certo valore critico. Quando la velocità angolare dello yo-yo supera questo valore, la frizione si aziona, facendo risalire lo yo-yo per la cordicella fino alla mano della persona che lo aziona. Se il momento d'inerzia dello yo-yo è $7{,}4 \cdot 10^{-5}$ kg m², la sua massa è 0,11 kg e la corda è lunga 1,0 m, qual è la più piccola velocità angolare che permette allo yo-yo di ritornare nella mano della persona?

[$1{,}7 \cdot 10^2$ rad/s]

19 L'energia del tosaerba

Un tosaerba ha una lama d'acciaio piatta a forma di asticella che ruota intorno al suo centro. La massa della lama è 0,65 kg e la sua lunghezza è 0,55 m.
a. Qual è l'energia cinetica rotazionale della lama se lavora ruotando con una frequenza di 3500 giri/min?
b. Se tutta l'energia cinetica della lama potesse essere trasformata in energia potenziale gravitazionale, a quale altezza potrebbe salire la lama?

[a. 1,1 kJ; b. 0,17 km]

20 Se si sciogliesse la calotta polare

Supponi che lo scioglimento parziale della calotta polare aumenti il momento d'inerzia della Terra da $0{,}331 M_T R_T^2$ a $0{,}332 M_T R_T^2$.
a. La durata del giorno aumenterebbe o diminuirebbe? Giustifica la risposta.
b. Calcola la variazione della durata di un giorno (esprimi la risposta in secondi).

[b. 261 s]

21 Corda avvolta su un cilindro

Una corda è avvolta su un cilindro di massa m e raggio r. Un estremo della corda viene fissato al soffitto e il cilindro è lasciato libero di cadere. Dimostra che l'accelerazione con cui cade il cilindro è $2/3\,g$.

22 Dove cade?

Una sfera solida con il diametro di 0,17 m viene rilasciata da ferma e rotola, senza strisciare, giù da una rampa che ha un'altezza di 0,61 m. La sfera raggiunge la base della rampa, che si trova sul bordo di un tavolo a 1,22 m dal pavimento, muovendosi orizzontalmente, come mostrato in figura.
a. Di quale distanza d si sposta in orizzontale la sfera prima di toccare il pavimento?
b. Quanti giri compie la sfera durante la caduta?
c. Se la rampa fosse stata costruita priva di attriti, la distanza d sarebbe maggiore, minore o uguale? Giustifica la risposta.

[a. 1,5 m; b. 2,7 giri]

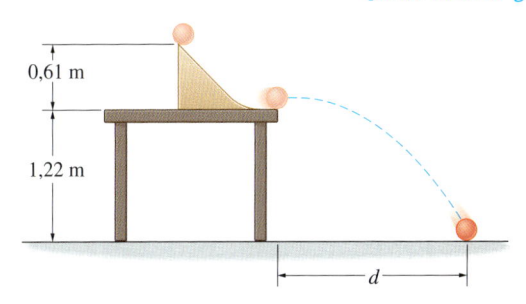

23 Il giro della morte

Una biglia di raggio R e massa m rotola, senza strisciare, partendo da ferma sulla pista disegnata in figura.
a. Qual è la minima altezza h da cui può essere liberata la biglia perché mantenga il contatto con la pista in ogni momento del suo percorso? Fornisci h in funzione del raggio r del cerchio.
b. Spiega perché l'altezza ottenuta nella parte a. è indipendente dalla massa della biglia.

[$h = (27/10)\,r$]

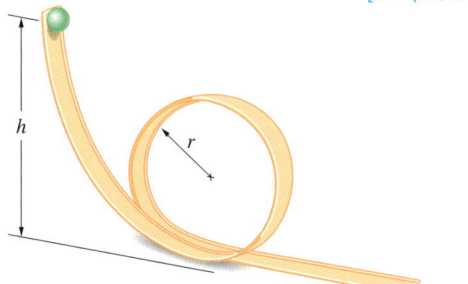

24 MATH Blocco e carrucola

Un blocco di massa M è appeso all'estremità sinistra di una corda che passa su una carrucola assimilabile a un disco pieno di massa m e raggio r. All'estremità destra, la corda è tirata verso il basso con una forza F. Determina:
a. l'accelerazione del blocco;
b. la tensione nella corda a sinistra della carrucola;
c. la tensione nella corda a destra della carrucola.

$$\left[\textbf{a. } a = \frac{F - Mg}{M + \frac{1}{2}m};\ \textbf{b. } T_2 = \frac{M(2F + mg)}{2M + m};\ \textbf{c. } F\right]$$

VERSO L'ESAME

PROBLEMA SVOLTO 1 — Il gommista e gli pneumatici

▶ Piano inclinato ▶ Forze e moto ▶ Cinematica e dinamica rotazionale
▶ Conservazione dell'energia meccanica

Un gommista lascia scivolare da fermo uno pneumatico di raggio $r = 29{,}0$ cm lungo una rampa alta 2,00 m e inclinata di $\theta = 14{,}5°$ rispetto all'orizzontale, come in figura.
Lo pneumatico, che durante tutto il moto rotola, è assimilabile dal punto di vista della dinamica rotazionale a un guscio cilindrico.

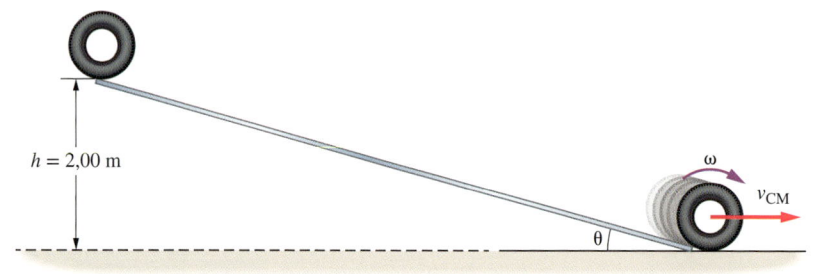

1 Quali sono la velocità del centro di massa e la velocità angolare dello pneumatico quando esso arriva alla fine della rampa?

2 Dimostra che l'accelerazione del centro di massa durante la discesa è $a_{CM} = \dfrac{g}{2}\operatorname{sen}\theta$ e calcola quanto tempo impiega lo pneumatico a percorrere tutta la rampa, considerando che il momento d'inerzia di un guscio cilindrico rispetto a un asse parallelo all'asse del guscio passante per il bordo è $I_O = 2mr^2$.

3 Quanto vale il coefficiente d'attrito dinamico tra lo pneumatico e la rampa?

SOLUZIONE

1 Durante la discesa sullo pneumatico agiscono la forza peso, che è conservativa, la forza normale al piano, che non compie lavoro in quanto perpendicolare allo spostamento, e la forza d'attrito, che non compie lavoro poiché agisce sul punto di contatto tra pneumatico e suolo, che è istantaneamente fermo. Pertanto si conserva l'energia meccanica e possiamo scrivere:

$$E_{m,i} = E_{m,f} \quad \rightarrow \quad K_i + U_i = K_f + U_f$$

$$0 + mgh = \frac{1}{2}mv_{CM,f}^2 + \frac{1}{2}I_{CM}\omega_f^2 + 0$$

dove $\dfrac{1}{2}mv_{CM,f}^2 + \dfrac{1}{2}I_{CM}\omega_f^2$ è l'energia cinetica di rotolamento.

Il momento d'inerzia di un guscio cilindrico rispetto a un asse che passa per il centro di massa è $I_{CM} = mr^2$, mentre nel moto di puro rotolamento la velocità angolare è legata alla velocità del centro di massa dalla relazione $\omega = \dfrac{v_{CM}}{r}$, quindi:

$$mgh = \frac{1}{2}mv_{CM,f}^2 + \frac{1}{2}mr^2\frac{v_{CM,f}^2}{r^2}$$

$$v_{CM,f} = \sqrt{gh} = \sqrt{(9{,}81 \text{ m/s}^2) \cdot (2{,}00 \text{ m})} = 4{,}43 \text{ m/s}$$

La velocità angolare finale risulta, così:

$$\omega_f = \frac{v_{CM,f}}{r} = \frac{4{,}43 \text{ m/s}}{0{,}290 \text{ m}} = 15{,}3 \text{ rad/s}$$

2 Applichiamo la seconda legge di Newton al moto rotazionale utilizzando come punto di riferimento il punto O di contatto tra lo pneumatico e il suolo, di modo che l'unica forza ad avere un braccio non nullo, e quindi un momento torcente non nullo, sia la componente della forza peso parallela al piano inclinato:

$$\Sigma M_O = I_O \alpha$$

$$mg \,\text{sen}\,\theta \, r = 2mr^2 \alpha$$

$$\alpha = \frac{g}{2r}\text{sen}\,\theta$$

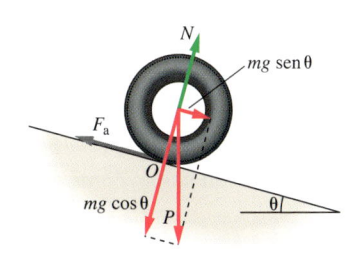

Nel moto di puro rotolamento l'accelerazione angolare è legata all'accelerazione del centro di massa dalla relazione $\alpha = \dfrac{a_{\text{CM}}}{r}$, per cui:

$$a_{\text{CM}} = \alpha r = \frac{g}{2r}\text{sen}\,\theta \cdot r = \frac{g}{2}\text{sen}\,\theta$$

Poiché sul centro di massa agiscono solo forze costanti, allora il suo moto è di tipo uniformemente accelerato, quindi:

$$v_{\text{CM,f}} = v_{\text{CM,0}} + a_{\text{CM}} t$$

da cui:

$$t = \frac{v_{\text{CM,f}} - v_{\text{CM,0}}}{a_{\text{CM}}} = \frac{v_{\text{CM,f}} - 0}{\dfrac{g}{2}\text{sen}\,\theta} = \frac{2v_{\text{CM,f}}}{g\,\text{sen}\,\theta} = \frac{2(4{,}43 \text{ m/s})}{(9{,}81 \text{ m/s}^2)\text{sen}\,14{,}5°} = 3{,}61 \text{ s}$$

3 Applichiamo la seconda legge di Newton al moto traslazionale del centro di massa nella direzione parallela al piano:

$$\Sigma F_{//} = m a_{\text{CM}//}$$

$$P_{//} - F_a = m a_{\text{CM}}$$

$$mg \,\text{sen}\,\theta - \mu_d N = m a_{\text{CM}}$$

La forza normale è uguale in modulo alla componente perpendicolare al piano inclinato della forza peso, $N = mg \cos\theta$, mentre l'accelerazione del centro di massa, come dimostrato nel punto precedente, è $a_{\text{CM}} = \dfrac{g}{2}\text{sen}\,\theta$; quindi:

$$mg \,\text{sen}\,\theta - \mu_d mg \cos\theta = m\frac{g}{2}\text{sen}\,\theta$$

$$\mu_d \cos\theta = \frac{1}{2}\text{sen}\,\theta$$

$$\mu_d = \frac{1}{2}\frac{\text{sen}\,\theta}{\cos\theta} = \frac{1}{2}\text{tg}\,\theta = \frac{1}{2}\text{tg}\,14{,}5° = 0{,}129$$

PROVA TU Con riferimento al Problema svolto, considera che la massa dello pneumatico sia $m = 14{,}0$ kg.

1. Da quale altezza dovrebbe essere lasciato rotolare lo pneumatico per arrivare al suolo con una velocità di 7,0 m/s?
2. Con riferimento ai dati del Problema svolto, dopo quanto tempo dall'inizio della caduta la velocità è un terzo di quella sul fondo della rampa?
3. Quanto vale la forza d'attrito durante la caduta?

[**1.** 5,00 m; **2.** 1,20 s; **3.** 17,2 N]

| **284** | CAPITOLO **5** | Cinematica e dinamica rotazionale |

PROBLEMA SVOLTO 2 **L'aeroplanino telecomandato**

▶ Conservazione dell'energia meccanica ▶ Quantità di moto, impulso e urti
▶ Dinamica rotazionale ▶ Conservazione del momento angolare

Un aeroplanino telecomandato di massa $m = 900$ g, che viaggia orizzontalmente, urta contro un palo incernierato alla base, di massa $M = 6{,}00$ kg e lunghezza $l = 4{,}00$ m, rimanendo incastrato alla sua estremità. Subito dopo l'urto, il palo inizia a ruotare con una velocità angolare $\omega_0 = 0{,}776$ rad/s attorno al punto di contatto con il suolo, dove si trova incernierato, fino a cadere sul suolo, come mostrato in figura.

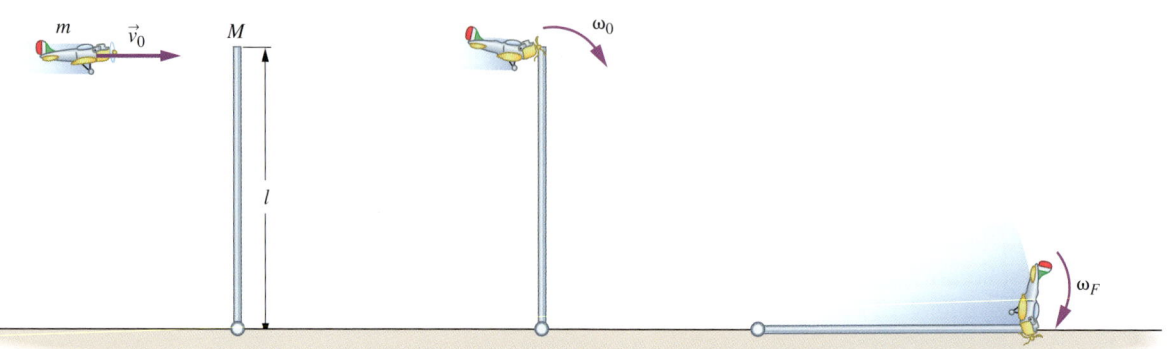

1 Qual era la velocità dell'aeroplanino telecomandato un istante prima dell'urto?

2 Con quale velocità angolare il palo urta il suolo?

3 Quanto vale l'impulso subìto dall'aeroplanino a causa dell'urto con il palo? Qual è la forza media che agisce sull'aeroplanino se l'urto dura 200 ms?

SOLUZIONE

1 Durante l'urto non si conserva la quantità di moto. Infatti, essendo presente una cerniera all'estremità inferiore dell'asta, agisce istantaneamente un impulso esterno che evita che, a seguito dell'urto, l'asta trasli verso destra.
Con riferimento a tale cerniera si conserva, invece, il momento angolare, poiché l'unica forza esterna che agisce durante l'urto (la forza vincolare nella cerniera) ha braccio nullo e quindi momento torcente nullo:

$$L_\text{i} = L_\text{f}$$

$$-m v_0 l = I_\text{tot}(-\omega_0)$$

$$v_0 = \frac{I_\text{tot}\omega_0}{ml}$$

Il momento di inerzia totale del sistema asta + aeroplanino, calcolato considerando l'aeroplanino puntiforme rispetto all'asta, è:

$$I_\text{tot} = I_\text{asta} + I_\text{aereo} = \frac{1}{3}Ml^2 + ml^2 =$$

$$= \frac{1}{3}(6{,}00 \text{ kg})(4{,}00 \text{ m})^2 + (0{,}900 \text{ kg})(4{,}00 \text{ m})^2 = 46{,}4 \text{ kg} \cdot \text{m}^2$$

quindi:

$$v_0 = \frac{I_\text{tot}\omega_0}{ml} = \frac{(46{,}4 \text{ kg} \cdot \text{m}^2)(0{,}776 \text{ rad/s})}{(0{,}900 \text{ kg})(4{,}00 \text{ m})} = 10{,}0 \text{ m/s}$$

2 Calcoliamo dapprima la posizione del centro di massa del sistema asta + aeroplanino come media pesata delle posizioni dei singoli centri di massa:

$$y_{CM} = \frac{ml + M\frac{l}{2}}{m+M} = \frac{(0{,}900 \text{ kg})(4{,}00 \text{ m}) + (6{,}00 \text{ kg})(2{,}00 \text{ m})}{0{,}900 \text{ kg} + 6{,}00 \text{ kg}} = 2{,}26 \text{ m}$$

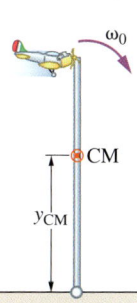

Durante la rotazione agiscono solo la forza peso, che è conservativa, e la forza vincolare nella cerniera che non compie lavoro in quanto il punto di applicazione rimane fermo, per cui si conserva l'energia meccanica:

$$E_{m,i} = E_{m,f}$$

$$K_i + U_i = K_f + U_f$$

$$\frac{1}{2}I_{tot}\omega_0^2 + (m+M)g\,y_{CM} = \frac{1}{2}I_{tot}\omega_f^2 + 0$$

$$\omega_f^2 = \frac{I_{tot}\omega_0^2 + 2(m+M)g\,y_{CM}}{I_{tot}}$$

$$\omega_f = \sqrt{\omega_0^2 + \frac{2(m+M)g\,y_{CM}}{I_{tot}}} = \sqrt{(0{,}776 \text{ rad/s})^2 + \frac{2(0{,}900 \text{ kg} + 6{,}00 \text{ kg})(9{,}81 \text{ m/s}^2)(2{,}26 \text{ m})}{46{,}4 \text{ kg}\cdot\text{m}^2}}$$

$$\omega_f = 2{,}68 \text{ rad/s}$$

3 Per il teorema dell'impulso (chiamando l'impulso J per non confonderlo con il momento di inerzia) si ha:

$$J_{aereo} = |\Delta p_{aereo}| = |p_{aereo,f} - p_{aereo,i}| = |mv_{aereo,f} - mv_{aereo,i}|$$

Subito dopo l'urto l'aeroplanino sta ruotando assieme all'asta con velocità angolare ω_0, per cui la sua velocità lineare è orizzontale ed è $v_{aereo,f} = \omega_0 l$, quindi:

$$J_{aereo} = m|v_{aereo,f} - v_{aereo,i}| = m|\omega_0 l - v_0| = (0{,}900 \text{ kg})|(0{,}776 \text{ rad/s})(4{,}00 \text{ m}) - 10{,}0 \text{ m/s}|$$

$$J_{aereo} = 6{,}21 \text{ N}\cdot\text{s}$$

Infine, la forza media è data da:

$$F_m = \frac{J_{aereo}}{\Delta t} = \frac{6{,}21 \text{ N}\cdot\text{s}}{0{,}200 \text{ s}} = 31{,}0 \text{ N}$$

PROVA TU Con riferimento al Problema svolto, supponi che l'aeroplanino urti orizzontalmente l'asta nel suo estremo con una velocità di 12,0 m/s.

1. Con quale velocità angolare l'asta inizia a ruotare subito dopo l'urto?
2. Con quale velocità angolare l'asta urta il suolo?
3. Se la forza media sull'aeroplanino è 40,0 N, quanto dura l'urto?

[**1.** 0,931 rad/s; **2.** 2,73 rad/s; **3.** 186 ms]

AUTOVERIFICA

Tempo a disposizione: 60 minuti

SCEGLI LA RISPOSTA CORRETTA

1 Qual è il momento d'inerzia di un oggetto di massa 2 kg che si muove su una traiettoria circolare di raggio 3 m?
- A 6 kg m^2
- B 12 kg m^2
- C 18 kg m^2
- D 24 kg m^2

2 Quale tra le seguenti è la relazione corretta tra la somma dei momenti torcenti su un corpo rigido e l'accelerazione angolare del corpo?
- A $\Sigma M = I\alpha$
- B $\Sigma M = \alpha$
- C $\Sigma M = I\alpha^2$
- D $\Sigma M = I^2\alpha$

3 Una gru ha un braccio di 18 m ed è in grado di sopportare un momento torcente di 215 kN m. Il massimo carico che può reggere la gru da ferma è:
- A $3,9 \cdot 10^2$ kg
- B $1,2 \cdot 10^3$ kg
- C $3,9 \cdot 10^3$ kg
- D $1,2 \cdot 10^4$ kg

4 Se $\vec{r}$ e $\vec{p}$ sono il vettore posizione e il vettore quantità di moto, quale dei vettori disegnati in figura in rosso è il vettore momento angolare?
- A $\vec{a}$
- B $\vec{b}$
- C $\vec{c}$
- D $\vec{d}$

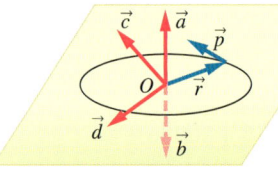

piano orizzontale

RISOLVI I SEGUENTI PROBLEMI

5 Un frisbee ad anello di raggio 23 cm e massa 150 g ruota a 4,5 giri al secondo. Determina:
- **a.** il momento d'inerzia del frisbee;
- **b.** il momento angolare del frisbee;
- **c.** l'energia cinetica rotazionale.

6 Il momento angolare di un volano con momento d'inerzia pari a 0,150 kg m^2 diminuisce da 2,85 kg m^2/s a 0,865 kg m^2/s in 1,75 s.
- **a.** Qual è il momento della forza media che agisce sul volano durante questo tempo?
- **b.** Di quale angolo ruota il volano se ha un'accelerazione angolare uniforme?

7 Tre sfere piene identiche A, B e C, di massa 350 g, sono infilate in un'asta lunga 15 cm, due alle estremità e una al centro. Determina il momento d'inerzia del sistema nei casi in cui:
- **a.** il sistema ruota intorno alla massa A;
- **b.** il sistema ruota intorno alla massa B;
- **c.** il sistema ruota intorno alla massa C.

8 Una giostra di raggio 2,5 m e massa 125 kg è ferma e libera di ruotare; il momento d'inerzia della giostra rispetto all'asse di rotazione è 150 kg m^2. Un bambino di massa 48 kg sale sulla giostra con una velocità tangenziale di 1,8 m/s.
- **a.** Che velocità angolare ha la giostra subito dopo la salita del bambino?
- **b.** Qual è l'accelerazione angolare della giostra se si ferma in 15 s?

9 Una girandola di raggio 35 cm, con un momento d'inerzia di 2,3 kg m^2, accelera da ferma a 20 giri al minuto per effetto della rotazione impressa da Giulia tramite una forza di 3,4 N applicata con un angolo di 135° rispetto al raggio. Calcola:
- **a.** il momento torcente;
- **b.** l'intervallo di tempo in cui è avvenuta l'accelerazione.

CAPITOLO 6
La gravitazione

1. La legge della gravitazione universale di Newton

La prima forza a essere stata riconosciuta come forza fondamentale della natura, la **forza di gravità**, è anche la più debole fra le forze fondamentali. È però quella che ha manifestazioni più evidenti nella vita quotidiana ed è la forza responsabile del moto della Luna, della Terra e di tutti i pianeti.

In questo capitolo vedremo che essa governa la dinamica di tutta la materia dell'universo, dalle piccole particelle di polvere degli anelli di Saturno alle galassie più lontane.

Prima dell'introduzione del metodo scientifico da parte di Galileo e dei suoi studi sul moto dei gravi, si pensava che il cielo fosse del tutto separato dalla Terra e che obbedisse a proprie leggi.

Newton proseguì sulla strada, già tracciata da Galileo, dell'unificazione tra fisica celeste e fisica terrestre, dimostrando che la stessa legge di gravitazione che vale sulla Terra può essere applicata agli astri.

La grande intuizione di Newton, dovuta, secondo la leggenda, all'osservazione della caduta di una mela da un albero, fu proprio questa: la forza responsabile dell'accelerazione della mela verso terra è la stessa forza che genera il movimento circolare della Luna intorno alla Terra. Nei suoi *Principia*, pubblicati nel 1687, Newton presentò un "esperimento mentale" per dimostrare il legame fra la caduta libera e il moto orbitale, illustrandolo con il disegno riportato qui a fianco.

Immaginiamo di lanciare un proiettile orizzontalmente dalla cima di una montagna: maggiore è il modulo della velocità iniziale del proiettile, maggiore è la distanza che il proiettile percorre in caduta libera prima di toccare il suolo. In assenza di resistenza dell'aria, una velocità iniziale di modulo abbastanza grande può far sì che il proiettile giri intorno alla Terra e ritorni al punto di partenza. Perciò, *un oggetto che orbita intorno alla Terra è in realtà in caduta libera* e ha semplicemente una grande velocità orizzontale.

LE GRANDI IDEE

1 Secondo la legge di gravitazione universale di Newton, tutti gli oggetti nell'universo si attraggono l'un l'altro con una forza inversamente proporzionale al quadrato della loro distanza.

2 La massa inerziale e la massa gravitazionale sono equivalenti.

3 Le orbite di pianeti, satelliti, comete e asteroidi sono governate dalle tre leggi di Keplero.

4 Applicando la legge di conservazione dell'energia meccanica ai fenomeni gravitazionali, bisogna tener conto dell'energia cinetica e dell'energia potenziale gravitazionale.

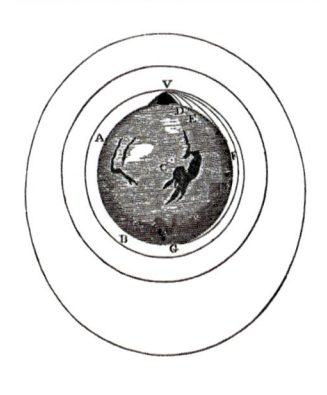

Più precisamente, nel caso della mela il moto è rettilineo e la mela accelera verso il centro della Terra. Nel caso della Luna il moto è pressoché circolare, con velocità costante in modulo. Come abbiamo visto nel capitolo 1, un oggetto in moto circolare uniforme accelera verso il centro della circonferenza, quindi *anche* la Luna accelera verso il centro della Terra e la forza responsabile dell'accelerazione centripeta della Luna è l'attrazione gravitazionale della Terra, la stessa forza responsabile della caduta della mela.

Per descrivere la forza di gravità, Newton propose la seguente semplice legge:

> **Legge della gravitazione universale di Newton**
>
> La forza di gravità fra due oggetti puntiformi qualsiasi di massa m_1 ed m_2, posti a distanza r fra loro, è attrattiva e ha intensità:
>
> $$F = G\frac{m_1 m_2}{r^2}$$
>
> dove G è una costante, chiamata **costante di gravitazione universale**, il cui valore è:
>
> $$G = 6{,}67 \cdot 10^{-11} \text{ N m}^2/\text{kg}^2$$
>
> La forza è diretta lungo la retta congiungente le masse.

Osserviamo che ciascuna delle due masse risente di una forza di uguale intensità, $F = Gm_1m_2/r^2$, ma che agisce in verso opposto. In altre parole, la forza di gravità fra due oggetti costituisce un esempio di coppia di forze azione-reazione **(fig. 1)**.

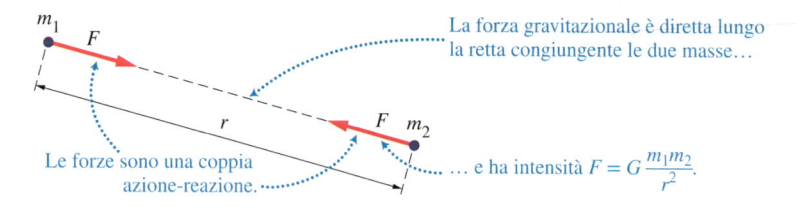

> **COLLEGAMENTO**
>
> Anche gli astronauti a bordo di una stazione orbitante sono in caduta libera: per questo sperimentano l'"assenza di peso". Rivedi il **capitolo 3**.

LE GRANDI IDEE

1 Secondo la legge di gravitazione universale di Newton, tutti gli oggetti nell'universo si attraggono l'un l'altro attraverso l'interazione gravitazionale. L'intensità della forza tra due oggetti è proporzionale al prodotto delle loro masse e inversamente proporzionale al quadrato della loro distanza.

◀ **Figura 1**
Forza gravitazionale tra due oggetti puntiformi di massa m_1 ed m_2, a distanza r

Secondo la legge di Newton, nell'universo tutti gli oggetti si attraggono l'un l'altro attraverso l'interazione gravitazionale. È in questo senso che la legge viene detta "universale". Perciò, la forza gravitazionale risultante che agisce su ciascuno di noi è dovuta non soltanto al pianeta sul quale ci troviamo, che è certamente responsabile della parte più rilevante di questa forza, ma anche alle persone che ci circondano, ai pianeti e persino alle stelle delle galassie più lontane. In breve, *ogni oggetto nell'universo "sente" ogni altro oggetto, tramite l'interazione gravitazionale.*

Come vedremo, la legge della gravitazione universale permise a Newton di spiegare le leggi di Keplero dei moti orbitali. Nel 1705 l'astronomo Edmond Halley (1656-1742) la utilizzò per predire il ritorno della cometa che oggi porta il suo nome.

Ai nostri giorni, la legge di gravitazione di Newton consente di determinare le orbite delle navicelle spaziali inviate dalla Terra verso varie destinazioni, all'interno del nostro Sistema solare e oltre. Questa legge ci permette anche di calcolare con precisione gli istanti in cui si verificheranno le eclissi solari e lunari e altri fenomeni astronomici.

GEO

Nell'Ottocento la teoria della gravitazione di Newton ottenne un successo sbalorditivo quando gli astronomi che osservavano il pianeta Urano notarono alcune piccole deviazioni dalla sua orbita e pensarono di poterle attribuire all'attrazione gravitazionale di un pianeta ancora sconosciuto. Usando la legge di Newton essi calcolarono la posizione del nuovo pianeta, ora chiamato **Nettuno**, e lo individuarono proprio nel punto previsto, osservandolo nella notte del 23 settembre 1846.

▶ Il pianeta Nettuno

L'intensità delle forze gravitazionali

L'ordine di grandezza della costante gravitazionale G è 10^{-10} N m^2/kg^2. Il fatto che tale costante abbia un valore così piccolo spiega il motivo per cui la forza di gravità tra oggetti di dimensioni confrontabili con quelle umane è impercettibile, come è mostrato nell'esercizio seguente.

APPLICA SUBITO

1 Un uomo, di 105 kg, porta il suo cane, di 11,2 kg, a fare una passeggiata su una spiaggia deserta. Considerando l'uomo e il cane come oggetti puntiformi, calcola:
   a. la forza di gravità fra l'uomo e il cane, quando si trovano rispettivamente a una distanza di 1,00 m e alla distanza di 10,0 m;
   b. la forza esercitata dalla Terra sull'uomo e quella esercitata dalla Terra sul cane;
   c. confronta i valori numerici ottenuti nei casi a. e b.

a. Sostituendo i valori numerici nella legge della gravitazione, per $r = 1,00$ m otteniamo:

$$F_{uc} = G\frac{m_u m_c}{r^2} = (6,67 \cdot 10^{-11} \text{ N m}^2/\text{kg}^2)\frac{(105 \text{ kg})(11,2 \text{ kg})}{(1,00 \text{ m})^2} = 7,84 \cdot 10^{-8} \text{ N}$$

Ripetendo il calcolo per $r = 10,0$ m otteniamo:

$$F_{uc} = G\frac{m_u m_c}{r^2} = (6,67 \cdot 10^{-11} \text{ N m}^2/\text{kg}^2)\frac{(105 \text{ kg})(11,2 \text{ kg})}{(10,0 \text{ m})^2} = 7,84 \cdot 10^{-10} \text{ N}$$

b. La forza esercitata dalla Terra sull'uomo è pari al peso dell'uomo e quella esercitata dalla Terra sul cane è pari al peso del cane, cioè:

$$F_{Tu} = (105 \text{ kg})(9,81 \text{ m/s}^2) = 1,03 \cdot 10^3 \text{ N} \quad F_{Tc} = (11,2 \text{ kg})(9,81 \text{ m/s}^2) = 1,10 \cdot 10^2 \text{ N}$$

c. Come si vede dalla tabella che confronta i valori ottenuti, la forza esercitata dalla Terra sull'uomo e quella esercitata dalla Terra sul cane sono maggiori di molti ordini di grandezza della forza fra l'uomo e il suo cane:

Forza	Ordine di grandezza
Forza fra uomo e cane per $r = 1,00$ m	10^{-7} N
Forza fra uomo e cane per $r = 10,0$ m	10^{-9} N
Forza fra Terra e uomo	10^3 N
Forza fra Terra e cane	10^2 N

COLLEGAMENTO

Come abbiamo approfondito nel primo biennio, il **peso** di un oggetto in quiete sulla superficie terrestre (il valore indicato sul display di una bilancia a molle) *misura* proprio la forza gravitazionale esercitata su di esso dalla Terra.

In generale, le forze gravitazionali diventano significative solo quando sono coinvolte masse molto grandi, come quelle della Terra o della Luna.
L'esercizio precedente illustra anche la rapidità con la quale la forza di gravità diminuisce con la distanza. In particolare, fissati i valori delle masse m_1 ed m_2, la forza dipende solo dalla distanza r secondo la relazione $F = k/r^2$, dove $k = Gm_1m_2$. Quindi la forza gravitazionale è **inversamente proporzionale al quadrato della distanza**. Un aumento della distanza di un fattore 10 comporta una riduzione della forza di un fattore $10^2 = 100$.
In **figura 2** è riportato il grafico della forza di gravità in funzione della distanza. Osserviamo che, anche se la forza diminuisce rapidamente con la distanza, non si annulla mai completamente. Diciamo pertanto che *la gravità è una forza con raggio di azione infinito*, cioè ogni massa nell'universo risente di una forza da parte di tutte le altre masse, anche se sono molto lontane.
Osserviamo, inoltre, che la forza di gravità fra due masse dipende dal prodotto delle masse, cioè da $m_1 \cdot m_2$. Questo tipo di dipendenza implica che se una delle masse viene raddoppiata anche la forza raddoppia.
Notiamo, infine, che se una data massa è sottoposta all'azione gravitazionale di un certo numero di altre masse, la forza complessiva su di essa è semplicemente il *vettore risultante della somma delle singole forze*. Questa proprietà si chiama **principio di sovrapposizione**. Ad esempio, la forza gravitazionale risultante esercitata su di noi in questo momento è il vettore somma delle forze esercitate dalla Terra, dalla Luna, dal Sole e così via.

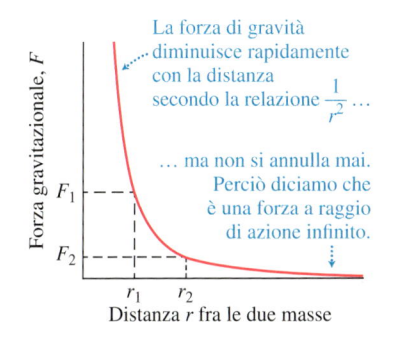

▲ **Figura 2**
Dipendenza della forza gravitazionale dalla distanza r

La forza di gravità diminuisce rapidamente con la distanza secondo la relazione $\frac{1}{r^2}$ ... ... ma non si annulla mai. Perciò diciamo che è una forza a raggio di azione infinito.

MATH+

Osserva che se $r_2 = 2r_1$, come indicato nel grafico di **figura 2**, risulta $F_2 = F_1/4$.

PROBLEM SOLVING 1 — La forza sia con te!

In un audace tentativo di salvataggio, l'astronave *Millenium Eagle* passa in mezzo a una coppia di asteroidi, come mostrato in figura. Se la massa dell'astronave è $2{,}50 \cdot 10^7$ kg e la massa di ciascun asteroide è $3{,}50 \cdot 10^{11}$ kg, determina la risultante della forza gravitazionale sull'astronave:
a. quando si trova nel punto A;
b. quando si trova nel punto B.

Tratta l'astronave e gli asteroidi come oggetti puntiformi.

■ **DESCRIZIONE DEL PROBLEMA** La figura mostra l'astronave mentre segue il percorso fra i due asteroidi. Osserviamo che nel punto A la forza $\vec{F}_1$ è diretta al di sopra dell'asse x e forma con esso un angolo θ_1 (da determinare); la forza $\vec{F}_2$ è diretta al di sotto dell'asse x e forma con esso un angolo $\theta_2 = -\theta_1$, come si vede dalla simmetria della figura. Nel punto B le due forze agiscono nella stessa direzione, ma in versi opposti.

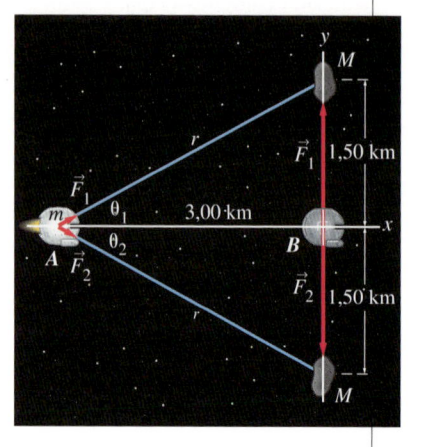

■ **STRATEGIA** Per determinare la forza gravitazionale risultante esercitata sull'astronave, applichiamo il principio di sovrapposizione, cioè sommiamo vettorialmente le forze agenti sull'astronave. Calcoliamo prima l'intensità della forza esercitata su di essa da ciascun asteroide, utilizzando la legge della gravitazione di Newton e le distanze date riportate in figura. Poi scomponiamo queste forze nelle loro componenti x e y e determiniamo la forza risultante come somma delle componenti.

Dati Massa dell'astronave, $m = 2{,}50 \cdot 10^7$ kg; massa di ciascuno dei due asteroidi, $M = 3{,}50 \cdot 10^{11}$ kg

Incognite a. Modulo e direzione della forza gravitazionale agente sull'astronave nel punto A, $\vec{F}_A = ?$
b. Modulo e direzione della forza gravitazionale agente sull'astronave nel punto B, $\vec{F}_B = ?$

■ **SOLUZIONE**
a. Utilizziamo il teorema di Pitagora per calcolare la distanza r del punto A da ciascun asteroide.

$$r = \sqrt{(3{,}00 \cdot 10^3 \text{ m})^2 + (1{,}50 \cdot 10^3 \text{ m})^2} = 3{,}35 \cdot 10^3 \text{ m}$$

Ricaviamo l'angolo fra $\vec{F}_1$ e l'asse x; l'angolo fra $\vec{F}_2$ e l'asse x ha lo stesso valore, ma segno opposto:

$$\theta_1 = \text{tg}^{-1}\left(\frac{1{,}50 \cdot 10^3 \text{ m}}{3{,}00 \cdot 10^3 \text{ m}}\right) = \text{tg}^{-1}(0{,}500) = 26{,}6° \qquad \theta_2 = -\theta_1 = -26{,}6°$$

Utilizziamo r e la legge della gravitazione di Newton per calcolare l'intensità delle forze $\vec{F}_1$ ed $\vec{F}_2$ nel punto A:

$$F_1 = F_2 = G\frac{mM}{r^2} = (6{,}67 \cdot 10^{-11} \text{ N m}^2/\text{kg}^2)\frac{(2{,}50 \cdot 10^7 \text{ kg})(3{,}50 \cdot 10^{11} \text{ kg})}{(3{,}35 \cdot 10^3 \text{ m})^2} = 52{,}0 \text{ N}$$

Usiamo i valori di θ_1 e θ_2 trovati per determinare le componenti x ed y di $\vec{F}_1$ e $\vec{F}_2$:

$F_{1x} = F_1 \cos \theta_1 = (52{,}0 \text{ N}) \cos 26{,}6° = 46{,}5 \text{ N} \qquad F_{2x} = F_2 \cos \theta_2 = (52{,}0 \text{ N}) \cos (-26{,}6°) = 46{,}5 \text{ N}$

$F_{1y} = F_1 \text{ sen } \theta_1 = (52{,}0 \text{ N}) \text{ sen } 26{,}6° = 23{,}3 \text{ N} \qquad F_{2y} = F_2 \text{ sen } \theta_2 = (52{,}0 \text{ N}) \text{ sen } (-26{,}6°) = -23{,}3 \text{ N}$

Sommiamo le componenti di $\vec{F}_1$ ed $\vec{F}_2$ per determinare le componenti della forza risultante $\vec{F}$:

$F_x = F_{1x} + F_{2x} = 93{,}0 \text{ N} \qquad F_y = F_{1y} + F_{2y} = 0 \qquad$ quindi $\qquad \vec{F} = (93{,}0 \text{ N})\hat{x}$

b. Determiniamo la forza risultante $\vec{F}$ che agisce sull'astronave quando si trova nel punto B osservando che $\vec{F}_1$ ed $\vec{F}_2$ hanno uguale intensità e direzione, ma versi opposti: $\vec{F} = \vec{F}_1 + \vec{F}_2 = \vec{0}$

■ **OSSERVAZIONI** La forza risultante che agisce nel punto A è diretta nel verso positivo delle x, come ci si aspetta dalla simmetria del problema. Nel punto B la forza risultante è nulla perché le forze attrattive esercitate da ciascun asteroide hanno uguale intensità e versi opposti, quindi si eliminano a vicenda.

PROVA TU Scelto un sistema di riferimento con l'origine in B e gli assi orientati come in figura, determina la forza gravitazionale risultante che agisce sull'astronave quando questa si trova nella posizione $x = 5{,}00 \cdot 10^3$ m, $y = 0$ m.

[41,0 N nel verso negativo delle x]

2 Attrazione gravitazionale fra corpi sferici

Abbiamo visto che la legge di gravitazione di Newton si applica a oggetti puntiformi. Come si può calcolare la forza gravitazionale nel caso di un oggetto di dimensioni finite? In generale, si divide l'oggetto in un insieme di elementi di massa infinitesima e poi si sommano le forze esercitate da ogni singolo elemento per ottenere la forza gravitazionale risultante.

Per un oggetto di forma qualsiasi il calcolo è piuttosto difficile; come dimostrò Newton, per un oggetto uniforme di forma sferica il risultato finale è molto semplice.

Consideriamo una sfera uniforme di raggio R e massa M. Un oggetto puntiforme di massa m viene portato vicino alla sfera, a una distanza r dal suo centro (**fig. 3**). L'oggetto risente di un'attrazione relativamente intensa da parte della massa vicina al punto A e di un'attrazione più debole da parte della massa vicina al punto B. In entrambi i casi la forza è nella direzione della retta che congiunge la massa m con il centro della sfera, cioè lungo l'asse x. Inoltre, la massa nei punti C e D esercita una forza risultante che è ancora diretta lungo l'asse x, proprio come nel *Problem solving* 1. Perciò, la simmetria della sfera garantisce che la forza risultante che essa esercita sulla massa m sia diretta verso il centro della sfera.

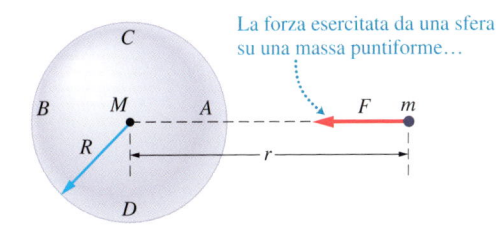

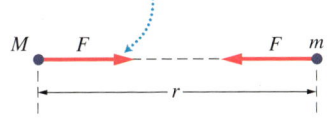

◀ **Figura 3**
Forza gravitazionale fra una massa puntiforme e una sfera

L'intensità della forza esercitata dalla sfera deve essere calcolata con i metodi di calcolo che Newton inventò proprio per risolvere questo tipo di problema. Newton dimostrò che:

> **Forza esercitata da una sfera**
>
> La forza risultante esercitata da una sfera su una massa puntiforme m è la stessa che si avrebbe se tutta la massa della sfera fosse concentrata nel suo centro.

In altre parole, la forza fra la massa m e la sfera di massa M è semplicemente:

$$F = G\frac{mM}{r^2}$$

In termini vettoriali:

$$\vec{F} = -G\frac{mM}{r^2}\hat{r}$$

Calcolo del valore dell'accelerazione di gravità g

Il risultato appena trovato permette di calcolare il valore dell'accelerazione di gravità g sulla Terra. Se la massa della Terra è M_T e il suo raggio è R_T, la forza esercitata dalla Terra su una massa m posta sulla sua superficie è:

$$F = m\frac{GM_T}{R_T^2}$$

Sappiamo però che la forza gravitazionale che agisce su una massa m sulla superficie della Terra è $F = mg$, dove g è l'accelerazione di gravità. Pertanto possiamo scrivere:

$$mg = m\frac{GM_T}{R_T^2}$$

da cui, conoscendo M_T ed R_T, possiamo ricavare g:

$$g = \frac{GM_T}{R_T^2} = \frac{(6{,}67 \cdot 10^{-11} \text{ N m}^2/\text{kg}^2)(5{,}97 \cdot 10^{24} \text{ kg})}{(6{,}37 \cdot 10^6 \text{ m})^2} = 9{,}81 \text{ m/s}^2$$

Questo calcolo può essere esteso anche a oggetti che si trovano al di sopra della superficie terrestre ($r > R_T$), come mostrato nel *Problem solving* 2 a pagina seguente.

La relazione $g = GM_T/R_T^2$ può essere utilizzata inoltre per calcolare l'accelerazione di gravità su altri corpi del Sistema solare. Ad esempio, per calcolare l'accelerazione di gravità sulla Luna, g_L, è sufficiente sostituire nell'espressione la massa e il raggio della Luna. Ricordando che $M_L = 7{,}35 \cdot 10^{22}$ kg e $R_L = 1{,}74 \cdot 10^6$ m, otteniamo:

$$g_L = \frac{GM_L}{R_L^2} = \frac{(6{,}67 \cdot 10^{-11} \text{ N m}^2/\text{kg}^2)(7{,}35 \cdot 10^{22} \text{ kg})}{(1{,}74 \cdot 10^6 \text{ m})^2} = 1{,}62 \text{ m/s}^2$$

che è circa *un sesto dell'accelerazione di gravità sulla Terra*. Quindi, nota g_L, possiamo calcolare il peso di un corpo di massa m sulla Luna usando la relazione $P_L = mg_L$.

■ APPLICA SUBITO

2 Il Rover lunare, il veicolo utilizzato dagli astronauti delle missioni Apollo per spostarsi sulla Luna, aveva una massa di 225 kg. Qual era il suo peso sulla Terra e sulla Luna?

Il peso sulla Terra era:

$$P = mg = (225 \text{ kg})(9{,}81 \text{ m/s}^2) = 2{,}21 \cdot 10^3 \text{ N}$$

Il peso sulla Luna era:

$$P_L = mg_L = (225 \text{ kg})(1{,}62 \text{ m/s}^2) = 365 \text{ N}$$

cioè circa un sesto.

GEO

La debole attrazione gravitazionale lunare permette agli astronauti di saltare agevolmente sulla superficie della **Luna**. La bassa attrazione gravitazionale è una conseguenza non solo della minore dimensione della Luna, ma anche della sua minore densità media.

La forza di gravità sulla superficie di **Marte** è circa il 38% di quella sulla Terra. Questo fattore è molto importante nella progettazione dei *rover* per l'esplorazione della superficie marziana, come Curiosity, attivo dal 2012 nell'ambito della missione Mars Science Laboratory della NASA.

PROBLEM SOLVING 2 — La dipendenza della gravità dall'altitudine

Se ti arrampichi sulla cima del monte Everest, ti trovi a circa 8850 m sul livello del mare. Qual è l'accelerazione di gravità a questa altitudine?

■ **DESCRIZIONE DEL PROBLEMA** In cima alla montagna la tua distanza dal centro della Terra è $r = R_T + h$, dove $h = 8850$ m è l'altitudine.

■ **STRATEGIA** Con la relazione $F = GmM_T/r^2$ calcoliamo la forza di gravità sulla cima della montagna, quindi utilizzando $F = mg_h$ determiniamo l'accelerazione di gravità g_h all'altezza h.

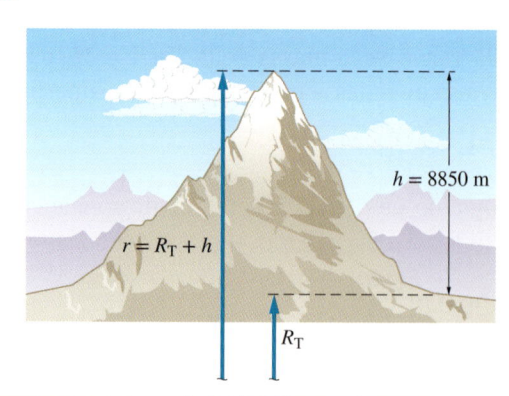

Dati Altitudine della cima dell'Everest, $h = 8850$ m

Incognita Accelerazione di gravità all'altezza $h = 8850$ m, $g_h = ?$

SOLUZIONE Calcoliamo la forza di gravità F a un'altezza h sopra la superficie della Terra:

$$F = G\frac{mM_T}{(R_T + h)^2}$$

Uguagliamo la forza a mg_h e ricaviamo g_h:

$$F = G\frac{mM_T}{(R_T + h)^2} = mg_h \quad \rightarrow \quad g_h = G\frac{M_T}{(R_T + h)^2}$$

Raccogliamo R_T^2 a denominatore, sostituiamo $GM_T/R_T^2 = g$ e inseriamo i valori numerici:

$$g_h = \frac{GM_T}{R_T^2}\frac{1}{\left(1 + \frac{h}{R_T}\right)^2} = \frac{g}{\left(1 + \frac{h}{R_T}\right)^2} = \frac{9{,}81\ \text{m/s}^2}{\left(1 + \frac{8850\ \text{m}}{6{,}37 \cdot 10^6\ \text{m}}\right)^2} = 9{,}78\ \text{m/s}^2$$

OSSERVAZIONI Come ci aspettavamo, l'accelerazione di gravità è minore quando si è più lontani dal centro della Terra. Perciò, se ci arrampicassimo sulla cima del monte Everest diminuirebbe il nostro peso non solo a causa dell'esercizio fisico richiesto per arrampicarci, ma anche a causa della ridotta gravità. In particolare, una persona con una massa di 60 kg peserebbe circa 2 N di meno solo per il fatto di stare sulla cima della montagna.

Le **figure a** e **b** illustrano l'andamento di g_h in prossimità della superficie terrestre e ad altezze maggiori.

Per $h \ll R_T$, facendo uso degli **sviluppi in serie**, si può approssimare $g_h \approx g(1 - 2h/R_T)$. L'accelerazione di gravità dipende dall'altezza h secondo una relazione lineare. Il grafico di g_h in queste condizioni è quello di una retta con pendenza pari a $-2g/R_T$, come illustrato in **figura a**.

Se l'altezza non soddisfa la condizione $h \ll R_T$, l'accelerazione di gravità risulta $g_h = gR_T^2/(R_T + h)^2$, cioè g_h è inversamente proporzionale al quadrato della distanza $(h + R_T)$ dal centro della Terra. Il grafico in **figura b** illustra questo andamento.

In particolare:

se $h_0 = 0$, $g_h = g = 9{,}81\ \text{m/s}^2$

se $h_1 = R_T = 6{,}37 \cdot 10^6\ \text{m}$, $g_h = g/4 = 2{,}45\ \text{m/s}^2$

se $h_2 = 2R_T = 2 \cdot 6{,}37 \cdot 10^6\ \text{m}$, $g_h = g/9 = 1{,}09\ \text{m/s}^2$

> **MATH+**
>
> **Sviluppi in serie e approssimazioni**
> Consideriamo l'espressione:
>
> $(1 + x)^3 = 1 + 3x + 3x^2 + x^3$
>
> valida per qualunque valore di x. Se x è molto minore di 1, cioè $x \ll 1$, vale l'approssimazione:
>
> $(1 + x)^3 \approx 1 + 3x$
>
> Questo è solo un esempio di un risultato generale che si può ottenere dallo sviluppo del binomio. In generale, per $x \ll 1$ è valida l'approssimazione:
>
> $(1 + x)^n \approx 1 + nx$
>
> In particolare, se $n = -1$, abbiamo:
>
> $(1 + x)^{-1} = \dfrac{1}{1 + x} \approx 1 - x$

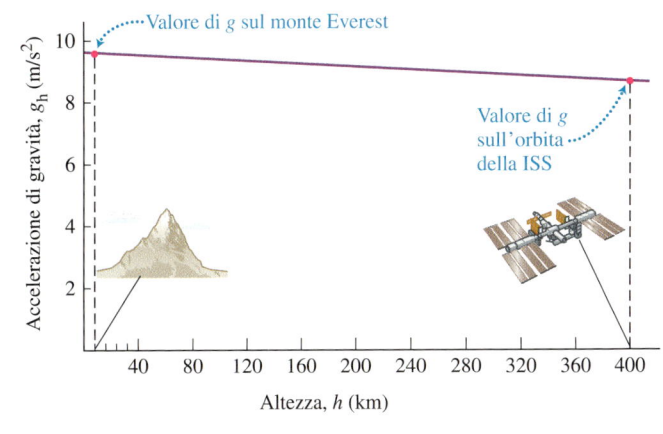

a) Accelerazione di gravità vicino alla superficie terrestre

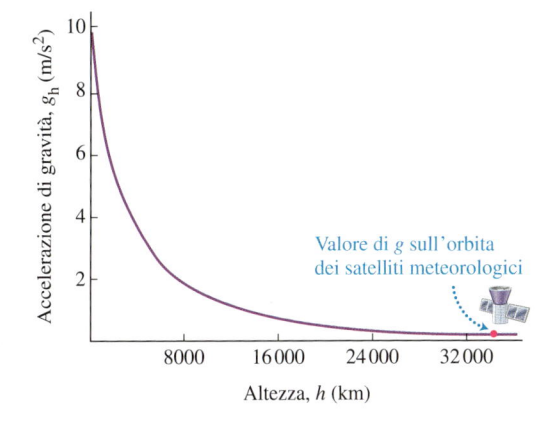

b) Accelerazione di gravità in punti più lontani dalla Terra

PROVA TU Calcola l'accelerazione di gravità all'altitudine dell'orbita della Stazione Spaziale Internazionale (ISS), 400 km al di sopra della superficie terrestre.

[$g_h = 8{,}69\ \text{m/s}^2$, una riduzione soltanto dell'11,4% rispetto all'accelerazione di gravità sulla superficie terrestre]

La sostituzione di una sfera con una massa puntiforme concentrata nel suo centro può essere utilizzata per molti sistemi fisici. Ad esempio, la forza di gravità fra due sfere non cambia se *entrambe* le sfere vengono sostituite da masse puntiformi. Perciò, se M_T è la massa della Terra ed M_L quella della Luna, **la forza gravitazionale fra la Terra e la Luna** è:

$$F = \frac{GM_T M_L}{r^2}$$

La distanza r in questa espressione è la distanza fra il centro della Terra e il centro della Luna, come mostrato in **figura 4**. Quindi, in molti calcoli che coinvolgono il Sistema solare, lune e pianeti possono essere trattati come corpi puntiformi.

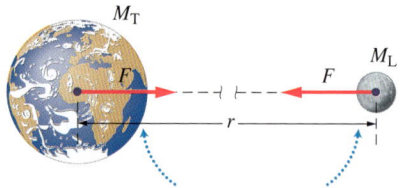

Nella figura le dimensioni della Terra e della Luna sono in proporzione, ma la loro distanza dovrebbe essere molto più grande di quella rappresentata.

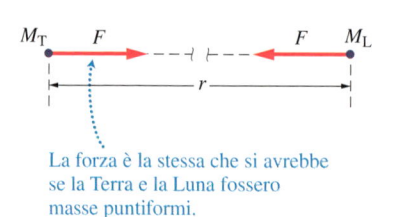

La forza è la stessa che si avrebbe se la Terra e la Luna fossero masse puntiformi.

◀ **Figura 4**
Forza gravitazionale fra la Terra e la Luna

■ L'esperimento di Cavendish: la "pesatura" della Terra

Nel 1798 il fisico inglese Henry Cavendish fece un esperimento, noto anche come "la pesatura" della Terra. Egli, in effetti, effettuò la **misura della costante di gravitazione universale** G che compare nella legge della gravitazione di Newton.
Come abbiamo già detto, G ha un valore molto piccolo, quindi per misurarlo è necessario effettuare un esperimento ad "alta sensibilità"; proprio a causa di questa difficoltà non fu possibile misurare G per oltre 100 anni dopo che Newton ebbe pubblicato la sua legge della gravitazione.
Nel suo esperimento Cavendish utilizzò una *bilancia di torsione*, illustrata in **figura 5**. Due masse m sono fissate a un'asta molto leggera appesa a un filo sottile; accanto alle due masse sospese sono poste due grandi masse M ferme. Ciascuna massa m sospesa viene attratta, a causa dalla forza di gravità, verso la grande massa M ferma vicino a essa, quindi l'asta che sostiene le masse sospese tende a ruotare e a torcere il filo. Il sistema raggiunge la posizione di equilibrio, quando il momento torcente del filo di sospensione uguaglia il momento delle forze gravitazionali. Possiamo misurare l'angolo di torsione del filo, facendo riflettere un fascio di luce su uno specchietto solidale con il filo; se è nota la forza necessaria per torcere il filo di un dato angolo (e questo è possibile se il filo è stato tarato con esperimenti precedenti), la misura dell'angolo di torsione fornisce la misura diretta dell'intensità della forza di gravità. Infine, conoscendo le masse m ed M e la distanza r fra i loro centri, possiamo utilizzare la legge della gravitazione per ricavare G.
Cavendish ottenne per G il valore $6{,}754 \cdot 10^{-11}$ N m^2/kg^2, in buon accordo con quello oggi accettato, che è $G = 6{,}67 \cdot 10^{-11}$ N m^2/kg^2.

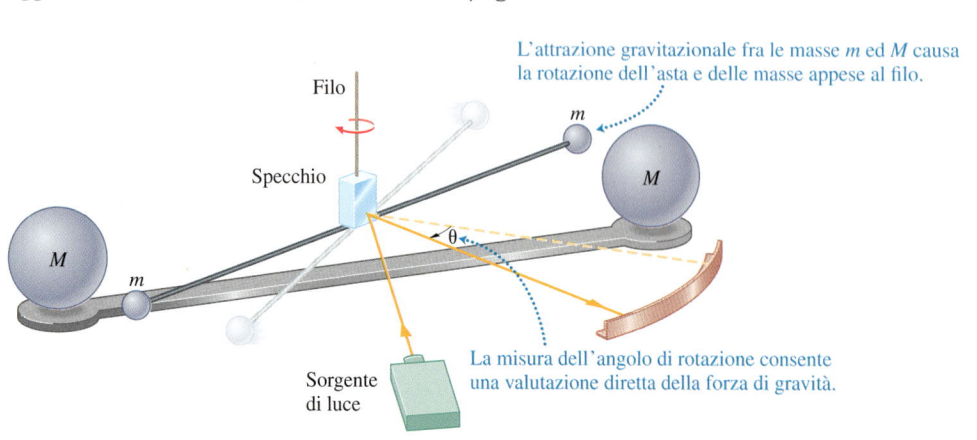

The Earth's internal structure and its gravity

READ AND LISTEN

What do we know today about the Earth's internal structure and its external shape?
What is the geoid?
Read and listen to find out!

L'attrazione gravitazionale fra le masse m ed M causa la rotazione dell'asta e delle masse appese al filo.

Filo
Specchio
Sorgente di luce

La misura dell'angolo di rotazione consente una valutazione diretta della forza di gravità.

◀ **Figura 5**
L'esperimento di Cavendish con la bilancia di torsione

Per comprendere perché si dice che Cavendish abbia "pesato" la Terra, ricordiamo che la forza di gravità sulla superficie terrestre, mg, può essere espressa nel modo seguente:

$$mg = G\frac{mM_T}{R_T^2}$$

Semplificando m e risolvendo rispetto a M_T, si ha:

$$M_T = \frac{gR_T^2}{G}$$

Prima dell'esperimento di Cavendish le grandezze g ed R_T erano note da misure dirette, ma G non era ancora stata determinata. Quando Cavendish misurò G, egli in realtà non determinò il "peso" della Terra, ma ne calcolò la massa, M_T.

Poiché G è una costante universale, cioè ha lo stesso valore ovunque nell'universo, può essere utilizzata per calcolare la massa di altri corpi del Sistema solare.

APPLICA SUBITO

3 Utilizza la relazione $M_T = gR_T^2/G$ per calcolare la massa della Terra.

Sostituendo i valori numerici otteniamo:

$$M_T = \frac{gR_T^2}{G} = \frac{(9{,}81 \text{ m/s}^2)(6{,}37 \cdot 10^6 \text{ m})^2}{6{,}67 \cdot 10^{-11} \text{ N m}^2/\text{kg}^2} = 5{,}97 \cdot 10^{24} \text{ kg}$$

COLLEGAMENTO ▸▸
In digitale
Come determinare la massa di un pianeta

3 Il principio di equivalenza

Nel paragrafo precedente, quando abbiamo scritto la seconda legge di Newton (con $a = g$) per un corpo soggetto alla forza gravitazionale della Terra, cioè:

$$mg = G\frac{mM_T}{R_T^2}$$

abbiamo implicitamente supposto che la massa che compare nella seconda legge della dinamica newtoniana, $F = ma$, sia la *stessa* massa che compare nella legge della gravitazione universale, $F = GmM_T/R_T^2$.

Abbiamo usato il medesimo nome, "massa", per le due quantità, ma in linea di principio queste potrebbero essere diverse.

La massa che compare nella legge fondamentale della dinamica è la **massa inerziale**, che misura l'inerzia di un corpo. Chiamiamola per il momento m_i e scriviamo quindi:

$$F = m_i a$$

La massa che compare nella legge della gravitazione è la **massa gravitazionale**, che indica la capacità di un corpo di attrarre gravitazionalmente altri corpi o di esserne, a sua volta, attratto. Chiamiamola temporaneamente m_g.

La forza gravitazionale che la Terra esercita su un corpo posto sulla sua superficie è quindi:

$$F = G\frac{m_g M_T}{R_T^2}$$

Se m_g fosse diversa da m_i, avremmo:

$$m_i g = G\frac{m_g M_T}{R_T^2}$$

da cui, ricavando g, otterremmo:

$$g = G\frac{m_g}{m_i}\frac{M_T}{R_T^2}$$

In questo caso l'accelerazione di gravità non sarebbe la stessa per tutti i corpi, ma dipenderebbe dal rapporto tra la massa gravitazionale e la massa inerziale di ogni corpo.

LE GRANDI IDEE

2 La massa inerziale e la massa gravitazionale sono equivalenti.

! ATTENZIONE

Massa inerziale e massa gravitazionale

La massa inerziale m_i misura l'inerzia che un corpo oppone al movimento.
La massa gravitazionale m_g indica la capacità di un corpo di attrarne altri.

L'osservazione galileiana che tutti i corpi sulla superficie terrestre cadono con la stessa accelerazione indica che il rapporto m_g/m_i deve essere costante e in particolare uguale a 1, cioè:

$m_g = m_i$

È questo il contenuto del **principio di equivalenza**:

> **Principio di equivalenza**
> La massa inerziale e la massa gravitazionale di un corpo sono uguali:
> $m_i = m_g$

Ecco perché abbiamo finora ignorato, e continueremo a farlo, la differenza tra i due tipi di massa e abbiamo usato lo stesso simbolo m per entrambe.
Gli esperimenti indicano che il principio di equivalenza è valido con grandissima accuratezza.

TECH

Le verifiche sperimentali dell'equivalenza tra massa inerziale e gravitazionale e dell'**universalità della caduta libera** (UFF dall'inglese *Universality of Free Fall*) sono state effettuate nei secoli scorsi mediante l'uso di piani inclinati (Galileo), pendoli (Newton), bilance di torsione (Eötvös).
Attualmente la precisione raggiunta dagli esperimenti tramite la misurazione della distanza lunare con il laser, è dell'ordine di una parte su 10^{12}.

4 I sistemi planetari

Il sistema tolemaico

Fino al Cinquecento, lo studio dei corpi celesti e dei loro moti si basò sulle teorie dell'astronomo greco **Claudio Tolomeo** (II sec. d.C.). Nella sua monumentale opera, l'*Almagesto*, Tolomeo aveva elaborato un complesso modello geocentrico dell'universo, riprendendo il modello di Aristotele (IV sec. a.C.).
Secondo questo modello, noto come **sistema tolemaico**, i pianeti, la Luna e il Sole si muovono lungo orbite circolari attorno alla Terra, considerata immobile.
Una delle apparenze che Tolomeo si era prefisso di spiegare era il cosiddetto **moto retrogrado** dei pianeti. Se osserviamo, giorno per giorno, la posizione dei pianeti rispetto alle stelle lontane, ci accorgiamo che ognuno di essi si muove verso est, ma talvolta sembra invertire la propria direzione per un certo periodo di tempo. Questo moto apparente è detto "retrogrado". Per descriverlo Tolomeo suppone che i pianeti percorrano piccole circonferenze, gli **epicicli**, i cui centri si muovono a loro volta lungo circonferenze più grandi attorno alla Terra, i cosiddetti **deferenti (fig. 6a)**. Il moto retrogrado può essere descritto come una combinazione dei moti lungo l'epiciclo e lungo il deferente **(fig. 6b)**.
Il sistema tolemaico riusciva a dar ragione dei moti apparenti dei pianeti a costo di una descrizione piuttosto complicata dell'universo, in cui la Terra si distingueva nettamente da tutti gli altri corpi celesti.

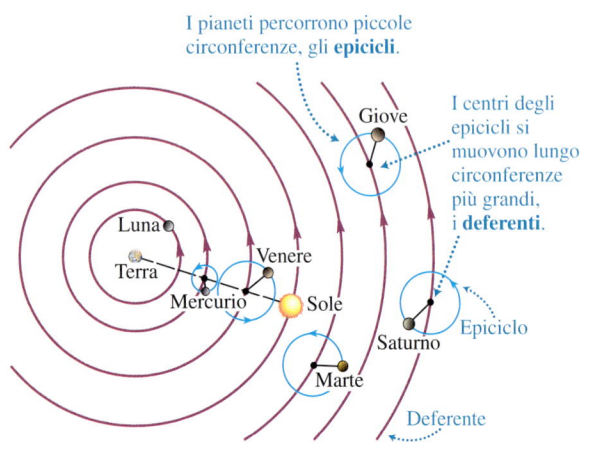

a) Modello tolemaico

b) Moto retrogrado secondo Tolomeo

◀ **Figura 6**
Il modello tolemaico e il moto retrogrado dei pianeti secondo Tolomeo

◢ Il sistema copernicano

Nel 1543 l'astronomo **Niccolò Copernico** propose un nuovo modello che riprendeva la teoria greca dell'eliocentrismo di Aristarco di Samo. Secondo Copernico, i pianeti, Mercurio, Venere, Terra, Marte, Giove e Saturno sono sfere che si muovono su orbite circolari che hanno come centro il Sole **(fig. 7)**.

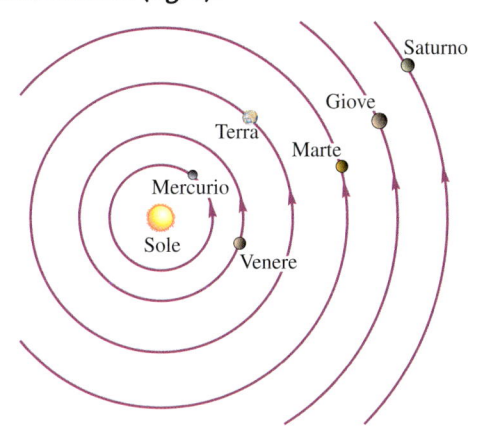

◂ **Figura 7**
Il modello copernicano

Il merito di questo **modello eliocentrico**, per Copernico, era rappresentato soprattutto dall'armonia e dalla semplicità che esso introduceva nella descrizione dell'universo.
Nel **sistema copernicano** la Terra è un pianeta con un moto di rotazione (che spiega lo spostamento apparente del Sole nel corso del giorno) e un moto di rivoluzione attorno al Sole. Utilizzando questo modello è possibile dare una spiegazione più semplice del moto retrogrado apparente dei pianeti. Esso è causato dalla velocità orbitale dei pianeti che, come vedremo, dipende dalla loro distanza dal Sole. Infatti, come mostrato in **figura 8**, se osservato dalla Terra, il pianeta (in questo caso un pianeta esterno, ad esempio Marte) si muove ogni giorno rispetto alle stelle lontane e, periodicamente, sembra fermarsi e invertire la propria direzione. Questa apparente inversione del moto si verifica perché la Terra ha una velocità orbitale superiore a quella del pianeta. Una spiegazione analoga vale per i pianeti interni, che hanno una velocità orbitale superiore a quella della Terra.

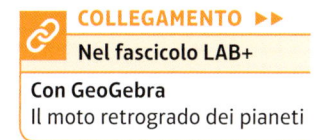

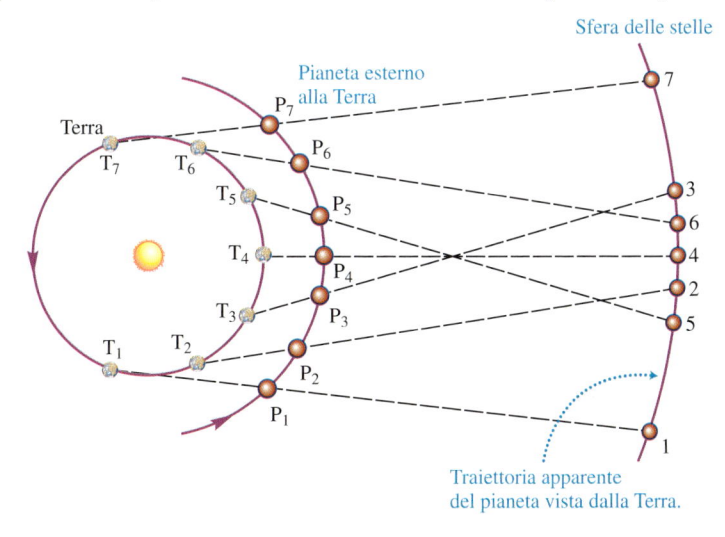

COLLEGAMENTO ▸▸
Nel fascicolo LAB+
Con GeoGebra
Il moto retrogrado dei pianeti

◂ **Figura 8**
Il moto retrogrado dei pianeti secondo il modello eliocentrico

◢ Il principio galileiano di relatività

La teoria copernicana, esposta nel *De revolutionibus orbium coelestium* del 1543, si prestava però a un'obiezione: se la Terra si muove, perché non ce ne accorgiamo? Secondo gli anticopernicani, se la Terra fosse in moto, un corpo in caduta dalla sommità di una torre non toccherebbe il suolo ai piedi della torre, ma in un punto distante: la Terra, a causa del suo moto, si lascerebbe indietro, per così dire, il grave. Il fatto che ciò non avvenga e che la traiettoria della caduta libera di un corpo sia verticale dimostrerebbe, secondo i fisici aristotelico-tolemaici, l'immobilità della Terra.

Questo argomento fu confutato da Galileo Galilei nel suo *Dialogo sopra i due massimi sistemi del mondo*. Galileo osservò, come abbiamo già visto nel capitolo 3, che, se due sistemi di riferimento si muovono di moto uniforme l'uno rispetto all'altro, i fenomeni meccanici obbediscono alle stesse leggi in entrambi (**principio galileiano di relatività**). Così, ad esempio, se dalla cima dell'albero di una nave in moto uniforme rispetto alla terraferma vien lasciato cadere un oggetto, questo toccherà il suolo ai piedi dell'albero, esattamente come se la nave fosse ferma. Sebbene i moti di rotazione e di rivoluzione del nostro pianeta non siano uniformi, la Terra può essere considerata un *sistema approssimativamente inerziale* e nessun fenomeno può quindi evidenziare il suo movimento (perlomeno, nessun fenomeno ordinario, perché, come abbiamo visto, ci sono in realtà alcune situazioni che mettono in luce la non inerzialità della Terra).

Con il suo principio di relatività Galileo demoliva la principale critica mossa contro le idee copernicane. Ma egli fornì anche alcuni importanti elementi osservativi a sostegno del sistema copernicano.

In particolare, la scoperta dei satelliti di Giove, riportata nel *Sidereus Nuncius*, mostrava che anche un pianeta come Giove era un centro di rivoluzione, e alla Terra dunque non si poteva riconoscere il ruolo privilegiato di centro di *tutti* i corpi celesti.

Ma le evidenze astronomiche più probanti a favore del sistema copernicano vennero dalle osservazioni compiute da Giovanni Keplero e dall'attenta analisi che egli fece dei dati raccolti dal suo maestro Tycho Brahe.

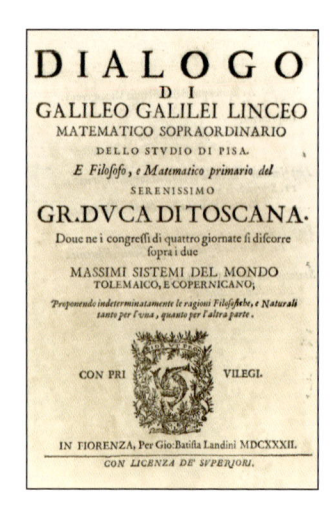

5 Le leggi di Keplero dei moti orbitali

L'astronomo danese **Tycho Brahe** (1546-1601) studiò per molti anni le traiettorie dei pianeti, in particolare quella di Marte; il telescopio non era stato ancora inventato e, per tracciare la posizione precisa dei pianeti, egli utilizzò un elaborato strumento di puntamento, arrivando a registrare in 21 anni un notevole archivio di dati astronomici. Dal 1600 Brahe fu affiancato nel suo lavoro da **Giovanni Keplero** (1571-1630) che, dopo la morte di Brahe, proseguì le sue osservazioni astronomiche.

Keplero fece buon uso del lavoro del maestro e, rielaborando i dati così diligentemente raccolti, giunse a formulare le tre leggi del moto orbitale, che oggi conosciamo come **leggi di Keplero**. Queste leggi descrivono quantitativamente il moto dei pianeti attorno al Sole e rappresentano la più importante evidenza a sostegno del sistema eliocentrico. Nessuno sapeva perché i pianeti seguissero queste leggi, neanche Keplero stesso. Newton studiò il problema molti anni dopo la morte di Keplero e riuscì a dimostrare che le tre leggi di Keplero sono una diretta conseguenza della legge di gravitazione universale. In questo paragrafo analizzeremo le tre leggi di Keplero, una alla volta, mostrando poi il legame fra ciascuna di esse e la legge della gravitazione.

LE GRANDI IDEE

3 Le orbite di pianeti, satelliti, comete e asteroidi sono governate dalle tre leggi di Keplero, che sono una diretta conseguenza della legge di gravitazione universale di Newton.

Prima legge di Keplero

Keplero tentò a lungo di determinare un'orbita circolare intorno al Sole che corrispondesse alle osservazioni fatte da Brahe su Marte. Fino ad allora tutti gli scienziati, da Tolomeo a Copernico, avevano creduto che i corpi celesti si muovessero su percorsi circolari, ma, sebbene l'orbita di Marte fosse molto simile a una circonferenza, non si potevano ignorare quelle piccole differenze fra una traiettoria circolare e le osservazioni sperimentali.

La procedura seguita da Keplero è un ottimo esempio di applicazione del metodo scientifico. Sebbene Keplero si aspettasse e volesse individuare orbite circolari, non ignorò i dati sperimentali. Se le osservazioni di Brahe non fossero state così accurate, Keplero probabilmente avrebbe considerato un errore quelle piccole differenze fra i dati e le orbite circolari; al contrario, egli dovette abbandonare una teoria consolidata e indirizzarsi verso una visione inaspettata della natura.

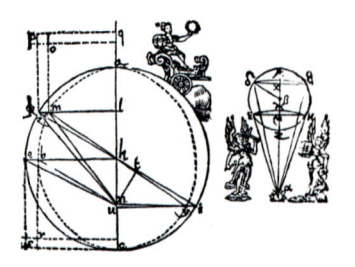

▲ Con questa costruzione, tratta dal libro *Astronomia nova* e basata sul metodo delle triangolazioni, Keplero dimostrò che l'orbita di Marte non è circolare.

Keplero scoprì che Marte si muoveva su un'orbita ellittica, come anche tutti gli altri pianeti **(fig. 9)**. Questa osservazione divenne l'enunciato della **prima legge di Keplero**:

> **Prima legge di Keplero**
> I pianeti seguono delle orbite ellittiche con il Sole in uno dei fuochi dell'ellisse.

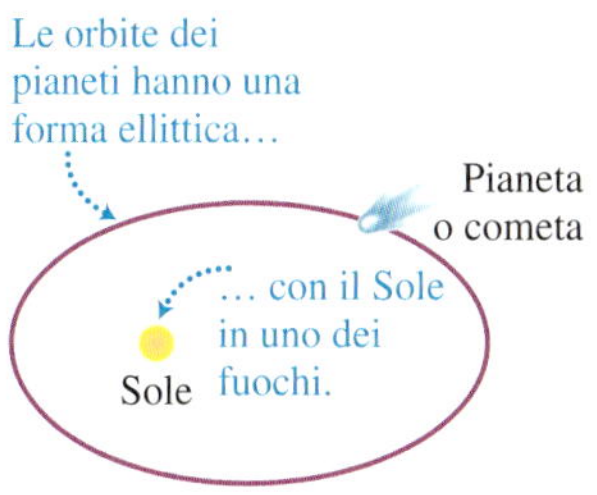

Nella **figura 10a** è illustrata la proprietà dell'ellisse: dato un suo punto P qualsiasi, la somma delle distanze di P da ciascuno dei due fuochi F_1 ed F_2 è costante. Osserviamo che, nel caso in cui i due fuochi si avvicinino fino a sovrapporsi, come in **figura 10b**, l'ellisse si riduce a una circonferenza; perciò, un'orbita circolare è permessa dalla prima legge di Keplero, ma solo come caso particolare.

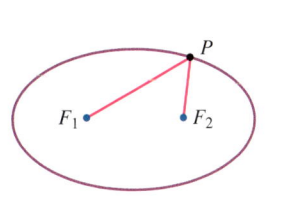

▲ **Figura 9**
Prima legge di Keplero

◀ **Figura 10**
Caratteristiche geometriche dell'ellisse

$\overline{PF_1} + \overline{PF_2} = $ costante

a) Proprietà dell'ellisse

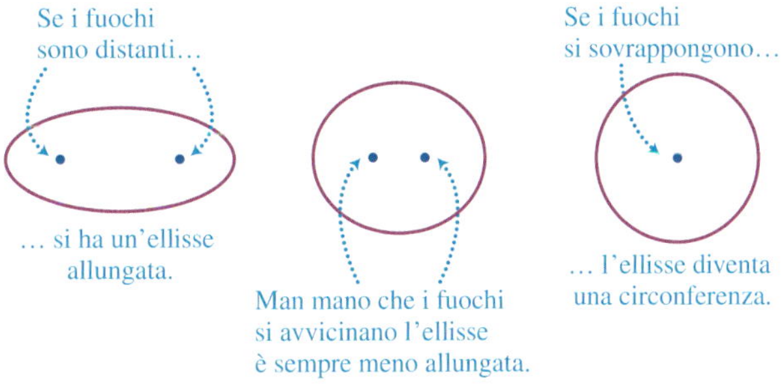

b) Circonferenza come caso particolare dell'ellisse

■ Seconda legge di Keplero

Quando Keplero disegnò la posizione di un pianeta sulla sua orbita ellittica, indicando per ogni posizione l'istante in cui il pianeta si trovava in quel punto, fece un'interessante osservazione. Per comprendere meglio la questione tracciamo un raggio vettore dal Sole alla posizione del pianeta sull'orbita in un dato istante; tracciamo poi un altro raggio vettore dal Sole alla nuova posizione del pianeta dopo un certo tempo, ad esempio un mese. Il raggio vettore in questo intervallo di tempo ha "spazzato" un'area a forma di cuneo (settore ellittico), come indicato nella **figura 11**. Se ripetiamo questo procedimento quando il pianeta si trova in un'altra parte della sua orbita, osserviamo che nello stesso intervallo di tempo (un mese) viene spazzata un'altra area.
Keplero scoprì che queste due aree sono uguali e formulò la sua **seconda legge**:

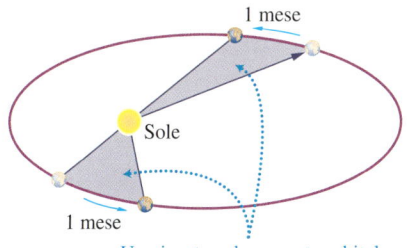

Un pianeta nel suo moto orbitale spazza aree uguali in tempi uguali.

▲ **Figura 11**
Seconda legge di Keplero

> **Seconda legge di Keplero (legge delle aree)**
> Il raggio vettore che congiunge il Sole con un pianeta spazza, durante il moto orbitale del pianeta, aree uguali in intervalli di tempo uguali.

La seconda legge implica quindi che, quando il pianeta è più vicino al Sole (punto di **perielio**) ha una velocità maggiore rispetto a quando è più lontano (punto di **afelio**).

MATH+

L'equazione dell'ellisse e i parametri orbitali
Nel sistema di riferimento mostrato in figura l'**equazione cartesiana dell'ellisse** è:

$$x^2/a^2 + y^2/b^2 = 1$$

in cui a e b sono i semiassi dell'ellisse.
La distanza tra i fuochi è $2c$, mentre l'eccentricità è $e = c/a$. I parametri a, b e c sono legati tra loro dalla relazione: $a^2 = b^2 + c^2$.
Se $a = b$, ne consegue che $c = 0$ e l'ellisse diventa una circonferenza di equazione $x^2 + y^2 = a^2$. Se sono note le **distanze** del pianeta dal Sole **all'afelio** d_A e **al perielio** d_P, è possibile calcolare i semiassi dell'ellisse e scriverne l'equazione cartesiana. Infatti, facendo riferimento alla figura, si ha $d_A + d_P = 2a$ e $d_A - d_P = 2c$.
La distanza media di un pianeta dal Sole, pari a $(d_A + d_P)/2$, è quindi uguale al semiasse maggiore a dell'ellisse.

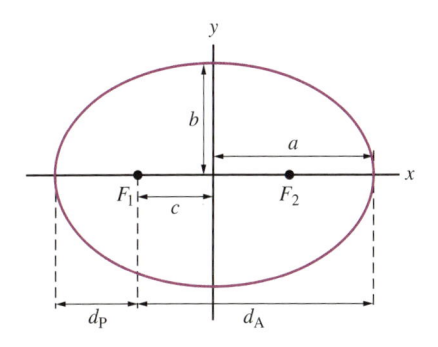

Sebbene le prime due leggi di Keplero siano nate dall'osservazione del moto dei pianeti, esse *valgono per qualsiasi oggetto che orbita intorno al Sole*.

Ad esempio, consideriamo una cometa che percorre un'orbita fortemente ellittica, come quella in **figura 12**. Quando è vicina al Sole la cometa si muove molto velocemente e il raggio vettore spazza un'area larga e corta in un certo tempo (ad esempio un mese); proseguendo nella sua orbita, quando la cometa si trova più lontana dal Sole si muove più lentamente; in questo caso l'area spazzata in un mese ha forma lunga e stretta. Le due aree, come previsto dalla seconda legge di Keplero, sono uguali.

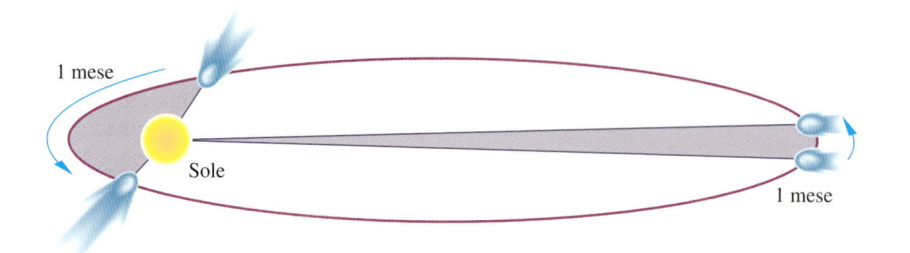

◀ **Figura 12**
Seconda legge di Keplero per un'orbita fortemente ellittica

Terza legge di Keplero

Keplero studiò, infine, la relazione fra la *distanza media r* di un pianeta dal Sole e il suo *periodo di rivoluzione*, cioè il tempo T che il pianeta impiega per completare un'orbita. La **figura 13** mostra il grafico del periodo in funzione della distanza, per i pianeti del Sistema solare. Keplero cercò di esprimere questi dati attraverso una semplice relazione matematica fra T ed r. Egli provò a ipotizzare una relazione lineare, cioè T direttamente proporzionale a r (curva in basso in figura 13), ma trovò che il periodo non cresceva abbastanza rapidamente in funzione della distanza. D'altra parte, ipotizzando una relazione quadratica fra T ed r (curva in alto in figura 13) il periodo sarebbe cresciuto troppo rapidamente. Tentando con un valore intermedio, cioè T proporzionale a $r^{3/2}$, ottenne un buon accordo con i dati sperimentali (curva al centro in figura 13).

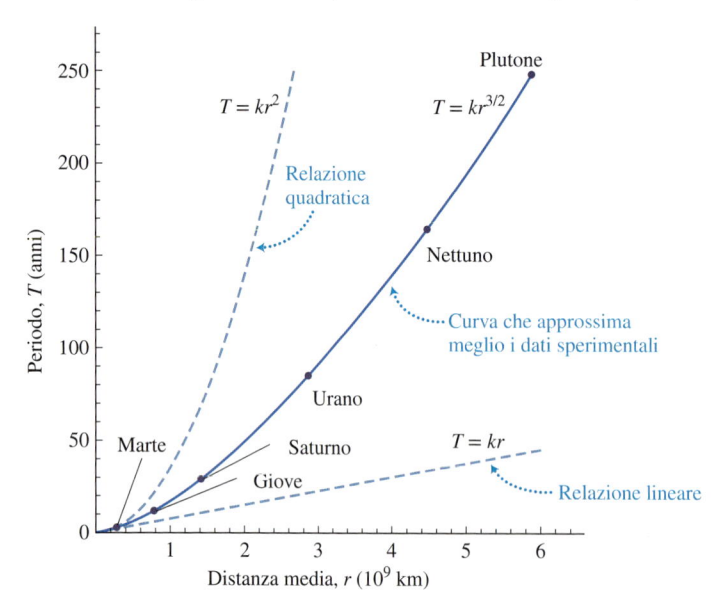

◀ **Figura 13**
Terza legge di Keplero

Questa relazione fra T ed r è la **terza legge di Keplero**:

> **Terza legge di Keplero**
>
> Il periodo T di rivoluzione di un pianeta attorno al Sole è proporzionale alla distanza media r del pianeta dal Sole elevata a 3/2, cioè:
>
> $T = kr^{3/2}$

Le dimostrazioni di Newton delle tre leggi

Utilizzando le leggi della dinamica Newton dimostrò che un'unica forza, la forza gravitazionale, permette di dedurre tutte e tre le leggi di Keplero e spiegare le caratteristiche del moto dei pianeti.

Prima legge

Newton dimostrò, con calcoli piuttosto complessi, che, poiché la forza gravitazionale tra Sole e pianeta diminuisce in funzione della distanza come $1/r^2$, le uniche orbite chiuse permesse al pianeta possono essere ellissi o circonferenze, come stabilito dalla prima legge di Keplero. Newton dimostrò anche che le orbite aperte, come l'orbita di una cometa che passa vicino al Sole una sola volta e poi lascia il Sistema solare, sono paraboliche o iperboliche.

MATH+

Per dimostrare la prima legge di Keplero, Newton utilizzò metodi di calcolo complessi ed elaborati, sviluppando quella parte della matematica chiamata oggi **Analisi**.

Seconda legge

La seconda legge di Keplero è una conseguenza del fatto che la forza gravitazionale sul pianeta è centrale, cioè è diretta verso il Sole, e quindi la forza di gravità esercita un momento torcente nullo rispetto al Sole; ciò comporta che il momento angolare del pianeta si conservi. Newton dimostrò che la *legge delle aree di Keplero è equivalente alla conservazione del momento angolare*.

Supponiamo che l'orbita descritta dal pianeta sia circolare e consideriamo l'area ΔS spazzata nell'intervallo di tempo Δt dal raggio vettore r, come mostrato in **figura 14**. ΔS è l'area del settore circolare di ampiezza $\theta = \omega \Delta t$.

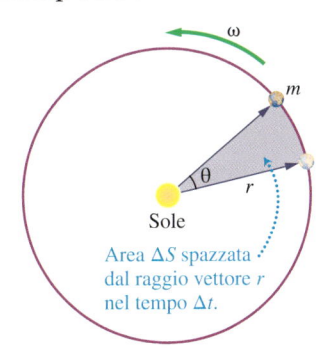

◀ **Figura 14**
Area spazzata dal raggio vettore r nell'intervallo di tempo Δt in un'orbita circolare

Impostando la proporzione fra l'area ΔS del settore circolare e l'area S del cerchio:

$$\Delta S : S = \theta : 2\pi$$

possiamo scrivere:

$$\Delta S = \frac{\theta \cdot S}{2\pi}$$

da cui, sostituendo $\theta = \omega \Delta t$ e $S = \pi r^2$, otteniamo:

$$\Delta S = \frac{\omega \Delta t \cdot \pi r^2}{2\pi}$$

La velocità areale del pianeta, $\frac{\Delta S}{\Delta t}$, è quindi:

$$\frac{\Delta S}{\Delta t} = \frac{1}{2} r^2 \omega$$

Ricordiamo che, per una massa m in rotazione su una circonferenza di raggio r, il modulo del momento angolare vale:

$$L = rp = rmv = rm\omega r = mr^2\omega$$

Dal confronto delle due relazioni precedenti deduciamo che:

$$\frac{\Delta S}{\Delta t} = \frac{L}{2m}$$

La conservazione del momento angolare, dunque, implica che la velocità areale $\Delta S/\Delta t$ sia costante.

PROBLEM SOLVING 3 — L'importanza di essere eccentrici

Mercurio è il pianeta del Sistema solare con l'orbita più eccentrica.
L'eccentricità della sua orbita è 0,206 e il suo semiasse maggiore misura $5{,}79 \cdot 10^7$ km.
Sapendo che il modulo della velocità orbitale del pianeta all'afelio è $3{,}88 \cdot 10^4$ m/s, determina il modulo della velocità orbitale al perielio.

■ DESCRIZIONE DEL PROBLEMA

Nella **figura a** è rappresenta l'orbita ellittica di Mercurio. Il sistema di riferimento scelto ha come asse x la retta che contiene i fuochi e l'asse y passante per il punto medio del segmento focale. Sono rappresentati entrambi i fuochi, il perielio P e l'afelio A. Nel fuoco F_2 si trova il Sole.
Nella **figura b** sono rappresentati il vettore di posizione del pianeta rispetto al Sole e il vettore velocità rispettivamente al perielio e all'afelio. Si può notare che il verso di rotazione è antiorario.

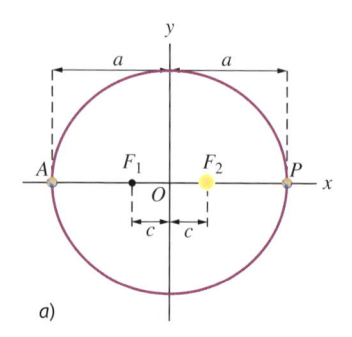

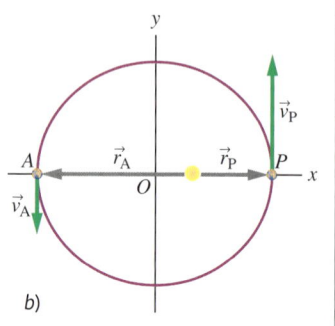

■ STRATEGIA
Dopo aver determinato le distanze dal Sole del perielio e dell'afelio, utilizzando la legge di conservazione del momento angolare, ricaviamo il modulo della velocità orbitale al perielio.

Dati Eccentricità dell'orbita di Mercurio, $e = 0{,}206$; semiasse maggiore dell'orbita, $a = 5{,}79 \cdot 10^7$ km; modulo della velocità orbitale all'afelio, $v_A = 3{,}88 \cdot 10^4$ m/s

Incognita Modulo della velocità al perielio P, $v_P = ?$

■ SOLUZIONE
Per calcolare il modulo della velocità al perielio, dobbiamo prima determinare le distanze tra il Sole e il perielio e il Sole e l'afelio, cioè i moduli dei vettori di posizione di Mercurio al perielio e all'afelio.
Facendo riferimento alla **figura a** e ricordando la definizione di eccentricità $e = \dfrac{c}{a}$, dove c è la semidistanza focale, possiamo ricavare che:

$$r_P = a - c = a - ea = a(1 - e) \quad \text{e} \quad r_A = a + c = a + ea = a(1 + e)$$

Poiché, come sappiamo, la forza gravitazionale è una forza centrale, il momento angolare orbitale si conserva. Ricordando che il modulo del momento angolare L è calcolabile con la relazione:

$$L = Mvr \operatorname{sen} \theta$$

dove θ è l'angolo tra la direzione del vettore posizione e quella della quantità di moto, e poiché sia al perielio sia all'afelio il vettore velocità è perpendicolare al vettore posizione, abbiamo, in entrambi i casi:

$$L = Mvr$$

Per la conservazione del momento angolare risulta:

$$M r_P v_P = M r_A v_A$$

cioè il momento angolare orbitale all'afelio è uguale a quello al perielio.
Semplificando la massa M e risolvendo rispetto a v_P, otteniamo che:

$$v_P = \frac{v_A r_A}{r_P} = \frac{v_A a(1+e)}{a(1-e)} = \frac{3{,}88 \cdot 10^4 \text{ m/s } (1 + 0{,}206)}{(1 - 0{,}206)} = 5{,}89 \cdot 10^4 \text{ m/s}$$

■ OSSERVAZIONI
Il modulo della velocità orbitale al perielio non dipende dalla misura del semiasse maggiore, ma soltanto dall'eccentricità dell'orbita, oltre che, ovviamente, dal modulo della velocità all'afelio.

PROVA TU Quale sarebbe il valore dell'eccentricità se il modulo della velocità orbitale al perielio raddoppiasse, rimanendo invariato, invece, il modulo della velocità orbitale all'afelio?

[$e' = 0{,}504$; e aumenterebbe, cioè, di un fattore prossimo a 2,5]

■ Terza legge

Anche la terza legge di Keplero si può ricavare facilmente se approssimiamo l'orbita ellittica con un'orbita circolare. Consideriamo un pianeta che orbita intorno al Sole a una distanza r, come in **figura 15**. Poiché il pianeta si muove su una traiettoria circolare, su di esso deve agire una forza centripeta diretta verso il centro della circonferenza, cioè verso il Sole. Tale forza è dovuta alla forza di gravità fra il Sole e il pianeta.

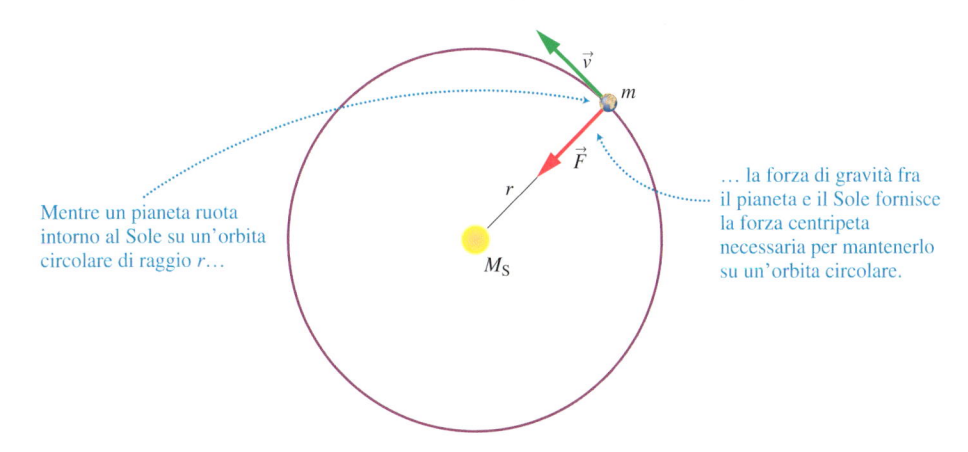

◀ **Figura 15**
Forza centripeta su un pianeta in orbita circolare

Se il pianeta ha massa m e il Sole ha massa M_S, la forza di gravità fra essi è:

$$F = G\frac{mM_S}{r^2}$$

Questa forza è responsabile dell'accelerazione centripeta del pianeta, a_c, che, come sappiamo, è:

$$a_c = \frac{v^2}{r}$$

Perciò, la forza centripeta necessaria per mantenere in orbita il pianeta è ma_c:

$$F = ma_c = m\frac{v^2}{r}$$

Poiché il modulo della velocità del pianeta, v, è il rapporto fra la lunghezza della circonferenza dell'orbita, $2\pi r$, e il tempo T necessario per completare l'orbita, sostituendo otteniamo:

$$F = m\frac{v^2}{r} = m\frac{(2\pi r/T)^2}{r} = \frac{4\pi^2 rm}{T^2}$$

Uguagliamo ora la forza centripeta e la forza di gravità:

$$\frac{4\pi^2 rm}{T^2} = G\frac{mM_S}{r^2}$$

Dall'equazione precedente, eliminando m, otteniamo:

$$T^2 = \frac{4\pi^2}{GM_S}r^3$$

cioè:

$$T = \left(\frac{2\pi}{\sqrt{GM_S}}\right)r^{3/2} = kr^{3/2}$$

Come previsto da Keplero, T è proporzionale a $r^{3/2}$.

Il procedimento per ricavare la terza legge di Keplero, utilizzando la legge della gravitazione di Newton, ci ha permesso di calcolare il valore della costante k di proporzionalità. Tale costante dipende dalla massa del Sole, quindi il periodo T *dipende dalla massa dell'oggetto intorno al quale avviene la rotazione*.

La costante k non dipende, invece, dalla massa del pianeta che orbita attorno al Sole, almeno fino a che la massa del pianeta è molto inferiore rispetto a quella del Sole.

In definitiva, quindi, la relazione tra T ed r che abbiamo trovato vale per tutti i pianeti.

⚠ ATTENZIONE
Velocità orbitale

Risolvendo $F = \frac{mv^2}{r} = \frac{GmM_S}{r^2}$

rispetto a v otteniamo

$v = \sqrt{\frac{GM_S}{r}}$ cioè la relazione generale che lega la velocità orbitale di un satellite (in questo caso, un pianeta) in orbita circolare alla massa del corpo attorno al quale orbita (in questo caso il Sole) e alla distanza dal suo centro.

Questo risultato può essere applicato anche al caso di una luna o di un satellite (naturale o artificiale) che orbita intorno a un pianeta. Basta osservare che in questo caso al centro dell'orbita c'è il pianeta e non il Sole e quindi sostituire la massa del Sole, M_S, con la massa del pianeta M_p:

$$T = \left(\frac{2\pi}{\sqrt{GM_p}}\right) r^{3/2}$$

Ad esempio, Giove, il più grande pianeta del Sistema solare, ha decine di lune, che ruotano su orbite ellittiche e obbediscono alle leggi di Keplero.

▼ Le lune visibili davanti a Giove sono Io ed Europa, due dei quattro più grandi satelliti di Giove, scoperti da Galileo nel 1609.

■ APPLICA SUBITO

4 Una delle quattro lune di Giove scoperte da Galileo è Io, che compie un'orbita ogni 42 h 27 min = $1{,}53 \cdot 10^5$ s. Sapendo che la distanza media fra il centro di Giove e Io è $4{,}22 \cdot 10^8$ m, determina la massa di Giove.

Usiamo l'equazione:

$$T = \left(\frac{2\pi}{\sqrt{GM_G}}\right) r^{3/2}$$

Risolvendola rispetto a M_G e sostituendo i valori numerici otteniamo:

$$M_G = \frac{4\pi^2 r^3}{GT^2} = \frac{4\pi^2 (4{,}22 \cdot 10^8 \text{ m})^3}{(6{,}67 \cdot 10^{-11} \text{ N m}^2/\text{kg}^2)(1{,}53 \cdot 10^5 \text{ s})^2} =$$
$$= 1{,}90 \cdot 10^{27} \text{ kg}$$

GEO

Satelliti geostazionari, GPS, ISS

Un **satellite geostazionario** è un satellite che orbita sopra l'equatore, con un periodo esattamente uguale al periodo di rotazione terrestre (un giorno siderale). Visto dalla Terra, quindi, il satellite appare sempre nella stessa posizione nel cielo e ciò lo rende particolarmente utile in applicazioni come le telecomunicazioni e le previsioni meteorologiche.

Per la terza legge di Keplero, sappiamo che un satellite ha un periodo di un giorno soltanto se la sua orbita ha un raggio di un particolare valore.

Il raggio dell'orbita è legato al periodo dalla relazione:

$$r = \left(\frac{T}{2\pi}\right)^{2/3} (GM_T)^{1/3}$$

Sostituendo i valori numerici ($R_T = 6{,}37 \cdot 10^6$ m, $M_T = 5{,}97 \cdot 10^{24}$ kg, $T = 1$ giorno $= 8{,}61 \cdot 10^4$ s), si ottiene $r = 4{,}22 \cdot 10^7$ m, da cui, sottraendo il raggio della Terra R_T, si può determinare l'**altitudine alla quale orbita un satellite geostazionario**:

$$h = r - R_T \approx 36\,000 \text{ km}$$

Non tutti i satelliti artificiali sono su orbite geostazionarie. I satelliti del **Global Positioning System (GPS)**, ad esempio, orbitano a un'altitudine di circa 20 000 km e impiegano mezza giornata per completare un'orbita.
La **Stazione Spaziale Internazionale (ISS)**, che dal 2000 è abitata continuativamente da un equipaggio di almeno due astronauti, orbita attualmente a un'altitudine media di 400 km, con un periodo orbitale di circa 92 minuti.

La candela in caduta libera

VIDEO [in inglese, con sottotitoli in inglese e in italiano]

Una candela accesa a bordo della ISS si spegnerebbe subito. Perché? Segui la spiegazione del prof. Walker e osserva il suo esperimento!

PROBLEM SOLVING 4 — Il Sole e Mercurio

La Terra compie una rivoluzione completa intorno al Sole in un anno, a una distanza media di $1{,}50 \cdot 10^{11}$ m.
a. Utilizza questa informazione per calcolare la massa del Sole.
b. Determina il periodo di rivoluzione del pianeta Mercurio, la cui distanza media dal Sole è $5{,}79 \cdot 10^{10}$ m.

■ **DESCRIZIONE DEL PROBLEMA** La figura mostra le orbite di Mercurio, Venere e Terra nelle corrette proporzioni. Inoltre, ognuna di queste orbite è leggermente ellittica, sebbene lo scostamento dall'orbita circolare sia così piccolo da non essere percepibile.
Nella figura sono inoltre riportati il raggio dell'orbita di Mercurio, $5{,}79 \cdot 10^{10}$ m, e quello dell'orbita della Terra, $1{,}50 \cdot 10^{11}$ m.

■ **STRATEGIA**
a. Per calcolare la massa del Sole utilizziamo la terza legge di Keplero con l'espressione esplicita di k. Osserviamo che il periodo $T = 1$ anno deve essere trasformato in secondi prima di applicare la formula.
b. Il periodo di Mercurio si calcola sostituendo $r = 5{,}79 \cdot 10^{10}$ m nella terza legge di Keplero.

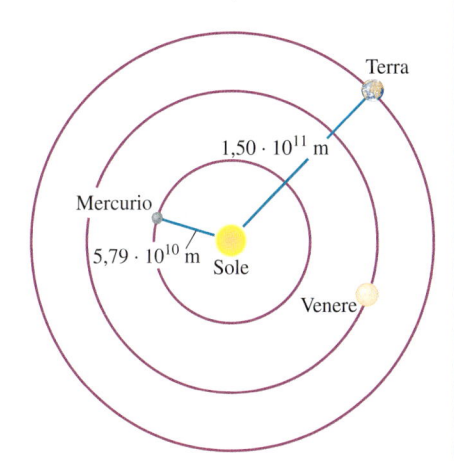

Dati Periodo orbitale della Terra, $T = 1$ anno; raggio orbitale della Terra, $r = 1{,}50 \cdot 10^{11}$ m; raggio orbitale di Mercurio, $r = 5{,}79 \cdot 10^{10}$ m

Incognite a. Massa del Sole, $M_S = ?$ b. Periodo orbitale di Mercurio, $T = ?$

■ **SOLUZIONE**
a. Dalla terza legge di Keplero:

$$T = \left(\frac{2\pi}{\sqrt{GM_S}}\right) r^{\frac{3}{2}}$$

ricaviamo l'espressione della massa del Sole:

$$M_S = \frac{4\pi^2 r^3}{GT^2}$$

Esprimiamo il periodo della Terra in secondi:

$$T = 1 \text{ anno} \left(\frac{365{,}24 \text{ giorni}}{1 \text{ anno}}\right)\left(\frac{24 \text{ h}}{1 \text{ giorno}}\right)\left(\frac{3600 \text{ s}}{1 \text{ h}}\right) = 3{,}16 \cdot 10^7 \text{ s}$$

Sostituiamo i valori numerici nell'espressione della massa del Sole:

$$M_S = \frac{4\pi^2 r^3}{GT^2} = \frac{4\pi^2 (1{,}50 \cdot 10^{11} \text{ m})^3}{(6{,}67 \cdot 10^{-11} \text{ N m}^2/\text{kg}^2)(3{,}16 \cdot 10^7 \text{ s})^2} = 2{,}00 \cdot 10^{30} \text{ kg}$$

b. Sostituiamo $r = 5{,}79 \cdot 10^{10}$ m nella terza legge di Keplero e utilizziamo la massa del Sole calcolata in a.:

$$T = \left(\frac{2\pi}{\sqrt{GM_S}}\right) r^{\frac{3}{2}} = \left(\frac{2\pi}{\sqrt{(6{,}67 \cdot 10^{-11} \text{ N m}^2/\text{kg}^2)(2{,}00 \cdot 10^{30} \text{ kg})}}\right)(5{,}79 \cdot 10^{10} \text{ m})^{\frac{3}{2}} =$$
$$= 7{,}58 \cdot 10^6 \text{ s} = 0{,}240 \text{ anni} = 87{,}7 \text{ giorni}$$

■ **OSSERVAZIONI** Nella parte a. osserviamo che la massa del Sole è quasi un milione di volte più grande di quella della Terra. In effetti nel Sole è concentrato il 99,9% della massa dell'intero Sistema solare.
Nella parte b. notiamo che Mercurio, con il suo raggio orbitale minore, ha un anno più corto di quello della Terra. Il moto di rotazione di Mercurio, invece, è molto lento, tanto che il pianeta completa tre rotazioni ogni due rivoluzioni attorno al Sole. Mercurio è l'unico pianeta del Sistema solare per il quale la durata del giorno solare (176 giorni) è maggiore del periodo di rivoluzione (88 giorni).

PROVA TU Venere orbita intorno al Sole con un periodo di $1{,}94 \cdot 10^7$ s.
Qual è la sua distanza media dal Sole?

[$1{,}08 \cdot 10^{11}$ m]

6 Il campo gravitazionale

La forza di gravità è una forza che agisce a distanza, cioè una forza che si trasmette nello spazio vuoto da un corpo a un altro. In che modo ciò avviene? Newton non fece alcuna ipotesi al riguardo, limitandosi a descrivere fenomenologicamente la forza di gravità per mezzo delle leggi che abbiamo presentato nel paragrafo 1.

La moderna teoria dell'interazione gravitazionale fa uso del concetto di **campo**, originariamente introdotto dal fisico inglese **Michael Faraday** (1791-1867) nel contesto dell'elettromagnetismo. L'idea di base è la seguente: un corpo dotato di massa altera lo spazio intorno a sé, modificandone le proprietà fisiche. Questa alterazione dello spazio, dovuta alla massa del corpo, prende il nome di **campo gravitazionale**.

Il campo gravitazionale è un'entità fisica misurabile che si estende in tutto lo spazio e interagisce con i corpi, esercitando su di essi una forza (**fig. 16**).

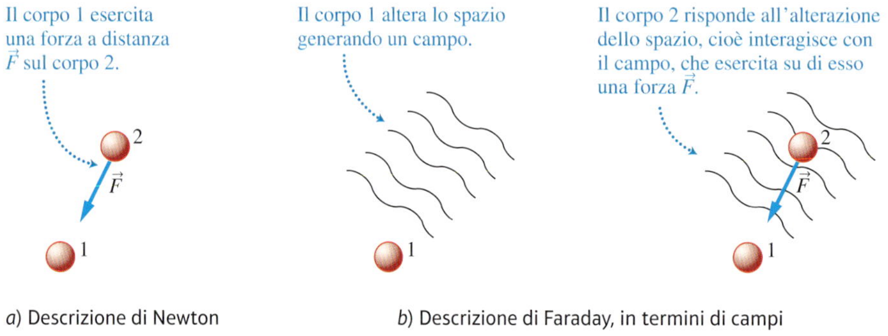

a) Descrizione di Newton — Il corpo 1 esercita una forza a distanza $\vec{F}$ sul corpo 2.

b) Descrizione di Faraday, in termini di campi — Il corpo 1 altera lo spazio generando un campo. Il corpo 2 risponde all'alterazione dello spazio, cioè interagisce con il campo, che esercita su di esso una forza $\vec{F}$.

◀ **Figura 16**
Due punti di vista sulle forze a distanza

Procediamo ora a definire operativamente questo campo, che è una grandezza fisica vettoriale che indicheremo con il simbolo $\vec{h}$.

Il campo gravitazionale $\vec{h}$ generato da un corpo di massa M in un punto P dello spazio si determina ponendo in P un altro corpo di massa m e dividendo per m la forza gravitazionale $\vec{F}$ cui è soggetto questo corpo, cioè:

$$\vec{h} = \frac{\vec{F}}{m} \quad \text{in un punto } P \text{ dello spazio}$$

Osserviamo che la massa m è una *massa di prova*, il cui valore è arbitrario: come vedremo, il campo non dipende da m, ma solo dalla massa M che lo genera.

La relazione $\vec{h} = \vec{F}/m$ permette di ottenere punto per punto il **campo gravitazionale** $\vec{h}$, attraverso una misura di $\vec{F}$, come mostrato in **figura 17**:

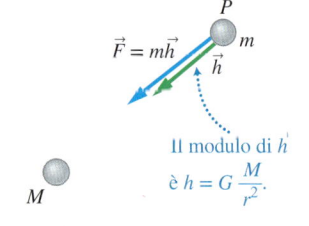

▲ **Figura 17**
Il campo gravitazionale generato da una massa puntiforme. Il modulo di $\vec{h}$ è $h = G\frac{M}{r^2}$.

> **Campo gravitazionale, $\vec{h}$**
>
> $$\vec{h} = \frac{\vec{F}}{m} \quad (m \text{ massa di prova})$$

Calcoliamo ora il campo gravitazionale generato da un corpo puntiforme di massa M. Ponendo la massa puntiforme di prova m a distanza r da M, su m agisce una forza la cui intensità è:

$$F = G\frac{Mm}{r^2}$$

Questa forza è attrattiva, cioè è diretta dal corpo di massa m al corpo di massa M. L'intensità del campo gravitazionale $\vec{h}$ generato dalla massa M nel punto P in cui si trova m è data, per definizione, dal rapporto:

$$h = \frac{F}{m} = G\frac{M}{r^2}$$

La direzione e il verso di $\vec{h}$ sono gli stessi di $\vec{F}$: $\vec{h}$ è quindi diretto verso M (**fig. 17**).
Come abbiamo anticipato, il campo $\vec{h}$ dipende dalla massa M che lo genera, ma non dalla massa di prova (in questo caso m).

Osserviamo, inoltre, che il campo gravitazionale di una massa puntiforme varia come l'inverso del quadrato della distanza. Una rappresentazione grafica di questo campo è mostrato in **figura 18**.

> **Campo gravitazionale generato da una massa puntiforme M**
>
> $$h = G\frac{M}{r^2}$$
>
> In termini vettoriali è:
>
> $$\vec{h} = -G\frac{M}{r^2}\hat{r}$$

MATH⁺

Nota che nella scrittura:

$$\vec{h} = -G\frac{M}{r^2}\hat{r}$$

$\hat{r}$ è il versore ottenuto dividendo il vettore $\vec{r}$ di posizione di m rispetto a M per il suo modulo r.
(il versore $\hat{r}$ quindi ha verso uscente da M)

Il discorso può essere esteso facilmente al caso di un corpo sferico. Abbiamo visto che la forza gravitazionale esercitata da una sfera di massa M è la stessa che si avrebbe se la massa M fosse concentrata nel centro della sfera. Possiamo quindi dire che il **campo gravitazionale generato da un corpo sferico** di massa M in un punto posto a distanza r dal suo centro vale, in modulo:

$$h = \frac{GM}{r^2}$$

ed è diretto verso il centro del corpo.

■ APPLICA SUBITO

5 Qual è l'intensità del campo gravitazionale del Sole nel punto in cui si trova la Terra?

Il campo gravitazionale generato dal Sole è:

$$h = \frac{GM_S}{r^2}$$

dove $M_S = 2{,}0 \cdot 10^{30}$ kg è la massa del Sole ed r è la distanza Terra-Sole, cioè il raggio dell'orbita terrestre, $r = 1{,}5 \cdot 10^{11}$ m.
Sostituendo i valori numerici nell'espressione precedente otteniamo:

$$h = \frac{(6{,}67 \cdot 10^{-11} \text{ N m}^2/\text{kg}^2)(2{,}0 \cdot 10^{30} \text{ kg})}{(1{,}5 \cdot 10^{11} \text{ m})^2} = 5{,}9 \cdot 10^{-3} \text{ N/kg}$$

I vettori rappresentano il campo gravitazionale $\vec{h}$ generato dalla massa M in vari punti dello spazio.

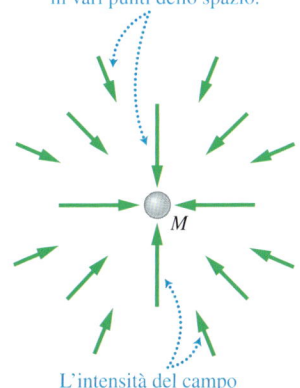

L'intensità del campo decresce all'aumentare della distanza da M.

▲ **Figura 18**
Rappresentazione grafica del campo gravitazionale

■ Campo gravitazionale in prossimità della superficie terrestre

Consideriamo ora una situazione di particolare importanza. In prossimità della superficie terrestre, la forza gravitazionale cui è soggetta una massa m è la forza peso:

$$\vec{F} = m\vec{g}$$

dove $\vec{g}$ è il vettore accelerazione di gravità, diretto verso il basso.
Per definizione, il campo gravitazionale è dato da:

$$\vec{h} = \frac{\vec{F}}{m} = \vec{g}$$

Dunque l'*accelerazione di gravità g non è altro che il modulo del campo gravitazionale in prossimità della superficie terrestre* (**fig. 19**):

$$h = g = 9{,}81 \text{ N/kg} = 9{,}81 \text{ m/s}^2$$

Il peso è dovuto all'interazione di questo campo gravitazionale con una massa.

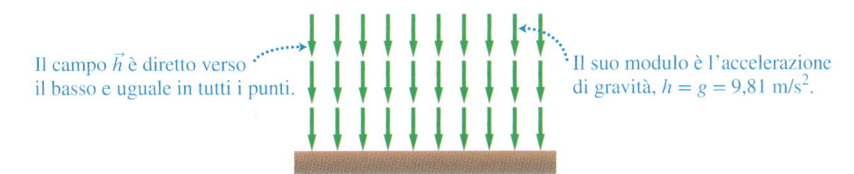

Il campo $\vec{h}$ è diretto verso il basso e uguale in tutti i punti.

Il suo modulo è l'accelerazione di gravità, $h = g = 9{,}81$ m/s².

◀ **Figura 19**
Il campo gravitazionale in prossimità della superficie terrestre

7 L'energia potenziale gravitazionale

Sappiamo che la conservazione dell'energia può essere utilizzata per risolvere problemi difficili da trattare con un'applicazione diretta delle leggi della meccanica di Newton. Prima di applicare la conservazione dell'energia a situazioni astronomiche, tuttavia, dobbiamo conoscere l'energia potenziale gravitazionale di un oggetto sferico come la Terra.

Energia potenziale gravitazionale di una massa soggetta all'attrazione della Terra

L'espressione dell'energia potenziale gravitazionale a una distanza h dalla superficie terrestre che abbiamo utilizzato finora, cioè $U = mgh$, è valida solo vicino alla superficie terrestre, dove possiamo considerare l'accelerazione di gravità g costante con buona approssimazione. Man mano che la distanza dalla Terra aumenta, g diminuisce e quindi l'espressione mgh non può continuare a essere valida per una distanza h qualsiasi dalla superficie terrestre.

Per determinare un'espressione generale dell'energia potenziale, consideriamo dapprima il caso di un oggetto vicino alla superficie della Terra (**fig. 20**). Sappiamo che, se solleviamo l'oggetto dal punto B al punto A, l'oggetto nel punto A ha un'energia potenziale maggiore rispetto a quella nel punto B perché, se è lasciato libero, per effetto della forza peso si muove spontaneamente lungo il tragitto consentito e ritorna al punto di partenza. La variazione di energia potenziale tra il punto B e il punto A è uguale all'opposto del lavoro che compie la forza peso per riportare l'oggetto dal punto A al punto B, qualunque sia il percorso:

$$\Delta U = U_B - U_A = -L_{AB}$$

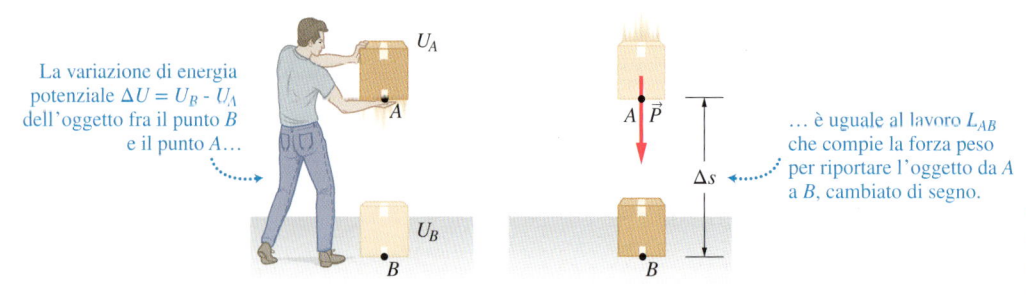

La variazione di energia potenziale $\Delta U = U_B - U_A$ dell'oggetto fra il punto B e il punto A... ... è uguale al lavoro L_{AB} che compie la forza peso per riportare l'oggetto da A a B, cambiato di segno.

◀ **Figura 20**
Energia potenziale di un oggetto vicino alla superficie della Terra

Supponiamo ora di trasportare un oggetto di massa m dal punto B al punto A nello spazio, lungo la direzione di un raggio terrestre, come mostrato in **figura 21**.
Calcoliamo il lavoro che deve compiere la forza gravitazionale $\vec{F}$ per riportare l'oggetto dal punto A al punto B. Non possiamo considerare costante la forza gravitazionale perché dipende dalla distanza r dell'oggetto dal centro della Terra secondo la relazione:

$$F = G\frac{mM_T}{r^2}$$

MATH+

In figura è rappresentata la forza gravitazionale F in funzione del raggio r.
Il **lavoro svolto dalla forza gravitazionale** corrisponde all'area evidenziata in figura e il suo calcolo esatto si potrà fare mediante un integrale definito, che studierai in matematica durante il quinto anno. Ora possiamo solo fare un calcolo approssimato.

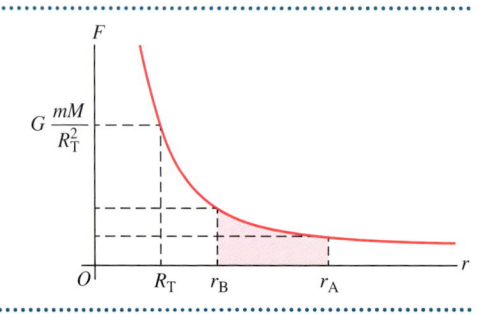

7 L'energia potenziale gravitazionale

Osserviamo che la forza $\vec{F}$ ha la stessa direzione e lo stesso verso dello spostamento da A a B. Per calcolare il lavoro compiuto da $\vec{F}$ suddividiamo il segmento AB in n segmenti $AP_1, P_1P_2, ..., P_nP_B$ con n molto grande. Il lavoro totale per uno spostamento da A a B diventa la somma di n contributi:

$$L_{AB} = L_{AP_1} + L_{P_1P_2} + ... + L_{P_nB}$$

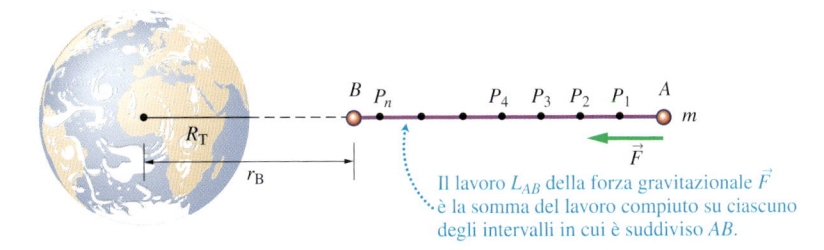

◀ **Figura 21**
Lavoro della forza gravitazionale

La forza media nel tratto AP_1 si calcola come segue:

$$F_m = \frac{(F_A + F_{P_1})}{2} = \frac{GmM}{2}\left(\frac{1}{r_A^2} + \frac{1}{r_{P_1}^2}\right) = \frac{GmM}{r_A r_{P_1}}\left[1 + \frac{(r_{P_1} - r_A)^2}{2 r_A r_{P_1}}\right]$$

Il secondo termine in parentesi quadra si può trascurare rispetto al primo, dato che $r_{P_1} - r_A \ll r_A \approx r_{P_1}$; la forza media nel tratto AP_1 risulta quindi: $F = \frac{GmM}{r_A r_{P_1}}$.

Poiché il lavoro è il prodotto della forza per lo spostamento, sostituendo otteniamo:

$$L_{AB} = G\frac{mM_T}{r_A r_{P_1}}(r_A - r_{P_1}) + G\frac{mM_T}{r_{P_1}r_{P_2}}(r_{P_1} - r_{P_2}) + ... + G\frac{mM_T}{r_{P_n}r_B}(r_{P_n} - r_B) =$$

$$= GmM_T\left(\frac{1}{r_{P_1}} - \frac{1}{r_A} + \frac{1}{r_{P_2}} - \frac{1}{r_{P_1}} + ... + \frac{1}{r_B} - \frac{1}{r_{P_n}}\right) = -\frac{GmM_T}{r_A} + \frac{GmM_T}{r_B}$$

Dal risultato deduciamo che il lavoro della forza gravitazionale dipende solo dal punto di partenza e da quello di arrivo e non dipende dai punti intermedi.

Verifichiamo che il lavoro della forza gravitazionale non dipende dal cammino percorso. Consideriamo un altro percorso che abbia gli stessi punti iniziale B e finale A del precedente e calcoliamo il lavoro fatto dalla forza gravitazionale per riportare un oggetto di massa m dal punto A al punto B lungo tale percorso.

Come si può vedere dalla **figura 22**, il nuovo cammino è costituito da due archi di circonferenza di raggio rispettivamente r_A ed r_B e da un segmento rettilineo CD diretto lungo la direzione del raggio terrestre, come il segmento AB.

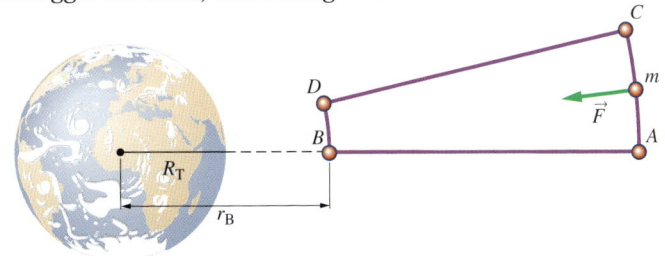

◀ **Figura 22**
Indipendenza del lavoro della forza gravitazionale dal cammino percorso

Il lavoro totale compiuto dalla forza gravitazionale lungo il cammino $ACDB$ è la somma di tre contributi: il lavoro L_{AC} lungo l'arco AC, il lavoro L_{CD} compiuto lungo il cammino rettilineo CD e, infine, il lavoro L_{DB} lungo l'arco DB. Il lavoro lungo i due archi di circonferenza è nullo perché in ogni punto di ciascun arco il vettore spostamento, tangente all'arco, è perpendicolare alla forza gravitazionale, che ha direzione radiale. Il lavoro L_{CD} può essere calcolato in modo analogo a quanto fatto per L_{AB}. Si trova che:

$$L_{CD} = -\frac{GmM}{r_C} + \frac{GmM}{r_D}$$

Poiché $r_C = r_A$ ed $r_D = r_B$, risulta $L_{CD} = L_{AB}$. Pertanto si ha che:

$$L_{ACDB} = 0 + L_{CD} + 0 = L_{CD} = L_{AB}$$

e ciò prova l'indipendenza del lavoro della forza gravitazionale dal percorso seguito.

Poiché $L_{AB} = -\Delta U = U_A - U_B$, possiamo scrivere:

$$L_{AB} = -\Delta U = U_A - U_B = -G\frac{mM_T}{r_A} + G\frac{mM_T}{r_B} = -G\frac{mM_T}{r_A} - \left(-G\frac{mM_T}{r_B}\right)$$

da cui:

$$U_A = -G\frac{mM_T}{r_A}$$

$$U_B = -G\frac{mM_T}{r_B}$$

L'espressione ottenuta vale per qualunque punto, quindi possiamo concludere che:

> **Energia potenziale gravitazionale di una massa *m* a una distanza *r* dal centro della Terra**
>
> $$U = -G\frac{mM_T}{r}$$

Osservando l'espressione precedente deduciamo che:

- l'energia potenziale gravitazionale deve essere **negativa**, altrimenti l'energia in *A* non sarebbe maggiore dell'energia in *B* (infatti all'aumentare del denominatore la frazione decresce);
- la *massima energia potenziale gravitazionale deve essere uguale a zero*, fuori dell'influenza della forza gravitazionale, cioè quando *r* tende a infinito.

Il grafico di $U = -GmM_T/r$ in funzione della distanza *r* è mostrato in **figura 23**. Dal grafico possiamo osservare che *U* diventa sempre più negativa man mano che ci si avvicina alla Terra e tende a zero quando *r* tende all'infinito.

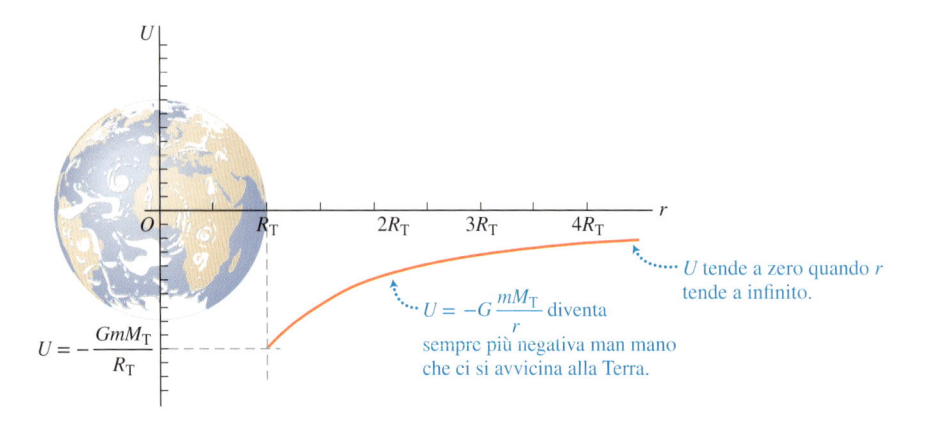

MATH+

L'energia potenziale $U = -GmM/r$ e la distanza *r* dal centro della Terra (per $r \geq R_T$) sono legati da una relazione di proporzionalità inversa e il **grafico** che descrive tale relazione è un **ramo di iperbole** (posto nel quarto quadrante) del tipo $y = k/x$ con $k < 0$.

◀ **Figura 23**
Energia potenziale gravitazionale in funzione della distanza *r* dal centro della Terra

■ **APPLICA SUBITO**

6 Calcola l'energia potenziale gravitazionale di un meteorite di 12 kg:

a. quando la sua distanza dalla superficie della Terra è pari a un raggio terrestre;

b. quando si trova sulla superficie della Terra.

a. La distanza dal centro della Terra è $r = 2R_T$, perciò:

$$U = -G\frac{mM_T}{2R_T} = -(6{,}67 \cdot 10^{-11}\,\text{N m}^2/\text{kg}^2)\frac{(12{,}0\,\text{kg})(5{,}97 \cdot 10^{24}\,\text{kg})}{2(6{,}37 \cdot 10^6\,\text{m})} = -3{,}75 \cdot 10^8\,\text{J}$$

b. La distanza dal centro della Terra è $r = R_T$, quindi, poiché in questo caso il denominatore è la metà di quello del caso **a.**, l'energia potenziale sarà il doppio di quella precedente:

$$U = -\frac{GmM_T}{R_T} = 2(-3{,}75 \cdot 10^8\,\text{J}) = -7{,}50 \cdot 10^8\,\text{J}$$

Energia potenziale gravitazionale in prossimità della superficie terrestre

A prima vista, l'espressione $-GmM_T/r$ non sembra avere alcuna somiglianza con l'espressione mgh, che sappiamo essere corretta nelle vicinanze della superficie terrestre. Invece, tra queste due espressioni c'è un legame diretto. Ricordiamo, infatti, che quando diciamo che l'energia potenziale gravitazionale ad altezza h è mgh, intendiamo che quando una massa m viene sollevata da terra a un'altezza h l'energia potenziale del sistema *aumenta* di una quantità mgh. Proviamo a calcolare la corrispondente variazione di energia potenziale utilizzando l'espressione $U = -GmM_T/r$. A un'altezza h rispetto alla superficie terrestre abbiamo $r = R_T + h$; quindi l'energia potenziale in quel punto è:

$$U = -G\frac{mM_T}{R_T + h}$$

Sulla superficie della Terra, dove $r = R_T$, l'energia potenziale è:

$$U = -G\frac{mM_T}{R_T}$$

La corrispondente differenza di energia potenziale è:

$$\Delta U = -G\frac{mM_T}{R_T + h} - \left(-G\frac{mM_T}{R_T}\right) = -G\frac{mM_T}{R_T} \cdot \frac{1}{1 + h/R_T} - \left(-G\frac{mM_T}{R_T}\right)$$

Se h è molto minore del raggio della Terra, il rapporto h/R_T è un numero molto piccolo e in questo caso possiamo applicare un'utile approssimazione. Poiché, se x è molto piccolo, $1/(1 + x) \approx 1 - x$, se h/R_T è piccolo possiamo scrivere:

$$\frac{1}{1 + h/R_T} \approx 1 - \frac{h}{R_T}$$

Con questa approssimazione otteniamo:

$$\Delta U = -G\frac{mM_T}{R_T}\left(1 - \frac{h}{R_T}\right) - \left(-G\frac{mM_T}{R_T}\right) = m\left(\frac{GM_T}{R_T^2}\right)h$$

Poiché $\dfrac{GM_T}{R_T^2} = g$, risulta $\Delta U = mgh$.

Riassumendo:

> **Energia potenziale gravitazionale**
>
> - In prossimità della superficie terrestre, a un'altezza h dalla superficie stessa:
>
> $U = mgh \qquad U = 0$ sulla superficie terrestre
>
> - A qualsiasi distanza r dal centro della Terra:
>
> $U = -\dfrac{GmM_T}{r} \qquad U = 0$ a distanza infinita

COLLEGAMENTO

Nel *Problem solving 2* di questo capitolo abbiamo visto che, per $x \ll 1$, $(1 + x)^n \approx 1 + nx$.

Energia potenziale gravitazionale di un sistema di corpi

Abbiamo detto che l'espressione dell'energia potenziale gravitazionale ottenuta a pagina precedente è valida per una massa m a distanza r dal centro della Terra, che ha massa M_T. Più in generale, se due masse puntiformi m_1 ed m_2 sono a distanza r l'una dall'altra, la loro energia potenziale gravitazionale è:

> **Energia potenziale gravitazionale di due masse m_1 ed m_2**
>
> $$U = -G\frac{m_1 m_2}{r}$$

Se abbiamo un sistema di più corpi, l'**energia potenziale gravitazionale totale** è la somma delle energie potenziali gravitazionali di ogni singola coppia di corpi.

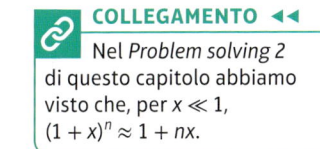

COLLEGAMENTO

Come la forza di gravità $F = mg$ è generalizzata in $F = Gm_1m_2/r^2$, così l'energia potenziale gravitazionale $U = mgh$ vista nel **capitolo 4** è generalizzata in $U = -Gm_1m_2/r$.

PROBLEM SOLVING 5 — L'energia potenziale si somma

Tre masse sono nelle seguenti posizioni, riferite a un sistema di assi cartesiani Oxy: $m_1 = 2{,}5$ kg è nell'origine O, $m_2 = 0{,}75$ kg è nel punto (0 m ; 1,25 m), $m_3 = 0{,}75$ kg è nel punto (1,25 m ; 1,25 m). Calcola l'energia potenziale gravitazionale del sistema.

DESCRIZIONE DEL PROBLEMA Nella figura sono mostrate le masse e le loro posizioni. Le distanze orizzontali e verticali sono $r = 1{,}25$ m, mentre la distanza in diagonale è $r\sqrt{2}$.

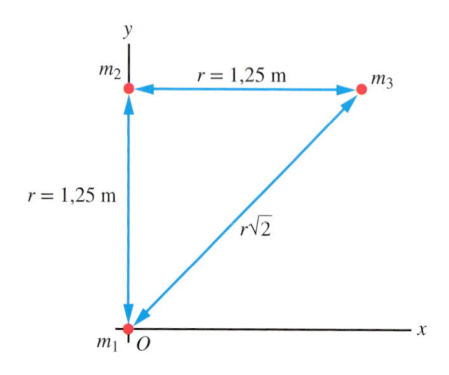

STRATEGIA L'energia potenziale totale del sistema è la somma delle energie potenziali di ognuna delle tre coppie di masse.

Dati Masse, $m_1 = 2{,}5$ kg; $m_2 = 0{,}75$ kg; $m_3 = 0{,}75$ kg;
coordinate di m_1, (0 m ; 0 m);
coordinate di m_2, (0 m ; 1,25 m);
coordinate di m_3, (1,25 m ; 1,25 m)

Incognita Energia potenziale gravitazionale del sistema, $U_{\text{tot}} = ?$

SOLUZIONE Calcoliamo l'energia potenziale per le masse m_1 ed m_2:

$$U_{12} = -G\frac{m_1 m_2}{r_{12}} = (6{,}67 \cdot 10^{-11} \text{ N m}^2/\text{kg}^2)\frac{(2{,}5 \text{ kg})(0{,}75 \text{ kg})}{1{,}25 \text{ m}} = -1{,}0 \cdot 10^{-10} \text{ J}$$

In modo analogo calcoliamo l'energia potenziale per le masse m_2 ed m_3:

$$U_{23} = -G\frac{m_2 m_3}{r_{23}} = (6{,}67 \cdot 10^{-11} \text{ N m}^2/\text{kg}^2)\frac{(0{,}75 \text{ kg})(0{,}75 \text{ kg})}{1{,}25 \text{ m}} = -3{,}0 \cdot 10^{-11} \text{ J}$$

Ripetiamo il calcolo per m_1 ed m_3:

$$U_{13} = -G\frac{m_1 m_3}{r_{13}} = (6{,}67 \cdot 10^{-11} \text{ N m}^2/\text{kg}^2)\frac{(2{,}5 \text{ kg})(0{,}75 \text{ kg})}{\sqrt{2}(1{,}25 \text{ m})} = -7{,}1 \cdot 10^{-11} \text{ J}$$

L'energia potenziale totale del sistema è la somma dei tre contributi calcolati:

$$U_{\text{tot}} = U_{12} + U_{23} + U_{13} = -1{,}0 \cdot 10^{-10} \text{ J} - 3{,}0 \cdot 10^{-11} \text{ J} - 7{,}1 \cdot 10^{-11} \text{ J} = -2{,}0 \cdot 10^{-10} \text{ J}$$

OSSERVAZIONI L'energia potenziale gravitazionale di questo sistema, $U_{\text{tot}} = -2{,}0 \cdot 10^{-10}$ J, è minore di quella che si avrebbe se la distanza fra le masse tendesse all'infinito, nel qual caso sarebbe $U_{\text{tot}} = 0$ J. Le implicazioni di questa variazione di energia potenziale, in termini di conservazione dell'energia, verranno trattate nel prossimo paragrafo.

PROVA TU Se la distanza r viene ridotta di un fattore 2, da $r = 1{,}25$ m a $r = 0{,}625$ m, l'energia potenziale del sistema aumenta, diminuisce o rimane la stessa? Verifica la risposta calcolando l'energia potenziale in questo caso.

[$U = 2(-2{,}0 \cdot 10^{-10})$ J, quindi…]

8 Conservazione dell'energia meccanica nei fenomeni gravitazionali

Ora che conosciamo l'energia potenziale gravitazionale U di una massa a una distanza qualsiasi da un oggetto sferico, possiamo applicare la conservazione dell'energia meccanica in campo astronomico, seguendo lo stesso metodo utilizzato per i sistemi che si trovano nelle vicinanze della superficie terrestre.

In particolare, possiamo dire che l'energia meccanica E_m di un oggetto di massa m in moto con velocità v a una distanza r dal centro di un pianeta di massa M_p è:

$$E_m = K + U = \frac{1}{2}mv^2 - G\frac{mM_p}{r}$$

LE GRANDI IDEE

4 Applicando la legge di conservazione dell'energia meccanica ai fenomeni gravitazionali, bisogna tener conto dell'energia cinetica e dell'energia potenziale gravitazionale.

◼ Velocità di impatto di un meteorite

Utilizzando la conservazione dell'energia meccanica, cioè ponendo l'energia meccanica iniziale uguale all'energia meccanica finale, siamo in grado di rispondere anche a domande come la seguente: se un meteorite, avente velocità uguale a zero in un punto infinitamente lontano dalla Terra, cadesse direttamente verso la Terra, quale sarebbe il modulo della sua velocità nell'istante dell'impatto con la superficie terrestre?

Supponiamo che il meteorite parta da fermo, quindi che la sua energia cinetica iniziale sia zero, $K_i = 0$. Anche l'energia potenziale iniziale U_i del sistema è zero, poiché $U = -GmM_T/r$ tende a zero per r che tende all'infinito. Di conseguenza l'energia meccanica totale iniziale del sistema meteorite + Terra è uguale a zero:

$$E_{m,i} = K_i + U_i = 0$$

Poiché la forza gravitazionale è una forza conservativa, l'energia meccanica totale rimane costante man mano che il meteorite cade verso la Terra. Perciò, se durante il moto di avvicinamento alla Terra U diventa sempre più negativa, l'energia cinetica K deve diventare sempre più positiva, in modo che la loro somma, $K + U$, sia sempre uguale a zero.

Per visualizzare la conservazione dell'energia costruiamo il **grafico dell'energia** potenziale U in funzione di r. Nel diagramma, riportato in **figura 24**, è indicata anche l'energia totale $E_m = 0$. Poiché $U + K$ deve essere sempre uguale a zero, il valore di K aumenta man mano che diminuisce il valore di U. Ciò è illustrato graficamente nella figura con l'aiuto di alcuni istogrammi.

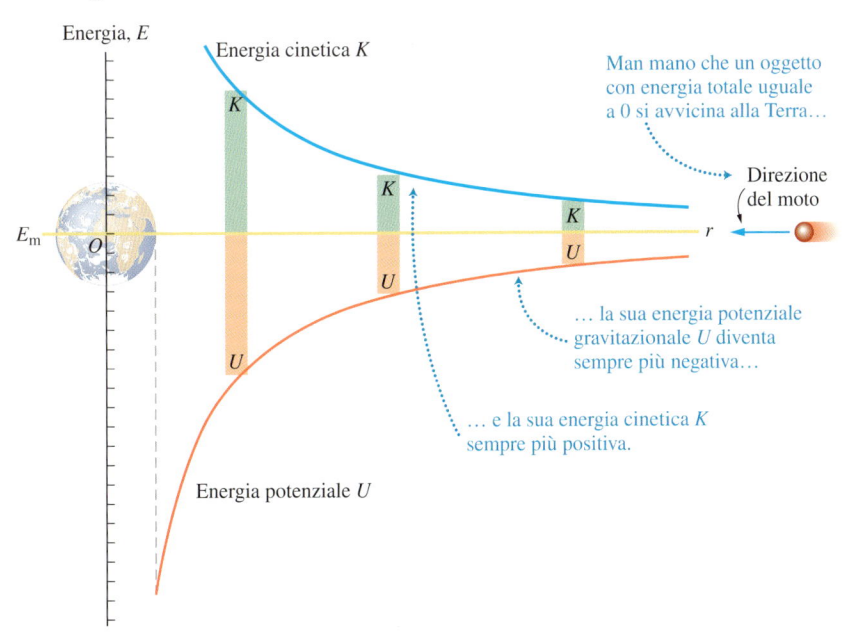

! ATTENZIONE
La conservazione dell'energia meccanica

La possibilità di applicare la legge di conservazione dell'energia meccanica è dovuta al fatto che la forza di attrito è pressoché nulla, almeno al di fuori dell'atmosfera terrestre, a causa della trascurabilmente piccola densità di materia dello spazio interplanetario.

MATH +

Per esplicitare la dipendenza dell'energia cinetica dalla distanza dal centro della Terra, si tiene conto che $E_m = K + U = 0$, da cui $K = -U = GmM/r$. Quindi l'energia cinetica e la distanza dal centro della Terra sono inversamente proporzionali (per $r \geq R_T$) e il **grafico** che descrive tale relazione è un **ramo di iperbole** (posto nel primo quadrante) del tipo $y = k/x$ con $k > 0$.

Man mano che un oggetto con energia totale uguale a 0 si avvicina alla Terra...

... la sua energia potenziale gravitazionale U diventa sempre più negativa...

... e la sua energia cinetica K sempre più positiva.

◀ **Figura 24**
Energia potenziale ed energia cinetica di un oggetto che cade verso la Terra

Per determinare il modulo v della velocità finale del meteorite, uguagliamo l'energia iniziale e finale; ricordando che la distanza finale r è il raggio R_T della Terra, otteniamo:

$$E_{m,i} = E_{m,f}$$

$$0 = \frac{1}{2}mv_f^2 - G\frac{mM_T}{R_T}$$

Dall'equazione precedente ricaviamo l'espressione della velocità finale e sostituiamo i valori numerici:

$$v_f = \sqrt{\frac{2GM_T}{R_T}} = \sqrt{\frac{2(6{,}67 \cdot 10^{-11}\ \text{N m}^2/\text{kg}^2)(5{,}97 \cdot 10^{24}\ \text{kg})}{6{,}37 \cdot 10^6\ \text{m}}} = 1{,}12 \cdot 10^4\ \text{m/s} = 11{,}2\ \text{km/s}$$

Concludendo, il meteorite colpisce la Terra a una velocità di circa 11 km/s, cioè 16 volte più veloce di un proiettile di fucile! Osserviamo che la velocità è *indipendente dalla massa dell'oggetto*.

> **ATTENZIONE**
> **Attrito nell'atmosfera**
>
> Il valore v_f qui ottenuto è in realtà una sovrastima di quello effettivo, poiché si è trascurato l'attrito nell'atmosfera.

GEO

Corpi provenienti dallo spazio hanno colpito la Terra nel passato e continuano a farlo.
La maggior parte di questi oggetti è relativamente piccola e "brucia" a causa dell'attrito quando passa attraverso l'atmosfera. Ma di tanto in tanto anche corpi più grandi attraversano la traiettoria della Terra e alcuni di questi arrivano fin sulla superficie, spesso con risultati drammatici. Nell'immagine il **cratere meteoritico** Barringer (Arizona), largo 1,2 km, prodotto dall'impatto di un asteroide circa 50 000 anni fa.

La mappa gravimetrica in falsi colori rivela la presenza del cratere di Chicxulub, in Messico. Secondo alcuni scienziati il corpo proveniente dallo spazio caduto qui 65 milioni di anni fa può aver prodotto un dissesto climatico così a largo raggio da far estinguere i dinosauri e molte altre specie.

■ Buca di potenziale gravitazionale

Nella **figura 25** è presentato un grafico che illustra lo stesso problema fisico di **figura 24** (il meteorite che cade verso la Terra), in forma tridimensionale. La situazione descritta è spesso indicata come **buca di potenziale**. La superficie curva rappresenta la funzione energia potenziale U man mano che ci si allontana dalla Terra in qualsiasi direzione. In particolare, la dipendenza di U dalla distanza r lungo ciascuna linea radiale del grafico tridimensionale è la stessa rappresentata nel grafico U-r di figura 24.

Un oggetto che si avvicina alla Terra aumenta la sua velocità man mano che "cade" nella buca di potenziale gravitazionale.

◀ **Figura 25**
Grafico tridimensionale dell'energia potenziale gravitazionale vicino a un corpo come la Terra (buca di potenziale gravitazionale)

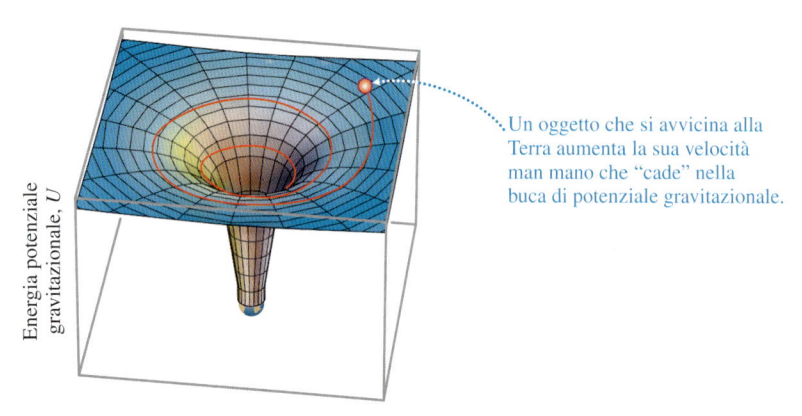

Se una biglia viene fatta rotolare su una superficie di questo tipo, il suo moto è per molti versi simile a quello di un oggetto vicino alla Terra. Infatti se la biglia parte con velocità iniziale adeguata, rotolerà lungo un'"orbita" circolare o ellittica per molto tempo prima di cadere nel centro della buca.

Alla fine, naturalmente, la buca inghiottirà la biglia. Anche se la forza frenante dell'attrito di rotolamento è piuttosto piccola, essa determina la discesa della biglia su orbite via via più basse, proprio come la resistenza dell'aria fa sì che un satellite scenda sempre di più nell'atmosfera terrestre, finché non "brucia".

Velocità di fuga

Gli uomini sono da sempre affascinati dall'idea di vincere l'attrazione terrestre. Nel romanzo del 1865 *Dalla Terra alla Luna*, Jules Verne immaginò di lanciare un veicolo spaziale verso la Luna, sparandolo dritto verso l'alto con un cannone. Non sarebbe una cattiva idea, se si riuscisse a sopravvivere all'esplosione iniziale!

Al giorno d'oggi i razzi sparati nello spazio sfruttano la stessa idea di base, ma mantengono in funzione i motori per un periodo di alcuni minuti in modo da accelerare gradualmente.

Supponiamo di voler lanciare un razzo di massa m verso l'alto, con una velocità iniziale che gli consenta di allontanarsi definitivamente dalla Terra. Se chiamiamo questa velocità **velocità di fuga** dalla Terra e la indichiamo con v_f, l'energia iniziale del veicolo è:

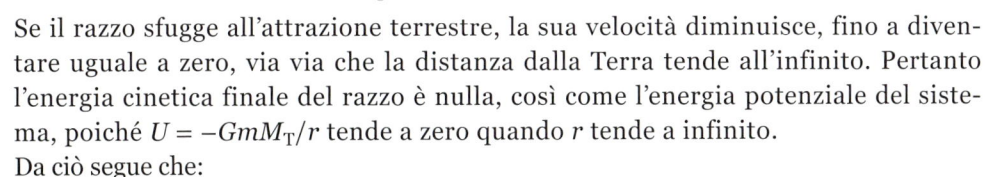

$$E_{m,i} = K_i + U_i = \frac{1}{2}mv_f^2 - G\frac{mM_T}{R_T}$$

Se il razzo sfugge all'attrazione terrestre, la sua velocità diminuisce, fino a diventare uguale a zero, via via che la distanza dalla Terra tende all'infinito. Pertanto l'energia cinetica finale del razzo è nulla, così come l'energia potenziale del sistema, poiché $U = -GmM_T/r$ tende a zero quando r tende a infinito.
Da ciò segue che:

$$E_{m,f} = K_f + U_f = 0 - 0 = 0$$

Uguagliando l'energia iniziale e finale, otteniamo:

$$\frac{1}{2}mv_f^2 - G\frac{mM_T}{R_T} = 0$$

Quindi la velocità di fuga dalla Terra è:

$$v_f = \sqrt{\frac{2GM_T}{R_T}} = 11{,}2 \text{ km/s}$$

Osserviamo che la velocità di fuga è esattamente uguale alla velocità del meteorite al momento dell'impatto con la Terra, calcolata in precedenza. Questo fatto non è sorprendente se consideriamo la simmetria fra un corpo lanciato dalla Terra a distanza infinita e un corpo che cade sulla Terra da una distanza infinita.

L'espressione di v_f che abbiamo ottenuto può essere applicata ad altri corpi celesti, sostituendo semplicemente M_T ed R_T con gli appropriati raggio e massa di quel corpo, quindi:

> **Velocità di fuga, v_f**
>
> La velocità di fuga da un corpo di massa M e raggio R è:
>
> $$v_f = \sqrt{\frac{2GM}{R}}$$

■ APPLICA SUBITO

7 **Calcola la velocità di fuga per un oggetto lanciato dalla Luna.**

Usando $M_L = 7{,}35 \cdot 10^{22}$ kg ed $R_L = 1{,}74 \cdot 10^6$ m, dall'espressione della velocità di fuga otteniamo:

$$v_f = \sqrt{\frac{2GM_L}{R_L}} = \sqrt{\frac{2(6{,}67 \cdot 10^{-11} \text{ N m}^2/\text{kg}^2)(7{,}35 \cdot 10^{22} \text{ kg})}{1{,}74 \cdot 10^6 \text{ m}}} = 2{,}37 \cdot 10^3 \text{ m/s}$$

Il valore relativamente basso della velocità di fuga dalla Luna significa che è molto più facile lanciare nello spazio un razzo dalla Luna piuttosto che dalla Terra. Ad esempio, i piccoli moduli lunari che partirono dalla Luna per riportare gli astronauti sulla Terra non sarebbero riusciti a partire dalla Terra.

GEO

La bassa velocità di fuga è anche la ragione per la quale **la Luna non ha atmosfera**; anche se, per assurdo, potessimo trasferire sulla Luna un'atmosfera, questa si allontanerebbe immediatamente nello spazio perché le singole molecole si muovono nello spazio con una velocità sufficiente per sfuggire all'attrazione lunare.
Sulla Terra, invece, dove la velocità di fuga è molto più alta, la forza di gravità riesce a impedire alle molecole in rapido movimento di sfuggire nello spazio. Tuttavia le molecole leggere come idrogeno ed elio, a una data temperatura, si muovono più velocemente di quelle pesanti come azoto e ossigeno, come vedremo proseguendo nello studio della fisica; per questa ragione l'atmosfera terrestre contiene pochissimo idrogeno ed elio.

Come possiamo notare dalla relazione $v_f = \sqrt{\dfrac{2GM}{r}}$:

- la velocità di fuga non dipende dalla massa dell'oggetto che vuole uscire dal campo, ma solo dalla massa M del corpo celeste che esercita l'attrazione gravitazionale;
- più grande è la massa del corpo celeste, più grande è la velocità di fuga da esso;
- più piccolo è il raggio del corpo celeste, più grande è la velocità di fuga;
- se il corpo celeste ha una massa grande e un raggio piccolo, cioè ha una grande densità, il valore della velocità di fuga diventa molto alto.

La densità di un corpo celeste può essere così grande da far sì che la sua velocità di fuga superi la velocità della luce, pari a 300 000 km/s; in questo caso nulla può più uscire dal campo gravitazionale di un simile corpo celeste, nemmeno la luce. Se guardiamo nella sua direzione vedremo uno spazio privo di qualsiasi segnale luminoso: un **buco nero**.

Poiché i buchi neri non si possono vedere con l'osservazione diretta, la prova della loro esistenza è indiretta. Possiamo prevedere che quando un buco nero attira della materia, questa si riscaldi fino a emettere un intenso fascio di raggi X prima di scomparire. Osservazioni di raggi X di questo tipo hanno condotto alla scoperta dei buchi neri presenti nei nuclei di molte galassie.

▶ Nell'immagine ripresa dal telescopio del satellite spaziale Chandra, la sorgente radio al centro della Via Lattea, nota come Sagittarius A, ha permesso di ipotizzare l'esistenza di un buco nero supermassiccio in questa regione.

RIPASSA I CONCETTI CHIAVE

1 La legge della gravitazione universale di Newton

La **forza gravitazionale** fra due masse puntiformi m_1 ed m_2 separate da una distanza r è attrattiva e ha intensità:

$$F = G\frac{m_1 m_2}{r^2}$$

G è la **costante di gravitazione universale**, pari a:

$$G = 6{,}67 \cdot 10^{-11} \text{ N m}^2/\text{kg}^2$$

La forza gravitazionale su m_1 ha la stessa intensità e la stessa direzione della forza su m_2, ma agisce in verso opposto.
La forza di gravità F diminuisce con la distanza fra le due masse come $1/r^2$.
In termini vettoriali:

$$\vec{F} = -G\frac{m_1 m_2}{r^2}\hat{r}$$

2 Attrazione gravitazionale fra corpi sferici

Nel calcolo delle forze gravitazionali i corpi sferici possono essere sostituiti da masse puntiformi.

Sfera uniforme Se una massa m si trova esternamente a una sfera uniforme di massa M, la forza gravitazionale fra m e la sfera è equivalente a quella esercitata da un punto di massa M situato nel centro della sfera.

Accelerazione di gravità Sostituendo la Terra con una massa puntiforme nel suo centro, si determina l'accelerazione di gravità sulla superficie terrestre:

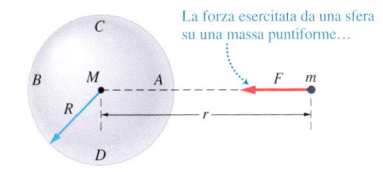

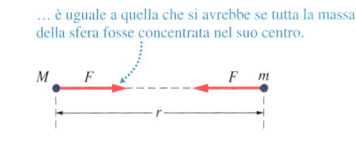

$$g = \frac{GM_T}{R_T^2}$$

3 Il principio di equivalenza

Il principio di equivalenza stabilisce che la massa inerziale m_i (quella che compare nella seconda legge della dinamica) e la massa gravitazionale m_g (quella che compare nella legge della gravitazione universale) di un corpo sono uguali.

5 Le leggi di Keplero dei moti orbitali

Keplero determinò tre leggi che descrivono il moto dei pianeti. Newton dimostrò che le leggi di Keplero sono una diretta conseguenza della sua legge di gravitazione universale.

Prima legge di Keplero Le orbite dei pianeti sono ellissi e il Sole è in uno dei fuochi.

Seconda legge di Keplero Il raggio vettore che congiunge il Sole con un pianeta spazza, durante il moto del pianeta, aree uguali in tempi uguali.

Terza legge di Keplero Il periodo T di rivoluzione di un pianeta sulla sua orbita è proporzionale alla distanza media r dal Sole elevata a $3/2$:

$$T = \left(\frac{2\pi}{\sqrt{GM_S}}\right) r^{3/2} = k r^{3/2}$$

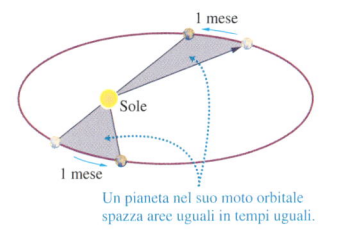

6 Il campo gravitazionale

Il campo gravitazionale $\vec{h}$ in un punto P è definito operativamente come il rapporto tra la forza gravitazionale $\vec{F}$ cui è soggetta una massa di prova m posta in P e la massa m:

$$\vec{h} = \frac{\vec{F}}{m}$$

Il campo gravitazionale generato da una massa puntiforme M ha intensità:

$$h = G\frac{M}{r^2}$$

ed è diretto verso la massa M.

In termini vettoriali: $\vec{h} = -G\frac{M}{r^2}\hat{r}$.

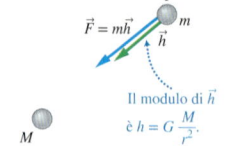

7 L'energia potenziale gravitazionale

L'energia potenziale gravitazionale U fra due masse puntiformi m_1 ed m_2 poste a una distanza r è:

$$U = -G\frac{m_1 m_2}{r}$$

avendo scelto come livello zero l'energia potenziale gravitazionale tra due masse poste a distanza infinita.

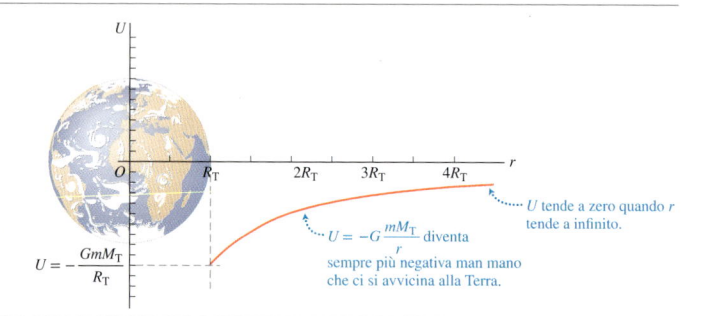

8 Conservazione dell'energia meccanica nei fenomeni gravitazionali

Energia meccanica totale Un oggetto di massa m e velocità v, a una distanza r da un corpo di massa M, ha un'energia meccanica totale data da:

$$E_m = K + U = \frac{1}{2}mv^2 - G\frac{mM}{r}$$

Velocità di fuga Un oggetto lanciato dalla superficie della Terra con la velocità di fuga v_f può muoversi infinitamente lontano dalla Terra.
La velocità di fuga dalla Terra è:

$$v_f = \sqrt{\frac{2GM_T}{R_T}} = 11{,}2 \text{ km/s}$$

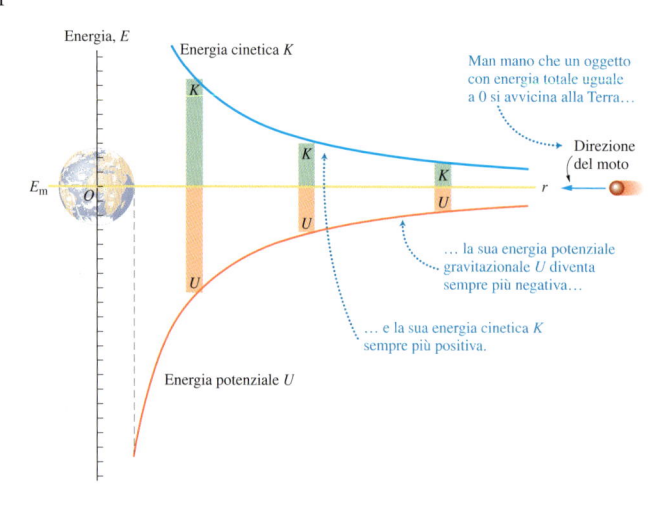

ESERCIZI E PROBLEMI

1 La legge della gravitazione universale di Newton

1 Se la distanza tra due corpi raddoppia, la forza di attrazione gravitazionale:
- A raddoppia.
- B quadruplica.
- C si dimezza.
- D si riduce alla quarta parte.

2 La costante di gravitazione universale G vale:
- A $6{,}67 \cdot 10^{-10}$ N m^2 kg^{-2}
- B $6{,}67 \cdot 10^{-11}$ N m^2 kg^{-2}
- C $6{,}67 \cdot 10^{11}$ N m^2 kg^{-2}
- D $6{,}67 \cdot 10^{10}$ N m^2 kg^{-2}

3 Qual è l'unità di misura in unità fondamentali del SI della costante di gravitazione universale G?
- A m^3 s^2 kg^{-1}
- B m^3 s^{-2} kg^{-1}
- C m^3 s^2 kg
- D m^3 s^{-2} kg

4 La forza di attrazione gravitazionale tra due corpi:
- A è proporzionale al quadrato delle masse e alla loro distanza.
- B è inversamente proporzionale alle masse e direttamente proporzionale alla distanza.
- C è inversamente proporzionale alla distanza e al prodotto delle masse.
- D è direttamente proporzionale al prodotto delle masse e inversamente proporzionale alla loro distanza.

5 Due corpi sono soggetti alla loro mutua attrazione gravitazionale $\vec{F}$. Se la massa dei due corpi raddoppia e, contemporaneamente, la loro distanza si riduce a un quarto di quella iniziale, la forza di attrazione gravitazionale, in modulo, diventa:
- A $F' = F/64$
- B $F' = 32 F$
- C $F' = F/32$
- D $F' = 64 F$

6 Chi attrae di più?
Il sistema A è composto da due masse m uguali a distanza r l'una dall'altra; il sistema B è composto da due masse, m e $2m$, a distanza $2r$ l'una dall'altra; il sistema C è composto da due masse, $2m$ e $3m$, a distanza $2r$ l'una dall'altra; il sistema D, infine, è composto da due masse, $4m$ e $5m$, a distanza $3r$ l'una dall'altra.
Disponi i quattro sistemi in ordine crescente di attrazione gravitazionale.

7 La forza delle mele
Supponi di tenere in ciascuna mano una mela da 0,16 kg. Determina la forza gravitazionale esercitata da ogni mela sull'altra quando la loro distanza è:
- **a.** 0,25 m;
- **b.** 0,50 m.

[**a.** $2{,}7 \cdot 10^{-11}$ N; **b.** $6{,}8 \cdot 10^{-12}$ N]

8 Il peso del satellite
Un satellite per telecomunicazioni, di massa 480 kg, è su un'orbita circolare intorno alla Terra. Il raggio dell'orbita è 35 000 km, misurato dal centro della Terra. Calcola:
- **a.** il peso del satellite sulla superficie della Terra;
- **b.** la forza gravitazionale esercitata dalla Terra sul satellite quando è in orbita.

[**a.** 4,7 kN; **b.** 0,16 kN]

9 L'attrazione di Cerere
Cerere, il più grande asteroide conosciuto (considerato oggi un pianeta nano), ha una massa di circa $8{,}7 \cdot 10^{20}$ kg. Se Cerere passa a 14 000 km dalla navetta spaziale in cui stai viaggiando, che forza esercita su di te? Usa un valore approssimato per la tua massa.

[se la tua massa è circa 70 kg, $F = 0{,}021$ N]

10 🇬🇧 IN ENGLISH
A man has a mass of 75 kg on Earth. He is walking on a new planet that has a mass four times that of the Earth and the radius is the same as that of the Earth ($m_T = 5.97 \cdot 10^{24}$ kg; $R_T = 6.37 \cdot 10^6$ m).
- **a.** Calculate the force between the man and the Earth.
- **b.** What is the man's weight on the new planet?

[**a.** 736 N; **b.** 2.9 kN]

11 PROBLEMA SVOLTO

Una navicella viaggia lungo una traiettoria che unisce il centro della Terra e il centro della Luna. Determina a quale distanza dal centro della Terra la forza risultante agente sulla navicella è nulla.

SOLUZIONE

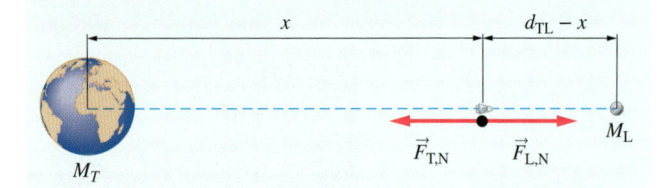

Facendo riferimento alla figura, la forza risultante agente sulla navicella è nulla quando:

$$F_{T,N} = F_{L,N}$$

dato che le forze agenti sulla navicella hanno versi opposti. Indicando con x la distanza della navicella dal centro della Terra, la distanza della navicella dal centro della Luna sarà $(d_{TL} - x)$. La distanza richiesta si ottiene dalla soluzione dell'equazione:

$$G\frac{M_T m_N}{x^2} = G\frac{M_L m_N}{(d_{TL} - x)^2}$$

che si può riscrivere:

$$\frac{M_T}{x^2} = \frac{M_L}{(d_{TL} - x)^2}$$

Notiamo che la distanza richiesta non dipende dalla massa della navicella.
Tale distanza si ottiene risolvendo l'equazione di secondo grado scritta sopra e selezionando la soluzione che soddisfa alla condizione $0 < x < d_{TL}$.
In alternativa si può risolvere l'equazione nel modo seguente:

$$\frac{(d_{TL} - x)^2}{x^2} = \frac{M_L}{M_T}$$

Estraendo la radice quadrata da entrambi i membri, si ha:

$$\left|\frac{(d_{TL} - x)}{x}\right| = \sqrt{\frac{M_L}{M_T}}$$

tenendo conto che $(d_{TL} - x)$ e x sono quantità positive in quanto distanze, si può togliere il valore assoluto a primo membro e si ottiene un'equazione di primo grado:

$$\frac{(d_{TL} - x)}{x} = \sqrt{\frac{M_L}{M_T}}$$

la cui soluzione è:

$$x = \frac{d_{TL}}{\left(\sqrt{\frac{M_L}{M_T}} + 1\right)} = 3{,}46 \cdot 10^8 \text{ m}$$

12 Dalla Terra alla Luna

Una navicella spaziale di massa m viaggia dalla Terra alla Luna lungo una traiettoria rettilinea che unisce il centro della Terra e il centro della Luna.

a. A quale distanza dal centro della Terra la forza esercitata dalla Terra ha intensità doppia rispetto a quella esercitata dalla Luna?

b. La risposta alla domanda precedente dipende dalla massa della navicella? Giustifica la risposta.

[a. $3{,}32 \cdot 10^8$ m]

13 Luna nuova

Nella fase di Luna nuova, la Terra, la Luna e il Sole sono allineati, come mostrato in figura (congiunzione). Determina intensità, direzione e verso della forza gravitazionale risultante esercitata:

a. sulla Terra;
b. sulla Luna;
c. sul Sole.

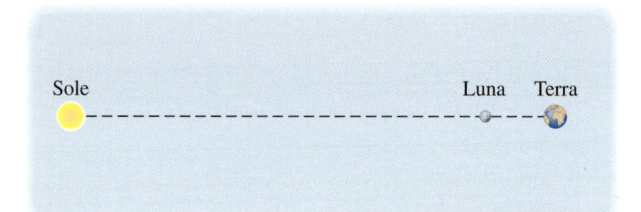

[a. $3{,}56 \cdot 10^{22}$ N, direzione Terra-Sole, verso il Sole;
b. $2{,}40 \cdot 10^{20}$ N, direzione Luna-Sole, verso il Sole;
c. $3{,}58 \cdot 10^{22}$ N, direzione e verso Terra-Luna]

14 Terzo quarto: forza sulla Luna

Quando la Terra, la Luna e il Sole formano un triangolo rettangolo, con la Luna posta nell'angolo retto, come mostrato nella figura (quadratura), la Luna inizia il suo terzo quarto (qui la Terra è vista sopra il Polo Nord). Determina intensità, direzione e verso della forza risultante esercitata sulla Luna. Dai la direzione rispetto alla retta congiungente Luna-Sole.

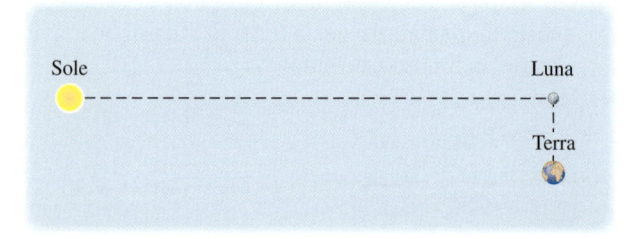

[$4{,}79 \cdot 10^{20}$ N; $24{,}4°$ rispetto alla congiungente Luna-Sole, verso la Terra]

15 Terzo quarto: forza sul Sole

Ripeti il problema precedente, ma ora determina intensità, direzione e verso della forza risultante che agisce sul Sole. Dai la direzione rispetto alla retta congiungente Sole-Luna.

[$3{,}58 \cdot 10^{22}$ N; $0{,}147°$ rispetto alla congiungente Sole-Luna, verso la Terra]

16 PROBLEMA SVOLTO

Tre masse di 6,75 kg sono poste nei vertici di un triangolo equilatero e collocate nello spazio, lontane da altre masse.

a. Se i lati del triangolo sono lunghi 1,25 m, determina il modulo della forza risultante esercitata su ognuna delle tre masse.
b. Come cambia la risposta al punto precedente se la lunghezza dei lati del triangolo viene raddoppiata?

SOLUZIONE

a. Poni $m = 6{,}75$ kg ed $l = 1{,}25$ m.
Le forze risultanti $\vec{F}_R$ che agiscono sulle tre masse sono tutte uguali tra loro in valore assoluto e, come mostrato in figura, hanno come direzioni quelle delle bisettrici degli angoli, che in un triangolo equilatero sono sempre anche mediane e altezze.

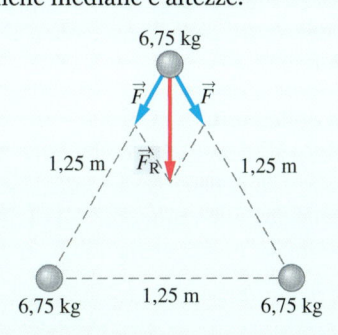

Quindi, ricordando che in un triangolo equilatero di lato l l'altezza è $h = l\sqrt{3}/2$, la forza risultante che agisce su ciascuna massa ha modulo:

$$F_R = 2 \cdot \frac{\sqrt{3}}{2} F = \sqrt{3} F$$

Per la legge della gravitazione universale di Newton la forza F tra ciascuna coppia di masse è data da:

$$F = G \frac{m^2}{l^2}$$

Sostituendo in $F_R = \sqrt{3} F$ ottieni allora:

$$F_R = \sqrt{3} G \frac{m^2}{l^2} =$$
$$= \sqrt{3} (6{,}67 \cdot 10^{-11} \text{ N m}^2/\text{kg}^2) \frac{(6{,}75 \text{ kg})^2}{(1{,}25 \text{ m})^2} =$$
$$= 3{,}37 \cdot 10^{-9} \text{ N}$$

b. Se i lati del triangolo hanno lunghezza doppia, sostituendo $2l$ a l nell'espressione di F_R puoi osservare che la forza che agisce su ogni massa è un quarto del valore calcolato al punto precedente.

17 Corpi astronomici allineati

●●○ Supponi che si sia osservato che tre corpi astronomici (1, 2 e 3) sono allineati e che la distanza fra il corpo 1 e il corpo 3 è D. Sapendo che il corpo 1 ha quattro volte la massa del corpo 3 e sette volte la massa del corpo 2, determina la distanza fra il corpo 1 e il corpo 2 per la quale la forza risultante sul corpo 2 è uguale a zero.

[2D/3]

2-3-4 Attrazione gravitazionale fra corpi sferici, principio di equivalenza e sistemi planetari

18 Il valore dell'accelerazione di gravità che il rover *Opportunity*, uno dei due robot semoventi giunti su Marte nel 2004, ha sperimentato su Marte è pari a (m_O è la massa di *Opportunity*, M_M ed r_M la massa e il raggio di Marte):

A $g_M = \dfrac{GM_M^2}{r_M}$

B $g_M = \dfrac{GM_M}{r_M^2}$

C $g_M = \dfrac{GM_M}{r_M}$

D $g_M = \dfrac{Gm_O M_M}{r_M}$

19 Sulla Stazione Spaziale Internazionale, che orbita attorno alla Terra a un'altitudine di 400 km sul livello del mare, gli astronauti:

A sono senza peso perché a quell'altezza non risentono della gravità terrestre.

B sono senza peso perché la forza di gravità con cui la Terra li attira è bilanciata dalla forza centrifuga del moto orbitale della stazione.

C sono soggetti all'attrazione gravitazionale terrestre, ma sono in caduta libera, come tutta la stazione spaziale, e quindi non avvertono il proprio peso.

D Nessuna delle risposte precedenti è corretta.

20 Una delle conseguenze del principio di equivalenza è:

A che tutti i corpi cadono verso la Terra.

B che tutti i corpi cadono in un campo gravitazionale con la stessa velocità.

C che tutti i corpi cadono in un campo gravitazionale con la stessa accelerazione.

D Nessuna delle risposte precedenti è corretta.

21 Nel suo sistema planetario Copernico ipotizza:

A che la Terra sia al centro e il Sole e gli altri pianeti le orbitino attorno su orbite circolari.

B che il Sole sia al centro e la Terra e gli altri pianeti gli orbitino attorno su orbite circolari.

C che per spiegare il moto retrogrado dei pianeti si debbano introdurre gli epicicli e i deferenti.

D Nessuna delle risposte precedenti è corretta.

22 g su Mercurio e Venere

●●● Determina l'accelerazione di gravità sulla superficie di Mercurio e di Venere. [3,70 m/s²; 8,87 m/s²]

23 Che raggio avrebbe?

●●● Supponiamo che esista un pianeta con la stessa massa della Terra. Su questo pianeta sia $g_p = 15$ m/s². Calcola il raggio del pianeta. [5,2 · 10⁶ m]

24 Palle a contatto

Due palle da bowling di 6,7 kg e raggio 0,11 m sono a contatto l'una con l'altra. Qual è l'attrazione gravitazionale fra le due palle? [$6{,}2 \cdot 10^{-8}$ N]

25 Forza risultante

Quattro masse, rispettivamente di 1,0 kg, 2,0 kg, 3,0 kg e 4,0 kg, sono poste nei vertici di un rettangolo, come mostrato in figura.

a. Determina modulo, direzione e verso della forza risultante che agisce sulla massa di 2,0 kg.

b. Come variano le risposte al punto precedente se le lunghezze di tutti i lati del rettangolo vengono raddoppiate?

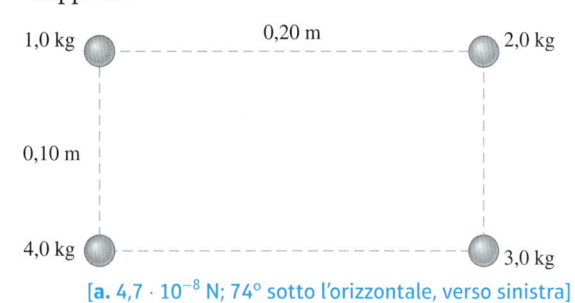

[a. $4{,}7 \cdot 10^{-8}$ N; 74° sotto l'orizzontale, verso sinistra]

26 MATH⁺ Forza fra tre masse

Due masse m_1 ed m_2 rispettivamente di 30,0 kg e 90,0 kg, vincolate su un piano, sono poste una nell'origine e l'altra nel punto $A = (0 \text{ m} ; 10{,}0 \text{ m})$.

a. Individua i punti dell'asse y in cui si può posizionare una terza massa $m_3 = 4{,}00$ kg in modo che il modulo della forza causata dalla massa m_1 sia pari al modulo della forza causata dalla massa m_2, calcolando le coordinate di tali punti.

b. In tali punti la massa m_3 è in equilibrio? Motiva la risposta. La posizione di tali punti dipende da m_3? Motiva la risposta.

[a. $P_1(0 \text{ m} ; 3{,}66 \text{ m})$; $P_2(0 \text{ m} ; -13{,}7 \text{ m})$]

27 PROBLEMA SVOLTO

a. Determina la distanza dal centro della Terra alla quale un oggetto di massa $m = 4{,}6$ kg ha un peso di 2,2 N.

b. Se l'oggetto è liberato in questa posizione e lasciato cadere verso la Terra, qual è la sua accelerazione iniziale?

SOLUZIONE

a. Scrivi l'espressione del peso dell'oggetto di massa m a una distanza R dal centro della Terra:

$$P = mg' = \frac{GmM_T}{R^2}$$

Ricava R e sostituisci i valori numerici:

$$R^2 = \frac{GmM_T}{P} \rightarrow R = \sqrt{\frac{GmM_T}{P}}$$

$$R = \sqrt{\frac{(6{,}67 \cdot 10^{-11} \text{ N m}^2/\text{kg}^2)(4{,}6 \text{ kg})(5{,}97 \cdot 10^{24} \text{ kg})}{2{,}2 \text{ N}}} =$$

$$= 2{,}9 \cdot 10^7 \text{ m}$$

b. Determina l'accelerazione iniziale dell'oggetto utilizzando la formula $P = mg'$:

$$g' = \frac{P}{m} = \frac{2{,}2 \text{ N}}{4{,}6 \text{ kg}} = 0{,}48 \text{ m/s}^2$$

28 Accelerazione di gravità

Qual è l'accelerazione di gravità dovuta alla Terra a una distanza dal centro della Terra uguale al raggio dell'orbita della Luna? [0,00270 m/s²]

29 La massa della Luna

Sai che l'accelerazione di gravità sulla superficie della Luna è circa 1/6 dell'accelerazione di gravità terrestre. Poiché il raggio della Luna è circa 1/4 del raggio terrestre, esprimi la massa della Luna in funzione della massa della Terra. [$m_L = m_T/96$]

30 Lancio da record

Il 14 ottobre 2012 Felix Baumgartner ha realizzato un lancio storico, ottenendo tre record mondiali:
- la maggiore ascesa con un pallone raggiunta da un uomo (39 045 m);
- il lancio più alto in caduta libera;
- la più alta velocità in caduta libera (1341,9 km/h)

Dopo l'ascesa in un pallone gonfiato a elio, si è lanciato verso la Terra protetto da una tuta speciale, e ha aperto il suo paracadute dopo 4 minuti e 20 secondi di caduta libera.
Per realizzare l'ascesa è stato necessario realizzare un enorme pallone deformabile: ciò per fare in modo che all'aumentare della quota e al diminuire della densità dell'aria il volume del pallone potesse aumentare, mantenendo così costante la spinta verso l'alto.
Stabilisci con quale approssimazione si può ritenere costante la forza peso agente sul pallone, mentre dalla superficie terrestre si alza fino alla massima quota di 39 045 m. [1,2%]

31 Eruzioni su Io

Sulla superficie di Io, la luna più vicina a Giove, sono state osservate numerose eruzioni vulcaniche. Supponi che il materiale scagliato da uno di questi vulcani raggiunga un'altezza di 5,00 km dopo essere stato proiettato verso l'alto in linea retta con una velocità iniziale di 134 m/s. Sapendo che il raggio di Io è 1820 km:

a. descrivi un procedimento che ti permetta di calcolare la massa di Io;

b. utilizza il procedimento per calcolare la massa di Io.

[b. $8{,}94 \cdot 10^{22}$ kg]

5 Le leggi di Keplero dei moti orbitali

32 La seconda legge di Keplero è un'espressione:
- A della conservazione dell'energia.
- B della conservazione della quantità di moto.
- C della conservazione del momento angolare.
- D di nessuna delle leggi di conservazione precedenti.

33 Un pianeta che ruota su un'orbita ellittica assume la sua minima velocità:
- A all'afelio.
- B al perielio.
- C nel fuoco.
- D in nessuno dei punti precedenti.

34 Considera la velocità orbitale media di Marte e Giove (nell'ipotesi che le loro orbite siano circonferenze) e il loro periodo di rivoluzione. Quale delle seguenti affermazioni è corretta?
- A Marte ha una velocità minore e un periodo più breve.
- B Marte ha una velocità maggiore e un periodo più breve.
- C Marte ha una velocità minore e un periodo più lungo.
- D Marte ha una velocità maggiore e un periodo più lungo.

35 La terza legge di Keplero afferma che:
- A il rapporto tra il quadrato del periodo di rivoluzione di un pianeta attorno al Sole e il cubo del raggio medio dell'orbita è costante.
- B il prodotto tra il quadrato del periodo di rivoluzione di un pianeta attorno al Sole e il cubo del raggio medio dell'orbita è costante.
- C il rapporto tra il cubo del periodo di rivoluzione di un pianeta attorno al Sole e il quadrato del raggio medio dell'orbita è costante.
- D il rapporto tra il periodo di rivoluzione di un pianeta attorno al Sole e il raggio medio dell'orbita è costante.

36 PREVEDI/SPIEGA
La velocità orbitale della Terra è maggiore nel periodo intorno al 4 gennaio e minore nel periodo intorno al 4 luglio.
- **a.** La distanza fra la Terra e il Sole il 4 gennaio è maggiore, minore o uguale della distanza fra la Terra e il Sole il 4 luglio?
- **b.** Quale fra le seguenti è la *spiegazione* migliore per la risposta?
  - 1 L'orbita della Terra è circolare e la sua distanza dal Sole è costante.
  - 2 La Terra spazza aree uguali in tempi uguali, perciò deve essere più vicina al Sole quando la sua velocità è maggiore.
  - 3 Maggiore è la velocità della Terra, maggiore è la sua distanza dal Sole.

37 PREVEDI/SPIEGA
I riflettori laser lasciati sulla superficie lunare dagli astronauti dell'Apollo mostrano che la distanza media fra la Terra e la Luna aumenta a un ritmo di 3,8 cm all'anno.
- **a.** Come conseguenza dell'aumento della distanza media, la durata del mese aumenterà, diminuirà o rimarrà sempre la stessa?
- **b.** Quale fra le seguenti è la *spiegazione* migliore per la risposta?
  - 1 Maggiore è il raggio dell'orbita, maggiore è il periodo, quindi la durata del mese aumenterà.
  - 2 La durata del mese rimarrà sempre la stessa, per la conservazione del momento angolare.
  - 3 La velocità della Luna è maggiore se aumenta il raggio dell'orbita, quindi la durata del mese diminuirà.

38 Europa e Giove
Una delle quattro lune di Giove scoperte da Galileo è Europa, che compie un'orbita ogni 85 h 12 min. Sapendo che la distanza media fra il centro di Giove e Europa è $6{,}71 \cdot 10^8$ m, determina la massa di Giove.
[$1{,}90 \cdot 10^{27}$ kg]

39 Intorno alla Luna
Nelle missioni Apollo sulla Luna, il modulo di comando orbitava a un'altitudine di 110 km al di sopra della superficie lunare. Quanto tempo impiegava il modulo di comando a completare un'orbita? [7140 s = 1,98 h]

40 Orbita geostazionaria
Determina il modulo della velocità orbitale di un satellite su un'orbita geostazionaria circolare a $3{,}58 \cdot 10^7$ m al di sopra della superficie della Terra. [3,07 km/s]

41 Iota Horologii
Nel luglio del 1999 fu scoperto un pianeta che orbitava intorno a una stella simile al Sole, Iota Horologii, con un periodo di 320 giorni. Calcola il raggio dell'orbita di questo pianeta assumendo che Iota Horologii abbia la stessa massa del Sole. [$1{,}4 \cdot 10^{11}$ m]

42 IN ENGLISH

In 2004 astronomers discovered a planet orbiting very close to the star HD 179949.
The orbit was just 1/9 the distance of Mercury from our sun (orbital radius of Mercury is $5.79 \cdot 10^{10}$ m), and it takes the planet only 3.09 days to make one orbit (assumed to be circular).
What is the mass of star? [$2.21 \cdot 10^{30}$ kg]

43 La luna più grande

La luna più grande del Sistema solare è Ganimede, una luna di Giove. Essa orbita a una distanza di $1,07 \cdot 10^9$ m dal centro di Giove con un periodo di circa $6,18 \cdot 10^5$ s. Usando queste informazioni, calcola la massa di Giove.
[$1,90 \cdot 10^{27}$ kg]

44 PROBLEMA SVOLTO

L'asteroide 243 Ida possiede una propria piccola luna, Dactyl.
a. Descrivi un procedimento che consenta di determinare la massa di 243 Ida, sapendo che il raggio orbitale di Dactyl è 89 km e il suo periodo è 19 h.
b. Utilizza il procedimento per calcolare la massa di 243 Ida.

SOLUZIONE

a. Supponendo che il moto di Dactyl sia circolare, poni l'accelerazione centripeta uguale a quella gravitazionale:

$$\omega^2 r = G \frac{m_I}{r^2}$$

Ricordando che $\omega = \frac{2\pi}{T}$, sostituisci nella formula precedente e ricava m_I:

$$\frac{4\pi^2}{T^2} r = G \frac{m_I}{r^2} \quad \text{da cui} \quad m_I = \frac{4\pi^2 r^3}{GT^2}$$

b. Calcola la massa di Ida sostituendo i valori numerici, $r = 8,9 \cdot 10^4$ m e $T = 19 \cdot 3600$ s $= 6,84 \cdot 10^4$ s:

$$m_I = \frac{4\pi^2 (8,9 \cdot 10^4 \text{ m})^3}{(6,67 \cdot 10^{-11} \text{ N m}^2/\text{kg}^2)(6,84 \cdot 10^4 \text{ s})^2} =$$

$$= 8,9 \cdot 10^{16} \text{ kg}$$

45 Satellite GPS

Un satellite GPS (Global Positioning System) orbita a un'altitudine di $2,0 \cdot 10^7$ m. Calcola:
a. il periodo orbitale del satellite;
b. il modulo della sua velocità orbitale.
[a. 12 h; b. 3,9 km/s]

46 Periodi dei satelliti

Calcola i periodi orbitali dei satelliti che orbitano a una distanza dalla superficie terrestre:
a. pari a un raggio terrestre;
b. pari a due raggi terrestri.
c. I periodi dipendono dalle masse dei satelliti? Dipendono dalla massa della Terra?
[a. 14 300 s = 3,98 h; b. 26 300 s = 7,31 h]

47 MATH+ La terza legge di Keplero

Hai imparato che la terza legge di Keplero si può ricavare facilmente dalla legge di gravitazione universale, se si approssima l'orbita ellittica con un'orbita circolare. Per confermare la bontà di tale approssimazione, note le distanze di Marte dal Sole in afelio ($d_A = 249,2 \cdot 10^6$ km) e perielio ($d_P = 206,6 \cdot 10^6$ km), calcola la differenza percentuale tra il semiasse minore e la distanza media. Quindi calcola l'eccentricità e dell'orbita di Marte e commenta i risultati ottenuti. [0,44%; 0,0935]

48 La massa delle stelle binarie

Alpha Centauri A e Alpha Centauri B sono due stelle binarie a una distanza di $3,45 \cdot 10^{12}$ m fra loro e con periodo orbitale di $2,52 \cdot 10^9$ s. Assumi che le due stelle abbiano la stessa massa (il che è approssimativamente vero) e determinala. [$1,91 \cdot 10^{30}$ kg]

49 La velocità delle stelle binarie

Calcola il modulo della velocità di Alpha Centauri A e Alpha Centauri B, usando le informazioni fornite nel problema precedente. [4,30 km/s]

6-7 Il campo gravitazionale e l'energia potenziale gravitazionale

50
L'energia gravitazionale di una massa posta a 100 km dalla superficie terrestre, rispetto a quella della stessa massa che si trova a livello del mare, è:
A maggiore e più grande in modulo.
B maggiore e più piccola in modulo.
C minore e più grande in modulo.
D minore e più piccola in modulo.

51
Quale dei seguenti grafici rappresenta l'energia potenziale U di un sistema satellite + Terra in funzione della distanza r dal centro della Terra?

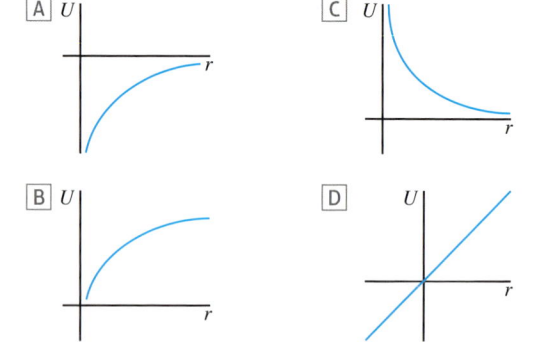

52
Supponi di definire *potenziale gravitazionale*, in un punto qualsiasi intorno alla Terra, il rapporto che si ottiene dividendo l'energia potenziale gravitazionale per la massa dell'oggetto che si trova nel punto considerato. Da che cosa *non* dipende il potenziale gravitazionale?
A Dalla massa della Terra.
B Dalla massa dell'oggetto.
C Dalla distanza del punto dal centro della Terra.
D Dalla costante di gravitazione universale.

53 L'astronave *Enterprise*, la cui massa è m, orbita intorno al pianeta Gothos di massa M, a una distanza r dal centro del pianeta. Qual è la variazione di energia potenziale richiesta all'*Enterprise* per spostarsi su un'orbita di raggio triplo?

A $\Delta U = \dfrac{GmM}{2r}$
B $\Delta U = \dfrac{2GmM}{3r}$
C $\Delta U = \dfrac{GmM}{4r}$
D $\Delta U = \dfrac{GmM}{6r}$

54 **Campo gravitazionale sulla massa A**
Determina il modulo e il verso del campo gravitazionale che agisce sulla massa puntiforme A nelle due situazioni illustrate in figura, tenendo conto che le masse A, B e C sono tutte pari a m, che la distanza tra le due masse più lontane è $5d$ e che la massa posta in posizione intermedia si trova a distanza d dalla massa più vicina.

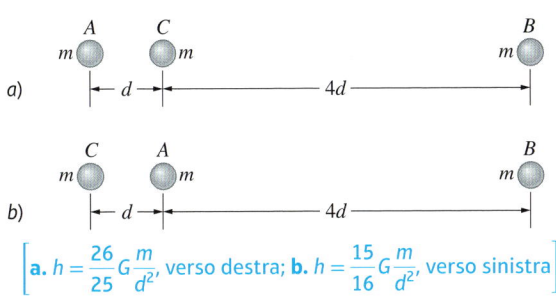

a) A—m C—m ... B—m ; $\leftarrow d \rightarrow \leftarrow 4d \rightarrow$

b) C—m A—m ... B—m ; $\leftarrow d \rightarrow \leftarrow 4d \rightarrow$

$\left[\textbf{a. } h = \dfrac{26}{25}G\dfrac{m}{d^2}, \text{ verso destra}; \textbf{b. } h = \dfrac{15}{16}G\dfrac{m}{d^2}, \text{ verso sinistra}\right]$

55 **Campo del sistema Terra + Luna**
La distanza media (intesa tra centro e centro) tra la Terra e la Luna è pari a $3{,}84 \cdot 10^5$ km. Sapendo che la massa della Terra è $m_T = 5{,}97 \cdot 10^{24}$ kg e la massa della Luna è $m_L = 7{,}35 \cdot 10^{22}$ kg, in quale punto il campo gravitazionale complessivo generato dai due corpi sarà nullo?
$[3{,}84 \cdot 10^4$ km dal centro della Luna$]$

56 **Campo nel punto C**
Due masse, $m_1 = 800$ kg ed $m_2 = 600$ kg, sono poste a distanza $d = 0{,}25$ m. Qual è il modulo del campo gravitazionale in un punto C, sul segmento che congiunge le due masse, che dista $d_1 = 0{,}12$ m da m_1? $[1{,}3 \cdot 10^{-6}$ m/s$^2]$

57 **PROBLEMA SVOLTO**

Calcola l'energia potenziale gravitazionale di una massa di 8,80 kg nelle due seguenti posizioni:
a. sulla superficie della Terra;
b. a un'altitudine di 350 km.
c. Calcola la differenza fra i due risultati dei punti a. e b. e confrontala con il valore ottenuto con l'espressione $U = mgh$, per $h = 350$ km.

SOLUZIONE

a. Sostituisci i valori $m = 8{,}80$ kg, $M_T = 5{,}97 \cdot 10^{24}$ kg, $r_T = 6{,}37 \cdot 10^6$ m nell'espressione dell'energia potenziale sulla superficie della Terra:

$U_A = -G\dfrac{mM_T}{r_T} =$
$= (-6{,}67 \cdot 10^{-11} \text{ N m}^2/\text{kg}^2)\dfrac{(8{,}80 \text{ kg})(5{,}97 \cdot 10^{24} \text{ kg})}{6{,}37 \cdot 10^6 \text{ m}} =$
$= -5{,}50 \cdot 10^8$ J

b. Calcola l'energia potenziale a un'altitudine $h = 350$ km sostituendo $(r_T + h)$ a r_T:

$U_B = -G\dfrac{mM_T}{r_T + h} =$
$= (-6{,}67 \cdot 10^{-11} \text{ N m}^2/\text{kg}^2)\dfrac{(8{,}80 \text{ kg})(5{,}97 \cdot 10^{24} \text{ kg})}{(6{,}37 + 0{,}35) \cdot 10^6 \text{ m}} =$
$= -5{,}21 \cdot 10^8$ J

c. Calcola la differenza tra le due energie potenziali:

$\Delta U = U_B - U_A = [-5{,}21 - (-5{,}50)] \cdot 10^8 \text{ J} = 2{,}90 \cdot 10^7$ J

Utilizzando la formula $\Delta U = mgh$ avresti ottenuto:

$\Delta U = mgh = (8{,}80 \text{ kg})(9{,}81 \text{ m/s}^2)(3{,}50 \cdot 10^5 \text{ m}) =$
$= 3{,}02 \cdot 10^7$ J

58 **Energia potenziale di un sistema di masse**
Considera il sistema di quattro masse riportato in figura.

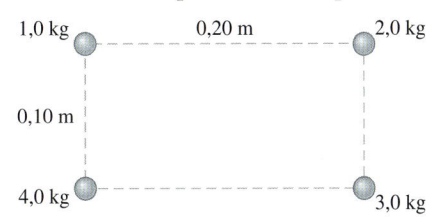

(1,0 kg — 0,20 m — 2,0 kg ; 0,10 m ; 4,0 kg — 3,0 kg)

a. Calcola l'energia potenziale gravitazionale totale del sistema.
b. Come cambia l'energia potenziale del sistema se tutte le masse del sistema vengono raddoppiate?
c. Come cambia l'energia potenziale del sistema se le lunghezze dei lati del rettangolo vengono dimezzate?

$[\textbf{a. } -1{,}5 \cdot 10^{-8}$ J$]$

8 Conservazione dell'energia meccanica nei fenomeni gravitazionali

59 Un satellite artificiale ruota intorno alla Terra con periodo T su un'orbita di raggio r.
Per quale fattore deve essere moltiplicato il raggio dell'orbita affinché il periodo raddoppi?

A 2 B 4 C $\sqrt[3]{2}$ D $\sqrt[3]{4}$

60 Quale delle seguenti formule, che esprimono la minima energia cinetica che un proiettile deve avere sulla superficie di un pianeta per poter sfuggire alla sua attrazione gravitazionale, è dimensionalmente corretta?

A $K = mgR$
B $K = \dfrac{mg}{R}$
C $K = m\sqrt{\dfrac{g}{R}}$
D $K = m\sqrt{gR}$

61 Per un corpo di massa m, la velocità di fuga da un pianeta di massa M e raggio R è data da:

A $v_f = \sqrt{\dfrac{2GM}{R}}$
B $v_f = \sqrt{\dfrac{2GR}{M}}$
C $v_f = \sqrt{\dfrac{2GmM}{R}}$
D $v_f = \sqrt{\dfrac{GM}{2R}}$

62 L'energia meccanica totale di un corpo celeste che orbita attorno a un altro è:
- A sempre positiva.
- B sempre negativa.
- C sempre nulla.
- D nulla se l'orbita è circolare.

63 PREVEDI/SPIEGA
a. La quantità di energia necessaria per inviare un veicolo spaziale dalla Terra alla Luna è maggiore, minore o uguale a quella necessaria per inviare lo stesso veicolo dalla Luna alla Terra?
b. Quale fra le seguenti è la *spiegazione* migliore per la risposta?
- 1 La velocità di fuga dalla Luna è minore di quella dalla Terra, quindi è richiesta meno energia per lasciare la Luna.
- 2 La situazione è simmetrica, quindi è necessaria la stessa energia in entrambe le direzioni.
- 3 Ci vuole più energia per andare dalla Luna alla Terra perché la Luna orbita intorno alla Terra.

64 Energia per lanciare un razzo
L'energia necessaria per lanciare un razzo verticalmente fino a un'altezza h è maggiore, minore o uguale a quella necessaria per porre lo stesso razzo in un'orbita ad altezza h? Giustifica la risposta. [minore]

65 Tracce di vita da Marte
Si ritiene che molti dei meteoriti rinvenuti in Antartide provengano da Marte, incluso il noto meteorite ALH84001 che qualcuno pensa possa contenere fossili di un'antica vita sul pianeta rosso. Questi meteoriti potrebbero essere stati sbalzati da Marte a causa dell'impatto sulla superficie del pianeta di un oggetto di notevoli dimensioni, come un asteroide o una cometa. Quale velocità di fuga deve avere un sasso per lasciare Marte? [5,03 km/s]

66 PREVEDI/SPIEGA
Supponi che la Terra riduca il suo diametro della metà, mantenendo la stessa massa.
a. La velocità di fuga dalla Terra aumenta, diminuisce o rimane la stessa?
b. Quale fra le seguenti è la *spiegazione* migliore per la risposta?
- 1 Poiché il raggio della Terra diventa minore, anche la velocità di fuga diminuisce.
- 2 La Terra ha comunque la stessa massa e quindi la velocità di fuga non cambia.
- 3 La forza di gravità è molto maggiore sulla superficie della Terra "compressa" e quindi la velocità di fuga è maggiore.

67 Velocità di fuga
Determina la velocità di fuga:
a. da Mercurio;
b. da Venere.
[a. 4,25 km/s; b. 10,4 km/s]

68 Energia per la fuga
Calcola la minima energia cinetica necessaria perché un razzo di 39 000 kg acquisti la velocità di fuga per uscire:
a. dalla Luna;
b. dalla Terra.
[a. $1,1 \cdot 10^{11}$ J; b. $2,4 \cdot 10^{12}$ J]

69 Fuga dal pianeta sconosciuto
Supponi che venga scoperto un pianeta orbitante intorno a una stella lontana. Se la massa del pianeta è 10 volte la massa della Terra e il suo raggio è un decimo di quello della Terra, qual è il rapporto fra la velocità di fuga da questo pianeta e quello dalla Terra?
[$v_{f,p}/v_{f,T} = 10$]

70 MATH+ Satellite GPS
Supponi che uno dei satelliti GPS abbia una velocità di 4,46 km/s al perigeo e una velocità di 2,98 km/s all'apogeo. Se al perigeo la distanza del satellite dal centro della Terra è $2,40 \cdot 10^4$ km, qual è la corrispondente distanza all'apogeo? Scrivi l'equazione della traiettoria del satellite in un sistema di riferimento con origine nel punto medio tra i due fuochi e assi orientati nelle direzioni dei semiassi dell'ellisse. [$3,59 \cdot 10^4$ km]

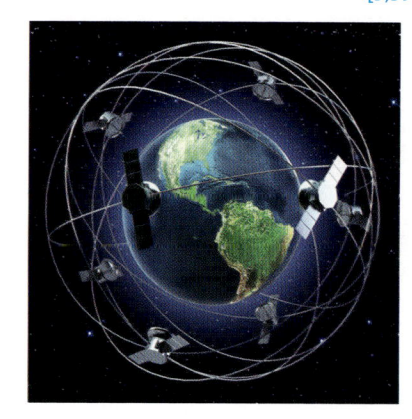

71 La forza sia ancora con te!
Con riferimento al *Problem solving* 1 della teoria, se *Millenium Eagle* è fermo nel punto A, qual è il modulo della sua velocità nel punto B? [0,185 m/s]

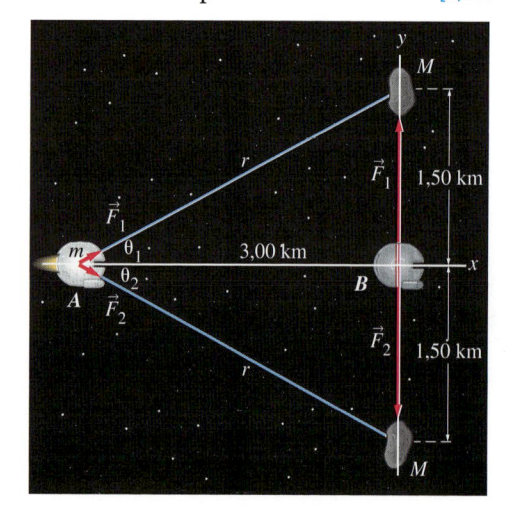

72 Il proiettile dalla Terra e dalla Luna

a. Qual è la velocità di lancio di un proiettile che sale verticalmente dalla Terra fino a un'altitudine uguale alla misura del raggio terrestre?

b. Qual è la velocità di lancio di un proiettile lanciato verticalmente dalla superficie della Luna fino a un'altitudine di 365 km?

[a. 7,91 km/s; b. 988 m/s]

73 MATH+ PROBLEMA SVOLTO

La cometa Halley, che passa intorno al Sole ogni 76 anni, ha un'orbita ellittica. Quando è nel suo punto più vicino al Sole (perielio) si trova a una distanza di $8{,}823 \cdot 10^{10}$ m e si muove con una velocità di 54,6 km/s. Il punto di maggiore distanza fra la cometa Halley e il Sole (afelio) è a $6{,}152 \cdot 10^{12}$ m.

a. Quando è all'afelio la sua velocità è maggiore o minore di 54,6 km/s? Giustifica la risposta.

b. Calcola la sua velocità all'afelio.

c. Determina l'eccentricità dell'orbita della cometa di Halley.

SOLUZIONE

a. La seconda legge di Keplero afferma che la velocità con cui vengono spazzate le aree dal raggio vettore è costante; puoi quindi concludere che all'afelio, il punto dell'orbita più lontano dal Sole, la velocità della cometa assume il valore minimo, certamente minore di 54,6 km/s, che è la velocità al perielio, cioè la velocità massima.

b. Per calcolare il valore della velocità all'afelio utilizza la conservazione dell'energia meccanica:

$$K_P + U_P = K_A + U_A$$

cioè:

$$\frac{1}{2}m_H v_P^2 - G\frac{m_H M_S}{r_P} = \frac{1}{2}m_H v_A^2 - G\frac{m_H M_S}{r_A}$$

Semplifica nei due membri la massa della cometa Halley m_H che compare in tutti i termini e isola il termine che contiene v_A:

$$\frac{1}{2}v_A^2 = \frac{1}{2}v_P^2 - G\frac{M_S}{r_P} + G\frac{M_S}{r_A}$$

Ricava la velocità all'afelio:

$$v_A = \sqrt{v_P^2 - 2GM_S\left(\frac{1}{r_P} - \frac{1}{r_A}\right)} =$$

$$= \sqrt{v_P^2 - 2GM_S\left(\frac{r_A - r_P}{r_P r_A}\right)}$$

Sostituendo i valori numerici:

$v_P = 5{,}46 \cdot 10^4$ m/s
$r_P = 8{,}823 \cdot 10^{10}$ m
$r_A = 6{,}152 \cdot 10^{12}$ m
$M_S = 2{,}00 \cdot 10^{30}$ kg

ottieni:

$v_A = 783$ m/s

c. Note le distanze della cometa in afelio e perielio, si possono calcolare il semiasse maggiore dell'ellisse:

$$a = (d_A + d_P)/2 = 3{,}120 \cdot 10^{12} \text{ m}$$

e la semidistanza focale:

$$c = (d_A - d_P)/2 = 3{,}032 \cdot 10^{12} \text{ m}$$

L'eccentricità risulta quindi $e = c/a = 0{,}97$

74 Addio modulo lunare!

Nella missione lunare Apollo, il modulo lunare è ripartito dalla Luna per ricongiungersi al modulo di comando "parcheggiato" in un'orbita lunare e far risalire a bordo gli astronauti. Dopo l'attracco, il modulo lunare è stato sganciato e lasciato cadere nuovamente sulla superficie della Luna, dove i sismografi, sistemati precedentemente dagli astronauti, hanno registrato le onde sismiche prodotte dall'impatto. Determina la velocità del modulo lunare nell'istante dell'impatto, sapendo che è stato sganciato quando era in orbita a un'altezza di 110 km dalla superficie lunare e aveva una velocità di 1630 m/s. [1,73 km/s]

75 Proiettile sulla Luna

Un proiettile viene lanciato verticalmente dalla superficie della Luna con una velocità iniziale di 1050 m/s. A quale altitudine la velocità del proiettile è la metà del valore iniziale? [300 km]

76 Un salto cosmico

Sulla Terra una persona, saltando verticalmente, può raggiungere un'altezza h. Qual è il raggio del più grande asteroide sferico da cui una persona può sfuggire saltando? Assumi che la densità dell'asteroide sia $d = 3{,}5 \cdot 10^3$ kg/m³.

$[\sqrt{(1{,}00 \cdot 10^7 \text{ m})h}]$

77 🇬🇧 BLACK HOLE

Given a very massive star of mass M, calculate the radius, called the Schwarzschild Radius, for which not even light emanating from the surface of the star can escape, replacing the escape velocity with the velocity of light, c. Determine the Schwarzschild Radius of the Sun.

$\left[R_S = \dfrac{2GM}{c^2}; 2{,}96 \text{ km}\right]$

ESERCIZI DI RIEPILOGO

RAGIONA E RISPONDI

1 Quando ti passa accanto una persona per la strada tu non avverti un'attrazione gravitazionale. Perché?

2 Immagina di porre a contatto i due indici delle mani. Ciascun dito contiene una quantità finita di massa e la distanza tra le due dita si annulla quando esse vengono a contatto. Dalla legge di gravitazione $F = Gm_1m_2/r^2$ si dovrebbe concludere che la forza attrattiva fra le dita è infinita e, pertanto, le dita dovrebbero rimanere attaccate per sempre. Che cosa c'è di sbagliato in questo ragionamento?

3 Perché Tolomeo dovette introdurre un complicato sistema di epicicli e deferenti e non si accontentò di descrivere un universo in cui semplicemente i corpi celesti ruotano intorno alla Terra?

4 Perché la scoperta dei satelliti di Giove da parte di Galileo, da lui chiamati "pianeti medicei", fu importante nell'affermarsi del sistema eliocentrico rispetto a quello geocentrico?

5 Si narra che Copernico ricevette una copia della sua opera *De rivolutionibus* solo sul letto di morte, nel 1543, perché egli aveva a lungo esitato prima di procedere alla pubblicazione del trattato. Sembra peraltro accertato che Copernico fosse a conoscenza del fatto che il suo sistema era in contrasto con le misure astronomiche più precise disponibili all'epoca. Da che cosa nascevano queste incongruenze tra i dati e la teoria?

6 Due oggetti risentono dell'attrazione gravitazionale. Spiega per quale motivo la forza gravitazionale fra di essi non dipende dalla somma delle loro masse.

7 Il 22 giugno del 1978, James Christy osservò per la prima volta una luna di Plutone. Fino a quel momento, la massa di Plutone non era conosciuta, ma con la scoperta della sua luna, Caronte, è stato possibile calcolarla con una certa precisione. Spiega in che modo.

8 I razzi vengono lanciati nello spazio dalla base di Cape Canaveral in direzione est. È vantaggioso lanciarli verso est piuttosto che verso ovest? Giustifica la risposta.

9 Il raggio vettore di Marte spazza in un determinato tempo la stessa area di quello della Terra? Giustifica la risposta.

10 Quando un satellite per le comunicazioni è posto su un'orbita geostazionaria sopra l'equatore, rimane fisso sopra un dato punto sulla Terra. È possibile mettere un satellite in un'orbita in modo che rimanga fisso sopra il Polo Nord?

11 In quale punto della sua orbita la Terra ha velocità di rivoluzione massima? Motiva la risposta utilizzando la conservazione dell'energia.

12 Superman vola su un'orbita circolare intorno alla Terra a una distanza d dal suo centro; in seguito si porta a una distanza $2d$ dal centro e riprende a orbitare. In quale delle due situazioni l'energia totale di Superman è maggiore?

13 Se, come abbiamo visto, la velocità di fuga non dipende dalla massa, perché nelle missioni spaziali è importante che i corpi mandati nello spazio abbiano la massa più piccola possibile?

RISPONDI AI QUESITI

14 Un astronauta indossa una tuta che sulla Terra ha un peso di modulo P; con la stessa tuta egli atterra su un pianeta la cui massa è un decimo di quella della Terra e il cui raggio è la metà di quello della Terra.
Qual è il modulo del peso della tuta dell'astronauta su quel pianeta?
- A $0{,}02\,P$
- B $0{,}04\,P$
- C $0{,}2\,P$
- D $0{,}4\,P$
- E P

[Olimpiadi della Fisica 2019, Gara di I livello]

15 Un satellite artificiale, di massa molto piccola e trascurabile rispetto a quella del pianeta intorno al quale sta ruotando, viene osservato da un astronomo. Vengono misurati la minima e la massima distanza del satellite dal pianeta e la massima velocità orbitale del satellite. Quale delle seguenti quantità non può essere ottenuta a partire dai dati misurati?
- A La massa del satellite.
- B La massa del pianeta.
- C La velocità orbitale minima del satellite.
- D Il semiasse maggiore dell'orbita del satellite.
- E Il periodo dell'orbita del satellite.

[Olimpiadi della Fisica 2010, Gara di I livello]

16 Sulla superficie della Luna, il cui raggio è $1{,}7 \cdot 10^6$ m, l'accelerazione di gravità è $g_L = 1{,}6$ ms^{-2}. Una sonda viene lanciata e messa in orbita circolare a un'altezza molto minore del raggio della Luna.

Qual è il periodo del moto della sonda?

- A $1{,}0 \cdot 10^3$ s
- B $6{,}5 \cdot 10^3$ s
- C $1{,}1 \cdot 10^6$ s
- D $5{,}0 \cdot 10^6$ s
- E $7{,}1 \cdot 10^{12}$ s

[Olimpiadi della Fisica 2018, Gara di I livello]

17 Un asteroide in orbita ellittica si muove dal punto più vicino al Sole (punto P: perielio) percorrendo, in un certo intervallo di tempo, un quarto della sua orbita fino al punto Q. Quali cambiamenti avvengono alla sua energia potenziale gravitazionale U e al modulo del suo momento angolare L (calcolato rispetto al Sole) tra i punti P e Q?

	U	L
A	aumenta	aumenta
B	diminuisce	rimane invariato
C	rimane invariata	diminuisce
D	aumenta	rimane invariato
E	diminuisce	aumenta

[Olimpiadi della Fisica 2011, Gara di I livello]

RISOLVI I PROBLEMI

18 La bilancia "volante"

Ti pesi su una bilancia all'interno di un aeroplano che vola verso est sopra l'equatore. Se l'aeroplano inverte la rotta e punta verso ovest con la stessa velocità, il peso segnato dalla bilancia aumenta, diminuisce o rimane lo stesso? Giustifica la risposta.

19 MATH⁺ Disponi gli oggetti A, B e C della figura in ordine crescente rispetto alla forza gravitazionale risultante che agisce sull'oggetto.

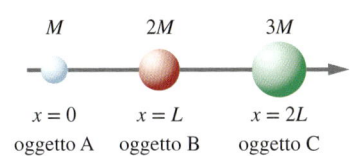

M $2M$ $3M$
$x=0$ $x=L$ $x=2L$
oggetto A oggetto B oggetto C

20 MATH⁺ Disponi gli oggetti A, B e C della figura in ordine crescente rispetto all'accelerazione iniziale che ognuno avrebbe se fosse l'unico oggetto libero di muoversi.

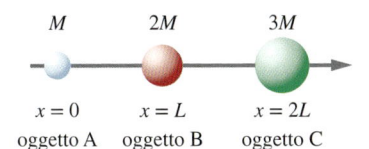

M $2M$ $3M$
$x=0$ $x=L$ $x=2L$
oggetto A oggetto B oggetto C

21 Lavoro di un satellite

Un satellite effettua un'orbita completa intorno alla Terra.
- **a.** Il lavoro totale compiuto dalla forza gravitazionale terrestre sul satellite è positivo, negativo o nullo?
- **b.** La risposta precedente dipende dal fatto che l'orbita sia circolare o ellittica?

22 Energia potenziale totale di un sistema

Considera un sistema formato da tre masse situate sull'asse x. La massa $m_1 = 1{,}00$ kg si trova in $x = 1{,}00$ m, la massa $m_2 = 2{,}00$ kg in $x = 2{,}00$ m e la massa $m_3 = 3{,}00$ kg in $x = 3{,}00$ m. Qual è l'energia potenziale gravitazionale totale del sistema? [$-6{,}34 \cdot 10^{-10}$ J]

23 Il pianeta sconosciuto

Un'astronauta che esplora un lontano sistema solare atterra su un pianeta sconosciuto il cui raggio è pari a 3860 km. Quando l'astronauta salta verso l'alto con una velocità iniziale di 3,10 m/s, raggiunge un'altezza di 0,580 m. Qual è la massa del pianeta?

[$1{,}85 \cdot 10^{24}$ kg]

24 MATH⁺ Dimostra che la velocità di un satellite in orbita circolare a un'altezza h sopra la superficie della Terra è:

$$v = \sqrt{\frac{GM_T}{R_T + h}}$$

25 Il pianeta dimezzato

Supponi che venga scoperto un pianeta che ha la medesima densità della Terra, ma raggio pari alla metà del raggio terrestre.
- **a.** L'accelerazione di gravità su questo pianeta è maggiore, minore o uguale all'accelerazione di gravità sulla Terra? Giustifica la risposta.
- **b.** Determina l'accelerazione di gravità su questo pianeta.

26 Forza risultante tra masse puntiformi

Ai vertici di un triangolo equilatero di lato 10,0 m sono poste tre masse, rispettivamente di 1,00 kg, 2,00 kg e 3,00 kg, come mostrato in figura. Determina il modulo, la direzione e il verso della forza risultante agente sulla massa di 1,00 kg.

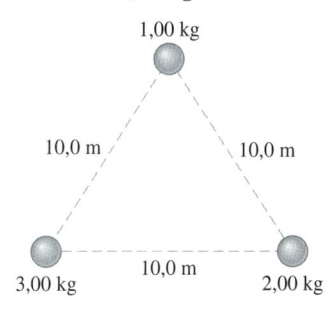

1,00 kg

10,0 m   10,0 m

3,00 kg   10,0 m   2,00 kg

[$2{,}90 \cdot 10^{-12}$ N; 83,4° sotto l'orizzontale, verso sinistra]

27 Forza tra palline

Supponi che ciascuna delle tre masse del problema precedente venga sostituita da palline di massa 5,95 kg e raggio 0,0714 m. Se le palline vengono lasciate libere da ferme, quale velocità avranno nel momento dell'urto al centro del triangolo? Ignora gli effetti gravitazionali dovuti ad altri corpi. [$7,39 \cdot 10^{-5}$ m/s]

28 Stelle binarie

In un sistema di stelle binarie, due stelle orbitano intorno al loro comune centro di massa (CM), come mostrato nella figura. Se $r_2 = 2r_1$, qual è il rapporto m_2/m_1 fra le masse delle due stelle? [1/2]

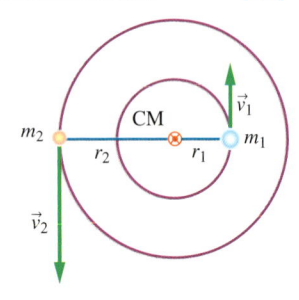

29 Periodo delle stelle binarie

Determina il periodo orbitale del sistema di stelle binarie descritto nel problema precedente.

$$\left[T = \sqrt{\frac{72\pi^2 r_1^3}{Gm_1}}\right]$$

30 Il momento della cometa

Usando i risultati del problema svolto 73 e tenendo presente che la cometa di Halley ha massa $9,8 \cdot 10^{14}$ kg, calcola il momento angolare della cometa:
a. al perielio;
b. all'afelio.
c. Che cosa puoi osservare?
[a. $4,7 \cdot 10^{30}$ kg m²/s; b. $4,7 \cdot 10^{30}$ kg m²/s]

31 Saluti da Marte

In un futuro non troppo lontano gli astronauti forse raggiungeranno Marte per effettuare osservazioni scientifiche. Nel corso della missione è probabile che, per facilitare le comunicazioni, dovranno posizionare un satellite stazionario sopra un determinato punto dell'equatore di Marte. A quale altitudine rispetto alla superficie di Marte dovrebbe orbitare tale satellite?
(Il giorno "marziano" è di 24,6229 ore; ricerca altri eventuali dati che ti servono). [$1,71 \cdot 10^7$ m]

32 La forza sia con te!

Considera il *Problem solving* 1 della teoria, nel quale l'astronave di *Millennium Eagle*, passa in mezzo a una coppia di asteroidi, come mostrato nella figura di pag. 290. Calcola il modulo della velocità dell'astronave nel punto A, sapendo che la sua velocità nel punto B ha modulo 0,905 m/s. [0,866 m/s]

33 Più lungo di un giorno?

Un satellite è posto nell'orbita terrestre, 1000 km più in alto dell'altitudine di un satellite geostazionario (che, come abbiamo visto, è circa 36 000 km).
a. Il periodo di questo satellite è maggiore o minore di 24 ore?
b. Visto dalla superficie terrestre, il satellite si muove verso est o verso ovest? Giustifica la risposta.
c. Determina il periodo del satellite.
[c. 26 ore]

34 L'energia del satellite

a. Calcola l'energia cinetica di un satellite di 1720 kg in orbita circolare intorno alla Terra, sapendo che il raggio dell'orbita è 20 273 km.
b. Quanta energia è necessaria per spostare questo satellite in un'orbita circolare di raggio 40 225 km?
[a. $1,69 \cdot 10^{10}$ J; b. $8,38 \cdot 10^9$ J]

35 L'orbita della navicella

Una navicella di massa $m = 2,00 \cdot 10^6$ kg orbita a un'altitudine di 250 km dalla superficie terrestre.
a. La velocità della navicella dipende dalla massa? Giustifica la risposta.
b. Calcola la velocità della navicella nella sua orbita.
c. Quanto tempo impiega la navicella per completare un'orbita intorno alla Terra?
[b. 7,76 km/s; c. 5360 s = 1,49 h]

36 Energia cinetica di un satellite

Determina un'espressione dell'energia cinetica di un satellite di massa m in un'orbita di raggio r intorno a un pianeta di massa M.

$$\left[K = G\frac{Mm}{2r}\right]$$

37 Massa della Terra

Un satellite gira intorno alla Terra su un'orbita ellittica. Al perigeo la sua distanza dal centro della Terra è $22,5 \cdot 10^3$ km e la sua velocità è $4,28 \cdot 10^3$ m/s. All'apogeo la sua distanza dal centro della Terra è $24,1 \cdot 10^3$ km e la sua velocità è $4,00 \cdot 10^3$ m/s. Utilizzando queste informazioni, calcola la massa della Terra. [$5,98 \cdot 10^{24}$ kg]

38 Il moto delle stelle

Tre stelle identiche, situate ai vertici di un triangolo equilatero, orbitano intorno al loro centro di massa, come mostrato in figura.
Determina il periodo di questo moto orbitale in funzione del raggio R dell'orbita e della massa M di ciascuna stella.

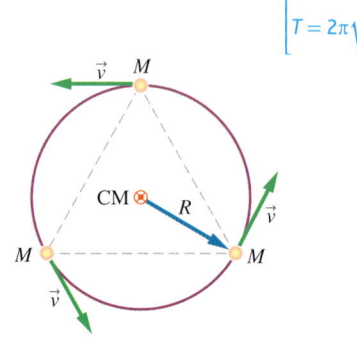

$$\left[T = 2\pi\sqrt{\frac{\sqrt{3}R^3}{GM}}\right]$$

VERSO L'ESAME

PROBLEMA 1 — L'esplorazione delle comete con il veicolo spaziale Stardust

▶ Esplorazione spaziale ▶ Corpi minori del Sistema solare

Il 7 febbraio 1999 la NASA ha lanciato un veicolo spaziale con l'ambizioso obiettivo di effettuare un incontro ravvicinato con una cometa, raccogliere campioni dalla sua coda e riportarli sulla Terra per analizzarli. Questo veicolo, appropriatamente chiamato *Stardust* (polvere di stelle) ha impiegato quasi cinque anni per raggiungere il suo obiettivo, la cometa Wild 2, e altri due anni per ritornare con i campioni raccolti. Il viaggio è stato così lungo perché il veicolo spaziale ha dovuto effettuare tre orbite intorno al Sole e anche un passaggio ravvicinato intorno alla Terra per aumentare la sua velocità e, sfruttando l'attrazione di gravità, raggiungere un'orbita appropriata per l'incontro.

Quando lo *Stardust* finalmente ha raggiunto la cometa Wild 2, il 2 gennaio 2004, è giunto fino a circa 200 km dal suo nucleo, ha scattato fotografie e raccolto piccoli granelli di polvere della sua brillante chioma. La velocità di approccio fra il veicolo spaziale e la cometa al momento dell'incontro era relativamente "bassa", 6200 m/s, e quindi i granelli di polvere sono stati raccolti senza rischiare di distruggere il veicolo. (Osserva che l'aggettivo "bassa" è stato posto tra virgolette; dopo tutto 6200 m/s è circa sei volte la velocità di un proiettile di fucile!)
La piccola capsula di ritorno è rientrata sulla Terra il 15 gennaio 2006, mentre lo *Stardust* ha proseguito la sua missione con un nuovo compito: visitare e fotografare la cometa Tempel 1. In questa nuova missione, chiamata *New Exploration of Tempel* 1 (*NExT*), lo *Stardust* ha incontrato Tempel 1 il 14 febbraio 2011; la missione è terminata il 24 marzo 2011, quando il veicolo ha esaurito tutto il combustibile.

La cometa Wild 2 è quasi sferica, ha un raggio di 2,7 km e l'accelerazione di gravità sulla sua superficie è $0{,}00010\,g$.
Le due curve riportate in figura mostrano l'accelerazione sulla superficie in funzione del raggio, per due comete sferiche con due masse diverse, una delle quali corrisponde alla cometa Wild 2. In figura sono indicati anche i raggi per i quali le due ipotetiche comete hanno densità uguali a quelle del ghiaccio e del granito.

1. Quale delle due curve riportate in figura corrisponde alla cometa Wild 2?
2. Calcola la massa della cometa Wild 2.
3. Determina la velocità necessaria per sfuggire dalla superficie della cometa Wild 2.
4. Supponi che la cometa Wild 2 abbia un piccolo satellite che le orbita attorno. Se questo satellite orbitasse a una distanza pari al doppio del raggio della cometa, quale sarebbe il suo periodo di rivoluzione?

[**1.** la curva 2; **2.** $1{,}1 \cdot 10^{14}$ kg; **3.** 2,3 m/s; **4.** 8,1 h]

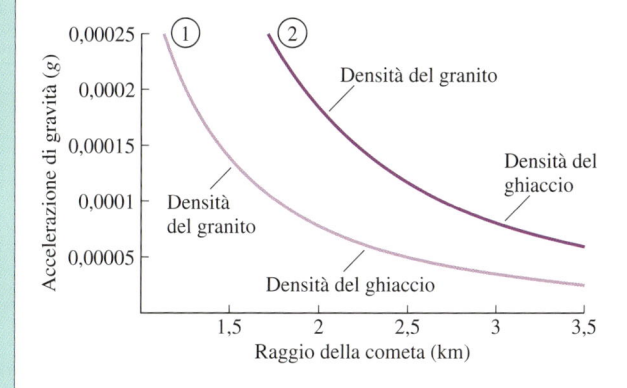

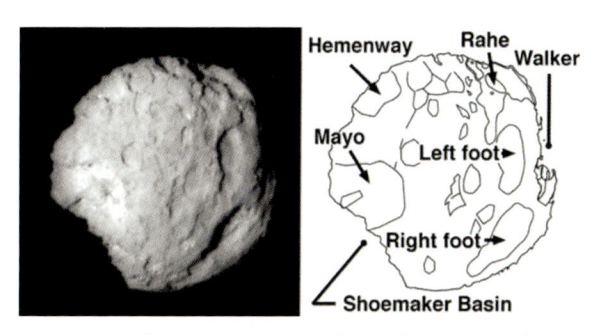

La cometa Wild 2 e alcuni particolari della sua superficie, incluso il bacino Walker, il luogo in cui si verificano insoliti getti di polvere e roccia.

PROBLEMA SVOLTO 2 — Il pianeta Eta Beta

▶ Pendolo semplice ▶ Conservazione dell'energia meccanica
▶ Gravitazione universale

In un lontanissimo sistema planetario vi è il pianeta sferico Eta Beta, privo di atmosfera, che ruota attorno a una stella S descrivendo una circonferenza di raggio $R = 1{,}20 \cdot 10^{11}$ m con un periodo di rivoluzione pari a 3970 ore.
Inoltre, sulla superficie del pianeta il periodo di oscillazione di un pendolo semplice lungo 28,5 cm è 1,50 s.

1 Quanto vale l'accelerazione di gravità sulla superficie di Eta Beta?

Dalla superficie del pianeta viene lanciata una sonda alla velocità di $1{,}00 \cdot 10^4$ m/s che, non possedendo la velocità di fuga, si arresta alla distanza $d = 1{,}00 \cdot 10^5$ km dalla superficie per poi ricadere giù.

2 Ricava i valori del raggio $r = 1{,}11 \cdot 10^7$ m e della massa $m = 9{,}24 \cdot 10^{24}$ kg del pianeta Eta Beta, tenendo presente che il valore dell'accelerazione sulla superficie del pianeta, calcolato nel punto precedente, è $g = 5{,}00$ m/s².

3 Determina la massa della stella, la forza esercitata dalla stella sul pianeta e la forza esercitata dal pianeta sulla stella.

SOLUZIONE

1 Il periodo di un pendolo semplice è dato da:

$$T = 2\pi \sqrt{\frac{l}{g}}$$

da cui:

$$T^2 = 4\pi^2 \frac{l}{g}$$

$$T^2 g = 4\pi^2 l$$

$$g = \frac{4\pi^2 l}{T^2} = \frac{4\pi^2 (0{,}285 \text{ m})}{(1{,}50 \text{ s})^2} = 5{,}00 \text{ m/s}^2$$

> **COLLEGAMENTO** ▶▶
> Nel fascicolo LAB+
> Con la Calcolatrice grafica
> Il pianeta Eta Beta - Soluzione step by step

2 L'accelerazione di gravità sulla superficie del pianeta è legata alla massa m e al raggio r del pianeta da:

$$g = G\frac{m}{r^2}$$

da cui ricaviamo la massa in funzione del raggio del pianeta:

$$m = \frac{g r^2}{G}$$

Durante l'ascesa della sonda agisce solo la forza di attrazione gravitazionale del pianeta, che è conservativa, pertanto si conserva l'energia meccanica dall'istante iniziale in cui la sonda si trova a una distanza r dal centro del pianeta all'istante finale, in cui la sonda è momentaneamente ferma a una distanza d dalla superficie del pianeta, e dunque a una distanza $(r + d)$ dal centro del pianeta:

$$E_{m,i} = E_{m,f}$$

$$K_i + U_i = K_f + U_f$$

$$\frac{1}{2}m_{\text{sonda}} v_0^2 - G\frac{m_{\text{sonda}} m}{r} = 0 - G\frac{m_{\text{sonda}} m}{r + d}$$

$$\frac{v_0^2}{2} - \frac{G}{r}m = 0 - \frac{G}{r+d}m$$

Utilizziamo la relazione $m = \dfrac{gr^2}{G}$ trovata precedentemente e sostituiamola nell'ultima relazione:

$$\dfrac{v_0^2}{2} - \dfrac{\cancel{G}}{r}\dfrac{gr^{\cancel{2}}}{\cancel{G}} = -\dfrac{\cancel{G}}{r+d}\dfrac{gr^2}{\cancel{G}}$$

$$\dfrac{v_0^2}{2} - gr = -\dfrac{gr^2}{r+d}$$

$$\dfrac{v_0^2(r+d) - gr2(r+d)}{2(r+d)} = \dfrac{-2gr^2}{2(r+d)}$$

$$v_0^2 r + v_0^2 d \cancel{-2gr^2} - 2grd = \cancel{-2gr^2}$$

$$(2gd - v_0^2)r = v_0^2 d$$

$$r = \dfrac{v_0^2 d}{2gd - v_0^2} = \dfrac{(1{,}00\cdot 10^4\,\text{m/s})^2(1{,}00\cdot 10^8\,\text{m})}{2(5{,}00\,\text{m/s}^2)(1{,}00\cdot 10^8\,\text{m}) - (1{,}00\cdot 10^4\,\text{m/s})^2} = 1{,}11\cdot 10^7\,\text{m}$$

La massa risulta, così:

$$m = \dfrac{gr^2}{G} = \dfrac{(5{,}00\,\text{m/s}^2)(1{,}11\cdot 10^7\,\text{m})^2}{6{,}67\cdot 10^{-11}\,\text{N}\cdot\text{m/kg}^2} = 9{,}24\cdot 10^{24}$$

3 Per la terza legge di Keplero il periodo di rivoluzione è dato da:

$$T = 2\pi\sqrt{\dfrac{R^3}{GM_S}}$$

da cui:

$$T^2 = 4\pi^2\dfrac{R^3}{GM_S}$$

$$T^2 GM_S = 4\pi^2 R^3$$

$$M_S = \dfrac{4\pi^2 R^3}{T^2 G} = \dfrac{4\pi^2(1{,}20\cdot 10^{11}\,\text{m})^3}{(3970\cdot 3600\,\text{s})^2(6{,}67\cdot 10^{-11}\,\text{N}\cdot\text{m}^2/\text{kg}^2)} = 5{,}00\cdot 10^{30}\,\text{kg}$$

Allo stesso risultato si poteva pervenire uguagliando la forza centripeta sul pianeta $F = m\dfrac{v^2}{R}$ con la forza gravitazionale data dalla legge di gravitazione universale $F = G\dfrac{mM}{R^2}$, utilizzando poi l'espressione del periodo nel moto circolare uniforme $T = \dfrac{2\pi R}{v}$.

Per quanto riguarda l'interazione tra i due pianeti, per la terza legge di Newton di azione-reazione la forza con cui il pianeta è attratto dalla stella è uguale in modulo alla forza con cui la stella è attratta dal pianeta ed è data dalla legge di gravitazione universale di Newton:

$$F = G\dfrac{mM_S}{R^2} = (6{,}67\cdot 10^{-11}\,\text{N}\cdot\text{m}^2/\text{kg}^2)\dfrac{(9{,}24\cdot 10^{24}\,\text{kg})(5{,}00\cdot 10^{30}\,\text{kg})}{(1{,}20\cdot 10^{11}\,\text{m})^2} = 2{,}14\cdot 10^{23}\,\text{N}$$

PROVA TU Con riferimento al Problema svolto, considera un pianeta sferico gemello di Eta Beta di massa $m = 9{,}24\cdot 10^{24}$ kg e raggio $r = 1{,}11\cdot 10^7$ m, che ruota attorno a una stella diversa di massa $M_S = 8{,}00\cdot 10^{30}$ kg, descrivendo una circonferenza di raggio $R = 7{,}00\cdot 10^{10}$ m.

1. Quanto vale l'accelerazione di gravità sul pianeta gemello a una distanza di $2{,}00\cdot 10^4$ km dalla superficie terrestre?
2. Qual è la velocità di fuga dal pianeta gemello?
3. Quanto vale in ore il periodo di rivoluzione del pianeta gemello attorno alla sua stella?

[**1.** 0,638 m/s^2; **2.** 10 500 m/s; **3.** circa 1400 h]

PROBLEMA SVOLTO 3 — Un satellite mars-stazionario

▶ Momento angolare ▶ Conservazione dell'energia meccanica
▶ Gravitazione universale

Marte è il quarto pianeta del Sistema solare in ordine di distanza dal Sole.
Sappiamo che la sua accelerazione di gravità superficiale è 3,73 m/s² e che la sua velocità di fuga è 5,027 km/s.

1 Utilizzando questi dati, determina la sua massa e il suo raggio medio.

2 Supponiamo di volere costruire e mettere in orbita un satellite che si muova su un'orbita circolare stazionaria rispetto al pianeta. Sapendo che il momento angolare di Marte relativo alla rotazione intorno al proprio asse è $2{,}09 \cdot 10^{32}$ kg m²/s, calcola l'altezza orbitale del satellite.

3 Sapendo che la massa del satellite immesso nell'orbita stazionaria è di 2300 kg, mostra che l'energia meccanica del satellite artificiale è negativa e direttamente proporzionale alla massa del satellite, direttamente proporzionale alla radice cubica del quadrato della massa del pianeta e inversamente proporzionale alla radice cubica del quadrato del periodo di rotazione.
Calcola inoltre il valore dell'energia meccanica del satellite.

SOLUZIONE

La figura illustra un satellite puntiforme in orbita stazionaria rispetto al pianeta e mostra il piano orbitale. I due punti evidenziati, uno sulla superficie del pianeta, l'altro corrispondente al satellite in orbita stazionaria, sono in ogni istante allineati con il centro di rotazione del pianeta.

1 Dalle relazioni che esprimono la velocità di fuga e l'accelerazione di gravità superficiale di Marte ricaviamo la massa M e il raggio medio R.
La relazione che esprime la velocità di fuga è:

$$v_f = \sqrt{\frac{2GM}{R}}$$

dove M ed R sono, rispettivamente, la massa e il raggio del pianeta.
La relazione che esprime l'accelerazione di gravità superficiale è:

$$g_s = \frac{GM}{R^2}$$

Eleviamo al quadrato la prima, ottenendo:

$$v_f^2 = \frac{2GM}{R}$$

e dividiamola per la relazione che definisce g_s:

$$\frac{v_f^2}{g_s} = \frac{2GM}{R} \Big/ \frac{GM}{R^2} = \frac{2GM}{R} \cdot \frac{R^2}{GM} = 2R$$

Otteniamo così il raggio:

$$R = \frac{1}{2}\frac{v_f^2}{g_s} = \frac{(5{,}03 \cdot 10^3 \text{ m/s})^2}{2 \cdot 3{,}73 \text{ m/s}^2} = 3{,}39 \cdot 10^6 \text{ m}$$

Risolvendo l'equazione $v_f^2 = \frac{2GM}{R}$ rispetto a M e sostituendo in essa $R = \frac{1}{2}\frac{v_f^2}{g_s}$, possiamo scrivere inoltre:

$$M = \frac{Rv_f^2}{2G} = \frac{v_f^2}{2g_s} \cdot \frac{v_f^2}{2G} = \frac{v_f^4}{4Gg_s} = \frac{(5{,}03 \cdot 10^3 \text{ m/s})^4}{(4 \cdot 6{,}67 \cdot 10^{-11} \text{ N m}^2/\text{kg}^2 \cdot 3{,}73 \text{ m/s}^2)} = 6{,}42 \cdot 10^{23} \text{ kg}$$

2 Ipotizziamo che Marte sia una sfera omogenea rotante rigidamente intorno a un asse passante per il suo centro di massa. Dalle relazioni che legano rispettivamente il momento angolare alla velocità angolare intorno all'asse di rotazione e la velocità angolare al periodo di rotazione, ricaviamo il periodo di rotazione T.

Utilizzando la terza legge di Keplero e ponendo in essa la massa di Marte al posto della massa del Sole, determiniamo poi l'altezza a cui deve orbitare il satellite.

La relazione che lega il momento angolare L alla velocità angolare è $L = I\omega$.
Esprimendo la velocità angolare in funzione del periodo di rotazione T e usando per I la relazione $I = \frac{2}{5}MR^2$, che corrisponde al momento di inerzia di una sfera omogenea piena calcolato rispetto a un asse passante per il suo centro di massa, otteniamo: $L = I\omega = \frac{2}{5}MR^2\frac{2\pi}{T} = \frac{4\pi MR^2}{5T}$

Risolvendo rispetto a T, troviamo:
$$T = \frac{4\pi MR^2}{5L} = \frac{4 \cdot 3{,}14 \cdot 6{,}42 \cdot 10^{23}\,\text{kg} \cdot (3{,}39 \cdot 10^6\,\text{m})^2}{5 \cdot 2{,}09 \cdot 10^{32}\,\text{kg m}^2/\text{s}} = 8{,}87 \cdot 10^4\,\text{s} = 1{,}03 \text{ giorni terrestri}$$

Si tratta di un valore, come si può vedere, di non molto superiore al periodo di rotazione terrestre.

Ricordiamo ora la terza legge di Keplero $T = \left(\frac{2\pi}{\sqrt{GM_S}}\right) r^{3/2}$, sostituiamo in essa la massa di Marte M al posto della massa del Sole e risolviamo rispetto a r:

$$r = \left(\frac{T}{2\pi}\right)^{2/3} \sqrt[3]{GM}$$

Poiché $r = R + h$, dove h è l'altezza orbitale misurata a partire dalla superficie di Marte, si ottiene infine:

$$h = \left(\frac{T}{2\pi}\right)^{2/3} \sqrt[3]{GM} - R = \left(\frac{8{,}87 \cdot 10^4\,\text{s}}{6{,}28}\right)^{2/3} \sqrt[3]{6{,}67 \cdot 10^{-11}\,\text{N m}^2/\text{kg}^2 \cdot 6{,}42 \cdot 10^{23}\,\text{kg}} - 3{,}39 \cdot 10^6\,\text{m} =$$
$$= 1{,}71 \cdot 10^7\,\text{m}$$

3 Scriviamo la relazione che esprime l'energia meccanica del satellite e, utilizzando la relazione tra velocità orbitale del satellite e massa del pianeta e la relazione tra raggio dell'orbita e periodo di rotazione, perveniamo al risultato richiesto, cioè l'espressione dell'energia meccanica in funzione della massa di Marte, della massa del satellite e del periodo di rotazione e alla determinazione del suo valore.

La relazione che definisce l'energia meccanica di un corpo di massa m rotante alla distanza r da un corpo di massa M è:

$$E_m = K + U = \frac{1}{2}mv^2 - \frac{GmM}{r}$$

Ricordando la relazione che lega la velocità orbitale del satellite alla massa del pianeta, M:

$$v = \sqrt{\frac{GM}{r}}$$

possiamo scrivere:

$$E_m = \frac{GmM}{2r} - \frac{GmM}{r} = -\frac{GmM}{2r}$$

dove, come di consueto, $r = R + h$.

Inserendo la relazione $r = \left(\frac{T}{2\pi}\right)^{2/3} \sqrt[3]{GM}$ nell'equazione precedente, otteniamo:

$$E_m = -\frac{GmM}{2\left(\frac{T}{2\pi}\right)^{2/3}\sqrt[3]{GM}} = -\frac{m(2\pi GM)^{2/3}}{2T^{2/3}} = -\frac{m}{2}\left(\frac{2\pi GM}{T}\right)^{2/3} =$$

$$= -0{,}5 \cdot 2300\,\text{kg} \cdot \left(\frac{6{,}28 \cdot 6{,}67 \cdot 10^{-11}\,\text{N m}^2/\text{kg}^2 \cdot 6{,}42 \cdot 10^{23}\,\text{kg}}{8{,}87 \cdot 10^4\,\text{s}}\right)^{2/3} = -2{,}41 \cdot 10^9\,\text{J}$$

Osservazioni
L'energia meccanica è negativa. Questa situazione corrisponde a uno stato gravitazionalmente legato. Un'energia meccanica negativa corrisponde a orbite chiuse (circolari o ellittiche). Il modulo della velocità tangenziale del satellite è minore della velocità di fuga.

AUTOVERIFICA

Tempo a disposizione: **60 minuti**

SCEGLI LA RISPOSTA CORRETTA

1 Ai tre vertici di un triangolo equilatero di lato 35 cm sono posti tre corpi identici di massa 40 kg. Lasciando libero uno dei tre corpi e supponendo che su di esso agiscano solo le forze gravitazionali esercitate dalle altre due masse, quale sarà la sua accelerazione iniziale?
- A $8{,}7 \cdot 10^{-7}$ m/s^2
- B $1{,}5 \cdot 10^{-6}$ m/s^2
- C $3{,}8 \cdot 10^{-8}$ m/s^2
- D $7{,}5 \cdot 10^{-7}$ m/s^2

2 Supponi che un astronauta di 67,0 kg si trovi su un pianeta che ha la stessa densità della Terra, ma raggio doppio. Qual è il peso dell'astronauta su quel pianeta?
- A 657 N
- B 2,63 kN
- C 164 N
- D 1,32 kN

3 Giove ha una velocità di fuga pari a 59 600 m/s e un raggio di 69 911 km. Qual è la sua massa?
- A $1{,}86 \cdot 10^{24}$ kg
- B $1{,}86 \cdot 10^{27}$ kg
- C $3{,}12 \cdot 10^{22}$ kg
- D $3{,}7 \cdot 10^{27}$ N

4 L'espressione $U = mgh$, con $g = 9{,}81$ m/s^2, non può essere utilizzata per calcolare l'energia potenziale di un satellite che orbita intorno alla Terra al di fuori dell'atmosfera. Perché?
- A Perché la Terra ruota.
- B Per l'influenza degli altri corpi astronomici.
- C Perché non si ha gravità al di fuori dell'atmosfera.
- D Perché il valore di g varia con la distanza.

RISOLVI I SEGUENTI PROBLEMI

5 Due masse M uguali di 7,0 kg si trovano a distanza di 0,15 m una dall'altra. Da un punto P, equidistante dalle due masse, viene lasciata libera una terza massa m da un'altezza di 0,05 m, come mostrato in figura.

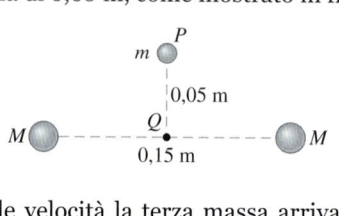

a. Con quale velocità la terza massa arriva nel punto Q?
b. Se la terza massa è 0,1 kg, qual è la sua accelerazione in P e in Q?

6 Un satellite in orbita intorno alla Terra dista dalla sua superficie 700 km quando si trova al perigeo e 4200 km quando si trova all'apogeo. Calcola:
a. il semiasse maggiore dell'orbita;
b. l'eccentricità dell'orbita;
c. il periodo di rivoluzione;
d. l'energia totale del satellite assumendo che la sua massa sia 89 kg.

7 Due corpi di massa m e $2m$ sono posti in due dei vertici di un triangolo equilatero di lato a come mostrato in figura.

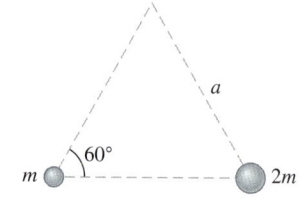

a. Che cosa si intende per campo gravitazionale?
b. Qual è la sua unità di misura nel SI?
c. Calcola il campo gravitazionale nel punto medio fra i due corpi.
d. Calcola il campo gravitazionale nel terzo vertice del triangolo.

RICHIAMI DAL PRIMO BIENNIO

Fluidi in equilibrio

Un fluido è in equilibrio se è in quiete nel suo complesso, cioè se i moti microscopici delle sue molecole non determinano un movimento d'insieme dell'intera massa del fluido.

Densità e pressione

La **densità** di un fluido è definita come il rapporto fra la massa m e il volume V:

$$d = \frac{m}{V}$$

Nel SI si misura in **kilogrammi al metro cubo** (kg/m^3).

La **pressione** è una misura della forza esercitata sull'unità di superficie.
La pressione p è definita come il rapporto fra l'intensità $F_\perp$ della forza perpendicolare alla superficie, detta forza premente, e l'area A della superficie:

$$p = \frac{F_\perp}{A}$$

Nel SI si misura in **pascal** (**Pa**): 1 Pa = 1 N/1 m^2.
La pressione è una grandezza scalare.

Pressione atmosferica

La pressione dell'aria che ci circonda è detta pressione atmosferica, p_{at}. In unità SI la pressione atmosferica normale ha il seguente valore:

$$p_{at} = 1{,}013 \cdot 10^5 \text{ Pa} = 1013 \text{ hPa}$$

La pressione atmosferica normale è uguale alla pressione esercitata da una colonna di mercurio alta 760 mm. Un'altra unità di misura della pressione atmosferica è l'*atmosfera* (atm), definita in termini di millimetri di mercurio (mmHg) come:

$$1 \text{ atm} = p_{at} = 760 \text{ mmHg}$$

Pressione nei fluidi

Ogni parte del fluido esercita una pressione sulle altre parti del fluido, uguale in tutte le direzioni. Il fluido inoltre esercita una pressione sulle pareti del contenitore e su qualunque altro oggetto immerso.

■ Legge di Stevino

In condizioni di equilibrio la pressione di un fluido cresce linearmente con la profondità (**fig. 1**).

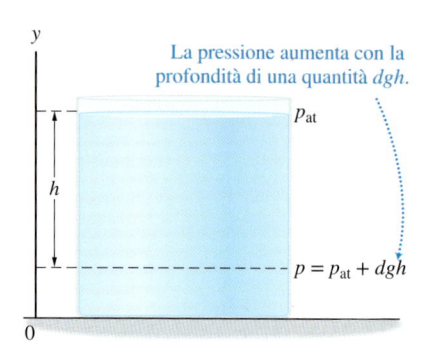

◄ Figura 1
Legge di Stevino

La pressione a una profondità h dalla superficie libera di un fluido è data dalla somma della pressione atmosferica e di una quantità proporzionale ad h e alla densità d del fluido:

$$p = p_{at} + dgh$$

dove g è l'accelerazione di gravità.

■ Principio di Pascal

Una pressione esterna, applicata a un fluido racchiuso in un recipiente, si trasmette inalterata a ogni punto del fluido. Un'applicazione del principio di Pascal è il **torchio** o **sollevatore idraulico** (**fig. 2**) in cui vale la relazione:

$$F_2 = F_1 \frac{A_2}{A_1}$$

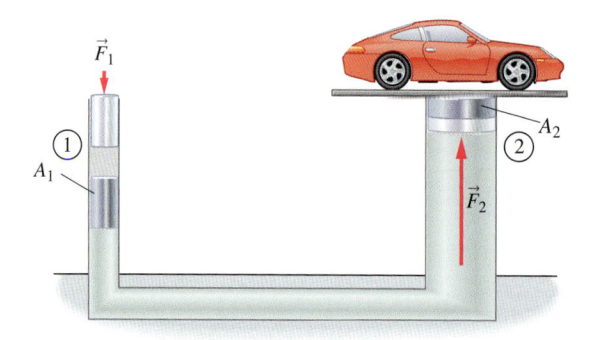

◄ Figura 2
Schema di un sollevatore idraulico

■ Principio di Archimede

Un oggetto immerso in un fluido risente di una forza di galleggiamento verso l'alto di intensità uguale al peso del fluido spostato dall'oggetto.
La **forza di galleggiamento** (o **spinta di Archimede**) per un oggetto immerso in un fluido di densità d_f è:

$$F_g = d_f V g$$

dove V è la frazione del volume dell'oggetto immersa nel fluido (è uguale al volume totale dell'oggetto se esso è completamente immerso).

ESERCIZI

TEST

1 Un cubo di lato 2,0 dm ha una densità di 2,5 g/cm^3. Qual è la pressione che esercita sulla superficie su cui è appoggiato?
- A $4,9 \cdot 10^2$ Pa
- B 49 Pa
- C $4,9 \cdot 10^5$ Pa
- D 4,9 kPa

2 L'intensità della spinta idrostatica su un cubo di 20 cm di spigolo, completamente immerso in un liquido di densità pari a 950 kg/m^3 è:
- A 75 N
- B 0,075 N
- C 0,75 N
- D Non è calcolabile perché non si conosce la densità del cubo

3 Che cosa puoi dire della pressione sul fondo dei tre recipienti?
- A È maggiore dove l'area del fondo è maggiore
- B È maggiore dove l'area del fondo è minore
- C È la stessa per tutti i tre recipienti
- D È maggiore sul fondo del recipiente cilindrico

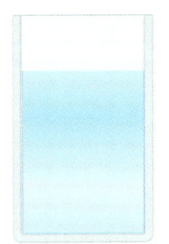

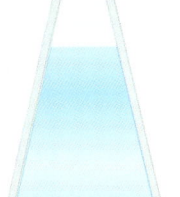

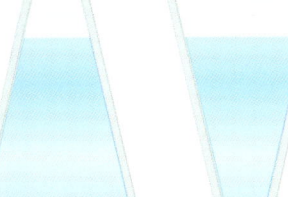

4 Quale forza si esercita sul portello di un batiscafo a 300 m di profondità, se il portello ha un'area di 500 cm^2?
- A $1,52 \cdot 10^5$ N
- B $1,47 \cdot 10^5$ N
- C $6,09 \cdot 10^3$ N
- D $5,88 \cdot 10^3$ N

5 Per sollevare un'auto con un torchio idraulico i cui pistoni hanno area 1,0 m^2 e 0,050 m^2 un meccanico deve esercitare una forza di 1000 N. Qual è all'incirca la massa dell'auto?
- A $2,0 \cdot 10^3$ kg
- B $1,0 \cdot 10^3$ kg
- C $5,0 \cdot 10^3$ kg
- D $1,5 \cdot 10^3$ kg

6 Due vasi comunicanti contengono due liquidi non miscibili di densità 1000 kg/m^3 e 800 kg/m^3. Se l'altezza del livello del primo liquido è 40 cm, qual è l'altezza del livello del secondo liquido?
- A 32 cm
- B 40 cm
- C 80 cm
- D 50 cm

PROBLEMI

7 Pressione di un fluido

Una scatola cubica di lato 25 cm è immersa in un fluido. La pressione sulla superficie superiore della scatola è 109,4 kPa e quella sulla superficie inferiore è 112 kPa. Qual è la densità del fluido? [1,1 kg/dm^3]

8 In piscina

Una ragazza che pesa 550 N espira profondamente in modo da vuotare il più possibile i suoi polmoni e quindi si immerge completamente in acqua appesa a una bilancia. Il suo peso, in queste condizioni, è 21,1 N. Qual è la sua densità? [1,04 kg/dm^3]

9 Volume e densità del blocco

Un blocco solido è appeso a una bilancia a molla. Quando il blocco è sospeso nell'aria la bilancia indica 20,0 N; quando è completamente immerso nell'acqua la bilancia indica 17,7 N. Calcola il volume e la densità del blocco. [$2,34 \cdot 10^{-4}$ m^3; $8,71 \cdot 10^3$ kg/m^3]

10 La legge di Stevino

Un sottomarino si trova a 160 m di profondità e il suo portellone ha forma circolare di raggio 45 cm. Calcola la forza necessaria per aprire il portellone, assumendo che la densità dell'acqua di mare sia 1030 kg/m^3. [$1,0 \cdot 10^6$ N]

11 Il torchio idraulico

Si deve sollevare un'automobile di massa 1200 kg con un torchio idraulico, poggiandola su una piattaforma di area 5,0 m^2. Avendo a disposizione un pistone di superficie 4,0 dm^2, calcola qual è la minima forza che devi applicare al pistone per sollevare l'automobile. [94 N]

CAPITOLO 7

La dinamica dei fluidi

LE GRANDI IDEE

1. L'equazione di Bernoulli esprime il principio di conservazione dell'energia applicato ai fluidi.
2. I fluidi reali resistono allo scorrimento; questa resistenza è misurata dal coefficiente di viscosità.

1 Fluidi reali e fluidi ideali

Nel primo biennio abbiamo definito i *fluidi* come sostanze che possono scorrere da un punto all'altro e che non hanno forma propria e ci siamo limitati a studiare il loro equilibrio. Per analizzare situazioni reali, come ad esempio una folata di vento o la benzina che esce da una pompa, diventa invece necessario studiare anche il loro movimento. La parte della fisica che si occupa dello studio del moto dei fluidi si chiama **fluidodinamica**. Sebbene i fluidi siano costituiti microscopicamente da particelle, di cui conosciamo le semplici leggi dinamiche, non sempre – anzi solo in pochi casi – possiamo derivare da queste leggi fondamentali quelle che regolano il comportamento collettivo di un fluido.

Per affrontare l'argomento, conviene introdurre un modello semplificativo, valido solo approssimativamente: il modello del **fluido ideale**.
Da un punto di vista statico fluidi reali e fluidi ideali si comportano nello stesso modo; la distinzione tra fluidi reali e ideali è importante quindi solo in un contesto dinamico.
Un fluido ideale gode, per definizione, delle seguenti proprietà:
1) è *incomprimibile*, cioè il suo volume non varia in seguito a una variazione di pressione;
2) è *non viscoso*, cioè le sue parti possono scorrere le une sulle altre senza attrito interno (viscosità).

▲ Il miele è un fluido altamente viscoso

Come si comportano invece i **fluidi reali**?
Per ciò che riguarda l'incomprimibilità, occorre distinguere tra liquidi e gas: i liquidi reali, infatti, sono con ottima approssimazione incomprimibili, mentre lo stesso non si può evidentemente dire dei gas. I liquidi reali, inoltre, presentano sempre un certo grado di viscosità; solo quando la viscosità non influisce in maniera determinante sul loro moto essi si avvicinano al modello di fluido ideale.
Dobbiamo infine fare un'ulteriore ipotesi semplificativa: supporre che il **flusso** del fluido sia *stazionario*, cioè che la velocità in ogni punto non vari nel tempo (ma sia in gene-

rale diversa da punto a punto). Sotto questa condizione è possibile ricavare alcune importanti relazioni che descrivono il moto di un fluido ideale.

◀ Il tranquillo corso di un fiume è un esempio di moto stazionario.
Il moto turbolento è un moto non stazionario, irregolare e caratterizzato dalla presenza di vortici.

2 L'equazione di continuità

Supponiamo di voler innaffiare il giardino; con un tubo senza ugello nebulizzatore l'acqua esce dal tubo piuttosto lentamente; se però mettiamo un dito sull'estremità del tubo, chiudendo l'apertura fino a farla diventare molto piccola, l'acqua viene spruzzata con una velocità più alta e molto più lontano. Perché ridurre l'apertura del tubo produce questo effetto? Per capirlo, iniziamo considerando un semplice sistema.

Immaginiamo che un fluido scorra con velocità di modulo v_1 all'interno di un condotto cilindrico la cui sezione ha area A_1, come nella parte sinistra della **figura 1**. Se il condotto si restringe a una sezione di area A_2 minore di A_1, come nella parte destra della **figura 1**, il fluido scorrerà in questa parte di condotto con una nuova velocità di modulo v_2. Possiamo determinare la velocità nella sezione più piccola del condotto supponendo che la quantità di fluido che passa dal punto 1 in un dato tempo Δt, debba anche passare dal punto 2 nello stesso tempo. Se così non fosse, il sistema acquisterebbe o perderebbe una certa quantità di fluido.

▲ Per l'equazione di continuità, riducendo l'apertura del tubo con un ugello o con le dita, si riduce la sezione e si aumenta la velocità di flusso dell'acqua.

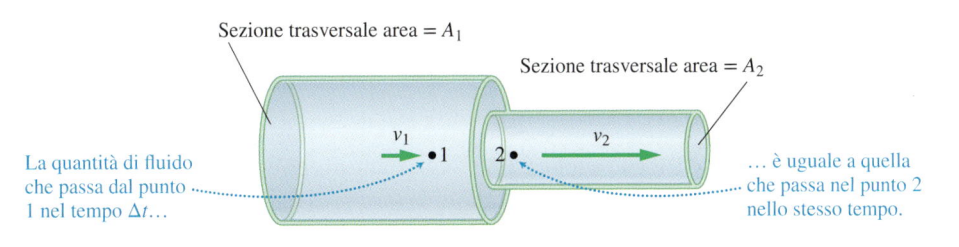

Sezione trasversale area = A_1
Sezione trasversale area = A_2

La quantità di fluido che passa dal punto 1 nel tempo Δt... ... è uguale a quella che passa nel punto 2 nello stesso tempo.

◀ **Figura 1**
Flusso di un fluido attraverso un condotto di diametro variabile

Per calcolare la massa di fluido Δm_1 che passa dal punto 1 nel tempo Δt, osserviamo che il fluido in questo intervallo di tempo percorre una distanza $v_1 \Delta t$; di conseguenza, il volume del fluido che passa dal punto 1 è:

$$\Delta V_1 = A_1 v_1 \Delta t$$

Quindi, la massa di fluido di densità d_1 che passa dal punto 1 nel tempo Δt è:

$$\Delta m_1 = d_1 \Delta V_1 = d_1 A_1 v_1 \Delta t$$

Analogamente, la massa di fluido di densità d_2 che passa dal punto 2 nel tempo Δt è:

$$\Delta m_2 = d_2 \Delta V_2 = d_2 A_2 v_2 \Delta t$$

Infine, uguagliando le due masse, otteniamo la relazione fra v_1 e v_2:

$$\Delta m_1 = \Delta m_2 \quad \rightarrow \quad d_1 A_1 v_1 \Delta t = d_2 A_2 v_2 \Delta t$$

Semplificando Δt otteniamo una relazione che prende il nome di **equazione di continuità**:

Equazione di continuità
$$d_1 A_1 v_1 = d_2 A_2 v_2$$

COLLEGAMENTO ▶▶
Nel fascicolo LAB+
Con GeoGebra
L'equazione di continuità

Molti gas si possono comprimere facilmente e questo significa che la loro densità può variare. La maggior parte dei liquidi, invece, è praticamente incomprimibile, perciò la loro densità rimane essenzialmente costante. Salvo diverso avviso, *assumeremo che tutti i liquidi trattati in questo testo siano perfettamente incomprimibili.* Perciò, per i liquidi, d_1 e d_2 sono uguali e l'equazione di continuità si riduce alla seguente:

Equazione di continuità per un fluido incomprimibile

$$A_1 v_1 = A_2 v_2$$

Un'importante conseguenza dell'equazione di continuità è che la *velocità di un fluido incomprimibile che scorre in un condotto è inversamente proporzionale all'area della sezione attraverso la quale esso fluisce*, cioè è maggiore dove la sezione del condotto è più piccola e minore dove la sezione è più grande.

MATH+

Note in un punto la velocità v e la sezione A del fluido, in qualsiasi altro punto v può essere espressa in funzione della sezione attraverso la relazione:

$$v(A) = \frac{\text{costante}}{A}$$

che, per $A > 0$, rappresenta un ramo di iperbole equilatera.

PROBLEM SOLVING 1 — Manichetta antincendio I

Dell'acqua scorre in una manichetta antincendio di diametro 9,6 cm con una velocità di 1,3 m/s. All'estremità del tubo l'acqua esce attraverso un ugello di diametro 2,5 cm. Qual è la velocità dell'acqua che esce dall'ugello?

■ **DESCRIZIONE DEL PROBLEMA** Nella figura indichiamo il modulo della velocità dell'acqua nella manichetta con v_1 e quello della velocità dell'acqua che esce dall'ugello con v_2. Sappiamo che $v_1 = 1{,}3$ m/s. Conosciamo il diametro della manichetta, $D_1 = 9{,}6$ cm e il diametro dell'ugello, $D_2 = 2{,}5$ cm.

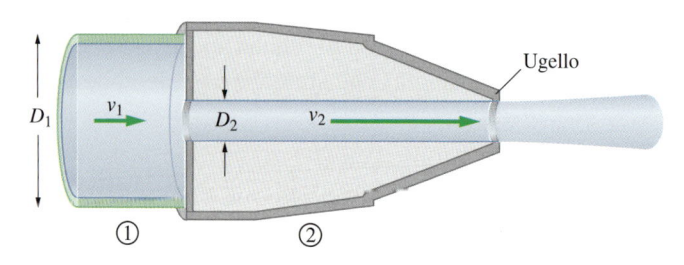

■ **STRATEGIA** Per calcolare la velocità dell'acqua nell'ugello applichiamo l'equazione di continuità $A_1 v_1 = A_2 v_2$. Assumiamo che la manichetta e l'ugello abbiano sezione circolare; quindi la loro area è data da $A = \pi D^2/4$, essendo D il diametro.

Dati Diametro della manichetta antincendio, $D_1 = 9{,}6$ cm; diametro dell'ugello, $D_2 = 2{,}5$ cm; velocità dell'acqua nella manichetta, $v_1 = 1{,}3$ m/s

Incognita Velocità dell'acqua nell'ugello, $v_2 = ?$

■ **SOLUZIONE**
Dall'equazione di continuità ricaviamo la velocità v_2 dell'acqua nell'ugello:

$$v_2 = v_1 \frac{A_1}{A_2}$$

Utilizziamo l'espressione delle aree $A = \pi D^2/4$ e sostituiamo i valori numerici:

$$v_2 = v_1 \frac{\pi D_1^2/4}{\pi D_2^2/4} = v_1 \left(\frac{D_1}{D_2}\right)^2 = (1{,}3 \text{ m/s}) \left(\frac{9{,}6 \text{ cm}}{2{,}5 \text{ cm}}\right)^2 = 19 \text{ m/s}$$

OSSERVAZIONI Notiamo che un ugello di piccolo diametro può dare una velocità molto alta; infatti la velocità è inversamente proporzionale al quadrato del diametro dell'ugello.

PROVA TU Che diametro deve avere l'ugello perché l'acqua in uscita abbia una velocità di 21 m/s? [2,4 cm]

La portata di un fluido

Per descrivere il flusso di un fluido è utile definire la **portata volumica** Q come il volume di fluido che passa attraverso la sezione di area A in un intervallo di tempo Δt:

$$Q = \frac{\Delta V}{\Delta t}$$

La variazione di volume ΔV, considerando costante la sezione del tubo in un tratto Δs, è $\Delta V = A \Delta s$, quindi sostituendo nella definizione di portata si ottiene:

$$Q = \frac{\Delta V}{\Delta t} = A \frac{\Delta s}{\Delta t} = Av$$

Possiamo perciò esprimere la portata nel modo seguente:

> **Portata, Q**
> La portata di un fluido che si muove in un condotto di sezione A con velocità v è:
> $$Q = Av$$

Nel SI la portata si misura in metri cubi al secondo (m³/s).

L'equazione di continuità per un fluido incomprimibile può quindi anche essere espressa dicendo che *la portata di un fluido lungo un condotto è costante*.

MATH+

Il rapporto $\Delta V/\Delta t$ definisce, più precisamente, la portata media. Se prendiamo in considerazione un intervallo di tempo tanto piccolo da essere prossimo a zero, la portata media diventa portata istantanea e l'operazione che ci consente di calcolarla è la seguente:

$$Q(t) = \lim_{\Delta t \to 0} \frac{\Delta V}{\Delta t} = Av$$

dove v è la velocità istantanea del fluido.

BIO

La gittata cardiaca

La **gittata**, o **portata**, **cardiaca**, è il volume di sangue pompato da un ventricolo del cuore in un minuto. Per calcolarla, occorre misurare la *gittata sistolica SV*, cioè la quantità di sangue pompata dai due ventricoli a ogni ciclo cardiaco, e la *frequenza cardiaca FC*, ovvero il numero di battiti al minuto. Il prodotto di queste due grandezze prende appunto il nome di **gittata cardiaca Q**:

$$Q \text{ (ml/min)} = SV \text{ (ml/battito)} \cdot FC \text{ (battiti/min)}$$

La frequenza e la gittata cardiaca sistolica, i cui valori si attestano rispettivamente intorno ai 65-70 battiti/min e 70 ml/battito, possono variare in base all'età e allo stato di salute. Generalmente aumentano durante un'intensa attività fisica, poiché in queste condizioni il sistema cardiovascolare deve fornire ai muscoli più ossigeno.

3 L'equazione di Bernoulli

In questo paragrafo applicheremo il teorema della conservazione dell'energia meccanica a un fluido ideale che scorre in un condotto, stabilendo una relazione fra la pressione, la velocità e l'altezza alla quale il fluido si trova. Questa relazione è nota come **equazione di Bernoulli**.

Dimostrazione dell'equazione di Bernoulli

Consideriamo un fluido ideale che scorre in un condotto di sezione variabile che si trova a quote diverse, come mostrato in **figura 2** a pagina seguente. Prendiamo in esame una porzione di fluido di volume ΔV che viene spinta nella direzione del moto dalla pressione

▲ Daniel Bernoulli (1700-1782)

del fluido che si trova alla sua sinistra e che, dopo un certo intervallo di tempo, si troverà all'estremità destra del condotto. Poiché il fluido è incomprimibile, assumendo costante la densità, il volume sarà lo stesso nelle due sezioni, quindi:

$$\Delta V_1 = \Delta V_2 = \Delta V$$

Sulla superficie A_1 agisce una forza F_1 nella direzione e nel verso del moto, mentre sulla superficie A_2 agisce una forza, di verso contrario al verso del moto, dovuta alla pressione del fluido che si trova alla destra del volume considerato. Siano h_1, v_1 e p_1 rispettivamente l'altezza, la velocità e la pressione del fluido nella regione 1 del condotto e h_2, v_2 e p_2 le grandezze corrispondenti nella regione 2.

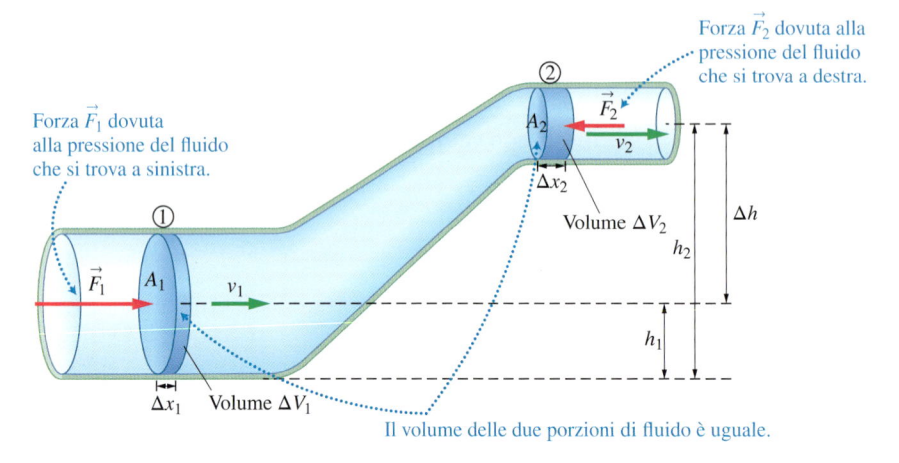

◀ **Figura 2**
Conservazione dell'energia per un fluido ideale che scorre in un condotto di sezione variabile a quote diverse

COLLEGAMENTO ◀◀
Il teorema dell'energia cinetica è stato trattato nel primo biennio ed è stato ripreso nei **Richiami dal primo biennio** a pag. 169.

Applichiamo il teorema dell'energia cinetica alla porzione di fluido che passa dallo stato iniziale 1 allo stato finale 2; la variazione di energia cinetica del sistema deve essere uguale al lavoro totale L_{tot} compiuto sul sistema stesso:

$$L_{\text{tot}} = \Delta K$$

Il lavoro totale compiuto sulla porzione di fluido è la somma del lavoro L_p compiuto dalla pressione in ciascuna regione e del lavoro L_g compiuto dalla forza di gravità. Quindi il teorema dell'energia cinetica si può scrivere in questo modo:

$$L_p + L_g = \Delta K$$

Calcoliamo i tre termini separatamente.

1. Calcolo del lavoro L_p compiuto dalla pressione

Consideriamo la porzione di fluido di lunghezza Δx_1 che viene spinta nella direzione del moto dalla pressione p_1. La forza dovuta alla pressione esercitata sul fluido sulla sezione di area A_1 è $F_1 = p_1 A_1$ e il lavoro compiuto da questa forza è:

$$L_1 = F_1 \Delta x_1 = p_1 A_1 \Delta x_1$$

Poiché il volume della porzione di fluido è $\Delta V_1 = A_1 \Delta x_1$, il lavoro compiuto da p_1 si può scrivere come:

$$L_1 = p_1 \Delta V_1$$

Quando il fluido arriva nella regione 2 risente di una forza in verso opposto al suo moto, dovuta alla pressione p_2; perciò p_2 compie un lavoro *negativo* sulla porzione di fluido. Seguendo il ragionamento precedente, possiamo scrivere il lavoro compiuto da p_2 come:

$$L_2 = -p_2 \Delta V_2$$

Il volume della porzione di fluido non cambia nel passaggio dalla regione 1 alla regione 2, quindi possiamo scrivere il lavoro compiuto dalla pressione sulla porzione di fluido come segue:

$$L_p = L_1 + L_2 = p_1 \Delta V_1 - p_2 \Delta V_2 = (p_1 - p_2) \Delta V$$

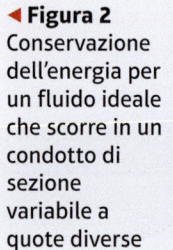

2. Calcolo del lavoro della forza di gravità L_g

Poiché la porzione di liquido si sposta dall'altezza h_1 all'altezza h_2 e la sua massa è $\Delta m = d\Delta V$, il lavoro compiuto dalla forza di gravità è:

$$L_g = -\Delta m g(h_2 - h_1) = \Delta m g(h_1 - h_2) = d\Delta V g(h_1 - h_2)$$

3. Calcolo della variazione di energia cinetica ΔK

Esprimiamo ora la variazione di energia cinetica della porzione di fluido di massa Δm, dovuta dalla variazione di velocità nelle due regioni del condotto:

$$\Delta K = \frac{1}{2}\Delta m v_2^2 - \frac{1}{2}\Delta m v_1^2 = \frac{1}{2} d \Delta V(v_2^2 - v_1^2)$$

4. Teorema dell'energia cinetica

Sostituiamo, nel teorema dell'energia cinetica, $L_p + L_g = \Delta K$, le espressioni del lavoro della pressione, del lavoro della forza di gravità e della variazione di energia cinetica che abbiamo ricavato sopra:

$$(p_1 - p_2)\Delta V + d\Delta V g(h_1 - h_2) = \frac{1}{2} d \Delta V(v_2^2 - v_1^2)$$

Dividendo i termini dell'equazione per ΔV e separando le grandezze relative alle due regioni otteniamo l'equazione di Bernoulli nella forma:

$$p_1 + dgh_1 + \frac{1}{2}dv_1^2 = p_2 + dgh_2 + \frac{1}{2}dv_2^2$$

In generale possiamo esprimere l'equazione come segue:

> **Equazione di Bernoulli**
>
> $$p + dgh + \frac{1}{2}dv^2 = \text{costante}$$

LE GRANDI IDEE

1 L'equazione di Bernoulli esprime il principio di conservazione dell'energia applicato ai fluidi. In altre parole, è una riaffermazione del teorema dell'energia cinetica in termini di grandezze per unità di volume.

Osserviamo che:

- il termine p può anche essere espresso come un'*energia per unità di volume*. Infatti, ricordando che $p = \frac{F}{A}$, se moltiplichiamo numeratore e denominatore per lo spostamento Δx, otteniamo $p = \frac{F\Delta x}{A\Delta x}$; ma $F\Delta x$ è il lavoro compiuto dalla forza F che agisce lungo lo spostamento Δx e $A\Delta x$ è il volume spazzato dalla sezione di area A che si sposta di Δx. Quindi la pressione può essere considerata come lavoro (energia) per unità di volume, cioè $p = \frac{L}{V}$;

- il termine dgh può essere scritto come $dgh = \frac{m}{V}gh = \frac{mgh}{V}$ e rappresenta l'*energia potenziale gravitazionale per unità di volume*;

- il termine $\frac{1}{2}dv^2$ può essere scritto come $\frac{1}{2}dv^2 = \frac{1}{2}\frac{m}{V}v^2 = \frac{1}{2}\frac{mv^2}{V}$ e rappresenta l'*energia cinetica per unità di volume*.

L'equazione di Bernoulli è allora semplicemente una riaffermazione del *teorema dell'energia cinetica in termini di grandezze per unità di volume*. Naturalmente, questa relazione è valida finché si possono ignorare le perdite causate dagli attriti interni, che producono calore.

■ APPLICA SUBITO

1 Verifica che i termini che compaiono nell'equazione di Bernoulli hanno tutti la dimensione di un'energia per unità di volume.

Esprimendo ciascun termine in unità SI e trascurando i coefficienti, otteniamo:

$$p: \frac{\text{N}}{\text{m}^2} \cdot \frac{\text{m}}{\text{m}} = \frac{\text{J}}{\text{m}^3} \quad dgh: \frac{\text{kg}}{\text{m}^3} \cdot \frac{\text{m}}{\text{s}^2} \cdot \text{m} = \frac{\text{N}\cdot\text{m}}{\text{m}^3} = \frac{\text{J}}{\text{m}^3} \quad dv^2: \frac{\text{kg}}{\text{m}^3} \cdot \frac{\text{m}^2}{\text{s}^2} = \frac{\text{N}\cdot\text{m}}{\text{m}^3} = \frac{\text{J}}{\text{m}^3}$$

PROBLEM SOLVING 2 | La pressione dell'acqua nel bagno

L'acqua entra in una casa attraverso il condotto principale, di diametro interno 2,0 cm, a una pressione di $4,0 \cdot 10^5$ Pa. Un tubo di diametro 1,0 cm porta l'acqua nel bagno situato al primo piano, a un'altezza di 5,0 m. Se la velocità dell'acqua nel condotto principale è 1,5 m/s, calcola la velocità, la pressione e la portata nel tubo del bagno.

■ **DESCRIZIONE DEL PROBLEMA** Nella figura è riportato lo schema dell'impianto idrico della casa, con il condotto principale e la diramazione verso il bagno al primo piano. Poiché i tubi hanno un diametro relativamente grande si può trascurare l'attrito; inoltre l'acqua è un fluido incomprimibile, per cui possiamo usare l'equazione di Bernoulli.
Indichiamo con 1 e 2 rispettivamente i punti di ingresso della conduttura principale e del bagno. Scegliamo il sistema di riferimento come in figura, in modo che $h_1 = 0$ m e $h_2 = 5,0$ m.

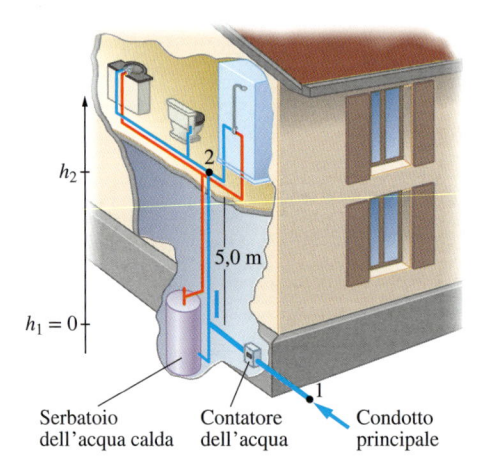

■ **STRATEGIA** Conosciamo v_1 e il diametro dei due tubi, quindi l'area della loro sezione. Utilizzando l'equazione di continuità possiamo calcolare v_2. Noti p_1, v_1 e le altezze, utilizzando l'equazione di Bernoulli possiamo calcolare p_2.

Dati Diametro del condotto principale, $D_1 = 2,0$ cm; pressione dell'acqua nel condotto principale, $p_1 = 4,0 \cdot 10^5$ Pa; diametro del tubo del bagno, $D_2 = 1,0$ cm; altezza del bagno, $h_2 = 5,0$ m; velocità dell'acqua nel condotto principale, $v_1 = 1,5$ m/s

Incognite Velocità dell'acqua nel tubo del bagno, $v_2 = ?$; pressione dell'acqua nel tubo del bagno, $p_2 = ?$; portata nel tubo del bagno, $Q = ?$

■ **SOLUZIONE** Calcoliamo la velocità v_2 dell'acqua nel tubo del bagno con l'equazione di continuità:

$$v_2 = \frac{A_1}{A_2} v_1 = \frac{\pi(D_1/2)^2}{\pi(D_2/2)^2} v_1 = \frac{\pi(1,0 \text{ cm})^2}{\pi(0,50 \text{ cm})^2} (1,5 \text{ m/s}) = 6,0 \text{ m/s}$$

Dall'equazione di Bernoulli ricaviamo la pressione dell'acqua nel tubo del bagno p_2 e sostituiamo i valori numerici:

$$p_2 = p_1 + dgh_1 - dgh_2 + \frac{1}{2}dv_1^2 - \frac{1}{2}dv_2^2 = p_1 - dg(h_2 - h_1) - \frac{1}{2}d(v_2^2 - v_1^2) =$$
$$= 4,0 \cdot 10^5 \text{ Pa} - (1,0 \cdot 10^3 \text{ kg/m}^3)(9,81 \text{ m/s}^2)(5,0 \text{ m}) - \frac{1}{2}(1,0 \cdot 10^3 \text{ kg/m}^3)(36 - 2,3) \text{ m}^2/\text{s}^2 = 3,3 \cdot 10^5 \text{ Pa}$$

Calcoliamo la portata nel tubo del bagno:

$$Q = \frac{\Delta V}{\Delta t} = A_2 v_2 = \pi(0,50 \cdot 10^{-2} \text{ m})^2 (6,0 \text{ m/s}) = 4,7 \cdot 10^{-4} \text{ m}^3/\text{s} = 0,47 \text{ litri/s}$$

■ **OSSERVAZIONI** Poiché abbiamo ipotizzato che il fluido (l'acqua) sia incomprimibile e non viscoso, la portata si può ricavare ugualmente a partire dai dati relativi al condotto principale, ottenendo lo stesso valore: $Q = A_1 v_1 = 0,47$ litri/s.

PROVA TU Qual è il valore di p_2 quando tutti i rubinetti dell'abitazione sono chiusi ($v_1 = v_2 = 0$)? [$3,5 \cdot 10^5$ Pa]

Caso particolare: altezza costante

Consideriamo il caso particolare di un fluido che scorre in un *condotto orizzontale* di sezione variabile, mostrato in **figura 3**.
Poiché in questo caso $h_1 = h_2 = h$, l'equazione di Bernoulli diventa:

$$p_1 + dgh + \frac{1}{2}dv_1^2 = p_2 + dgh + \frac{1}{2}dv_2^2$$

e, semplificando i termini contenenti l'altezza, otteniamo:

$$p_1 + \frac{1}{2}dv_1^2 = p_2 + \frac{1}{2}dv_2^2 \quad \text{cioè} \quad p + \frac{1}{2}dv^2 = \text{costante}$$

L'equazione precedente equivale a dire che c'è una sorta di "bilanciamento" fra la pressione in un fluido e la sua velocità: *se la velocità aumenta, la pressione diminuisce*.
Sappiamo che, per l'equazione di continuità, la velocità del fluido è inversamente proporzionale all'area della sezione del condotto, dunque possiamo anche concludere che *la pressione in un condotto orizzontale è maggiore dove l'area della sezione del condotto è maggiore*. Questo risultato è noto come **effetto di Venturi**.
Sembra poco intuitivo che un fluido che si muove velocemente abbia una pressione minore di uno che si muove più lentamente. Ricordiamo, tuttavia, che p_1 agisce nel verso del moto, e p_2 in verso opposto. Il fluido acquista velocità passando da una zona a pressione maggiore a una a pressione inferiore.

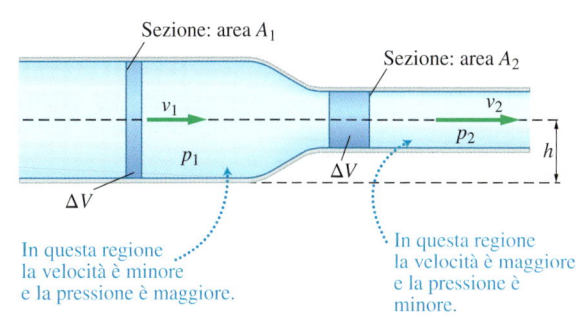

▲ **Figura 3**
Caso particolare dell'equazione di Bernoulli: fluido che scorre in un condotto orizzontale

---

PROBLEM SOLVING 3 **Manichetta antincendio II**

Considera la manichetta antincendio del *Problem solving* 1 e supponi che la pressione nella manichetta sia 350 kPa. Calcola la pressione nell'ugello.

■ **DESCRIZIONE DEL PROBLEMA** Nella figura utilizziamo ancora il sistema di numerazione nel quale l'indice 1 si riferisce al tubo e l'indice 2 all'ugello. Pertanto $p_1 = 350$ kPa e p_2 deve essere determinata.

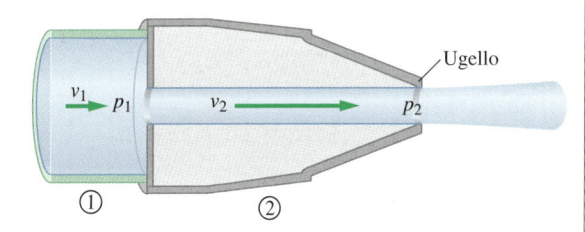

■ **STRATEGIA** Nel *Problem solving* 1 abbiamo utilizzato l'equazione di continuità $A_1v_1 = A_2v_2$ per determinare v_2.
Ora utilizzeremo il risultato ottenuto per determinare p_2, mediante l'equazione di Bernoulli, come abbiamo fatto nel *Problem solving* 2. In questo caso essa diventa: $p_1 + \frac{1}{2}dv_1^2 = p_2 + \frac{1}{2}dv_2^2$.

Dati Pressione nella manichetta, $p_1 = 350$ kPa; velocità dell'acqua nella manichetta, $v_1 = 1,3$ m/s; velocità dell'acqua nell'ugello, $v_2 = 19$ m/s

Incognita Pressione dell'acqua nell'ugello, $p_2 = ?$

■ **SOLUZIONE** Dall'equazione $p_1 + \frac{1}{2}dv_1^2 = p_2 + \frac{1}{2}dv_2^2$ ricaviamo la pressione p_2 nell'ugello e sostituiamo i valori numerici, ricordando che $v_1 = 1,3$ m/s e $v_2 = 19$ m/s sono quelli del *Problem solving* 1:

$$p_2 = p_1 + \frac{1}{2}d(v_1^2 - v_2^2) = 350 \text{ kPa} + \frac{1}{2}(1,0 \cdot 10^3 \text{ kg/m}^3)[(1,3 \text{ m/s})^2 - (19 \text{ m/s})^2] = 170 \text{ kPa}$$

■ **OSSERVAZIONI** La pressione nell'ugello è minore di quella nel tubo. La differenza si deve al fatto che una parte dell'energia associata alla pressione nel tubo è stata trasformata in energia cinetica quando l'acqua ha attraversato l'ugello.

PROVA TU Quale deve essere la velocità nell'ugello affinché l'acqua nell'ugello abbia una pressione di 110 kPa?
[$v_2 = 22$ m/s]

Caso particolare: velocità costante

Consideriamo ora il caso particolare di un fluido che scorre in un *condotto di sezione costante*, che passa da un'altezza h_1 a un'altezza h_2 come mostrato in **figura 4**.
Poiché l'area della sezione è costante, per l'equazione di continuità la velocità del fluido non cambia, cioè $v_1 = v_2 = v$; l'equazione di Bernoulli in questo caso diventa:

$$p_1 + dgh_1 + \frac{1}{2}dv^2 = p_2 + dgh_2 + \frac{1}{2}dv^2$$

Semplificando i termini contenenti la velocità otteniamo:

$$p_1 + dgh_1 = p_2 + dgh_2 \quad \text{cioè} \quad p + dgh = \text{costante}$$

Dall'equazione precedente si deduce che *la pressione diminuisce se l'altezza a cui scorre il fluido aumenta*.
Questo risultato è equivalente, nel caso statico, alla **legge di Stevino** che abbiamo ricavato nel primo biennio partendo da considerazioni sulle forze.

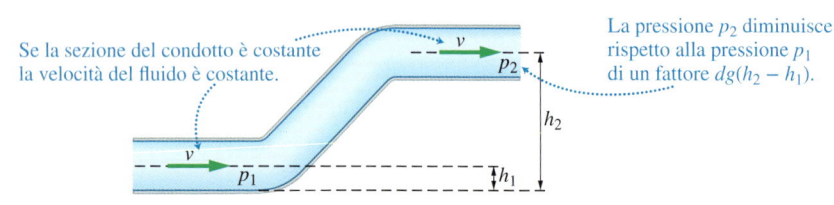

◀ **Figura 4**
Caso particolare dell'equazione di Bernoulli: fluido che scorre in un condotto di sezione costante

■ APPLICA SUBITO

2 In un oleodotto il petrolio (densità 0,825 g/cm³) scorre a una certa quota a una velocità costante di 6,8 m/s e alla pressione di $1,72 \cdot 10^5$ Pa. Determina la pressione del petrolio in un tratto in cui il tubo dell'oleodotto scorre a una quota più alta di 125 cm.

Possiamo determinare la pressione p_2 nel tratto del tubo a una quota maggiore utilizzando l'equazione di Bernoulli a velocità costante:

$$p_1 + dgh_1 = p_2 + dgh_2$$

da cui si ricava p_2:

$$p_2 = p_1 + dg(h_1 - h_2) = p_1 - dg(h_2 - h_1)$$

Sostituiamo i valori numerici:

$$p_2 = 1,72 \cdot 10^5 \text{ Pa} - (825 \text{ kg/m}^3)(9,81 \text{ m/s}^2)\,1,25 \text{ m} = 1,62 \cdot 10^5 \text{ Pa}$$

Poiché l'altezza alla quale scorre il petrolio è aumentata, la pressione è diminuita. Osserviamo che la velocità del petrolio è un dato non necessario alla risoluzione dell'esercizio.

Caso particolare: pressione costante

Un ultimo caso particolare dell'equazione di Bernoulli si ha quando la pressione è la stessa da una parte e dall'altra del condotto.
In questo caso consideriamo come condotto un recipiente riempito con un fluido, sulla cui superficie laterale è stato praticato un foro, come mostrato in **figura 5**.

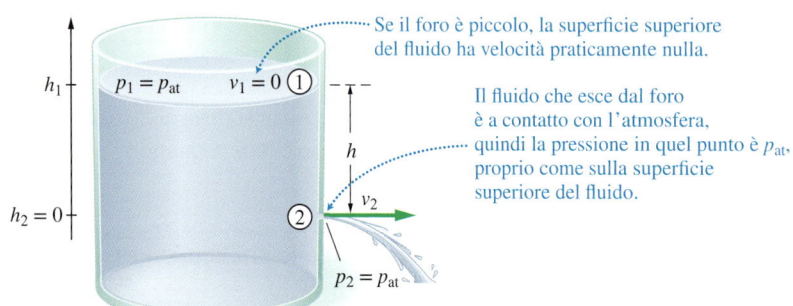

◀ **Figura 5**
Fluido che esce dal foro praticato nella parete di un recipiente

Applichiamo l'equazione di Bernoulli ai punti 1 (sulla superficie superiore del fluido) e 2 (in corrispondenza del foro da cui esce il fluido):

$$p_1 + dgh_1 + \frac{1}{2}dv_1^2 = p_2 + dgh_2 + \frac{1}{2}dv_2^2$$

Nel punto 1 il fluido è sottoposto alla pressione atmosferica, dunque $p_1 = p_{at}$; anche nel punto 2 il fluido è sottoposto alla pressione atmosferica perché il foro mette in comunicazione il fluido con l'atmosfera, quindi $p_2 = p_{at}$.
Se fissiamo l'origine dell'asse verticale al livello del foro, $h_2 = 0$, $h_1 = h$ e l'equazione diventa:

$$p_{at} + dgh + \frac{1}{2}dv_1^2 = p_{at} + 0 + \frac{1}{2}dv_2^2$$

Se il foro è relativamente piccolo e il recipiente grande, la superficie superiore dell'acqua ha una velocità praticamente nulla; perciò possiamo porre $v_1 = 0$, mentre la velocità v_2 è incognita.
Sostituendo nell'equazione precedente otteniamo:

$$p_{at} + dgh + 0 = p_{at} + 0 + \frac{1}{2}dv_2^2$$

e semplificando:

$$gh = \frac{1}{2}v_2^2$$

Risolvendo rispetto a v_2 otteniamo la relazione:

$$v_2 = \sqrt{2gh}$$

chiamata **legge di Torricelli**, che esprime la velocità di efflusso di un fluido da un recipiente riempito fino a un'altezza h.

> **Legge di Torricelli**
> La velocità di efflusso di un fluido contenuto in un recipiente da un foro posto a un'altezza h dalla superficie superiore del fluido è:
> $$v_{eff} = \sqrt{2gh}$$

L'espressione trovata per v_{eff} è familiare: infatti è la velocità di un corpo in caduta libera da un'altezza h. In altre parole, *il fluido esce dal foro con la stessa velocità che avrebbe se cadesse da un'altezza uguale a quella della sua superficie superiore.*

Analogamente, se il getto che esce dal foro fosse diretto verso l'alto, come in **figura 6**, avrebbe esattamente una velocità tale da far salire il fluido fino a un'altezza h, cioè fino alla superficie libera del fluido. Questo è proprio ciò che ci aspettiamo sulla base della conservazione dell'energia meccanica.

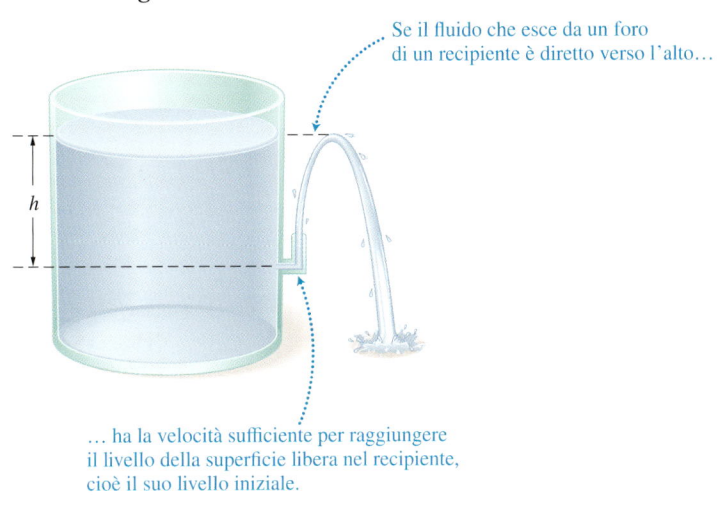

◂ **Figura 6**
Altezza massima di un getto di fluido che esce da un foro

PROBLEM SOLVING 4 — Il progetto della fontana

Un giardiniere vuole progettare una fontana nella quale uno zampillo d'acqua esca dal fondo di un serbatoio e cada in un secondo serbatoio, come mostrato nella figura. La superficie superiore del secondo serbatoio si trova 0,500 m al di sotto del foro praticato nel primo serbatoio, che è riempito d'acqua per una profondità di 0,150 m.
A quale distanza, a destra del primo serbatoio, deve essere sistemato il secondo serbatoio affinché l'acqua vi cada dentro?

■ **DESCRIZIONE DEL PROBLEMA** La figura riporta le grandezze significative e l'appropriato sistema di coordinate, con l'asse x orizzontale e l'asse y verticale. Sappiamo che $h = 0{,}150$ m e $H = 0{,}500$ m e dobbiamo determinare la distanza D.

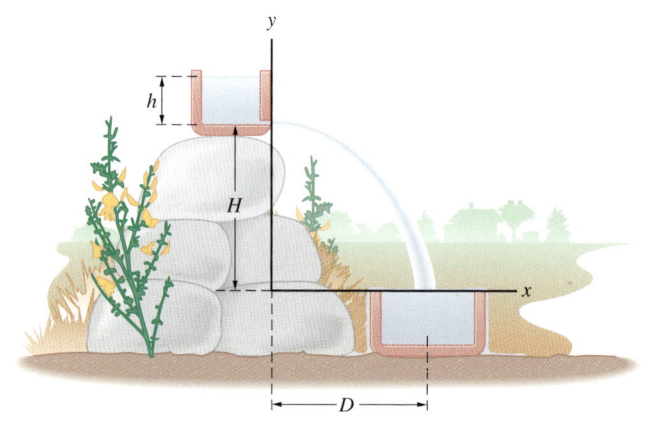

■ **STRATEGIA** Questo problema combina la legge di Torricelli con la cinematica. Innanzitutto, determiniamo la velocità v dell'acqua quando lascia il primo serbatoio. Poi calcoliamo il tempo necessario affinché l'acqua in caduta libera percorra una distanza H. Infine, poiché il getto d'acqua si muove in direzione x con velocità costante, calcoliamo la distanza D come $D = vt$.

Dati Altezza dello zampillo della fontana, $H = 0{,}500$ m; profondità dell'acqua nel primo serbatoio, $h = 0{,}150$ m

Incognita Gittata dello zampillo, $D = ?$

■ **SOLUZIONE** Determiniamo la velocità dell'acqua che esce dal primo serbatoio utilizzando la legge di Torricelli:

$$v = \sqrt{2gh} = \sqrt{2(9{,}81 \text{ m/s}^2)(0{,}150 \text{ m})} = 1{,}72 \text{ m/s}$$

Calcoliamo il tempo t di caduta libera per un'altezza H utilizzando le relazioni del moto uniformemente accelerato:

$$H = \frac{1}{2}gt^2$$

da cui:

$$t = \sqrt{\frac{2H}{g}} = \sqrt{\frac{2(0{,}500 \text{ m})}{9{,}81 \text{ m/s}^2}} = 0{,}319 \text{ s}$$

Moltiplichiamo v per t per ottenere la distanza D:

$$D = vt = (1{,}72 \text{ m/s})(0{,}319 \text{ s}) = 0{,}549 \text{ m}$$

OSSERVAZIONI La soluzione trovata può anche essere scritta come:

$$D = vt = \sqrt{2gh}\left(\sqrt{\frac{2H}{g}}\right) = 2\sqrt{hH}$$

Perciò, se si scambiano i valori di h e H, la distanza D rimane la stessa.

PROVA TU Calcola la distanza D per $h = 0{,}500$ m e $H = 0{,}150$ m. [$D = 0{,}549$ m, come ci attendevamo]

4 Applicazioni dell'equazione di Bernoulli

Consideriamo qualche esempio dalla vita quotidiana che illustra l'applicazione dell'equazione di Bernoulli, verificando la dipendenza della pressione del fluido considerato dalla velocità.

La portanza su un foglio di carta

Se teniamo un foglio di carta per un estremo, come mostrato in **figura 7**, e soffiamo sulla sua superficie superiore, il foglio si solleva verso l'alto. Per capirne il motivo osserviamo che, quando soffiamo, il foglio è pressappoco orizzontale e la velocità dell'aria sopra il foglio è maggiore di quella sotto il foglio.
Se applichiamo l'equazione di Bernoulli nell'ipotesi $h_1 \approx h_2$, con p_1, v_1 e p_2, v_2, rispettivamente, pressione e velocità sotto il foglio e sopra il foglio, otteniamo:

$$p_1 + \frac{1}{2}dv_1^2 = p_2 + \frac{1}{2}dv_2^2$$

da cui, se $v_1 < v_2$, deduciamo che $p_1 > p_2$. Di conseguenza, la pressione sopra il foglio è più bassa di quella sotto il foglio (la normale pressione atmosferica) e questa differenza di pressione genera una forza risultante verso l'alto, detta **portanza**, che spinge il foglio e lo solleva.

Getto d'aria fra due palle da bowling [in inglese, con sottotitoli in inglese e in italiano]

Viene allestita una dimostrazione pratica dell'equazione di Bernoulli, con due palle da bowling e un soffiatore. Guarda il video e, se puoi... prova tu stesso!

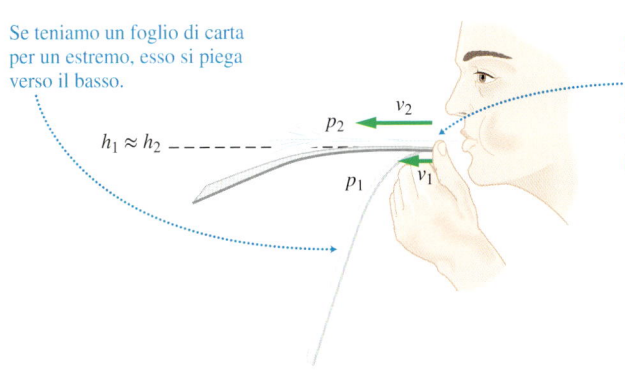

◀ **Figura 7**
Foglio di carta e portanza

TECH

Il funzionamento dell'aerografo

L'equazione di Bernoulli trova applicazione in molti oggetti di uso quotidiano, ad esempio negli aerografi che vengono utilizzati per spruzzare vernici di vario tipo.
L'**aerografo** è costituito da una penna o pistola che spruzza la vernice, nebulizzandola tramite un flusso di aria compressa che permette di ottenere linee molto sottili e zone di colore uniforme o sfumato.
Il principio di funzionamento dell'aerografo si basa sull'equazione di Bernoulli e sfrutta l'effetto Venturi. In figura è riportato un disegno schematico dello strumento. L'aria compressa passa nel tubo orizzontale della penna che presenta una strozzatura; nel passaggio dalla sezione 1 alla sezione 2 di diametro minore la velocità dell'aria aumenta e la sua pressione diminuisce. Questa depressione determina la risalita della vernice dal serbatoio attraverso il tubo verticale; la risalita è tanto maggiore quanto più grande è la velocità dell'aria nella strozzatura e quanto maggiore è la differenza di pressione fra le due sezioni.
In questo modo la vernice viene aspirata e proiettata polverizzata sulla superficie da verniciare.

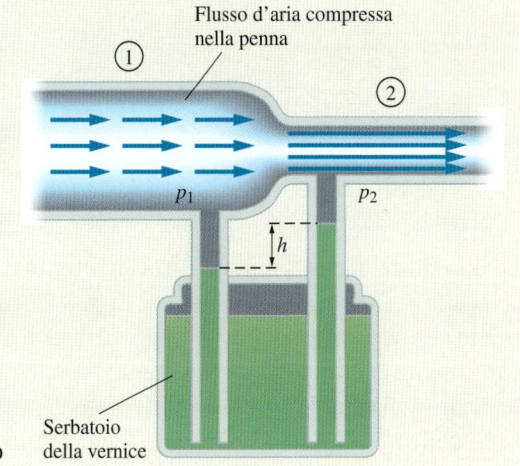

▶ Schema di funzionamento dell'aerografo

La portanza sull'ala di un aereo

Un esempio analogo del legame fra pressione e velocità è fornito dall'ala di un aereo, la cui sezione è mostrata in **figura 8**. La forma dell'ala di un aereo è progettata in modo che l'aria scorra più rapidamente sulla superficie superiore che non su quella inferiore; di conseguenza, la pressione sopra l'ala è minore di quella sotto l'ala e, come per il foglio di carta, la differenza di pressione determina una forza risultante verso l'alto (portanza) sull'ala. Osserviamo che la portanza è un effetto dinamico, cioè richiede un flusso d'aria; maggiore è la differenza di velocità, maggiore è la forza verso l'alto.

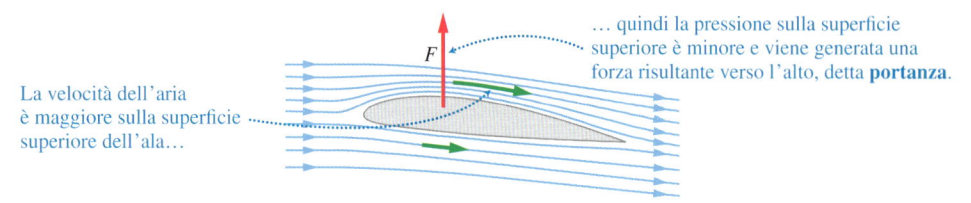

◀ **Figura 8**
Flusso d'aria e portanza sull'ala di un aereo

Pericolose differenze di pressione

Spesso diciamo che un tifone o un tornado hanno fatto volare via il tetto di una casa. In realtà la causa non è la grande pressione esercitata dal vento sul tetto, ma proprio l'opposto. Secondo l'equazione di Bernoulli, infatti, l'alta velocità dell'aria che passa sopra il tetto crea una regione di pressione ridotta e la differenza di pressione fra il tetto e la normale pressione atmosferica presente all'interno della casa determina una forza verso l'alto che solleva il tetto, come mostrato nella **figura 9**.

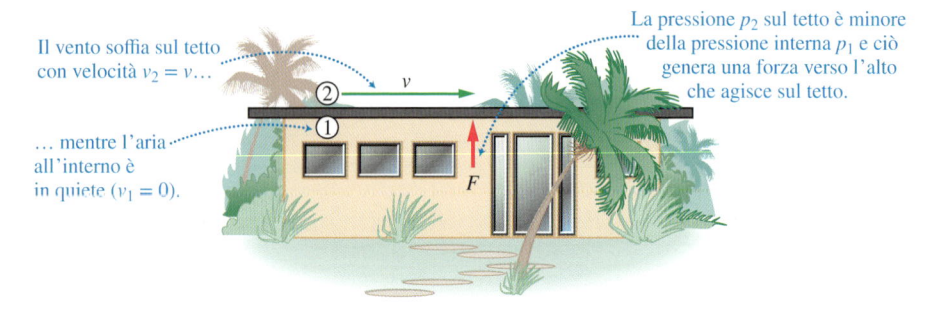

◀ **Figura 9**
Forza sul tetto dovuta alla velocità del vento

■ APPLICA SUBITO

3 Durante una tempesta, un vento di 35,5 m/s soffia sul tetto di una piccola casa. Determina la differenza di pressione fra l'aria all'interno della casa e l'aria sulla superficie del tetto, assumendo che le finestre e le porte siano chiuse. (La densità dell'aria è 1,29 kg/m^3).

Utilizziamo l'equazione di Bernoulli, con il punto 1 appena sotto il tetto e il punto 2 appena sopra il tetto e, poiché la differenza fra le altezze dei due punti è piccola, poniamo $h_1 = h_2 = h$; otteniamo:

$$p_1 + 0 + dgh = p_2 + \frac{1}{2}dv_2^2 + dgh$$

da cui ricaviamo:

$$p_1 - p_2 = \frac{1}{2}dv_2^2 = \frac{1}{2}(1{,}29 \text{ kg/m}^3)(35{,}5 \text{ m/s})^2 = 813 \text{ Pa}$$

La differenza di pressione fra l'aria all'interno della casa e l'aria sulla superficie del tetto calcolata nell'esercizio precedente è di 813 Pa e può sembrare piuttosto piccola, considerando che la pressione atmosferica è 101 kPa. Tuttavia, essa può causare una forza rilevante su un'area relativamente grande, come quella di un tetto. Ad esempio, se un tetto ha un'area di circa 120 m^2, una differenza di pressione di 813 Pa produce una forza verso l'alto dell'ordine di 10^5 N. È questo il motivo per cui durante le tempeste più violente alcuni tetti vengono divelti dalle case.

5 Il moto nei fluidi viscosi

Finora abbiamo considerato soltanto fluidi "ideali", cioè fluidi che scorrono senza perdite dovute all'attrito interno. In questo paragrafo vedremo che cosa succede quando questa ipotesi non vale più.

Come noto, quando un blocco scivola su un pavimento ruvido risente di una forza di attrito che si oppone al moto. Analogamente, un fluido che scorre su una superficie ferma risente di una forza che si oppone al suo moto. La proprietà di un fluido che indica la resistenza allo scorrimento si chiama **viscosità**.

Fluidi come l'aria hanno bassa viscosità, fluidi più densi, come l'acqua, hanno viscosità maggiore e fluidi come il miele o la melassa sono caratterizzati da un'alta viscosità.

> **LE GRANDI IDEE**
> 2 I fluidi reali resistono allo scorrimento; questa resistenza è misurata dal coefficiente di viscosità.

La velocità media di un fluido viscoso

Per approfondire il discorso consideriamo una situazione di grande importanza pratica: lo scorrimento di un fluido in un condotto, ad esempio l'acqua che scorre in un tubo metallico o il sangue che scorre in un'arteria o in una vena. Dobbiamo supporre che il fluido abbia un **moto laminare**, cioè che i suoi strati scorrano l'uno sull'altro con un semplice moto traslatorio *senza formare vortici*.

Se il fluido fosse ideale, cioè avesse viscosità nulla, scorrerebbe nel condotto con velocità uguale in tutti i punti, come mostrato in **figura 10a**. Un fluido reale, con viscosità diversa da zero, scorre invece in modo simile a quello mostrato in **figura 10b**: il fluido è in quiete vicino alle pareti del tubo e scorre con la sua velocità massima al centro del tubo. Poiché porzioni adiacenti del fluido scorrono le une sulle altre con velocità diverse, per mantenere il flusso si deve esercitare una forza sul fluido, proprio come è necessario esercitare una forza per far scivolare un blocco su una superficie ruvida.

La forza che causa lo scorrimento di un fluido viscoso è fornita dalla *differenza fra le pressioni*, $p_1 - p_2$, in una data lunghezza L del tubo.

▲ La viscosità di un olio lubrificante per motori a 30 °C è circa 0,250 N s/m² e diminuisce con l'aumentare della temperatura.

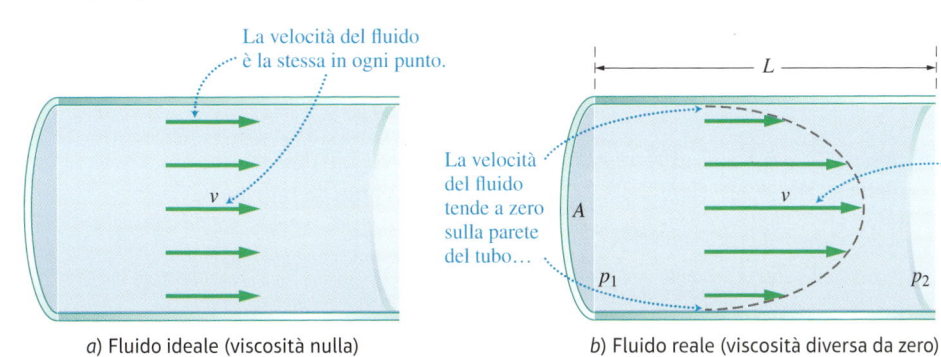

a) Fluido ideale (viscosità nulla)
b) Fluido reale (viscosità diversa da zero)

◀ **Figura 10** Velocità di un fluido che scorre in un tubo

Sperimentalmente si può verificare che la differenza di pressione necessaria per mantenere il fluido in movimento è direttamente proporzionale alla lunghezza L del tubo e alla velocità media v del fluido ed è inversamente proporzionale all'area A della sezione del tubo.

Tenendo presente tutte queste osservazioni, la differenza di pressione può essere scritta nella forma seguente:

$$p_1 - p_2 = \text{costante} \cdot \frac{vL}{A}$$

La costante di proporzionalità fra la differenza di pressione e vL/A è legata al **coefficiente di viscosità**, η, del fluido.

La velocità media di un fluido viscoso che scorre in un condotto è:

> **Velocità media di un fluido viscoso**
>
> $$v = \frac{(p_1 - p_2)}{8\pi\eta}\frac{A}{L}$$

Dalla relazione precedente possiamo dedurre che le dimensioni del coefficiente di viscosità sono N s/m². Infatti, poiché:

$$\eta = \frac{(p_1 - p_2)}{8\pi v} \frac{A}{L}$$

se esprimiamo le grandezze in unità SI otteniamo:

$$\frac{\text{Pa} \cdot \text{m}^2}{\text{m/s} \cdot \text{m}} = \text{Pa} \cdot \text{s} = \frac{\text{N} \cdot \text{s}}{\text{m}^2}$$

Un'unità comunemente utilizzata negli studi sui fluidi viscosi è il **poise**, che prende il nome dal fisiologo francese Jean Louis Marie Poiseuille (1799-1869) ed è definito come:

1 poise = 0,1 N s/m²

Il coefficiente di viscosità dell'acqua a temperatura ambiente è $1{,}0055 \cdot 10^{-3}$ N s/m² e quello del sangue a 37 °C è $2{,}72 \cdot 10^{-3}$ N s/m². Altri valori del coefficiente di viscosità sono riportati in **tabella 1**.

Fluido	Viscosità η (N s/m²)
Miele	10
Glicerina (20 °C)	1,50
Olio per motori (30 °C)	0,250
Sangue (37 °C)	$2{,}72 \cdot 10^{-3}$
Acqua (0 °C)	$1{,}79 \cdot 10^{-3}$
Acqua (20 °C)	$1{,}0055 \cdot 10^{-3}$
Acqua (100 °C)	$2{,}82 \cdot 10^{-4}$
Aria (20 °C)	$1{,}82 \cdot 10^{-5}$

▲ **Tabella 1**
Viscosità η di alcuni fluidi

PROBLEM SOLVING 5 Velocità del sangue nell'arteria polmonare

L'arteria polmonare, che collega il cuore ai polmoni, è lunga 8,5 cm e ha una differenza di pressione ai suoi estremi di 450 Pa. Se il raggio interno dell'arteria è 2,4 mm, qual è la velocità media del sangue nell'arteria polmonare?

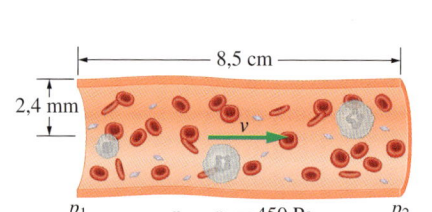

■ **DESCRIZIONE DEL PROBLEMA** La figura mostra una rappresentazione schematica dell'arteria polmonare, non in scala, nella quale sono indicate la lunghezza (8,5 cm) e il raggio (2,4 mm) dell'arteria e la differenza di pressione fra i due estremi (450 Pa).

■ **STRATEGIA** Possiamo determinare la velocità media del sangue utilizzando l'equazione $v = \dfrac{(p_1 - p_2)A}{8\pi\eta L}$. Osserviamo che la differenza di pressione, $p_1 - p_2$, è nota ed è 450 Pa = 450 N/m² e l'area della sezione del vaso sanguigno è $A = \pi r^2$.

Dati Lunghezza dell'arteria polmonare, $L = 8{,}5$ cm; differenza di pressione agli estremi dell'arteria, $p_1 - p_2 = 450$ Pa; raggio interno dell'arteria, $r = 2{,}4$ mm; $\eta = 2{,}72 \cdot 10^{-3}$ N s/m² (come da tabella 1 in questa pagina)

Incognita Velocità media del sangue nell'arteria, $v = ?$

■ **SOLUZIONE** Nell'equazione della velocità media v sostituiamo l'area A della sezione con πr^2 e semplifichiamo π al numeratore e al denominatore:

$$v = \frac{(p_1 - p_2)A}{8\pi\eta L} = \frac{(p_1 - p_2)r^2}{8\eta L}$$

Sostituiamo i valori numerici:

$$v = \frac{(450 \text{ Pa})(0{,}0024 \text{ m})^2}{8(0{,}00272 \text{ N} \cdot \text{s/m}^2)(0{,}085 \text{ m})} = 1{,}4 \text{ m/s}$$

■ **OSSERVAZIONI** La viscosità del sangue aumenta rapidamente con il valore del suo ematocrito, ovvero, con la concentrazione di globuli rossi nel sangue. Perciò un sangue denso, con valore alto dell'ematocrito, richiede una differenza di pressione significativamente maggiore per una determinata velocità del flusso sanguigno; questa pressione più alta deve essere fornita dal cuore, che lavora in modo più faticoso a ogni battito.

PROVA TU Qual è la differenza di pressione necessaria per fornire al sangue di questa arteria polmonare una velocità media di 1,5 m/s?

[480 Pa]

Equazione di Poiseuille

Abbiamo visto nel paragrafo 2 che il volume di fluido che passa attraverso una sezione in un determinato intervallo di tempo è la portata Q, e che $Q = vA$, dove v è la velocità media del fluido e A è l'area della sezione del tubo attraverso la quale scorre il fluido. Nel caso di un fluido viscoso, la portata diventa:

$$Q = \frac{\Delta V}{\Delta t} = vA = \frac{(p_1 - p_2)A^2}{8\pi\eta L}$$

Poiché, se il tubo è circolare, l'area della sua sezione è $A = \pi r^2$, dove r è il suo raggio, possiamo scrivere il risultato precedente nella seguente forma, nota come **equazione di Poiseuille**:

Equazione di Poiseuille

$$Q = \frac{(p_1 - p_2)\pi r^4}{8\eta L}$$

Osserviamo che la portata varia con la quarta potenza del raggio del tubo, perciò una piccola variazione del raggio corrisponde a una grande variazione della portata.

The circulation of blood

Blood is a viscous fluid and therefore it moves within the human circulatory system because of differences in pressure along its route. Read and listen to learn more!

Legge di Stokes

Un corpo che si muove in un fluido viscoso, risente di una forza di attrito dovuta al fluido. In regime laminare la forza è direttamente proporzionale alla velocità dell'oggetto e diretta nel verso opposto al moto, cioè:

$$\vec{F}_v = -k\vec{v}$$

La costante k dipende, oltre che dalla viscosità del fluido, dalla forma del corpo.
Ad esempio, consideriamo una sfera di raggio r in moto con velocità v in un fluido che ha coefficiente di viscosità η; se v non è molto grande, la forza di attrito che agisce sulla sfera è data dalla seguente espressione, nota come **legge di Stokes**:

Legge di Stokes

$$\vec{F}_v = -6\pi\eta r\vec{v}$$

▲ George Gabriel Stokes (1819-1903)

Se v è elevata, attorno alla sfera si formano dei vortici e la forza non è più data dalla formula di Stokes, ma è approssimativamente proporzionale a v^2.

Caduta di un corpo in un fluido viscoso

Un corpo in caduta libera in un fluido viscoso non cade con accelerazione costante perché alla forza peso si oppone la forza di attrito viscoso del fluido, che aumenta man mano che il corpo aumenta la sua velocità, facendo diminuire la forza totale che agisce sul corpo. Dunque la velocità del corpo aumenta fino a raggiungere, quando l'accelerazione diventa uguale a zero, una *velocità limite* che dipende dalla massa e dalla forma del corpo e dal fluido in cui esso cade; da questo istante in poi il corpo ha un moto rettilineo uniforme con velocità pari alla velocità limite. L'andamento della velocità del corpo in funzione del tempo è riportata nel grafico di **figura 11**.

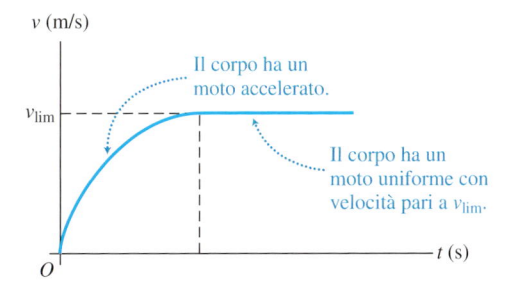

◀ **Figura 11**
Andamento della velocità di un corpo in caduta libera in un mezzo viscoso

Per calcolare la velocità limite è sufficiente uguagliare l'intensità della forza peso $P = mg$ a quella della forza di attrito viscoso $F_v = kv_{\text{lim}}$:

$$kv_{\text{lim}} = mg \quad \text{da cui} \quad v_{\text{lim}} = \frac{mg}{k}$$

Quindi:

> **Velocità limite di un corpo in caduta libera in un fluido viscoso**
>
> $$v_{\text{lim}} = \frac{mg}{k}$$

Un esempio di caduta libera in un fluido viscoso è quello di un paracadutista (**fig. 12**) che si lancia da un aereo e che sfrutta l'attrito viscoso dell'aria per trasformare il moto uniformemente accelerato iniziale in un moto rettilineo uniforme. Se il paracadutista si lancia da un'altezza di circa 3000 m, dopo qualche secondo raggiunge la velocità limite; la sua caduta libera prosegue poi per circa 45 secondi a una velocità limite di circa 50 m/s, pari a 180 km/h. Per ridurre la velocità di impatto con il terreno il paracadutista a questo punto apre il paracadute, in modo da aumentare la forza frenante dell'aria, e decelera; il paracadute gli permette di raggiungere una nuova velocità limite di circa 4-5 m/s e di toccare terra senza subire danni.

In alcuni casi, la velocità limite dipende anche dalla densità del mezzo in cui cade il corpo, perché non è possibile trascurare la forza di Archimede. Consideriamo ad esempio un corpo sferico di raggio r e densità d_s che cade da fermo, sotto l'azione della forza di gravità, in un fluido viscoso di densità d_m e viscosità η, come mostrato in **figura 13**. Le forze che agiscono sul corpo sono la forza peso P, la forza di Archimede S e la forza di attrito viscoso, la cui intensità aumenta man mano che aumenta la velocità del corpo.

◀ **Figura 12**

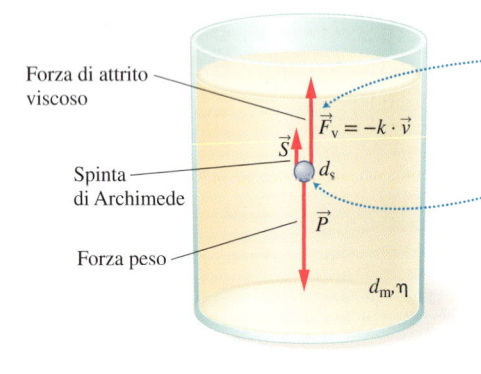

◀ **Figura 13** Forze che agiscono su un corpo sferico che cade in un fluido viscoso

L'accelerazione del corpo diventa nulla quando la somma delle intensità della forza di attrito e della spinta di Archimede uguaglia il peso del corpo:

$$F_v + S = P$$

Esplicitiamo le espressioni delle intensità delle diverse forze:

$$F_v = 6\pi\eta rv \quad S = V_s d_m g = \frac{4}{3}\pi r^3 d_m g \quad P = V_s d_s g = \frac{4}{3}\pi r^3 d_s g$$

Se sostituiamo le espressioni precedenti nell'equazione $F_v + S = P$ e poniamo $v = v_{\text{lim}}$, otteniamo:

$$6\pi\eta r v_{\text{lim}} + \frac{4}{3}\pi r^3 d_m g = \frac{4}{3}\pi r^3 d_s g$$

cioè:

$$6\pi\eta r v_{\text{lim}} = \frac{4}{3}\pi r^3 g(d_s - d_m)$$

e possiamo calcolare la velocità limite:

$$v_{\text{lim}} = \frac{2r^2(d_s - d_m)g}{9\eta}$$

COLLEGAMENTO ▸▸
In digitale
La tensione superficiale

RIPASSA I CONCETTI CHIAVE

1 Fluidi reali e fluidi ideali

Per studiare il moto di un fluido si introduce un modello: il fluido ideale.
Un **fluido ideale** è un fluido incomprimibile e non viscoso.
Per semplificare ulteriormente si suppone che il flusso del fluido sia **stazionario**, cioè che la velocità in ogni punto del fluido non dipenda dal tempo.

2 L'equazione di continuità

La velocità v di un fluido varia se varia la sezione A del condotto nel quale il fluido scorre.

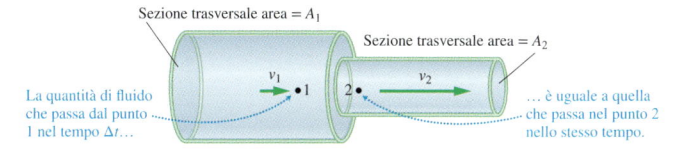

Equazione di continuità per i fluidi comprimibili

$$d_1 A_1 v_1 = d_2 A_2 v_2$$

Equazione di continuità per i fluidi incomprimibili

$$A_1 v_1 = A_2 v_2$$

Da questa equazione si deduce che la velocità di un fluido incomprimibile che scorre in un condotto è maggiore dove la sezione del condotto è minore.

Portata La portata è il volume di un fluido che passa attraverso la sezione di un condotto nell'unità di tempo:

$$Q = \frac{\Delta V}{\Delta t} = A v$$

L'equazione di continuità si può anche esprimere dicendo che la portata, cioè la quantità $Q = Av$, lungo un condotto è costante.

3 L'equazione di Bernoulli

L'**equazione di Bernoulli** esprime la conservazione dell'energia per unità di volume di un fluido.
La relazione tra pressione, velocità e altezza in due punti di un fluido ideale è:

$$p_1 + dgh_1 + \frac{1}{2}dv_1^2 = p_2 + dgh_2 + \frac{1}{2}dv_2^2$$

che si può anche scrivere:

$$p + dgh + \frac{1}{2}dv^2 = \text{costante}$$

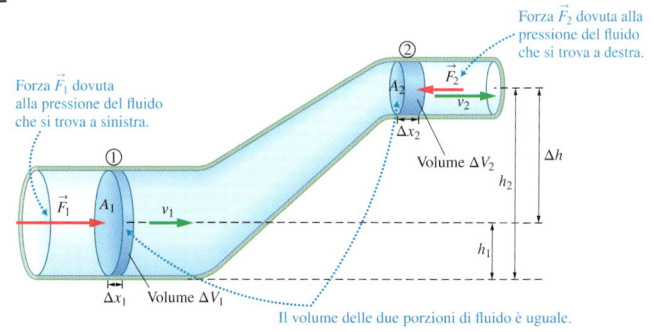

Effetto Venturi Se un fluido scorre in un condotto orizzontale (quindi $h_1 = h_2$) a sezione variabile, la pressione è maggiore dove l'area della sezione del condotto è maggiore.

Legge di Torricelli Se viene praticato un foro in un recipiente a una profondità h sotto la superficie libera dell'acqua, il fluido esce dal foro con la stessa velocità che avrebbe se cadesse da un'altezza uguale a quella della sua superficie superiore, cioè:

$$v_{\text{eff}} = \sqrt{2gh}$$

5 Il moto nei fluidi viscosi

Viscosità La viscosità di un fluido è simile all'attrito tra due superfici solide e indica la resistenza di un fluido allo scorrimento.

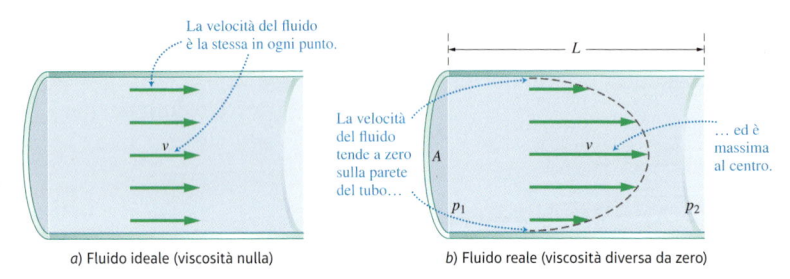

a) Fluido ideale (viscosità nulla)

b) Fluido reale (viscosità diversa da zero)

Equazione di Poiseuille Per mantenere in movimento un fluido a una velocità media costante occorre una differenza di pressione $p_1 - p_2$.
La velocità media di un fluido di viscosità η che scorre in un condotto di sezione A e lunghezza L è:

$$v = \frac{(p_1 - p_2)}{8\pi\eta} \frac{A}{L}$$

La relazione fra la portata Q del fluido e il suo coefficiente di viscosità η è data dall'**equazione di Poiseuille**:

$$Q = \frac{(p_1 - p_2)\pi r^4}{8\eta L}$$

che si applica a un tubo circolare di raggio r e lunghezza L.

Equazione di Stokes Una sfera di raggio r che si muove con una velocità v non molto grande in un fluido con coefficiente di viscosità η è soggetta a una forza di attrito la cui intensità è data dalla **legge di Stokes**:

$$F_v = -6\pi\eta r v$$

Caduta di un corpo in un fluido viscoso Un corpo in caduta libera in un fluido viscoso non cade con accelerazione costante perché la forza di attrito del fluido si oppone al moto. Poiché la forza di attrito aumenta man mano che cresce la velocità del corpo, quest'ultimo raggiunge una **velocità limite** che dipende dalla sua massa e dalla sua forma:

$$v_{\text{lim}} = \frac{mg}{k}$$

dove k è una costante che dipende, oltre che dalla viscosità del fluido, dalla forma del corpo.
Se la forza di Archimede non è trascurabile la velocità limite dipende anche dalla densità del fluido.

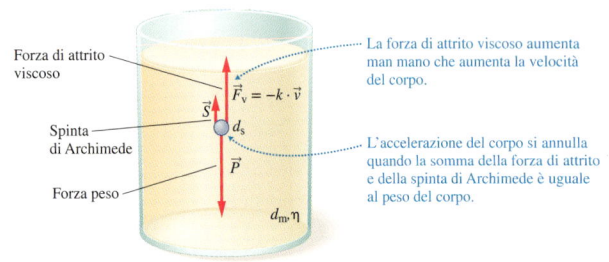

ESERCIZI E PROBLEMI

1-2 Fluidi reali e fluidi ideali, l'equazione di continuità

1 Due bicchieri di vetro, A e B, sono riempiti con un fluido fino alla stessa altezza. Il bicchiere A ha il diametro doppio rispetto al bicchiere B. Quale delle seguenti affermazioni è corretta?

- A Il peso del fluido nel bicchiere A è maggiore del peso del fluido nel bicchiere B.
- B Il peso del fluido nel bicchiere A è uguale al peso del fluido nel bicchiere B.
- C Il peso del fluido nel bicchiere A è minore del peso del fluido nel bicchiere B.
- D Non si può rispondere se non si conosce la densità del fluido.

2 Considera i due bicchieri di vetro, A e B, della domanda precedente. Quale delle seguenti affermazioni è corretta?

- A La pressione sul fondo del bicchiere A è maggiore della pressione sul fondo del bicchiere B.
- B La pressione sul fondo del bicchiere A è uguale alla pressione sul fondo del bicchiere B.
- C La pressione sul fondo del bicchiere A è minore della pressione sul fondo del bicchiere B.
- D Non si può rispondere se non si conosce la densità del fluido.

3 Quando un fluido si trova in regime stazionario:

- A la velocità di ogni particella di fluido è la stessa.
- B la velocità di ogni particella di fluido non varia nel tempo.
- C la velocità in ogni punto del fluido non varia nel tempo.
- D Nessuna delle risposte precedenti è corretta.

4 Un fluido ideale sta percorrendo un condotto cilindrico di raggio r_1 con velocità v_1. Se il raggio del condotto si riduce della metà, la velocità v_2 nella seconda parte del condotto:

- A diventa il quadruplo di v_1.
- B diventa la metà di v_1.
- C diventa il doppio di v_1.
- D resta invariata.

5 Il flusso nel tubo

In un tubo scorre acqua con una velocità di 2,1 m/s. Determina il flusso in kg/s, sapendo che il diametro del tubo è 3,8 cm.   [2,4 kg/s]

6 PREVEDI/SPIEGA

Osserva l'acqua che esce dal rubinetto di una fontanella e cade verso terra (il moto non deve essere turbolento).

a. La sezione del "tubo d'acqua" si allarga, si restringe o resta costante mano a mano che l'acqua scende verso terra?

b. Quale fra le seguenti è la *spiegazione migliore* per la risposta?

- 1 La velocità dell'acqua aumenta a causa dell'accelerazione di gravità e dunque, per l'equazione di continuità, la sezione del "tubo d'acqua" deve diminuire.
- 2 La pressione aumenta mano a mano che l'acqua si avvicina al suolo.
- 3 La velocità dell'acqua diminuisce a causa dell'attrito.

7 Innaffiare il giardino

Per innaffiare il giardino usi un tubo di gomma del diametro di 3,4 cm. L'acqua esce dal tubo con una velocità di 1,1 m/s. Se blocchi parzialmente l'estremità del tubo in modo che il diametro effettivo diventi 0,57 cm, con quale velocità l'acqua verrà spruzzata dal tubo?

[39 m/s]

8 Giochi in piscina

Per riempire una piscina gonfiabile per bimbi, Corrado usa un tubo da giardino con un diametro di 2,9 cm. L'acqua fluisce dal tubo con una velocità di 1,3 m/s. Quanto tempo impiegherà Corrado a riempire la piscina, se questa ha forma circolare con diametro interno di 2,0 m ed è profonda 26 cm?   [16 min]

9 BIO Quanto sangue pompa il cuore?

Quando sei a riposo, il tuo cuore pompa il sangue (densità 1060 kg/m³) con una portata di 5,00 litri al minuto. Calcola il volume e la massa di sangue pompato dal cuore in un giorno.   [7200 litri e 7630 kg al giorno]

10 BIO PROBLEMA SVOLTO

Una tipica arteriola ha un diametro di 0,030 mm e trasporta sangue con una portata di $5,5 \cdot 10^{-6}$ cm^3/s.

a. Qual è la velocità del sangue in un'arteriola?
b. Supponi che un'arteriola si ramifichi in 340 capillari, ognuno dei quali ha un diametro di $4,0 \cdot 10^{-6}$ m. Qual è la velocità del sangue nei capillari?

SOLUZIONE

a. Poni $Q = 5,5 \cdot 10^{-6}$ cm^3/s e $D_a = 0,030$ mm. Calcola la velocità del sangue all'interno dell'arteriola utilizzando la formula della portata:

$$v_a = \frac{Q}{A_a} = \frac{Q}{\pi \left(\frac{D_a}{2}\right)^2} = \frac{5,5 \cdot 10^{-6} \text{ cm}^3/\text{s}}{\pi \left(\frac{3,0 \cdot 10^{-3} \text{ cm}}{2}\right)^2} =$$

$$= 0,78 \text{ cm/s}$$

b. Utilizza l'equazione di continuità per un fluido incomprimibile, tenendo conto che $n = 340$ e $D_c = 4,0 \cdot 10^{-6}$ m:

$$Q = A_a v_a = nA_c v_c$$

e da essa ricava v_c:

$$v_c = \frac{Q}{nA_c} = \frac{Q}{n\pi \left(\frac{D_c}{2}\right)^2} = \frac{5,5 \cdot 10^{-6} \text{ cm}^3/\text{s}}{340\pi \left(\frac{4,0 \cdot 10^{-4} \text{ cm}}{2}\right)^2} =$$

$$= 0,13 \text{ cm/s}$$

11 Il kayak di Uncas

Uncas, l'ultimo dei mohicani, sta scendendo un fiume con il suo kayak. Il fiume nelle rapide si stringe e la sua larghezza si riduce da 12 m a 5,8 m. La profondità del fiume nel tratto prima delle rapide è 2,7 m, mentre nelle rapide diventa di 0,85 m. Calcola la velocità dell'acqua nel tratto delle rapide, sapendo che la velocità nel tratto precedente è 1,2 m/s. Assumi che la sezione del letto del fiume sia rettangolare. [7,9 m/s]

12 Più veloce?

Dell'acqua scorre con un flusso di 3,11 kg/s in un tubo di gomma avente un diametro di 3,22 cm.

a. Qual è la velocità dell'acqua nel tubo?
b. Se al tubo viene inserita una bocchetta con un diametro di 0,732 cm, qual è la velocità dell'acqua nella bocchetta?
c. Il flusso attraverso la bocchetta è maggiore, minore o uguale a 3,11 kg/s? Giustifica la risposta.
[a. 3,82 m/s; b. 73,9 m/s]

13 🇬🇧 IN ENGLISH

A 1.1 cm diameter pipe widens to 2.5 cm. A liquid flows through the first segment at a speed of 4.3 m/s.

a. What is the speed in the second segment?
b. What is the volume flow rate in the pipe?
[a. 0.83 m/s; b. $4.1 \cdot 10^{-4}$ m^3/s]

3-4 L'equazione di Bernoulli, applicazioni dell'equazione di Bernoulli

14 Il celebre asso dell'aviazione tedesca, il conte Von Richtofen, noto come il Barone Rosso, durante la Prima Guerra Mondiale pilotava un Fokker Dr.I, un caccia monomotore triplano. La configurazione a tripla ala era stata adottata per:
A rendere più maneggevole l'aereo.
B migliorare la portanza.
C rendere più veloce l'aereo.
D minimizzare i consumi di carburante.

15 Due cisterne identiche sono riempite con due fluidi ideali aventi densità diversa. Se sul fondo delle cisterne è praticato un piccolo foro, si può affermare che:
A la velocità di efflusso è la stessa per entrambi i fluidi.
B la velocità di efflusso è maggiore per il fluido di densità maggiore.
C la velocità di efflusso è minore per il fluido di densità maggiore.
D per rispondere bisognerebbe conoscere l'altezza della cisterna.

16 Due cisterne sono riempite con acqua fino a un'altezza rispettivamente h_1 e $h_2 = 2h_1$. Se viene praticato un foro sul fondo delle cisterne, qual è la relazione fra le velocità di efflusso v_1 e v_2?

A $v_1 = v_2$ C $v_1 = \frac{1}{2}v_2$

B $v_1 = \frac{\sqrt{2}}{2}v_2$ D $v_1 = \frac{1}{4}v_2$

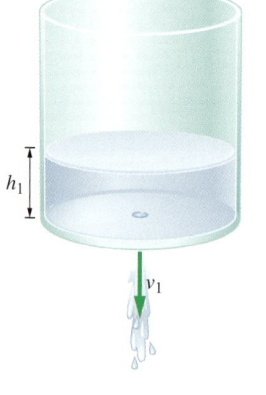

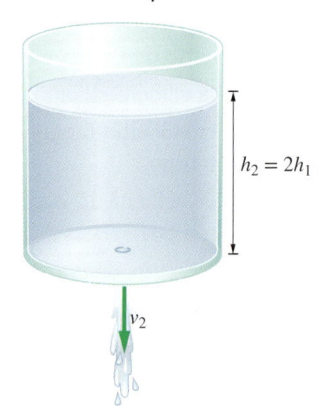

17 Astolfo, nel suo viaggio sulla Luna per recuperare il senno di Orlando, porta con sé un recipiente pieno d'acqua per potersi dissetare. Giunto sulla Luna, nota che l'acqua fuoriesce dal recipiente con una velocità v_L diversa dalla velocità di efflusso v_T che aveva rilevato sulla Terra. Quale è la relazione corretta tra le due velocità se $g_L = \frac{1}{6}g_T$?

A $v_L = \frac{1}{6}v_T$ C $v_L = 6v_T$

B $v_L = \frac{1}{\sqrt{6}}v_T$ D $v_L = \sqrt{6}v_T$

18 PROBLEMA SVOLTO

Un tubo orizzontale contiene acqua a una pressione di 110 kPa che scorre con una velocità di 1,6 m/s. Se, a un certo punto, il diametro del tubo si riduce della metà, qual è:

a. la velocità dell'acqua nella parte di tubo di sezione minore?
b. la pressione dell'acqua nella parte di tubo di sezione minore?

SOLUZIONE

a. Dall'equazione di continuità $A_1 v_1 = A_2 v_2$ ricava la velocità v_2 nella parte di tubo a sezione minore, tenendo conto che $v_1 = 1{,}6$ m/s e che $r_1 = 2 r_2$:

$$v_2 = \frac{A_1}{A_2} v_1 = \frac{\pi r_1^2}{\pi r_2^2} v_1 = 2^2 v_1 = 4 v_1 = 6{,}4 \text{ m/s}$$

b. Scrivi l'equazione di Bernoulli per un tubo orizzontale:

$$p_1 + \frac{1}{2} d v_1^2 = p_2 + \frac{1}{2} d v_2^2$$

Poni $p_1 = 110$ kPa, $d = 1{,}00 \cdot 10^3$ kg/m^3 e calcola p_2 sostituendo i valori numerici:

$$p_2 = p_1 + \frac{1}{2} d(v_1^2 - v_2^2) = 1{,}10 \cdot 10^5 \text{ Pa} +$$
$$+ \frac{1}{2}(1{,}0 \cdot 10^3 \text{ kg/m}^3) \cdot [(1{,}6 \text{ m/s})^2 - (6{,}4 \text{ m/s})^2] =$$
$$= 9{,}1 \cdot 10^4 \text{ Pa} = 91 \text{ kPa}$$

19 BIO Le placche nelle arterie

La formazione di placche sulle pareti delle arterie può diminuirne il diametro delle arterie da 1,1 cm a 0,75 cm. Se la velocità del flusso di sangue nei tratti di arteria non ostruiti è di 15 cm/s, determina:

a. la velocità del flusso di sangue nei tratti in cui si sono formate le placche;
b. la caduta di pressione in tali tratti.

[a. 32 cm/s; b. $\Delta p = 42$ Pa]

20 MATH Tubi orizzontali

Dell'acqua scorre in un tubo orizzontale di diametro 2,8 cm che è collegato a un secondo tubo orizzontale di diametro 1,6 cm. La differenza di pressione fra i due tubi è di 7,5 kPa.

a. Scrivi la velocità di flusso nel secondo tubo in funzione delle sezioni e stabilisci in quale dei due tubi la velocità è maggiore.
b. Scrivi la differenza di pressione $(p_2 - p_1)$ tra i due tubi in funzione della differenza di velocità nei due tubi e stabilisci in quale tubo la pressione è maggiore.
c. Calcola la velocità di flusso nel primo tubo.

[c. 1,3 m/s]

21 Test di capacità polmonare

I test di capacità polmonare dimostrano che gli adulti sono in grado di espirare 1,5 litri di aria attraverso la bocca in 1 secondo.

a. Se una persona soffia aria nel modo illustrato in figura attraverso una cannuccia che ha un diametro di 0,60 cm, qual è il valore della velocità dell'aria nella cannuccia?
b. Se l'aria dalla cannuccia viene diretta orizzontalmente lungo l'estremità superiore di una seconda cannuccia verticale inserita in un contenitore con dell'acqua, come mostrato nella figura, a quale altezza h sale l'acqua nella cannuccia verticale?

[a. 53 m/s; b. 19 cm]

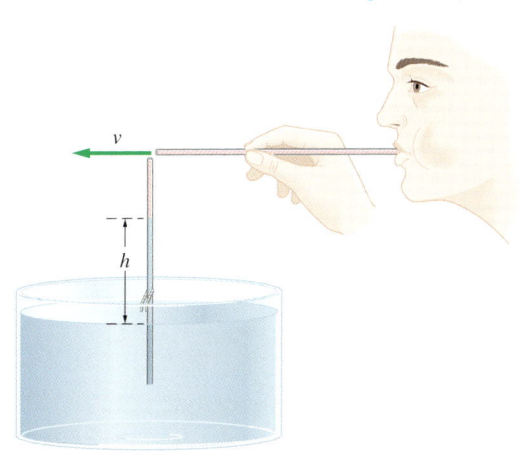

22 IN ENGLISH

A 3.4 mm diameter hole is 1.2 m below the surface of a 1.5 m diameter tank of water.

a. What is the volume flow rate through the hole, in L/min?
b. What is the rate, in mm/min, at which the water level in the tank will drop if the water is not replenished?

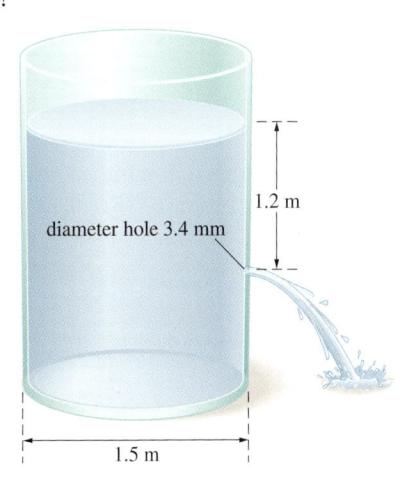

[a. 2.6 L/min; b. 1.5 mm/min]

23 Falla nel serbatoio

In un serbatoio pieno d'acqua si apre una falla. Determina la velocità dell'acqua che esce dal buco se la falla si trova 2,7 m sotto la superficie dell'acqua, che è aperta all'atmosfera.

[7,3 m/s]

24 PROBLEMA SVOLTO

La portata di acqua che esce dal rubinetto di una vasca è pari a 0,35 L/s, con una pressione di uscita pari a 0,2 bar. La distanza dal punto di uscita dell'acqua e il fondo della vasca è $h_0 = 40$ cm. Se il diametro del foro di uscita del getto è 2,0 cm:

a. calcola la velocità con cui l'acqua esce dal rubinetto.

Man mano che l'acqua scende, la sezione della colonna di fluido che si forma diminuisce (lo puoi osservare anche con i normali rubinetti da cucina):

b. spiega il perché del fenomeno;
c. scrivi l'espressione della sezione $A(d)$ della colonna d'acqua in funzione della distanza d dal foro di uscita;
d. scrivi l'espressione della sezione $A(h)$ della colonna d'acqua in funzione della quota h rispetto al fondo della vasca.

SOLUZIONE

a. Dall'equazione di continuità:

$$A_1 v_1 = \text{cost} = Q$$

ricava:

$$v_1 = \frac{0{,}35 \cdot 10^{-3} \text{ m}^3/\text{s}}{\pi (0{,}01 \text{ m})^2} = 1{,}1 \text{ m/s}$$

b. Il moto dell'acqua in caduta è uniformemente accelerato con accelerazione pari a g, per cui aumenta la velocità di caduta e, per l'equazione di continuità, deve diminuire la sezione.

c. Dall'equazione di continuità:

$$A(h) = A_1 \frac{v_1}{v_2} \quad \text{con } v_2 \text{ funzione di } h$$

e dalle leggi del moto uniformemente accelerato:

$$v_2^2 = v_1^2 + 2gd$$

Sostituendo si ha:

$$A(d) = A_1 \frac{v_1}{\sqrt{2gd + v_1^2}}$$

d. Nell'espressione ricavata al punto **c.**, esprimendo d in funzione di h risulta:

$$d = 0{,}40 - h$$

$$A(h) = A_1 \frac{v_1}{\sqrt{2g(0{,}40 - h) + v_1^2}}$$

25 Il tubo bucato

Un tubo da giardino è attaccato a un rubinetto dell'acqua a un'estremità e a un ugello a spruzzatore all'altra. Il rubinetto è aperto, ma l'ugello è chiuso, cosicché l'acqua non può uscire dal tubo. Il tubo è posto orizzontalmente sul terreno e da un piccolo foro comincia a uscire uno zampillo di acqua in direzione verticale che raggiunge un'altezza di 0,68 m. Qual è la pressione all'interno del tubo? [$1{,}08 \cdot 10^5$ Pa]

26 La pressione sulle ali di un aereo

a. Determina la differenza di pressione sulle ali di un aereo, sapendo che il flusso dell'aria sulla superficie superiore dell'ala ha velocità 115 m/s e sulla superficie inferiore ha velocità 105 m/s.
b. Se l'area dell'ala è 32 m^2, qual è la forza risultante verso l'alto esercitata sulle ali dell'aereo?

[**a.** 1,42 kPa; **b.** 45 kN]

27 PREVEDI/SPIEGA

La figura mostra un *venturimetro* o *tubo di Venturi*, uno strumento utilizzato per misurare la velocità di un fluido in un condotto.

a. La pressione p_1 nella sezione 1 del tubo è maggiore, uguale o minore della pressione p_2 nella sezione 2 del tubo?
b. Quale fra le seguenti è la *spiegazione migliore* per la risposta?

  1. Dove il tubo è più stretto la velocità del fluido è maggiore, quindi è maggiore anche la sua pressione.
  2. Dove il tubo è più stretto l'altezza del fluido nella colonnina soprastante è minore e quindi, per la legge di Stevino, la pressione è minore.
  3. Essendo il tubo orizzontale, la pressione è la stessa in tutti i punti.

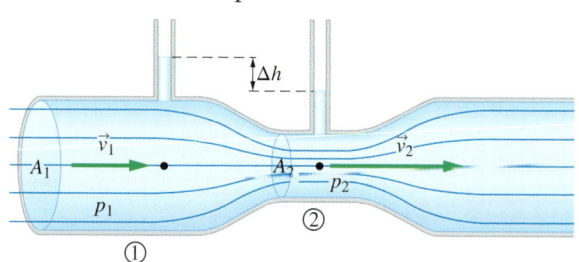

28 Un problema di gittata

Nel tuo giardino hai una cisterna di altezza h piena d'acqua. A che altezza devi praticare un foro se vuoi che lo zampillo cada il più lontano possibile dalla base della cisterna, supponendo che l'acqua fuoriesca dal foro orizzontalmente? (Considera l'acqua come un fluido ideale.)

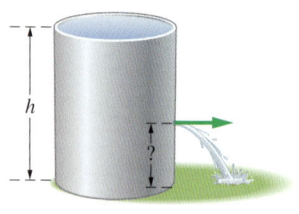

29 IN ENGLISH

A hurricane wind blows across a $6{.}00 \times 15{.}0$ m flat roof at a speed of 130 km/h.

a. Is the air pressure above the roof higher or lower than the pressure inside the house? Explain.
b. What is the pressure difference?
c. How much force is exerted on the roof?
d. If the roof can not withstand this much force, will it "blow in" or "blow out"? [**b.** 840 Pa; **c.** $7{,}56 \cdot 10^4$ N]

30 La spinta sulle ali di un aereo

L'ala di un aereo è sagomata in modo tale che la velocità dell'aria rispetto all'aereo è 70 m/s sopra la superficie superiore e 60 m/s sotto quella inferiore. Se l'aereo ha una massa di 1340 kg e una superficie alare di 16,2 m², qual è la forza verticale effettiva sull'ala, tenendo conto del peso dell'aereo? (Poni la densità dell'aria uguale a 1,20 kg/m³). [0,5 kN, diretta verso il basso]

5 Il moto nei fluidi viscosi

31 Se si potesse nuotare con una tuta termica in modo da non essere sensibili a temperature dell'acqua troppo elevate o troppo basse, in quali delle seguenti condizioni si otterrebbero prestazioni migliori? (Per rispondere fai riferimento ai valori riportati nella tabella 1 del testo).

- A Quando l'acqua si trova a 0 °C.
- B Quando l'acqua si trova a temperatura ambiente.
- C Quando l'acqua si trova a 100 °C.
- D Le prestazioni non dipendono dalla temperatura.

32 Il coefficiente di viscosità di un fluido:

- A è proporzionale alla velocità v del fluido.
- B è proporzionale al quadrato della velocità v del fluido.
- C è inversamente proporzionale alla velocità v del fluido.
- D è indipendente dalla velocità v del fluido.

33 La forza che causa lo scorrimento di un fluido viscoso in un tubo è fornita dalla differenza fra le pressioni all'estremità di una data lunghezza del tubo. V F

34 Due palline A e B, dello stesso materiale e di raggio r_A e $r_B = 2r_A$, si muovono nello stesso fluido viscoso con la stessa velocità. Qual è la relazione tra le forze di attrito viscoso che il fluido esercita sulle due palline?

- A $F_A = 2F_B$
- B $F_A = F_B$
- C $F_B = 2F_A$
- D Non si può rispondere perché non si conoscere il coefficiente di viscosità del fluido.

35 Il calcare

In alcune zone del territorio italiano l'acqua è molto calcarea e forma incrostazioni nei tubi. In un tratto orizzontale del tubo di scarico di una lavatrice si sono formate delle incrostazioni dovute al calcare e ai residui di detersivo che hanno ridotto il diametro del tubo del 10%. Considerando l'acqua di scarico un fluido viscoso e supponendo che la differenza di pressione nel tratto di tubo considerato rimanga costante, come varia la velocità dell'acqua? [$v_2/v_1 = 0{,}81$]

36 Come cambia la portata?

In un tubo da giardino posto orizzontalmente fluisce dell'acqua a 20 °C, con una portata di $5{,}0 \cdot 10^{-4}$ m³/s. Il diametro del tubo è di 2,5 cm.

a. Qual è la velocità dell'acqua nel tubo?
b. Qual è la caduta della pressione se il tubo è lungo 15 m?

Supponi che la sezione del tubo si dimezzi, ma che la lunghezza e la caduta di pressione rimangano costanti.

a. Di quale fattore cambia la velocità dell'acqua?
b. Di quale fattore cambia la portata? Motiva la risposta. [a. 1,0 m/s; b. 0,79 kPa; c. 1/2; d. 1/4]

37 PROBLEMA SVOLTO

Superman osserva una piccola sfera di rame, di massa 0,20 g e densità 8900 kg/m³, che cade con una velocità limite di 6,0 cm/s in un vaso pieno di kryptonite liquida. Calcola il coefficiente di viscosità della kryptonite nell'ipotesi che la spinta di Archimede sia trascurabile.

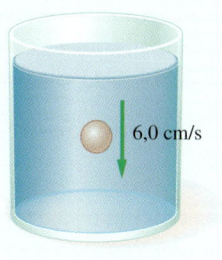

SOLUZIONE

Per il primo principio della dinamica, se la sfera di raggio r si muove con velocità costante la risultante delle forze a essa applicate, cioè la forza peso e la forza di Stokes, è nulla:

$$mg - 6\pi \eta r v = 0$$

Ricava la viscosità dall'equazione precedente:

$$\eta = \frac{mg}{6\pi r v}$$

Sai che $m = 0{,}20$ g, $d = 8900$ kg/m³, $v = 6{,}0$ cm/s.
Puoi calcolare il raggio r della sfera dalla formula della densità. Infatti, poiché:

$$d = \frac{m}{V}$$

puoi scrivere:

$$V = \frac{m}{d} \quad \to \quad \frac{4}{3}\pi r^3 = \frac{m}{d}$$

da cui ricavi il raggio:

$$r = \sqrt[3]{\frac{3m}{4\pi d}} = \sqrt[3]{\frac{3(0{,}00020 \text{ kg})}{4\pi(8900 \text{ kg/m}^3)}} = 1{,}8 \cdot 10^{-3} \text{ m}$$

Sostituisci ora i valori nell'espressione della viscosità:

$$\eta = \frac{mg}{6\pi r v} = \frac{(0{,}00020 \text{ kg/m}^3)(9{,}8 \text{ m/s}^2)}{6\pi(1{,}8 \cdot 10^{-3} \text{ m})(0{,}060 \text{ m/s})} =$$
$$= 0{,}96 \text{ N s/m}^2$$

38 La sfera nell'olio

Quale velocità deve avere una sfera d'oro di raggio 3,00 mm immersa nell'olio di ricino affinché la forza di attrito viscoso sia pari a un quarto del peso della sfera? (La densità dell'oro è 19 300 kg/m³ e il coefficiente di viscosità dell'olio di ricino è 0,986 N s/m²). [9,59 cm/s]

ESERCIZI DI RIEPILOGO

RAGIONA E RISPONDI

1 Lo strato d'acqua di una cascata è più spesso in alto che non in basso. Analogamente, il getto d'acqua che esce da un rubinetto si restringe mentre cade. Perché?

2 Quale caratteristica deve avere un fluido per il quale vale l'equazione di continuità nella forma $Av =$ costante?

3 Quale legge di conservazione è espressa dall'equazione di continuità?

4 In una ciminiera il fumo sale più rapidamente quando soffia il vento. Perché?

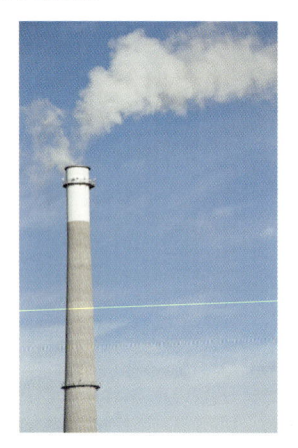

5 È meglio per un aeroplano decollare controvento o in direzione del vento? Giustifica la risposta.

6 Quale legge di conservazione è espressa dall'equazione di Bernoulli?

7 Se hai un asciugacapelli e una palla da ping-pong a casa, prova a fare questo esperimento. Dirigi l'aria dell'asciugacapelli orizzontalmente e metti la pallina nel flusso d'aria. Se hai fatto tutto bene, la pallina rimarrà sospesa a mezz'aria. Utilizza l'equazione di Bernoulli per spiegare questo comportamento.

8 Perché due convogli ferroviari che marciano in verso opposto su due binari paralleli devono rallentare la loro marcia quando si incrociano?

9 Perché la pallina da tennis ha la superficie ricoperta da uno strato di feltro?

10 Quali condizioni devono essere soddisfatte affinché valga la legge di Torricelli?

RISPONDI AI QUESITI

11 Un fluido omogeneo e non comprimibile scorre in regime stazionario entro una tubazione disposta orizzontalmente che, come in figura, presenta un restringimento.

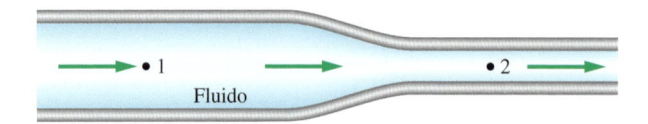

Quali, tra le seguenti relazioni di velocità e pressione, nei due punti indicati in figura, sono entrambe corrette?

A $v_1 < v_2$ e $p_1 = p_2$
B $v_1 < v_2$ e $p_1 > p_2$
C $v_1 = v_2$ e $p_1 < p_2$
D $v_1 > v_2$ e $p_1 = p_2$
E $v_1 > v_2$ e $p_1 > p_2$

[Olimpiadi della Fisica 2011, Gara di I livello]

12 Un paracadutista sta scendendo verticalmente alla velocità di regime ($v_{\lim}$), con il paracadute ancora chiuso. A un certo istante apre il paracadute e, dopo un breve intervallo di tempo, raggiunge una nuova velocità di regime, molto più bassa. Si confrontino le intensità della forza di resistenza dell'aria sul paracadutista nelle due situazioni a regime, rispettivamente con il paracadute aperto e chiuso.
Quale delle seguenti affermazioni è corretta?

A Il rapporto tra le due intensità è uguale al rapporto tra le due velocità.
B Il rapporto tra le due intensità è uguale all'inverso del rapporto tra le due velocità.
C L'intensità della forza a paracadute aperto dipende dalle dimensioni del paracadute.
D La forza a paracadute chiuso è più intensa a causa della maggiore velocità.
E Le due intensità sono uguali.

[Olimpiadi della Fisica 2005, Gara di I livello]

RISOLVI I PROBLEMI

13 BIO La potenza del cuore

La potenza sviluppata dal cuore è il prodotto della pressione media del sangue, pari a 1,33 N/cm², e della portata, che è 105 cm³/s.
a. Calcola la potenza del cuore (esprimila in watt).
b. Quanta energia consuma il cuore in un giorno?
c. Supponi che l'energia calcolata al punto **b.** sia utilizzata per sollevare una persona di 72 kg verticalmente fino a un'altezza h. Determina l'altezza h (in metri). [a. 1,40 W; b. 121 kJ; c. 171 m]

14 Spinta sulle pareti

Una piscina fuori terra ha la forma di un grande cilindro, con un fondo circolare e una parete verticale che forma il bordo. Il diametro della vasca misura 4,8 m e la sua profondità è di 1,8 m. Determina la forza risultante verso l'esterno esercitata dall'acqua sulla parete verticale della vasca, nell'ipotesi che la piscina sia riempita completamente. [2,4 · 10⁵ N]

15 Latta bucata

Una latta è riempita d'acqua fino a un'altezza di 39 cm. Da un buco praticato a 11 cm dal fondo della latta esce un getto d'acqua inclinato di 36° sopra l'orizzontale. Determina:
a. la gittata del getto;
b. la massima altezza del getto d'acqua.
[a. 0,66 m; b. 0,21 m]

16 Tubi dell'olio

Un tubo orizzontale trasporta olio il cui coefficiente di viscosità è $1,2 \cdot 10^{-4}$ N s/m². Il diametro del tubo è 5,2 cm e la sua lunghezza è 55 m.
a. Quale differenza di pressione deve esistere fra le estremità del tubo perché l'olio fluisca con una velocità media di 1,2 m/s?
b. Qual è la portata del tubo in questo caso?
[a. 94 Pa; b. 0,0025 m³/s]

17 🇬🇧 IN ENGLISH

What does the top pressure gauge read (oil density = 0.915 g/cm³)? [152 kPa]

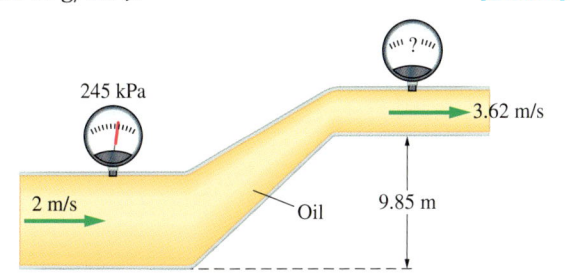

18 Sifone per l'irrigazione

Un sifone per l'irrigazione è un dispositivo che permette all'acqua di fluire da un livello a un altro. Il sifone mostrato nella figura trasporta l'acqua da un canale di irrigazione fino a un campo coltivato. Per far funzionare il sifone, il tubo deve essere prima riempito d'acqua per tutta la sua lunghezza, in modo da avviare il flusso, che poi si mantiene per conto suo.
a. Usando i punti 1 e 3 della figura, scrivi la relazione che esprime la velocità v dell'acqua che esce dall'estremità inferiore del sifone.
b. La velocità dell'acqua nel punto 2 è maggiore, minore o uguale alla velocità nel punto 3?
[a. $v_3 = \sqrt{2gD}$]

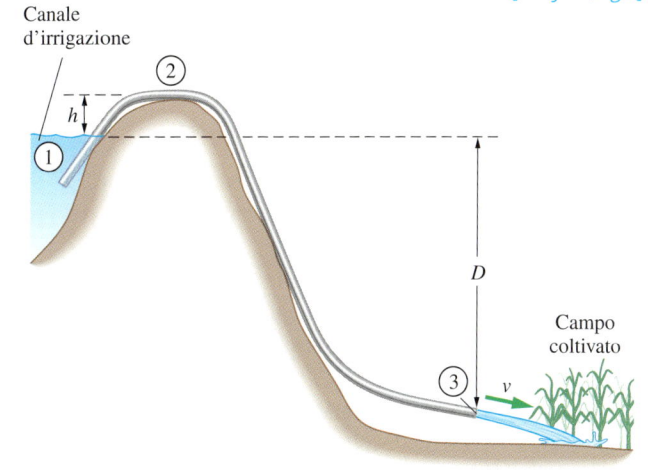

19 Terapia

A un paziente è praticata un'iniezione con un ago ipodermico lungo 3,3 cm e di 0,26 mm di diametro. Assumendo che la soluzione iniettata abbia la stessa densità e viscosità dell'acqua a 20 °C, determina la differenza di pressione necessaria per iniettare la soluzione al ritmo di 1,5 g/s. [4,4 · 10⁵ Pa]

20 Una scommessa

Tommaso scommette con Edoardo che riuscirà ad aspirare l'acqua da un bicchiere soffiando sopra l'estremità di una cannuccia immersa nell'acqua, come mostrato in figura. Qual è la minima velocità con cui Tommaso deve soffiare l'aria affinché l'acqua salga a un'altezza di 1,6 cm nella cannuccia? [16 m/s]

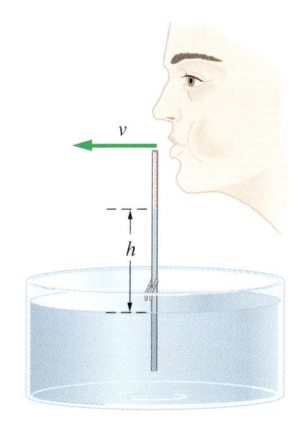

21 La fontana

Considera la fontana del *Problem solving* 4 proposto nella teoria, nella quale uno zampillo d'acqua esce dal fondo di un serbatoio e cade in un secondo serbatoio, come mostrato in figura.

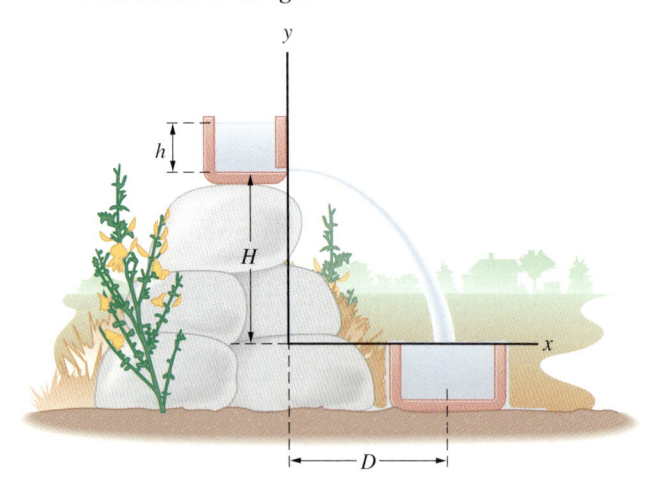

a. Calcola a quale altezza H deve essere posto il primo serbatoio per fare in modo che la distanza D sia 0,655 m. Assumi che tutti gli altri parametri del problema restino invariati.

b. Calcola quale deve essere la profondità h dell'acqua nel primo serbatoio affinché risulti $D = 0,455$ m. Assumi che tutti gli altri parametri del problema restino invariati.

c. Supponi che sia h sia H raddoppino il loro valore numerico. Da quale fattore risulta moltiplicata la distanza D? [a. 0,711 m; b. 0,103 m; c. 2]

22 La velocità della biglia

Una piccola biglia d'acciaio di diametro 2,0 mm cade in un liquido con coefficiente di viscosità 0,150 Ns/m². La densità dell'acciaio è 7900 kg/m³, quella del fluido 900 kg/m³.

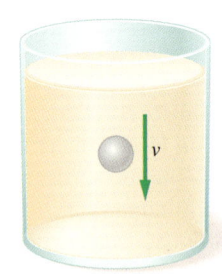

a. Qual è la velocità limite della biglia se si trascura la spinta di Archimede?

b. Quale sarebbe invece la velocità limite se non si trascurasse la spinta di Archimede?

[a. 0,11 m/s; b. 0,10 m/s]

23 BIO L'arteria occlusa

Il sangue, considerato come un fluido viscoso, scorre in un'arteria parzialmente occlusa da una placca. Un chirurgo vuole rimuovere parte di questa placca in modo da raddoppiare il flusso attraverso l'arteria. Se il diametro originale dell'arteria è D, quale dovrà essere, in funzione di D, il diametro dopo l'operazione per permettere di raddoppiare il flusso a parità di differenza di pressione? [1,19 D]

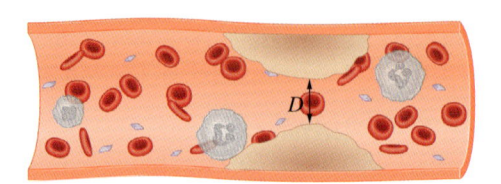

24 MATH Dove cade l'acqua?

Una tanica, riempita d'acqua fino a un'altezza H, ha un buco sulla superficie laterale a un'altezza h al di sopra del tavolo sul quale è posta. Dimostra che l'acqua che esce dal buco cade sul tavolo a una distanza orizzontale pari a $2\sqrt{(H-h)h}$ dalla base della tanica.

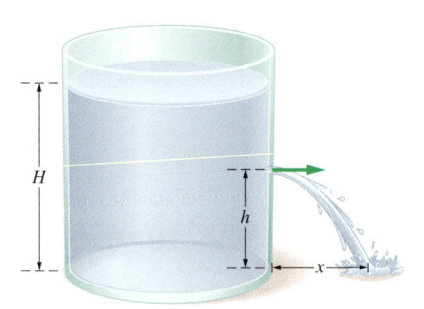

25 Il serbatoio d'acqua

Il serbatoio d'acqua della figura è aperto nella parte superiore e ha due fori, uno a 0,80 m e uno a 3,6 m al di sopra del piano su cui è posto. Se i getti d'acqua che escono dai due fori colpiscono il piano nello stesso punto, qual è l'altezza dell'acqua nel serbatoio? [4,4 m]

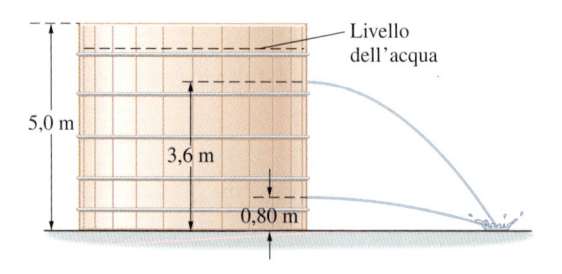

26 Venturimetro

Considera il venturimetro disegnato in figura. Supponi che il dislivello Δh tra le due colonnine sia 10 cm e che l'area della sezione maggiore del tubo sia il quadruplo dell'area della sezione minore. Calcola v_1. [0,36 m/s]

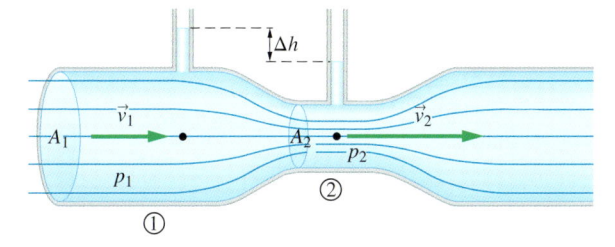

27 BIO Non fumare!

Il fumo ha effetti dannosi sul sistema circolatorio perché riduce la capacità del sangue di trasportare ossigeno. Per mantenere l'apporto di ossigeno, il corpo aumenta la produzione di globuli rossi e ciò determina un aumento della viscosità del sangue. Inoltre, la nicotina contenuta nel tabacco provoca la restrizione dei vasi, riducendone la sezione. In un non fumatore il sangue ha una viscosità di $2,5 \cdot 10^{-3}$ Pa · s e il normale flusso sanguigno richiede una differenza di pressione di $1,1 \cdot 10^3$ Pa tra i due estremi di un'arteria. In un fumatore abituale la viscosità del sangue aumenta a $2,7 \cdot 10^{-3}$ Pa · s e il diametro delle arterie si riduce al 90% del valore normale. Quale differenza di pressione è necessaria per mantenere lo stesso afflusso di sangue nel fumatore?

[$1,5 \cdot 10^3$ Pa]

28 La pistola per verniciare

Una pistola a spruzzo per verniciare pompa aria attraverso la strozzatura di un tubo di diametro 2,50 cm, come mostrato in figura. Quando il flusso d'aria passa nella sezione di area minore, la sua pressione diminuisce; per effetto della depressione la vernice contenuta nel serbatoio viene aspirata attraverso il tubo verticale e proiettata dal flusso d'aria sulla superficie da verniciare. Se la velocità dell'aria nel tubo di diametro 2,50 cm è 5,00 m/s, la densità dell'aria è 1,29 kg/m^3 e la densità della vernice è 1200 kg/m^3, qual è il massimo diametro della strozzatura che permette alla pistola di funzionare? [8,07 mm]

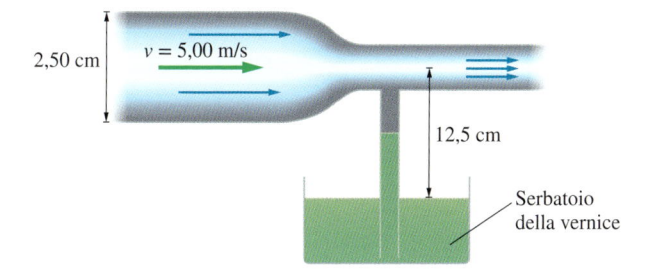

29 La pressione e il flusso del sangue

La pressione del sangue nel cuore umano è di circa 100 mmHg. Il sangue viene pompato dal ventricolo sinistro del cuore ed entra nel grande circolo attraverso l'aorta, un vaso sanguigno di circa 2,5 cm di diametro. La velocità del sangue nell'aorta è di circa 60 cm/s. Poiché il diametro dell'aorta è abbastanza grande da poter trascurare l'attrito viscoso, ogni cambiamento di pressione del sangue nell'aorta è dovuto a un cambiamento in altezza. Ciò determina un limite, ad esempio, della lunghezza del collo di una persona: se il collo fosse troppo lungo, non arriverebbe sangue al cervello!

Nel sistema circolatorio il sangue fluisce dall'aorta alle arterie e ai vasi sanguigni in vasi sanguigni sempre più piccoli, le arteriole, fino ad arrivare ai capillari. Nei capillari la velocità del sangue è di circa 0,70 mm/s, molto più bassa rispetto a quella nell'aorta in quanto la sezione complessiva delle ramificazioni è molto superiore alla sezione del vaso principale. Inoltre, il diametro dei capillari e degli altri vasi minori è così piccolo che la viscosità del sangue diventa un fattore importante.

Il sangue nell'aorta in condizioni normali è sottoposto a regime laminare. Se però l'individuo compie un notevole sforzo fisico, la portata del sangue nel vaso può aumentare anche di un fattore 5; superata la *velocità critica media*, espressa dalla formula:

$$v_c = \frac{1000\eta}{\rho r}$$

dove η è la viscosità del sangue (0,040 poise), ρ la sua densità (1060 kg/m^3) ed r il raggio del vaso sanguigno, il regime diventa turbolento.

a. Trascurando ogni forza di attrito, qual è la massima distanza che può esserci fra il cervello e il cuore di un individuo perché il sangue possa raggiungere il cervello?

b. Considerando che l'aorta si ramifichi direttamente in un fascio di capillari, stima il diametro che avrebbe un unico vaso sanguigno di area uguale a quella dell'insieme di capillari.

c. Supponi che una piccola arteria si restringa al 90% del suo diametro. Considerando il sangue un fluido viscoso per il quale vale la legge di Poiseuille e nell'ipotesi che non varino gli altri parametri (differenza di pressione, lunghezza), di quanto si riduce la portata del sangue nell'arteria?

d. Qual è la portata critica media per l'aorta all'uscita dal ventricolo?

[a. 1,25 m; b. 72 cm; c. 0,66; d. 74 cm^3/s]

| 368 | CAPITOLO 7 | La dinamica dei fluidi

VERSO L'ESAME

PROBLEMA SVOLTO 1 — La piscina

▶ Moto rettilineo uniformemente accelerato ▶ Forze e moto
▶ Statica dei fluidi ▶ Dinamica dei fluidi

MATH+

Una piccola piscina di un hotel si trova al livello del mare e ha le seguenti dimensioni: larghezza $l = 5,00$ m, lunghezza $b = 6,00$ m e profondità $h = 1,50$ m.
Essa viene riempita con una pompa posta inferiormente, a un dislivello $H = 20,0$ m, tramite un tubo il cui diametro, nel tratto collegato alla pompa, vale $D_1 = 10,0$ cm, mentre nel tratto collegato alla base della piscina vale $D_2 = 5,00$ cm, come in figura.
La velocità dell'acqua all'uscita del tubo è $v_2 = 1,50$ m/s. Si trascuri la viscosità dell'acqua.

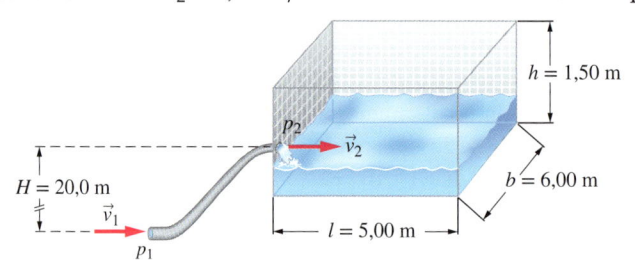

1 Quante ore servono per riempire totalmente la piscina, considerando costante la velocità di uscita dell'acqua dal tubo, e quanto vale la pressione p_1 con cui la pompa immette inizialmente l'acqua nel tubo quando la piscina è ancora vuota?

Non appena la piscina è totalmente riempita un ragazzo prende un pallone di massa 250 g e volume pari a 6,00 dm³, si immerge in acqua e lo tiene fermo sul fondo della piscina.

2 Quale forza minima deve applicare il ragazzo sul pallone per mantenerlo fermo sul fondo della piscina?

Il ragazzo rilascia quindi dal fondo della piscina il pallone, che risale fuoriuscendo dall'acqua e si ferma poco dopo galleggiando in superficie.

3 Nell'ipotesi di trascurare gli attriti, con quale velocità il pallone fuoriesce dall'acqua e quanto vale in percentuale la parte emersa quando esso galleggia in superficie?

SOLUZIONE

1 Il volume della piscina è:

$$\Delta V = lbh = (5,00 \text{ m})(6,00 \text{ m})(1,50 \text{ m}) = 45,0 \text{ m}^3$$

La portata volumica del tubo è:

$$Q = \frac{\Delta V}{\Delta t} = A_2 v_2$$

da cui:

$$\Delta t = \frac{\Delta V}{A_2 v_2} = \frac{\Delta V}{\pi r_2^2 v_2} = \frac{45,0 \text{ m}^3}{3,14 \cdot (0,0250 \text{ m})^2 \cdot (1,50 \text{ m/s})} = 15\,300 \text{ s} = 4,25 \text{ h}$$

Troviamo adesso la velocità in ingresso del tubo utilizzando l'equazione di continuità:

$$Q_1 = Q_2 \quad \rightarrow \quad A_1 v_1 = A_2 v_2 \quad \rightarrow \quad \pi r_1^2 v_1 = \pi r_2^2 v_2$$

$$v_1 = \frac{r_2^2}{r_1^2} v_2 = \frac{(0,0250 \text{ m})^2}{(0,0500 \text{ m})^2} v_2 = \frac{v_2}{4} = \frac{1,50 \text{ m/s}}{4} = 0,375 \text{ m/s}$$

La pressione iniziale si trova con l'equazione di Bernoulli, considerando che la parte finale del tubo è aperta e la pressione è quindi quella atmosferica: $p_2 = p_0 \approx 1{,}01 \cdot 10^5$ Pa.

$$p_1 + \frac{1}{2}dv_1^2 + dgh_1 = p_2 + \frac{1}{2}dv_2^2 + dgh_2$$

$$p_1 + \frac{1}{2}dv_1^2 + 0 = p_2 + \frac{1}{2}dv_2^2 + dgH$$

$$p_1 = p_2 + \frac{1}{2}dv_2^2 + dgH - \frac{1}{2}dv_1^2$$

$$p_1 = 1{,}01 \cdot 10^5 \text{ Pa} + \frac{1}{2}(1000 \text{ kg/m}^3)(1{,}50 \text{ m/s})^2 +$$

$$+ (1000 \text{ kg/m}^3)(9{,}81 \text{ m/s}^2)(20{,}0 \text{ m}) - \frac{1}{2}(1000 \text{ kg/m}^3)(0{,}375 \text{ m/s})^2$$

$$p_1 = 101\,000 \text{ Pa} + 222 \text{ Pa} + 196\,200 \text{ Pa} - 70{,}3 \text{ Pa} = 2{,}97 \cdot 10^5 \text{ Pa}$$

2 La forza minima da applicare al pallone è quella per cui, come in figura, il fondo della piscina non imprime alcuna forza normale sul pallone. Imponiamo quindi che si annullino le uniche tre forze che agiscono, cioè la forza peso verso il basso, la spinta di Archimede verso l'alto e la forza del ragazzo verso il basso.

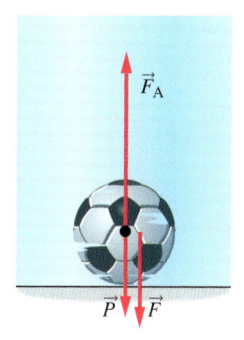

$\Sigma F_y = 0$

$F_A - P - F = 0$

$F = F_A - P = dVg - mg = (1000 \text{ kg/m}^3)(6{,}00 \cdot 10^{-3} \text{ m}^3)(9{,}81 \text{ m/s}^2) - (0{,}250 \text{ kg})(9{,}81 \text{ m/s}^2)$

$F \approx 56{,}4$ N

3 Mentre risale, sul pallone agiscono la forza di Archimede verso l'alto e la forza peso verso il basso. Supponendo di trascurare gli attriti, l'accelerazione del pallone è data dalla seconda legge di Newton:

$$a = \frac{\Sigma F_y}{m} = \frac{F_A - P}{m} = \frac{dVg - mg}{m} = \frac{56{,}4 \text{ N}}{0{,}250 \text{ kg}} = 226 \text{ m/s}^2$$

La velocità di fuoriuscita si ottiene utilizzando l'equazione del moto uniformemente accelerato dove non compare esplicitamente il tempo:

$v^2 = v_0^2 + 2ah = 0 + 2 \cdot (226 \text{ m/s}^2) \cdot (1{,}50 \text{ m}) = 678 \text{ m}^2/\text{s}^2$

$v = \sqrt{678 \text{ m}^2/\text{s}^2} = 26{,}0$ m/s

Non appena il pallone si ferma galleggiando sulla superficie dell'acqua la forza peso viene totalmente bilanciata dalla forza di Archimede:

$F_A = P$

$dV_{\text{immerso}}g = mg$

$V_{\text{immerso}} = \dfrac{m}{d} = \dfrac{0{,}250 \text{ kg}}{1000 \text{ kg/m}^3} = 2{,}50 \cdot 10^{-4}$ m^3

Il volume emerso è quindi:

$V_{\text{emerso}} = V - V_{\text{immerso}} = 6{,}00 \cdot 10^{-3}$ m$^3 - 0{,}250 \cdot 10^{-3}$ m$^3 = 5{,}75 \cdot 10^{-3}$ m^3

in percentuale:

$$\frac{V_{\text{emerso}}}{V} \cdot 100\% = \frac{5{,}75 \cdot 10^{-3} \text{ m}^3}{6{,}00 \cdot 10^{-3} \text{ m}^3} \cdot 100\% = 95{,}8\%$$

PROVA TU Con riferimento al Problema svolto, considera che la piscina venga riempita in 10,0 ore.

1. Quanto vale la velocità all'uscita del tubo?
2. Sul fondo della piscina è presente una pietra di 6,00 dm³ che ha una massa di 12,0 kg. Un ragazzo si immerge in acqua e prova a sollevare la pietra. Quale forza minima deve applicare il ragazzo sulla pietra in acqua per sollevarla?
3. Se il ragazzo la solleva con una forza costante di 80,0 N, quanto tempo impiega per portarla in superficie?

[**1.** 0,637 m/s; **2.** 58,8 N; **3.** 1,30 s]

AUTOVERIFICA

Tempo a disposizione: **60 minuti**

SCEGLI LA RISPOSTA CORRETTA

1 Il moto di un fluido ideale si dice stazionario quando:
- A attraversando una sezione trasversale del condotto le molecole del fluido hanno sempre la stessa velocità.
- B la sezione trasversale del condotto è costante.
- C la pressione rimane costante in ogni punto del fluido.
- D in ogni punto del condotto le molecole del fluido hanno tutte la stessa velocità.

2 Il condotto in figura rappresenta un fluido che si muove di moto stazionario. Se la velocità del fluido nel punto A è 0,3 m/s, qual è la sua velocità nel punto B?
- A 0,6 m/s
- B 0,15 m/s
- C 1,2 m/s
- D 0,8 m/s

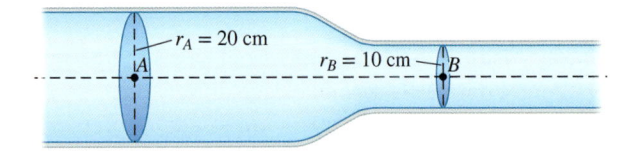

$r_A = 20$ cm, $r_B = 10$ cm

3 Secondo l'equazione di continuità, l'area A della sezione di un condotto e la velocità v del fluido che scorre nel condotto sono:
- A direttamente proporzionali.
- B linearmente dipendenti.
- C costanti in ogni punto del fluido.
- D inversamente proporzionali.

4 Un fluido viscoso scorre in un tubo a sezione circolare. Raddoppiando il diametro del tubo la portata:
- A resta costante.
- B raddoppia.
- C quadruplica.
- D diventa 16 volte più grande.

5 Due palline A e B, dello stesso materiale e di massa m_A e $m_B = 2m_A$, si muovono nello stesso fluido viscoso con la stessa velocità. Qual è la relazione tra le forze di attrito viscoso che il fluido esercita sulle due palline?
- A $F_A = 2F_B$
- B $F_A = F_B$
- C $F_B = 2F_A$
- D Non si può rispondere perché non si conosce il coefficiente di viscosità del fluido.

RISOLVI I SEGUENTI PROBLEMI

6 L'aorta ha un diametro interno di circa 2,1 cm mentre il diametro di un capillare è di circa 10,0 μm. La velocità media del flusso sanguigno è approssimativamente 1,0 m/s nell'aorta e 1,0 cm/s in un capillare.
- **a.** Qual è la portata dell'aorta?
- **b.** Qual è la portata di ciascun capillare?
- **c.** Assumendo che tutto il sangue che fluisce attraverso l'aorta fluisca anche attraverso i capillari, quanti capillari deve avere il sistema circolatorio?

7 L'acqua dell'impianto di riscaldamento di una casa viene pompata, a una velocità di 0,48 m/s e a una pressione di 3,2 atm, attraverso un tubo del diametro di 3,5 cm dalla cantina al primo piano, che si trova a un'altezza di 5,2 m rispetto alla cantina. Se il tubo dell'impianto del primo piano ha un diametro di 2,6 cm, determina:
- **a.** la velocità dell'acqua nel tubo al primo piano;
- **b.** la pressione dell'acqua nel tubo al primo piano.

8 In un tubo da giardino di diametro 1,60 cm scorre acqua con una velocità di 0,78 m/s e una pressione di 1,2 atmosfere. All'estremità del tubo è inserita una bocchetta di diametro 0,64 cm.
- **a.** Determina la velocità dell'acqua nella bocchetta.
- **b.** Scrivi e commenta i termini dell'equazione di Bernoulli.
- **c.** Qual è la pressione dell'acqua nella bocchetta (in atm)?

9 Quando il nostro corpo richiede un maggiore apporto di sangue in un particolare organo o muscolo, il diametro delle arteriole in quella zona aumenta (*vasodilatazione*).
- **a.** Esprimi la portata del sangue in un'arteriola mediante l'equazione di Poiseuille.
- **b.** Determina di quanto deve aumentare in percentuale il diametro di un'arteriola per raddoppiare la portata, se tutti gli altri fattori non variano.

RICHIAMI DAL PRIMO BIENNIO

La termologia

La temperatura

La **temperatura** T è una grandezza fisica scalare che permette di esprimere quantitativamente le sensazioni soggettive di "caldo" e di "freddo".

Per misurare la temperatura si usano strumenti chiamati **termometri**, che sfruttano gli effetti fisici determinati dalla temperatura stessa, come ad esempio la dilatazione di un corpo. Si fissano poi convenzionalmente una temperatura di riferimento (quella di ebollizione dell'acqua, di fusione del ghiaccio ecc.) e un intervallo unitario di temperatura. Ciò equivale a scegliere una **scala termometrica**.

Le scale termometriche più usate sono la *scala Celsius* (°C) e la *scala Kelvin* (K).

Il calore

Calore ed equilibrio termico

Il **calore** Q è l'energia trasferita tra oggetti a causa della loro differenza di temperatura. Se due oggetti in contatto termico hanno una temperatura diversa, il calore fluisce da quello più caldo a quello più freddo, fino a quando non raggiungono entrambi la stessa temperatura, cioè l'**equilibrio termico**.

Calore e lavoro meccanico

Joule mostrò che il lavoro compiuto dalla forza di gravità su una massa che cade da una certa altezza si converte in calore che fa aumentare la temperatura dell'acqua contenuta in un recipiente (**fig. 1**).

Una **caloria** (cal) è definita come la quantità di calore necessario per innalzare la temperatura di un grammo di acqua da 14,5 °C a 15,5 °C.

Joule stabilì che 1 cal è equivalente a 4,186 J di lavoro meccanico. Questo valore è noto come **equivalente meccanico del calore**:

1 cal = 4,186 J

Capacità termica e calore specifico

La **capacità termica** C di un corpo è il rapporto tra il calore Q fornito al corpo e la conseguente variazione di temperatura ΔT:

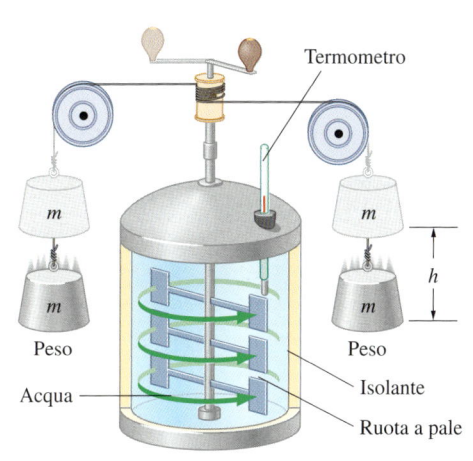

$$C = \frac{Q}{\Delta T}$$

▲ **Figura 1**
Dispositivo usato da Joule per la misura dell'equivalente meccanico del calore

Il **calore specifico** c di un corpo è il rapporto tra la capacità termica C del corpo e la sua massa m. Il calore specifico è indipendente dalla massa di un corpo, e dipende solo dal tipo di sostanza (**tab. 1**):

$$c = \frac{C}{m}$$

Combinando la definizione di calore specifico con la relazione $Q = C\Delta T$ si ottiene la seguente legge:

> **Legge fondamentale della termologia**
>
> Il calore Q necessario per far variare di ΔT la temperatura di un corpo di massa m e di calore specifico c è:
>
> $$Q = cm\Delta T$$

■ Calore ed equilibrio termico

Il calore si può scambiare per conduzione, per convezione e per irraggiamento.
Nella **conduzione** il calore fluisce attraverso un materiale, senza trasferimento di materia. Se la sezione di un corpo è A e la sua lunghezza L (**fig. 2**), il calore scambiato nel tempo t è dato dalla **legge di Fourier**:

$$Q = kA\left(\frac{\Delta T}{L}\right)t$$

dove ΔT è la differenza di temperatura tra le sezioni estreme del corpo e k è una costante, detta **conduttività termica**, che dipende dal materiale (**tab. 2**)
La **convezione** è lo scambio di calore dovuto al movimento di materia in un fluido che presenta zone a temperatura diversa.
L'**irraggiamento** è lo scambio di calore dovuto alla radiazione elettromagnetica.
La potenza irradiata da un corpo con una superficie di area A alla temperatura T in kelvin è data dalla **legge di Stefan-Boltzmann**:

$$P = e\sigma A T^4$$

dove e è l'*emittività* (una costante che varia tra 0 e 1) e σ è la **costante di Stefan-Boltzmann** il cui valore è $\sigma = 5{,}67 \cdot 10^{-8}$ W/(m² K⁴).

■ Cambiamenti di stato

La materia ordinaria si presenta in tre forme fondamentali, dette **stati di aggregazione**: lo **stato solido**, lo **stato liquido** e lo **stato gassoso**. Il passaggio di una sostanza da uno stato di aggregazione a un altro è detto **passaggio di stato**, o **cambiamento di stato** (**fig. 3**). Durante un cambiamento di stato la temperatura di un sistema rimane costante.
Il **calore latente** L è il calore che deve essere fornito o sottratto a una massa unitaria di una sostanza per farla passare da una fase a un'altra:

$$L = \frac{Q}{m}$$

Nel SI il calore latente si misura in joule al kilogrammo (J/kg).

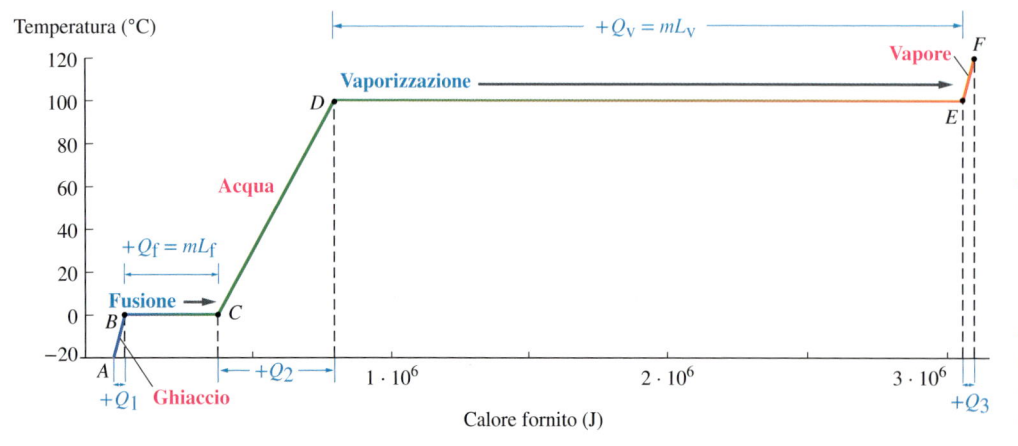

Sostanza	c [J/(kg · K)]
Acqua	4186
Ghiaccio	2090
Vapore	2010
Aria	1004
Alluminio	900
Vetro	837
Silicio	703
Ferro	448
Rame	387
Argento	234
Oro	129
Piombo	128

▲ **Tabella 1**
Calori specifici a pressione atmosferica

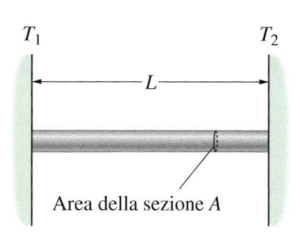

▲ **Figura 2**
Conduzione di calore attraverso una sbarra

Sostanza	k [W/(m · K)]
Argento	417
Rame	395
Oro	291
Alluminio	217
Piombo	34,2
Acciaio inox	16,3
Ghiaccio	1,6
Cemento	1,3
Vetro	0,84
Acqua	0,60
Legno	0,10
Lana	0,040
Aria	0,0234

▲ **Tabella 2**
Conduttività termica

◀ **Figura 3**
Grafico calore-temperatura nei passaggi di stato di una certa quantità di acqua

ESERCIZI

TEST

1 Pedalando per un certo tempo su una cyclette, un ragazzo consuma 10 kcal. Qual è il valore corrispondente in joule?
- A $4{,}2 \cdot 10^4$ J
- B $4{,}2 \cdot 10^3$ J
- C $4{,}2 \cdot 10^5$ J
- D $4{,}2 \cdot 10^2$ J

2 L'unita di misura nel SI della capacità termica è:
- A J/K
- B J/(kg · K)
- C W/K
- D J/kg

3 Il calore specifico dell'alluminio è $9{,}0 \cdot 10^2$ J/(kg · K). Se forniamo a 100 g di alluminio una quantità di calore $Q = 900$ J, quale sarà la variazione di temperatura?
- A 90 K
- B 10 K
- C 1,0 K
- D 9,0 K

4 Il calore latente di fusione del ghiaccio è 335 kJ/kg. Quanto calore è necessario per fondere 2,00 kg di ghiaccio?
- A $1{,}34 \cdot 10^3$ kJ
- B 168 kJ
- C 335 kJ
- D 670 kJ

PROBLEMI

5 PROBLEMA SVOLTO

Poni un blocco di metallo di 500 g con una temperatura iniziale di 54,5 °C in un recipiente contenente 1100 g di acqua alla temperatura di 20,0 °C. Se la temperatura finale del sistema blocco + acqua è di 21,4 °C, qual è il calore specifico del metallo? Supponi che il recipiente possa essere ignorato e che non ci sia scambio di calore con l'ambiente circostante.

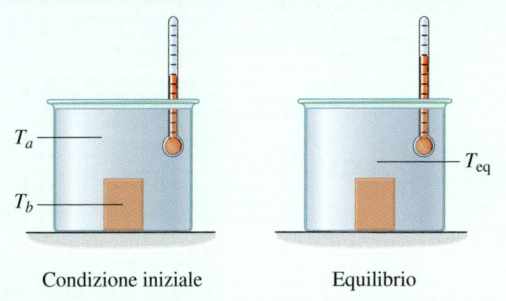

SOLUZIONE

Scriviamo l'espressione relativa al flusso di calore uscente dal blocco:

$$Q_{blocco} = m_b c_b (T_{eq} - T_b)$$

Q_{blocco} è negativo, poiché $T_{eq} < T_b$.
Scriviamo l'espressione relativa al flusso di calore entrante nell'acqua:

$$Q_{acqua} = m_a c_a (T_{eq} - T_a)$$

Q_{acqua} è positivo, poiché $T_{eq} > T_a$.
Poniamo $Q_{blocco} = -Q_{acqua}$:

$$m_b c_b (T_{eq} - T_b) = -m_a c_a (T_{eq} - T_a)$$

Risolviamo rispetto al calore specifico c_b del blocco e sostituiamo i valori numerici:

$$c_b = -\frac{m_a c_a (T_{eq} - T_a)}{m_b (T_{eq} - T_b)} = \frac{m_a c_a (T_{eq} - T_a)}{m_b (T_b - T_{eq})} =$$

$$= \frac{(1{,}100 \text{ kg})[4186 \text{ J/(kg} \cdot \text{K)}](21{,}4 \text{ °C} - 20{,}0 \text{ °C})}{(0{,}500 \text{ kg})(54{,}5 \text{ °C} - 21{,}4 \text{ °C})} =$$

$$= 390 \text{ J/(kg} \cdot \text{K)}$$

6 Scaldare una palla di piombo

Quanto calore è necessario per portare la temperatura di una palla di piombo di 225 g da 15,0 °C a 25,0 °C? Il calore specifico del piombo è 128 J/(kg · K).
[288 J]

7 Scaldare un blocco di alluminio

A un blocco di alluminio di 111 g che si trova a 22,5 °C vengono trasferiti 79,3 J di calore. Qual è la temperatura finale dell'alluminio?
[23,3 °C]

8 L'acqua troppo calda

Una pentola contiene 250 g di acqua a 72 °C.
- **a.** Quanta acqua a 20 °C si deve aggiungere all'acqua della pentola per portarla a una temperatura di 38 °C, supponendo che non venga scambiato calore con l'ambiente?
- **b.** Se la pentola ha un diametro di 15 cm e un'altezza di 10 cm, può contenere tutta l'acqua?

[a. 0,47 kg; b. si]

9 Dispersione del calore nel vetro

Una finestra ha un vetro che misura 84 cm × 36 cm e ha spessore 0,35 cm. Quanto calore fluisce al minuto attraverso il vetro della finestra, se la differenza fra la temperatura interna e quella esterna è di 15 °C?
[65 kJ/min]

10 La temperatura sul Sole

Il raggio del Sole è $6{,}95 \cdot 10^8$ m. Esso irradia calore con una potenza di $3{,}82 \cdot 10^{26}$ W. Supponendo che sia un radiatore perfetto (emittività $e = 1$) qual è la temperatura della sua superficie?
[$5{,}77 \cdot 10^3$ K]

11 Irraggiamento di una sfera

Qual è la potenza irradiata da una sfera di raggio 10 cm che ha un'emittività $e = 1{,}00$ e viene mantenuta a una temperatura di 400 K? La costante di Stefan-Boltzmann è $5{,}67 \cdot 10^{-8}$ W/(m² K⁴).
[182 W]

CAPITOLO 8

I gas e la teoria cinetica

LE GRANDI IDEE

1 La pressione di un gas ideale dipende dal numero di molecole del gas, dalla temperatura e dal volume.

2 La pressione esercitata da un gas è dovuta alle collisioni tra le molecole del gas e le pareti del contenitore.

3 L'energia cinetica media di un gas è proporzionale alla sua temperatura assoluta.

1 Temperatura e comportamento termico dei gas

Nel primo biennio abbiamo studiato il comportamento termico dei corpi e introdotto il concetto di **temperatura** come grandezza fisica misurabile che esprime quanto un corpo è caldo o freddo.

Gli esperimenti suggeriscono che esista una temperatura, detta **zero assoluto**, al di sotto della quale non è possibile raffreddare un corpo.

Per verificare l'esistenza dello zero assoluto, iniziamo con la seguente osservazione: se un dato volume V di aria, ad esempio l'aria contenuta in un pallone, viene raffreddato da 100 °C a 0 °C, esso diminuisce di circa $V/4$. Immaginiamo che questo andamento continui ininterrotto: allora nel raffreddamento da 0 °C a −100 °C il volume si ridurrà ancora di $V/4$, da −100 °C a −200 °C di un altro $V/4$ e infine da −200 °C a −300 °C di un altro $V/4$, il che porta il volume ad annullarsi. Ovviamente, non ha senso che il volume sia inferiore a zero, quindi *deve esistere una temperatura minima* approssimativamente attorno a −300 °C.

Tale risultato, sebbene grossolano, rappresenta un'approssimazione corretta.

Un esperimento più preciso può essere eseguito con uno strumento conosciuto come **termometro a gas a volume costante**, mostrato nella **figura 1**. Il funzionamento di questo strumento si basa sulla possibilità di regolare il livello del mercurio nel ramo destro del tubo, in modo tale che nel ramo sinistro si possa portare il mercurio a un livello prestabilito. Con il mercurio così livellato, il gas occupa un volume costante e la sua pressione è:

$$p_{gas} = p_{at} + dgh$$

dove d è la densità del mercurio e p_{at} è la pressione atmosferica.

Se la temperatura del gas varia, il livello del mercurio nel ramo di destra può essere riaggiustato come descritto. La pressione del gas può essere determinata nuovamente e il processo può essere ripetuto.

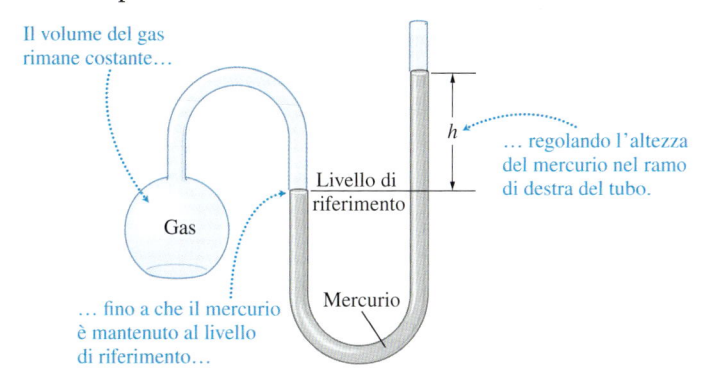

◀ **Figura 1**
Termometro a gas a volume costante

Il risultato di una serie di misure effettuate su gas differenti è mostrato nella **figura 2**, che riporta l'andamento della pressione p_{gas} in funzione della temperatura T_C (in °C).

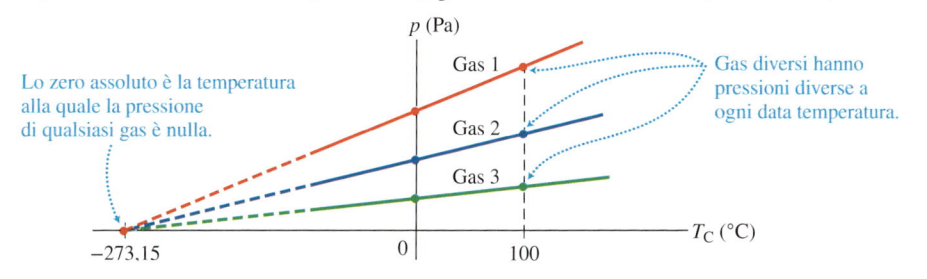

◀ **Figura 2**
Determinazione dello zero assoluto con il termometro a gas a volume costante

Osserviamo che, man mano che il gas viene raffreddato, la sua pressione diminuisce. La diminuzione di pressione ha un andamento approssimativamente lineare. A temperature abbastanza basse il gas può liquefare, e in tal caso il suo comportamento cambia, ma se estrapoliamo la retta ottenuta prima della liquefazione (parti tratteggiate in figura), vediamo che essa raggiunge la pressione zero (la più bassa pressione possibile) a −273,15 °C.

> **Zero assoluto**
>
> Lo zero assoluto è la temperatura alla quale la pressione di qualsiasi gas è nulla. Il suo valore è −273,15 °C e corrisponde allo 0 della scala Kelvin.

Va sottolineato che questo risultato è indipendente dal tipo di gas che utilizziamo nel termometro. Ad esempio i gas 1, 2 e 3 hanno pressioni differenti l'uno dall'altro, ma se estrapoliamo le rette corrispondenti fino alla pressione zero tutti e tre i gas raggiungono la medesima temperatura. Vedremo in seguito che questo comportamento è descritto da una delle leggi dei gas ideali (la seconda legge di Gay-Lussac).

MATH+

Se si effettua una traslazione e si definisce una scala di temperature (quella Kelvin) che abbia lo zero in −273 °C, in tale sistema di coordinate le **rette** passano tutte **per l'origine**: le loro equazioni sono $p = mT_K$, in cui il coefficiente angolare dipende dal gas considerato.

■ APPLICA SUBITO MATH+

1 In un termometro a gas a volume costante, un gas ha una pressione di 70,0 kPa a 0,00 °C. Supponendo un comportamento ideale, come quello dei gas in figura 2, scrivi l'equazione della retta che rappresenta la pressione in funzione della temperatura in °C. Quindi calcola la pressione del gas a 110 °C.

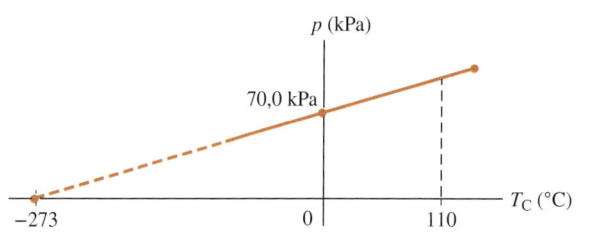

Determiniamo il coefficiente angolare m della retta:

$$m = \frac{p(0\ °C) - p(-273\ °C)}{0\ °C - (-273\ °C)} = \frac{70,0\ \text{kPa}}{273\ °C} = 0,256\ \text{kPa/°C}$$

Scriviamo l'equazione della retta:

$$p(T_C) = mT_C + p(0\ °C) = (0,256\ \text{kPa/°C})T_C + 70,0\ \text{kPa}$$

Calcoliamo la pressione a $T_C = 110$ °C sostituendo questo valore nell'equazione precedente:

$$p(110\ °C) = (0,256\ \text{kPa/°C})(110\ °C) + 70,0\ \text{kPa} = 98,2\ \text{kPa}$$

! **ATTENZIONE**
Valore in gradi Celsius dello zero assoluto

In tutti gli esercizi che seguiranno approssimeremo a −273 °C il valore in gradi Celsius dello zero assoluto.

2 Gas ideali

Nel paragrafo precedente abbiamo visto che la pressione di un gas, mantenuto a volume costante, diminuisce linearmente con la diminuzione della temperatura, per un ampio intervallo di temperature. Tuttavia, a basse temperature, i gas reali si trasformano in liquidi e poi in solidi e il loro comportamento cambia. Questi cambiamenti sono dovuti alle interazioni tra le molecole: quanto più deboli sono queste interazioni, tanto maggiore è l'intervallo di temperature nel quale permane il comportamento lineare del gas. Consideriamo pertanto un modello semplificato di gas, il **gas ideale**, nel quale *l'interazione tra le molecole è talmente piccola*, rispetto alle forze da esse esercitate nelle collisioni, *da poter essere trascurata*. In questo modello anche il volume occupato dalle singole molecole è trascurabile rispetto al volume del recipiente che contiene il gas, per cui le molecole possono essere trattate come punti materiali. Sebbene il gas ideale non esista realmente in natura, il suo comportamento è una buona approssimazione di quello di un gas reale la cui pressione sia sufficientemente bassa e la cui temperatura sia molto maggiore della temperatura a cui, a tale pressione, si verifica la sua liquefazione. Studiando il semplice caso "ideale", possiamo acquisire una buona conoscenza sul "funzionamento" di un gas reale.

Questo tipo di "idealizzazione" è analogo a quello già utilizzato nello studio della meccanica, dove, ad esempio, abbiamo spesso considerato una superficie priva di attrito, mentre le superfici reali hanno sempre un certo attrito, anche se talvolta molto piccolo.

> **LE GRANDI IDEE**
>
> **1** La pressione di un gas ideale è direttamente proporzionale al numero delle molecole del gas e alla temperatura assoluta, e inversamente proporzionale al volume.

Dipendenza della pressione da temperatura, numero di molecole e volume

Possiamo descrivere il modo in cui la pressione p di un gas ideale dipende dalla *temperatura T*, dal *numero di molecole N* e dal *volume V* utilizzando alcune osservazioni sperimentali. Immaginiamo di mantenere il numero di molecole e il volume del gas costanti, come avviene nel termometro a gas a volume costante mostrato nella **figura 1**. Come abbiamo già osservato, la pressione di un gas in queste condizioni è proporzionale alla temperatura:

$$p = \text{costante} \cdot T \qquad \text{(volume } V \text{ costante, numero di molecole } N \text{ costante)}$$

In questa espressione la costante che moltiplica la temperatura dipende dal numero di molecole contenute nel gas e dal suo volume; la temperatura è misurata in kelvin. Immaginiamo ora di avere una palla da basket leggermente sgonfia: la palla ha le dimensioni e l'aspetto di una palla da basket, ma è un po' troppo "molle". Per aumentare la pressione dobbiamo "pompare" più molecole dall'atmosfera all'interno della palla, come mostrato nella **figura 3**. Perciò, mentre la temperatura e il volume del gas nella palla rimangono costanti, la sua pressione aumenta all'aumentare del numero delle molecole, quindi:

$$p = \text{costante} \cdot N \qquad \text{(volume } V \text{ costante, temperatura } T \text{ costante)}$$

▲ **Figura 3**
La pressione aumenta se aumenta il numero di molecole

La nostra ultima osservazione riguarda la dipendenza della pressione dal volume. Consideriamo ancora la palla da basket e supponiamo che, invece di gonfiarla pompandovi all'interno del gas, ci sediamo sopra di essa, come mostrato nella **figura 4**. Poiché la palla è leggermente sgonfia, si deforma e il volume si riduce; nello stesso tempo la pressione del gas nella palla aumenta. Perciò, quando il numero delle molecole e la temperatura rimangono costanti, la pressione varia inversamente al volume:

$$p = \frac{\text{costante}}{V} \qquad \text{(numero di molecole } N \text{ costante, temperatura } T \text{ costante)}$$

Combinando le tre precedenti osservazioni possiamo scrivere la seguente espressione:

> **Pressione di un gas ideale**
>
> La pressione di N molecole di gas alla temperatura T e con volume V è:
>
> $$p = k\frac{NT}{V}$$

▲ **Figura 4**
La pressione aumenta se diminuisce il volume

La costante k che compare nell'espressione $p = kNT/V$ è una costante fondamentale della natura, nota come **costante di Boltzmann**, così chiamata in onore del fisico austriaco Ludwig Boltzmann (1844-1906):

Costante di Boltzmann, k

$k = 1{,}38 \cdot 10^{-23}$ J/K

Nel SI si misura in joule su kelvin (J/K).

> **ATTENZIONE**
> **La temperatura nelle leggi dei gas ideali**
>
> Quando utilizziamo le leggi dei gas ideali, la temperatura deve essere sempre espressa **in kelvin**.

PROBLEM SOLVING 1 Fai un bel respiro!

I polmoni di una persona possono contenere 6,0 litri (1 litro = 10^{-3} m^3) di aria alla temperatura corporea (310 K) e alla pressione atmosferica (101 kPa).
a. Sapendo che l'aria contiene il 21% di ossigeno, calcola il numero di molecole di ossigeno contenute nei polmoni.
b. Se la persona sale sulla cima di una montagna, dove la pressione dell'aria è molto minore di 101 kPa, il numero delle molecole nei suoi polmoni aumenta, diminuisce o rimane lo stesso?

■ **DESCRIZIONE DEL PROBLEMA** La figura mostra i polmoni della persona, che hanno un volume complessivo $V = 6{,}0$ litri. Sono indicate inoltre la pressione $p = 101$ kPa e la temperatura $T = 310$ K.

■ **STRATEGIA**
a. Consideriamo l'aria contenuta nei polmoni come un gas ideale. Dati il volume, la temperatura e la pressione del gas, possiamo utilizzare la relazione $p = kNT/V$ per calcolare N, il numero totale di molecole di gas. Infine calcoliamo il numero di molecole di ossigeno, ricordando che questo costituisce il 21% del volume dell'aria.
b. Applichiamo di nuovo la relazione $p = kNT/V$, ma considerando un valore di pressione p ridotto. Osserviamo che V e T rimangono costanti, perché sono caratteristici del corpo della persona e quindi non variano con l'altitudine.

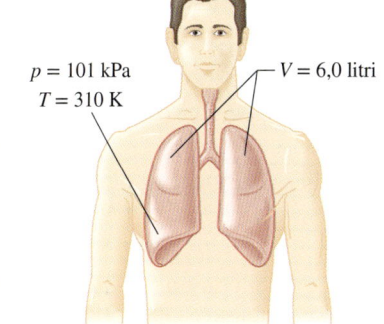

$p = 101$ kPa
$T = 310$ K
$V = 6{,}0$ litri

Dati Volume dei polmoni di una persona, $V = 6{,}0 \cdot 10^{-3}$ m^3; temperatura (interna) dei polmoni, $T = 310$ K; pressione dell'aria nei polmoni, $p = 101$ kPa; percentuale di ossigeno dell'aria, $f = 0{,}21$

Incognite a. Numero di molecole di ossigeno nei polmoni, $N = ?$ b. Per $p' < p$, $N' \gtreqless N$?

■ **SOLUZIONE**
a. Ricaviamo il numero di molecole N dalla relazione $p = kNT/V$ e sostituiamo i valori numerici per calcolare il numero di molecole di aria nei polmoni:

$$p = \frac{kNT}{V} \quad \rightarrow \quad N = \frac{pV}{kT} = \frac{(1{,}01 \cdot 10^5 \text{ Pa})(6{,}0 \cdot 10^{-3} \text{ m}^3)}{(1{,}38 \cdot 10^{-23} \text{ J/K})(310 \text{ K})} = 1{,}4 \cdot 10^{23}$$

Calcoliamo il numero di molecole di ossigeno pari al 21% di N:

$0{,}21 N = 0{,}21 (1{,}4 \cdot 10^{23}) = 2{,}9 \cdot 10^{22}$

b. Dalla relazione $N = pV/kT$ possiamo dedurre che se il volume dei polmoni e la temperatura del corpo rimangono costanti, il numero di molecole N diminuisce linearmente con la pressione. Ad esempio, a un'altitudine di 3000 m la pressione è circa il 70% di quella al livello del mare e quindi il numero di molecole di ossigeno nei polmoni è solo il 70% del valore normale. Non c'è quindi da stupirsi se quando si cammina in alta montagna "manca il fiato"!

OSSERVAZIONI Il numero di molecole contenute in una coppia di polmoni di normale dimensione è enorme. Per renderci conto di quanto sia grande questo valore, consideriamo che il numero di stelle della Via Lattea è "solo" dell'ordine di 10^{11}.

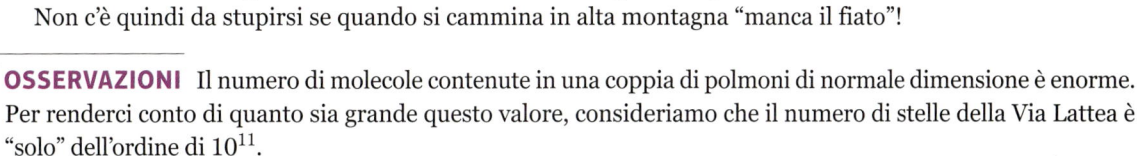

PROVA TU Se la persona del problema fa un respiro particolarmente profondo, in modo che i polmoni si riempiano con $1{,}5 \cdot 10^{23}$ molecole, qual è il loro volume? [$V = 6{,}4 \cdot 10^{-3}$ m^3 = 6,4 litri]

La mole e il numero di Avogadro

La pressione di un gas può anche essere scritta riferendosi alle **moli** piuttosto che al numero N di molecole. Nel sistema SI la **mole** (**mol**) è l'unità di quantità di materia ed è definita come segue:

> **Mole**
>
> Una mole è la quantità di sostanza che contiene esattamente $6{,}02214076 \cdot 10^{23}$ entità elementari.

L'espressione "entità elementari" fa riferimento sia alle molecole che possono contenere un solo atomo, come il carbonio (C) e l'elio (He), sia a quelle che possono contenere più atomi, anche diversi tra loro, come l'acqua (H_2O).

Il numero $6{,}02214076 \cdot 10^{23}$ è noto come **numero di Avogadro**, N_A, in onore del fisico e chimico italiano Amedeo Avogadro (1776-1856):

> **Numero di Avogadro, N_A**
>
> $N_A = 6{,}02214076 \cdot 10^{23}$ molecole/mol
>
> Nel SI si misura in mol^{-1}.

CHEM

La definizione di **mole** è stata aggiornata nel maggio del 2019. L'immagine mostra come si presenta una mole di cinque diverse sostanze: da sinistra zucchero, sale, carbonio, idrogeno, rame.

Dunque le moli di qualsiasi sostanza contengono tutte un numero di molecole pari al numero di Avogadro. Di seguito il suo valore sarà approssimato con $6{,}022 \cdot 10^{23}$ mol^{-1}.

Se n indica il numero di moli di un gas, il numero di molecole corrispondente è:

$$N = nN_A$$

Ciò che cambia da una sostanza all'altra è la massa di una mole. Ad esempio, una mole di elio ha una massa di 4,003 g e una mole di rame ha invece una massa di 63,55 g.
In generale, possiamo definire la **massa atomica** o **molare** M di una sostanza come la massa in grammi di una mole di quella sostanza. Perciò, la massa molare dell'elio è $M = 4{,}003$ g/mol, mentre quella del rame è $M = 63{,}55$ g/mol.

La massa molare offre un utile collegamento tra il mondo macroscopico, dove misuriamo la massa di una sostanza in grammi, e il mondo microscopico, dove consideriamo il numero delle molecole, che in genere è dell'ordine di 10^{23} o maggiore.
Per quanto detto, una massa di rame di 63,55 g contiene $6{,}022 \cdot 10^{23}$ atomi di rame. Di conseguenza, otteniamo la massa m_{Cu} di un singolo atomo di rame dividendo la sua massa molare per il numero di Avogadro:

$$m_{Cu} = \frac{M}{N_A} = \frac{63{,}55 \text{ g/mol}}{6{,}022 \cdot 10^{23} \text{ atomi/mol}} = 1{,}055 \cdot 10^{-22} \text{ g/atomo}$$

In generale, la massa di una entità elementare di una sostanza di massa molare M è data da:

$$m = \frac{M}{N_A}$$

Ricordiamo, infine, un fondamentale principio formulato da Avogadro:

> **Principio di Avogadro**
>
> Volumi uguali di gas differenti, nelle medesime condizioni di temperatura e di pressione, contengono lo stesso numero di molecole.

In particolare, una mole di gas alla temperatura di 0 °C e alla pressione di 1 atm (*condizioni standard*) occupa un volume pari a 22,4 litri.

APPLICA SUBITO

2 Utilizzando le masse atomiche che puoi trovare nella Tavola periodica degli elementi, determina la massa di:

a. un atomo di elio;

b. una molecola di ossigeno (O_2).

Usiamo la formula generale $m = \dfrac{M}{N_A}$, dove M è la massa atomica dell'elio nel primo caso e la massa molare dell'O_2 (pari al doppio della massa atomica dell'ossigeno) nel secondo caso.

Otteniamo così:

a. $m_{He} = \dfrac{M}{N_A} = \dfrac{4{,}003 \text{ g/mol}}{6{,}022 \cdot 10^{23} \text{ atomi/mol}} = 6{,}647 \cdot 10^{-24}$ g/atomo

b. $m_{O_2} = \dfrac{M}{N_A} = \dfrac{32{,}00 \text{ g/mol}}{6{,}022 \cdot 10^{23} \text{ molecole/mol}} = 5{,}314 \cdot 10^{-23}$ g/molecola

Equazione di stato dei gas ideali

Se sostituiamo $N = nN_A$ nella relazione $p = \dfrac{kNT}{V}$ che esprime la pressione di un gas ideale, otteniamo:

$$p = \dfrac{nN_A kT}{V} = \dfrac{nRT}{V}$$

Il prodotto delle costanti N_A e k costituisce la **costante universale dei gas**, R, così definita:

> **Costante universale dei gas, R**
>
> $R = N_A k = (6{,}022 \cdot 10^{23} \text{ molecole/mol})(1{,}38 \cdot 10^{-23} \text{ J/K}) = 8{,}31$ J/(mol K)
>
> Nel SI si misura in J/(mol K).

In generale, una relazione tra le proprietà termiche di una sostanza, come quella che abbiamo ricavato, è chiamata **equazione di stato**.

L'equazione che esprime la pressione di un gas ideale in funzione della temperatura T, del volume V e del numero di moli n:

$$p = \dfrac{nRT}{V}$$

è detta **equazione di stato di un gas ideale** e può essere scritta anche nella forma seguente:

> **Equazione di stato di un gas ideale**
>
> $pV = nRT$

APPLICA SUBITO

3 Uno pneumatico di automobile ha un volume di 15,0 dm³ e contiene aria alla pressione di 156 kPa alla temperatura di 0,00 °C. Quante moli di aria contiene lo pneumatico? (Supponi che l'aria sia un gas ideale).

Dall'equazione di stato di un gas ideale ricaviamo il numero di moli n:

$$n = \dfrac{pV}{RT}$$

Sostituendo i valori numerici $p = 156$ kPa, $V = 0{,}0150$ m³, $T_C = 0{,}00$ °C $= 273$ K, $R = 8{,}31$ J/(mol K), otteniamo:

$$n = \dfrac{(1{,}56 \cdot 10^5 \text{ Pa}) \cdot (0{,}0150 \text{ m}^3)}{[8{,}31 \text{ J/(mol K)}](273 \text{ K})} = 1{,}03 \text{ mol}$$

TECH

L'equazione di stato dei gas ideali fornisce una buona descrizione del **comportamento dell'aria degli pneumatici** delle auto. Quando lo pneumatico si riscalda, cioè la temperatura dell'aria aumenta, il volume varia pochissimo, ma la pressione aumenta.

3 Le leggi dei gas ideali

La legge di Boyle

Da un punto di vista storico, l'equazione di stato dei gas ideali è il risultato degli sforzi di numerosi ricercatori. Lo scienziato inglese Robert Boyle (1627-1691) ricavò sperimentalmente che la pressione di un gas è inversamente proporzionale al volume, se la temperatura e il numero di moli vengono mantenuti costanti.
Questa relazione è nota come **legge di Boyle**:

> **Legge di Boyle**
>
> $p_i V_i = p_f V_f$ (numero di moli n costante, temperatura T costante)

Per verificare che la legge di Boyle è coerente con l'equazione di stato dei gas ideali:

$pV = nRT$

osserviamo che, se n e T rimangono costanti, anche il prodotto pV lo è. Quindi, se il prodotto pV è costante, significa che il suo valore iniziale deve essere uguale al suo valore finale e questa è proprio la legge di Boyle.

Il grafico della legge di Boyle è mostrato nella **figura 5**, dove è riportata la pressione p in funzione del volume V. Ogni curva ha equazione:

$pV = $ costante

e corrisponde a una diversa e ben definita temperatura. Tali curve sono dette **isoterme**, termine che significa letteralmente "temperatura costante".
Le tre isoterme mostrate sono relative alle temperature 100 K, 200 K e 300 K. Osserviamo che maggiore è la temperatura T, maggiore è il valore della costante; pertanto, le curve più lontane dall'origine corrispondono a temperature più alte.

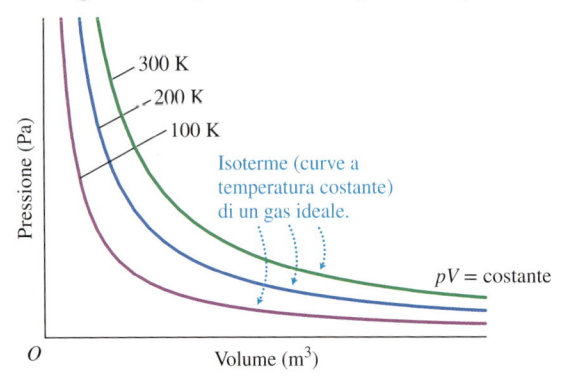

COLLEGAMENTO ▶▶
Nel fascicolo LAB+
Con GeoGebra
La legge di Boyle

◀ **Figura 5**
Isoterme di un gas ideale

Consideriamo la situazione in cui un subacqueo, che sta nuotando in acqua poco profonda, espirando emetta una piccola bolla d'aria dalla bocca. Quando la bolla raggiunge la superficie dell'acqua il suo diametro è maggiore, minore o uguale a quello iniziale?
Possiamo osservare che, per la legge di Stevino, man mano che la bolla sale, la pressione dell'acqua circostante diminuisce.
Utilizzando l'equazione di stato dei gas ideali, e supponendo che la temperatura dell'acqua rimanga costante e che non siano aggiunte o tolte molecole di gas dalla bolla, il volume della bolla varia secondo la relazione:

$V = \dfrac{NRT}{p} = \dfrac{\text{costante}}{p} \quad \rightarrow \quad pV = $ costante

Il volume della bolla è inversamente proporzionale alla pressione: al diminuire della pressione, aumenta perciò il volume e quindi il diametro delle bolle.

PROBLEM SOLVING 2 — Sotto pressione

Un recipiente cilindrico, la cui sezione ha area A, è chiuso da un pistone a tenuta, libero di muoversi verticalmente. Nel recipiente è contenuto un gas ideale. Inizialmente la pressione esercitata dal pistone è 130 kPa e il pistone si trova a un'altezza di 25 cm rispetto alla base del cilindro. Se aggiungi una massa sul pistone, la pressione aumenta fino a 170 kPa. Supponendo che il sistema sia sempre alla stessa temperatura di 290 K, determina la nuova altezza assunta dal pistone.

■ **DESCRIZIONE DEL PROBLEMA** Il sistema fisico è mostrato in figura. Sono indicate la pressione iniziale $p_1 = 130$ kPa e l'altezza iniziale del pistone $h_1 = 25$ cm. Quando viene aggiunta una massa sul pistone, la pressione aumenta fino al valore $p_2 = 170$ kPa e l'altezza diminuisce fino al valore h_2. La temperatura rimane costante.

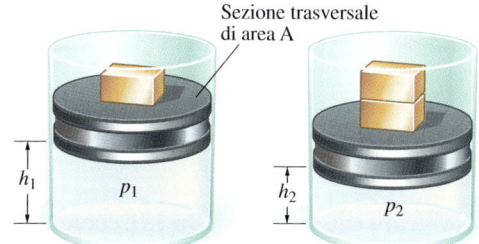

■ **STRATEGIA** Poiché la temperatura del sistema si mantiene costante, possiamo usare la legge di Boyle, $p_1 V_1 = p_2 V_2$, per determinare V_2, essendo noti p_1, p_2 e V_1. Sappiamo inoltre che il volume V del cilindro è legato alla sua altezza h dalla relazione $V = Ah$.

Dati Pressione iniziale, $p_1 = 130$ kPa; altezza iniziale del pistone $h_1 = 25$ cm; pressione finale, $p_2 = 170$ kPa; temperatura, $T = 290$ K

Incognita Altezza finale del pistone, $h_2 = ?$

■ **SOLUZIONE**
Uguagliamo i valori iniziale e finale di pV, quindi ricaviamo V_2:

$$p_1 V_1 = p_2 V_2 \quad \rightarrow \quad V_2 = V_1 \frac{p_1}{p_2}$$

Sostituiamo $V_1 = Ah_1$ e $V_2 = Ah_2$, ricaviamo h_2 e inseriamo i valori numerici:

$$Ah_2 = Ah_1 \frac{p_1}{p_2} \quad \rightarrow \quad h_2 = h_1 \frac{p_1}{p_2} = (25 \text{ cm}) \frac{130 \text{ kPa}}{170 \text{ kPa}} = 19 \text{ cm}$$

■ **OSSERVAZIONI** Per mantenere costante la temperatura del sistema è necessario che una certa quantità di calore esca dal recipiente quando il gas viene compresso. Perciò durante l'esperimento il recipiente non deve essere isolato termicamente.

PROVA TU Quale pressione sarebbe necessaria per portare l'altezza del pistone a 29 cm? $[p = 1{,}1 \cdot 10^2 \text{ kPa}]$

■ Le leggi di Gay-Lussac

Un altro aspetto del comportamento dei gas ideali fu scoperto dallo scienziato francese Jacques Charles (1746-1823) e studiato in seguito con maggiore dettaglio dal collega francese Joseph Gay-Lussac (1778-1850). Il risultato dei loro studi, noto oggi come **prima legge di Gay-Lussac**, fu che il rapporto tra il volume di un gas e la sua temperatura rimane costante, fintanto che la pressione e il numero di moli del gas rimangono costanti, cioè:

$$\frac{V_i}{T_i} = \frac{V_f}{T_f} \qquad \text{(numero di moli } n \text{ costante, pressione } p \text{ costante)}$$

Come la legge di Boyle, anche questo risultato discende immediatamente dall'equazione di stato dei gas ideali. Infatti, se dall'espressione $pV = nRT$ ricaviamo il rapporto V/T, otteniamo:

$$\frac{V}{T} = \frac{nR}{p}$$

Se n e p sono costanti, allora lo è anche il rapporto V/T.

▲ Questo palloncino è completamente gonfio a temperatura ambiente (293 K) e a pressione atmosferica, ma se lo raffreddiamo con vapori di azoto liquido (77 K), il volume dell'aria contenuta nel palloncino diminuisce marcatamente, causandone lo sgonfiamento.

La prima legge di Gay-Lussac può essere riscritta come una relazione lineare tra il volume e la temperatura:

> **Prima legge di Gay-Lussac**
>
> A pressione costante, volume e temperatura di un gas sono direttamente proporzionali:
>
> $V = $ costante $\cdot T$ (p costante)

La costante di proporzionalità in questo caso è $\dfrac{nR}{p}$.

Nella **figura 6**, che riporta il volume in funzione della temperatura per tre diversi valori di pressione, possiamo osservare, come abbiamo visto nel paragrafo 1, che il volume di un gas ideale tende a zero man mano che la temperatura si avvicina allo zero assoluto.

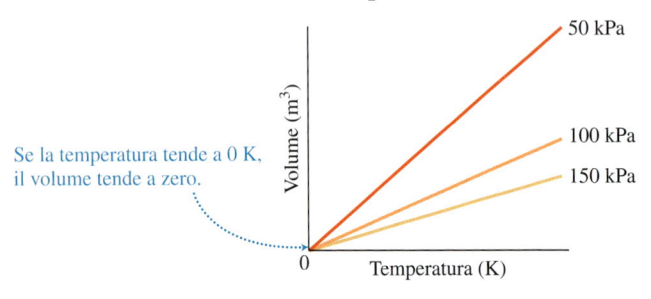

◄ Figura 6
Volume in funzione della temperatura in un gas ideale a pressione costante

Supponiamo ora che venga tenuto costante il volume del gas. Dall'equazione di stato dei gas ideali si ottiene:

$$\frac{p}{T} = \frac{nR}{V}$$

Se, come stiamo ipotizzando, n e V sono costanti, lo è anche il rapporto p/T e si ricava così la **seconda legge di Gay-Lussac**:

> **Seconda legge di Gay-Lussac**
>
> A volume costante, pressione e temperatura di un gas sono direttamente proporzionali:
>
> $p = $ costante $\cdot T$ (V costante)

La costante di proporzionalità è in questo caso $\dfrac{nR}{V}$.

Nella **figura 7**, che riporta la pressione in funzione della temperatura per tre diversi valori di volume, possiamo osservare che la pressione di un gas ideale tende a zero man mano che la temperatura si avvicina allo zero assoluto, come abbiamo visto nel paragrafo 1.

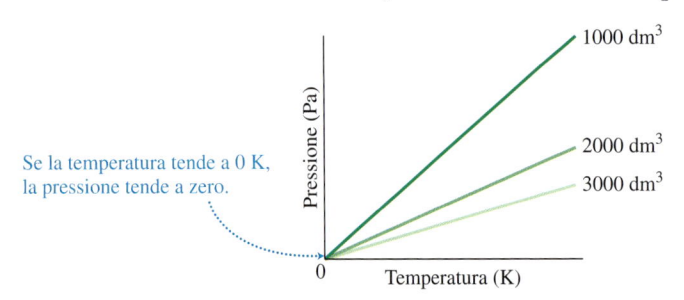

◄ Figura 7
Pressione in funzione della temperatura in un gas ideale a volume costante

Riassumiamo nello schema che segue le **leggi dei gas ideali**:

Equazione di stato	$pV = nRT$	
Legge di Boyle	$p_i V_i = p_f V_f = nRT$	(T costante)
Prima legge di Gay-Lussac	$\dfrac{V_i}{T_i} = \dfrac{V_f}{T_f} = \dfrac{nR}{p}$	(p costante)
Seconda legge di Gay-Lussac	$\dfrac{p_i}{T_i} = \dfrac{p_f}{T_f} = \dfrac{nR}{V}$	(V costante)

4 La teoria cinetica dei gas

Utilizzando un manometro e un termometro possiamo facilmente misurare la pressione e la temperatura di un gas. Queste sono grandezze *macroscopiche* che si riferiscono al gas nel suo insieme. Non è altrettanto facile misurare grandezze *microscopiche*, come la posizione o la velocità di una singola molecola. Esiste tuttavia un collegamento fra ciò che avviene a livello microscopico e ciò che osserviamo a livello macroscopico; questo collegamento è descritto dalla **teoria cinetica dei gas**.

Nella teoria cinetica immaginiamo un gas come un insieme di molecole che si muovono all'interno di un contenitore di volume V, come mostrato in **figura 8**.

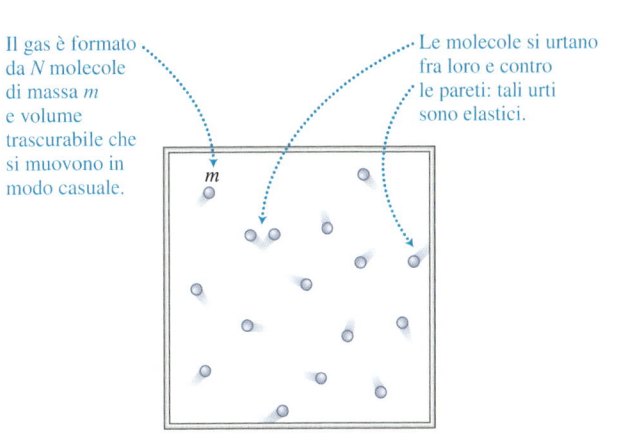

In particolare facciamo le seguenti ipotesi:

- il contenitore contiene un numero N molto elevato di molecole identiche; ogni molecola ha una massa m e si comporta come un punto materiale. In altre parole, il volume di ogni singola molecola è trascurabile rispetto al volume del contenitore e la dimensione delle molecole è trascurabile rispetto alla distanza fra esse;
- le molecole si muovono all'interno del contenitore in modo casuale e obbediscono in ogni istante alle leggi del moto di Newton;
- le molecole si urtano fra loro o contro le pareti del contenitore e tali urti sono perfettamente elastici. All'infuori di queste collisioni, le molecole non interagiscono;
- l'effetto della forza di gravità sulle molecole è trascurabile.

Con queste condizioni di base, possiamo mettere in relazione la pressione di un gas e il comportamento delle sue singole molecole.

Il gas è formato da N molecole di massa m e volume trascurabile che si muovono in modo casuale.

Le molecole si urtano fra loro e contro le pareti: tali urti sono elastici.

▲ **Figura 8**
Moto delle molecole di un gas ideale all'interno di un contenitore

L'origine della pressione esercitata da un gas

La pressione esercitata da un gas è dovuta alle collisioni tra le molecole del gas e le pareti del contenitore. Ogni collisione provoca una variazione della quantità di moto di una data molecola, esattamente come avviene quando una palla lanciata contro un muro rimbalza. Il rapporto fra la variazione totale della quantità di moto delle molecole in un dato tempo e il tempo in cui tale variazione è avvenuta, è uguale alla forza che la parete deve esercitare sul gas per mantenerlo all'interno del contenitore. *Il rapporto tra il valore medio di questa forza nel tempo e la superficie della parete è la pressione del gas.*
Per chiarire meglio questo punto, immaginiamo un contenitore a forma di cubo di lato L, il cui volume è $V = L^3$.
Consideriamo inoltre una molecola che si sta muovendo nella direzione negativa dell'asse x verso una parete, come è mostrato nella **figura 9**.
Se la sua velocità scalare è v_x, la sua quantità di moto iniziale è $p_{i,x} = -mv_x$ (il vettore ha solo la componente x diversa da zero).

LE GRANDI IDEE

2 La pressione esercitata da un gas è dovuta alle collisioni tra le molecole del gas e le pareti del contenitore.

! ATTENZIONE
Attento alla lettera p

In questo paragrafo viene utilizzata la lettera p per indicare la quantità di moto. Fai attenzione a non confonderla con la pressione!

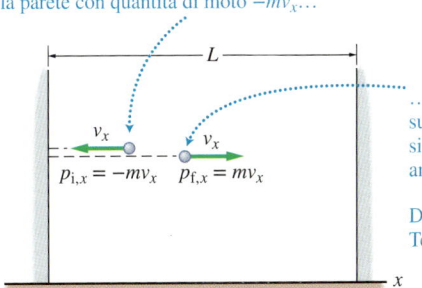

Una molecola di gas che si muove verso la parete con quantità di moto $-mv_x$...

v_x v_x
$p_{i,x} = -mv_x$ $p_{f,x} = mv_x$

... rimbalza sulla parete, variando la sua quantità di moto da $-mv_x$ a $+mv_x$, si muove verso la parete opposta, rimbalza ancora e ritorna verso la prima parete.

Distanza andata-ritorno = $2L$
Tempo andata-ritorno = $2L/v_x$

◀ **Figura 9**
Forza esercitata da una molecola su una parete del contenitore

Dopo aver urtato elasticamente la parete, la molecola si muove nella direzione positiva dell'asse x con la stessa velocità (essendo l'urto perfettamente elastico), quindi la sua quantità di moto finale è $p_{f,x} = +mv_x$.

Di conseguenza, la variazione della quantità di moto della molecola è:

$$\Delta p_x = p_{f,x} - p_{i,x} = mv_x - (-mv_x) = 2mv_x$$

La parete esercita sulla molecola una forza che è responsabile della variazione della sua quantità di moto.

Dopo l'urto, la molecola viaggia verso la parete opposta del contenitore e di nuovo, dopo un altro urto, torna verso la prima parete. Il tempo necessario per questo viaggio di andata e ritorno, di lunghezza $2L$, è:

$$\Delta t = \frac{2L}{v_x}$$

Per la seconda legge di Newton, *la forza media esercitata dalla parete sulla molecola* è:

$$F = \frac{\Delta p_x}{\Delta t} = \frac{2mv_x}{2L/v_x} = \frac{mv_x^2}{L}$$

Finora abbiamo supposto che la molecola si muovesse in direzione x, per semplificare i calcoli. Se la molecola si muove in una direzione inclinata rispetto all'asse x, il ragionamento fatto vale solo per la componente x del moto; le conclusioni finali, tuttavia, sono le stesse.

■ Distribuzione delle velocità delle molecole

Nel ricavare la relazione $F = mv_x^2/L$ abbiamo considerato una singola molecola con una particolare velocità; le altre molecole, naturalmente, avranno velocità diverse. Inoltre, la velocità di ogni molecola varia nel tempo in seguito agli urti con le altre particelle del gas. Ciò che rimane costante, tuttavia, è la **distribuzione delle velocità** delle molecole. Quanto abbiamo appena affermato è mostrato nella **figura 10**, in cui è illustrato il risultato ottenuto dal fisico scozzese James Clerk Maxwell (1831-1879). Il grafico mostra la probabilità che una molecola di ossigeno (O_2) abbia una determinata velocità. Ad esempio, sulla curva relativa alla temperatura di 300 K, la velocità più probabile è circa 390 m/s. Quando la temperatura viene aumentata a 1100 K, la velocità più probabile cresce approssimativamente a 750 m/s. Sono presenti anche altre velocità diverse, da zero a valori molto grandi, ma hanno probabilità decisamente inferiori.

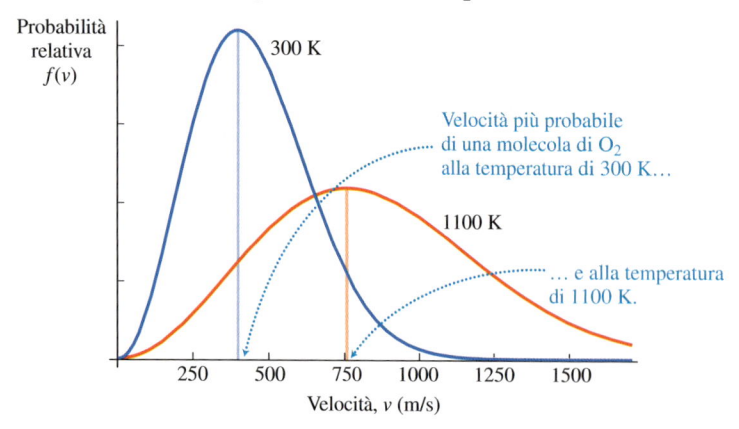

◀ **Figura 10**
Distribuzione delle velocità di Maxwell alle temperature $T = 300$ K e $T = 1100$ K

MATH+

La **distribuzione delle velocità di Maxwell** è descritta dalla seguente funzione

$$f(v) = 4\pi \left(\frac{m}{2\pi kT}\right)^{3/2} v^2 e^{-\frac{mv^2}{2kT}}$$

in cui m è la massa di una molecola, v è il modulo della sua velocità, T è la temperatura assoluta del gas e k è la costante di Botzmann.

Puoi verificare che l'argomento della funzione esponenziale è adimensionale e che $f(v)$ ha le dimensioni dell'inverso di una velocità.

Per determinare la forza media che agisce sulla parete del contenitore cubico dobbiamo sommare i contributi di tutte le N molecole che colpiscono la parete e che possono avere velocità v_x diverse:

$$F_{x_1} = \frac{mv_{x_1}^2}{L} \qquad F_{x_2} = \frac{mv_{x_2}^2}{L} \qquad \ldots \qquad F_{x_N} = \frac{mv_{x_N}^2}{L}$$

Dividendo la forza totale media per l'area L^2 della parete, otteniamo la pressione esercitata da tutte le molecole sulla parete:

$$p = \frac{\Sigma_i F_{x_i}}{L^2} = \frac{\frac{mv_{x_1}^2}{L} + \frac{mv_{x_2}^2}{L} + \ldots + \frac{mv_{x_N}^2}{L}}{L^2} = \frac{m}{L^3}(v_{x_1}^2 + v_{x_2}^2 + \ldots + v_{x_N}^2)$$

Possiamo sostituire la quantità fra parentesi con $N\overline{v_x^2}$, dove $\overline{v_x^2}$ è il *valore medio del quadrato delle componenti x* di tutte le velocità molecolari. L'equazione diventa quindi:

$$p = \frac{m}{L^3} N \overline{v_x^2}$$

Ricordando che il numero di molecole N è il prodotto del numero di moli n per il numero di Avogadro N_A e osservando che L^3 è il volume V del recipiente, possiamo scrivere:

$$p = \frac{m}{V} n N_A \overline{v_x^2}$$

da cui, sostituendo l'espressione della massa molare $M = mN_A$, otteniamo:

$$p = \frac{nM}{V} \overline{v_x^2}$$

Naturalmente la direzione x non è particolare; la relazione precedente vale anche per le molecole che si muovono nelle direzioni y e z, sostituendo $\overline{v_y^2}$ e $\overline{v_z^2}$ al posto di $\overline{v_x^2}$. Possiamo allora esprimere la pressione del gas in funzione della velocità totale delle molecole piuttosto che in funzione delle singole componenti.

Se v_x, v_y e v_z sono le componenti della velocità di una molecola, il quadrato della sua velocità è:

$$v^2 = v_x^2 + v_y^2 + v_z^2$$

e quindi la media di v^2 è:

$$\overline{v^2} = \overline{v_x^2} + \overline{v_y^2} + \overline{v_z^2}$$

Poiché le direzioni x, y e z sono equivalenti, abbiamo:

$$\overline{v_x^2} = \overline{v_y^2} = \overline{v_z^2}$$

e quindi la media del quadrato della velocità totale è:

$$\overline{v^2} = \overline{v_x^2} + \overline{v_y^2} + \overline{v_z^2} = 3\overline{v_x^2}$$

oppure, in modo equivalente:

$$\overline{v_x^2} = \frac{1}{3}\overline{v^2}$$

Sostituendo questo risultato nell'equazione che abbiamo ricavato per p, otteniamo:

$$p = \frac{nM}{V}\overline{v_x^2} = \frac{1}{3}\frac{nM}{V}\overline{v^2}$$

La pressione del gas dipende quindi dalla velocità delle molecole secondo la relazione:

Pressione di un gas ideale in funzione della velocità delle molecole

$$p = \frac{1}{3}\frac{nM}{V}\overline{v^2}$$

Possiamo esprimere $\overline{v^2}$ in funzione della pressione:

$$\overline{v^2} = \frac{3pV}{nM}$$

Velocità quadratica media

Utilizzando l'equazione di stato dei gas ideali, $pV = nRT$, si ottiene per $\overline{v^2}$:

$$\overline{v^2} = \frac{3pV}{nM} = \frac{3nRT}{nM} = \frac{3RT}{M}$$

La radice quadrata di $\overline{v^2}$ è chiamata velocità quadratica media e indicata con v_{qm}:

Velocità quadratica media, v_{qm}

$$v_{qm} = \sqrt{\overline{v^2}} = \sqrt{\frac{3pV}{nM}} = \sqrt{\frac{3RT}{M}}$$

La velocità quadratica media è una delle velocità caratteristiche della distribuzione delle velocità di Maxwell. Come è mostrato nella **figura 11**, v_{qm} è leggermente maggiore della velocità più probabile v_p e della velocità media $\overline{v}$.

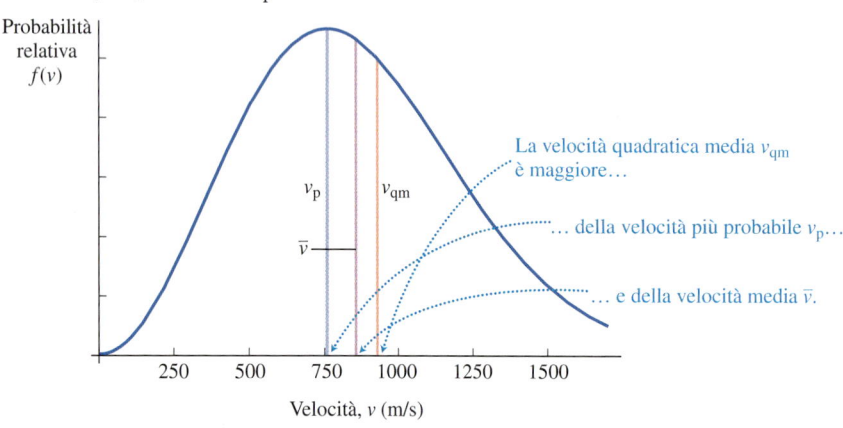

◀ **Figura 11**
Velocità molecolari caratteristiche dell'O_2 alla temperatura $T = 1100$ K

Consideriamo l'espressione di v_{qm} in funzione di p:

$$v_{qm} = \sqrt{\frac{3pV}{nM}}$$

Poiché $nM = \frac{N}{N_A}(mN_A) = Nm$, e poiché il rapporto $\frac{Nm}{V}$ è la densità d del gas, possiamo esprimere v_{qm} in funzione della pressione e della densità del gas come:

$$v_{qm} = \sqrt{\frac{3p}{d}}$$

PROBLEM SOLVING 3 **Bombardati da molecole di aria**

L'atmosfera è composta essenzialmente da azoto N_2 (78%) e ossigeno O_2 (21%).
a. La velocità quadratica media dell'N_2 ($M = 28{,}0$ g/mol) è maggiore, minore o uguale a quella dell'O_2 ($M = 32{,}0$ g/mol)?
b. Determina la velocità quadratica media dell'N_2 e dell'O_2 a 293 K.

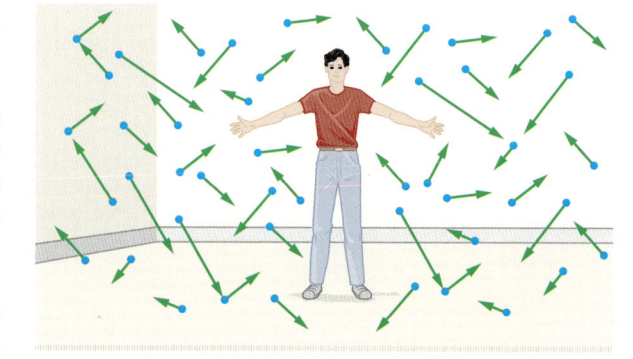

■ **DESCRIZIONE DEL PROBLEMA** La figura mostra le molecole d'aria che rimbalzano sulle pareti e su una persona. Le molecole si muovono in tutte le direzioni e hanno, in generale, differenti velocità. La maggior parte delle molecole sono di azoto e circa il 21% di ossigeno.

■ **STRATEGIA** Le velocità quadratiche medie possono essere calcolate con l'equazione $v_{qm} = \sqrt{3RT/M}$. Dobbiamo però fare attenzione alla massa molare delle molecole. In particolare, per l'azoto la massa molare è $M = 28{,}0$ g/mol $= 0{,}0280$ kg/mol e per l'ossigeno è $M = 32{,}0$ g/mol $= 0{,}0320$ kg/mol.

Dati Massa molare di N_2, $M = 28{,}0$ g/mol; massa molare di O_2, $M = 32{,}0$ g/mol; temperatura $T = 293$ K

Incognite a. $v_{qm}(N_2) \gtreqless v_{qm}(O_2)$?
b. velocità quadratica media di N_2, $v_{qm} = ?$; Velocità quadratica media di O_2, $v_{qm} = ?$

SOLUZIONE

a. Dalla relazione $v_{qm} = \sqrt{\dfrac{3RT}{M}}$ possiamo dedurre che, poiché la massa molare M delle molecole di azoto è minore di quella delle molecole di ossigeno, la velocità quadratica media v_{qm} delle molecole di azoto è maggiore di quella delle molecole di ossigeno.

b. Per determinare la velocità quadratica media dell'azoto a 293 K sostituiamo $M = 0{,}0280$ kg/mol nella relazione:

$$v_{qm} = \sqrt{\frac{3RT}{M}} = \sqrt{\frac{3[8{,}31 \text{ J/(mol K)}](293 \text{ K})}{0{,}0280 \text{ kg/mol}}} = 511 \text{ m/s}$$

Per determinare la velocità quadratica media dell'ossigeno a 293 K sostituiamo $M = 0{,}0320$ kg/mol nella relazione:

$$v_{qm} = \sqrt{\frac{3RT}{M}} = \sqrt{\frac{3[8{,}31 \text{ J/(mol K)}](293 \text{ K})}{0{,}0320 \text{ kg/mol}}} = 478 \text{ m/s}$$

OSSERVAZIONI Come previsto, l'azoto ha una velocità quadratica media maggiore. Come termine di paragone, tieni presente che la velocità del suono a 293 K è 343 m/s, cioè più di 1000 km/h; le molecole dell'aria rimbalzano pertanto sulla nostra pelle con la velocità di un jet supersonico!

PROVA TU Una delle molecole presenti nell'aria è monoatomica e ha una velocità quadratica media di 428 m/s a 293 K. Di quale molecola si tratta? Utilizza la Tavola periodica per dare la risposta.
[$M = 0{,}0399$ kg/mol; si tratta della molecola di Argon (Ar), presente nell'atmosfera in una percentuale dello 0,94%]

Pressione ed energia cinetica

Riprendiamo l'espressione della pressione in funzione della velocità:

$$p = \frac{1}{3}\frac{nM}{V}\overline{v^2}$$

Ricordando che $n = \dfrac{N}{N_A}$ ed $m = \dfrac{M}{N_A}$, possiamo scrivere:

$$p = \frac{1}{3}\frac{nM}{V}\overline{v^2} = \frac{1}{3}\left(\frac{N}{N_A}\right)\frac{mN_A}{V}\overline{v^2} = \frac{1}{3}\frac{N}{V}m\overline{v^2}$$

Notiamo che $m\overline{v^2}$ è il doppio dell'*energia cinetica media* $K_m = \dfrac{1}{2}m\overline{v^2}$ di una molecola, perciò la pressione può anche essere espressa come:

$$p = \frac{1}{3}\frac{N}{V}m\overline{v^2} = \frac{1}{3}\frac{N}{V}2K_m = \frac{2}{3}\frac{N}{V}K_m$$

Dunque, utilizzando la teoria cinetica, siamo giunti alle seguenti conclusioni:

> **Pressione di un gas ideale (teoria cinetica dei gas)**
>
> In un gas ideale la pressione:
> - è direttamente proporzionale al numero di molecole e inversamente proporzionale al volume;
> - è direttamente proporzionale all'energia cinetica media delle molecole:
>
> $$p = \frac{2}{3}\frac{N}{V}K_m$$

La relazione ottenuta esprime il legame tra il comportamento microscopico delle molecole di un gas e ciò che si osserva macroscopicamente.

5 Energia e temperatura

Abbiamo visto che la pressione è direttamente proporzionale all'energia cinetica media delle molecole, cioè:

$$p = \frac{2}{3}\frac{N}{V}K_m$$

Confrontiamo questo risultato fornito dalla teoria cinetica con l'equazione di stato dei gas ideali.
Ricaviamo K_m dalla relazione precedente e sostituiamo pV utilizzando l'equazione di stato $pV = nRT$:

$$K_m = \frac{3pV}{2N} = \frac{3}{2}\frac{nRT}{N}$$

Ricordando che $k = \frac{R}{N_A} = \frac{Rn}{N}$, possiamo scrivere la relazione tra l'energia cinetica media delle molecole e la temperatura.

> **Relazione tra energia cinetica media delle molecole e temperatura in un gas ideale**
>
> $$K_m = \frac{3}{2}kT$$

> **LE GRANDI IDEE**
>
> **3** L'energia cinetica media di un gas è proporzionale alla sua temperatura assoluta.

La precedente espressione rappresenta uno dei più importanti risultati della teoria cinetica. In essa si afferma che l'*energia cinetica media delle molecole di un gas è direttamente proporzionale alla temperatura T*, in kelvin. Quindi, quando scaldiamo un gas, ciò che avviene a livello microscopico è che le molecole si muovono con velocità in media maggiore. Analogamente, raffreddare un gas provoca un rallentamento delle velocità molecolari.

Per essere precisi, quella che abbiamo calcolato è l'energia cinetica *traslazionale* delle molecole, l'unica che esse possiedono se sono monoatomiche o, nel caso di molecole più complesse, è l'energia associata al moto traslazionale del loro centro di massa.

■ **APPLICA SUBITO**

4 Determina l'energia cinetica traslazionale media delle molecole di ossigeno dell'aria, supponendo che la temperatura dell'aria sia 21,0 °C.

Convertiamo la temperatura in kelvin, $T = (21,0 + 273)$ K $= 294$ K e applichiamo la formula $K_m = 3kT/2$:

$$K_m = \frac{3}{2}kT = \frac{3}{2}(1{,}38 \cdot 10^{-23} \text{ J/K})(294 \text{ K}) = 6{,}09 \cdot 10^{-21} \text{ J}$$

Questa è anche l'energia cinetica media delle molecole di azoto dell'aria: non è infatti importante il tipo di molecola, ma solo la temperatura del gas.

Planetary atmospheres

READ AND LISTEN

Do molecules which make up Earth's atmosphere move ever fast enough to escape? What about the other planets of the Solar System, or the Moon? Read and listen to find out!

L'energia cinetica traslazionale media delle molecole dipende solo dalla temperatura, non dalla massa delle molecole. Perciò, se due gas ideali diversi sono alla stessa temperatura, le loro molecole hanno la stessa energia cinetica traslazionale media.

L'equazione $K_m = \frac{3}{2}kT$ ci consente anche di dare un significato reale al concetto di temperatura. Infatti, dall'equazione possiamo ricavare T:

$$T = \frac{2}{3k}K_m$$

e osservare che, per un gas, la grandezza che chiamiamo *temperatura* è la misura dell'energia cinetica traslazionale media delle sue molecole.

Questo concetto di temperatura ci permette di definire lo zero assoluto come la temperatura alla quale $K_m = 0$ e tutte le molecole del gas sono ferme.

MATH+

Se rappresentiamo graficamente la temperatura del gas in funzione dell'energia cinetica media di una molecola, otteniamo una retta che passa per l'origine. La pendenza di tale retta è $2/3k$.

BIO

Respirare sott'acqua

L'ambiente subacqueo ha caratteristiche fisiche peculiari, che lo rendono molto diverso da quello "aereo" con cui abbiamo quotidianamente a che fare.
Le **variazioni di pressione**, ad esempio, sono molto modeste nel nostro ambiente, ma possono essere imponenti allorché ci muoviamo, anche a profondità non eccessive, mentre esploriamo l'ambiente subacqueo.
Tali variazioni, assieme a quelle legate alla temperatura, influiscono sul **comportamento dei gas respirati da un subacqueo**. In particolare, spinti dalla pressione, i **gas inerti**, che non possono essere metabolizzati, tendono ad accumularsi nei tessuti e nel circolo ematico. Ecco perché, durante le fasi di emersione, i sub devono sostare per periodi più o meno lunghi a profondità costante, per consentire al corpo di smaltire questi gas in totale sicurezza. Senza questo accorgimento, i gas accumulati e non smaltiti potrebbero espandersi rapidamente, con conseguenze anche fatali.

> **COLLEGAMENTO ▶▶**
> **In digitale**
> La teoria cinetica dei gas e la regolazione della temperatura corporea

L'energia interna di un gas ideale

L'energia interna di una sostanza è la somma dell'energia potenziale e di tutte le energie cinetiche delle molecole che la compongono. L'energia potenziale di una sostanza si definisce come il lavoro che compiono le forze attrattive delle molecole che la compongono, quando la sostanza viene disgregata, cioè quando le sue molecole vengono allontanate le une dalle altre. In un gas ideale non ci sono interazioni tra le molecole, se non urti perfettamente elastici; quindi *non c'è energia potenziale*. Di conseguenza, l'energia totale del sistema è la somma delle energie cinetiche di tutte le sue molecole. Perciò, l'**energia interna** di un gas ideale di N molecole puntiformi, cioè di un gas monoatomico, è:

$$E_{\text{int}} = NK_m = N\frac{3}{2}kT = nN_A\frac{3}{2}kT = \frac{3}{2}nN_A kT = \frac{3}{2}nRT$$

Energia interna di un gas ideale monoatomico

$$E_{\text{int}} = \frac{3}{2}NkT = \frac{3}{2}nRT$$

Possiamo comprendere allora per quale motivo, da un punto di vista macroscopico, la temperatura di un sistema rimane costante per tutta la durata di una transizione di fase. Durante i cambiamenti di stato, il calore fornito (o sottratto) al sistema incrementa (diminuisce) l'energia potenziale delle molecole, che modificano la loro posizione reciproca, ma lascia invariata la loro energia cinetica media, e dunque la temperatura.

APPLICA SUBITO

5 Una palla da basket alla temperatura di 290 K contiene 0,95 mol di molecole d'aria. Qual è l'energia interna dell'aria contenuta nella palla?

Calcoliamo l'energia interna utilizzando la relazione precedente:

$$E_{\text{int}} = \frac{3}{2}nRT = \frac{3}{2}(0{,}95 \text{ mol})[8{,}31 \text{ J/(mol K)}](290 \text{ K}) =$$
$$= 3{,}4 \text{ kJ}$$

L'equazione $E_{int} = 3NkT/2$ si applica ai gas ideali costituiti da molecole dotate solo di moto traslazionale, la cui energia cinetica è data da $K_m = 3kT/2$. Questo è il caso dei gas *monoatomici*, le cui molecole hanno 3 *gradi di libertà*, corrispondenti alle tre coordinate, x, y e z che ne individuano le posizioni. Come abbiamo visto, ognuna delle direzioni x, y e z contribuisce in ugual misura all'energia cinetica media della molecola (**fig. 12a**).

Se il gas è *biatomico*, ci sono ulteriori contributi alla sua energia interna. Una molecola biatomica può avere energia cinetica rotazionale e possiede 2 gradi di libertà in più, corrispondenti ai due angoli che individuano nello spazio il suo asse (**fig. 12b**) inoltre, può anche vibrare lungo la linea che congiunge i due atomi e ha dunque un grado di libertà addizionale, legato alla variazione della distanza reciproca degli atomi (**fig. 12c**).

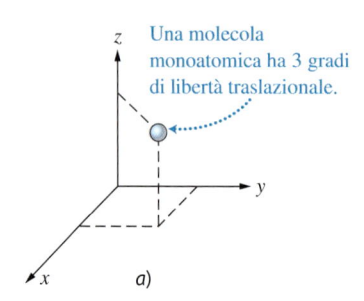

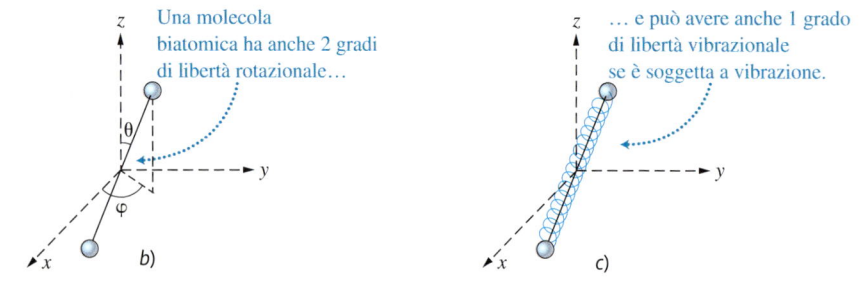

◀ **Figura 12**
Gradi di libertà delle molecole

Complessivamente quindi, una molecola biatomica ha 5 gradi di libertà (i 3 del moto traslazionale del centro di massa più i 2 del moto rotazionale), oppure 6 gradi di libertà se è dotata anche di moto vibrazionale (il che accade ad alte temperature).
Enunciamo un importante principio della teoria cinetica:

Principio di equipartizione dell'energia

A ogni grado di libertà di una molecola è associata una quantità di energia pari a:

$$\frac{1}{2}kT$$

Riassumendo, possiamo esprimere l'energia interna di un gas biatomico nel modo seguente:

Energia interna di un gas ideale biatomico

$$E_{int} = \frac{5}{2}NkT \qquad \text{(se le molecole hanno solo moto rotazionale)}$$

$$E_{int} = \frac{6}{2}NkT = 3NkT \qquad \text{(se le molecole hanno moto rotazionale + moto vibrazionale)}$$

RIPASSA I CONCETTI CHIAVE

1 Temperatura e comportamento termico dei gas

La **temperatura** è una grandezza fisica scalare che esprime quanto un corpo è caldo o freddo.

Zero assoluto Esiste una temperatura, detta **zero assoluto** (−273,15 °C = 0 K), al di sotto della quale non è possibile raffreddare un corpo.

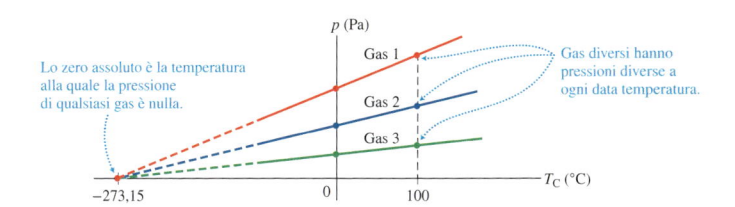

2 Gas ideali

Un **gas ideale** è un modello semplificato di gas in cui l'interazione tra molecole è talmente piccola da poter essere trascurata e le cui molecole sono considerate puntiformi.

Equazione di stato di un gas ideale L'equazione di stato di un gas ideale è:

$pV = nRT$ o anche $pV = NkT$

dove n è il numero di moli del gas, R la **costante universale dei gas**, il cui valore è 8,31 J/(mol K), k la **costante di Boltzmann** che vale $1{,}38 \cdot 10^{-23}$ J/K e N il numero di molecole.

Principio di Avogadro Volumi uguali di gas differenti, nelle medesime condizioni di temperatura e di pressione, contengono lo stesso numero di molecole.

Mole Una mole è una quantità di sostanza che contiene esattamente $6{,}02214076 \cdot 10^{23}$ entità elementari.
Il numero $6{,}02214076 \cdot 10^{23}$ è noto come **numero di Avogadro**.

3 Le leggi dei gas ideali

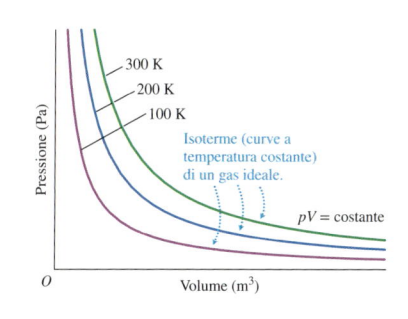

Legge di Boyle Se la temperatura T e il numero di moli n sono costanti:

$pV = $ costante

Si può scrivere anche:

$p_i V_i = p_f V_f = nRT$

Prima legge di Gay-Lussac Se la pressione p e il numero di moli n sono costanti:

$V = $ costante $\cdot T$ o anche $\dfrac{V_i}{T_i} = \dfrac{V_f}{T_f} = \dfrac{nR}{p}$

Seconda legge di Gay-Lussac Se il volume V e il numero di moli n sono costanti:

$p = $ costante $\cdot T$ o anche $\dfrac{p_i}{T_i} = \dfrac{p_f}{T_f} = \dfrac{nR}{V}$

4 La teoria cinetica dei gas

Nella teoria cinetica immaginiamo un gas come un insieme di molecole puntiformi non interagenti che rimbalzano in modo elastico fra loro e contro le pareti di un contenitore.

Pressione di un gas ideale (teoria cinetica dei gas) La pressione esercitata da un gas è il risultato dei trasferimenti di quantità di moto che avvengono ogni volta che una molecola rimbalza contro la parete del contenitore.
La pressione di un gas ideale è:

$$p = \frac{1}{3}\frac{nM}{V}\overline{v^2} = \frac{1}{3}\frac{N}{V}m\overline{v^2}$$

dove n è il numero di moli, M la massa molare e $\overline{v^2}$ è il valore medio del quadrato delle velocità molecolari.
L'espressione può anche essere scritta in funzione dell'energia cinetica media K_m delle molecole:

$$p = \frac{2}{3}\frac{N}{V}\left(\frac{1}{2}m\overline{v^2}\right) = \frac{2}{3}\frac{N}{V}K_m$$

Velocità quadratica media delle molecole di un gas

$$v_{qm} = \sqrt{\overline{v^2}} = \sqrt{\frac{3RT}{M}}$$

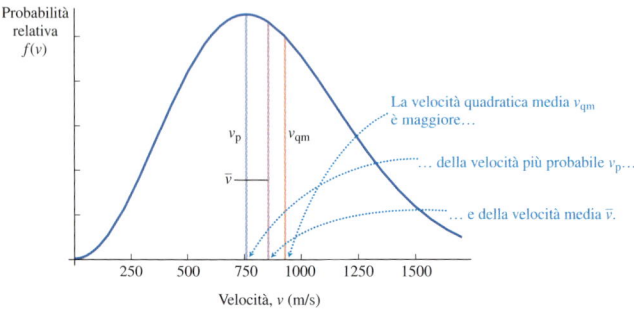

La velocità quadratica media v_{qm} è maggiore…
… della velocità più probabile v_p…
… e della velocità media $\overline{v}$.

5 Energia e temperatura

Relazione tra energia cinetica media e temperatura in un gas ideale

$$\frac{1}{2}m\overline{v^2} = K_m = \frac{3}{2}kT$$

Energia interna di un gas ideale monoatomico L'energia interna di un gas ideale *monoatomico* è la somma delle energie cinetiche di tutte le sue molecole ed è uguale a:

$$E_{int} = \frac{3}{2}NkT = \frac{3}{2}nRT$$

Principio di equipartizione dell'energia A ogni grado di libertà di una molecola è associata una quantità di energia pari a $\frac{1}{2}kT$.

Energia interna di un gas ideale biatomico

$$E_{int} = \frac{5}{2}NkT \quad \text{(moto rotazionale)}$$

$$E_{int} = 3NkT \quad \text{(moto rotazionale + moto vibrazionale)}$$

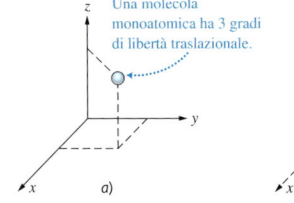

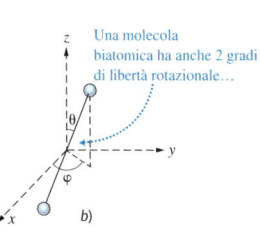

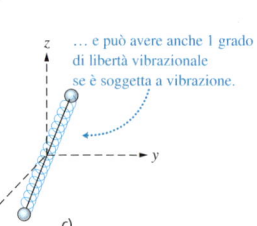

a) Una molecola monoatomica ha 3 gradi di libertà traslazionale.
b) Una molecola biatomica ha anche 2 gradi di libertà rotazionale…
c) … e può avere anche 1 grado di libertà vibrazionale se è soggetta a vibrazione.

ESERCIZI E PROBLEMI

1-2-3 Temperatura e comportamento termico dei gas, le leggi dei gas ideali

1 Un recipiente contiene 6 g di idrogeno alla temperatura di 500 K e alla pressione p. Da un piccolo foro nel recipiente una parte del gas fuoriesce all'esterno. Quanto gas è fuoriuscito se, dopo un certo intervallo di tempo, la pressione nel recipiente si è dimezzata e la temperatura è scesa a 300 K?

- A 5 g
- B 3 g
- C 4 g
- D 1 g

2 Qual è l'ordine di grandezza della costante di Boltzmann?

- A 10^{-38}
- B 10^{-23}
- C 10^{23}
- D 10^{38}

3 Che cosa afferma la prima legge di Gay-Lussac?

- A A temperatura costante, pressione e volume di un gas sono direttamente proporzionali.
- B A temperatura costante, pressione e volume di un gas sono inversamente proporzionali.
- C A pressione costante, temperatura e volume di un gas sono direttamente proporzionali.
- D A pressione costante, temperatura e volume di un gas sono inversamente proporzionali.

4 Ognuno dei recipienti della figura contiene lo stesso numero di molecole di un certo gas. Se la temperatura è la stessa, in quale recipiente la pressione esercitata dal gas è maggiore?

- A 1
- B 2
- C 3
- D La pressione è la stessa in tutti i recipienti.

5 La pressione all'interno di una pentola a pressione è maggiore della pressione atmosferica. Dunque in una pentola a pressione un liquido bolle:

- A a una temperatura minore.
- B a una temperatura maggiore.
- C alla stessa temperatura.
- D a una temperatura che dipende dal tipo di liquido.

6 Termometro a gas

Un termometro a gas a volume costante ha una pressione di 80,3 kPa a $-10{,}0$ °C e una pressione di 86,4 kPa a 10,0 °C.

a. A quale temperatura la pressione di questo sistema sarà uguale a zero?

b. Qual è la pressione del gas nel punto di congelamento e nel punto di ebollizione dell'acqua?

c. In generale, come potrebbero cambiare le risposte alle precedenti domande se si usasse un diverso termometro a gas a volume costante? Giustifica la risposta.

[a. -273 °C; b. 83,4 kPa e 114 kPa]

7 PREVEDI/SPIEGA

Supponi di mettere in un frigorifero un pallone contenente elio.

a. Il suo volume aumenta, diminuisce o rimane lo stesso?

b. Quale fra le seguenti è la *spiegazione* migliore per la risposta?

1. Se diminuisce la temperatura di un gas ideale a pressione costante, il suo volume diminuisce.
2. La quantità di gas all'interno del pallone è sempre la stessa, quindi il volume non varia.
3. Il pallone si può espandere maggiormente nell'aria fredda del frigorifero, quindi il volume aumenta.

8 PROBLEMA SVOLTO

Supponiamo che in una palla da basket gonfia la pressione sia 171 kPa, a una temperatura di 293 K, e che il suo diametro sia 30,0 cm. Quante moli di aria contiene la palla?

SOLUZIONE

Dall'equazione di stato $pV = nRT$ ricava il numero di moli n:

$$n = \frac{pV}{RT}$$

Calcola il volume della palla:

$$V = \frac{4\pi r^3}{3} = \frac{4\pi(0{,}15 \text{ m})^3}{3} = 0{,}0141 \text{ m}^3$$

Sostituisci i valori numerici nell'espressione di n:

$$n = \frac{(171 \cdot 10^3 \text{ Pa})(0{,}0141 \text{ m}^3)}{(8{,}31 \text{ J/mol K})(293 \text{ K})} = 0{,}990 \text{ mol}$$

9 IN ENGLISH

Standard temperature and pressure (STP) is defined as a temperature of 0 °C and a pressure of 101.3 kPa. What is the volume occupied by one mole of an ideal gas at STP?

[0.0224 m^3]

10 PROBLEMA SVOLTO

Un recipiente cilindrico, la cui sezione ha area A, è chiuso da un pistone a tenuta libero di muoversi verticalmente e contiene un gas ideale. Inizialmente la temperatura del sistema è 290 K e il pistone si trova a un'altezza di 25 cm rispetto alla base del cilindro. Se si fornisce calore, la temperatura passa a un valore finale di 330 K. Supponendo che la pressione esercitata sul gas rimanga costante a 130 kPa, qual è l'altezza finale del pistone?

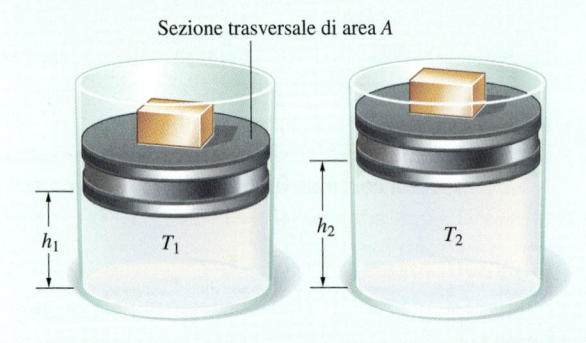

Sezione trasversale di area A

h_1 T_1 h_2 T_2

SOLUZIONE

Utilizzando la prima legge di Gay-Lussac, uguaglia il valore iniziale del rapporto V/T a quello finale e ricava V_2:

$$\frac{V_1}{T_1} = \frac{V_2}{T_2} \quad \rightarrow \quad V_2 = V_1 \frac{T_2}{T_1}$$

Poiché il volume è $V = Ah$, dalla relazione precedente puoi ricavare h_2:

$$A h_2 = A h_1 \frac{T_2}{T_1} \quad \rightarrow \quad h_2 = h_1 \frac{T_2}{T_1}$$

Sostituisci i valori numerici:

$$h_2 = (25 \text{ cm}) \frac{330 \text{ K}}{290 \text{ K}} = 28 \text{ cm}$$

11 Aria nei polmoni

Dopo avere espirato profondamente, una persona inspira 4,1 litri di aria a 0,0 °C, quindi trattiene il fiato. Di quanto aumenta il volume dell'aria quando questa si riscalda fino alla temperatura corporea di 37 °C?
[0,56 litri]

12 Le gomme della bici

Al mattino, quando la temperatura è 286 K, un ciclista nota che la pressione delle gomme della sua bicicletta è di 501 kPa. Nel pomeriggio nota che la pressione è aumentata fino a 554 kPa. Trascurando l'espansione dei copertoni, qual è la temperatura nel pomeriggio?
[316 K]

13 Pneumatici

Lo pneumatico di un'automobile ha un volume di 0,0185 m^3. Alla temperatura di 294 K la pressione dello pneumatico è 212 kPa. Quante moli di aria devi pompare nello pneumatico per aumentarne la pressione a 252 kPa, supponendo che la sua temperatura e il suo volume rimangano costanti?
[0,303 mol]

14 La quantità di elio nel dirigibile

Il dirigibile Goodyear *"Spirit of Akron"* è lungo 62,6 m e contiene 7023 m^3 di elio. Quando la temperatura dell'elio è 285 K, la sua pressione è 112 kPa. Calcola la massa di elio nel dirigibile.
[$1{,}33 \cdot 10^3$ kg]

15 PROBLEMA SVOLTO

Una certa quantità di un gas ideale monoatomico ha una pressione iniziale di 210 kPa, un volume iniziale di $1{,}2 \cdot 10^{-3}$ m^3 e una temperatura iniziale di 350 K. Il gas subisce tre trasformazioni successive:

a. un'espansione a temperatura costante, che lo porta a triplicare il suo volume;
b. una compressione a pressione costante, tale da ripristinare il volume iniziale;
c. un incremento di pressione a volume costante, che riporta la pressione al valore iniziale.

Alla fine di questi processi il gas è tornato ai valori iniziali di pressione, volume e temperatura.
Riporta in un grafico sul piano V-p i processi descritti, determinando i valori della pressione p e del volume V al termine di ogni processo.

SOLUZIONE

La figura rappresenta su un piano V-p le tre trasformazioni subite dal gas. La linea chiusa va percorsa in senso orario a partire dal punto A.

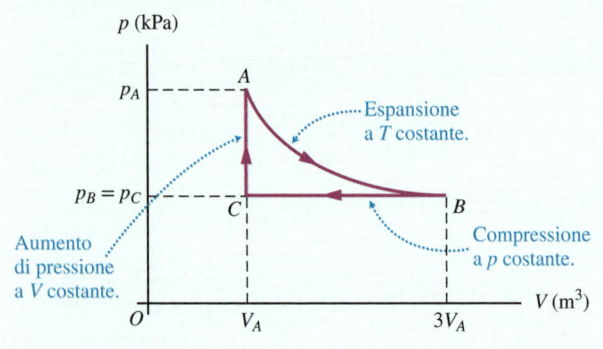

Chiama la pressione iniziale $p_A = 210$ kPa, il volume iniziale $V_A = 1{,}2 \cdot 10^{-3}$ m^3, la temperatura iniziale $T_A = 350$ K. Per determinare il valore della pressione in B utilizza la legge di Boyle $p_A V_A = p_B V_B$, da cui:

$$p_B = \frac{V_A}{V_B} p_A = \frac{1}{3} p_A = \frac{1}{3}(210 \text{ kPa}) = 70 \text{ kPa}$$

Il valore del volume in B è:

$$V_B = 3 V_A = 3\,(1{,}2 \cdot 10^{-3} \text{ m}^3) = 3{,}6 \cdot 10^{-3} \text{ m}^3$$

Nel punto C pressione e volume sono, rispettivamente:

$$p_C = p_B = 70 \text{ kPa} \qquad V_C = V_A = 1{,}2 \cdot 10^{-3} \text{ m}^3$$

16 Trasformazione del gas

Una certa quantità di gas, che si trova inizialmente nello stato A con $p_A = 2{,}0$ atm e $V_A = 3{,}5$ dm^3 a seguito di una trasformazione passa nello stato B caratterizzato da $p_B = 4{,}0$ atm e $V_B = 1{,}50$ dm^3.
Spiega perché la trasformazione che connette gli stati A e B non può essere isoterma.

17 MATH⁺ Volume costante

Una certa quantità di gas, mediante una trasformazione a volume costante, passa dallo stato A caratterizzato da $p_A = 1{,}0$ atm e $T_A = 273$ K allo stato B con $p_B = 3{,}0$ atm.
a. Determina la temperatura dello stato B.
b. Rappresenta la trasformazione nel piano T-p.
c. Scrivi l'equazione della retta a cui appartiene il segmento che descrive tale trasformazione.

$$\left[\textbf{a.}\ T_B = 819\ \text{K};\ \textbf{c.}\ p = \frac{370\ \text{Pa}}{\text{K}}T\right]$$

18 MATH⁺ Che tipo di trasformazione?

Una mole di gas ideale si trova inizialmente nello stato A caratterizzato da $p_A = 2{,}0$ atm e $V_A = 15$ dm^3. A seguito di una trasformazione che nel piano V-p è descritta dalla funzione $p = (3030\ \text{J})/V$, il gas passa allo stato B, in cui la pressione è $0{,}50$ atm.

a. Di che tipo di trasformazione si tratta? Rappresentala nel piano V-p.
b. Verifica che la relazione $p = (3030\ \text{J})/V$ sia dimensionalmente corretta.
c. Spiega se con le informazioni a disposizione è possibile determinare V_B e T_B e, in caso affermativo, calcola tali grandezze.

[**c.** 60 dm^3; 365 K]

19 MATH⁺ Tre trasformazioni 1

Rappresenta il ciclo del problema svolto 15 nel piano T-V e scrivi le equazioni delle rette a cui appartengono i tre segmenti che rappresentano le tre trasformazioni.

20 MATH⁺ Tre trasformazioni 2

Rappresenta il ciclo del problema svolto 15 nel piano T-p e scrivi le equazioni delle rette a cui appartengono i tre segmenti che rappresentano le tre trasformazioni.

21 Bomboletta di aria compressa

Una bombola di aria compressa contiene $0{,}500$ m^3 di aria a temperatura 285 K e pressione 880 kPa. Calcola il volume che occuperebbe quest'aria se fosse rilasciata nell'atmosfera, dove la pressione è 101 kPa e la temperatura 303 K.
[$4{,}63$ m^3]

22 Materia interstellare

Una tipica regione di materia interstellare può contenere 10^6 atomi/m^3 (principalmente idrogeno) alla temperatura di 100 K. Qual è la pressione esercitata da questo gas? [10^{-15} Pa]

23 Gas ideale

Un gas ha una temperatura di 310 K e pressione 101 kPa.
a. Calcola il volume occupato da $1{,}25$ moli di questo gas, supponendo che sia ideale.
b. Assumendo che le molecole del gas possano essere equiparate a piccole sfere di diametro $2{,}5 \cdot 10^{-10}$ m, calcola quale frazione del volume determinato in **a.** è occupata dalle molecole.
c. Nel modello di gas ideale, si assume che le molecole siano puntiformi, con volume zero. Discuti la validità di tale assunzione nel caso considerato in questo esercizio.

[**a.** $0{,}032$ m^3; **b.** $1{,}9 \cdot 10^{-4}$]

24 🇬🇧 IN ENGLISH

A 515 cm^3 flask contains 0.460 g of a gas at a pressure of 153 kPa and a temperature of 20.3 °C. What is the molar mass of this gas? [14.2 g/mol]

25 Mongolfiera

L'aria che si trova all'interno di una mongolfiera ha una temperatura media di $79{,}2$ °C. L'aria all'esterno ha una temperatura di $20{,}3$ °C. Qual è il rapporto fra la densità dell'aria nel pallone e la densità dell'aria nell'atmosfera circostante? [$0{,}833$]

26 Cilindro e pistone 1

Un recipiente di forma cilindrica contenente gas è dotato di un pistone ermetico, libero di muoversi verticalmente, come mostrato in figura. Una massa è posata sopra il pistone e mantiene una pressione costante di 137 kPa. La temperatura iniziale del sistema è 313 K e viene poi aumentata fino a che l'altezza del pistone passa da $23{,}4$ cm a $26{,}0$ cm. Qual è la temperatura finale del gas? [348 K]

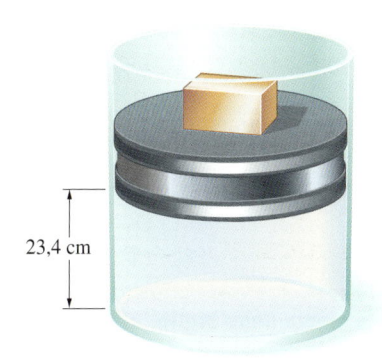

27 Cilindro e pistone 2

Considera il sistema descritto nel problema precedente. All'interno del recipiente si trova un gas ideale mantenuto alla temperatura costante di 313 K. La pressione inizialmente applicata tramite il pistone e la massa è 137 kPa e l'altezza del pistone dalla base del contenitore è $23{,}4$ cm. Se si aggiunge un'ulteriore massa, l'altezza del pistone si abbassa a $20{,}0$ cm. Determina la nuova pressione applicata dal pistone sul gas.
[$1{,}60 \cdot 10^5$ Pa]

4 La teoria cinetica dei gas

28 Il recipiente A contiene CO_2, il recipiente B contiene H_2, il recipiente C contiene O_2. I tre gas hanno tutti una temperatura di 298 K. È possibile dire in quale recipiente le molecole si muovono più lentamente?
- A Sì.
- B No, si deve conoscere il volume dei tre recipienti.
- C No, si deve conoscere la pressione nei tre recipienti.
- D No, si deve conoscere la quantità di gas contenuta nei tre recipienti.

29 I recipienti della figura hanno le stesse dimensioni, il gas contenuto si trova alla stessa temperatura e il numero di molecole in ogni recipiente è lo stesso. In quale recipiente le molecole si muovono più lentamente? (Utilizza la Tavola periodica).

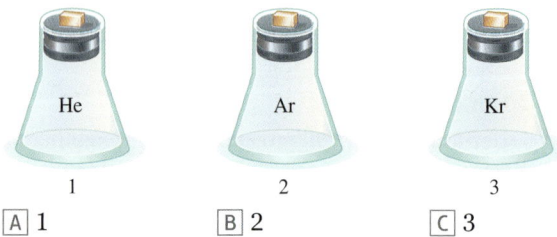

He   Ar   Kr
1   2   3

- A 1
- B 2
- C 3
- D Le molecole si muovono con la stessa velocità quadratica media in tutti i recipienti.

30 Se si raddoppia la temperatura di un gas ideale, che cosa succede alla velocità quadratica media delle sue molecole?
- A Rimane invariata.
- B Raddoppia.
- C Quadruplica.
- D Viene moltiplicata per $\sqrt{2}$.

31 Se si raddoppia la velocità quadratica media delle molecole di un gas ideale, che cosa succede alla sua temperatura assoluta?
- A Rimane invariata.
- B Raddoppia.
- C Quadruplica.
- D Viene moltiplicata per $\sqrt{2}$.

32 A temperatura ambiente la velocità quadratica media delle molecole di un gas è 1930 m/s. Di che gas si tratta? (Utilizza la Tavola periodica).
- A H_2
- B F_2
- C O_2
- D Cl_2

33 Velocità media delle biglie
Supponi che quattro biglie abbiano, rispettivamente, velocità pari a 10,00 m/s, 8,00 m/s, 7,00 m/s, 2,00 m/s. Qual è la loro velocità media? Qual è la loro velocità quadratica media? [$\bar{v}$ = 6,75 m/s; v_{qm} = 7,37 m/s]

34 Una scatola piena di gas
Una scatola cubica contiene un gas in condizioni standard (pressione atmosferica, temperatura di 25 °C). Quanto misura il lato di questa scatola se il numero di molecole del gas contenuto deve uguagliare quello degli abitanti del nostro pianeta (circa 7 miliardi)?
[6 μm]

35 Quante molecole respira?
Una persona a riposo necessita di 14,5 litri di O_2 all'ora; in ogni respiro inspira circa 0,50 litri di aria a una temperatura di circa 20,0 °C. L'aria inalata ha una percentuale di ossigeno pari a circa il 20,9%. Quante molecole di ossigeno inala la persona in ogni respiro?
[$2{,}62 \cdot 10^{21}$ molecole]

36 PROBLEMA SVOLTO

Un gas ideale è mantenuto in un contenitore a volume costante e a pressione costante.
- a. Se il numero delle molecole del gas raddoppia, la loro velocità quadratica media aumenta, diminuisce oppure rimane inalterata? Giustifica la risposta.
- b. Calcola la velocità quadratica media finale delle molecole del gas, se quella iniziale è 1300 m/s.

SOLUZIONE

a. La pressione è legata alla velocità media delle molecole dalla relazione $p = \dfrac{1}{3}\dfrac{N}{V}m\overline{v^2}$, per cui la velocità quadratica media, che è la radice quadrata di $\overline{v^2}$, è:

$$v_{qm} = \sqrt{\overline{v^2}} = \sqrt{\dfrac{3pV}{Nm}}$$

Dalla formula deduci che, se il numero N delle molecole raddoppia, a parità di pressione e volume la velocità quadratica media si riduce di un fattore $\dfrac{1}{\sqrt{2}}$.

b. La velocità quadratica media iniziale è v_{qm} = 1300 m/s, quindi la velocità quadratica media finale è:

$$v'_{qm} = \dfrac{v_{qm}}{\sqrt{2}} = \dfrac{1300 \text{ m/s}}{\sqrt{2}} = 920 \text{ m/s}$$

37 Escursioni ad alta quota
Se hai compiuto escursioni o scalate in alta montagna sai che il respiro diventa più frequente e affannoso. Questo capita perché l'aria è più rarefatta e quindi il numero di molecole di ossigeno che inali respirando è minore. Sulla cima del Monte Everest la pressione è ridotta a circa un terzo della pressione atmosferica a livello del mare. Considera che l'aria contiene circa il 21% di O_2 e circa il 78% di N_2 e che, durante un respiro, un essere umano inala circa mezzo litro d'aria. Quante molecole di ossigeno inala la persona in ogni respiro? (Assumi che la temperatura sia T = 247 K)
[$1{,}1 \cdot 10^{21}$ molecole]

5 Energia e temperatura

38 In un gas ideale l'energia cinetica media delle molecole è:
- A indipendente dalla temperatura del gas.
- B direttamente proporzionale alla temperatura del gas.
- C inversamente proporzionale alla temperatura del gas.
- D Nessuna delle risposte precedenti è corretta.

39 In un gas ideale monoatomico l'energia cinetica media delle molecole è data da:
- [A] $K_m = 3/2\, kT$
- [B] $K_m = 5/2\, kT$
- [C] $K_m = 3\, kT$
- [D] $K_m = 2/3\, kT$

40 L'energia cinetica traslazionale di due gas, uno monoatomico e l'altro biatomico, alla stessa temperatura è:
- [A] maggiore per il gas biatomico.
- [B] maggiore per il gas monoatomico.
- [C] uguale per entrambi i gas.
- [D] Nessuna delle risposte precedenti è corretta.

41 PREVEDI/SPIEGA

L'aria della tua stanza è composta principalmente da molecole di ossigeno (O_2) e di azoto (N_2). Le molecole di ossigeno hanno una massa maggiore di quelle dell'azoto.

a. La velocità quadratica media delle molecole di ossigeno è maggiore, minore o uguale a quella delle molecole di azoto?

b. Quale fra le seguenti è la *spiegazione* migliore per la risposta?
- [1] Le molecole di ossigeno, che hanno una massa maggiore, hanno una quantità di moto maggiore e quindi anche una velocità quadratica media maggiore.
- [2] Ossigeno e azoto hanno la stessa temperatura, quindi hanno la stessa velocità quadratica media.
- [3] La temperatura è la stessa per le due molecole, quindi i due gas hanno la stessa energia cinetica media. L'ossigeno ha una massa maggiore, quindi ha una velocità quadratica media minore.

42 Miscela di gas

Un cilindro chiuso da un pistone e mantenuto alla temperatura T contiene una miscela di gas con molecole di tre differenti tipi, A, B e C. Le corrispondenti masse molari sono $m_C > m_B > m_A$. Disponi le molecole in ordine di energia cinetica media crescente e di velocità quadratica media crescente.

43 Molecole di H_2 e di O_2

A quale temperatura la velocità quadratica media delle molecole di H_2 è uguale alla velocità quadratica media delle molecole di O_2 a 313 K? [19,8 K]

44 La velocità di una molecola di acqua

La velocità quadratica media di una molecola di O_2 a una data temperatura è 1550 m/s.

a. La velocità quadratica media di una molecola di H_2O alla stessa temperatura sarà maggiore, minore oppure uguale a 1550 m/s? Giustifica la risposta.

b. Calcola la velocità quadratica media della molecola di H_2O a questa temperatura. [b. 2070 m/s]

45 IN ENGLISH

Suppose a planet has an atmosphere of pure ammonia (NH_3) at 0.0 °C. What is the rms (root mean square) speed of the ammonia molecules? [632 m/s]

46 PROBLEMA SVOLTO

La velocità quadratica media delle molecole di un campione di gas viene incrementata dell'1%. Calcola:

a. la variazione percentuale della temperatura del gas;

b. la variazione percentuale della pressione del gas, assumendo che il suo volume sia mantenuto costante.

SOLUZIONE

Puoi esprimere l'incremento percentuale della velocità quadratica media come $v_{qm,f} = 1{,}01\, v_{qm,i}$.

a. Dalla relazione che lega la velocità quadratica media e la temperatura, $v_{qm} = \sqrt{\dfrac{3RT}{M}}$, puoi ricavare T:

$$T = \dfrac{M(v_{qm})^2}{3R}$$

da cui, considerando $v_{qm,f} = 1{,}01\, v_{qm,i}$, ottieni:

$$T_f = \dfrac{M(1{,}01\, v_{qm,i})^2}{3R} = (1{,}01)^2 T_i = 1{,}0201\, T_i$$

Quindi l'incremento della temperatura è di circa il 2%.

b. La pressione è legata alla velocità quadratica media dalla relazione $v_{qm} = \sqrt{\dfrac{3pV}{Nm}}$, quindi $p = \dfrac{Nm(v_{qm})^2}{3V}$.

Considerando $v_{qm,f} = 1{,}01\, v_{qm,i}$, ottieni:

$$p_f = (1{,}01)^2 p_i = 1{,}0201\, p_i$$

Quindi l'incremento della pressione è uguale a quello della temperatura, come peraltro evidenziato dalla seconda legge di Gay-Lussac.

47 TECH L'arricchimento dell'uranio

Il 99,3% degli atomi di uranio presenti in natura è costituito dall'isotopo ^{238}U (di massa atomica 238u, dove u = $1{,}6605 \cdot 10^{-27}$ kg) e solo lo 0,7% è del tipo ^{235}U (di massa atomica 235u). Nei reattori nucleari alimentati con uranio la percentuale di ^{235}U deve essere aumentata. Visto che entrambi gli isotopi di uranio hanno proprietà chimiche identiche, possono essere separati solamente attraverso metodi che dipendono dalla loro diversa massa. Uno di questi metodi è la diffusione gassosa, nella quale il gas esafluoruro di uranio (UF_6) diffonde attraverso una serie di barriere porose. Le molecole più leggere di $^{235}UF_6$ hanno una velocità quadratica media leggermente maggiore (a una data temperatura) rispetto alle molecole più pesanti di $^{238}UF_6$ e questo permette di separare i due isotopi. Determina il rapporto delle velocità quadratiche medie dei due isotopi a 23,0 °C. [0,996]

ESERCIZI DI RIEPILOGO

RAGIONA E RISPONDI

1 È possibile modificare sia la pressione sia il volume di un gas ideale e mantenere invariata l'energia cinetica media delle sue molecole?
Giustifica la risposta.

2 Nell'equazione di stato dei gas ideali, potresti esprimere la temperatura in gradi Celsius anziché in kelvin, usando un appropriato valore numerico della costante R?

3 La media dei moduli delle velocità delle molecole dell'aria nella tua stanza è dell'ordine della velocità del suono. Qual è la loro velocità media?

4 Uno degli aeroporti situati alla maggiore altitudine nel mondo si trova a La Paz, in Bolivia. Perché i piloti preferiscono decollare da questo aeroporto la mattina o la sera, quando l'aria è piuttosto fredda?

5 In un volo aereo, prima del decollo vieni istruito sull'utilizzo corretto delle maschere di ossigeno che calano automaticamente dal soffitto se la pressione all'interno della cabina improvvisamente si abbassa. Gli assistenti di volo ti assicurano che la maschera funziona correttamente anche se il sacchetto non è completamente gonfio. Infatti, i sacchetti si espandono al massimo se si verifica una perdita di pressione nella cabina ad alta quota, ma si espandono solo parzialmente se l'aeroplano vola a quote più basse.
Spiega perché.

6 Un'autoclave è un'apparecchiatura utilizzata per sterilizzare gli strumenti medici. Fondamentalmente è una pentola a pressione, che riscalda gli strumenti in acqua ad alta pressione. Ciò assicura che il processo di sterilizzazione avvenga a temperature maggiori del normale punto di ebollizione dell'acqua. Spiega perché l'autoclave produce temperature così elevate.

7 Il *cammino libero medio* di una molecola di gas è la distanza media percorsa dalla molecola prima di urtare un'altra molecola. Se il gas subisce una compressione, il cammino libero medio aumenta, diminuisce o resta costante?

8 Supponi di accendere un ventilatore in una stanza con porte e finestre chiuse. L'azione del ventilatore fa diminuire la temperatura della stanza? Da che cosa dipende la sensazione di maggior frescura che provi?

9 Ricordando quanto hai studiato nel biennio, sai spiegare, a livello microscopico, perché, quando due corpi sono a contatto, il calore fluisce da quello a temperatura maggiore verso quello a temperatura minore e non viceversa?

10 Una goccia d'acqua su un tavolo da cucina evapora in pochi minuti. Tuttavia, solo una piccola frazione delle molecole della goccia si muove a una velocità abbastanza elevata da sfuggire dalla superficie della goccia. Perché allora evapora l'intera goccia, invece che una sua piccola frazione?

RISPONDI AI QUESITI

11 In una stanza di dimensioni 8 m × 6 m × 4 m, è contenuta aria alla pressione di $1{,}013 \cdot 10^5$ Pa e alla temperatura di 18 °C. Si tenga presente che nell'aria, in prima approssimazione, l'80% delle molecole è di azoto e il 20% di ossigeno. Le masse molari dell'azoto e dell'ossigeno valgono rispettivamente M_N = 28 g mol^{-1} e M_O = 32 g mol^{-1}. Si tratti l'aria come un gas perfetto. Determinare le masse di azoto e di ossigeno contenute nella stanza.

A m_N = 1,8 kg; m_O = 0,5 kg
B m_N = 12 kg; m_O = 3,6 kg
C m_N = 60 kg; m_O = 18 kg
D m_N = 113 kg; m_O = 33 kg
E m_N = 180 kg; m_O = 52 kg

[Olimpiadi della Fisica 2013, Gara di I livello]

12 Un gas perfetto alla temperatura T_1 e pressione p_1 si trova in una parte di un recipiente termicamente isolante, separato dall'altra parte del recipiente, inizialmente vuota, da un setto divisorio rigido. Il setto divisorio viene improvvisamente rimosso e il gas può espandersi liberamente, occupando l'intero recipiente. Siano T_2 e p_2 la temperatura e la pressione a equilibrio raggiunto.
Si ha allora:

A $T_2 < T_1$ e $p_2 < p_1$
B $T_2 < T_1$ e $p_2 = p_1$
C $T_2 = T_1$ e $p_2 < p_1$
D $T_2 = T_1$ e $p_2 = p_1$
E $T_2 > T_1$ e $p_2 < p_1$

[Olimpiadi della Fisica 2013, Gara di I livello]

RISOLVI I PROBLEMI

13 Velocità a confronto

La velocità di propagazione di un'onda sonora in aria a 27 °C è circa $v_s = 350$ m/s. Confronta questa velocità con la velocità quadratica media delle molecole di azoto alla stessa temperatura. La massa molecolare dell'azoto è 28 g/mole.

[la velocità delle molecole di azoto è maggiore: 517 m/s]

14 Il numero di molecole nella camera d'aria

La camera d'aria di una gomma per bicicletta, di raggio 0,66 m, ha una pressione di 427,18 kPa. Considerando la camera d'aria un cilindro cavo con sezione trasversale di 0,0028 m^2, calcola il numero di molecole di aria contenute quando essa ha una temperatura di 34 °C.

[$1{,}2 \cdot 10^{24}$ molecole]

15 Produzione di acqua

In un contenitore ci sono 8,06 g di H$_2$ e 64,0 g di O$_2$ alla temperatura di 125 °C e alla pressione di 101 kPa.

a. Qual è il volume del contenitore?

b. Nella miscela idrogeno-ossigeno si provoca una scintilla, in modo da avviare la reazione 2H$_2$ + O$_2$ → 2H$_2$O. La reazione consuma tutto l'idrogeno e l'ossigeno presenti nel contenitore e produce vapore acqueo. Qual è la pressione del vapore acqueo risultante quando esso torna alla sua temperatura iniziale di 125 °C?   [a. 0,196 m^3; b. 67,5 kPa]

16 Pallone con azoto

Un pallone contiene 3,7 litri di azoto gassoso a una temperatura di 87 K e alla pressione di 101 kPa. Se si aumenta la temperatura fino a 24 °C e si mantiene la pressione costante, quale volume occuperà il gas?

[13 litri]

17 GEO La superficie del Sole

La superficie del Sole ha una temperatura di circa 5800 K ed è composta in gran parte da atomi di idrogeno.

a. Calcola la velocità quadratica media di un atomo di idrogeno a questa temperatura.

b. Quale sarebbe la massa di un atomo la cui velocità quadratica media fosse pari alla metà della velocità quadratica media dell'idrogeno?

[a. $1{,}19 \cdot 10^4$ m/s; b. $6{,}68 \cdot 10^{-27}$ kg]

18 Molecole di azoto e di idrogeno

A quale temperatura la velocità quadratica media delle molecole di azoto uguaglia quella delle molecole di idrogeno a una temperatura di 20,0 °C?   [4102 K]

19 Pressione ed energia di una molecola di O$_2$

Tre moli di ossigeno gassoso sono contenute in un recipiente avente un volume di 0,0035 m^3. Se la temperatura del gas è 295 °C:

a. calcola la pressione del gas;

b. calcola l'energia cinetica media di una molecola di ossigeno.

c. Supponi che il volume del gas venga raddoppiato, mantenendo costanti la temperatura e il numero di moli. Per quale fattore verranno moltiplicate le risposte alle domande a. e b.? Fornisci un'esauriente spiegazione.

[a. $4{,}0 \cdot 10^6$ Pa; b. $1{,}2 \cdot 10^{-20}$ J]

20 Velocità medie

Cinque molecole hanno rispettivamente le seguenti velocità: 221 m/s, 301 m/s, 412 m/s, 44,0 m/s e 182 m/s.

a. Determina la velocità media $\overline{v}$ di queste molecole.

b. Ti aspetti che $\overline{v^2}$ sia maggiore, minore, oppure uguale a $(\overline{v})^2$? Giustifica la tua risposta.

c. Calcola la velocità quadratica media e confrontala con la velocità media.

[a. 232 m/s; b. maggiore; c. $v_{qm} = 262$ m/s; $v_{qm} > \overline{v}$]

21 La temperatura dell'aria nella mongolfiera

Una mongolfiera ad aria calda può sollevarsi da terra perché, a pressione atmosferica, l'aria calda è meno densa dell'aria fredda. Se il volume della mongolfiera è 500 m^3 e l'aria che circonda la mongolfiera è a una temperatura di 15 °C, quale deve essere la temperatura dell'aria nella mongolfiera per poter sollevare un pallone di massa 290 kg (in aggiunta alla massa dell'aria calda)? La densità dell'aria a 15 °C e a pressione atmosferica è 1,23 kg/m^3.   [272 °C]

VERSO L'ESAME

PROBLEMA SVOLTO 1 — La bottiglia nel congelatore

▶ Densità ▶ Calorimetria ▶ Legge dei gas ideali

Una bottiglia da 1,00 L viene riempita, al livello del mare, con 600 mL di acqua a 30,0 °C e poi chiusa. La bottiglia viene quindi inserita in un congelatore a −19,0 °C, dove viene lasciata per diverse ore.

1 Tenendo presente che la densità del ghiaccio è 917 kg/m³, che il calore latente di fusione del ghiaccio è $L_f = 3{,}33 \cdot 10^5$ J/kg e che il calore specifico del ghiaccio è $c_{\text{ghiaccio}} = 2{,}22 \cdot 10^3 \, \dfrac{\text{J}}{\text{kg} \cdot \text{K}}$, determina il calore totale che il congelatore assorbe dall'acqua per raffreddarla e il volume del ghiaccio una volta raggiunta la temperatura di equilibrio.

2 L'aria contenuta nella bottiglia si può considerare come un gas ideale biatomico.
Quanto valgono la pressione dell'aria nella bottiglia e la sua energia interna quando la bottiglia ha raggiunto l'equilibrio termico all'interno del congelatore?

3 Se la pressione all'interno supera di 1,00 atm la pressione esterna, il tappo salta e la bottiglia si apre. Trascurando la dilatazione termica della bottiglia, qual è il massimo volume di acqua che si può inserire nella bottiglia affinché il tappo non salti?

SOLUZIONE

1 Il calore ceduto dall'acqua si compone di tre contributi: un primo contributo affinché l'acqua passi da 30 °C a 0 °C, un secondo per diventare ghiaccio e un terzo affinché il ghiaccio così ottenuto passi da 0 °C a −19 °C. Tutti e tre i contributi sono negativi, in quanto l'acqua cede calore per raffreddarsi.
In particolare:

$$Q_{\text{acqua}} = m_{\text{acqua}} c_{\text{acqua}} \Delta T_1 + L_f m_{\text{acqua}} + m_{\text{acqua}} c_{\text{ghiaccio}} \Delta T_2$$

$$Q_{\text{acqua}} = (0{,}600 \text{ kg})\left(4186 \, \dfrac{\text{J}}{\text{kg} \cdot \text{K}}\right)(0 \text{ °C} - 30{,}0 \text{ °C}) - \left(3{,}33 \cdot 10^5 \, \dfrac{\text{J}}{\text{kg}}\right)(0{,}600 \text{ kg}) +$$

$$+ (0{,}600 \text{ kg})\left(2{,}22 \cdot 10^3 \, \dfrac{\text{J}}{\text{kg} \cdot \text{K}}\right)(-19{,}0 \text{ °C} - 0 \text{ °C})$$

$$Q_{\text{acqua}} = -3{,}00 \cdot 10^5 \text{ J}$$

Il calore assorbito dal congelatore è l'opposto del calore ceduto dall'acqua:

$$Q_{\text{congelatore}} = -Q_{\text{acqua}} = 3{,}00 \cdot 10^5 \text{ J}$$

Infine, il volume del ghiaccio è:

$$V_{\text{ghiaccio}} = \dfrac{m}{d_{\text{ghiaccio}}} = \dfrac{0{,}600 \text{ kg}}{917 \text{ kg/m}^3} = 6{,}54 \cdot 10^{-4} \text{ m}^3 = 0{,}654 \text{ L}$$

2 Inizialmente l'aria nella bottiglia appena tappata ha una pressione pari alla pressione atmosferica, $p_0 \approx 1{,}01 \cdot 10^5$ Pa e una temperatura pari a:

$$T_0 = 30{,}0 \text{ °C} = (30{,}0 + 273{,}15) \text{ K} = 303{,}2 \text{ K}$$

mentre il suo volume è pari al volume totale della bottiglia meno il volume dell'acqua:

$$V_0 = V_{\text{tot}} - V_{\text{acqua}} = 1{,}00 \cdot 10^{-3} \text{ m}^3 - 6{,}00 \cdot 10^{-4} \text{ m}^3 = 4{,}00 \cdot 10^{-4} \text{ m}^3$$

Il numero di moli risulta, pertanto:

$$n = \dfrac{p_0 V_0}{R T_0} = \dfrac{(1{,}01 \cdot 10^5 \text{ Pa})(4{,}00 \cdot 10^{-4} \text{ m}^3)}{\left(8{,}31 \, \dfrac{\text{J}}{\text{mol} \cdot \text{K}}\right)(303{,}2 \text{ K})} = 0{,}0160 \text{ mol}$$

Quando la bottiglia ha raggiunto l'equilibrio termico all'interno del congelatore, la temperatura dell'aria al suo interno è:

$T_f = -19{,}0 \,°C = (-19{,}0 + 273{,}15)\,K = 254{,}2\,K$

mentre il suo volume è pari al volume totale meno il volume del ghiaccio calcolato al punto precedente:

$V_f = V_{tot} - V_{ghiaccio} = 1{,}00 \cdot 10^{-3}\,m^3 - 6{,}54 \cdot 10^{-4}\,m^3 = 3{,}46 \cdot 10^{-4}\,m^3$

La sua pressione risulta, quindi:

$p_f = \dfrac{nRT_f}{V_f} = \dfrac{(0{,}0160\,mol)\left(8{,}31\,\dfrac{J}{mol\cdot K}\right)(254{,}2\,K)}{3{,}46\cdot 10^{-4}\,m^3} = 97\,700\,Pa$

Per quanto riguarda l'energia interna, invece, considerando che il gas è biatomico e quindi i gradi di libertà sono 5 si ha:

$E_{int,f} = \dfrac{5}{2}nRT_f = \dfrac{5}{2}(0{,}0160\,mol)\left(8{,}31\,\dfrac{J}{mol\cdot K}\right)(254{,}2\,K) = 84{,}5\,J$

3 Indichiamo con V_A il volume incognito di acqua da inserire, cosicché la massa risulti $m = d_A V_A$.
Il volume del ghiaccio alla fine sarà maggiore, in particolare:

$V_G = \dfrac{m}{d_G} = \dfrac{d_A V_A}{d_G} = \dfrac{d_A}{d_G} V_A = \dfrac{1000\,kg/m^3}{917\,kg/m^3} V_A = 1{,}09 \cdot V_A$

Inizialmente l'aria nella bottiglia appena tappata ha una pressione pari alla pressione atmosferica p_0 e una temperatura:

$T_0 = 30{,}0\,°C = (30{,}0 + 273{,}15)\,K = 303{,}2\,K$

mentre il suo volume è pari al volume totale meno il volume dell'acqua:

$V_0 = V_{tot} - V_A$

Quando la bottiglia ha raggiunto l'equilibrio termico all'interno del congelatore, la temperatura dell'aria dentro la bottiglia è:

$T_f = -19{,}0\,°C = (-19{,}0 + 273{,}15)\,K = 254{,}2\,K$

mentre il suo volume è pari al volume totale meno il volume del ghiaccio:

$V_f = V_{tot} - V_G = V_{tot} - 1{,}09 \cdot V_A$

Affinché il tappo salti, la pressione finale deve essere almeno uguale a due atmosfere: $p_f = 2 \cdot p_0$.
Per trovare il volume d'acqua utilizziamo la legge dei gas perfetti nella sua forma di rapporto tra lo stato iniziale e quello finale:

$\dfrac{p_0 V_0}{p_f V_f} = \dfrac{T_0}{T_f} \quad \rightarrow \quad \dfrac{\not{p_0}(V_{tot} - V_A)}{2\not{p_0}(V_{tot} - 1{,}09 \cdot V_A)} = \dfrac{T_0}{T_f}$

$\dfrac{1{,}00 \cdot 10^{-3}\,m^3 - V_A}{2(1{,}00 \cdot 10^{-3}\,m^3 - 1{,}09 \cdot V_A)} = \dfrac{303{,}2\,K}{254{,}2\,K}$

$1{,}00 \cdot 10^{-3}\,m^3 - V_A = 2{,}386(1{,}00 \cdot 10^{-3}\,m^3 - 1{,}09 \cdot V_A)$

$1{,}00 \cdot 10^{-3}\,m^3 - V_A = 2{,}39 \cdot 10^{-3}\,m^3 - 2{,}60 \cdot V_A \quad \rightarrow \quad 1{,}60 \cdot V_A = 1{,}39 \cdot 10^{-3}\,m^3$

$V_A = \dfrac{1{,}39 \cdot 10^{-3}\,m^3}{1{,}60} = 8{,}69 \cdot 10^{-4}\,m^3$

PROVA TU Con riferimento al Problema svolto, considera che il tappo venga sostituito con uno meno resistente che salta non appena vengono inseriti 700 mL di acqua.

1. Quanto calore assorbe il congelatore dall'acqua, se ne vengono inseriti 700 mL?
2. Quante moli di aria sono presenti nella bottiglia?
3. Qual è la pressione massima dell'aria all'interno della bottiglia affinché il tappo non salti?

[**1.** $3{,}51 \cdot 10^5$ J; **2.** 0,0120 mol; **3.** $1{,}07 \cdot 10^5$ Pa]

AUTOVERIFICA

Tempo a disposizione: **60 minuti**

SCEGLI LA RISPOSTA CORRETTA

1 Se si vuole diminuire il volume di un gas ideale del 5% aumentandone la pressione a temperatura costante, la variazione della pressione deve essere:
- A il 5%.
- B un po' più del 5%.
- C un po' meno del 5%.
- D Dipende dal tipo di gas.

2 I recipienti mostrati nella figura hanno le stesse dimensioni e il gas in essi contenuto si trova alla stessa temperatura. In quale recipiente il numero di molecole è minore?

1 atm 2 atm 3 atm

- A 1
- B 2
- C 3
- D Il numero di molecole è lo stesso in tutti i recipienti.

3 Quale delle seguenti relazioni tra la costante di Boltzmann, il numero di Avogadro e la costante universale dei gas ideali è corretta?
- A $k = RN_A$
- B $N_A = Rk$
- C $k = \dfrac{1}{RN_A}$
- D $N_A = \dfrac{R}{k}$

4 Quale delle seguenti operazioni *non* causa l'aumento della pressione di un gas?
- A Aumentare la temperatura del gas.
- B Aumentare il volume a disposizione del gas.
- C Diminuire il volume a disposizione del gas.
- D Aggiungere altre molecole dello stesso gas.

5 Secondo il principio di equipartizione dell'energia a ogni grado di libertà molecolare può essere associata un'energia pari a:
- A $\dfrac{1}{2}kT$
- B kT
- C $\dfrac{3}{2}kT$
- D $3kT$

RISOLVI I SEGUENTI PROBLEMI

6 Un pallone di raggio di 0,25 m è riempito con elio alla pressione di $2,4 \cdot 10^5$ Pa e alla temperatura di 18 °C.
- **a.** Quanti atomi di elio sono contenuti nel pallone?
- **b.** Di quale fattore aumenta il raggio del pallone se viene raddoppiato il numero di atomi di elio, mantenendo costanti temperatura e pressione?

7 Un contenitore di forma sferica, il cui volume è pari a 350 mL, contiene 0,075 moli di un gas ideale alla temperatura di 293 K.
Determina:
- **a.** la pressione all'interno del contenitore;
- **b.** la pressione esercitata da ogni singolo atomo;
- **c.** la forza media esercitata sulle pareti del contenitore da ogni singolo atomo.

8 Considera un gas costituito da molecole di CO_2, la cui velocità quadratica media è 329 m/s.
- **a.** Calcola la massa molare del CO_2.
- **b.** Tratta il gas come un gas ideale e calcolane la temperatura.
- **c.** Dimostra la dipendenza della velocità quadratica media dalla pressione esercitata dalle molecole di un gas ideale sulle pareti di un recipiente cubico.

CAPITOLO 9
Le leggi della termodinamica

1 Introduzione alla termodinamica

Quando poniamo una pentola d'acqua fredda su un fornello acceso, diciamo che del "calore" passa dal fornello caldo all'acqua fredda. Con maggior precisione, definiamo il **calore** nel seguente modo:

> **Calore, Q**
> Il calore Q è l'energia trasferita tra oggetti a causa della loro differenza di temperatura.

È importante ricordare che un oggetto non "contiene" calore, ma una certa quantità di energia: è l'energia che esso *scambia* con altri corpi, a causa della differenza di temperatura, che prende il nome di calore.
Si dice che due oggetti sono in *contatto termico* se tra loro può avvenire un passaggio di calore. In generale, quando un oggetto caldo è posto in contatto termico con un oggetto freddo viene scambiato del calore. Il risultato è che l'oggetto caldo si raffredda e quello freddo si riscalda. Quando, dopo un certo periodo di contatto termico, il flusso di calore cessa, diciamo che gli oggetti sono in **equilibrio termico**.
Osserviamo che il contatto termico e il contatto fisico non sono necessariamente la stessa cosa. Ad esempio, può esserci contatto termico senza che avvenga alcun contatto fisico, come quando ci scaldiamo le mani vicino a un fuoco.

La **termodinamica** è la parte della fisica che studia i processi che coinvolgono il trasferimento di calore. Occupandosi degli scambi di energia all'interno e tra gli oggetti, la termodinamica ha una grande importanza in tutti i campi della biologia, della fisica e dell'ingegneria.
In termodinamica la parte di universo in esame si chiama **sistema**, la restante parte dell'universo è detta **ambiente**. Ad esempio, se stiamo considerando una bottiglia piena di acqua in una stanza, la bottiglia d'acqua è un sistema, la stanza è l'ambiente.

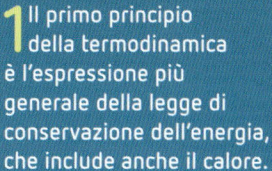

LE GRANDI IDEE

1. Il primo principio della termodinamica è l'espressione più generale della legge di conservazione dell'energia, che include anche il calore.

2. Le macchine termiche sfruttano una differenza di temperatura per convertire l'energia termica in energia meccanica.

3. L'entropia è una misura del disordine di un sistema fisico.

4. Non esiste una temperatura più bassa dello zero assoluto.

! ATTENZIONE
Unità di misura del calore

Nel SI il calore si misura in joule (J). Un'altra unità di misura del calore è la **caloria** (cal), definita come la quantità di calore necessaria a innalzare la temperatura di un grammo d'acqua da 14,5 °C a 15,5 °C. L'equivalenza tra caloria e joule è:

1 cal = 4,186 J

Un sistema è **aperto** se può scambiare sia materia sia energia con l'ambiente. Un sistema è **chiuso** se può scambiare con l'ambiente energia, ma non materia. Ad esempio, una bottiglia aperta è un sistema aperto, mentre una bottiglia chiusa non lo è.

Un sistema è **isolato** quando non scambia né materia né energia con l'ambiente. Pertanto un sistema isolato non cambia quando l'ambiente viene modificato. Ad esempio, un thermos di acqua bollente si può considerare, con buona approssimazione, un sistema isolato.

■ Il principio zero della termodinamica

Una delle più importanti leggi cui obbedisce un sistema termodinamico è il **principio zero della termodinamica**, il quale esprime le proprietà fondamentali della temperatura. Il suo nome riflette non solo la sua importanza, ma anche il fatto che è stato riconosciuto come un principio a sé stante solo *dopo* che gli altri principi della termodinamica erano stati accettati e consolidati.

L'idea di base del principio zero della termodinamica è che l'equilibrio termico è determinato da un'unica grandezza fisica: la temperatura.

Per esempio, due oggetti in contatto termico sono in equilibrio termico quando hanno la stessa temperatura. Se due oggetti in contatto termico hanno temperature diverse, del calore fluisce da quello a temperatura maggiore a quello a temperatura minore, fino a quando non raggiungono entrambi la stessa temperatura.

Questo può sembrare perfino troppo ovvio, almeno fino a che non ci riflettiamo più approfonditamente. Supponiamo, ad esempio, di avere un pezzo di metallo e una vasca piena d'acqua e di voler sapere se, mettendo il metallo nell'acqua, fluisca del calore tra loro. Misuriamo la temperatura del metallo e quella dell'acqua: se le temperature sono uguali possiamo concludere che non fluirà calore.

Invece, se le temperature sono diverse, ci sarà un flusso di calore. Non è importante il tipo di metallo, la sua massa, la sua forma, la quantità d'acqua, se l'acqua è dolce o salata e così via; tutto ciò che conta è la temperatura. Le differenti masse degli oggetti in contatto termico diventano invece fondamentali per stabilire la temperatura di equilibrio.

> **Principio zero della termodinamica**
>
> Se un oggetto B è in equilibrio termico sia con un oggetto A sia con un oggetto C, allora anche gli oggetti A e C, se posti in contatto termico, si trovano in equilibrio termico, e i tre oggetti hanno la stessa temperatura.

Quanto detto è illustrato nella **figura 1**: nella situazione iniziale gli oggetti A e B sono in contatto e in equilibrio termico. Poi l'oggetto B è separato dall'oggetto A e posto in contatto termico con l'oggetto C. Anche gli oggetti B e C sono in equilibrio. Quindi, per il principio zero della termodinamica, siamo sicuri che, se A e C vengono posti in contatto termico, saranno in equilibrio.

Per applicare questo principio al nostro esempio, consideriamo il metallo come oggetto A e la vasca d'acqua come oggetto C. L'oggetto B, allora, può essere un termometro utilizzato per misurare le temperature del metallo e dell'acqua. Se A e C sono individualmente in equilibrio con B, cioè hanno la stessa temperatura, allora saranno anche in equilibrio termico fra loro.

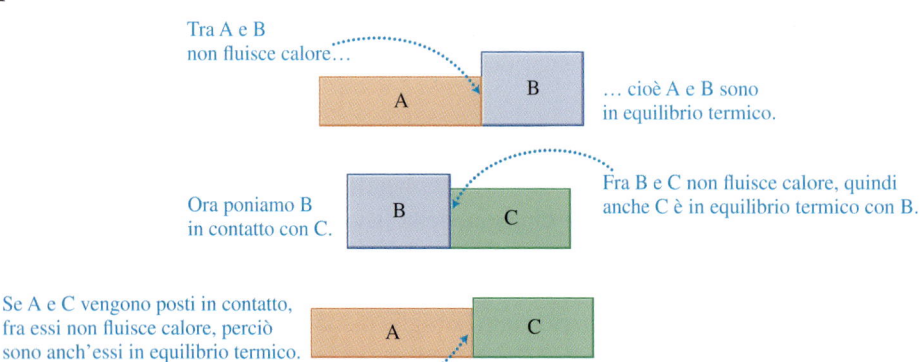

◀ **Figura 1**
Principio zero della termodinamica

2 Il primo principio della termodinamica

Il primo principio della termodinamica è un'affermazione della conservazione dell'energia da un punto di vista generale che include anche il calore.

Storicamente il principio è nato dalla necessità di studiare la macchina termica ideale che funziona assorbendo calore Q dall'ambiente ed eseguendo lavoro L sull'ambiente stesso. Per questo motivo si attribuisce valore *positivo* al calore che *entra nel sistema* e al lavoro *eseguito dal sistema*, come illustrato nella **figura 2**.

LE GRANDI IDEE

1 Il primo principio della termodinamica è l'espressione più generale della legge di conservazione dell'energia, che include anche il calore.

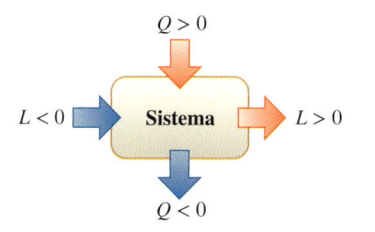

Q positivo	Il sistema *acquista* calore
Q negativo	Il sistema *cede* calore
L positivo	Lavoro eseguito *dal* sistema
L negativo	Lavoro eseguito *sul* sistema

◀ **Figura 2**
Convenzione per il segno del calore e del lavoro scambiati da un sistema con l'ambiente

Consideriamo, ad esempio, il sistema mostrato nella **figura 3**. L'energia interna di questo sistema, cioè la somma di tutte le energie cinetiche e potenziali, ha un valore iniziale $E_{\text{int},i}$. Se nel sistema entra una certa quantità di calore Q, l'energia interna del sistema aumenta fino al valore finale $E_{\text{int},f} = E_{\text{int},i} + Q$. Perciò, poiché:

$$\Delta E_{\text{int}} = E_{\text{int},f} - E_{\text{int},i}$$

possiamo scrivere:

$$\Delta E_{\text{int}} = Q$$

Naturalmente, se sottraiamo calore al sistema, la sua energia interna diminuisce.

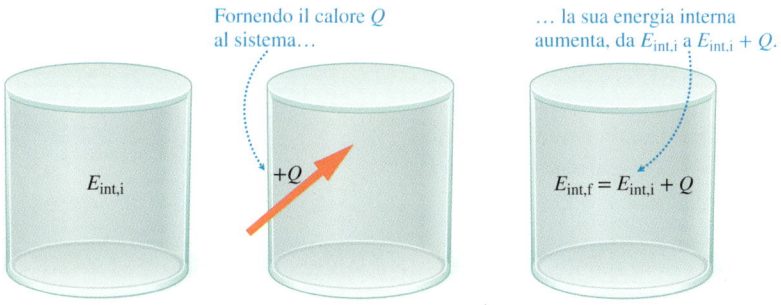

◀ **Figura 3**
Relazione tra calore ed energia interna di un sistema (a volume costante)

Volume costante: il sistema non può eseguire lavoro ($L = 0$)

Supponiamo, invece, che il sistema in esame esegua un lavoro L sull'ambiente esterno, come nella **figura 4**.

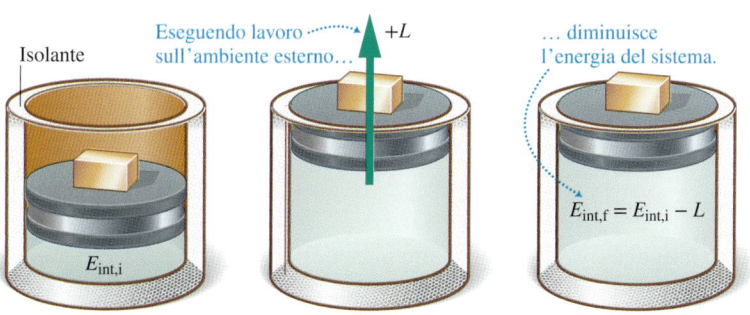

◀ **Figura 4**
Relazione tra lavoro ed energia interna del sistema

Sistema isolato: il sistema non può cedere o assorbire calore ($Q = 0$)

Se il sistema è isolato, in modo che non possa essere acquistato o ceduto calore, l'energia per eseguire il lavoro deve provenire dall'energia interna del sistema. Perciò, se l'energia interna iniziale è $E_{\text{int},i}$ e l'energia interna finale è $E_{\text{int},f}$, il lavoro è:

$$L = E_{\text{int},i} - E_{\text{int},f} = -\Delta E_{\text{int}} \qquad \text{da cui} \qquad \Delta E_{\text{int}} = -L$$

Al contrario, se viene eseguito lavoro *sul* sistema, la sua energia interna aumenta. Combinando le due relazioni $\Delta E_{int} = Q$ e $\Delta E_{int} = -L$ otteniamo il **primo principio della termodinamica**:

> **Primo principio della termodinamica**
>
> La variazione dell'energia interna ΔE_{int} di un sistema è legata al calore Q e al lavoro L dalla relazione:
>
> $\Delta E_{int} = Q - L$

Applicando la convenzione dei segni che abbiamo introdotto, è facile verificare che, fornendo calore al sistema o eseguendo lavoro su di esso, aumenta la sua energia interna. Al contrario, se il sistema esegue lavoro o cede calore, la sua energia interna diminuisce.

Notiamo che il primo principio della termodinamica non dice nulla sul valore di E_{int}, ma solo sulla sua variazione ΔE_{int}.

PROBLEM SOLVING 1 — Jogging sulla spiaggia

a. Facendo jogging su una spiaggia, una persona esegue un lavoro di $4{,}3 \cdot 10^5$ J e cede $3{,}8 \cdot 10^5$ J di calore. Qual è la variazione della sua energia interna?

b. Continuando a camminare, la persona cede $1{,}2 \cdot 10^5$ J di calore e la sua energia interna diminuisce di $2{,}6 \cdot 10^5$ J. Quanto lavoro ha compiuto camminando?

■ **DESCRIZIONE DEL PROBLEMA** La persona che fa jogging esegue lavoro sull'ambiente esterno e ciò significa che L è positivo. Il calore è ceduto dalla persona e ciò significa che Q è negativo.

■ **STRATEGIA** Abbiamo indicato i segni di L e Q in figura e le loro quantità sono date nel testo del problema. Per determinare la variazione dell'energia interna ΔE_{int}, utilizziamo semplicemente il primo principio della termodinamica, $\Delta E_{int} = Q - L$. Per calcolare il lavoro L applichiamo nuovamente il primo principio, cioè $L = Q - \Delta E_{int}$.

Dati **a.** Lavoro compiuto, $L = 4{,}3 \cdot 10^5$ J; calore ceduto, $Q = -3{,}8 \cdot 10^5$ J; **b.** Calore ceduto, $Q = -1{,}2 \cdot 10^5$ J; variazione di energia interna $\Delta E_{int} = -2{,}6 \cdot 10^5$ J

Incognite **a.** Variazione dell'energia interna $\Delta E_{int} = ?$ **b.** Lavoro compiuto $L = ?$

■ **SOLUZIONE**

a. Calcoliamo ΔE_{int} considerando $Q = -3{,}8 \cdot 10^5$ J e $L = 4{,}3 \cdot 10^5$ J:

$$\Delta E_{int} = Q - L = -3{,}8 \cdot 10^5 \text{ J} - 4{,}3 \cdot 10^5 \text{ J} = -8{,}1 \cdot 10^5 \text{ J}$$

b. Ricaviamo L da $\Delta E_{int} = Q - L$ e sostituiamo $Q = -1{,}2 \cdot 10^5$ J e $\Delta E_{int} = -2{,}6 \cdot 10^5$ J:

$$L = Q - \Delta E_{int} = -1{,}2 \cdot 10^5 \text{ J} - (-2{,}6 \cdot 10^5 \text{ J}) = 1{,}4 \cdot 10^5 \text{ J}$$

■ **OSSERVAZIONI** Quando si utilizzano i segni appropriati, il primo principio è semplicemente un modo di tener conto di tutti gli scambi di energia che possono avvenire in un dato sistema, inclusi lavoro meccanico e calore.

PROVA TU Dopo aver camminato per qualche minuto, la persona inizia di nuovo a correre, eseguendo $5{,}1 \cdot 10^5$ J di lavoro e diminuendo la sua energia interna di $8{,}8 \cdot 10^5$ J. Quanto calore ha ceduto?

[$Q = -3{,}7 \cdot 10^5$ J; il segno negativo significa che ha ceduto calore]

Conseguenze del primo principio

Lo **stato termodinamico** di un sistema è determinato dai valori di tre grandezze: la sua temperatura, il suo volume e la sua pressione. Quando anche una sola di queste grandezze cambia, si dice che è avvenuta una **trasformazione termodinamica**: il sistema passa dallo *stato iniziale* (i) (caratterizzato dai valori T_i, V_i, p_i) allo *stato finale* (f) (caratterizzato dai valori T_f, V_f, p_f).

Analizziamo ora il primo principio della termodinamica dal punto di vista delle trasformazioni termodinamiche.

Come sappiamo, il calore Q rappresenta l'energia trasferita in un contatto termico, mentre il lavoro L indica un trasferimento di energia attraverso l'azione di una forza che compie un determinato spostamento.

Il calore Q e il lavoro L *dipendono* dal modo con cui il sistema è passato da uno stato A a uno stato B. Ad esempio, una trasformazione che collega gli stati A e B può essere caratterizzata da un calore $Q_1 = 19$ J e da un lavoro $L_1 = 32$ J. Una diversa trasformazione che collega *gli stessi due stati* può invece essere caratterizzata da un calore $Q_2 = -24$ J $\neq Q_1$ e da un lavoro $L_2 = -11$ J $\neq L_1$. Tuttavia, come mostrato in **figura 5**, la variazione di energia interna è la stessa per qualsiasi trasformazione che connetta i due stati. Infatti, la variazione di energia interna nella trasformazione che porta da A a B è:

$$\Delta E_{\text{int},AB} = Q_1 - L_1 = Q_2 - L_2 = -13 \text{ J}$$

L'energia interna del sistema diminuisce di 13 J quando il sistema passa dallo stato A allo stato B qualunque sia la trasformazione.

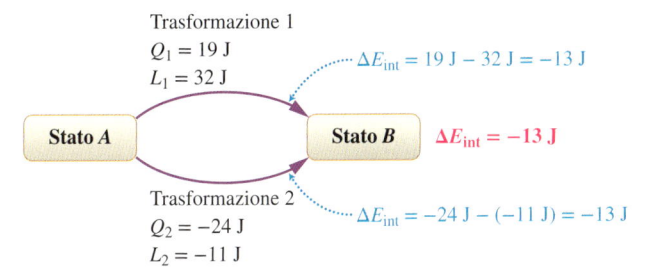

◀ **Figura 5**
L'energia interna dipende solo dallo stato del sistema

L'*energia interna dipende solo dallo stato del sistema e non da come il sistema ha raggiunto quello stato.*

Un semplice esempio è quello del gas ideale, nel quale E_{int} dipende solo dalla temperatura T e non dai valori della temperatura che il gas può avere assunto in precedenza.

> **Funzione di stato**
>
> Una grandezza è una funzione di stato se dipende solo dallo stato del sistema e non dal modo in cui il sistema ha raggiunto quello stato.

Poiché la grandezza E_{int} dipende solo dallo stato del sistema, sia che si tratti di un gas ideale sia che si tratti di un sistema più complicato, ad esempio un gas reale, essa è una **funzione di stato**.

Supponiamo ora che il sistema sia soggetto a una *trasformazione ciclica*, cioè che torni alla fine nello stato di partenza A. Poiché la variazione di E_{int} dipende solo dagli stati iniziale e finale, che in questo caso sono gli stessi, si avrà:

$$\Delta E_{\text{int}} = 0$$

Il primo principio della termodinamica prevede allora che il lavoro eseguito sia uguale al calore complessivamente scambiato, cioè:

$$L = Q$$

Se al sistema non si fornisce né si sottrae calore, cioè $Q = 0$, il lavoro è nullo, $L = 0$. In altri termini, il sistema non può fornire lavoro. La produzione di lavoro da parte di un sistema in una trasformazione ciclica, senza che questo scambi energia e calore con l'esterno, è storicamente nota come "moto perpetuo". Il primo principio della termodinamica stabilisce quindi l'impossibilità del moto perpetuo.

▲ Vari furono i tentativi di creare il moto perpetuo; nell'illustrazione una macchina proposta in un'opera del 1500.

3 Trasformazioni termodinamiche

Nei prossimi paragrafi affronteremo lo studio di un certo numero di **trasformazioni termodinamiche** (o processi termodinamici) che possono essere utilizzate per cambiare lo stato di un sistema.

Supporremo che le trasformazioni siano **quasi-statiche**, cioè che avvengano così lentamente che istante per istante il sistema e l'ambiente circostante possano essere considerati essenzialmente *in equilibrio*. Perciò in una trasformazione quasi-statica la pressione e la temperatura sono sempre uniformi in tutto il sistema. Inoltre supponiamo che nel sistema in esame non siano presenti attriti e altre forze dissipative. Possiamo riassumere tutte queste condizioni dicendo che i processi considerati sono *reversibili*. Precisando meglio, possiamo dare la seguente definizione:

> **Trasformazione reversibile**
>
> Una trasformazione è reversibile se è possibile, sia per il sistema sia per l'ambiente circostante, ritornare esattamente nello stesso stato in cui si trovavano prima che la trasformazione iniziasse.

Il fatto che *sia* il sistema *sia* l'ambiente circostante debbano poter ritornare ai loro stati iniziali è l'elemento chiave di questa definizione. Ad esempio, se c'è attrito tra un pistone e il cilindro nel quale esso scorre, non è possibile effettuare una trasformazione reversibile: anche se il pistone ritorna nella sua posizione originale, il calore generato dall'attrito scalda il cilindro, trasferendosi quindi all'aria circostante. Non possiamo eliminare gli effetti dell'attrito, cosicché questo tipo di trasformazione è detta **trasformazione irreversibile**. Possiamo avere trasformazioni irreversibili anche in assenza di attrito: è sufficiente che esse avvengano tanto velocemente da creare una turbolenza, oppure che il sistema sia lontano dall'equilibrio.

Praticamente *tutti i processi reali sono irreversibili*. Tuttavia, esistono trasformazioni che possiamo approssimare a trasformazioni reversibili, proprio come possiamo avere sistemi che sono praticamente privi di attrito.

Ad esempio, nella **figura 6a** esaminiamo un pistone "privo di attrito" che lentamente è spinto verso il basso, mentre il gas che si trova nel cilindro è mantenuto a temperatura costante. Una certa quantità di calore Q è ceduta dal gas all'ambiente circostante per evitare che la temperatura aumenti. Nella **figura 6b** il pistone è risollevato lentamente, assorbendo dall'ambiente circostante la stessa quantità di calore Q che prima aveva ceduto, per evitare che la temperatura del gas si abbassi. Quindi, sia il sistema (gas) sia l'ambiente circostante (serbatoio di calore) ritornano al loro stato iniziale. In un caso "ideale" come questo, la trasformazione è reversibile, poiché il sistema e l'ambiente circostante sono rimasti inalterati. Tutte le trasformazioni che esamineremo nei paragrafi seguenti sono considerate reversibili.

> **ATTENZIONE**
> **L'equilibrio termodinamico**
>
> Lo stato termodinamico di un sistema è detto di equilibrio quando le variabili termodinamiche che lo descrivono sono costanti nel tempo, cioè non cambiano finché non mutano le condizioni esterne.
> Il sistema è in **equilibrio termodinamico** se si trova contemporaneamente in:
> - *equilibrio meccanico*: non esistono forze o momenti non equilibrati né all'interno del sistema, né tra il sistema e l'ambiente circostante; la pressione è la stessa in tutte le parti del sistema e, se il contenitore non è rigido, è la stessa dell'ambiente circostante;
> - *equilibrio termico*: tutte le parti del sistema hanno la stessa temperatura e, se le pareti che circondano il sistema sono conduttrici, coincide con quella dell'ambiente circostante;
> - *equilibrio chimico*: non avvengono processi che tendono a modificare la composizione del sistema, come reazioni chimiche, né spostamenti di materia da una parte all'altra del sistema.

▼ Figura 6
Una trasformazione reversibile ideale

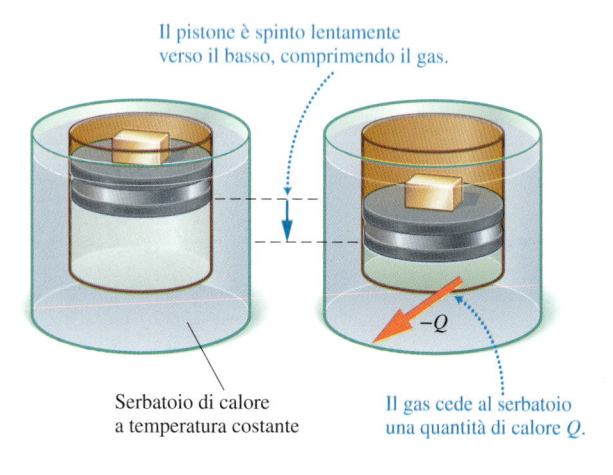

Il pistone è spinto lentamente verso il basso, comprimendo il gas.

Il pistone torna lentamente indietro alla sua posizione iniziale.

Serbatoio di calore a temperatura costante

Il gas cede al serbatoio una quantità di calore Q.

$-Q$

Il gas assorbe dal serbatoio la stessa quantità di calore Q che aveva ceduto nella fase precedente.

$+Q$

a) **Compressione**

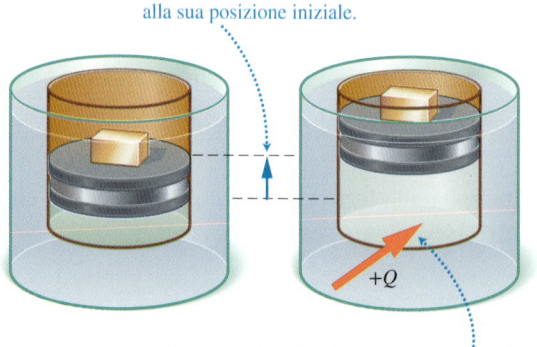

b) **Espansione**

4 Trasformazione isòbara

Esaminiamo ora una trasformazione a **pressione costante**, anche detta **isòbara**. Supponiamo di riscaldare un gas contenuto in un cilindro di sezione A, nel quale può scorrere un pistone, come mostrato in **figura 7**. Il pistone è libero di muoversi per effetto della pressione p_0 esercitata dal gas, che all'equilibrio è uguale alla somma della pressione atmosferica e di quella dovuta al peso del pistone.

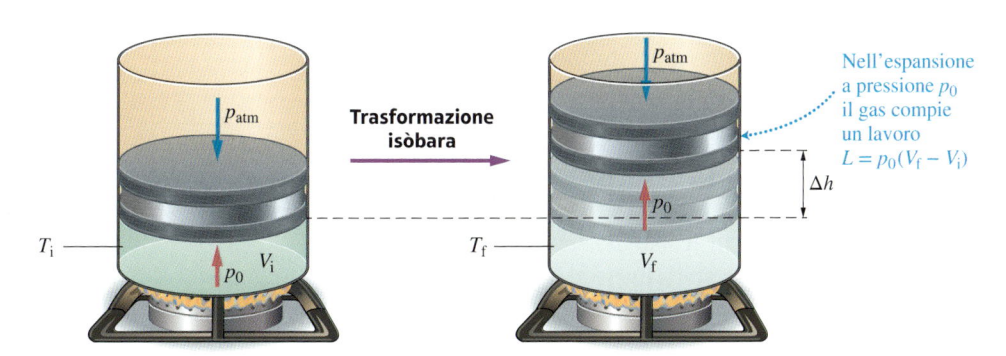

◀ **Figura 7**
Lavoro eseguito dall'espansione di un gas a pressione costante

Il gas assorbe calore e si espande senza cambiare la sua pressione; il suo volume aumenta da un valore iniziale V_i a un valore finale V_f.

Il gas, espandendosi, compie lavoro sul pistone. Inizialmente il gas esercita sul pistone una forza uguale al prodotto della pressione per l'area della sezione:

$$F = p_0 A$$

Successivamente il gas muove il pistone; il lavoro eseguito dal gas è uguale al prodotto della forza F per lo spostamento Δh del pistone:

$$L = F \cdot \Delta h = p_0 A \cdot \Delta h = p_0 \cdot \Delta V$$

In generale, se la pressione p del gas è costante e il volume varia di una quantità ΔV, il lavoro compiuto dal gas è:

> **Lavoro in una trasformazione a pressione costante**
>
> $$L = p \Delta V$$

Enthalpy and chemical processes

When a chemical reaction takes place at atmospheric pressure, the first law of thermodynamics tells us that $L = p\Delta V$. The exchange in heat between the system and the environment is then $Q = \Delta H$, where $H = E_{int} + pV$ is the *enthalpy* of the system. Read and listen to learn more!

La trasformazione è rappresentata graficamente nella **figura 8**: in ordinata è riportata la pressione p, in ascissa il volume V e la trasformazione è descritta da un *segmento orizzontale*.

Osservando attentamente il diagramma p-V della figura, vediamo che il lavoro compiuto dal gas è uguale all'area della regione colorata, cioè all'area di un rettangolo di altezza p_0 e lunghezza $V_f - V_i$:

$$\text{area} = p_0(V_f - V_i) = L$$

Sebbene questo risultato sia stato ottenuto nel caso particolare di una trasformazione a pressione costante, come vedremo esso vale per qualsiasi trasformazione.

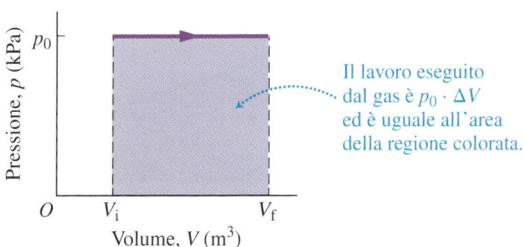

MATH⁺

La trasformazione è descritta dall'equazione:
$p(V) = p_0$
per $V_i \leq V \leq V_f$

◀ **Figura 8**
Diagramma p-V di una trasformazione a pressione costante

■ APPLICA SUBITO

1 Un gas alla pressione costante di 150 kPa si espande da un volume di 0,76 m³ a un volume di 0,92 m³. Quanto lavoro compie?

Usando la relazione $L = p\Delta V$ otteniamo:

$$L = p\Delta V = (150 \cdot 10^3 \text{ Pa})(0{,}92 \text{ m}^3 - 0{,}76 \text{ m}^3) = 2{,}4 \cdot 10^4 \text{ J} = 24 \text{ kJ}$$

Lavoro e diagramma di Clapeyron

Il diagramma p-V utilizzato per la rappresentazione delle trasformazioni termodinamiche è detto **piano** (o **diagramma**) **di Clapeyron**. La costruzione grafica di una trasformazione termodinamica nel piano di Clapeyron consente di determinare il lavoro compiuto dal gas nella trasformazione stessa.

Nella **figura 8** abbiamo visto che l'area al di sotto del segmento orizzontale che nel diagramma p-V rappresenta la trasformazione a pressione costante è uguale al lavoro eseguito dal gas: questo risultato è valido per qualsiasi trasformazione.

Per verificarlo consideriamo il diagramma di Clapeyron riportato in **figura 9**, che rappresenta una generica trasformazione dallo stato A allo stato B.

Se suddividiamo il volume in tanti intervalli ΔV di ampiezza molto piccola (**fig. 9a**), il lavoro eseguito dal gas è approssimato dalla somma delle aree dei rettangoli di base ΔV e altezza p, che, in ogni intervallo di volume, è la pressione media in quell'intervallo. Possiamo, pertanto, scrivere:

$$L_{AB} = \sum_{i=1}^{n} p_i \Delta V$$

dove $n = \dfrac{V_B - V_A}{\Delta V}$ è il numero degli intervalli di ampiezza ΔV in cui abbiamo suddiviso l'intervallo di volume $(V_B - V_A)$. Al limite in cui l'ampiezza ΔV dell'intervallo tende a zero, la somma delle aree dei rettangoli equivale all'area sottesa dalla curva che rappresenta la trasformazione (**fig. 9b**).

> **ATTENZIONE**
> **Il diagramma p-V**
> Il diagramma p-V è un piano cartesiano in cui sull'asse delle ascisse è riportato il volume V e sull'asse delle ordinate la pressione p.

> **MATH+**
> Se il ΔV diventa molto piccolo (tendente a zero) il numero degli addendi n tende a infinito e la sommatoria diventa un'operazione detta **integrale definito**. Il lavoro si può quindi esprimere come:
> $$L_{AB} = \int_{V_A}^{V_B} p \, dV$$

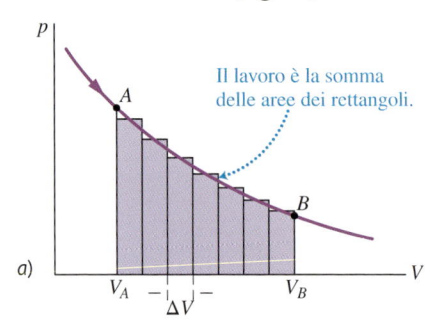

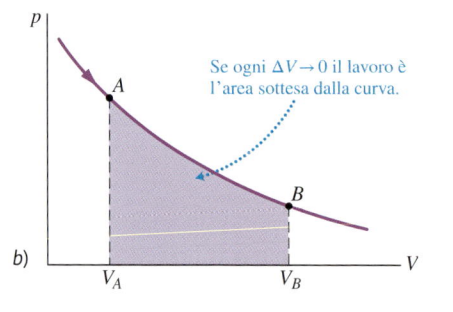

◀ **Figura 9**
Lavoro eseguito dal sistema in una trasformazione termodinamica

Possiamo quindi concludere che:

> **Lavoro di un gas e diagramma p-V**
> Il lavoro eseguito da un gas è uguale all'area sottesa dalla curva che rappresenta la trasformazione in un diagramma p-V.

Il lavoro eseguito da un gas durante un'espansione è *positivo*, quello durante una compressione è *negativo* (**fig. 10**).

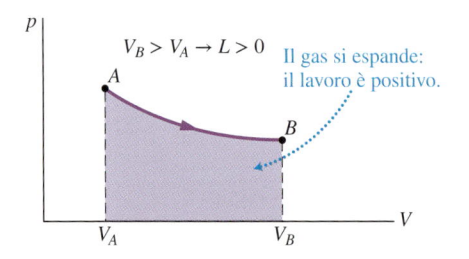

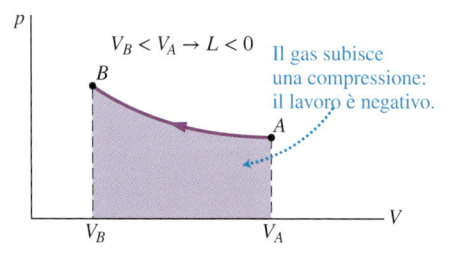

◀ **Figura 10**
Segno del lavoro eseguito da un gas

Dal piano di Clapeyron possiamo inoltre vedere che il lavoro eseguito dal gas non è una funzione di stato: infatti cambiando trasformazione l'area sotto la curva cambia, come mostrato in **figura 11**.

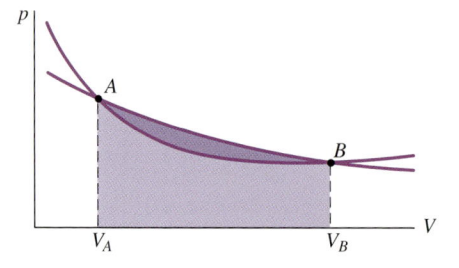

▶ **Figura 11**
Il lavoro non è una funzione di stato

PROBLEM SOLVING 2 — Area di lavoro

Un gas si espande da un volume iniziale di 0,40 m³ a un volume finale di 0,62 m³, mentre la pressione aumenta linearmente da 110 kPa a 230 kPa. Determina il lavoro compiuto dal gas.

■ **DESCRIZIONE DEL PROBLEMA** La figura mostra la trasformazione descritta nel problema. Mentre il volume cresce da $V_1 = 0{,}40$ m³ a $V_2 = 0{,}62$ m³, la pressione aumenta linearmente da $p_1 = 110$ kPa a $p_2 = 230$ kPa.

■ **STRATEGIA** Il lavoro compiuto dal gas è uguale all'area della parte colorata del grafico. Possiamo calcolare questa area come la somma dell'area di un rettangolo più quella di un triangolo. In particolare, il rettangolo ha altezza p_1 e base $(V_2 - V_1)$, il triangolo ha altezza $(p_2 - p_1)$ e base $(V_2 - V_1)$.

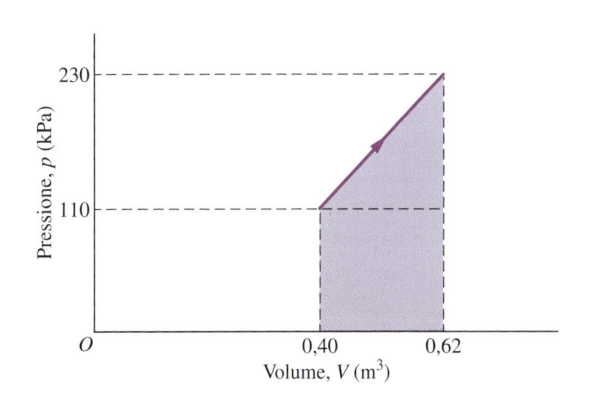

Dati Volume iniziale, $V_1 = 0{,}40$ m³; volume finale, $V_2 = 0{,}62$ m³; pressione iniziale, $p_1 = 110$ kPa; pressione finale, $p_2 = 230$ kPa

Incognita Lavoro compiuto, $L = ?$

■ **SOLUZIONE** Calcoliamo l'area della porzione rettangolare:

$$A_{\text{rettangolo}} = p_1(V_2 - V_1) = (110 \cdot 10^3 \text{ Pa})(0{,}62 \text{ m}^3 - 0{,}40 \text{ m}^3) = 2{,}4 \cdot 10^4 \text{ J}$$

Calcoliamo l'area della porzione triangolare:

$$A_{\text{triangolo}} = \frac{1}{2}(p_2 - p_1)(V_2 - V_1) = \frac{1}{2}(230 \cdot 10^3 \text{ Pa} - 110 \cdot 10^3 \text{ Pa})(0{,}62 \text{ m}^3 - 0{,}40 \text{ m}^3) = 1{,}3 \cdot 10^4 \text{ J}$$

Sommiamo le aree per calcolare il lavoro totale:

$$L = A_{\text{rettangolo}} + A_{\text{triangolo}} = 2{,}4 \cdot 10^4 \text{ J} + 1{,}3 \cdot 10^4 \text{ J} = 3{,}7 \cdot 10^4 \text{ J}$$

■ **OSSERVAZIONI** Avremmo potuto risolvere questo problema osservando che, poiché la pressione varia linearmente, il suo valore medio è $p_m = \frac{1}{2}(p_2 + p_1) = 170$ kPa. Il lavoro compiuto dal gas, quindi, è:

$$L = p_m \Delta V = (170 \cdot 10^3 \text{ Pa})(0{,}22 \text{ m}^3) = 3{,}7 \cdot 10^4 \text{ J}$$

come calcolato con l'altro metodo.

PROVA TU Supponi che la pressione vari linearmente da 110 kPa a 260 kPa. Calcola quanto lavoro compie il gas in questo caso.

[$4{,}1 \cdot 10^4$ J]

Calore specifico di un gas ideale a pressione costante

Ricordiamo che il **calore specifico** di una sostanza è una misura della quantità di calore necessaria per aumentare di un grado la temperatura di un kilogrammo di quella sostanza. La quantità di calore necessaria ad aumentare la temperatura dipende dal tipo di trasformazione utilizzata, perciò dobbiamo specificare, ad esempio, se un calore specifico si riferisce a una trasformazione a pressione costante o a volume costante.

Se una sostanza è riscaldata o raffreddata mentre si trova esposta all'atmosfera, la trasformazione avviene a pressione costante (quella atmosferica). Questo è il caso di tutti i ragionamenti sui calori specifici sviluppati nello studio della fisica del primo biennio, in cui non era necessario distinguere tra i differenti tipi di calore specifico.

In una trasformazione isòbara, come quella di **figura 12**, fornendo la quantità di calore Q_p a una massa m di gas, la temperatura del gas aumenta di ΔT, secondo la relazione:

$$Q_p = mc_p\Delta T$$

dove c_p è il **calore specifico del gas a pressione costante**.

$$C_p = \frac{Q_p}{n\Delta T}$$

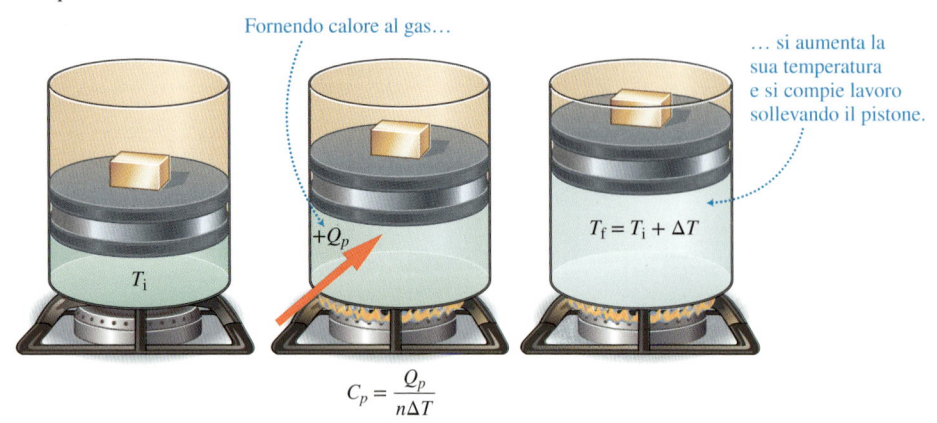

◀ **Figura 12**
Riscaldamento a pressione costante

Nel seguito sarà più conveniente utilizzare il **calore specifico molare**, indicato con la lettera maiuscola C, che è definito utilizzando le moli di una determinata sostanza anziché la sua massa. Perciò, se un gas contiene n moli, per una trasformazione isobara vale la relazione:

$$Q_p = nC_p\Delta T$$

da cui:

$$C_p = \frac{Q_p}{n\Delta T}$$

Il calore Q_p, oltre a far aumentare la temperatura, compie anche un lavoro meccanico, sollevando il pistone.
Nel caso di un gas ideale monoatomico, come sappiamo, se la temperatura del gas aumenta di ΔT, la variazione di energia interna è:

$$\Delta E_{\text{int}} = \frac{3}{2}nR\Delta T$$

Applichiamo ora alla trasformazione isòbara il primo principio della termodinamica:

$$\Delta E_{\text{int}} = Q - L$$

utilizzando le seguenti relazioni:
- la variazione di energia interna $\Delta E_{\text{int}} = \frac{3}{2}nR\Delta T$;
- il calore assorbito $Q_p = nC_p\Delta T$;
- il lavoro eseguito $L = p\Delta V$ che, per l'equazione di stato dei gas ideali, $pV = nRT$, si può scrivere $L = nR\Delta T$.

Sostituendo otteniamo:

$$\frac{3}{2}nR\Delta T = nC_p\Delta T - nR\Delta T$$

da cui, semplificando, ricaviamo l'espressione di C_p:

$$C_p = \frac{3}{2}R + R = \frac{5}{2}R$$

Dunque, per un gas monoatomico:

> **Calore specifico molare di un gas ideale monoatomico a pressione costante, C_p**
>
> $$C_p = \frac{5}{2}R$$

> ⚠ **ATTENZIONE**
> **Trasformazione isòbara**
> p = costante
> $L = p \cdot \Delta V$
> $Q = nC_p\Delta T$
> $\Delta E_{\text{int}} = \frac{3}{2}nR\Delta T$

> 🔗 **COLLEGAMENTO** ◀◀
> Nel **capitolo 8** abbiamo già visto che l'energia interna di un gas ideale monoatomico è:
> $E_{\text{int}} = \frac{3}{2}nRT$

5 Trasformazione isocòra

Esaminiamo ora una trasformazione a **volume costante**, anche detta **isocòra**. Supponiamo che sia fornito calore a un gas contenuto in un recipiente che non può variare il proprio volume, come mostrato nella **figura 13**. L'aumento di temperatura produce un aumento di pressione. Poiché non c'è alcuno spostamento delle pareti, la forza esercitata dal gas non compie lavoro.

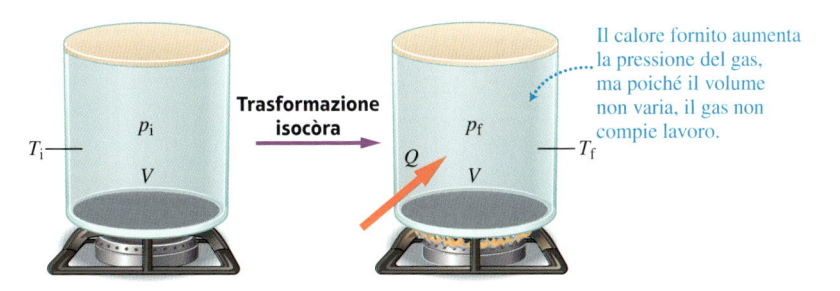

◄ **Figura 13**
Il lavoro eseguito in una trasformazione a volume costante è nullo

Generalizzando, possiamo dire che:

Lavoro in una trasformazione a volume costante
Per *qualsiasi* trasformazione a volume costante il lavoro è nullo:

$$L = 0$$

MATH+

La trasformazione è descritta dall'equazione:
$V(p) = V_i$
per $p_i \leq p \leq p_f$

Dal primo principio della termodinamica, $\Delta E_{int} = Q - L$, segue che in una trasformazione isocòra:

$$\Delta E_{int} = Q$$

cioè la variazione dell'energia interna è uguale alla quantità di calore ceduta o acquistata dal sistema.

Osserviamo che un lavoro nullo in una trasformazione a volume costante è coerente con la precedente affermazione secondo cui il lavoro è uguale all'area al di sotto della curva che rappresenta la trasformazione in un diagramma *p-V*. Ad esempio, nella **figura 14** è illustrata una trasformazione a volume costante nella quale la pressione aumenta, passando da p_i a p_f. Poiché la trasformazione è rappresentata da un segmento verticale, l'area che essa sottende è nulla, cioè $L = 0$, come previsto.

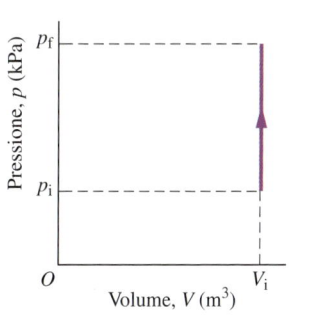

▲ **Figura 14**
Diagramma *p-V* di una trasformazione a volume costante

Calore specifico di un gas ideale a volume costante

In una trasformazione isocòra, come quella mostrata in **figura 15**, fornendo la quantità di calore Q_V a n moli di gas, la temperatura aumenta di ΔT, secondo la relazione:

$$Q_V = nC_V\Delta T$$

dove C_V è il **calore specifico molare del gas a volume costante**:

$$C_V = \frac{Q_V}{n\Delta T}$$

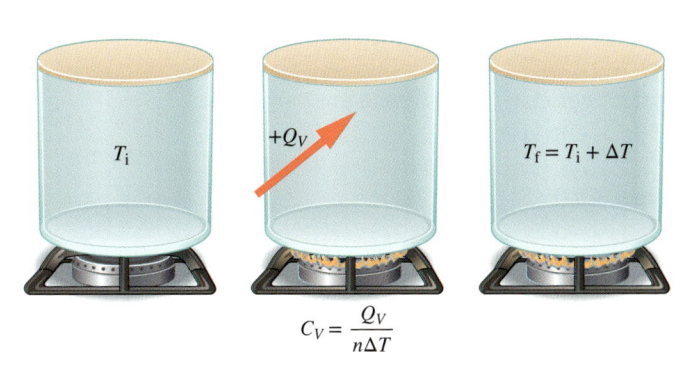

◄ **Figura 15**
Riscaldamento a volume costante

Applichiamo il primo principio della termodinamica, $\Delta E_{int} = Q - L$, alla trasformazione isocòra e determiniamo l'espressione del calore specifico a volume costante per un gas ideale monoatomico, tenendo presente:

- la variazione di energia interna $\Delta E_{int} = \frac{3}{2}nR\Delta T$;
- il calore assorbito $Q_V = nC_V\Delta T$;
- il lavoro eseguito $L = 0$ e dunque $\Delta E_{int} = Q$.

Sostituendo otteniamo:

$$\Delta E_{int} = \frac{3}{2}nR\Delta T = nC_V\Delta T$$

da cui, semplificando, ricaviamo l'espressione di C_V:

$$C_V = \frac{3}{2}R$$

Dunque, per un gas monoatomico:

Calore specifico molare di un gas ideale monoatomico a volume costante, C_V

$$C_V = \frac{3}{2}R$$

> **ATTENZIONE**
> **Trasformazione isocòra**
> V = costante
> $L = 0$
> $Q = nC_V\Delta T$
> $\Delta E_{int} = Q$

Relazione tra C_p e C_V

Come previsto, il calore specifico a pressione costante C_p è maggiore di quello a volume costante C_V. In una trasformazione a volume costante, infatti, il calore che viene fornito al sistema va interamente ad aumentare la temperatura del gas, poiché non viene eseguito alcun lavoro. Al contrario, in una trasformazione a pressione costante il calore fornito fa aumentare la temperatura del gas e compie lavoro meccanico. A parità di aumento di temperatura è perciò richiesta una maggiore quantità di calore in una trasformazione a pressione costante, che ha quindi un calore specifico maggiore.

La differenza tra C_p e C_V è proprio il contributo extra dovuto al lavoro compiuto dal sistema. In particolare osserviamo che:

$$C_p - C_V = \frac{5}{2}R - \frac{3}{2}R = R$$

Sebbene abbiamo ottenuto quest'ultima relazione per un gas ideale monoatomico, essa *vale per tutti i gas ideali*, indipendentemente dalla struttura delle loro molecole. La relazione è anche una buona approssimazione per la maggior parte dei gas reali, come vediamo nella **tabella 1**.

Elio	$0{,}995R$
Azoto	$1{,}00R$
Ossigeno	$1{,}00R$
Argon	$1{,}01R$
Biossido di carbonio	$1{,}01R$
Metano	$1{,}01R$

▲ **Tabella 1**
$C_p - C_V$ per alcuni gas reali

■ APPLICA SUBITO

2 Determina il calore necessario per innalzare la temperatura di 0,200 mol di un gas ideale monoatomico di 5,00 °C con una trasformazione:

a. a volume costante;
b. a pressione costante.

Sostituiamo nelle formule per Q_V e Q_p i valori numerici, ricordando che una variazione di temperatura ha lo stesso valore in gradi Celsius e in kelvin:

a. $Q_V = \frac{3}{2}nR\Delta T = \frac{3}{2}(0{,}200 \text{ mol})[8{,}31 \text{ J/(kg mol)}](5{,}00 \text{ K}) = 12{,}5 \text{ J}$

b. $Q_p = \frac{5}{2}nR\Delta T = \frac{5}{2}(0{,}200 \text{ mol})[8{,}31 \text{ J/(kg mol)}](5{,}00 \text{ K}) = 20{,}8 \text{ J}$

6 Trasformazione isoterma

Nella **figura 16** è illustrata un'altra trasformazione comune, quella che avviene a temperatura costante e che prende il nome di **trasformazione isoterma**.

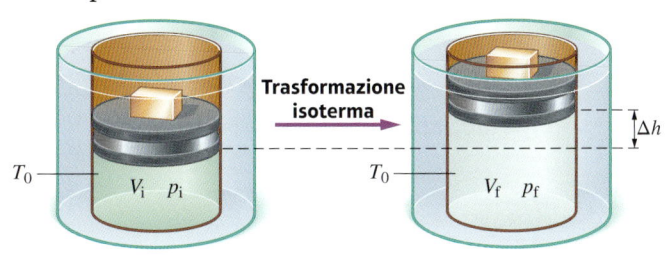

◀ **Figura 16**
Trasformazione a temperatura costante

Se la temperatura T è costante, dall'equazione di stato dei gas segue che anche il prodotto pV è costante:

$$pV = nRT = \text{costante}$$

Per le trasformazioni isoterme di un gas ideale vale dunque la seguente relazione tra pressione e volume:

$$p = \frac{\text{costante}}{V}$$

che nel piano di Clapeyron p-V, è rappresentata da un ramo di *iperbole equilatera* riferita agli asintoti. In **figura 17** sono mostrate alcune isoterme corrispondenti a temperature diverse. La distanza della curva dagli assi aumenta all'aumentare della costante nRT e quindi all'aumentare della temperatura.

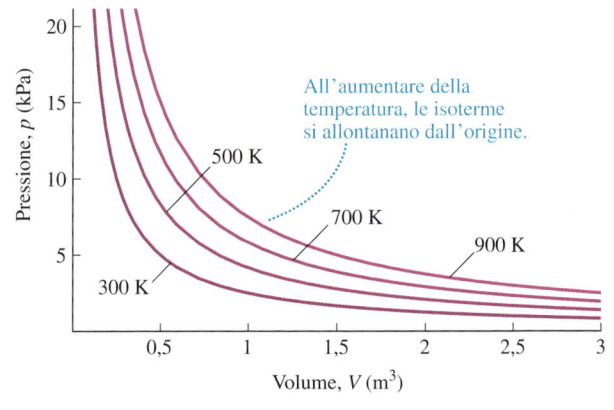

◀ **Figura 17**
Isoterme in un diagramma p-V riferite a una mole di gas ideale alle temperature di 300 K, 500 K, 700 K e 900 K.

Per una data isoterma, come quella mostrata nella **figura 18**, il lavoro compiuto da un gas in espansione è uguale all'area al di sotto della curva che rappresenta la trasformazione. In particolare, il lavoro compiuto nell'espansione da V_i a V_f è uguale all'area della regione colorata. Per calcolare quest'area occorre applicare i <mark>metodi del calcolo integrale</mark>. Utilizzando tali metodi si ricava che il lavoro compiuto da un gas in un'espansione isoterma è:

> **Lavoro in una trasformazione a temperatura costante**
>
> $$L = nRT \ln\left(\frac{V_f}{V_i}\right)$$

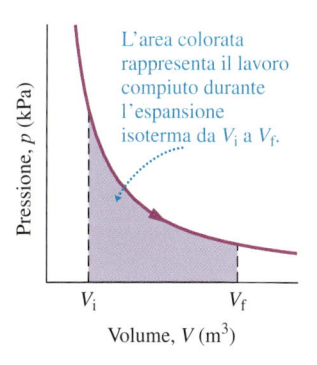

▲ **Figura 18**
Lavoro in un'espansione isoterma

Ricordiamo che "ln" sta per "logaritmo naturale", cioè logaritmo in base e. Utilizzando l'equazione di stato dei gas perfetti, il lavoro può essere espresso anche come:

$$L = nRT \ln\left(\frac{p_i}{p_f}\right)$$

Osserviamo che, se un gas è compresso a T costante, il lavoro viene eseguito *sul* gas e non *dal* gas. Infatti, in una compressione il volume finale è minore di quello iniziale e quindi $V_f/V_i < 1$ e, per la definizione di logaritmo naturale, il lavoro $L = nRT \ln(V_f/V_i)$ è negativo.

MATH+

Il **lavoro** in una trasformazione a temperatura costante è il risultato del seguente **integrale**:

$$L = \int_{V_i}^{V_f} p \, dV = nRT \ln\left(\frac{V_f}{V_i}\right)$$

Poiché in una trasformazione isoterma la temperatura rimane costante, la variazione di energia interna risulta nulla:

$$\Delta E_{int} = nC_v\Delta T = 0$$

Per un gas ideale monoatomico:

$$\Delta E_{int} = \frac{3}{2}nR\Delta T = 0$$

Dal primo principio della termodinamica, $\Delta E_{int} = Q - L$, segue pertanto che:

$$Q = L = nRT \ln\left(\frac{V_f}{V_i}\right)$$

> **ATTENZIONE**
> Trasformazione isoterma
> T = costante
> $L = nRT \ln\left(\frac{V_f}{V_i}\right)$
> $Q = L$
> $\Delta E_{int} = 0$

PROBLEM SOLVING 3 — Quanto calore?

Un cilindro contiene 0,50 mol di un gas ideale alla temperatura di 310 K. Se il gas si espande isotermicamente da un volume iniziale di 0,31 m³ a un volume finale di 0,45 m³, determina la quantità di calore che deve essere fornita al gas per mantenere costante la sua temperatura.

■ **DESCRIZIONE DEL PROBLEMA** Il sistema fisico è mostrato nella figura a sinistra. Il calore è acquistato dal gas, che si espande, affinché la temperatura rimanga costante. Il grafico a destra è una rappresentazione della trasformazione in un diagramma p-V. Il lavoro compiuto dal gas che si espande è uguale all'area della regione colorata, con $V_i = 0,31$ m³ e $V_f = 0,45$ m³.

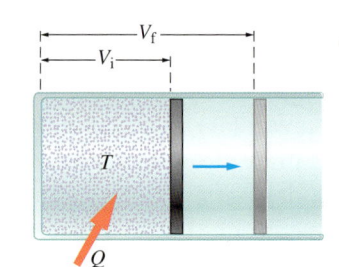

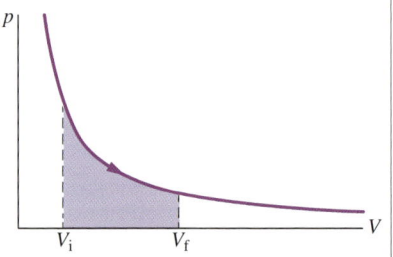

■ **STRATEGIA** Possiamo utilizzare il primo principio, $\Delta E_{int} = Q - L$, per determinare il calore Q in funzione di L e ΔE_{int}.
Prima occorre quindi calcolare il lavoro utilizzando la relazione $L = nRT \ln(V_f/V_i)$.
Poi, ricordiamo che l'energia interna di un gas ideale dipende solo dalla temperatura. Poiché la temperatura in questa trasformazione è costante, non c'è alcuna variazione di energia interna e quindi $\Delta E_{int} = 0$ J.

Dati Numero di moli del gas, $n = 0,50$; temperatura del gas, $T = 310$ K; volume iniziale, $V_i = 0,31$ m³; volume finale, $V_f = 0,45$ m³

Incognita Calore assorbito dal gas, $Q = ?$

■ **SOLUZIONE** Ricaviamo Q dal primo principio della termodinamica:

$$\Delta E_{int} = Q - L \rightarrow Q = \Delta E_{int} + L$$

Calcoliamo il lavoro compiuto dal gas che si espande:

$$L = nRT \ln\left(\frac{V_f}{V_i}\right) = (0,50 \text{ mol})[8,31 \text{ J/(mol K)}](310 \text{ K}) \ln\left(\frac{0,45 \text{ m}^3}{0,31 \text{ m}^3}\right) = 4,8 \cdot 10^2 \text{ J}$$

Calcoliamo la variazione di energia interna del gas:

$$\Delta E_{int} = \frac{3}{2}nR(T_f - T_i) = 0 \text{ J}$$

Sostituiamo i valori numerici nel primo principio per trovare Q:

$$Q = \Delta E_{int} + L = 0 \text{ J} + 4,8 \cdot 10^2 \text{ J} = 4,8 \cdot 10^2 \text{ J}$$

■ **OSSERVAZIONI** Se un gas ideale compie una trasformazione isoterma, il lavoro compiuto dal gas è uguale al calore che esso acquista: è una diretta conseguenza del primo principio della termodinamica e del fatto che $\Delta E_{int} = 0$ J.

PROVA TU Determina il volume finale del gas se esso si espande abbastanza da compiere 590 J di lavoro.

[0,49 m³]

7 Trasformazione adiabatica

L'ultima trasformazione che prendiamo in esame è una trasformazione nella quale *non c'è trasferimento di calore* nel o dal sistema. Tale processo, in cui $Q = 0$, prende il nome di **trasformazione adiabatica**.

Un esempio di trasformazione adiabatica è mostrato in **figura 19**. Un cilindro è isolato in modo da impedire il passaggio di calore (*adiabatico* significa letteralmente *non transitabile*); se spingiamo il pistone nel cilindro verso il basso, facendo diminuire il volume, il gas si scalda e la sua pressione aumenta **(fig. 19a)**. Analogamente **(fig. 19b)**, un'espansione adiabatica provoca la diminuzione della temperatura e della pressione. Dal primo principio della termodinamica, $\Delta E_{int} = Q - L$, segue che in una trasformazione adiabatica:

$$\Delta E_{int} = -L$$

◀ **Figura 19** Una trasformazione adiabatica

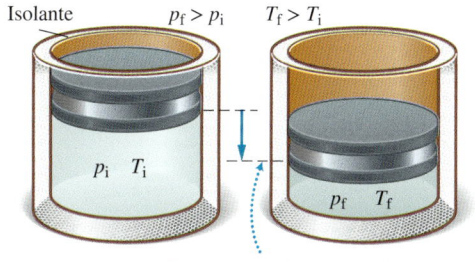

Una compressione adiabatica aumenta sia la pressione sia la temperatura.

a) **Compressione adiabatica**

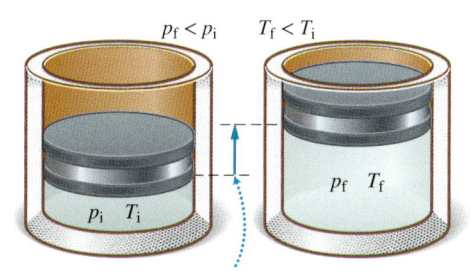

Un'espansione adiabatica provoca una diminuzione sia della pressione sia della temperatura.

b) **Espansione adiabatica**

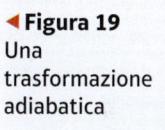

PROBLEM SOLVING 4 — Compressione adiabatica ed energia interna

Comprimendo adiabaticamente un determinato gas, si compie un lavoro di 640 J. Calcola la variazione di energia interna del gas.

■ **DESCRIZIONE DEL PROBLEMA** La figura mostra un pistone spinto verso il basso che comprime un gas in un cilindro isolato. L'isolamento assicura che non ci siano scambi di calore, come è richiesto in una trasformazione adiabatica.

■ **STRATEGIA** Conosciamo la quantità di lavoro eseguito sul gas e sappiamo che non viene scambiato calore, perché la trasformazione è adiabatica. Possiamo perciò calcolare ΔE_{int} sostituendo Q ed L nel primo principio della termodinamica, utilizzando il corretto segno per il lavoro. In particolare, il lavoro compiuto *sul* sistema è negativo.

Dati Lavoro eseguito sul gas, $L = -640$ J; calore scambiato, $Q = 0$ J

Incognita Variazione di energia interna del gas, $\Delta E_{int} = ?$

■ **SOLUZIONE** Identifichiamo il lavoro L e il calore Q coinvolti in questa trasformazione: $L = -640$ J e $Q = 0$ J. Sostituiamo Q ed L nel primo principio della termodinamica per calcolare la variazione dell'energia interna ΔE_{int}:

$$\Delta E_{int} = Q - L = 0 \text{ J} - (-640 \text{ J}) = 640 \text{ J}$$

■ **OSSERVAZIONI** Poiché l'energia non può entrare o uscire dal sistema sotto forma di calore, tutto il lavoro compiuto sul sistema va ad aumentare la sua energia interna. Questo comportamento è conseguenza del primo principio della termodinamica, $\Delta E_{int} = Q - L$, con $Q = 0$ J e quindi $\Delta E_{int} = -L$. Di conseguenza, la temperatura del gas aumenta.

PROVA TU Se in una trasformazione adiabatica l'energia interna del sistema diminuisce di 470 J, quanto lavoro è stato compiuto su di esso?

[470 J]

Confronto fra adiabatiche e isoterme

Nel diagramma di Clapeyron l'andamento della trasformazione adiabatica è simile a quello delle isoterme; in particolare, se il volume diminuisce, la pressione aumenta. Tuttavia, la trasformazione adiabatica non può essere identica a un'isoterma, perché durante una trasformazione adiabatica la temperatura varia. Consideriamo, ad esempio, un determinato gas con volume e pressione iniziali identificati dal punto A nel diagramma p-V, come mostrato in **figura 20**. Se il gas è compresso isotermicamente, la sua pressione aumenta come mostrato dalla curva 1, indicata come isoterma. Se, invece, il gas è compresso adiabaticamente dal punto A, la sua pressione segue la curva 2.

Infatti, in una compressione isoterma una parte del calore esce dal sistema, per mantenere la temperatura costante. Nella trasformazione adiabatica non esce calore dal sistema, perciò la temperatura aumenta. Di conseguenza, la pressione, per ogni dato volume, è maggiore in una compressione adiabatica rispetto a una compressione isoterma.

Una curva adiabatica, quindi, è simile a una isoterma, ma è più ripida. Consideriamo ora la **figura 21** in cui sono mostrate due curve isoterme e una adiabatica. Come abbiamo detto, la curva di una trasformazione adiabatica è più ripida, cioè decresce a zero più rapidamente, e quindi attraversa le isoterme.

Ricordiamo che le isoterme sono descritte dall'equazione:

$$pV = \text{costante}$$

Per le adiabatiche vale un'equazione simile:

Equazione della trasformazione adiabatica in termini di p e V

$$pV^\gamma = \text{costante}$$

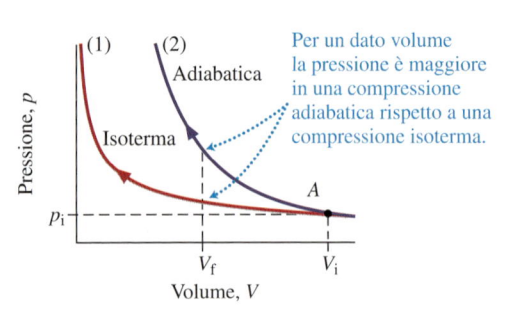

▲ **Figura 20**
Compressione isoterma e adiabatica

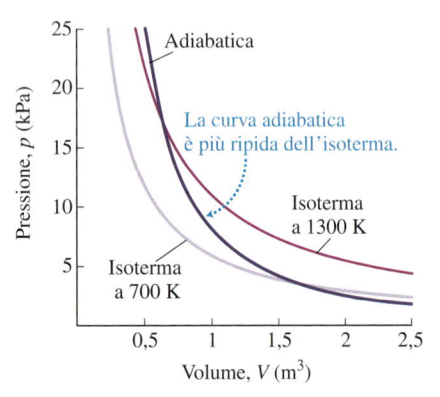

▲ **Figura 21**
Confronto tra adiabatiche e isoterme

In questa espressione, la costante γ è il rapporto C_p/C_V:

Coefficiente di dilatazione adiabatica per gas ideali monoatomici, γ

$$\gamma = \frac{C_p}{C_V} = \frac{5R/2}{3R/2} = \frac{5}{3}$$

Tale valore di γ vale per i gas ideali monoatomici, ma è anche una buona approssimazione per i gas reali monoatomici. I gas biatomici, triatomici e così via presentano invece differenti valori di γ.

Se dall'equazione di stato dei gas ideali, $pV = nRT$, ricaviamo p:

$$p = \frac{nRT}{V}$$

e lo sostituiamo nella relazione $pV^\gamma = \text{costante}$, otteniamo:

$$\frac{nRT}{V}V^\gamma = \text{costante}$$

Poiché il numero n di moli è fissato ed R è costante, possiamo scrivere l'equazione delle curve adiabatiche in un'altra forma, con le variabili T e V:

Equazione della trasformazione adiabatica in termini di T e V

$$TV^{\gamma-1} = \text{costante}$$

Se, invece, partiamo dalla relazione $pV^\gamma = \text{costante}$ ed eleviamo al fattore $1/\gamma$, otteniamo:

$$(pV^\gamma)^{1/\gamma} = \text{costante}$$

da cui:

$$p^{1/\gamma}V = \text{costante}$$

MATH⁺

Nota che l'equazione:
$pV^\gamma = \text{costante}$
per $\gamma = 1$ descrive l'isoterma, la cui curva rappresentativa è un'iperbole, per $\gamma > 1$ una trasformazione adiabatica, la cui curva decresce più rapidamente.

Moltiplicando e dividendo per la pressione p possiamo scrivere:

$$\frac{p^{1/\gamma} pV}{p} = \text{costante}$$

da cui, utilizzando l'equazione di stato dei gas ideali $pV = nRT$ otteniamo:

$$\frac{p^{1/\gamma} nRT}{p} = \text{costante}$$

Poiché nuovamente il numero n di moli è fissato ed R è costante, possiamo scrivere l'equazione di una adiabatica con le variabili p e T:

Equazione della trasformazione adiabatica in termini di p e T

$$p^{\frac{1}{\gamma}-1} T = \text{costante}$$

PROBLEM SOLVING 5 — Riscaldamento adiabatico

Un contenitore con un volume iniziale di 0,0625 m³ contiene 2,50 mol di gas ideale monoatomico alla temperatura di 315 K. Il gas viene quindi compresso adiabaticamente fino a raggiungere il volume di 0,0350 m³. Calcola la pressione e la temperatura finale del gas.

DESCRIZIONE DEL PROBLEMA La figura mostra un gas che viene compresso da un volume iniziale di 0,0625 m³ fino a un volume finale di 0,0350 m³. Il gas ha inizialmente una temperatura di 315 K, e, non essendoci scambi di calore con l'esterno (trasformazione adiabatica), il lavoro compiuto sul gas provoca un aumento della sua temperatura.

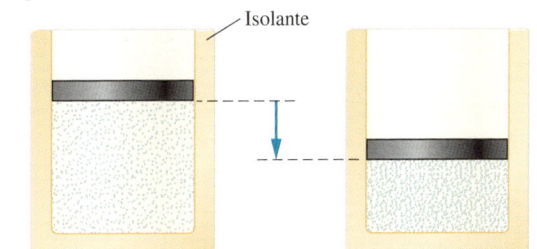

STRATEGIA Possiamo calcolare la pressione finale nel modo seguente: calcoliamo la pressione iniziale utilizzando l'equazione di stato dei gas ideali $p_i V_i = nRT_i$, poi poniamo $p_i V_i^\gamma = p_f V_f^\gamma$, poiché si tratta di una trasformazione adiabatica. Da questa relazione ricaviamo la pressione finale. Utilizziamo la pressione e il volume finale per calcolare la temperatura finale, servendoci ancora dell'equazione di stato, $p_f V_f = nRT_f$.

Dati Numero di moli di gas monoatomico, $n = 2{,}50$; volume iniziale $V_i = 0{,}0625$ m³; temperatura iniziale, $T_i = 315$ k; calore scambiato, $Q = 0$ J; volume finale $V_f = 0{,}0350$ m³

Incognite a. Pressione finale, $p_f = ?$ b. Temperatura finale, $T_f = ?$

SOLUZIONE Calcoliamo la pressione iniziale, utilizzando la relazione $pV = nRT$:

$$p_i = \frac{nRT_i}{V_i} = \frac{(2{,}50 \text{ mol})[8{,}31 \text{ J/(mol K)}](315 \text{ K})}{0{,}0625 \text{ m}^3} = 105 \text{ kPa}$$

Utilizziamo la relazione $pV^\gamma = \text{costante}$ per calcolare p_f:

$$p_i V_i^\gamma = p_f V_f^\gamma \quad \rightarrow \quad p_f = p_i \left(\frac{V_i}{V_f}\right)^\gamma = (105 \text{ kPa}) \left(\frac{0{,}0625 \text{ m}^3}{0{,}0350 \text{ m}^3}\right)^{\frac{5}{3}} = 276 \text{ kPa}$$

Utilizziamo la relazione $pV = nRT$ per ricavare la temperatura finale:

$$T_f = \frac{p_f V_f}{nR} = \frac{(276 \cdot 10^3 \text{ Pa})(0{,}0350 \text{ m}^3)}{(2{,}50 \text{ mol})[8{,}31 \text{ J/(mol K)}]} = 465 \text{ K}$$

OSSERVAZIONI Questo è un particolare esempio di riscaldamento adiabatico. Il raffreddamento adiabatico è l'effetto contrario, nel quale la temperatura di un gas diminuisce all'aumentare del suo volume. Ad esempio, se il gas del sistema considerato si espande tornando al suo volume iniziale di 0,0625 m³, la temperatura scende da 465 K a 315 K.

PROVA TU A quale volume deve essere compresso il gas per ottenere una pressione finale di 425 kPa?

[0,0270 m³]

Una trasformazione adiabatica può avvenire quando il sistema è termicamente isolato oppure in un sistema nel quale la variazione di volume avviene molto rapidamente. Infatti, se un'espansione o una compressione avvengono abbastanza velocemente, non c'è tempo sufficiente perché il calore riesca a fluire. Di conseguenza, la trasformazione è adiabatica anche se il sistema non è isolato.

Un esempio di trasformazione rapida è mostrato nella **figura 22**. Un pistone è inserito in un cilindro che contiene un determinato volume di gas e un pezzettino di carta. Se spingiamo velocemente il pistone verso il basso, con un colpo secco, il gas è compresso prima che il calore abbia il tempo di uscire. Di conseguenza, la temperatura del gas aumenta rapidamente e questo aumento può essere abbastanza grande da far bruciare la carta.

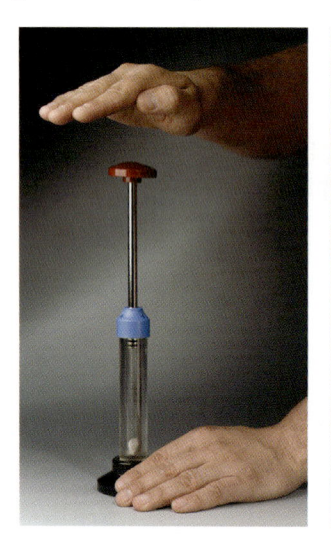

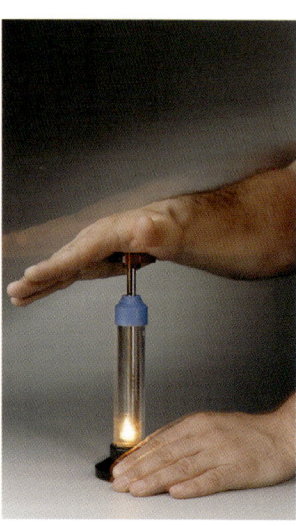

◀ **Figura 22**
Riscaldamento adiabatico

Nello schema seguente riassumiamo le relazioni ottenute per le trasformazioni termodinamiche che coinvolgono un gas ideale monoatomico:

Trasformazione	Lavoro	Calore
Isòbara (p costante)	$L = p\Delta V$	$Q = \Delta E_{int} + p\,\Delta V$
Isocòra (V costante)	$L = 0$	$Q = \Delta E_{int}$
Isoterma (T costante)	$L = nRT \ln\left(\dfrac{V_f}{V_i}\right) = Q$	$\Delta E_{int} = 0$
Adiabatica (nessuno scambio di calore)	$L = -\Delta E_{int}$	$Q = 0$

GEO

Il föhn

Il riscaldamento e il raffreddamento adiabatici possono avere importanti effetti sulle **condizioni meteorologiche** di una determinata regione.
Per esempio, quando le masse d'aria cariche di umidità si scontrano con i rilievi alpini, sono costrette a risalire; l'aria ascendente si espande e subisce un raffreddamento adiabatico. Come risultato, l'umidità dell'aria condensa, formando nubi e provocando precipitazioni sul lato sopra vento. In particolari condizioni, questo meccanismo può dare origine a spettacolari **nubi lenticolari** come quella in figura.
Arrivata in cima, l'aria, ormai secca, discende lungo il versante opposto e, per effetto della compressione, subisce un riscaldamento adiabatico. Questo vento caldo e secco prende il nome di **föhn**.

8 Il secondo principio della termodinamica

Enunciato di Clausius

Per quale motivo, se appoggiamo le mani su un blocco di ghiaccio, esse non si scaldano? Dopo tutto, il primo principio della termodinamica sarebbe soddisfatto se l'energia passasse dal ghiaccio alle mani: il ghiaccio diventerebbe più freddo, le mani più calde e l'energia dell'universo rimarrebbe la stessa. Però sappiamo che questa cosa non accade: il flusso spontaneo di calore è *sempre* dal corpo più caldo a quello più freddo e *mai* nella direzione opposta. Questa semplice osservazione, infatti, è uno dei molti modi di esprimere il **secondo principio della termodinamica**. Nella formulazione dovuta al fisico tedesco Rudolf Clausius (1822-1888) questo principio afferma quanto segue:

> **Secondo principio della termodinamica: enunciato di Clausius**
>
> Quando corpi a temperature differenti sono posti in contatto termico, il passaggio spontaneo di calore che ne risulta è sempre dal corpo a temperatura più elevata a quello a temperatura più bassa. Il passaggio spontaneo di calore non va mai nella direzione opposta.

Il secondo principio della termodinamica è più restrittivo del primo, perché afferma che, tra tutti i processi nei quali si conserva l'energia, solo quelli che procedono in una determinata direzione possono realmente avvenire. In un certo senso, il secondo principio della termodinamica definisce una *direzionalità* nel comportamento della natura. Sottolineiamo che ciò che il secondo principio della termodinamica proibisce è il passaggio *spontaneo* di calore da una sorgente a temperatura più bassa, che chiamiamo *sorgente fredda*, a una a temperatura più alta, detta *sorgente calda* (**fig. 23**). Tale passaggio può avvenire in maniera non spontanea, compiendo del lavoro, come vedremo in seguito. L'enunciato di Clausius del secondo principio della termodinamica può essere quindi espresso anche nella seguente forma:

> **Enunciato di Clausius (altra formulazione)**
>
> È impossibile realizzare una trasformazione il cui *unico* risultato sia quello di trasferire calore da una sorgente fredda a una calda.

▲ **Figura 23**
Secondo principio della termodinamica

Macchine termiche

Una **macchina termica** è un dispositivo che trasforma calore in lavoro. Un semplice esempio è la macchina di Erone illustrata a fianco, ma l'esempio classico è il motore a vapore, i cui elementi fondamentali sono illustrati nella **figura 24**.

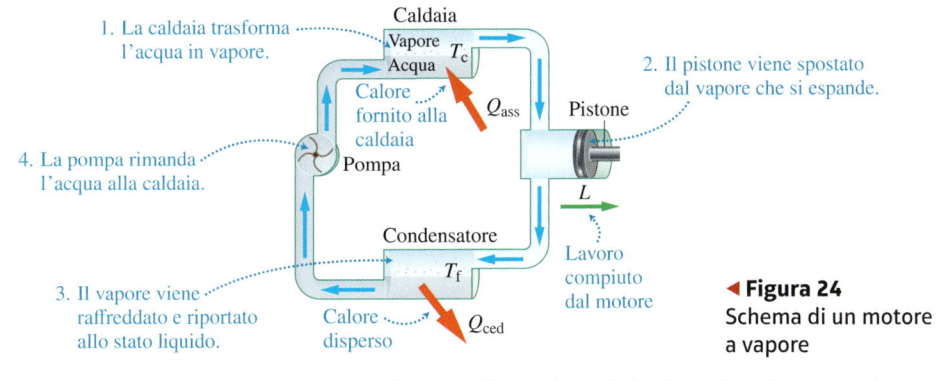

◀ **Figura 24**
Schema di un motore a vapore

In un motore a vapore si utilizza qualche tipo di combustibile (benzina, legno, carbone ecc.) per trasformare in vapore l'acqua contenuta in una caldaia. Il vapore entra poi nel motore, dove si espande contro un pistone, compiendo lavoro meccanico. Il pistone, muovendosi, provoca la rotazione degli ingranaggi o delle ruote, che sviluppano lavoro meccanico sull'ambiente esterno.

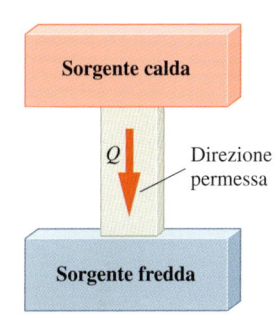

STORIA

Macchina di Erone, inventata dal matematico e ingegnere greco Erone di Alessandria. In questa semplice macchina termica, il vapore che esce dal contenitore d'acqua riscaldato è diretto tangenzialmente e causa la rotazione del contenitore. Ciò trasforma l'energia termica fornita all'acqua in energia meccanica, sotto forma di moto rotazionale.

In alcuni motori il vapore è semplicemente disperso nell'atmosfera dopo la sua espansione contro il pistone. Motori più elaborati, invece, inviano il vapore già utilizzato a un condensatore, dove cede calore all'aria fredda dell'atmosfera, condensa tornando alla fase liquida e viene quindi rimandato alla caldaia da una pompa.

Tutte le macchine termiche hanno le seguenti caratteristiche, illustrate in **figura 25**:

a) una *sorgente calda*: zona ad alta temperatura che fornisce calore alla macchina;

b) una *macchina*: dispositivo che compie lavoro ciclicamente;

c) una *sorgente fredda*: sorgente a bassa temperatura che disperde il calore rimasto.

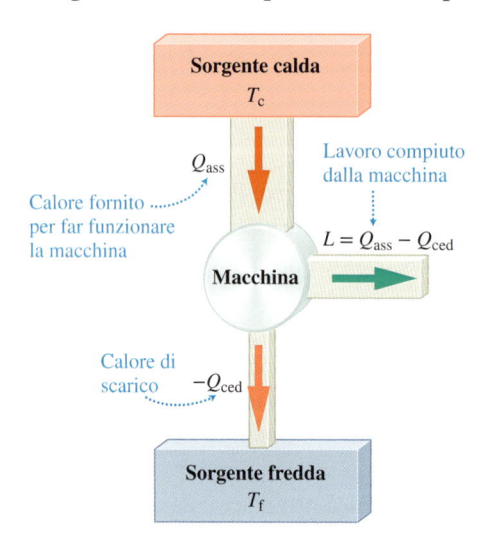

◀ **Figura 25**
Schema di una macchina termica

Osserviamo che una determinata quantità di calore Q_{ass} è fornita alla macchina dalla sorgente a temperatura più elevata. Di questo calore, una parte esce sotto forma di lavoro L e il resto è ceduto come calore "degradato" Q_{ced} alla sorgente a temperatura più bassa. Non c'è alcuna variazione di energia per quanto riguarda la macchina, perché essa ritorna al suo stato iniziale ogni volta che compie un ciclo.

Con Q_{ass} e Q_{ced} indichiamo i *moduli* dei calori scambiati, quindi queste due grandezze sono quantità positive; la conservazione dell'energia può quindi essere scritta come:

$$Q_{ass} - Q_{ced} = +L$$

dove il lavoro è positivo perché compiuto dal sistema.

■ Enunciato di Kelvin

Analizzando le macchine termiche, il fisico britannico Kelvin, conosciuto per aver sviluppato la scala omonima delle temperature, riconobbe che la sorgente fredda è indispensabile per il funzionamento di una macchina. Non si è mai riusciti, infatti, a costruire una macchina termica che possa trasformare in lavoro tutto il calore sottratto a una sorgente, senza cedere una certa quantità di calore a una sorgente a temperatura più bassa.

Kelvin enunciò in questo modo il secondo principio della termodinamica:

> **Secondo principio della termodinamica: enunciato di Kelvin**
> È impossibile realizzare una macchina termica il cui *unico* risultato sia quello di produrre lavoro scambiando calore con una sola sorgente.

L'aggettivo "unico" rende restrittivo il principio specificando che non è possibile trasformare interamente il calore in lavoro: le macchine termiche devono quindi sempre cedere una quantità finita di calore a una sorgente fredda.

Sebbene gli enunciati di Clausius e di Kelvin del secondo principio della termodinamica appaiano molto diversi, è possibile dimostrare che essi sono del tutto equivalenti, nel senso che l'uno implica l'altro.

Equivalenza degli enunciati di Clausius e Kelvin

Vogliamo dimostrare che le formulazioni di Clausius e di Kelvin del secondo principio della termodinamica sono equivalenti.

Procederemo per assurdo, dimostrando che se l'enunciato di Clausius è falso, lo è anche quello di Kelvin, e viceversa.

Supponiamo, per cominciare, che *non* valga l'affermazione di Clausius, e che quindi sia possibile realizzare una trasformazione che abbia come unico risultato il trasferimento di una quantità di calore Q da una sorgente fredda a una sorgente calda. Inseriamo tra le due sorgenti una macchina termica che produca un lavoro $L = Q_{ass} - Q_{ced}$, prelevando dalla sorgente calda esattamente la quantità di calore che viene ceduta a essa dalla sorgente fredda (cioè $Q_{ass} = Q$), come mostrato nella **figura 26a**.

La macchina composta così ottenuta scambia con la sorgente calda una quantità di calore pari a zero, $Q - Q_{ass} = Q - Q = 0$ (la sorgente calda è come se non esistesse), e preleva invece dalla sorgente fredda una quantità di calore $Q - Q_{ced}$, che trasforma interamente in lavoro **(fig. 26b)**, violando l'enunciato di Kelvin del secondo principio della termodinamica.

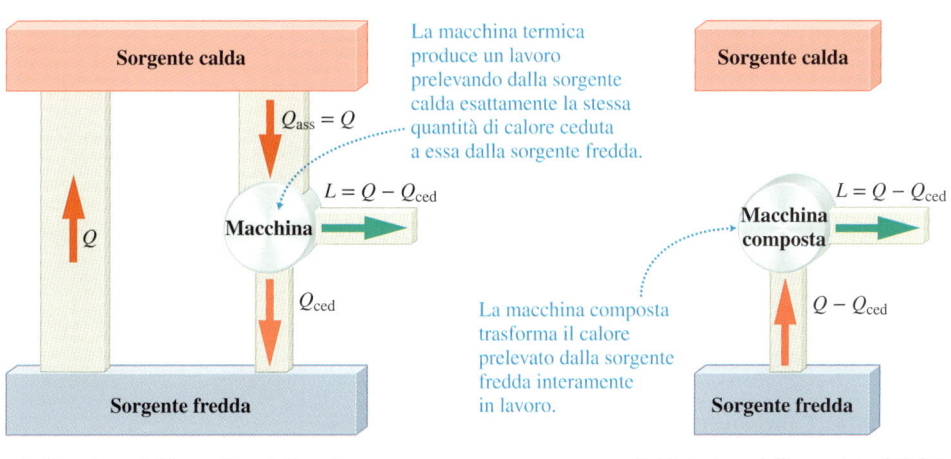

◀ **Figura 26**
Negando l'enunciato di Clausius si viola quello di Kelvin

Supponiamo ora che sia *falso* l'enunciato di Kelvin e che sia possibile perciò produrre lavoro sfruttando il calore di una sola sorgente.

Immaginiamo di combinare una macchina A priva di sorgente fredda con una macchina B. Supponiamo, in contraddizione con l'enunciato di Kelvin, che la macchina A prelevi calore dalla sorgente calda e lo trasformi interamente in lavoro, per far funzionare la macchina B, come illustrato in **figura 27a**. Il lavoro fornito dalla macchina A viene cioè utilizzato per realizzare un passaggio di calore dalla sorgente fredda alla sorgente calda di B. La macchina composta così ottenuta ha come unico risultato quello di trasferire calore da una sorgente fredda a una calda, in contraddizione con l'enunciato di Clausius **(fig. 27b)**.

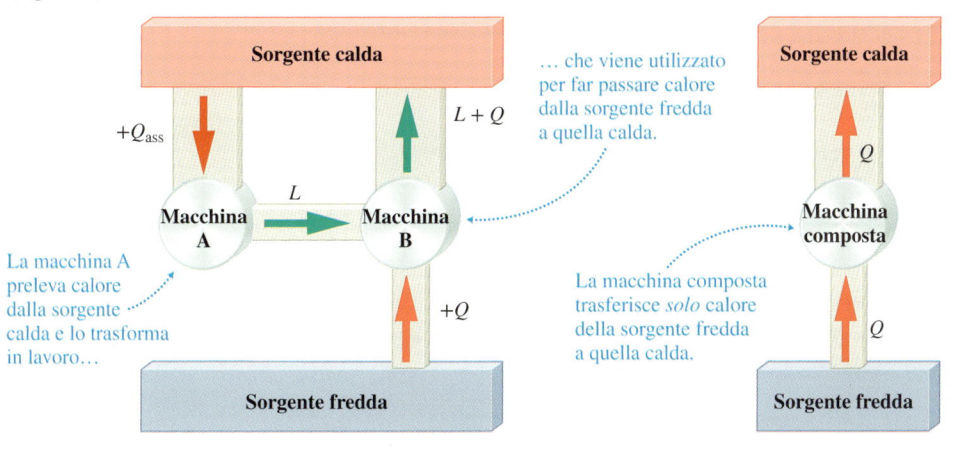

◀ **Figura 27**
Negando l'enunciato di Kelvin si viola quello di Clausius

Rendimento di una macchina termica

Per qualsiasi macchina si può definire il **rendimento** o **efficienza** η, che rappresenta la frazione di calore fornita alla macchina che viene trasformata in lavoro, cioè:

$$\eta = \frac{L}{Q_{ass}}$$

Utilizzando la conservazione dell'energia nella forma $L = Q_{ass} - Q_{ced}$, il rendimento può essere definito nel modo seguente:

$$\eta = \frac{L}{Q_{ass}} = \frac{Q_{ass} - Q_{ced}}{Q_{ass}} = 1 - \frac{Q_{ced}}{Q_{ass}}$$

Dunque:

> **Rendimento o efficienza di una macchina termica, η**
>
> $$\eta = 1 - \frac{Q_{ced}}{Q_{ass}}$$

> **COLLEGAMENTO ▶▶**
> Proseguendo nei tuoi studi, vedrai come il lavoro meccanico prodotto da una macchina termica si possa convertire in energia elettrica per mezzo di un generatore, sotto forma di corrente elettrica.

Il rendimento è adimensionale, perché è il rapporto fra due grandezze con le stesse dimensioni. Ad esempio, se η = 0,20, diciamo che la macchina ha un rendimento del 20%; questo significa che il 20% del calore fornito alla macchina è trasformato in lavoro, $L = 0{,}20\,Q_{ass}$, e l'80% va in calore degradato, $Q_{ced} = 0{,}80\,Q_{ass}$. In virtù dell'enunciato di Kelvin del secondo principio, il rendimento non potrà mai essere il 100% (η = 1) perché una parte del calore che entra nella macchina andrà sempre perduta, ceduta come Q_{ced}, e non trasformata in lavoro.

PROBLEM SOLVING 6 — Il calore che diventa lavoro

Una macchina termica con un rendimento del 24,0% produce 1250 J di lavoro. Calcola il calore assorbito dalla sorgente calda e il calore ceduto alla sorgente fredda.

■ **DESCRIZIONE DEL PROBLEMA** La figura mostra uno schema della macchina termica. Conosciamo la quantità di lavoro compiuto e il rendimento della macchina. Dobbiamo determinare i calori Q_{ass} e Q_{ced}. Ricordiamo che un rendimento del 24,0% significa η = 0,240.

■ **STRATEGIA** Possiamo calcolare il calore assorbito dalla sorgente a temperatura più elevata direttamente dalla definizione di rendimento $\eta = L/Q_{ass}$.
Possiamo calcolare la quantità di calore Q_{ced} utilizzando l'espressione del rendimento in funzione del calore, $\eta = 1 - Q_{ced}/Q_{ass}$.

Dati Rendimento, η = 0,240; lavoro, L = 1250 J

Incognite a. Calore assorbito, Q_{ass} = ? b. Calore ceduto, Q_{ced} = ?

■ **SOLUZIONE** Utilizziamo la relazione $\eta = L/Q_{ass}$ per ricavare la quantità di calore Q_{ass}:

$$\eta = \frac{L}{Q_{ass}} \quad \rightarrow \quad Q_{ass} = \frac{L}{\eta} = \frac{1250 \text{ J}}{0{,}240} = 5{,}21 \cdot 10^3 \text{ J} = 5{,}21 \text{ kJ}$$

Utilizziamo il rendimento espresso in funzione di Q_{ass} e di Q_{ced}, per calcolare Q_{ced}:

$$\eta = 1 - \frac{Q_{ced}}{Q_{ass}} \quad \rightarrow \quad Q_{ced} = (1-\eta)Q_{ass} = (1-0{,}240)(5210 \text{ J}) = 3{,}96 \cdot 10^3 \text{ J} = 3{,}96 \text{ kJ}$$

■ **OSSERVAZIONI** Quando il rendimento di una macchina termica è minore di 0,5 (50%), come in questo caso, la quantità di calore ceduto alla sorgente fredda come calore degradato è maggiore della quantità di calore trasformata in lavoro.

PROVA TU Qual è il rendimento di una macchina termica che produce 1,25 kJ di lavoro e cede 5,25 kJ di calore alla sorgente fredda?

[0,192]

9 I cicli termodinamici
Il ciclo di Carnot

Nel 1824, l'ingegnere francese Sadi Carnot pubblicò un libro intitolato *Réflexions sur la puissance motrice du feu et sur les machines propres à développer cette puissance* (Riflessioni sulla potenza motrice del fuoco e sulle macchine in grado di svilupparla) nel quale esaminò il seguente problema: in quali condizioni una macchina termica ha il rendimento massimo?

Per affrontare il tema, Carnot prese in considerazione una macchina termica che lavora tra una sorgente calda a temperatura T_c e una sorgente fredda a temperatura T_f.

Questa macchina termica ideale opera su un ciclo, detto **ciclo di Carnot**, costituito da quattro trasformazioni reversibili, due adiabatiche e due isoterme, come mostrato in **figura 28**.

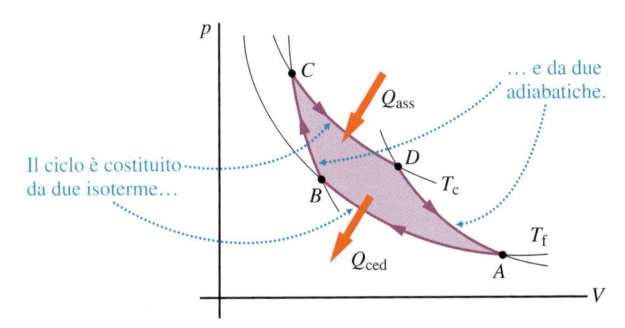

◀ **Figura 28**
Il ciclo di Carnot

Supporremo che la sostanza con la quale funziona la macchina sia un gas ideale, ma il risultato finale varrà per qualunque sostanza.

Facendo riferimento al diagramma p-V in figura, tra lo stato A e lo stato B il gas è compresso isotermicamente alla temperatura T_f e cede una quantità di calore pari, in modulo, a Q_{ced}. Poiché la temperatura è costante, $\Delta E_{int} = 0$ e, per il primo principio della termodinamica, il calore scambiato è uguale al lavoro L_{AB} eseguito sul sistema.

Per quanto visto nel paragrafo 6, L_{AB} è:

$$L_{AB} = nRT_f \ln\left(\frac{V_B}{V_A}\right)$$

ed è negativo, in quanto $V_B < V_A$. Il calore Q_{ced} è uguale al modulo di questa quantità, cioè:

$$Q_{ced} = -L_{AB} = nRT_f \ln\left(\frac{V_A}{V_B}\right)$$

Tra lo stato C e lo stato D il gas si espande isotermicamente alla temperatura T_c. Procedendo come prima, otteniamo che la quantità di calore assorbita nell'espansione è:

$$Q_{ass} = L_{CD} = nRT_c \ln\left(\frac{V_D}{V_C}\right)$$

Il rapporto Q_{ced}/Q_{ass} in questa trasformazione è:

$$\frac{Q_{ced}}{Q_{ass}} = \frac{T_f}{T_c} \cdot \frac{\ln(V_A/V_B)}{\ln(V_D/V_C)}$$

Consideriamo ora le trasformazioni adiabatiche.
Ricordiamo che, come abbiamo visto nel paragrafo 7, in una trasformazione adiabatica $TV^{\gamma-1} =$ costante. Avremo quindi:

$$T_f V_B^{\gamma-1} = T_c V_C^{\gamma-1} \quad \text{e} \quad T_c V_D^{\gamma-1} = T_f V_A^{\gamma-1}$$

da cui, ricavando T_f/T_c da ognuna delle due equazioni e uguagliando i risultati, otteniamo:

$$\left(\frac{V_C}{V_B}\right)^{\gamma-1} = \left(\frac{V_D}{V_A}\right)^{\gamma-1}$$

MATH+

Ricordiamo che il **logaritmo dell'inverso** di una quantità è uguale all'opposto del logaritmo di quella quantità:

$$\ln\frac{1}{x} = -\ln x$$

COLLEGAMENTO ▶▶
In digitale
Il ciclo del motore a scoppio

Dall'equazione precedente, eliminando gli esponenti, otteniamo:

$$\frac{V_C}{V_B} = \frac{V_D}{V_A} \quad \text{ovvero} \quad \frac{V_A}{V_B} = \frac{V_D}{V_C}$$

Sostituendo queste relazioni nell'espressione del rapporto Q_{ced}/Q_{ass}, i logaritmi si cancellano e si ottiene semplicemente:

$$\frac{Q_{ced}}{Q_{ass}} = \frac{T_f}{T_c}$$

Il rendimento della macchina di Carnot è pertanto:

Rendimento della macchina di Carnot

$$\eta = 1 - \frac{Q_{ced}}{Q_{ass}} = 1 - \frac{T_f}{T_c}$$

Il rendimento di una macchina termica ideale dipende quindi *solo dalla temperatura della sorgente calda e di quella fredda* e rappresenta il *massimo rendimento teorico* che non può essere in alcun modo superato: una volta fissate le temperature di lavoro della macchina, è imposto un massimo rendimento.

Poiché inoltre il rendimento è definito come $\eta = L/Q_{ass}$, il massimo lavoro che una macchina termica può compiere acquistando il calore Q_{ass} è:

$$L_{max} = \eta_{max} Q_{ass} = \left(1 - \frac{T_f}{T_c}\right) Q_{ass}$$

Se la sorgente calda e quella fredda hanno la stessa temperatura, cioè $T_c = T_f$, il massimo rendimento è zero; di conseguenza, anche la quantità di lavoro che questo tipo di macchina può compiere è zero. Come abbiamo già detto, per poter funzionare una macchina termica ha bisogno di temperature differenti e, per una fissata temperatura T_f, maggiore è la temperatura T_c e maggiore è il rendimento.

MATH+

La figura rappresenta il rendimento η in funzione di T_c:

$$\eta(T_c) = 1 - \frac{T_f}{T_c}$$

Nota che:
– il rendimento è 0 se $T_c = T_f$;
– il rendimento tende asintoticamente a 1 se T_c aumenta molto, lasciando T_f inalterata.

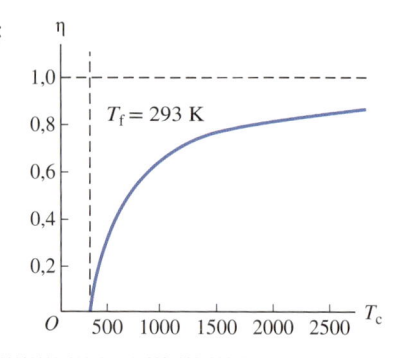

APPLICA SUBITO

3 Un impianto termonucleare è in grado di produrre una potenza di circa 750 MW. Il vapore viene generato in un bollitore a circa 290 °C e il condensatore funziona a circa 38 °C. Calcola il massimo rendimento previsto.

Convertiamo le temperature in kelvin:

$$T_f = (38 + 273)K = 311 \text{ K}$$

$$T_c = (290 + 273)K = 563 \text{ K}$$

Un ciclo di Carnot che funziona tra queste due temperature ha un'efficienza termica:

$$\eta = 1 - \frac{T_f}{T_c} = 1 - \frac{311 \text{ K}}{563 \text{ K}} = 0{,}448 = 44{,}8\%$$

e questo significa che l'impianto migliore non riesce a convertire più del 44,8% del calore del reattore nucleare in lavoro, mentre il restante 55,2% viene disperso nell'ambiente.

LE GRANDI IDEE

2 Le macchine termiche sfruttano una differenza di temperatura per convertire l'energia termica in energia meccanica. Il rendimento massimo di una macchina dipende vsolo dalle temperature di lavoro della macchina stessa.

ATTENZIONE

Massimo rendimento

Il valore numerico del rendimento è $\eta = 1 - T_f/T_c$. Ricordiamo che in questa relazione la temperatura deve essere espressa in kelvin.

Il teorema di Carnot e il massimo rendimento

Il risultato al quale giunse Carnot, noto oggi come **teorema di Carnot**, può essere espresso nel seguente modo:

> **Teorema di Carnot**
>
> Una macchina che opera tra due sorgenti a temperature T_f e T_c costanti ha il rendimento massimo se esegue *solamente trasformazioni reversibili*. Tutte le macchine reversibili che operano tra le stesse due temperature, T_f e T_c, hanno lo stesso rendimento.

Sottolineiamo che nessuna macchina reale può eseguire trasformazioni perfettamente reversibili, così come nessuna superficie può essere perfettamente liscia, ma il concetto di macchina reversibile è un'utile astrazione.
Il teorema di Carnot è di grande importanza per varie ragioni.
In primo luogo analizziamo l'enunciato del teorema: nessuna macchina, non importa quanto sia sofisticata o tecnologicamente avanzata, può superare il rendimento di una macchina reversibile. Anche se miglioriamo la tecnologia delle macchine termiche, c'è un limite superiore al rendimento che non possiamo comunque superare.
In secondo luogo, il teorema è altrettanto notevole per quello che non dice. Ad esempio, non dice nulla circa la sostanza utilizzata nella macchina: il teorema vale per un liquido, un solido o un gas. Inoltre, non dice nulla sul tipo di macchina reversibile utilizzata (motore Diesel, motore a reazione, motore a vapore), di quale materiale sia fatta o come sia costruita: non ci sono differenze. L'unica cosa che ha importanza è la differenza fra le due temperature T_f e T_c.

▲ Nicolas Léonard Sadi Carnot (1796-1832) è considerato uno dei fondatori della termodinamica.

Frigoriferi, condizionatori d'aria e pompe di calore

Nella formulazione di Clausius, il secondo principio della termodinamica asserisce che il passaggio spontaneo di calore avviene sempre dalla temperatura più alta a quella più bassa. Abbiamo già detto che in questa affermazione la parola chiave è "spontaneo". È possibile che il calore passi da un corpo freddo a uno più caldo, ma ciò non avviene spontaneamente; dobbiamo compiere del lavoro sul sistema affinché ciò accada, così come dobbiamo compiere del lavoro per pompare acqua da un pozzo. I frigoriferi, i condizionatori e le pompe di calore sono strumenti che utilizzano il lavoro per far sì che il calore fluisca da una sorgente a bassa temperatura a un'altra a temperatura più alta.
Confrontiamo il funzionamento di una macchina termica **(fig. 29a)** e di un **frigorifero (fig. 29b)**. Osserviamo che il frigorifero è una macchina termica che opera in senso inverso.

a) **Macchina termica**

Q_{ass} — La macchina termica produce un lavoro L.
$Q_{ass} - Q_{ced} = L$
Q_{ced}

b) **Frigorifero**

Sorgente calda (temperatura ambiente)
Q_{ced} — Viene eseguito un lavoro L per rimuovere il calore Q_{ass} dalla sorgente fredda.
$Q_{ass} - Q_{ced} = -L$
Q_{ass}
Sorgente fredda (interno del frigorifero)

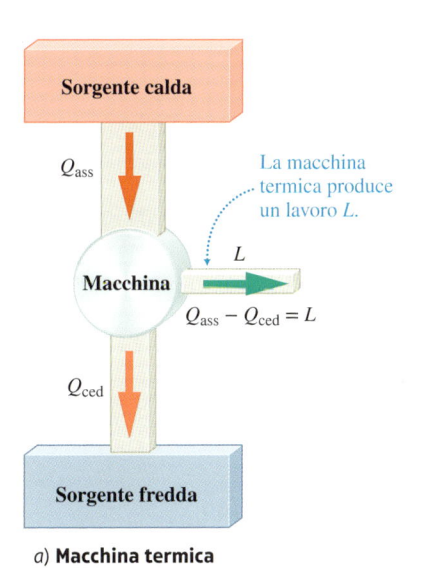

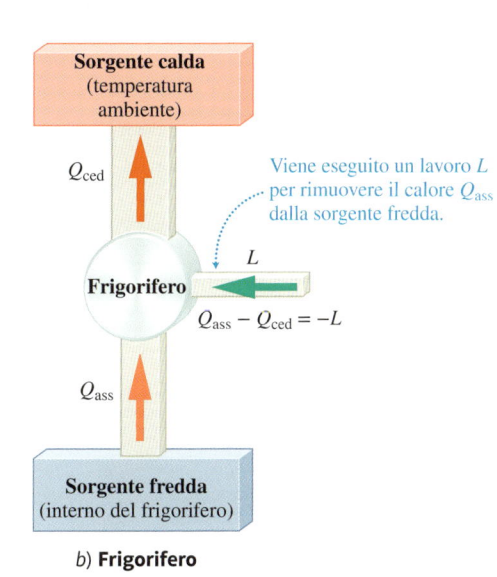

◀ **Figura 29**
Confronto tra macchina termica e frigorifero

In particolare, il frigorifero utilizza un lavoro L per rimuovere una determinata quantità di calore Q_{ass} dalla sorgente fredda (l'interno del frigorifero) e cede una quantità di calore Q_{ced} maggiore alla sorgente calda (l'aria a temperatura ambiente).
Per la conservazione dell'energia, possiamo scrivere:

$$Q_{ass} - Q_{ced} = -L$$

dove il lavoro L ha segno negativo perché eseguito *sul* sistema.
Perciò, quando un frigorifero funziona, raffredda gli alimenti che si trovano al suo interno e allo stesso tempo riscalda l'ambiente in cui si trova.
Per progettare un frigorifero efficiente, dobbiamo pensare di poter rimuovere la maggior quantità di calore con la minima quantità di lavoro, perché questo lavoro è fornito dall'energia elettrica che preleviamo dalla rete domestica.
Definiamo il **coefficiente di prestazione** di un frigorifero come indicatore della sua efficienza:

Coefficiente di prestazione di un frigorifero, C_f

$$C_f = \frac{Q_{ass}}{L}$$

Il coefficiente è adimensionale, come il rendimento. I valori tipici del coefficiente di prestazione vanno da 2 a 6.

■ **APPLICA SUBITO**

4 Un frigorifero ha un coefficiente di prestazione pari a 2,50. Quanto lavoro deve essere fornito a questo frigorifero per rimuovere 225 J di calore dal suo interno?

Dall'espressione del coefficiente di prestazione, $C_f = Q_{ass}/L$ ricaviamo il lavoro e sostituiamo i valori numerici:

$$L = \frac{Q_{ass}}{C_f} = \frac{225 \text{ J}}{2,50} = 90,0 \text{ J}$$

Durante il funzionamento è ceduta all'ambiente la quantità di calore:

$$225 \text{ J} + 90,0 \text{ J} = 315 \text{ J}$$

Un **condizionatore d'aria** (fig. 30a) è fondamentalmente un frigorifero nel quale la sorgente fredda è l'ambiente che deve essere raffreddato. Più precisamente, il condizionatore d'aria utilizza l'energia elettrica per "pompare" calore dall'ambiente interno, più fresco, all'aria esterna più calda. Come per il frigorifero, viene ceduto alla sorgente calda più calore di quanto se ne tolga a quella fredda, cioè:

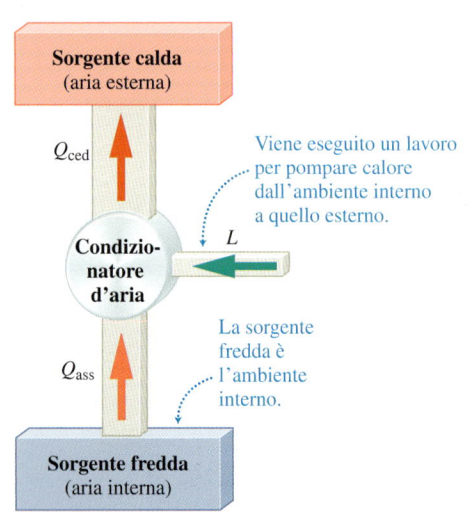

$$Q_{ass} - Q_{ced} = -L$$

a) **Condizionatore d'aria**

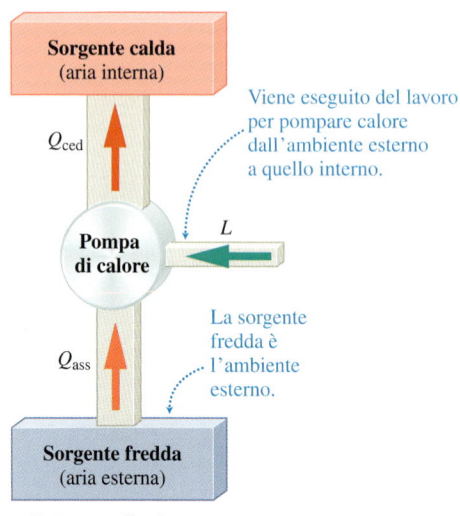

b) **Pompa di calore**

◀ **Figura 30**
Condizionatore d'aria e pompa di calore

Un condizionatore d'aria deve essere installato in modo che emetta all'esterno, e non nel locale da raffreddare, l'aria calda che produce. Infatti, il condizionatore estrae calore dal locale in cui è posto, ma poi cede di nuovo al locale il calore degradato, che deve quindi essere ceduto all'esterno. Il motore del condizionatore compie lavoro per sottrarre calore dal locale e il calore che cede all'esterno è uguale al calore rimosso dalla stanza *più* il lavoro eseguito dal motore: $Q_{ced} = Q_{ass} + L$. Se il condizionatore non è correttamente installato potrebbe scaricare il calore Q_{ced} nel locale che deve invece raffreddare.

Una **pompa di calore (fig. 30b)**, infine, può essere considerata come un condizionatore d'aria in cui le sorgenti interna ed esterna sono state scambiate. Una pompa di calore compie un lavoro L per rimuovere una quantità di calore Q_{ass} dalla sorgente fredda dell'aria esterna, quindi cede un calore Q_{ced} alla sorgente calda dell'aria della stanza. Esattamente come per il frigorifero e il condizionatore d'aria è:

$$Q_{ass} - Q_{ced} = -L$$

In una pompa di calore reversibile *ideale* con due temperature di lavoro T_f e T_c, vale la relazione di Carnot $Q_{ass}/Q_{ced} = T_f/T_c$, come per le macchine termiche. In questo caso, per fornire il calore a una stanza bisogna compiere un lavoro:

$$L = Q_{ced} - Q_{ass} = Q_{ced}\left(1 - \frac{Q_{ass}}{Q_{ced}}\right) = Q_{ced}\left(1 - \frac{T_f}{T_c}\right)$$

Poiché lo scopo di una pompa di calore è quello di aggiungere calore a una stanza e, in genere, si vuole aggiungere quanto più calore è possibile con il minore lavoro, definiamo il **coefficiente di prestazione** per la pompa di calore:

Coefficiente di prestazione di una pompa di calore, C_p

$$C_p = \frac{Q_{ced}}{L}$$

Il coefficiente di prestazione di una pompa di calore è adimensionale, presenta valori tipici che vanno da 3 a 4 e dipende dalle temperature interna ed esterna.

APPLICA SUBITO

5 Una pompa di calore ideale, che soddisfa la relazione di Carnot, è utilizzata per riscaldare una stanza che si trova a 293 K. Se la pompa compie 275 J di lavoro, calcola quanto calore fornisce alla stanza, se la temperatura esterna è:

a. 273 K
b. 263 K

Per una pompa di calore ideale vale la relazione di Carnot $L = Q_{ced}(1 - T_f/T_c)$. Perciò, date le due temperature e il lavoro meccanico, è immediato determinare il calore Q_{ced} ceduto alla sorgente calda. Ricaviamo Q_{ced} dalla relazione di Carnot:

$$Q_{ced} = \frac{L}{1 - T_f/T_c}$$

a. Sostituiamo $L = 275$ J, $T_f = 273$ K e $T_c = 293$ K:

$$Q_{ced} = \frac{L}{1 - T_f/T_c} = \frac{275 \text{ J}}{1 - (273 \text{ K}/293 \text{ K})} = 4{,}03 \cdot 10^3 \text{ J} = 4{,}03 \text{ kJ}$$

b. Sostituiamo $L = 275$ J, $T_f = 263$ K e $T_c = 293$ K:

$$Q_{ced} = \frac{L}{1 - T_f/T_c} = \frac{275 \text{ J}}{1 - (263 \text{ K}/293 \text{ K})} = 2{,}69 \cdot 10^3 \text{ J} = 2{,}69 \text{ kJ}$$

Come ci aspettavamo, la stessa quantità di lavoro fornisce meno calore quando la temperatura esterna è minore. In altre parole, in un giorno più freddo deve essere eseguito più lavoro per fornire all'interno la stessa quantità di calore.

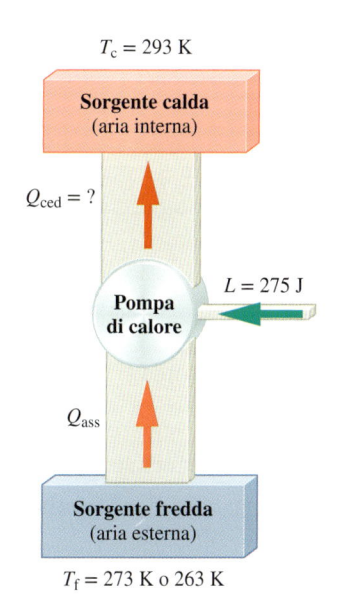

COLLEGAMENTO ▶▶
Nel fascicolo LAB+
Con GeoGebra
Ciclo termodinamico

10 L'entropia

Introduciamo ora una nuova grandezza che in fisica è fondamentale quanto l'energia e la temperatura. Questa grandezza è chiamata **entropia** ed è legata al disordine di un sistema. Ad esempio, un mucchio di mattoni ha più entropia di un edificio costruito con quei mattoni e l'acqua in un secchio ha più entropia del blocco di ghiaccio da cui deriva per fusione. Infatti, quando una certa quantità di ghiaccio fonde e diventa acqua, passa dallo stato di solido cristallino, molto ordinato **(fig. 31)**, allo stato liquido molto più disordinato, in cui le molecole, non più bloccate in una posizione fissa, sono libere di muoversi casualmente, aumentando il disordine dell'acqua; nella trasformazione aumenta l'entropia.

Iniziamo considerando il legame tra l'entropia e il calore, poi svilupperemo in modo più completo il legame tra disordine ed entropia.

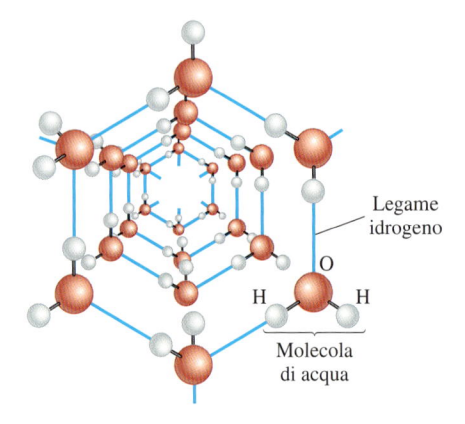

> **ATTENZIONE**
> **Solo in una trasformazione reversibile l'entropia non cambia**
>
> Potremmo essere tentati di trattare l'entropia come l'energia, ponendo il suo valore finale uguale a quello iniziale, ma in generale ciò non è corretto. Solo in una trasformazione reversibile l'entropia non cambia, altrimenti aumenta. L'entropia di una parte di un sistema può diminuire, ma questo significa che l'entropia di altre parti del sistema aumenta della stessa quantità o anche di più.

◄ **Figura 31**
Struttura cristallina esagonale del ghiaccio

Quando abbiamo studiato le macchine termiche, abbiamo visto che una macchina reversibile soddisfa la seguente relazione:

$$\frac{Q_{ced}}{Q_{ass}} = \frac{T_f}{T_c} \quad \text{che può essere riscritta come:} \quad \frac{Q_{ced}}{T_f} = \frac{Q_{ass}}{T_c}$$

Osserviamo che il rapporto Q/T è lo stesso per entrambe le sorgenti, quella calda e quella fredda. Questa relazione suggerì a Clausius di esprimere in forma matematica il secondo principio tramite una nuova grandezza: l'entropia.

> **Definizione di variazione di entropia, ΔS**
>
> L'**entropia** S è una grandezza la cui variazione è data dal rapporto tra il calore Q trasferito in modo *reversibile* e la temperatura assoluta T alla quale si è verificato il trasferimento:
>
> $$\Delta S = \frac{Q}{T}$$

Nel SI l'entropia si misura in joule su kelvin (J/K).

Osserviamo che, perché questa definizione sia valida, il calore Q deve essere trasferito con una trasformazione reversibile a una fissata temperatura T espressa in kelvin:
- se il calore viene fornito al sistema ($Q > 0$) l'entropia del sistema *aumenta*;
- se il calore viene sottratto al sistema ($Q < 0$) la sua entropia *diminuisce*.

Si può dimostrare che la variazione di entropia ΔS dipende soltanto dallo stato iniziale e finale del sistema e non dalla trasformazione effettuata per passare da uno stato all'altro. Ne consegue che l'entropia è una **funzione di stato**, esattamente come l'energia interna E_{int}. In altre parole, *l'entropia dipende solo dallo stato del sistema* e non da come il sistema ha raggiunto quello stato. Se una trasformazione è irreversibile, per cui non vale la relazione $\Delta S = Q/T$, possiamo ugualmente calcolare la variazione di entropia ΔS utilizzando una o più trasformazioni reversibili che collegano gli stessi stati iniziale e finale.

PROBLEM SOLVING 7 — La variazione di entropia del pezzo di ghiaccio

a. Calcola la variazione di entropia che si verifica quando un pezzo di ghiaccio di 0,125 kg fonde a 0 °C. Supponi che la fusione del ghiaccio avvenga reversibilmente (il calore latente di fusione dell'acqua è $33{,}5 \cdot 10^4$ J/kg).

b. Supponi ora di sottrarre calore all'acqua che si è appena formata nella fusione (0 °C), causando una diminuzione di entropia di 112 J/K. Quanto ghiaccio si forma in questa trasformazione?

DESCRIZIONE DEL PROBLEMA La figura mostra un pezzo di ghiaccio di 0,125 kg alla temperatura di 0 °C. Man mano che il ghiaccio assorbe il calore Q dall'ambiente circostante, fonde, trasformandosi in acqua a 0 °C. Poiché il sistema assorbe calore, la sua entropia aumenta. Quando il calore viene ceduto dall'acqua, l'entropia diminuisce.

STRATEGIA

a. La variazione di entropia è $\Delta S = Q/T$, dove $T = 0$ °C $= 273$ K. Per fondere il ghiaccio, dobbiamo fornirgli una quantità di calore $Q = mL_f$ dove L_f è il *calore latente di fusione*, pari a $33{,}5 \cdot 10^4$ J/kg.

b. La quantità di calore ceduto dall'acqua che gela è $Q = T \cdot \Delta S$, dove $\Delta S = -112$ J/K (il segno negativo indica che l'entropia è diminuita). Utilizzando questo calore, possiamo calcolare la massa del ghiaccio che si è formato mediante la relazione $m = Q/L_f$.

Dati a. Massa del ghiaccio, $m = 0{,}125$ kg; temperatura, $T = 0$ °C $= 273$ K;
b. Variazione dell'entropia, $\Delta S = -112$ J/K

Incognite a. Variazione dell'entropia, $\Delta S = ?$ b. Massa del ghiaccio formato, $m = ?$

SOLUZIONE

a. Calcoliamo il calore che il ghiaccio deve assorbire per fondere:

$$Q = mL_f = (0{,}125 \text{ kg})(33{,}5 \cdot 10^4 \text{ J/kg}) = 4{,}19 \cdot 10^4 \text{ J}$$

Calcoliamo la variazione di entropia:

$$\Delta S = \frac{Q}{T} = \frac{4{,}19 \cdot 10^4 \text{ J}}{273 \text{ K}} = 153 \text{ J/K}$$

b. Calcoliamo la quantità di calore ceduta dall'acqua che gela:

$$Q = T \cdot \Delta S = (273 \text{ K})(-112 \text{ J/K}) = -3{,}06 \cdot 10^4 \text{ J}$$

Il segno negativo indica che il calore è ceduto.
Utilizziamo questo calore per determinare la quantità di acqua che gela:

$$m = \frac{Q}{L_f} = (3{,}06 \cdot 10^4 \text{ J})/(33{,}5 \cdot 10^4 \text{ J/kg}) = 0{,}0913 \text{ kg}$$

OSSERVAZIONI Anche in questo problema prima di calcolare $\Delta S = Q/T$ abbiamo convertito la temperatura del sistema da 0 °C a 273 K. Quando calcoliamo la variazione di entropia dobbiamo sempre effettuare questa conversione. Se in questo caso avessimo trascurato di farlo, avremmo trovato uno zero al denominatore, ovvero una variazione di entropia infinita, che non ha alcun senso fisico.
Inoltre, vediamo che la variazione di entropia è positiva nel caso **a.** e negativa nel caso **b.** Ciò è in accordo con la regola generale per cui l'entropia aumenta quando il sistema acquista calore e diminuisce quando lo cede.
Infine notiamo che avremmo potuto mantenere il segno negativo del calore al punto **b.** Se lo avessimo fatto, la massa calcolata sarebbe risultata negativa. A prima vista sarebbe potuto sembrare strano, ma il segno meno avrebbe indicato semplicemente che una certa massa veniva sottratta all'acqua per diventare ghiaccio.

PROVA TU Quale massa di ghiaccio deve fondere perché la variazione di entropia del sistema sia 275 J/K.

[0,224 kg]

Macchine termiche reversibili ed entropia dell'universo

Applichiamo ora la definizione di variazione di entropia al caso di una macchina termica reversibile (**fig. 32**). Consideriamo tutto l'universo: la macchina e l'ambiente.
Poiché una macchina termica reversibile esegue una trasformazione ciclica e l'entropia è una funzione di stato, la variazione di entropia relativa alla macchina termica è nulla. In una macchina termica reversibile il calore Q_{ass} lascia la sorgente calda a temperatura T_c, perciò l'entropia S_c di questa sorgente diminuisce della quantità Q_{ass}/T_c:

$$\Delta S_c = -\frac{Q_{ass}}{T_c}$$

Ricordiamo che Q_{ass} è il calore che lascia la sorgente calda, quindi il segno meno (dovuto al fatto che la sorgente cede calore) è utilizzato per indicare una diminuzione di entropia. Analogamente, durante il funzionamento della macchina viene somministrato calore alla sorgente fredda, quindi la sua entropia S_f aumenta della quantità Q_{ced}/T_f:

$$\Delta S_f = \frac{Q_{ced}}{T_f}$$

La variazione totale di entropia dell'universo è:

$$\Delta S_{tot} = \Delta S_c + \Delta S_f = -\frac{Q_{ass}}{T_c} + \frac{Q_{ced}}{T_f}$$

Poiché la macchina termica è reversibile, sappiamo che $Q_{ass}/T_c = Q_{ced}/T_f$ e quindi la variazione totale di entropia si annulla:

$$\Delta S_{tot} = -\frac{Q_{ass}}{T_c} + \frac{Q_{ced}}{T_f} = 0$$

Quindi, **con una macchina reversibile l'entropia dell'universo non varia.**

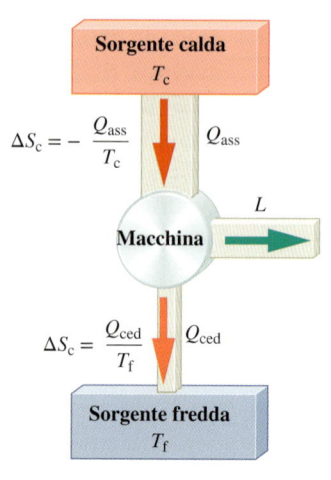

▲ **Figura 32**
Variazione di entropia in una macchina termica reversibile

Macchine termiche reali ed entropia

Abbiamo visto che una macchina reale ha sempre un rendimento minore di una macchina reversibile che opera tra le stesse temperature.
Ciò significa che in una macchina reale una minore quantità di calore della sorgente calda è trasformata in lavoro, quindi una maggiore quantità di calore è ceduta alla sorgente fredda. Perciò, per un dato valore di Q_{ass}, il calore Q_{ced} è maggiore in una macchina irreversibile che non in una reversibile. Il risultato è che invece dell'uguaglianza $Q_{ass}/T_c = Q_{ced}/T_f$, in questo caso abbiamo:

$$\frac{Q_{ced}}{T_f} > \frac{Q_{ass}}{T_c}$$

Infatti, partendo dalla disuguaglianza tra i rendimenti della macchina reale e della macchina reversibile, $\eta_{irr} < \eta_{rev}$, dove η_{irr} è il rendimento della macchina termica reale, e scrivendo esplicitamente le relazioni che esprimono i rendimenti, otteniamo:

$$1 - \frac{Q_{ced}}{Q_{ass}} < 1 - \frac{T_f}{T_c} \quad \text{da cui} \quad -\frac{Q_{ced}}{Q_{ass}} < -\frac{T_f}{T_c} \rightarrow \frac{Q_{ced}}{Q_{ass}} > \frac{T_f}{T_c} \rightarrow \frac{Q_{ced}}{T_f} > \frac{Q_{ass}}{T_c}$$

Possiamo ora calcolare la variazione totale di entropia dell'universo.
Ancora una volta la variazione totale di entropia dell'universo è la somma di tre termini: la variazione di entropia della macchina e la variazione di entropia delle due sorgenti. Anche in questo caso la variazione di entropia della macchina è nulla, in quanto esegue una trasformazione ciclica.
Sommando le variazioni di entropia delle due sorgenti e tenendo conto della relazione di disuguaglianza precedentemente ottenuta, otteniamo che, operando con una macchina irreversibile, la variazione totale di entropia dell'universo è positiva:

$$\Delta S_{tot} = -\frac{Q_{ass}}{T_c} + \frac{Q_{ced}}{T_f} > 0$$

In generale, **qualsiasi trasformazione irreversibile produce un aumento di entropia**.
Questi risultati possono essere riassunti nel seguente enunciato:

> **Entropia dell'universo**
>
> L'entropia totale dell'universo *aumenta* ogni volta che avviene una trasformazione *irreversibile*:
>
> $\Delta S_{tot} > 0$ per trasformazioni irreversibili
>
> L'entropia totale dell'universo *rimane invariata* ogni volta che avviene una trasformazione *reversibile*:
>
> $\Delta S_{tot} = 0$ per trasformazioni reversibili

Poiché tutte le trasformazioni *reali* sono irreversibili, l'entropia totale dell'universo è in continuo aumento. Perciò, considerando l'entropia, l'universo si muove in una sola direzione, quella in cui essa aumenta. Questo comportamento è piuttosto diverso da quello dell'energia, che rimane costante indipendentemente dal tipo di trasformazione avvenuta. In effetti, l'enunciato sull'entropia dell'universo è ancora un altro modo di esprimere il secondo principio della termodinamica. Il primo enunciato del secondo principio della termodinamica afferma che il calore passa spontaneamente da un corpo caldo a uno più freddo. Durante questo passaggio di calore l'entropia dell'universo aumenta, come dimostreremo nel problema che segue. Quindi, la direzione nella quale si muove il calore è il risultato del principio generale di aumento dell'entropia dell'universo.

PROBLEM SOLVING 8   **L'entropia non si conserva!**

Una sorgente calda alla temperatura di 576 K trasferisce 1050 J di calore a una sorgente fredda alla temperatura di 305 K con una trasformazione irreversibile. Calcola la variazione di entropia dell'universo.

■ **DESCRIZIONE DEL PROBLEMA** La figura mostra la situazione fisica, indicando le grandezze coinvolte. Osserviamo che il calore $Q = 1050$ J passa dalla sorgente calda alla temperatura $T_c = 576$ K direttamente alla sorgente fredda alla temperatura $T_f = 305$ K.

■ **STRATEGIA** Quando il calore Q lascia la sorgente calda, la sua entropia diminuisce di Q/T_c. Quando la stessa quantità di calore entra nella sorgente fredda, la sua entropia aumenta di una quantità Q/T_f. Sommando questi due contributi, otteniamo la variazione di entropia dell'universo.

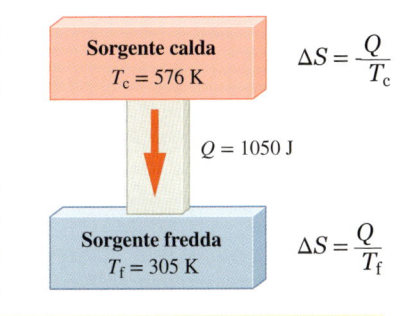

Dati Colore scambiato, $Q = 1050$ J; temperatura della sorgente calda, $T_c = 576$ K; temperatura della sorgente fredda, $T_f = 305$ K

Incognita Variazione di entropia dell'univerao, $\Delta S_{universo} = ?$

■ **SOLUZIONE** Calcoliamo la variazione di entropia della sorgente calda e della sorgente fredda:

$$\Delta S_c = -\frac{Q}{T_c} = -\frac{1050 \text{ J}}{576 \text{ K}} = -1{,}82 \text{ J/K} \qquad \Delta S_f = \frac{Q}{T_f} = \frac{1050 \text{ J}}{305 \text{ K}} = 3{,}44 \text{ J/K}$$

Sommiamo i contributi per ottenere la variazione di entropia dell'universo:

$$\Delta S_{universo} = \Delta S_c + \Delta S_f = -\frac{Q}{T_c} + \frac{Q}{T_f} = -1{,}82 \text{ J/K} + 3{,}44 \text{ J/K} = 1{,}62 \text{ J/K}$$

■ **OSSERVAZIONI** La diminuzione di entropia della sorgente calda è più che compensata dall'aumento di entropia di quella fredda. Questo è un risultato del tutto generale.

PROVA TU   Quanto calore devi trasferire fra le due sorgenti perché l'entropia dell'universo aumenti di 1,50 J/K?

[972 J]

L'entropia come misura della "qualità" dell'energia

Quando avviene una trasformazione irreversibile e l'entropia dell'universo aumenta, diciamo che l'energia dell'universo è stata "degradata", perché una parte minore di essa è utilizzabile per compiere lavoro. Questo processo di degradazione dell'energia e di aumento dell'entropia dell'universo è un fenomeno continuo della natura. Quindi, a ogni aumento di entropia corrisponde una diminuzione della quantità di lavoro che può essere compiuto nell'universo. Per questa ragione *l'entropia è indicata come una misura della "qualità" dell'energia*. Dati due sistemi alla stessa energia, quello con entropia minore dispone di energia di più alta qualità.

Sappiamo che una macchina termica sottrae una quantità di energia a una sorgente calda per produrre una certa quantità di lavoro. Per il secondo principio della termodinamica, la macchina cede anche una parte dell'energia a una sorgente più fredda e non è più possibile trasformare energia in lavoro, a meno che non si disponga di una sorgente ancora più fredda.

Si può quindi dire che l'energia immagazzinata nella sorgente a temperatura maggiore è di qualità migliore, perché utilizzabile in misura maggiore.

Proviamo ora a ragionare in termini di entropia; essa rappresenta il modo in cui l'energia viene immagazzinata: se l'energia è immagazzinata ad alta temperatura la sua qualità è maggiore e la sua entropia è minore, e viceversa.

La direzione spontanea di un processo naturale è quella che genera una diminuzione della qualità dell'energia, ovvero un aumento dell'entropia dell'universo. Per il primo principio della termodinamica, però, l'energia dell'universo è costante; quindi bruciando carbone o petrolio non riduciamo la riserva di energia dell'universo, ma ne diminuiamo la qualità.

Non dobbiamo quindi preoccuparci di conservare l'energia dell'universo perché la natura lo fa automaticamente; dobbiamo invece amministrare la *qualità* dell'energia a disposizione trovando sistemi per limitare l'aumento di entropia.

TECH

Qualità dell'energia e cogenerazione

L'intelligente uso dell'energia implica un accorto accoppiamento tra le qualità delle risorse energetiche e il nostro fabbisogno. È poco ragionevole produrre energia elettrica di alta qualità per poi usarla per riscaldare l'acqua per una doccia. Sarebbe molto meglio bruciare un combustibile per riscaldare direttamente l'acqua in un serbatoio; così facendo, praticamente tutta l'energia del combustibile viene trasferita all'acqua, piuttosto che bruciare il combustibile in una centrale con un'efficienza del 40% per produrre energia elettrica e dissipare il 60% dell'energia del combustibile nell'ambiente sotto forma di calore. D'altra parte l'elettricità è una risorsa così comoda e abbiamo la tendenza a usarla per fare qualsiasi cosa, incluso ricavare energia di bassa qualità come il calore.

Esiste un modo per evitare questa follia termodinamica: la **cogenerazione**, un processo che comporta l'uso del calore dissipato nell'ambiente, durante la produzione di energia elettrica, per il fabbisogno di energia di bassa qualità, ad esempio per usi civili, come il riscaldamento degli edifici.

Gli impianti di cogenerazione, quindi, convertono energia primaria in energia elettrica e in energia termica congiuntamente. Sorgono in genere in prossimità degli utilizzatori termici. Se il calore prodotto è a bassa temperatura viene utilizzato per il teleriscaldamento urbano, se il calore prodotto ha temperatura e pressione più elevate può invece essere utilizzato in lavorazioni industriali.

Gli impianti di ultima generazione spesso sono alimentati da fonti energetiche rinnovabili.

▼ L'impianto di cogenerazione di Tiefstack, ad Amburgo.

Ordine, disordine ed entropia

Nelle pagine precedenti abbiamo esaminato l'entropia dal punto di vista termodinamico. Abbiamo visto che, quando si trasferisce calore da un corpo caldo a uno più freddo, l'entropia dell'universo aumenta. In questo paragrafo dimostreremo che l'entropia può anche essere considerata come una misura del **disordine** dell'universo.

Iniziamo riesaminando la situazione del calore che passa da un corpo caldo a uno freddo. Nella **figura 33a** sono mostrati due mattoni, uno caldo e l'altro freddo. Come sappiamo dalla teoria cinetica, le molecole nel mattone caldo hanno un'energia cinetica maggiore di quelle del mattone freddo. Ciò significa che il sistema è abbastanza ordinato, nel senso che tutte le molecole con alta energia cinetica sono raggruppate insieme nel mattone caldo e tutte quelle con bassa energia cinetica sono raggruppate nel mattone freddo.

C'è una certa regolarità, o ordine, nella distribuzione delle velocità molecolari.

Se mettiamo i mattoni in contatto termico, come mostrato nella **figura 33b**, avremo un flusso di calore dal mattone caldo verso quello freddo finché le temperature dei due mattoni non diventano uguali. Il risultato finale è mostrato nella **figura 33c**: durante il passaggio di calore, l'entropia dell'universo aumenta, come sappiamo, e il sistema perde la distribuzione ordinata che aveva all'inizio. Ora tutte le molecole hanno la stessa energia cinetica media e quindi il sistema è più casuale, o disordinato.

LE GRANDI IDEE

3 L'entropia è una misura del disordine di un sistema fisico. Tutti i processi termodinamici procedono in una direzione che incrementa l'entropia o la lascia invariata. L'entropia dell'universo non diminuisce mai.

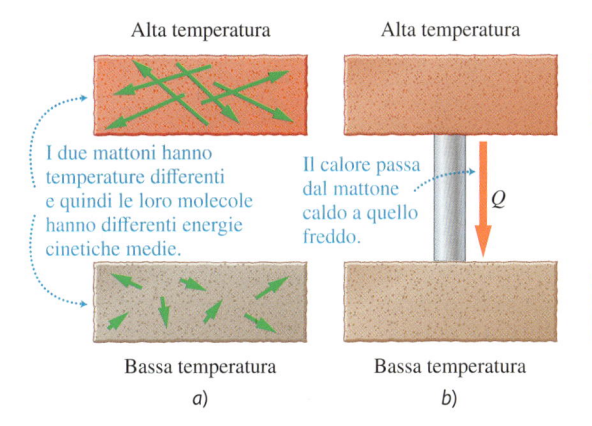

◄ **Figura 33**
Flusso di calore e disordine

Possiamo pertanto concludere che:

Disordine ed entropia

Se l'entropia di un sistema aumenta, anche il suo disordine aumenta; cioè un *aumento* di entropia equivale a una *diminuzione* di ordine.

Osserviamo che se il calore fosse andato nella direzione opposta, dal mattone freddo a quello caldo, la distribuzione ordinata delle molecole sarebbe stata rinforzata invece che perduta.

Per considerare un altro esempio, torniamo al pezzo di ghiaccio di 0,125 kg del *Problem Solving* 7. Come abbiamo visto in quel caso, l'entropia dell'universo aumenta quando il ghiaccio fonde. Consideriamo ora che cosa accade a livello molecolare. All'inizio le molecole sono ben ordinate nel reticolo cristallino; man mano che viene assorbito calore, le molecole iniziano a liberarsi dal ghiaccio e a muoversi in modo casuale nella pozza d'acqua che si sta formando: l'ordine del solido è perduto. Di nuovo vediamo che, all'aumentare dell'entropia, aumenta anche il disordine delle molecole.

Macrostati e microstati

Per comprendere meglio la relazione tra entropia e disordine bisogna ricorrere a considerazioni statistiche e introdurre i concetti di macrostato e microstato.

Lo stato macroscopico, o **macrostato**, di un sistema è identificato da alcuni parametri termodinamici, come la pressione, il volume e la temperatura (per un gas ideale sappiamo che bastano due di queste grandezze).

Lo stato microscopico, o **microstato**, di un sistema è definito invece dalle posizioni e dalle velocità di tutte le molecole che costituiscono il sistema. È facile immaginare come a ogni macrostato corrispondano molti microstati diversi. Il numero di questi microstati è proporzionale alla *probabilità* di trovare il sistema nel macrostato corrispondente: maggiore è il numero di microstati che realizzano un certo macrostato, più alta è la probabilità di quest'ultimo.

Riprendendo l'esempio precedente del ghiaccio, il numero di microstati corrispondenti al macrostato ordinato della struttura cristallina del pezzo di ghiaccio è minore del numero di microstati corrispondenti al ghiaccio fuso, che è la configurazione più disordinata. Lo stato più disordinato è dunque quello più probabile. Ecco perché un sistema isolato tende spontaneamente al massimo disordine.

Rimane da determinare la relazione che lega l'entropia S di un sistema che si trova in un certo stato macroscopico alla probabilità P di tale stato.
Questa importantissima relazione è dovuta a Boltzmann:

> **Formula di Boltzmann**
>
> $S = k \ln P$
>
> dove k è la costante di Boltzmann.

Quindi l'**entropia è una misura logaritmica della probabilità dello stato termodinamico di un sistema**. Poiché questa probabilità è, come abbiamo visto, legata al grado di disordine del sistema, l'entropia risulta essere una misura del disordine. È evidente che un sistema isolato tende spontaneamente verso uno stato più probabile, il che significa che la sua entropia e il suo disordine tendono ad aumentare.

È questo un altro modo di esprimere il secondo principio della termodinamica. Dal momento che l'universo è complessivamente un sistema isolato, possiamo enunciare il secondo principio della termodinamica come il principio per cui il disordine dell'universo è in continuo aumento. Qualsiasi cosa accada nell'universo, lo rende sempre un po' più disordinato e non c'è nulla che possiamo fare per impedirlo e per rendere l'universo più ordinato.

▲ Tutti i processi che avvengono spontaneamente aumentano l'entropia dell'universo.
Nella cascata dell'immagine, ad esempio, i movimenti delle molecole d'acqua diventano più casuali e caotici quando raggiungono la pozza tumultuosa e vorticosa alla base della cascata. Inoltre, parte della loro energia cinetica viene trasformata in calore, la più disordinata e degradata forma di energia.

La morte termica

Una logica conclusione del discorso appena fatto è che l'universo "si va esaurendo". In altre parole, il disordine dell'universo aumenta costantemente e, così facendo, la quantità di energia utilizzabile per produrre lavoro diminuisce. Se questo processo continua, potrebbe arrivare un giorno in cui non sia più possibile compiere lavoro? E se quel giorno dovesse arrivare, quando sarà? Questo è un possibile scenario per il futuro dell'universo e viene usualmente indicato come **morte termica** dell'universo. In tale scenario, il calore continua a passare dalle zone più calde dello spazio (come le stelle) a quelle più fredde (come i pianeti) finché, dopo molti miliardi di anni, tutti i corpi dell'universo raggiungono la stessa temperatura. Senza alcuna differenza di temperatura non si può eseguire lavoro e nell'universo non avviene più alcuna trasformazione.

Non è un bel quadro, ma certamente una possibilità. L'universo può semplicemente continuare con la sua espansione attuale finché le stelle bruciano e le galassie si affievoliscono, come la brace sparsa di un fuoco da campo. Un'altra possibilità, tuttavia, esiste: è possibile che l'universo a un certo punto smetta di espandersi e quindi si contragga in un "big crunch", forse facendo partire un altro "big bang" e determinando la nascita di un nuovo universo.

11 Il terzo principio della termodinamica

Esaminiamo infine il **terzo principio della termodinamica**, il quale afferma che non esiste una temperatura più bassa dello zero assoluto e che lo zero assoluto non è raggiungibile. È possibile raffreddare un corpo a temperature arbitrariamente vicine allo zero assoluto, ma non potremo mai raffreddare alcun corpo fino a 0 K. Qualche anno fa un gruppo di ricercatori del MIT (*Massachusetts Institute of Technology*) ha raffreddato un gas di sodio fino alla temperatura di circa $5 \cdot 10^{-10}$ K, cioè mezzo miliardesimo di kelvin.
Come analogia con il raffreddamento verso lo zero assoluto, immaginiamo di camminare verso una parete, in modo che ogni passo sia la metà della distanza tra noi e la parete. Anche facendo un numero incredibilmente grande di passi non raggiungeremo mai la parete; possiamo avvicinarci alla parete quanto vogliamo, naturalmente, ma non ci arriveremo mai. Lo stesso accade con il raffreddamento. Per raffreddare un oggetto, lo possiamo porre in contatto termico con un oggetto che sia più freddo; ci sarà trasferimento di calore, con il nostro oggetto che, alla fine, sarà più freddo, e l'altro, che sarà più caldo. In particolare, supponiamo di avere un insieme di oggetti a 0 K da utilizzare per raffreddare. Mettiamo il nostro oggetto in contatto termico con uno degli oggetti a 0 K: il nostro oggetto si raffredda, mentre l'oggetto a 0 K si riscalda un po'. Ripetiamo questo processo, ogni volta, togliendo l'oggetto "riscaldato" e utilizzandone un altro a 0 K. Ogni volta che raffreddiamo il nostro oggetto, questo si avvicina un po' di più a 0 K, senza mai realmente arrivarci.

Alla luce di quanto abbiamo detto, possiamo esprimere il terzo principio della termodinamica nel seguente modo:

> **Terzo principio della termodinamica**
> È impossibile abbassare la temperatura di un corpo fino allo zero assoluto con un numero finito di passi.

Come il secondo principio della termodinamica, questo principio può essere espresso in vari modi differenti, ma equivalenti. Un altro modo è il seguente:

> **Terzo principio della termodinamica (altra formulazione)**
> Allo zero assoluto l'entropia di un qualunque sistema è nulla:
> $S = 0 \quad \text{a} \quad T = 0 \text{ K}$

In virtù della formula di Boltzmann, $S = k \ln P$, ciò significa che allo zero assoluto è possibile un solo microstato del sistema.
Notiamo che, poiché a $T = 0$ K l'entropia è nulla, è impossibile sottrarre calore al sistema. Ecco perché lo zero assoluto è la temperatura limite che non può essere mai raggiunta.

LE GRANDI IDEE

4 Non esiste una temperatura più bassa dello zero assoluto. Un sistema può essere raffreddato fino a una temperatura arbitrariamente vicina allo zero, ma senza mai raggiungerlo.

BIO

L'ordine e gli organismi viventi

Durante i loro cicli vitali, gli esseri viventi sfruttano molecole piccole e semplici, assimilate in quanto tali o ottenute dalla trasformazione di altre molecole più complesse, per produrre l'energia necessaria alla sopravvivenza e per **costruire molecole più grandi**, come le proteine o il DNA, utili per il funzionamento dell'organismo.
Gli embrioni sfruttano un materiale grezzo per divenire, nel giro di giorni o settimane, organismi complessi, composti da parti specializzate e differenziate, con un alto grado di ordine. Alcuni sistemi viventi sanno inoltre utilizzare materiali disordinati per costruire strutture in cui vivere. **Gli esseri viventi, quindi, producono, a partire dal disordine, un ordine crescente**. Tuttavia, uno dei più importanti principi della fisica, il secondo principio della termodinamica, sostiene che tutti i processi diminuiscono l'ordine nell'universo.
Ma non conosciamo nessun sistema che violi il secondo principio della termodinamica e nemmeno i viventi fanno eccezione. Se infatti esistono condizioni in cui un sistema evolve verso un ordine maggiore, queste implicano conseguenze in termini di **entropia nell'ambiente** in cui questo processo avviene. I sistemi viventi cedono calore all'atmosfera, aumentandone l'entropia, quindi, egualmente **spingono l'universo verso un crescente grado di disordine**.

RIPASSA I CONCETTI CHIAVE

1. Introduzione alla termodinamica

Principio zero della termodinamica Se due corpi hanno la stessa temperatura, allora sono in equilibrio termico.
Se un oggetto B è in equilibrio termico sia con un oggetto A sia con un oggetto C, allora anche gli oggetti A e C, se posti in contatto termico, si trovano in equilibrio.

2. Il primo principio della termodinamica

Il primo principio della termodinamica afferma che la variazione dell'**energia interna** ΔE_{int} di un sistema è legata al calore Q scambiato e al lavoro L compiuto dalla relazione:

$$\Delta E_{int} = Q - L$$

L'energia interna E_{int} è una **funzione di stato**, cioè dipende solo dallo stato del sistema, cioè dalla sua temperatura, dalla sua pressione e dal suo volume. Il valore di E_{int} è indipendente dalla trasformazione che ha portato il sistema in quello stato.

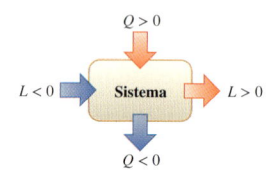

3. Trasformazioni termodinamiche

Trasformazione quasi-statica Una trasformazione quasi-statica è una trasformazione nella quale il sistema passa lentamente da uno stato a un altro. La variazione è così lenta che, durante il processo, in ogni istante il sistema può essere considerato in equilibrio.

Trasformazione reversibile e irreversibile In una trasformazione **reversibile** è possibile che il sistema e l'ambiente circostante ritornino esattamente nello stato iniziale. È una trasformazione quasi-statica. Una trasformazione **irreversibile** non può essere "annullata". Quando il sistema è tornato al suo stato iniziale, l'ambiente circostante è stato modificato.

4. Trasformazione isòbara

In un diagramma p-V, una trasformazione isòbara, cioè a pressione costante, è rappresentata da un segmento orizzontale. Il lavoro compiuto in una trasformazione a pressione costante è:

$$L = p\Delta V$$

In generale, il lavoro eseguito durante una trasformazione è uguale all'area che si trova al di sotto della curva che rappresenta la trasformazione in un diagramma p-V, detto **diagramma di Clapeyron**.

Calore specifico a pressione costante I calori specifici delle sostanze assumono valori diversi a seconda che si tratti di trasformazioni a pressione o a volume costante.
Il **calore specifico molare a pressione costante** di un gas ideale monoatomico è:

$$C_p = \frac{5}{2}R \qquad R = 8{,}31 \text{ J/(mol K)} \text{ è la costante universale dei gas}$$

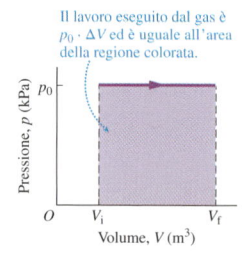

5. Trasformazione isocòra

In un diagramma p-V, una trasformazione isocòra, cioè a volume costante, è rappresentata da una linea verticale. Il lavoro compiuto in una trasformazione a volume costante è $L = 0$.

Calore specifico a volume costante Il calore specifico molare a volume costante di un gas ideale monoatomico è:

$$C_V = \frac{3}{2}R$$

Il calore specifico a volume costante è minore del calore specifico a pressione costante. In particolare per un gas monoatomico ideale:

$$C_p - C_V = R$$

6 Trasformazione isoterma

In un diagramma p-V, una trasformazione isoterma, cioè a temperatura costante, è rappresentata dalla curva pV = costante (ramo di iperbole equilatera riferita agli asintoti). Il lavoro compiuto in un'espansione isoterma dal volume V_i al volume V_f è:

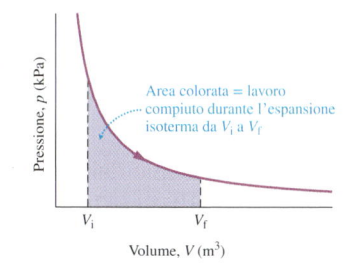

$$L = nRT \ln\left(\frac{V_f}{V_i}\right)$$

7 Trasformazione adiabatica

Una trasformazione è adiabatica quando non c'è scambio di calore, cioè $Q = 0$. In una trasformazione adiabatica il lavoro è quindi uguale alla variazione dell'energia interna:

$$\Delta E_{\text{int}} = -L$$

In un diagramma p-V, una trasformazione adiabatica è rappresentata dalla curva di equazione:

$$pV^\gamma = \text{costante} \qquad \text{dove } \gamma = \frac{C_p}{C_V}$$

Per un gas ideale monoatomico $\gamma = \frac{5}{3}$.

Per le trasformazioni adiabatiche valgono anche le relazioni:

$$TV^{\gamma-1} = \text{costante} \qquad p^{\frac{1}{\gamma}-1} T = \text{costante}$$

8 Il secondo principio della termodinamica

Enunciato di Clausius È impossibile realizzare una trasformazione il cui unico risultato sia quello di trasferire calore da una sorgente fredda a una calda.

Macchine termiche Una macchina termica è un dispositivo che trasforma calore in lavoro.

Enunciato di Kelvin È impossibile realizzare una macchina termica che trasformi integralmente in lavoro il calore fornito da una sola sorgente.

Rendimento di una macchina termica Il rendimento o **efficienza** η di una macchina termica rappresenta la frazione di calore fornita alla macchina che viene trasformata in lavoro. Se la macchina termica preleva il calore Q_{ass} da una sorgente calda e cede il calore Q_{ced} a una sorgente fredda compiendo il lavoro L, il rendimento è uguale a:

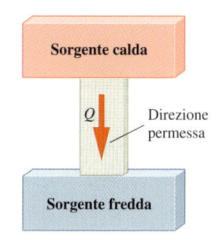

$$\eta = \frac{L}{Q_{\text{ass}}} = \frac{Q_{\text{ass}} - Q_{\text{ced}}}{Q_{\text{ass}}} = 1 - \frac{Q_{\text{ced}}}{Q_{\text{ass}}}$$

9 I cicli termodinamici

Teorema di Carnot Affinché una macchina che opera tra due sorgenti a temperatura costante abbia il rendimento massimo, deve eseguire solamente trasformazioni reversibili. Tutte le macchine reversibili che operano tra le stesse due temperature T_f e T_c hanno lo stesso rendimento.

Massimo rendimento Il massimo rendimento di una macchina termica che lavora tra le temperature T_c e T_f, misurate in kelvin, è:

$$\eta_{max} = 1 - \frac{T_f}{T_c}$$

Ciclo di Carnot La macchina termica che ha il massimo rendimento opera su un ciclo costituito da due adiabatiche e due isoterme, detto **ciclo di Carnot**.

Frigoriferi, condizionatori d'aria e pompe di calore Frigoriferi, condizionatori d'aria e pompe di calore sono dispositivi che utilizzano del lavoro per trasferire calore da una sorgente fredda a una più calda.
Il **coefficiente di prestazione di un frigorifero** o di **un condizionatore** è:

$$C_f = \frac{Q_{ass}}{L}$$

dove L è il lavoro compiuto per sottrarre il calore Q_{ass} dalla sorgente fredda.

Il **coefficiente di prestazione di una pompa di calore** è:

$$C_p = \frac{Q_{ced}}{L}$$

dove L è il lavoro compiuto per fornire il calore Q_{ced} alla sorgente calda.

10 L'entropia

L'**entropia** è una grandezza fondamentale per la fisica ed è legata al disordine di un sistema. Come l'energia interna E_{int}, l'entropia S è una **funzione di stato**.

Variazione di entropia La variazione di entropia di un sistema nel corso di una trasformazione (sia reversibile sia irreversibile) è $\Delta S = \frac{Q}{T}$, dove Q è il calore scambiato dal sistema con l'ambiente in un processo **reversibile** che collega i due stati estremi della trasformazione e T è la temperatura, costante, a cui avviene lo scambio.
L'unità di misura dell'entropia nel SI è il J/K.

Entropia dell'universo L'entropia totale dell'universo aumenta ogni volta che avviene una trasformazione irreversibile:

$\Delta S_{tot} > 0$ per trasformazioni irreversibili

In una trasformazione *ideale reversibile* l'entropia dell'universo non varia:

$\Delta S_{tot} = 0$ per trasformazioni reversibili

Ordine, disordine ed entropia Se l'entropia di un sistema aumenta, anche il suo disordine aumenta; cioè un *aumento* di entropia equivale a una *diminuzione* di ordine.
Gli stati macroscopici più probabili di un sistema sono quelli più disordinati. La relazione tra l'entropia S di un sistema e la probabilità P dello stato termodinamico del sistema è data dalla **formula di Boltzmann**:

$$S = k \ln P$$

Un sistema isolato tende spontaneamente verso uno stato più probabile, cioè verso uno stato di maggiore disordine e maggiore entropia.

11 Il terzo principio della termodinamica

È impossibile abbassare la temperatura di un corpo fino allo zero assoluto con un numero finito di passi.
Allo zero assoluto l'entropia di un qualunque sistema è nulla:

$S = 0$ a $T = 0$ K

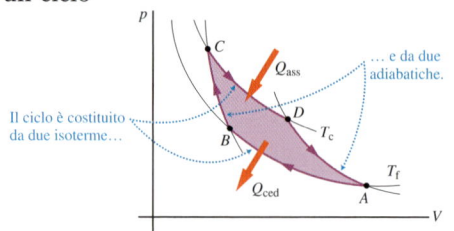

ESERCIZI E PROBLEMI

1-2 Introduzione alla termodinamica e il primo principio della termodinamica

1 Ogni corpo ha una temperatura; quando due corpi sono in equilibrio termico, le loro temperature sono uguali.
A quale principio della termodinamica corrisponde l'affermazione precedente?
- A Il principio zero.
- B Il primo principio.
- C Il secondo principio.
- D Il terzo principio.

2 Quale principio della termodinamica afferma che il calore è una forma di energia?
- A Il principio zero.
- B Il primo principio.
- C Il secondo principio.
- D Il terzo principio.

3 Una mole di gas ideale si espande isotermicamente alla temperatura di 300 K, da un volume iniziale $V_i = 1$ litro a un volume finale $V_f = 10$ litri. Di quanto è cambiata la sua energia interna?
- A 682 J
- B 3560 J
- C 5780 J
- D 0 J

4 In una determinata trasformazione termodinamica operata da un gas ideale, quali tra le seguenti grandezze, lavoro, calore ed energia interna, sono funzioni di stato?
- A Solo l'energia interna.
- B Il calore e l'energia interna.
- C Il lavoro e l'energia interna.
- D Tutte e tre.

5 Un gas ideale si espande liberamente in un recipiente con una parte mobile che si muove lentamente a causa degli urti che le molecole del gas esercitano sulla sua superficie. Quale delle seguenti affermazioni è corretta?
- A L'espansione causa una diminuzione della temperatura.
- B La pressione del gas rimane costante.
- C L'energia interna del gas non cambia.
- D Nessuna delle precedenti risposte è corretta.

6 La termodinamica e il nuotatore
Un nuotatore compie $6{,}7 \cdot 10^5$ J di lavoro, emettendo $4{,}1 \cdot 10^5$ J. Determina la variazione di energia interna ΔE_{int} per il nuotatore. [$-1{,}1 \cdot 10^6$ J]

7 Il lavoro del gas
Quando sono somministrati 1210 J di calore a una mole di un gas ideale monoatomico, la sua temperatura aumenta da 272 K a 276 K. Calcola il lavoro effettuato dal gas durante questa trasformazione. [1,16 kJ]

8 Tre diverse trasformazioni
Un sistema subisce tre diverse trasformazioni.
- a. Nella trasformazione A, sul sistema sono compiuti 42 J di lavoro e sono forniti 77 J di calore. Calcola la variazione dell'energia interna del sistema.
- b. Nella trasformazione B, il sistema compie 42 J di lavoro e riceve 77 J di calore. Calcola la variazione dell'energia interna del sistema.
- c. Nella trasformazione C, l'energia interna del sistema diminuisce di 120 J, mentre questo compie 120 J di lavoro sull'ambiente circostante. Quanto calore è stato fornito al sistema? [a. 0,12 kJ; b. 35 J; c. 0 J]

9 Variazione dell'energia interna
Un gas ideale è sottoposto alle quattro trasformazioni mostrate nella figura. La variazione di energia interna per tre di questi processi è la seguente:

$\Delta E_{int,AB} = +82$ J
$\Delta E_{int,BC} = +15$ J
$\Delta E_{int,DA} = -56$ J

Calcola la variazione dell'energia interna per la trasformazione da C a D. [-41 J]

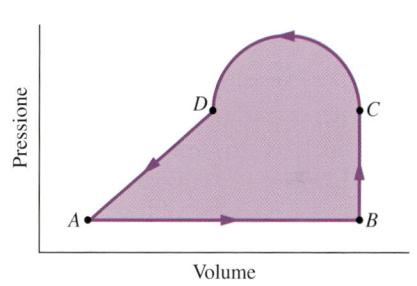

10 Calore acquistato o perduto?
Un cilindro contiene 4 moli di un gas monoatomico a temperatura iniziale di 27 °C. Il gas viene compresso effettuando su di esso un lavoro pari a 560 J. La sua temperatura aumenta di 130 °C. Qual è la quantità di calore acquistata o perduta dal gas? [5,9 kJ]

11 🇬🇧 IN ENGLISH
In a thermodynamic process, 600 J of work is done on the system which gives off 250 J of heat. What is the change in internal energy for the process? [350 J]

12 L'energia interna della giocatrice di basket
Una giocatrice di basket compie un lavoro di $2{,}43 \cdot 10^5$ J durante il suo tempo di gara e dal suo corpo evaporano 0,110 kg di acqua. Sapendo che il calore latente di evaporazione dell'acqua è $2{,}26 \cdot 10^6$ J/kg, calcola:
- a. la variazione dell'energia interna della giocatrice;
- b. il numero di calorie che la giocatrice converte in lavoro e calore.

[a. -492 kJ; b. 117 kcal]

13 Temperatura del gas

Una mole di un gas monoatomico si trova inizialmente a una temperatura di 263 K.
a. Determina la temperatura del gas se il sistema assorbe una quantità di calore pari a 3280 J e compie un lavoro di 722 J.
b. Supponi di raddoppiare la quantità di gas. La temperatura finale in questo caso aumenta, diminuisce o rimane alterata rispetto a quella calcolata in **a.**? Motiva la risposta. [**a.** 467 K]

3-4-5-6-7 Trasformazioni termodinamiche: isòbara, isocòra, isoterma, adiabatica

14 La massa di una mole di elio è 4,0 g, la massa di una mole di neon è 20,0 g (entrambi i gas sono monoatomici). Se una quantità di calore Q viene fornita alla mole di elio per aumentare la sua temperatura di 1 K a volume costante, quale quantità di calore bisogna fornire alla mole di neon per aumentare di 1 K la sua temperatura?
- A Q
- B $5Q$
- C $25Q$
- D Nessuna delle precedenti risposte è corretta.

15 La formula $\Delta E_{int} = nC_V\Delta T$, che esprime la variazione dell'energia interna per un determinato numero di moli di un gas ideale, vale:
- A solo per le trasformazioni a volume costante.
- B solo per le trasformazioni adiabatiche.
- C solo per le trasformazioni isobare.
- D per qualsiasi trasformazione che coinvolga quella fissata quantità di gas ideale.

16 Quale delle seguenti affermazioni sull'espansione isoterma di un gas ideale *non* è corretta?
- A Il gas non assorbe calore durante la trasformazione.
- B La pressione del gas diminuisce.
- C L'energia interna del gas non cambia.
- D Il gas compie un lavoro positivo.

17 Un gas ideale è inizialmente confinato nella parte sinistra di un contenitore rigido perfettamente isolato, diviso da una parete mobile il cui movimento produce un attrito trascurabile. A destra della parete mobile è stato praticato il vuoto. Se la parete è improvvisamente e rapidamente spinta all'estremità destra del contenitore, quale delle seguenti affermazioni è corretta?
- A L'espansione causa una diminuzione della temperatura.
- B La pressione del gas rimane costante.
- C L'energia interna del gas non cambia.
- D Nessuna delle precedenti risposte è corretta.

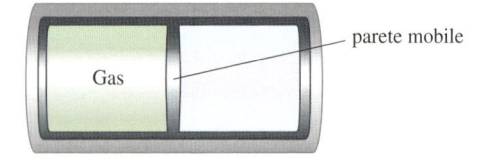

18 Espansione isòbara

Un sistema formato da un gas ideale alla pressione costante di 110 kPa acquista 920 J di calore. Calcola la variazione del volume di questo sistema se l'energia interna del gas aumenta:
a. di 920 J;
b. di 360 J.
[**a.** 0 m³; **b.** 5,09 · 10⁻³ m³]

19 Compressione isòbara

Un gas ideale è compresso a pressione costante, riducendolo alla metà del suo volume iniziale. Determina il volume iniziale del gas, se la sua pressione è di 120 kPa e viene effettuato su di esso un lavoro di 790 J.
[13,2 dm³]

20 Qual è la pressione?

Un gas ideale si espande a pressione costante da un volume di 0,74 m³ a un volume di 2,3 m³, compiendo un lavoro di 93 J. Calcola qual è la pressione del gas durante questa trasformazione.
[60 Pa]

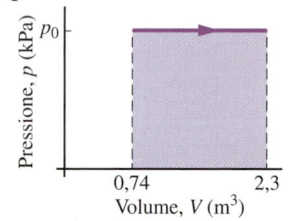

21 Confronta il lavoro

La figura seguente mostra tre differenti trasformazioni, indicate con 1, 2 e 3. Disponi i processi in ordine crescente rispetto al lavoro compiuto dal gas coinvolto nel processo.

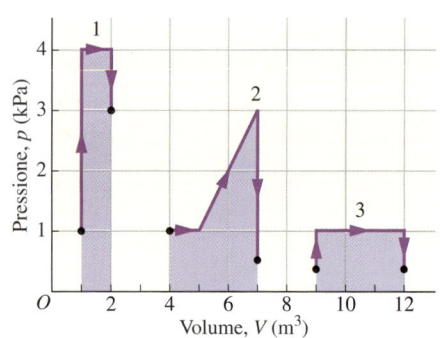

22 PREVEDI/SPIEGA

Decidi di fornire una certa quantità di calore a un gas per aumentarne la temperatura.
a. Se somministri il calore a volume costante, l'aumento di temperatura è maggiore, minore o uguale di quanto sarebbe se lo fornissi a pressione costante?
b. Quale fra le seguenti è la *spiegazione* migliore per la risposta?
   1. La stessa quantità di calore fa aumentare la temperatura della stessa quantità, indipendentemente dal fatto che la somministrazione avvenga a volume o a pressione costante.
   2. Se fornisci calore a volume costante, tutto il calore va nell'aumentare la temperatura; nessuna parte è impiegata per produrre lavoro.
   3. Mantenendo la pressione costante si ottiene un maggiore aumento della temperatura che non mantenendo il volume costante.

23 Raddoppiare l'energia interna

Un sistema è formato da 2,5 moli di un gas ideale monoatomico a 325 K. Calcola la quantità di calore che deve essere fornita al sistema per raddoppiare la sua energia interna a pressione costante. [17 kJ]

24 Variazione di temperatura

Calcola la variazione di temperatura se si forniscono 170 J di calore a 2,8 moli di un gas ideale monoatomico a volume costante. [4,9 K]

25 Quanto calore è necessario?

Calcola la quantità di calore necessaria per far aumentare di 23 K la temperatura di 3,5 moli di un gas ideale monoatomico, assumendo che:

a. la pressione sia mantenuta costante;
b. il volume sia mantenuto costante.

[a. 1,7 kJ; b. 1,0 kJ]

26 MATH+ Lavoro durante l'espansione

Un fluido si espande dal punto A al punto C lungo il percorso mostrato nella figura seguente.

a. Scrivi l'equazione della trasformazione nei due tratti AB e BC e determina il coefficiente angolare della retta a cui appartiene il segmento BC.
b. Calcola il lavoro effettuato dal fluido durante l'espansione.
c. La risposta data al punto precedente dipende dal fatto che il fluido sia un gas ideale oppure no? Giustifica la risposta.

[b. 1200 kJ]

27 Espansioni isòbare

Un cilindro contiene 18 moli di un gas ideale monoatomico alla pressione costante di 160 kPa.

a. Calcola il lavoro effettuato dal gas quando si espande di 3200 cm³, da 5400 cm³ a 8600 cm³.
b. Supponi che il gas si espanda di nuovo di 3200 cm³, questa volta da 2200 cm³ a 5400 cm³; il lavoro effettuato sarà maggiore, minore oppure uguale a quello trovato al punto precedente? Giustifica la risposta.
c. Calcola il lavoro effettuato dal gas quando si espande da 2200 cm³ a 5400 cm³.

[a. 0,51 kJ; c. 0,51 kJ]

28 PROBLEMA SVOLTO

a. Calcola il lavoro compiuto da un gas ideale monoatomico durante la sua espansione dal punto A al punto C nel percorso mostrato nella figura, sapendo che durante l'espansione dal punto A al punto B il lavoro compiuto è $L_{AB} = 1200$ kJ.
b. Assumendo che la temperatura del gas nel punto A sia di 220 K, qual è la sua temperatura nel punto C?
c. Qual è la quantità di calore fornita o sottratta al sistema durante questo processo?

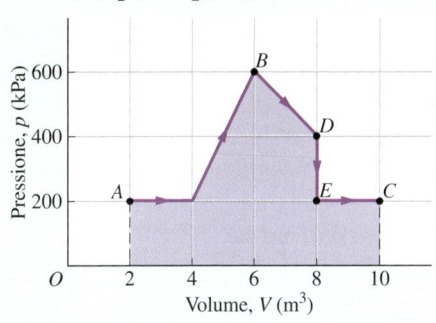

SOLUZIONE

a. Chiama D il punto in cui $V_D = 8$ m³ e $p_D = 400$ kPa ed E il punto in cui $V_E = 8$ m³ e $p_E = 200$ kPa.
Calcola il lavoro fatto dal sistema nella trasformazione $B \to C$ sommando l'area sottesa dal segmento BD (è un trapezio) a quella sottesa dal segmento EC nel piano:

$$L_{BD} = \frac{(p_B + p_D)(V_D - V_B)}{2} =$$

$$= \frac{(1000 \cdot 10^3 \text{ Pa})(2 \text{ m}^3)}{2} = 1000 \text{ kJ}$$

$$L_{EC} = p_C(V_C - V_E) = (200 \cdot 10^3 \text{ Pa})(2 \text{ m}^3) = 400 \text{ kJ}$$

Esprimi il lavoro L_{AC} come:

$$L_{AC} = L_{AB} + L_{BD} + L_{EC} =$$
$$= 1200 \text{ kJ} + 1000 \text{ kJ} + 400 \text{ kJ} = 2600 \text{ kJ}$$

b. Per calcolare la temperatura T_C applica l'equazione di stato dei gas ideali alla trasformazione $A \to C$:

$$\frac{p_A V_A}{T_A} = \frac{p_C V_C}{T_C}$$

Ricorda che $p_A = p_C$, per cui:

$$T_C = \frac{V_C}{V_A} T_A$$

Sostituendo i valori numerici ottieni:

$$\frac{10 \text{ m}^3}{2 \text{ m}^3}(220 \text{ K}) = 1100 \text{ K}$$

c. Ricava la quantità di calore utilizzando il primo principio della termodinamica per la trasformazione $A \to C$:

$$Q_{AC} = L_{AC} + \Delta E_{\text{int},AC}$$

Calcola la variazione dell'energia interna:

$$\Delta E_{\text{int},AC} = \frac{3}{2} nR\Delta T_{AC} = \frac{3}{2} nR(T_C - T_A) =$$

$$= \frac{3}{2} \cdot \frac{p_A V_A}{T_A}(T_C - T_A) =$$

$$= \frac{3}{2} \cdot \frac{(200 \cdot 10^3 \text{ Pa})(2 \text{ m}^3)}{220 \text{ K}}(1100 \text{ K} - 220 \text{ K}) =$$

$$= 2400 \text{ kJ}$$

La quantità di calore fornita durante il processo è quindi:

$$Q_{AC} = L_{AC} + \Delta E_{\text{int},AC} = 2600 \text{ kJ} + 2400 \text{ kJ} = 5000 \text{ kJ}$$

29 Espansione isòbara

Considera un sistema nel quale 2 moli di un gas ideale monoatomico si espandono alla pressione costante di 101 kPa, da un volume iniziale di 2,15 litri a uno finale di 3,30 litri.

a. Si deve fornire o sottrarre calore dal sistema durante questo processo? Giustifica la risposta.
b. Calcola la variazione di temperatura nel processo.
c. Determina la quantità di calore fornito oppure rimosso dal sistema durante il processo.

[b. 6,99 K; c. 290 J]

30 PROBLEMA SVOLTO

A pressione costante, si impiegano 210 J di calore per far aumentare di 17 K la temperatura di un gas ideale monoatomico. Calcola la quantità di calore necessaria per ottenere lo stesso aumento di temperatura a volume costante.

SOLUZIONE

Per un gas monoatomico i calori specifici molari, rispettivamente a volume costante e a pressione costante, sono dati da:

$$C_V = \frac{3}{2}R$$

$$C_p = \frac{5}{2}R$$

Quindi, poiché $Q_V = nC_V\Delta T$ e $Q_p = nC_p\Delta T$, a parità di ΔT e di n, come richiesto dal problema, ottieni:

$$\frac{Q_V}{Q_p} = \frac{nC_V\Delta T}{nC_p\Delta T} = \frac{C_V}{C_p} = \frac{\frac{3}{2}R}{\frac{5}{2}R} = \frac{3}{5}$$

La quantità di calore necessaria per ottenere lo stesso aumento di temperatura a volume costante è quindi:

$$Q_V = \frac{3}{5}Q_p = \frac{3}{5}(210 \text{ J}) = 126 \text{ J}$$

31 Aumento di temperature

a. Se sono forniti 535 J di calore a 45 moli di un gas ideale monoatomico a volume costante, di quanto aumenterà la sua temperatura?
b. Ripeti il calcolo precedente, considerando una trasformazione a pressione costante.

[a. 0,95 K; b. 0,57 K]

32 Quantità di calore ed energia interna

Un sistema si espande di un volume di 0,75 m³ a una pressione costante di 125 kPa. Calcola la quantità di calore che entra oppure esce dal sistema se la sua energia interna:

a. aumenta di 65 J;
b. diminuisce di 1850 J.

In entrambi i casi evidenzia la direzione del flusso.

[a. 94 kJ; b. 92 kJ]

33 Quantità di calore scambiata

a. Un gas ideale monoatomico si espande a pressione costante. Durante questo processo il calore è assorbito o ceduto dal sistema?
b. Calcola la quantità di calore scambiata dal gas, se una mole di gas si espande da un volume di 0,76 m³ a un volume di 0,93 m³ a una pressione di 130 kPa.

[b. 55 kJ]

34 Espansione e compressione

Un gas è contenuto in un cilindro alla pressione di 140 kPa e volume iniziale di 0,66 m³. Calcola il lavoro compiuto dal gas quando:

a. si espande a pressione costante fino a duplicare il suo volume iniziale;
b. è compresso a pressione costante fino a 1/3 del suo volume iniziale.

[a. 92 kJ; b. −62 kJ]

35 MATH+ Compressione ed espansione

Una certa quantità di gas ideale monoatomico è sottoposta alla trasformazione espressa dalla funzione:

$$p(V) = \frac{1}{2}p_i\left(\frac{V}{V_i} + 1\right) \quad \text{per } V_i \leq V \leq 3V_i$$

nella quale la pressione raddoppia e il volume triplica. Traccia il grafico della trasformazione sul piano di Clapeyron.

Determina, in funzione del numero di moli n, della pressione iniziale p_i e del volume iniziale V_i:

a. il lavoro L compiuto dal gas;
b. la variazione dell'energia interna E_{int} del gas;
c. la quantità di calore Q fornita al gas.
d. Quali delle precedenti grandezze non dipendono dal numero di moli n?

[a. $L = 3p_iV_i$; b. $\Delta E_{int} = \frac{15}{2}p_iV_i$; c. $Q = \frac{21}{2}p_iV_i$]

36 Espansione isoterma 1

Il volume di un gas ideale monoatomico raddoppia durante un'espansione isoterma. Qual è il rapporto tra la pressione finale e la pressione iniziale?

37 Espansione isoterma 2

Se 8,00 moli di un gas ideale monoatomico a una temperatura di 245 K si espandono isotermicamente da un volume di 1,21 litri a un volume di 4,33 litri, calcola:

a. il lavoro compiuto;
b. la quantità di calore scambiata dal sistema.
c. Se viene raddoppiato il numero delle moli, per quale fattore devi moltiplicare le risposte fornite alle domande a. e b.? Spiega.

[a. 20,8 kJ; b. 20,8 kJ assorbito dal gas]

38 Lavoro e calore in un'espansione isoterma

Tre moli di un gas ideale monoatomico si espandono isotermicamente a una temperatura di 34 °C. Se il volume del gas quadruplica durante questo processo, calcola:

a. il lavoro compiuto dal gas;
b. il calore fornito al gas.

[a. 11 kJ; b. 11 kJ]

39 MATH⁺ **A quale temperatura?**

Supponi che 145 moli di un gas ideale monoatomico compiano un'espansione isotermica da 1,00 m³ a 4,00 m³, come mostrato nella figura.

a. Con i dati del problema, scrivi la funzione $p(V)$ rappresentativa della trasformazione nell'intervallo di V considerato; come cambierebbe il grafico se, a parità delle altre grandezze, V_f diventasse molto grande?

b. Qual è la temperatura negli stati iniziale e finale della trasformazione?

c. Qual è il lavoro compiuto dal gas durante l'espansione?

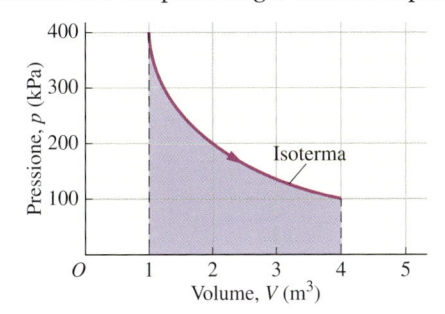

[**b.** 332 K; **c.** 555 kJ]

40 Espansione isoterma 3

Una mole di gas ideale, inizialmente alla pressione di 1,0 atm, assorbendo 2000 cal in una trasformazione isoterma reversibile, si espande, raggiungendo un volume finale pari a 40 volte il volume iniziale. Determina la temperatura a cui avviene la trasformazione e i volumi iniziale e finale. [0 °C, 22,4 litri, 896 litri]

41 Trasformazione adiabatica

a. Se l'energia interna di un sistema aumenta dopo una trasformazione adiabatica, viene compiuto lavoro *sul* sistema oppure *dal* sistema?

b. Calcola il lavoro compiuto *sul* oppure *dal* sistema, assumendo che la sua energia interna aumenti di 670 J. [**b.** −670 J]

42 MATH⁺ **Raffreddamento adiabatico**

Durante una trasformazione adiabatica, la temperatura di 3,92 moli di un gas ideale monoatomico, di volume iniziale 0,100 m³, si abbassa da 485 °C a 205 °C.

a. Con i dati del problema, scrivi la funzione $p(V)$ rappresentativa della trasformazione nell'intervallo di T considerato e tracciane il grafico per punti sul piano di Clapeyron.

b. Tratteggia l'area del grafico rappresentativa del lavoro compiuto dal gas durante la trasformazione e determinane il valore.

Determina inoltre:

c. il calore scambiato con l'ambiente circostante;

d. la variazione dell'energia interna del gas.

[**b.** 13,7 kJ; **c.** 0 J; **d.** −13,7 kJ]

43 Espansione adiabatica

Un gas ideale monoatomico raddoppia il suo volume in un'espansione adiabatica. Calcola la variazione percentuale della pressione e della temperatura.

$$\left[\frac{|\Delta p|}{p_i} = 68{,}5\%; \frac{|\Delta T|}{T_i} = 37\%\right]$$

44 🇬🇧 **IN ENGLISH**

A gas compressor compresses gas adiabatically from 1 bar and 15 °C to 10 bar.
Calculate the temperature after compression.
Take $C_V = 718$ J/(kg K) and $C_p = 1005$ J/(kg K).

[556 K]

45 Compressione adiabatica 1

Un gas ideale monoatomico è posto in un contenitore isolato termicamente di volume 0,0750 m³. Il gas è alla pressione di 105 kPa e temperatura di 317 K.

a. Fino a quale volume è necessario comprimere il gas per aumentarne la pressione a 145 kPa?

b. A quale volume il gas avrà una temperatura di 295 K?

[**a.** 0,0618 m³; **b.** 0,0835 m³]

46 Compressione adiabatica 2

Un gas ideale monoatomico è contenuto in un cilindro perfettamente isolato e dotato di un pistone mobile. La pressione iniziale del gas è di 110 kPa e la sua temperatura iniziale è 280 K. Premendo sul pistone si aumenta la pressione fino a 140 kPa.

a. Durante questo processo, la temperatura del gas aumenta, diminuisce o rimane costante? Giustifica la risposta.

b. Calcola la temperatura finale del gas.

[**b.** 310 K]

47 Tre diverse trasformazioni

Un gas ideale raddoppia il suo volume in uno dei tre seguenti modi:

1. a pressione costante;
2. a temperatura costante;
3. con una trasformazione adiabatica.

Rispondi alle seguenti domande:

a. In quale espansione il gas compie il maggior lavoro?

b. In quale espansione il gas compie il minor lavoro?

c. In quale espansione la temperatura finale è più alta?

d. In quale espansione la temperatura finale è più bassa?

8 Il secondo principio della termodinamica

48 Quale delle seguenti affermazioni *non* è una conseguenza del secondo principio della termodinamica?

A Il rendimento di una macchina termica non può mai essere maggiore di 1.

B Il calore non può fluire da un corpo più freddo a uno più caldo, a meno che non venga svolto un lavoro sul sistema.

C L'energia è conservata in tutte le trasformazioni termodinamiche.

D Anche una macchina termica ideale non può convertire tutto il calore assorbito in lavoro.

49 Quale dei seguenti fenomeni è una violazione del secondo principio della termodinamica?
- A Un processo in cui tutta l'energia cinetica di un oggetto è trasformata in calore.
- B Un processo in cui tutto il calore assorbito da un gas in un ciclo termodinamico è trasformato in lavoro.
- C Un frigorifero che rimuove 80 J di calore da una bottiglia di latte usando solamente 65 J di lavoro.
- D Un motore che compie un lavoro di 25 J cedendo solo 5 J di calore alla sorgente fredda.

50 Il secondo principio della termodinamica, nella formulazione di Clausius, afferma che:
- A è impossibile realizzare una trasformazione termodinamica che abbia come risultato quello di trasferire calore da una sorgente fredda a una calda.
- B è impossibile realizzare una trasformazione termodinamica che abbia come unico risultato quello di trasferire calore da una sorgente calda a una fredda.
- C è impossibile realizzare una trasformazione termodinamica che abbia come unico risultato quello di trasferire calore da una sorgente fredda a una calda.
- D Nessuna delle risposte precedenti è corretta.

51 Il secondo principio della termodinamica, nella formulazione di Kelvin, afferma che:
- A è impossibile realizzare una macchina termica il cui risultato sia quello di produrre lavoro scambiando calore con una sola sorgente.
- B è impossibile realizzare una macchina termica il cui solo risultato sia quello di produrre lavoro scambiando calore con una sola sorgente.
- C è impossibile realizzare una macchina termica il cui solo risultato sia quello di produrre lavoro scambiando calore con due sorgenti a temperature diverse.
- D Nessuna delle risposte precedenti è corretta.

52 Il secondo principio della termodinamica ha, tra le sue implicazioni, che:
- A il rendimento di una macchina termica non può mai essere minore di 1.
- B il rendimento di una macchina termica non può mai essere maggiore di 1.
- C il rendimento di una macchina termica deve essere sempre minore di 1.
- D poiché ogni macchina termica opera con un ciclo termodinamico, il rendimento deve sempre essere uguale a 1.

53 Macchina termica
Una macchina termica preleva 690 J di calore dalla sorgente calda e cede 430 J di calore a quella fredda. Quali sono la quantità di lavoro compiuta dalla macchina e il suo rendimento? [260 J; 0,38]

54 Il rendimento di un motore
Qual è il rendimento di un motore che compie 340 J di lavoro e cede 870 J di calore? [0,28]

55 PROBLEMA SVOLTO

Una macchina compie 2700 J di lavoro con un rendimento di 0,14. Calcola:
a. il calore che il motore preleva dalla sorgente calda;
b. il calore che la macchina cede alla sorgente fredda.
Se il rendimento della macchina aumenta, i valori calcolati ai punti precedenti aumentano, diminuiscono o rimangono invariati? Giustifica la risposta.

SOLUZIONE

a. Il rendimento, o efficienza, è definito come:
$$\eta = \frac{L}{Q_{ass}}$$
per cui, conoscendo $\eta = 0{,}14$ e $L = 2700$ J, puoi calcolare Q_{ass}:
$$Q_{ass} = \frac{L}{\eta} = \frac{2700 \text{ J}}{0{,}14} = 19{,}3 \text{ kJ}$$

b. Poiché $L = Q_{ass} - Q_{ced}$, puoi determinare Q_{ced}:
$$Q_{ced} = Q_{ass} - L = 19{,}3 \text{ kJ} - 2{,}7 \text{ kJ} = 16{,}6 \text{ kJ}$$

Dalle formule precedenti si deduce che, a parità di lavoro, Q_{ass} e Q_{ced} diminuiscono se il rendimento aumenta.

56 TECH Il rendimento di un reattore nucleare
Il reattore di una centrale nucleare produce 838 MJ di calore al secondo (che corrispondono a una potenza di 838 MW). Il calore è utilizzato per produrre 253 MW di potenza meccanica da trasmettere a un generatore elettrico.
a. Quanto calore è immesso nell'ambiente al secondo dalla centrale nucleare?
b. Qual è il rendimento della centrale nucleare?
[a. 585 MW; b. 0,302]

57 TECH Centrale a carbone
La turbina a vapore di una centrale elettrica a carbone fornisce una potenza elettrica di 548 MW. Il rendimento della centrale è del 32,0%.
a. Quanto calore è immesso nell'ambiente circostante al secondo dalla centrale elettrica?
b. Quanto calore al secondo bisogna fornire alla centrale, bruciando carbone?
[a. 1,16 GW; b. 1,71 GW]

9 I cicli termodinamici

58 Una macchina di Carnot ha rendimento uguale a 1 quando la sorgente fredda è posta a:
- A 0 °C
- B 0 K
- C 100 °C
- D 400 °C

59 Nel ciclo di Carnot la trasformazione che porta il sistema da una temperatura all'altra è:
- A un'isoterma.
- B un'isòbara.
- C un'isocòra.
- D Nessuna delle precedenti.

60 In una trasformazione ciclica la variazione di energia interna del sistema è:
- A unitaria.
- B nulla.
- C massima.
- D positiva.

61 Se si fa funzionare una macchina ideale di Carnot con ciclo inverso, quale delle seguenti affermazioni è corretta?
- A Il calore è assorbito dal gas dalla sorgente fredda ed è ceduto alla sorgente calda.
- B La quantità di calore scambiata con la sorgente calda è uguale a quella scambiata con la sorgente fredda.
- C La macchina può produrre lavoro utile, che serve ad esempio a sollevare dell'acqua con una pompa.
- D La quantità di calore scambiata con la sorgente calda è minore di quella scambiata con la sorgente fredda.

62 Macchina di Carnot

Una macchina di Carnot opera tra i 410 K e i 290 K. Calcola:
a. la quantità di calore necessaria al motore per produrre 2500 J di lavoro;
b. la quantità di calore ceduta alla sorgente fredda durante questo ciclo.   [a. 8,5 kJ; b. 6,0 kJ]

63 Energia dal mare

Un gruppo di ricercatori sta programmando di costruire un motore capace di estrarre energia dal mare, sfruttando il fatto che la temperatura dell'acqua vicino alla superficie è maggiore della temperatura dell'acqua in profondità. Calcola il rendimento massimo di una tale macchina, tenendo conto che l'acqua in superficie è a 25,0 °C e l'acqua in profondità è a 12,0 °C.   [0,0436]

64 PREVEDI/SPIEGA

a. Se si abbassa la temperatura della cucina, il lavoro necessario per congelare una dozzina di cubetti di ghiaccio nel tuo congelatore è maggiore, minore o uguale a quello di prima che la cucina si raffreddasse?
b. Quale fra le seguenti è la *spiegazione* migliore per la risposta?
  1 La differenza di temperatura fra l'interno e l'esterno del congelatore diminuisce, quindi è necessario meno lavoro per far congelare i cubetti.
  2 In entrambi i casi è prodotta la stessa quantità di ghiaccio, perciò è necessario sottrarre la stessa quantità di calore e quindi occorre lo stesso lavoro.
  3 Se si raffredda la cucina il congelatore deve compiere più lavoro, sia per congelare i cubetti, sia per riscaldare la cucina.

65 Il frigorifero della cucina

Il frigorifero della tua cucina produce 480 J di lavoro per rimuovere 110 J di calore dal suo interno. Calcola:
a. la quantità di calore ceduta dal frigorifero alla cucina;
b. il coefficiente di prestazione del frigorifero.
[a. 590 J; b. 0,23]

66 Ciclo di un frigorifero

Un frigorifero con un coefficiente di prestazione di 1,75 assorbe $3,45 \cdot 10^4$ J di calore dalla sorgente a bassa temperatura durante ogni ciclo. Calcola:
a. la quantità di lavoro meccanico necessario per fare funzionare il frigorifero per un ciclo;
b. la quantità di calore che il frigorifero immette nella sorgente ad alta temperatura durante ogni ciclo.
[a. 19,7 kJ; b. 54,2 kJ]

67 IN ENGLISH

A Carnot engine has water cooled at $T = 10$ °C. What temperature must be maintained in the hot reservoir of the engine to have a thermal efficiency of 72%?
[738 °C]

68 Rapporto tra le temperature

Una macchina di Carnot preleva la quantità di calore Q_{ass} da una sorgente a temperatura T_c e cede la quantità $Q_{ced} = 2\,Q_{ass}/3$ alla sorgente a temperatura T_f, come mostrato nella figura. Calcola:
a. il rendimento della macchina;
b. il rapporto T_f/T_c, usando la scala Kelvin.
[a. 1/3; b. 2/3]

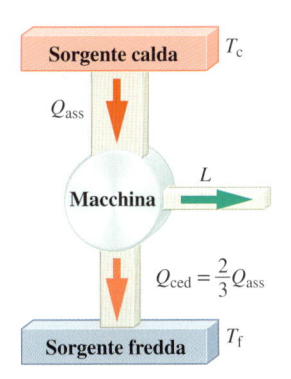

69 Aumentare il rendimento

Il rendimento di una macchina di Carnot è 0,300.
a. Se la sorgente calda ha una temperatura di 545 K, qual è la temperatura della sorgente fredda?
b. Per aumentare il rendimento al 40%, la temperatura della sorgente fredda deve essere aumentata o diminuita? Giustifica la risposta.
c. Per quale temperatura della sorgente fredda si avrà un rendimento pari a 0,400?
[a. 382 K; c. 327 K]

70 Temperatura della sorgente fredda

Il rendimento di una macchina di Carnot che ha la sorgente fredda alla temperatura di 295 K, è del 21,0%. Assumendo che la temperatura della sorgente calda rimanga invariata, a quale temperatura dovrà essere la sorgente fredda per raggiungere un rendimento del 25,0%?
[280 K]

71 PROBLEMA SVOLTO

Le temperature di lavoro di una macchina di Carnot sono T_f e $T_c = T_f + 55$ K. La macchina ha un rendimento dell'11%. Calcola T_f e T_c.

SOLUZIONE

Chiama $\Delta T = T_c - T_f = 55$ K e scrivi l'espressione del rendimento di una macchina di Carnot:

$$\eta = 1 - \frac{T_f}{T_c} \rightarrow \eta = 1 - \frac{T_f}{T_f + \Delta T}$$

Dalla relazione precedente ricava T_f:

$$(T_f + \Delta T)(1 - \eta) = T_f$$

$$T_f - \eta T_f + \Delta T - \eta \Delta T = T_f$$

$$T_f = \frac{1-\eta}{\eta} \Delta T = \frac{1-0{,}11}{0{,}11}(55 \text{ K}) = 445 \text{ K}$$

Infine determina T_c:

$$T_c = T_f + \Delta T = 445 \text{ K} + 55 \text{ K} = 500 \text{ K}$$

72 Ciclo di una macchina reversibile

Durante ogni ciclo una macchina reversibile assorbe 2500 J di calore da una sorgente ad alta temperatura e produce 2200 J di lavoro.

a. Qual è il rendimento di questa macchina?
b. Qual è la quantità di calore ceduta alla sorgente fredda durante ogni ciclo?
c. Qual è il rapporto tra le temperature T_c e T_f delle due sorgenti?

[a. 0,88; b. 300 J; c. T_c/T_f = 8,3]

73 MATH+ Ciclo di Carnot

In un ciclo di Carnot, come quello mostrato in figura, l'espansione isoterma del gas avviene a $T_c = 273$ °C e la compressione isoterma a $T_f = 127$ °C.

a. Come si modifica l'area del ciclo se T_c aumenta molto rispetto a T_f? In tale caso, che cosa puoi dire sul rendimento della macchina?

Sapendo che durante l'espansione il gas assorbe 2093 J, calcola:

b. il lavoro compiuto dal gas durante l'espansione isoterma;
c. il calore ceduto dal gas durante la compressione isoterma.

[b. 2093 J; c. 1533 J]

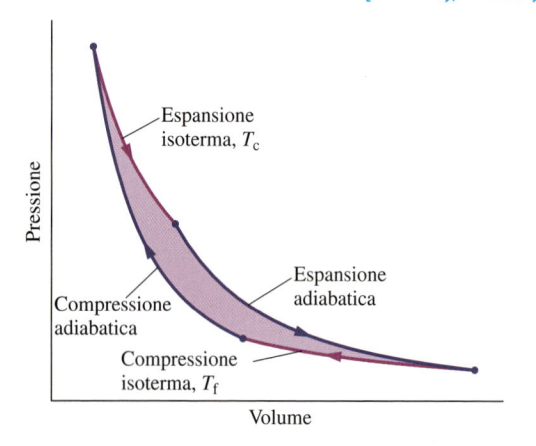

74 PROBLEMA SVOLTO

Un condizionatore d'aria, che funziona come una macchina di Carnot, opera fra la temperatura interna di 21,0 °C e la temperatura esterna di 32,0 °C. Calcola:

a. la quantità di lavoro che il condizionatore deve compiere per espellere 1550 J di calore dall'interno della casa;
b. la quantità di calore emessa all'esterno.

SOLUZIONE

Le temperature dell'ambiente interno e di quello esterno, in kelvin, sono rispettivamente $T_f = 294$ K e $T_c = 305$ K e $Q_{ced} = 1550$ J è la quantità di calore espulsa dall'interno.

a. Il lavoro compiuto dal condizionatore per espellere il calore dalla casa è:

$$L = Q_{ced} - Q_{ass}$$

Utilizza il teorema di Carnot per esprimere il lavoro in funzione delle grandezze note:

$$L = Q_{ced} - Q_{ass} = \frac{T_c}{T_f} Q_{ass} - Q_{ass} =$$

$$= Q_{ass} \left(\frac{T_c}{T_f} - 1 \right) =$$

$$= (1550 \text{ J}) \left(\frac{305 \text{ K}}{294 \text{ K}} - 1 \right) = 58{,}0 \text{ J}$$

b. Calcola infine la quantità di calore emessa all'esterno:

$$Q_{ced} = Q_{ass} + L = 1550 \text{ J} + 58 \text{ J} = 1610 \text{ J}$$

75 Un po' di caldo

Per mantenere una stanza alla confortevole temperatura di 21 °C, una pompa di calore che funziona come una macchina di Carnot compie 345 J di lavoro e rifornisce alla stanza 3240 J di calore. Calcola:

a. la quantità di calore che la pompa immette nell'aria esterna;
b. la temperatura dell'aria esterna.

[a. 2,895 kJ; b. −10 °C]

76 Un po' di fresco

Per mantenere la temperatura interna di una casa a 21 °C, quando la temperatura esterna è di 32 °C, viene utilizzato un condizionatore. Assumendo che il calore fluisca nella casa alla potenza di 11 kW e che il condizionatore abbia un rendimento pari a una macchina di Carnot, calcola la potenza meccanica necessaria per mantenere fresca la casa.

[0,41 kW]

77 Frigorifero reversibile

Un frigorifero reversibile ha un coefficiente di prestazione pari a 10,0. Supponendo di farlo funzionare come macchina termica diretta, quale sarebbe il suo rendimento?

[0,0909]

78 Il consumo di un congelatore
Un congelatore ha un coefficiente di prestazione pari a 4,0. Calcola il consumo di energia elettrica del congelatore per produrre 1,5 kg di ghiaccio a −5,0 °C, partendo da acqua a 15 °C. [1,5 · 10⁵ J]

79 Coefficiente di prestazione
Una macchina di Carnot ha un rendimento di 0,23. Calcola il suo coefficiente di prestazione, assumendo che la si utilizzi come una pompa di calore. [4,3]

80 Macchine combinate
Una macchina di Carnot lavora tra le temperature di 600 K e 300 K. Il lavoro prodotto dalla macchina è immesso in una seconda macchina per farla funzionare come frigorifero, utilizzando ancora un ciclo di Carnot, percorso ovviamente in verso antiorario, che opera tra due sorgenti che si trovano a 310 K e a 260 K. Il calore fornito alla prima macchina è di 418 J ogni ciclo.
Calcola il calore che la seconda macchina estrae in un ciclo dalla sorgente fredda. [1,11 kJ]

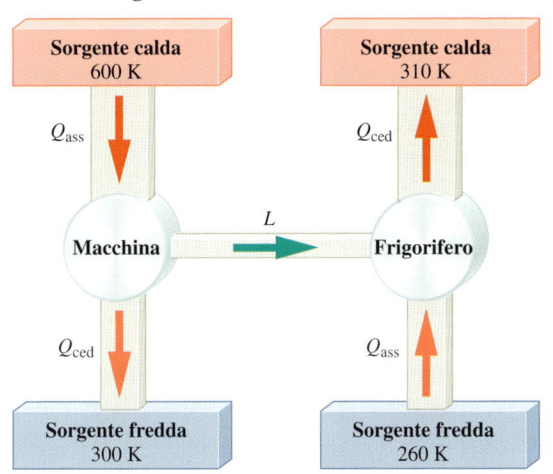

81 Confronta i rendimenti
Due moli di gas perfetto monoatomico compiono il ciclo schematizzato in figura, dove AB e CD sono isoterme reversibili, DA una adiabatica reversibile, mentre BC è una adiabatica irreversibile. Sapendo che è $p_A = 6,00$ atm, $T_A = 300$ K, $p_B = 3,00$ atm, $V_C = 35,0$ litri e $T_C = 200$ K, calcola il rendimento η del ciclo e confrontalo con il rendimento η_{rev} di un ciclo di Carnot reversibile fra le stesse temperature. [$\eta = 0{,}192$; $\eta_{rev} = 0{,}333$]

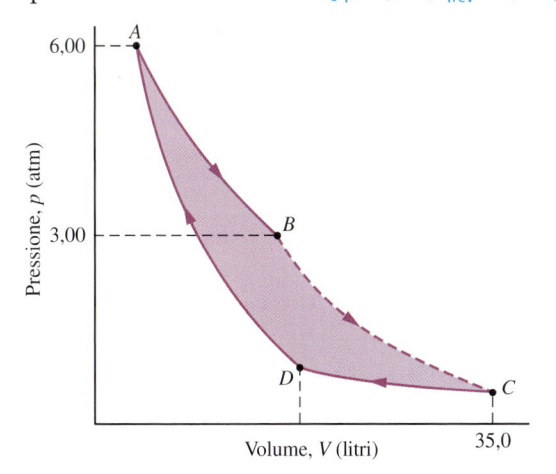

10-11 L'entropia e il terzo principio della termodinamica

82 Durante una trasformazione adiabatica l'entropia:
A aumenta.   C rimane costante.
B diminuisce.   D prima aumenta poi diminuisce.

83 Qual è nel SI l'unità di misura dell'entropia?
A J   C J/K
B K/J   D L'entropia è adimensionale.

84 Poni 250 g di acqua nel freezer per ottenere dei cubetti di ghiaccio. Relativamente a questa trasformazione, quale delle seguenti affermazioni è corretta?
A L'entropia dell'acqua aumenta.
B L'entropia della stanza in cui si trova il freezer aumenta.
C La quantità di calore rimossa dall'acqua è uguale a quella immessa nella stanza.
D La quantità di calore rimossa dall'acqua è maggiore di quella immessa nella stanza.

85 Una scatola isolata termicamente è divisa in due parti da un setto; un gas occupa inizialmente solo una delle parti, ma il setto ha un foro e, dopo un po' di tempo, il gas si diffonde in tutto il volume disponibile. Relativamente a questa trasformazione, quale delle seguenti affermazioni è corretta?
A L'entropia è maggiore nel primo stato, quando tutto il gas si trova in una sola parte della scatola.
B L'entropia è maggiore nel secondo stato, quando il gas occupa tutta la scatola.
C L'entropia è la stessa nei due casi, poiché la temperatura non è cambiata e non ci sono stati scambi di calore.
D Nessuna affermazione è corretta.

86 Variazione di entropia nell'evaporazione
Calcola la variazione di entropia quando 1,85 kg di acqua a 100 °C sono portati a ebollizione e successivamente, sempre a quella temperatura, evaporano. [11,2 kJ/K]

87 Variazione di entropia nel congelamento
Determina la variazione di entropia quando 3,1 kg di acqua congelano a 0 °C. [−3,8 kJ/K]

88 PREVEDI/SPIEGA
Un gas ideale si espande lentamente e isotermicamente.
a. La sua entropia aumenta, diminuisce o rimane la stessa?
b. Quale fra le seguenti è la *spiegazione* migliore per la risposta?
1 Per mantenere costante la temperatura bisogna somministrare calore al gas e ciò fa aumentare la sua entropia.
2 La temperatura del gas rimane costante, quindi anche l'entropia rimane costante.
3 L'espansione del gas fa diminuire sia la sua temperatura sia la sua entropia.

89 PREVEDI/SPIEGA

Un gas ideale si espande reversibilmente e adiabaticamente.

a. La sua entropia aumenta, diminuisce o rimane la stessa?

b. Quale fra le seguenti è la *spiegazione* migliore per la risposta?

  ☐ 1 La trasformazione è reversibile e non viene ceduto al gas alcun calore, quindi l'entropia del gas rimane la stessa.

  ☐ 2 Con l'espansione, il gas ha a disposizione un maggior volume, quindi aumenta la sua entropia.

  ☐ 3 Il gas si espande senza acquistare calore, quindi la sua temperatura diminuisce e ciò fa diminuire la sua entropia.

90 PREVEDI/SPIEGA

a. Se ti sfreghi le mani, l'entropia dell'universo aumenta, diminuisce o rimane la stessa?

b. Quale fra le seguenti è la *spiegazione* migliore per la risposta?

  ☐ 1 Sfregando le mani sottrai calore all'ambiente, quindi l'entropia diminuisce.

  ☐ 2 Sfregando le mani non compi alcun lavoro, quindi l'entropia rimane la stessa.

  ☐ 3 Il calore prodotto sfregando le mani fa aumentare la temperatura delle mani e dell'aria, quindi aumenta l'entropia.

91 PROBLEMA SVOLTO

In un freddo giorno d'inverno da una casa fuoriesce lentamente calore con una potenza di 20,0 kW. Calcola la velocità di aumento dell'entropia, se la temperatura interna è di 22,0 °C e quella esterna è di −14,5 °C.

SOLUZIONE

La potenza con cui il calore fuoriesce dalla casa è:

$$P = \frac{\Delta Q}{\Delta t} = 20,0 \text{ kW}$$

la temperatura dell'ambiente esterno è $T_f = 259$ K e la temperatura all'interno della casa è $T_c = 295$ K.
Ricava la velocità con cui l'entropia aumenta, tenendo conto che la quantità di calore che fuoriesce è sempre la stessa e che l'entropia dell'ambiente esterno aumenta, mentre quella della casa diminuisce:

$$\frac{\Delta S}{\Delta t} = \frac{\left(\frac{\Delta Q}{T_f} - \frac{\Delta Q}{T_c}\right)}{\Delta t} = \frac{\Delta Q}{\Delta t}\left(\frac{1}{T_f} - \frac{1}{T_c}\right) =$$

$$= P\left(\frac{T_c - T_f}{T_f T_c}\right) = P\frac{\Delta T}{T_f T_c} =$$

$$= (20,0 \cdot 10^3 \text{ W}) \frac{36,5 \text{ K}}{(295 \text{ K})(259 \text{ K})} = 9,55 \text{ J/(K s)}$$

92 L'entropia del paracadutista

Un paracadutista di 88 kg scende verticalmente da un'altezza di 380 m a velocità costante. Calcola l'aumento di entropia prodotto dal paracadutista, assumendo che la temperatura dell'aria sia di 21 °C.

[0,11 kJ/K]

93 Il condizionatore e l'entropia

Considera la situazione descritta nel problema 76.

a. L'entropia dell'universo aumenta, diminuisce o rimane la stessa mentre il condizionatore mantiene fresca la casa, non perfettamente isolata? Giustifica la risposta.

b. Qual è la velocità di variazione dell'entropia in questo processo?

$$\left[\text{b. } \frac{\Delta S}{t} = 1,3 \text{ W/K}\right]$$

94 Variazione di entropia

Una macchina termica opera tra una sorgente ad alta temperatura di 610 K e una sorgente a bassa temperatura di 320 K. In un ciclo completo la macchina assorbe 6400 J di calore dalla sorgente ad alta temperatura e produce 2200 J di lavoro. Calcola la variazione totale di entropia dell'universo in questo ciclo. [2,6 J/K]

95 Di quanto deve variare la temperatura?

Un campione di un gas ideale monoatomico, contenente 3 moli di gas, subisce una trasformazione isocora.

a. Di quale valore deve variare la temperatura assoluta del campione perché la variazione di entropia sia pari a 25 J/K?

b. Per lo stesso processo descritto, di quale fattore varia la velocità quadratica media delle particelle del gas?

[a. 1,95; b. 1,4]

ESERCIZI DI RIEPILOGO

RAGIONA E RISPONDI

1 Se una macchina ha un ingranaggio di retromarcia, questo la rende reversibile?

2 La temperatura di una sostanza è mantenuta costante. È possibile che del calore:
   a. entri nel sistema?
   b. esca dal sistema?
Per ognuno dei due casi, dai una spiegazione se la risposta è negativa, fornisci un esempio se la risposta è positiva.

3 Una sostanza è isolata termicamente, in modo che non possa scambiare calore con l'ambiente circostante. È possibile che la temperatura di questa sostanza aumenti? Giustifica la risposta.

4 Viene fornito calore a una sostanza. È corretto concludere che la temperatura della sostanza aumenta? Giustifica la risposta.

5 In una trasformazione a volume costante $\Delta E_{int} = nC_V\Delta T$, mentre in una trasformazione a pressione costante è invece $\Delta E_{int} \neq nC_p\Delta T$. Perché?

6 C_V è stato definito come il calore specifico molare di un gas ideale per una trasformazione isocòra; allora, perché è corretto affermare che, per un gas ideale, $\Delta E_{int} = nC_V\Delta T$ anche quando il volume non è costante?

7 Il numero γ che compare nella legge delle trasformazioni adiabatiche deve sempre essere maggiore di 1. Perché?

8 L'equazione $pV^\gamma =$ costante vale anche per le trasformazioni adiabatiche che hanno luogo quando il sistema è allo stato liquido o solido?

9 Esistono trasformazioni termodinamiche nelle quali tutto il calore assorbito da un gas ideale è trasformato completamente in lavoro meccanico? Giustifica la risposta.

10 Un gas ideale è posto in un contenitore isolato alla temperatura T. Tutto il gas inizialmente sta in una metà del contenitore, con un divisorio che separa il gas dall'altra metà del contenitore, in cui c'è il vuoto. Se il divisorio si rompe e il gas si espande fino a riempire tutto il contenitore, qual è la sua temperatura finale?

11 Quale principio della termodinamica sarebbe violato se il calore passasse spontaneamente tra due corpi alla stessa temperatura?

12 Le macchine termiche cedono sempre una determinata quantità di calore a una sorgente a bassa temperatura. È possibile utilizzare questo calore "perso" come calore in ingresso per un'altra macchina termica e poi utilizzare il calore "perso" da questa per alimentare una terza macchina, e così via?

13 Una pompa di calore utilizza 100 J di energia funzionando per un determinato tempo. È possibile che la pompa di calore riesca a rilasciare più di 100 J di calore verso l'interno di una stanza nello stesso intervallo di tempo?

14 I frigoriferi domestici hanno una serpentina posta esternamente, generalmente sul retro. Quando il frigorifero è in funzione, la serpentina diventa molto calda. Da dove proviene questo calore?

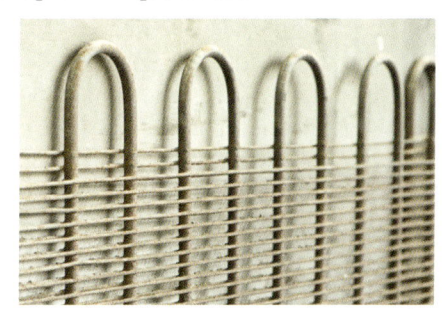

15 Il secondo principio della termodinamica afferma che il calore non può *mai* fluire da un oggetto più freddo a uno più caldo?

16 Quali sono i limiti teorici del rendimento di un motore termico? Quali quelli del coefficiente di prestazione di un frigorifero?

17 Perché un frigorifero con un coefficiente di prestazione elevato è conveniente dal punto di vista energetico?

18 Se rassetti una camera in disordine, mettendo ogni cosa al suo posto, diminuisci l'entropia della camera. Questo costituisce una violazione del secondo principio della termodinamica?

19 Come può l'espansione libera di un gas nel vuoto aumentare l'entropia del sistema? Considera un gas che si espande liberamente in un recipiente isolato dall'esterno.

20 A livello microscopico, come puoi spiegare che il calore fluisce sempre spontaneamente da un corpo più caldo a uno più freddo?

RISPONDI AI QUESITI

21 Un sistema costituito da un gas perfetto compie il ciclo termodinamico illustrato in figura, composto dalle seguenti trasformazioni:
- la trasformazione 1 → 2 avviene alla temperatura costante di 300 K. Durante questa trasformazione il gas assorbe una quantità di calore pari a 30 J;
- la trasformazione 2 → 3 avviene a volume costante. Durante questa trasformazione il gas cede all'esterno una quantità di calore pari a 40 J e la temperatura T_3 è 275 K;
- la trasformazione 3 → 1 è adiabatica.

Qual è la variazione di energia interna nella trasformazione 3 → 1?

A −40 J   C 0 J   E 40 J
B −10 J   D 10 J

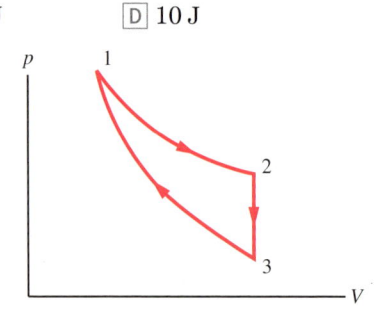

[Olimpiadi della Fisica 2018, Gara di I livello]

22 La figura mostra lo schema di funzionamento di una macchina termica ciclica reale che lavora tra una sorgente a temperatura $T_2 = 327$ °C e una a temperatura $T_1 = 127$ °C; in ogni ciclo la macchina produce il lavoro $L = 500$ J e scambia il calore Q_1 con la sorgente fredda, con $|Q_1| = 1500$ J.
Qual è il suo rendimento?

A 157 %
B 100%
C 75%
D 33%
E 25%

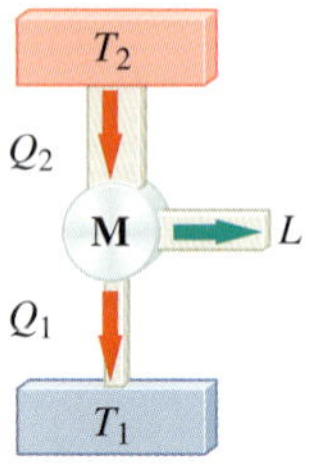

[Olimpiadi della Fisica 2019, Gara di I livello]

23 Un sistema costituito da n moli di un gas perfetto compie il ciclo termodinamico reversibile, composto dalle seguenti trasformazioni:
- la trasformazione dallo stato 1 allo stato 2 avviene a temperatura costante $T_1 = T_2$;
- la trasformazione dallo stato 2 allo stato 3 avviene a volume costante, fino alla temperatura T_3;
- la trasformazione dallo stato 3 allo stato 1 è adiabatica.

Quanto vale il rapporto tra le variazioni di entropia del sistema nelle trasformazioni 1 → 2 e 2 → 3?

A 1
B $\ln(T_2/T_3)$
C $\ln(T_3/T_2)$
D −1
E Dipende dal valore di n

[Olimpiadi della Fisica 2019, Gara di I livello]

RISOLVI I PROBLEMI

24 Il segno del lavoro

Considera il ciclo mostrato nella seguente figura. Per ogni trasformazione del ciclo, da A a B, da B a C, da C ad A, stabilisci se il lavoro effettuato dal sistema è positivo, negativo o nullo.

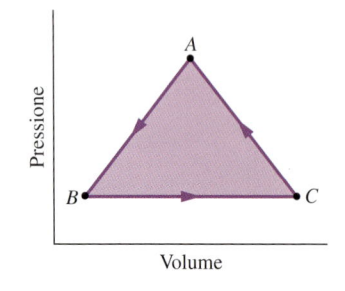

25 Calcola le grandezze incognite

Un gas ideale è sottoposto alle tre trasformazioni mostrate nella figura. Completa la tabella calcolando le grandezze incognite di ogni trasformazione.

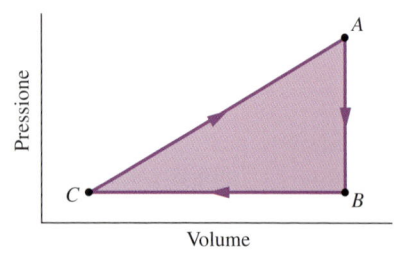

Trasformazione	Q	L	ΔE_{int}
A → B	−53 J		
B → C	−280 J	−130 J	
C → A		150 J	

26 Quanto ghiaccio fonde?

A un blocco di ghiaccio di 0,14 kg a 0 °C è fornito del calore, aumentando la sua entropia di 87 J/K. Quanto ghiaccio fonde? [0,071 kg]

27 Trasformazioni in tre fasi

Un gas ideale è sottoposto alla trasformazione in tre fasi mostrata nella figura. Dopo il completamento di un ciclo intero, determina:
a. il lavoro totale compiuto dal sistema;
b. la variazione totale dell'energia interna del sistema;
c. la quantità di calore totale assorbita dal sistema.

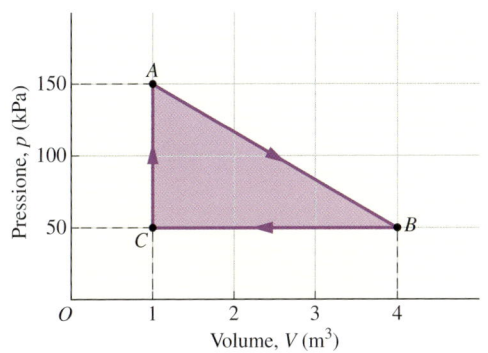

[a. 150 kJ; b. 0 J; c. 150 kJ]

28 Quale macchina è più efficiente?

La macchina A ha un rendimento pari a 0,66. La macchina B assorbe la stessa quantità di calore dalla sorgente calda e ne trasferisce il doppio a quella fredda.
a. Quale dei due motori ha il rendimento maggiore? Giustifica la risposta.
b. Qual è il rendimento della macchina B?

[a. la macchina A; b. 0,32]

29 Trasformare acqua in ghiaccio

Per trasformare 1,75 kg di acqua in ghiaccio in un'ora si utilizza un congelatore con un coefficiente di prestazione di 3,88. La temperatura di partenza dell'acqua è di 20,0 °C e il ghiaccio prodotto è raffreddato a −5,00 °C. Calcola:
a. la quantità di calore che occorre sottrarre all'acqua affinché questo processo si svolga;
b. l'energia elettrica che consuma il congelatore durante questa operazione, che ha la durata di un'ora;
c. la quantità di calore ceduta all'ambiente esterno.

[a. 751 kJ; b. 194 kJ; c. 945 kJ]

30 Il gas argon

Supponi che 1800 J di calore siano somministrati a 3,6 moli di gas argon alla pressione costante di 120 kPa. Calcola:
a. la variazione dell'energia interna del gas;
b. la variazione della sua temperatura;
c. la variazione del suo volume.

Tratta l'argon come un gas ideale monoatomico.

[a. 1,1 kJ; b. 24 K; c. $6,0 \cdot 10^{-3}$ m^3]

31 L'entropia e il Sole

La temperatura della superficie del Sole è di 5500 °C e quella dello spazio interstellare è di 3,0 K.
a. Calcola l'aumento di entropia provocato dal Sole in un giorno, sapendo che esso irradia calore con una potenza di $3,80 \cdot 10^{26}$ W.
b. Quanto lavoro si potrebbe compiere se questo calore fosse utilizzato da una macchina termica ideale?

[a. $1,1 \cdot 10^{31}$ J/K in un giorno; b. $3,3 \cdot 10^{31}$ J]

32 Trasformazioni isòbara e isocòra

Un sistema formato da 1,5 moli del gas monoatomico neon, che può essere trattato come un gas ideale, si trova inizialmente alla temperatura di 320 K e ha un volume di 1,8 m^3. Al sistema è fornita, a pressione costante, una quantità di calore tale da triplicarne il volume e, successivamente, a volume costante, una quantità di calore tale da duplicarne la pressione. Calcola la quantità totale di calore fornita. [38 kJ]

33 Compressione isotermica

Un cilindro dotato di un pistone mobile contiene 2,75 moli di argon a una temperatura costante di 295 K. Quando il gas è compresso isotermicamente, la sua pressione aumenta da 101 kPa fino a 121 kPa. Calcola:
a. il volume finale del gas;
b. il lavoro compiuto dal gas;
c. il calore fornito al gas.

[a. 0,0557 m^3; b. −1,22 kJ; c. −1,22 kJ]

34 Di quanto deve variare la temperatura?

Una bombola di gas contiene 1,0 kg di elio a 20 °C e a 80 atm. Di quanto varia l'entropia del gas se lo si fa fuoriuscire lentamente dalla bombola? Considera l'elio come un gas perfetto e ipotizza che la trasformazione sia isoterma. [$9,1 \cdot 10^3$ J/K]

35 Trasformazioni 1 e 2

Considera l'espansione di 60,0 moli di un gas ideale monoatomico secondo le trasformazioni 1 e 2 mostrate nella figura. Nella trasformazione 1 il gas è riscaldato a volume costante da una pressione iniziale di 106 kPa a una pressione finale di 212 kPa. Nella trasformazione 2 il gas si espande a pressione costante da un volume iniziale di 1,00 m^3 a un volume finale di 3,00 m^3.
a. Calcola la quantità di calore fornita al gas durante queste due trasformazioni.
b. Qual è il lavoro effettuato dal gas durante questa espansione?
c. Calcola la variazione dell'energia interna del gas.

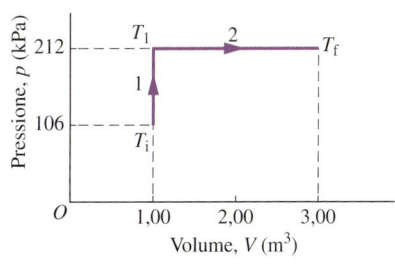

[a. 159 kJ; 1060 kJ; b. 424 kJ, c. 795 kJ]

36 Espansione 3 e 4

Riferendoti al problema precedente, supponi che il gas si espanda lungo i processi 3 e 4 riportati in figura. Nella trasformazione 3 il gas si espande a pressione costante da un volume iniziale di 1,00 m³ a un volume finale di 3,00 m³. Nella trasformazione 4 il gas è riscaldato a volume costante da una pressione iniziale di 106 kPa a una pressione finale di 212 kPa.

a. Calcola la quantità di calore che è fornita al gas in queste due trasformazioni.
b. Calcola la quantità di lavoro effettuato dal gas durante questa espansione.
c. Calcola la variazione dell'energia interna del gas.

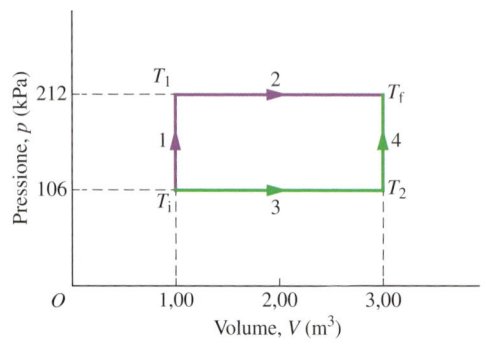

[a. trasformazione 3: 530 kJ, trasformazione 4: 477 kJ; b. 212 kJ; c. 795 kJ]

37 Espansione 5

Con riferimento al problema precedente, supponi che 60,0 moli di un gas ideale monoatomico si espandano secondo la trasformazione 5. Calcola:

a. la quantità di lavoro compiuto dal gas durante questa espansione;
b. la variazione dell'energia interna del gas;
c. la quantità di calore fornita al gas in tale processo.

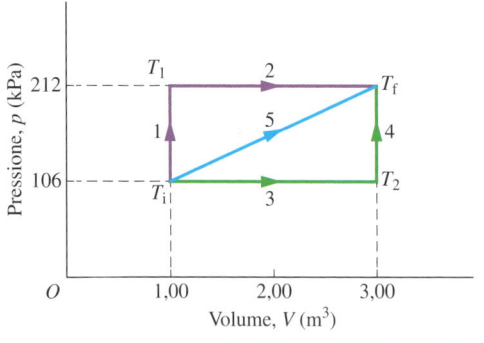

[a. 318 kJ; b. 795 kJ; c. 1,1 · 10⁶ J]

38 MATH⁺ Coefficiente di prestazione e rendimento

Una macchina di Carnot e un frigorifero di Carnot operano fra le stesse due temperature. Dimostra che il coefficiente di prestazione del frigorifero è legato al rendimento della macchina dalla relazione:

$$C_f = \frac{1-\eta}{\eta}$$

39 Un motore a succo di pompelmo

Un inventore sostiene di avere progettato un nuovo motore ciclico che utilizza come fluido termodinamico il succo di pompelmo. Secondo le sue affermazioni, il motore riceve 1250 J di calore da una sorgente a 1010 K e produce 1120 J di lavoro per ogni ciclo. Il calore di scarto viene emesso nell'atmosfera a una temperatura di 302 K.

a. Qual è il rendimento che si può dedurre dalle affermazioni dell'inventore?
b. Qual è il rendimento di una macchina reversibile che lavora tra le stesse temperature utilizzate da questo motore?
c. Investiresti del denaro in questo progetto?

[a. 0,896; b. 0,701]

40 Macchina irreversibile e reversibile

Una macchina termica irreversibile opera tra una sorgente ad alta temperatura $T_c = 810$ K e una sorgente a bassa temperatura $T_f = 320$ K. Durante ogni ciclo completo la macchina preleva 660 J di calore dalla sorgente calda e compie 250 J di lavoro.
Calcola:

a. la variazione totale di entropia ΔS_{tot} in ogni ciclo;
b. il lavoro che produrrebbe in un ciclo completo una macchina reversibile che operasse tra le stesse temperature e prelevasse la stessa quantità di calore.
c. Dimostra che la differenza tra il lavoro compiuto dalla macchina irreversibile e quello compiuto dalla macchina reversibile è uguale a $T_f \Delta S_{tot}$.

[a. 0,47 J/K; b. 0,40 kJ]

41 Descrivi la strategia e calcola

Un cilindro che contiene 1,7 moli di un gas ideale, al volume iniziale di $3,1 \cdot 10^{-3}$ m³, è sormontato da un pistone mobile senza attrito. Il diametro del pistone è di 12 cm e la sua massa è 0,14 kg. Man mano che si somministra calore al gas, l'altezza h del pistone rispetto alla base del cilindro aumenta di 6,4 cm al minuto. Di quanti kelvin al secondo aumenta la temperatura del gas?
Descrivi una strategia che puoi adottare per risolvere questo problema e mettila in pratica per calcolare la velocità con cui aumenta la temperatura. [0,087 K/s]

VERSO L'ESAME

PROBLEMA 1 — Energia dall'oceano

▶ Macchine termiche ▶ Rendimento ▶ Ambiente marino ▶ Fonti

Ogni volta che due corpi si trovano a temperature diverse, possiamo prelevare energia termica con una macchina termica. Un caso particolare è costituito dall'oceano, dove un "corpo" è rappresentato dall'acqua calda vicino alla superficie e l'altro è rappresentato dall'acqua fredda che si trova a grande profondità. I mari tropicali, in particolare, possono presentare significative differenze di temperatura tra le acque superficiali riscaldate dal Sole e quelle fredde e buie a 1000 o più metri al di sotto della superficie. Nella figura è mostrato un caratteristico "profilo delle temperature" oceanico, nel quale possiamo vedere una rapida variazione di temperatura, un *termoclino*, tra le profondità di 400 e 900 m circa.

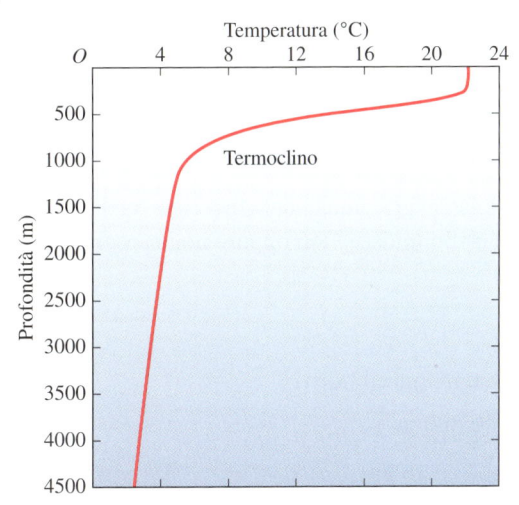

Andamento della temperatura in funzione della profondità nelle acque tropicali

L'idea di utilizzare questa potenziale fonte di energia è stata accarezzata per lungo tempo. Nel 1870, ad esempio, il Capitano Nemo, nel romanzo di Jules Verne *Ventimila leghe sotto i mari*, esclamava: "Io devo tutto all'oceano; esso produce elettricità e l'elettricità fornisce calore, luce, movimento e, in una sola parola, la vita del Nautilus". Appena 11 anni dopo, il fisico francese Jaques Arsene d'Arsonval propose un sistema concreto, chiamato *Conversione dell'energia termica dell'Oceano* (OTEC), e nel 1930 Georges Claude, uno degli studenti di d'Arsonval, costruì e mise in funzione il primo sistema sperimentale OTEC al largo di Cuba.

I sistemi OTEC, che in linea di principio sono a basso costo e non richiedono carburanti, possono fornire non solo elettricità, ma anche acqua desalinizzata come parte del processo. In effetti, un impianto OTEC che generi 2 MW di elettricità, dovrebbe produrre oltre 400 metri cubi di acqua desalinizzata al giorno.

Il *National Energy Laboratory of Hawaii Authority* (NELHA) ha effettuato, tra il 1992 e il 1998, i primi test vicino a Kona, alle Hawaii. Il primo impianto su larga scala da 16 MW di potenza è stato progettato in Europa e installato al largo di Martinica, per fornire all'isola caraibica 10,7 MW di potenza netta.

1. Supponi che un sistema OTEC operi con acqua superficiale a 22 °C e acqua profonda a 4,0 °C. Qual è il massimo rendimento che può avere questo sistema?

2. Stima, osservando il grafico, il massimo rendimento del sistema OTEC che opera con acqua superficiale a 27 °C e acqua intorno ai 500 m di profondità.

3. Se raffreddi 1500 kg di acqua a 22 °C portandola a 4,0 °C, quanta energia viene ceduta? Confrontala con l'energia ceduta quando si brucia un litro di benzina, pari a $3,4 \cdot 10^7$ J.

4. Considerando un consumo medio di energia di 1000 GWh per l'isola di Martinica, che percentuale di energia apporterrebbe questa fonte rinnovabile?

[**1.** 0,06; **2.** 0,007; **3.** $1,1 \cdot 10^8$ J; **4.** 4%]

PROBLEMA SVOLTO 2 — Gas su ghiaccio

▶ Transizioni di fase ▶ Gas ideali ▶ Le leggi della termodinamica ▶ Entropia

Un cilindro con pistone da 0,800 m³ contiene elio (massa molare 4,00 g/mol) a pressione atmosferica ed è costituito da un materiale termicamente isolante eccetto la base, che è a contatto termico con un enorme blocco di ghiaccio alla sua temperatura di fusione, con cui è inizialmente all'equilibrio termico, come mostrato in figura.
Il volume del gas viene dimezzato tramite una forza esterna che abbassa il pistone molto lentamente.

1 Determina la massa del gas e il suo stato finale (pressione, volume e temperatura), considerando che l'elio si comporta in buona approssimazione come un gas ideale.

2 Determina il lavoro che la forza esterna compie sul gas e quanti grammi di ghiaccio fondono a causa della compressione del gas, tenendo presente che il calore latente di fusione del ghiaccio è $L_f = 3{,}33 \cdot 10^5$ J/kg.

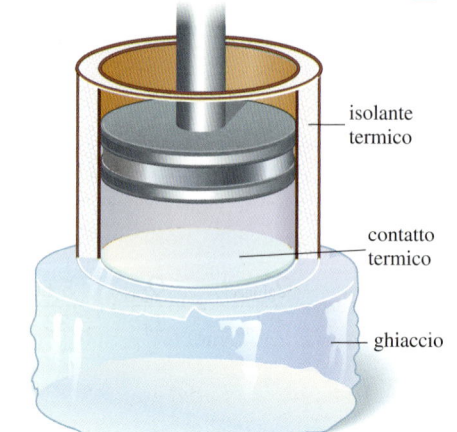

3 Calcola la variazione di entropia del gas, quella del ghiaccio e quella dell'universo, quindi discuti se il fatto che l'entropia del gas diminuisca violi oppure no la seconda legge della termodinamica.

SOLUZIONE

1 Il numero di moli di gas contenute nel cilindro è:

$$n = \frac{p_i V_i}{R T_i} = \frac{(1{,}01 \cdot 10^5 \text{ Pa})(0{,}800 \text{ m}^3)}{\left(8{,}31 \dfrac{\text{J}}{\text{mol} \cdot \text{K}}\right)(273{,}15 \text{ K})} = 35{,}6 \text{ mol}$$

per cui:

$$m = n \cdot M_{\text{mol}} = 35{,}6 \cdot (4{,}00 \text{ g/mol}) = 142 \text{ g}$$

Il volume finale del gas è:

$$V_f = \frac{V_i}{2} = \frac{0{,}800 \text{ m}^3}{2} = 0{,}400 \text{ m}^3$$

mentre la temperatura non varia, poiché il gas è a contatto con una grande quantità di ghiaccio che funge da termostato, mantenendo la temperatura costantemente uguale a 0 °C:

$$T_f = T_i = 273{,}15 \text{ K}$$

Dalla legge dei gas ideali la pressione è data da:

$$p_f = \frac{nRT_f}{V_f} = \frac{nRT_i}{V_i/2} = 2\frac{nRT_i}{V_i} = 2 p_i = 2{,}02 \cdot 10^5 \text{ Pa}$$

2 Il gas effettua una trasformazione isoterma poiché è a contatto con una grande quantità di ghiaccio al suo punto di fusione, per cui il lavoro compiuto dal gas è:

$$L_{\text{gas}} = nRT \ln \frac{V_f}{V_i} = nRT \ln \frac{V_i/2}{V_i} = nRT \ln \frac{1}{2}$$

$$L_{\text{gas}} = 35{,}6 \cdot \left(8{,}31 \frac{\text{J}}{\text{mol} \cdot \text{K}}\right) \cdot (273{,}15 \text{ K}) \cdot \ln \frac{1}{2} = -5{,}60 \cdot 10^4 \text{ J}$$

Il lavoro che la forza esterna compie sul gas è uguale all'opposto del lavoro compiuto dal gas:

$$L_{\text{est}} = -L_{\text{gas}} = 5{,}60 \cdot 10^4 \text{ J}$$

Poiché il gas compie una trasformazione isoterma, la sua temperatura non varia e, di conseguenza, non varia nemmeno la sua energia interna. Per la prima legge della termodinamica, quindi, il gas cede un calore pari al lavoro (negativo) effettuato:

$$\Delta E_{\text{int}} = Q_{\text{gas}} - L_{\text{gas}}$$

$$0 = Q_{\text{gas}} - L_{\text{gas}}$$

$$Q_{\text{gas}} = L_{\text{gas}} = -5{,}60 \cdot 10^4 \text{ J}$$

Questo calore, ceduto dal gas, viene acquistato dal ghiaccio, che fonde in parte:

$$Q_{\text{ghiaccio}} = -Q_{\text{gas}} = L_{\text{f}} m$$

da cui:

$$m = \frac{Q_{\text{ghiaccio}}}{L_{\text{f}}} = \frac{-Q_{\text{gas}}}{L_{\text{f}}} = \frac{5{,}60 \cdot 10^4 \text{ J}}{3{,}33 \cdot 10^5 \text{ J/kg}} = 0{,}168 \text{ kg} = 168 \text{ g}$$

3 La temperatura del gas non varia durante la trasformazione, per cui la sua variazione di entropia si può calcolare semplicemente dividendo il calore ceduto per la temperatura in kelvin:

$$\Delta S_{\text{gas}} = \frac{Q_{\text{gas}}}{T_{\text{gas}}} = \frac{-5{,}60 \cdot 10^4 \text{ J}}{273{,}15 \text{ K}} = -205 \text{ J/K}$$

che è negativa poiché il gas cede calore.
Analogamente per il ghiaccio:

$$\Delta S_{\text{ghiaccio}} = \frac{Q_{\text{ghiaccio}}}{T_{\text{ghiaccio}}} = \frac{5{,}60 \cdot 10^4 \text{ J}}{273{,}15 \text{ K}} = 205 \text{ J/K}$$

che è positiva, poiché il ghiaccio assorbe calore.
Infine:

$$\Delta S_{\text{universo}} = \Delta S_{\text{gas}} + \Delta S_{\text{ghiaccio}} = -205 \text{ J/K} + 205 \text{ J/K} = 0 \text{ J/K}$$

come ci si poteva aspettare dal momento che la trasformazione, avvenendo molto lentamente, è reversibile.

Osservazione

Il fatto che l'entropia del gas diminuisca non viola la seconda legge della termodinamica, in quanto il gas da solo non è un sistema isolato, ma interagisce con l'ambiente esterno, per cui la sua entropia può anche diminuire, a patto che alla sua trasformazione sia associato un altro processo che non comporti la diminuzione di entropia dell'universo. In questo caso, il gas subisce un processo innaturale, diminuendo la sua entropia, ma a esso è associato un processo spontaneo, cioè la fusione del ghiaccio, che aumenta la sua entropia tanto da impedire a quella dell'universo di diminuire.

PROVA TU Con riferimento al Problema svolto, considera che il volume venga raddoppiato anziché dimezzato. Anche in questo caso supponi che la quantità di ghiaccio sia così grande da potersi considerare come un termostato per il gas.

1. Determina lo stato finale del gas (pressione, volume e temperatura).
2. Determina il lavoro che la forza esterna compie sul gas e la massa minima di ghiaccio affinché la sua temperatura vari di meno 0,100 °C a causa della compressione del gas, tenendo presente che il calore specifico del ghiaccio è $c_{\text{ghiaccio}} = 2220 \ \frac{\text{J}}{\text{kg} \cdot \text{K}}$.
3. Calcola la variazione di entropia del gas, quella del ghiaccio e quella dell'universo, quindi discuti se il fatto che l'entropia del gas diminuisca violi oppure no la seconda legge della termodinamica.

[**1.** $V_{\text{f}} = 1{,}60 \text{ m}^3$; $T_{\text{f}} = 273{,}15 \text{ K}$; $p_{\text{f}} = 5{,}05 \cdot 10^4 \text{ Pa}$; **2.** $L_{\text{est}} = -5{,}60 \cdot 10^4 \text{ J}$; $m_{\text{ghiaccio}} = 252 \text{ kg}$; **3.** $\Delta S_{\text{gas}} = 205 \text{ J/K}$; $\Delta S_{\text{ghiaccio}} = -205 \text{ J/K}$; $\Delta S_{\text{universo}} = 0 \text{ J/K}$]

AUTOVERIFICA

Tempo a disposizione: **60 minuti**

SCEGLI LA RISPOSTA CORRETTA

1 Una mole di gas ideale monoatomico, inizialmente in condizioni standard, è riscaldata a volume costante fino a raddoppiare il valore della sua temperatura assoluta. Quali sono i valori corretti per il calore e il lavoro scambiati?
- A $L = 0$ J; $\quad Q = 3{,}40$ kJ
- B $L = 0$ J; $\quad Q = 0$ J
- C $L = -3{,}40$ kJ; $Q = 3{,}40$ kJ
- D $L = 3{,}40$ kJ; $Q = 3{,}40$ kJ

2 Un gas è posto all'interno di un contenitore rigido, isolato e chiuso da un pistone mobile. Un peso è aggiunto sulla superficie esterna del pistone, per cui il gas subisce una compressione. A causa di questa trasformazione:
- A la temperatura del gas rimane la stessa perché il contenitore è isolato.
- B la temperatura del gas aumenta perché il gas assorbe calore.
- C la temperatura del gas aumenta perché è compiuto un lavoro sul gas.
- D la pressione del gas rimane la stessa perché la temperatura del gas è costante.

3 Una macchina di Carnot assorbe 6000 kJ dalla sorgente calda posta a 600 K e ha un rendimento $\eta = 0{,}5$. Qual è la temperatura della sorgente fredda?
- A 27 °C
- B 300 °C
- C 127 °C
- D 327 °C

4 Supponi di porre un oggetto caldo a contatto con uno freddo e di osservare (con grande stupore!) che il calore fluisce dall'oggetto freddo all'oggetto caldo, rendendo l'oggetto freddo ancora più freddo e quello caldo ancora più caldo. Questo processo:
- A viola il primo principio della termodinamica.
- B viola il secondo principio della termodinamica.
- C viola sia il primo sia il secondo principio della termodinamica.
- D non viola alcun principio della termodinamica.

5 Quale, tra le seguenti, è la relazione che lega l'entropia alla probabilità P dello stato termodinamico del sistema?
- A $S = k \log P$
- B $P = k \ln S$
- C $S = k \ln P$
- D $S = k e^P$

RISOLVI I SEGUENTI PROBLEMI

6 Mantenendo costante la pressione a 210 kPa, 49 moli di un gas ideale monoatomico si espandono da un volume iniziale di 0,75 m^3 a un volume finale di 1,9 m^3.
- **a.** Calcola il lavoro compiuto dal gas nell'espansione.
- **b.** Determina le temperature iniziale e finale del gas.
- **c.** Qual è la variazione dell'energia interna del gas?
- **d.** Qual è la quantità di calore che è stata somministrata al gas?

7 Un sistema è formato da 3,5 moli di un gas ideale monoatomico a 315 K. Determina la quantità di calore che deve essere fornita al sistema per raddoppiare la sua energia interna:
- **a.** a pressione costante;
- **b.** a volume costante.

8 Una macchina termica preleva 2045 J da una sorgente alla temperatura di 264 °C e cede i 2/3 della quantità di calore prelevata a un'altra sorgente alla temperatura di 75 °C.
- **a.** Determina il lavoro eseguito dalla macchina.
- **b.** Calcola il rendimento della macchina.
- **c.** Calcola quanto lavoro si perde in ogni ciclo rispetto a una macchina termica reversibile.

STRUMENTI MATEMATICI

RELAZIONI E FUNZIONI — 1 Significato geometrico del rapporto incrementale e del suo limite

IL TASSO DI VARIAZIONE DI UNA FUNZIONE

Consideriamo una funzione $y = f(x)$ definita e continua in un intervallo $[a, b]$. Scegliamo arbitrariamente un valore x_0 dell'intervallo $[a, b]$, in corrispondenza del quale la funzione assume il valore $y_0 = f(x_0)$. Se ora scegliamo un altro valore di x, che differisce da x_0 di una quantità positiva Δx e tale che $x_0 + \Delta x$ appartenga ancora all'intervallo di definizione della funzione, la funzione assumerà in corrispondenza di esso il nuovo valore $f(x_0 + \Delta x)$.

La variazione Δx della variabile indipendente x, che è passata dal valore x_0 al valore $x_0 + \Delta x$, determina la corrispondente variazione della variabile dipendente y:

$$\Delta y = f(x_0 + \Delta x) - f(x_0)$$

Consideriamo ora il rapporto tra l'incremento della variabile y e quello della variabile x:

$$\frac{\Delta y}{\Delta x} = \frac{f(x_0 + \Delta x) - f(x_0)}{x_0 + \Delta x - x_0} = \frac{f(x_0 + \Delta x) - f(x_0)}{\Delta x}$$

Questo rapporto rappresenta il **tasso di variazione medio** della funzione relativo a un intervallo di ampiezza Δx.

Geometricamente, tale rapporto rappresenta il **coefficiente angolare della retta** che passa per i punti $A(x_0; f(x_0))$ e $B(x_0 + \Delta x; f(x_0 + \Delta x))$, come illustrato in **figura 1**.

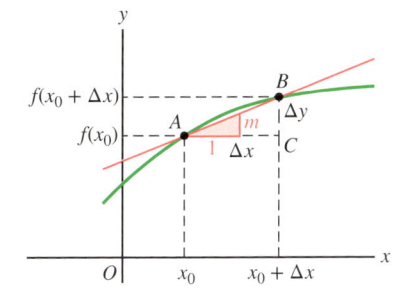

◀ **Figura 1**
Rappresentazione geometrica del rapporto incrementale (coefficiente angolare della retta AB).

Che cosa succede se, nel caso considerato sopra, facciamo tendere a zero Δx? Quando l'incremento Δx della variabile indipendente x diventa sempre più piccolo, anche l'incremento Δy della variabile dipendente y diventa sempre più piccolo, tendendo anch'esso a zero. Dobbiamo però evitare che Δx diventi *esattamente* uguale a zero, perché in tal caso anche Δy diventa esattamente uguale a zero e il rapporto $\frac{\Delta y}{\Delta x}$ non sarebbe definito.

Consideriamo allora il rapporto $\frac{dy}{dx}$ che si ottiene facendo il limite per Δx che tende a zero del rapporto $\frac{\Delta y}{\Delta x}$, ovvero in simboli matematici:

$$\frac{dy}{dx} = \lim_{\Delta x \to 0} \frac{\Delta y}{\Delta x}$$

dove dx e dy rappresentano due quantità infinitamente prossime a zero, cioè due quantità *infinitesime*.

Quale significato possiamo attribuire a questo rapporto? Possiamo pensare che rappresenti il tasso di variazione *puntuale* della funzione, relativo, cioè, non a un intervallo di ampiezza finita, ma al punto x_0 scelto inizialmente.

Geometricamente osserviamo che, quando Δx diminuisce, il punto B si avvicina sempre più al punto A, che rimane fermo, e la retta *secante* AB ruota intorno al punto fisso A, fino ad assumere la sua posizione limite di retta *tangente* al grafico della funzione nel suo punto $A(x_0; f(x_0))$.

Possiamo quindi concludere che $\dfrac{dy}{dx}$ rappresenta il **coefficiente angolare** della retta tangente al grafico della funzione nel suo punto $A(x_0 ; f(x_0))$, come illustrato in **figura 2**.

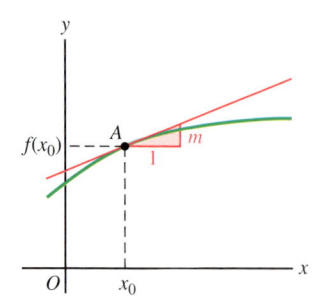

◂ **Figura 2**
Il coefficiente angolare della tangente alla curva nel suo punto $A(x_0, f(x_0))$

Nel caso particolare in cui la variabile x corrisponde al tempo t e la variabile y allo spazio s, il rapporto $\dfrac{\Delta s}{\Delta t}$ rappresenta la **velocità media** con cui la grandezza $s = f(t)$ varia nel tempo, mentre il rapporto $\dfrac{ds}{dt}$ rappresenta la **velocità istantanea** di variazione della grandezza $s = f(t)$.

MASSIMI, MINIMI E FLESSI

Consideriamo ora la funzione in **figura 3**. Immaginiamo di far variare x_0 in un intervallo $[a, b]$ e di considerare, per ogni valore di x_0, il corrispondente valore m del coefficiente angolare della retta tangente alla curva nel punto $P(x_0 ; f(x_0))$. Il coefficiente angolare m, in ogni punto, è dato dalla tangente goniometrica dell'angolo di inclinazione della retta tangente alla curva in quel punto, misurato a partire dal semiasse positivo delle ascisse. Notiamo allora che valori positivi di m (corrispondenti ad angoli di inclinazione minori di 90°) si hanno negli intervalli del dominio in cui la funzione è **strettamente crescente**, mentre valori negativi di m si registrano negli intervalli in cui la funzione è **strettamente decrescente**.

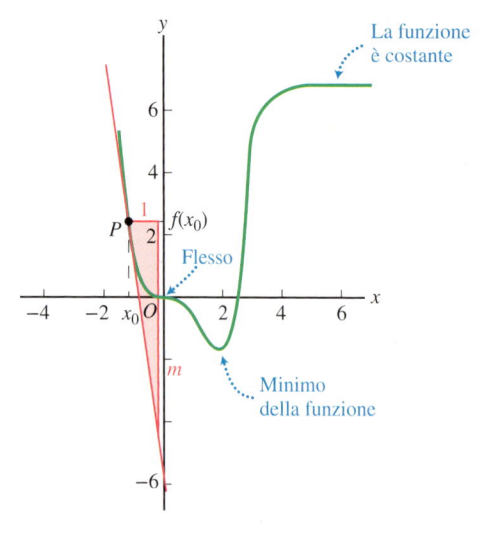

◂ **Figura 3**

Nei punti in cui la funzione cambia la propria monotonia (passando da crescente a decrescente, ad esempio, o da decrescente a crescente) il coefficiente angolare si annulla ($m = 0$). In corrispondenza di tali punti la funzione assume il **massimo** o il **minimo** valore rispetto a quelli che essa assume nelle immediate vicinanze. Nel grafico in figura questo succede, ad esempio, quando l'ascissa di P è di poco inferiore a 2. Questo punto risulta essere il minimo assoluto della funzione. A sinistra di tale punto la funzione decresce (e quindi m è negativo), mentre a destra cresce (m positivo). Il coefficiente angolare si annulla, inoltre, nei punti in cui la funzione rimane costante, come nel tratto orizzontale a destra del grafico.

Immaginiamo ora di spostare il punto P del grafico verso destra. La pendenza della tangente continua a rimanere negativa, ma il suo valore aumenta sempre più finché si annulla in corrispondenza di $x = 0$. Per valori di x maggiori di 0 la pendenza della tangente assume nuovamente valori negativi, ma questa volta *diminuisce*, assumendo valori negativi sempre più grandi in valore assoluto (entro un certo intervallo di valori di x). Il punto $P(0 ; 0)$ non rappresenta né un punto di massimo né un punto di minimo, ma un punto in cui cambia la concavità della funzione. I punti in cui la concavità della funzione cambia si chiamano **flessi**. Questo particolare flesso, in cui la tangente alla curva è orizzontale, si chiama **flesso a tangente orizzontale**.

ESEMPIO 1 Un'applicazione cinematica:
il moto rettilineo uniformemente accelerato

Consideriamo un punto materiale che si muove secondo la seguente legge oraria:

$$s = (-0{,}35 \text{ m/s}^2)t^2 + (9{,}5 \text{ m/s})t + 1{,}8 \text{ m}$$

Si tratta di un moto uniformemente accelerato, con accelerazione negativa.
Il **diagramma orario**, come si può notare nella **figura 4**, è una parabola, con concavità rivolta verso il basso perché l'accelerazione è negativa. Il coefficiente angolare della tangente al diagramma orario in un punto $Q(t ; s)$ rappresenta la velocità istantanea nell'istante t.

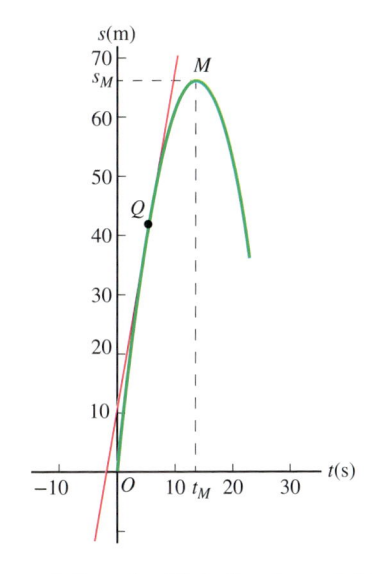

◀ **Figura 4**

Rappresentando la variazione della velocità in funzione del tempo (diagramma velocità-tempo in **figura 5**) otteniamo una retta con coefficiente angolare negativo, che interseca l'asse dei tempi quando la tangente alla curva oraria è orizzontale. Il coefficiente angolare della retta è l'accelerazione negativa del moto. Il punto in cui la velocità si annulla, passando da valori positivi a valori negativi, è un *punto di inversione del moto*. Esso corrisponde a un punto di massimo $M(t_M ; s_M)$ nel diagramma orario: il punto materiale, per $t < t_M$ si sposta nel verso positivo del sistema di riferimento unidimensionale, per $t > t_M$ si muove in verso opposto e la sua ordinata, rispetto all'origine del riferimento, diminuisce nel tempo.

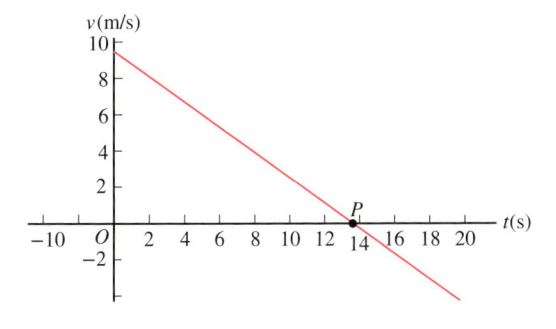

◀ **Figura 5**

RELAZIONI E FUNZIONI — 2 Le equazioni parametriche di una curva piana

Consideriamo una generica retta in un riferimento cartesiano ortogonale, passante per i due punti $A(x_1; y_1)$ e $B(x_2; y_2)$.
Se $P(x; y)$ è un punto qualsiasi della retta AB (**fig. 1**), come possiamo tradurre analiticamente l'appartenenza di P alla retta o, in termini più intuitivi, l'allineamento di P con A e B?

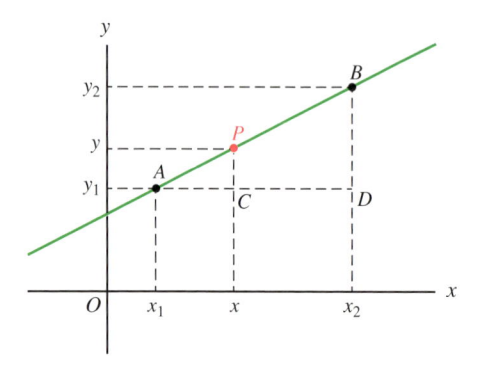

◀ Figura 1

Scegliendo P interno al segmento AB, dalla similitudine dei triangoli APC e ABD in figura segue che:

$$\frac{\overline{PC}}{\overline{BD}} = \frac{\overline{AC}}{\overline{AD}}$$

cioè:

$$\frac{y - y_1}{y_2 - y_1} = \frac{x - x_1}{x_2 - x_1}$$

che è l'equazione cartesiana della retta AB.
Possiamo riscrivere l'equazione come:

$$y - y_1 = \frac{y_2 - y_1}{x_2 - x_1}(x - x_1)$$

da cui si vede che il coefficiente angolare è:

$$m = \frac{y_2 - y_1}{x_2 - x_1}$$

Ponendo i rapporti $\dfrac{x - x_1}{x_2 - x_1}$ e $\dfrac{y - y_1}{y_2 - y_1}$ uguali allo stesso parametro k otteniamo:

$$x - x_1 = k(x_2 - x_1)$$

$$y - y_1 = k(y_2 - y_1)$$

ossia:

$$x = x_1 + k(x_2 - x_1)$$

$$y = y_1 + k(y_2 - y_1)$$

Le due equazioni precedenti sono le cosiddette **equazioni parametriche** della retta individuata dai punti A e B. Esse esprimono le coordinate di un generico punto $P(x; y)$ della retta AB in funzione delle coordinate dei due punti assegnati $A(x_1; y_1)$ e $B(x_2; y_2)$.

In generale, se $x = f(k)$ e $y = g(k)$ sono le **equazioni parametriche di una curva piana**, con k parametro reale, per ottenere l'equazione cartesiana della curva, cioè $F(x ; y) = 0$, in cui non compare più esplicitamente il parametro k, bisogna manipolare opportunamente le due equazioni in modo da ottenerne una sola che contenga le sole variabili x e y, ma non il parametro k.

In cinematica le equazioni parametriche di una generica curva piana che rappresenta la traiettoria di un punto materiale nel suo moto, sono le **equazioni orarie per le coordinate x e y** del punto mobile. Il parametro è rappresentato dalla variabile tempo t. Per ottenere l'equazione cartesiana della traiettoria, dobbiamo eliminare il tempo t dalle due equazioni orarie.

ESEMPIO 1 Consideriamo un punto materiale che all'istante $t = 0$ si trova in un punto $A(x_0 ; y_0)$ del piano e la cui legge oraria, rispettivamente per la coordinata x e per la coordinata y, è:
$$\begin{cases} x = x_0 + v_x t \\ y = y_0 + v_y t \end{cases}$$

In queste equazioni v_x e v_y sono le componenti cartesiane (costanti) del vettore velocità $\vec{v} = v_x \hat{x} + v_y \hat{y}$ del punto materiale.

Se analizziamo le due equazioni che esprimono la legge oraria del punto, capiamo subito che si tratta di un moto uniforme, in quanto, in entrambi i casi, la posizione dipende linearmente dal tempo t.

Vogliamo determinare la traiettoria lungo cui si muove il punto materiale.

Risolviamo entrambe le equazioni rispetto alla variabile tempo:

$$t = \frac{x - x_0}{v_x} \quad \text{e} \quad t = \frac{y - y_0}{v_y}$$

e uguagliamo i secondi membri delle due equazioni, ottenendo:

$$\frac{x - x_0}{v_x} = \frac{y - y_0}{v_y}$$

Notiamo che operando in questo modo la variabile tempo è scomparsa dall'equazione.

Risolvendo rispetto alla variabile y, otteniamo: $y - y_0 = \frac{v_y}{v_x}(x - x_0)$ e, infine:

$$y = \frac{v_y}{v_x} x + y_0 - \frac{v_y}{v_x} x_0$$

Questa è l'equazione di una retta di coefficiente angolare $m = \frac{v_y}{v_x}$ e termine noto $q = y_0 - \frac{v_y}{v_x} x_0$. Analizzando il coefficiente angolare, vediamo che lo si può scrivere come:

$$\frac{v_y}{v_x} = \frac{v \operatorname{sen} \theta}{v \cos \theta} = \operatorname{tg} \theta$$

dove θ è l'angolo di inclinazione del vettore velocità rispetto all'asse x.

La traiettoria del punto materiale, allora, è un segmento di retta che forma un angolo θ con il semiasse positivo delle ascisse. Il punto materiale si muove pertanto di moto *rettilineo* uniforme.

Riassumiamo il procedimento seguito: siamo partiti dalle equazioni orarie, le abbiamo risolte rispetto al tempo e abbiamo uguagliato le espressioni ottenute; in questo modo abbiamo eliminato la variabile tempo e ottenuto l'equazione cartesiana della traiettoria.

ESEMPIO 2 Consideriamo ora il caso di un punto materiale che ha equazioni orarie:

$$\begin{cases} x = x_0 + \dfrac{1}{2} a_x t^2 \\ y = y_0 + \dfrac{1}{2} a_y t^2 \end{cases}$$

dove a_x e a_y sono le componenti cartesiane (costanti) del vettore accelerazione $\vec{a} = a_x \hat{x} + a_y \hat{y}$ del punto materiale.

Il moto è uniformemente accelerato sia lungo la direzione x sia lungo la direzione y.
In questo caso, il parametro da eliminare non è t, ma t^2.
Risolvendo le due equazioni rispetto a t^2 e uguagliando le espressioni, otteniamo:

$$y = \frac{a_y}{a_x} x + y_0 - \frac{a_y}{a_x} x_0$$

e quindi ancora una retta, di coefficiente angolare:

$$m = \frac{a_y}{a_x} = \frac{a \,\mathrm{sen}\,\theta}{a \cos\theta} = \mathrm{tg}\,\theta$$

dove θ è l'angolo di inclinazione del vettore accelerazione rispetto all'asse x.
La traiettoria è ancora un segmento di retta con angolo di inclinazione θ rispetto al semiasse positivo, ma ora lungo essa il punto si muove con accelerazione $a = \sqrt{a_x^2 + a_y^2}$, costante in modulo e direzione, mentre nell'esempio 1 si muoveva con velocità costante in modulo e direzione.

ARITMETICA E ALGEBRA — 3 Il prodotto scalare

Il **prodotto scalare** di due vettori $\vec{a}$ e $\vec{b}$, che si indica con $\vec{a} \cdot \vec{b}$, è una *grandezza scalare* uguale al prodotto dei moduli dei due vettori per il coseno dell'angolo θ compreso fra essi **(fig. 1)**:

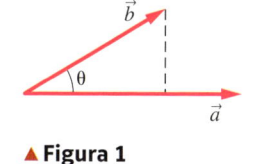

$$\vec{a} \cdot \vec{b} = ab\cos\theta$$

▲ Figura 1

PROPRIETÀ DEL PRODOTTO SCALARE
Per il prodotto scalare tra due vettori $\vec{a}$ e $\vec{b}$ valgono le seguenti proprietà.

1. Proprietà commutativa
$$\vec{a} \cdot \vec{b} = \vec{b} \cdot \vec{a}$$

2. Proprietà distributiva (rispetto all'addizione vettoriale)
$$\vec{a} \cdot (\vec{b} + \vec{c}) = \vec{a} \cdot \vec{b} + \vec{a} \cdot \vec{c}$$

PRODOTTO SCALARE IN COMPONENTI
Consideriamo due vettori $\vec{a}$ e $\vec{b}$ nel piano:

$$\vec{a} = a_x\hat{x} + a_y\hat{y} \qquad \vec{b} = b_x\hat{x} + b_y\hat{y}$$

Vogliamo esprimere il loro prodotto scalare $\vec{a} \cdot \vec{b}$ in funzione delle loro componenti cartesiane. Abbiamo che:

$$\vec{a} \cdot \vec{b} = (a_x\hat{x} + a_y\hat{y}) \cdot (b_x\hat{x} + b_y\hat{y})$$

Applicando la proprietà distributiva, otteniamo:

$$\vec{a} \cdot \vec{b} = a_x b_x \hat{x} \cdot \hat{x} + a_x b_y \hat{x} \cdot \hat{y} + a_y b_x \hat{y} \cdot \hat{x} + a_y b_y \hat{y} \cdot \hat{y}$$

Applicando la formula del prodotto scalare $\vec{a} \cdot \vec{b} = ab\cos\theta$ al prodotto dei versori troviamo che: $\hat{x} \cdot \hat{x} = 1 \cdot 1 \cos 0° = 1$; $\hat{y} \cdot \hat{y} = 1 \cdot 1 \cos 0° = 1$; $\hat{x} \cdot \hat{y} = 1 \cdot 1 \cos 90° = 0$ e $\hat{y} \cdot \hat{x} = \hat{x} \cdot \hat{y} = 0$.
Otteniamo pertanto:

$$\vec{a} \cdot \vec{b} = a_x b_x + a_y b_y$$

cioè il prodotto scalare di due vettori espresso in componenti è la somma dei prodotti delle componenti omonime, cioè delle componenti rispettivamente orizzontali e verticali.
Se consideriamo due vettori nello spazio, $\vec{a} = a_x\hat{x} + a_y\hat{y} + a_z\hat{z}$ e $\vec{b} = b_x\hat{x} + b_y\hat{y} + b_z\hat{z}$, la precedente formula diventa: $\vec{a} \cdot \vec{b} = a_x b_x + a_y b_y + a_z b_z$.

ESEMPIO 1 Consideriamo i seguenti vettori: $\vec{a} = -3\hat{x} + 4\hat{y}$, $\vec{b} = 6\hat{x} + 3\hat{y}$ e $\vec{c} = 2\hat{x} - 5\hat{y}$. Vogliamo calcolare il prodotto scalare $\vec{a} \cdot (\vec{b} + \vec{c})$.

$$\vec{a} \cdot (\vec{b} + \vec{c}) = (-3\hat{x} + 4\hat{y}) \cdot (6\hat{x} + 3\hat{y} + 2\hat{x} - 5\hat{y}) =$$
$$= (-3\hat{x} + 4\hat{y}) \cdot (8\hat{x} - 2\hat{y}) = -24 - 8 = -32$$

dove abbiamo eseguito la somma in componenti dei vettori $\vec{b}$ e $\vec{c}$.
Se applichiamo la proprietà distributiva del prodotto scalare rispetto all'addizione vettoriale, otteniamo:

$$\vec{a} \cdot (\vec{b} + \vec{c}) = \vec{a} \cdot \vec{b} + \vec{a} \cdot \vec{c} = (-3\hat{x} + 4\hat{y}) \cdot (6\hat{x} + 3\hat{y}) + (-3\hat{x} + 4\hat{y}) \cdot (2\hat{x} - 5\hat{y}) =$$
$$= -18 + 12 - 6 - 20 = -32$$

Come ci aspettavamo, il risultato è lo stesso.

ARITMETICA E ALGEBRA — 4 Il prodotto vettoriale

Si definisce **prodotto vettoriale di** due vettori $\vec{a}$ e $\vec{b}$ e si indica con il simbolo $\vec{a} \times \vec{b}$ il vettore $\vec{c} = \vec{a} \times \vec{b}$, ottenuto come segue.

- Si riportano i vettori $\vec{a}$ e $\vec{b}$ nello stesso punto di applicazione e si individua l'angolo convesso orientato θ che ha $\vec{a}$ come primo lato e $\vec{b}$ come secondo lato.
- Il modulo di $\vec{c}$ è dato dalla relazione: $c = ab \operatorname{sen}\theta$.
- Se $\vec{a}$ e $\vec{b}$ non sono paralleli, essi individuano un piano a cui il vettore $\vec{c} = \vec{a} \times \vec{b}$ è perpendicolare. Nel caso in cui, invece, i due vettori siano paralleli, il vettore $\vec{c}$ è il vettore nullo.
- Per determinare il verso del vettore $\vec{c}$, si utilizza la *regola della mano destra*, illustrata in **figura 1**: se il pollice punta nel verso del vettore $\vec{a}$ e l'indice nel verso del vettore $\vec{b}$, il medio, tenuto perpendicolare alle altre due dita, indica il verso del vettore $\vec{c}$.

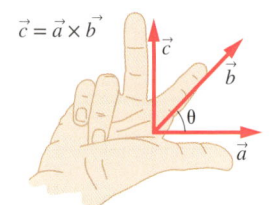

◀ **Figura 1**

CARATTERIZZAZIONE GEOMETRICA DEL MODULO DEL PRODOTTO VETTORIALE

Consideriamo il parallelogramma che ha come lati due segmenti aventi la stessa lunghezza e la stessa direzione dei due vettori $\vec{a}$ e $\vec{b}$ (**fig. 2**).

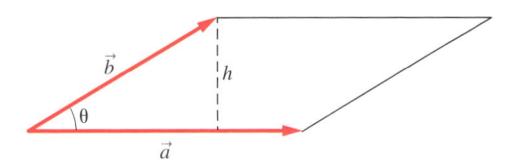

◀ **Figura 2**

L'area del parallelogramma è $A = ah$. Poiché $h = b \operatorname{sen}\theta$, si ha che $A = ab \operatorname{sen}\theta$ e, dunque, A è pari al modulo del prodotto vettoriale tra $\vec{a}$ e $\vec{b}$: $A = |\vec{a} \times \vec{b}|$.

PROPRIETÀ FORMALI DEL PRODOTTO VETTORIALE

Dati i vettori $\vec{a}$ e $\vec{b}$ e il numero reale k, per il prodotto vettoriale valgono le seguenti proprietà.

1. Proprietà anticommutativa

$$\vec{a} \times \vec{b} = -\vec{b} \times \vec{a}$$

Come possiamo notare non vale la proprietà commutativa: se cambiamo l'ordine dei fattori cambia il verso del prodotto vettoriale.
Non vale nemmeno la proprietà associativa: $(\vec{a} \times \vec{b}) \times \vec{c} \neq \vec{a} \times (\vec{b} \times \vec{c})$.

2. Proprietà distributiva rispetto all'addizione vettoriale

$$\vec{a} \times (\vec{b} + \vec{c}) = \vec{a} \times \vec{b} + \vec{a} \times \vec{c}$$

3. Moltiplicazione per una quantità scalare k

$$(k\vec{a}) \times \vec{b} = k(\vec{a} \times \vec{b}) = \vec{a} \times (k\vec{b})$$

PRODOTTO VETTORIALE IN COMPONENTI

Calcoliamo il prodotto vettoriale dei versori degli assi coordinati.
Moltiplicando vettorialmente due versori fondamentali si ottiene ancora un versore perpendicolare al piano contenente i due versori moltiplicati, il cui verso può essere uscente o entrante dal piano. Quindi il versore ottenuto come risultato del prodotto vettoriale di due versori fondamentali coincide con il terzo versore o con il suo opposto.
Per i versori degli assi cartesiani valgono le seguenti relazioni:

$\hat{x} \times \hat{x} = \vec{0}, \quad \hat{y} \times \hat{y} = \vec{0}, \quad \hat{z} \times \hat{z} = \vec{0}$ perché vettori paralleli

$\hat{x} \times \hat{y} = \hat{z}, \quad \hat{y} \times \hat{z} = \hat{x}, \quad \hat{z} \times \hat{x} = \hat{y}$

$\hat{y} \times \hat{x} = -\hat{z}, \quad \hat{z} \times \hat{y} = -\hat{x}, \quad \hat{x} \times \hat{z} = -\hat{y}$

Consideriamo ora due vettori $\vec{a}$ e $\vec{b}$ nel piano: $\vec{a} = a_x\hat{x} + a_y\hat{y}$ e $\vec{b} = b_x\hat{x} + b_y\hat{y}$.
Vogliamo esprimere il prodotto vettoriale $\vec{a} \times \vec{b}$ in funzione delle loro componenti cartesiane:

$$\vec{a} \times \vec{b} = (a_x\hat{x} + a_y\hat{y}) \times (b_x\hat{x} + b_y\hat{y})$$

Applicando la proprietà distributiva, otteniamo:

$$\vec{a} \times \vec{b} = a_x b_x \hat{x} \times \hat{x} + a_x b_y \hat{x} \times \hat{y} + a_y b_x \hat{y} \times \hat{x} + a_y b_y \hat{y} \times \hat{y}$$

Applicando le relazioni precedenti sul prodotto vettoriale tra i versori degli assi coordinati, otteniamo infine:

$$\vec{a} \times \vec{b} = a_x b_y \hat{z} - a_y b_x \hat{z} = (a_x b_y - a_y b_x)\hat{z}$$

Osserviamo che il prodotto vettoriale di due vettori appartenenti al piano xy è un vettore parallelo all'asse z.
Possiamo inoltre osservare che questo vettore può essere espresso mediante il **determinante** (del secondo ordine) avente come righe le componenti del vettore $\vec{a}$ e del vettore $\vec{b}$, nel seguente modo:

$$\vec{a} \times \vec{b} = \begin{vmatrix} a_x & a_y \\ b_x & b_y \end{vmatrix} \hat{z}$$

Come possiamo procedere se vogliamo calcolare il prodotto vettoriale di due vettori nello spazio?
Consideriamo due vettori tridimensionali $\vec{a}$ e $\vec{b}$:

$\vec{a} = a_x\hat{x} + a_y\hat{y} + a_z\hat{z}$ e $\vec{b} = b_x\hat{x} + b_y\hat{y} + b_z\hat{z}$

Vogliamo esprimere il prodotto vettoriale $\vec{a} \times \vec{b}$ in funzione delle loro componenti cartesiane:

$$\vec{a} \times \vec{b} = (a_x\hat{x} + a_y\hat{y} + a_z\hat{z}) \times (b_x\hat{x} + b_y\hat{y} + b_z\hat{z})$$

Applicando la proprietà distributiva, si ha:

$$\vec{a} \times \vec{b} = a_x b_x \hat{x}\times\hat{x} + a_x b_y \hat{x}\times\hat{y} + a_x b_z \hat{x}\times\hat{z} + a_y b_x \hat{y}\times\hat{x} + a_y b_y \hat{y}\times\hat{y} + a_y b_z \hat{y}\times\hat{z} + a_z b_x \hat{z}\times\hat{x} + a_z b_y \hat{z}\times\hat{y} + a_z b_z \hat{z}\times\hat{z}$$

Applicando le relazioni sul prodotto vettoriale tra i versori degli assi coordinati, otteniamo infine:

$$\vec{a} \times \vec{b} = a_x b_y \hat{z} - a_x b_z \hat{y} - a_y b_x \hat{z} + a_y b_z \hat{x} + a_z b_x \hat{y} - a_z b_y \hat{x} =$$
$$= (a_y b_z - a_z b_y)\hat{x} + (a_z b_x - a_x b_z)\hat{y} + (a_x b_y - a_y b_x)\hat{z}$$

Lo stesso risultato si può ottenere anche utilizzando un determinante del terzo ordine avente nella prima riga i versori fondamentali $\hat{x}$, $\hat{y}$ e $\hat{z}$ e nella seconda e terza riga le componenti dei vettori $\vec{a}$ e $\vec{b}$:

$$\begin{vmatrix} \hat{x} & \hat{y} & \hat{z} \\ a_x & a_y & a_z \\ b_x & b_y & b_z \end{vmatrix}$$

Infatti, partendo dal determinante e scrivendo il suo sviluppo di Laplace rispetto alla prima riga (che contiene i versori fondamentali), otteniamo:

$$\begin{vmatrix} \hat{x} & \hat{y} & \hat{z} \\ a_x & a_y & a_z \\ b_x & b_y & b_z \end{vmatrix} = \hat{x}\begin{vmatrix} a_y & a_z \\ b_y & b_z \end{vmatrix} - \hat{y}\begin{vmatrix} a_x & a_z \\ b_x & b_z \end{vmatrix} + \hat{z}\begin{vmatrix} a_x & a_y \\ b_x & b_y \end{vmatrix} =$$

$$= (a_y b_z - a_z b_y)\hat{x} - (a_x b_z - a_z b_x)\hat{y} + (a_x b_y - a_y b_x)\hat{z} =$$

$$= (a_y b_z - a_z b_y)\hat{x} + (a_z b_x - a_x b_z)\hat{y} + (a_x b_y - a_y b_x)\hat{z}$$

Mostriamo ora con un esempio che per il prodotto vettoriale non è valida la proprietà associativa.

ESEMPIO 1 Consideriamo i seguenti vettori del piano:

$$\vec{a} = -2\hat{x} + 3\hat{y}, \quad \vec{b} = 4\hat{x} + 3\hat{y}, \quad \vec{c} = 2\hat{x} - 5\hat{y}$$

Vogliamo provare che $(\vec{a} \times \vec{b}) \times \vec{c} \neq \vec{a} \times (\vec{b} \times \vec{c})$.

Calcoliamo il prodotto vettoriale $\vec{a} \times \vec{b}$:

$$\vec{a} \times \vec{b} = \begin{vmatrix} -2 & 3 \\ 4 & 3 \end{vmatrix}\hat{z} = (-6 - 12)\hat{z} = -18\hat{z}$$

Moltiplichiamo vettorialmente il vettore trovato $-18\hat{z}$ per $\vec{c} = 2\hat{x} - 5\hat{y}$:

$$(-18\hat{z}) \times (2\hat{x} - 5\hat{y}) = -36\hat{z} \times \hat{x} + 90\hat{z} \times \hat{y} = -90\hat{x} - 36\hat{y}$$

Calcoliamo il prodotto vettoriale $\vec{b} \times \vec{c}$:

$$\vec{b} \times \vec{c} = \begin{vmatrix} 4 & 3 \\ 2 & -5 \end{vmatrix}\hat{z} = (-20 - 6)\hat{z} = -26\hat{z}$$

Moltiplichiamo vettorialmente il vettore trovato $-26\hat{z}$ per $\vec{a} = -2\hat{x} + 3\hat{y}$:

$$(-26\hat{z}) \times (-2\hat{x} + 3\hat{y}) = 52\hat{z} \times \hat{x} - 78\hat{z} \times \hat{y} = 78\hat{x} + 52\hat{y}$$

I due vettori ottenuti sono vettori del piano aventi componenti cartesiane differenti.

SOLUZIONI

RICHIAMI DAL PRIMO BIENNIO
Il moto rettilineo

1 C   **2** D   **3** A   **4** C   **5** B

CAPITOLO 1
Il moto nel piano

ESERCIZI E PROBLEMI

1 C
2 C
3 D
4 D
5 A
12 C
13 A
14 A
15 D
16 1 e 5: posizione; 2, 3, 7, 8: velocità; 4, 6: accelerazione
23 b. si dimezzano
25 b. maggiore
27 B
28 A
29 C
30 D
37 D
38 D
39 A
40 C
41 A
42 D
43 C
44 A
45 C
51 a. il diagramma B; **b.** la 3; la 1 e la 2 sono false
52 a. il doppio; **b.** la 1; la 2 è corretta, ma non pertinente, la 3 è falsa
53 a. maggiore; **b.** la 2; la 1 e la 3 sono false
69 b. minore
72 b. lo stesso tempo
75 c. aumenterebbe
78 A
79 C
80 C
81 A
82 C
83 C
84 $\pi/6$; $\pi/4$; $\pi/2$; π
85 30°; 126°; 270°; 900°
87 pneumatico, elica, trapano
90 $\omega/2$
92 a. uguale; **b.** la 3; la 1 e la 2 sono false
93 a. uguale; **b.** la 1; la 2 e la 3 sono false
95 B
96 B
97 B
98 C
99 C
101 b. sarebbe il doppio
104 c. dalla liana
107 C
108 D
109 D
115 a. $\omega = \omega_0 + \alpha t = -10 + 0{,}40\, t$; **c.** $\theta = \dfrac{\pi}{2} - 10\, t + 0{,}20\, t^2$; il CD ruota in senso orario
116 Per $0 \leq t \leq 30$ s il moto è circolare uniforme; per 30 s $< t \leq 90$ s il moto è circolare uniformemete decelerato
118 B
119 A
120 D
125 c. minima
128 $v(t) = -0{,}080 \,\text{sen}\left(\dfrac{\pi t}{3}\right) = -0{,}080\, \text{sen}\,(1{,}05\, t)$;
$a(t) = -0{,}084 \cos(1{,}05\, t)$
129 $x(t) = 0{,}15 \cos(0{,}314\, t)$

ESERCIZI DI RIEPILOGO
RAGIONA E RISPONDI

1 No, in quanto l'accelerazione è $\vec{a}_m = \dfrac{\Delta \vec{v}}{\Delta t} = \dfrac{\vec{v}_f - \vec{v}_i}{\Delta t}$ e se i due vettori $\vec{v}_f$ e $\vec{v}_i$ non hanno la stessa direzione, la loro differenza non è nulla.

2 No, può essere applicato a qualsiasi tipo di moto nel piano.

3 Trascurando la resistenza dell'aria, l'accelerazione del proiettile è in qualunque istante in direzione verticale e verso il basso.

4 La componente y della velocità è prima positiva, poi negativa in maniera simmetrica; come risultato la componente y della velocità media è zero. La componente x della velocità, invece, è sempre $v_0 \cos\theta$. Quindi la velocità media del proiettile ha modulo $v_0 \cos\theta$ ed è diretta nel verso positivo dell'asse x.

5 a. No, l'accelerazione è sempre diretta verticalmente verso il basso, mentre la palla si muove sempre in una direzione che forma un angolo diverso da zero rispetto alla verticale; **b.** Sì, il punto più alto della sua traiettoria; in tale punto la velocità è in direzione orizzontale, mentre l'accelerazione è, come in tutti gli altri punti, in direzione verticale.

6 Nel punto più alto della sua traiettoria il proiettile si muove in direzione orizzontale; ciò significa che la gravità ha ridotto a zero la componente y della velocità. La componente x della velocità è invece indipendente dalla gravità, per cui nel punto più alto della traiettoria la velocità del proiettile è $v_x = v_{0x} = 4$ m/s.

7 Minore di 45°, come si può vedere dalla figura riportata nel testo.
8 L'altezza massima dipende dal quadrato del modulo della velocità iniziale; quindi per raggiungere un'altezza doppia il proiettile 1 deve avere una velocità iniziale il cui modulo è pari a $\sqrt{2}$ volte il modulo della velocità iniziale del proiettile 2. Il rapporto fra i moduli delle velocità è pertanto $\sqrt{2}$.
9 L'accelerazione tangenziale è parallela alla velocità istantanea in ogni punto ed è uguale al rapporto fra la variazione della velocità scalare e l'intervallo di tempo in cui questa variazione ha luogo; l'accelerazione centripeta è invece legata a quanto velocemente cambia la direzione del vettore velocità.
10 Sì, è la situazione in cui un automobilista si trova tutte le volte che guida seguendo delle traiettorie circolari con velocità scalare costante.
11 No, finché l'automobilista compie una traiettoria circolare avrà un'accelerazione centripeta diversa da zero.
12 Poiché ogni punto della Terra ha lo stesso modulo della velocità angolare, la velocità tangenziale ha il minimo valore nei punti in cui la distanza dall'asse di rotazione è la minore possibile, cioè ai poli.
13 **a.** No, perché la direzione del moto cambia continuamente; **b.** Sì, è il prodotto del raggio della ruota per il modulo della velocità angolare; **c.** Sì, è il rapporto tra il quadrato del modulo della velocità lineare e il raggio della ruota; **d.** No, l'accelerazione centripeta è sempre diretta verso il centro della ruota e quindi la sua direzione cambia continuamente man mano che cambia la posizione.
14 Il moto è periodico, ma non è un moto armonico semplice perché la posizione e la velocità non variano sinusoidalmente con il tempo.
15 Il periodo rimane lo stesso perché, se la distanza percorsa dall'oggetto raddoppia, anche la sua velocità in ogni istante raddoppia.
16 La costante A rappresenta l'ampiezza del moto, la costante B la pulsazione; osserviamo che la pulsazione è $\omega = 2\pi f$ e quindi la frequenza è $f = \dfrac{\omega}{2\pi} = \dfrac{B}{2\pi}$.
17 La costante C rappresenta la velocità massima dell'oggetto, la costante D la pulsazione $\omega = \dfrac{2\pi}{T}$; quindi l'ampiezza è $A = \dfrac{C}{D}$ e il periodo è $T = \dfrac{2\pi}{D}$.
18 **a.** L'oggetto si muove verso destra con velocità massima negli istanti 0 s, 4 s e 8 s; **b.** l'oggetto si muove verso sinistra con velocità massima negli istanti 2 s e 6 s; **c.** l'oggetto è fermo (perché sta invertendo il moto) negli istanti 1 s, 3 s, 5 s e 7 s.

RISPONDI AI QUESITI
19 C   20 C   21 B   22 C   23 E

RISOLVI I PROBLEMI
35 **a.** si determina θ utilizzando la relazione $v^2 = v_x^2 + v_y^2$, con $v_x = v_{0x}$ e $v_y = v_0 \operatorname{sen}\theta - gt$
40 **c.** il modulo della velocità si dimezza, l'accelerazione diventa un quarto.

AUTOVERIFICA
1 C
2 C
3 A
4 C
5 **a.** 107 m; **b.** 28 m; **c.** 0,20 m/s e 0,05 m/s
6 1,15 s
7 **a.** 9,9 m; **b.** 0,99 m
8 **a.** 31,4 rad/s; **b.** 1,88 m/s; **c.** 58,9 m/s^2; **d.** 31,4 rad/s; **e.** 1,10 m/s
9 **a.** $1{,}1 \cdot 10^3$ m/s^2; **b.** 6,2 m/s

RICHIAMI DAL PRIMO BIENNIO
Le forze
1 B   2 D   3 B

L'equilibrio del punto materiale
1 B   2 B

CAPITOLO 2
La dinamica newtoniana

ESERCIZI E PROBLEMI
1 B
2 B
3 C
4 D
5 D
6 C
7 **b.** lo schema non cambia
8 **b.** $N = mg + F \operatorname{sen}\alpha = 186 + 219 \operatorname{sen}\alpha$
11 **b.** $N = mg - 2F \operatorname{sen}\alpha = 657 - 580 \operatorname{sen}\alpha$
15 **c.** diminuisce
22 **a.** quando $F > F_{\max}$ il corpo comincia a muoversi verso la sommità del piano inclinato; quando $F < F_{\min}$ il corpo comincia a scivolare verso il basso
27 A
28 A
29 C
30 C
31 A
32 la traiettoria B
34 **c.** raddoppia
39 D
40 B
41 B
42 A
45 **a.** maggiore; **b.** la 3; la 1 è falsa, la 2 è vera ma irrilevante
47 **a.** minore; **b.** la 1; la 2 e la 3 sono false
48 **a.** $C = F < B = E < A = D$; **b.** $D < E < C = F < B < A$; **c.** $C < B < A = D < E < F$
56 **a.** uguale; **b.** la 2; la 1 è vera ma irrilevante, la 3 è falsa
59 **a.** aumenta
64 **a.** più lentamente; **b.** la 1; la 2 è parzialmente vera, la 3 può essere vera solo se la montagna ha una densità maggiore della densità media della Terra
72 D
73 D
74 C
75 D
76 B
77 A
79 **a.** uguale; **b.** la 3; la 1 è falsa, la 2 è parzialmente vera
80 **a.** minore; **b.** la 1; la 2 è falsa, la 3 non è pertinente
81 **a.** uguale; **b.** la 2; la 1 è vera solo in condizioni particolari; la 3 è falsa

ESERCIZI DI RIEPILOGO
RAGIONA E RISPONDI

1 Sì, considera ad esempio un proiettile lanciato con un certo angolo, in assenza di resistenza dell'aria: nel punto più alto del suo volo si muove in direzione orizzontale, mentre la forza che agisce su di esso, la forza di gravità, è in direzione verticale.

2 Sì, un oggetto è in equilibrio se la risultante delle forze che agiscono su di esso è uguale a zero, quindi un oggetto che si muove con velocità costante è in equilibrio. In un sistema di riferimento in moto con la stessa velocità l'oggetto sarebbe fermo e su di esso agirebbe una forza risultante uguale a zero (è il modo in cui si intende generalmente il concetto di equilibrio).

3 La componente verticale della tensione $\vec{T}$ è uguale al peso della palla; poiché il modulo di un vettore è sempre maggiore della lunghezza delle sue componenti, allora $\vec{T}$ è, in modulo, maggiore del peso della palla.

4 Gli airbag, gonfiandosi in modo pressoché istantaneo nel caso di una forte sollecitazione quale può essere un urto, aumentano l'intervallo di tempo in cui la quantità di moto del passeggero viene portata a zero; quindi la forza di reazione che agisce sul passeggero risulta diminuita.

5 **a.** Le due accelerazioni sono uguali in modulo, direzione e verso;
b. l'accelerazione in salita ha modulo maggiore perché la componente parallela della forza peso e l'attrito hanno lo stesso verso, mentre in discesa hanno verso opposto; l'accelerazione complessiva sarà comunque sempre diretta verso la base del piano inclinato.

6 In assenza di attrito il blocco 2 scenderà accelerando, dunque, poiché su di esso agiscono il peso (diretto verso il basso) e la tensione della corda (diretta verso l'alto), il peso è maggiore della tensione.

7 Se il secchio ruota abbastanza rapidamente, la forza necessaria per produrre un moto circolare è maggiore della forza di gravità. In questo caso, per far sì che l'acqua continui a muoversi lungo la sua traiettoria circolare, oltre alla gravità deve agire un'altra forza: tale forza è fornita dal fondo del secchio; infatti il fondo spinge contro l'acqua, la quale, a sua volta, spinge contro il secchio e ciò impedisce all'acqua di cadere.

8 La forza esercitata dal ragazzo sulla scatola 1 è maggiore di quella che questa scatola esercita sull'altra; sulla scatola 1 agiscono infatti due forze, la forza esercitata dal ragazzo e la forza esercitata dalla scatola 2 che, per il principio di azione o reazione, è uguale e contraria alla forza esercitata dalla scatola 1 sulla 2. Poiché il sistema, in assenza di attrito, accelera verso destra, la forza esercitata dal ragazzo deve essere maggiore.

9 L'astronauta può stabilire quale tra due oggetti ha massa maggiore spingendo i due oggetti con la stessa forza; poiché l'accelerazione è inversamente proporzionale alla massa, l'oggetto con massa maggiore è quello che ha accelerazione minore.

10 Quando in bicicletta ti inclini all'interno per fare una curva, la forza applicata dal suolo alle ruote della bicicletta ha una componente sia verso l'alto sia verso l'interno; è questa forza verso l'interno che produce la tua accelerazione centripeta che ti permette di fare la curva.

11 **a.** Sì. Infatti se non c'è pendenza trasversale la forza centripeta necessaria per affrontare la curva è data da $F = \dfrac{mv^2}{r}$ e questa forza è fornita dall'attrito statico delle gomme (che è ridotto in caso di usura), quindi una diminuzione della velocità rende minore la forza centripeta necessaria.
b. No. Infatti alla velocità consigliata la componente orizzontale della forza normale fornisce la forza centripeta adeguata per mantenere la macchina su una traiettoria circolare con il raggio della curva affrontata; se v viene ridotta, la forza verso l'interno cresce e la macchina scivola verso il bordo interno della carreggiata.

12 Perché una goccia d'acqua rimanga attaccata alla ruota che gira è necessaria una forza verso il centro che dia alla goccia la necessaria accelerazione centripeta. Poiché la forza tra la goccia d'acqua e la ruota è piccola, la goccia tenderà ad allontanarsi dalla ruota, piuttosto che seguire la sua traiettoria circolare.

13 Affinché la motocicletta segua una traiettoria circolare è necessaria una forza centripeta e tale forza aumenta rapidamente all'aumentare della velocità della motocicletta; se la velocità è sufficientemente alta, la forza centripeta è maggiore del peso della motocicletta e, nel punto più alto della traiettoria, la superficie dell'anello deve esercitare una forza verso il basso sulla motocicletta, che la mantiene a contatto e le impedisce di cadere verso il basso.

14 Poiché le persone si trovano in un riferimento rotante, e quindi non inerziale, percepiscono una forza apparente, la forza centrifuga, e si sentono spinte contro la parete.

15 Quando viene raggiunta la velocità di regime la forza centrifuga è tale per cui la forza di attrito contro le pareti è almeno uguale al peso e, come si vede dalla relazione:
$$\mu \cancel{m} \frac{v^2}{r} = \cancel{m}g \quad \rightarrow \quad v^2 = \frac{rg}{\mu}$$
questa velocità non dipende dalla massa delle persone.

16 Non c'è alcuna forza esterna che agisce sul passeggero, in realtà la persona tende a mantenere il suo moto rettilineo uniforme mentre l'auto sta percorrendo la curva.

17 Dalle formule della posizione e dell'accelerazione del moto armonico puoi facilmente dedurre che $C = v^2$.

18 No, perché il periodo di oscillazione del pendolo dipende dal valore dell'accelerazione di gravità, che è diverso sulla Terra e su Marte, mentre quello del sistema massa-molla dipende dalla massa e dalla costante elastica della molla, che rimangono inalterate.

19 **a.** Nel passaggio dal punto di equilibrio; **b.** nel punto di inversione; **c.** nel passaggio dal punto di equilibrio; **d.** nel passaggio dal punto di equilibrio; **e.** nel passaggio dal punto di equilibrio.

20 No, perché si eliminerebbe l'attrito dell'aria ma rimarrebbe comunque l'attrito, pur piccolo, tra il filo e il supporto a cui è attaccato.

RISPONDI AI QUESITI
21 B   22 C   23 E   24 C

RISOLVI I PROBLEMI
30 L'angolo tra la corda e la verticale, pur essendo molto prossimo a 90°, non può essere esattamente pari a 90°, perché in tal caso la tensione non avrebbe alcuna componente verticale e quindi la forza peso non sarebbe equilibrata.

34 **a.** se i cingoli non slittano, non c'è movimento fra i cingoli e il pavimento, quindi si può determinare il coefficiente di attrito statico μ_s

37 **a.** maggiore

43 **a.** $x = 0{,}50$ m sen$[(\pi/2{,}0\text{ s})\,t]$; $F = -4{,}7$ N sen$[(\pi/2{,}0\text{ s})\,t]$

55 **a.** minore

56 **b.** no, perché la quantità di moto è indipendente dalla posizione

AUTOVERIFICA
1 C
2 D
3 B
4 A
5 A
6 **a.** 69 N; **b.** 0,13 kN
7 3,9 m/s²; 15 N
8 **a.** 10 m/s²; **b.** 46°; **c.** tg$\theta = \dfrac{v^2}{rg}$ non dipende da m
9 **a.** 49,9 m/s; **b.** 38,4 kN

CAPITOLO 3
La relatività del moto

ESERCIZI E PROBLEMI

1. A
2. C
3. B
4. C
7. Palla 1: 5 m/s; palla 2: 15 m/s
8. Palla 1: 15 m/s; palla 2: 5 m/s
16. b. diminuisce
17. b. aumenterebbe
21. B
22. B
23. D
24. D
25. C
26. A
27. D
28. A
29. B
30. B
31. B
32. B
36. a. verso l'alto; c. la sola cosa che si può dire sulla velocità dell'ascensore è che la sua variazione è diretta verso l'alto

ESERCIZI DI RIEPILOGO
RAGIONA E RISPONDI

1. a. Dal punto di vista del bambino la palla di gelato cade verso il basso lungo una linea verticale; b. Dal punto di vista dei genitori la palla di gelato cade descrivendo una traiettoria parabolica.
2. Il pomodoro cadrà sulla strada davanti a te perché il modulo della sua velocità in direzione orizzontale è uguale al modulo della tua velocità durante tutto l'intervallo di tempo di caduta.
3. Quando vai controvento la tua velocità relativa rispetto al vento è maggiore della velocità del vento; se vai sottovento ti muovi nella direzione del vento e la sua velocità rispetto a te diminuisce.
4. Devi inclinare l'ombrello in modo che sia nella stessa direzione e nel verso opposto della velocità della pioggia rispetto a te.
5. Deve ovviamente sfruttare al massimo la velocità della barca, quindi la componente trasversale deve essere la massima possibile, per cui la barca dovrà essere mantenuta perpendicolare alle sponde. Naturalmente in questo modo approderà in un punto più a valle rispetto al punto di partenza.
6. No, possono essere usate solamente nel caso in cui il movimento relativo è rettilineo uniforme.
7. No, gli intervalli di tempo hanno la stessa durata in tutti i sistemi di riferimento.
8. a. Nell'istante in cui il pappagallo salta, preme sul trespolo verso il basso e in questo caso la bilancia indica un valore maggiore; b. quando il pappagallo è in aria la bilancia indica solo il peso della gabbia; c. quando il pappagallo atterra, il trespolo esercita sul pappagallo una forza verso l'alto per fermarlo e quindi la bilancia indica un valore maggiore. La media fra i tre valori indicati dalla bilancia in a., b. e c. è la somma del peso del pappagallo e del peso della gabbia.
9. No, perché l'ascensore si muove con velocità costante e un oggetto lanciato nell'ascensore cade con la stessa accelerazione che avrebbe se fosse lanciato sulla superficie della Terra.
10. In assenza di correzioni del pilota, la forza di Coriolis sposterebbe l'aereo a destra del meridiano.

RISPONDI AI QUESITI
11 B 12 D 13 C

RISOLVI I PROBLEMI

15. b. verso la coda
17. c. diminuisce, perché a parità di velocità delle onde, aumentando la velocità del surfista, l'angolo è più piccolo
21. A < C < B
24. a. il peso apparente è uguale alla forza normale esercitata dal seggiolino; nel punto più alto l'accelerazione centripeta è diretta verso il basso e la forza normale è minore, mentre nel punto più basso la forza normale deve fornire anche l'accelerazione centripeta e quindi è maggiore;
b. $P_{app} = (-4{,}0 \cdot 10^2 \, \omega^2 + 5{,}4 \cdot 10^2)$ N nel punto più alto; $P_{app} = (4{,}0 \cdot 10^2 \, \omega^2 + 5{,}4 \cdot 10^2)$ N nel punto più basso

AUTOVERIFICA

1. B
2. C
3. A
4. C
5. a. 36,8 s; 48,8 m/s; b. 36,8 s; 79,5 m/s
6. a. 3,6 m/s; b. la velocità è indipendente dalla massa
7. 1,48 m/s^2; accelerazione verso il basso

RICHIAMI DAL PRIMO BIENNIO
Lavoro ed energia

1 B   2 A   3 A   4 B   5 D

CAPITOLO 4
Le leggi di conservazione

ESERCIZI E PROBLEMI

1. C
2. C
3. C
4. B
10. $m_1/m_2 = 1/2$; quello che ha energia cinetica minore
12. b. maggiore
17. D
18. A
19. B
20. C
21. a. più in alto; b. la 3; la 1 e la 2 sono false
23. a. a sinistra; b. la 2; la 1 e la 3 sono false
25. a. le coordinate del centro di massa sono indipendenti dalla massa delle tre canne; b. non varia
28.

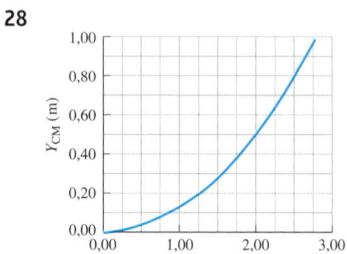

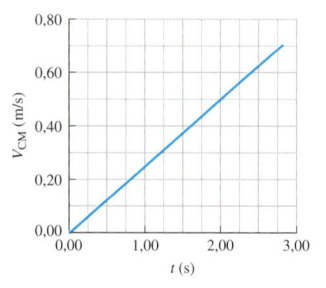

32 a. $\Sigma F_{\text{est}} = 0$; b. $A_{\text{CM}} = 0$

33 C

34 D

35 B

36 A

37 a. uguale; b. la 2; la 1 è vera in parte, la 3 è vera, ma non rilevante

38 a. $U_{\text{el}} = \frac{1}{2}ky^2$; $U_g = -mgy$; b. aumenta; c. diminuisce

42 a. maggiore; b. 37,3 J

43 c. $U_{\text{el}} = \frac{1}{2}\frac{F^2}{k}$

44 a. $U_{\text{el}} = \frac{1}{2}\frac{g^2}{k}m^2$; c. 4

46 C

47 C

48 D

49 B

50 il lavoro lungo i due percorsi è diverso trattandosi di forze non conservative

53 b. non varia

54 a. $K(d) = E_m - U = 0 - (-mgd) = mgd$

57 $U(x) = \frac{1}{2}kx^2$; $K(x) = \frac{1}{2}kA^2 - \frac{1}{2}kx^2$

72 D

73 C

74 D

75 C

79 a. in salita, perché l'energia potenziale aumenta

83 in A l'oggetto è fermo; tratto A-B: parte dell'energia potenziale è convertita in energia cinetica e la sua velocità aumenta; tratto B-C: parte dell'energia cinetica si trasforma in energia potenziale e la sua velocità diminuisce; tratto C-D: la velocità cresce nuovamente per poi diminuire da D a E

84 b. A ed E

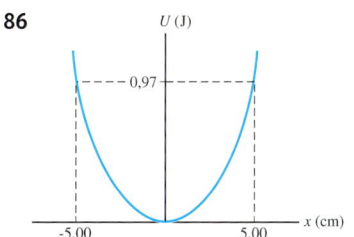

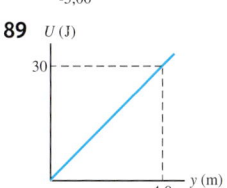

86

89

90 B

91 C

92 B

93 D

96 b. una parte dell'energia cinetica dell'elefante si è trasferita alla palla

98 a. minore. Rimanendo attaccati l'urto è anelastico e l'energia cinetica diminuisce

101 a. no

ESERCIZI DI RIEPILOGO

RAGIONA E RISPONDI

1 È vera: per compiere un lavoro una forza deve avere una componente non nulla nella direzione del moto della particella.

2 Se una molla è deformata permanentemente non ritorna alla sua lunghezza originale; quindi il lavoro che è stato compiuto per allungarla non viene recuperato totalmente, ma una parte di esso va nell'energia della deformazione. Per questo la forza della molla non è conservativa.

3 Durante la salita, quando l'asta si piega, l'energia cinetica iniziale del saltatore è per la maggior parte convertita in energia potenziale, analogamente a ciò che succede in una molla compressa; quando l'asta si distende converte la sua energia potenziale elastica in energia potenziale gravitazionale del saltatore. Quando il saltatore cade, l'energia gravitazionale viene convertita in energia cinetica e, infine, l'energia cinetica viene convertita in energia potenziale di compressione quando il saltatore cade sul materasso e lo comprime.

4 La velocità massima di una massa è $v_{\max} = \omega A$, dove $\omega = \sqrt{\frac{k}{m}}$; quindi l'energia cinetica massima è:
$$K_{\max} = \frac{1}{2}mv_{\max}^2 = \frac{1}{2}m\frac{kA^2}{m} = \frac{1}{2}kA^2$$
e non dipende dalla massa.

5 No, perché il vettore quantità di moto cambia sempre in direzione. In effetti il satellite non è isolato, su di esso agisce una forza centripeta che lo fa muovere su una traiettoria circolare.

6 No, perché la componente orizzontale della quantità di moto non sarebbe conservata.

7 All'inizio il centro di massa della clessidra si trova nella parte superiore ed è fermo; poi il centro di massa ha un'accelerazione verso il basso man mano che la sabbia comincia a cadere, ha un'accelerazione verso l'alto quando la maggior parte della sabbia è passata nella parte inferiore ed è nuovamente fermo, nella parte inferiore, quando tutta la sabbia è scesa. Dalla seconda legge di Newton si deduce quindi che il peso rilevato dalla bilancia è minore di Mg quando la sabbia inizia a scendere ed è maggiore di Mg quando la maggior parte della sabbia è nella parte inferiore.

8 a. Se la base del bicchiere è molto sottile, possiamo assumere che il centro di massa coincida con il centro geometrico del bicchiere. b. Quando il bicchiere è vuoto il centro di massa è nel centro geometrico, quando il bicchiere è pieno d'acqua è di nuovo nello stesso punto; quindi, man mano che si versa l'acqua, il centro di massa dapprima si muove verso il basso, poi cambia direzione e si muove verso l'alto, tornando nella posizione iniziale.

9 Quando l'atleta supera l'asta, a causa dell'estrema inarcatura della schiena, una parte significativa del suo corpo si trova al di sotto dell'asta, in un punto fuori dal suo corpo (proprio come il centro di massa di una ciambella o di un salvagente che si trova in un punto esterno all'oggetto); in alcuni casi estremi il centro di massa si trova al di sotto dell'asta durante tutta la durata del salto.

10 a. Se l'energia cinetica è uguale a zero, anche le velocità devono essere uguali a zero, quindi la quantità di moto del sistema è nulla. b. No. Considera, ad esempio, un sistema composto da due particelle. La quantità di moto totale di questo sistema è uguale a zero se le particelle si muovono in direzioni opposte con uguale quantità di moto. L'energia cinetica di ogni particella è positiva e quindi anche l'energia cinetica totale è positiva.

11 La pallottola ha energia cinetica maggiore; subito dopo lo sparo l'energia necessaria per fermare la pistola è quindi molto minore.

12 a. Sì, supponiamo che due oggetti abbiano quantità di moto di uguale modulo; se i due oggetti si urtano frontalmente, in modo completamente anelastico, essi si fermano: in questo caso tutta l'energia cinetica iniziale viene dispersa in altre forme di energia. b. No, perché vari la quantità di moto, deve agire una forza esterna al sistema, ma, poiché il sistema è isolato, le uniche forze che agiscono sono forze interne.

RISPONDI AI QUESITI

13 C   **14** D   **15** E   **16** A

RISOLVI I PROBLEMI

24 a. $L = mg(h - h_{max})$; **b.** $L = mgh$; **c.** $K = \frac{1}{2}mv_0^2 + mgh$

25 a. l'uovo 2

33 b. l'urto è elastico

41 a. $T = 7{,}7 \cdot 10^2 (3 - 2\cos\alpha)$; **b.** no

49 b. diminuisce

53 b. è positivo

AUTOVERIFICA

1 B
2 C
3 D
4 C
5 **a.** 113 m/s; **b.** 1,19 kN
6 **a.** 3,2 m/s; **b.** 48 m/s; **c.** 3,8 m/s
7 **a.** 0,55; **b.** 4,0 J
8 **a.** 49 m/s; **b.** 124 m; **c.** 28 m/s; 27 m/s

CAPITOLO 5
Cinematica e dinamica rotazionale

ESERCIZI E PROBLEMI

1 B
2 D
3 D
4 A
5 A

11 a. $\theta = -1{,}55\, t^2 + 36{,}0\, t$; $\omega = 36{,}0 - 3{,}03\, t$

16 a. $\omega(t) = 1{,}7\, t$; **c.** il numero di giri effettuati nel dato intervallo di tempo

18 a. maggiore; **b.** la 2; la 1 e la 3 sono false

19 a. aumenta; **b.** la 1; la 2 e la 3 sono false

20 a. maggiore; **b.** la 3; la 1 è falsa, la 2 è vera ma non rilevante

26 b. resta costante

28 B
29 B
30 C
31 A
32 C

34 a. $I_{disco} < I_{anello}$; **b.** $v = \sqrt{\dfrac{mgh}{m + \dfrac{I}{r^2}}}$

35 a. si applica la legge di conservazione dell'energia meccanica ($E_{m,i} = E_{m,f}$) e dall'equazione si ricava la massa della carrucola

41 A
42 C
43 C
44 D

47 a. minore; **b.** la 3; la 1 e la 2 sono false

48 a. maggiore; **b.** la 1; la 2 è vera ma non rilevante, la 3 è falsa

54 b. minore

57 a. la maggiore accelerazione si ha quando il momento torcente è applicato rispetto all'asse x, la minore quando è applicato rispetto all'asse z

59 a. minore

60 a. no; la tensione è maggiore nella parte di corda che viene tirata

61 B
62 C
63 A
64 B
65 B

66 a. resta la stessa; **b.** la 3; la 1 e la 2 sono false

67 le velocità tangenziale e angolare aumentano, il momento angolare non varia

68 a. la velocità tangenziale non varia; **b.** il momento angolare diminuisce

71 raddoppia

73 a. sì, perché la forza è centrale

74 b. la minima velocità è alla massima distanza dal Sole, la massima alla minima distanza

78 b. diminuisce

79 b. diminuisce

ESERCIZI DI RIEPILOGO
RAGIONA E RISPONDI

1 Distribuendo la massa dell'oggetto il più lontano possibile dall'asse di rotazione.

2 Il momento d'inerzia di un oggetto cambia con la posizione dell'asse di rotazione perché cambia la distanza dall'asse di tutti gli elementi di massa; non è importante solo la forma di un oggetto, ma anche la distribuzione della sua massa rispetto all'asse di rotazione.

3 **a.** Una palla da basket lanciata senza farla ruotare; **b.** l'elica rotante di un aereo fermo; **c.** la ruota di una bicicletta che è in movimento.

4 Puoi far ruotare le due sfere con uguale velocità angolare; quella con il momento d'inerzia maggiore – la sfera cava – possiede la maggiore energia cinetica, e quindi girerà per un tempo più lungo prima di fermarsi.

5 Una parte dell'energia trasferita alla bicicletta diventa energia cinetica rotazionale delle ruote. Se si diminuisce la massa delle ruote, si riduce il loro momento d'inerzia e quindi si riduce l'energia rotazionale e aumenta la quantità di energia di traslazione della bicicletta.

6 L'accelerazione dipende dal profilo del pendio, dunque non si possono usare le leggi di Newton nella forma in cui l'accelerazione è costante.

7 Sì, ad esempio, quando il motore di un aereo si avvia da fermo, l'elica ha un'accelerazione angolare diversa da zero, mentre la sua accelerazione lineare è zero.

8 La lunga asta ha un grande momento d'inerzia e ciò significa che, per un determinato momento torcente applicato a essa, il funambolo e l'asta hanno una piccola accelerazione angolare. Questo permette al funambolo di avere un maggior intervallo di tempo per «correggere» il suo equilibrio.

9 Il modulo della velocità angolare della nuvola di gas aumenta (come nel caso di un pattinatore che raccoglie al petto le braccia) a causa della conservazione del momento angolare.

10 Sì, ad esempio, quando si avvia un ventilatore da soffitto, aumenta il suo momento angolare ma la sua quantità di moto non cambia.

11 Poiché il momento angolare è $L = I\omega$ e l'energia cinetica rotazionale è $K_{rot} = \frac{1}{2}I\omega^2$, ne deriva che $L = \sqrt{2IK_{rot}}$; quindi, a parità di energia cinetica, i due oggetti hanno lo stesso momento angolare se hanno lo stesso momento d'inerzia. Ciò però non è sufficiente; infatti il momento angolare è un vettore, per cui, se i due corpi ruotano su assi aventi direzione differente, i due momenti angolari hanno anch'essi direzione diversa, anche se il modulo del momento angolare dei due corpi è uguale.

12 La velocità di rotazione aumenta perché il momento angolare totale del sistema si deve conservare.

13 Perché in tal modo il proiettile tende a mantenere il momento angolare costante e quindi a mantenere più a lungo la direzione del tiro.

14 In assenza di attrito nel meccanismo del cric, il lavoro fatto da Lois Lane e da Superman sarebbe esattamente lo stesso. Infatti, utilizzando il cric viene applicata una forza minore per uno spostamento maggiore, in modo da avere esattamente lo stesso lavoro che se si sollevasse direttamente l'auto.

15 Perché, nel caso di una forza centrale, il momento torcente esterno è sempre nullo in quanto $\vec{r}$ ed $\vec{F}$ sono allineati.

RISPONDI AI QUESITI

16 B   **17** E

RISOLVI I PROBLEMI

20 a. aumenterebbe

22 c. maggiore

AUTOVERIFICA

1 C

2 A

3 D

4 A

5 a. $7,9 \cdot 10^{-3}$ kg m²; **b.** 0,22 kg m²/s; **c.** 3,16 J

6 a. $-1,13$ kg m²/s²; **b.** 21,7 rad

7 a. $9,8 \cdot 10^{-3}$ kg m²; **b.** $3,9 \cdot 10^{-3}$ kg m²; **c.** $9,8 \cdot 10^{-3}$ kg m²

8 a. 0,48 rad/s; **b.** $-0,032$ rad/s²

9 a. 0,84 N m; **b.** 5,7 s

CAPITOLO 6
La gravitazione

ESERCIZI E PROBLEMI

1 D

2 B

3 B

4 D

5 D

6 B < A < C < D

18 B

19 C

20 C

21 D

25 b. il modulo della forza si riduce di un fattore 4, la direzione e il verso non cambiano

31 a. usa la conservazione dell'energia: da $\frac{1}{2}mv_i^2 = mgh_f$ (dove h_f è la massima altezza raggiunta) ricavi g, poi da $g = GM/R^2$ determini M

32 C

33 A

34 B

35 A

36 a. minore; **b.** la 2; la 1 e la 3 sono false

37 a. aumenterà; **b.** la 1; la 2 e la 3 sono false

46 c. non dipendono dalla massa dei satelliti; dipendono dalla massa della Terra

50 B

51 A

52 B

53 B

58 b. quadruplica; **c.** raddoppia

59 D

60 A

61 A

62 B

63 a. maggiore; **b.** la 1; la 2 e la 3 sono false

66 a. aumenta; **b.** la 3; la 1 e la 2 sono false

ESERCIZI DI RIEPILOGO

RAGIONA E RISPONDI

1 Una persona che ti passa accanto per la strada esercita una forza gravitazionale su di te, ma essa è talmente debole (circa 1027 N o anche meno) che risulta impercettibile.

2 Possiamo pensare alle dita che si avvicinano una all'altra come a due piccole sfere; sappiamo che l'attrazione gravitazionale all'esterno di una massa sferica è la stessa che si avrebbe se tutta la massa fosse concentrata nel suo centro; quindi le due dita risentono semplicemente della stessa forza esercitata da due masse puntiformi a distanza finita.

3 Perché aveva la necessità di spiegare il moto retrogrado.

4 La scoperta dei satelliti di Giove mostrava che questo pianeta è un centro di rivoluzione (cioè un corpo celeste intorno al quale ruotano altri corpi) e quindi la Terra perdeva l'unicità di questa caratteristica, che la poneva metafisicamente al centro dell'universo.

5 Copernico riteneva erroneamente che le orbite fossero circolari, mentre esse hanno forma ellittica.

6 Se la forza gravitazionale dipendesse dalla somma delle loro masse si potrebbe avere una forza diversa da zero anche quando una delle masse è nulla; in altri termini, ci potrebbe essere una forza gravitazionale fra una massa e un punto nello spazio vuoto, che non è certamente quanto è stato osservato.

7 Noto il periodo di Caronte, è possibile calcolare la massa del corpo intorno al quale esso orbita (Plutone) usando la terza legge di Keplero: $T^2 = \frac{4\pi^2}{GM_P}r^3$ da cui $M_P = \frac{4\pi^2}{G}\frac{r^3}{T^2}$.

8 Sì, perché il moto rotazionale della Terra è verso est, quindi se si lancia un razzo in quella direzione si aggiunge la velocità della rotazione terrestre alla velocità del razzo stesso.

9 No, l'area spazzata in un determinato intervallo di tempo varia da pianeta a pianeta; ciò che è costante è l'area spazzata da un dato pianeta nel tempo.

10 No, per mantenere la sua orbita, un satellite si deve muovere rispetto al centro della Terra ma il Polo Nord è fermo rispetto al centro della Terra, quindi un satellite non può rimanere fisso sopra il Polo Nord.

11 Al perielio, che è il punto in cui la Terra è più vicina al Sole. Infatti, se consideriamo che l'energia totale $E = \frac{1}{2}m_T v^2 - G\frac{m_S m_T}{r}$ si deve conservare, quando r assume il valore minimo l'energia potenziale ha, in modulo, il suo valore massimo e quindi così deve essere per l'energia cinetica. Ciò è peraltro in accordo con la seconda legge di Keplero.

12 Nella seconda. Infatti la velocità orbitale di Superman può essere ricavata ponendo la forza centripeta uguale alla forza gravitazionale:

$\frac{m_S v^2}{r} = G\frac{m_S m_T}{r}$ da cui $v = \sqrt{G\frac{m_T}{r}}$

Sostituendo nell'espressione dell'energia totale otteniamo:

$E = \frac{1}{2}m_S \left(\sqrt{G\frac{m_T}{r}}\right)^2 - G\frac{m_S m_T}{r} = \frac{1}{2}G\frac{m_S m_T}{r} - G\frac{m_S m_T}{r} = -\frac{1}{2}G\frac{m_S m_T}{r}$

Quindi, essendo negativa, l'energia è maggiore quando il denominatore è più grande, cioè quando r è maggiore.

476 SOLUZIONI

13 Perché, anche se la velocità di fuga è indipendente dalla massa, non lo è l'energia cinetica necessaria, che invece è direttamente proporzionale alla massa.

RISPONDI AI QUESITI
14 D
15 A
16 B
17 D

RISOLVI I PROBLEMI
19 $F_A < F_B < F_C$
20 $a_B < a_C < a_A$
21 a. nullo; b. no
25 a. minore: è la metà; b. 4,91 m/s^2
30 c. il momento angolare di un corpo orbitante si conserva
33 a. maggiore; b. verso ovest
35 a. no

AUTOVERIFICA
1 C
2 D
3 B
4 D
5 a. $6{,}47 \cdot 10^{-5}$ m/s; b. in P: $6{,}38 \cdot 10^{-8}$ m/s^2; in Q l'accelerazione è nulla
6 a. $8{,}8 \cdot 10^6$ m; b. 0,198; c. $8{,}2 \cdot 10^3$ s; d. $-2{,}01 \cdot 10^9$ J
7 c. $h = 12\dfrac{Gm}{a^2}$; d. $h = 3\dfrac{Gm}{a^2}$

RICHIAMI DAL PRIMO BIENNIO
Fluidi in equilibrio

1 D   2 A   3 C   4 B   5 A   6 D

CAPITOLO 7
La dinamica dei fluidi

ESERCIZI E PROBLEMI
1 A
2 B
3 C
4 A
6 a. si restringe; b. la 1; la 2 e la 3 sono false
12 c. il flusso è uguale a 3,11 kg/s
14 B
15 A
16 B
17 B
20 a. in quello con il diametro minore; b. $\Delta p(v) = \dfrac{1}{2}d(v_1^2 - v_2^2)$; in quello con il diametro maggiore
27 a. maggiore; b. la 2; la 1 e la 3 sono false
28 $(1/2)\,h$
29 a. lower; d. blow out
31 C
32 D
33 V
34 C

ESERCIZI DI RIEPILOGO
RAGIONA E RISPONDI

1 Mentre cade, l'acqua aumenta la sua velocità; inoltre, la quantità d'acqua che passa da un determinato punto in un determinato intervallo di tempo è la stessa a qualsiasi altezza. Se lo spessore dell'acqua rimanesse lo stesso mentre la sua velocità aumenta, allora la quantità di acqua per unità di tempo aumenterebbe; quindi, lo spessore dell'acqua deve diminuire per controbilanciare l'aumento della velocità.

2 Il fluido deve essere incomprimibile.

3 La legge di conservazione della massa.

4 Quando soffia il vento si stabilisce una differenza di pressione fra la cima e la base della ciminiera, con la cima a una pressione più bassa; questo fa sì che il fumo salga più rapidamente.

5 La situazione preferibile è quella di decollo controvento; infatti in questo caso la velocità dell'aria sulle ali è maggiore rispetto al caso in cui si decolla nella direzione del vento e quindi la forza di sollevamento è maggiore.

6 La legge di conservazione dell'energia.

7 Se la pallina è posta nel flusso d'aria in modo che la velocità dell'aria sulla sua superficie superiore sia maggiore di quella sulla sua superficie inferiore, il risultato sarà una pressione inferiore sulla parte superiore della pallina; ciò determina una forza verso l'alto che può uguagliare il peso della pallina.

8 Le velocità dei due convogli si sommano; per attrito essi trascinano le particelle d'aria, generando una depressione nella zona tra i due convogli che causa una sorta di "attrazione reciproca"; questa attrazione, se eccessiva, potrebbe portare a un deragliamento.

9 Perché in questo modo, quando ruota intorno a un suo asse dopo essere stata colpita dalla racchetta, la pallina può trascinare con sé le particelle d'aria; l'aria, infatti, non è un fluido ideale, per cui a causa dell'attrito tra l'aria e la palla, aumentato dalla "pelosità" della superficie di feltro, la palla nel suo moto trascina un sottile strato d'aria. Pertanto la velocità dell'aria rispetto alla palla è diversa sopra e sotto la pallina. Nel caso in cui alla pallina sia stata inferta una rotazione in verso contrario al suo verso di avanzamento, la velocità tangenziale e la velocità relativa dell'aria si sottraggono al di sotto della pallina e si sommano al di sopra; per l'equazione di Bernoulli ciò determina come conseguenza una maggior pressione che sostiene in aria la pallina. Ovviamente si ha un effetto opposto nel caso in cui la pallina ruoti in verso concorde a quello di avanzamento della pallina, provocando così uno "schiacciamento" della traiettoria.

10 Il fluido deve essere ideale, il foro di uscita relativamente piccolo e il recipiente grande.

RISPONDI AI QUESITI
11 B   12 E

RISOLVI I PROBLEMI
18 b. uguale

AUTOVERIFICA
1 A
2 C
3 D
4 D
5 B
6 a. $3{,}5 \cdot 10^{-4}$ m^3/s; b. $7{,}9 \cdot 10^{-13}$ m^3/s; c. $4{,}4 \cdot 10^8$ capillari
7 a. 0,87 m/s; b. 2,7 atm
8 a. 5,0 m/s; c. 1,1 atm
9 b. 19%

RICHIAMI DAL PRIMO BIENNIO
La termologia

1 A **2** A **3** B **4** C

CAPITOLO 8
I gas e la teoria cinetica

ESERCIZI E PROBLEMI

1 D
2 B
3 C
4 A
5 B
6 c. solo la risposta al punto **a.** non cambierebbe
7 a. diminuisce; **b.** la 1; la 2 è incompleta, la 3 è falsa
16 nella trasformazione isoterma rimane costante il prodotto pV, in questo caso invece $p_A V_A \neq p_B V_B$
18 a. trasformazione isoterma
28 A
29 C
30 D
31 C
32 A
38 B
39 A
40 C
41 a. minore; **b.** la 3; la 1 e la 2 sono false
42 $K_A = K_B = K_C$; $v_{qm,C} < v_{qm,B} < v_{qm,A}$
44 a. maggiore

ESERCIZI DI RIEPILOGO
RAGIONA E RISPONDI

1 Sì, se la pressione e il volume variano in modo che il loro prodotto rimanga lo stesso, dalla legge dei gas ideali segue che la temperatura del gas rimane la stessa. Se la temperatura del gas è la stessa, l'energia cinetica media delle sue molecole non cambia.

2 No, la conversione tra gradi Celsius e kelvin si effettua mediante l'addizione e non la moltiplicazione di un valore costante. Quindi il termine costante non può essere assorbito dalla costante dei gas. Ad esempio, nella scala Celsius ci sono temperature negative; tali valori, però, non hanno senso nell'equazione di stato dei gas ideali, qualunque sia il valore assegnato alla costante.

3 Per calcolare la velocità media delle molecole devi tenere conto del modulo, della direzione e del verso di ogni singolo vettore velocità. Quindi la velocità media delle molecole di aria in una stanza è zero, in quanto esse si muovono casualmente in ogni direzione.

4 Gli aeroplani possono avere difficoltà a decollare da aeroporti collocati a grandi altitudini perché l'aria è rarefatta e quindi ha una minore portanza rispetto all'aria a livello del mare. Quando l'aria è fredda, la sua densità è maggiore di quando è calda, quindi decollare di mattina o di sera garantisce all'aeroplano una maggiore portanza.

5 Il volume di un gas ideale è dato dalla relazione $V = nRT/p$. Quindi il volume del sacchetto delle maschere a ossigeno varia inversamente con la pressione: minore è la pressione nella cabina, maggiore è il volume del gas nel sacchetto.

6 La temperatura di ebollizione dell'acqua dipende dalla pressione: più alta è la pressione, più alta è la temperatura di ebollizione. Quindi nell'autoclave, dove la pressione è maggiore di quella atmosferica, la temperatura di ebollizione è maggiore di 100 °C.

7 Diminuisce, in quanto nella compressione il volume a disposizione delle molecole diminuisce e gli urti tra una molecola e l'altra diventano più probabili.

8 No, l'azione del ventilatore non fa diminuire la temperatura della stanza, anzi al ventilatore viene fornita energia elettrica che, parzialmente, si trasforma in energia meccanica delle pale e, parzialmente, viene dispersa nell'ambiente circostante sotto forma di calore. Le pale del ventilatore muovono l'aria e questa, fluendo su di te, rimuove energia termica dal tuo corpo, donandoti la sensazione di frescura.

9 In un corpo a temperatura maggiore il moto casuale degli atomi o delle molecole è caratterizzato da un'energia cinetica maggiore. Quando i due corpi sono a contatto, i loro atomi si urtano e, nella collisione, l'energia cinetica viene trasferita dagli atomi del corpo a temperatura maggiore a quelli del corpo a temperatura minore.

10 Mentre le molecole ad alta velocità lasciano la goccia, questa assorbe calore dall'ambiente circostante, mantenendo la sua temperatura costante. Fino a che la temperatura della goccia è costante, essa continuerà ad avere la stessa frazione di molecole che si muovono abbastanza velocemente da sfuggire dalla superficie.

RISPONDI AI QUESITI

11 E **12** C

RISOLVI I PROBLEMI

19 c. la pressione diminuisce di un fattore 2; l'energia cinetica media rimane la stessa

AUTOVERIFICA

1 B
2 A
3 D
4 B
5 A
6 a. $3{,}9 \cdot 10^{24}$ atomi; **b.** 1,3
7 a. $5{,}2 \cdot 10^5$ Pa; **b.** $1{,}1 \cdot 10^{-17}$ Pa; **c.** $2{,}8 \cdot 10^{-19}$ N
8 a. 44,0 g/mol; **b.** 191 K

CAPITOLO 9
Le leggi della termodinamica

ESERCIZI E PROBLEMI

1 A
2 B
3 D
4 A
5 A
13 b. diminuisce
14 A
15 D
16 A
17 C
21 $L_3 < L_1 < L_2$
22 a. maggiore; **b.** la 2; la 1 non è completamente corretta, la 3 è falsa
26 c. no
27 b. uguale, il lavoro nell'isobara dipende dalla differenza dei volumi e non dai valori di volume iniziale e finale
29 a. fornire calore

33 a. assorbito
36 1/2
37 c. 2
41 a. sul sistema
46 a. la temperatura aumenta
47 a. la 1; b. la 3; c. la 1; d. la 3
48 C
49 B
50 C
51 B
52 C
58 B
59 D
60 B
61 A
64 a. minore; b. la 1; la 2 e la 3 sono false
69 b. diminuita
82 C
83 C
84 B
85 B
88 a. aumenta; b. la 1; la 2 e la 3 non sono completamente corrette
89 a. rimane la stessa; b. la 1; la 2 e la 3 non sono completamente corrette
90 a. aumenta; b. la 3; la 1 e la 2 sono false
93 a. aumenta

ESERCIZI DI RIEPILOGO
RAGIONA E RISPONDI

1 No, è irreversibile se il motore ha attrito.

2 a. Sì, il calore può entrare nel sistema se allo stesso tempo il sistema si espande, come nell'espansione isoterma di un gas.
b. Sì, il calore può uscire dal sistema se allo stesso tempo il sistema si comprime, come in una compressione isoterma di un gas.

3 Sì, come esempio considera un cilindro termicamente isolato contenente un gas; se questo gas viene compresso, la sua temperatura aumenta.

4 In generale sì, ma esistono situazioni nelle quali, pur somministrando calore, la temperatura non varia; un tipico esempio sono i cambiamenti di fase.

5 Le costanti C_V e C_p sono definite nelle relazioni $Q = nC_V\Delta T$ e $Q = nC_p\Delta T$. Per una trasformazione a volume costante $L = 0$; quindi il primo principio della termodinamica $\Delta E_{int} = Q - L$ garantisce che $\Delta E_{int} = Q$; questo non è vero, invece per una trasformazione a pressione costante, in cui $L \neq 0$.

6 Per un gas ideale E_{int} dipende solo da T ed è una funzione di stato; quindi l'espressione $\Delta E_{int} = nC_V\Delta T$ non vale solo per le trasformazioni a volume costante, ma per qualsiasi processo.

7 $\gamma = \dfrac{C_p}{C_V}$; poiché è sempre $C_p > C_V$, allora $\gamma > 1$.

8 No, è una legge che vale solo per i gas ideali; per i solidi e i liquidi le relazioni sono molto differenti.

9 Sì, in un'espansione isotermica tutto il calore fornito al sistema per mantenere la sua temperatura costante appare come lavoro compiuto dal sistema.

10 La temperatura T non varia. Infatti il gas si espande nel vuoto, quindi non compie lavoro perché non ha nulla contro cui spingere. Il gas è anche isolato, quindi non c'è flusso di calore da o verso l'esterno. Ne segue che l'energia interna del gas non varia e pertanto non varia neppure la sua temperatura.

11 Sarebbe violato il secondo principio della termodinamica, che stabilisce che il calore fluisce spontaneamente sempre da un corpo a temperatura maggiore a un altro a temperatura minore.

12 Sì, è possibile. Il problema è che ogni volta è necessario cedere il calore a una sorgente a temperatura più bassa per poter continuare il processo.

13 Sì, effettivamente il calore rilasciato alla stanza è circa 3-4 volte il lavoro fatto dalla pompa di calore.

14 Per il frigorifero $Q_{ced} = Q_{ass} - L$; quindi una quantità di calore Q_{ced} deve essere ceduta all'ambiente esterno, cosa che avviene proprio attraverso il gas (un tempo freon, oggi sostituito da altri gas perché dannoso per l'ambiente) che scorre nella serpentina.

15 No, il secondo principio afferma che questo non può essere l'unico processo in un sistema isolato. Il frigorifero ad esempio trasferisce calore dal suo interno all'ambiente esterno che si trova a una temperatura maggiore, ma per funzionare ha bisogno di lavoro proveniente dall'esterno (la rete elettrica) che permetta al compressore di aumentare la pressione del gas nel circuito di refrigerazione.

16 Il rendimento di un motore termico varia tra 0 e 1; il coefficiente di prestazione di un frigorifero tra 0 e infinito.

17 Poiché il coefficiente di prestazione è definito come $C_f = \dfrac{Q_{ass}}{L}$, a parità di Q_{ass} rimosso dall'ambiente più freddo, un coefficiente di prestazione maggiore corrisponde a un valore minore di L, quindi a un lavoro minore.

18 No, perché mentre tu compi un lavoro per mettere in ordine, emetti calore nell'atmosfera e questo aumenta l'entropia dell'aria più di quanto diminuisca l'entropia nella camera, con un aumento netto dell'entropia dell'universo.

19 In questo caso si avrà $L = 0$, $Q = 0$, $T_f = T_i$. Tale trasformazione è irreversibile, quindi, ricordando che l'entropia è una funzione di stato, bisogna sostituirla con un'opportuna trasformazione reversibile tra gli stessi stati termodinamici iniziali e finali. Puoi scegliere una trasformazione isoterma dove $Q = L$; in questo caso avrai, come mostrato nel testo, che
$$\Delta S = \frac{Q}{T} = \frac{L}{T} = \frac{nRT}{T}\ln\frac{V_f}{V_i} = nR\ln\frac{V_f}{V_i} > 0.$$
Essendo nulli gli scambi di calore con l'esterno, la variazione di entropia dell'ambiente esterno vale $\Delta S_a = 0$.

Concludendo: $\Delta S_{tot} = \Delta S + \Delta S_a = \Delta S > 0$.

20 Statisticamente (i numeri in gioco sono grandissimi), a livello microscopico, gli atomi e le molecole del corpo più caldo hanno un'energia cinetica maggiore di quelli del corpo più freddo; dunque, durante le collisioni, parte di questa energia viene trasferita dagli atomi o molecole dell'oggetto più caldo a quelli dell'oggetto più freddo.

RISPONDI AI QUESITI
21 E   22 E   23 D

RISOLVI I PROBLEMI
24 AB: negativo; BC: positivo; CA: negativo

25 $L_{AB} = 0$ J; $\Delta E_{int,AB} = -53$ J; $\Delta E_{int,BC} = -150$ J; $Q_{CA} = 353$ J; $\Delta E_{int,CA} = 203$ J

AUTOVERIFICA
1 A
2 C
3 A
4 B
5 C
6 a. 240 kJ; b. $T_i = 390$ K, $T_f = 980$ K; c. 360 kJ; d. 600 kJ
7 a. 23 kJ; b. 14 kJ
8 a. 682 J; b. 0,33; c. 38 J

INDICE ANALITICO

A

accelerazione
— angolare, 37, 239
— centripeta, 33, 92
— centripeta nel moto circolare, 34
— del centro di massa, 180
— del moto armonico, 43
— di gravità, 6, 291
— istantanea, 4, 16
— media, 4, 15
— tangenziale, 38
— tangenziale nel moto circolare, 38
— vettore, 15
adiabatica, 418
aerografo, 351
afelio, 299
airbag, 85
ala di aereo, 352
altezza massima in un moto parabolico, 22
ambiente, 403
ampiezza dell'oscillatore armonico, 99
analogia fra grandezze lineari e angolari, 241, 247
anelastico, urto, 202
anello, momento d'inerzia di un, 247
angolare,
— accelerazione, 37, 239
— legge di conservazione del momento, 262
— momento, 261
— posizione, 29, 239
— spostamento, 30, 239
— velocità, 30, 239
asse di rotazione, 239
atmosfera, 337
attrazione gravitazionale tra corpi sferici, 291
attrito, 75, 193
Archimede
— principio di, 338
— spinta di, 338
Avogadro Amedeo, 378
Avogadro
— numero di, 378
— principio di, 378

B

Bernoulli Daniel, 343
Bernoulli
— equazione di, 345
bersaglio fermo, 204
bidimensionale, urto, 205
bilancia di torsione, 294
bilancio energetico, 188, 196
Boltzmann Ludwig, 377
Boltzmann
— costante di, 377
— formula di, 436
Boyle Robert, 380
Boyle, legge di, 380
braccio, 258
Brahe Tycho, 298
buca di potenziale, 314
buco nero, 316

C

caduta libera, 6
caduta di un corpo in un fluido viscoso, 355
caloria, 371
calore, 196, 371, 403
— specifico, 411
— specifico molare, 412
— specifico molare di un gas a pressione costante, 412
— specifico molare di un gas a volume costante, 413
campo, 306
— gravitazionale, 306
— gravitazionale generato da una massa puntiforme, 307
— gravitazionale in prossimità della superficie terrestre, 307
capacità termica, 371
Carnot Nicolas Léonard Sadi, 427
Carnot
— rendimento della macchina di, 426
— teorema di, 427
carrucola, 256
Cavendish Henry, 294
Cavendish, esperimento di, 294
Celsius, scala, 371
centrifuga
— forza, 151
— per microematocrito, 36
centripeta, forza, 92
centro di massa, 177
— accelerazione del, 180
— coordinate del, 178
— moto del, 180
— posizione del, 177
— velocità del, 180
Charles Jacques, 381
ciclo
— di Carnot, 425
— termodinamico, 425
ciclone, 265
cinematica rotazionale, 239
cinetica dei gas, teoria, 383
Clapeyron, piano (o diagramma) di, 410
Clausius Rudolf, 421
Clausius, enunciato di, 421
coefficiente
— di attrito, 75

– di dilatazione adiabatica per gas ideali monoatomici, 418
– di prestazione di una pompa di calore, 429
– di prestazione di un frigorifero, 428
– di viscosità, 353
componenti vettoriali, 10, 12
composizione dei moti, 18
condizionatore d'aria, 428
conservazione
– della quantità di moto, 174
– della quantità di moto per un singolo corpo, 174
– della quantità di moto per un sistema di più corpi, 175
– dell'energia meccanica, 170, 187
– dell'energia meccanica nel moto di rotolamento, 248
– dell'energia nei fenomeni gravitazionali, 313
– dell'energia totale, 193
– del momento angolare e forze centrali, 263
– del momento angolare per un corpo esteso, 265
– del momento angolare per un punto materiale, 262
– del momento angolare per un sistema di punti, 264
contatto termico, 403
continuità, equazione di, 341
convenzione sul segno della velocità angolare, 31
coordinate del centro di massa di più oggetti, 178
Copernico Niccolò, 297
Coriolis, forza di, 153
corpo
– appeso, equilibrio di un, 78
– esteso, 238, 265
– moto in un fluido viscoso, 355
– libero, 83
– rigido, 238
– sferico, attrazione gravitazionale, 291
costante
– di Boltzmann, 377
– di gravitazione universale, 288
– elastica, 74
– universale dei gas, 379

D

deferente, 296
densità, 337
diagramma
– del moto, 16
– di Clapeyron, 410
– p-V, 410
– spazio-tempo, 2
– x-t, 2
dilatazione adiabatica per gas ideali monoatomici, 418
dimostrazione di Newton delle tre leggi di Keplero, 301
dinamica
– del moto armonico, 98
– dei fluidi, 340
– rotazionale, 252, 256
disco, momento d'inerzia del, 247
disordine, 435
distribuzione delle velocità delle molecole, 384

E

eccentricità dell'orbita, 302
effetto Venturi, 347
efficienza di una macchina, 424
eliocentrico, modello, 297

elastica
– costante, 74
– forza, 74, 190
elastico, urto, 202
energia
– cinetica, 169
– cinetica di rotazione, 245
– cinetica di rotolamento, 248
– grafici dell', 198, 313
– interna, 194
– interna di un gas ideale biatomico, 390
– interna di un gas ideale monoatomico, 389
– in un urto anelastico, 201
– in un urto elastico, 201
– meccanica, 170, 187
– meccanica, conservazione della, 170, 187
– meccanica del pendolo, 191
– meccanica nel moto armonico semplice, 190
– potenziale, 170
– potenziale elastica, 170
– potenziale gravitazionale, 170, 308
– potenziale gravitazionale di due masse, 311
– potenziale gravitazionale di una massa m a una distanza r dal centro della Terra, 310
– potenziale gravitazionale di un sistema di corpi, 311
– potenziale gravitazionale in prossimità della superficie terrestre, 311
– potenziale gravitazionale totale, 311
– termica, 194
– totale, 194
entropia, 430
– dell'universo, 433
– e disordine, 435
– variazione di, 430
enunciato
– di Clausius, 421
– di Kelvin, 421
epiciclo, 296
equazione
– della trasformazione adiabatica in termini di p e T, 419
– della trasformazione adiabatica in termini di p e V, 418
– dell'energia di un sistema non isolato, 196
– di Bernoulli, 345
– di continuità, 341
– di continuità per un fluido incomprimibile, 342
– di Poiseuille, 355
– di stato dei gas ideali, 379
equilibrio
– rotazionale, 253
– statico, 77, 78
– statico di un corpo rigido, 253
– termico, 371, 403
– termodinamico, 408
– traslazionale, 253
equipartizione dell'energia, 390
equivalenza
– degli enunciati di Clausius e Kelvin, 423
– dei sistemi inerziali, 146

F

Faraday Michael, 306
fluido
– ideale, 340
– legge di Torricelli per un, 349

– reale, 340
– reale, equazione di Poiseuille, 355
– viscosità di un, 353
fluidodinamica, 340
flusso stazionario, 340
formula di Boltzmann, 436
forza
– apparente, 147
– apparente nei sistemi rotanti, 151
– centrale, 263
– centrifuga, 151
– centripeta, 92
– conservativa, 169, 182, 183
– di attrito, 75, 193
– di Coriolis, 153
– di galleggiamento, 338
– di gravità, 287
– elastica, 74, 190
– esterna, 174
– gravitazionale esercitata da una sfera, 291
– gravitazionale fra la Terra e la Luna, 294
– interna, 174
– non conservativa, 169
– peso, 73, 188
– posizionale, 185
forze
– a distanza, 73
– gravitazionali, 289
– esterne, 83
– vincolari, 73
frequenza, 32
– angolare (o pulsazione), 42
frigorifero, 427
– coefficiente di prestazione di un, 428
fuga, velocità di, 315
funzione di stato, 407

G

Galilei Galileo, 298
Galileo
– trasformazione dell'accelerazione, 145
– trasformazione della posizione, 139, 140
– trasformazione della velocità, 143
– trasformazioni di, 138
gas
– ideale, 376
– ideale biatomico, energia interna di un, 390
– ideale monoatomico, energia interna di un, 389
– inerte, 389
– teoria cinetica dei, 383
Gay-Lussac Joseph, 381
Gay-Lussac
– prima legge di, 382
– seconda legge di, 382
gittata, 23
– cardiaca, 343
GPS, 304
grafico dell'energia, 198, 313
grandezza vettoriale, 10
grandezze
– angolari, 29, 239
– cinematiche, 13
– lineari e angolari, analogia, 241
– macroscopiche, 383

– microscopiche, 383
gravità, 287
– accelerazione di, 291
– forza di, 288
– lavoro compiuto dalla, 308
gravitazione
– costante della, 288
– legge della, 288
– misura della costante di, 294

H

Halley Edmond, 288
hertz, 33
Hertz Heinrich, 33
Hooke, legge di, 74, 98

I

impulso, 109
– teorema dell', 109
indipendenza dei moti, 18
inerzia
– momento di, 245, 246
– principio di, 81
inversione del moto, punti di, 43, 199
isòbara, 409
isocòra, 413
isoterma, 380, 415
ISS, 304

J

joule, 167

K

Kelvin
– enunciato di, 422
– scala di, 371
Keplero Giovanni, 298
Keplero
– prima legge di, 299
– seconda legge di, 299
– terza legge di, 300

L

lavoro
– della forza elastica, 168
– di una forza costante, 167
– di una forza variabile, 168
– di un gas, 410
– in un sistema non isolato, 196
– in una trasformazione a pressione costante, 409
– in una trasformazione a temperatura costante, 415
– in una trasformazione a volume costante, 413
legge
– della gravitazione universale di Newton, 288
– delle aree, 299
– del moto di un proiettile, 21
– del moto parabolico, 21
– del moto parabolico (lancio orizzontale), 26
– di azione e reazione, 82

– di Boyle, 380
– di conservazione, 173
– di conservazione della quantità di moto, 174
– di conservazione della quantità di moto per un singolo corpo, 174
– di conservazione della quantità di moto per un sistema di più corpi, 175
– di conservazione dell'energia meccanica, 170, 187
– di conservazione dell'energia totale, 194
– di conservazione del momento angolare, 262
– di Gay-Lussac, prima, 382
– di Gay-Lussac, seconda, 382
– di Hooke, 98
– di Keplero, prima 299
– di Keplero, seconda, 299
– di Keplero, terza, 300
– di Newton, della gravitazione universale, 288
– di Newton, prima (principio di inerzia), 81
– di Newton, seconda, 82
– di Newton, terza, 82
– di Newton, seconda (in termini di momento angolare), 260
– di Newton, seconda per il moto rotazionale, 251
– di Newton, seconda per il moto rotazionale in forma vettoriale, 261
– di Newton, seconda per un sistema di particelle, 180
– di Stevino, 338
– di Stokes, 355
– di Torricelli, 349
– fondamentale della dinamica, 82
– fondamentale della dinamica (in termini di quantità di moto), 108
– fondamentale della termologia, 372
– oraria del moto rettilineo uniforme, 4
– oraria del moto rettilineo uniformemente accelerato, 5
– oraria del moto armonico, 42
– oraria dell'oscillatore armonico, 99
leggi
– di Keplero dei moti orbitali, 298
– dei gas ideali, 382

M

macchina termica, 421
– reale, 432
– reversibile, 432
macrostato, 436
mano destra, regola della, 251
massa
– attaccata a una molla, periodo di oscillazione, 101
– atomica, 378
– centro di, 177
– della Terra, 295
– gravitazionale, 295
– inerziale, 295
– molare, 378
Maxwell James Clerk, 384
meteorite, velocità di impatto, 313
microstato, 436
misura
– della costante di gravitazione universale G, 294
– di un angolo in radianti, 29
modello eliocentrico, 297
mole, 378
molecole di un gas, 383

momento
– angolare, 258
– angolare di un corpo rigido in rotazione, 261
– angolare, legge di conservazione del, 262
– angolare totale di un sistema di punti, 261
– di una forza, 251
– d'inerzia, 245, 246
– d'inerzia di alcuni corpi rigidi, 247
– d'inerzia di un disco, 247
– d'inerzia di un anello, 247
– torcente, 251
morte termica, 436
moto
– armonico, 41
– armonico, accelerazione del, 43
– armonico, dinamica del, 98
– armonico, energia meccanica nel, 190
– armonico, legge oraria, 42
– armonico, velocità, 42
– bidimensionale, 9
– bidimensionale con velocità costante, 18
– circolare, 29
– circolare, accelerazione centripeta nel, 34
– circolare accelerato, 37
– circolare uniforme, 32
– del corpo rigido, 238
– del proiettile, 20
– di rotolamento, 243, 248
– laminare, 353
– nei fluidi viscosi, 353
– parabolico, 20
– periodico, 32
– relativo, 138
– retrogrado, 296
– rettilineo uniforme, 4
– rettilineo uniformemente accelerato, 5
– rotatorio (o rotazionale), 238
– rotazionale con accelerazione angolare costante, 240
– rotazionale con velocità angolare costante, 240
– rototraslatorio, 238
– traslatorio (o traslazionale), 238
– unidimensionale, 2
– vorticoso, 265

N

newton, 73
Newton Isaac, 80
Newton
– legge della gravitazione universale di, 288
– prima legge di (principio di inerzia), 81
– seconda legge della dinamica di, 81
– seconda legge della dinamica in termini di momento angolare, 260
– seconda legge per il moto rotazionale in forma vettoriale, 261
– seconda legge per il moto rotazionale, 252
– seconda legge per un sistema di particelle, 180
numero di Avogadro, 378

O

oscillatore armonico, 98
– ampiezza di un, 99
– periodo di un, 98

– pulsazione di un, 100
oscillazione
– di una massa attaccata a una molla, 101
– di un pendolo, 105

P

parametri orbitali, 299
pascal, 337
Pascal
– principio di, 338
pendolo
– energia meccanica di un, 191
– oscillazione di un, 104
– periodo di un, 106
– semplice, 104
perielio, 299
periodo
– dell'oscillatore armonico, 98
– di oscillazione di una massa attaccata a una molla, 101
– di un moto circolare uniforme, 32
– di un moto periodico, 32
– di un moto rotazionale, 240
– di un pendolo, 106
peso apparente, 148
piano
– di Clapeyron, 410
– inclinato, 78, 250
– orizzontale, 77
poise, 354
Poiseuille Jean Louis Marie 354
Poiseuille, equazione di, 355
pompa di calore, 429
– coefficiente di prestazione di una, 429
portanza, 351
portata
– cardiaca, 343
– volumica, 343
posizione, 13
– angolare, 29, 239
– del centro di massa di due oggetti, 178
potenza, 168
potenziale gravitazionale, buca di, 314
pressione, 337
– atmosferica, 337
– nei fluidi, 337
– di un gas ideale, 376, 387
– di un gas ideale in funzione della velocità delle molecole, 385
prima legge
– di Gay-Lussac, 382
– di Newton, 81
principio
– di Archimede, 338
– di Avogadro, 378
– di conservazione, 173
– di equipartizione dell'energia, 390
– di equivalenza tra massa inerziale e gravitazionale, 295, 296
– di indipendenza dei moti, 18
– di inerzia, 81
– di Pascal, 338
– di relatività galileiano, 145, 297
– primo della termodinamica, 406
– secondo della termodinamica, 421
– terzo della termodinamica, 437
– zero della termodinamica, 404

prodotto vettoriale, 251
proiettile, 20
– altezza massima nel lancio di un, 22
– gittata di un, 23, 24
– lancio orizzontale di un, 26
– lanci possibili nel moto di un, 27
– tempo di volo di un, 23, 24
pulsazione
– del moto armonico, 42
– dell'oscillatore armonico, 100
punto
– di inversione del moto, 43, 199
– materiale, 77

Q

quantità di moto, 107
– conservazione della, per un singolo corpo, 174
– conservazione della, per un sistema di più corpi, 175
– leggi di conservazione della, 174
– in un urto anelastico, 201
– in un urto elastico, 201
– totale, 175
– variazione della, 174

R

radiante, 29
rappresentazione fisica, 84
reazione vincolare, 73
regola della mano destra per il prodotto vettoriale, 251
relatività, principio di, 145
relazione
– tra C_P e C_V, 414
– tra energia cinetica media delle molecole e temperatura in un gas ideale, 388
– tra grandezze lineari e rotazionali, 39
– tra velocità tangenziale e velocità angolare, 32
rendimento
– di una macchina termica, 424
– della macchina di Carnot, 426
rinculo, 176
risultante, 73
rotazione
– energia cinetica di, 245
rotolamento
– energia cinetica di, 248
– moto di, 243

S

satelliti geostazionari, 304
scala termometrica, 371
schema
– del corpo libero, 83
– delle leggi dei gas ideali, 382
– delle relazioni per le trasformazioni termodinamiche, 420
seconda legge
– di Gay-Lussac, 382
– di Newton, 81, 82
– di Newton per il moto rotazionale, 252
– di Newton in termini di momento angolare, 260
segno della velocità angolare, 31

sistema
- aperto, 404
- chiuso, 404
- copernicano, 297
- di coordinate bidimensionale, 9
- di punti, 264
- di riferimento, 2
- di riferimento inerziale, 80, 138, 146
- di riferimento non inerziale, 146
- isolato, 175, 405
- isolato, legge di conservazione dell'energia totale, 194
- non isolato, equazione dell'energia, 196
- planetario, 296
- termodinamico, 403
- tolemaico, 296
sistemi inerziali, equivalenza dei, 146
spinta di Archimede, 338
spostamento, 2, 13
- angolare, 30, 239
stato termodinamico, 407
Stevino, legge di, 338
Stokes George Gabriel, 355
Stokes, legge di, 355

T

temperatura, 371, 374
tensione, 74
teorema
- dell'energia cinetica, 109
- dell'impulso, 109
- di Carnot, 427
teoria cinetica dei gas, 383
termodinamica, 403
- primo principio della, 406
- principio zero della, 404
- secondo principio della, 421
- terzo principio della, 437
termologia, 371
termometro, 371, 374
- a gas a volume costante, 374
terzo principio della termodinamica, 437
Tolomeo Claudio, 296
torcente, momento, 251
Torricelli, legge di, 349
torsione
- bilancia di, 294
traiettoria parabolica, 22
trasformazione
- adiabatica, 417
- ciclica, 407
- di Galileo, 138
- di Galileo dell'accelerazione, 146
- di Galileo della posizione, 139, 140
- di Galileo della velocità, 143
- irreversibile, 408
- isòbara, 409
- isocòra, 413
- isoterma, 415
- reversibile, 408
- termodinamica, 407, 408
- quasi-statica, 408
turbina eolica, 254

U

universalità della caduta libera, 296
urto, 201
- anelastico, 201
- completamente anelastico, 202
- elastico, 202
- elastico, caso bidimensionale, 205
- elastico, caso unidimensionale, 202

V

variazione dell'energia meccanica e forza di attrito, 193
variazioni di pressione, 389
velocità, 14
- angolare, 30, 239
- angolare in funzione del tempo, 241
- del centro di massa, 180
- del moto armonico, 42
- delle molecole di un gas, 384
- di fuga, 315
- di impatto di un meteorite, 313
- distribuzione di Maxwell, delle, 384
- di un corpo rigido che rotola da un piano inclinato, 250
- istantanea, 3, 13
- limite in un fluido viscoso, 356
- media, 14
- media di un fluido viscoso, 353
- scalare media, 3
- quadratica media, 386
- tangenziale, 32
Venturi, effetto, 347
versori, 12
vettore, 10
- accelerazione istantanea, 16
- accelerazione media, 15
- momento angolare, 258
- momento torcente, 251
- momento di una forza, 251
- posizione, 13
- quantità di moto, 107
- spostamento, 13
- velocità angolare, 31
- velocità istantanea, 14
- velocità media, 14
vincolo, 73
viscosità, 353

W

watt, 168

Z

zero assoluto, 374, 375

REFERENZE ICONOGRAFICHE

p. 2 (*apertura*) MIXA Co., Ltd **p. 9** (*apertura*) Spas Genev / Alamy Stock Photo **p. 13** George Whiteley / Science Source
p. 15 Ra'id Khalil / Shutterstock **p. 17** A_Sh / Shutterstock
p. 20 Avalon / Photoshot License / Alamy Stock Photo
p. 21 (*fig.16*) Richard Megna / Fundamental Photographs
p. 22 (*fig.18*) Nanette Grebe/ Shutterstock; (*basso sinistra*) natursports / 123RF; (*basso destra*) Renewer / Shutterstock
p. 24 matimix /123RF **p. 25** Castlesk i / Shutterstock
p. 32 1453094 / Shutterstock **p. 33** (*in alto*) dgbomb / Shutterstock; (*in basso*) bee32 **p. 35** Evgenyrychko / Shutterstock **p. 40** (*fig. 37*) Pressmaster / Shutterstock
p. 44 Martin Mecnarowski/ Shutterstock **p. 48** Lord and Leverett / Pearson Education Ltd **p. 49** sirtravelalot / Shutterstock **p. 51** (*in alto*) wheatley / Shutterstock; (*in basso*) zsolt_uveges / Shutterstock **p. 54** Sozaijiten **p. 57** Blanscape / Shutterstock **p. 59** Teerawut Bunsom / Shutterstock
p. 64 Oleksandr Bedzir / 123RF **p. 65** (*sinistra*) Areipa.lt/ Shutterstock; (*destra alto*) Wavebreak Media Ltd / 123RF; (*destra basso*) Optical: NASA/HST/ASU / J. Hester et al. X-Ray: NASA/CXC/ASU/J. Hester et al. **p. 71** V.J. Caiozzo, University of California, Irvine, AF archive / Alamy Stock Photo
p. 73 (*apertura*) zhukovvvlad / Shutterstock **p. 77** (*apertura*) wassiliy-architect / Shutterstock **p. 80** (*apertura*) Mauricio Graiki / Shutterstock **p. 83** Peter Bernik / Shutterstock
p. 88 BGSmith **p. 92** Andrey Kekyalyaynen / 123RF
p. 94 (*alto*) Ollyy / Shutterstock; (*basso sinistra*) Oleksandr Boiko; (*basso centro*) Mikael Damkier / Shutterstock; (*basso destra*) fotoVoyager **p. 103** (*basso sinistra*) Ted Kinsman / Science Source; (*basso destra*) Melinda Nagy / 123RF **p. 107** Denis Radovanovic / Shutterstock **p.110** (*alto*) hkeita / 123RF; (*basso*) Jeff Hinds / Shutterstock **p. 124** rayjunk / Shutterstock **p. 127** fusebulb / Shutterstock **p. 131** tieury / 123RF **p. 134** Vitalii Nesterchuk / Shutterstock **p. 137** (*apertura*) Paul Glendell / Alamy Stock Photo; (*basso*) Avigator Fortuner **p. 145** Bignai **p. 147** Cathy Yeulet / 123RF
p. 148 ASDF_MEDIA **p. 149** NC Collections / Alamy Stock Photo **p. 156** Chris Jenner / Shutterstock **p. 157** JohnChandler
p. 163 (*sinistra*) Graham Taylor / Shutterstock; (*destra*) hector17 **p. 167** (*apertura*) Bitkiz **p.172** (*sinistra*) Shawn Pecor / Shutterstock; (*destra*) Sozaijiten **p. 173** (*apertura*) V_E **p. 175** (*alto*) Sozaijiten; (*basso*) NASA images **p. 179** Peter Bernik / 123RF **p. 201** (*alto*) J McIsaac / Bruce Bennett Studios / Getty Images; (*basso*) Olesya Kuznetsova / Shutterstock
p. 202 Olena F / Shutterstock **p. 203** Jacob Lund / Shutterstock **p. 205** (*fig. 29a*) vermicule/ 123RF; (*fig. 29b*) vermicule / 123RF; (*fig. 30*) Richard Megna / Fundamental Photographs **p. 206** Anton Gvozdikov / 123RF **p. 219** (*sinistra*) Nic Vilceanu**;** (*destra*) Alexandr Vasilyev/123RF
p. 223 (*sinistra alto*) sportpoint / Shutterstock; (*sinistra basso*) infocus / Shutterstock; (*destra alto*) Chones / Shutterstock; (*destra basso*) Sozaijiten **p. 225** Jose Antonio Garcia / 123RF
p. 228 Tom Wang / Shutterstock **p.237** (*apertura*)Todd Shoemake / Shutterstock; (*basso*) Aerovista Luchtfotografie / Shutterstock **p. 238** (*alto*) Michal Adamczyk; (*basso sinistra*) Vladimir Sazonov / Shutterstock; (*basso centro*) Artur Didyk; (*basso destra*) A. Dowsett Health Protection Agency / Science Photo Library **p. 244** (*alto*) Richard Megna / Fundamental Photographs; (*basso*) Digital Storm / Shutterstock

p. 248 scovad / 123RF **p. 254** ssuaphotos / Shutterstock
p. 255 Richard Megna / Fundamental Photographs
p. 262 koosen / Shutterstock **p. 265** (*alto*) macor / 123RF; (*basso*) Harvepino / Shutterstock **p. 269** JazzLove
p. 271 Sportstock / Shutterstock **p. 272** SORAPONG CHAIPANYA / 123RF **p. 281** (*alto*) Dudley Wood / Alamy Stock Photo; (*basso*) Kzenon / Shutterstock **p. 287** (*apertura*) Ronald van der Beek / Shutterstock; (*basso*) Photo Researchers
p. 288 NASA images / Shutterstock **p. 289** Ivonne Wierink
p. 292 (*alto*) NASA Pictures / Alamy Stock Photo; (*basso*) Outer Space / Shutterstock **p. 298** (*alto*) Universal Art Archive / Alamy Stock Photo; (*basso*) INTERFOTO / Personalities
p. 302 CVADRAT / Shutterstock **p. 304** (*alto*) NASA / Science Photo Library; (*basso*) Nikonaft / Shutterstock **p. 314** (*alto*) Action Sports Photography / Shutterstock; (*basso*) MARK PILKINGTON / Geological Survey of Canada / Science Photo Library **p. 315** Konstantin Shaklein / 123RF **p. 316** (*alto*) Belish / Shutterstock; (*basso*) NASA / Science Photo Library
p. 319 (*alto*) AND Inc / Shutterstock; (*basso*) Nostalgia for Infinity / Shutterstock **p. 321** SergeyDV / Shutterstock
p. 322 Andresr / Shutterstock **p. 323** (*alto*) NASA / Jet Propulsion Lab-Caltech / SETI Institute; (*basso*) Encyclopaedia Britannica, Inc. / NASA **p. 326** Boris Rabtsevich/123RF
p. 327 Valerio Pardi/123RF **p. 331** NASA Image Collection / Alamy Stock Photo **p. 337** (*apertura*) Patrick Foto / Shutterstock **p. 340** (*apertura*) Jack Z Young / Shutterstock; (*basso*) Ljupco Smokovski / Shutterstock; **p. 341** (*alto sinistra*) Miks Mihails Ignats / Shutterstock; (*alto destra*) 867883 / Shutterstock; (*centro*) Bignai / Shutterstock **p. 343** (*alto*) Maridav / Shutterstock; (basso) Photo 12 / Alamy Stock Photo
p. 353 ensup / 123RF **p. 355** Photo Researchers - Science History Images / Alamy Stock Photo **p. 356** Mauricio Graiki / Shutterstock **p. 359** Katarzyna Białasiewicz / 123RF
p. 364 (*es. 1*) S_E / Shutterstock; (*es. 4*) ClimberJAK / Shutterstock; (*es. 9*) Imageman / Shutterstock **p. 365** doomu / Shutterstock **p. 371** (*apertura*) Bernhard Staehli / Shutterstock; (*basso*) zoomzoom / 123RF **p. 374** (*apertura*) Michael Rosskothen / Shutterstock **p. 377** vixit / 123RF **p. 378** Richard Megna / Fundamental Photographs **p. 379** Pakpoom Phummee / Shutterstock **p. 380** Olga Khoroshunova / 123RF **p. 381** Tom Bochsler / Pearson Education / PH College **p. 389** (*alto*) frantisekhojdysz / Shutterstock; (*basso*) ace03 / Shutterstock
p. 393 DeStefano / Shutterstock **p. 394** Michal Ludwiczak / Shutterstock **p. 398** (*sinistra*) Werner Gillmer / Shutterstock; (*destra*) surasaki / 123RF **p. 399** (*sinistra*) Rawan Hussein / 123RF; (*destra*) rolandbarat / 123RF **p. 403** (*apertura*) Janice and Nolan Braud / Alamy Stock Photo **p. 407** INTERFOTO / Alamy Stock Photo **p. 420** (*alto*) Richard Megna / Fundamental Photographs; (*basso*) LOETSCHER / Alamy Stock Photo
p. 421 Jose Antonio Penas / Science Photo Library **p. 427** INTERFOTO / Alamy Stock Photo **p. 428** Pablo Scapinachis / Shutterstock **p. 429** goodluz / 123RF
p. 434 Zoonar GmbH / Alamy Stock Photo **p. 435** gresei / Shutterstock **p. 436** Corbis **p. 446** Kristin Smith / Shutterstock
p. 450 (*sinistra*) ANdreas Schindl / 123RF; (*destra*) BORODIN DENIS / Shutterstock **p. 451** (*alto*) Santi Sinsawad; (*basso*) klotz / 123RF **p. 454** Sozaijiten

TABELLE

GRANDEZZE FONDAMENTALI DEL SI

Grandezze	Nome dell'unità	Simbolo
Lunghezza	metro	m
Massa	kilogrammo	kg
Intervallo di tempo	secondo	s
Intensità di corrente elettrica	ampère	A
Temperatura	kelvin	K
Intensità luminosa	candela	cd
Quantità di sostanza	mole	mol

PREFISSI PER LE UNITÀ DI MISURA

Nome	Simbolo	Fattore
giga	G	10^9
mega	M	10^6
kilo	k	10^3
etto	h	10^2
deca	da	10^1
deci	d	10^{-1}
centi	c	10^{-2}
milli	m	10^{-3}
micro	μ	10^{-6}
nano	n	10^{-9}
pico	p	10^{-12}
femto	f	10^{-15}

GRANDEZZE DERIVATE DEL SI

Grandezze	Unità fondamentali	Grandezze	Unità fondamentali
Densità (ρ)	kg/m^3	Accelerazione angolare (α)	rad/s^2
Velocità (v)	m/s	Momento torcente (M)	$kg\,m^2/s^2$ o $N\,m$
Accelerazione (a)	m/s^2	Calore specifico (c)	$J/(kg\,K)$
Quantità di moto (p)	$kg\,m/s$	Conducibilità termica (k)	$W/(m\,K)$ o $J/(s\,m\,K)$
Velocità angolare (ω)	rad/s	Entropia (S)	J/K o $kg\,m^2/(K\,s^2)$ o $N\,m/K$

ALTRE GRANDEZZE DERIVATE DEL SI

Grandezze	Nome dell'unità	Simbolo	Unità fondamentali
Frequenza	hertz	Hz	s^{-1}
Energia	joule	J	$kg\,m^2/s^2$
Forza	newton	N	$kg\,m/s^2$
Pressione	pascal	Pa	$kg/(m\,s^2)$
Potenza	watt	W	$kg\,m^2/s^3$
Carica elettrica	coulomb	C	$A\,s$
Potenziale elettrico	volt	V	$kg\,m^2/(A\,s^3)$
Resistenza	ohm	Ω	$kg\,m^2/(A^2\,s^3)$
Capacità	farad	F	$A^2\,s^4/(kg\,m^2)$
Induttanza	henry	H	$kg\,m^2/(A^2\,s^2)$
Campo magnetico	tesla	T	$kg/(A\,s^2)$
Flusso magnetico	weber	Wb	$kg\,m^2/(A\,s^2)$

UNITÀ DI MISURA NON APPARTENENTI AL SI

Grandezza	Unità	Simbolo	Conversione nel SI
Angolo piano	grado sessagesimale	°	$1° = 1{,}745 \cdot 10^2$ rad
Energia	caloria kilowattora elettronvolt	cal kWh eV	1 cal = 4,186 J $1 \text{ kWh} = 3{,}6 \cdot 10^6$ J $1 \text{ eV} = 1{,}6 \cdot 10^{-19}$ J
Forza	kilogrammo peso	kgp	1 kgp = 9,8 N
Lunghezza	pollice miglio marino parsec anno-luce angstrom	in n mi pc a.l. Å	1 in = 0,0254 m 1 n mi = 1852 m $1 \text{ pc} = 3{,}08 \cdot 10^{16}$ m $1 \text{ a.l.} = 9{,}46 \cdot 10^{15}$ m $1 \text{ Å} = 10^{-10}$ m
Massa	libbra tonnellata unità di massa atomica	lb t uma	1 lb = 0,454 kg 1 t = 1000 kg $1 \text{ u} = 1{,}66 \cdot 10^{-27}$ kg
Potenza	cavallo vapore	CV	$1 \text{ CV} = 7{,}35 \cdot 10^2$ W
Pressione	bar atmosfera torr	bar atm mmHg	$1 \text{ bar} = 10^5$ Pa $1 \text{ atm} = 1{,}013 \cdot 10^5$ Pa $1 \text{ torr} = 1{,}33 \cdot 10^2$ Pa
Temperatura	grado Celsius grado Fahreneit	°C °F	1 °C = 1 K (0 °C = 273 K) 1 °F = 0,56 K (−32 °F = 273 K)
Tempo	minuto ora giorno anno	min h d a	1 min = 60 s 1 h = 3600 s $1 \text{ d} = 8{,}64 \cdot 10^4$ s $1 \text{ a} = 3{,}16 \cdot 10^7$ s
Volume	litro	L	$1 \text{ L} = 0{,}001 \text{ m}^3$

COSTANTI FONDAMENTALI

Grandezza	Simbolo	Valore approssimato
Carica dell'elettrone	e	$1{,}602 \cdot 10^{-19}$ C
Costante di Boltzmann	k_B	$1{,}381 \cdot 10^{-23}$ J/K
Costante dei gas	R	8,31 J/(mol K)
Costante di Planck	h	$6{,}626 \cdot 10^{-34}$ Js
Costante gravitazionale	G	$6{,}670 \cdot 10^{-11}$ N m^2/kg^2
Equivalente meccanico del calore	J	4,18 J/cal
Massa dell'elettrone	m_e	$9{,}108 \cdot 10^{-31}$ kg
Massa del neutrone	m_n	$1{,}674 \cdot 10^{-27}$ kg
Massa del protone	m_p	$1{,}672 \cdot 10^{-27}$ kg
Numero di Avogadro	N_A	$6{,}022 \cdot 10^{23}$ particelle/mol
Raggio classico dell'elettrone	r	$2{,}82 \cdot 10^{-15}$ m
Unità di massa atomica	uma	$1{,}66043 \cdot 10^{-27}$ kg
Velocità della luce nel vuoto	c	$2{,}9979 \cdot 10^8$ m/s

TAVOLA PERIODICA DEGLI ELEMENTI

IA 1	IIA 2	IIIB 3	IVB 4	VB 5	VIB 6	VIIB 7	VIIIB 8	VIIIB 9	VIIIB 10	IB 11	IIB 12	IIIA 13	IVA 14	VA 15	VIA 16	VIIA 17	VIIIA 18
1 **H** idrogeno 1,008																	2 **He** elio 4,003
3 **Li** litio 6,941	4 **Be** berillio 9,012											5 **B** boro 10,81	6 **C** carbonio 12,01	7 **N** azoto 14,01	8 **O** ossigeno 16,00	9 **F** fluoro 19,00	10 **Ne** neon 20,18
11 **Na** sodio 22,99	12 **Mg** magnesio 24,31											13 **Al** alluminio 26,98	14 **Si** silicio 28,09	15 **P** fosforo 30,97	16 **S** zolfo 32,07	17 **Cl** cloro 35,45	18 **Ar** argon 39,95
19 **K** potassio 39,10	20 **Ca** calcio 40,08	21 **Sc** scandio 44,96	22 **Ti** titanio 47,88	23 **V** vanadio 50,94	24 **Cr** cromo 52,00	25 **Mn** manganese 54,94	26 **Fe** ferro 55,85	27 **Co** cobalto 58,93	28 **Ni** nichel 58,69	29 **Cu** rame 63,55	30 **Zn** zinco 65,39	31 **Ga** gallio 69,72	32 **Ge** germanio 72,61	33 **As** arsenico 74,92	34 **Se** selenio 78,96	35 **Br** bromo 79,90	36 **Kr** cripton 83,80
37 **Rb** rubidio 85,47	38 **Sr** stronzio 87,62	39 **Y** ittrio 88,91	40 **Zr** zirconio 91,22	41 **Nb** niobio 92,91	42 **Mo** molibdeno 95,94	43 **Tc** tecnezio (98)	44 **Ru** rutenio 101,1	45 **Rh** rodio 102,9	46 **Pd** palladio 106,4	47 **Ag** argento 107,9	48 **Cd** cadmio 112,4	49 **In** indio 114,8	50 **Sn** stagno 118,7	51 **Sb** antimonio 121,8	52 **Te** tellurio 127,6	53 **I** iodio 126,9	54 **Xe** xenon 131,3
55 **Cs** cesio 132,9	56 **Ba** bario 137,3	57 **La** lantanio 138,9	72 **Hf** afnio 178,5	73 **Ta** tantalio 180,9	74 **W** tungsteno 183,9	75 **Re** renio 186,2	76 **Os** osmio 190,2	77 **Ir** iridio 192,2	78 **Pt** platino 195,1	79 **Au** oro 197,0	80 **Hg** mercurio 200,6	81 **Tl** tallio 204,4	82 **Pb** piombo 207,2	83 **Bi** bismuto 209,0	84 **Po** polonio (210,0)	85 **At** astato (210,0)	86 **Rn** radon (222,0)
87 **Fr** francio (223)	88 **Ra** radio 226,0	89 **Ac** attinio 227,0	104 **Rf** rutherfordio (261)	105 **Db** dubnio (262)	106 **Sg** seaborgio (263)	107 **Bh** bohrio (262)	108 **Hs** hassio (265)	109 **Mt** meitnerio (268)	110 **Ds** darmstadio (269)	111 **Rg** roentgenio (272)	112 **Cn** copernicio (285)	113 **Uut** ununtrio	114 **Fl** flerovio	115 **Uup** ununpentio	116 **Lv** livermorio	117 **Uus** unsepito	118 **Uuo** ununoctio

LANTANIDI

58 **Ce** cerio 140,1	59 **Pr** praseodimio 140,9	60 **Nd** neodimio 144,24	61 **Pm** promezio (145)	62 **Sm** samario 150,4	63 **Eu** europio 152,0	64 **Gd** gadolinio 157,3	65 **Tb** terbio 158,9	66 **Dy** disprosio 162,5	67 **Ho** olmio 164,9	68 **Er** erbio 167,3	69 **Tm** tulio 168,9	70 **Yb** itterbio 173,0	71 **Lu** lutezio 175,0

ATTINIDI

90 **Th** torio 232,0	91 **Pa** protoattinio 231,0	92 **U** uranio 238,0	93 **Np** nettunio 237,0	94 **Pu** plutonio (244)	95 **Am** americio (243)	96 **Cm** curio (247)	97 **Bk** berkelio (247)	98 **Cf** californio (251)	99 **Es** einstenio (252)	100 **Fm** fermio (257)	101 **Md** mendelevio (256)	102 **No** nobelio (259)	103 **Lr** laurenzio (260)

Legenda: numero atomico, simbolo, nome, massa atomica. Notazione tradizionale / notazione IUPAC.

Le masse atomiche sono state arrotondate a quattro cifre significative.
Stato fisico in condizioni normali (0 °C, 1 atm): ■ liquido, ■ aeriforme.
Gli elementi artificiali sono indicati in colore grigio.

Tavola periodica degli elementi

Gruppo		
numero atomico	1	1312 2,1 — energia di ionizzazione (kJ/mol) — elettronegatività (secondo Pauling)
simbolo	**H**	±1 — numeri di ossidazione
configurazione elettronica	$1s^1$	

Gruppo IA (1)

Z	El.	E.I.	χ	Ox.	Config.
1	H	1312	2,1	±1	$1s^1$
3	Li	520	1,0	+1	$1s^2 2s^1$
11	Na	496	0,9	+1	$[Ne]3s^1$
19	K	419	0,8	+1	$[Ar]4s^1$
37	Rb	403	0,8	+1	$[Kr]5s^1$
55	Cs	376	0,7	+1	$[Xe]6s^1$
87	Fr	—	0,7	+1	$[Rn]7s^1$

Gruppo IIA (2)

Z	El.	E.I.	χ	Ox.	Config.
4	Be	900	1,5	+2	$1s^2 2s^2$
12	Mg	738	1,2	+2	$[Ne]3s^2$
20	Ca	590	1,0	+2	$[Ar]4s^2$
38	Sr	550	1,0	+2	$[Kr]5s^2$
56	Ba	503	0,9	+2	$[Xe]6s^2$
88	Ra	509	0,9	+2	$[Rn]7s^2$

Metalli di transizione

Gruppo IIIB (3)
- 21 **Sc** 631 1,3 +3 $[Ar]3d^1 4s^2$
- 39 **Y** 616 1,3 +3 $[Kr]4d^1 5s^2$
- 57 **La** 538 1,1 +3 $[Xe]5d^1 6s^2$
- 89 **Ac** 666 1,1 +3 $[Rn]6d^1 7s^2$

Gruppo IVB (4)
- 22 **Ti** 658 1,5 +2,+3,+4 $[Ar]3d^2 4s^2$
- 40 **Zr** 660 1,4 +4 $[Kr]4d^2 5s^2$
- 72 **Hf** 675 1,3 +4 $[Xe]4f^{14} 5d^2 6s^2$
- 104 **Rf** — — — $[Rn]5f^{14} 6d^2 7s^2$

Gruppo VB (5)
- 23 **V** 650 1,6 +2,+3,+4,+5 $[Ar]3d^3 4s^2$
- 41 **Nb** 664 1,6 +3,+5 $[Kr]4d^4 5s^1$
- 73 **Ta** 761 1,5 +5 $[Xe]4f^{14} 5d^3 6s^2$
- 105 **Db** — — — $[Rn]5f^{14} 6d^3 7s^2$

Gruppo VIB (6)
- 24 **Cr** 653 1,6 +2,+3,+6 $[Ar]3d^5 4s^1$
- 42 **Mo** 685 1,8 +2,+3,+4,+5,+6 $[Kr]4d^5 5s^1$
- 74 **W** 770 1,7 +2,+3,+4,+5,+6 $[Xe]4f^{14} 5d^4 6s^2$
- 106 **Sg** — — — $[Rn]5f^{14} 6d^4 7s^2$

Gruppo VIIB (7)
- 25 **Mn** 717 1,5 +2,+3,+4,+6,+7 $[Ar]3d^5 4s^2$
- 43 **Tc** 702 1,9 +7 $[Kr]4d^5 5s^2$
- 75 **Re** 760 1,9 −1,+2,+4,+6,+7 $[Xe]4f^{14} 5d^5 6s^2$
- 107 **Bh** — — — $[Rn]5f^{14} 6d^5 7s^2$

Gruppo VIIIB (8, 9, 10)
- 26 **Fe** 759 1,8 +2,+3 $[Ar]3d^6 4s^2$
- 27 **Co** 758 1,8 +2,+3 $[Ar]3d^7 4s^2$
- 28 **Ni** 737 1,8 +2,+3 $[Ar]3d^8 4s^2$
- 44 **Ru** 711 2,2 +2,+3,+4,+6,+8 $[Kr]4d^7 5s^1$
- 45 **Rh** 720 2,2 +3 $[Kr]4d^8 5s^1$
- 46 **Pd** 805 2,2 +2,+4 $[Kr]4d^{10}$
- 76 **Os** 839 2,2 +2,+3,+4,+6,+8 $[Xe]4f^{14} 5d^6 6s^2$
- 77 **Ir** 878 2,2 +3,+4 $[Xe]4f^{14} 5d^7 6s^2$
- 78 **Pt** 868 2,2 +2,+4 $[Xe]4f^{14} 5d^9 6s^1$
- 108 **Hs** — — — $[Rn]5f^{14} 6d^6 7s^2$
- 109 **Mt** — — — $[Rn]5f^{14} 6d^7 7s^2$
- 110 **Ds** — — — $[Rn]5f^{14} 6d^8 7s^2$

Gruppo IB (11)
- 29 **Cu** 745 1,9 +1,+2 $[Ar]3d^{10} 4s^1$
- 47 **Ag** 731 1,9 +1 $[Kr]4d^{10} 5s^1$
- 79 **Au** 890 2,4 +1,+3 $[Xe]4f^{14} 5d^{10} 6s^1$
- 111 **Rg** — — — $[Rn]5f^{14} 6d^9 7s^2$

Gruppo IIB (12)
- 30 **Zn** 906 1,6 +2 $[Ar]3d^{10} 4s^2$
- 48 **Cd** 868 1,7 +2 $[Kr]4d^{10} 5s^2$
- 80 **Hg** 1007 1,9 +1,+2 $[Xe]4f^{14} 5d^{10} 6s^2$
- 112 **Cn** — — — $[Rn]5f^{14} 6d^{10} 7s^2$

Gruppo IIIA (13)
- 5 **B** 801 2,0 +3 $1s^2 2s^2 2p^1$
- 13 **Al** 578 1,5 +3 $[Ne]3s^2 3p^1$
- 31 **Ga** 579 1,6 +3 $[Zn]4p^1$
- 49 **In** 558 1,7 +3 $[Cd]5p^1$
- 81 **Tl** 589 1,8 +1,+3 $[Hg]6p^1$
- 113 **Uut** — — — $[Rn]5f^{14} 6d^{10} 7s^2 7p^1$

Gruppo IVA (14)
- 6 **C** 1086 2,5 +2,+4 $1s^2 2s^2 2p^2$
- 14 **Si** 786 1,8 +4 $[Ne]3s^2 3p^2$
- 32 **Ge** 762 1,8 −4,+2,+4 $[Zn]4p^2$
- 50 **Sn** 709 1,8 +2,+4 $[Cd]5p^2$
- 82 **Pb** 716 1,8 +2,+4 $[Hg]6p^2$
- 114 **Fl** — — — $[Rn]5f^{14} 6d^{10} 7s^2 7p^2$

Gruppo VA (15)
- 7 **N** 1402 3,0 ±1,±2,+3,±4,+5 $1s^2 2s^2 2p^3$
- 15 **P** 1012 2,1 −3,±1,+3,+5 $[Ne]3s^2 3p^3$
- 33 **As** 947 2,0 ±3,+5 $[Zn]4p^3$
- 51 **Sb** 834 1,9 ±3,+5 $[Cd]5p^3$
- 83 **Bi** 703 1,8 +3,+4,+5 $[Hg]6p^3$
- 115 **Uup** — — — $[Rn]5f^{14} 6d^{10} 7s^2 7p^3$

Gruppo VIA (16)
- 8 **O** 1314 3,5 −2,−1 $1s^2 2s^2 2p^4$
- 16 **S** 1000 2,5 ±2,+3,+4,+6 $[Ne]3s^2 3p^4$
- 34 **Se** 941 2,4 −2,+4,+6 $[Zn]4p^4$
- 52 **Te** 869 2,1 −2,+4,+6 $[Cd]5p^4$
- 84 **Po** 812 2,0 +2,+4 $[Hg]6p^4$
- 116 **Lv** — — — $[Rn]5f^{14} 6d^{10} 7s^2 7p^4$

Gruppo VIIA (17)
- 9 **F** 1681 4,0 −1 $1s^2 2s^2 2p^5$
- 17 **Cl** 1251 3,0 ±1,+3,+4,+5,+7 $[Ne]3s^2 3p^5$
- 35 **Br** 1140 2,8 ±1,+3,+5 $[Zn]4p^5$
- 53 **I** 1008 2,5 ±1,+5,+7 $[Cd]5p^5$
- 85 **At** — 2,2 ±1,+3,+5,+7 $[Hg]6p^5$
- 117 **Uus** — — — $[Rn]5f^{14} 6d^{10} 7s^2 7p^5$

Gruppo VIIIA (18)
- 2 **He** 2372 — 0 $1s^2$
- 10 **Ne** 2081 — 0 $1s^2 2s^2 2p^6$
- 18 **Ar** 1521 — 0 $[Ne]3s^2 3p^6$
- 36 **Kr** 1351 — 0 $[Zn]4p^6$
- 54 **Xe** 1170 — 0 $[Cd]5p^6$
- 86 **Rn** 1037 — 0 $[Hg]6p^6$
- 118 **Uuo** — — — $[Rn]5f^{14} 6d^{10} 7s^2 7p^6$

LANTANIDI

Z	El.	E.I.	χ	Ox.	Config.
58	Ce	528	1,1	+3,+4	$[Xe]4f^1 5d^1 6s^2$
59	Pr	523	1,1	+3	$[Xe]4f^3 6s^2$
60	Nd	530	1,2	+3	$[Xe]4f^4 6s^2$
61	Pm	535	—	+3	$[Xe]4f^5 6s^2$
62	Sm	543	1,2	+2,+3	$[Xe]4f^6 6s^2$
63	Eu	547	—	+2,+3	$[Xe]4f^7 6s^2$
64	Gd	592	1,1	+3	$[Xe]4f^7 5d^1 6s^2$
65	Tb	564	1,2	+3,+4	$[Xe]4f^9 6s^2$
66	Dy	572	1,2	+3	$[Xe]4f^{10} 6s^2$
67	Ho	581	1,2	+3	$[Xe]4f^{11} 6s^2$
68	Er	589	1,2	+3	$[Xe]4f^{12} 6s^2$
69	Tm	596	1,2	+2,+3	$[Xe]4f^{13} 6s^2$
70	Yb	603	1,1	+2,+3	$[Xe]4f^{14} 6s^2$
71	Lu	524	1,2	+3	$[Xe]4f^{14} 6s^2$

ATTINIDI

Z	El.	E.I.	χ	Ox.	Config.
90	Th	—	1,3	+4	$[Rn]6d^2 7s^2$
91	Pa	—	1,5	+4,+5	$[Rn]5f^2 6d^1 7s^2$
92	U	—	1,7	+3,+4,+5,+6	$[Rn]5f^3 6d^1 7s^2$
93	Np	—	1,3	+3,+4,+5,+6	$[Rn]5f^4 6d^1 7s^2$
94	Pu	560	1,3	+3,+4,+5,+6	$[Rn]5f^6 7s^2$
95	Am	579	1,3	+3,+4,+5,+6	$[Rn]5f^7 7s^2$
96	Cm	—	—	+3	$[Rn]5f^7 6d^1 7s^2$
97	Bk	—	—	+3,+4	$[Rn]5f^9 7s^2$
98	Cf	—	—	+3	$[Rn]5f^{10} 7s^2$
99	Es	—	—	+3	$[Rn]5f^{11} 7s^2$
100	Fm	—	—	+3	$[Rn]5f^{12} 7s^2$
101	Md	—	—	+2,+3	$[Rn]5f^{13} 7s^2$
102	No	—	—	+2,+3	$[Rn]5f^{14} 7s^2$
103	Lr	—	—	+3	$[Rn]5f^{14} 6d^1 7s^2$